ALLGEMEIN BILDUNG

Das große Standardwerk mit dem ganzen Wissen unserer Zeit

Barbara Holle
Geschichte und Politik, Wirtschaft und Finanzen

Stephanie Köber
Kommunikation und Verkehr, Mensch und Gesundheit, Mythologie, Philosophie, Weltreligionen, Kriminalistik und Recht, Entdecker und Erfinder, Umgangsformen

Stefanie Thuir
Naturwissenschaften, Mathematik, Technik, Erde und Weltall, Kunst und Architektur, Sprache, Literatur, Musik, Unterhaltung, Sport, Alltagsphänomene

Compact Verlag

Redaktionelle Bearbeitung: Barbara Holle, Stephanie Köber und Stefanie Thuir
Text: Dr. Florian Breitsameter, Jürgen Brück, Andreas Burgwitz, Matthias Edbauer, Georg Feulner, Anja Garms, Uwe Goppold, Iris Hammelmann, Mike Hillenbrand, Bernhard Huber, Alfred Kissner, Dr. Christa Kordt, Irina Lorenz-Meyer, Dr. Rahild Neuburger, Kay Potzger, Peter Röbke-Doerr, Annerose Sieck, Linda Tidwell, Jörg Werremeyer, Norbert Wolf
Chefredaktion: Dr. Angela Sendlinger
Redaktion: Dr. Matthias Feldbaum, Alice Hassel, Anna Kalb
Produktion: Wolfram Friedrich
Abbildungen: siehe Bildnachweis S. 800
Titelabbildungen: Compact Verlag, München (7); dpa-Picture-Alliance, Frankurt (1); Gruppo Editoriale Fabbri, Mailand (2); IFA-Bilderteam, München (3); Lidman Production, Stockholm (2)
Umschlaggestaltung: Hartmut Baier

ISBN 978-3-8174-6691-7
5466911

Besuchen Sie uns im Internet: www.compactverlag.de

Vorwort

Dieses unterhaltsame Nachschlagewerk präsentiert die wichtigsten und interessantesten Lebens- und Wissensbereiche unserer Zeit in 5000 informativen Fragen und Antworten.

Von Weltgeschichte und Politik bis zu Kunst und Architektur, von Mathematik und Naturwissenschaften bis zu Mythologie, Philosophie und Weltreligionen, von wichtigen Fakten zu Ernährung und Fitness zu den bekanntesten Zitaten und Redewendungen, von Besonderheiten der deutschen und englischen Sprache zu den richtigen Umgangsformen in Beruf und Alltag reicht das umfassende Spektrum dieses Buches, das den Leser durch die Wissensgeschichte der letzten Jahrtausende führt.

Abwechslungsreichen Fragen und Antworten helfen dabei, den eigenen Kenntnisstand zu überprüfen und zu erweitern. Die bunte Mischung der Fragenarten sorgt für eine spielerische Wissensvermittlung: Es gibt Multiple-Choice-Fragen, kurze, prägnante Wissensfragen, auf die eine ausführliche Antwort folgt, sowie Fragen, die mit zahlreichen Anhaltspunkten auf die Antwort hinweisen.

Ob es darum geht, wie der Meeresspiegel gemessen wird, was ein konstruktives Misstrauensvotum ist oder woher der Fußball stammt – der Leser wird um keine Antwort mehr verlegen und für den modernen Alltag perfekt vorbereitet sein.

Inhalt

Frage 1
Was ist die NATO?

☞ Ein 1949 gegründetes westliches Militärbündnis, das sich ursprünglich als Schutzbündnis gegen militärische Übergriffe aus dem Osten verstand. Nach dem Zusammenbruch der sozialistischen Staatenwelt definierte die NATO ihre Aufgaben neu und versteht sich seither immer mehr auch als Organ zur Krisenbewältigung außerhalb des Bündnisses.

Emblem der NATO

Frage 2
Was versteht man unter Antisemitismus?

☞ Im Mittelalter war der Antisemitismus eine Form religiöser Intoleranz, die jedoch im 19. Jahrhundert eine Wandlung erfuhr: Judentum galt nun nicht mehr als Frage des Glaubens, sondern der Rasse. Dies war die ideologische Grundlage für den von den Nationalsozialisten veranlassten Mord an sechs Millionen Juden.

Frage 3
Wie heißen die Ureinwohner Australiens?

☐ a) Apachen
☐ b) Aborigines
☐ c) Aleviten
☐ d) Argonauten

☞ **d) Aborigines**
Die Aborigines stellen heute nur noch etwa 1,5 % der Bevölkerung. Nach dem Eintreffen der ersten britischen Siedler im Jahr 1788 wurden sie allmählich in Reservate zurückgedrängt. Erst 1967 wurden sie rechtlich den weißen Australiern gleichgestellt.

Frage 4
Inwiefern gefährdete die Kubakrise 1962/63 den Weltfrieden?

☞ Die Sowjetunion verfolgte den Plan, auf Kuba, also sozusagen direkt vor der amerikanischen Haustür, Abschussrampen für Mittelstreckenraketen zu errichten. US-Präsident Kennedy verhängte daraufhin eine Seeblockade gegen Kuba und kündigte an, die US-Marine werde alle Kuba ansteuernden Schiffe kontrollieren. Die amerikanischen Streitkräfte wurden in Alarmbereitschaft versetzt. Zu diesem Zeitpunkt befanden sich mehrere sowjetische Schiffe mit Kriegsmaterial auf dem Weg nach Kuba. Eine militärische Auseinandersetzung schien nahezu unvermeidbar. In letzter Minute lenkte jedoch der sowjetische Regierungschef Nikita Chruschtschow auf Vermittlung der UNO ein.

Chruschtschow und Kennedy im Gespräch

Frage 5
Was bedeutet die Abkürzung IFOR?

☞ Sie steht für „Implementation Force", eine internationale militärische Truppe unter NATO-Oberbefehl, die 1995/96 im Zuge des Friedensabkommens von Dayton zur Überwachung friedensbildender Maßnahmen im ehemaligen Bürgerkriegsgebiet von Bosnien-Herzegowina im Einsatz war.

Frage 6
Als Befestigungsanlage zum Schutz vor Eindringlingen, nicht jedoch als eigentlicher Grenzwall wurde sie ein gutes Stück hinter den eigentlichen Grenzen des riesigen Reichs errichtet. Die insgesamt rund 6300 Kilometer lange Mauer ist so breit, dass man sie auch als Verkehrsweg nutzte. Entgegen anderslautenden Behauptungen ist sie allerdings mit bloßem Auge vom Mond aus nicht zu erkennen. **Von welchem berühmten Bauwerk ist die Rede?**

☞ **Von der Chinesischen Mauer.**

Frage 7

Was sind die Ziele der Frauenbewegung seit Mitte des 19. Jahrhunderts?

☞ Die politische, soziale und kulturelle Gleichstellung der Frau.

Frage 8

Welche Folgen hatte 1979 die Intervention der Sowjetunion in die politischen Auseinandersetzungen in Afghanistan?

☞ Sowjetische Truppen befanden sich von 1979 bis 1989 in Afghanistan. Die von den USA finanziell und militärisch unterstützten islamischen Rebellentruppen konnten sich schließlich behaupten, allerdings versank das Land in der Folgezeit im Chaos eines verheerenden Bürgerkriegs, in dem radikal-islamistische Kräfte erstarken konnten.

Frage 9

Welche indianische Hochkultur bestand neben den Maya im heutigen Mexiko?

- ☐ a) Inka
- ☐ b) Aymara
- ☐ c) Azteken
- ☐ d) Sioux

☞ **d) Azteken**, die im 12. Jahrhundert einen hohen Stand im Kunsthandwerk erreicht hatten.

Aztekische Skulptur der Gottheit Quetzalcoatl

Frage 10

Aus welchem Krieg in Südostasien nach 1945 mussten sich die USA erfolglos zurückziehen?

☞ **Aus dem Vietnamkrieg**, in dem die USA Südvietnam gegen Nordvietnam unterstützten. Der amerikanische Rückzug erfolgte 1973.

Frage 11

Welchem geschichtlichen Abschnitt ordnet man die Altsteinzeit zu?

☞ **Der Vor- oder Urgeschichte (Prähistorie).** Dazu gehören auch Mittelsteinzeit, Jungsteinzeit, Bronzezeit und Eisenzeit. Sie werden als vorgeschichtlich bezeichnet, da sie vor dem Einsetzen der schriftlichen Quellen lagen. Funde von Wohn- und Grabstätten, Werkzeugen, Waffen, Schmuck und Alltagsgegenständen geben Aufschluss über die einzelnen Kulturen.

Frage 12

Er war von 1923 bis 1938 der erste Staatspräsident der von ihm geschaffenen türkischen Republik und machte die Türkei durch seine umfassenden Reformen und die Ablehnung des Panislamismus zu einem modernen Nationalstaat. **Welcher Politiker ist gemeint?**

☞ **Kemal Atatürk (1881–1938).**

Frage 13

Was bedeutet der Begriff „Kalter Krieg"?

☞ Ursprünglich bezeichnete man damit den drohenden Kriegszustand zwischen den Weltmächten USA und UdSSR zwischen 1946 und 1962. Anstatt direkt einen militärischen Konflikt einzuleiten, versuchte man, den Gegner durch Spionage, Propaganda, Wettrüsten, Bündnispolitik oder durch das Eingreifen in regional begrenzte Krisenherde zu schwächen.

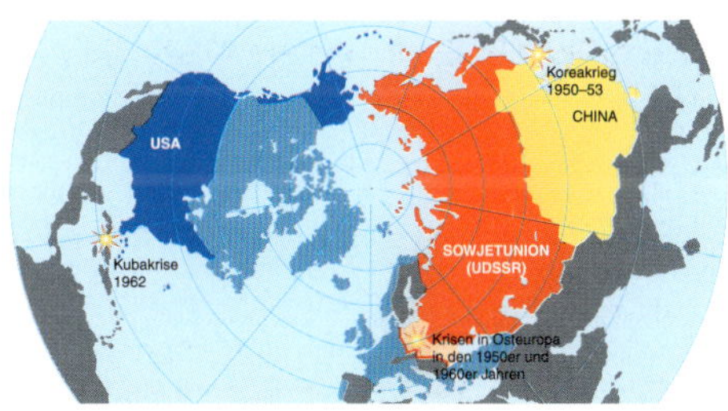

Frage 14

Welche beiden Staaten des indischen Subkontinents stehen sich im Kaschmirkonflikt gegenüber?

☞ **Indien und Pakistan**, die 1947 aus der Auflösung Britisch-Indiens hervorgegangen sind und sich um das seither geteilte Kaschmir wiederholt kriegerische Auseinandersetzungen lieferten.

Frage 15

Wen bezeichnete man als Boatpeople?

☐ a) Segler
☐ b) Bewohner eines Hausboots
☐ c) Kanuten
☐ d) Flüchtlinge

☞ **d) Vietnamesische Flüchtlinge**, die nach der Eroberung Südvietnams durch das kommunistische Nordvietnam ihr Land verließen und mit einfachen Booten versuchten, das Südchinesische Meer zu überqueren.

Frage 16

Was ist der Grundgedanke des Kommunismus?

☞ In der kommunistischen Gesellschaft gibt es kein Privateigentum an Produktionsmitteln mehr, diese gehen vielmehr in Gemeineigentum über. Darauf bezieht sich auch das lateinische Wort „communis", „allen gemeinsam".

Frage 17

Wann war die Oktoberrevolution?

☞ **Im November 1917.** Nach dem alten russischen Kalender fand die Revolution zwar am 25./26. Oktober statt, nach dem bei uns gültigen gregorianischen Kalender entspricht dies aber dem 7./8. November.

Frage 18

Er war der wohl berühmteste Rhetoriker im alten Rom. Mit seinen vier großen Reden präsentierte er die sogenannte catilinarische Verschwörung der Öffentlichkeit. 55–51 v. Chr. entstanden seine Hauptschriften. Nach Caesars Ermordung wandte er sich als Führer des Senats gegen Mark Anton, der ihn 43 v. Chr. ermorden ließ. **Wer war der berühmte Redner?**

☞ **Marcus Tullius Cicero (106–43 v. Chr.).**

Ciceros Rede gegen Catilina (Fresko)

Frage 19

Welche Kriegsparteien standen sich 1950 im Koreakrieg gegenüber?

☞ Das kommunistische Nordkorea, das von chinesischen Truppen unterstützt wurde, und das westlich orientierte Südkorea. In den Krieg intervenierte die UNO unter amerikanischer Führung auf südkoreanischer Seite. 1953 wurde ein Waffenstillstand erzielt, der die Grenzlinie entlang des 38. Breitengrades festlegte und der trotz immer wieder aufkeimender Konflikte bis heute andauert.

Frage 20

Was versteht man unter einer Fraktion?

☞ Einen freiwilligen Zusammenschluss von Abgeordneten in einem Parlament oder einem anderen politischen Gremium. Dabei kann es sich sowohl Angehörige ein und derselben Partei (z. B. die Fraktion der SPD im Bundestag) handeln als auch um Mitglieder verschiedener Parteien, die inhaltlich die gleichen oder sehr ähnliche Ziele verfolgen (wie z. B. die Fraktion aus PDS und WASG, die sich nach der Wahl 2005 gebildet hatte).

Frage 21

Welche beiden verfeindeten Staaten schafften im Camp-David-Abkommen von 1978 eine Friedensvereinbarung?

☐ a) Indien und Pakistan
☐ b) Israel und Ägypten
☐ c) Iran und Irak
☐ d) USA und Kuba

☞ **b) Israel und Ägypten**
Israel zog sich von den im Sechstagekrieg eroberten ägyptischen Gebieten zurück und erreichte erstmals ein normales diplomatisches Verhältnis mit einem arabischen Land.

Frage 22

1956 startete der Deutsche Gewerkschaftsbund (DGB) die Kampagne „Samstags gehört Vati mir". **Worum ging es dabei?**

☞ **Um den freien Samstag.** Als zu Beginn der 1950er-Jahre der Wirtschaftsaufschwung einsetzte, gab es wesentlich mehr Arbeit als Arbeiter. 1955 lag die wöchentliche Arbeitszeit bei 49 Stunden, verteilt auf sechs Tage. Angesichts dessen begann sich in der Arbeiterschaft der Wunsch nach mehr Freizeit zu regen. Der DGB schloss sich dieser Forderung an und erstritt zusammen mit den Arbeitern die 40-Stunden-Woche an fünf Arbeitstagen.

Frage 23

Was versteht man unter Populismus?

☞ **Propaganda einer politischen Partei oder Gruppierung.** Populisten schauen – wie man so sagt – „dem Volk aufs Maul", um Stimmungen wie etwa Unzufriedenheit aufzugreifen und aktuelle Konflikte für ihre Zwecke auszunutzen. Populistische Thesen, Konzepte, Vorschläge, Programmatiken sind absichtlich einfach gehalten, um eine breite Masse anzusprechen.

Frage 24

Niemand hätte gedacht, dass aus ihm einmal etwas werden würde, denn er stammte aus einem nicht allzu reichen und mächtigen römischen Patriziergeschlecht. Erst mit 31 Jahren schaffte er den Sprung auf die Karriereleiter. Doch dann ging es für ihn steil bergauf und er erreichte eine Machtfülle, die noch kein Römer vor ihm gehabt hatte. 45 v. Chr. ernannte ihn der Senat zum Diktator auf Lebenszeit. Ein Jahr später wurde er ermordet.

Wie hieß der römische Staatsmann und Feldherr?

☞ **Gaius Julius Caesar (63 v. Chr.–14 n. Chr.)**

Gaius Julius Caesar

Frage 25

Aus welchen Bündnispartnern setzten sich im Ersten Weltkrieg die Mittelmächte zusammen?

☞ Aus dem Deutschen Reich, Österreich-Ungarn, Bulgarien und der Türkei.

Frage 26

Charles de Secondat, Baron de Montesquieu

Was ist nach Montesquieu die Grundlage des Rechtsstaats?

☞ **Die Gewaltenteilung.** Die Staatsgewalt ist in drei voneinander unabhängige Organe unterteilt: gesetzgebende Gewalt (Legislative), ausführende Gewalt (Exekutive) und Rechtsprechung (Judikative).

Frage 27

Wie heißt der Führer Libyens, der bisweilen auch internationale Terroristen unterstützt?

☐ a) Baschar al Assad
☐ b) Muammar al-Gaddhafi
☐ c) Muhammad Husni Mubarak
☐ d) Jassir Arafat

☞ **b) Muammar al-Gaddhafi** (*1942), der das Land seit einem unblutigen Militärputsch 1969 regiert und ein erklärter Gegner der USA und Israels ist. Er verstaatlichte alle ausländischen Erdölunternehmen und Banken und unterstützte die PLO, die IRA sowie andere revolutionäre Gruppen mit den Einnahmen aus Libyens reichen Ölvorkommen.

Frage 28

Was versteht man unter dem Reichskirchensystem Kaiser Ottos I.?

☞ Ein System, in dem wichtige Herrschaftsämter von dem Kaiser vertrauten Kirchenmännern besetzt wurden. So konnte Otto I. (912–973) die Kontrolle im Reich wahren, ohne dauerhaft die Macht etwa an die Herzöge abgeben zu müssen – konnten die Mönche und Bischöfe doch keine legitimen Nachfolger hinterlassen.

Frage 29

Aus welcher Metropole des Altertums stammt das älteste erhaltene Gesetz?

☐ a) Karthago
☐ b) Alexandria
☐ c) Rom
☐ d) Babylon

☞ **d) Babylon**

Bereits im 2. Jahrtausend v. Chr. entwickelte sich in Babylon eine Hochkultur. Der babylonische König Hammurabi (1728–1686 v. Chr.) bildete ein Großreich und schuf das älteste erhaltene Gesetz.

Stele mit Hammurabis Gesetzeskodex

Frage 30

Das sagenhafte Goldland vermuteten die spanischen Konquistadoren in den Urwäldern Mittel- und Südamerikas. Obwohl die Spanier von den Azteken und Inkas Gold in Hülle und Fülle raubten und in Bolivien 1545 das größte Silbervorkommen der Erde entdeckten, blieb das sagenhafte Land unentdeckt. Heute gebraucht man den Begriff auch, um einen paradiesischen Zustand oder Ort zu beschreiben. **Wie heißt das gesuchte Land?**

☞ **Eldorado** (span. „das Goldene").

Frage 31

Was wurde Gerhard Schröder am 2. Mai 2001 überreicht?

☞ Gerhard Schröder (*1944) erhielt den Schlüssel für sein Büro im neuen Kanzleramt an der Spree. Damit war der Umzug der Bundesregierung von Bonn nach Berlin endgültig abgeschlossen.

Frage 32

Wo ereignete sich die Novemberrevolution?

☞ **In Deutschland.** 1918 begann die Novemberrevolution als unmittelbare Folge der Kriegsniederlage mit einer Meuterei von Matrosen, griff dann auf die Hafenstädte und schließlich auch auf die küstenfernen Großstädte über. Die Revolutionäre konnten zwar die alte Monarchie zerschlagen, sie waren sich auf politischer Ebene aber so uneins, dass es nach der erfolgreichen Revolution zwischen ihnen immer wieder zu gewaltsamen Auseinandersetzungen kam.

Frage 33

Was ist unter einer politischen Säuberung zu verstehen?

☞ Die Entfernung von leitenden Beamten, Politikern, Künstlern und Wissenschaftlern aus den staatlichen Behörden bzw. der Gesellschaft aus ideologischen Gründen. Berüchtigt waren die sogenannten Säuberungen, mit denen der sowjetische Diktator Stalin 1936–38 die „alte Garde" der KP nach willkürlichen Schauprozessen liquidieren oder verbannen ließ.

Frage 34

Für welchen Zweck stiftete Alfred Nobel den Friedensnobelpreis?

☞ Damit soll eine Person oder eine Institution für ihre Verdienste um den Erhalt des Friedens geehrt werden. Die Preisträger wählt ein Ausschuss des norwegischen Parlaments. Überreicht wird er durch den norwegischen König.

Alfred Nobel

Frage 35

Welche Gesellschaftsordnung war bestimmend für das Mittelalter und die frühe Neuzeit?

☞ Der Feudalismus, in dem eine adlige Oberschicht in engem Verbund mit der Kirche die politischen und wirtschaftlichen Vorrechte genoss, während die Mehrheit der Gesellschaft ihr untergeordnet war. Gestützt wurde dieses System u. a. auch dadurch, dass die Macht des Adels von Gott und seiner Weltordnung abgeleitet wurde.

Frage 36

Mit fünf Schiffen stach er 1519 in See und fand 1520 die nach ihm benannte Magellanstraße zwischen dem südamerikanischen Festland und Feuerland. Nach knapp vier Monaten erreichte er die Philippinen, wo er in einem Kampf mit Eingeborenen erschlagen wurde. **Wie hieß der portugiesische Seefahrer?**

☞ **Fernão de Magalhães (um 1480–1521).**

Frage 37

Welche Bedeutung hat die Judikative in demokratischen Staaten?

☞ Sie ist die richterliche Gewalt, d. h., sie übernimmt die Rechtsprechung.

Frage 38

Was versteht man unter dem Schlagwort „multikulturelle Gesellschaft"?

☞ Eine Gesellschaft, die durch ethnische, kulturelle, religiöse und sprachliche Vielfalt gekennzeichnet ist. „Multikulturell" bedeutet in diesem Zusammenhang auch die Akzeptanz von Gewohnheiten und Auffassungen, die der eigenen Lebensweise eher fremd sind.

Frage 39

Zu welcher friedlichen Revolution trugen die Studien von Alfred Charles Kinsey entscheidend bei?

☐ a) zur sexuellen Revolution
☐ b) zur industriellen Revolution
☐ c) zur sozialen Revolution
☐ d) zur technischen Revolution

☞ **a) zur sexuellen Revolution**, d. h. zu einer Liberalisierung der Sexualmoral in der westlichen Welt seit den 1960er-Jahren. Der amerikanische Sexualforscher Kinsey (1894–1956) veröffentlichte 1948 und 1953 seinen sogenannten Kinseyreport zum Sexualverhalten amerikanischer Männer und Frauen.

Frage 40

Welche umwälzenden Ereignisse stehen an der Wende zwischen Antike und Mittelalter?

☞ Der Zusammenbruch des alten Weströmischen Reichs. Mit Odoaker (um 430–493), einem germanischen Söldnerführer, gelang es 476 erstmals einem Nicht-Römer die Gesamtherrschaft über Italien zu übernehmen.

Frage 41

Wie hieß der Engpass in Griechenland, wo Leonidas und seine Spartaner bis zum letzten Mann gegen die Perser kämpften?

☞ **Die Thermopylen** (griech. „warme Tore"), die die einzige Passverbindung zwischen Mittel- und Nordgriechenland darstellten. Hier sollte der spartanische König Leonidas († 480 v. Chr.) mit seinen Kriegern 480 v. Chr. die Stellung vor dem heranrückenden persischen Heer halten. Dies gelang auch, bis die Perser durch einen Verrat des Ephialtes die griechischen Stellungen umgingen und die Spartaner vernichteten.

Frage 42

Sie thront auf einem Berg im spanischen Granada und wurde um 1377 als Festung der letzten maurischen Herrscher in Spanien fertiggestellt. Bis 1492 war sie die letzte Bastion der Nasridendynastie. Ein ungewöhnlich hoher Mauerring mit 23 Wehrtürmen umgibt die bedeutende islamische Palastanlage. **Wie heißt sie?**

☞ **Alhambra.**

Beeindruckende Architektur im maurischen Stil: die Alhambra

Frage 43

Warum gab sich Ludwig XIV. den Beinamen „Sonnenkönig"?

☞ Ludwig XIV. (1638–1715) verglich seine Position im Staat mit der Stellung der Sonne im Sonnensystem, die alle Planeten überstrahlt und von ihnen umkreist wird.

Frage 44

Wie hießen traditionell die Anhänger der beiden großen Parteien in Großbritannien?

☞ Die konservative Partei Großbritanniens bilden die Tories, die 1679 entstandene königstreue Vereinigung. Ihre Gegner waren die Anhänger der republikanischen Bewegung, die sich Whigs nannten. Sie bilden die liberale Partei und verfolgen seit ihrer Gründung freiheitliche, parlamentarische Ziele. Heute haben sie ihre Bedeutung zugunsten der Labour Party verloren.

Frage 45

Wie hießen die Teilnehmer der römischen Kampfspiele?

☐ a) Optimaten
☐ b) Olympioniken
☐ c) Gladiatoren
☐ d) Vandalen

☞ **c) Gladiatoren**
Es waren meist Sklaven, Kriegsgefangene oder verurteilte Verbrecher, die in Gladiatorenschulen ausgebildet wurden.

Frage 46

Was war der sogenannte Nerobefehl Hitlers?

☞ Nachdem auch Hitler erkannt hatte, dass der Zweite Weltkrieg nicht mehr zu gewinnen war, ordnete er an, dass alle für den Feind nutzbaren Industrie- und Versorgungsanlagen zerstört werden sollten. Der mit der Umsetzung dieses Befehls beauftragte Albert Speer verweigerte jedoch die Ausführung.

Frage 47

Wie lautet der Titel des japanischen Kaisers?

☞ **Tenno**, japan. für „Himmlischer Souverän".

Frage 48

Der im Exil lebende Führer der Bolschewiki avancierte während der Oktoberrevolution 1917 zur politisch wichtigsten Person Russlands. Unter seiner Führung wurde 1922 die UdSSR gegründet. Auf dem von ihm aufgebauten Staats- und Parteiapparat errichtete Stalin 1924 sein diktatorisches Regime. **Wer war's?**

☞ **Wladimir Iljitsch Uljanow (1870–1924), genannt Lenin.**

Frage 49

Welcher Steinzeitmensch wurde nach einem Tal bei Düsseldorf benannt?

☞ **Der Neandertaler**, ein ausgestorbener Verwandter des heutigen Menschen, der zwischen 150.000 und 40.000 v. Chr. hauptsächlich im heutigen Süd- und Mitteleuropa und im Nahen Osten lebte. Überreste dieses Frühmenschen wurden 1856 von Jochen Fuhlrott (1803–77) im gleichnamigen Tal gefunden.

Frage 50

Welcher mit Gewalt erzwungene Gesellschaftswandel verbirgt sich hinter dem Begriff „Kulturrevolution"?

☞ Die politisch-ideologische Kampagne in der Volksrepublik China von 1966 bis 1969, mit der Mao Tse-tung (1893–1976) traditionelle chinesische Strukturen und westliche Denkansätze beseitigen wollte. Das gewaltsame Vorgehen, das v. a. von der Jugend mitgetragen wurde, kam einer Säuberungs- und Umerziehungsaktion gleich, der zahlreiche Gegner Maos zum Opfer fielen. Auch wertvolle Kunst- und Kulturschätze wurden vernichtet.

Frage 51

Wo wurden erstmals umfassend die Menschen- und Bürgerrechte proklamiert?

☐ a) in Athen ☐ c) in Rom
☐ b) in Frankreich ☐ d) in Großbritannien

☞ **b) in Frankreich**
In der Französischen Revolution 1789, als die Nationalversammlung in 17 Artikeln die Menschen- und Bürgerrechte verkündete.

Frage 52

Welcher antike Staat verwendete das Kürzel S. P. Q. R. auf seinen Hoheitszeichen und was bedeutet es?

☞ S. P. Q. R. ist die Abkürzung für die beiden Kräfte, die das römischen Reich trugen, nämlich „Senat und römisches Volk" (lat. Senatus Populusque Romanus).

Frage 53

Welche Regierungsform bezeichnet man als Totalitarismus?

☞ Eine Regierungsform, in der alle Bereiche des öffentlichen und privaten Lebens durch das Diktat einer Partei- bzw. Staatsführung bestimmt werden. Totalitäre Systeme waren z. B. die Diktaturen Stalins (1879–1953) und Hitlers (1889–1945).

Frage 54

Woher kommt der Begriff „Kreuzzug"?

☞ Abendländische Herrscher „nahmen" 1095 erstmals „das Kreuz" und zogen 1096 in seinem Zeichen mit ihren Heeren auf dem See- und Landweg ins Heilige Land, um es von den Arabern zu erobern. In Palästina gründeten sie Kreuzfahrerstaaten. Gerade weil die Kreuzfahrer in heftigem Glaubenseifer agierten, kam es regelmäßig zu grausamen Ausschreitungen gegenüber Nichtchristen, wie etwa bei der Eroberung Jerusalems.

Kreuzfahrerheer vor Jerusalem

Frage 55

Für welchen Staat sollte 1930 der Youngplan die Reparationszahlungen, die aus dem Ersten Weltkrieg entstanden waren, regeln?

☞ **Für das Deutsche Reich.** Es sollte in 59 Jahresraten durchschnittlich zwei Milliarden Reichsmark zurückbezahlen. Der Youngplan wurde schon 1931 durch das Hoovermoratorium aufgehoben, weil das Reich zahlungsunfähig geworden war. Nach dem Londoner Schuldenabkommen von 1953 beglich die Bundesrepublik bis 1980 die 1930 vom Deutschen Reich aufgenommene Younganleihe.

Frage 56

Was begünstigte ab 1542 den Sklavenhandel zwischen Afrika und den spanischen Kolonien in Amerika?

☞ Die gesetzliche Gleichstellung von Indianern und Spaniern. Der spanische Dominikanermönch Bartolomé de las Casas (1474–1566) hatte 1542 bei Kaiser Karl V. (1500–58) das Verbot erreicht, die indianische Bevölkerung in den spanischen Kolonien zu versklaven. Obwohl Indianer auch danach noch Zwangsarbeit leisteten, verstärkte sich nun der Menschenhandel mit Afrika.

Frage 57

Was war die OHL?

☞ Die deutsche Oberste Heeresleitung während des Ersten Weltkriegs.

Frage 58

Was ist mit dem Begriff „Familienlastenausgleich" gemeint?

☞ Der Familienlastenausgleich ist eine spezielle staatliche Förderung, die Familien bezüglich ihres Einkommens mit kinderlosen Familien gleichstellen soll. Dazu zählen unter anderem das Kindergeld und Kinderfreibeträge (z. B. bei der Steuer).

Frage 59

Was bezeichnet der staatspolitische Begriff „Souveränität"?

☞ Die höchste, allumfassende und unbeschränkte Staatsgewalt, wie sie die Staatstheoretiker im Zeitalter des Absolutismus entworfen haben und auf der absolutistische Herrscher wie Ludwig XIV. ihre Macht begründeten. Auch der moderne Rechtsstaat besitzt sie nach außen im völkerrechtlichen Sinn und nach innen durch seine Verfügungsgewalt über die inneren Angelegenheiten.

Frage 60

Dieser Interessenverband wurde 1947 von jungen Ärzten und Medizinstudenten gegründet. Es ging damals darum, eine bessere Ausbildung und eine leistungsgerechte Bezahlung zu erreichen. Mittlerweile ist er mit weit mehr als 100.000 Mitgliedern zum größten Ärzteverband Europas geworden. Seine ursprünglichen Ziele verfolgt er noch immer. 2006 stand er beispielsweise an der Spitze einer großen Protestbewegung von Ärztinnen und Ärzten, die eine angemessene Bezahlung forderten. **Wie heißt er?**

☞ **Marburger Bund.**

Frage 61

Was waren die Hauptanklagepunkte der Hexenprozesse des 14. bis 16. Jahrhunderts?

☞ In den Hexenprozessen waren die Anklagepunkte meist Gotteslästerung, Schadenzauber und Buhlschaft – d. h. sexueller Verkehr – mit dem Teufel. Geständnisse wurden meist unter Folter erzwungen.

Frage 62

In welchem Zusammenhang sprach man erstmals von Emanzipation?

☞ Emanzipation meint grundsätzlich die Befreiung aus einem Zustand der Abhängigkeit und Entrechtung. Sie war eine zentrale

Idee in der Epoche der Aufklärung Ende des 18. Jahrhunderts. Damals begannen auch die ersten Emanzipationsbewegungen des Bürgertums, der Sklaven, Juden und der Frauen.

Frage 63

Welcher Astronaut betrat als erster Mensch den Mond?

☐ a) John Young
☐ b) Edwin Aldrin
☐ c) Neil Armstrong
☐ d) Michael Collins

☞ **c) Neil Armstrong**

Am 21. Juli 1969 betrat der amerikanische Astronaut Neil Armstrong (*1930) genau um 3.56 Uhr MEZ als erster Mensch den Mond. Sein berühmter Satz „Das war ein kleiner Schritt für einen Mann, aber ein gewaltiger Schritt für die Menschheit" ging in die Geschichte ein.

Neil Armstrong

Frage 64

Welche Kriegsparteien standen sich 1967 im Sechstagekrieg gegenüber und wie endete er?

☞ Ägypten, Syrien und Jordanien einerseits und Israel andererseits. Dabei gelang es Israel, innerhalb von sechs Tagen (5.–10. Juni) die Golanhöhen in Syrien, das Westjordanland in Jordanien sowie die ägyptische Halbinsel Sinai und den Gazastreifen zu besetzen.

Frage 65

Was bedeutet die Abkürzung CARE?

☞ CARE ist eine private Hilfsorganisation namens „Cooperative for American Relief to Everywhere" (bis 1954: Cooperative for American Remittances to Europe), die nach dem Zweiten Weltkrieg bis Anfang der 1960er-Jahre Hilfslieferungen (CARE-Pakete) in die Bundesrepublik verschickte. Seit dem Koreakrieg wurde die Hilfsaktion auch auf außereuropäische Länder ausgeweitet.

Frage 66

Der Seefahrer hatte 1497 im Auftrag des portugiesischen Königs mit vier Schiffen die gefürchtete Südspitze Afrikas umsegelt und schließlich Indien erreicht. Nach seiner Rückkehr nach Lissabon ernannte ihn der König zum Vizekönig von Indien. Nach mehrmaligen Reisen zwischen seiner Heimat und dem indischen Subkontinent starb er schließlich in Indien. **Wer war's?**

☞ **Vasco da Gama (um 1469–1524).**

Frage 67

Wie heißt die Elitetruppe der US-Armee?

☞ **US-Marines**, etwa 200.000 gut trainierte Soldaten, die im US-Marine-Corps zusammengefasst sind. Sie kommen bei besonders schwierigen militärischen Operationen, wie etwa im Golfkrieg, zum Einsatz. Entstanden war das Corps 1775 aus einer Sondertruppe von Soldaten im amerikanischen Unabhängigkeitskrieg.

Frage 68

Welche Aufgabe hat der Internationale Gerichtshof in Den Haag?

☞ Er entscheidet nach dem Völkerrecht in Streitsachen, die ihm von zwei oder mehreren Staaten vorgelegt werden. Er ist ein Hauptorgan der UN und soll vorrangig dazu dienen, Kriege wegen Grenzstreitigkeiten zu vermeiden.

Frage 69

Wer errichtete die Königsgräber von Ur?

☐ a) Phöniker
☐ b) Ägypter
☐ c) Minoer
☐ d) Sumerer

☞ **d) Sumerer** (ca. 2500 v. Chr.)

Die 1. Dynastie von Ur begründete König Mesannepada. Prunkvolle Grabbeigaben und viele berühmte Erfindungen zeugen von der Größe dieser Hochkultur.

Hochkultur der Sumerer

Frage 70

Was unterscheidet die Republik von der Monarchie?

☞ Sie bestellt eine Regierung durch ein frei gewähltes Parlament, während die Regierung in der nicht-konstitutionellen Monarchie vom Kaiser, König oder Fürsten abhängig ist.

Frage 71

Auf welcher Insel liegen Tamilen und Singhalesen in erbittertem Streit?

☞ **Auf Sri Lanka (Ceylon).** Zur Zeit der britischen Kronkolonie wurden mehrere Millionen Tamilen aus Südindien als billige Arbeitskräfte für die Kaffee-, Kautschuk- und Teeplantagen ins Land geholt. Obwohl die Tamilen schon seit dem 9. Jahrhundert die Insel bevölkerten, wurden sie nach der Unabhängigkeit nicht als Staatsbevölkerung anerkannt. Heute streben sie, zum Teil mit Gewalt, im Norden einen eigenen Staat an.

Frage 72

Das Indianervolk brachte in Mittelamerika vom 4. bis 6. Jahrhundert eine hoch entwickelte Kultur hervor. Ihre Stadtstaaten gründeten sie im heutigen Mexiko, Guatemala, Belize, El Salvador und Honduras. **Wie hießen sie?**

☞ **Die Maya.**

Frage 73

Welches Attentat am 28. Juni 1914 war ein wesentlicher Anlass für den Ausbruch des Ersten Weltkriegs?

☞ Die Ermordung des österreichischen Erzherzogs Franz Ferdinand (1863–1914) und seiner Frau Sophie (1868–1914) durch einen serbischen Nationalisten in Sarajevo. Österreich nahm den Anschlag zum Anlass, dem mit Frankreich verbündeten Serbien den Krieg zu erklären, was eine Kette weiterer Kriegserklärungen auslöste.

Frage 74

Warum heißt der amerikanische Bürgerkrieg auch Sezessionskrieg?

☞ Weil am Vorabend des Krieges elf amerikanische Südstaaten aus dem Bündnis der USA austraten (lat. secessio, „Abspaltung") und die Konföderierten Staaten von Amerika gründeten.

Frage 75

Große Geschichte wird manchmal an den ungewöhnlichsten Orten geschrieben. So wurde ein wichtiger Waffenstillstand in einem Eisenbahnwaggon geschlossen. Welcher?

☐ a) Compiègne ☐ c) Panmunjóm
☐ b) Brest-Litowsk ☐ d) Berlin-Karlshorst

☞ **a) Der Waffenstillstand von Compiègne**, der am 11. November 1918 offiziell die Kampfhandlungen des Ersten Weltkriegs beendete. Deutschland musste hier die bedingungslose Kapitulation annehmen.

Frage 76

„333 – Bei Issos Keilerei!" Was ist mit diesem alten Gymnasiasten-Merkspruch gemeint?

☞ Im Jahr 333 v. Chr. besiegte Alexander der Große (356–323 v. Chr.) bei der kilikischen Seestadt Issos (in der heutigen Türkei) auf seinem Rachefeldzug gegen die Perser den persischen Großkönig Dareios III. (um 380–330 v. Chr.).

Alexanderschlacht, Mosaikausschnitt

Frage 77

Für welche Kultur wird der Begriff „Hellenismus" verwendet?

☞ Für die griechische Kultur nach Alexander dem Großen (356–323 v. Chr.). Der Einfluss dieser Kultur verbreitete sich vor allem durch dessen Eroberungszüge, wurde später von den Römern aufgenommen und wirkte über die Renaissance bis in die heutige Zeit.

Frage 78

Sie stellte sich 1762 nach der Beseitigung ihres Gemahls, an der sie nicht unbeteiligt gewesen sein soll, an die Spitze Russlands und machte durch Reformen von sich Reden. Sie holte u. a. deutsche Kolonisten ins Land und errang für Russland den Zugang zum Schwarzen Meer sowie Gebietsgewinne bei den polnischen Teilungen. Russland stieg so zur europäischen Großmacht auf. **Wie hieß die aus Deutschland stammende russische Zarin?**

☞ **Katharina II. die Große (1729–96).**

Frage 79

Wodurch wurde der Engländer Thomas Lawrence bekannt?

☞ Thomas Lawrence (1888–1935), auch Lawrence von Arabien genannt, war ein englischer Archäologe, Schriftsteller und Diplomat. Er setzte sich u. a. auf der Friedenskonferenz von Versailles (1919) für die Forderung der Araber nach Unabhängigkeit ein. Sein Einsatz im Wüstenkrieg machte ihn zur Legende.

Frage 80

Wie heißt das Parlament der USA?

☞ **Kongress.** Er besteht aus 100 Senatoren und 435 Abgeordneten, die jeweils durch Direktwahlen bestimmt werden. Der Kongress hat die gesetzgebende Gewalt, alle Gesetzesvorlagen müssen sowohl vom Senat als auch vom Repräsentantenhaus gebilligt werden.

Das Kapitol in Washington, Sitz des Kongresses

Frage 81

Welche Partei zählt August Bebel zu ihren Gründungsvätern?

☐ a) KPD ☐ c) DKP
☐ b) SPD ☐ d) SED

☞ **b) SPD**

Er machte die Partei 1913 zur stärksten Fraktion im Deutschen Reichstag und kämpfte für soziale Reformen im wilhelminischen Kaiserreich.

Frage 82

Gegen was richtete sich die sogenannte Göttinger Erklärung von 1957?

☞ Gegen die Absicht der bundesdeutschen Regierung, die gerade erst gegründete Bundeswehr mit Atomwaffen auszurüsten. In der Göttinger Erklärung äußerten 18 westdeutsche Atomwissenschaftler und Nobelpreisträger die Befürchtung, dass jede atomare Bewaffnung der Bundeswehr eher den Weltfrieden gefährden würde, als ihm zu nützen. Die Bundesrepublik sollte ausdrücklich und freiwillig auf den Besitz von Atomwaffen verzichten.

Frage 83

Wo fanden 1899–1902 die Burenkriege statt?

☞ **In Südafrika**, und zwar zwischen Großbritannien und den Burenstaaten Transvaal und Oranje-Freistaat (gegründet 1835–38). Die Buren, Nachkommen der seit 1652 im Kapland eingewanderten Holländer, aber auch deutscher und hugenottischer Siedler, verloren den Krieg, ihre Staaten wurden britische Kolonien. Daraus sowie aus den Kolonien Kapland und Natal bildete sich später die Südafrikanische Union, seit 1961 die Republik Südafrika.

Frage 84

Welches Bundesland ist flächenmäßig das größte?

☐ a) Sachsen
☐ b) Nordrhein-Westfalen
☐ c) Bayern
☐ d) Baden-Württemberg

☞ **c) Bayern**
Größtes Bundesland ist Bayern mit 70.550 km², gefolgt von Niedersachsen (47.606 km²) und Baden-Württemberg (35.751 km²).

Frage 85

Welche besondere Rolle war den Kalifen zugeschrieben?

☞ Sie waren nicht nur weltliche Herrscher, sondern – als Nachfolger des Propheten Mohammed – auch jeweils das geistliche Oberhaupt des Islam. Das Kalifenreich zerfiel 1258 nach der Eroberung Bagdads durch die Mongolen.

Frage 86

Was ist mit dem Begriff „jungsteinzeitliche Revolution" gemeint?

☞ Der Übergang vom nomadenhaften Jägerdasein zu Ackerbau und Viehzucht, d. h. zur sesshaften Wirtschaft. Dies wurde möglich, nachdem die Gletscher der Eiszeit abgeschmolzen waren. Bedingt durch die neue Lebensweise wurden auch neue Geräte erfunden, z. B. Axt und Beil oder Tongefäße.

Frage 87

Er führte als General im amerikanischen Unabhängigkeitskrieg die Truppen der 13 Kolonien siegreich gegen das Mutterland. 1787 übernahm er das Präsidentenamt der verfassungsgebenden Versammlung, zwei Jahre darauf wurde er einstimmig zum ersten Präsidenten der Vereinigten Staaten von Amerika gewählt. **Wer war's?**

☞ **George Washington (1732–99).**

Frage 88

Welche 1920 gegründete internationale Organisation war der Vorgänger der Vereinten Nationen?

☞ Der Völkerbund, der auf eine Anregung des amerikanischen Präsidenten Wilson (1856–1924) zurückging, dem aber die Vereinigten Staaten letztlich nicht angehörten.

Frage 89

In welcher Stadt regierte der legendäre Kalif Harun ar-Raschid?

☞ **In Bagdad.** Mit ihm begann die Herrschaft der Abbasiden. Obwohl ar-Raschid (766–809) in den Märchen aus 1001 Nacht als „der Gerechte" verklärt wurde, gilt er als äußerst grausamer Herrscher.

Frage 90

Mit der 4000 Kilometer langen Fahrt auf dem aus Balsaholz gebauten Floß Kon-Tiki von Peru nach Tahiti wollte dieser Norweger den Beweis für die These liefern, dass die Südseeinseln von Südamerika aus besiedelt wurden. Die Fahrt mit einem Papyrusboot von Afrika in die Karibik sollte zeigen, dass die Ägypter schon lange vor Kolumbus in Amerika hätten sein können. **Wie hieß der Gesuchte?**

☞ **Thor Heyerdahl (1914–2002).**

Frage 91

Wann wurde das legendäre Königreich Siam eine konstitutionelle Monarchie?

☞ **1932.** Das Land, das seit 1939 (mit Ausnahme der Jahre 1945–49) nicht mehr Siam, sondern Thailand heißt und das als einziges südostasiatisches Land niemals europäische Kolonie war, war schon seit Jahrhunderten ein Königtum, als man 1932 die Verfassung modernisierte und es zu einer konstitutionellen Monarchie umgestaltete. Der heutige König Rama IX. (*1927) wurde 1950 gekrönt.

Frage 92

Welche Organisation wurde 1948 u. a. mit dem Ziel der Etablierung einer panamerikanischen Freihandelszone gegründet?

☞ Die Organisation Amerikanischer Staaten (engl. Organization of American States, Abk. OAS). Es handelt sich dabei um eine zwischenstaatliche Organisation amerikanischer Länder mit Hauptsitz in Washington. Gegenwärtig gehören ihr 35 nord- und südamerikanische Staaten an.

Frage 93

Das Zweite Vatikanische Konzil gilt als das wichtigste kirchliche Ereignis des 20. Jahrhunderts. Welcher Papst berief diese spezielle Sitzung ein?

- ☐ a) Johannes XXIII.
- ☐ b) Paul VI.
- ☐ c) Johannes Paul I.
- ☐ d) Pius IV.

☞ **a) Johannes XXIII.**

Das Zweite Vatikanische Konzil wurde von Papst Johannes XXIII. (1881–1963) einberufen und fand vom 11. Oktober 1962 bis zum 8. Dezember 1965 in drei Sitzungsperioden statt. Nach dem Tod Johannes' XXIII. im Jahr 1963 wurde es von Papst Paul VI. fortgesetzt und beendet.

Johannes XXIII.

Frage 94

Was strebt die politische Utopie des Anarchismus an?

☞ Sie möchte die staatliche Ordnung beseitigen und an ihre Stelle eine utopische Gesellschaft setzen, in der jeder frei ist. Da Anarchisten in der Geschichte vielfach Attentate auf Repräsentanten des Staates verübten, gilt der Begriff fälschlicherweise auch als Synonym für terroristische Gewalt. Zar Alexander II. (1818–81) und Elisabeth von Österreich (1837–98) wurden von bekennenden Anarchisten getötet.

Frage 95

In welchem Land war der Peronismus lange Zeit bestimmend?

☞ **In Argentinien.** Die Peronisten sammelten sich um Staatspräsident Juan Domingo Perón (1895–1974) in der argentinischen Arbeiterpartei (Partido Laborista). Der Peronismus widmete sich zwar den ärmeren

Schichten, schreckte aber vor dem Einsatz diktatorischer Mittel nicht zurück und brachte das Land in wirtschaftliche, politische und soziale Schwierigkeiten.

Frage 96

Den zahlreichen Gelehrten, die im „Museion" dieser Bibliothek forschten und lebten, standen rund 700.000 Buchrollen zur Verfügung. Um 300 v. Chr. von Ptolemaios I. (um 367–283 v. Chr.) angelegt, wurde die Bibliothek im 3. und 4. Jahrhundert n. Chr. zerstört. **Wie hieß diese bedeutendste Bibliothek der Antike?**

☞ **Alexandrinische Bibliothek.**

Frage 97

Wie hängt das United Kingdom mit dem Commonwealth zusammen?

☞ Mit dem Vereinigten Königreich von Großbritannien und Nordirland (United Kingdom) haben sich im Commonwealth ca. 50 autonome Staaten, die früher britische Kolonien bzw. „Dominions" waren, zu einem lockeren Bund zusammengeschlossen. Einige erkennen die britische Königin als Staatsoberhaupt an. Die Bezeichnung „Commonwealth of Nations" gilt seit dem Zweiten Weltkrieg.

Frage 98

Worum ging es beim sogenannten Boxeraufstand?

☞ Um einen antikolonialen chinesischen Aufstand. „Boxer" nannten sich die Mitglieder eines chinesischen Geheimbundes mit fremdenfeindlichen Tendenzen. 1900 belagerten sie in Peking das Diplomatenviertel. Weil dabei der deutsche Gesandte getötet wurde, besetzten die ausländischen Mächte die Stadt.

Frage 99

Wer ist das Staatsoberhaupt der Bundesrepublik?

☐ a) der Bundeskanzler
☐ b) der Bundespräsident
☐ c) der Bundestagspräsident
☐ d) der Bundesratspräsident

☞ **b) der Bundespräsident**

Frage 100

Was sind ABC-Waffen?

☞ Atomare, biologische und chemische Waffen. In Deutschland verzichtet man seit 1954 auf die Herstellung dieser Kampfmittel.

Frage 101

Was versteht man unter Imperialismus?

☞ Das Bestreben einer Großmacht, die Herrschaft über andere Länder und Völker zu erlangen und diese ökonomisch auszubeuten. Als Phase des klassischen Imperialismus gilt die Zeit von 1870 bis 1950, die vom Aufbau und Untergang der großen Kolonialreiche England und Frankreich gekennzeichnet war.

Frage 102

Mit seinem Onkel und seinem Vater gelangte er bis in die Mongolenhauptstadt Kambaluk (Peking/Beijing) an den Hof von Kubilai Khan (1215–94). Als Gesandter dieses Kaisers reiste er bis nach Südchina, Burma (heute Myanmar) und Indien. Erst 24 Jahre später kehrte er nach Venedig zurück. Er zeichnete in seinen Beschreibungen der Welt ein völlig neues Bild der Erde. **Wer war dieser berühmte Asienreisende des Mittelalters?**

☞ **Marco Polo (1254–1324).**

Originalseite aus Il milione*, Marco Polos Reisebericht*

Frage 103

Welches Angebot machte die Sowjetunion 1952 in den sogenannten Stalinnoten?

☞ Die vier diplomatischen Initiativen boten an, die deutsche Frage zugunsten einer gesamtdeutschen Regierung, die zwischen den Weltmächten eine neutrale Position einnehmen sollte, zu lösen. Das Angebot stieß bei den Westmächten und auch bei der westdeutschen Regierung unter Konrad Adenauer auf Ablehnung, weil man einerseits erhebliche Zweifel an der Ernsthaftigkeit des diplomatischen Vorstoßes hegte, andererseits aber auch, weil die Vorschläge Adenauers eigenem Konzept der Westintegration der Bundesrepublik zuwiderliefen.

Frage 104

Indien erlangte 1947 die Unabhängigkeit. In die Nationalflagge des Landes wurde das Spinnrad aufgenommen. **Welche symbolische Bedeutung hatte es für das Volk?**

Flagge Indiens

☞ Das Spinnrad ist das Symbol für Gandhis (1869–1948) gewaltlosen Kampf gegen die britische Kolonialmacht (1912). Als Protest gegen das britische Textilmonopol sollte die Bevölkerung Kleidung aus weißer, von eigener Hand gesponnener Baumwolle tragen.

Frage 105

In welchem heutigen Land lag früher das Reich der Inka?

☐ a) Peru ☐ c) Mexiko
☐ b) Bolivien ☐ d) Ecuador

☞ **a) Peru**

Frage 106

Wie viele Deutsche starben im Zweiten Weltkrieg?

☞ Von den insgesamt 60 Millionen Opfern des Zweiten Weltkriegs waren etwa 6,5 Millionen Deutsche. Damit starb etwa jeder zehnte Deutsche entweder an den Kriegsfronten, im Bombenhagel in der Heimat oder bei Flucht und Vertreibung. Etwa die Hälfte aller deutschen Opfer waren Zivilisten.

Frage 107

Was versteht man unter einem Ultimatum?

☞ Allgemein eine letzte Aufforderung, verbunden mit der Androhung von Konsequenzen. Nach den UN-Satzungen sind Ultimaten, die Staaten in Verbindung mit Gewaltandrohungen stellen, völkerrechtswidrig.

Frage 108

Sie war der erste Hund im All. Am 3. November 1957 wurde sie mit dem russischen Satelliten Sputnik II in den Weltraum befördert, um die Bedingungen für lebende Organismen auf längeren Raumflügen zu testen. **Wie hieß sie?**

☞ **Laika.**

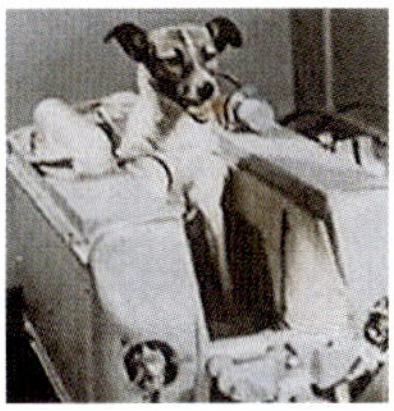

Laika kurz vor dem Start

Frage 109

Worum geht es im Vertrag von Maastricht?

☞ Mit dem Vertrag von Maastricht wurde am 7. Februar 1992 beschlossen, die Europäische Gemeinschaft (EG) zu einer europäischen Wirtschafts- und Währungsunion (EU) zu erweitern und den Euro als Leitwährung einzuführen. Außerdem sollte die politische Integration vorangetrieben werden.

Frage 110

Welche Staatsform herrscht heute in Spanien?

☞ **Die parlamentarische Monarchie.** Staatsoberhaupt ist seit 1975, seit dem Ende der faschistischen Diktatur, König Juan

Carlos I. (*1938). Die Regierung wird vom frei gewählten spanischen Parlament bestimmt.

Frage 111

Wen löste 1974 der Republikaner Gerald Ford im Amt des US-Präsidenten ab?

☐ a) Lyndon B. Johnson
☐ b) Jimmy Carter
☐ c) Richard Nixon
☐ d) Ronald Reagan

☞ **c) Richard Nixon** (1913–94), der wegen der Watergateaffäre vom Präsidentenamt zurücktreten musste.

Richard Nixon

Frage 112

Welchen Begriff prägten die alten Griechen für ein politisches System, in dem das Volk die Herrschaft ausübt?

☞ **Demokratie (griech. „Volksherrschaft").** In der direkten Demokratie nimmt das Volk an den Volksversammlungen teil (z. B. Kantone in der Schweiz); in der repräsentativen Demokratie wählt das Volk ein Parlament (z. B. Bundesrepublik).

Frage 113

Wie nannte man die Kriegsentschädigungen, die dem Deutschen Reich 1919 mit dem Versailler Vertrag aufgebürdet wurden?

☞ **Reparationen.** Das waren Geld-, Sach- und Dienstleistungen zur Entschädigung der Sieger für die erlittenen Schäden im Ersten Weltkrieg.

Frage 114

Er war bereits 1906 nach Palästina eingewandert und rief am 14. Mai 1948 den unabhängigen Staat Israel aus. Er war der erste israelische Ministerpräsident und gilt als Vater des modernen Israel, dem eine erste Stabilisierung des Landes gelang. **Wie hieß er?**

☞ **David Ben Gurion (1886–1973).**

Frage 115

Wie kam Amenophis IV. zu seinem Beinamen Echnaton?

☞ Weil er in seinem Reich die Sonnenscheibe als einzigen Gott verehrte, wurde er auch Echnaton, „der dem Aton (der Sonne) wohlgefällig ist" genannt.

Frage 116

Warum wurde der russische Mönch Rasputin ermordet?

☞ Wegen seiner Verstrickungen in die russische Politik. Rasputin (1864–1916) lebte seit 1907 am Hof des Zaren Nikolaus II. (1868–1918). Dort sah man ihn als Wunderheiler an und glaubte, dass er die Bluterkrankheit des Thronfolgers heilen könne. Rasputin nutzte das Vertrauen, um auf die Politik des Zaren Einfluss zu nehmen. Am 17. Dezember 1916 wurde er Opfer eines Attentats.

Grigori Jefimowitsch Rasputin

Frage 117

Welches ist das bevölkerungsreichste Bundesland?

☐ a) Bayern
☐ b) Nordrhein-Westfalen
☐ c) Niedersachsen
☐ d) Baden-Württemberg

☞ **b) Nordrhein-Westfalen**
Mit 17,76 Mio. Einwohnern ist Nordrhein-Westfalen vor Bayern das bevölkerungsreichste Bundesland.

Frage 118

Aus welcher Schule floh Spartakus?

☞ Aus der Gladiatorenschule in Capua. Dort sollte der Sklave Spartakus (gest. 71 v. Chr.)

aus Thrakien für die Schaukämpfe im Kolosseum ausgebildet werden. Ihm und 70 weiteren Schicksalsgenossen schlossen sich die Leibeigenen der Umgebung an und bildeten ein Heer von 60.000 Mann. Sie wurden 71 v. Chr. von Crassus (um 115–53 v. Chr.) besiegt, Spartakus starb im Kampf.

Frage 119

Der östliche Teil welches Mittelmeerlandes ist seit der Antike als Cyrenaika bekannt?

☞ **Der Osten Libyens.** Das Land wurde 1912 italienische Kolonie und war im Zweiten Weltkrieg Schauplatz heftiger Kämpfe zwischen Deutschen und Briten. 1951 wurde das nach dem Krieg von Briten und Franzosen verwaltete Libyen unabhängiges Königreich, nach einem Staatsstreich 1969 schließlich Republik.

Frage 120

Er regierte die Sowjetunion von 1954 bis 1964. Er räumte 1954 auf dem 20. Parteitag der KPdSU mit dem Führerkult um Stalin auf und verkündete die Doktrin der „friedlichen Koexistenz" mit dem Westen, war jedoch auch für den Mauerbau und die Kubakrise 1962 verantwortlich. **Wie hieß der Politiker?**

☞ **Nikita Chruschtschow (1894–1971).**

Frage 121

Warum nennt man den Einfluss von Interessengruppen auf politische Entscheidungsprozesse Lobbyismus?

☞ Der Begriff leitet sich vom englischen „Lobby" – der Bezeichnung für die Wandelhalle im Parlamentsgebäude – her, wo Vertreter von Interessengruppen mit den Abgeordneten in Kontakt treten und so versuchen können, Einfluss zu nehmen.

Frage 122

Wo begann 1879 der Salpeterkrieg?

☞ **In der chilenischen Wüste.** Chile führte bis 1883 einen Krieg gegen Bolivien und Peru, die sich die reichen Salpetervorkommen an der chilenischen Grenze sichern wollten. Der Krieg endete mit der Niederlage Boliviens und Perus, die Gebiete an das Nachbarland abtreten mussten.

Frage 123

Wer gewann 1911 den Wettlauf zum Südpol?

☐ a) Robert F. Scott
☐ b) Roald Amundsen
☐ c) Richard E. Byrd
☐ d) Arved Fuchs

☞ **b) Roald Amundsen** (1872–1928)
Der norwegische Polarforscher und der Brite Robert Falcon Scott (1868–1912) hatten sich aus entgegengesetzten Richtungen auf den Weg zur südlichsten Stelle der Erde gemacht. Scott erreichte den Südpol fünf Wochen nach Amundsen und erfror auf dem Rückweg. Die Spuren Roald Amundsens verloren sich bei einer späteren Nordpolexpedition im ewigen Eis.

Amundsen am Südpol

Frage 124

Was versteht man unter Chauvinismus?

☞ Chauvinismus ist zum einen extremer Patriotismus bzw. Nationalismus. Heute wird der Ausdruck aber auch für selbstgefälliges, überhebliches Verhalten von Männern verwendet.

Frage 125

Wann wurde der bis heute geltende gregorianische Kalender eingeführt?

☞ Er wurde 1582 von Papst Gregor XIII. (1502–85) eingeführt. Durch die Differenz zum Sonnenjahr ergab der seit 45 v. Chr. gültige Kalender Julius Caesars (100–44

v. Chr.) bis zum 16. Jahrhundert eine Abweichung von zwölf Tagen. Der gregorianische Kalender geht dagegen in 3333 Jahren nur einen Tag vor.

Frage 126

Unter ihm erlebte Babylon seine höchste Blüte. Er ließ nach der Eroberung Jerusalems im Jahr 586 v. Chr. die jüdische Oberschicht nach Babylon deportieren (Babylonische Gefangenschaft) und Babylon mit Stadtmauern und dem Ischtartor, mit dem Tempelturm Etemenanki und mit den Hängenden Gärten, einem der Sieben Weltwunder der Antike, ausbauen. **Wie hieß der babylonische König?**

☞ **Nebukadnezar II. (um 605–562 v. Chr.).**

Frage 127

Welche fünf neuen Länder kamen mit der deutschen Wiedervereinigung am 3. Oktober 1990 zu den elf bereits bestehenden hinzu?

☞ Brandenburg, Thüringen, Mecklenburg-Vorpommern, Sachsen und Sachsen-Anhalt.

Frage 128

Was versteht man unter aktivem und passivem Wahlrecht?

☞ Unter aktivem Wahlrecht versteht man das Recht, wählen zu dürfen. Wahlberechtigt ist für gewöhnlich jeder Deutsche, der das 18. Lebensjahr vollendet hat. Bei Kommunalwahlen darf man in einigen Bundesländern (Mecklenburg-Vorpommern, Niedersachsen, Nordrhein-Westfalen, Sachsen-Anhalt und Schleswig-Holstein) bereits mit 16 Jahren wählen. Das passive Wahlrecht besagt, dass man sich als Kandidat zur Wahl stellen kann. Es kann unter bestimmten Umständen auch aberkannt werden.

Frage 129

Im Süden Großbritanniens findet man die Kultstätte Stonehenge. **Welche Kultur ist für die Errichtung dieses berühmten Bauwerks verantwortlich?**

☐ a) La-Tène-Kultur
☐ b) Thulekultur
☐ c) Glockenbecherkultur
☐ d) Megalithkultur

☞ **d) Megalithkultur**
Das Bauwerk stellt eines der bedeutendsten prähistorischen Baudenkmäler Europas dar und zählt heute zum Weltkulturerbe.

Stonehenge

Frage 130

Was versteht man unter einer konstitutionellen Monarchie?

☞ Eine Form der Monarchie, in der die erbliche Gewalt und somit Machtausübung des Königs durch eine Verfassung (Konstitution) eingeschränkt ist. Diese Staats- und Regierungsform ist seit dem 19. Jahrhundert in vielen Ländern üblich, verantwortliche Minister und ein Parlament bestimmen in der Politik mit.

Frage 131

Welcher deutsche Hobbyarchäologe entdeckte 1870 das antike Troja?

☞ **Heinrich Schliemann (1822–90)**, der an einen historischen Kern der Sagen um den Trojanischen Krieg geglaubt hatte und viel Geld aus seinem Privatvermögen für die Ausgrabungen aufwendete. In zwölfjähriger Grabungsarbeit legte er das antike Troja frei.

Heinrich Schliemann

Frage 132

Wie nannte man das Deutsche Reich in der Zeit von 1919 bis 1933?

☞ **Weimarer Republik**, benannt nach der wegen politischer Unruhen nach Weimar umgezogenen verfassungsgebenden Nationalversammlung. Die Weimarer Republik, ein demokratischer Bundesstaat, der eine Mischform aus Präsidialsystem und Parlamentarismus war, übernahm die schweren Lasten, die mit der Niederlage des Deutschen Kaiserreichs im Ersten Weltkrieg verbunden waren, und war seit ihrer Gründung nahezu permanent Angriffen aus dem links- und rechtsextremen Lager ausgesetzt.

Frage 133

Was verfolgten die USA 1853/54 mit ihrer Open-Door-Policy?

☞ **Die Öffnung Japans gegenüber dem Westen**, v. a. in der Handelspolitik. Die USA erzwangen im Vertrag von Kanagawa die freie Zufahrt zu den Häfen von Shimoda und Hakodate.

Frage 134

Wie heißen die beiden chinesischen Staaten?

☞ Zum einen ist das die Volksrepublik China, zum anderen die im wesentlichen aus der Insel Taiwan bestehende Republik China. Zwischen beiden Staaten herrschen Spannungen, da die im Bürgerkrieg der kommunistischen Armee Mao Tsetungs unterlegenen Kuomintang hierher flüchteten und das Recht für sich in Anspruch nahmen, ganz China zu vertreten.

Frage 135

Wie hieß der erste römische Kaiser?

☐ a) Augustus
☐ b) Caesar
☐ c) Romulus
☐ d) Vespasian

☞ **a) Augustus** (63 v. Chr.–14 n. Chr.)

Frage 136

Welche Stadt profitierte vom Brand Krakaus im Jahre 1596, indem sie Residenz des polnischen Königreichs wurde?

☞ **Warschau**, das – mit Unterbrechung durch die Polnischen Teilungen – seit 1596 Hauptstadt Polens ist.

Frage 137

In welchem afrikanischen Land organisierten sich Angehörige des Zulu-Stammes in der Befreiungsbewegung Inkatha?

☞ **In Südafrika.** Noch zur Zeit der Apartheid wurde sie 1979 von Zulu-Chef Mangosuthu Buthelezi (*1928) gegründet, der zugleich Chefminister des Homelands Kwazulu war. Die Inkatha, die ausdrücklich auf Gewaltanwendung verzichtete und sich für ein friedliches Zusammenleben der Rassen in Südafrika unter einer gemeinsamen Verfassung aussprach, stand von Anfang an in Opposition zur mächtigen Schwarzen-Partei ANC.

Ein blutiger Machtkampf war die Folge, der besonders in Natal, dem Heimatland der Zulus, viele Opfer forderte.

Frage 138

Bevor sie 1956 den Fürsten eines europäischen Stadtstaates heiratete, errang diese Amerikanerin als Schauspielerin u. a. in *Zwölf Uhr mittags* (1952), *Über den Dächern von Nizza* (1955) und *Die oberen Zehntausend* (1956) Weltruhm. 1982 kam sie bei einem tragischen Autounfall ums Leben. **Wie hieß sie?**

☞ **Fürstin Gracia Patricia (1929–82), geborene Grace Kelly.**

Frage 139

Welche Staaten gingen aus der Kolonie Deutsch-Ostafrika hervor?

☞ Deutsch-Ostafrika wurde zum einen Teil britisches Mandatsgebiet, zum anderen wurde es der belgischen Kolonie Belgisch-Kongo einverleibt. Das britische Mandatsgebiet wurde 1961 in die Unabhängigkeit entlassen und bildet seit 1965 mit der Insel Sansibar den Staat Tansania. Aus dem belgischen Gebiet gingen später Ruanda und Burundi hervor.

Frage 140

Im westafrikanischen Sierra Leone endete im Sommer 1999 ein achtjähriger Bürgerkrieg. Was waren seine Ursachen?

☞ Misswirtschaft und Diktatur hatten das fruchtbare und an Bodenschätzen wie Gold und Metallerzen reiche Land in den Bürgerkrieg getrieben. Eine wesentliche Rolle spielten dabei die Diamantvorkommen im Südosten des Landes.

Frage 141

In welchem Land regiert die Duma?

☐ a) Russland
☐ b) Bulgarien
☐ c) Tschechien
☐ d) Griechenland

☞ **a) Russland**
Das russische Parlament besteht aus dem Föderationsrat und der Staatsduma. Ihr gehören 450 Abgeordnete an, die von der Bevölkerung gewählt werden.

Frage 142

Wer bildete im Zweiten Weltkrieg die Achsenmächte?

☞ Die Mitglieder des Dreimächtepakts von 1940: Deutschland, Italien und Japan. Hitler und Mussolini hatten zuvor die sogenannte Achse Berlin-Rom propagiert.

Frage 143

Wer einte zum letzten Mal das Römische Reich?

☞ **Theodosius I. (347–395)** war von 379 bis 395 römischer Kaiser. Ihm gelang es 394 durch einen Sieg über Eugenius († 394) zum letzten Mal, das Römische Reich zu einen.

Frage 144

Die Einführung des Euro und die Schaffung der Europäischen Währungsunion machten 1998 die Gründung einer europäischen Zentralbank nötig, die, unabhängig von politischer Beeinflussung, aber in Zusammenarbeit mit den Zentralbanken der

Mitgliedstaaten, u. a. für eine stabile Währung sorgen soll. Der erste „Hüter des Euro" war ein Niederländer. **Wie hieß er?**

☞ **Wim Duisenberg (1935–2005).**

Frage 145

Welche Güter wurden über die Seidenstraße transportiert?

☞ Bereits seit dem 2. Jahrhundert v. Chr. wurde Seide aus China über den Landweg nach Syrien transportiert. Daneben spielten auch Jadeschnitzereien und Porzellan als begehrte chinesische Exportprodukte eine wesentliche Rolle.

Frage 146

Wieso erlitten die Amerikaner im Jahr 1957 den sogenannten Sputnik-Schock?

☞ Weil es den Russen gelungen war, am 4. Oktober 1957 mit Sputnik I den ersten künstlichen Satelliten ins Weltall zu entsenden. Bis zur amerikanischen Mondlandung 1969 sah es so aus, als hätten die USA den Wettlauf im All verloren.

Frage 147

In welchem Jahr wurde der Staat Israel gegründet?

☐ a) 1933
☐ b) 1945
☐ c) 1948
☐ d) 1956

☞ **c) 1948**

Seit Ende des Ersten Weltkriegs stand das Gebiet Palästina, das das heutige Israel und Jordanien umfasste, unter dem Mandat Großbritanniens. Zu diesem Mandat gehörte auch die „Gründung einer nationalen Heimstätte für das jüdische Volk". Diesen Plan setzten die Briten in der Folgezeit um. Am 14. Mai 1948 endete das britische Mandat. Kurz vorher verlas David Ben Gurion die Unabhängigkeitserklärung. Elf Minuten später erkannte Harry Truman für die USA den Staat Israel an. Am 16. Mai folgte die Sowjetunion diesem Beispiel.

Frage 148

Wer waren die Autoren des *Kommunistischen Manifests* von 1848?

☞ Die Begründer des Marxismus, Karl Marx (1818–83) und Friedrich Engels (1820–95).

Karl Marx und Friedrich Engels

Frage 149

Was ist eine Junta?

☞ Junta (span. „Versammlung, Rat") ist der vor allem in Spanien und den Ländern Lateinamerikas gebrauchte Begriff für einen Regierungsausschuss oder für die Machthaber einer Militärdiktatur, die durch Umsturz an die Macht gekommen sind. Junta kann auch eine Regierung heißen, die für eine begrenzte Zeit eingesetzt wurde.

Frage 150

Er hatte italienische Vorfahren und starb in britischer Gefangenschaft. Seine Karriere begann als Offizier in den Revolutionskriegen. 1804 krönte er sich im Beisein des Papstes selbst zum Kaiser der Franzosen und unterwarf bis 1812 weite Teile Europas. Seine Reformen in Verwaltung und Rechtskodifikation hatten weltweit Vorbildcharakter. **Wie hieß der französische Staatsmann?**

☞ **Napoleon Bonaparte (1769–1821).**

Frage 151

Wie kamen die Indianer nach Amerika?

☞ Nach allem was man heute weiß, stammten die Ureinwohner Amerikas von Völkern ab, die vor etwa 20.000 Jahren über die Beringstraße in das von Menschen unbewohnte Amerika einwanderten.

Frage 152

Warum interessiert sich die Weltöffentlichkeit immer wieder für Aserbaidschan?

☞ Ein wichtiger Grund sind die Ölfelder rund um Baku, an deren Nutzung seit 1993 auch westliche Firmen beteiligt sind. Auch die gewaltsamen Auseinandersetzungen zwischen muslimischen Aserbaidschanern und christlichen Armeniern in der weitgehend von Armeniern besiedelten Enklave Nagorny-Karabach rücken das Land immer wieder in den Fokus der Weltöffentlichkeit.

Frage 153

Der wievielte deutsche Bundeskanzler war Helmut Schmidt?

☐ a) der 4.
☐ b) der 5.
☐ c) der 6.
☐ d) der 7.

Helmut Schmidt

☞ **b) der 5.**
Helmut Schmidt (*1918; SPD) stand von 1974 bis 1982 einer sozialliberalen Regierung vor.

Frage 154

Welches ist die vorrangige Aufgabe des Weltsicherheitsrats?

☞ **Die Aufrechterhaltung des Friedens.** Der Weltsicherheitsrat ist ein Organ der UN, er hat mit China, Frankreich, Großbritannien, Russland und den USA fünf ständige, daneben zehn nichtständige Mitglieder, die alle zwei Jahre wechseln. In Fällen der Friedensgefährdung müssen sich die betroffenen UN-Mitgliedsstaaten der Entscheidung des Weltsicherheitsrats unterwerfen.

Frage 155

Wie heißen die UN-Soldaten, die in Krisengebieten eingesetzt werden?

☞ Die Vereinten Nationen senden auf der Grundlage eines Mandats die sogenannten Blauhelme in Krisengebiete. Die bewaffneten Soldaten sollen dort zur Sicherung des Friedens beitragen.

Frage 156

Der studierte Arzt hatte an der Seite Fidel Castros (*1927) erfolgreich die sozialistische Revolution auf Kuba organisiert und wurde Industrieminister Kubas. Doch hielt es ihn nicht lange auf dem Ministerstuhl, denn er wollte die Revolution in anderen Staaten Südamerikas durchsetzen. In Bolivien geriet er in einen Hinterhalt und wurde umgebracht. Sein Leben, seine Ideen und seine Person entwickelten sich bei der politischen Linken weltweit zu einem Mythos. Wie hieß dieser Argentinier?

☞ **Ernesto Guevara de la Serna (1928–67), genannt Che Guevara.**

Frage 157

In welchen afrikanischen Ländern kam es zwischen Hutu und Tutsi zu blutigen Auseinandersetzungen?

☞ **In Ruanda und Burundi.** Obwohl die Hutu in beiden Ländern etwa 85 % der Bevölkerung stellen, wurden sie lange Zeit im politischen und gesellschaftlichen Leben durch die Tutsi, die die Oberschicht stellten, ins Abseits gedrängt.

Frage 158

Wer schaffte im Breitling Orbiter 3 die Umrundung der Erde in 19 Tagen, 21 Stunden und 25 Minuten?

☞ Der Schweizer Bertrand Piccard (*1958) und der Brite Brian Jones (*1948). Sie starteten am 1. März 1999 mit ihrem Ballon in den Schweizer Alpen, ihre Reise führte sie über Nordafrika, die arabische Halbinsel, Indien, den Pazifik, Mexiko, den Atlantik zurück nach Nordafrika.

Frage 159

Wie hieß der Kaiser, in dessen Reich die Sonne nicht unterging?

☐ a) Ludwig XIV.
☐ b) Umberto I.
☐ c) Ferdinand II.
☐ d) Karl V.

☞ **d) Karl V. (1500–58)**, König von Spanien, römisch-deutscher König, Herrscher über Burgund und in Italien. Er legte mit der Eroberung Mexikos (1519–21) und Perus (1523–33) den Grundstein für das spanische Kolonialreich.

Karl V.

Frage 160
Welche Partei führte Tschiang Kai-schek?

☞ **Die nationalrevolutionäre Kuomintang.** General Tschiang Kai-schek (1887–1975) war ab 1928 Präsident der chinesischen Republik. Im Bürgerkrieg (1947–49) musste er sich nach Taiwan zurückziehen, wo er von 1950 bis 1975 autoritärer Staatspräsident war.

Frage 161
Was geschah am sogenannten D-Day?

☞ Als D-Day, eigentlich der Tag eines strategisch geplanten Militäreinsatzes (engl. day-day, „Tag-Tag"), ging der 6. Juni 1944 in die Geschichte ein, der Tag, an dem die Alliierten in der französischen Normandie landeten und Frankreich von der Naziherrschaft befreiten.

Frage 162
Der ägyptische Politiker Anwar as-Sadat (1918–81) und der israelische Ministerpräsident Menachem Begin (1913–92) trafen sich dort 1979 unter der Vermittlung von US-Präsident Jimmy Carter (*1924) zu Friedensverhandlungen und unterzeichneten ein Friedensabkommen. **Wie heißt das Feriendomizil der US-Präsidenten im amerikanischen Maryland?**

Haupthaus von Camp David

☞ **Camp David.**

Frage 163
Woher kommt die Redewendung „Etwas auf dem Kerbholz haben"?

☞ Im Mittelalter war das Kerbholz ein Instrument zur Überprüfung von Lieferungen und Arbeitsleistungen. Es bestand meist aus zwei Teilen, einem für die Schuldner und einem für die Gläubiger. Die Kerben in beiden Teilen mussten bei der Abrechnung genau aufeinanderpassen. Heute wird mit der Redewendung umschrieben, dass jemand etwas ausgefressen hat.

Frage 164
Was ist unter den sogenannten Out-of-area-Einsätzen der NATO zu verstehen?

☞ Ein Einsatz von NATO-Streitkräften zur Krisenbewältigung außerhalb der Grenzen der verbündeten Nationen. Der Kosovokrieg 1999 war der erste offizielle Out-of-area-Einsatz der NATO.

Frage 165
Auch in der Politik gibt es bisweilen seltsame Rituale. So kann es sein, dass es zu einem Hammelsprung kommt. Wo?

☐ a) Deutscher Sportbund
☐ b) Deutscher Bundestag
☐ c) Landwirtschaftsministerium
☐ d) Bauernverband

☞ **b) Deutscher Bundestag**

Blick in den Deutschen Bundestag

Frage 166
Welcher formale Akt beendete den Zweiten Weltkrieg?

☞ Die Unterzeichnung der bedingungslosen Kapitulation am 7. Mai 1945 im alliierten Hauptquartier in Reims durch Generaloberst Alfred Jodl (1890–1946). Am 8. Mai wiederholte sich die Unterzeichnung der Kapitulationsurkunde im sowjetischen Hauptquartier in Berlin-Karlshorst durch Generalfeldmarschall Keitel (1882–1946).

Frage 167

Welches Land wurde 1997 in Demokratische Republik Kongo umbenannt?

☞ Der Rebellenführer Laurent-Désiré Kabila (1939–2001) nannte den Staat Zaire nach dem Umsturz im Mai 1997 Demokratische Republik Kongo. Kabila hatte Mobuto Sese-Seko (1930–1997) gewaltsam abgesetzt und wurde neuer Präsident des Landes.

Frage 168

Das oberste Rechtsprechungsorgan der Bundesrepublik hat seinen Sitz in Karlsruhe. Es ist gegenüber allen anderen Verfassungsorganen (einschließlich Bundestag und Bundesregierung) unabhängig und wacht über die Einhaltung des Grundgesetzes. Seine Entscheidungen sind unanfechtbar. Alle übrigen Staatsorgane sind an seine Urteilssprüche gebunden. Gegründet wurde dieses Rechtsprechungsorgan im Jahr 1951. Auch wenn es selbst kein politisches Organ ist, hat seine Arbeit auch politische Wirkung, etwa wenn es ein Gesetz für verfassungswidrig erklärt. **Um welches Rechtsorgan handelt es sich?**

☞ **Das Bundesverfassungsgericht.**

Frage 169

Was bedeutet der Name der irisch-nationalistischen Sinn-Féin-Partei wörtlich übersetzt?

☞ Der Name kommt aus dem Gälischen und bedeutet „Wir selbst". Die 1905 gegründete Partei entwickelte sich seit 1916 zum Sammelbecken der nationalistisch-republikanischen Kräfte im englisch besetzten Irland und konnte schon bei der Unterhauswahl von 1918 drei Viertel aller irischen Sitze erlangen. 1921, nach der Unabhängigkeit Südirlands, spaltete sich die Partei. In Nordirland wurde sie zum politischen Arm der IRA.

Frage 170

Wie nennt man die Bemühungen um einen politischen und kulturellen Zusammenschluss aller Slawen?

☞ **Panslawismus.** Die Bewegung, die in Russland und auf dem Balkan seit Beginn des 20. Jahrhunderts erheblichen Zuwachs verzeichnen konnte, wurde insbesondere vom russischen Zaren instrumentalisiert, um die eigene Bevölkerung von den ökonomischen und sozialen Problemen des Reichs abzulenken.

Frage 171

Wer gab den Befehl zum Abwurf der ersten Atombombe?

☐ a) Franklin D. Roosevelt
☐ b) Harry S. Truman
☐ c) Dwight D. Eisenhower
☐ d) Theodore Roosevelt

☞ **b) Harry S. Truman** (1884–1972), US-Präsident von 1945 bis 1953.

Harry S. Truman

Frage 172

Welches Volk, das sich selbst Inuit nennt, wurde von seinen Nachbarn als „Rohfleischesser" bezeichnet?

☞ **Die Eskimos.** Da in ihrem Lebensraum so gut wie keine Bäume wachsen, blieb den hauptsächlich von Jagd und Fischfang lebenden Inuit oft nichts anderes übrig, als ihr Fleisch roh zu verzehren. Ihre indianischen Nachbarn nannten sie deshalb Eskimos, was übersetzt nichts anderes als „Rohfleischesser" bedeutet.

Frage 173

Was ist eine Polis?

☞ Eine Polis (griech. Stadt) war im antiken Griechenland ein Stadtstaat. Die Polis war eine Gemeinschaft von Bürgern, für die es feste soziale und ethnische Zugehörigkeitskriterien gab und die sich z. B. gegen Sklaven und Fremde klar abgrenzte. Sie war gekennzeichnet durch die Selbstverwaltung der Vollbürger. Diese traten regelmäßig zur Volksversammlung zusammen und konnten in den Rat gewählt oder durch Los aufgenommen werden.

Frage 174

Die 1961 gegründete Organisation mit Sitz in London prangert weltweit Menschenrechtsverletzungen an und kann dadurch vielfach Menschen vor Folter, Gefängnis oder Hinrichtung retten. Richtschnur zur Beurteilung von Regierungsmaßnahmen ist für die Organisation die Allgemeine Erklärung der Menschenrechte der Vereinten Nationen. **Wie heißt sie?**

☞ **Amnesty International (ai).**

Frage 175

Wie nennt man den Zusammenschluss der unabhängigen arabischen Staaten zur wirtschaftlichen, politischen und kulturellen Zusammenarbeit?

☞ **Die Arabische Liga.** Sie wurde 1945 in Kairo gegründet, heute gehören ihr 21 arabische Staaten und Palästina an. Durch die Zusammenarbeit soll die Souveränität der Mitgliedsländer gewahrt werden.

Frage 176

Welche Regierungsform bildet das Gegenteil zur Monarchie?

☞ Das Gegenteil einer Monarchie ist von der Grundidee her die Republik (von lat. res publica, „öffentliche Sache, Staatsgewalt"), auch wenn diese durchaus Elemente einer Monarchie enthalten kann. Idealtypisch geht in der Republik die Staatsgewalt vom Volk aus, das über ein frei gewähltes Parlament die Regierung stellt. In der Antike konnte die Republik aristokratisch oder demokratisch geprägt sein, je nachdem ob nur eine kleine adelige Elite oder die gesamte Bürgerschaft am Prozess wesentlicher politischer Entscheidungen partizipierte.

Frage 177

Wie heißt das israelische Parlament?

☐ a) Sejm
☐ b) Duma
☐ c) Knesset
☐ d) Kongress

☞ **c) Knesset**

Frage 178

Welche Namen hatte das heutige Sankt Petersburg in seiner Geschichte?

☞ Die 1703 von Zar Peter I., dem Großen (1672–1725), an der Mündung der Newa in die Ostsee gegründete Stadt hieß zunächst Sankt Petersburg. Von 1914 bis 1924 wurde sie Petrograd genannt, bevor sie 1924 nach dem Tod Lenins in Leningrad umbenannt wurde. Seit 1991 heißt sie wieder Sankt Petersburg.

Peterhof in St. Petersburg

Frage 179

Unter welchem antiken Herrscher gab sich der Stadtstaat Athen eine demokratische Verfassung?

☞ Athen erhielt 508/507 v. Chr. unter Kleisthenes (um 570–507 v. Chr.) eine demokratische Verfassung. Die Bürgerschaft wurde in Demen (Gemeinden) gegliedert. Zehn neue Stammesverbände (Phylen) wurden gegründet, die jeweils 50 Mitglieder in den neuen Rat der Fünfhundert entsandten.

Frage 180

Er hatte auf Europareisen die Ideen der Französischen Revolution kennengelernt. 1810 schloss er sich in Caracas einer Widerstandsjunta an, die sich gegen die spanische Fremdherrschaft erhob. Er befreite Venezuela, Ecuador, Peru und Hochperu, das sich später nach ihm benannte. **Wie hieß der lateinamerikanische Nationalheld?**

☞ **Simón Bolívar (1783–1830).**

Frage 181

Was ersetzt die am 16. Oktober 2002 eröffnete Alexandrina?

☞ Die Bibliothek in der ägyptischen Stadt Alexandria ersetzt die ursprünglich um 300 v. Chr. gegründete Bibliothek von Alexandria. Dort soll das gesamte Wissen der Antike mit etwa 700.000 Papyrusschriftrollen aufbewahrt gewesen sein.

Frage 182

Wie viele Menschen waren vom bisher größten Stromausfall Nordamerikas betroffen?

☞ Ungefähr 50 Millionen Amerikaner und Kanadier saßen vom 14. zum 15. August 2003 stundenlang im Dunkeln. In New York, Cleveland, Ohio, Detroit, Michigan, Toronto und Ottawa brach das Stromnetz wegen Überlastung zusammen.

Frage 183

Wer gründete 1619 Batavia?

- ☐ a) die Inder
- ☐ b) die Belgier
- ☐ c) die Engländer
- ☐ d) die Niederländer

☞ **d) die Niederländer**
Batavia wurde zum Zentrum der niederländischen Vereinigten Ostindischen Kompanie und Sitz des Generalgouverneurs von Niederländisch-Indien.

Frage 184

In welchem asiatischen Land kam es von 1950 bis 1953 zu einem Krieg zwischen dem Norden und dem Süden?

☞ **In Korea.** Das geteilte Land hatte in den 1950er-Jahren unter dem sogenannten Koreakrieg zu leiden, der ersten großen militärischen Auseinandersetzung des Kalten Krieges. Nach drei Jahren wurde die Waffenstillstandslinie in der Nähe des 38. Breitengrades quer über die koreanische Halbinsel gezogen, die nur wenig von der Vorkriegsgrenze abwich.

Frage 185

Welche Spezialtruppe überwacht seit Juni 1999 die Sicherheit im Kosovo?

☞ Die UN hat seit dem Sommer 1999 im Kosovo zeitlich unbefristet die bewaffnete Schutztruppe Kosovo Force (KFOR) in der ehemaligen jugoslawischen Provinz Kosovo stationiert.

Frage 186

Wirtschaftsführer, Politiker und Wissenschaftler aus über 30 Ländern schlossen sich 1968 in der italienischen Hauptstadt zu einer Organisation zusammen, die sich der Erforschung sozialer, ökologischer, wirtschaftlicher und politischer Zukunftsfragen widmet und die mit ihrem 1972 veröffentlichten Bericht einen dringenden Appell für einen rücksichtsvolleren Umgang mit der Umwelt und den natürlichen Ressourcen an Bürger und Politiker richtete. **Wie heißt die Organisation?**

☞ **Club of Rome.**

Frage 187

Warum rief das Nordatlantische Verteidigungsbündnis NATO 2001 erstmals den Bündnisfall aus?

☞ Wegen der Terroranschläge vom 11. September 2001 in New York und Washington stimmte der NATO-Rat am 12. September darin überein, dass dies als ein Angriff auf das gesamte Bündnis angesehen werde, und rief am 2. Oktober erstmals in seiner Geschichte den Bündnisfall aus.

Frage 188

Wann und von wem wurde das Matterhorn zum ersten Mal bestiegen?

☞ Am 14. Juli 1865 erreichte eine Gruppe von sieben Männern unter Führung des Briten Edward Whymper (1840–1911) den Gipfel nach einem dramatischen Wettlauf mit dem Italiener Carrel (1829–90), der sich mit Whymper nicht über eine gemeinsame Route hatte einigen können.

Frage 189

Welcher Bundeskanzler bemühte sich besonders um die Westintegration der Bundesrepublik?

☐ a) Willy Brandt
☐ b) Helmut Kohl
☐ c) Konrad Adenauer
☐ d) Kurt Georg Kiesinger

☞ **c) Konrad Adenauer** (1876–1967)

John F. Kennedy und Konrad Adenauer

Frage 190

Was verstand man in der Antike unter Euthanasie und was im Nationalsozialismus?

☞ Wörtlich bedeutet Euthanasie „leichter Tod". In der Antike wurde darunter das Töten eines Menschen verstanden, um ihn von seinen Leiden zu erlösen (heute auch als aktive Sterbehilfe bezeichnet). Im Dritten Reich wurde mit dem Begriff die Ermordung körperlich oder geistig behinderter Menschen verschleiert.

Frage 191

Wer war Ho Chi Minh?

☞ Ho Chi Minh (1890–1969) war der Präsident des sozialistischen Nordvietnam, unter dessen Führung das Land in den Krieg gegen den westlich orientierten Süden und die USA hineingezogen wurde.

Frage 192

Am 1. Januar 1997 wurde der aus Ghana stammende Wirtschaftswissenschaftler und Politiker UNO-Generalsekretär. Er war der erste Farbige und UN-Beamte, der in dieses Amt gewählt wurde, das er bis 2006 innehatte. **Wie heißt er?**

☞ **Kofi Annan (*1938).**

Frage 193

Wer wurde nach Nelson Mandela südafrikanischer Staatspräsident?

☞ Nachfolger von Nelson Mandela (*1918) im Amt des Staatspräsidenten Südafrikas war von 1999 bis 2008 Thabo Mbeki (*1942), der seit 1994 Vizepräsident der Republik Südafrika gewesen war.

Frage 194

Welcher US-amerikanische Politiker hatte Pläne für das Nachkriegsdeutschland entwickelt, die dieses zum Agrarland gemacht hätten?

☞ Nach den Plänen des US-Finanzministers Morgenthau (1891–1967; Morgenthauplan) sollte Deutschland nach 1945 aufgeteilt, die Wasserstraßen und das Ruhrgebiet internationaler Kontrolle unterstellt und die Industrie demontiert werden.

Frage 195

Die Wahl welches amerikanischen Präsidenten löste den Amerikanischen Bürgerkrieg aus?

☐ a) Abraham Lincoln
☐ b) John Adams
☐ c) Thomas Jefferson
☐ d) Woodrow Wilson

Abraham Lincoln

☞ **a) Abraham Lincoln** (1809–65), der den einseitigen Austritt der elf Südstaaten aus den USA nicht hinnehmen wollte und für die Einheit der Nation kämpfte.

Frage 196

Was waren die Schwerpunkte des geisteswissenschaftlichen Wirkens von Hannah Arendt?

☞ Als Politikwissenschaftlerin, Soziologin und Philosophin beschäftigte sich Arendt (1906–75) u. a. mit dem Antisemitismus, der Geschichte politischer Ideen und totalitären politischen Systemen.

Frage 197

Was verstand man im antiken Griechenland unter einer Agora?

☞ Die Agora war der zentrale Platz, der den Mittelpunkt einer griechischen Polis bildete und von allen Bürgern erreicht werden konnte. Dort spielten sich das öffentliche politische Leben und die direkte Kommunikation der Bürger ab. In Rom bildete das Forum diesen Ort öffentlicher politischer Kommunikation.

Frage 198

Er war der Anführer der verbotenen Arbeiterpartei Kurdistans (PKK) und führte ab 1984 einen Guerillakrieg gegen die türkische Armee, um die Befreiung des Kurdengebiets zu erreichen. 1999 wurde er von einem türkischen Gericht zum Tode verurteilt; die Todesstrafe wurde 2002 in eine lebenslange Haft umgewandelt. **Wie heißt er?**

☞ **Abdullah Öcalan (*1949).**

Frage 199

Welches Amt übernahm Hillary Clinton im Jahr 2000?

Hillary Clinton

☞ Hillary Clinton (*1947), die Ehefrau des ehemaligen US-Präsidenten Bill Clinton (*1946), wurde im Jahr 2000 zur Senatorin des Staates New York gewählt.

Frage 200

Welchen Status gaben sich 1955 die Staaten, die weder der NATO noch dem Warschauer Pakt angehören wollten?

☞ In Bandung auf Java trafen sich Vertreter von 23 asiatischen und sechs afrikanischen Staaten zu einer Konferenz, auf der sie sich für blockfrei, also keinem der Machtblöcke zugehörig, erklärten. Die blockfreien Staaten, zu denen auch die Volksrepublik China gehörte, verpflichteten sich zur „aktiven Neutralität" und schlossen sich zum Kampf gegen die „Ausbeutung der unterentwickelten Länder" und damit gegen den Kolonialismus zusammen.

Frage 201

Wer war der letzte große Pharao des Neuen Reichs?

☐ a) Ahmose
☐ b) Amenophis I.
☐ c) Thutmosis II.
☐ d) Ramses III.

☞ **d) Ramses III.** (um 1180–1152 v. Chr.)

Frage 202

Wer prüft die Verfassungstreue der von Bundestag und Bundesrat verabschiedeten Gesetze?

☐ a) der Bundespräsident
☐ b) der Bundestagspräsident
☐ c) der Bundeskanzler
☐ d) das Bundesverfassungsgericht

☞ **a) der Bundespräsident**
Die Verfassungstreue der verabschiedeten Gesetze zu prüfen ist Aufgabe des Bundespräsidenten. Erst mit seiner Unterschrift wird ein Gesetz rechtskräftig.

Frage 203

Welche Inselgruppe wurde 21 Jahre mit brutaler Gewalt vom Diktator Ferdinand E. Marcos regiert und ausgebeutet?

☞ **Die Philippinen.** Marcos (1917–89) regierte das Land mit Unterstützung der USA und des Militärs mit eiserner Hand und erschlich sich dabei ein Vermögen von rund 20 Milliarden Euro. Als er sich 1986 einem Putsch der oppositionellen Kräfte gegenübergestellt sah, floh der Diktator ins Ausland.

Frage 204

Statt über das Mittelmeer zu kommen, wollte er die Römer auf dem Landweg überraschen. Mit rund 60.000 Söldnern, 10.000 Pferden und 37 afrikanischen Elefanten startete er 218 v. Chr. von Spanien aus und eröffnete damit den Zweiten Punischen Krieg. **Wie hieß der karthagische Feldherr?**

☞ **Hannibal (247–183 v. Chr.).**

Frage 205

Welche Ziele verfolgte Otto von Bismarck mit seiner Außenpolitik?

☞ Ein großer europäischer Krieg sollte verhindert und Frankreich außenpolitisch isoliert werden. Außerdem intensivierte Bismarck (1815–98) die Kolonialpolitik und baute die Flotte in großem Stil aus.

Frage 206

Worum ging es im Historikerstreit?

☞ Als Historikerstreit bezeichnet man die in den Jahren 1986/87 von Journalisten, Publizisten, Soziologen, Politologen und Historikern geführte Diskussion um die Bedeutung und Bewertung der Judenvernichtung in der Zeit des Nationalsozialismus in der deutschen Geschichte. Dabei stand die Einzigartigkeit des Völkermordes an den Juden (Holocaust) im Mittelpunkt der polemisch geführten Diskussionen.

Frage 207

Wo befand sich bis 1800 der Regierungssitz der Vereinigten Staaten?

☐ a) New York
☐ b) San Francisco
☐ c) Chicago
☐ d) Boston

☞ **a) New York**

Frage 208

Wie nannte man die Zusammenarbeit von Teilen der Zivilbevölkerung okkupierter Länder mit den deutschen Besatzern während des Zweiten Weltkriegs?

☞ **Kollaboration.** Kollaborateure waren für die deutschen Verwaltungen von größter Bedeutung, waren sie doch bestens mit den heimischen Gegebenheiten vertraut. Der Kollaboration überführte Personen wurden nach dem Krieg hart bestraft.

Frage 209

Was ist die Bronzezeit?

☞ Die Kulturstufe zwischen Steinzeit und Eisenzeit, in der Bronze der wichtigste Werkstoff für Waffen, Geräte und Schmuck war. Die ältesten Bronzegeräte stammen aus Mesopotamien, Kreta und Ägypten (um 2500 v. Chr.).

Frage 210

Sie war sowohl für ihre geschickte Machtpolitik wie für ihre verführerische Schönheit berühmt. Sie hatte eine Liebesbeziehung mit Caesar (100–44 v. Chr.) und heiratete nach dessen Tod Marcus Antonius (um 82–30 v. Chr.). Nachdem Alexandria von Augustus (63 v. Chr.–14 n. Chr.) erobert worden war, beging sie gemeinsam mit ihm Selbstmord. **Wie hieß die ägyptische Herrscherin?**

☞ **Kleopatra VII. (69–30 v. Chr.).**

Frage 211

Wodurch rückte die tschechoslowakische Hauptstadt Prag 1989 in den Blickpunkt der westdeutschen Öffentlichkeit?

☞ Zahlreiche DDR-Bürger waren dort in die westdeutsche Botschaft geflohen und baten um Aufnahme in die Bundesrepublik. Am 30. September 1989 verkündete der bundesdeutsche Außenminister Hans-Dietrich Genscher nach langen Verhandlungen mit den Regierungen der CSSR und der DDR, dass die Flüchtlinge in die Bundesrepublik einreisen durften.

Frage 212

Wie verhielt sich die Republik Irland im Zweiten Weltkrieg?

☞ Neutral – und dies hatte verschiedene Gründe: Einerseits befand sich die Wirtschaft Irlands erst im Aufbau, andererseits kam es auf der Insel immer wieder zu inneren Unruhen, die durch einen Kriegseintritt aufseiten der verhassten Engländer noch angefacht worden wären.

Frage 213

Wer erhielt als erste Frau den Friedensnobelpreis?

☐ a) Jane Addams
☐ b) Betty Williams
☐ c) Bertha von Suttner
☐ d) Mutter Teresa

☞ **c) Bertha von Suttner** (1843–1914)
Die österreichische Pazifistin und Schriftstellerin erhielt 1905 den Friedensnobelpreis. Insbesondere ihr Roman *Die Waffen nieder!* wurde weltweit berühmt.

Frage 214

Wie heißt die Hauptstadt von Brandenburg?

☞ **Potsdam.** Brandenburg schließt zwar die Enklave Berlin ein, hat jedoch eine eigene Landeshauptstadt.

Frage 215

Wo regelte das Zwölftafelgesetz die Rechte von Plebejern und Patriziern?

☞ **In Rom um 450 v. Chr.** Ausgearbeitet wurde es durch eine Zehnmännerkommission. Anfänglich waren es zehn Bronzetafeln, denen dann noch zwei weitere folgten, die das Privat-, Straf- und Sakralrecht regelten. Die Tafeln wurden auf dem Forum Romanum öffentlich aufgestellt und bildeten bis in die frühe Kaiserzeit die Grundlage des gesamten römischen Rechtswesens.

Frage 216

Mit der Gründung des Tropenhospitals in Lambaréné (Gabun), wo er selbst als Missionsarzt tätig war, errang er internationale Anerkennung. Daneben war er auch Theologe, Philosoph und ein bedeutender Organist. Sein Hospital finanzierte er u. a. durch seine Orgelkonzerte, Vortragsreisen und schriftstellerische Arbeiten. 1952 erhielt der Philanthrop für seine aufopferungsvolle Tätigkeit den Friedensnobelpreis. **Wer war's?**

☞ **Albert Schweitzer (1875–1965).**

Frage 217

Welche beiden Parteien schlossen sich 1946 zur SED zusammen?

☞ **SPD und KPD.** Der Zusammenschluss wurde aber nur im Osten Deutschlands vollzogen. Nach 1949 wurde die SED (Sozialistische Einheitspartei Deutschlands) staatstragende Partei der DDR, ihr Generalsekretär war faktisch Staatschef, ihr Zentralkomitee (ZK) engster Regierungskreis. Nach der Wiedervereinigung der beiden deutschen Staaten löste sich die SED, ein Teil ihrer Mitglieder gründete die PDS (Partei des Demokratischen Sozialismus).

Frage 218

Welches wichtige Amt übernahm Hitlers Intimus Martin Bormann?

☞ Bormann (1900–45) wurde persönlicher Sekretär Hitlers und erhielt durch sein Gegenzeichnungsrecht bei personellen Entscheidungen ministerähnliche Kompetenz und großen Einfluss. Bormann war insbesondere für illegale Hinrichtungen und andere inoffizielle Vorgänge verantwortlich. Er starb vermutlich bei dem Versuch, 1945 aus dem umkämpften Berlin zu fliehen.

Frage 219

Wer prägte den Begriff „Eiserner Vorhang"?

- ☐ a) Konrad Adenauer
- ☐ b) Winston Churchill
- ☐ c) Charles de Gaulle
- ☐ d) Walter Ulbricht

☞ **b) Winston Churchill** (1874–1965), britischer Premierminister

Winston Churchill

Frage 220

Was wurde am 4. Juli 1776 in einem von Thomas Jefferson (1743–1826) entworfenen Dokument verkündet?

☞ **Die amerikanische Unabhängigkeitserklärung** (Declaration of Independence), in der 13 britische Kolonien in Nordamerika ihre Loslösung vom Mutterland Großbritannien verkündeten.

Frage 221

Weshalb kam es 1992 in Los Angeles zu schweren Unruhen?

☞ Bevor die Unruhen in der US-Metropole ausbrachen, war mit Spannung ein Gerichtsurteil gegen vier weiße Polizisten erwartet worden, die einen Farbigen bei einer Routinekontrolle brutal zusammengeschlagen hatten. Als Beweis diente ein heimlich gedrehtes Video. Da das Urteil der öffentlichen Meinung nach zu milde ausfiel, kam es zu den seit Jahren schwersten Rassenunruhen in Los Angeles.

Frage 222

Der aus Österreich stammende Schauspieler und Profibodybuilder ist seit dem 8. Oktober 2003 Gouverneur des US-Staates Kalifornien. **Wie heißt der ehemalige Mister Universum?**

☞ **Arnold Schwarzenegger (*1947).**

Frage 223

Was drückte der Satz „No Taxation without Representation" (engl. „Keine Steuer ohne Mitwirkung") aus?

☞ In dem Satz ist der Protest der amerikanischen Kolonisten gegen das 1765 erlassene Stempelsteuergesetz (Stamp Act) der britischen Regierung zusammengefasst. Die darin von Großbritannien geforderte direkte Steuer wurde von den Kolonisten als Angriff auf ihre Freiheit betrachtet und als Verstoß gegen die traditionelle britische Verfassung, nach der Steuern nur durch das Volk bzw. seine Vertreter beschlossen werden können. Das Stempelsteuergesetz war jedoch ohne Mitwirkung der Kolonien im Parlament von Westminster abgesegnet worden.

Frage 224

Warum wird Zar Iwan IV. Wassiljewitsch auch „der Schreckliche" genannt?

☞ Angeblich weil er, von Verfolgungswahn besessen, ein Terrorregime errichtete, dem sowohl höhere Aristokraten als auch Geistliche zum Opfer gefallen sein sollen. Mit 17 Jahren hatte sich der Großfürst von Moskau zum ersten Zaren von ganz Russland krönen lassen. Zwar hatte das Land unter Iwans (1530–84) Herrschaft wegen ruinöser Kriege gegen Polen-Litauen und Schweden zahlreiche Verwüstungen zu erleiden, der wenig schmeichelhafte Beiname „der Schreckliche" ist allerdings eine Erfindung seiner politischen Gegner.

Iwan IV. Wassiljewitsch der Schreckliche

Frage 225

In der politischen Berichterstattung fällt hin und wieder der Begriff „Fraktionszwang". Was besagt er?

☐ a) Gewissensfreiheit
☐ b) Parteidisziplin
☐ c) feste Sitzordnung
☐ d) Abstimmungszwang

☞ **b) Parteidisziplin**
Der Abgeordnete sollte sich bei Abstimmungen so verhalten, wie es seine Partei bzw. Fraktion vorher mehrheitlich festgelegt hat. Er beugt sich damit also dem Willen der Partei und handelt nicht mehr nach seinem freien Willen.

Frage 226

Wer sind die fünf ständigen Mitglieder des Weltsicherheitsrats?

☞ Ständige Mitglieder des Weltsicherheitsrats sind China, Frankreich, Großbritannien, Russland und die USA. Außerdem gehören der Organisation zehn nichtständige Mitglieder für jeweils zwei Jahre an.

Frage 227

Wer eroberte 1204 Konstantinopel?

☞ **Ein christliches Kreuzfahrerheer.** Konstantinopel war ein autonomes Kaiserreich. Als es zu Beginn des 13. Jahrhunderts zu innenpolitischen Zerwürfnissen kam, mischten sich europäische Mächte immer mehr und immer tiefer in die inneren Angelegenheiten Konstantinopels ein. 1204 schließlich gelang es einem Kreuzfahrerheer, die mächtigen Verteidigungsanlagen der Metropole zu überwinden.

Frage 228

Er brach im 18. Jahrhundert zu drei Weltumsegelungen auf, bei denen er den pazifischen und subantarktischen Raum erforschte. Er entdeckte neben mehreren Inselgruppen Australien und die Hawaii-Inseln und legte auf seinen Fahrten mehrere wichtige Karten seiner Reiserouten und

der dortigen Küstengebiete an. **Wer war der britische Seefahrer?**

☞ **James Cook (1728–79).**

Frage 229

Was war die Reconquista und in welchem Land fand sie statt?

☞ Gemeint ist die Rückeroberung (span. reconquista) der Iberischen Halbinsel, die ab 711 n. Chr. von den Mauren besetzt worden war. Erst 1492, dem Jahr, in dem Kolumbus Amerika entdeckte, wurde die letzte Festen der Mauren in Granada (Andalusien) unter den sogenannten Katholischen Königen Isabella I. von Kastilien und León (1451–1504) und Ferdinand II. von Aragón (1452–1516) wieder eingenommen.

Frage 230

Wer war der Vertreter von König Richard I. Löwenherz, als dieser am dritten Kreuzzug teilnahm?

☞ **Sein jüngerer Bruder Johann Ohneland (1167–1216).** Dieser wollte Richard (1157–99) ausschalten und selbst König von England werden. Als Richard Löwenherz von Österreich gefangen genommen und an den deutschen Kaiser ausgeliefert wurde, verweigerte Johann Ohneland deshalb das geforderte Lösegeld.

Frage 231

Wer galt in der Antike als der bedeutendste Feldherr und Weltherrscher?

☐ a) Pompeius
☐ b) Scipio der Ältere
☐ c) Alexander der Große
☐ d) M. Vipsanius Agrippa

☞ **c) Alexander der Große** (356–323 v. Chr.)

Frage 232

Welche krisengeschüttelte Region wurde im Oktober 2005 von einem sogenannten Jahrhundertbeben erschüttert?

☞ **Das Grenzgebiet zwischen Pakistan und Indien.** In der Kaschmirregion bebte am 8. Oktober 2005 zwei Minuten die Erde. Ganze Dörfer wurden in der unzugänglichen Bergregion verschüttet – und Hilfe ließ lange auf sich warten. Allein in Pakistan sollen bis zu 86.000 Menschen gestorben sein, im indischen Teil Kaschmirs starben 1400 Menschen.

Frage 234

Welches Terrornetzwerk gründete Osama bin Laden?

☞ Der in Saudi-Arabien geborene Millionär Osama bin Laden (*um 1957) gründete das internationale Terrornetzwerk Al-Qaida (arab. „die Basis"), das im September 2001 mit Passagierflugzeugen die Anschläge auf das World Trade Center und das Pentagon verübte. Wo sich der Anführer des Netzwerks extremistischer Islamisten aufhält, ist nicht bekannt. Ziel der Terrorgruppe ist der Kampf gegen nichtislamische Regierungen, insbesondere gegen die USA und Israel.

Frage 235

Ausgehend von seinen Erfahrungen in der Republik Florenz unter der Herrschaft der Medici untersuchte er in seinem Werk *Il principe (Der Fürst)* die Mechanismen der Macht. Seine nüchterne Analyse, die sich einer moralischen Wertung enthält, wurde immer wieder als Anleitung zur Tyrannei missverstanden. **Wie hieß der Philosoph?**

☞ **Niccolò Machiavelli (1469–1527).**

Frage 236

Zu welchem Zweck trafen sich die politischen Führer der Alliierten 1943 in Teheran?

☞ Um den weiteren Kriegsverlauf zu planen, aber auch um für die Zeit nach dem Krieg die Interessensphären in Europa festzulegen. An der Konferenz von Teheran nahmen US-Präsident F. D. Roosevelt, der britische Premierminister Churchill und der sowjetische Staatschef Stalin teil.

Frage 237

Welchen Aufgaben widmet sich die internationale Organisation UNICEF?

☞ UNICEF (United Nations International Children's Emergency Fund) ist das Kinderhilfswerk der Vereinten Nationen. Es wurde 1946 gegründet, um Kindern zu helfen, die durch den Zweiten Weltkrieg in Not geraten waren. Heute engagiert sich UNICEF für die Verbesserung der Lebenssituation von Kindern in Entwicklungsländern und für die Rechte der Kinder auf der ganzen Welt.

Frage 238

Wie heißt die von König Christian IV. von Dänemark als Christiania erbaute norwegische Stadt heute?

☐ a) Kristiansand
☐ b) Stavanger
☐ c) Oslo
☐ d) Bergen

☞ **c) Oslo**

Nach einem Stadtbrand ließ Christian IV. (1577–1648) die Stadt im 17. Jahrhundert im damals zu Dänemark gehörenden Norwegen wieder aufbauen, und man gab ihr den Namen Christiania. 1925 erhielt sie den alten norwegischen Namen Oslo zurück.

Frage 239

Was war ein Conquistador?

☞ Wörtlich übersetzt bedeutet das spanische Wort „Eroberer". Die Conquistadoren folgten den Entdeckern Amerikas, sie eroberten das Land und unterwarfen die Bevölkerung im Namen des spanischen Königs. Ihre eigene Motivation war in der Regel materieller Natur, ging es ihnen doch um die Plünderung und Ausbeutung der eroberten Gebiete.

Frage 240

Wofür kämpfen die Kurden besonders in der Türkei?

☞ Die 20 Millionen Kurden, von denen etwa 50 % in der Türkei leben, wo sie eine unterdrückte Minderheit bilden, fordern als Volk mit eigener Kultur und Sprache auch ein eigenes Staatsgebiet. In Ostanatolien entstand Ende der 1980er-Jahre eine kurdische Separatistenbewegung.

Frage 241

Die steile politische Karriere des konservativen amerikanischen Politikers und späteren US-Präsidenten begann 1967 mit seiner Wahl zum Gouverneur von Kalifornien. Zuvor war er Hollywoodschauspieler gewesen und hatte in zahllosen Filmproduktionen mitgewirkt. Angeblich sei er – so wurde verbreitet – für die Rolle des Rick im Film *Casablanca* vorgesehen gewesen, dies ist aber falsch. **Wie hieß er?**

☞ **Ronald Reagan (1911–2004).**

Frage 242

Wer wurde nach dem Civil Rights Act von 1866 amerikanischer Staatsbürger?

☞ Grundsätzlich alle in den USA geborenen Personen, die dadurch mit Bürgerrechten ausgestattet wurden. Eingeschlossen wurde dabei erstmals die afroamerikanische Bevölkerung. Ausgenommen waren dagegen die Ureinwohner, die Indianer.

Frage 243

Welcher Germane wurde 392 römischer Regent?

☞ **Der fränkische Heerführer Arbogast († 394)**, der im Sold des Römischen Reichs stand. Er veranlasste vermutlich die Ermordung des Westkaisers Valentinian II. (371–392) und erhob den Leiter der Hofkanzlei, den Rhetoriklehrer Flavius Eugenius († 394), zum Kaiser des Westens. Bis 394 beherrschte Arbogast große Teile des Westreichs, nämlich Britannien, Gallien, Spanien und Italien. Dann wurde Eugenius von Theodosius (347–395), dem Ostkaiser, besiegt und hingerichtet. Arbogast beging kurz darauf Selbstmord.

Frage 244

Wie heißt der amerikanische Regierungssitz?

☐ a) Weißes Haus
☐ b) Kapitol
☐ c) Kreml
☐ d) Houses of Parliament

☞ **b) Kapitol**

Frage 245

Woher kommt der Ausdruck „Brot und Spiele"?

☞ Aus dem alten Rom. Der Schriftsteller Juvenal (um 65–128) warf seinen Zeitgenossen vor, sie forderten vom Staat nicht mehr, als dass er ihnen die Bäuche fülle und sie mit „circenses" (Gladiatoren- und anderen Kämpfen in der Arena) von wichtigeren Dingen ablenke.

Frage 246

Hurrikans sind im Golf von Mexiko keine Seltenheit. Aber warum wird den Bewohnern des amerikanischen Südostens der August 2005 wohl lange in Erinnerung bleiben?

☞ Weil die Folgen des Hurrikans Katrina, der Ende August 2005 über den Südosten der USA fegte, die Menschen vergessen ließen, dass sie in einem der wohl reichsten Länder der Erde lebten. Die Stadt New Orleans stand unter Wasser, 1300 Menschen starben, und die Küstenstädte waren völlig verwüstet. Von staatlicher Seite wurden nur langsam Hilfsmaßnahmen ergriffen.

Frage 247

„Im Übrigen meine ich, dass Karthago zerstört werden muss!" Mit diesem Satz soll der römische Senator, der nicht nur gegen die Karthager, sondern auch gegen die Griechen einen ausgesprochenen Widerwillen hegte, jede seiner öffentlichen Reden beendet haben. **Wie hieß er?**

☞ **Marcus Porcius Cato Censorius (234–149 v. Chr.)**, genannt Cato der Ältere.

Cato der Ältere

Frage 248

Was ist die Aufgabe des Bundesverfassungsgerichts?

☞ „Das Bundesverfassungsgericht in Karlsruhe wacht über die Einhaltung des Grundgesetzes für die Bundesrepublik Deutschland. Seit seiner Gründung im Jahr 1951 hat das Gericht dazu beigetragen, der freiheitlich-demokratischen Grundordnung Ansehen und Wirkung zu verschaffen. Das gilt vor allem für die Durchsetzung der Grundrechte. Zur Beachtung des Grundgesetzes sind alle staatlichen Stellen verpflichtet. Kommt es dabei zum Streit, kann das Bundesverfassungsgericht angerufen werden." So wird auf der Homepage des Bundesverfassungsgerichts die Aufgabe dieses Organs beschrieben.

Frage 249

Er kämpfte während des Zweiten Weltkriegs gegen die Briten und machte ab 1967 politische Karriere. Als er 1993 zum zweiten Mal

Ministerpräsident wurde, schloss er mit den Palästinensern das Friedensabkommen von Oslo und erhielt dafür 1994 den Friedensnobelpreis. Ein Jahr später wurde er von einem jüdischen Fundamentalisten erschossen. **Wie hieß der israelische Politiker?**

☞ **Itzhak Rabin (1922–95).**

Frage 250

Welcher Mongolenführer schuf im 13. Jahrhundert ein riesiges Reich, das vom Chinesischen Meer bis nach Europa reichte?

☐ a) Attila
☐ b) Dschingis Khan
☐ c) Naghachu
☐ d) Ael Tanhan

☞ **b) Dschingis Khan** (ca. 1162–1227) war ein Großkhan, dessen Reiterscharen überall dort, wo sie einfielen, eine Spur der Verwüstung hinterließen. Seine Feldzüge führten ihn bis nach Korea, Nordtibet, Indien, Iran und Russland. In seiner Blütezeit umfasste sein Weltreich etwa die Hälfte der damaligen Menschheit.

Dschingis Khan

Frage 251

Wer besiedelte um 1120 die Osterinsel?

☞ **Polynesier**, deren Herkunft nicht völlig geklärt ist; denkbar ist, dass sie sich aus Südostasien kommend über Java und Mikronesien verbreiteten und ab 300 mit der Besiedelung Ostpolynesiens begannen.

Frage 252

Wer verkündete 1941 die Atlantikcharta?

☞ Am 14. August 1941 veröffentlichten der amerikanische Präsident Franklin D. Roosevelt (1882–1945) und der britische Premierminister Winston Churchill (1874–1965) an Bord des britischen Schlachtschiffs Prince of Wales eine gemeinsame Erklärung, die zur Grundlage der Erklärung der Vereinten Nationen werden sollte. Darin wurden in acht Punkten u. a. das Selbstbestimmungsrecht der Völker, der gegenseitige Verzicht auf Annexionen, der freie Zugang zu den Rohstoffen der Erde und der Aufbau eines kollektiven Sicherheitssystems gefordert.

Frage 253

Er rief 1920 zum gewaltlosen Kampf gegen die britische Kolonialmacht auf und versuchte, Indien mit seinen Aktionen aus der britischen Abhängigkeit zu führen. Er wurde achtmal inhaftiert, erreichte aber durch Hungerstreiks immer wieder seine vorzeitige Entlassung.

Wer war der indische Rechtsanwalt und Politiker, der zum Vorbild für gewaltlosen, passiven Widerstand wurde?

☞ **Mohandas Karamchand Gandhi (1869–1948), genannt Mahatma.**

Frage 254

Welche Befugnisse hat der Bundespräsident?

☞ Anders als in anderen Staaten hat der Präsident hierzulande nur wenige wirkliche Befugnisse. So schreibt ihm die Verfassung in erster Linie repräsentative Aufgaben zu. Der Präsident kann jedoch in die Gesetzgebung eingreifen, indem er vom Bundestag verabschiedeten Gesetzen seine Zustimmung verweigert, wenn sie seiner Meinung nach gegen die Verfassung verstoßen.

Frage 255

Demokratie ist nicht gleich Demokratie. Man unterscheidet zwischen repräsentativer Demokratie und direkter Demokratie. **Welches dieser beiden Systeme haben wir in Deutschland?**

☞ **Eine repräsentative Demokratie.** Der wichtigste Wesenszug dieser Form der Demokratie ist, dass nicht alle Entscheidungen direkt vom Volk getroffen werden, sondern von Volksvertretern, die zu diesem Zweck gewählt oder bestimmt wurden. Welchen Einfluss die Bevölkerung während der Amtszeit auf die gewählten Politiker behält, ist in den jeweiligen Demokratieformen unterschiedlich geregelt. So behält das Volk in der Schweiz beispielsweise ein Vetorecht gegenüber den Entscheidungen seiner Volksvertreter. In anderen Ländern ist der Bevölkerung lediglich ein Petitionsrecht eingeräumt, wiederum andere Länder haben lediglich ein Wahlrecht vorgesehen.

Frage 256

Welcher deutsche Bundeskanzler kann auf die bisher längste Amtszeit zurückblicken?

☐ a) Gerhard Schröder
☐ b) Konrad Adenauer
☐ c) Willy Brandt
☐ d) Helmut Kohl

☞ **d) Helmut Kohl**
Der CDU-Politiker Helmut Kohl regierte von 1982 bis 1998.

Frage 257

Wer errichtete 1863 das Kaiserreich Mexiko?

☞ **Frankreich**, dessen Interventionstruppen die Hauptstadt México eroberten und den Habsburger Maximilian (1832–67), einen Bruder Franz Josephs von Österreich (1830–1916), zum Kaiser ernannten. Nach nur drei Jahren endete 1867 die Monarchie nach einem erbitterten Guerillakampf unter der Führung von Benito Juárez (1806–72). Der abgesetzte Kaiser wurde zum Tode verurteilt und hingerichtet.

Frage 258

Wann trat das Grundgesetz der Bundesrepublik Deutschland in Kraft?

☞ **Am 24. Mai 1949.**

Frage 259

Sie stellt das Kernstück der Kaiserstadt dar und beherbergte seit Kublai Khan (1215–94) den Palast der chinesischen Kaiser. 500 Jahre lang war es der einfachen Bevölkerung bei Todesstrafe verboten, den von einem 50 Meter breiten Wassergraben und einer über 10 Meter hohen Mauer umgebenen Bezirk zu betreten, und kein anderes Gebäude durfte die Anlage überragen. **Wovon ist die Rede?**

☞ **Von der Verbotenen Stadt im heutigen Beijing (Peking).**

Frage 260

Welche Länder schlossen sich zur Heiligen Allianz zusammen und was waren ihre Ziele?

☞ Auf Anregung des Zaren schlossen sich 1815 die Monarchen Russlands, Österreichs und Preußens zusammen. Zahlreiche Fürsten kamen später dazu. Die Monarchen verpflichteten sich auf die christlichen Gebote der Gerechtigkeit, der Liebe und des Friedens und zur gegenseitigen brüderlichen Hilfe. Durch den Einfluss Fürst Metternichs (1773–1859) entwickelte sich die Heilige Allianz zu einem Bündnis gegen liberale und nationale Bestrebungen, das zum Inbegriff der Restauration wurde.

Frage 261

Mit welchem Namen ist die Freiheitsbewegung der nordamerikanischen Indianer verbunden?

☞ Mit dem Namen des Häuptlings der Sioux-Indianer, Sitting Bull (etwa 1831–90).

Er führte die Indianer 1876 in einer der letzten großen Schlachten ihrer Freiheitsbewegung, der Schlacht am Little Big Horn. Zunächst schlugen die Indianer die Kavalleristen vernichtend. Dann zerfiel die indianische Koalition, und Sitting Bull und seine Getreuen gingen nach einer Hungersnot in ein Reservat nach North Dakota. Dort wurde er 1890 nach einem Aufstand zu Unrecht beschuldigt und von indianischen Hilfspolizisten erschossen.

Sitting Bull

Frage 262

Welche wichtige internationale Institution ist im Haager Friedenspalast untergebracht?

☐ a) UNESCO
☐ b) Internationaler Gerichtshof
☐ c) WHO
☐ d) UNICEF

☞ **b) Internationaler Gerichtshof**
Er ist das oberste Gericht der UNO in Völkerrechtsfragen und steht jedem Mitglied der UNO zur Einreichung von Klagen offen.

Frage 263

Was versteht man unter der Intifada?

☞ Den organisierten Aufstand der Araber in den palästinensischen Gebieten Israels. Erstmals brach der Konflikt im Westjordanland und im Gazastreifen 1987 aus. Ziel war die Gründung eines unabhängigen palästinensischen Staates. Die gewaltsamen Auseinandersetzungen konnten trotz zahlreicher Waffenstillstandsabkommen nie dauerhaft beigelegt werden.

Frage 264

Was waren die römischen „provinciae"?

☞ Kleinere territoriale Verwaltungseinheiten, die das riesige Weltreich zerteilten und so regierbar machten. Als Provinzstatthalter wurden römische Bürger ernannt. Um die Zeitenwende hatte das Römische Reich insgesamt 32 Provinzen.

Frage 265

Die Stadt wurde auf dem Reißbrett geplant und in einer noch völlig unerschlossenen Region mitten im Amazonasregenwald gebaut. Über 1000 Kilometer von der atlantischen Küste entfernt entstand so in den 1950er-Jahren ein neuer Verwaltungsmittelpunkt, der 1960 zum offiziellen Sitz der Regierung erklärt wurde. **Wie heißt die südamerikanische Stadt?**

☞ **Brasilia.**

Dois Candangos Monument in Brasilia

Frage 266

Wie endete der englisch-amerikanische Krieg um den Besitz Kanadas?

☞ Mit der Wiederherstellung des Status quo, denn die USA konnten das kanadische Territorium ihrem Staatsgebiet nicht einverleiben. Mit dem Frieden von Gent wurde der von 1812 bis 1814 dauernde Konflikt beigelegt.

Frage 267

Wo siedelte seit 700 v. Chr. das Volk der Arawak?

☞ Auf nahezu sämtlichen karibischen Inseln. Die Arawak waren ursprünglich in der Region des heutigen Venezuela beheimatet und besiedelten von dort aus die Karibik. Ihre Kultur galt als äußerst friedfertig, ihr Charakter wurde von Kolumbus als freigiebig und unschuldig beschrieben. Dem aggressiv-kriegerischen Volk der Kariben hatten sie allerdings wenig entgegenzusetzen, so blieben den Arawak allein die Inseln Jamaika, Kuba und Hispaniola, und dies auch nur bis zur Ankunft der Europäer. Um 1600 galt das Volk als fast ausgerottet.

Frage 268

Wer erbaute die legendäre Stadt Machu Picchu?

☐ a) Inka
☐ b) Azteken
☐ c) Sumerer
☐ d) Maya

☞ **a) Machu Picchu ist eine gut erhaltene Ruinenstadt der Inka.** Sie liegt in 2360 Metern Höhe auf einer Bergspitze der Anden über dem Urubambatal in Peru. Man geht heute davon aus, dass sie um 1450 von Pachacútec Yupanqui (unbekannt–1471) erbaut wurde. Sie umfasste 216 steinerne Bauten, die mit einem System von Treppen verbunden waren. Etwa 3000 Stufen sind heute noch erhalten, ebenso die Außenmauern der zum Teil mehrgeschossigen Wohnbauten.

Machu Picchu

Frage 269

Welchen Krieg beendete der älteste Friedensvertrag der Welt, von dem noch heute eine Kopie im UNO-Gebäude in New York ausgestellt ist?

☞ Die militärischen Auseinandersetzungen zwischen Ägypten und den Hethitern. Die in Anatolien beheimateten Hethiter waren bis an die Grenzen des ägyptischen Pharaonenreichs vorgestoßen, wodurch es zum Krieg zwischen beiden Völkern kam. Die Könige Ramses II. (um 1290–24 v. Chr.) und Hattusili III. (um 1290–45 v. Chr.) schlossen 1270 v. Chr. den Friedensvertrag.

Frage 270

Welche österreichische Kaiserin wurde volkstümlich Sisi genannt?

☞ **Elisabeth I. von Österreich (1837–98).** Die Tochter des Bayernherzogs Maximilian heiratete 1854 Kaiser Franz Joseph I. (1830–1916) von Österreich. Elisabeth wurde von einem italienischen Anarchisten erdolcht.

Frage 271

In der Endphase des Hundertjährigen Krieges zwischen England und Frankreich (1337–1453) fühlte sich ein 13-jähriges Bauernmädchen von Gott berufen, dem in Bedrängnis geratenen französischen Thronfolger zu helfen. Tatsächlich gelang dem französischen Heer mit ihrer Hilfe eine Wende im Krieg. 1430 wurde sie von Philipp dem Guten von Burgund (1396–1467) an die Engländer ausgeliefert und als Hexe verbrannt. **Wie hieß die französische Nationalheldin?**

☞ **Jeanne d'Arc (um 1412–31).**

Frage 272

Warum verkaufte Russland 1867 seinen Besitz Alaska für 7,2 Millionen US-Dollar an die USA?

☞ Das riesige Territorium, das heute den größten Bundesstaat der USA bildet, war aufgrund seiner Entfernung für Russland zur Belastung geworden. Das Zarenreich legte mehr Wert auf den Ausbau der Verbindungen innerhalb des Reiches und strebte daher eine Ausdehnung in den asiatischen und pazifischen Raum an.

Frage 273

An wen verlor der japanische Kaiser ab 1192 seinen Einfluss?

☞ Ab 1192 übernahmen die Schogune die Regierung in Japan. Sie waren Fürsten, die vom Kaiser zu Heerführern ernannt worden waren. Der Kaiser regierte zwar seitdem nicht mehr, behielt aber seinen Status als Gottheit und wurde als „Sohn der Sonne" verehrt.

Frage 274

Wie heißt der Geheimdienst der Bundesrepublik?

☐ a) Verfassungsschutz
☐ b) Geheime Staatspolizei
☐ c) Bundesnachrichtendienst
☐ d) Staatssicherheit

☞ **c) Bundesnachrichtendienst** (BND)

Frage 275

Wie nennt man Personen, die sich an Kampfhandlungen beteiligen, ohne Mitglieder offizieller militärischer Organisationen zu sein?

☞ **Partisanen.** Im Zweiten Weltkrieg kämpften sie mit einer Guerillataktik, also gezielten Angriffen und schnellem Rückzug. Damals genügte den deutschen Behörden der bloße Verdacht, jemand sei ein Partisan, für ein Todesurteil.

Frage 276

Wie viele Einwohner hat die Bundesrepublik Deutschland?

☞ **Ca. 82 Millionen.**

Frage 277

Zunächst hatte sich der Bürgerrechtler den radikalen Black Muslims angeschlossen, mit denen er sich aber zerstritt. Er gründete die in vielen Fragen moderatere Organisation der Afroamerikanischen Einheit, was einige Kreise innerhalb der Black Muslims nicht hinnehmen wollten. Angeblich waren sie es, die ihren ehemaligen Weggefährten 1965 erschießen ließen. **Wie hieß der amerikanische Bürgerrechtler?**

☞ **Malcolm Little (1925–65), genannt Malcolm X.**

Frage 278

Was sind Handelswege?

☞ Mit dem Begriff „Handelswege" bezeichnet man häufig genutzte Routen des Warentransports, die verschiedene Handelszentren miteinander verbinden. Seit dem ausgehenden Mittelalter entstand auf dem europäischen Kontinent ein enges Netz von Handelswegen.

Frage 279

Warum war das Marktrecht für die Städte des Mittelalters von großer Bedeutung?

☞ Weil nur Städte, die über dieses Recht verfügten, in eigener Regie Märkte abhalten konnten. Das Marktrecht wurde vom König oder vom fürstlichen Stadtherrn verliehen.

Frage 280

Welcher römische Herrscher soll seine Mutter und seine Frau ermorden lassen haben?

☐ a) Nero
☐ b) Caligula
☐ c) Hadrian
☐ d) Diokletian

☞ **a) Kaiser Nero** (37–68 n. Chr.)

Frage 281

Was wollte England mit dem Two-Power-Standard erreichen?

☞ Es war ein Bestandteil der englischen Rüstungspolitik vor dem Ersten Weltkrieg und besagte, dass die englische Kriegsflotte so stark sein sollte, dass sie den beiden nächstgrößeren Kriegsflotten gewachsen war.

Frage 282

Wann begann die Besiedlung Ägyptens?

☞ Ägypten wurde schon vor mehr als 25.000 Jahren von Jägern und Sammlern besiedelt, das Land bestand damals allerdings noch nicht zum größten Teil aus Wüste, sondern war eine fruchtbare Steppe.

Frage 283

Aus einem zum US-Konzern Union Carbide gehörenden Chemiebetrieb trat hochgiftiges Gas aus und vergiftete über 200.000 Menschen, die sich in der Umgebung aufhielten. Über 5000 Menschen starben bei dem Unglück. **Wie heißt die indische Stadt, in der sich am 3. Dezember 1984 die bislang schwerste Giftgaskatastrophe in der Geschichte der Menschheit ereignete?**

☞ **Bhopal.**

Frage 284

Woher kommt der Begriff „Proletariat"?

☞ Ursprünglich wurden im alten Rom die Besitzlosen Proletarier genannt, die nichts als ihre Nachkommen besaßen (lat. proles, die Nachkommen) und daher auch keine Steuern zahlen konnten. Karl Marx (1818–83) bezeichnete die Arbeiterklasse, die mit der Industrialisierung als neue Gesellschaftsschicht entstanden war, als modernes Proletariat.

Frage 285

Welche Nachbarn der Babylonier übernahmen im 13. Jahrhundert v. Chr. die Macht im Mittleren Osten?

☞ Die Assyrer, die das Gebiet von Assur im Zweistromland am mittleren Tigris bewohnten, wurden im 13. Jahrhundert v. Chr. zu einem mächtigen Volk. 612 v. Chr. wurden sie von Babyloniern und Persern besiegt und ihr Reich wurde vollständig vernichtet.

Frage 286

In welchem Land herrschten ab dem 16. Jahrhundert die Großmoguln?

☐ a) in der Mongolei
☐ b) in Pakistan
☐ c) in Indien
☐ d) in Afghanistan

☞ **c) in Indien**

Als berühmtester Großmogul ist Akbar der Große (1542–1605) bekannt, der Agra zur Hauptstadt seines Reichs machte. 1687 erstreckte es sich von Kabul im Norden bis fast zur Südspitze Indiens.

Akbar der Große durchquert mit seinem Heer den Ganges

Frage 287

Was veranlasst Historiker, nach Moorfunden zu suchen?

☞ Die Suche nach stein- und eisenzeitlichen Überresten. Seit der Jungsteinzeit, besonders aber in der Eisenzeit, wurden Opfer- und Votivgaben im Moor versenkt. Sie sind, ebenso wie Moorleichen (z. B. Menschenopfer), perfekt erhalten und geben Aufschluss über die Sitten und Bräuche längst vergangener Zeiten.

Frage 288

Warum blieben zahlreiche Sportler westlicher Länder den Olympischen Spielen von Moskau 1980 fern?

☞ Wegen des Kriegs in Afghanistan, der 1979 mit dem Einmarsch sowjetischer Truppen begonnen hatte. Aus Protest erklärten die westlichen Staaten den Boykott der Olympiade von Moskau, und tatsächlich entsandten nur 81 Staaten Athleten in die russische Hauptstadt.

Frage 289

Sie regierte von 1979 bis 1990 und war die erste Frau, die das Amt einer britischen Premierministerin innehatte. **Wie heißt die konservative Politikerin, die wegen ihrer**

rigorosen Haltung den Spitznamen „Eiserne Lady" erhielt?

☞ **Margaret Thatcher (*1925).**

Margaret Thatcher, die Eiserne Lady

Frage 290

Welcher Stand leistete im Mittelalter Kriegsdienst und war adliger Herkunft?

☞ **Der Ritterstand.** Seine Vertreter – die Ritter – waren entweder reichsunmittelbar, d. h. dem König zu Diensten, oder hatten ihr Lehen von einem großen Fürsten. Auf ihren Rittergütern betrieben sie Eigenwirtschaft bzw. ließen Teile davon von abhängigen Bauern bewirtschaften.

Frage 291

In welchem Krieg wurde die kaukasische Stadt Grosny nahezu vollständig zerstört?

☞ Im Krieg zwischen tschetschenischen Rebellen und der russischen Armee. Nachdem sich Tschetschenien 1991 unabhängig erklärt hatte, marschierten russische Truppen in das Land ein. Seit 1994 war die Hauptstadt Grosny heftig umkämpft. 1996 brach der Widerstand der Rebellen zusammen, 1999 kam es zu erneuten kriegerischen Auseinandersetzungen. Seither wird Russland von Angriffen tschetschenischer Terroristen erschüttert.

Frage 292

Welcher amerikanische Präsident wehrte sich gegen die Einmischungen Europas in amerikanische Angelegenheiten?

☐ a) James Madison
☐ b) James Monroe
☐ c) John Quincy Jones
☐ d) Thomas Jefferson

☞ **b) James Monroe** (1758–1831), US-Präsident von 1817 bis 1825

Frage 293

Wessen Herrschersitz war und ist der Kreml?

☞ **Der Herrscher Russlands.** Im Mittelalter hatten die Großfürsten ihre Residenzen im Moskauer Kreml. Auch hohe Staatsbeamte lebten dort, während der Zar selbst woanders wohnte. Von 1918 bis 1991 residierten die Staats- und Parteichefs der Sowjetunion im Kreml.

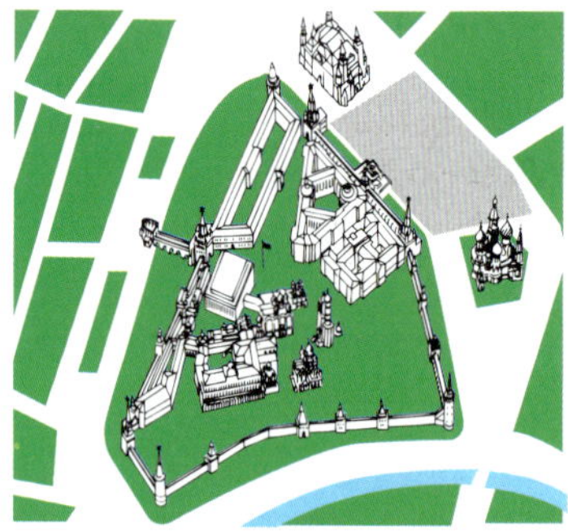

Der Kreml: schematische Darstellung

Frage 294

Mit welchem hebräischen Ausdruck wird die Massenvernichtung der europäischen Juden beschrieben?

☞ Mit dem Ausdruck „Schoah", der so viel wie „Untergang" oder „Katastrophe" bedeutet. Mit ihm wird der systematisch betriebene Massenmord von Nationalsozialisten an sechs Millionen Juden im Dritten Reich bezeichnet.

Frage 295

Im Februar 1917 war in Russland der Zar entmachtet und eine sozialdemokratische Übergangsregierung eingesetzt worden. Deren Programm ging den kommunistischen Bolschewiki nicht weit genug. In der Nacht des 7. November – nach russischem Kalender des 25. Oktober – entmachteten sie im Handstreich die Regierung. Es folgte ein jahrelanger Bürgerkrieg. Die treibenden Kräfte des Umsturzes waren Lenin und ein Mann, der 1924 nach Lenins Tod den Machtkampf mit Stalin aufnahm und verlor. **Wie hieß der russische Politiker?**

☞ **Lew Dawidowitsch Bronstein**, genannt Trotzki (1879–1940). Nachdem Stalin an die Macht gekommen war, wurde er 1929 nach Sibirien verbannt und schließlich in die Türkei ausgewiesen. Aus dem westlichen Ausland führte er einen erbitterten Propagandakampf gegen Stalin, bis er 1940 von einem Sowjetagenten in Mexiko ermordet wurde.

Frage 296

Woher kamen die Sklaven, die europäische Kaufleute zu Hunderttausenden in die amerikanischen Kolonien verkauften?

☞ **Von der afrikanischen Küste.** Die Menschen wurden gegen ihren Willen von Sklavenhändlern entführt. Man verschleppte sie in die westafrikanischen Hafenstädte, wo sie von europäischen Kaufleuten gekauft und nach Amerika verschifft wurden.

Frage 297

Wer war Léopold Sédar Senghor?

☞ Senghor (1906–2001) war der erste Staatspräsident der neu gegründeten Republik Senegal. Als Mitglied der französischen Armee geriet er im Zweiten Weltkrieg in deutsche Kriegsgefangenschaft. Er engagierte sich im Nachkriegsfrankreich für die senegalesische Unabhängigkeit. Seine Politik war bestimmt von dem Versuch, europäische und afrikanische Kultur und Konzepte zu verbinden. Neben seiner politischen Laufbahn war der studierte Philologe ein bedeutender Lyriker.

Frage 298

Welcher deutsche Politiker war der erste, der eine Rede vor der Knesset in Jerusalem hielt?

☐ a) Richard von Weizsäcker
☐ b) Angela Merkel
☐ c) Hans-Dietrich Genscher
☐ d) Johannes Rau

☞ **d) Bundespräsident Johannes Rau** (1931–2006) hielt im Februar 2000 als erster deutscher Politiker eine Rede vor dem israelischen Parlament, die in Israel viel beachtet wurde.

Frage 299

An wen verloren die russischen Zaren ihre Macht?

☞ Zunächst an gemäßigte demokratische Kräfte unter Alexandr Kerenski (1881–1970), schließlich aber an die radikalen russischen Sozialisten. Diese sogenannten „Bolschewiki" (Mehrheitler) beseitigten 1917 unter der Führung Wladimir Iljitsch Lenins (1870–1924) endgültig das zaristische Regime und setzen am 8. November 1917 eine Regierung der Volkskommissare ein. Zar Nikolaus II. (1868–1918) hatte bereits am 15. März 1917 abgedankt und war gefangen genommen worden.

Frage 300

Welcher weiße Politiker erhielt 1993 zusammen mit Nelson Mandela den Friedensnobelpreis?

☞ **Frederik Willem de Klerk (*1936)**, der Vorgänger Nelson Mandelas (*1918) im Amt des Ministerpräsidenten. Eine Verfassungsreform de Klerks, die zur Abschaffung der Rassentrennung in Südafrika führte, ermöglichte die Freilassung Mandelas, der von 1962 bis 1990 wegen seiner führenden Rolle in der verbotenen Partei ANC (African National Congress) inhaftiert gewesen war. 1994 wurde Mandela erster schwarzer Ministerpräsident Südafrikas.

Nelson Mandela und Frederik Willem de Klerk

Frage 301

Nachdem George Washington 1796 eine dritte Wiederwahl zum Präsidenten abgelehnt hatte, wurde dieser Rechtsanwalt, der wegen seines hohen Tabakkonsums schon früh sämtliche Zähne verloren hatte, zum zweiten Präsidenten der Vereinigten Staaten von Amerika gewählt. Er blieb aber nur bis 1801 im Amt. **Wie hieß der zahnlose Präsident?**

☞ **John Adams (1735–1826).**

Frage 302

Was ist der Élysée-Vertrag?

☞ Der am 22. Januar 1963 in Paris geschlossene deutsch-französische Freundschaftsvertrag, ein wichtiger Meilenstein in dem Bemühen um eine Aussöhnung zwischen Deutschland und Frankreich nach dem Zweiten Weltkrieg.

Frage 303

Wofür ist das britische House of Commons zuständig?

☞ Im House of Commons, dem Unterhaus, sind seit dem 13. Jahrhundert der niedere Adel und die Bürger vertreten. Bis ins 19. Jahrhundert wurden die Mitglieder nach verschiedenen Wahlmodi in die Kammer gewählt. Seit dem 19. Jahrhundert ist das Unterhaus die demokratische Volksvertretung Englands.

Frage 304

Wie oft kam das konstruktive Misstrauensvotum in der Bundesrepublik bisher zum Einsatz?

☐ a) noch nie ☐ c) zweimal
☐ b) einmal ☐ d) viermal

☞ **c) zweimal**
Am 1. Oktober 1982 sorgte ein Koalitionswechsel der FDP von der SPD zur CDU/CSU dafür, dass Helmut Kohl den damals amtierenden Bundeskanzler Helmut Schmidt in seinem Amt ablösen konnte. Am 17. April 1972, also zehn Jahre zuvor, war ein ähnliches Manöver, das den CDU-Politiker Rainer Barzel zum Bundeskanzler machen sollte, gescheitert. Willy Brandt behielt seinen Posten damals.

Frage 305

Welche Bedeutung hatte die Schlacht von Stalingrad für den Verlauf des Zweiten Weltkriegs?

☞ Die Schlacht gilt als Wendepunkt des Zweiten Weltkriegs, denn die deutsche Wehrmacht erlitt an diesem strategisch äußerst wichtigen Ort erstmals eine vernichtende Niederlage.

Frage 306

Wann wurde Tasmanien britische Strafkolonie?

☞ **1803.** Die 1642 entdeckte, südöstlich von Australien gelegene Insel im Südpazifik war erst seit Beginn des 19. Jahrhunderts von Schafzüchtern besiedelt worden.

Frage 307

Die Monarchin bestieg bereits mit 18 Jahren den Thron und bescherte England in den 64 Jahren ihrer Regentschaft eine politische und wirtschaftliche Blütezeit. Ihre Regentschaft war jedoch auch von Zeiten der Depression, verheerenden militärischen Niederlagen, kultureller Stagnation und viel Elend bei den unteren Bevölkerungsschichten geprägt. **Wie hieß die Königin, die einem ganzen Zeitalter ihren Stempel aufdrückte?**

☞ **Königin Victoria (1819–1901).**

Königin Victoria im Krönungsornat

Frage 308

Was versteht man unter Gewaltenteilung im Staat?

☞ Die Macht innerhalb des Staates ist verteilt auf die gesetzgebende (Legislative) und die vollziehende (Exekutive) Staatsgewalt, die auf die Theorie John Lockes (1632–1704) zurückgehen, sowie auf eine unabhängige richterliche Gewalt (Judikative), die Charles de Montesquieu (1689–1755) in seiner Staatstheorie ergänzte. Alle drei Gewalten sollen sich gegenseitig kontrollieren.

Frage 309

Was war der Warschauer Pakt?

☞ Das osteuropäische Gegenstück zur NATO, das sich unter der Führung der UdSSR am 14. Mai 1955 in Warschau konstituierte. Es ermöglichte der UdSSR, die Stationierung sowjetischer Truppen in den Ostblockstaaten rechtlich neu zu legitimieren. Nach dem Zusammenbruch des Ostblocks löste sich der Warschauer Pakt am 31. März 1991 auf.

Frage 310

Welcher südamerikanische Staat war im 19. Jahrhundert ein Kaiserreich?

☐ a) Brasilien ☐ c) Peru
☐ b) Mexiko ☐ d) Venezuela

☞ **a) Brasilien**
Nachdem Napoleon Portugal besiegt hatte, floh der portugiesische König nach Brasilien, die einzige südamerikanische Kolonie seines Landes. Später übernahm sein Sohn als Pedro I. (1798–1834) die Herrschaft in Brasilien. Er ließ sich zum Kaiser krönen und führte das Land in die Unabhängigkeit. 1889 putschte das Militär gegen Pedro II. (1825–91) und zwang ihn zur Flucht, womit zugleich das Ende der brasilianischen Monarchie besiegelt war.

Frage 311

Was begann am israelischen Jom-Kippur-Fest des Jahres 1973?

☞ **Der Jom-Kippur-Krieg.** Damals griffen ägyptische und syrische Streitkräfte die seit 1967 von Israel besetzten Gebiete auf dem Sinai und den Golanhöhen an. Der Angriff verlief zunächst erfolgreich, nach fünf Tagen aber wendete sich das Blatt. Schließlich vermittelten die UdSSR und die USA in dem Konflikt und setzten einen Waffenstillstand durch.

Frage 312

Wer entdeckte 1922 das Grab des Tutanchamun im Tal der Könige?

☞ **Howard Carter (1873–1939).** Die Grabkammer des Tutanchamun (14. Jh. v. Chr.), die Carter entdeckte, war unversehrt und barg einen Schatz von 5000 Grabbeigaben, darunter die elf Kilogramm schwere goldene Totenmaske des Königs der 18. Dynastie.

Frage 313

Er war ein Sohn König Davids (um 1040–961 v. Chr.) und der Bathseba. Er machte Jerusalem mit dem Bau des Tempels und der Residenz zu einer mächtigen Metropole. Außerdem sollen auf ihn auch einige Psalmen, das Hohelied und das Buch der Weisheiten des Alten Testaments zurückgehen. **Wie hieß der israelitische König aus biblischer Zeit?**

☞ **König Salomo (um 965–922 v. Chr.).**

Frage 314

Seit wann waren beide deutsche Staaten Mitglieder der UNO?

☞ **Seit 1973.** Nachdem die Bundesrepublik und die DDR den Streit um die gegenseitige Anerkennung beendet hatten, war der Weg dafür frei, sodass die 28. Vollversammlung der UNO auf Antrag der Regierungen beider deutschen Staaten am 18. September 1973 die DDR als 133. und die Bundesrepublik als 134. Staat aufnahm.

Frage 315

Wie starb Robert F. Kennedy?

☞ Robert F. Kennedy (1925–68) fiel ebenso wie sein älterer Bruder John F. Kennedy

(1917–63) einem Mordanschlag zum Opfer. Er war aussichtsreicher Präsidentschaftskandidat, als die tödlichen Schüsse fielen. Mit ihm verlor vor allem die amerikanische Jugend einen wichtigen Hoffnungsträger, der den Vietnamkrieg heftig kritisiert hatte.

Robert F. Kennedy

Frage 316

Wo fand die Nelkenrevolution statt?

☐ a) Italien
☐ b) Spanien
☐ c) Mosambik
☐ d) Portugal

☞ **d) Portugal**
Das Land war mehr als 50 Jahre von Diktator Salazar (1889–1970) und seinem Nachfolger Caetano (1906–80) mit Gewalt regiert worden, bis am 25. April 1974 oppositionelle Streitkräfte in die Hauptstadt Lissabon einmarschierten und das Regime unblutig stürzten.

Frage 317

Welchen rechtlichen Status hatten Sklaven von der Antike bis zum 19. Jahrhundert?

☞ Sklaven wurden nicht als menschliche Lebewesen, sondern primär als Ware angesehen und waren vollkommen rechtlos.

Frage 318

In welcher ehemaligen Kolonie Portugals kämpfte die Bevölkerung bis 1999 für ihre Unabhängigkeit?

☞ **Auf Timor.** Nachdem der portugiesische Teil der Insel in die Unabhängigkeit entlassen worden war, besetzten indonesische Truppen 1975 das Land. Seither kämpfte im Osten Timors eine Befreiungsarmee für die Unabhängigkeit des Landes. Erst Ende 1999 erklärte die indonesische Regierung die Besetzung für illegitim. Am 20. Mai 2002 wurde Osttimor offiziell in die Unabhängigkeit entlassen.

Frage 319

Am Beginn des 19. Jahrhunderts war es auf der Insel, einer französischen Kolonie, zum Aufstand schwarzer Sklaven gegen ihre weißen Kolonialherren gekommen, in dessen Verlauf die Unabhängigkeit erklärt wurde. Heute liegt im Westen der Insel der Staat Haiti, im Osten die Dominikanische Republik. **Wie heißt die Karibikinsel?**

☞ **Hispaniola.**

Frage 320

Warum gab US-Präsident Ronald Reagan 1983 den Befehl zur Invasion in Grenada?

☞ Vordergründig um die 100 in Grenada lebenden US-Bürger zu schützen. Dies jedenfalls war der Vorwand für die Invasion, die am Morgen des 25. Oktober 1983 begann. Tatsächlich aber wollte Reagan (1911–2004) verhindern, dass der karibische Inselstaat „den kubanischen Weg" einschlug. Denn kurz zuvor hatten orthodoxe Kommunisten die Macht in dem Staat übernommen, die gemäßigt sozialistische Regierung abgesetzt und erschossen. Nach kurzen Gefechten hatten die US-Truppen die Insel erobert.

Frage 321

Wer erhielt 1854 die Erlaubnis für den Bau und die 99-jährige Nutzung des Suez-Kanals?

☞ **Der französische Diplomat und Ingenieur Ferdinand Marie Vicomte de Lesseps (1805–94)**, der den ägyptischen Vizekönig Said Pascha (1822–63) für das Projekt gewinnen konnte. 1858 folgte die Gründung der privaten ägyptischen Suez-Gesellschaft, die vornehmlich mit französischem Kapital unterstützt wurde. Sie erhielt 1858 die Bauerlaubnis. Die Arbeiten dauerten von 1859 bis 1869.

Suezkanal

Frage 322

In welchem europäischen Land gab es zuerst das Frauenwahlrecht?

☐ a) Schweden ☐ c) Finnland
☐ b) Norwegen ☐ d) Frankreich

☞ **c) Finnland**
Die finnischen Frauen erhielten 1906 als Erste das Wahlrecht, 1913 folgte Norwegen dem finnischen Beispiel.

Frage 323

Zu welchem Zweck trafen sich im Juni 2004 die Staats- und Regierungschefs der NATO zu einem Gipfeltreffen in Istanbul?

☞ Um die nach dem Ende des Dritten Golfkriegs notwendigen Maßnahmen zum Wiederaufbau des Irak zu diskutieren. Auf der Konferenz beschloss man zwar, das Land beim Wiederaufbau zu unterstützen, die Hilfe wird allerdings durch permanente Terroranschläge, die das Land seit Kriegsende erschüttern und denen die US-Besatzung ohnmächtig gegenübersteht, erschwert.

Frage 324

Welche beiden politischen Konkurrenten und US-Präsidenten starben am selben Tag?

☞ **John Adams (1735–1826) und sein direkter Nachfolger Thomas Jefferson (1743–1826).** Bei der Präsidentschaftswahl von 1797 waren sie gegeneinander angetreten, und Adams hatte über Jefferson gesiegt. Erst vier Jahre später konnte Jefferson ins Weiße Haus einziehen. Beide Politiker starben am Amerikanischen Unabhängigkeitstag, dem 4. Juli 1826.

Frage 325

Er hielt sich selbst für einen Gott und zeigte auch sonst alle Zeichen eines ausgeprägten Wahnsinns. Er ließ Zuschauer der Zirkusspiele willkürlich in die Arena jagen und von wilden Tieren zerreißen. Sein gewaltsamer Tod wurde nur von wenigen Zeitgenossen ernsthaft bedauert. **Wie hieß der römische Kaiser?**

☞ **Caligula (12–41 n. Chr.).**

Frage 326

Was ist ein Pogrom?

☞ Der aus dem Russischen kommende Begriff (russ. „Zerstörung") steht für Ausschreitungen gegen Minderheiten, die vom Staat gebilligt oder gar organisiert werden, wie z. B. die von den Nationalsozialisten 1938 initiierte Reichspogromnacht.

Frage 327

Was verstand man zur Zeit der Französischen Revolution unter dem Dritten Stand?

☞ **Die Bürger und Bauern.** Die mittelalterliche Ständegesellschaft unterschied drei Stände: die Geistlichkeit, den Adel und den Dritten Stand, der zwar die Hauptsteuerlast in Frankreich trug, aber politisch als unmündig galt.

Frage 328

Wer war der erste demokratisch gewählte Präsident Russlands?

☐ a) Wladimir Putin
☐ b) Boris Jelzin
☐ c) Michail Gorbatschow
☐ d) Dimitri Medwedew

☞ **b) Boris Jelzin** (1931–2007)

Frage 329

Warum war der mittelalterliche Fernhandel ein sowohl gewinnbringendes als auch riskantes Geschäft?

☞ Weil wertvolle Güter oft Tausende von Kilometern transportiert werden mussten und dies naturgemäß mit Risiken verbunden war. Überfälle, Krankheiten oder die Härten der Natur gefährdeten die sichere Ankunft der wertvollen Waren. Andererseits war der Verkauf von Fernhandelsgütern ein äußerst gewinnbringendes Geschäft, bei dem man es – wie z. B. die Augsburger Familie Fugger zeigt – nicht nur zu Reichtum, sondern auch zu politischer Macht bringen konnte.

Frage 330

Welches Ereignis war der Auslöser des Dreißigjährigen Kriegs?

☞ **Der zweite Prager Fenstersturz 1618.** Protestantische Adelige wehrten sich gegen die vom Kaiser angestrebte Rekatholisierung Böhmens. Der Hinauswurf zweier Räte durch ein Fenster war das Signal für den Aufstand gegen die Habsburger Herrschaft. Beim ersten Prager Fenstersturz 1419 hatte man ebenfalls zwei katholische Ratsherrn aus dem Fenster geworfen.

Frage 331

Die Bankiers- und Kaufmannsfamilie, die Herzöge und Großherzöge der Toskana wurden, waren große Kunstmäzene, denen Florenz und die Toskana die bedeutendsten Kunstwerke der Renaissance verdanken. **Wie hieß das Fürstengeschlecht, das die Stadt Florenz vom Ende des 15. Jahrhunderts bis Mitte des 18. Jahrhunderts beherrschte?**

☞ **Die Medici.**

Cosimo de Medici, Begründer des großen Einflusses der Medici

Frage 332

Welche radikale politische Gruppierung der Französischen Revolution hatte ihren ersten Versammlungsort im alten Kloster Saint-Jacques in Paris?

☞ Die Jakobiner, die unter ihrem Anführer Maximilien de Robespierre (1758–94) 1793/94 ein Schreckensregime führten, dem in ganz Frankreich Zehntausende von Menschen zum Opfer fielen.

Frage 333

Welche Gliederung hat die Schweizerische Eidgenossenschaft?

☞ **Einen bundesstaatlichen Aufbau.** Die Schweiz gliedert sich in 26 Kantone: 20 Voll- und sechs Halbkantone; Vollkantone sind z. B. der Aargau, Graubünden und Schwyz; Halbkantone sind z. B. Appenzell-Ausserrhoden sowie Appenzell-Innerrhoden.

Frage 334

In der Flagge welches Landes ist eine Zeder abgebildet?

☐ a) Kanada
☐ c) Libanon
☐ b) Eritrea
☐ d) Guatemala

☞ **c) Libanon**
Die Flagge des Libanon zeigt zwischen zwei roten in einem weißen Querbalken eine Zeder.

Frage 335

Welche Amtssprachen hat die Schweiz?

☞ Deutsch, Französisch und Italienisch, seit 1996 auch Rätoromanisch.

Frage 336

Mit welchem Anliegen trat Christoph Kolumbus vor zwei der wichtigsten Herrscher Europas?

☞ Der gebürtige Genueser bat zuerst erfolglos den König von Portugal um finanzielle Unterstützung für eine Expedition über den Atlantik, die der Entdeckung einer Westroute zu den reichen Küsten Indiens dienen sollte. Beim spanischen König fand er schließlich – auch gegen einige Widerstände – die notwendige Unterstützung für sein Vorhaben. So entdeckte Kolumbus (1451–1506) 1492 den amerikanischen Kontinent, den er aber bis zu seinem Tode für die Ostküste Indiens hielt.

Frage 337

Bis 1979 hatte das Land unter einer brutalen Diktatur zu leiden. Nach der erfolgreichen Revolution übernahmen die sozialistischen Sandinisten die Macht, worauf einflussreiche Kreise mit großer Ablehnung reagierten. Mit Unterstützung der US-Regierung versuchte man, die eigenen Interessen durch Unterstützung der sogenannten Contra-Rebellen zu wahren und zettelte so einen jahrelangen Bürgerkrieg an. **Wie heißt das mittelamerikanische Land?**

☞ **Nicaragua.**

Frage 338

Was geschah 1945 in der japanischen Stadt Nagasaki?

☞ Am 9. August 1945, drei Tage nach der Zerstörung von Hiroshima, warf die amerikanische Luftwaffe eine Atombombe über der Stadt ab. Dabei wurden etwa 70.000 Menschen getötet oder verletzt. Mindestens ein Drittel der Stadt wurde zerstört.

Frage 339

Wer gab am 28. Juni 2004 die Souveränität an den Irak zurück?

☞ **Die amerikanische Zivilverwaltung**, die seit dem Ende des Dritten Golfkriegs (1. Mai 2003) den Irak verwaltete, übergab die Souveränität an die bereits am 1. Juni 2004 neu konstituierte irakische Übergangsregierung. Interimspräsident wurde der sunnitische Stammesführer Ghasi al-Jawer (*1958), und Regierungschef wurde Ijad Allawi (*1945). Trotzdem blieben mehr als 150.000 ausländische Soldaten weiterhin im Irak stationiert.

Frage 340

Welcher amerikanische Präsident besuchte als erster nach dem Vietnamkrieg wieder das ostasiatische Land?

☐ a) Bill Clinton
☐ b) George W. Bush
☐ c) Ronald Reagan
☐ d) Jimmy Carter

☞ **a) Bill Clinton** (*1946) reiste am 17. November 2000 nach Vietnam und schloss dort ein Handelsabkommen ab. Zudem kündigte er Bürgschaften in Höhe von 200 Millionen Dollar für US-Investitionen an.

Bill Clinton

Frage 341

Wen besiegten die Schweizer Eidgenossen 1386 in der Schlacht von Sempach?

☞ **Ihren Erzfeind Habsburg.** Das habsburgische Ritterheer wurde dabei vernichtend geschlagen. Die Waldstätte und Luzern erlangten dadurch ihre Unabhängigkeit.

Frage 342

Was wurde nach dem verheerenden Tsunami Ende 2004 heftig kritisiert?

☞ Das völlige Fehlen eines funktionierenden Vorwarnsystems im Indischen Ozean. Tatsächlich ging von Hawaii unmittelbar nach dem Beben eine Warnmeldung aus, die aber in den betroffenen Gebieten niemanden erreichte.

Frage 343

Für seine Beiträge zur Ost-West-Verständigung und für seine Vermittlungen im Nahostkonflikt wurde er 2002 mit dem Friedensnobelpreis ausgezeichnet. Er hatte in seiner Außenpolitik die Menschenrechte als Maßstab für die Beziehungen zu anderen Staaten herausgestellt. Auch seine Kritik an der aggressiven Außenpolitik des amtierenden Präsidenten George W. Bush (*1946) wurde vom Nobelpreiskomitee gewürdigt. **Wie heißt der ehemalige US-Präsident?**

☞ **Jimmy Carter (*1924).**

Frage 344

Wer schuf den *Code Civil* und welche Auswirkungen hatte er auf Europa?

☞ **Napoleon I. Bonaparte (1769–1821)**, weshalb das Werk auch *Code Napoléon* genannt wird. Es vereinheitlichte die Rechtsprechung in Frankreich und war Vorbild für einige Staaten Europas und Amerikas.

Frage 345

Was wurde 1868 in der französischen Höhle Cro-Magnon ausgegraben?

☞ Altsteinzeitliche Siedlungsreste und Skelette des Cro-Magnon-Menschen, eines frühen Homo sapiens sapiens, der vor 25.000–30.000 Jahren lebte.

Frage 346

Wo wurde eine Viererbande wegen konterrevolutionärer Aktivitäten vor Gericht gestellt?

☐ a) Nicaragua
☐ b) China
☐ c) Kuba
☐ d) Irak

☞ **b) China**

Nach dem Tod Mao Tse-tungs (1893–1976) hatten sich um dessen Witwe drei weitere Politiker geschart. Diese sogenannte Viererbande erlangte erheblichen politischen Einfluss, wurde aber 1980 vor Gericht gestellt. Maos Witwe wurde 1981 zum Tode verurteilt und 1983 zu lebenslanger Haft begnadigt.

Frage 347

Wer verlor durch die *Magna Charta* an Macht?

☞ **Der englische König.** Die *Magna Charta* war eine Art Vergleich zwischen englischen Baronen und dem König Johann Ohneland (1167–1216). In 63 Artikeln wurde u. a. festgelegt, dass sich der König der Kontrolle durch das Recht zu unterwerfen hatte und nicht willkürlich handeln durfte. Das Dokument wurde am 15. Juni 1215 unterzeichnet und war ein erster Schritt zum Verfassungsstaat.

Frage 348

Warum machte man sich gegen Ende des Mittelalters immer häufiger auf die Suche nach neuen Handelsrouten auf den indischen Subkontinent?

☞ Indien verfügte zwar über zahlreiche Rohstoffe, war aber, nachdem die Türken den Nahen Osten erobert hatten, auf dem Landweg nur schwer zu erreichen. Aus diesem Grund suchten europäische Abenteurer im Namen ihrer Könige alternative Routen.

Frage 349

Mit Unterstützung Hitlers und Mussolinis siegte der General 1939 im Spanischen Bürgerkrieg und errichtete in Spanien eine faschistische Militärdiktatur. 1947 erklärte er das Land zur „katholischen Monarchie", womit aber keineswegs eine Öffnung und Demokratisierung verbunden war. **Wie hieß der Diktator?**

☞ **Francisco Franco (1892–1975).**

Frage 350

Was war eine Besonderheit des Zweiten Weltkriegs, die ihn von früheren Kriegen maßgeblich unterschied?

☞ **Die ausgesprochen hohe Zahl an zivilen Opfern.** In früheren Kriegen waren die meisten Opfer Soldaten gewesen, von den 60 Millionen Toten des Zweiten Weltkriegs aber war jeder Zweite ein Zivilist.

Frage 351

Wer waren die Zapoteken?

☞ **Ein indianisches Volk**, das bis Mitte des 8. Jahrhunderts die Kultur Mittelamerikas nachhaltig geprägt hatte. Sehr früh schon kannten sie komplizierte Bewässerungssysteme und entwickelten bereits vor Mixteken, Maya und Azteken ein eigenes Schriftsystem.

Frage 352

Wer war der erste demokratisch gewählte Sozialist, der in einem südamerikanischen Land an die Macht kam?

☐ a) Salvador Allende ☐ c) Juan Perón
☐ b) Fidel Castro ☐ d) Raúl Alfonsín

☞ **a) Salvador Allende Gossens** (1908–73) Am 4. Oktober 1970 wurde er zum chilenischen Staatspräsidenten gewählt. Er versuchte, die ökonomischen Probleme des Landes durch Verstaatlichung von Industriebetrieben zu lösen. Das sorgte nicht nur bei der konservativen innenpolitischen Opposition für Unruhe: Allende kam 1973 bei einem von den USA unterstützten Militärputsch unter General Pinochet (1915–2006) um.

Frage 353

Welcher Staat wurde auch als Donaumonarchie bezeichnet?

☞ Das 1804 proklamierte, 1867 zur Doppelmonarchie Österreich-Ungarn erweiterte österreichische Kaiserreich.

Frage 354

Wurden mit der Gründung der EU die verschiedenen Europäischen Gemeinschaften aufgelöst?

☞ **Nein.** Die Europäische Gemeinschaft (EG), die aus der Europäischen Wirtschaftsgemeinschaft hervorgegangen ist, die Europäische Gemeinschaft für Kohle und Stahl (EGKS, bis 2002) und die Europäische Atomgemeinschaft (EURATOM) bestehen bzw. bestanden auch nach Gründung der Union weiter.

Frage 355

Die Stadt in der Champagne hat heute viel von ihrer einstigen Bedeutung verloren. Die berühmte gotische Kathedrale aus dem 13. Jahrhundert und die hier ansässigen Champagnerfirmen ziehen dennoch jedes Jahr zahlreiche Besucher an. **Wie heißt die französische Stadt, in der seit 1179 die französischen Könige gekrönt wurden?**

☞ **Reims.**

Frage 356

Was ist die Besonderheit der phönizischen Schrift?

☞ Die phönizische Schrift ist eine Buchstabenschrift, die nur Konsonanten verwendet und deren Zeichen sich von der Keilschrift Mesopotamiens und den Hieroglyphen der Ägypter unterschieden. Die Griechen übernahmen später die phönizischen Zeichen und führten zusätzlich Vokalzeichen ein. Aus der griechischen Schrift entstand schließlich auch das lateinische Alphabet.

Frage 357

Wer waren die römischen Patrizier?

☞ In Rom waren die Patrizier (lat. pater, „Vater") diejenigen Einwohner, die zu den ältesten Adelsfamilien gehörten. Später nannten sich auch die Mitglieder der reichen Kaufmannsfamilien in den Städten des Spätmittelalters Patrizier.

Frage 358

Mit welchem Staat schloss der Kaiser von Äthiopien 1889 einen Vertrag?

☐ a) Großbritannien ☐ c) Spanien
☐ b) Frankreich ☐ d) Italien

☞ **d) Italien**
Kaiser Menelik II. (1844–1913) erhoffte sich davon Hilfe bei der Modernisierung seines Landes. Das Königreich Italien dagegen plante die Errichtung einer kolonialen Herrschaft. In der Schlacht bei Adua gelang es Äthiopien 1896, seine Unabhängigkeit zu verteidigen.

Frage 359
Was bedeutet Liberté, Égalité, Fraternité?

☞ **Freiheit, Gleichheit, Brüderlichkeit.** Diese Parole fasste die Grundforderungen der Französischen Revolution von 1789 zusammen.

Frage 360
Was versteht man unter dem Atomwaffensperrvertrag?

☞ Der Atomwaffensperrvertrag ist ein Abkommen, das am 1. Juli 1968 von den drei Atommächten Großbritannien, Sowjetunion und USA geschlossen wurde. Darin vereinbarten die drei Mächte, ihre Atomwaffentechnologie nicht weiter zu verbreiten oder an andere Staaten weiterzugeben. Der Vertrag trat am 5. März 1970 in Kraft, nachdem ihn zahlreiche weitere Staaten unterzeichnet hatten. Mittlerweile haben ihn 189 Staaten unterschrieben. Die Einhaltung der Bestimmungen wird von der Internationalen Atomenergie-Organisation (IAEO) in Wien kontrolliert.

Frage 361
Er lebte nach der Kapitulation Frankreichs im Zweiten Weltkrieg im Exil, wurde nach dem Krieg Ministerpräsident und nach der Verfassungsänderung 1958 erster Staatspräsident Frankreichs. Zusammen mit Konrad Adenauer legte er den Grundstein für die deutsch-französische Aussöhnung. **Wie hieß der französische Staatsmann?**

☞ **Charles de Gaulle (1890–1970).**

Frage 362
Was versteht man unter Terrorismus?

☞ Das Wort „Terrorismus" kommt aus dem Lateinischen und steht für die meist politisch oder religiös motivierte Verbreitung von Angst (lat. terror, „Schrecken"). Dabei spielt die Anwendung von Gewalt – Attentate, Entführungen, Bomben-, Sprengstoff-, Giftgasanschläge – eine zentrale Rolle.

Frage 363
Welche Begriffe waren mit den politischen Zielen des sowjetischen Parteichefs Michail Gorbatschow verbunden?

☞ Für die von Gorbatschow (*1931) seit 1985 angestrebten Reformen stehen v. a. die Begriffe Glasnost und Perestroika. Glasnost (russ., Offenheit, Öffentlichkeit, Transparenz) bezeichnete die neue Informations- und Diskussionsfreiheit anstelle von Zensur und Unterdrückung der Kritik. Perestroika (russ. „Umbau, Umgestaltung") stand für Reformen in Politik und Wirtschaft.

Frage 364
Welcher Nobelpreis wird nicht in Schweden verliehen?
☐ a) der Nobelpreis für Wirtschaftswissenschaften
☐ b) der Literaturnobelpreis
☐ c) der Friedensnobelpreis
☐ d) der Nobelpreis für Physik

☞ **c) der Friedensnobelpreis**
Den Friedensnobelpreis verleiht nach der testamentarischen Verfügung Alfred Nobels (1833–96) ein Ausschuss des norwegischen Parlaments. Traditionell wird er vom norwegischen König in Oslo übergeben.

Frage 365
Unter welchem Namen ging die Schlacht des Arminius gegen Varus im Jahre 9 n. Chr. in die Geschichte ein?

☞ **Als Schlacht im Teutoburger Wald.** Arminius (um 18 v. Chr.–19 n. Chr.) war ein

Cherusker, der eine Zeit lang aufseiten der Römer gekämpft und ihr Vertrauen gewonnen hatte. So konnte er Publius Quinctilius Varus (um 46 v. Chr.–9 n. Chr.) und seine Legionäre in ein sumpfiges Waldgebiet locken, wo sie von Germanen überfallen und besiegt wurden.

Frage 366

Wie kommt es, dass in Avignon ein Papstpalast errichtet wurde?

☞ Nach dem Zerfall der staufischen Macht in Italien geriet das Papsttum in die Abhängigkeit Frankreichs. Zwischen 1309 und 1376 residierten die Päpste in dem festungsartigen Papstpalast im südfranzösischen Avignon.

Frage 367

Der Sozialdemokrat hatte Schweden seit 1969 fast ununterbrochen regiert und entscheidend geprägt. Am 28. Februar 1986 wurde er in der Innenstadt von Stockholm von einem vermutlich rechtsextremen Unbekannten erschossen. **Wie hieß der schwedische Politiker?**

☞ **Olof Palme (1927–86).**

Frage 368

Wieso wurde das Heidelberger Schloss zur „malerischsten Ruine Deutschlands"?

☞ Weil es Ende des 17. Jahrhunderts von französischen Truppen gesprengt werden sollte, was aber misslang. Die noch heute erhaltene Ruine ist eines der bedeutendsten Denkmäler der deutschen Renaissance.

Frage 369

Welche Aufgaben übernahmen im Mittelalter am fränkischen Königshof die Inhaber der Hofämter?

☞ Der Truchsess hatte die Aufsicht über Küche und Tafel, der Mundschenk war für Keller, Lagerhaltung und Weinberge zuständig, der Marschall war der Stallmeister, der Kämmerer hütete Schatz und Palastgebäude, und der Hausmeier verwaltete die Königsgüter.

Frage 370

Welcher römische Kaiser ist mit dem einzigen aus der Antike erhaltenen Reiterstandbild auf dem Kapitol in Rom dargestellt?

☐ a) Augustus
☐ b) Konstantin
☐ c) Mark Aurel
☐ d) Nero

☞ **c) Kaiser Mark Aurel** (121–180 n. Chr.)

Frage 371

Was ist der Rat der Europäischen Union?

☞ Der Rat ist das bedeutendste gesetzgebende Organ der Europäischen Union. Die 27 Mitgliedstaaten sind in ihm durch die Minister ihrer Regierungen vertreten.

Frage 372

Wo kommt es zum sogenannten Hammelsprung und was versteht man darunter?

☞ **Im Deutschen Bundestag** kann es zum Hammelsprung kommen, und zwar dann, wenn Unklarheit über ein Abstimmungsergebnis herrscht. Die Abgeordneten betreten den Sitzungssaal dann durch eigens bezeichnete Ja-, Nein- und Stimmenthaltungs-Türen, was die Auszählung enorm erleichtert.

Frage 373

Als Doktor der Philologie gehörte er zu den wenigen akademisch gebildeten politischen Führungspersönlichkeiten des Dritten Reichs. Dem Demagogen gelang die perfekte Gleichschaltung der öffentlichen Medien und des kulturellen Lebens, mit der versucht wurde, bis Kriegsende die öffentliche Meinung zu beherrschen. **Wie hieß der nationalsozialistische Politiker?**

☞ **Joseph Goebbels (1897–1945).**

Frage 374

Welche Aufgabe haben die Vereinten Nationen?

☞ Aufgabe der Vereinten Nationen (United Nations Organization/UNO) ist die Förderung der internationalen Zusammenarbeit und die friedliche Regelung von Konflikten. Auf diese Weise soll die Sicherheit der Mitgliedstaaten gewährleistet werden. Der UNO-Sicherheitsrat, das Hauptorgan der Organisation, kann ein Land mit wirtschaftlichen oder politischen Sanktionen belegen oder ein militärisches Mandat vergeben.

Frage 375

An der Spitze des Römischen Reichs stand 60 v. Chr. und 43 v. Chr. ein Triumvirat. Was ist mit diesem Ausdruck gemeint?

☞ Das Triumvirat war ein Bündnis dreier mächtiger Männer, die sich zusammengeschlossen hatten, um das Reich gemeinsam zu regieren. Das erste Triumvirat (lat. tres / trium, „drei" und vir, „Mann") bildeten 60 v. Chr. Pompeius (106–48 v. Chr.), Caesar (100–44 v. Chr.) und Crassus (um 115–53 v. Chr.). Zum zweiten Triumvirat schlossen sich 43 v. Chr. Octavian (63 v. Chr.–14 n. Chr.), Antonius (um 82–30 v. Chr.) und Lepidus (87–um 13 v. Chr.) zusammen.

Frage 376

Welcher Jakobiner war maßgeblich für die Schreckenszeit in der Französischen Revolution verantwortlich?

☐ a) Maximilien de Robespierre
☐ b) Jean-Paul Marat
☐ c) Joseph Fouché
☐ d) Georges Danton

☞ **a) Maximilien de Robespierre** (1758–94) Er nutzte die ihm über den Wohlfahrtsausschuss zuwachsende Macht, um vermeintliche Gegner der Revolution hinzurichten. Unmittelbar nach seinem Sturz 1794 endeten er und ein Teil seiner Anhängerschaft selbst auf der Guillotine.

Robespierres Hinrichtung

Frage 377

Welche Aufgaben nimmt der Europarat wahr?

☞ Der 1949 gegründete Europarat ist ein Zusammenschluss europäischer Staaten. Er soll den wirtschaftlichen und sozialen Fortschritt in Europa fördern und der Wahrung der Menschenrechte dienen. Sitz des Europarates ist Straßburg.

Frage 378

Welche terroristische Gruppe versuchte zwischen den 1960er- und 1980er-Jahren durch Anschläge den Fortbestand der Bundesrepublik zu gefährden?

☞ **Die RAF (Rote Armee Fraktion)**, die aus der Studentenbewegung und der Außerparlamentarischen Opposition (APO) hervorgegangen war. Nach ihren beiden Gründungsmitgliedern nannte man die RAF auch Baader-Meinhof-Gruppe.

Frage 379

Die Kriegsflotte, die Spanien 1588 gegen England aussandte, bestand aus 129 Schiffen sowie 30.000 Mann und galt als unbesiegbar. Der englische Seefahrer und Freibeuter von Königin Elizabeth I. (1533–1603) war zwar nur Vizeadmiral, aber maßgeblich am Sieg über die spanische Armada beteiligt. **Wie hieß er?**

☞ **Sir Francis Drake (um 1540–96).**

Sir Francis Drake

Frage 380

Warum ist im südamerikanischen Staat Französisch-Guayana der Euro offizielles Zahlungsmittel?

☞ Französisch-Guayana ist ein Departement Frankreichs und gehört deshalb zum europäischen Wirtschaftsraum.

Frage 381

Welchem Verteidigungsbündnis traten 1999 die Tschechische Republik, Polen und Ungarn bei?

☞ **Sie wurden Mitglieder der NATO.** In einer weiteren Runde schlossen sich 2004 Bulgarien, Estland, Lettland, Litauen, Rumänien, die Slowakei und Slowenien an.

Frage 382

Was war das Ziel der meisten Entdeckungsfahrten des 15. und 16. Jahrhunderts?

☐ a) China ☐ c) Amerika
☐ b) Indien ☐ d) Afrika

☞ **b) Indien**
Etwa seit 1400 waren zahlreiche Expeditionen von Europa aus aufgebrochen, um neue Seewege nach Indien aufzutun. Dabei wurde erstmals das Südkap Afrikas umschifft.

Frage 383

Was prägte die Geschichte Sankt Gallens seit dem frühen Mittelalter?

☞ **Die Klosterabtei**, die Mitte des 9. Jahrhunderts nach dem Reichenauer Klosterplan erbaut wurde. Die Äbte von Sankt Gallen waren mächtige Reichsfürsten und zugleich Hüter einer von Mönchen getragenen Kunst- und Geisteskultur. Die barocke Klosteranlage existiert noch heute.

Frage 384

Welche bedeutende Stadt in Mesopotamien wurde von den Assyrern zur Hauptstadt ausgebaut?

☞ **Ninive**, das der assyrische König Sanherib (gest. 681 v. Chr.) 705 v. Chr. zur Residenz erhob. Während ihrer Blütezeit hatte die Stadt rund 170.000 Einwohner. Der Stadtgrundriss hatte die Form eines Dreiecks und war von einer doppelten Festungsmauer umgeben.

Frage 385

Im Alter von 43 Jahren wurde er zum Präsidenten der USA gewählt. Dieses Amt bekleidete er jedoch nur 1036 Tage, bevor er einem Attentat zum Opfer fiel. Am 26. Juni 1963 besuchte er Berlin und eroberte die Herzen der Deutschen mit dem berühmten Satz „Ich bin ein Berliner" im Sturm. **Wie hieß dieser Politiker?**

☞ **John F. Kennedy (1917–63).**

Frage 386

Was ist das Pentagon?

☞ **Das US-Verteidigungsministerium** in der Nähe von Washington D. C. wird nach der Form des Gebäudekomplexes Pentagon genannt. Es ist als regelmäßiges Fünfeck mit jeweils 300 Meter langen Seiten angelegt. Bei den Terroranschlägen vom 11. September 2001 war das Pentagon – neben dem World Trade Center – Ziel islamistischer Terroristen, die ein gekapertes Passagierflugzeug in das Gebäude steuerten.

Das Pentagon

Frage 387

Welche Institution leitete Erzbischof Desmond Tutu?

☞ Die südafrikanische Wahrheits- und Versöhnungskommission, die die politischen Vergehen des Apartheidregimes von 1960 bis 1993 untersuchte. Am 29. Oktober 1998 erhielt Präsident Nelson Mandela einen ersten Abschlussbericht der Kommission. Ein siebenbändiger Abschlussbericht wurde im März 2003 an Präsident Thabo Mbeki übergeben.

Frage 388

Wer wurde nach dem Ende des Deutschen Kaiserreichs 1919 zum ersten Reichspräsidenten der Weimarer Republik gewählt?

☐ a) Karl Dönitz
☐ b) Paul von Hindenburg
☐ c) Adolf Hitler
☐ d) Friedrich Ebert

☞ **d) Friedrich Ebert**
Der SPD-Politiker Friedrich Ebert (1871–1925) wurde durch die verfassungsgebende Deutsche Nationalversammlung in dieses Amt gewählt.

Friedrich Ebert

Frage 389

Was bedeutet Fin de Siècle?

☞ Es ist die französische Bezeichnung für „Ende des Jahrhunderts" und steht für die Endzeitstimmung von 1880 bis zum Beginn des Ersten Weltkriegs.

Frage 390

Wann und wo wurde die erste Atombombe abgeworfen?

☞ Am 6. August 1945 auf die japanische Hafenstadt Hiroshima. Innerhalb weniger Sekunden starben etwa 200.000 Menschen, viele kamen aber auch noch Jahre danach aufgrund von Langzeitschäden qualvoll ums Leben. 80 % der bebauten Fläche Hiroshimas wurden zerstört.

Frage 391

Gemeinsam mit seiner Ehefrau spionierte er im Kanzleramt Willy Brandts (1913–92) für die DDR-Regierung. 1974 wurde er enttarnt, was zum Rücktritt des Kanzlers führte. Man verurteilte ihn zu 13 Jahren Haft; 1981 wurde er in die DDR abgeschoben. **Wie hieß der Spion?**

☞ **Günter Guillaume (1927–95).**

Frage 392

Gegen welchen afrikanischen Staatschef verhängte die EU Sanktionen, die im Februar 2003 verlängert wurden?

☞ **Gegen Robert Mugabe (*1925)**, den Staatspräsidenten von Simbabwe (Einreiseverbot in EU-Länder, Einfrieren von Guthaben). Der Grund dafür waren Unregelmäßigkeiten bei den Präsidentschaftswahlen, massive Einschüchterungen der Opposition sowie Menschenrechtsverletzungen.

Frage 393

Was verstand der indische Politiker Mahatma Gandhi unter gewaltlosem Widerstand?

☞ Eine religiös motivierte Form des Protests gegen die britische Kolonialherrschaft. Gewaltlosigkeit, das „Festhalten an der Wahrheit" und Nächstenliebe sollten die Gegner zu Einsicht und Umdenken bewegen. Gandhis (1869–1948) Programm der „Non-Cooperation" beinhaltete Kampagnen des „zivilen Ungehorsams" gegen britische Gesetze und Vorschriften, Boykott und Streiks.

Frage 394

Wohin floh Kurt Tucholsky?

- ☐ a) Dänemark
- ☐ b) Niederlande
- ☐ c) Schweden
- ☐ d) Norwegen

Kurt Tucholsky

☞ **c) Schweden**
Tucholskys (1890–1935) kritische und satirische Schriften wurden in Deutschland nicht nur verboten, sondern im Mai 1933 auch öffentlich verbrannt. Um der Verfolgung durch die Nationalsozialisten zu entgehen, floh er nach Skandinavien. Im schwedischen Exil beging er Selbstmord.

Frage 395

Welchem Zweck dient die 1923 in Wien gegründete Interpol?

☞ **Der grenzüberschreitenden Verbrechensbekämpfung.** Die Internationale kriminalpolizeiliche Organisation wurde 1946 in Paris neu gegründet.

Frage 396

Warum spricht man bei der Industrialisierung des 19. Jahrhunderts auch von einer industriellen Revolution?

☞ Weil die Industrialisierung die gesellschaftlichen Verhältnisse innerhalb kürzester Zeit grundlegend veränderte und ihre Auswirkungen durchaus mit denen einer politischen Revolution vergleichbar waren.

Frage 397

Am 29. Mai 1953 gelang es diesem Neuseeländer zusammen mit dem Sherpa Tenzing Norgay (1914–86) erstmals, den mit 8488 Meter Höhe höchsten Berg der Welt zu bezwingen. Die beiden Pioniere näherten sich bei ihrer Tour dem Gipfel von der Südseite her. **Wer war's?**

☞ **Sir Edmund Hillary (1919–2008).**

Tenzing und Hillary

Frage 398

Wer unterzeichnete den Moskauer Vertrag?

☞ Der russische Staatschef Wladimir Putin (*1952) und US-Präsident George W. Bush (*1946). In dem im Mai 2002 unterzeichneten Vertrag verpflichten sich beide Staaten, Nuklearwaffen mit einer Reichweite von über 5000 Kilometer abzubauen und bis 2012 die Zahl ihrer Atomsprengköpfe durch Verschrottung oder Deaktivierung auf 1700 bzw. 2200 zu reduzieren.

Frage 399

Was versteht man unter der Herrschaftsform des Prinzipats?

☞ Das Prinzipat (lat. principatus / princeps, „der Erste") war die von Augustus (63 v. Chr.–14 n. Chr.) 27 v. Chr. geschaffene neue Staatsform, bei der durch die Häufung von Amtsgewalten oder besonderes Ansehen ein erster Bürger des Staates zum Entscheidungsträger und damit zum Herrscher wurde. Republikanische Einrichtungen bestanden daneben weiter.

Frage 400

Welcher führende Kopf der SPD war zwischen 1933 und 1944 in Konzentrationslagern inhaftiert?

☐ a) Willy Brandt
☐ b) Kurt Schumacher
☐ c) Herbert Wehner
☐ d) Julius Leber

☞ **b) Kurt Schumacher** (1895–1952)
1930 war er erstmals Mitglied des Reichstags geworden und wurde unmittelbar nach der Nazi-Machtergreifung verhaftet und in verschiedenen KZs interniert.

Frage 401

Welche Änderung am Landeswappen wurde 1990 im polnischen Parlament beschlossen?

☞ Der weiße Wappenadler durfte wieder eine Krone tragen, die unter der kommunistischen Regierung entfernt worden war.

Frage 402

Was ist die Free Trade Area of the Americas (FTAA)?

☞ Die geplante gesamtamerikanische Freihandelszone, die allerdings äußerst umstritten ist und von Alaska bis nach Feuerland reichen soll. Gegner des Abkommens kritisieren, dass eine solche Freihandelszone v. a. den USA und weniger den ärmeren Ländern Mittel- und Südamerikas ökonomische Vorteile bringen würde.

Frage 403

Der blind ergebene persönliche Adjutant des „Führers" sprang am 10. Mai 1941 mit einem Fallschirm über Schottland ab, um in geheime Friedensverhandlungen zu treten und den gemeinsamen Kampf Großbritanniens und Deutschlands gegen den Hauptfeind Sowjetunion zu planen. Wie weit die Aktion mit Hitler abgesprochen war, ist ungeklärt, erfolglos war sie auf jeden Fall. In England wurde er interniert und 1946 zu lebenslanger Haft verurteilt. **Wie hieß er?**

☞ **Rudolf Heß (1894–1987).**

Frage 404

Wurde das Attentat auf US-Präsident John F. Kennedy (1917–63) jemals wirklich aufgeklärt?

☞ **Nein.** Zwar wurde nach den tödlichen Schüssen von Dallas ein mutmaßlicher Todesschütze verhaftet, der aber unmittelbar nach seiner Verhaftung selbst erschossen wurde. Es gilt als ziemlich sicher, dass hinter dem Anschlag eine Verschwörung steckte, über deren Hintermänner aufgrund der Ermordung des einzigen gefassten mutmaßlichen Mittäters aber nur spekuliert werden kann.

Das Attentat auf Kennedy am 22. November 1963

Frage 405

Was ist der Alternative Nobelpreis?

☞ Der Alternative Nobelpreis (Right Livelihood Award) wurde von dem deutsch-schwedischen Publizisten und Umweltschützer Jakob von Uexküll (*1944) gestiftet. Er wird seit 1980 einmal im Jahr für besondere Leistungen zur Lösung drängender Menschheitsfragen vergeben und ist mit 200.000 Euro dotiert. Zu den prominentesten

Preisträgern zählen die Grünenpolitikerin und Friedensaktivistin Petra Kelly (1982), der Zukunftsforscher Robert Jungk (1986) und die schwedische Kinderbuchautorin Astrid Lindgren (1994).

Frage 406

Wer wählt den deutschen Bundeskanzler?

☐ a) das Volk
☐ b) der Bundesrat
☐ c) der Bundestag
☐ d) die Bundesversammlung

☞ **c) der Bundestag**
Bei der Wahl zum deutschen Bundeskanzler wird der Kandidat für dieses Amt vom Bundespräsidenten vorgeschlagen. Rechtlich gesehen ist der Präsident bei seiner Entscheidung frei, er kann jede oder jeden vorschlagen, die ihm geeignet erscheinen. De facto gehen seinem Vorschlag natürlich intensive politische Gespräche voraus, sodass der Wunschkandidat der Koalition, die die Bundesregierung bilden wird, auch zur Wahl vorgeschlagen wird. Der Bundestag wählt den Bundeskanzler dann mit der absoluten Mehrheit seiner Mitglieder.

Frage 407

In welches hohe Amt wurde die Schweizerin Ruth Dreifuss im Jahr 1999 gewählt?

☞ Die Wirtschaftswissenschaftlerin Ruth Dreifuss (*1940) wurde 1999 als erste Frau zur Schweizer Bundespräsidentin gewählt. Mit der Sozialdemokratin wurde in der Schweiz zudem erstmals eine Person jüdischen Glaubens Staatsoberhaupt.

Frage 408

Mit dem Dritten Golfkrieg endete im Irak im April 2003 nach 24 Jahren die Herrschaft des Diktators Saddam Hussein (1937–2006). Warum wurde er nicht sofort gefangen genommen?

☞ Hussein hielt sich nach seiner Niederlage versteckt. Er wurde erst im Dezember 2003 von amerikanischen Truppen in einem Erdloch in der Nähe seiner Heimatstadt Tikrit aufgespürt und gefangen genommen. Ab 2005 musste er sich vor einem irakischen Gericht verantworten und wurde im November 2006 zum Tod durch den Strang verurteilt. Das Urteil wurde am 30. Dezember 2006 vollstreckt.

Frage 409

Am 20. Januar 1942 trafen sich auf Einladung Reinhard Heydrichs (1907–42) die Spitzen des NS-Staats und der NSDAP in einer Villa am Berliner Wannsee, um die Koordination der systematischen Ermordung der jüdischen Bevölkerung Europas zu planen. Hier wurde die Massenvernichtung von elf Millionen Juden zu einem der wichtigsten Ziele der deutschen Politik erhoben. **Unter welchem Namen ist das Treffen in die Geschichte eingegangen?**

☞ **Als Wannseekonferenz.**

Frage 410

Wer waren die Buren?

☞ Die Buren waren Nachkommen der seit 1652 nach Südafrika eingewanderten Holländer sowie deutscher und hugenottischer Siedler. Sie gründeten 1835–38 die Staaten Transvaal und Oranje-Freistaat. Zwischen 1899 und 1902 kämpften sie in den sogenannten Burenkriegen gegen die britische Kolonialmacht. Sie verloren den Krieg, aus den beiden Staaten wurden britische Kolonien. Später entwickelte sich daraus zusammen mit den Kolonien Kapland und Natal die Südafrikanische Union, 1961 schließlich die Republik Südafrika.

Frage 411

Wovor wird das Südpolargebiet seit 1959 durch einen Vertrag geschützt?

☞ Durch den Antarktisvertrag soll verhindert werden, dass im Südpolargebiet Militärstützpunkte eingerichtet, Waffen erprobt, Atomversuche unternommen werden oder Atommüll gelagert wird.

Frage 412

Welches Bundesland hat Schwerin als Hauptstadt?

☐ a) Sachsen-Anhalt
☐ b) Niedersachsen
☐ c) Schleswig-Holstein
☐ d) Mecklenburg-Vorpommern

☞ **d) Mecklenburg-Vorpommern**

Frage 413

Was haben Dänemark und Schweden hinsichtlich der europäischen Währung Euro gemeinsam?

☞ In beiden Ländern entschied sich die Mehrheit der Bevölkerung in einer Volksabstimmung gegen die Einführung des Euro. Die Dänen stimmten 2000 ab, die Schweden 2003.

Frage 414

Wofür erhielten der deutsche und der französische Außenminister 1926 gemeinsam den Friedensnobelpreis?

☞ Gustav Stresemann (1878–1929) und Aristide Briand (1862–1932) schlossen 1925 die Locarnoverträge, die wesentlich zu einem politischen Ausgleich zwischen Deutschland und Frankreich beitrugen. 1926 erhielten sie dafür den Friedensnobelpreis.

Gustav Stresemann, mit Austen Chamberlain (links) auf der Konferenz von Locarno

Frage 415

An dieser strategisch wichtigen Festung beabsichtigte die deutsche Generalität im Ersten Weltkrieg die Kriegsentscheidung herbeizuführen. Die Kämpfe dauerten von Februar bis Dezember 1916, dann wurde die deutsche Offensive eingestellt. **Wie heißt die französische Festung?**

☞ **Verdun.**

Frage 416

Welches iranische Staatsoberhaupt versuchte einen Reformkurs durchzusetzen?

☞ **Staatspräsident Saijid Mohammed Chatami (*1943)** bemühte sich seit seiner Wahl 1997, sein Land zu demokratisieren und den Dialog der Kulturen zu fördern. Sein Reformkurs wurde durch die konservativen Kräfte im Land und die feindselige Haltung der USA erschwert. Die Einladung Chatamis in die Bundesrepublik und sein Besuch im Juli 2000 waren Ausdruck der Würdigung seiner Politik durch die Bundesregierung. Nach seiner Abwahl 2005 gewannen im Iran erneut islamistische Radikale die Oberhand.

Frage 417

Wer wurde im Oktober 2002 zum Präsidenten Brasiliens gewählt?

☞ **Luiz Inácio (genannt Lula) da Silva** (*1945) erhielt in der Stichwahl 61,3 % der Stimmen. Der ehemalige Gewerkschaftsführer vertritt die Interessen der Arbeiter, Landlosen und Intellektuellen und trat mit einem dezidierten Antikorruptionsprogramm zur Wahl an. Seine Partei geriet allerdings 2005 selbst unter erheblichen Korruptionsverdacht.

Frage 418

Wo befindet sich der Hauptsitz der UNO?

☐ a) Paris
☐ b) New York
☐ c) Genf
☐ d) London

☞ **b) New York**
Daneben werden auch Sitze in Genf, Wien und Nairobi unterhalten.

Frage 419

Wie hieß die nach der deutschen Besetzung tolerierte französische Regierung in Südfrankreich?

☞ **Die Vichyregierung**, die von 1940 bis 1944 bestand und von Marschall Pétain (1856–1951) geführt wurde. Sie war auf eine enge Zusammenarbeit mit den deutschen Besatzern angewiesen und hatte diktatorischen Charakter.

Frage 420

Auf Wunsch seines Vaters musste der junge Armand Bischof werden. Seine eigentliche Liebe galt aber der Politik. Als Vertreter des Klerus in der Generalständeversammlung machte er mit brillanten Reden auf sich aufmerksam. 1616 holte ihn die Königinmutter Maria von Medici als Staatssekretär an den Hof. Unter Ludwig XIII. wurde er erster Minister und baute Frankreich mit rücksichtsloser Energie zum absolutistischen Staat um. **Wie hieß der Machtpolitiker im Kardinalspurpur?**

☞ **Armand Jean du Plessis, Herzog von Richelieu (1585–1642).**

Kardinal Richelieu

Frage 421

Welches Kooperationsangebot machte der Vatikan im Februar 2003 den Historikern?

☞ Der Vatikan ermöglichte ihnen den Zugang zu seinem Archiv, um so die Erforschung der Beziehungen zwischen dem Papst und dem Nationalsozialismus möglich zu machen. Dabei wurden allerdings zunächst nur die Akten bis zum Jahr 1939 geöffnet, in dem das Pontifikat von Papst Pius XII. (1876–1958) begann, um dessen Haltung zum nationalsozialistischen Deutschland es in erster Linie in den historischen Fragestellungen geht.

Frage 422

Der Gastwirt leitete den Tiroler Aufstand gegen die von Napoleon unterstützte bayerische Besetzung. Er besiegte deren Heere 1809 mehrmals am Bergisel bei Innsbruck, geriet aber durch Verrat in Gefangenschaft und wurde schließlich in Mantua standrechtlich erschossen. **Wie hieß der Tiroler Freiheitskämpfer?**

☞ **Andreas Hofer (1767–1810).**

Frage 423

Was versteht man unter Absolutismus?

☞ Das 17. und 18. Jahrhundert waren geprägt von der Staatsphilosophie, dass ein König uneingeschränkt (absolut) und ohne Gewaltenteilung in seinem Land herrschen dürfe. Vorbild aller absoluten Herrscher war König Ludwig XIV. (1638–1715) von Frankreich, dessen Einfluss in alle Lebensbereiche seiner Untertanen reichte.

Frage 424

Wo kämpften die Internationalen Brigaden?

☐ a) im Ersten Weltkrieg
☐ b) im Jugoslawienkrieg
☐ c) im Zweiten Weltkrieg
☐ d) im Spanischen Bürgerkrieg

☞ **d) im Spanischen Bürgerkrieg (1936–39)**
In diesen Einheiten kämpften Freiwillige aus den verschiedensten Nationen auf der Seite der Spanischen Republik gegen die Truppen General Francos (1892–1975).

Frage 425

Wer waren die Sansculottes?

☞ Ursprünglich war der Begriff (frz. „ohne Kniehosen") ein Spottname für die unteren Schichten, weil sie im Gegensatz zur aristokratischen Mode des Ancien Régime keine Kniehosen (culottes), sondern lange Hosen (pantalons) trugen. Mit Beginn der Französischen Revolution wurde der Begriff für die Republikaner unter den Handwerkern und Händlern verwendet.

Frage 426

Welcher amerikanische Sozialwissenschaftler geriet 1996 mit seinem Buch über die NS-Zeit in die öffentliche Diskussion?

☞ **Daniel Jonah Goldhagen (*1959)**, Professor an der Harvarduniversität Cambridge, hatte in seinem 1996 erschienenen Buch *Hitlers willige Vollstrecker* die These aufgestellt, die antisemitische Einstellung der Bevölkerung habe die Verbrechen der NS-Diktatur gefördert.

Frage 427

Er ließ sich nach stalinistischem Muster als Freund des Volkes feiern und hatte einen Sicherheitsapparat aufbauen lassen, in dem v. a. der Geheimdienst Securitate von größter Bedeutung war. Als sich die Bevölkerung gegen das Regime erhob, wurde der Diktator gefangen genommen, im Schnellverfahren zum Tode verurteilt und am 25. Dezember 1989, unmittelbar nach dem Urteilsspruch, hingerichtet. **Wie hieß der Diktator und in welchem Land herrschte er?**

☞ **Nicolae Ceaușescu (1918–89), Rumänien.**

Frage 428

Was feiern die Amerikaner am 4. Juli?

☞ Der 4. Juli ist der Amerikanische Unabhängigkeitstag. An diesem Nationalfeiertag gedenkt man in den USA der Unabhängigkeitserklärung der 13 Kolonien am 4. Juli 1776.

Frage 429

Woher kommt der Begriff „Politik der offenen Tür"?

☞ Ende des 19. Jahrhunderts verlangten v. a. Großbritannien und Amerika von China „the open door for all nations' trade" (die offene Tür für den Handel aller Nationen). Heute verwendet man den Begriff losgelöst vom historischen Hintergrund allgemein als Offenlegung der Absichten einer Regierung oder auch eines Unternehmens.

Frage 430

Wie hieß die einflussreiche, staatlich gelenkte Tageszeitung der ehemaligen Sowjetunion?

☐ a) *Prawda*
☐ b) *Iswestia*
☐ c) *Tribuna Ludu*
☐ d) *Rude pravo*

☞ **a) *Prawda***
Die *Prawda* (russ. „Wahrheit") war von 1918 bis 1991 das Organ des Zentralkomitees der KPdSU. 1996 wurde ihr Erscheinen eingestellt.

Frage 431

Woraus setzt sich der Union Jack, die Flagge Großbritanniens, zusammen?

☞ Auf der britischen Flagge sind die Symbole Englands (rotes Kreuz auf weißem Grund), Schottlands (weißes Schrägkreuz auf blauem Grund) und Irlands (rotes Schrägkreuz auf weißem Grund) miteinander verbunden.

Der Union Jack

Frage 432

Wo lag der römische Hadrianswall?

☞ An der Nordgrenze der römischen Provinz Britannien. Kaiser Hadrian (76–138) ließ damit 122–136 die Provinz vor den Einfällen der Kaledonier, den Vorfahren der Schotten, schützen. Der Wall verlief zwischen dem Solway Firth und der Mündung des Tyne. Sein Verlauf bildet noch heute die Grenze zwischen Schottland und England.

Frage 433

Es war seit dem 6. Jahrhundert v. Chr. das gesellschaftliche und politische Zentrum des römischen Staates. Heute finden sich hier in mehr oder weniger gutem Zustand altrömische Heiligtümer und Tempel, Markt- und Amtsgebäude sowie der Platz der Redner und der Volksversammlungen. **Wie heißt der Platz und in welcher Stadt befindet er sich?**

☞ **Das Forum Romanum in Rom.**

Frage 434

Welcher deutsche Offizier wird auch Lügenbaron genannt?

☞ **Karl Friedrich Hieronymus Freiherr von Münchhausen (1720–97)**, der nach einem abenteuerlichen Leben und vielen Reisen in fremde Länder begann, seine Reise- und Abenteuergeschichten zu erzählen. 1781 wurden sie von G. A. Bürger (1747–94) erstmals herausgegeben.

Frage 435

Welche umwälzenden Ereignisse stehen an der Wende zwischen Mittelalter und Neuzeit?

☞ 1445 erfand der Mainzer Johannes Gutenberg (um 1397–1468) den Buchdruck mit beweglichen Lettern. 1492 entdeckte Christoph Kolumbus (1451–1506) Amerika; 1517 leitete der Mönch Martin Luther (1483–1546) in Wittenberg die Reformation ein. Ein zentrales Fundament des Mittelalters – die Einheit der Kirche – wurde damit zum Einsturz gebracht.

Frage 436

Welcher amerikanische Präsident hatte vier statt der üblichen zwei Amtszeiten?

☐ a) George Washington
☐ b) Franklin D. Roosevelt
☐ c) Abraham Lincoln
☐ c) Dwight D. Eisenhower

☞ **b) Franklin Delano Roosevelt** (1882–1945) hatte 1932, 1936, 1940 und 1944 vier aufeinanderfolgende Amtszeiten.

Frage 437

Welche Länder unterstützten General Franco im Spanischen Bürgerkrieg?

☞ Francisco Franco (1892–1975), der Chef der nationalspanischen Regierung, wurde von Deutschland, Italien und Portugal im Kampf gegen die Verfechter der Spanischen Republik unterstützt. Frankreich und Großbritannien blieben neutral, die Sowjetunion stand aufseiten der Republikaner.

Frage 438

Was verstand man in Griechenland ursprünglich unter einem Tyrannen?

☞ Der Begriff „Tyrann" wurde ursprünglich für einen Alleinherrscher gebraucht, der kein König war. Mit der Ausbildung der athenischen Demokratie wurde das Wort zur Bezeichnung für einen machtbesessenen Alleinherrscher, der rechtswidrig und gewalttätig die Herrschaft an sich brachte.

Frage 439

Seit 1770 mit Ludwig XVI. (1754–93) verheiratet, war sie beim Volk als vergnügungssüchtige Königin verhasst. Als es in Paris kein Brot mehr gab, soll ihre Reaktion gewesen sein: „Sie haben kein Brot? Dann sollen sie Kuchen essen!" **Wie hieß die Tochter der österreichischen Kaiserin Maria Theresia, die 1793 in Frankreich auf der Guillotine endete?**

☞ **Marie Antoinette (1755–93).**

Frage 440

Wozu verpflichteten sich die Unterzeichner des Briand-Kellogg-Paktes?

☞ Am 27. August 1928 unterzeichneten in Paris Vertreter Belgiens, Deutschlands, Frankreichs, Großbritanniens, Italiens, Japans, Polens, der Tschechoslowakei und der USA den Vertrag, in dem sie sich verpflichteten, auf Krieg als Mittel der Politik zu verzichten. Bis 1939 waren 63 Staaten dem Vertrag beigetreten, dessen völkerrechtliche Regeln Bestandteil der UN-Satzung wurden.

Frage 441

Was versteht man im politischen Sprachgebrauch unter Immunität?

☞ Im politischen Sprachgebrauch bedeutet Immunität, dass Abgeordnete und Diplomaten während ihrer Amtszeit nicht strafrechtlich verfolgt werden können. Durch den Beschluss des Parlaments, dem ein Abgeordneter angehört, kann seine Immunität allerdings aufgehoben werden.

Frage 442

Wo kam es 1954 zu einer Staatsteilung?

☐ a) Korea ☐ c) Vietnam
☐ b) Jemen ☐ d) Zypern

☞ **c) Vietnam**
Nachdem das Land 1945 seine Unabhängigkeit von Frankreich erkämpft hatte, kam es 1954 zur Teilung in den westlich orientierten Süden und den sozialistischen Norden. 1975 wurde das Land 1975 wieder vereinigt.

Frage 443

Was versteht man in Frankreich unter Cohabitation?

☞ Von „Cohabitation" spricht man in Frankreich, wenn Präsident und Regierung jeweils unterschiedlichen politischen Lagern angehören. 1986, 1993 und 1997 führten die Parlamentswahlen jeweils zu dieser Situation.

Frage 444

Seit wann gibt es den DGB?

☞ **Seit 1949.** Nachdem die Gewerkschaften während der Nazizeit zerschlagen worden waren, begann ab 1945 allmählich deren Wiederaufbau. 1949 wurde der Deutsche Gewerkschaftsbund (DGB) als Dachorganisation der Einzelgewerkschaften geschaffen.

Frage 445

Aus den USA kommend richtete sich diese Jugendbewegung zunächst gegen die Konsum- und Leistungsmentalität ihrer Eltern.

Ihre Anhänger formten eine neue Kultur, in deren Mittelpunkt Musik, Liebe, bewusstseinserweiternde Drogen und neue Formen des Zusammenlebens standen. Durch die strikte Ablehnung des Vietnamkriegs erfuhr die Bewegung eine zunehmende Politisierung. **Wie nannte man die Anhänger dieser Bewegung?**

☞ **Als Blumenkinder oder Hippies.**

Frage 446

Durch welche Interessen unterschied sich Russland als imperialistische Großmacht im Osten im 19. Jahrhundert von anderen Staaten?

☞ Da es immer wieder Konflikte mit England und Österreich um die freie Durchfahrt durch die Meerengen gab, wollte man nach Ostasien und ins Osmanische Reich expandieren. Dadurch erhoffte man sich den Zugang zu den Meerengen und die Absicherung der eigenen Grenzen.

Frage 447

Was bezeichnet man als den Nahostkonflikt?

☞ Den Konflikt zwischen dem Staat Israel und seinen arabischen Nachbarstaaten sowie der Palästinensischen Befreiungsorganisation (PLO). Es geht dabei um die staatliche Gestaltung des ehemaligen britischen Mandatsgebietes Palästina. Der Konflikt entstand mit dem Rückzug Großbritanniens aus Palästina (15. Mai 1948) und der Ausrufung des Staates Israel (14. Mai 1948).

Frage 448

Welcher Zar gründete 1703 Sankt Petersburg?

☐ a) Nikolaus I.
☐ b) Peter I.
☐ c) Peter II.
☐ d) Alexander I.

☞ **b) Peter I.** (1672–1725), der sein Land der westlichen Kultur öffnen wollte und tief greifende Reformen in Armee, Verwaltung, Kirche und Gesellschaft durchführte. St. Petersburg wurde 1712 Hauptstadt des Russischen Reichs und blieb es bis 1918.

Peter I. der Große

Frage 449

Warum verzichtete Edward VIII. nach nur kurzer Regierungszeit 1936 auf den britischen Thron?

☞ Edward VIII. (1894–1972) gab nach knapp einjähriger Regierungszeit im Dezember 1936 den britischen Thron auf, um Wallis Simpson heiraten zu können. Seine zukünftige Ehefrau war bürgerlicher Herkunft, Amerikanerin und zweimal geschieden, sodass Hofetikette, die britische Regierung und die anglikanische Kirche Einwände gegen die Heiratsabsicht des Königs vorbrachten.

Frage 450

Welche Naturkatastrophe erschütterte die Welt am 26. Dezember 2004?

☞ Ein Seebeben vor der Nordwestküste Sumatras im Indischen Ozean mit einer Stärke von 9,3 auf der Richterskala. Als gegen acht Uhr Ortszeit die Erde bebte, verursachte dies eine riesige Flutwelle, die verheerende Auswirkungen v. a. an den Küsten Indiens, Indonesiens und Sri Lankas hatte. Sogar im Tausende Kilometer vom Epizentrum entfernten Ostafrika starben Menschen durch die Flutwelle.

Frage 451

Als Konsequenz aus der Kubakrise beschlossen die USA und die Sowjetunion unter Leonid Breschnew (1906–82), eine ständige Telefonleitung zwischen Moskau und Washington einzurichten, um bei auftretenden Spannungen sofort eine Klärung herbeiführen zu können. **Wie wurde diese Telefonverbindung im Volksmund genannt?**

☞ **Der Heiße Draht.**

Frage 452

Woher kommt das sogenannte Vetorecht?

☞ **Aus dem alten Rom.** Mit ihrem Veto (lat. „ich verbiete") konnten die römischen Volkstribunen Senatsbeschlüsse und Amtshandlungen verbieten. Dieses Einspruchsrecht kommt in modernen Staaten meist dem Staatsoberhaupt gegenüber Parlamentsbeschlüssen zu, wobei es häufig nur eine aufschiebende (suspensive) Wirkung hat.

Frage 453

Was war das Warschauer Getto?

☞ Vier Wochen, nachdem die deutsche Wehrmacht 1939 Polen überfallen hatte, eroberte man die polnische Hauptstadt Warschau. Hier lebte die mit 380.000 Mitgliedern größte jüdische Gemeinde Europas. Die gesamte Gemeinde unterlag mit Beginn der deutschen Besatzung einer Vielzahl willkürlicher Zwangsmaßnahmen. Am 2. Oktober 1940 erging schließlich der Erlass, dass alle in Warschau lebenden Juden in ein speziell gekennzeichnetes Gebiet in der Altstadt ziehen mussten. Das Warschauer Getto war etabliert. Hier lebten nun mehr als 350.000 Menschen zusammengepfercht auf engstem Raum. Mitte November 1940 wurde das Getto schließlich abgeriegelt und mit einer hohen Mauer umgeben. Die Lebensbedingungen waren katastrophal, und es herrschten Krankheiten und Hunger.

Frage 454

Welcher Dynastie gehörte die 1918 von den Bolschewisten ermordete Zarenfamilie um Nikolaus II. an?

☐ a) Rurikiden ☐ b) Kiewer Rus
☐ c) Romanow ☐ d) Holstein-Gottorp

☞ **c) Romanow**
Der Anfang des 17. Jahrhunderts begründeten Dynastie gehörte u. a. auch Zar Peter der Große (1672–1725) an.

Die Zarenfamilie

Frage 455

Was versteht man unter der Zauberformel des Schweizer Bundesrates, die in den Wahlen vom 10. Dezember 2003 gesprengt wurde?

☞ Der Schweizer Bundesrat setzte sich seit der Bundesratswahl vom 17. Dezember 1959 nach der sogenannten Zauberformel zusammen, d. h. aus je zwei Mitgliedern der Parteien FDP, CVP, SPS und einem Mitglied der SVP. Damit entsprach diese Formel den Wähleranteilen der großen Parteien im National- und im Ständerat der Schweiz. 2003 ging jedoch die SVP als stärkste Partei aus der Wahl hervor und beanspruchte einen zweiten Sitz im Bundesrat.

Frage 456

Was wurde den Inuit 1999 von Kanada zugestanden?

☞ Am 1. April 1999 erhielten die Inuit, die kanadischen Ureinwohner, ihre eigene Provinz, Nunavut, die sie eigenständig regieren und verwalten.

Frage 457

Die Stadt wurde 814 v. Chr. von den Phöniziern im Gebiet des heutigen Tunesien gegründet und entwickelte sich dank der phönizischen Seefahrtskunst zu einer der größten Seemächte der Antike. Mit dem ebenfalls expandierenden Rom kam es zu einigen ernsthaften Konflikten, die schließlich in den drei Punischen Kriegen kulminierten. Am Ende des Dritten Punischen Kriegs wurde die Stadt von den Römern erobert und zerstört. **Wie hieß die berühmte antike Stadt?**

☞ **Karthago.**

Frage 458

Welche Umwälzungen löste die industrielle Revolution aus?

☞ Bahnbrechende Erfindungen wie die Dampfkraft führten seit dem 18. Jahrhundert von England ausgehend zu tief greifenden Veränderungen in industrieller Produktion und Arbeitsabläufen. Arbeitsteilige, maschinelle Herstellung in Fabriken verdrängte Handwerksbetriebe und Manufakturen. Das entstandene Eisenbahnnetz erschloss neue Märkte und entwickelte im Transport eine neue Dynamik.

Frage 459

Welche Kolonie gab Portugal 1999 an China zurück?

☞ Am 20. Dezember 1999 gab Portugal seine letzte Kolonie, das südwestlich von Hongkong gelegene Macao, an die Volksrepublik China zurück.

Frage 460

Was ist die Trikolore?

☐ a) Fußballnationalmannschaft
☐ b) Nationalhymne
☐ c) Flagge
☐ d) Getränk

☞ **c) Flagge**

Die Trikolore (franz. drei Farben) ist die französische Flagge. Sie entstand 1794 aus der blauroten Fahne von Paris, deren Farben mit dem Weiß der Königsfamilie der Bourbonen kombiniert wurde.

Trikolore am Nationalfeiertag in Südfrankreich

Frage 461

Was verstand man im Mittelalter unter der Grundherrschaft?

☞ Die Grundherrschaft, die in Europa vom frühen Mittelalter bis zur Bauernbefreiung bestand, machte den Eigentümer des Bodens auch zum Herrn über die Bauern, die diesen bewirtschafteten. Die Bauern mussten dem Grundherrn Abgaben und Frondienste leisten. Das Abhängigkeitsverhältnis nach dem Vorbild der Grundherrschaft prägte im Mittelalter Wirtschaft, Gesellschaft und Politik und war die Grundlage des Lehnswesens.

Frage 462

Was bezeichnet der Begriff „Inka"?

☞ Im eigentlichen Wortsinn ein bestimmtes Herrschergeschlecht in den nordwestlichen Anden. Der Begriff wird aber auch synonym für das von Mitgliedern dieser Familie beherrschte Volk verwendet, das bei der Entdeckung Amerikas eine wirtschaftliche, technische, politische und kulturelle Hochphase erlebte. Das Reich der Inka erreichte 1520 seine größte Ausdehnung und wurde 1533 von den spanischen Eroberern zerstört.

Frage 463

Er entmachtete die Parlamente und prägte die absolutistische Monarchie, wobei er sich selbst mit dem Staat identifizierte. Eine Zentralregierung mit drei bis vier ihm untergebenen Ministern war nicht für das Volk, sondern für den „Roi Soleil" (frz., Sonnenkönig) tätig. **Wer war der Herrscher, von dem der berühmte Ausspruch „L'État c'est moi!" (Der Staat bin ich) stammt?**

☞ **Ludwig XIV. (1638–1715).**

Frage 464

Weshalb traten die USA in den Ersten Weltkrieg ein?

☞ Zu Beginn des Ersten Weltkriegs erklärten die USA ihre Neutralität. Als allerdings

1915 das britische Passagierschiff Lusitania angegriffen wurde und zahlreiche Amerikaner umkamen, die Deutschen ihren U-Boot-Krieg ausweiteten und deutsche Bündnispläne mit Mexiko publik wurden, traten sie 1917 in den Krieg ein.

Frage 465

Was wird in der Genfer Flüchtlingskonvention geregelt?

☞ Durch die Genfer Flüchtlingskonvention von 1952 wird die Anerkennung von Flüchtlingen in ihrem Zufluchtsland geregelt und über ihr Aufenthaltsrecht entschieden. Die Entscheidung über die Anerkennung von Asylbewerbern ist dadurch nicht geregelt.

Frage 466

In welchem nordafrikanischen Staat entwickelte sich in den 1950er-Jahren ein blutiger Bürgerkrieg, in den Frankreich maßgeblich verwickelt war?

☐ a) Tunesien
☐ b) Marokko
☐ c) Libyen
☐ d) Algerien

☞ **d) Algerien**, das im 19. Jahrhundert zur französischen Kolonie geworden war. Zwar entließ der französische Staat Algerien 1958 in die Autonomie, dies stieß allerdings auf den Widerstand französischstämmiger Kolonisten, die in einem blutigen Bürgerkrieg die Zugehörigkeit des Landes zu Frankreich zu erzwingen versuchten.

Frage 467

Unter welchem mittelalterlichen Herrscher erfuhr der christliche Glaube in Mitteleuropa eine erste weitreichende Ausbreitung?

☞ **Der Merowingerkönig Chlodwig I. (um 466–511)**, der das Fränkische Reich bis über die weströmischen Grenzen ausdehnte, nahm den christlichen Glauben an und ließ sich um 497 mitsamt seinem Gefolge von Bischof Remigius (um 436–533) in Reims taufen. Als christlicher Herrscher eines großen Reichs verbreitete er seinen Glauben in ganz Mitteleuropa.

Chlodwigs I. Taufe

Frage 468

Wie bezeichnet man die von den römischen Kaisern ergriffenen Maßnahmen zur Verhinderung der Ausbreitung des Christentums?

☞ **Christenverfolgungen**, zu denen es vor allem unter den Kaisern Nero (37–68 n. Chr.), Decius (200–251), Valerian (um 200–262) und Diokletian (245–313) kam.

Frage 469

Im Hafen von Boston versenkten am 16. Dezember 1773 als Indianer verkleidete Einwohner der Stadt 342 Kisten Tee der East India Company von deren Schiffen aus im Wasser. Damit protestierten sie gegen die von den Briten auf Tee erhobene Steuer. **Unter welchem Namen ging das Ereignis in die Geschichte ein?**

☞ **Als Boston Tea Party.**

Frage 470

Welcher politischen Forderung verliehen die Teilnehmer des Hambacher Fests Ausdruck?

☞ Das Hambacher Fest am 27. Mai 1832 wurde zu einer Massenkundgebung des Liberalismus und der Forderung nach einem vereinigten Deutschland.

Zug zum Hambacher Schloss

Frage 471

Welche Merkmale wiesen die seit etwa 3000 v. Chr. entstehenden Hochkulturen auf?

☞ Geschichtsforscher bezeichnen diejenigen Kulturen als Hochkulturen, die bereits eine zentrale Regierung kannten, Bewässerungsanlagen und wirtschaftliche Einrichtungen planten, Städte und Staaten bildeten, eine Schrift benutzten und einen umfangreichen religiösen Kult praktizierten. Diese Kulturen entstanden zunächst in den großen fruchtbaren Tälern von Strömen wie Euphrat und Tigris, Nil, Hoangho und Indus.

Frage 472

Wie nennt man die unfreiwillig verrichete Arbeit, die unter Zwang und der Androhung von Strafe verlangt wird?

☐ a) Strafarbeit
☐ b) Fronarbeit
☐ c) Zwangsarbeit
☐ d) unbezahlte Arbeit

☞ **c) Zwangsarbeit**

Frage 473

Was versteht man unter Restauration?

☞ Als Restauration (lat. restaurare, „wieder herrichten") wird das politische Bemühen bezeichnet, alte Zustände wiederherzustellen. Der Begriff steht auch für die politische Entwicklung in Europa zwischen 1815 und 1848.

Frage 474

Warum kam es 1956 wegen des Suezkanals zu kriegerischen Auseinandersetzungen?

☞ Weil der ägyptische Staatschef Gamal Abd el-Nasser (1918–70) den Suezkanal sperren und verstaatlichen ließ. Englische, französische und israelische Truppen begannen daraufhin mit militärischen Aktionen gegen Ägypten. Erst als die UNO dieses Vorgehen ausdrücklich missbilligte, wurde der Konflikt beigelegt.

Frage 475

Weil er mit seinem Volk, dem ursprünglich in Zentralasien beheimateten Nomaden- und Reitervolk der Hunnen, raubend und mordend vom Gebiet des heutigen Ungarn aus bis nach Italien und weit ins Frankenreich zog, erhielt er den Beinamen „Geißel Gottes". **Wie hieß der Hunnenkönig?**

☞ **Attila (406–53)**, auch Etzel genannt.

Hunnenkönig Attila

Frage 476

Wie bezeichnet man den Handel mit Menschen, die man weitgehend ihrer Freiheiten beraubt hat?

☞ **Als Sklavenhandel.** Das Kaufen und Verkaufen von Menschen war seit der Antike verbreitet und wurde im mittelalterlichen Europa übernommen, um den enormen Arbeitskräftemangel, der später auch in den Kolonien herrschte, zu decken. Der Handel mit Menschen wurde erst im Laufe des 19. Jahrhunderts weitgehend verboten.

Frage 477

Welche Nobelpreise werden vergeben?

☞ Der von Alfred Nobel (1833–96) gestiftete Preis wird außer für besondere Verdienste für den Erhalt des Friedens auch für außergewöhnliche Leistungen auf den Gebieten der Chemie, Physiologie und Medizin, Physik sowie Literatur vergeben. Seit 1969 ergänzt die Schwedische Reichsbank die Würdigungen um einen Preis für Wirtschaftswissenschaften.

Frage 478

Welchen westafrikanischen Staat nannten die ersten europäischen Seefahrer Goldküste?

☐ a) Ghana ☐ c) Mauretanien
☐ b) Nigeria ☐ d) Gambia

☞ **a) Ghana**

Frage 479

Was besagte das Instrument of Government, das 1653 in England verkündet wurde?

☞ Mit dem Instrument of Government erhielten England, Schottland und Irland die erste schriftlich festgehaltene Verfassung. Darin wurde Oliver Cromwell (1599–1658) als Lordprotektor von England, Schottland und Irland bestimmt und hatte damit faktisch die gesamte Staatsgewalt inne.

Frage 480

Mit welchen Maßnahmen reagierte die Führung Chinas auf friedliche Studentenproteste, mit denen die Demokratisierung des Landes gefordert wurde?

☞ Nachdem sich am 4. Juni 1989 über 100.000 Menschen auf dem Platz des Himmlischen Friedens in Peking zu einem Sitzstreik versammelt hatten, ließ die Regierung den Platz mit Panzern überrollen. Dabei starben 3400 Menschen.

Frage 481

Sie stritten Anfang des 20. Jahrhunderts in England für das Frauenwahlrecht und die Gleichberechtigung im politischen wie im sozialen Leben. Ihr Kampf gipfelte 1913 in Großdemonstrationen mit mehreren 100.000 Teilnehmerinnen, in deren Folge zahlreiche Frauenrechtlerinnen inhaftiert wurden. **Wie nannte man diese ersten Frauenrechtlerinnen?**

☞ **Suffragetten (von lat. suffragium, „Stimmrecht").**

Frage 482

Wie nannte man die seit den 1950er-Jahren zunehmende militärische Aufrüstung der beiden Supermächte USA und UdSSR?

☞ **Rüstungswettlauf.** Mit diesem Begriff wurde ein verhängnisvoller Prozess beschrieben, in dem jede Beschaffung immer noch größerer Waffenmengen mit erneuten Aufrüstungsmaßnahmen der Gegenseite beantwortet wurde.

Frage 483

Worum ging es im sogenannten Falklandkrieg?

☞ Die Falklandinseln, die seit über 150 Jahren britische Kolonie waren, wurden 1982 von der argentinischen Militärregierung besetzt. Daraufhin schickte die britische Premierministerin Margaret Thatcher zur Befreiung der 1800 Einwohner 5000 Marineinfanteristen auf die Insel im Südatlantik.

Frage 484

Wo lebten die Hethiter?

☐ a) Spanien ☐ c) Anatolien
☐ b) Italien ☐ d) Kreta

☞ **c) Anatolien**
Ihr Reich nannten sie Hatti und seine Hauptstadt war Hattusa im nördlichen Zentralanatolien.

Frage 485

Gegen welche Mächte mussten sich die Venezianer behaupten?

☞ Venedig konkurrierte schon im Mittelalter mit Genua um die Vorherrschaft am östlichen Mittelmeer. Von 1257 bis 1381 führten beide Städte einen Krieg, in dem Venedig überlegen war. Danach war das Osmanische Reich der wichtigste Gegner Venedigs.

Frage 486

Wie viele deutsche Soldaten überlebten die Schlacht um Stalingrad?

☞ Von den ursprünglich 284.000 Angehörigen der 6. Armee unter General Paulus (1890–1957) überlebten nur 90.000 die Kämpfe.

Schützengraben in Stalingrad

Frage 487

Im Auftrag des spanischen und des portugiesischen Königs unternahm er zwischen 1497 und 1504 mehrere Entdeckungsfahrten in die Neue Welt. Erst er erkannte, dass Kolumbus nicht die indische Ostküste angesteuert, sondern einen zusammenhängenden Erdteil entdeckt hatte, der schließlich drei Jahre nach seinem Tod ihm zu Ehren „Amerika" genannt wurde. **Wie hieß der italienische Seefahrer?**

☞ **Amerigo Vespucci (1451–1512).**

Frage 488

Gab es in den Perserkriegen des fünften vorchristlichen Jahrhunderts einen Sieger?

☞ **Nein.** Zwar konnten die Griechen 492 v. Chr. einen persischen Invasionsversuch verhindern und den Feind bei Marathon schlagen, allerdings siegten die Perser bei den Thermophylen, drangen bis Athen vor und zerstörten die Stadt. Aber auch dieser Sieg war nicht endgültig.

Frage 489

Was war die Ursache für die Völkerwanderung der Goten, die letztlich zum Zusammenbruch des römischen Weltreichs führte?

☞ Ein Einfall der ursprünglich in den mongolischen Steppen beheimateten Hunnen in die Siedlungsgebiete der Goten um 350 n. Chr. Die gotischen Völker wurden immer weiter nach Westen vertrieben, wo sie schließlich in das Römische Reich einfielen. 410 n. Chr. eroberten die Westgoten Rom.

Frage 490

Welcher Region gab das keltische Volk der Boier seinen Namen?

☐ a) Bayern ☐ c) Belgien
☐ b) Böhmen ☐ d) Bretagne

☞ **b) Böhmen**

Die Boier verließen um 400 v. Chr. ihre gallische Heimat. Ein Teil von ihnen wanderte von der Loire aus immer weiter nach Osten und siedelte sich im Gebiet zwischen Donau und Theiß, dem heutigen Böhmen, an.

Frage 491

Mit welcher englischen Königstochter war der Braunschweiger Herzog Heinrich der Löwe verheiratet?

☞ Heinrich der Löwe (um 1129–95), Herzog von Sachsen und Bayern, war seit 1168 mit Mathilde (1157–89), der Tochter des englischen Königs Heinrich II. (1133–89) und Schwester von Richard Löwenherz (1157–99), verheiratet.

Frage 492

Wie nennt man den Prozess, der nach dem Tod des sowjetischen Staatschefs Jossif Stalin einsetzte und in dessen Verlauf seine Politik gebrandmarkt wurde?

☞ **Entstalinisierung.** Auf dem XX. Parteitag der KPdSU wurden unter Leitung Nikita Chruschtschows (1894–1971) die Gewaltmethoden Stalins (1879–1953) und der Kult um seine Person strikt verurteilt. In der Folge wurden zahlreiche Parteigenossen aus ihren Ämtern entfernt.

Frage 493

1904 revoltierte dieses Volk in der deutschen Kolonie Südwestafrika gegen die Kolonisten. Dabei wurden etwa 120 Weiße getötet. Erst nachdem die deutsche Schutztruppe massiv verstärkt worden war, konnte der Aufstand niedergeschlagen werden. Bei der Verfolgung der Aufständischen gingen die deutschen Einheiten mit äußerster Brutalität vor: Man trieb sie in die wasserlose Steppe und ließ sie dort verdursten. **Wie hieß der nach diesem Volk benannte Aufstand?**

☞ **Hereroaufstand.**

Frage 494

Wie nannte man die in der Republik Südafrika praktizierte Politik der Rassentrennung?

☞ **Apartheid.** Von der weißen Minderheitsregierung des Landes war ein entsprechendes Apartheidgesetz bereits kurz nach der Unabhängigkeit des Landes erlassen worden.

Apartheid in Südafrika: absurde Alltagsregeln

Frage 495

Was bezeichnete man seit den 1950er-Jahren als Gleichgewicht des Schreckens?

☞ Das militärische Gleichgewicht zwischen den beiden Supermächten USA und UdSSR. Es beruhte darauf, dass sich beide Seiten so waffenstarrend gegenüberstanden, dass sie sich gegenseitig hätten vernichten können.

Frage 496

Wie hieß die Gemahlin des ägyptischen Herrschers Amenophis IV., der den Beinamen Echnaton trug?

☐ a) Nofretete ☐ c) Senet
☐ b) Kleopatra ☐ d) Berenike

☞ **a) Nofretete** (ägypt. „die Schöne ist gekommen").

Die berühmte Büste der Nofretete

Frage 497

Welchen besonderen Status hatte Venedig bis 1797?

☞ Venedig war seit 697 eine unabhängige Adelsrepublik, die von einem Dogen regiert wurde. Napoleon löste die Republik 1797 auf.

Frage 498

Wie kehrte Kolumbus nach seiner dritten Entdeckungsreise nach Spanien zurück?

☞ **In Ketten.** Nachdem Kolumbus (1451–1506) auf seiner dritten Entdeckungsreise Trinidad und die Mündung des Orinoko entdeckt hatte, wurde er aufgrund von Intrigen am spanischen Hof angeklagt, in Ketten gelegt und nach Spanien verschifft. Man sprach ihn zwar frei, doch seinen Posten als Statthalter des Königs in den überseeischen Kolonien verlor er.

Frage 499

Unter seinem Anführer Árpád (gest. um 907) wanderte das gefürchtete Nomadenvolk aus dem Uralgebiet, seinem ursprünglichen Siedlungsgebiet, in Richtung Westen und versetzte halb Europa in Angst und Schrecken. Erst 955 wurden sie geschlagen und zogen sich daraufhin in das Gebiet des heutigen Ungarn zurück. **Welches Volk ist gemeint?**

☞ **Die Magyaren.**

Frage 500

Welche Politik verfolgte der sowjetische Staats- und Parteichef Leonid Breschnew?

☞ Ökonomisch um Modernisierung bemüht festigte Breschnew (1906–82) nach innen den restriktiv-autoritären Kurs seiner Vorgänger. Außenpolitisch versuchte er, die sowjetische Weltmachtstellung zu erhalten und weiter auszubauen. Deshalb reagierte er äußerst empfindlich auf etwaige Gefährdungen des sowjetischen Einflusses und ging z. B. bei der Niederschlagung des Prager Frühlings mit Waffengewalt gegen die Opposition vor.

Leonid Breschnew

Frage 501

Was ist unter dem Begriff „Nord-Süd-Konflikt" zu verstehen?

☞ Als Nord-Süd-Konflikt bezeichnet man die wirtschaftlichen, politischen, sozialen und kulturellen Gegensätze, die aus dem Entwicklungsgefälle zwischen den Industriestaaten und den Ländern der sogenannten Dritten Welt resultieren. Während im Norden nur ein vergleichsweise geringer Anteil der Bevölkerung lebt, der aber über den größten Teil der finanziellen Ressourcen verfügen kann, herrschen in den zumeist auf der südlichen Erdhalbkugel angesiedelten Entwicklungsländern Hunger, Armut und Elend.

Frage 502

Wie heißt der Amtssitz des amerikanischen Präsidenten?

☐ a) Kapitol
☐ b) Pentagon
☐ c) Weißes Haus
☐ d) Empire State Building

☞ **c) Weißes Haus**

Das Weiße Haus in Washington D.C.

Frage 503

Welcher deutsche Politiker schaffte es, das Deutsche Reich in ein komplexes Bündnissystem in Europa zu integrieren?

☞ Sein ausgeklügeltes Bündnissystem war ein wichtiges Element der geschickten Außenpolitik des Reichskanzlers Otto von Bismarck (1815–98) und ein Meisterwerk der Diplomatie, in dem er nach und nach sämtliche europäischen Großmächte über Verträge miteinander verband.

Frage 504

Warum war die Lage in der Stadt New Orleans nach dem Hurrikan Katrina besonders schwierig?

☞ Weil die Stadt unterhalb des Meeresspiegels liegt. Als zwei Deiche brachen, waren weite Teile den Fluten völlig ungeschützt ausgesetzt. In der Folge versank New Orleans in bis zu 7,60 Meter hohen Fluten.

Frage 505

Die Ebene im Kosovo war im Jahr 1389 Schauplatz einer Schlacht, in der das serbische Heer und seine christlichen Hilfstruppen von den Türken vernichtend geschlagen wurden. Die Türken traten daraufhin eine jahrhundertelange Herrschaft auf dem Balkan an. **Wie heißt die Ebene?**

☞ **Amselfeld.**

Frage 506

Was waren die Folgen des bis dato verheerendsten Tsunamis der Menschheitsgeschichte?

☞ Der Tsunami forderte insgesamt über 200.000 Menschenleben, selbst rund ein Jahr nach der Katastrophe wurden noch bis zu 50.000 Menschen vermisst. Eines der gefährlichsten Folgeprobleme war die Verseuchung von Trinkwasserquellen.

Frage 507

Bis wann existierte das Osmanische Reich?

☞ **Bis 1923.** Der Begriff bezeichnet eigentlich das Reich, das von der Herrscherdynastie der Osmanen beherrscht wurde. Osman I. Ghasi (1258–1326) hatte es zu Beginn des 14. Jahrhunderts begründet, im 16. und 17. Jahrhundert erlangte es seine größte Ausdehnung.

Frage 508

Wer kontrollierte bis 1999 den Panamakanal?

☐ a) Panama
☐ b) USA
☐ c) Großbritannien
☐ d) Frankreich

☞ **b) USA**
Der Kanal zwischen Atlantik und Pazifik war nach seiner Fertigstellung 1914 von den USA kontrolliert worden. Seit 1979 hatte eine Kanalkommission unter Führung der USA die Oberaufsicht über den Seeweg. 1999 übergaben die USA die Kontrolle über den Kanal an Panama.

Frage 509

Worum ging es in der Seeschlacht bei Trafalgar am 21. Oktober 1805?

☞ **Um die Vorherrschaft auf See.** Da Horatio Nelson (1758–1805) die Schlacht gegen die vielfach überlegene französisch-spanische Flotte gewann, sicherte er Großbritannien die Seeherrschaft und den Seeweg nach Indien.

Seeschlacht bei Trafalgar, *Gemälde von William Turner*

Frage 510

Wer vereinte England und Schottland?

☞ **Oliver Cromwell (1599–1658).** Mithilfe der Parlamentarier, denen er aber 1648 das Vertrauen entzog, konnte er zunächst den englischen Bürgerkrieg für sich entscheiden. Er ließ König Karl I. (1600–49) hinrichten, einigte Britannien und führte als Lordprotector Kriege gegen die Niederlande und Spanien.

Frage 511

Er hatte bereits 1968 bei der Niederschlagung des Prager Frühlings zu den Regimekritikern des kommunistischen Staates gehört. 1989 war er einer der herausragenden Wortführer für demokratische Reformen, die nach Massenkundgebungen durchgesetzt wurden. **Wie heißt der engagierte Schriftsteller und spätere tschechoslowakische Staatspräsident?**

☞ **Václav Havel (*1936).**

Frage 512
Welches Reich wurde in der Antike von Rom aus regiert?

☞ **Das Römische Reich**, das der Sage nach am 21. April 753 v. Chr. gegründet wurde und 476 n. Chr. mit der Absetzung des letzten weströmischen Kaisers Romulus Augustulus unterging. Unter Kaiser Trajan (53–117) erlebte es seine größte Ausdehnung: Die Mittelmeerländer, Gallien, Britannien sowie Teile Germaniens und des Balkans gehörten zu Rom.

Frage 513
Was verstand man unter der sogenannten Gewürzroute?

☞ Den Seeweg von Europa zu den hinterindischen Gewürzinseln. Entdeckt wurde die Route von den Portugiesen, deren ostasiatische Handelsposten aber im Laufe der Zeit an die Holländer verloren gingen. Der Handel mit begehrten Produkten wie Myrrhe, Pfeffer, Muskat, Weihrauch oder Zimt, die so in die niederländischen Hafenstädte gelangten, war nicht zuletzt ein wichtiger Grund für den Reichtum des niederländischen Königreichs.

Frage 514
Wer war der erste Mensch im All?

☐ a) Michael Collins
☐ b) Alexei Leonow
☐ c) Buzz Aldrin
☐ d) Juri Gagarin

☞ **d) Juri Gagarin (1934–68)**
Der russische Kosmonaut startete seinen Raumflug am 12. April 1961 mit der Wostok.

Juri Gagarin

Frage 515
Welcher ehemalige serbische Präsident musste sich vor dem Haager Kriegsverbrechertribunal rechtfertigen?

☞ **Slobodan Milošević (1941–2006).** Er wurde im Mai 1999 vom Internationalen Kriegsverbrechertribunal für Jugoslawien wegen Verbrechen gegen die Menschlichkeit und Verstößen gegen das Völkerrecht angeklagt. Die Anklage wurde auf Verantwortlichkeit für weitere Kriegsverbrechen (u. a. das Massaker von Srebrenica) ausgedehnt. Zu einer Verurteilung kam es jedoch nicht, da er noch während des Prozesses verstarb.

Frage 516
Für welche Gemeinschaft wurde der Begriff „Montanunion" verwendet?

☞ Für die Europäische Gemeinschaft für Kohle und Stahl, die 1951/52 von der Bundesrepublik Deutschland, Frankreich, Italien und den Beneluxstaaten gegründet wurde. Für die Bereiche Kohle und Stahl wurden Ein- und Ausfuhrzölle und alle mengenmäßigen Beschränkungen im Wirtschaftsverkehr der Mitgliedstaaten aufgehoben. Die Montanunion beendete 2002 ihre Arbeit.

Frage 517
Hier werden berühmte französische Männer und Frauen begraben, die sich in besonderer Weise um ihr Vaterland verdient gemacht haben. Die in Paris gelegene Gedenkstätte war ursprünglich eine Abteikirche, die man im Verlauf der Französischen Revolution zu einer Grabstätte umfunktionierte. **Wie heißt die Gedenkstätte?**

☞ **Panthéon.**

Frage 518
Mit welchem Regierungschef ist der Begriff „Faschismus" untrennbar verbunden?

☞ **Mit Benito Mussolini (1883–1945)**, der 1922 in Italien an die Macht kam. Faschismus bezeichnet eine Regierungsform, die durch autoritären Führungsstil, extremen Nationalismus, kapitalistische Wirtschaft und kleingeistigen Konservatismus gekennzeichnet war.

Frage 519

Wer eroberte 1453 Konstantinopel?

☞ **Mehmed II. Fatih (1432–81).** Nachdem die Osmanen bereits weite Teile Vorderasiens unterworfen hatten, standen sie schließlich 1453 vor den Toren der einst prächtigen Kaiserstadt Konstantinopel. Zwei Monate dauerten die Kämpfe, bis die rund 8000 Mann starke byzantinische Verteidigungstruppe aufgab.

Mehmed II. Fatih

Frage 520

Wer prophezeite bei seinem Amtsantritt als Premierminister seinem Volk für die kommenden Jahre Blut, Schweiß und Tränen?

☐ a) Winston Churchill
☐ b) Schimon Peres
☐ c) Georges Pompidou
☐ d) Margaret Thatcher

☞ **a) Winston Churchill** (1874–1965)

Frage 521

Was versteht man unter dem Gewaltmonopol des Staates?

☞ Die Idee des Gewaltmonopols sieht vor, dass die Bürger eines Staates darauf verzichten, Selbstjustiz zu üben, d. h. ihre Rechte und Ansprüche durch Ausübung von Zwang oder Gewalt durchzusetzen. Vielmehr übertragen sie deren Schutz und Durchsetzung ganz auf die staatlichen Organe, wie Gerichte, Polizei und Verwaltung. Diese wiederum sind in einem demokratischen Staat an das von den Parlamenten formulierte Recht und Gesetz gebunden.

Frage 522

Was geschah bei den Parlamentswahlen in Spanien am 14. März 2004?

☞ Unter dem Eindruck der Terroranschläge, die Madrid nur wenige Tage vor der Wahl am 11. März erschüttert hatten und bei denen 190 Menschen ums Leben kamen, gewann die sozialistische Arbeiterpartei mit ihrem Spitzenkandidaten José Luis Rodríguez Zapatero (*1960) die Parlamentswahlen und löste die seit acht Jahren regierende konservative Volkspartei ab, die sich außenpolitisch eng an die Seite der USA gestellt und diese im Dritten Golfkrieg militärisch unterstützt hatte.

Frage 523

König Heinrich II. (1519–59) und v. a. dessen Frau Katharina von Medici (1519–89) zählten zu den Gönnern dieses Arztes und Astrologen, der schon zu Lebzeiten wegen seiner Prophezeiungen berühmt war. An der mysteriösen Sprache der 1000 gereimten Vierzeiler haben sich mittlerweile unzählige Deuter abgemüht. **Wie hieß der Gesuchte?**

☞ **Michel de Notre-Dame** (1503–66), genannt Nostradamus.

Michel Nostradamus

Frage 524

Was war 1839 Auslöser für den Opiumkrieg in China?

☞ Die Beschlagnahmung eines britischen Opiumlagers in Kanton durch China, das damit die illegale Einfuhr von Opium aus Indien durch britische Händler unterbinden wollte. Der Krieg endete 1842 mit der Niederlage Chinas. Im Vertrag von Nanking musste China Hongkong an Großbritannien abtreten, fünf Häfen für den britischen Handel öffnen sowie eine Entschädigung zahlen.

Frage 525

Wie wurde das deutsch-japanische Bündnis von 1936 bezeichnet?

☞ **Antikominternpakt.** Das im November 1936 geschlossene Bündnis machte sich den

Kampf gegen die Kommunistische Internationale (Komintern) zur wichtigsten Aufgabe. 1937 trat der italienische Faschist Mussolini und 1939 der im Spanischen Bürgerkrieg erfolgreiche General Franco der Allianz bei.

Frage 526

An welchem europäischen Fluss liegen u. a. die Schlösser Chambord, Blois und Amboise?

☐ a) Rhône ☐ c) Loire
☐ b) Rhein ☐ d) Seine

☞ **c) Loire**

Schloss Chambord an der Loire

Frage 527

Wer gewann 1241 die Schlacht von Liegnitz?

☞ **Ein mongolisches Reiterheer**, das das christliche Heer unter Herzog Heinrich II. von Schlesien (1196–1241) vernichtend schlug. In der Schlacht fiel der Herzog und mit ihm zahlreiche polnische und deutsche Adlige. Obwohl die Mongolen nun ungehindert ins Deutsche Reich hätten einfallen können, traten sie den Rückzug an.

Frage 528

Welche schwedische Politikerin wurde im September 2003 Opfer eines Attentats?

☞ Am 11. September erlag die schwedische Außenministerin Anna Lindh den Verletzungen, die ihr einen Tag zuvor von dem serbischstämmigen Schweden Mijailo Mijailović zugefügt worden waren. Das Attentat geschah im Vorfeld der Volksabstimmung über die Einführung des Euro, bei der am 14. September über die Hälfte der Wähler gegen die gemeinsame Währung votierten.

Frage 529

Sein angeheirateter Reichtum ermöglichte es ihm, ein eigenes Heer aufzustellen, mit dem er in die Dienste des Kaisers und der katholischen Liga trat. Durch militärische Erfolge baute er seine Macht im Reich aus. Wegen seiner Kontakte zum Gegner misstrauisch geworden, setzte ihn der Kaiser ab und bezichtigte ihn des Hochverrats. Kurz darauf wurden er und seine engsten Vertrauten in Eger ermordet. **Wie hieß der ostböhmische Feldherr, der im Dreißigjährigen Krieg mit einer Privatarmee für die katholische Seite focht?**

☞ **Albrecht von Wallenstein (1583–1634).**

Frage 530

Wer stand sich im Krimkrieg (1853–56) gegenüber?

☞ Anfänglich das Osmanische Reich und Russland, 1854 entsandten Frankreich und Großbritannien Truppen gegen Russland. Auslöser war die russische Forderung, Christen im Reich der Osmanenfürsten eine bevorzugte Stellung zu gewähren. Dahinter steckte jedoch ein stärkeres machtpolitisches Engagement der Russen auf dem Balkan, dem Großbritannien, Frankreich und Österreich (nicht aktiv) entgegentraten.

Frage 531

Welche Seefahrer umfuhren angeblich um 600 v. Chr. erstmals das Kap der Guten Hoffnung?

☞ Phönizische Seeleute im Auftrag des ägyptischen Pharaos Necho II. (vor 610–595 v. Chr.). Sie waren seit dem Untergang der minoischen Kultur das beherrschende Seefahrervolk mit Handelsniederlassungen im ganzen Mittelmeerraum. Die Expedition begann im Roten Meer und dauerte drei Jahre.

Frage 532

Welche Behörden kontrollieren die Verwaltungsausgaben des Bundes und der Länder?

☞ **Die Rechnungshöfe.** Für den Haushalt des Bundes ist der Bundesrechnungshof zuständig, für die Länder die Landesrechnungshöfe.

Frage 533

Wer war Georgij M. Malenkow?

☞ Der persönliche Sekretär und unmittelbare Nachfolger des sowjetischen Staats- und Parteichefs Jossif Stalin. Malenkow (1902–88) verlor seine Macht aber sehr schnell an Nikita S. Chruschtschow und Nicolai A. Bulganin und wurde 1957 sämtlicher Parteiämter enthoben.

Frage 534

Wer waren die Gründer der sizilianischen Hafenstadt Syrakus (um 734 v. Chr.)?

☞ **Siedler aus Korinth**, einem der mächtigen griechischen Stadtstaaten. Die Kommune dominierte schon bald nicht nur die Insel, sondern auch das italienische Festland. Syrakus war intensiv in den Peloponnesischen Krieg (431–404 v. Chr.) gegen Athen involviert und stand in den Punischen Kriegen mal an der Seite Roms, mal an der Karthagos, bis es schließlich 212 v. Chr. von den Römern erobert wurde.

Frage 535

Das skandinavische Volk machte sich im 8. Jahrhundert auf den Weg nach England und Nordfrankreich. Nachdem sie in Nordfrankreich die Normandie erobert und besiedelt hatten, eroberten sie 1066 England und später sogar Sizilien. **Wie hieß dieses Volk, das auch unter dem Namen Normannen bekannt ist?**

☞ **Die Wikinger.**

Frage 536

Warum gilt der 11. September 2001 als einschneidendes Datum der Weltgeschichte?

☞ Weil an diesem Tag die USA Ziel mehrerer Terrorangriffe waren. Die islamistischen Terroristen hatten insgesamt vier Passagierflugzeuge entführt und in das World Trade Center und das Pentagon gesteuert. US-Präsident Bush nahm in der Folgezeit den auch von der NATO unterstützten internationalen Kampf gegen den Terror zum Anlass für seine Kriege in Afghanistan und im Irak.

Zwei entführte Flugzeuge zerstören das World Trade Center

Frage 537

Welche französische Stadt wurde nach Kaiser Aurelian benannt?

☞ **Orléans.** Nachdem es Aurelian (214–275 n. Chr.) gelungen war, germanische Angriffe auf Rom abzuwehren, stellte er auch im römischen Gallien den Frieden her und ermöglichte damit zugleich neue Städtegründungen.

Frage 538

Was erleichtert das Schengener Abkommen Reisenden zwischen manchen Ländern der EU?

☞ **Den Grenzübertritt.** Das 1985 in der Nähe des luxemburgischen Schengen zustande gekommene Abkommen führte dazu, dass in den unterzeichnenden EU-Ländern an den Grenzen keine Personen- und Warenkontrollen mehr vorgenommen werden.

Frage 539

Auf wen geht der Titel „Kaiser" zurück und was bezeichnet er?

☞ Auf Gaius Julius Caesar (100–44 v. Chr.). Da unter den Römern der Titel „König" als nicht opportun galt, wurde der Begriff „Caesar" zum festen Bestandteil des römischen Monarchentitels. Rund 300 Jahre nach der Abdankung des letzten römischen Kaisers ließ sich Karl der Große (747–814) 800 n. Chr. zum Kaiser ernennen.

Frage 540

Wodurch wurde der römische Kaiser Commodus berühmt-berüchtigt?

☞ Commodus (161–193 n. Chr.), der Sohn des römischen Kaisers und Philosophen Mark Aurel (121–180 n. Chr.), wurde 180 n. Chr. römischer Kaiser und entwickelte sich zum lebenden Beispiel des sogenannten Cäsarenwahns: Er vernachlässigte seine Regierungsgeschäfte und trat stattdessen als Gladiator im Circus auf, bis er einer Verschwörung zum Opfer fiel.

Frage 541

Er war als Protokollführer an der Wannseekonferenz 1942 beteiligt, wo ihm auch die bürokratische Gesamtleitung des Völkermordes an den europäischen Juden übertragen wurde. Als einer der Hauptverantwortlichen des Holocaust tauchte er 1945 unter. 1960 wurde er von israelischen Beamten in Argentinien entdeckt, im Jahr darauf in Jerusalem zum Tode verurteilt und schließlich hingerichtet. **Von wem ist die Rede?**

☞ **Von dem SS-Obersturmbannführer Adolf Eichmann (1906–62).**

Frage 542

Welcher Politiker gilt als Vater des deutschen Wirtschaftswunders?

☐ a) Konrad Adenauer
☐ b) Ludwig Erhard
☐ c) Karl Schiller
☐ d) Helmut Schmidt

☞ **b) Ludwig Erhard** (1897–1977)
Der CDU-Politiker schuf mit seinem Konzept der sozialen Marktwirtschaft die Grundlagen für den wirtschaftlichen Aufstieg der Bundesrepublik.

Frage 543

Welcher Teil Irlands gehört bis heute zu Großbritannien?

☞ **Nordirland mit der Hauptstadt Belfast.** Irland war 1171/72 von Heinrich II. von England (1133–89) erobert worden; erst 1921 wurde der Süden Irlands als Freistaat anerkannt. Die Republik Irland (seit 1949, mit der Hauptstadt Dublin) umfasst mehr als vier Fünftel der Insel.

Frage 544

Unter welchem amerikanischen Präsidenten traten die USA in den Zweiten Weltkrieg ein?

☐ a) Herbert C. Hoover
☐ b) Harry S. Truman
☐ c) Dwight D. Eisenhower
☐ d) Franklin D. Roosevelt

☞ **d) Franklin D. Roosevelt** (1882–1945)

Frage 545

Warum bezeichnen sich die Schweizer als Eidgenossen?

☞ Weil ihr Staatssystem aus dem im August 1291 geschlossenen und von den Beteiligten beschworenen Schutzbund der drei Urkantone Uri, Schwyz und Unterwalden hervorging. Das „ewige Bündnis" wurde angeblich auf dem Rütli, einer Bergwiese, durch den sogenannten Rütlischwur besiegelt und richtete sich vor allem gegen habsburgische Territorialansprüche. Politische Bündnisse wurden damals als Eidgenossenschaften bezeichnet.

Frage 546

Auf welche Ideale war die Gesellschaft des alten Sparta ausgerichtet?

☞ **Auf die Gleichheit aller Bürger.** Darüber hinaus galt eine ausgeprägt kriegerische und einfache Lebensführung unter Verzicht auf selbstsüchtigen Egoismus und persönliches Gewinnstreben als weiteres wichtiges Ideal.

Frage 547

Die Niederländerin war nicht nur eine gefeierte Tänzerin, sondern war auch als Doppelagentin für Deutschland und Frankreich

tätig. 1917 wurde sie von der französischen Spionageabwehr enttarnt und zum Tode verurteilt. **Wie hieß die wohl bekannteste Spionin aller Zeiten?**

☞ **Mata Hari (1876–1917).**

Frage 548

Welcher Staat ordnete 1921 die Ruhrbesetzung an?

☞ **Frankreich**, das einen Rückstand der Reparationszahlungen Deutschlands zum Anlass nahm, die 1921 begonnene Besetzung 1923 auf das gesamte Ruhrgebiet auszudehnen. Das Deutsche Reich wehrte sich v. a. mit Generalstreiks bis zur wirtschaftlichen Erschöpfung.

Frage 549

Welchen Sieg feierte das wilhelminische Deutschland von 1872 bis 1918 am 2. September mit dem Sedanstag?

☞ **Den Sieg im Deutsch-Französischen Krieg von 1870/71**, an dessen Ende Napoleon III. (1808–73) in Sedan gefangen genommen wurde.

Frage 550

In welchem Bundesland kamen Die Grünen 1985 erstmals als Koalitionspartner an die Regierung?

☐ a) Bremen
☐ b) Nordrhein-Westfalen
☐ c) Hessen
☐ d) Niedersachsen

☞ **c) Hessen**
Die Grünen bildeten 1985 in Hessen eine Regierungskoalition mit der SPD unter Ministerpräsident Holger Börner (1931–2006), die bis 1987 an der Macht blieb.

Frage 551

Durch welche Ideale zeichnete sich im Mittelalter der Ritterstand aus?

☞ Grundlagen der ritterlichen Ethik waren „zuht" (Selbstbeherrschung) und „mâze" (Maßhalten), die Hauptaufgaben eines Ritters waren der Schutz von Schwachen und Bedrängten, eine christliche Lebensführung, Geschicklichkeit im Umgang mit der Waffe und mutiger Einsatz im Krieg sowie Treue gegenüber dem Lehnsherrn. Die Ritter dienten dem König als berittene Krieger in schwerer Rüstung. Dafür erhielten sie Grund und Boden als Lehen, das sie bewirtschaften ließen.

Frage 552

Was versteht man unter „splendid isolation"?

☞ Splendid isolation (engl. „glänzende Abkapselung") war bis zum Beginn des 20. Jahrhunderts ein Grundsatz der englischen Außenpolitik. Weil sich England als Seemacht stark genug fühlte, um keine Bündnisse mit anderen Staaten eingehen zu müssen, hielt es sich aus den Konflikten anderer Staaten weitgehend heraus. Je komplexer jedoch die internationalen Beziehungen wurden, desto weniger ließ sich diese Politik aufrechterhalten.

Frage 553

Im 18. Jahrhundert übte in vielen Ländern der Adel eine willkürliche Herrschaft über das Volk aus. So auch in Frankreich. 1789 wurde es der Bevölkerung von Paris allerdings zu viel, und sie begehrte gegen diese ihnen schon lange unerträglich gewordene Herrschaft auf. Aus dieser lokalen Erhebung entwickelte sich eine landesweite Revolution, und es wurde eine Nationalversammlung ins Leben gerufen, die fortan die Geschicke des Landes bestimmen sollte. **Von welchem historischen Ereignis ist die Rede?**

☞ **Von der Französischen Revolution (1789).**

Erstürmung der Bastille während der Französischen Revolution

Frage 554

Von wem wurden die spartanischen Kinder und Jugendlichen erzogen?

☞ **Vom Staat.** In Sparta wurde ein Erziehungssystem installiert, das sich an den Idealen körperlicher Härte und militärischer Disziplin orientierte. In den Bildungsanstalten sollte aber auch die geistige Klarheit der Kinder durch entsprechende Sprach- und Denkausbildung gefördert werden.

Frage 555

Wer sind die Habsburger?

☞ Ein österreichisches Herrschergeschlecht, das sich nach der Habsburg bei Brugg in der Schweiz nennt. Abkömmlinge dieses Hauses, ursprünglich eine Grafenfamilie mit großen Besitzungen im Elsass und in der Schweiz, stellten erstmals 1273 und dann von 1438 bis 1806 mit Ausnahme der Jahre 1742–45 alle deutschen Könige und Kaiser.

Frage 556

Welche staatliche Einrichtung der Bundesrepublik verfolgt verfassungs- und staatsfeindliche Bestrebungen?

☐ a) Bundespolizei
☐ b) Bundesnachrichtendienst
☐ c) Verfassungsschutz
☐ d) Militärischer Abschirmdienst

☞ **c) Verfassungsschutz**

Frage 557

Was beinhaltet der Amsterdamer Vertrag von 1997/99?

☞ Er macht die Sicherheits- und Beschäftigungspolitik sowie die Bürgerrechte zu Angelegenheiten der Europäischen Union. In diesen Vertrag wurde das Schengener Abkommen integriert.

Frage 558

Wessen Regierungszeit gilt als Blütezeit des antiken Athen?

☞ Die des Perikles (um 495–429 v. Chr.), während der zahlreiche auch heute noch berühmte Baudenkmäler errichtet und ebenso viele berühmte literarische Werke geschaffen wurden. Es war auch eine Phase des politischen und sozialen Aufbruchs. Perikles schuf einen speziellen Richterstand. Er führte mit der sogenannten Theorika außerdem eine Art Sozialhilfe zur Linderung ärgster Not ein.

Perikles

Frage 559

Die von ihm und dem SDS organisierten Proteste richteten sich in erster Linie gegen den Vietnamkrieg, aber auch gegen die bundesdeutsche Innen- und Bildungspolitik. Im April 1968 wurde der Vorsitzende des Sozialistischen Studentenbundes bei einem Attentat, für das viele seiner Anhänger die Springerpresse verantwortlich machten, schwer verletzt. Weihnachten 1979 erlag er den Spätfolgen der Schussverletzung. **Wie hieß der legendäre Studentenführer?**

☞ **Rudi Dutschke (1940–79).**

Frage 560

Wer traf sich im Oktober 1997 in Belfast?

☞ Der britische Premierminister Tony Blair (*1953) und der Vertreter der Sinn-Féin Gerry Adams (*1948). Es war das erste Treffen eines britischen Premierministers und eines Vertreters der IRA-nahen Partei.

Frage 561

Wer bezeichnete wen in der Antike erstmals als Barbar?

☞ Die Griechen nannten alle Nichtgriechen Barbaren und machten sich mit diesem Begriff über deren Sprache lustig. Die Römer, die von den Griechen selbst als Barbaren bezeichnet worden waren, übernahmen den Begriff. Als Barbaren bezeichneten sie Menschen, die nicht über die klassische griechisch-römische Bildung verfügen konnten, weil sie keine römischen Bürger waren.

Frage 562

Welches Symbol fand man früher auf dem Hoheitszeichen der UdSSR und seiner kommunistischen Teilrepubliken?

☐ a) Hammer und Sichel
☐ b) Braunbär
☐ c) Tanne
☐ d) Samowar

☞ **a) Hammer und Sichel**

Frage 563

Belgien ist seit einer Verfassungsreform 1993 ein in drei Regionen gegliederter Bundesstaat. Wie heißen die beiden größten?

☞ **Flandern und Wallonien.** Die Grenzziehung erfolgte entsprechend der Muttersprache der Mehrheit der Bewohner: Im Norden wird überwiegend flämisch, im Süden dagegen französisch gesprochen. Die Hauptstadt Brüssel bildet die dritte Region. Sie ist offiziell zweisprachig.

Frage 564

Wodurch wurde entschieden, wer im 13. Jahrhundert König des Heiligen Römischen Reichs wurde?

☞ Der König des Heiligen Römischen Reichs wurde seit 1257 von den sieben Kurfürsten (althochdt. kuri, „Wahl") gewählt. Der neue König musste die Mehrheit der Stimmen auf sich vereinen. Die Wahl war nur gültig, wenn mindestens vier Kurfürsten daran beteiligt waren.

Frage 565

Er regierte im 6. Jahrhundert v. Chr. und war der letzte König von Lydien. Wegen seines sagenhaften Reichtums wurde er in der

Umgangssprache zur Allegorie für einen unvorstellbar wohlhabenden Menschen. **Wer war's?**

☞ **Krösus (595–nach 526 v. Chr.).**

Frage 566

Wer war der ehemalige kommunistische Partisanenführer und spätere Staatschef Jugoslawiens?

☞ **Der Kroate Josip Broz, genannt Tito (1892–1980)**, dessen Partisanenverbände Jugoslawien im Zweiten Weltkrieg von der deutschen Besetzung befreit hatten. Tito beschritt einen von der Sowjetunion unabhängigen sozialistischen Weg. Die ethnischen Gegensätze innerhalb Jugoslawiens führten bald nach seinem Tod zur schrittweisen Auflösung des Staates und zu blutigen Bürgerkriegen.

Frage 567

Was bezeichnet man als minoische Zeit?

☞ Die Phase politischer, wirtschaftlicher und kultureller Blüte auf der Insel Kreta. Um 2600 v. Chr. kamen durch asiatische und afrikanische Einwanderer neue Techniken auf die Insel. Die damit einsetzende Hochphase Kretas währte 1500 Jahre.

Spuren der minoischen Zeit auf Kreta: Palast von Knossos

Frage 568

Welche Partei prägte bei den Bundestagswahlen 1969 das Motto „Mehr Demokratie wagen"?

☐ a) FDP ☐ c) CDU
☐ b) SPD ☐ d) CSU

☞ **b) SPD**

Frage 569

Was ist der Inhalt der sogenannten Monroedoktrin?

☞ US-Präsident James Monroe (1758–1831) warnte in der am 2. Dezember 1823 verkündeten Monroedoktrin die europäischen Länder vor Einmischung in die Angelegenheiten der USA, insbesondere im Hinblick auf das Unabhängigkeitsstreben der lateinamerikanischen Kolonien. Er kündigte an, diese Einmischung als „feindliche Handlung" zu werten, und behielt sich vor, mit Kampfhandlungen darauf zu reagieren.

Frage 570

Mit welcher Maßnahme wollten sich die Römer ihrer karthagischen Konkurrenz endgültig entledigen?

☞ Mit der völligen Zerstörung der Stadt nach dem Ende des Dritten Punischen Krieges. Die Legionen ließen nach der Eroberung Karthagos im Jahr 146 v. Chr. in der Stadt buchstäblich keinen Stein auf dem anderen und ermordeten systematisch die Zivilbevölkerung. Schließlich wurde Salz auf die Felder gestreut, um den Grund für immer unfruchtbar zu machen.

Frage 571

Seit dem 4. Jahrhundert v. Chr. wird dieser von vier nebeneinander gespannten Pferden gezogene Streitwagen der Antike als Bekrönung auf Bauwerken angebracht. **Wie nennt man diesen Streitwagen, der z. B. auch das Brandenburger Tor in Berlin und das Siegestor in München ziert?**

☞ **Quadriga.**

Frage 572
Als was diente die Insel Rhodos im Mittelalter?

☞ **Als Kreuzritterbastion.** Während der Kreuzzüge nutzten die europäischen Kreuzfahrer die strategisch günstige Lage im östlichen Mittelmeer und errichteten hier eine wichtige Festung.

Frage 573
Die Bewohner welches Kontinents standen trotz ihrer Isolation in regem Austausch mit anderen Kulturen?

☞ **Die Aborigines**, die Ureinwohner Australiens. Woher sie ursprünglich kamen, ist unbekannt, man weiß aber, dass sie vermutlich seit über 60.000 Jahren auf dem Kontinent leben und dass ihre Kultur somit weltweit eine der ältesten ist. Obgleich der australische Kontinent sehr isoliert und abgeschieden scheint, suchten melanesische, chinesische und indische Seefahrer und Händler die Küsten Australiens auf, wovon zahlreiche alte Felsenmalereien zeugen.

Frage 574
Wer besetzte am 24. April 1975 die deutsche Botschaft in Stockholm?

☞ **Sieben deutsche RAF-Terroristen**, die die Botschaftsmitarbeiter als Geiseln nahmen. Als die Bundesregierung unter Helmut Schmidt der Forderung nach Freilassung von 26 in Deutschland inhaftierten Terroristen nicht nachkam, wurden zwei Geiseln erschossen. Schließlich stürmten schwedische Sicherheitskräfte das Gebäude. Sie befreiten die Geiseln und nahmen die fünf Terroristen, die die Aktion überlebt hatten, fest.

Frage 575
In welchem der beiden britischen Houses of Parliament ist der Adel vertreten?

☞ **Im House of Lords**, dem Oberhaus des britischen Zweikammerparlaments. Heute hat es fast nur noch beratende Funktion.

Frage 576
Wo spielten die Babenberger im Mittelalter eine wichtige Rolle?

☞ Die Babenberger waren Markgrafen der Ostmark und ab 1156 Herzöge von Österreich.

Frage 577
Er verkündete unmittelbar vor dem Bau der Berliner Mauer, er beabsichtige nicht, eine solche bauen zu lassen. **Wie hieß der Staatschef der DDR, der die westdeutsche Öffentlichkeit mit diesem bewussten Täuschungsmanöver hinters Licht führte?**

☞ **Walter Ulbricht (1893–1973).**

Frage 578
Was ist eine antike Akropolis?

☞ Der oberhalb der eigentlichen Siedlung gelegene Teil der Stadt, der von besonderem strategischem Interesse war. Aus diesem Grunde wurde die Akropolis meist zu einer städtischen Festung ausgebaut, die auch die Tempel der wichtigsten städtischen Götter beheimatete. Die wohl berühmteste Akropolis befindet sich in Athen.

Frage 579
Wofür plädierte das Zweite Vatikanische Konzil?

☞ Für Religionsfreiheit und verstärkten Dialog mit Andersgläubigen. Darüber hinaus brachte es eine innerkirchliche Modernisierung der katholischen Kirche auf den Weg.

Frage 580
Die westindogermanische Völkergruppe ist erstmals im süddeutschen und böhmischen Raum nachweisbar. Seit dem 6. Jahrhundert v. Chr. sind Spuren ihrer Siedlungen auch auf den Britischen Inseln, in Gallien, Nord-

italien, auf dem Balkan, der Iberischen Halbinsel und in Kleinasien zu finden. Sie begründeten die reiche La-Tène-Kultur und waren gerade in den südlichen Ländern anderen Völkern in der Eisenbearbeitung weit überlegen. **Wie hießen sie?**

☞ **Kelten.**

Frage 581

Unter welchem Namen sind in Großbritannien die Anhänger der konservativen Partei bekannt?

☞ **Als Tories.** Diesen Namen übernahmen Mitte des 17. Jahrhunderts die Königstreuen und Gegner der republikanischen Bewegung (Whigs). Die Bezeichnung stammt aus dem Irischen und bedeutet „Verfolgter". In der Revolution von 1688 mussten sie die Rechte des Parlaments gegenüber dem Königtum anerkennen.

Frage 582

Welches germanische Volk plünderte 455 zwei Wochen lang die Stadt Rom?

☞ **Die Vandalen**, die ursprünglich aus Jütland oder Mittelschweden kamen und nach einer Jahrhunderte dauernden Wanderung über Schlesien und Westpolen nach Spanien und Nordafrika gelangten. Hier gründeten sie auf damals römischem Boden das erste unabhängige Germanenreich.

Frage 583

Wer wurde 1963 amerikanischer Präsident?

☐ a) Richard Nixon
☐ b) Gerald Ford
☐ c) Lyndon B. Johnson
☐ d) Walter Mondale

☞ **c) Lyndon Baines Johnson** (1908–73)

Frage 584

Wo begann der Eiserne Vorhang löchrig zu werden?

☞ **An der österreichisch-ungarischen Grenze.** Im Sommer 1989 begannen ungarische Grenzsoldaten auf Befehl ihrer Regierung damit, die Grenzanlagen zu Österreich zu demontieren. Das „Loch im Zaun" ermöglichte zahlreichen Bürgern des Ostblocks die Flucht über die grüne Grenze in den Westen.

Frage 585

Wer waren die Roten Khmer?

☞ Die kommunistische Guerillabewegung Kambodschas, die in einem Bürgerkrieg (1970–75) kämpften und unter ihrem Anführer Pol Pot (1928–98) ein von 1975 bis 1979 dauerndes Terrorregime aufbauten.

Frage 586

Er wurde vom Kongress der Volksdeputierten der UdSSR gewählt und war das höchste Organ der Staatsgewalt und die höchste gesetzgebende Instanz der ehemaligen Sowjetunion. **Wie hieß das gesuchte Staatsorgan?**

☞ **Oberster Sowjet.**

Frage 587

Was bezeichnete man im Mittelalter als Lehen?

☞ Die Herrschafts- und Nutzungsrechte, die ein Vasall von seinem Lehnsherrn verliehen bekam. Damit waren nicht nur Grundbesitz, sondern auch Gerichts-, Zoll- und andere wirtschaftliche Rechte verbunden. Der Vasall war in einem Treueverhältnis an seinen Herrn gebunden und verpflichtet, an dessen Heerfahrten teilzunehmen.

Frage 588

Wann begann und wann endete der Dreißigjährige Krieg?

☞ Er dauerte von 1618 bis 1648. Er begann als Konfessionskrieg, weitete sich aber immer mehr zu einem Krieg um die Vormachtstellung in Europa aus.

Frage 589

Was führte zum Sturz des letzten Königs von Rom und zum Beginn der römischen Republik?

☐ a) das Schnattern der Gänse der Juno
☐ b) der Sturz des Marcus Manlius vom trapeischen Felsen
☐ c) die Schändung der Lucretia
☐ d) der Schwur der Horatier

☞ **c) die Schändung der Lucretia** durch Sextus Tarquinius, den Sohn des siebten und letzten Königs von Rom, 509 v. Chr. Historisch belegt ist dieser Gründungsmythos der Republik jedoch nicht.

Frage 590

Bereits 1951 wurde eine bewaffnete Behörde zum Schutz der Grenzen der Bundesrepublik gegründet – welche?

☞ **Der Bundesgrenzschutz (BGS).** Er sollte v. a. die innerdeutsche Grenze zur DDR sichern und war militärisch organisiert. Damit kann der BGS als Vorgänger der Bundeswehr charakterisiert werden, was sich nicht zuletzt auch daran zeigte, dass diese bei ihrer Gründung über die Hälfte aller Grenzschützer übernahm. Seit den 1990er-Jahren wandelte sich der BGS immer mehr zu einer polizeilichen Behörde und wurde deshalb im Jahr 2005 in Bundespolizei umbenannt.

Frage 591

Welches Ereignis nutzte Hitler zur Anwendung des Ermächtigungsgesetzes?

☞ **Den Reichstagsbrand** am 27. Februar 1933, für den man die Kommunisten verantwortlich machte. Da dieses Ereignis angeblich die öffentliche Sicherheit und Ordnung im Reich gefährdete, erließ der greise Reichspräsident Paul von Hindenburg (1847–1934) auf Weisung Hitlers am 28. Februar 1933 die sogenannte Notverordnung zum Schutze von Volk und Staat, die wichtige Grundrechte außer Kraft setzte. Am 23. März 1933 nahmen alle Parteien mit Ausnahme der SPD das Ermächtigungsgesetz an.

Frage 592

1876 machte Frankreich den USA die 46 Meter hohe Kupferplastik des Elsässer Bildhauers Frédéric Auguste Bartholdi (1834–1904) zum Geschenk. Man wollte damit an den hundertsten Jahrestag der amerikanischen Unabhängigkeitserklärung erinnern, die auch den Weg der Französischen Revolution beeinflusste. **Wie heißt das Denkmal?**

☞ **Freiheitsstatue.**

Statue of Liberty in New York

Frage 593

Zu welcher Katastrophe kam es 1987 in der belgischen Hafenstadt Zeebrugge?

☞ Die zwischen Belgien und England verkehrende Autofähre Herald of Free Enterprise kenterte und riss rund 200 Menschen in den Tod. Zu dem Unglück war es gekommen, weil die Bugtore der Fähre beim Ablegen versehentlich nicht geschlossen worden waren. Wasser drang in den Innenraum des Schiffs, das noch im Hafenbecken kenterte.

Frage 594

Wann ereignete sich der sogenannte Kapp-Putsch?

☞ **Am 13. März 1920.** An diesem Tag stürmte Wolfgang Kapp (1858–1922), der Gründer der rechtsextremen Deutschen Vaterlandspartei, mit militärischen Einheiten das Berliner Regierungsviertel und bildete dort eine provisorische Regierung. Angesichts dieses rechtsextremen Putschversuchs musste die Reichsregierung kurzfristig aus Berlin fliehen. Als die Berliner Arbeiterschaft angesichts der politischen Bedrohung der Republik in den Generalstreik trat, brach der Putsch zusammen.

Frage 595

Wer wurde 1984 Bundespräsident?

☐ a) Roman Herzog
☐ b) Richard von Weizsäcker
☐ c) Karl Carstens
☐ d) Walter Scheel

☞ **b) Richard von Weizsäcker**
Der frühere Berliner Bürgermeister und CDU-Politiker (*1920) wurde 1989 wiedergewählt.

Richard von Weizsäcker

Frage 596

Die Einrichtung welches Ministeriums markierte 1951 einen wegweisenden Schritt zur Souveränität der Bundesrepublik?

☞ **Die Einrichtung des Auswärtigen Amtes.** Hinter diesem Namen verbirgt sich das Außenministerium der Bundesrepublik, das für die Außenpolitik zuständig ist und heute auch Fragen der EU-Politik bearbeitet.

Frage 597

Gegen welchen letzten noch heidnischen Germanenstamm führte Karl der Große mehrere erbitterte Kriegszüge?

☞ **Gegen die Sachsen.** Ihr Anführer Widukind († um 807) entfachte zwischen 778 und 785 immer wieder Aufstände gegen die fränkische Herrschaft. 784/85 verwüstete Karl (747–814) ihr Land, Widukind musste sich unterwerfen und taufen lassen.

Frage 598

Das Deutsche Reich musste Teile seines Staatsgebietes im Westen und Osten an Frankreich und an Polen abgeben. Darüber hinaus verlor es auch seine Kolonien; das Rheinland wurde zur entmilitarisierten Zone erklärt und das Heer und die Marine auf 115.000 Mann beschränkt. Außerdem wurde Deutschland zu Zahlungen von 132 Mrd. Goldmark verpflichtet. **Wie hieß der Vertrag, der den Friedensschluss zwischen den alliierten Siegermächten des Ersten Weltkriegs und dem Deutschen Reich besiegelte?**

☞ **Versailler Vertrag.**

Frage 599

Wo reichten sich die Regierungschefs Deutschlands und Frankreichs 1984 symbolisch die Hände?

☞ An den Gräbern der im Ersten Weltkrieg in Verdun gefallenen Soldaten beider Nationen. Am 22. September 1984 gedachten der deutsche Bundeskanzler Helmut Kohl (*1930) und der französische Präsident Mitterrand (1916–96) Hand in Hand der Kriegstoten. Die Geste drückte symbolisch die nach dem Zweiten Weltkrieg begonnene Aussöhnung zwischen den beiden Nachbarstaaten aus.

Frage 600

Welche drei Staatschefs trafen sich kurz vor Kriegsende 1945 auf der Konferenz von Jalta?

☞ Der amerikanische Präsident Roosevelt (1882–1945), der britische Premierminister Churchill (1874–1965) und der sowjetische Staatschef Stalin (1879–1953). In Jalta wurde vom 4. bis zum 11. Februar die alliierte Nachkriegspolitik festgelegt. Man einigte sich dabei auf das Prozedere der Aufteilung Deutschlands in Besatzungszonen und andere Grenzveränderungen.

Churchill, Roosevelt und Stalin auf der Konferenz von Jalta

Frage 601

Eritrea ist das jüngste afrikanische Land. Von wem wurde es 1993 unabhängig?

☐ a) von Großbritannien
☐ b) von den Niederlanden
☐ c) von Portugal
☐ d) von Äthiopien

☞ **d) von Äthiopien**
Die ehemalige britische Kolonie Eritrea hatte 1952 auf Beschluss der UNO eine Föderation mit Äthiopien gebildet und war 1962 von dem größeren Nachbarn annektiert worden.

Frage 602

Welche Nazigröße nannte sich bei ihrer Verhaftung Feldwebel Hitzinger?

☞ **Der Führer der SS Heinrich Himmler (1900–45),** der sich schon früh der NSDAP angeschlossen hatte und eines der ersten Mitglieder der SS wurde. Ab 1933 war er für die Verfolgung von Oppositionellen verantwortlich und baute das Terror- und Bespitzelungssystem von Gestapo und SS auf. Außerdem initiierte und organisierte er den Massenmord an den europäischen Juden. Als 1945 die wahre Identität des angeblichen Feldwebels Hitzinger aufgedeckt wurde, beging Himmler in britischer Gefangenschaft Selbstmord.

Frage 603

Was verstand man seit 1914 unter dem Burgfrieden?

☞ Den Versuch, den inneren Zusammenhalt Deutschlands zu stärken und auf jegliche Opposition zu verzichten, um die Kräfte für den Krieg zu bündeln. So verkündete Kaiser Wilhelm II. (1859–1941) 1914, er kenne keine Parteien mehr, sondern nur noch Deutsche.

Frage 604

Sie verdanken ihren Namen König Philipp II. (1527–98), der Spanien von 1556 bis 1598 regierte. In seine Regierungszeit fällt ab 1565 die spanische Kolonialisierung von über 7000 pazifischen Inseln, die später seinen Namen tragen sollten. 1898 gelangten die Inseln in den Besitz der USA, die sie erst 1946 in die Unabhängigkeit entließen. **Von welchem südostasiatischen Inselstaat ist die Rede?**

☞ **Von den Philippinen.**

Frage 605

Welches der sieben Weltwunder der Antike ist als Einziges erhalten geblieben?

☐ a) die Pyramiden von Giseh
☐ b) der Tempel der Artemis
☐ c) der Koloss von Rhodos
☐ d) die Hängenden Gärten der Semiramis

☞ **a) die Pyramiden von Giseh**

Sphinx zwischen Mykerinos- und Cheopspyramide

Frage 606

Welche Bedeutung hatte die Abdankung des römischen Kaisers Romulus Augustulus (um 461–480) am 4. September 476?

☞ Die vom Germanenfürsten Odoaker (430–493) erzwungene Abdankung war gleichbedeutend mit dem Ende des Römischen Reichs, das zu diesem Zeitpunkt auf eine über 1200-jährige Geschichte zurückblicken konnte.

Frage 607

Welches mittelamerikanische Land litt unter einem mehr als zehnjährigen Bürgerkrieg?

☐ a) El Salvador
☐ b) Mexiko
☐ c) Nicaragua
☐ d) Haiti

☞ **a) El Salvador**
In dem Küstenstaat regierte mithilfe des Militärs und mit Unterstützung der USA ein Regime reicher Landbesitzer, die sogenannte Todesschwadronen für die Ermordung politischer Gegner bezahlten. Zwischen 1980 und 1991 starben rund 70.000 Menschen, bis schließlich politische Reformen eingeleitet wurden.

Frage 608

Was ordnete Karl der Kahle (823–877) in seinem Todesjahr an?

☞ Der Kaiser bestimmte in seinem berühmten Kapitular von Quierzy, dass die Söhne seiner Vasallen die Lehen, die ihre Väter vom Kaiser erhalten hatten, erben durften.

Frage 609

Was war die Ursache der Unruhen in der DDR am 17. Juni 1953?

☞ Am 1. Januar 1953 hatte die DDR-Führung verkündet, den Aufbau des Staatssozialismus in der DDR weiter vorantreiben zu wollen und ein halbes Jahr später einen „neuen Kurs" bekannt gegeben. Die vorgesehene Erhöhung der sogenannten Arbeitsnormen, die Intensivierung staatlicher Repressionen, die Mangelwirtschaft und der niedrige Lebensstandard führten schließlich zu den Protesten, die nur mit Waffengewalt beendet werden konnten.

Frage 610

Ihre Politik begründete den Aufstieg Englands zur Weltmacht: Im Inneren ließ sie ihre katholische Rivalin Maria Stuart (1542–87) ermorden und wehrte die Gegenreformation ab. Außenpolitisch entwickelte sich England unter ihrer Führung zur weltweit bedeutendsten Seemacht. **Wie hieß die Herrscherin, nach der ein ganzes Zeitalter benannt ist?**

☞ **Elizabeth I. von England (1533–1603).**

Frage 611

Was drückte Bundeskanzler Willy Brandt 1970 mit seinem Kniefall vor dem Mahnmal des Warschauer Gettos aus?

☞ Den Willen der Bundesregierung, in ihrer Ostpolitik grundsätzlich neue Wege einzuschlagen. Willy Brandt (1913–92) versuchte mit der von ihm betriebenen Entspannungspolitik, das Verhältnis zwischen den beiden deutschen Staaten zu verbessern, und suchte zugleich den Dialog mit Polen und der UdSSR.

Frage 612

Welcher britische Umweltskandal wurde nahezu 30 Jahre lang vertuscht?

☞ **Der Atomunfall im britischen Windscale**, dessen Reaktor heute unter dem Namen Sellafield bekannt ist. Bei dem Unglück war 1957 radioaktive Strahlung freigesetzt worden, doch die Behörden spielten den Vorfall herunter. Erst als 30 Jahre später die Windscaleprotokolle veröffentlicht wurden, wurde deutlich, dass der Unfall erheblich gefährlicher war, als von der Regierung zugegeben und dass die erhöhte Zahl von Krebserkrankungen in der Region wohl damit in Zusammenhang stand.

Frage 613

Wann wurden Frauen in Deutschland erstmals zur Wahl zugelassen?

☐ a) 1905
☐ b) 1913
☐ c) 1918
☐ d) 1925

☞ **c) 1918**
Im Jahr 1918 wurde das Wahlrecht für Frauen in Deutschland gesetzlich festgelegt. Ausüben konnten es die Frauen dann zum ersten Mal bei der Wahl zur Deutschen Nationalversammlung im Januar 1919.

Frage 614

Wer putschte sich 1967 in Griechenland an die Macht?

☞ Der vom Militär unterstützte Georgios Papadopulos (1919–99). Nach einer Regierungskrise hatten sich die demokratischen Parteien gerade auf Neuwahlen geeinigt, als das Militär am 21. April 1967 mit Panzern und Soldaten wichtige Gebäude der Hauptstadt besetzte. Papadopulos erklärte sich daraufhin zum Ministerpräsidenten und unterdrückte Oppositionelle mit Deportation und Folter.

Frage 615

Aus welchen Bundesländern setzt sich die Republik Österreich zusammen?

☞ Österreich hat neun Bundesländer: Burgenland, Kärnten, Niederösterreich, Oberösterreich, Salzburg, Steiermark, Tirol, Vorarlberg und Wien.

Frage 616

Sie war die wichtigste Mätresse des französischen Königs Ludwig XV. (1710–74) und trat vor allem als Förderin der Kultur auf, traf aber auch politische Entscheidungen und behielt ihre Stellung als Beraterin auch noch, als der König längst andere Geliebte hatte. **Wie hieß sie?**

☞ **Jeanne-Antoinette Poisson, Marquise de Pompadour (1721–64).**

Porträt der Madame de Pompadour, von François Boucher

Frage 617

Welchem österreichischen Herrscherhaus verhalf Prinz Eugen von Savoyen zu seiner Großmachtstellung?

☞ Da Ludwig XIV. den Prinzen Eugen von Savoyen (1663–1736) wegen seines kleinen Wuchses nicht für eine militärische Karriere geeignet hielt, trat dieser in die Dienste des Hauses Habsburg und errang für dieses bedeutende Siege über die Türken.

Frage 618

Welches Hinrichtungsgerät ließ sich Ludwig XVI. (1754–93) vorführen, wenige Jahre, bevor er selbst darunter den Kopf verlieren sollte?

☞ Die Guillotine, ein nach dem französischen Arzt Joseph-Ignace Guillotin (1738–1814) benanntes Fallbeil zur Vollstreckung der Todesstrafe durch Enthauptung, mit dem dem Verurteilten ein schneller und „humaner" Tod ermöglicht werden sollte. In Frankreich und seinen Kolonien blieb die Guillotine bis 1977 im Einsatz.

Frage 619

Gegen wen errichteten die Römer seit dem 1. Jahrhundert n. Chr. den Limes?

☐ a) Kelten
☐ b) Slawen
☐ c) Germanen
☐ d) Balten

☞ **c) Germanen**

Frage 620

Was waren Résistance und Maquis?

☞ Die beiden bekanntesten französischen Widerstandsgruppen während des Zweiten Weltkriegs. Im bewaffneten Kampf versuchten sie, gegen die deutschen Besatzer vorzugehen und diese zu schwächen. Die deutschen Militärs reagierten darauf häufig mit brutalen Racheakten.

Frage 621

Welchen Zeitraum bezeichnet man als Mittelalter?

☞ **Die Phase von etwa 500–1500**, d. h. die Zeit vom Untergang des römischen Weltreichs bis zur Entdeckung Amerikas.

Frage 622

Der Arbeitersohn zählte zu den Gründervätern der KPD. 1933 war er zunächst nach Paris, von da aus weiter nach Moskau geflohen, um 1945 zusammen mit Walter Ulbricht nach Berlin zurückzukehren. 1949 wurde er erster Staatspräsident der DDR und blieb bis zu seinem Tod im Amt. **Wie hieß er?**

☞ **Wilhelm Pieck (1876–1960).**

Frage 623

Welche herausragende militärische Leistung gelang den Westgoten unter Alarich I.?

☞ Die Eroberung des gesamten Balkans, Griechenlands und Italiens. Die westgotischen Stämme waren vor den Hunnen auf den nördlichen Balkan geflohen und verbündeten sich zunächst mit Rom. Als sie an militärischer Stärke gewannen, begannen sie einen Krieg gegen den ehemaligen Bündnispartner, den sie unter Alarich (um 370–410 n. Chr.) schließlich gewannen.

Alarich erobert Rom

Frage 624

Welches Volk stammt vermutlich ursprünglich aus den Gebieten nördlich der Karpaten und östlich der Weichsel?

☞ **Die Slawen**, ein Volk mit indoeuropäischer Sprache. Aus ihrer Heimat breiteten sie sich vermutlich seit dem 1. Jahrhundert v. Chr. in südlicher, westlicher und östlicher Richtung über Europa und Asien aus. Seit Beginn des Mittelalters trennten sich die slawischen Völker voneinander und begannen mit dem Aufbau unabhängiger Reiche.

Frage 625

Welche Stadt war als „Paris des Nahen Ostens" bekannt?

☐ a) Beirut
☐ b) Damaskus
☐ c) Kairo
☐ d) Bagdad

☞ **a) Beirut**

Frage 626

Wodurch ist ein laizistischer Staat gekennzeichnet?

☞ Ein laizistischer Staat zeichnet sich v. a. durch eine strenge Trennung von Kirche und Staat aus. In laizistischen Staaten gibt es daher keine Staatsreligion, und der Staat mischt sich ebenso wenig in kirchliche Fragen ein wie die Kirche über einen direkten politischen Einfluss verfügt. Die Idee des Laizismus kam in Europa Mitte des 19. Jahrhunderts auf. In Frankreich wurde er 1905 erstmals gesetzlich verankert.

Frage 627

In welchen von der deutschen Wehrmacht besetzten Ländern konnte die Deportation der jüdischen Bevölkerung auf breiter Front verhindert werden?

☞ **In Bulgarien, Dänemark und Italien.** Durch Schutzmaßnahmen der Regierungen bzw. der Armee und der Kirche konnte hier den verbrecherischen Anliegen der Besatzungsmacht entgegengesteuert und Massendeportationen verhindert werden.

Frage 628

Als Führer der KP Chinas begann er 1927 den Guerillakrieg gegen die nationalchinesische Kuomintang unter Tschiang Kai-schek (1887–1975). 1947–50 eroberte seine Rote Armee ganz China und verdrängte die Nationalchinesen vom Festland. Am 1. Oktober 1949 rief er die Volksrepublik China aus. **Wie hieß der chinesische Politiker?**

☞ **Mao Tse-tung (1893–1976).**

Frage 629

Wen ernannte Reichspräsident Paul von Hindenburg (1847–1934) am 30. Januar 1933 zum Reichskanzler?

☞ **Adolf Hitler (1889–1945).** Bereits 1923 hatte Hitler versucht, als Vorsitzender der NSDAP zunächst in Bayern und dann in ganz Deutschland die Macht an sich zu reißen. Nach dem sogenannten Hitlerputsch und der vorzeitigen Entlassung aus der Festungshaft übernahm er 1924 wieder die Führung der NSDAP, und bei den Reichstagswahlen 1930 gelang ihm der politische Durchbruch auf Reichsebene.

Frage 630

Welche Regelung trat nach der Arbeitsmarktreform Hartz IV im Januar 2005 in Kraft?

☞ Nach dem vierten Gesetz für moderne Dienstleistungen am Arbeitsmarkt, kurz Hartz IV, wurden zu Beginn des Jahres 2005 die Arbeitslosen- und Sozialhilfe zusammengelegt. Vereinbart wurde außerdem, dass in Gebieten, in denen die Arbeitslosigkeit bei mehr als 15 % liegt, bei Neueinstellungen Zuschüsse für die Lohnnebenkosten gezahlt werden.

Frage 631

Wie nannten die Römer das Gebiet des heutigen Frankreich?

☐ a) Franken
☐ b) Gallien
☐ c) Normandie
☐ d) Wallonien

☞ **b) Gallien**, genauer Gallia Transalpina – das „Gallien jenseits der Alpen". Es wurde 125–51 v. Chr. von Rom erobert.

Frage 632

Was geschah am 3. Oktober 1990?

☞ Nach 41-jähriger Teilung kam es am 3. Oktober 1990 zur Wiedervereinigung Deutschlands. Der Begriff „Wiedervereinigung" ist aber insofern falsch, als es einen deutschen Staat in diesen Grenzen in der deutschen Geschichte nie zuvor gegeben hat.

Frage 633

Wofür kämpft die ETA seit 1959?

☞ **Für die Unabhängigkeit des Baskenlandes von Spanien.** Seit ihrem Gründungsjahr starben über 800 Menschen bei Anschlägen der ETA, die ihre Forderung v. a. durch Morde an Regionalpolitikern durchzusetzen versucht.

Frage 634

Drei Tage soll dieser König nur mit einem Büßergewand bekleidet vor der Burg Canossa gekniet haben, um von Papst Gregor VII. (um 1021–85) die Absolution vom gegen ihn verhängten Kirchenbann zu erbitten. Die demütigende Geste war notwendig, weil sich angesichts der Opposition des Papstes gegen den deutschen König allmählich auch der Widerstand der Fürsten im Reich regte. Nachdem er die päpstliche Absolution empfangen hatte, gelang es ihm nach weiteren Auseinandersetzungen mit den widerständigen Fürsten schließlich, diese hinter sich zu scharen. **Wer war's?**

☞ **Heinrich IV. (1050–1106).**

Heinrich IV. bittet Mathilde von Tuszien und Abt Hugo von Cluny vor dem Gang nach Canossa um Vermittlung

Frage 635

Verfügen die europäischen Staaten auch heute noch über außereuropäische Kolonien?

☞ **Ja**, denn der Zusammenbruch der Kolonialreiche bedeutete nicht notwendigerweise, dass auch alle Kolonien verloren gingen. Über die größten überseeischen Besitzungen verfügen nach wie vor England und Frankreich. Außerdem gibt es bis heute niederländische und spanische Kolonien. Nicht zu vergessen ist Sibirien, das letztlich russischer Kolonialbesitz ist.

Frage 636

Wer wurde 955 in der Schlacht auf dem Lechfeld vernichtend geschlagen?

☞ Die Ungarn, die auf ihren Raubzügen durch Mitteleuropa bis vor die Tore Augsburgs gekommen waren. König Otto I. (912–973) bezwang sie mit einem schnell aufgebotenen Heer aus allen deutschen Stämmen sowie böhmischen Truppen.

Frage 637

In welcher Stadt wurde von 1992 bis 1995 der Bürgerkrieg zwischen Serben, Kroaten und Bosniern hauptsächlich geführt?

☐ a) Zagreb
☐ b) Mostar
☐ c) Sarajewo
☐ d) Banja Luka

☞ **c) Sarajevo**, die Hauptstadt von Bosnien-Herzegowina.

Frage 638

Was bezeichnete man als den Todesstreifen?

☞ Einen an der DDR-Grenze zur Bundesrepublik angelegten Streifen, der vermint und mit Selbstschussanlagen ausgestattet die illegale Überwindung der 1961 durch die DDR errichteten Mauer verhindern sollte. Zusätzlich hatte die DDR-Grenzpolizei den Schießbefehl, d. h. die Anordnung, „Republikflüchtige" mit Waffengewalt zurückzuhalten.

Frage 639

Woran scheiterte 1937 eine diplomatische Lösung der Danzigfrage?

☞ **Am Widerstand Polens.** Der deutsche Außenminister Joachim von Ribbentrop (1893–1946) und der britische Außenminister Edward F. Halifax (1881–1959) versuchten, eine einvernehmliche Lösung des Problems zu erarbeiten, wie die Wiedereingliederung der nach dem Ersten Weltkrieg selbstständigen Stadt Danzig in das Deutsche Reich zu realisieren sei. Die Frage der nationalen Zugehörigkeit Danzigs wurde von Hitler propagandistisch als Vorwand für den Überfall auf Polen ausgeschlachtet.

Frage 640

Er gilt als Gründer des Deutschen Reichs und war dessen erster Reichskanzler. Mit den Sozialistengesetzen versuchte er 1878, die sozialistischen Gegner seines autoritären Regierungsstils zu bekämpfen. Mit der staatlichen Sozialversicherung schuf er eine dauerhaft vom Staat organisierte Versicherung zur Alters-, Kranken- und Unfallvorsorge. **Wie hieß der preußische Staatsmann?**

☞ **Otto Fürst von Bismarck (1815–98).**

Bismarck in Generalsuniform

Frage 641

Was erklärte die Schweiz zu Beginn des Zweiten Weltkriegs?

☞ Die Schweiz erklärte 1939, sich weiterhin strikt neutral verhalten zu wollen. Dies hatte verschiedene Ursachen: Erstens war Neutralität seit jeher ein außenpolitischer Grundsatz der Eidgenossen, zweitens sah sich das Land mit der deutschen Wehrmacht einem quantitativ wie qualitativ stärkeren potenziellen Feind gegenüber und drittens machten Schweizer Banken und Firmen gute Geschäfte mit Deutschland, selbst aus der Judenverfolgung vermochte man Kapital zu schlagen.

Frage 642

Was war der COMECON?

☞ Der auch Rat für gegenseitige Wirtschaftshilfe (RGW) genannte COMECON wurde am 25. Januar 1949 in Moskau mit dem Ziel der Koordination und Harmonisierung der verschiedenen nationalen Planwirtschaften und der „internationalen sozialistischen Arbeitsteilung" gegründet.

Frage 643

Wer ging als „Schlächter von Lyon" in die Geschichte ein?

☐ a) Josef Mengele
☐ b) Adolf Eichmann
☐ c) Reinhard Heydrich
☐ d) Klaus Barbie

☞ **d) Klaus Barbie**
Der ehemalige Gestapo-Chef von Lyon Klaus Barbie (1913–91) war nach dem Krieg nach Südamerika geflohen, 1983 aber aus Bolivien, wo er jahrelang untergetaucht war, nach Frankreich abgeschoben worden. Dort verurteilte man ihn zu lebenslanger Haft.

Frage 644

Was versteht man unter der Sperrklausel bei Wahlen in der Bundesrepublik?

☞ Die Mindestzahl von 5 % der Wählerstimmen (die sog. Fünfprozenthürde), die eine Partei für sich gewinnen muss, um in den Deutschen Bundestag einziehen zu dürfen.

Frage 645

Welchem Zweck sollte die Einführung des Judensterns dienen?

☞ Mit der Verpflichtung, einen gelben Stern zu tragen, sollten Juden ab 1941 im Deutschen Reich und den besetzten Gebieten in der Öffentlichkeit kenntlich gemacht werden, damit die gegen sie gerichteten diskriminierenden Bestimmungen greifen konnten. Zu diesen Bestimmungen gehörten das Verbot der Nutzung öffentlicher Verkehrsmittel und des Kaufs von Zeitungen, die Nichtberücksichtigung bei der Lebensmittelzuteilung und die Unterlassung von Hilfeleistungen.

Frage 646

In einer kreativen Phase verfasste er 1983 mehrere sogenannte Hitlertagebücher und verkaufte sie an die Illustrierte *Stern*. Die Zeitschrift veröffentlichte sie als echt und war blamiert, als der Schwindel aufflog. **Wie hieß der gewitzte Kunstfälscher?**

☞ **Konrad Kujau (1938–2000).**

Frage 647

Welches historische Ereignis führte zur Erhebung Bayerns und Württembergs zu Königreichen?

☞ Der Sieg Napoleons über Österreich und Russland in der Schlacht bei Austerlitz 1805. Danach traten 16 süd- und westdeutsche

Napoleon in der Schlacht bei Austerlitz

Fürsten, zu denen auch die Kurfürsten von Bayern und Württemberg zählten, aus dem Heiligen Römischen Reich Deutscher Nation aus. Bayern und Württemberg, die Gebiete hinzugewannen, nahmen die Königswürde an. Die so entstandenen souveränen Staaten bildeten dann unter dem Protektorat Napoleons den Rheinbund.

Frage 648

Was war der Kreisauer Kreis?

☞ Eine 1940 von Helmuth James Graf von Moltke (1907–45) auf seinem Gut Kreisau in Niederschlesien gegründete Widerstandsgruppe, die das nationalsozialistische Regime beseitigen und an dessen Stelle eine rechtsstaatliche Ordnung errichten wollte. Die meisten Mitglieder, unter ihnen Oberst Claus Schenk Graf von Stauffenberg (1907–44), wurden nach dem Attentat auf Hitler am 20. Juli 1944 entdeckt und am selben Tag hingerichtet.

Frage 649

Welche europäische Hauptstadt wurde innerhalb der vergangenen 250 Jahre gleich zweimal von verheerenden Katastrophen heimgesucht?

☐ a) Rom
☐ b) Lissabon
☐ c) Madrid
☐ d) Wien

☞ **b) Lissabon**
Schon 1755 hatte hier ein verheerendes Erdbeben gewütet, und 1988 zerstörte dann ein Brand Teile des Altstadtviertels Chiado.

Frage 650

Was machte sich der Pan-Europa-Kongress von 1926 zur Aufgabe?

☞ Die Verständigung über einen etwaigen europäischen Einigungsprozess. Dahinter stand die Idee, den Kontinent vor einem kommenden Krieg dadurch zu bewahren, dass die nationalen Gegensätze aufgehoben und die Nationen in ein vereintes Europa eingegliedert werden sollten. Außerdem erhoffte man sich von der Einigung Europas auch eine Eindämmung der Ausbreitung des Kommunismus.

Frage 651

Was verstand man unter der Barschelaffäre von 1987?

☞ Der Ministerpräsidenten von Schleswig-Holstein Uwe Barschel (1944–87) musste aufgrund des sich festigenden Verdachts, er habe im Landtagswahlkampf eine verleumderische Kampagne gegen seinen Konkurrenten Björn Engholm (SPD; *1939) in Auftrag gegeben, zurücktreten. Barschel beging vermutlich Selbstmord und wurde tot in einem Genfer Hotel aufgefunden.

Frage 652

In den Schlesischen Kriegen (1740–42 und 1744/45) verlor sie Teile Österreichs an Preußen. In ihren Stammlanden setzte sie gemäßigte Reformen durch und förderte den Landesausbau auf dem Balkan, indem sie deutsche Siedler ins Land holte. Sie war zwar eine absolut regierende, aber im Volk sehr beliebte Landesmutter. **Wie hieß die österreichische Kaiserin, die im 18. Jahrhundert ihr Erbe u. a. gegen Friedrich den Großen verteidigen musste?**

☞ **Maria Theresia (1717–80).**

Kaiserin Maria Theresia von Österreich

Frage 653

Welches Institut erstellt sogenannte Politbarometer?

☞ Das 1947 von der Publizistin Elisabeth Noelle-Neumann (*1916) gegründete Allensbacher Institut für Demoskopie erforscht in

Meinungsumfragen die Ansicht der Bevölkerung zu aktuellen Themen, insbesondere zu politischen Fragen. Die Politbarometer machen deutlich, wo Politiker und Parteien gerade in der Wählergunst stehen.

Frage 654

Wer waren die Göttinger Sieben?

☞ Als Göttinger Sieben werden die sieben Göttinger Professoren W. Albrecht (1800–76), F. C. Dahlmann (1785–1860), H. Ewald (1803–75), G. G. Gervinus (1805–71), J. und W. Grimm (1785–1863 und 1786– 1859) und W. Weber (1804–91) bezeichnet, die König Ernst August II. von Hannover (1771–1851) am 14. Dezember 1837 aus ihrem Amt entließ, weil sie gegen die Aufhebung der Verfassung durch den König im Jahr 1833 protestiert hatten. Ihnen wurde Hochverrat vorgeworfen, Dahlmann, Gervinus und Jakob Grimm mussten außerdem das Land verlassen. In ganz Deutschland wurden die sieben Professoren jedoch von der Bevölkerung in ihrer Kritik unterstützt, die die liberalen Bewegungen des Landes förderte.

Frage 655

Welches Bundesland hat Hannover zur Hauptstadt?

☐ a) Sachsen-Anhalt
☐ b) Schleswig-Holstein
☐ c) Niedersachsen
☐ d) Nordrhein-Westfalen

☞ **c) Niedersachsen**

Frage 656

Was war für die italienischen Faschisten das „Mare Nostro“ (ital. „unser Meer“)?

☞ **Das Mittelmeer.** Mit diesem Schlagwort verdeutlichte Benito Mussolini (1893–1945), der faschistische Führer Italiens, die territorialen Ansprüche Italiens, sein Weltmachtstreben und seinen unbedingten Willen zur Expansion. Italien sollte zu alter nationaler Stärke zurückkehren, womit auf das antike römische Weltreich angespielt wurde.

Frage 657

Was war die Hanse?

☞ Die deutsche Hanse war ein um 1350 entstandener genossenschaftlicher Bund von Kaufleuten und Reedern deutscher Nord- und Ostseestädte wie Hamburg und Lübeck, die mit fürstlichen Privilegien ausgestattet Handelsniederlassungen im Nord- und Ostseeraum gründeten.

Frage 658

Er war zehn Jahre britischer Premierminister und stand 13 Jahre an der Spitze der Labour Party, die nach seiner Amtsübernahme außerhalb ihrer üblichen Klientel auch in der bürgerlichen Mitte Wähler fand. Im Juni 2007 wurde er zum Sondergesandten des sogenannten Nahost-Quartetts ernannt. **Wie heißt der britische Politiker?**

☞ **Tony Blair (*1953).**

Frage 659

Womit begann der bis heute schwelende Zypernkonflikt?

☞ 1955 begannen griechische Nationalisten auf der Insel systematisch damit, die türkische Inselbevölkerung in regelrechten Hetzkampagnen zu bekämpfen. Der Konflikt eskalierte 1963 und 1964 in einem mit aller Härte geführten Bürgerkrieg. 1974 landeten türkische Truppen auf Zypern. 1975 kam es schließlich zur nationalen Spaltung der Insel, die bis heute andauert.

Frage 660

Warum rief Stalin mit der öffentlichen Bekanntmachung eines deutsch-sowjetischen Nichtangriffspaktes 1939 weltweit größte Verwunderung hervor?

☞ Weil der sowjetische Staatschef seine Nation jahrelang auf den NS-Staat als größtmöglichen Feind eingeschworen hatte – eine

Position, die auch die unzähligen in die UdSSR geflohenen deutschen Kommunisten teilten. Das weltweite Erstaunen über den Pakt wäre wohl noch größer gewesen, wäre auch das geheime Zusatzprotokoll, in dem sich Stalin von Hitler die Hälfte des noch zu erobernden polnischen Staatsgebiets versprechen ließ, bekannt geworden.

Frage 661

Welches neue Bundesland war zu DDR-Zeiten in die Bezirke Erfurt, Gera und Suhl gegliedert?

☐ a) Sachsen-Anhalt
☐ b) Sachsen
☐ c) Thüringen
☐ d) Brandenburg

☞ **c) Thüringen**

Frage 662

Wie bezeichnete sich die nach dem Ersten Weltkrieg in Deutschland aufgekommene radikal-nationalistische, antidemokratische, antisemitische Ideologie selbst?

☞ **Als Nationalsozialismus.** Sozialpolitisch strebte die Ideologie die Versöhnung der Nation über Klassengegensätze hinweg an. Die Frage, wer nicht dieser Nation angehörte, daher als „minderwertig" ausgegrenzt, diskriminiert, verfolgt, deportiert oder ermordet werden sollte, wurde jedoch allein nach irrationalen, rassistischen Kriterien entschieden.

Frage 663

Was war das erklärte Ziel des Risorgimento in Italien zwischen 1815 und 1870?

☞ Die Einigung (ital. risorgimento, „Wiedererstehung") des in mehrere Kleinstaaten zerfallenen und zum Teil von Österreichern und Bourbonen besetzten Landes zu einem Nationalstaat. Wichtigste Symbolfigur des Risorgimento war der Nationalheld Giuseppe Garibaldi (1807–82). 1861 wurde schließlich das Königreich Italien ausgerufen, 1871 Rom zur Hauptstadt gemacht.

Frage 664

Sie begründeten die Europäische Wirtschaftsgemeinschaft und die Europäische Atomgemeinschaft und wurden 1957 in Rom unterzeichnet. **Wie heißt das Vertragswerk?**

☞ **Die Römischen Verträge.**

Unterzeichnung der Römischen Verträge 1957

Frage 665

Wie hieß das von Felix E. Dserschinskij (1877–1926) gegründete Organ, das durch den Roten Terror das Sowjetsystem stabilisieren sollte?

☞ **Tscheka.** Diese nach der Oktoberrevolution gegründete Geheimpolizei ging 1922 in der GPU, der Politischen Staatspolizei, auf und übernahm allgemeine Aufgaben der Staatssicherheit.

Frage 666

Welche Epidemie raffte unmittelbar nach Ende des Ersten Weltkriegs nochmals mehr als eine Million Europäer dahin?

☞ **Die Spanische Grippe.** Allein in Deutschland, wo schon während des Krieges fast eine dreiviertel Million Menschen an Hunger und Seuchen gestorben waren, fielen nochmals über 200.000 der Grippe zum Opfer.

Frage 667

Welches bundesdeutsche Staatsunternehmen gibt es seit dem 1. Januar 1995 nicht mehr?

☐ a) Deutsche Bundesbahn
☐ b) Deutsche Bundesbank
☐ c) Deutsche Bundespost
☐ d) Bundesdruckerei

☞ **c) Deutsche Bundespost**
Das staatliche Unternehmen wurde durch das Postneuordnungsgesetz privatisiert und in drei Aktiengesellschaften umgewandelt: die Deutsche Post AG, die Deutsche Postbank AG und die Deutsche Telekom AG.

Frage 668

In welchem Krieg kämpften Preußen und Österreich um Schlesien?

☞ **Im Siebenjährigen Krieg.** Preußen hatte zuvor unter Friedrich II. (1712–86) Schlesien von Österreich erobern können, was die österreichische Kaiserin Maria Theresia (1717–80) nicht akzeptierte. So begannen die Auseinandersetzungen um Schlesien 1756 erneut. Angesichts der weltpolitischen Interessen der Großmächte weitete sich der Krieg schließlich auch auf Nordamerika aus.

Friedrich II.

Frage 669

Wann wurde Europa von Menschen besiedelt?

☞ **Vor weniger als einer Million Jahren.** Hatte sich der frühzeitliche Mensch ausgehend von Afrika zunächst Schritt für Schritt den asiatischen Kontinent erschlossen, wurde vor etwa 800.000 Jahren auch Europa besiedelt.

Frage 670

Es war der vorläufige Höhepunkt des Bürgerkriegs in Nordirland, der 1969 begonnen hatte. An diesem Sonntag des Jahres 1972 forderten brutale Übergriffe der britischen Polizei auf katholische Demonstranten mehrere Todesopfer. In der Folge verschärfte sich der v. a. von der Irisch-Republikanischen Armee (IRA) und von protestantischen Extremisten gelenkte Bürgerkrieg, in dem unzählige Menschen innerhalb und außerhalb Nordirlands insbesondere bei Anschlägen ihr Leben verloren. **Unter welchem Namen ist dieser Tag in die Geschichte eingegangen?**

☞ **Als Blutsonntag.**

Frage 671

Wie hieß der Staat, der 1918 auf dem Gebiet des ehemaligen Österreich-Ungarn aus böhmischen, mährischen und schlesischen Landesteilen gestaltet wurde?

☞ **Die Tschechoslowakei**, die von der k. u. k.-Monarchie einen Teil des Vielvölkerproblems übernahm. Wurden doch die ethnischen Minderheiten, Deutsche, Ungarn und Polen, die unter den Präsidenten Tomáš Masaryk (1850–1937) und Eduard Beneš (1884–1948) in dem Staat lebten, in ihren nationalen Rechten eingeschränkt.

Frage 672

Aus welchem Anlass wurde 1913 das Völkerschlachtdenkmal in Leipzig errichtet?

☞ Zur Erinnerung an die Völkerschlacht bei Leipzig (1813), bei der die napoleonischen Truppen geschlagen worden waren. Mit dem gigantischen Denkmal sollte in einer Zeit, in der die Kriegsvorbereitungen für den Ersten Weltkrieg längst auf Hochtouren liefen, an die vergangene und die gegenwärtige Stärke Deutschlands sowie an die militärischen Siege über den Erbfeind Frankreich erinnert werden.

Frage 673

Wo hat das Bundesverfassungsgericht seinen Sitz?

☐ a) Leipzig
☐ b) Kassel
☐ c) Berlin
☐ d) Karlsruhe

☞ **d) Karlsruhe**

Frage 674

Woraus ging am 1. Dezember 1918 das Königreich Jugoslawien hervor?

☞ Aus ehemaligen Teilen Österreich-Ungarns, des Osmanischen Reichs und Serbiens. In der 1921 verabschiedeten Verfassung war ein serbischer Führungsanspruch im Vielvölkerstaat festgelegt worden, was bereits in den 1920er-Jahren zu schweren innenpolitischen Unruhen führte und schließlich im jugoslawischen Bürgerkrieg Ende des 20. Jahrhunderts kulminierte.

Frage 675

1804 krönte sich Napoleon I. selbst zum Kaiser. Wodurch erweckte er den Anschein, damit den Willen des Volkes zu erfüllen?

☞ **Napoleon (1769–1821)** ließ sich durch ein Plebiszit, eine Abstimmung des ganzen Volkes, als Kaiser bestätigen.

Napoleon krönt sich in Notre Dame de Paris zum Kaiser

Frage 676

Die politischen und ökonomischen Reformen, die im Januar 1968 unter Partei- und Regierungschef Alexander Dubček (1921–92) in der ČSSR begonnen wurden, lösten bei den Regierungen der übrigen Staaten des Ostblocks die Befürchtung vor einem Überspringen dieser Reformbewegung aus, und sie marschierten am 20. August 1968 in das Land ein. So wurde das ambitionierte Reformprogramm, das die Idee eines „Sozialismus mit menschlichem Antlitz" verfolgte, gewaltsam beendet. **Wie bezeichnet man dieses historische Ereignis?**

☞ **Als Prager Frühling.**

Frage 677

Welches Schicksal teilten Galileo Galilei und Giordano Bruno?

☞ Die beiden italienischen Gelehrten vertraten Auffassungen, die der kirchlichen Lehrmeinung widersprachen, und wurden so Opfer der Inquisition. Der Naturforscher Galilei (1564–1642) widerrief unter Androhung von Folter seine Meinung, Bruno (um 1548–1600) dagegen starb nach sieben Jahren Kerkerhaft auf dem Scheiterhaufen.

Frage 678

Mit welchem Begriff wird die Expansion der europäischen Länder in die überseeischen Regionen bezeichnet?

☞ **Mit dem Begriff „Kolonialismus".** Grundsätzlich wird damit ein Prozess umschrieben, in dem ein Staat außerhalb seiner Grenzen Kolonien zum Zweck der Ausbeutung des Territoriums und seiner ursprünglichen Bewohner gründen lässt.

Frage 679

Wer entscheidet in den USA über Gesetzesvorlagen?

☐ a) der Präsident
☐ b) der Kongress
☐ c) der Senat
☐ d) das Repräsentantenhaus

☞ **b) der Kongress**
Sowohl der Senat als auch das Repräsentantenhaus müssen eine Gesetzesvorlage annehmen.

Siegel des Kongresses

Frage 680

Wie oft wurde Polen in seiner Geschichte geteilt?

☞ Genau genommen viermal: 1772 wurde das Land zwischen Russland, Österreich und

Preußen aufgeteilt, bei der zweiten Polnischen Teilung war Österreich nicht beteiligt. Die dritte Polnische Teilung 1795 fand wieder unter Beteiligung Österreichs statt. Die vierte Teilung erfolgte zu Beginn des Zweiten Weltkriegs: Nach der Eroberung Polens durch die deutsche Wehrmacht wurde das Land gemäß dem geheimen Zusatzprotokoll des Hitler-Stalin-Paktes zwischen dem Deutschen Reich und der UdSSR aufgeteilt.

Frage 681

Welchem späteren Königreich gab das baltische Volk der Pruzzen seinen Namen?

☞ **Dem späteren Königreich Preußen.** Die Pruzzen siedelten ursprünglich im Dreieck zwischen Weichsel, Memel und Minge und konnten sich lange Zeit ihrer Christianisierung und der Unterwerfung durch andere Völker widersetzen. Erst die Feldzüge des Deutschen Ritterordens im 13. Jahrhundert brachten hier eine Änderung. Allerdings sollen im Zuge der Auseinandersetzungen etwa die Hälfte aller Pruzzen zu Tode gekommen sein.

Frage 682

In einem chemischen Betrieb strömte am Morgen des 10. Juli 1976 hochgiftiges Dioxin aus. Die Leitung der Firma klärte die Öffentlichkeit nicht sofort über die Ursachen für die auf einmal auftretenden Hautreizungen und den plötzlichen Tod zahlreicher Tiere auf. Erst zehn Tage nach dem Unfall erklärte ein Pressesprecher, was geschehen war. **Wie heißt der italienische Ort, in dem sich die bislang größte Chemiekatastrophe Europas ereignete?**

☞ **Seveso.**

Frage 683

Was verbirgt sich hinter dem Namen „Arme Ritterschaft Christi vom salomonischen Tempel"?

☞ **Der Templerorden**, einer der wichtigsten Kreuzfahrer- und Ritterorden. Zu Beginn des 12. Jahrhunderts gegründet, hatte sich diese Gemeinschaft hehren Idealen wie Armut, Keuschheit und Gehorsam, v. a. aber dem Schutz christlicher Pilger im Heiligen Land verpflichtet. Später gelang es dem Orden, seine vielfältigen politischen, diplomatischen und militärischen Kontakte für den eigenen Machtausbau zu nutzen, was manch einem Konkurrenten ein Dorn im Auge war. Daher löste der Papst den Orden 1312 auf; seine wichtigsten Protagonisten wurden verbrannt.

Siegel der Tempelritter

Frage 684

Welche Ziele verfolgte die Friedensbewegung in Deutschland Mitte der 1980er-Jahre?

☞ Durch Massendemonstrationen wie z. B. die Ostermärsche sollte die Durchführung der atomaren Nachrüstungsprogramme der NATO, besonders des sogenannten „NATO-Doppelbeschlusses", der eine Aufrüstung bei den Mittelstreckenraketen vorsah, verhindert werden.

Frage 685

Wie lautet die Abkürzung für die 1957 gegründete Europäische Atomgemeinschaft?

☐ a) ATOMIUM
☐ b) EG Atom
☐ c) EURATOM
☐ d) Atomunion

☞ **c) EURATOM**
Sie dient u. a. zur Einhaltung einheitlicher Sicherheitsstandards in der Atomwirtschaft in den EU-Staaten.

Frage 686

Warum erhitzte der mit der DDR ausgehandelte Grundlagenvertrag von 1972 die Gemüter in der Bundesrepublik?

☞ Wegen des Passus, dass beide Länder gutnachbarliche Beziehungen „auf der Grundlage der Gleichberechtigung" pflegen wollten. Dies schien einer Anerkennung der DDR gleichzukommen, was dem Gebot der Wiedervereinigung widersprochen hätte.

Frage 687

Was versteht man unter dem Begriff „freies Mandat"?

☞ Die Mitglieder des Deutschen Bundestags sind laut Grundgesetz dem ganzen Volk verantwortlich. Ihre Mandate sind nicht imperativ, sondern frei, d. h., der Abgeordnete ist bei Abstimmungen nur seinem Gewissen verpflichtet und nicht an Weisungen der Partei gebunden.

Frage 688

Er war die Verkörperung der sogenannten preußischen Tugenden wie Sparsamkeit,

Pflichtbewusstsein und Disziplin. Er stellte die modernste Armee Europas auf, darunter das Garderegiment der „Langen Kerls". **Wer war der König, den man auch den „Soldatenkönig" nannte?**

☞ **Friedrich Wilhelm I. von Preußen (1688–1740).**

Frage 689

Was bezweckten die Alliierten nach 1945 mit der Entnazifizierung?

☞ Die Entfernung ehemaliger Nationalsozialisten aus wichtigen Stellungen im Staat, was den Aufbau eines demokratischen Deutschlands und seiner Verwaltung ermöglichen sollte. Die Kategorisierung der volljährigen deutschen Staatsbürger in Hauptschuldige, Belastete, Minderbelastete, Mitläufer und Entlastete entschied über Gefängnisstrafe, Vermögensentzug oder Berufsverbot.

Frage 690

Spiegelte sich in den ehemaligen Blockparteien der DDR eine echte Parteienpluralität?

☞ **Nein**, denn sie waren alle unter der Führung der staatstragenden SED (Sozialistische Einheitspartei Deutschlands) zusammengeschlossen. So wurde auch die Sitzverteilung in der Volkskammer, dem Parlament der DDR, schon vor den Wahlen festgelegt.

Frage 691

Welcher spanische Conquistador unterwarf das Aztekenreich?

☐ a) Hernán Cortés
☐ b) Francisco Pizarro
☐ c) Juan Ponce de León
☐ d) Pedro de Alvarado

☞ **a) Hernán Cortés** (1485–1547)

Hernán Cortés

Frage 692

Welche Augsburger Bankiers- und Kaufmannsfamilie war so reich, dass sie sogar Kaiser und Päpste finanzierte?

☞ **Die Fugger**, namentlich Jakob II. der Reiche (1459–1525) und Anton Fugger (1493–1560). Jakob hinterließ mit der Fuggerei eine berühmte Wohnsiedlung für Bedürftige.

Frage 693

Was sind Arbeitgeberverbände?

☞ In Arbeitgeberverbänden organisieren sich Interessenvertreter aus Unternehmen eines Wirtschaftszweigs, die in den Tarifverhandlungen mit den Arbeitnehmerverbänden, den Gewerkschaften, z. B. die Tarifverträge aushandeln.

Frage 694

Liberale Ideen und der Wille zu einer weiteren Parlamentarisierung lösten 1848/49 Aufstände in den Staaten des Deutschen Bundes aus. Die bürgerliche Revolution führte zur Bildung des ersten gesamtdeutschen Parlaments in der Frankfurter Paulskirche. In Preußen, Österreich und Süddeutschland wurde die Bewegung aber mit Waffengewalt niedergeschlagen und der vorrevolutionäre Zustand wieder hergestellt. **Von welchem historischen Ereignis ist die Rede?**

☞ **Von der Märzrevolution.**

Frage 695

Das Verhältnis welcher beiden Staaten bezeichnete man nicht erst seit Beginn des 20. Jahrhunderts als Erbfeindschaft?

☞ Das problematische Verhältnis zwischen dem Deutschen Reich und Frankreich. Der Begriff spielte auf die vielen Kriege zwischen den beiden Staaten an. Erst nach dem Zweiten Weltkrieg wich die Erbfeindschaft immer mehr dem Gedanken deutsch-französischer Freundschaft.

Frage 696

Welche Behörde der DDR verbirgt sich hinter dem Kürzel Stasi?

☞ Das Ministerium für Staatssicherheit, das die Herrschaftssicherung der SED u. a. mit den Mitteln von Spionage und Bespitzelung gewährleistete. Die Stasi überwachte die eigene Bevölkerung mit einem weitverzweigten Informations- und Spitzelsystem. 1989/90 wurde die Stasi, die damals noch rund 86.000 hauptamtliche Mitarbeiter hatte, aufgelöst.

Frage 697

Wer wurde 1949 erster Bundespräsident der Bundesrepublik Deutschland?

☐ a) Heinrich Lübke
☐ b) Konrad Adenauer
☐ c) Kurt Schumacher
☐ d) Theodor Heuss

☞ **d) Theodor Heuss (1884–1963)**

Frage 698

Welche Position vertrat Sulla im ersten Bürgerkrieg, der die römische Republik erschütterte?

☞ Sulla (138–78 v. Chr.) vertrat die Position der sogenannten Optimaten und stand somit auf der Seite des Senats. Denn die Optimaten versuchten, die Macht des Senats weiter auszubauen. Im Kampf gegen seinen politischen Gegner Marius (um 157–86 v. Chr.) ergriff er auch militärische Maßnahmen und riskierte dadurch den ersten Bürgerkrieg der Republik.

Frage 699

Wie lange bestand die DDR?

☞ **Vom 7. Oktober 1949 bis zum 3. Oktober 1990.** Am 7. Oktober 1949 wurde sie auf dem Territorium der sowjetischen Besatzungszone (SBZ) gegründet. Die Eigenstaatlichkeit der DDR endete am 3. Oktober 1990 mit dem Beitritt zur Bundesrepublik.

Frage 700

Er wurde am 18. Juli 1918 als Sohn eines afrikanischen Häuptlings geboren. Er besuchte die Highschool und studierte danach Jura. 1943 trat er dem ANC (African National Congress) bei, der gegen die Unterdrückung der Schwarzen kämpfte. Im August 1962 wurde er festgenommen und zu fünf Jahren Haft verurteilt. 1964 wurde er abermals angeklagt und zu lebenslanger Haft verurteilt. Erst 1990 kam er, inzwischen zur Symbolfigur für den Kampf gegen die Apartheid geworden, aufgrund einer umfangreichen Verfassungsreform frei. 1993 wurde er mit dem Friedensnobelpreis ausgezeichnet. **Wer wurde nach der Abschaffung der Apartheid erster schwarzer Ministerpräsident Südafrikas?**

☞ **Nelson Mandela (*1918).**

Frage 701

Welche Rechtsfälle werden durch das Privatrecht geregelt?

☞ Streitigkeiten zwischen Privatpersonen; eine wichtige Rechtsquelle ist das Bürgerliche Gesetzbuch (BGB).

Frage 702

Welche offizielle Bezeichnung führten die Streitkräfte des Deutschen Reichs von 1919 bis 1935?

☞ **Reichswehr.** Sie war ein Berufsheer, das durch den Versailler Vertrag auf insgesamt 115.000 Mann begrenzt war.

Frage 703

In welchem Land wurde in einer rund 2200 Jahre alten Grabanlage eine Terrakottaarmee ausgegraben?

☐ a) Ägypten ☐ d) Türkei
☐ b) China ☐ c) Griechenland

☞ **b) China**, nahe der chinesischen Stadt Xian, wo sich der erste Qin-Kaiser Qin Shi Huangdi (259–210 v. Chr.) über 6000 lebensgroße Statuen von Soldaten und Pferden in eine gewaltige Grabanlage stellen ließ, die bis heute noch nicht völlig ausgegraben wurde.

Die Terrakottaarmee

Frage 704

Welche Bedeutung hatte die Schlacht von Abrittus?

☞ In der Schlacht von Abrittus (251 n. Chr.), in der sowohl der römische Kaiser Decius (*um 190 n. Chr.) wie auch sein Sohn fielen, erlebte Rom eine seiner schwersten militärischen Niederlagen. Im Kampf gegen die in der Gegend des heutigen Bulgarien auf römisches Territorium vordringenden Goten hatte Rom seine Legionen mobilisiert. Doch schwerwiegende Fehler des kommandierenden Generals Trebonianus Gallus (um 206–253) führten schließlich zur römischen Niederlage und Kapitulation.

Frage 705

Welche Unrechtsbestimmungen enthielten die Nürnberger Rassengesetze von 1935?

☞ Juden wurde das deutsche Staatsbürgerrecht entzogen und die Eheschließung sowie der Geschlechtsverkehr mit „arischen" Deutschen verboten. Verstöße wurden als „Rasseverrat" bzw. „Rassenschande" geahndet.

Frage 706

Anfang der 1980er-Jahre entwickelte sich die unabhängige Gewerkschaft zu einer antikommunistischen Massenbewegung. 1981 wurde sie verboten und erst nach dem Zusammenbruch der sozialistischen Herrschaft 1989 wieder zugelassen. **Wie heißt die 1980 in Danzig gegründete Gewerkschaft?**

☞ **Solidarność** (poln. „Solidarität").

Frage 707

Was verbirgt sich hinter dem Begriff „Säkularisierung"?

☞ Die Übertragung von Kircheneigentum in weltlichen Besitz und der damit einhergehende Verlust kirchlicher Macht. In Europa vollzog sich die wichtigste Phase der Säkularisierung an der Wende vom 18. zum 19.

Jahrhundert, als – oft unter dem Einfluss oder auf Druck der napoleonischen Truppen – zahlreiche Klöster aufgelöst wurden. Auch Staaten, die von geistlichen Herren, sogenannten Fürstbischöfen, regiert wurden, fielen damals an weltliche Mächte.

Frage 708

Seit 2005 wird die Bundesrepublik von einer Großen Koalition aus SPD und CDU/CSU regiert. Gab es auf Bundesebene früher schon eine Große Koalition?

☞ **Ja.** CDU/CSU und SPD regierten bereits von 1966 bis 1969 unter dem Kanzler Kurt Georg Kiesinger (1904–88) und dem Vizekanzler und Außenminister Willy Brandt (1913–92) gemeinsam.

Frage 709

Wann wurde das Europäische Parlament erstmals direkt gewählt?

☐ a) 1949
☐ b) 1969
☐ c) 1979
☐ d) 1989

☞ **c) 1979**

Frage 710

Welches bayerische Herrschergeschlecht leitete vom 12. Jahrhundert bis 1918 die Geschicke Bayerns?

☞ **Die Wittelsbacher**, die 1180 von Friedrich I. Barbarossa (1123–90) mit Bayern belehnt wurden und im Laufe der Zeit auch in der Kurpfalz und in zahlreichen Bistümern herrschten. Sie brachten auch zwei Kaiser hervor: Ludwig IV. den Bayern (um 1281–1347) und Karl VII. Albrecht (1697–1745).

Frage 711

Es ist das wichtigste Organ der EU und besteht derzeit aus 27 Mitgliedern, den sogenannten Kommissaren, die von den Regierungen der einzelnen EU-Staaten für jeweils fünf Jahre ernannt werden. Ähnlich wie viele nationale Regierungen ist auch dieses Gremium in verschiedene Ressorts aufgeteilt. Es ist ein unabhängiges, supranationales Organ und hat das Recht, dem EU-Ministerrat Vorschläge zu machen. Außerdem ist es das ausführende Organ für alle Beschlüsse des EU-Ministerrats und des EU-Parlaments. **Um welches Organ handelt es sich?**

☞ **Die Europäische Kommission.**

Frage 712

Unter dem Eindruck der Niederlage von Stalingrad warfen sie Flugblätter gegen das Hitlerregime in den Lichthof der Münchner Universität. Dabei wurden sie beobachtet und angezeigt. Kurz darauf verurteilte sie der Volksgerichtshof zum Tode. Wie hieß das Geschwisterpaar, das wegen seiner Mitgliedschaft in der Widerstandsgruppe Weiße Rose von den Nationalsozialisten hingerichtet wurde?

☞ **Hans (1918–43) und Sophie (1921–43) Scholl.**

Die Geschwister Scholl mit Christoph Probst

Frage 713

Welche Möglichkeit hat der Wähler beim Panaschieren?

☞ Er kann Kandidaten auf der von ihm gewählten Liste wählen und diese gleichzeitig in bestimmtem Umfang durch Kandidaten anderer Listen ergänzen (frz. panacher, „mischen").

Frage 714

Wann wurden die Farben Schwarz-Rot-Gold erstmals auf deutschen Hoheitszeichen als Nationalfarben verwendet?

☞ Offiziell im Revolutionsjahr 1848 durch Beschluss des Deutschen Bundes. Zuvor trugen die Lützowschen Jäger in den Befreiungskriegen schwarze Uniformen mit roten Vorstößen und goldenen Knöpfen. Schon auf dem Hambacher Fest von 1832 – einer Massendemonstration für die deutsche Einheit – sah man zahlreiche schwarz-rot-goldene Fahnen und Embleme.

Frage 715

Während welcher Revolution sollte der Beginn eines neuen Zeitalters durch die Einführung eines neuen Kalenders dokumentiert werden?

☐ a) Industrielle Revolution
☐ b) Märzrevolution
☐ c) Französische Revolution
☐ d) Russische Revolution

☞ **c) Französische Revolution**
1793 wurde während der Französischen Revolution ein neuer Kalender eingeführt, der mit dem 22. September einsetzte, dem Tag der Proklamation der Republik. Man teilte das Jahr in gleich lange Monate und wählte deren Namen nach dem Naturjahr. Der Tag sollte nicht mehr 24, sondern nur noch zehn Stunden haben.

Frage 716

Welche Aufgabe haben Frauenbeauftragte?

☞ Sie sollen z. B. in den Kommunen und bei öffentlichen Arbeitgebern dafür Sorge tragen, dass Frauen im öffentlichen Leben nicht benachteiligt werden.

Frage 717

Welche Sozialversicherung ist im Jahr 1995 in der Bundesrepublik als fünfte Säule der Sozialversicherung in Kraft getreten?

☞ Die Pflegeversicherung zur finanziellen Vorsorge gegen das Risiko der Pflegebedürftigkeit. Der Beitrag von 1,7 % vom krankenversicherungspflichtigen Einkommen wird je zur Hälfte von Arbeitgebern und Arbeitnehmern bezahlt.

Frage 718

Der ehemalige SPD-Vorsitzende und frühere Ministerpräsident von Niedersachsen (1990–98) löste 1998 die Regierung Kohl ab. Nachdem seine Partei bei Landtagswahlen herbe Niederlagen hatte hinnehmen müssen, kündigte er 2005 Neuwahlen an, nach denen die rot-grüne von einer schwarz-roten Koalition abgelöst wurde. Wie heißt der ehemalige Bundeskanzler?

☞ **Gerhard Schröder (*1944).**

Frage 719

Was geschah in der sogenannten „Reichskristallnacht“ von 1938?

☞ Menschen jüdischen Glaubens wurden in einer von den Nationalsozialisten organisierten Pogromnacht verhaftet oder getötet; jüdischer Besitz und Kulturgüter wie Synagogen etc. wurden zerstört, geplündert oder beschlagnahmt. Der verharmlosende Propagandaausdruck ist eine Anspielung auf die zahlreichen zerbrochenen Fensterscheiben.

Frage 720

Welches Abkommen trafen die deutsche Bundesregierung und die Energiekonzerne am 11. Juni 2001?

☞ Sie unterzeichneten den sogenannten Atomkonsens, eine Vereinbarung über den schrittweisen Atomausstieg. Danach sollen Atomkraftwerke abgeschaltet werden, die eine bestimmte Energiemenge produziert haben.

Frage 721

Wo ist die Volksgruppe der Sorben beheimatet?

☐ a) Serbien
☐ b) Lausitz
☐ c) Schwaben
☐ d) Lappland

☞ **b) Lausitz**
In der Ober- und Niederlausitz erhielt sich die ethnische, sprachliche und kulturelle Eigenart der westslawischen Volksgruppe. In der DDR genossen sie als nationale Minderheit Kulturautonomie.

Frage 722

Wonach war das Petersberger Abkommen von 1949 zwischen der Bundesrepublik und den drei Alliierten Hohen Kommissaren benannt?

☞ **Nach dem Hotel Petersberg im Siebengebirge**, wo vereinbart wurde, dass die Bundesrepublik im Ausland konsularische Vertretungen einrichten und sich an internationalen Organisationen beteiligen durfte.

Frage 723

In welchem Staat wurden 1996 auf Bankdepots Vermögenswerte von jüdischen Opfern des Nationalsozialismus entdeckt?

☞ **In der Schweiz.** Aus einem Schweizer Mikrofilmarchiv ging hervor, dass Schweizer Banken Goldbestände horteten, die jüdischen Opfern des Dritten Reichs gehört hatten, und dass sie die Eigentumsfrage dabei geschickt verschleierten. Die verantwortlichen Banken mussten sich ihrer moralischen Verantwortung stellen und richteten einen Hilfsfond für Überlebende des Holocaust ein.

Frage 724

Das mitten in London gelegene Schloss wurde 1703 erbaut und mehrmals erweitert. Seit 1837 dient es als Residenz der englischen Königsfamilie. Wie heißt das gesuchte Bauwerk?

☞ **Buckingham Palace.**

Frage 725

Warum ist der Staatsaufbau der Bundesrepublik ein Beispiel für den Föderalismus?

☞ Weil die Landesregierungen der 16 Bundesländer über den Bundesrat an der Gesetzgebung (Legislative), insbesondere der Bundesgesetzgebung, die auch die Länder betrifft, mitwirken.

Frage 726

In welcher nach ihr benannten Stadt wurde Agrippina die Jüngere geboren?

☞ **In Köln**, damals Oppidum Ubiorum genannt. Agrippina (15–59 n. Chr.) ließ ihren Geburtsort dann in Colonia Agrippinensis umbenennen. Die Kölner haben jedoch wenig Anlass, auf ihre Stadtgründerin stolz zu sein – hinterhältig soll sie 54 n. Chr. ihren Gatten Claudius (10 v. Chr.–54 n. Chr.) vergiftet haben, um ihren Sohn Nero (37–68 n. Chr.) auf den Kaiserthron zu bringen. Schließlich wurde sie selbst von Nero ermordet.

Frage 727

Wer war der Vorläufer der EU?

☐ a) die EWG
☐ b) die EGKS
☐ c) die EG
☐ d) die EAG

☞ **c) die EG**, die Europäische Gemeinschaft.

Frage 728

Wie lautete der Kernsatz des Augsburger Religionsfriedens von 1555?

☞ **„Cuius regio, eius religio“** (lat. „Wessen das Land, dessen die Religion“): Fortan durften die Landesfürsten über die jeweilige Konfession ihrer Untertanen frei und ohne

Rechtsnachteile bestimmen. Diese Regelung sicherte den Protestanten ihren Besitz und stellte sie den Katholiken rechtlich gleich, bezog sich aber nicht auf die Anhänger Zwinglis (1484–1531), Calvins (1509–64) und die Wiedertäufer.

Frage 729

Welche Länder sind EU-Beitrittskandidaten?

☞ Die Türkei, Kroatien und Mazedonien. Bei Mazedonien ist jedoch der Termin für den Verhandlungsbeginn noch offen. Potenzielle Bewerber sind aktuell Albanien, Bosnien-Herzegowina, Montenegro und Serbien.

Frage 730

Am 21. November 1620 landeten rund 100 puritanische Pilgerväter, die sogenannten Pilgrim Fathers, im heutigen Massachusetts und gründeten dort die neuenglische Kolonie Plymouth. **Wie hieß das Segelschiff, mit dem sie von England aus in Richtung Amerika aufbrachen, um sich dort anzusiedeln und ihre Religion frei ausüben zu können?**

☞ **Mayflower.**

Die Mayflower im Hafen von Plymoth, William Halsall

Frage 731

Das Elsass-Lothringen genannte Gebiet wurde 1871 als Reichsland Teil des neu gegründeten Deutschen Reichs. **Welche langfristigen Folgen hatte das?**

☞ Die Tatsache, dass Frankreich dieses Gebiet an Deutschland abtreten musste, trug wesentlich zur Feindschaft zwischen den beiden Nationen bei, die erst nach dem Zweiten Weltkrieg überwunden werden konnte.

Frage 732

Was forderten 1989 die Teilnehmer der Montagsdemonstrationen in der DDR?

☞ Zunächst Reformen und eine demokratische Erneuerung der DDR. Die Protestbewegung wuchs sich zu friedlichen Massendemonstrationen aus, an denen Hunderttausende, Anfang November in Ost-Berlin sogar rund eine Million Menschen teilnahmen.

Frage 733

Wo hat die fürstliche Familie Thurn und Taxis ihre Residenz?

☐ a) Passau
☐ b) Regensburg
☐ c) Landshut
☐ d) Augsburg

☞ **b) Regensburg**

Frage 734

Warum gilt die Goldene Bulle als das wichtigste Reichsgesetz des Heiligen Römischen Reiches Deutscher Nation?

☞ Sie regelte u. a. erstmals definitiv die deutsche Königswahl durch die sieben Kurfürsten sowie deren reichsrechtlich-zeremonielle Stellung. Kaiser Karl IV. (1316–78) ließ 1356 an die Urkunde eine goldene Siegelkapsel, eine sogenannte Bulle anbringen. Die Goldene Bulle war bis zum Untergang des Heiligen Römischen Reiches im Jahr 1806 gültig.

Frage 735

Welcher hohe Offizier der Wehrmacht verübte am 20. Juli 1944 ein Attentat auf Hitler?

☞ **Oberst Claus Schenk Graf von Stauffenberg (1907–44)**, der einer Widerstandsgruppe von Wehrmachtsoffizieren angehörte, die Hitler beseitigen und das Regime in einem Putsch stürzen wollte. Das Attentat schlug jedoch fehl, und die Beteiligten wurden zumeist noch in der Nacht zum 21. Juli standrechtlich erschossen.

Oberst Claus Schenk Graf von Stauffenberg

Frage 736

Er bemühte sich um eine Vereinheitlichung der unterschiedlichen Schreibweisen in der deutschen Sprache und gab 1880 ein *Vollständiges orthografisches Wörterbuch der deutschen Sprache* heraus, das von der staatlichen Kommission für die erste Rechtschreibreform (ab 1. Januar 1901) als grundlegend anerkannt wurde. **Wie hieß der Gymnasiallehrer und Schuldirektor, auf den das noch heute gebräuchliche deutsche Wörterbuch gleichen Namens zurückgeht?**

☞ **Konrad Duden (1829–1911).**

Frage 737

Welche wichtige Funktion hatten vom 13. Jahrhundert an die sieben Kurfürsten?

☞ Die Kurfürsten (althochdt. kuri, „Wahl") traten zum ersten Mal 1257 als alleinige Wähler des Königs im Heiligen Römischen Reich auf. Mindestens vier von ihnen mussten an der Mehrheitswahl beteiligt sein, wenn diese Gültigkeit haben sollte.

Frage 738

Das Fränkische Reich gilt als die bedeutendste germanische Reichsbildung des frühen Mittelalters. Wer begründete dieses Reich?

☞ Die salischen Franken (die erst 1024 an die Macht kommen sollten) siedelten seit dem 4. Jahrhundert im südlichen Belgien. Im 5. Jahrhundert begründeten die Merowinger eine Herrschaft mit Zentrum in Tournai (im heutigen Belgien). 687 gewann der Karolinger Pippin II. (um 635–714) die Alleinherrschaft im Fränkischen Reich. Sein Enkel, Pippin III. (714–768), setzte die Dynastie der Merowinger endgültig ab und machte sich 751 zum König der Franken.

Frage 739

Was ist das oberste exekutive Bundesorgan der Bundesrepublik?

☐ a) die Bundesregierung
☐ b) der Bundeskanzler
☐ c) der Bundesrat
☐ d) der Bundespräsident

☞ **a) die Bundesregierung**, die ein kollegial gebildetes Gremium ist. An ihrer Spitze steht der Bundeskanzler, der die Richtlinienkompetenz ausübt, gefolgt von den Bundesministern und den nicht stimmberechtigten Staatssekretären.

Frage 740

Nachdem er wegen seiner Schriften vom Papst exkommuniziert worden war, musste er sich 1521 auf dem Reichstag von Worms vor Kaiser Karl V. (1500–58) verantworten. Auch hier schwor er seinen als ketzerisch eingestuften Lehren nicht ab, sodass man die Reichsacht über ihn verhängte und ihn für vogelfrei erklärte. Zu seinem Schutz ließ ihn sein Landesherr Kurfürst Friedrich der Weise (1463–1525) auf der Wartburg festsetzen, wo er die Bibel ins Deutsche übersetzte. **Wie hieß der Kirchenreformator?**

☞ **Martin Luther (1483–1546).**

Martin Luther, Porträt von Lucas Cranach dem Älteren

Frage 741

In welchen Angelegenheiten wurde im Mittelalter der *Sachsenspiegel* zurate gezogen?

Der *Sachsenspiegel* ist das bedeutendste mittelalterliche Rechtsbuch. Es wurde 1224/25 von Eike von Repgow (um 1180–1233), einem sächsischen Ritter, nach einer lateinischen Urfassung in niederdeutscher Sprache niedergeschrieben. Das Buch fasst das ungeschriebene Gewohnheitsrecht des Sachsenlandes in lehrhafter Form zusammen. Es wurde zum Vorbild für weitere Rechtsbücher in Deutschland und den Nachbarländern und war in Thüringen und Anhalt noch bis 1900 gültig.

Frage 742

Er war zunächst preußischer Innenminister und als solcher verantwortlich für die Verfolgung von Sozialdemokraten und Kommunisten. Von 1934 bis 1939 baute er die deutsche Luftwaffe auf, die jedoch die Luftschlacht um England 1940/41 verlor, und war für die Gründung der Gestapo und die Einrichtung der ersten Konzentrationslager verantwortlich. In Nürnberg wurde ihm 1945/46 der Prozess gemacht; kurz vor der Vollstreckung des Todesurteils beging er Selbstmord. **Wie hieß der nationalsozialistische Politiker, der sich selbst den Titel Reichsfeldmarschall gab?**

☞ **Hermann Göring (1893–1946).**

Frage 743

Mit welcher Stimme gibt der Wähler bei Bundestagswahlen eine Stimme für die Kandidatenliste einer Partei ab?

☞ **Mit der Zweitstimme.** Die Erststimme gilt einem Kandidaten aus dem Wahlkreis des Wählers, der nur dann gewählt ist, wenn er die relative Mehrheit der Stimmen auf sich vereinigt (das sog. Direktmandat).

Frage 744

Wofür wird in Aachen jährlich der Karlspreis verliehen?

☞ Der Internationale Karlspreis zu Aachen wird seit 1950 jährlich am Himmelfahrtstag im Krönungssaal des Aachener Rathauses an Menschen und Gremien verliehen, die den Gedanken der europäischen Einigung in politischer, wirtschaftlicher und geistiger Hinsicht gefördert haben.

Frage 745

Was feiern die Briten an ihrem Nationalfeiertag am zweiten Samstag im Juni?

☐ a) die Schlacht von Trafalgar
☐ b) den Act of Union
☐ c) den Geburtstag der Queen
☐ d) die Bill of Rights

☞ **c) den Geburtstag der Queen**
Allerdings feiern sie hier den offiziellen Geburtstag der Queen, die tatsächlich nämlich am 21. April geboren ist.

Elizabeth II.

Frage 746

Wer trat 1848 erstmals in der Frankfurter Paulskirche zusammen?

☞ **Die Deutsche Nationalversammlung.** Die etwa 600 nach der Märzrevolution, die eine nationale Volksvertretung forderte, gewählten Abgeordneten des Parlaments hatten die Aufgabe, die Verfassung für einen gesamtdeutschen Bundesstaat zu schaffen.

Frage 747

Welchem Zweck dienten die Karlsbader Beschlüsse?

☞ Die u. a. von Fürst von Metternich (1773–1859) vorbereiteten und von der Bundesversammlung am 20. September 1819 angenommenen Karlsbader Beschlüsse dienten der Unterdrückung nationaler und liberaler Bewegungen des Bürgertums. Die Karlsbader Beschlüsse waren bis 1848 gültig.

Frage 748

Er erwarb sich nach der Ruhrbesetzung durch die Währungsreform und die Beseitigung der Inflation große Verdienste um die Stabilisierung Deutschlands. Mit seinem französischen Amtskollegen Aristide Briand (1862–1932) schloss er 1925 die Locarnoverträge. Erfolgreich verhandelte er auch die Verringerung der Reparationsleistungen, die Deutschland aus dem Ersten Weltkrieg zu leisten hatte. 1926 erhielt er zusammen mit Briand den Friedensnobelpreis. **Wie hieß der deutsche Außenminister der Weimarer Republik, der sich u. a. um die Aussöhnung mit Frankreich verdient machte?**

☞ **Gustav Stresemann (1878–1929).**

Frage 749

Warum galt das Jahr 1962 in der Bundesrepublik als Katastrophenjahr?

☞ Weil in diesem Jahr bei zwei Katastrophen über 600 Todesopfer zu beklagen waren. Am 7. Februar 1962 forderte ein Schlagwetterunglück im Bergbau bei Völklingen 299 Todesopfer. Nur zehn Tage später brachen in Norddeutschland die Deiche: Während der Sturmflutkatastrophe in Nordfriesland und Hamburg starben über 300 Menschen.

Frage 750

Warum sah die DDR-Führung die Notwendigkeit, die Berliner Mauer zu errichten?

☞ Wegen des hohen Verlusts an ostdeutschen Arbeitskräften, der durch die Flucht vieler DDR-Bürger in den Westen gerade über die mehr oder minder offene Grenze in Berlin entstanden war. Der Arbeitskräftemangel schwächte die Wirtschaft der DDR erheblich, daher ordnete die DDR-Regierung unter Führung Walter Ulbrichts und in Absprache mit der UdSSR den Ausbau der Grenzanlagen zwischen Ost- und West-Berlin an. Am Morgen des 13. August 1961 begannen erste Bautrupps mit dem Bau der Berliner Mauer.

Volkspolizist Conrad Schumann springt kurz vor dem Mauerbau in den Westen

Frage 751

Welches Gericht ist das oberste deutsche Rechtsprechungsorgan für Zivil- und Strafrecht?

☞ **Der Bundesgerichtshof mit Sitz in Karlsruhe und Leipzig.**

Frage 752

Was bedeutet der Name des westgermanischen Volks der Franken wörtlich übersetzt?

☞ **„Die Freien“.** Die Franken fielen im Verlauf der Völkerwanderung in Gebiete der heutigen Bundesländer Bayern, Baden-Württemberg, Hessen, Rheinland-Pfalz, Saarland, Thüringen ein. Sie vertrieben die dort sesshafte Bevölkerung und siedelten sich schließlich selbst in diesem Raum an.

Frage 753

In welchem Zusammenhang fragte die DDR-Regierung, ob es nötig sei, die eigene Wohnung zu tapezieren, nur weil der Nachbar dies tue?

☞ Im Zusammenhang mit den Reformen des sowjetischen Staatschefs Gorbatschow. Diese staatlich verordneten Veränderungsprozesse in der UdSSR wurden von der ostdeutschen Regierung nicht eben begeistert begrüßt, und man fragte sich, warum Veränderungen am politischen System der DDR überhaupt notwendig sein sollten.

Frage 754

Früher eine britische Kronkolonie ist die asiatische Stadt heute eine Sonderverwaltungsregion mit bestimmten Freiheiten und Sonderrechten. **Wie heißt die Stadt, die am 1. Juli 1997 nach 155 Jahren britischer Kolonialherrschaft wieder an die Volksrepublik China zurückfiel?**

☞ **Hongkong.**

Frage 755

Was ist die Dolchstoßlegende?

☞ Eine Lüge, mit der die deutsche Generalität und die konservative Rechte die Schuld an der deutschen Weltkriegsniederlage linken Kräften zuzuschieben versuchten. Diese seien 1918 der angeblich kurz vor dem Sieg stehenden Truppe revoltierend in den Rücken gefallen. Tatsächlich aber war Deutschland 1918 militärisch am Ende, und der Zusammenbruch an der Westfront stand unmittelbar bevor.

Frage 756

Wer war nach Heinrich Lübke und vor Walter Scheel deutscher Bundespräsident?

- ☐ a) Gustav Heinemann
- ☐ b) Karl Carstens
- ☐ c) Theodor Heuss
- ☐ d) Richard von Weizsäcker

☞ **a) Gustav Heinemann** (1899–1976) Der SPD-Politiker war während des Dritten Reichs ein Organisator der Bekennenden Kirche. Als Bundespräsident bemühte er sich um die Aussöhnung zwischen Deutschland und seinen Nachbarn.

Frage 757

Welcher amerikanische Präsident musste sich wegen einer Liebesaffäre einem Amtsenthebungsverfahren stellen?

- ☐ a) Ronald Reagan
- ☐ b) George W. Bush
- ☐ c) Richard Nixon
- ☐ d) Bill Clinton

☞ **d) Bill Clinton** (*1946), der 1993 als Kandidat der Demokraten den Präsidentschaftswahlkampf gewann.

Frage 758

Wie bezeichnet man deutsche Staatsbürger, die im Ausland leben?

☞ Deutsche Staatsbürger, die im Ausland leben und dort lebende Deutschstämmige, die ihre Herkunft nachweisen können, werden auch als Auslandsdeutsche bezeichnet.

Frage 759

Was versteht man unter dem Solidaritätszuschlag?

☞ Eine Abgabe, die in Höhe von 5,5 % der Steuerschuld in Ergänzung zu dieser erhoben wird. Sie wird an den Bund abgegeben und soll einen Beitrag zum wirtschaftlichen Aufbau in Ostdeutschland leisten.

Frage 760

Die 30.000 Einwohner des nur 160 km^2 großen Fürstentums am Oberrheintal bezahlen mit Schweizer Franken. Auch sonst ist das Land wirtschaftlich, gesellschaftlich und politisch wesentlich mehr auf die Schweiz als auf seinen zweiten Nachbarn Österreich ausgerichtet. **Wie heißt der gesuchte Kleinstaat?**

☞ **Liechtenstein.**

Frage 761

Wen nannte man den Roten Baron?

☞ **Manfred Freiherr von Richthofen (1892–1918)**, den erfolgreichsten Jagdflieger im Ersten Weltkrieg, der im Luftkampf über 80 feindliche Flugzeuge zerstörte, bevor er selbst über Frankreich abgeschossen wurde.

Frage 762

Was bedeutet die Abkürzung SED?

☞ **Sozialistische Einheitspartei Deutschlands**, die herrschende Staatspartei der DDR. Entstanden war sie 1946 durch den Zusammenschluss von SPD und KPD. Nach dem Sturz des DDR-Regimes benannte sich die Partei in PDS (Partei des Demokratischen Sozialismus) um.

Frage 763

Wie heißt der Nachfolgestaat des Osmanischen Reichs?

☐ a) Irak
☐ b) Griechenland
☐ c) Türkei
☐ d) Iran

☞ **c) Türkei**
Die v. a. von Kemal Atatürk (1881–1938) angestoßenen Reformen bedeuteten 1923 das Ende der Monarchie und damit auch des Osmanischen Reichs, dessen Nachfolgestaat die Türkei wurde.

Frage 764

Welche fünf Einzelgewerkschaften schlossen sich am 19. März 2001 zur Vereinten Dienstleistungsgewerkschaft ver.di zusammen?

☞ Die Deutsche Angestellten Gewerkschaft (DAG), die Deutsche Postgewerkschaft (DPG), die Gewerkschaft Handel, Banken und Versicherungen (HBV), die IG Medien und die Gewerkschaft Öffentliche Dienste, Transport und Verkehr (ÖTV).

Frage 765

In welchem deutschen Bundesland hatte bis 2005 eine Frau das Amt der Ministerpräsidentin inne?

☞ In Schleswig-Holstein war seit 1993 Heide Simonis (*1943) Ministerpräsidentin. Die SPD-Politikerin war die erste Frau an der Spitze der Regierung eines Bundeslandes.

Frage 766

Er war zunächst konservativer, dann liberaler Politiker und wurde 1908 Handelsminister. 1911 ernannte man ihn zum Ersten Lord der Admiralität, 1917/18 war er Munitionsminister. Am 10. Mai 1940 übernahm er das Amt des britischen Premierministers. **Wer war der gesuchte Politiker?**

☞ **Winston Churchill (1874–1965).**

Frage 767

Wann wurde der preußische König Wilhelm I. zum Deutschen Kaiser ausgerufen?

☞ Nach der Kapitulation Frankreichs im Deutsch-französischen Krieg von 1870/71 ließ der spätere Reichskanzler Otto von Bismarck Wilhelm I. (1797–1888) am 18. Januar 1871 im Spiegelsaal von Versailles zum Deutschen Kaiser ausrufen.

Wilhelm I.

Frage 768

Welcher Politiker errichtete in Kambodscha den sogenannten Steinzeitkommunismus?

☞ Der Anführer der Roten Khmer Pol Pot (1928–98), dessen dreijährige Terrorherrschaft über einer Million Menschen durch Umsiedlungsaktionen, Hunger und gezielte Massentötungen das Leben kostete.

Frage 769

Wie hieß die indonesische Hauptstadt Djakarta während der niederländischen Kolonialzeit?

☐ a) Batavia
☐ b) Basra
☐ c) Baleswar
☐ d) Bandar Abbas

☞ **a) Batavia**

Frage 770

Wie bezeichnet man einen Vertrag, der zwischen einer weltlichen Macht und dem Papst bzw. der Kirche geschlossen wird?

☞ **Als Konkordat.** So wurde beispielsweise 1122 der sogenannte Investiturstreit im Wormser Konkordat, einem Staatskirchenvertrag zwischen Kaiser Heinrich V. (1086–1125) und Papst Kalixt II. (um 1060–1124), beigelegt

Frage 771

Welche verbrecherischen Maßnahmen verbargen sich hinter dem Begriff „Arisierung jüdischen Kapitals"?

☞ Die mehr oder minder offen betriebene Beschlagnahmung jüdischen Besitzes durch die Nazis. Nachdem jüdische Bürger seit 1933 zunehmend unterdrückt wurden, wurde ab 1937 Besitz und Kapital von deutschen Juden systematisch beschlagnahmt. Ein Teil des gestohlenen Geldes konnte in Depots von Schweizer Banken versteckt werden, wo es auch nach dem Krieg jahrelang unentdeckt blieb.

Frage 772

Er war Chef des Geheimdienstes und seit dem 31. Dezember 1999 Übergangspräsident. Am 26. März 2000 wurde er zum Präsidenten Russlands gewählt. Seit Mai 2008 ist er russischer Ministerpräsident. **Wie heißt der gesuchte Politiker?**

☞ **Wladimir Putin (*1952).**

Frage 773

Welcher Präsident einer Weltmacht wird indirekt über Wahlmänner, die in Vorwahlen ermittelt werden, bestimmt?

☞ **Der Präsident der Vereinigten Staaten von Amerika.** In den sogenannten Primaries (Vorwahlen) wählen die wahlberechtigten Amerikaner in den 50 Bundesstaaten und im District of Columbia die Wahlmänner, die in den Parteikonventen den Kandidaten nominieren. Am Wahltag selbst wählen die Amerikaner auch nicht den Präsidenten, sondern ebenfalls sogenannte Wahlmänner. Je nach Größe verfügen die amerikanischen Bundesstaaten über unterschiedlich viele Wahlmänner, insgesamt sind es 538. Die Wahlmänner eines Bundesstaates wählen dann den Präsidenten. Sie sind bei ihrer Wahl allerdings nicht frei, sondern müssen sich so entscheiden, wie die Mehrheit in ihrem Bundesstaat.

Frage 774

Wer begann mit dem Bau der Chinesischen Mauer?

☞ Die chinesische Herrscherdynastie der Qin, die ein riesiges Reich zu verwalten hatte, das sich von permanenten äußeren Angriffen durch Nomaden bedroht sah. Mit einer Länge von 6300 Kilometern gilt sie heute als weltweit größtes Bauwerk.

Die Chinesische Mauer

Frage 775

In welchem Land wurden früher die Fürsten Schogune genannt?

☐ a) Indien ☐ c) Japan
☐ b) Thailand ☐ d) Persien

☞ **c) Japan**

Minamoto no Yoritomo, der erste Shogun Japans

Frage 776

Was ist die Yakuza?

☞ Eine der Mafia vergleichbare Organisation, die in Japan beheimatet ist, wo rund 90.000 Personen dem organisierten Verbrechen angehören sollen. Der Name leitet sich von der Zahlenkombination 8-9-3 („Ya-ku-za") ab, einer in einem japanischen Kartenspiel nutzlosen Zahlenreihe. Als Yakuza bezeichneten die Japaner auch einen Taugenichts.

Frage 777

1957 wurde die Europäische Wirtschaftsunion (EWG), der Vorläufer der EU, gegründet. **Welche sechs Staaten waren an der Gründung beteiligt?**

☞ Frankreich, Belgien, Luxemburg, die Bundesrepublik Deutschland, die Niederlande und Italien.

Frage 778

Als die Organisation 1971 gegründet wurde, waren Themen wie Umweltschutz in der Öffentlichkeit noch nicht sonderlich präsent. Daher galt es als wichtigstes Ziel, vertuschte Umweltverstöße öffentlich zu machen. Um die Öffentlichkeit auch wirklich zu erreichen, ließen sich die Aktivisten spektakuläre und teilweise gefährliche Aktionen einfallen. **Wie heißt die internationale Organisation?**

☞ **Greenpeace.**

Frage 779

Welche beliebte Ferieninsel erhielt Deutschland im Tausch für die ostafrikanische Insel Sansibar von England?

☞ **Helgoland.** Der Tausch fand 1890 anlässlich eines Ausgleichs der deutschen und englischen Interessen in Afrika statt. Nach dem Zweiten Weltkrieg wurde die Insel wieder von den Briten besetzt, die erst 1952 abzogen.

Frage 780

Wie entstand das Bundesland Baden-Württemberg?

☞ Es besteht in seiner heutigen Form seit 1952, als es sich aus den Ländern Baden, Württemberg-Baden und Württemberg-Hohenzollern bildete. Über den strittigen Zusammenschluss entschied eine Volksabstimmung am 6. Dezember 1951, in der sich 69,7 % der Wähler für den Südweststaat entschieden.

Frage 781

Wer wurde am 21. Oktober 1969 zum ersten sozialdemokratischen Bundeskanzler der Nachkriegszeit gewählt?

☐ a) Helmut Schmidt
☐ b) Willy Brandt
☐ c) Johannes Rau
☐ d) Herbert Wehner

☞ **b) Willy Brandt (1913–92)**

Frage 782

Wann trennten sich Ost- und Westrom endgültig?

☞ 395, als das Reich nach dem Tod Kaiser Theodosius' des Großen (347–395) unter seinen Söhnen Arcadius (um 377–408), der das Oströmische oder Byzantinische Reich erhielt, und Honorius (384–423), dem das Weströmische Reich zufiel, aufgeteilt wurde. Das Westreich löste sich durch den Einfluss einfallender Germanen schnell auf. Das Ostreich musste im 7. und 8. Jahrhundert große Teile an die Araber abtreten, hatte aber noch bis ins 15. Jahrhundert Bestand.

Frage 783

Der Grünen-Politiker wurde 1985 als Mitglied der ersten rot-grünen Landesregierung unter dem hessischen Ministerpräsidenten Holger Börner Minister für Umwelt und Energie. **Wie heißt der spätere Außenminister und Vizekanzler?**

☞ **Joschka Fischer (*1948).**

Prominenter Grüner und Bundesaußenminister bis 2005: Joschka Fischer

Frage 784

Am 14. Dezember 1995 unterzeichneten Serbien, Kroatien und Bosnien-Herzegowina das Friedensabkommen für die Nachfolgestaaten Jugoslawiens. Die Umsetzung wurde von den UN-Friedenstruppen IFOR (Implementation Force) und später SFOR (Stabilization Force) kontrolliert. **Wo wurde das Abkommen unterzeichnet?**

☞ **In Dayton, Ohio.**

Frage 785

Mit welcher Maßnahme versuchten japanische Militärs, die Invasion amerikanischer Verbände in ihre Heimat zu verhindern?

☞ Mit dem Einsatz sogenannter Kamikaze-Flieger. In den letzten Monaten des Zweiten Weltkriegs versuchten japanische Piloten, sich mit mit Bomben beladenen Flugzeugen auf US-Kriegsschiffe zu stürzen. Ihren Tod nahmen die Selbstmordpiloten dabei in Kauf.

Frage 786

Mit welchem Schritt demonstrierte die Regierung Adenauer 1955 ihren unbedingten Willen zur Westintegration der Bundesrepublik?

☞ Mit dem Eintritt in das westliche Militärbündnis NATO. Nachdem das Land im Deutschlandvertrag die volle Souveränität erhalten hatte und die Besatzungszeit offiziell beendet war, wurde zunächst die Bundeswehr aufgebaut. Damit war der Weg frei für die Integration in die NATO.

Frage 787

Wer war von 1998 bis 2005 Präsident des Deutschen Bundestags?

☐ a) Antje Vollmer
☐ b) Rudolf Seiters
☐ c) Norbert Lammert
☐ d) Wolfgang Thierse

☞ **d) Der SPD-Politiker Wolfgang Thierse (*1943)**

Frage 788

Wer stand im Mittelpunkt der Spiegel-affäre von 1962?

☞ Neben Redakteuren der Zeitschrift *Der Spiegel* v. a. der damalige Verteidigungsminister Franz J. Strauß (1915–88), der 1962 die Redaktion des Magazins durchsuchen und einen Redakteur sowie den Verleger verhaften ließ. Hintergrund war ein Artikel über das geheime NATO-Manöver „Fallex 62". Doch konnte *Der Spiegel* die gegen ihn geäußerten Verdächtigungen widerlegen. Strauß aber hatte den Bundestag falsch informiert und musste von seinem Amt zurücktreten.

Franz Josef Strauß

Frage 789

Mit wie vielen Bundestagsstimmen Mehrheit wurde Konrad Adenauer am 15. September 1949 zum Bundeskanzler gewählt?

☞ **Mit einer Stimme Mehrheit.** Da die Mehrheitsverhältnisse im ersten Deutschen Bundestag knapp waren, hatte es sich der CDU-Kandidat Adenauer (1876–1967) nicht nehmen lassen, sich selbst seine Stimme zu geben, und sicherte sich so den Wahlsieg über den SPD-Kandidaten Kurt Schumacher (1895–1952).

Frage 790

Wo wirken Staatssekretäre an der Regierung der Bundesrepublik mit?

☞ **In den einzelnen Ministerien.** Hier sind sie als beamtete Staatssekretäre, die im Gegensatz zu den Parlamentarischen Staatssekretären kein Bundestagsmandat haben, dem jeweiligen Minister beigeordnet. Ein Staatssekretär kann seinen Minister in allen internen Angelegenheiten des Ministeriums und allen Verwaltungsmaßnahmen vertreten.

Frage 791

Wie wird die Einführung der Deutschen Mark am 20. Juni 1948 auch bezeichnet?

☞ **Als Währungsreform.** Jeder Bewohner der Trizone – dem Zusammenschluss der amerikanischen, englischen und französischen Besatzungszone – erhielt 40 DM und konnte das Geld, das er noch in Reichsmark besaß, im Verhältnis 100 Reichsmark: 6,50 DM umtauschen.

Deutsche Währung zwischen 1948 und 2002: die Deutsche Mark

Frage 792

Was sollte das für die Zeit nach dem gewonnenen Zweiten Weltkrieg geplante Germania sein?

☞ **Die Hauptstadt des Deutschen Reichs**, die quasi auf das alte Berlin aufgestülpt werden sollte, sodass es nicht mehr wiederzuerkennen sein sollte. Alles sollte hier nicht nur groß, sondern von nie gekannten, gigantischen Dimensionen sein.

Frage 793

Wer wurde im April 2000 als erste Frau Vorsitzende einer bundesdeutschen Volkspartei?

☐ a) Andrea Nahles
☐ b) Heide Simonis
☐ c) Angela Merkel
☐ d) Claudia Roth

☞ **c) Angela Merkel** (*1954)
Im November 2002 wurde sie für weitere zwei Jahre in ihrem Amt bestätigt. 2005 wählte eine Große Koalition aus SPD und CDU/CSU Merkel zur ersten Bundeskanzlerin.

Angela Merkel

Frage 794
Welche Aufgaben hat der Deutsche Bundesrat?

☞ In erster Linie wirkt der Bundesrat bei der Gesetzgebung des Bundes und bei Fragen, die die Europäische Union betreffen, mit. Insbesondere sind Gesetze, die in irgendeiner Weise die Befugnisse der Länder betreffen, mitbestimmungspflichtig. Er wählt zur Hälfte die Richter des Bundesverfassungsgerichts und wirkt als Teil der Bundesversammlung an der Wahl des Bundespräsidenten mit.

Frage 795
Welches waren die Ziele der 1957 gegründeten Europäischen Wirtschaftsunion (EWG)?

☞ Bereits 1955 hatten sich die beteiligten Staaten auf der Konferenz von Messina auf die Grundprinzipien einer engeren wirtschaftlichen Zusammenarbeit geeinigt. Am 25. März 1957 unterzeichneten die sechs Staaten schließlich in Rom den „Vertrag zur Gründung der Europäischen Wirtschaftsgemeinschaft" und legten damit den Grundstein für die heutige EU.

Frage 796
Parteifreunde Richard Nixons (1913–94) waren während des Wahlkampfs in das Hauptquartier der Demokratischen Partei eingedrungen, um sich Vorteile zu verschaffen. Nixons Mitwisserschaft und der Versuch, die Verantwortlichen zu decken, führten zu einer Vertrauenskrise und schließlich zum Rücktritt des US-Präsidenten.
Unter welchem Namen ist der politische Skandal, der Nixon 1974 zum Rücktritt zwang, in die Geschichte eingegangen?

Richard Nixon

☞ **Als Watergate-Affäre.**

Frage 797
Welche Partei gründete sich 1980 in der Bundesrepublik im Zuge der beginnenden ökologischen Diskussionen?

☞ **Die Grünen.** Den Schwerpunkt ihrer Politik legte die neu gegründete Partei auf ökologische Fragen. In ihrem Saarbrücker Grundsatzprogramm von 1980 sind als Grundwerte der Partei „ökologisch – sozial – basisdemokratisch – gewaltfrei" festgeschrieben.

Frage 798
Wer wurde schon mit sechs Jahren zum König des karolingischen Ostreichs gewählt?

☞ **Ludwig IV. (893–911).** Die Herzöge der Franken, Sachsen, Alemannen und Bayern wählten das Kind zum König, nur um nach seinem Tod mit 18 Jahren einen der ihren zu seinem Nachfolger bestimmen zu können.

Frage 799
Wer wurde nach dem Rücktritt des Politbüros in der DDR zum Ministerpräsidenten gewählt?

- ☐ a) Hans Modrow
- ☐ b) Egon Krenz
- ☐ c) Lothar De Maizière
- ☐ d) Gregor Gysi

☞ **a) Hans Modrow** (*1928) war von November 1989 bis April 1990 Ministerpräsident der DDR, ohne jedoch viel Einfluss auf die politische Entwicklung nehmen zu können.

Frage 800
Wie gelangte Alaska, der größte Bundesstaat der USA, in amerikanischen Besitz?

☞ Alaska wurde Russland 1867 für 7,2 Millionen US-Dollar abgekauft.

Frage 801
Aus welchem Grund schlossen sich die Kaufleute der Renaissance zu Handelsgesellschaften zusammen?

☞ Die Kaufleute wollten die nicht geringen Risiken des individuellen Fernhandels verringern und reisten deshalb in großen Gruppen zu ihren Handelszielen.

Frage 802

Als sich nach dem Attentat von Sarajewo im Sommer 1914 die Ereignisse in Europa zuspitzten, begann Russland am 29. Juli mit der vorsorglichen Mobilmachung des Heeres. Durch die russische Mobilmachung geriet die deutsche Regierung unter Zugzwang, denn sie hatte nur einen Kriegsplan in der Schublade. Der sah vor, bei Beginn der russischen Mobilmachung sofort gegen Frankreich zu marschieren und es zu besiegen, bevor Russland wirklich kriegsbereit war. **Wie heißt dieser verhängnisvolle Plan?**

☞ **Schlieffenplan.** Die deutsche Regierung stellte die russische Mobilmachung in der Öffentlichkeit als Kriegserklärung dar und erklärte am 1. August Russland und am 2. August Frankreich den Krieg.

Frage 803

Was ist mit parlamentarischer bzw. außerparlamentarischer Opposition gemeint?

☞ Die Opposition des Parlaments steht der Regierung als politischer Gegner gegenüber; sie kann hier z. B. auch Untersuchungsausschüsse einberufen. Daneben kann sich auch außerhalb des Parlaments eine Opposition zur Regierung bilden. Bekannt war die APO-Bewegung der 1960er-Jahre, die von linken Studenten und den Gewerkschaften gegen die Koalition aus CDU/CSU und SPD gebildet wurde.

Frage 804

Was stellte der Einigungsvertrag vom 31. August 1990 wieder her?

☞ **Die deutsche Einheit nach 41-jähriger Teilung.** Der Vertrag bereitete die Modalitäten für den Beitritt der DDR zur Bundesrepublik Deutschland am 3. Oktober 1990 vor. Im Einigungsvertrag sind Vorschriften zur Angleichung des Rechts sowie Regelungen zur Vereinheitlichung der politischen, wirtschaftlichen und sozialen Verhältnisse enthalten.

Frage 805

Mit dem Aufstieg welches europäischen Herrschers setzte das Erste Empire (frz. „Kaiserreich") ein?

☐ a) Ludwig XVI.
☐ b) Louis-Philippe I.
☐ c) Heinrich IV.
☐ d) Napoleon I.

☞ **d) Napoleon I.** (1769–1821)

Napoleon I. auf dem Kaiserthron

Frage 806

Welcher Staatsmann bezeichnete sich als erster Diener des Staates und was war damit gemeint?

☞ **Friedrich II., genannt der Große (1712–86).** Ideell vertrat er eine von den Prinzipien der Aufklärung geleitete Herrschaft: Der König sei zwar als „erster Diener des Staates" unbeschränkt souverän, aber grundsätzlich der Wohlfahrt seines Volkes verpflichtet.

Frage 807

Wofür wurde der Schweizer Jean Henri Dunant 1901 mit dem Friedensnobelpreis ausgezeichnet?

☞ Dunant (1828–1910) erhielt den Friedensnobelpreis (zusammen mit Frédéric Passy [1822–1912]) für seine Arbeit um die Gründung des Roten Kreuzes im Jahr 1863.

Henri Dunant

Frage 808

Nachdem ihr Reich im 3. Jahrhundert v. Chr. von den Chinesen erobert worden war, flohen sie allmählich immer weiter in den Westen. Unter ihrem Herrscher Attila (um 406–453) erreichten sie schließlich das östliche Mittelmeer. **Wie hießen die zentralasiatischen Reitervölker?**

☞ **Hunnen.**

Frage 809

Wann und wo verabschiedete sich die SPD von ihren marxistischen Wurzeln?

☞ **1959 in Bad Godesberg.** Hier beschloss die Partei ihr sogenanntes Godesberger Programm, mit dem sie ihren Willen demonstrierte, aus der ehemals klassenkämpferischen Arbeiterpartei eine Volkspartei zu machen. Die Idee für das Godesberger Programm stammte von Herbert Wehner (1906–90), der früher selbst Mitglied der KPD gewesen war. Um auch von „Nichtarbeitern", Angestellten und Beamten, gewählt zu werden, gab die SPD u. a. sämtliche Pläne zur Verstaatlichung der deutschen Groß- und Schwerindustrie auf.

Frage 810

Wie hieß die Armee der DDR?

☞ **Nationale Volksarmee (NVA).** 1956 ging sie aus den seit 1952 mehr oder weniger heimlich aufgebauten Land-, See- und Luftstreitkräften hervor und unterstand dem Ministerium für Nationale Verteidigung. International eingebunden war die NVA in den Warschauer Pakt. Ähnlich wie die Bundeswehr rekrutierte sie ihre Truppen über Freiwillige und – ab 1962 – über Wehrpflichtige. Als die NVA im Rahmen der deutschen Vereinigung aufgelöst wurde, verfügte sie über eine Truppenstärke von rund 172.000 Mann.

Frage 811

In welchem Staat leistet ein Schweizer Söldnerheer bis heute Militärdienst?

☐ a) USA
☐ b) Vatikanstaat
☐ c) Italien
☐ d) Israel

☞ **b) Vatikanstaat**
Schweizer Söldnerheere waren bis ins 19. Jahrhundert in verschiedenen Staaten stationiert. Heute sind sie noch als Schweizergarde im Vatikan zu finden, wo sie seit 1506 den Papst schützen.

Frage 812

Was bedeutet die Abkürzung NSDAP?

☞ **Nationalsozialistische Deutsche Arbeiterpartei.** Sie wurde 1919 als national-antisemitische Partei gegründet; 1921 übernahm Adolf Hitler (1889–1945) ihre Führung. 1933 wurde die NSDAP durch Hitlers Ernennung zum Reichskanzler Regierungspartei, nach Kriegsende 1945 wurde sie verboten.

Frage 813

Wer verabschiedete das Grundgesetz für die Bundesrepublik Deutschland?

☞ Erarbeitet und verabschiedet wurde das Grundgesetz vom Parlamentarischen Rat auf Initiative der drei westlichen Siegermächte des Zweiten Weltkriegs.

Frage 814

In demokratischen Staaten können die Parlamente ihren Regierungen bzw. Regierungschefs das Vertrauen entziehen. In Deutschland ist dieses Verfahren im Art. 67 des Grundgesetzes geregelt. Der Bundestag muss einen Nachfolger für den amtierenden Bundeskanzler wählen und dann den Bundespräsidenten ersuchen, den Kanzler zu entlassen. Der Bundespräsident hat keine andere Wahl, als dem Ersuchen stattzugeben und den neu Gewählten zum Bundeskanzler zu ernennen. Die Mütter und Väter des Grundgesetzes haben diese besondere Form gewählt, um einen Missbrauch möglichst zu verhindern. **Wie lautet die Bezeichnung des gesuchten parlamentarischen Instruments?**

☞ **Konstruktives Misstrauensvotum.**

Frage 815

Was versteht man unter dem Wirtschaftswunder?

☞ Den überraschenden Boom der deutschen Wirtschaft nach dem Zweiten Weltkrieg. Mithilfe der Währungsreform und des Marshallplans wurden die im Krieg zerstörten Produktionsstätten neu aufgebaut, auch die ehemalige Kriegsindustrie begann rasch mit der Produktion ziviler Güter.

Frage 816

Welche Protestaktionen sind mit dem Namen „Gorleben" verbunden?

☞ Seit 1984 werden im atomaren Zwischenlager Gorleben in Niedersachsen Brennelemente und schwach strahlende Atomabfälle gelagert. Zuvor hatten Atomkraftgegner heftig gegen die Einrichtung des Zwischenlagers protestiert. Bis heute kommt es immer wieder zu Protestaktionen.

Frage 817

Wo lag das antike Thrakien?

- ☐ a) Sizilien
- ☐ b) Balkan
- ☐ c) Peloponnes
- ☐ d) Zweistromland

☞ **b) Balkan**
Thrakien lag auf dem östlichen Balkan, im Grenzgebiet zwischen dem heutigen Bulgarien, Griechenland und der europäischen Türkei. Die Thraker hatten ein mächtiges Reich gegründet, das erst unter Alexander dem Großen (356–323 v. Chr.) erobert und zerschlagen wurde. Seit 44 n. Chr. gehörte Thrakien zum römischen Weltreich und fiel später an Ostrom.

Frage 818

Die Truppen welcher drei Kaiser standen sich 1805 in der sogenannten Dreikaiserschlacht gegenüber?

☞ In der Schlacht von Austerlitz, der sogenannten Dreikaiserschlacht, trafen am 2. Dezember 1805 die Truppen Napoleons I. (1769–1821; Frankreich), Kaiser Franz' I. (1768–1835; Österreich) und Zar Alexanders I. (1777–1825; Russland) aufeinander. Napoleon ging als Sieger aus der Schlacht hervor.

Frage 819

Wie hieß der 1921 von Hitler gegründete Ordnungsdienst der NSDAP?

☞ **Sturmabteilung (SA).** Als regelrechte Bürgerkriegsarmee waren SA-Schergen an unzähligen politischen Krawallen beteiligt. Nach der Machtergreifung verselbstständigte sie sich zusehends. Daher ließ Hitler ihre Führung 1934 ermorden und schaltete die Schlägertruppe politisch aus.

Frage 820

Mit Unterstützung der preußischen Truppen unter Fürst Leberecht Blücher (1742–1819) gelang es dem britischen Feldmarschall, Napoleon 1815 in der Schlacht bei Waterloo in der Nähe von Brüssel zu schlagen. Napoleon musste daraufhin endgültig abdanken und wurde in die Verbannung nach St. Helena geschickt. **Wie hieß der berühmte britische Militärführer und Politiker?**

☞ **General Arthur Wellesley, Herzog von Wellington (1769–1852).**

Arthur Wellesley

Frage 821

Wann und wo kam es 1980 zu einem blutigen Bombenanschlag westdeutscher Neonazis?

☞ **Am 26. September auf dem Münchner Oktoberfest.** Der Täter, ein 21-jähriger Neonazi, Mitglied der rechtsradikalen Wehrsportgruppe Hoffmann, kam bei der Explosion einer selbst gebastelten Bombe um. Mit ihm starben weitere zwölf Oktoberfestbesucher, 200 Menschen wurden verletzt.

Frage 822

Wie bezeichnet man die Herrschaftsform Jossif Stalins (1879–1953) bzw. ein Herrschaftssystem, das sich an ihr orientiert?

☞ **Stalinismus bzw. stalinistisch.** Kennzeichen dieser Herrschaftsform sind der autoritäre Führungsstil, ein ausgesprochener Personenkult um den politischen Machthaber und die rigorose Verfolgung oppositioneller Kräfte.

Frage 823

Welches neue Bundesland mit der Mark Meißen als Kernland blickt auf eine über 1000-jährige Geschichte zurück?

☐ a) Sachsen
☐ b) Brandenburg
☐ c) Thüringen
☐ d) Mecklenburg-Vorpommern

☞ **a) Sachsen**, das 1806 Königreich und 1918 Freistaat wurde. In der DDR teilte man es in die Bezirke Chemnitz, Dresden und Leipzig auf. 1990 wurde es wieder hergestellt.

Frage 824

Wer war Chlodwig I.?

☞ Ein merowingischer König, der die Grundlagen für die spätere Größe des Fränkischen Reichs legte. Chlodwig I. (um 466–511) beseitigte potenzielle Thronrivalen und besiegte 486 den letzten römischen Statthalter Galliens. 498 nahm er den christlichen Glauben an.

Frage 825

Was besagte die Hallsteindoktrin?

☞ Die Hallsteindoktrin aus dem Jahr 1955 besagte, dass die Bundesrepublik Deutschland aufgrund ihres Alleinvertretungsanspruchs für das gesamte deutsche Volk mit keinem Staat diplomatische Beziehungen aufnehmen oder unterhalten würde, der seinerseits in diplomatischen Beziehungen mit der DDR stehe oder solche eingehe.

Frage 826

Am 3. August 1492 stach er mit den drei Karavellen Niña, Pinta und Santa Maria von Palos de la Frontera in See. Am 12. Oktober 1492 landete er auf den Bahamas und glaubte, den westlichen Seeweg nach Indien entdeckt zu haben. **Wie hieß der in spanischen Diensten stehende genuesische Seefahrer?**

☞ **Christoph Kolumbus (1451–1506).**

Kolumbus landet in Amerika

Frage 827

Über welche deutsche Stadt schlossen die vier Siegermächte des Zweiten Weltkriegs 1971 das Viermächteabkommen ab?

☞ **Über Berlin**, wobei zahlreiche praktische Verbesserung erzielt wurden, ansonsten jedoch der Viermächtestatus Berlins, d. h., die Teilung der Stadt in West- und Ost-Berlin sowie die Hoheit der vier Mächte, aufrechterhalten blieb.

Frage 828

Wodurch wurde Helmut Schmidts Karriere als Bundeskanzler im Oktober 1982 beendet?

☞ **Durch ein konstruktives Misstrauensvotum.** Nach dem Rücktritt von vier FDP-Ministern des Kabinetts Schmidt stürzte die FDP unter dem Vorsitzenden Hans-Dietrich Genscher gemeinsam mit der CDU/CSU die Regierung.

Frage 829

Welcher deutsche Staatsmann wurde der Eiserne Kanzler genannt?

☐ a) Bernhard von Bülow
☐ b) Gustav Stresemann
☐ c) Otto von Bismarck
☐ d) Philipp Scheidemann

☞ **c) Otto von Bismarck**

Wegen seiner unnachgiebigen und entschlossenen Außen- und Innenpolitik und weil er sich gern in seiner Kürassieruniform zeigte, wurde Otto von Bismarck (1815–98) im Volksmund auch der Eiserne Kanzler genannt.

Frage 830

Worum ging es im sogenannten Marshallplan?

☞ Der vom amerikanischen Außenminister George C. Marshall (1880–1959) entwickelte Marshallplan, offiziell das „European Recovery Program", sollte den Wiederaufbau des im Zweiten Weltkrieg zerstörten Westeuropa regeln. Vor allem drei Gründe hatten die Amerikaner bewogen, diesen Plan zu entwickeln: Zunächst galt es, der Not leidenden Bevölkerung schnell und effektiv zu helfen. Aber auch die amerikanische Wirtschaft sollte von dem Plan profitieren, denn man erhoffte sich in Europa neue Absatzmärkte für die heimischen Produkte. Und schließlich sollte der Marshallplan auch ein Instrument sein, um die russische Vorherrschaft in Europa einzudämmen.

Frage 831

Welches im klassizistischen Baustil errichtete Tor im Zentrum Berlins konnte zwischen 1961 und 1989 nicht passiert werden?

☞ Das von Carl Gotthard Langhans (1732–1808) erbaute und von Gottfried Schadow (1764–1850) mit einer Quadriga aus Bronze gekrönte Brandenburger Tor. Das Tor passierten bereits Napoleon, die Truppen Hitlers und die sowjetischen Soldaten nach der Eroberung Berlins 1945. Als es nach dem Mauerbau 1961 in den Sperrbezirk der Mauer einbezogen wurde, wurde es bis zum 22. Dezember 1989 als Übergang geschlossen.

Frage 832

Was geschah in der John-Affäre, die die Bundesrepublik im Sommer 1954 in Atem hielt?

☞ Otto John (1909–97), der Präsident des bundesdeutschen Verfassungsschutzes, hatte im Juli 1954 vom Ostberliner Radio aus erklärt, er sei freiwillig in die DDR übergewechselt. Die Bundesregierung dagegen ging von einer Verschleppung durch DDR-Behörden aus. Im Dezember 1954 tauchte John wieder in der Bundesrepublik auf. Er wurde wegen Landesverrats angeklagt und verurteilt.

Frage 833

Welches ist die drittgrößte deutsche Stadt?

☐ a) Hamburg
☐ b) München
☐ c) Leipzig
☐ d) Düsseldorf

☞ **b) München**

Nach Berlin (ca. 3,5 Millionen Einwohner) und Hamburg (1,7 Millionen) ist München mit rund 1,25 Millionen Einwohnern die drittgrößte deutsche Stadt.

Rathaus am Marienplatz

Frage 834

Wie setzt sich der Bundesrat zusammen?

☞ Aus Vertretern der 16 Bundesländer. Die insgesamt 69 Mitglieder werden von den Länderregierungen bestellt und abberufen. Dabei verfügt jedes Bundesland je nach Einwohnerzahl über drei bis sechs Sitze.

Frage 835

Wodurch wurde die Leipziger Nikolaikirche bekannt?

☞ Ab 1981 bis Anfang der 1990er-Jahre fanden in der Leipziger Nikolaikirche montags Friedensgebete statt. Im September 1989 wurden diese zum Ausgangspunkt der Montagsdemonstrationen, bei denen immer mehr Bürger gegen die SED-Regierung protestierten. Obwohl Kontrolle und Druck der Behörden immer stärker wurden, versammelten sich bis Oktober mehrere 10.000 Bürger zu den Montagsdemonstrationen, die schließlich maßgeblich zum Rücktritt der SED-Spitze und zur Öffnung der Mauer beitrugen.

Frage 836

Er war Mitgründer der AEG und der Berliner Elektrizitätswerke und richtete 1903 nach dem Vorbild der großen technischen Museen in London und Paris in München das Deutsche Museum ein. **Wie hieß der deutsche Ingenieur?**

☞ **Oskar von Miller (1855–1934).**

Frage 837

Wer war der letzte merowingische König?

☞ **Childerich III. (um 720–754).** Der Merowingerkönig wurde vom Karolinger Pippin III. dem Jüngeren (um 714–768) als König abgesetzt und ins Kloster verbannt.

Frage 838

Was ereignete sich in der Nacht vom 13. auf den 14. Februar 1945 in Dresden?

☞ Die Stadt versank bei alliierten Bombenangriffen in Schutt und Asche. Militärisch sinnvoll war die Aktion kaum, sie kostete aber über 35.000 Menschen das Leben. Denn eine Flugabwehr stand zur Verteidigung Dresdens nicht bereit, und so hatten die angloamerikanischen Lufteinheiten leichtes Spiel. Zunächst verwandelten Bomber die Stadt in ein Flammenmeer und verhinderten durch weitere Angriffe Löscharbeiten.

Frage 839

Am 26. April 1986 ereignete sich nahe der russischen Stadt Tschernobyl ein katastrophales Unglück. **Was trug sich an diesem Tag zu?**

☐ a) Flugzeugabsturz
☐ b) Erdbeben
☐ c) Reaktorunglück
☐ d) Chemieunfall

☞ **c) Reaktorunglück**
Durch Bedienungsfehler und Mängel an der Konstruktion des Reaktors im russischen Kernkraftwerk Tschernobyl ereignete sich dort ein sogenannter Super-GAU. Dabei geriet die Kettenreaktion im Inneren des Reaktors außer Kontrolle und es wurden große Mengen an Radioaktivität freigesetzt.

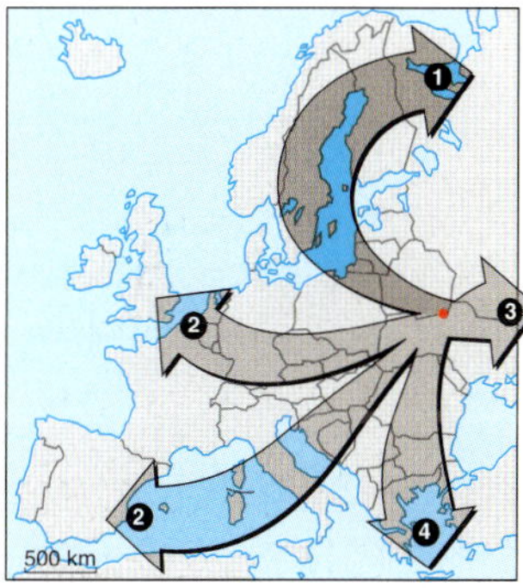

Innerhalb von 10 Tagen verbreiteten sich Wolken mit radioaktivem Fallout über weite Teile Europas.

Frage 840

Warum ließen sich die ägyptischen Könige seit Thutmosis I. (um 1500 v. Chr.) nur noch in versteckten Felsengräbern im Tal der Könige bestatten?

☞ Die ägyptischen Könige waren aus Furcht vor Grabräubern vom monumentalen Pyramidenbau abgekommen.

Frage 841

Welche Aufgabe hat Europol?

☞ Die Europäische Polizei sammelt, verknüpft und wertet Daten im Hinblick auf Rauschgifthandel und Geldwäsche aus und ist für grenzübergreifende Ermittlungen zuständig. Sie hat ihren Hauptsitz in Den Haag.

Frage 842

Es war eine viele Jahre andauernde Phase verschiedener kriegerischer Auseinandersetzungen auf europäischem Boden, wobei die meisten Schlachten auf dem Territorium des damaligen Deutschen Reichs stattfanden. Sie verursachten Seuchen und Hungersnöte und verheerten ganze Landstriche. Die vom Krieg betroffenen Territorien und das Reich brauchten mehr als ein Jahrhundert, um sich von den Kriegsfolgen zu erholen. Der Krieg wurde mit einer derartigen Verbissenheit und Heftigkeit geführt, da sowohl die Religion als auch territoriale Gründe eine Rolle spielten: Die Katholische Liga kämpfte gegen die Protestantische Union und die habsburgischen Mächte Österreich und Spanien trugen ihre Konflikte mit Frankreich, den Niederlanden, Dänemark und Schweden aus. **Um welchen Krieg handelt es sich?**

☞ **Um den Dreißigjährigen Krieg (1618–48).**

Frage 843

Mit welcher Maßnahme versuchte man dem Arbeitskräftemangel in der Bundesrepublik von den 1950er-Jahren bis 1973 zu begegnen?

☞ **Mit der Anwerbung von Gastarbeitern.** Das Wirtschaftswunder hatte die deutsche Wirtschaft so weit vorangetrieben, dass allmählich ein Arbeitskräftemangel spürbar wurde. Daher entschied sich Wirtschaftsminister Ludwig Erhard (1897–1977), ausländische „Gastarbeiter" anzuwerben. Bereits 1960 waren rund 300.000 vorwiegend südeuropäische Arbeiter in der Bundesrepublik tätig. Ende 1973 wurden die Anwerbemaßnahmen wegen der beginnenden Rezession beendet.

Frage 844

Welchem deutschen König gelang es, den Konflikt zwischen Staufern und Welfen beizulegen?

☞ **Friedrich I. Barbarossa (1122–90).** 1152 wurde der Sohn eines Staufers und einer Welfin zum deutschen König gewählt. Schon aufgrund dieser Abstammung war er dazu prädestiniert, den seit langem schwelenden Konflikt zu beenden.

Friedrich I. Barbarossa

Frage 845

Wer wurde 1990 polnischer Staatspräsident?

☐ a) Aleksander Kwasniewski
☐ b) Wiktor Juschtschenko
☐ c) Lech Walesa
☐ d) Lech Kaczyński

☞ **c) Lech Walesa**

Nach dem Zusammenbruch des sozialistischen Regimes wurde Lech Walesa (*1943), der Führer der Gewerkschaft Solidarność (poln. „Solidarität") zum Staatspräsidenten gewählt und blieb bis 1995 im Amt.

Frage 846

Wer kann zum Bundespräsidenten gewählt werden?

☞ Grundsätzlich jeder deutsche Staatsbürger, der das Wahlrecht zum Deutschen Bundestag besitzt und mindestens 40 Jahre alt ist.

Frage 847

Welche Bedeutung hat der Spruch „Stadtluft macht frei"?

☞ Im Mittelalter hatten Landbewohner, die ein Jahr und einen Tag in einer Stadt gelebt hatten, die Möglichkeit, in die Rechtsgemeinschaft der Stadt aufgenommen zu werden. Eine vorher möglicherweise bestehende Unfreiheit, z. B. eine Leibeigenschaft, konnte so abgestreift werden.

Frage 848

Dort wo traditionell das Volk der Treverer siedelte, gründete Rom im Jahr 16 v. Chr. die älteste Stadt Deutschlands. Die Kommune gewann im frühen Mittelalter dadurch große Bedeutung, dass sie Sitz eines Erzbischofs war. Bereits die römischen Kaiser hielten sich häufig dort auf. Zahlreiche spätantike Prachtbauten sind bis heute erhalten geblieben. **Wie heißt die gesuchte Stadt?**

☞ **Augusta Treverorum, das heutige Trier.**

Porta Nigra in Trier, ein ehemaliges römisches Stadttor

Frage 849

Woran erinnerte vor der Wiedervereinigung der Tag der Deutschen Einheit?

☞ An eine Revolte gegen die Staatsführung der DDR am 17. Juni 1953. Zunächst v. a. ökonomisch motiviert weitete sich der Aufstand rasch aus. Schließlich wurden in Berlin stationierte sowjetische Truppen gegen die Demonstranten eingesetzt, die deren Aktionen blutig beendeten. Die Führung der DDR verkündete daraufhin einen gemäßigteren Kurs und sagte eine Verbesserung des Lebensstandards zu.

Frage 850

Wer entführte und ermordete den Arbeitgeberpräsidenten Hanns-Martin Schleyer (1915–77)?

☞ **Terroristen der RAF (Rote Armee Fraktion).** Sie hielten ihr Opfer vom 5. September bis 18. Oktober 1977 gefangen, um damit die damalige Bundesregierung zu erpressen. Als diese nicht auf die Forderung einging, inhaftierte Terroristen freizulassen, erschoss die RAF ihre Geisel.

Frage 851

Welcher deutsche Staatsmann galt im Ersten Weltkrieg als Nationalheld?

☐ a) Paul von Hindenburg
☐ b) Erich Ludendorff
☐ c) Alfred Tirpitz
☐ d) Helmuth von Moltke

☞ **a) Paul von Hindenburg**
Wegen seines Sieges über die Russen bei Tannenberg wurde Paul von Hindenburg (1847–1934) als Nationalheld gefeiert. 1916 wurde er Oberster Heeresleiter, 1925 und 1932 wählte man ihn zum Reichspräsidenten.

Generalfeldmarschall Hindenburg, Kaiser Wilhelm II. und General Ludendorff studieren im Ersten Weltkrieg eine Landkarte

Frage 852

Was verbirgt sich hinter dem Kürzel Gestapo?

☞ **Die sogenannte Geheime Staatspolizei.** 1933 innerhalb des Berliner Polizeipräsidiums entstanden unterstand sie Heinrich Himmler (1900–45) und Reinhard Heydrich (1904–42) und war mit uneingeschränkten Vollmachten ausgestattet. Bis 1945 wurde sie von den Nationalsozialisten zur Ausschaltung politischer Gegner eingesetzt.

Frage 853

Auf welche Gesellschaftsschicht bezog sich im 19. Jahrhundert der Name „Biedermeier"?

☞ **Auf das deutsche Bürgertum des Vormärz** (etwa 1815–48), das sich – eingeschüchtert durch die restaurativen Maßnahmen der regierenden Fürsten – „bieder", d. h. brav und fromm, ins Privatleben zurückzog und sich in einem unpolitischen Wartezustand hielt.

Der Sonntagsspaziergang, *Carl Spitzweg, Maler des Biedermeier*

Frage 854

Wie nannte man den Versuch, ein Bündnis linker und bürgerlicher Parteien gegen die faschistische Radikalisierung Europas zu schmieden?

☞ **Volksfrontpolitik.** Unter Leitung der Kommunistischen Partei der UdSSR war die Idee eines breiten antifaschistischen Bündnisses entwickelt und teilweise auch in die Tat umgesetzt worden. Dies markierte gerade für die kommunistischen Parteien einen Wendepunkt, hatten sie doch bis dato gerade in der Sozialdemokratie den größten zu bekämpfenden Feind gesehen.

Frage 855

Was war ein Markgraf?

☞ Ein Markgraf hatte die Oberaufsicht über eine Mark, ein Gebiet, das die fränkischen Könige seit Karl dem Großen (747–814) jeweils an den Grenzen des Frankenreichs anlegten. Die vom König eingesetzten Markgrafen waren für den Grenzschutz an den Marken zuständig und für die Eingliederung der Gebiete in das Reich.

Frage 856

Als was war der gefürchtete NS-Richter Roland Freisler in der Ukraine tätig?

☞ **Als sowjetischer Kommissar.** Der Jurist Freisler (1893–1945) war während seiner russischen Gefangenschaft für Lenins Kommunisten tätig gewesen. Dennoch wurde er 1925 Mitglied der NSDAP, 1942 schließlich Präsident des Volksgerichtshofs. Als solcher übte er brutalste Terrorjustiz gegen Regimegegner aus.

Frage 857

Wofür steht die Abkürzung AVUS?

- ☐ a) Allgemeiner Verband der Umweltschützer
- ☐ b) Allgemeine Verordnung zur Umsatzsteuer
- ☐ c) Automobil-, Verkehrs- und Übungsstraße
- ☐ d) Antiviren- und -spamprogramm

☞ **c) Automobil-, Verkehrs- und Übungsstraße**
So wurde die 1921 fertiggestellte Schnellstraße im Berliner Grunewald genannt, die bis 1998 für Autorennen genutzt wurde.

Frage 858

Was war der Volkssturm?

☞ Das letzte deutsche Aufgebot, das am Ende des Zweiten Weltkriegs an die Front befohlen wurde. Am 25. September 1944 rief Hitler alle Männer zwischen 16 und 60 Jahren zur „Verteidigung des Heimatbodens" im

Volkssturm auf, der dann sowohl dem „Sekretär des Führers" Martin Bormann (1900–45) als auch der SS und ihrem Führer Heinrich Himmler (1900–45) unterstellt war.

Frage 859

Was ist ein Konsul?

☞ **Ein Konsul ist ein hoher Staatsbeamter.** In der römischen Republik gab es zwei Konsuln, die obersten Beamten, die auf ein Jahr gewählt wurden. Sie befehligten im Krieg auch die römische Armee. Während der Französischen Republik waren Konsuln ebenfalls die höchsten Staatsbeamten. Napoleon (1769–1821) selbst war Erster Konsul, der, beraten von zwei weiteren Konsuln, Gesetze erließ und Offiziere, Richter, Beamte und Senatsmitglieder ernannte. Seit dem 19. Jahrhundert ist der Konsul ein ständiger Vertreter eines Staates in einem anderen Land und besonders für Wirtschaftsfragen zuständig.

Frage 860

Das Bundesland wurde 1919 aus Teilen der preußischen Rheinprovinz und der bayerischen Pfalz gebildet und stand bis 1934 unter der Beobachtung des Völkerbundes. 1935 hatte bereits eine von Hitler propagandistisch vorbereitete Volksabstimmung die „Rückkehr ins Reich" bewerkstelligt. **Wie heißt das deutsche Bundesland, das erst 1957 nach einer Volksabstimmung in die Bundesrepublik eingegliedert wurde?**

☞ **Saarland.**

Frage 861

Was nahm Hitler 1934 zum Anlass, missliebige innerparteiliche Konkurrenz auszuschalten?

☞ **Den angeblichen Röhmputsch.** Der Führer der SA Ernst Röhm (1887–1934) sollte angeblich geplant haben, gegen Hitler zu putschen. Tatsächlich nutzte Hitler nur die Gelegenheit, sich der politisch erstarkten SA zu entledigen. Am 30. Juni 1934 ließ er Röhm zusammen mit über 200 weiteren SA-Männern und anderen unbequem gewordenen Gegnern von der SS umbringen.

Frage 862

Welche Bedeutung hat der Zwei-plus-Vier-Vertrag?

☞ Die Siegermächte des Zweiten Weltkriegs (USA, Frankreich, Großbritannien und Sowjetunion) schlossen den Vertrag 1990 mit den beiden deutschen Staaten. Im Rahmen des Vertrags wurde Deutschland das Recht zugebilligt, in die NATO einzutreten. Im Gegenzug verzichtete man auf den Besitz von atomaren, chemischen oder biologischen Waffen und erkannte endgültig die Nachkriegsgrenzen als verbindlich an. Der Vertrag war Grundlage für die Zustimmung der vier Siegermächte zur Wiedervereinigung Deutschlands.

Frage 863

Wie heißt das kleinste Bundesland?

☐ a) Bremen ☐ c) Saarland
☐ b) Hamburg ☐ d) Schleswig-Holstein

☞ **a) Bremen**

Die Freie Hansestadt Bremen ist mit 404 km^2 und etwa 680.000 Einwohnern zwar das kleinste Land der Bundesrepublik, aber nach Hamburg der wichtigste Seehafen.

Wahrzeichen der Stadt: Bremer Stadtmusikanten von Gerhard Marcks

Frage 864
Auf wen geht der Name China zurück?

☞ Auf die Herrscherdynastie der Qin, die um 200 v. Chr. eines von mehreren chinesischen Königreichen beherrschten. Shih Huang Ti wurde 221 v. Chr. erster Kaiser, nachdem er alle chinesischen Teilreiche unter seiner Herrschaft vereinigt hatte.

Frage 865
Welche Bedeutung hat ein Parlamentarischer Staatssekretär?

☞ Er ist einem Bundesminister beigeordnet, den er unterstützen soll. Der Parlamentarische Staatssekretär kommt im Gegensatz zu den verbeamteten Staatssekretären aus dem Deutschen Bundestag.

Frage 866
Die Pyramiden von Giseh, die Hängenden Gärten von Babylon, der Artemistempel in Ephesos, das Zeus-Kultbild des Phidias in Olympia, das Mausoleum von Halikarnassos, der Koloss von Rhodos, der Leuchtturm auf der Insel Pharos vor Alexandria – **als was werden diese sieben antiken Bauwerke und Monumente bezeichnet?**

☞ **Als die Sieben Weltwunder.**

Frage 867
Wann wurde der Atomreaktor in Tschernobyl vom Netz genommen?

☞ Nach dem Atomunglück in der Ukraine im Jahr 1986 blieben Teile des Werkes vorerst in Betrieb. Ein erster Block wurde dann 1991 vom Netz genommen. Die letzten Einheiten des Reaktors wurden am 15. Dezember 2000 heruntergefahren.

Frage 868
Warum ging der Übergang von der Omaijaden- zur Abbasidendynastie im arabischen Raum um 750 n. Chr. in die Geschichte ein?

☞ Weil dieser Dynastiewechsel äußerst blutig verlief und mit einem Glaubenskrieg einherging. Die Familie der Omaijaden stellte seit geraumer Zeit die Kalifen, mithin die Nachfolger Mohammeds. In einem langen Bürgerkrieg, in dem es auch um Glaubensfragen ging, wurden schließlich fast alle Omaijaden umgebracht, ihre Dynastie ging unter und wurde von der der Abbasiden abgelöst.

Frage 869
Welche beiden südpazifischen Inseln bildeten den Kern des niederländischen Kolonialreichs?

☐ a) Borneo und Sulawesi
☐ b) Bali und Timor
☐ c) Lombok und Sumba
☐ d) Java und Sumatra

☞ **d) Java und Sumatra**
Die Inseln gehören heute zu Indonesien.

Frage 870
Welche Aufgabe hat die sogenannte Gauck-Behörde?

☞ Die nach ihrem ehemaligen Leiter Joachim Gauck (*1940) benannte Behörde soll die Bespitzelung der DDR-Bevölkerung durch das Ministerium für Staatssicherheit (Stasi) offenlegen.

Frage 871
Wo tagte 1848 die Frankfurter Nationalversammlung?

Frankfurter Nationalversammlung

☞ **In der Paulskirche** in Frankfurt am Main, wo sich nach der Märzrevolution 1848 Parlamentarier aus allen deutschen Ländern versammelten, um eine konstitutionelle deutsche Monarchie zu schaffen.

Frage 872

Welchem deutschen Herrschergeschlecht gehörte Friedrich I. Barbarossa an?

☞ **Den Staufern**, die von 1138 bis 1254 die deutschen Könige bzw. römisch-deutschen Kaiser stellten. Barbarossa (1122–90) und sein Sohn Heinrich VI. (1165–97) schufen ein Reich, das neben Deutschland auch die Königreiche Burgund und Arelat sowie Sizilien umfasste. Der letzte staufische König Konradin (1252–68) wurde 1268 von seinem Rivalen Karl von Anjou (1226–85) hingerichtet.

Frage 873

Worum ging es im amerikanischen Bürgerkrieg?

☞ **Um die Einheit der Nation und die Abschaffung der Sklaverei.** Der Wahlsieg Abraham Lincolns (1809–65), der sich gegen die insbesondere im Süden der USA auch ökonomisch wichtige Sklaverei wandte, im November 1860 hatte die Abspaltung (Sezession) der Südstaaten zur Folge. Die Konföderierten (Confederate States of America), wie sich die Südstaaten nun nannten, wählten den Großgrundbesitzer Jefferson Davis (1808–89) zu ihrem Präsidenten. Präsident Lincoln erkannte die Konföderierten nicht als unabhängige Staaten an und appellierte an sie, die Einheit wiederherzustellen. Im April 1861 eröffneten die Sezessionisten das Feuer, im April 1865 waren sie besiegt. Die Einheit war wiederhergestellt, die Sklaverei wurde durch den 13. Verfassungszusatz verboten. Am 14. April 1865 wurde Lincoln von dem fanatischen Südstaatenanhänger J. W. Booth (1838–65) ermordet.

Abraham Lincoln

Frage 874

Welcher König führte die Juden in die bereits in der Bibel überlieferte Babylonische Gefangenschaft?

☞ **Der babylonische König Nebukadnezar II. (602–562 v. Chr.).**

Frage 875

Welches ist das nördlichste Bundesland?

☐ a) Hamburg
☐ b) Schleswig-Holstein
☐ c) Bremen
☐ d) Niedersachsen

☞ **b) Schleswig-Holstein**

Frage 876

Wie heißen die Präsidenten der Bundesrepublik seit 1949?

☞ Theodor Heuss (1949–59), Heinrich Lübke (1959–69), Gustav Heinemann (1969–74), Walter Scheel (1974–79), Karl Carstens (1979–84), Richard von Weizsäcker (1984–94), Roman Herzog (1994–99), Johannes Rau (1999–2004), Horst Köhler (seit 2004).

Frage 877

Wer waren die Girondisten?

☞ Girondisten nannte man die Mitglieder einer Gruppe republikanischer Abgeordneter während der Französischen Revolution, die gemäßigtere Ziele vertraten als die radikalen Jakobiner. Ihr Name leitet sich vom Verwaltungsbezirk Gironde ab, aus dem die führenden Vertreter dieser Gruppe stammten. Die Girondisten waren die Partei des Großbürgertums und wollten zunächst mit dem König zusammenarbeiten.

Frage 878

Es erinnert an den Cheruskerfürsten Arminius, verdeutscht Hermann (um 18 v. Chr.–19 n. Chr.), der im September 9 n. Chr. das 20.000 Soldaten umfassende römische Heer in der Varusschlacht besiegte und dadurch zur bekanntesten Heldenfigur der germanischen Frühgeschichte wurde. Der römische Geschichtsschreiber Tacitus (um 55–115 n. Chr.) würdigt Arminius als Befreier Germaniens. **Wie heißt das Denkmal, das man zu seinen Ehren errichtete und wo befindet es sich?**

☞ **Das Hermannsdenkmal im Teutoburger Wald.**

Frage 879

Was versteht man unter eurozentrischer Weltgeschichte?

☞ Eine Geschichtsschreibung, die Weltgeschichte nahezu ausschließlich aus einer europäischen Perspektive betrachtet. Im extremsten Fall findet die außereuropäische Geschichte dabei überhaupt keine Beachtung. Üblicher ist es aber, außereuropäische Ereignisse danach zu beurteilen, von welcher Bedeutung sie für Europa waren, und sie entsprechend darzustellen.

Frage 880

Welche Blume ziert das Siegel des japanischen Kaisers?

☐ a) Lotus ☐ c) Lilie
☐ b) Chrysantheme ☐ d) Nelke

☞ **b) Chrysantheme**

Frage 881

Welche Haltungen kennzeichneten Kaiser Wilhelm II. als Vertreter seiner Zeit?

☞ Der junge Kaiser Wilhelm II. (1859–1941) wollte die Regierungsgeschäfte selbst in die Hand nehmen und seine Ziele durchsetzen. Sein Handeln bestimmten ein starker Nationalismus und Imperialismus – er wollte Deutschland zur Weltmacht machen – sowie gleichzeitig Fortschrittsgläubigkeit und politischer Konservatismus.

Der junge Kaiser Wilhelm II.

Frage 882

Wer stand 1945–49 in den Nürnberger Prozessen unter Anklage?

☞ Im Hauptverfahren die nationalsozialistische Führungsspitze, wie z. B. H. Göring (1893–1946), A. Jodl (1890–1946), J. v. Ribbentrop (1893–1946) oder R. Heß (1894–1987), und in zwölf weiteren Prozessen politische, militärische und wirtschaftliche Führungsgruppen des Dritten Reichs. Das Internationale Militärtribunal sprach im Hauptverfahren zwölf Todesurteile (zehn wurden vollstreckt) und zahlreiche Haftstrafen aus.

Frage 883

Das antike Griechenland wird gerne als „Wiege der Demokratie" bezeichnet. Doch so ganz stimmt das nicht. Denn Griechenland bestand in seiner frühen Geschichte aus diversen Staatsgebilden mit höchst unterschiedlichen Regierungsformen. In Sparta z. B. herrschten stets zwei Könige gleichzeitig. In einem Stadtstaat jedoch sorgten mehrere politische Reformen im 6. und 5. Jahrhundert v. Chr. für eine stetige Machtverschiebung vom Adel hin zum Volk. **Welcher war es?**

☞ **Athen.** Die großen Reformer dieser Zeit waren Drakon (geb. um 650 v. Chr.), Solon (um 640–um 560 v. Chr.), Kleisthenes (um 570–um 507 v. Chr.), Themistokles (um 525–um 459 v. Chr.) und Perikles (493–um 429 v. Chr.).

Frage 884

Was verstand man ab 1500 über Jahrhunderte unter dem atlantischen Dreieckshandel?

☞ Den Handel zwischen Europa, Afrika und Amerika. Fand zwischen diesen Regionen doch ein gewinnbringender Handel statt: Man schaffte billige Waren nach Afrika, wo man dafür Sklaven erhielt, die wiederum nach Amerika weiterverkauft wurden. Dort erhielt man dann wertvolle Rohstoffe, mit denen sich in Europa enorme Gewinne erzielen ließen.

Frage 885

Welchen Hintergrund hatte die Bartholomäusnacht?

☞ Die Mutter des französischen Königs, Katharina von Medici (1519–89), wollte die Ausbreitung des Protestantismus in Frankreich verhindern, die durch die Heirat des Protestanten Heinrich von Navarra (1553–1610) mit ihrer Tochter Margarete von Valois (1553–1615) drohte, und zettelte deshalb ein Massaker an den protestantischen Hugenotten an.

Katharina von Medici

Frage 886

In welchem Land währte bis 1901 das sogenannte viktorianische Zeitalter?

☐ a) Russland
☐ b) Frankreich
☐ c) Österreich
☐ d) Großbritannien

☞ **d) Großbritannien**

Die Epoche wurde nach der über 60 Jahre regierenden Queen Victoria (1819–1901) benannt und war einerseits eine Phase enormen imperialen Machtausbaus und wirtschaftlichen Wachstums, anderseits gilt sie auch als Zeit kultureller Kargheit, der Prüderie und sozialer Immobilität.

Frage 887

Wen bezeichnet man als Vertriebene?

☞ Allgemein gewaltsam aus ihrer Heimat vertriebene Personen. In der Bundesrepublik meint man damit insbesondere die Vertriebenen des Zweiten Weltkriegs, die 1945 infolge des Potsdamer Abkommens in die vier Besatzungszonen umgesiedelt wurden.

Frage 888

Was verbarg sich hinter dem französischen Begriff „Entente cordiale" (dt. „herzliches Einverständnis")?

☞ Das Bündnis zwischen Großbritannien und Frankreich von 1904, das die Grundlage für die 1907 erfolgte Erweiterung zur Tripelentente mit Russland bildete und das die politische und militärstrategische „Einkreisung" Deutschlands vor dem Ersten Weltkrieg zur Folge hatte.

Frage 889

Die von Konstantin dem Großen (um 274–337) als Hauptstadt des Oströmischen Reichs gegründete Stadt wurde 1453 von den Türken erobert, die sie zur Hauptstadt des Osmanischen Reichs machten. 1923 musste sie den Rang einer Hauptstadt an Ankara abtreten. 1930 wurde sie auf Veranlassung Kemal Atatürks in Istanbul umbenannt. **Welchen Namen trug die berühmte Stadt ursprünglich?**

☞ **Konstantinopel.**

Frage 890

Warum wird die Zeit nach dem Wiener Kongress als eine Phase der Restauration bezeichnet?

☞ Weil man versuchte, in Europa die alten Machtverhältnisse wiederherzustellen. Die liberalen und nationalen Ideen der Revolutionszeit betrachtete man als staatsgefährdend und versuchte, ihre Ausbreitung einzudämmen.

Frage 891

Welcher Paragraf des bundesdeutschen Strafgesetzbuches geriet seit Beginn der 1970er-Jahre heftig in die Kritik?

☞ § 218, der bestimmte, Schwangerschaftsabbruch strafrechtlich zu verfolgen. 1974 beschloss der Bundestag das Gesetz zur Fristenlösung, gegen das jedoch vom Bundesverfassungsgericht eine einstweilige Verfügung erlassen wurde. Da die Gesetzeslage in beiden deutschen Staaten sehr unterschiedlich war, musste 1990 nach der Wiedervereinigung die rechtliche Regelung nochmals überdacht werden.

Frage 892

Wer residiert in der Londoner Downing Street Hausnummer 10?

☐ a) der Prince of Wales
☐ b) der Premierminister
☐ c) der Bischof von London
☐ d) der Bürgermeister von London

☞ **b) der Premierminister**

Hier befindet sich der Amtssitz und offizielle Wohnsitz des jeweiligen britischen Premierministers.

Tony Blair (Premierminister von1997 bis 2007) und Dick Cheney (US-Vizepräsident von 2001 bis 2009) vor 10 Downing Street

Frage 893

Was ist die OSZE?

☞ Die Organisation über Sicherheit und Zusammenarbeit in Europa ist eine Konferenz sämtlicher europäischer Staaten. Sie ist aus der 1973 von 35 Außenministern aus Europa, Kanada, der UdSSR und den USA ins Leben gerufenen KSZE hervorgegangen und beschäftigt sich mit der grundsätzlichen Regelung von Fragen der europäischen Sicherheitspolitik, der Wahrung der Menschenrechte, von humanitären Angelegenheiten und der Zusammenarbeit auf den Gebieten von Wirtschaft, Technik und Umwelt.

Frage 894

Wer war während der Völkerwanderung unterwegs?

☞ Durch den Einfall der Hunnen wurden die Ost- und Westgoten aus ihren Siedlungen nordwestlich des Schwarzen Meers vertrieben und wanderten vom 2. bis 8. Jahrhundert nach Süden und Osten. Dadurch begannen weitere Germanenstämme nach einer neuen Heimat zu suchen. Die Völkerwanderung führte schließlich dazu, dass das Römische Reich unterging und sich neue Staaten und Reiche in Europa bildeten.

Frage 895

Der Begriff bezeichnete im alten Rom das einfache Volk, d. h. all jene, die nicht den altehrwürdigen adeligen Patrizierfamilien angehörten oder deren Familien keine Senatoren und Ritter stellten. Später wurden auch Menschen mit niedrigem Bildungsniveau so bezeichnet. In diesem Sinne wird der Begriff noch heute verwendet. **Wie lautet er?**

☞ **Plebejer.**

Frage 896

Was folgte auf die Schlacht von Königgrätz 1866?

☞ Das über Österreich in der Schlacht siegreiche Preußen gründete 1867 unter seiner Führung den Norddeutschen Bund. Damit war das Ringen um die staatliche Einheit des Deutschen Reichs zugunsten einer sogenannten kleindeutsch-preußischen Lösung entschieden. Österreich sonderte sich ab und gründete die Doppelmonarchie Österreich-Ungarn.

Frage 897

Welcher Volksstamm begründete die La-Tène-Kultur?

☞ Die La-Tène-Kultur (nach dem Fundort La Tène in der Schweiz), die sich besonders durch die kunstvolle Eisenbearbeitung auszeichnet, wurde von keltischen Volksgruppen getragen, die sich im 5. bis 1. Jahrhundert v. Chr. in Süddeutschland, Böhmen, auf den Britischen Inseln, in Gallien, Norditalien und auf dem Balkan sowie auf der Iberischen Halbinsel und in Kleinasien niederließen.

Frage 898

Wer steht seit November 2005 dem Auswärtigen Amt vor?

☐ a) Gernot Erler
☐ b) Angela Merkel
☐ c) Horst Köhler
☐ d) Frank-Walter Steinmeier

☞ **d) Frank-Walter Steinmeier**
Beim Auswärtigen Amt handelt es sich um das Außenministerium, das seit 2005 von Bundesaußenminister Frank-Walter Steinmeier (*1956) geleitet wird.

Frank-Walter Steinmeier

Frage 899

Wie werden viele Schlachten des Ersten Weltkriegs bezeichnet?

☞ **Als Materialschlachten.** Der Begriff drückt den Sachverhalt aus, dass in vielen Schlachten unglaubliche Mengen an Material verwendet wurden, um den Feind durch zahlenmäßige Überlegenheit zu bezwingen. Es entstand eine tödliche Pattsituation, und Menschen und Material wurden sinnlos geopfert.

Frage 900

Was sind die Folgen des Nord-Süd-Konflikts?

☞ Folgen des Nord-Süd-Konflikts sind u. a. eine Verschärfung der Schuldenkrise der armen Länder, eine Verknappung der natürlichen Ressourcen und ein Anwachsen der Flüchtlingsströme von Süd nach Nord.

Frage 901

Weil Stalin die politische Abspaltung der Westsektoren vom Osten Berlins verhindern wollte, blockierten sowjetische Soldaten zwischen Juni 1948 und Mai 1949 Westberlin vollständig. Am 26. Juni 1948 begannen US-Luftstreitkräfte, eine Luftbrücke aufzubauen, die die Versorgung der Westberliner garantierte. **Wie nannte man die amerikanischen Versorgungsflugzeuge, die während der sogenannten Berlinblockade den Westteil der Stadt mit Grundnahrungsmitteln versorgten?**

☞ **Rosinenbomber.**

Landung eines Rosinenbombers 1948 in Berlin

Frage 902

Wie kam es im April 1943 zum Aufstand im Warschauer Getto?

☞ Im April 1943 beschlossen die deutschen Behörden die Auflösung des Gettos, was für die Bewohner die Deportation in die Konzentrationslager bedeutete. Am 9. April 1943 stießen die Deutschen auf bewaffnete Gegenwehr der jüdischen Bevölkerung. Die aus verschiedenen jüdischen Parteien und Gruppen gebildete jüdische Kampforganisation „Zydowska Organizacja Bojowa" konnte sich mehrere Wochen den deutschen Truppen widersetzen. Erst mit der Niederbrennung des Gettogeländes konnten die deutschen Einheiten das Gebiet bis zum 16. Mai 1943 wieder unter ihre Kontrolle bringen.

Die Überlebenden des Aufstandes wurden deportiert, nur wenige Tausend Menschen kamen mit dem Leben davon.

Frage 903

Warum konnte die Wahl des 43. US-Präsidenten erst fünf Wochen nach der Abstimmung entschieden werden?

☞ Da zunächst keiner der beiden Kandidaten eine klare Mehrheit erreicht hatte, wurden die Stimmzettel in Florida noch einmal per Handauszählung überprüft. Am 13. Dezember 2000 stand George W. Bush (*1946) schließlich als neuer Präsident der USA fest.

George W. Bush

Frage 904

Wo brach 1991 ein Bürgerkrieg aus, der erst 1995 beendet werden konnte?

☐ a) Bosnien-Herzegowina
☐ b) Afghanistan
☐ c) Kongo
☐ d) Nigeria

☞ **a) Bosnien-Herzegowina**
Bosnien hatte 1991 seine Unabhängigkeit von Jugoslawien erklärt; auch die in der Region lebenden Serben und Kroaten riefen eigene Staaten aus. Daraufhin brach ein grausam geführter Bürgerkrieg aus, in dem Massaker, Vergewaltigungen und „ethnische Säuberungen" an der Tagesordnung waren. Im Frieden von Dayton, den US-Präsident Clinton vermittelte, wurde der Krieg beendet.

Frage 905

Womit begründeten die USA den Eintritt in den Vietnamkrieg?

☞ Die USA fürchteten, dass es nach dem Zweiten Weltkrieg insbesondere in Südostasien zu einer immer weiteren Ausbreitung des Kommunismus kommen könnte. Sie beschrieben diese Situation mit der sogenannten Dominotheorie, nach der, wie bei den aufgereihten Dominosteinen, der Sturz eines Regimes den Fall weiterer automatisch nach sich zieht.

Frage 906

Von wann bis wann bestand die römische Republik?

☞ Die römische Republik entstand der Legende nach im Jahr 510 v. Chr., nachdem die Römer ihren letzten König vertrieben hatten. Die Zeit der Republik endete 27 v. Chr., als Augustus (63 v. Chr.–14 n. Chr.) römischer Kaiser wurde.

Frage 907

Sie ist die größte parlamentarische Versammlung der Bundesrepublik und tritt in der Regel nur alle fünf Jahre zusammen. Die Anzahl ihrer Mitglieder richtet sich danach, wie viele Personen im aktuellen Bundestag sitzen. Die Mitglieder des Bundestags sind automatisch auch Mitglieder dieser Versammlung. Hinzu kommt noch einmal die gleiche Anzahl an Personen, die von den Bundesländern nominiert werden. Dabei muss es sich nicht unbedingt um Politiker handeln. Auch Prominente oder ganz „normale" Bürger können in die Versammlung berufen werden. Sie wird vom Bundespräsidenten einberufen, vorbereitet und durchgeführt und hat nur eine einzige Aufgabe: die Wahl des Bundespräsidenten. **Wie heißt sie?**

☞ **Bundesversammlung.**

Frage 908

Welcher Nationalität gehörten die Nobelpreisträger Bertha von Suttner und Konrad Lorenz an?

☞ **Österreich.** Suttner (1843–1914) erhielt 1905 den Friedensnobelpreis für ihre engagierte Arbeit in der modernen Friedensbewegung. Lorenz (1903–89) erhielt für seine Leistungen in der Verhaltensforschung 1973 den Nobelpreis für Physiologie und Medizin.

Konrad Lorenz

Frage 909

Wodurch sind die beiden mittelenglischen Städte Oxford und Cambridge bekannt geworden?

☞ Durch die dort entstandenen ersten beiden Universitäten Englands. Das King's College der Universität Cambridge wurde 1284 gegründet, die Universität Oxford bereits im 12. Jahrhundert.

Frage 910

Wann traten die USA in den Zweiten Weltkrieg ein?

☐ a) 1939 ☐ c) 1943
☐ b) 1941 ☐ d) 1944

☞ **b) 1941**
Im August 1941 verkündete US-Präsident Franklin D. Roosevelt (1882–1945) mit Churchill (1874– 1965) die Atlantikcharta, in der die Grundsätze der zukünftigen Kriegs- und Nachkriegspolitik Großbritanniens und der USA festgelegt wurden.

Frage 911

Wegen ihrer traditionellen Textilindustrie und Metall verarbeitenden Industrie war die Stadt schon früh eine Hochburg der Arbeiterbewegung. Zu DDR-Zeiten wurde sie in Karl-Marx-Stadt umbenannt. **Von welcher sächsischen Stadt ist die Rede?**

☞ **Von Chemnitz.**

Frage 912

Welches internationale Treffen von Staatsmännern ordnete Europa 1814/15 nach der napoleonischen Ära neu?

☞ **Der Wiener Kongress**, der der Restaurierung der alten Machtverhältnisse diente. Die leitende Figur war der spätere österreichische Staatskanzler Klemens Wenzel Fürst von Metternich (1773–1859).

Frage 913

Weil Alexander der Große (356–323 v. Chr.) keine legitimen Nachfolger hatte, wurde das gesamte eroberte Reich unter seinen ehemaligen Feldherrn Lysimachos (361–281 v. Chr.), Kassandros (um 355–297 v. Chr.), Demetrios (um 336–283 v. Chr.), Ptolemaios (um 367–283 v. Chr.), Antipater (um 398–319 v. Chr.) und Antigonos (um 382–301 v. Chr.) aufgeteilt. **Wie nennt man die Nachfolger Alexanders?**

☞ **Diadochen (griech. „Nachfolger").**

Frage 914

Was war die Legion Condor?

☞ **Eine Einheit der deutschen Luftwaffe**, die im Spanischen Bürgerkrieg ab 1936 die faschistischen Einheiten unter General Franco unterstützte. Die unverteidigte baskische Stadt Guernica wurde 1937 von der Legion Condor überfallen und völlig zerbombt.

Frage 915

Wo wurden zum ersten Mal Dukaten in Umlauf gebracht?

☞ Als Dukaten bezeichnete man seit dem Spätmittelalter Goldmünzen mit einem Gewicht von 3,5 Gramm, die zum ersten Mal in Venedig geprägt wurden. Der Name ist von der lateinischen Inschrift abgeleitet: „Sit tibi Christe datus quem tu regis iste ducatus" (Dir, Christus, sei dieses Herzogtum gegeben, das du regierst).

Frage 916

Wer wurde 1789 zum ersten Präsidenten der USA gewählt?

☐ a) Abraham Lincoln
☐ b) Thomas Jefferson
☐ c) James Monroe
☐ d) George Washington

☞ **d) George Washington** (1732–99)

Frage 917

Welches Staatsorgan verfügt in der Bundesrepublik über das Haushaltsrecht?

☞ Der Deutsche Bundestag bewilligt oder verwirft den Haushaltsplan der Bundesregierung und hat somit Einfluss auf die Gestaltung der Einnahmen und Ausgaben des Staates, insbesondere besitzt er das Steuerbewilligungsrecht.

Frage 918

Was ist in der Höhle von Altamira bei Santander in Spanien zu bewundern?

☞ **Prähistorische Wand- und Deckenmalereien.** Das Betreten der Höhle ist nicht mehr gestattet, weil Temperaturschwankungen zur Zerstörung der 13.000 bis 20.000 Jahre alten Höhlenmalereien führen. Eine Kopie ist aber im archäologischen Museum von Madrid zu besichtigen.

Frage 919

Auf dem Wiener Kongress wurde durch die Bundesakte vom 8. Juni 1815 ein Zusammenschluss der deutschen Einzelstaaten zu einem losen Staatenbund beschlossen. Ihm traten 37 souveräne Fürstentümer und vier Reichsstädte bei. Die Gesandten der Mitgliedstaaten trafen unter dem Vorsitz Österreichs zusammen. **Wie nannte man den Staatenbund?**

☞ **Deutscher Bund.**

Frage 920

Welchen Krieg beendete der Westfälische Frieden von 1648?

☞ **Den Dreißigjährigen Krieg (1618–48).** Im Westfälischen Frieden wurden u. a. die Unabhängigkeit der Niederlande und der Schweiz vom Deutschen Reich sowie die Souveränität der einzelnen deutschen Fürsten festgelegt.

Frage 921

Der Mont Saint-Michel an der französischen Küste wurde nicht durch seine Höhe berühmt. Wodurch dann?

Mont Saint-Michel

☞ Auf dieser Felseninsel vor der Küste der Normandie steht seit 966 eine Abtei. Bei Ebbe kann die Insel zu Fuß erreicht werden, bei Flut ist sie jedoch vom Meer umschlossen.

Frage 922

Wie hieß in der DDR das Parlament?

☐ a) Zentralkomitee
☐ b) Volkskammer
☐ c) Ministerrat
☐ d) Staatsrat

☞ **b) Volkskammer**
Sie wurde nach Einheitslisten gewählt, deren Zusammensetzung die SED kontrollierte.

Frage 923

Im politischen Bereich gibt es ein Organisationsprinzip, das regelt, wie ein Staat oder ein Staatenbund, der aus vielen kleineren Einheiten zusammengesetzt ist, funktionieren kann. Insbesondere geht es dabei darum, welche Kompetenzen jedes einzelne Mitglied erhält und für welche Dinge der Staatenbund selbst übergreifend verantwortlich ist. Wichtig ist, dass die einzelnen Gliedstaaten keine staatliche Souveränität besitzen. Diese bleibt dem übergeordneten Staat vorbehalten. Die Gliedstaaten besitzen aber sehr wohl eigene politische Organe und Kompetenzen. **Um welche Organisationsform handelt es sich?**

☞ **Den Föderalismus.** Der Begriff „Föderalismus" leitet sich vom lateinischen foedus „Bund", „Bündnis", „Vertrag" ab. In der Bundesrepublik stellen die Bundesländer die Gliedstaaten dar.

Frage 924

Wie lautet die Inschrift am Berliner Reichstagsgebäude?

☐ a) Einigkeit und Recht und Freiheit
☐ b) Dem Deutschen Volke
☐ c) Wir sind das Volk
☐ d) Alle Macht dem Volk

☞ **b) Dem Deutschen Volke**

Frage 1

Was versteht man unter Keynesianismus?

☞ Der Begriff geht zurück auf den britischen Wirtschaftswissenschaftler und Nationalökonomen John Maynard Keynes (1883–1946). Er stellte die Theorie auf, dass eine erfolgreiche Volkswirtschaft staatlicher Eingriffe bedürfe und widersprach der damals gängigen Auffassung, dass eine Wirtschaft über Selbstheilungskräfte verfüge, die Krisen eigenständig überwinden können. Er forderte beispielsweise die Steigerung der staatlichen Nachfrage in Zeiten eines rückläufigen privaten Konsums.

John Maynard Keynes

Frage 2

Was kennzeichnet einen Akkordlohn?

☞ Er ist ein leistungsabhängiger Lohn. Grundlage bildet das mengenmäßige Arbeitsergebnis, also nicht die Länge der Arbeitszeit in einem Betrieb. Es gibt zwei Formen: Zeitakkord und Stückakkord. Beim Zeitakkord wird eine feste Zeit für einen bestimmten Arbeitsauftrag vorgegeben und für diese Zeit ein bestimmter Betrag bezahlt, beim Stückakkord wird für jedes fertiggestellte Stück ein bestimmter Geldbetrag festgesetzt.

Frage 3

Was ist der Zweck eines Embargos?

☞ Durch ein Embargo, das z. B. ein staatliches Ausfuhrverbot bestimmter Waren umfasst, soll ein Land zu einem bestimmten Tun oder Unterlassen gezwungen werden.

Frage 4

Welche Funktion hat ein Aufsichtsrat?

☞ Der Aufsichtsrat ist ein Kontrollorgan, das die Geschäftsführung überwacht. Außerdem hat er das Recht, Maßnahmen der Geschäftsführung von seiner Zustimmung abhängig zu machen. Darüber hinaus ernennt er die Mitglieder der Geschäftsführung und erstattet der Hauptversammlung über seine Arbeit Bericht.

Frage 5

Was versteht man unter Spekulation?

☞ Spekulation heißt ein Geschäft, das in der Erwartung eines nicht kalkulierbaren Gewinns abgeschlossen wird. Das Spekulationsgeschäft ist mit einem Risiko verbunden und kommt meist bei Wertpapiergeschäften vor.

Frage 6

Wer schloss sich im Mittelalter den Zünften an?

☐ a) Kaufleute
☐ b) Handwerker
☐ c) Gelehrte
☐ d) Adlige

☞ **b) Handwerker**
Es herrschte Zunftzwang, d. h. wer ein bestimmtes Handwerk (z. B. Schuhmacher) oder sogar eine Kunst (z. B. Malerei) ausüben wollte, musste einer Zunft angeschlossen sein. Hier wurden u. a. Preise festgelegt und die Ausbildung der Lehrlinge und Gesellen geregelt.

Zunfthaus der Schiffleute

Frage 7

Was wird in einem Tarifvertrag festgelegt?

☞ In einem Tarifvertrag werden die Löhne bzw. Arbeitsbedingungen für bestimmte Berufszweige einheitlich festgelegt. Die ausgehandelten Bedingungen gelten für beide Partner bis zum Ablauf des Vertrags uneingeschränkt.

Frage 8

Wie bezeichnet man die gesetzliche Geldordnung eines Staates?

☞ Die gesetzliche Geldordnung eines Staates ist die Währung. Werden von den Banken ausländische Währungen angekauft, zahlen sie den Geldkurs, werden dagegen ausländische Währungen von den Banken verkauft, fordern sie den Briefkurs.

Frage 9

Was sind Konvergenzkriterien?

☞ Kriterien, die im Maastrichtvertrag von 1992 als Voraussetzung zur Teilnahme eines Landes an der Europäischen Wirtschafts- und Währungsunion aufgestellt wurden. Die vier Kriterien sind Preisstabilität, Wechselkursstabilität, Haushaltsdisziplin und Zinsniveau. Eine Hauptbeitrittsbedingung ist z. B. eine geringe Staatsverschuldung. Die Neuverschuldung des öffentlichen Haushalts darf 3 % des Bruttoinlandsprodukts nicht übersteigen. Außerdem darf der gesamte Schuldenstand der öffentlichen Hand nicht mehr als 60 % des Bruttoinlandsprodukts betragen.

Frage 10

Es ist ein öffentliches Register, das bei den Amtsgerichten geführt wird und in dem Kaufleute und Handelsgesellschaften unter ihrer Firma (Name) verzeichnet sind. In der Abteilung A werden die Einzelunternehmen und die Personengesellschaften, in der Abteilung B die Kapitalgesellschaften geführt. **Wie heißt es?**

☞ **Handelsregister.**

Frage 11

Was versteht man unter Leasing?

☞ Die Vermietung von Gebrauchsgütern an Privatpersonen bzw. die Vermietung von Investitionsgütern an Unternehmen.

Frage 12

Sie soll eine Einigung auf gütlichem Wege herbeiführen und einen Arbeitskampf, also einen Streik, vermeiden. Sie wird beantragt, wenn sich die Tarifpartner in den Verhandlungen nicht einigen können und eine der beiden Seiten die Gespräche für gescheitert erklärt. **Wie nennt man das Verfahren zur Beilegung von Streitigkeiten um einen Tarifvertrag?**

☞ **Schlichtung.**

Frage 13

Welche Währung wird als Valuta bezeichnet?

☞ Als Valuta wird in der Regel ausländisches Währungsgeld bezeichnet.

Frage 14

Wie bezeichnet man den Gewinnanteil auf Aktien?

☞ Als Dividende, die auf die Aktionäre, d. h. die Gesellschafter einer AG, entsprechend ihrer Aktienanteile verteilt wird. Sie hängt vom Reingewinn des Unternehmens ab. Über die Höhe der Dividende entscheidet die Hauptversammlung. Die Dividende wird in der Regel in Prozent des Nennwerts der Aktie ausgedrückt, ist somit kein Zins, sondern ein Anteil am Gewinn eines Unternehmens.

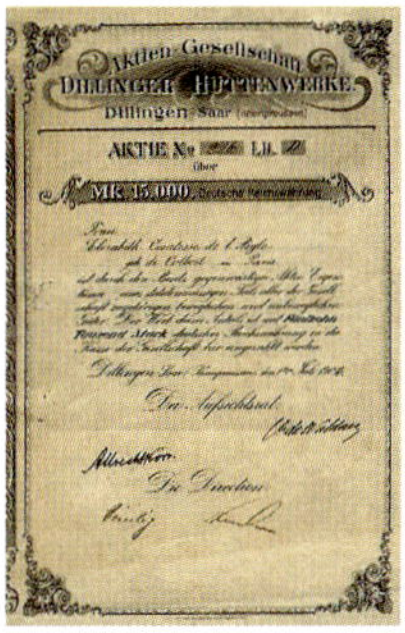

Aktie der Dillinger Hütte, der ersten Aktiengesellschaft Deutschlands

Frage 15

In welcher Organisation sind die 30 führenden westlichen Industrieländer zusammengeschlossen?

☐ a) OPEC
☐ b) WTO
☐ c) OECD
☐ d) IWF

☞ **c) OECD**

In der OECD (engl. Organization for Economic Cooperation and Development), der Organisation für wirtschaftliche Zusammenarbeit und Entwicklung. Zu den Mitgliedern gehören auch Staaten aus Asien und Osteuropa.

WEISHEITEN ÜBER GELD

Geld stinkt nicht.
(Vespasian)

Zeit ist Geld.
(Benjamin Franklin)

Verfüge nie über Geld, ehe du es hast.
(Thomas Jefferson)

Die Nahrung des Geizhalses besteht aus Geld und Verachtung.
(Honoré de Balzac)

Denn wo dein Schatz ist, da ist auch dein Herz.
(Matthäusevangelium)

Frage 16

Was versteht man unter Autarkie?

☞ Die wirtschaftliche Selbstversorgung eines Landes mit dem Ziel, von anderen Ländern unabhängig zu sein.

Frage 17

Was verbirgt sich hinter dem Begriff „Börse"?

☞ Die Börse (nach der niederländischen Kaufmannsfamilie Van der Beurse benannt) ist ein Ort, an dem sich regelmäßig und zu festgesetzten Zeiten zugelassene Personen treffen, um Geschäfte in Waren und Wertpapieren abzuschließen. Es gibt Wertpapier-, Effekten-, Devisen-, Waren- und Versicherungsbörsen, zu unterscheiden ist zudem die Präsenz- von der Computerbörse. Typische börsenfähige Güter sind abwesend (d. h. nicht am Börsenplatz vorhanden) und fungibel (d. h. austauschbar und nach Zahl, Maß oder Gewicht bestimmt). In Deutschland stehen die Wertpapierbörsen unter staatlicher Aufsicht, der Börsenvorstand entscheidet über die Zulassung von Personen zum Börsenhandel.

Frage 18

Was verbirgt sich hinter dem Begriff „Incoterms"?

☞ Incoterms (International Commercial Terms, „Internationale Handelsklauseln") sind freiwillige Regeln zur Auslegung handelsüblicher Vertragsformeln im internationalen Warenhandel, die vor allem die Art und Weise der Lieferung von Gütern regeln.

Frage 19

Was bezeichnet man als Boom?

☞ Einen unvermittelten Aufschwung an den Waren- und Wertpapierbörsen. Umgangssprachlich wird der Begriff auch für einen starken Anstieg der Verkaufszahlen eines Konsumguts verwendet.

Frage 20

Was versteht man unter Investition?

☞ Die Anschaffung von Sachgütern, Grundstücken, Gebäuden, immateriellen Vermögensgegenständen, um Güter zu erzeugen bzw. Dienstleistungen anbieten zu können und den Produktionsprozess zu rationalisieren und somit wettbewerbsfähiger zu machen.

Frage 21

Mit seinem Werk *Vom Wohlstand der Nationen* (1776) begründete er das klassische ökonomische Denken. Arbeitsteilung, wirtschaftliches Eigeninteresse und das ungestörte Wirken des Marktes stehen im Zentrum seiner Überlegungen. Mindestens drei Bedingungen müssen erfüllt sein, damit sich diese zentralen Komponenten des ökonomischen Denkens entfalten können: Es muss ein freier Wettbewerb herrschen, die Konkurrenten müssen in ihrem Handeln durch Sympathie und „sittliche Gefühle" geleitet sein, und der Staat muss Aufgaben übernehmen, die Privatpersonen wegen mangelnder Profitabilität nicht in Angriff nehmen wollen. **Wie hieß der englische Ökonom, den man auch den Vater der klassischen Nationalökonomie nennt?**

☞ **Adam Smith (1723–90).**

Frage 22

Welche Funktion hat eine Holding?

☞ Eine Holding ist eine Dachgesellschaft, d. h. eine Gesellschaft, die nicht selbst produziert, sondern deren wirtschaftliche Tätigkeit sich auf die Verwaltung der von ihr beherrschten Unternehmen erstreckt, auf die sie somit eine gewisse Kontrolle ausübt.

Frage 23

Um welche Form der Beschaffung handelt es sich bei Just-in-time?

☞ Um eine moderne Form der Beschaffung vorwiegend großer Unternehmen, um Lagerkosten zu sparen. Die für die Produktion notwendigen Roh-, Hilfs- und Betriebsstoffe werden je nach Zweckmäßigkeit produktionssynchron angeliefert, d. h., es sind nur die von der Fertigung gerade benötigten Güter vorhanden.

Frage 24

Welche Aufgaben hat der Europäische Rechnungshof?

☞ Der Europäische Rechnungshof (EuRH), in den jeder Mitgliedstaat ein Mitglied entsendet, prüft die Einnahmen und Ausgaben der Europäischen Union. Sitz des Rechnungshofs ist Luxemburg.

Frage 25

Was beinhaltet der Begriff „Kapital"?

☞ Volkswirtschaftlich bezeichnet man mit Kapital einen der drei Produktionsfaktoren neben Boden und Arbeit. Betriebswirtschaftlich spiegelt sich das Kapital eines Unternehmens in der Form von Anlage- und Umlaufvermögen sowie dem vorhandenen Geldkapital wider. Kapital wird somit in Sach- und Geldkapital unterschieden, das in der Passiva der Bilanz als Eigen- und Fremdkapitalposten und in der Aktiva als Anlage- und Umlaufvermögen steht.

Frage 26

Was ist ein Kartell?

☞ Der freiwillige Zusammenschluss rechtlich selbstständiger Unternehmen, die auf einer gleichen Produktionsstufe stehen. Sie vereinbaren ein gemeinsames Handeln oder die Beschränkung des Wettbewerbs und geben somit einen Teil ihrer Selbstständigkeit auf. Kartelle sind – bis auf wenige Ausnahmen – verboten.

Frage 27

Wozu ist der Inhaber einer Kreditkarte berechtigt?

☐ a) Kredite aufzunehmen
☐ b) Rechnungen zu begleichen
☐ c) Bargeld abzuheben
☐ d) Kredite zu vergeben

☞ **b) Rechnungen zu begleichen**
Gegen Zahlung eines Jahresbeitrags ist der Inhaber berechtigt, Rechnungen ohne Bar-

geld oder Scheck bei angeschlossenen Geschäften zu begleichen.

Frage 28

Wie bezeichnet man heute den Konkurs?

☞ **Als Insolvenz.** Am 1. Januar 1999 wurde die alte Konkursordnung durch die sogenannte Insolvenzordnung ersetzt.

Frage 29

Wie werden die Leistungen der Bundesagentur für Arbeit (BA) finanziert?

☞ Durch Beiträge der Arbeitgeber und Arbeitnehmer zur Arbeitslosenversicherung, wobei der Bund zum Ausgleich eines Defizits verpflichtet ist.

Frage 30

Was ist ein Blue Chip?

☞ Als Blue Chip werden an der Börse Aktien erstklassiger US-amerikanischer Firmen bezeichnet. Den amerikanischen Blue Chips entsprechen die deutschen Standardwerte. Der Begriff leitet sich von den blauen Spielchips in Spielbanken ab, die für besonders hohe Einsätze verwendet werden.

Frage 31

Was bedeutet die Abkürzung SCHUFA?

☞ Die Schutzgemeinschaft für allgemeine Kreditsicherung wurde bereits 1927 von Kreditinstituten und dem Einzelhandel gegründet und gibt Auskunft über die Bonität von Kunden. Jedermann kann Auskunft darüber verlangen, welche Daten bei der Schufa über ihn gespeichert sind.

Frage 32

Wie definiert man einen Konzern?

☞ Als Zusammenschluss mehrerer Unternehmen unter einheitlicher Führung.

Frage 33

Welche Währung nimmt im internationalen Finanz- und Währungssystem besondere Aufgaben wahr?

☞ **Die Leitwährung.** Sie fungiert als Reservewährung, d. h., die Notenbanken der Länder legen ihre Währungsreserven ganz oder teilweise in dieser Währung an.

Frage 34

Auf betont christlich-sozialer Grundlage baute er die ersten landwirtschaftlichen Genossenschaften als Selbsthilfeorganisationen mit Wohltätigkeitscharakter auf. Erst später erhielten sie eine stärkere wirtschaftliche Zielsetzung. **Wie hieß der Begründer der deutschen landwirtschaftlichen Genossenschaften?**

☞ **Friedrich Wilhelm Raiffeisen (1818–88).**

Frage 35

Was bewirkt der sogenannte Leitzins?

☞ Nationale Banken müssen sich bei Noten- und Zentralbanken mit Geld versorgen. In Europa fungiert die Europäische Zentralbank als ein solches Geldausgabeinstitut. Der Leitzins wird von der Europäischen Zentralbank festgelegt und bezeichnet die Bedingungen, unter denen die nationalen Banken das Geld erhalten. Dabei steht die Anhebung des Leitzinses für eine restriktive Geldpolitik, die die Inflation niedrig halten soll. Kredite werden in einem solchen Fall für gewöhnlich teurer. Im Gegensatz dazu bewirkt die Senkung des Leitzinses eine Verbilligung von Krediten und führt zu steigenden Investitionen. Änderungen des Leitzinses machen sich erst mit einer Verzögerung von ca. einem Jahr auf dem Markt bemerkbar.

Frage 36

Welche Firmen gehören zur Biotechbranche?

☞ Betriebe, die zur Produktion von Chemikalien, Arzneimitteln, Nahrungsmitteln u. ä.

biologische Prozesse auf den technischen Bereich übertragen.

Frage 37

Worin unterscheidet sich die soziale von der freien Marktwirtschaft?

☞ Soziale und freie Marktwirtschaft unterscheiden sich darin, dass Erstere staatliche Eingriffe zur Sicherung der Funktionsfähigkeit der Märkte zulässt. Durch eine Rechtsordnung sollen ein Machtmissbrauch verhindert und die sozialen Belange der Marktteilnehmer berücksichtigt werden.

Frage 38

Was bedeutet der Begriff „Kaufkraft"?

☞ Die Fähigkeit, mit einer Geldmenge eine bestimmte Warenmenge zu erwerben.

Frage 39

Was ist ein Binnenmarkt?

☞ Der Binnenmarkt umfasst das gesamte Zusammentreffen von Angebot und Nachfrage innerhalb der Grenzen eines Landes.

Frage 40

Wie bezeichnet man die Phase wirtschaftlichen Stillstands?

- ☐ a) Depression
- ☐ b) Inflation
- ☐ c) Stagnation
- ☐ d) Rezession

☞ **c) Stagnation**
Bei der Stagnation herrschen hohe Arbeitslosigkeit, geringe Investitionsbereitschaft und ungünstige Gewinnaussichten.

Frage 41

Wie heißt der auf einer Aktie aufgedruckte Wert?

Siemensaktie von 1897

☞ **Nennwert (Nominalwert).** Er drückt aus, mit welchem Betrag der Aktieninhaber am Kapital einer Aktiengesellschaft beteiligt ist. Entsprechend seiner Höhe wirkt er sich auf den Gewinn aus.

Frage 42

Welche Länder gelten als EU-Nettozahler?

☞ Nettozahler, also diejenigen Länder, deren Beitrag zum Haushalt der EU größer ist als die Summe, die wieder in das Land zurückfließt, sind vor allem Deutschland, Österreich, die Niederlande und Schweden.

Frage 43

Wo gab es den Neuen Markt?

☞ Er war ein neues Handelssegment an der Frankfurter Börse und orientierte sich am amerikanischen Freiverkehrsmarkt NASDAQ. Ziel dieses Marktes war es, Risikokapital für junge Unternehmen aus Wachstumsbranchen bereitzustellen. Nach einem starken Kursverfall am neuen Markt wurde eine Umsegmentierung vorgenommen, und der sogenannte NEMAX wurde Ende 2004 eingestellt.

Frage 44

Für welche Länder wird der Begriff „Billiglohnländer" verwendet?

☞ Er wird meistens für Länder der Dritten Welt oder des ehemaligen Ostblocks verwendet. Errichten Industriestaaten in diesen Ländern Produktionsstätten und beschäftigen einheimische Arbeitskräfte, ist deren Lohn aufgrund der Währungsunterschiede und des geringeren Lebensstandards wesentlich niedriger als der Lohn für hoch qualifizierte und an einen hohen Lebensstandard angepasste Arbeitskräfte in den Industriestaaten.

Frage 45

Was ist eine Hypothek?

☞ Die Belastung eines Grundstücks oder eines Miteigentumsanteils mit einer bestimmten Geldsumme durch Eintragung ins Grundbuch. Sie dient der Absicherung langfristiger Kredite. Der Berechtigte kann eine Zwangsvollstreckung des Grundstücks erwirken, wenn der gewährte Kredit nicht zurückgezahlt wird.

Frage 46

Was sind Schuldverschreibungen?

☞ Öffentliche oder private Anleihen, auch Obligationen genannt, in denen sich der Aussteller zur Zahlung einer bestimmten Geldsumme an den Gläubiger verpflichtet (z. B. Pfandbriefe, Kommunalobligationen, Industrieobligationen).

Frage 47

Als seine Berater dem römischen Kaiser Vespasian (9–79 n. Chr.) ausreden wollten, eine Steuer für die öffentlichen Bedürfnisanstalten im alten Rom zu erheben, hielt er ihnen angeblich ein Geldstück unter die Nase und sagte einen berühmt gewordenen Satz. Wer diese Redewendung heute verwendet, will damit zum Ausdruck bringen, dass Geld nichts mit moralischen Überlegungen zu tun hat. **Wie lautet sie?**

☞ **Geld stinkt nicht** (lat. pecunia non olet).

Frage 48

Welche Aufgaben hat der Betriebsrat?

☞ Sofern es in seinen gesetzlich bestimmten Bereich fällt, berät er gemäß Betriebsverfassungsgesetz die Arbeitgeber in größeren Unternehmen auf wirtschaftlichem und personellem Gebiet. Darüber hinaus hat er die Aufgabe, die Belange aller Belegschaftsmitglieder anzuhören, zu prüfen und gegebenenfalls beim Arbeitgeber sachgerecht zu unterstützen. Er muss seine Tätigkeit unabhängig, vertrauensvoll und neutral ausführen und bei der Betriebsversammlung einen Tätigkeitsbericht vorlegen.

Frage 49

Was sind Pfandbriefe?

☞ Unverzinsliche Wertpapiere, die Hypothekenbanken und bestimmte öffentlich-rechtliche Kreditinstitute ausgeben, um sich Mittel zur Finanzierung des Wohnungsbaus zu beschaffen. Sie bieten eine relativ hohe Sicherheit und werden an der Börse gehandelt.

Frage 50

Was ist eine GmbH?

☞ Die Gesellschaft mit beschränkter Haftung (GmbH) ist eine Kapitalgesellschaft, die in der Geschäftswelt große praktische Bedeutung erlangt hat, nicht zuletzt, weil

Gründung und Verwaltung unkompliziert sind, die persönliche Haftung ausgeschlossen ist, der Gesellschaftsvertrag weiten Spielraum lässt und man nur ein relativ geringes Stammkapital (mindestens 25.000 Euro) benötigt.

Frage 51

Für welche Länder wird die Bezeichnung „Dritte Welt" verwendet?

☞ Für verschiedene Staaten Asiens, Afrikas und Lateinamerikas, die im Vergleich zu den Industriestaaten wirtschaftlich rückständig sind. Charakteristisch für Dritte-Welt- oder Entwicklungsländer sind ein sehr geringes Pro-Kopf-Einkommen, ein niedriger industrieller Entwicklungsstand, eine sehr hohe Analphabetenquote und ein hohes Bevölkerungswachstum.

Frage 52

Was ist eine Provision?

☞ Eine Vergütung, die meist in Prozent vom Umsatz berechnet wird. Sie ist besonders im Handel und bei Kreditinstituten üblich.

Frage 53

Wann wird die Quellensteuer abgezogen?

☞ Sie wird gleich am Entstehungsort – an der Quelle – von den Einnahmen abgezogen. Die Steuerschuld wird nicht vom Steuerpflichtigen ermittelt und abgeführt, sondern dies übernimmt eine vorgelagerte Stelle. Beispiele hierfür sind die Lohnsteuer im Abzugsverfahren und die Kapitalertragssteuer bei Geldanlagen.

Frage 54

Was bedeutet an der Börse „bestens" und „billigst"?

☞ An der Börse liegen zu Börsenbeginn Kauf- bzw. Verkaufsaufträge von Aktien vor. Einige Marktteilnehmer wollen auf alle Fälle, d. h. zu jedem Kurs, kaufen oder verkaufen. Sie bieten Aktien „bestens" an oder fragen Aktien „billigst" nach.

Frage 55

Abkürzungen beherrschen auch die Finanzwelt. **Wie bezeichnet man z. B. die New Yorker Börse in Kurzform?**

☐ a) WSE
☐ b) NYSE
☐ c) Nikkei
☐ d) NYON

☞ **b) NYSE**
Die New York Stock Exchange, die weltweit größte Börse, wurde 1792 gegründet. Heute kennt man sie vorwiegend unter dem Namen „Wallstreet".

Frage 56

Welche Maßnahme bezweckt eine Steigerung der Rentabilität bzw. Produktivität eines Unternehmens?

☞ **Die Rationalisierung.** Sie umfasst alle technischen, organisatorischen und sozialen Maßnahmen, die zur Erreichung dieser Ziele eingesetzt werden. Häufig geht die Rationalisierung mit einer Freisetzung von Arbeitskräften einher.

Frage 57

Was versteht man unter Portfolio?

☞ Portfolio oder Portefeuille ist der Gesamtbestand an Wertpapieren.

Frage 58

Wie heißt die Abschwungphase der Konjunktur?

☞ Man spricht von einer Rezession, wenn die wirtschaftlichen Tätigkeiten rückläufig sind. Nachfrage, Güterproduktion, Investitionen und Gewinne stagnieren. Für gewöhnlich steigt die Zahl der Arbeitslosen und Kurzarbeiter, aber auch die der Unternehmensinsolvenzen in einer Phase der Rezession deutlich an.

Frage 59
Wann spricht man von Automatisierung?

☞ Wenn Maschinen bestimmte Funktionen übernehmen, die von Menschen nicht mehr ausgeführt werden.

Automatisierung in einer Kraftfahrzeugfabrik

Frage 60
Wie heißt der Zinssatz beim Wechselankauf durch die Deutsche Bundesbank?

☞ **Der Diskontsatz** ist ein von der Bundesbank definierter Zinssatz, zu dem Banken Wechsel an die Bundesbank oder die Landeszentralbanken verkaufen können. Mit dem Diskontsatz steuert die Bundesbank den Zinssatz, den die Banken ihren Kreditnehmern berechnen. Sie hat dadurch Einfluss auf die allgemeine Zins- und Inflationsentwicklung und kann in Zeiten schwacher Kreditnachfrage durch niedrigere Diskontsätze die Kreditnachfrage steigern bzw. bei einer überhitzten Wirtschaft durch eine Erhöhung des Diskontsatzes die Gesamtnachfrage drosseln.

Frage 61
Welche Funktion übt der europäische Wechselkursmechanismus aus?

☞ Auch die Mitgliedstaaten, die nicht dem Euro-Währungsgebiet angehören, sind Teilnehmer des Binnenmarktes. Daher gibt es in der Wirtschafts- und Währungsunion einen institutionalisierten Wechselkursmechanismus, der die Wechselkursbeziehungen zwischen dem Euro und den Währungen der vorläufigen Nichtteilnehmer (Pre-ins) regelt. Auf diese Weise soll die spätere Einführung des Euro in diesen Ländern erleichtert werden.

Frage 62
Das Gremium von unabhängigen wirtschaftswissenschaftlichen Sachverständigen legt jährlich ein Gutachten über die gesamtwirtschaftliche Entwicklung in der Bundesrepublik vor. **Wie heißt das Gremium?**

☞ **Die Fünf Weisen**, offiziell der Sachverständigenrat zur Begutachtung der gesamtwirtschaftlichen Lage der Bundesrepublik.

Angela Merkel 2006 mit den Mitgliedern des Sachverständigenrats: Bert Rürup, Wolfgang Wiegard, Wolfgang Franz, Beatrice Weder di Mauro und Peter Bofinger

Frage 63
Was versteht man unter Schwarzarbeit?

☞ Alle wirtschaftlichen Aktivitäten, die außerhalb der formellen, statistisch erfassten Wirtschaft stattfinden, werden Schwarzarbeit genannt. Sie erreicht in Deutschland einen geschätzten Wert von bis zu 15 % des Bruttosozialprodukts, der Schaden beträgt geschätzt 70 Milliarden Euro.

Frage 64
Was besagt das Stabilitätsgesetz?

☞ Das Gesetz zur Förderung der Stabilität und des Wachstums der Wirtschaft von 1967 fordert Bund und Länder auf, die Erfordernisse des Wirtschaftsgleichgewichts zu beachten. Die gesamtwirtschaftlichen Ziele sind Vollbeschäftigung, Preisstabilität, außenwirtschaftliches Gleichgewicht und Wirtschaftswachstum (das sogenannte Magische Viereck).

Frage 65

Wie lautet der Fachausdruck für die Beschaffung von Staatseinnahmen durch Kreditaufnahmen in einer Rechnungsperiode?

☞ **Die Staatsverschuldung** ist im Gegensatz zu den Steuern nur eine vorübergehende Einnahme. Der Staat finanziert sich vor allem durch Anleihen und über Darlehen am Kapitalmarkt. Das Bundesverfassungsgericht hat hierfür bestimmte Regeln festgelegt, um ein Ausufern der Verschuldung zu verhindern.

Frage 66

Was drückt die Steuerquote aus?

☞ Sie ist eine statistische Kennzahl, die den Anteil des Steueraufkommens in einer Volkswirtschaft ausdrückt.

Frage 67

Was ist der DGB?

☞ Der Deutsche Gewerkschaftsbund ist die Dachorganisation der Industriegewerkschaften Deutschlands. Er wurde 1949 gegründet und ist ein Zusammenschluss von Einzelgewerkschaften mit Sitz in Düsseldorf. Nicht der DGB, sondern die einzelnen Gewerkschaften führen Tarifverhandlungen durch.

Frage 68

Wie nennt man die geheime Abstimmung von Mitgliedern der Gewerkschaften über Streikmaßnahmen?

☐ a) Streikaufruf
☐ b) Urabstimmung
☐ c) Aussperrung
☐ d) Tarifverhandlung

☞ **b) Urabstimmung**
Die Urabstimmung wird ausgerufen, bevor der Arbeitskampf beginnt. 75 % der betroffenen Gewerkschaftsmitglieder müssen ihre Zustimmung zum Streik geben. Streiks ohne Urabstimmung sind wilde Streiks und nicht rechtens.

Frage 69

Was versteht man unter Import?

☞ **Die Einfuhr,** d. h. Lieferungen ausländischer Güter und Dienstleistungen aus dem Ausland in das Inland. Das Gegenteil, die Ausfuhr, wird als Export bezeichnet.

Frage 70

Was bedeutet Strukturpolitik?

☞ Sie ist ein Teil der Wirtschaftspolitik und dient u. a. dem Abbau von regionalen Entwicklungsunterschieden, dem Ausgleich von Standortnachteilen und der Schaffung neuer Arbeitsplätze.

Frage 71

Was bedeutet der Begriff „Umsatz"?

☞ Den Wert der in einer Unternehmung abgesetzten Güter oder die mit den Verkaufspreisen bewertete verkaufte Menge.

Frage 72

Welches Recht wird im Artikel 12 des Grundgesetzes verbrieft?

☞ **Die Gewerbefreiheit,** d. h. das Recht eines jeden, ein Gewerbe zu betreiben sowie Beruf, Arbeitsplatz und Ausbildung frei wählen zu können. Für bestimmte Gewerbe ist eine staatliche Erlaubnis notwendig bzw. können zum Schutz des Gemeinwohls einschränkende Sondervorschriften erlassen werden.

Frage 73

In Unternehmensberichten tauchen oft die Rubriken „Aktiva" und „Passiva" auf. Was wird unter Aktiva zusammengefasst?

☞ Mit Aktiva bezeichnet man die auf der linken Seite stehenden Vermögenswerte eines Unternehmens. Man unterteilt sie in das Anlage- und Umlaufvermögen. Bargeldbestände, Bankkonten sowie kurzfristig verfügbare Finanzanlagen fallen dabei unter das Umlaufvermögen. Grund und Boden, Gebäude und Maschinen sind typische Bestandteile des Anlagevermögens. Die rechte Seite der Bilanz bezeichnet man als Passiva. Die Summe der Aktiv- und Passivseite ergibt die Bilanzsumme.

Frage 74

Er hat zum Ziel, den Markt monopolistisch zu beeinflussen. Seine Bildung erfolgt durch Fusion. Er steht unter einheitlicher wirtschaftlicher Leitung, die rechtliche und wirtschaftliche Selbstständigkeit der Unternehmen geht also völlig verloren. **Wie heißt der Zusammenschluss mehrerer Unternehmen des gleichen Wirtschaftszweigs?**

☞ **Trust.**

Frage 75

Was versteht man unter dem Grauen Markt?

☞ **Einen unreglementierten Kapitalmarkt,** der keiner staatlichen Aufsicht unterliegt. Typisch für den Grauen Kapitalmarkt sind Spekulationsgeschäfte mit hohen Renditeversprechen. Es handelt sich dabei in der Regel um Kreditbeziehungen zwischen Unternehmen und Privathaushalten ohne Beteiligung von Geldinstituten. Veröffentlicht werden solche Angebote häufig in Kleinanzeigen überregionaler Tageszeitungen. Wegen fehlender Markttransparenz ist der Graue Kapitalmarkt oft Handlungsfeld unseriöser Anbieter.

Frage 76

Wie nennt man die 1960 gegründete Europäische Freihandelszone mit Sitz in Genf?

☞ Die Europäische Freihandelszone (European Free Trade Association; EFTA) entstand als Reaktion auf die Gründung der Europäischen Wirtschaftsgemeinschaft (EWG), um der Gefahr einer wirtschaftlichen Diskriminierung vorzubeugen.

Frage 77

Was versteht man unter einem Insidergeschäft?

☞ Käufe und Verkäufe von Wertpapieren, die aufgrund vertraulicher Informationen getätigt werden, die der Öffentlichkeit noch nicht zugänglich sind. Auf diese Weise kann es gelingen, erhebliche finanzielle Verluste zu vermeiden bzw. erhebliche finanzielle Gewinne zu erzielen. Insidergeschäfte sind gesetzlich verboten und werden seit 1994 in der Bundesrepublik strafrechtlich verfolgt, weil Insider den „normalen" Anlegern gegenüber im Vorteil sind, aber auch, weil sie mit ihren Insidergeschäften ihrem Unternehmen und der gesamten Volkswirtschaft u. U. großen Schaden zufügen können.

Frage 78

Was ist eine Währungsreform?

☞ **Eine umfassende Neuordnung der Geldverfassung** eines Landes, dessen Geldwesen volkswirtschaftlich zerrüttet ist. Eine Währungsreform ist insbesondere dann erforderlich, wenn zwar genügend Geld vorhanden ist, das Warenangebot aber nicht ausreicht, um den theoretisch versprochenen Gegenwert des Geldes zu erhalten.

Frage 79

Was versteht man unter Bankgeheimnis?

☞ Die Banken sind zum Stillschweigen über die Vermögensverhältnisse ihrer Kunden verpflichtet. Die Zivilprozessordnung schützt das Bankgeheimnis gesetzlich. In bestimmten Fällen erhalten die Finanzämter das Recht, Auskünfte über die Vermögenslage ihrer Steuerpflichtigen von deren Bank zu verlangen.

Frage 80

Wann liegt eine Grundschuld vor?

☞ Ein Grundstück wird in Form eines Pfandrechts in der Weise belastet, dass an den

Berechtigten eine bestimmte Geldsumme aus dem Grundstück zu zahlen ist. Sie kann als eine Buch- oder Briefgrundschuld bestellt werden und ist von einer Forderung unabhängig.

Frage 81

Wenn einem Unternehmen die Insolvenz droht, wird häufig ein spezielles Verfahren angewendet, um sie noch einmal abzuwenden. Wie nennt man dieses Verfahren?

☐ a) Vergleich ☐ c) Konkurs
☐ b) Liquidation ☐ d) Stundung

☞ **a) Vergleich**
Dabei verzichten die Gläubiger zum Teil oder ganz auf ihre Forderungen, um den Fortbestand des Unternehmens zu ermöglichen. Dies geschieht z. B. dann, wenn die Gläubiger durch den Untergang des verschuldeten Unternehmens selbst gefährdet werden könnten.

Frage 82

Was bedeutet der Ausdruck „Freibetrag"?

☞ Dieser steuerrechtliche Begriff sichert demjenigen, der Anspruch auf einen Freibetrag hat, steuerrechtliche Vorteile in seiner Einkommensteuer zu, da der Freibetrag, z. B. der Kinderfreibetrag, vor der Versteuerung vom Einkommen abgezogen wird.

Frage 83

Was versteht man unter einer Zollunion?

☞ Den Zusammenschluss mehrerer Länder, die einen gemeinsamen einheitlichen

Zolltarif für den Warenverkehr mit anderen Staaten aufstellen. Untereinander gestalten sie ihren Warenverkehr wie in einer Freihandelszone.

Frage 84

Wie nennt man die Zeit sehr schlechter Wirtschaftslage im Zyklus der Konjunktur?

☞ **Die Depression** hat als Kennzeichen rückläufige Produktion, steigende Arbeitslosigkeit, sinkende Investitionsbereitschaft, niedrige Zinsen, hohes Angebot auf dem Geld- und Kapitalmarkt. Eine schwächere Form der Depression ist die Rezession.

Frage 85

Wofür wurde der Lombardsatz benötigt?

☞ Der Lombardsatz war bis 2002 ein von der Zentralbank festgesetzter Zinssatz, zu dem die Banken Wertpapiere bei der Zentralbank verpfänden konnten. Er war ein Leitzins der deutschen Wirtschaft. Die Lombardkredite dienten der Überbrückung kurzfristiger Liquiditätsengpässe von Kreditinstituten und wurden deshalb in der Regel mit einer Laufzeit von 30 Tagen gewährt.

Frage 86

Wie lautet die Leitidee des Liberalismus?

☞ Die Leitidee des Liberalismus als gesellschaftspolitisches System ist die geistige, wirtschaftliche und politische Freiheit aller. Ein staatliches Eingreifen in den Markt ist nicht erwünscht, da sich der Markt nur über die Gesetze des Wettbewerbs regeln soll.

Frage 87

Diese europäische Institution hat ihren Sitz in Frankfurt am Main. Gegründet wurde sie 1998 und ist zusammen mit ähnlichen Institutionen auf nationaler Ebene für die einheitliche Geld- und Währungspolitik der Euro-Zonen zuständig. Darüber hinaus hat nur sie das Recht, Banknoten auszugeben. Die Vertreter dieser Institution arbeiten unabhängig von allen EU-Organen, sind allerdings gegenüber der EU-Kommission, dem EU-Parlament und dem Europäischen Rat rechenschaftspflichtig. Auch das Direktorium dieser Institution wird vom Europäischen Rat bestimmt. **Wie heißt diese in der Finanzwelt so wichtige Institution?**

☞ **Europäische Zentralbank.**

Die Europäische Zentralbank in Frankfurt am Main

Frage 88

Was ist Franchising?

☞ Ein Absatzsystem, bei dem sich ein selbstständiger Unternehmer verpflichtet, Waren oder Dienstleistungen des Überlassers unter Verwendung von dessen Warenzeichen anzubieten. Der Überlasser wird Franchisegeber und der Nutzer Franchisenehmer genannt. Der Nehmer zahlt dem Geber eine einmalige oder laufende Gebühr, die oft vom Umsatz abhängig ist. Der Lizenznehmer behält seine wirtschaftliche Eigenständigkeit, allerdings ist er mehr oder weniger an die Weisungen des Lizenzgebers, z. B. in Bezug auf Sortiment, Preise, Gestaltung usw., angewiesen. Dieser unterstützt ihn im Gegenzug bei der Werbung und Finanzierung und überlässt ihm sein Know-how. Beispiele für Franchising als Vertriebsform sind McDonald's oder Benetton.

Frage 89

Was ist eine Abmahnung?

☞ **Eine Aufforderung zur Unterlassung einer Handlung.** Dies kann sowohl Konkurrenzfirmen treffen, die gegen den Wettbewerb verstoßen, als auch Mitarbeiter, welche die Unternehmensrichtlinien oder Arbeitsvorschriften verletzen (z. B. Alkohol am Arbeitsplatz, häufiges Zuspätkommen etc.).

Frage 90

Wo kann eine Konzession beantragt werden?

☞ Eine Konzession ist die Erlaubnis, eine bestimmte Tätigkeit oder ein Gewerbe auszuüben. Sie muss beim zuständigen Gewerbeamt beantragt und bewilligt werden. Sie kann jederzeit wieder entzogen werden.

Frage 91

Was wird mit Corporate Identity umschrieben?

☞ Das Bemühen eines Unternehmens um ein einheitliches und einprägsames Erscheinungsbild in der Öffentlichkeit. Hierzu gehören z. B. das Firmenlogo und das Produktdesign. Aber auch Denkmuster, Überzeugungen, Verhaltensweisen und Verlautbarungen, die sowohl nach innen als auch nach außen wirken, tragen zur Profilierung eines Unternehmens bei.

Frage 92

Was ist Braindrain?

☞ Die Abwanderung hoch qualifizierter Arbeitskräften (engl. brain, „Gehirn"). Sie entziehen dem Auswanderungsland ihre Fähigkeiten und Kenntnisse, also Humankapital.

Frage 93

Welche Bedeutung hat die Arbeitslosenquote für eine Volkswirtschaft?

☞ Ein wichtiges Ziel einer Volkswirtschaft ist die Vollbeschäftigung. Um den Grad (Prozentanteil) der Beschäftigung feststellen zu können, ist die Arbeitslosenquote ein notwendiger Maßstab. Sie wird errechnet, indem man Quotienten aus der Zahl der registrierten Arbeitslosen und der Zahl der Erwerbspersonen bildet.

Frage 94

Wie nennt man moderne Dienstleistungsbetriebe des Telemarketings?

☐ a) Telearbeit
☐ b) Teleshopping
☐ c) Callcenter
☐ d) E-Commerce

☞ **c) Callcenter**
Sie nehmen Anfragen oder Beschwerden am Telefon entgegen und leiten diese weiter.

Frage 95

Welche Papiere werden an der Börse gehandelt?

☞ Grundvoraussetzung für den Handel an einer Wertpapierbörse ist, dass es sich bei dem Papier um ein vertretbares Kapitalwertpapier handelt. Es existieren eine Vielzahl unterschiedlicher Wertpapiere, von denen die Aktie das bekannteste sein dürfte. Weitere Papiere sind Genussscheine, Optionsscheine, Zertifikate und Anleihen in unterschiedlichster Ausprägung (z. B. öffentliche Anleihen, Bundesanleihen und Bundesobligationen, Industrieobligationen, Wandelanleihen und Optionsanleihen).

Frage 96

Was ist ein Wuchergeschäft?

☞ **Ein sittenwidriges Geschäft,** das eine Zwangslage, die Unerfahrenheit, die Willensschwäche oder das mangelnde Urteilsvermögen einer Person ausnützt. Wucher ist durch ein auffälliges Missverhältnis zwischen Leistung und Preis gekennzeichnet.

Frage 97

Was sind Anleihen?

☞ **In der Regel festverzinsliche Rentenpapiere.** Sie werden von öffentlichen Körperschaften oder privaten Unternehmen als verbriefte Kredite aufgenommen. Sie haben eine längere Laufzeit, die Rückzahlungstermine sind genau festgelegt und die Verzinsung ist gleichmäßig. Bei Anleihen mit variablen Zinsen wird der Zins in der Regel vierteljährlich angepasst. Die von Unternehmen ausgegebenen Anleihen werden als Industrieobligationen bezeichnet. Der Erwerber von Anleihen wird Gläubiger des Ausgebenden, nicht Teilhaber.

Frage 98

Was ist ein Tafelgeschäft?

☞ **Ein Schaltergeschäft im Bankbetrieb,** wo das Geschäft Zug um Zug erfolgt. Dabei können Effekten (Wertpapiere etc.) und ausländisches Geld erworben werden. Es werden keine Käuferpersonalien erfasst.

Schaltergeschäft

Frage 99

Welche Aufgabe haben Genossenschaften?

☞ Bei Genossenschaften handelt es sich um Gesellschaften mit freier und wechselnder Mitgliederzahl. Ihr Ziel ist es, durch einen gemeinschaftlichen Geschäftsbetrieb den Erwerb oder die Wirtschaft ihrer Mitglieder zu fördern.

Frage 100

Er wollte ein einfaches, billiges und zuverlässiges Auto für eine breite Käuferschicht produzieren. Er führte die Fließbandfertigung ein und konnte damit die Produktion verbilligen und den Absatz steigern. **Wie hieß der amerikanische Autohersteller, der die Automobilfertigung revolutionierte?**

☞ **Henry Ford (1863–1947).**

Frage 101

Was wird bei Bartergeschäften getauscht?

☞ **Ware gegen Ware.** Dies findet vor allem bei internationalen Geschäften mit devisenschwachen Ländern Anwendung. So wird diesen Ländern mit ohnehin geringen Devisen die Kaufkraft nicht entzogen.

Frage 102

Was ist die WTO?

☞ Die World Trade Organization (engl. Welthandelsorganisation) ist eine Sonderorganisation zur Gewährleistung des freien Welthandels. Sie nahm 1995 die Arbeit auf und löste 1996 das GATT (General Agreement on Tariffs and Trade, „Allgemeines Zoll- und Handelsabkommen") ab.

Frage 103

Was sind die Kennzeichen einer Marktwirtschaft?

☞ Der Staat garantiert dem Einzelnen die wirtschaftliche Freiheit und nimmt keinen Einfluss darauf. Produktion und Absatz werden über die Preise gesteuert. Durch Rahmenbedingungen ermöglicht der Staat Wettbewerb von Produzenten und Konsumenten. Eine reine Marktwirtschaft gibt es nur als Modellvorstellung. Der Gegensatz ist die Planwirtschaft.

Frage 104

Was bedeutet der Begriff „Humankapital"?

☞ Es ist das Leistungspotenzial von einer oder mehreren Personen und umfasst deren Kenntnisse, Einsatzmöglichkeiten, Fähigkeiten und Erfahrungen bei der Produktion von Gütern und Dienstleistungen.

Frage 105

Was bezeichnet man als Fusion?

☞ **Die Verschmelzung von zwei Kapitalgesellschaften** zu einem Unternehmen. Dabei kann entweder eine Gesellschaft in die andere aufgenommen werden oder beide Gesellschaften lösen sich auf und gehen in eine neu gegründete Kapitalgesellschaft über.

Frage 106

Was sind Subventionen?

☞ **Geldleistungen des Staates** an Unternehmen oder private Haushalte. Sie werden als Finanzhilfen oder Steuervergünstigungen gewährt.

Frage 107

Was versteht man unter Inkasso?

☞ **Die Einziehung fälliger Forderungen,** z. B. das Einlösen von Schecks oder Wechseln, das Ausgleichen von Konten bei Kreditkartenorganisationen oder allgemein das Eintreiben offener Rechnungen durch hierfür beauftragte Dienstleistungsunternehmen.

Frage 108

Was versteht man unter einem Minijob?

☐ a) Ferienarbeit
☐ b) Hilfsarbeit
☐ c) geringfügige Beschäftigung
☐ d) Heimarbeit

☞ **c) geringfügige Beschäftigung**
Eine geringfügige Beschäftigung unter 15 Stunden wöchentlich mit einem monatlichen Verdienst von maximal 400 Euro. Der Arbeitgeber zahlt Steuern und Abgaben (Renten- und Krankenversicherung) pauschal. Für Arbeitnehmer sind Minijobs steuer- und abgabenfrei.

Frage 109

Was bedeutet der Begriff „Amortisation"?

☞ Bei der Anschaffung von Wirtschaftsgütern wird in der Regel viel Geld investiert, zum Teil aus eigenen Mitteln oder durch Darlehen. Den Rückfluss des eingesetzten Kapitals durch die betrieblichen Erträge oder die planmäßige Tilgung einer Geldschuld bezeichnet man als Amortisation. Ein Wirtschaftsgut hat sich amortisiert, wenn die Erträge die Kosten der Anschaffung decken.

Frage 110

Was bedeutet der Zusatz „ppa." vor einer Unterschrift?

☞ **Per procura**, d. h. „in Vollmacht". Die Abkürzung bedeutet, dass der Unterzeichner vom Vorstand bzw. der Geschäftsführung mit einer umfassenden Vollmacht ausgestattet wurde und für die Firma als Prokurist unterzeichnen darf.

Frage 111

Was ist der Shareholder-Value?

☞ Das Resultat einer Unternehmenspolitik, die vor allem auf die Erhöhung der Rendite und des Vermögens für die Anteilseigner ausgerichtet ist. Es wird hauptsächlich angestrebt, den Marktwert des Unternehmens und damit auch den Anteilswert, welchen die Eigentümer besitzen, zu steigern. Das drückt sich bei Aktien in der Rendite aus und bei börsennotierten Unternehmen auch in der Steigerungsrate des Kurses.

Frage 112

Was ist der Internationale Währungsfonds (IWF)?

☞ Eine Sonderorganisation der UNO, die ebenso wie die Weltbank 1945 im Anschluss an die Währungskonferenz in Bretton Woods (1944) gegründet wurde. Er unterstützt die Zusammenarbeit der Mitgliedstaaten in der Währungspolitik und versucht dazu beizutragen, dass die Währungsbeziehungen geordnet funktionieren, dass die Währungen stabil bleiben und Abwertungen vermieden werden.

Hauptsitz des IWF in Washington D.C.

Frage 113

Was ist der Stoxx?

☞ STOXX ist ein Warenzeichen, das mehrere Börsengesellschaften, u. a. die amerikanische Firma Dow Jones und die Deutsche Börse AG, gegründet haben, um die verschiedenen europäischen Märkte überschaubarer zu machen, indem sie Indizes schufen, welche die größten Unternehmen Europas enthielten. So kann auf einen Blick ein grober Überblick darüber gegeben werden, was an einem Handelstag in Europa geschieht.

Frage 114

Es handelt sich dabei um eine Wirtschaftsschwankung, die darauf zurückzuführen ist, dass das Gleichgewicht zwischen nachfragewirksamer Geldmenge und angebotener Gütermenge gestört ist. Es ist eine Überversorgung der Wirtschaft mit Geld (Geldaufblähung) und führt zur Geldentwertung. **Wovon ist die Rede?**

☞ **Von der Inflation.**

Frage 115

Wer profitiert von einer Arbeitsbeschaffungsmaßnahme?

☞ Als Arbeitsbeschaffungsmaßnahmen (ABM) gelten vom Staat bezuschusste Tätigkeiten, die Arbeitsuchenden die Wiedereingliederung in den Arbeitsmarkt ermöglichen oder ihnen ein geringes Einkommen sichern sollen. Besonders gefördert werden Langzeitarbeitslose, jüngere Menschen ohne Berufsabschluss, Schwerbehinderte und ältere Arbeitnehmer. Im Gegenzug werden die einstellenden Unternehmen vom Staat durch Lohnkostenzuschüsse und Darlehen entlastet.

Frage 116

Wozu dient eine Gewinn-und-Verlust-Rechnung?

☞ Gesellschaftsformen wie die AG, die GmbH und Genossenschaften sowie sämtliche Kreditinstitute müssen eine solche Rechnung aufstellen. Sie listen Erträge und Aufwendungen zum Ende eines Jahres auf. Aus dem Saldo ergibt sich der Gewinn und/oder Verlust des Unternehmens.

Frage 117

Was ist ein Kontokorrentkredit?

☞ Ein Kontokorrentkredit entsteht, wenn auf einem Konto ein wechselseitiges Schuld- und Guthabenverhältnis besteht, d. h., der Kreditnehmer kann auch dann noch über das Konto verfügen, wenn das Guthaben nicht mehr ausreicht. Es ist ein Kredit, der vom Kreditnehmer bis zur vereinbarten Höhe in Anspruch genommen werden kann.

Frage 118

Was analysiert die Makroökonomie?

☞ Die Zusammenhänge gesamtwirtschaftlicher Größen im Rahmen der Volkswirtschaftslehre. Dabei werden Investitionen, Konsum, Staatsausgaben, Volkseinkommen und Steuern zueinander in Beziehung gesetzt und analysiert.

Frage 119

Was bezeichnet man als Sponsoring?

☞ **Die Förderung von Personen oder Organisationen** im sportlichen, kulturellen, ökologischen und sozialen Bereich.

Frage 120

Welche Aufgabe hat der Bundesrechnungshof?

☞ Der Bundesrechnungshof ist die oberste Rechnungsprüfungsbehörde der Bundesrepublik und kontrolliert selbstständig und unabhängig den Verwaltungshaushalt des Bundes. Der jährliche Bericht ist das einzige Instrument des Bundesrechnungshofs. Weitergehende Sanktionsmöglichkeiten stehen ihm nicht zur Verfügung.

Frage 121

Worum kümmert sich der Key-Account-Manager in einem Unternehmen?

☐ a) den Generalschlüssel
☐ b) besonders wichtige Kunden
☐ c) den reibungslosen Ablauf der Produktion
☐ d) Einhaltung der vereinbarten Arbeitszeiten

☞ **b) besonders wichtige Kunden**
Seine Aufgabe besteht vor allem darin, die marketingpolitischen Maßnahmen seines Unternehmens genau auf diese Kunden abzustimmen.

Frage 122
Wofür steht die Abkürzung OPEC?

☞ OPEC steht für Organisation Erdöl exportierender Länder (engl. Organization of Petroleum Exporting Countries). Der 1960 gegründeten Organisation mit Sitz in Wien gehören elf Staaten an. Ihre Aufgabe ist die Koordinierung der Erdölpolitik, etwa über die Festsetzung der Fördermengen oder des Ölpreises.

Frage 123
Wodurch wird ein Entwicklungsland zum Schwellenland?

☞ Als Schwellenländer gelten jene Entwicklungsländer, die einen wirtschaftlichen Wohlstand aufgebaut haben, der sich dem der Industriestaaten annähert.

Frage 124
Was sind Anlageberater?

☞ Mitarbeiter von Banken, Sparkassen oder anderen spezialisierten Unternehmen, die gewerbsmäßig Empfehlungen für den Kauf und Verkauf von Wertpapieren oder anderen Kapitalanlagen an Kunden weitergeben.

Anlageberatung

Frage 125
Welche Maßnahmen zählen zu den Rationalisierungsmaßnahmen?

☞ Sämtliche Maßnahmen, die eine zweckmäßige und reibungslose Durchführung aller Tätigkeiten im Unternehmen ermöglichen. Ziel ist die Steigerung der Wirtschaftlichkeit. Typische Verfahren sind im Bereich der Produktion die Automation und der Einsatz von Industrierobotern, im Bereich der Verwaltung EDV-Systeme.

Frage 126
Was bedeutet Volatilität?

☞ Volatilität bezeichnet die Schwankungsstärke eines Wertpapiers oder Marktes. Aktien mit geringer Volatilität haben eine relativ gleichmäßige Kursentwicklung, Aktien mit hoher Volatilität sind durch starke Aufwärts- und Abwärtsbewegungen gekennzeichnet.

Frage 127
Was ist der XETRA-Handel?

☞ **Ein elektronisches Börsenhandelssystem,** das 1997 das in Deutschland bis dahin genutzte IBIS-System ablöste. Unter XETRA können Aktien theoretisch rund um die Uhr gehandelt werden.

Frage 128
Das European Recovery Program war ein Programm zum Wiederaufbau der Wirtschaft Europas nach dem Zweiten Weltkrieg. Bis 1952 erhielten 18 westeuropäische Staaten ca. 14 Milliarden US-Dollar als Kredite, nicht zurückzahlungspflichtige Zuschüsse, Sach- oder Lebensmittelhilfen. **Unter welchem Namen ist das Programm besser bekannt und auf wen geht es zurück?**

☞ **Als Marshallplan**, der 1947 vom damaligen US-Außenminister George C. Marshall (1880–1959) ins Leben gerufen wurde.

George Marshall

Frage 129
Was steckt hinter dem Begriff „Bruttoinlandsprodukt“ (BIP)?

☞ Das BIP drückt den Wert aller Güter und Dienstleistungen aus, die in einem Jahr innerhalb der Landesgrenzen einer Volkswirtschaft erwirtschaftet werden. Dabei spielt es keine Rolle, ob diese Leistungen von Inländern oder Ausländern erbracht wurden. Leistungen von Inländern, die außerhalb des Landes erbracht wurden, werden jedoch nicht berücksichtigt.

Frage 130

Was ist eine Dienstleistungsgesellschaft?

☞ Als Dienstleistungsgesellschaft bezeichnet man eine hoch entwickelte Gesellschaft, in der nicht mehr die industrielle Fertigung die Arbeits- und Lebensbedingungen bestimmt, sondern ein vielfältig strukturierter Dienstleistungssektor.

Frage 131

Wofür steht der Begriff „Cross Selling"?

☞ Für den Versuch, einem Kunden durch Verkauf eines Produkts gleichzeitig ein anderes Produkt aus dem Leistungsprogramm oder ein Kuppelprodukt zu verkaufen. Dabei handelt es sich um den Grundgedanken des Allfinanzkonzepts, bei dem Banken auch Versicherungen, Bausparverträge und andere Finanzdienstleistungen anbieten.

Frage 132

Welche Aufgaben hat ein Broker?

☞ Der Broker (Börsenmakler) schließt nicht auf eigene Rechnung Wertpapiergeschäfte ab, sondern im Auftrag anderer gegen Provision.

Frage 133

Was versteht man unter einem Schneeballsystem?

☞ Bei dieser Form der Anlage werden die Gelder für Ausschüttung und Rückzahlung nicht aus den Erträgen getätigter Investitionen, sondern durch die Investitionen neu geworbener Kunden gewonnen. Diese Anlageform ist äußerst unseriös und auf Dauer zum Scheitern verurteilt.

Frage 134

Was ist ein Skonto?

☐ a) ein Sonderkonto
☐ b) ein Konto für Kinder und Jugendliche
☐ c) ein Konto mit besonderen Konditionen
☐ d) ein Preisnachlass

☞ **d) ein Preisnachlass**

Frage 135

Wie unterscheidet sich die Direktbank von einer normalen Bank?

☞ Die Direktbank bietet ihre Leistungen nicht über Filialen, sondern über Telefon, Callcenter oder das Internet an. Die Leistungen reichen dabei von klassischen Bankgeschäften (Zahlungsverkehr, Überweisungen usw.) bis hin zu zusätzlichen Leistungen wie Konzertkartenservice, Blumenservice, Ärzteservice im Ausland usw.

DIE ABENTEUERLICHE KINDHEIT EINES ÖKONOMEN

Über das Leben des Adam Smith ist nicht sehr viel bekannt. Man erzählt sich sogar einige Räuberpistolen über seine Kindheit und Jugend. So soll er im Alter von vier Jahren von Zigeunern entführt worden sein. Allerdings hätten seine Entführer ihn während einer Verfolgungsjagd wieder verloren, sodass er bereits kurze Zeit später wieder in den Schoß seiner Familie zurückkehren konnte.

Frage 136

Was ist der Unterschied zwischen direkten und indirekten Steuern?

☞ Direkte Steuern (z. B. Einkommensteuer, Kirchensteuer, Erbschaftssteuer, Gewerbesteuer) fallen beim Steuerpflichtigen (Einzelperson oder Unternehmen) an. Indirekte Steuern (z. B. Mehrwertsteuer, Tabaksteuer, Mineralölsteuer) beziehen Unternehmen oder Händler in ihre Preise ein, die der Endverbraucher zahlt.

Frage 137

Wofür steht die Abkürzung DAX?

☞ **Für den Deutschen Aktienindex.** Er wurde 1988 eingeführt und wird an der Frankfurter Börse während der Börsenzeit laufend neu errechnet. Er basiert auf der Kursentwicklung von 30 führenden deutschen Aktien (den sogenannten Standardwerten).

Frage 138

Zwei zentrale Begriffe der Marktwirtschaft sind „Angebot" und „Nachfrage". Was versteht man darunter?

☞ Unter Angebot versteht man die Menge an Gütern, die die Unternehmen auf dem Markt verkaufen wollen. Nachfrage bezeichnet demgegenüber den Bedarf der Öffentlichkeit an einem bestimmten Produkt. In der freien Marktwirtschaft regelt das Zusammenspiel von Angebot und Nachfrage schließlich den Preis eines Produktes.

Frage 139

Worum handelt es sich bei Telearbeit?

☞ Um eine Arbeitsform, die auf der Basis von PC und Internet ausschließlich zu Hause (Teleheimarbeit), abwechselnd im Unternehmen und zu Hause (alternierende Telearbeit) oder an einem dezentralen Arbeitsplatz bzw. mobil ausgeübt wird. Je nach zugrunde liegender rechtlicher Situation kann es sich dabei um ein abhängiges Arbeitsverhältnis oder um eine selbstständige oder freiberufliche Tätigkeit handeln.

Frage 140

Was versteht man unter einem Wechsel?

☞ Eine Urkunde, die ein Zahlungsversprechen dokumentiert und damit eine Schuld verbrieft.

Frage 141

Er war vor allem im Ölgeschäft tätig und beherrschte mit seinem „Standard Oil Trust" seit 1882 etwa 95 % des Raffineriegeschäfts der USA. Durch die Gewinne, die sein Unternehmen abwarf, wurde er zum reichsten Mann der Welt und zum Inbegriff des Kapitalisten. Er gründete u. a. die Universität Chicago (1890) und verschiedene Stiftungen, die er mit finanziellen Mitteln von mehr als 500 Millionen Dollar ausstattete. **Wie hieß der amerikanische Unternehmer?**

☞ **John Davison Rockefeller (1839–1937).**

Frage 142

Was versteht man unter Konjunktur?

☞ Die in Schwankungen verlaufende wirtschaftliche Aktivität. Die typischen Konjunkturzyklen verlaufen über sieben bis zehn Jahre und gliedern sich in die Phasen Aufschwung, Hochkonjunktur oder Boom, Abschwung oder Rezession, Tiefstand oder Depression. Zur Feststellung des vorherrschenden oder künftig sich abzeichnenden Verlaufs bedient man sich sogenannter Konjunkturzyklen.

Frage 143

Welche Ziele wurden mit der Einführung der Ökosteuer verfolgt?

☞ Die Ökosteuer bedeutet einen Umbau des Steuersystems. Aus ökologischen Gründen soll Energie verteuert werden, aus arbeitsmarktpolitischen Gründen sollen die Lohnnebenkosten gesenkt werden.

Frage 144

Was besagt ein Letter of Intent?

☞ Ein Letter of Intent (LOI) ist eine unverbindliche Absichtserklärung zwischen Käufer und Verkäufer. Er bestätigt, dass beide Seiten in Verhandlungen über einen Vertragsabschluss stehen. Häufig bildet der

Letter of Intent auch die Grundlage des anschließenden Vertrags. Der Letter begründet jedoch keinerlei Rechtsansprüche.

Frage 145

Wer sitzt in einer Hauptversammlung?

☞ Eine Hauptversammlung ist die Versammlung der Aktionäre einer Aktiengesellschaft (AG) oder einer Kommanditgesellschaft auf Aktien (KGaA). Zusätzlich nehmen an ihr auch der Vorstand und der Aufsichtsrat teil. Sie findet einmal jährlich statt, die Einberufung erfolgt mindestens einen Monat vorher durch den Vorstand.

Frage 146

Was ist der Kurswert?

☞ Der Kurswert oder Kurs ist der amtlich notierte Preis, den ein Wertpapier an der Börse erzielt. Er kann über oder unter dem Nennwert liegen. Man spricht dann von unter oder über pari. Pari bedeutet, dass der Kurswert und der Nennwert eines Wertpapiers gleich sind.

Frage 147

Was versteht man in der Europäischen Union unter den Grundfreiheiten?

☞ Die Errichtung eines gemeinsamen Binnenmarktes ist nur möglich, wenn bestimmte Hemmnisse für die einzelnen Unionsbürger beseitigt werden. Die Europäische Gemeinschaft sieht zu diesem Zweck die vier sogenannten Grundfreiheiten – freien Personen-, Waren-, Dienstleistungs- und Kapitalverkehr – vor, die das wesentliche Mittel darstellen, um den gemeinsamen Markt zu formen und zu erhalten.

Frage 148

Um welche Steuer handelt es sich bei der Körperschaftssteuer?

☞ Um die Einkommensteuer der juristischen Personen. Körperschaftssteuerpflichtig sind v. a. Kapitalgesellschaften, Genossenschaften, rechtsfähige Vereine und Stiftungen. Die Höhe des Steuersatzes richtet sich danach, ob Gewinne ausgeschüttet oder einbehalten werden.

Frage 149

Welches Unternehmen wurde 1976 von Steven Jobs gegründet?

☐ a) Apple Inc.
☐ b) IBM
☐ c) Hewlett-Packard
☐ d) SAP

☞ **a) Apple**

Frage 150

Was ist ein Börsencrash?

☞ Börsencrash oder Börsenkrach bezeichnet einen starken Kursverfall an den Wertpapierbörsen, der nicht selten einer Wirtschaftskrise vorausgeht. Berühmte Beispiele sind der Zusammenbruch der New Yorker Börse im Jahr 1929, der als wesentlicher Auslöser für die nachfolgende Weltwirtschaftskrise gilt oder der kleinere Crash im Oktober 1987.

Menschenmenge in der Wall Street nach dem Crash 1929

Frage 151

Worüber gibt das Bruttosozialprodukt Auskunft?

☞ **Über die Leistung einer Volkswirtschaft** in einem bestimmten Zeitraum. Das Bruttosozialprodukt ist die in Geldwerten ausgedrückte Menge aller Sachgüter und Dienstleistungen, die die Inländer innerhalb eines Jahres produziert haben und die nicht wieder in den Produktionsprozess eingeflossen sind. Der Wert der importierten Waren wird abgezogen.

Frage 152
Was passiert bei einer Geldwäsche?

☞ Illegal erworbenes Geld wird, etwa durch den Einkauf von Waren mit schwarz erwirtschaftetem Geld, in den legalen Wirtschaftskreislauf zurückgeführt.

Frage 153
Was ist ein Start-up-Unternehmen?

☞ Start-up-Unternehmen sind Unternehmensgründungen, die neue unternehmerische Ideen konkret umsetzen. Sie erwirtschaften in der Regel noch keinen Gewinn, haben dafür aber hohe Wachstumsraten. Diejenigen, die erfolgreich an die Börse gebracht werden, gleichen Verluste mit hohen Kursgewinnen aus. Start-ups findet man gegenwärtig v. a. in neuen Wachstumsbranchen wie der Informationstechnologie und der Biotech-Branche.

Frage 154
Wie bezeichnet man das Sondervermögen von Kapitalgesellschaften?

☞ **Als Fonds.** Das Sondervermögen wird z. B. in Immobilien, Aktien oder Rentenpapieren angelegt. Man unterscheidet zwischen offenen und geschlossenen Fonds. Letztere, bei denen Anleger keinen Anspruch auf Rücknahme der Anteile haben, sind in den angelsächsischen Ländern geläufig, in Deutschland aber verboten. Der Anleger hat über den Kauf von Anteilen an einem Fonds die Möglichkeit, sich an der Entwicklung aller im Fondsvermögen befindlichen Werte zu beteiligen.

Frage 155
Die Wettbewerbsbehörde hat ihren Sitz in Bonn. Ihre Hauptaufgaben bestehen in der Durchsetzung des Kartellverbots, der Zusammenschlusskontrolle und der Missbrauchsaufsicht über marktbeherrschende Unternehmen. Sie kann Zusammenschlüsse von Unternehmen verbieten, missbräuchliche Verhaltensweisen untersagen, Auflagen erteilen und Geldbußen verhängen. **Wie heißt die Bundesbehörde?**

☞ **Bundeskartellamt.**

Frage 156
Was ist der Unterschied zwischen brutto und netto?

☞ Brutto bedeutet „das Gesamte, ohne Abzüge", also z. B. Beträge (Preise, Löhne o. Ä.) vor Abzug von Steuern, Abschreibungen usw. Netto meint dagegen Werte nach Abzug von Steuern, Abschreibungen, Gebühren usw.

Frage 157
Wer begründete den Merkantilismus und was versteht man darunter?

☞ Die Wirtschaftstheorie und -politik des Absolutismus im 17. und 18. Jahrhundert wurde vom französischen Finanzminister Jean-Baptiste Colbert (1619–83) begründet. Er glaubte an den unbedingten Zusammenhang von nationalem Reichtum und aktiver Außenhandelsbilanz. Er gründete Manufakturen und versuchte so, Importe nach Frankreich zu minimieren. Konnten Franzosen bestimmte Waren nicht produzieren, holte er die ausländischen Fachkräfte kurzerhand nach Frankreich.

Jean-Baptiste Colbert

Frage 158
Was ist ein Headhunter?

☞ Ein Personalberater, der im Auftrag eines Unternehmens auf verschiedenen Wegen Führungskräfte sucht. Er prüft die Kompatibilität der Kandidaten zur suchenden Firma, testet sie nach verschiedenen Kriterien und trifft eine Vorauswahl.

Frage 159
Was unterscheidet festverzinsliche Wertpapiere von Aktien?

☞ Festverzinsliche Wertpapiere sind Wertpapiere, die eine bestimmte Verzinsung garantieren. Dagegen verbriefen Aktien lediglich einen Anspruch auf Dividenden, die bei schlechter Geschäftslage durchaus sehr gering oder sogar null sein können.

Frage 160
Was ist der Unterschied zwischen Arbeitslosengeld I und Arbeitslosengeld II?

☞ Arbeitslosengeld I (ALG I) ist eine Versicherungsleistung, die Jobsuchende ab 2006 nur noch zwölf Monate (über 55 Jahre: 18 Monate) erhalten. Arbeitslosengeld II (ALG II) basiert auf der Zusammenlegung von Arbeitslosenhilfe und Sozialhilfe, ersetzt die bisherige Arbeitslosenhilfe und wird aus Steuergeldern finanziert.

Frage 161
Was ist Attac?

☞ Attac (frz. Association pour une Taxation des Transactions financières pour l'Aide aux Citoyens, „Vereinigung zur Besteuerung von Finanztransaktionen im Interesse der BürgerInnen") ist eine internationale Vereinigung von Menschen und Organisationen, die sich für soziale und ökologische Gerechtigkeit im Zusammenhang mit der Globalisierung einsetzt. Insgesamt hat Attac mehr als 90.000 Mitglieder in 50 Ländern.

Frage 162
Wann wurde der Euro eingeführt?

☐ a) 1999
☐ b) 2000
☐ c) 2001
☐ d) 2002

☞ **d) 2002**

Frage 163
Welche Formen der Investition gibt es?

☞ Investitionen binden Vermögen und Kapital eines Unternehmens. Typischerweise unterscheidet man Sachinvestitionen (z. B. Maschinen, Lager, Büroeinrichtungen), Finanzinvestitionen (z. B. Wertpapiere) und immaterielle Investitionen (z. B. Forschung und Entwicklung). Des Weiteren wird zwischen öffentlichen und privaten Investitionen sowie zwischen Ersatz- und Erweiterungsinvestitionen unterschieden.

Frage 164
Inwiefern handelt es sich bei Rückstellungen um Verbindlichkeiten des Unternehmens?

☞ Rückstellungen werden gebildet, um bestimmte Beträge für in der nächsten Zeit auftretende Auszahlungsverpflichtungen zurückzuhalten. Beispiele sind die Bildung von Pensionsrückstellungen für die Finanzierung der Betriebsrenten oder von Rückstellungen für zu erwartende Prozesskosten oder Gewährleistungen.

Frage 165

In wie vielen Ländern Europas ist der Euro offizielle Währungseinheit?

☞ Der Euro (€) ist in 22 europäischen Staaten offizielle Währung. Von den EU-Mitgliedstaaten haben bislang lediglich Dänemark, Schweden, Großbritannien, Polen, Tschechien, Rumänien, Bulgarien und Ungarn ihre alten Währungen beibehalten.

Frage 166

Bisweilen hört man, der Volkswirtschaft werde durch die Schattenwirtschaft großer Schaden zugefügt. **Was versteht man darunter?**

☞ Unter Schattenwirtschaft werden all die wirtschaftlichen Vorgänge zusammengefasst, die nicht im Inlandsprodukt erfasst werden und der Volkswirtschaft keinen Nutzen bringen. Dazu gehören so positive Dinge wie Nachbarschaftshilfe und Eigenarbeit, aber auch Schwarzarbeit und die wirtschaftlichen Ergebnisse strafbarer Handlungen, wie Drogenhandel oder Waffenschmuggel.

Frage 167

Ende des 18. Jahrhunderts kam es in England zu einer umwälzenden Veränderung der wirtschaftlichen und gesellschaftlichen Bedingungen. Den Anfang machte die englische Textilindustrie. Hier wurden erstmals die neu erfundenen Dampfmaschinen und später auch vollautomatische Webmaschinen eingesetzt. Auch der Beginn des Eisenbahnzeitalters fällt in diese Periode. Von England breiteten sich die neuen Errungenschaften rasch auf das restliche Europa aus. Die neuen Erfindungen und Produktionsmethoden sorgten auf der einen Seite für größeren Reichtum (bei vielen Unternehmern), waren aber auch für großes Elend der breiten Masse der Arbeiter verantwortlich. **Wie bezeichnet man diese Veränderungen?**

☞ **Als (erste) industrielle Revolution.**

Maschinenbaufabrik in Berlin, 1847

Frage 168

Wann liegt ein Termingeschäft vor?

☞ Wenn die Abnahme oder Lieferung der an der Börse gehandelten Gegenstände (z. B. Waren, Wertpapiere, Devisen) zu einem späteren Termin erfolgt, der Kurs, zu dem das Geschäft getätigt wird, jedoch schon am Tag des Vertragsschlusses fest vereinbart wird.

Frage 169

Welcher Unterschied besteht zwischen Umsatz und Gewinn?

☞ Während sich der Umsatz aus der abgesetzten Menge bestimmter Produkte und Leistungen multipliziert mit dem Stückpreis ergibt, werden beim Gewinn vom Umsatz die Kosten für die Erstellung dieser Produkte und Leistungen abgezogen.

Frage 170

Wie unterscheidet sich das Eigenkapital vom Fremdkapital?

☞ Eigenkapital ist derjenige Teil des Kapitals, der dem Unternehmen entweder von außen durch Gesellschafter (z. B. Gesellschaftsanteile, Aktien) zur Verfügung gestellt oder der innen gebildet wird (z. B. durch nicht ausgeschüttete Gewinne). Fremdkapital ist dagegen derjenige Teil des Kapitals, den Unternehmen z. B. bei Banken aufnehmen.

Frage 171
Was ist der Unterschied zwischen Stamm- und Vorzugsaktie?

☞ Spricht man allgemein von Aktien, ist meist die Stammaktie gemeint. Der Besitzer einer Stammaktie ist zugleich Mitinhaber der entsprechenden Aktiengesellschaft. Er hat in der Hauptversammlung ein Stimmrecht und kann somit an Entscheidungen über die Gewinnverteilung, aber auch über die Entlastung des Vorstands und des Aufsichtsrats und die Wahl des Wirtschaftsprüfers mitwirken. Demgegenüber hat der Besitzer von Vorzugsaktien für gewöhnlich kein Stimmrecht. Dennoch kann der Besitz von Vorzugsaktien attraktiv sein, da er häufig mit Sonderrechten wie höheren Dividenden verbunden ist.

Frage 172
Was versteht man unter Controlling?

☞ Eine Aufgabe im Bereich des Managements, die sich mit der Sammlung von Informationen (unternehmensintern und -extern) befasst, diese in eine Planung umsetzt und die Realisierung der Pläne steuert und kontrolliert.

Frage 173
Wo hat der Europäische Rechnungshof (EuRH) seinen Sitz?

☐ a) Luxemburg ☐ c) Brüssel
☐ b) Frankfurt ☐ d) Straßburg

☞ **a) Luxemburg**

Frage 174
Welche Aufgaben hat die Bundesagentur für Arbeit (BA)?

☞ Hauptaufgabe der Bundesagentur für Arbeit ist die Förderung der Beschäftigung und die Bekämpfung der Arbeitslosigkeit.

Frage 175
Was bezeichnet man als Ricardoeffekt?

☞ Der nach dem englischen Nationalökonomen David Ricardo (1772–1823) benannte Effekt besagt, dass Lohnsteigerungen die Unternehmer dazu ermutigen, Arbeitskräfte durch Maschinen zu ersetzen und umgekehrt Senkungen der Reallöhne dazu führen, dass Anlagekapital durch Arbeitskräfte ersetzt wird.

Frage 176
Wofür sind Abschreibungen erforderlich?

☞ Unter Abschreibungen versteht man die Wertminderung von Investitionen, etwa durch Abnutzung der Einrichtung oder der technischen Geräte. Auch Immobilien können abgeschrieben werden. Abschreibungen sind sozusagen fiktive Verschleißkosten, die jedoch jedes Jahr in der Kostenplanung berücksichtigt werden, um nach der Abnutzung neue Anschaffungen tätigen zu können.

Frage 177
Was steckt hinter den sogenannten Ein-Euro-Jobs?

☞ Die Idee, Arbeitslosen, die keine reguläre Arbeit finden, sogenannte Arbeitsgelegenheiten anzubieten. Dabei handelt es sich um gemeinnützige Tätigkeiten. Der Verdienst wird nicht auf das Arbeitslosengeld angerechnet; allerdings kann das Arbeitslosengeld zeitweise gekürzt werden, wenn der Job ausgeschlagen wird. Ein-Euro-Jobs sollen v. a. von Kommunen oder Wohlfahrtsverbänden geschaffen werden, die dafür einen pauschalen Zuschlag von der Bundesagentur für Arbeit erhalten.

Frage 178

Wann fallen Dividenden an?

☞ Dividenden (lat. dividere, „teilen") sind Ausschüttungen des Unternehmensgewinns an die Aktionäre. Der Dividendensatz wird meist pro Aktie und in Prozenten vom Nennwert oder in Euro pro Aktie ausgedrückt und auf der Hauptversammlung festgelegt. Bei schlechter Geschäftslage können Dividenden auch ausfallen.

Frage 179

Was ist eine Branche?

☞ Als Branche oder Wirtschaftszweig bezeichnet man eine Gruppe von Unternehmen, die ähnliche Produkte herstellen oder ähnliche Dienstleistungen erbringen.

Frage 180

Was ist eine Hyperinflation?

☞ Steigen die Preise plötzlich um mindestens 50 %, spricht man von einer Hyperinflation. In Zeiten der Hyperinflation, in denen Geld rapide an Wert verliert, weichen die Verbraucher zunächst auf beständigere Auslandswährungen oder auf knappe Güter aus, die dann zu einer Ersatzwährung werden.

Frage 181

Im Schweizer Skiort Davos hat eine private Stiftung ihren Sitz, deren Ziel es ist, eine Plattform für den Informationsaustausch zwischen Wirtschaft und Politik zu sein. Dabei sollen Probleme der Weltwirtschaft diskutiert sowie Strategien und Lösungen entwickelt werden. Einmal jährlich veranstaltet sie eine große Tagung, die stets von Protesten der Globalisierungsgegner begleitet wird. Sie bemängeln, dass die Stiftung lediglich die Globalisierung vorantreibe und dadurch die Kluft zwischen Arm und Reich noch verstärkt werde. Zudem wird kritisiert, dass sich die Stiftung bei ihrem Treffen wenig oder gar nicht um die Umwelt kümmere. **Um welche Stiftung handelt es sich?**

☞ **Um das Weltwirtschaftsforum.** Mitglieder sind die 1000 größten internationalen Unternehmen der Privatwirtschaft. Voraussetzung für die Mitgliedschaft ist ein Jahresumsatz von mindestens einer Milliarde Dollar.

Blick auf Davos

Frage 182

Was hat der DAX mit dem Dow Jones gemein?

☞ **Beides sind Aktienindizes**, also Messzahlen für die Entwicklung der durchschnittlichen Aktienkurse. Der DAX orientiert sich an 30 deutschen Standardwerten. Der Dow-Jones setzt sich aus drei Subindizes zusammen und orientiert sich an 65 Aktienwerten der Wertpapierbörse.

Frage 183

Um welche Anlageform handelt es sich bei Genussscheinen?

☞ Genussscheine stellen eine Anlageform zwischen Aktie und Anleihe dar. Sie verbriefen schuld- und eigentumsrechtliche Ansprüche verschiedener Art, v. a. den Anspruch auf Rückzahlung des Nominalwerts, meist auch das Recht, am Reingewinn oder Liquiditätserlös einer Gesellschaft teilzuhaben. Das Stimmrecht ist jedoch ausgeschlossen.

Frage 184

Welches ist das größte Internet-Auktionshaus?

☞ **E-Bay.**

Frage 185

Was verbirgt sich hinter dem Begriff „Snobeffekt"?

☞ Ökonomen klassifizieren den Snobeffekt als anormales Nachfrageverhalten. Das passiert immer dann, wenn die Konsumenten bestimmten Gütern erst ab einem gewissen Preis Beachtung schenken. Umgekehrt bedeutet das, dass viele andere Güter aufgrund ihres geringen Preises als nicht exklusiv genug betrachtet werden. Bei Snobeffekt-Gütern steigt die Zahl der abgesetzten Gütermenge immer mit der Erhöhung des Preises.

Frage 186

Was bedeutet der Begriff „Factory-Outlet"?

☞ Als Factory-Outlet wird der Verkauf ab Fabrik bezeichnet. Ursprünglich war es nur als Angebot für das Personal gedacht, kostengünstig direkt ab Fabrik einzukaufen. Seit einiger Zeit können jedoch auch Endverbraucher diese Möglichkeit nutzen. In Deutschland gibt es mittlerweile über 2000 sogenannte Outlet-Stores.

Frage 187

Was versteht man unter dem Wirtschaftlichkeitsprinzip?

☞ Jeder an der Wirtschaft Teilnehmende ist grundsätzlich bestrebt, das Verhältnis von Zielerreichung und Mitteleinsatz möglichst günstig zu gestalten. Dieses Ziel kann entweder über das Minimal- oder Sparsamkeitsprinzip oder aber über das Maximal- oder Ergiebigkeitsprinzip erreicht werden. Das Sparsamkeitsprinzip kommt meist in privaten Haushalten zum Einsatz. Unternehmen bedienen sich darüber hinaus auch der Vorgehensweise, mit einem gegebenen Einsatz von Mitteln, etwa einer bestimmten Anzahl von Mitarbeitern, möglichst viele und hohe Ziele zu erreichen.

Frage 188

Auf wen geht das Giffenparadoxon zurück?

☞ Das Giffenparadoxon ist eine von Robert Giffen (1837–1910) festgestellte Anomalie des Nachfrageverhaltens. Giffen beobachtete, dass Haushalte, die am Existenzminimum lebten, auf eine Erhöhung des Brotpreises mit einer steigenden Nachfrage nach Brot reagierten. Begründen lässt sich dies damit, dass ein steigender Preis für ein Grundnahrungsmittel bei diesen Haushalten das für andere Nahrungsmittel verfügbare Einkommen so stark sinken lässt, dass sie auf diese verzichten und mehr Brot kaufen müssen, um ihre Ernährungsgrundlage zu sichern.

Frage 189

Wozu dient der sogenannte Warenkorb?

☞ Der Preisindex für die Lebenshaltung will ein umfassendes Bild der Preisentwicklung vermitteln, soweit davon die privaten Haushalte betroffen sind. Es ist deshalb erforderlich, deren Verbrauchsgewohnheiten umfassend zu untersuchen und den Berechnungen eines Verbraucherpreisindexes zugrunde zu legen. Die Gesamtheit der ausgewählten Güter heißt Warenkorb. Der Warenkorb für die Preisindizes in Deutschland umfasst zurzeit ca. 750 Waren und Dienstleistungen.

Frage 190

Was bedeutet der Begriff „Markt"?

☞ Produkte und Dienstleistungen müssen an einem bestimmten Ort ihren Besitzer wechseln. Der Begriff „Markt" (lat. mercatus, „Handel") bezeichnet ganz allgemein den ökonomischen Ort des Zusammentreffens von Angebot (Verkäufer) und Nachfrage

(Käufer). Eine weitere Wortbedeutung ist das mögliche Gebiet, wo ein Anbieter seine Güter verkaufen kann: das Absatzgebiet.

Viktualienmarkt in München

Frage 191

Was bezeichnet der Begriff „Bonität"?

☞ Der Begriff „Bonität" leitet sich vom lateinischen bonitas, „Güte", ab. Er wird in Zusammenhang mit der Vergabe von Krediten angewandt und bezeichnet die Kreditwürdigkeit eines Schuldners, d. h., dessen Fähigkeit, aufgenommene Kredite einschließlich der vereinbarten Zinsen pünktlich zurückzahlen zu können.

Frage 192

Was versteht man unter dem Begriff „Treasureship"?

☞ Es ist die angelsächsische Bezeichnung für einen Teilbereich der finanzwirtschaftlichen Aufgaben in einer Unternehmung. Im Einzelnen umfasst diese betriebliche Teilfunktion die Kapitalbeschaffung in Form von kurz- und langfristigem Fremdkapital, die Aufnahme von Eigenkapital, die Anlage frei verfügbarer Mittel auf den Geld- und Kapitalmärkten sowie die Schaffung und Pflege entsprechender Beziehungen zu Banken, Anteilseignern und anderen Investoren.

Frage 193

Was versteht man unter „Benchmarking"?

☞ Benchmarking bedeutet, die eigenen Produkte, Prozesse, Dienstleistungen, Strategien, Strukturen, Aktivitäten, Kulturen etc. mit denen der besten Unternehmen zu vergleichen und von diesen zu lernen, indem „Best Practices" identifiziert, auf die eigenen Belange angepasst und umgesetzt werden.

Frage 194

Was verbirgt sich hinter dem Begriff „Bottom-up"?

☞ Eine Vorgehensweise, nach der Teilprobleme zunächst auf der untersten Ebene gelöst werden. Erst dann werden Probleme auf den nächsten Ebenen angegangen, bis zum Schluss alle Teile des Puzzles eine Gesamtlösung bilden. Das Verfahren findet in vielen Unternehmen Anwendung. Die gegenteilige Vorgehensweise nennt man Top-down.

Frage 195

Welche Unternehmen gehören zum Mittelstand?

☞ Mittelständler ist, wer einen Jahresumsatz von unter 50 Millionen Euro realisiert und weniger als 500 Mitarbeiter beschäftigt. In Deutschland gibt es rund 3,3 Millionen solcher Unternehmen.

Frage 196

Wer zählt zum sogenannten Sonntagsgewerbe?

☞ Gewerbebetriebe, für die das grundsätzliche Verbot der Verpflichtung von Arbeitnehmern zur

Sogenanntes Sonntagsgewerbe: Gastronomie

Sonntagsarbeit nicht besteht. Dies sind Gaststätten, Musikaufführungen, Schaustellungen, theatralische Vorstellungen oder sonstige Vergnügungen sowie das Verkehrsgewerbe.

Frage 197

Was versteht man unter einem Direct Mailing?

☞ Eine Maßnahme des Direktmarketing, bei der einzelne Konsumenten persönlich angeschrieben werden.

Frage 198

Was bedeuten die Börsenausdrücke „Hausse" und „Baisse"?

☞ Mit „Hausse" wird die Zeit bezeichnet, in der die meisten Börsenkurse anhaltend stark steigen. Der Begriff „Baisse" bezeichnet den Tiefstand an der Börse.

Frage 199

Was ist ein Entrepreneur?

☞ Entrepreneurs sind Unternehmer, Veranstalter oder Agenten. Sie erkennen und entwickeln Ideen für neue Produkte und Dienstleistungen, stellen Geschäftspläne auf, planen Wege zur Markteinführung, bündeln technische und finanzielle Mittel und steuern den Prozess der Unternehmensgründung.

Frage 200

Was bezeichnet der Begriff „Bananenrepublik"?

☞ Mit diesem Begriff werden Länder der Dritten Welt abwertend bezeichnet, in deren Regierungen Verbrechen, Korruption, Vetternwirtschaft, persönliche Bereicherung, schädliche Absprachen und zweifelhafte Wahlen an der Tagesordnung sind. Bananenrepubliken heißen diese Staaten deshalb, weil man anfänglich vor allem lateinamerikanische Staaten so bezeichnete, die vorwiegend Bananen produzierten und exportierten.

Frage 201

Wovor warnt der Blaue Brief der Europäischen Union?

☞ Nach den Regeln des EU-Stabilitätspakts ergeht eine solche frühzeitige Warnung immer dann, wenn die Verschuldung in einem Land drei Prozent des Bruttoinlandsprodukts zu überschreiten und damit die sogenannten Maastrichtkriterien zu verletzen droht.

Frage 202

Wann gilt ein Unternehmen als liquide?

☞ Ein Unternehmen gilt als liquide, wenn es in der Lage ist, fällige Zahlungsverpflichtungen erfüllen zu können.

Frage 203

Bis zur Ablösung durch den Euro am 1. Januar 1999 diente diese Währungseinheit als europäische Rechnungs- und Währungseinheit. Die sogenannte Korbwährung setzte sich aus Anteilen der Währungen der Mitglieder des Europäischen Währungssystems (EWS) zusammen und diente als Bezugsgröße für die Berechnung der Abweichung zwischen den Gemeinschaftswährungen. **Wie hieß sie?**

☞ **ECU (European Currency Unit).**

Frage 204

Was beinhaltet das Electronic Banking?

☞ Die Bankterminals sind auf elektronischem Wege Tag und Nacht zugänglich. Bankgeschäfte werden per Telefon, per Computer oder per Karte abgewickelt.

Electronic Banking am Bankautomat

Frage 205

Was versteht man unter uneinbringlichen Forderungen?

☞ Außenstände, die als verloren anzusehen sind.

Frage 206

Was bedeutet Merchandising?

☞ Der Begriff (engl. „verkaufen, den Absatz steigern") fasst alle absatzsteigernden Maßnahmen zusammen. Zur Steigerung des Bekanntheitsgrades einer Marke werden z. B. sogenannte Merchandisingartikel mit dem Markennamen oder Produktlogo verschenkt (Kugelschreiber, Feuerzeuge etc.).

Frage 207

Was wird mit Mergers & Acquisitions bezeichnet?

☞ Formen von Unternehmenszusammenschlüssen (engl. „Fusionen und Übernahmen"). Der Merger stellt dabei den Zusammenschluss von mindestens zwei Unternehmen zu einem rechtlich und wirtschaftlich einheitlichen Gebilde dar, während Acquisition den Kauf eines gesamten Unternehmens oder bestimmter Einheiten eines Unternehmens meint.

Frage 208

Was hat der Pool mit Gewinnen zu tun?

☞ Beim Pool (engl. „Gewinntopf") handelt es sich um ein Gewinnverteilungskartell, d. h. ein Kartell, bei dem die Gewinne aufgrund gemeinsamer Einnahmen nach einem bestimmten, vorher vereinbarten Schlüssel verteilt werden.

Frage 209

Inwiefern ist Pump Priming ein konjunkturpolitisches Mittel?

☞ Pump Priming umschreibt den Versuch, eine unterbeschäftigte Wirtschaft durch erhöhte Staatsausgaben wieder zu beleben. Dadurch sollen die zu geringen Ausgaben der privaten Haushalte und Betriebe so lange angeregt werden, bis sie wieder ausreichend hoch sind.

Frage 210

Was versteht man unter dem Ursprungslandprinzip?

☞ Das Ursprungslandprinzip besagt, dass Waren in dem Land besteuert werden, in dem sie gefertigt werden, und nicht dort, wo sie verkauft werden. Ein Produkt, das in Deutschland hergestellt wird, muss auch in Deutschland versteuert werden und kann erst dann ins Ausland geliefert werden. Dort werden im Gegenzug die vor Ort gültigen Steuersätze für das Produkt nicht mehr aufgeschlagen.

Frage 211

Wie bezeichnet man die volkswirtschaftliche Ergiebigkeit?

☞ Man spricht von der Produktivität des Bodens, der Arbeit, des Kapitals, der Gesamtwirtschaft und auch von außerwirtschaftlichen Faktoren, welche die Produktivität steigern oder mindern.

Frage 212

Was versteht man unter Laissez-faire?

☞ In der Wirtschaftswissenschaft bedeutet Laissez-faire (frz. „lasst machen") die reine Form des wirtschaftlichen Liberalismus. Laissez-faire besagt, dass der Staat nicht aktiv in die Wirtschaft eingreift. Die theoretische Fundierung lieferte der schottische Ökonom Adam Smith (1723–90), der mit seinem Jahrhundertwerk *Der Wohlstand der Nationen* den Gedanken der unsichtbaren Hand einführte, die dafür sorge, dass jeder Wirtschaftsteilnehmer, der nur seinen Eigennutzen maximieren möchte, indirekt auch die gesamtwirtschaftliche Wohlfahrt erhöhe.

Frage 213

Welches Verfahren bewertet die Bonität eines Schuldners?

☞ Das sogenannte Rating, die Krediteinstufung. Die Beurteilung erfolgt durch Kreditwürdigkeitsprüfungen, die das Kreditausfallrisiko einzuschätzen versuchen. Das Rating bewertet den Schuldner über eine Skala, die im Allgemeinen mehrere Bewertungsstufen umfasst, von AAA (erstklassige Bonität) bis CCC (hohe Gefahr des Zahlungsverzugs).

DIE ENTSTEHUNG DES GELDES

Der griechische Politiker und Philosoph Aristoteles schrieb über die Entstehung des Geldes: „Also kam man überein, beim Tausch gegenseitig eine Sache zu geben und zu nehmen, die selbst nützlich und im täglichen Verkehr handlich war, wie Eisen, Silber usw. Zuerst bestimmte man sie einfach nach Größe und Gewicht, schließlich drückte man ein Zeichen auf, um sich das Ablesen zu ersparen."

Frage 214

Was versteht man unter Steuerflucht?

☞ **Eine Form der Steuerausweichung**, d. h. der Steuerpflichtige verlegt seinen Wohnsitz in sogenannte Steueroasen im Ausland, wo die Steuerlast geringer ist. Als Steueroasen gelten etwa Liechtenstein und Monaco.

Frage 215

Was versteht man unter dem Cafeteria-System?

☞ Eine bisher vorwiegend in den USA eingesetzte Lohnform, bei welcher der Arbeitnehmer aus einer Palette von Sozialleistungen innerhalb eines bestimmten individuellen Budgets die Entgeltbestandteile selbst wählen bzw. zusammenstellen kann. Damit sollen die betrieblichen Zusatzleistungen optimal auf die individuellen Bedürfnisse der Mitarbeiter abgestimmt werden.

Frage 216

Was ist die Mehrwertsteuer?

☞ Eine Verbrauchssteuer, die proportional zum Preis, auf jeder Stufe der Fertigungs- und Verteilerkette sowie beim Import von Waren und Dienstleistungen angewandt wird.

Frage 217

Wann bezeichnet man einen Staat als Nachtwächterstaat?

☞ Die polemische Bezeichnung geht zurück auf Ferdinand Lasalle (1825–64) und steht für die nur auf Schutzaufgaben beschränkte Rolle des Staates in einer Laissez-faire-Wirtschaft. Der Staat nimmt hier die Rolle eines reinen Rechtshüters ein. Nachtwächterstaaten wird vorgeworfen, dass sie die Ausbeutung und Verelendung der Arbeiter und Wirtschaftskrisen begünstigen.

Frage 218

Was sind Penny Stocks?

☞ Eine Hinterlassenschaft des New-Economy-Booms sind Penny Stocks, sogenannte Pfennigaktien. Ihr Wert liegt meist unter einem Dollar, und sie werden in ungeregelten Marktsegmenten gehandelt.

Frage 219

Welche Tilgungsformen gibt es?

☞ Als Tilgungsformen lassen sich einmalige, ratenweise und unregelmäßige Rückzahlungen (z. B. durch Auslosung) unterscheiden. Während bei Darlehen eine ratenweise Rückzahlung, häufig in Form einer Annuität (gleichbleibende Summe aus Zins und Tilgung), vereinbart wird, finden sich bei festverzinslichen Wertpapieren häufig Formen der Auslosung von Einzelstücken, Serien oder Gruppen, die über den Markt aus Tilgungsfonds vom Unternehmen zurückgekauft werden.

Frage 220
Was versteht man unter Product-Placement?

☞ Eine Form der Werbung, bei der Markenprodukte gezielt in die Handlung von Spielfilmen oder Fernsehproduktionen eingebaut werden, um eine hohe Werbewirkung zu erzielen. In Deutschland ist nur die sogenannte Produktbereitstellung erlaubt, d. h. die unentgeltliche Zurverfügungstellung von Produkten, z. B. Autos, für eine Filmproduktion.

Frage 221
Was ist eine Bilanzierung?

☞ Das Erstellen einer Jahresabschlussrechnung, bei der das Vermögen den Schulden bzw. die Gewinne den Verlusten gegenübergestellt werden. Zur Bilanzierung ist jeder Kaufmann verpflichtet, und sie muss den Grundsätzen einer ordnungsgemäßen Buchführung entsprechen. Die Bilanz und eine gesonderte Gewinn-und-Verlust-Rechnung bilden den sogenannten Jahresabschluss.

Frage 222
Was ist eine Bürgschaft?

☞ Die Verpflichtung einer Person (Bürge) gegenüber dem Gläubiger, für die Erfüllung der Verbindlichkeit des Schuldners einzustehen. Die Bürgschaft wird häufig zur Absicherung von Krediten verlangt, dient aber auch der Durchsetzung von Gewährleistungs- und Schadenersatzansprüchen.

Frage 223
Was versteht man unter Bringschuld?

☞ Eine Schuld, die der Schuldner dadurch erfüllt, dass er die vereinbarte Leistung am Wohnort des Gläubigers erbringt. Die Bringschuld muss im Vertrag ausdrücklich vereinbart werden, wobei es gleichgültig ist, ob ein mündlicher oder schriftlicher Vertrag vorliegt.

Frage 224
Was besagt das Eisenhowerprinzip?

☞ Das Eisenhowerprinzip analysiert bestimmte Aufgaben nach den beiden Kriterien Dringlichkeit und Wichtigkeit und ordnet sie bestimmten Kategorien zu. Diese können als Verhaltensempfehlungen für die Erledigung der Aufgaben im Sinne einer Prioritätensetzung herangezogen werden. Unterschieden wird dabei zwischen sehr dringlichen und sehr wichtigen, dringlichen und nicht so wichtigen, nicht dringlichen, aber wichtigen, nicht dringlichen und nicht wichtigen Aufgaben.

Entwickelte das nach ihm benannte Prinzip: Dwight D. Eisenhower

Frage 225
Wie nennt man den erstmaligen Gang an die Börse?

☞ **Going-public.** Häufig wird der Begriff auch für das bloße Vorhaben, emissionsfähig zu werden, verwendet.

Frage 226
Was sind operative Geschäfte?

☞ Operative Geschäfte sind diejenigen Tätigkeitsfelder eines Unternehmens, die seinem eigentlichen Zweck entsprechen und mit denen es Gewinne erzielen möchte. Ein Unternehmen der Automobilbranche weist unter operativen Geschäften folglich die

Umsätze aus dem Verkauf von produzierten Pkws aus, ein Dienstleistungsunternehmen die mit beratenden Tätigkeiten erzielten Umsätze.

Frage 227

Was versteht man unter einem Take-over?

☞ Die Übernahme eines Unternehmens durch ein anderes. Sie kann entweder „freundlich", d. h. einvernehmlich, oder „feindlich", d. h. für das übernommene Unternehmen zunächst unbewusst und unbemerkt, erfolgen.

Frage 228

Was bezeichnet man als Carry-over-Effekt?

☞ Wirkungsverzögerungen von Werbemaßnahmen, d. h., frühere Werbekampagnen des eigenen Unternehmens beeinflussen das Wirkungsergebnis der aktuellen Kampagne.

Frage 229

Was ist ein Knebelvertrag?

☞ Eine Vereinbarung, die die Entscheidungsfreiheit eines Partners in wirtschaftlicher Hinsicht derart beschränkt, dass er keine wesentlichen Entscheidungen mehr selbstständig treffen kann. Knebelverträge sind sittenwidrig.

Frage 230

Welche Wertpapiere werden beim Leerverkauf verkauft?

☞ Wertpapiere, die der Verkäufer noch nicht besitzt. Der Verkäufer spekuliert bei diesem Termingeschäft darauf, dass die Kurse sinken, bis die Wertpapiere an die Käufer geliefert werden müssen, und er sie sich billiger beschaffen kann. Die Differenz zwischen Verkaufs- und Einkaufskurs verbleibt dem Käufer als Gewinn bzw. Verlust.

Frage 231

Welcher Handel spielt an den deutschen Wertpapierbörsen die wichtigste Rolle?

☞ Der amtliche Handel bzw. die amtliche Notierung. Für diesen Markt, auf den sich weit über 90 % der gesamten Börsenumsätze konzentrieren, ist die Geschäftsführung unter Mitwirkung der amtlichen Makler oder die Maklerkammer verantwortlich. Die Einführung eines Wertpapiers zur amtlichen Notierung ist von der Einhaltung strenger Zulassungsvorschriften (Börsenzulassung) abhängig.

Frage 232

Was entwickelte das sogenannte Davoser Manifest?

☞ Das 1973 auf dem European Management Forum in Davos entwickelte Manifest bildet die Grundlage für die Erstellung von Führungsgrundsätzen im Sinne der Führungsethik. Darin wurden Ziele wie der Dienst am Kunden, am Mitarbeiter, das Ziel der sozialen Verantwortung für die Gesellschaft, der Interessenausgleich zwischen Arbeitgebern und -nehmern sowie Qualitätsansprüche an Produkte und Produktionsprozesse aufgestellt.

Frage 233

Was besagt die Goldene Finanzierungsregel?

☞ Anlagevermögen ist durch Eigenkapital, eigenkapitalähnliches Kapital und langfristiges Fremdkapital, Umlaufvermögen durch kurzfristiges Fremdkapital (Betriebsmittelkredite der Hausbank und Lieferantenverbindlichkeiten) zu finanzieren.

Frage 234

Was bedeutet die Redewendung „pacta sunt servanda"?

☞ Verträge müssen eingehalten, d. h. erfüllt werden. Der Grundsatz wurde aus dem römischen Recht übernommen und ist noch heute gültiger Grundsatz der Vertragstreue.

Pacta sunt servanda: Verträge müssen eingehalten werden

Frage 235

Was ist ein Haustürgeschäft?

☞ Vertragsabschlüsse in Privatwohnungen, auf der Straße, am Arbeitsplatz oder auf sogenannten Kaffeefahrten. Ein solches Geschäft kann vom Kunden innerhalb einer Woche widerrufen werden.

Frage 236

Was ist ein Profit Center?

☞ Profit Center sind autonome organisatorische Einheiten (z. B. Abteilungen, Bereiche) in einem Unternehmen mit eigener Verantwortung für den unternehmerischen Erfolg. Ein Manager bzw. ein Team von Managern leitet das Profit Center eigenverantwortlich und ergebnisorientiert. Das Profit-Center-Konzept ist vor allem bei produktorientierter Gliederung eines Unternehmens in Sparten verwirklicht. Es motiviert die Mitarbeiter durch höhere Eigenverantwortung und Erfolgsorientierung.

Frage 237

Wer darf eigentlich Geld drucken?

☞ Während die Prägung der Euromünzen in der Verantwortung der teilnehmenden Mitgliedstaaten liegt, sind für das Drucken der insgesamt 17 Milliarden Eurobanknoten die Europäische Zentralbank und die nationalen Zentralbanken des Euro-Systems verantwortlich. Diese vergeben die Druckaufträge an wenige spezialisierte Druckereien. Euromünzen werden in Deutschland in den fünf deutschen Münzstätten Berlin, Hamburg, Karlsruhe, München und Stuttgart hergestellt.

Frage 238

Wer gehört zu den sogenannten Global Playern?

☞ Unternehmen, die auf allen Kontinenten zu Hause sind und dort mit lokalen Wettbewerbern oder anderen Global Playern konkurrieren.

Frage 239

Was versteht man unter einer Marke?

☞ Jedes Unternehmen kann das gewisse Etwas, das seine Waren oder Dienstleistungen von den Produkten der Konkurrenz unterscheidet, als Marke schützen lassen. Es gibt verschiedene Arten von Marken: Handelsmarken sind Waren- oder Firmenzeichen, mit denen Unternehmen ihre Waren versehen. Des Weiteren gibt es Hersteller- oder Firmenmarken sowie Produktmarken.

Frage 240

Er stellt das Modell eines Menschen dar, der nach wirtschaftlichen Maßstäben stets rational handelt. Mit dieser Kunstfigur haben sich die Ökonomen die Möglichkeit geschaffen, die Wirkung der Veränderungen einzelner Faktoren, die im Wirtschaftsleben eine Rolle spielen, genauer zu untersuchen. **Wie nennt man diesen Kunstmenschen?**

☞ **Homo oeconomicus.**

Frage 241

Was ist eine Bestellung?

☞ Eine eindeutige Aufforderung an einen Lieferanten, eine Lieferung vorzunehmen.

Außerdem kann der Begriff die Ernennung von Personen für einen Posten oder eine Aufgabe bezeichnen.

Frage 242

Was sind Rückversicherungen?

☞ Damit bezeichnet man die Versicherung eines Erstversicherers, die gewährleisten soll, dass Versicherte ihre vertraglichen Leistungen auch dann erhalten, wenn die ursprüngliche Versicherung nicht zur Zahlung in der Lage ist. So mussten etwa 2005 bei der Flutkatastrophe in New Orleans zahlreiche Rückversicherungen greifen. Der Vorteil liegt also darin, dass auch ein Risiko großer Schäden übernommen werden kann.

Frage 243

Was steckt hinter dem Begriff „Globalisierung"?

☞ Eine Strategie, die zum Ziel hat, international, d. h. global tätig bzw. präsent und bekannt zu sein. Grundüberlegung dieser Internationalisierungsstrategie ist die Annahme, Kundenwünsche und -bedürfnisse würden sich langfristig weltweit annähern, sodass Strategien standardisierbar werden. Diese Strategie stößt jedoch an Grenzen bei kulturabhängigen Produkten (z. B. der Export von Fleischprodukten in islamische Länder).

Frage 244

Wodurch unterscheiden sich Giro- und Sparkonto?

☞ Das Girokonto dient den täglichen Bankgeschäften, wie z. B. Überweisungen. Auf das Sparkonto kann dagegen nur gegen Vorlage des Sparbuchs verfügt werden; Überweisungen u. Ä. sind nicht möglich. Es dient also nur der Geldanlage, bringt aber dafür mehr Zinsen.

Frage 245

Was versteht man unter dem sogenannten Schwarzen Freitag?

☞ Der Begriff „Schwarzer Freitag" bezeichnet eine schwere Krise der Wirtschaft, der Börse oder des Bankensystems. Zufälligerweise fielen derartige Krisen bisher immer auf einen Freitag. So fand der erste Börsenkrach am 24. September 1869 statt, am 9. Mai 1873 folgte der sogenannte „Gründerkrach", am 25. Oktober 1929 ereignete sich der berüchtigte Kurssturz an der Wall Street in New York, der den Beginn der Weltwirtschaftskrise markierte, und am 10. Juli 1931 kam es zur sogenannten „Bankenkrise", die letztlich zur Einführung der Bankenaufsicht führte.

Frage 246

Welche Staaten treffen sich jährlich beim G8-Gipfel?

☞ Die USA, Japan, Bundesrepublik Deutschland, Großbritannien, Frankreich, Kanada, Italien und Russland. Einen jährlichen Weltwirtschaftsgipfel gibt es bereits seit 1975. Zunächst waren daran allerdings nur die sieben erstgenannten Staaten beteiligt. Russland wird erst seit 1997 regelmäßig dazugebeten. Der G-8-Gipfel beschäftigt sich mit globalen Wirtschafts-, Entwicklungs- und Währungsfragen sowie wirtschaftlich relevanten Themen der Weltpolitik. Die Treffen der acht führenden westlichen Wirtschaftsnationen werden regelmäßig von Protesten der Globalisierungsgegner begleitet.

Frage 247

Was versteht man im Arbeitskampf unter der Aussperrung?

☞ Die Aussperrung stellt im Arbeitskampf für gewöhnlich eine Reaktion der Arbeitgeber auf einen Streik der Arbeitnehmer dar. Die Arbeitnehmer werden dann daran gehindert, ihre Arbeit aufzunehmen. Während einer Aussperrung ruht das Arbeitsverhältnis, und es werden keine Löhne gezahlt. Nach Beendigung des Arbeitskampfes wird das Arbeitsverhältnis jedoch fortgesetzt. Kündigungen wegen Streik oder Aussperrung sind gesetzlich verboten.

Frage 248

Welche Börse notiert den Nikkei-Index?

☐ a) Singapur
☐ b) Tokio
☐ c) Hongkong
☐ d) Osaka

☞ **b) Tokio**
Er basiert auf den Kursen von 225 Aktien.

Tokioter Börse

Frage 249

In der Immobilienbranche wird gerne mit Bauherrenmodellen gearbeitet. **Wozu dienen sie?**

☞ Bauherrenmodelle dienen der Kapitalanlage. Dabei schließen sich mehrere Anleger zu einer Gemeinschaft zusammen, um eine Immobilie zu bauen oder zu erwerben und anschließend zu vermieten. Häufig ist es erst mit solchen Modellen möglich, groß angelegte (und dementsprechend kostspielige) Bauvorhaben zu realisieren. Neben den zu erwartenden Einnahmen aus der Vermietung des Objekts sind Bauherrenmodelle für die einzelnen Mitglieder vor allem auch aus steuerlichen Gründen attraktiv.

Frage 250

Was versteht man unter Protektionismus?

☞ Maßnahmen eines Staates (z. B. Importbeschränkungen für bestimmte Güter) zum Schutz der eigenen Wirtschaft vor ausländischer Konkurrenz.

Frage 251

Um ein Unternehmen nach dieser Rechtsform zu gründen, sind mindestens zwei Gesellschafter nötig. Es ist nicht im Handelsregister registriert, kann also (offiziell) auch keinen Firmennamen tragen. Im Rechtsverkehr müssen daher die Namen aller Gesellschafter genannt werden. Die Gesellschafter haften jeweils mit ihrem Privatvermögen für die Verbindlichkeiten ihres Unternehmens. Allerdings können sie in einem Gesellschaftervertrag diesbezüglich gesonderte Regeln festsetzen. Ein Stammkapital ist zur Gründung eines solchen Unternehmens nicht erforderlich. Daher stellt sie im Grunde die unkomplizierteste Form einer Unternehmensgründung dar. Sie wird gerne von Kleingewerbetreibenden, Praxisgemeinschaften oder Menschen aus den freien Berufen gewählt. **Um welche Rechtsform handelt es sich?**

☞ **Um die Gesellschaft bürgerlichen Rechts (GbR).**

Frage 252

Was versteht man unter Ehegatten-Splitting?

☞ Das Ehegatten-Splitting ist ein Verfahren zur Berechnung der Einkommensteuer von gemeinsam veranlagten Ehegatten. Das Verfahren, das hierbei angewendet wird, ist recht einfach. Zunächst wird das zu versteuernde Einkommen des Ehepaares ermittelt und dann halbiert. Von dem so ermittelten halben Familieneinkommen wird nun die zu entrichtende Einkommensteuer festgestellt. Schließlich wird die berechnete Einkommensteuer noch verdoppelt (da es ja um zwei Einkünfte geht). Diese Form der Veranlagung ist für die Steuerzahler besonders dann von Vorteil, wenn sich die einzelnen Einkünfte deutlich voneinander unterscheiden.

Frage 253

Wie funktioniert ein Investmentfonds?

☞ Bei einem Investmentfonds sammelt eine Kapitalanlagegesellschaft das Geld einer großen Zahl von Anlegern. Mit diesem Geld kauft sie dann Aktien, verzinsliche Wertpapiere oder Immobilien. Dabei geht sie nach dem Grundsatz der Risikostreuung vor. Wenn eine Aktie z. B. plötzlich sehr viel an Wert verlieren sollte, halten sich die Verluste für die Anleger in Grenzen, da der Fonds auch noch aus anderen Werten besteht.

Frage 254

Welche Aufgaben hat die OECD?

☞ Die 1961 gegründete Organisation plant und koordiniert weltweit die wirtschaftliche Zusammenarbeit und Entwicklung. Das OECD-Sekretariat in Paris betreibt Forschungsprojekte zur Vorhersage wirtschaftlicher Entwicklungen, insbesondere auch in den Staaten der Dritten Welt, aber auch zum sozialen Wandel und neuen Technologien.

Frage 255

Welche Unternehmen verfügen über einen Aufsichtsrat?

☞ Aktiengesellschaften, Genossenschaften und Gesellschaften mit beschränkter Haftung. Er besteht aus mindestens drei Mitgliedern und fasst seine Beschlüsse mit einfacher Stimmenmehrheit.

Frage 256

Wie bezeichnet man das Umrechnungsverhältnis zwischen zwei Währungseinheiten?

☐ a) Geldkurs
☐ b) Briefkurs
☐ c) Tageskurs
☐ d) Wechselkurs

☞ **d) Wechselkurs**

Frage 257

Was bedeutet Tarifautonomie?

☞ Das grundgesetzlich geschützte Recht der Tarifpartner, durch freie Vereinbarungen Tarifverträge auszuhandeln, ohne dass eine staatliche Stelle mitwirkt oder sich einmischt. Bestandteile der Tarifautonomie sind auch das Streik- und das Aussperrungsrecht als Arbeitskampfmittel von Gewerkschaften und Arbeitgeberverbänden.

Frage 258

Wie verläuft ein Insolvenzverfahren?

☞ Das Gericht ernennt einen Insolvenzverwalter (früher Konkursverwalter), der über die Verwendung der zur Insolvenzmasse gehörenden Vermögens- und Schuldenteile des Schuldners durch Verfügungs- und Verwaltungsmacht entscheidet. In der Regel erfasst und verwertet der Verwalter die Masse und verteilt den Erlös an die Gläubiger.

Frage 259

Was versteht man unter Binnenhandel?

☞ Den Handelsverkehr innerhalb der Grenzen eines Landes.

Frage 260

Was versteht man in der EU unter einem Nettoempfänger?

☞ Die weniger entwickelten Regionen, die von Brüssel mehr Geld erhalten, als sie dorthin abführen.

Frage 261

Was ist unter dem Begriff „New Economy" zu verstehen?

☞ New Economy (engl. „neue Ökonomie") kennzeichnet den gegenwärtig zu beobachtenden Wandel von der Industrie- zur Informations- und Wissensgesellschaft. Typische Kennzeichen sind die zunehmende Durchdringung sämtlicher Lebens- und Arbeitsbereiche durch das Internet, die Veränderung klassischer Arbeits- und Lebensformen, die steigende Zahl von Start-up-Unternehmen sowie die Veränderung der Spielregeln auf den Märkten.

Frage 262

Welches europäische Land hat den Euro am 1. Januar 2009 als Zahlungsmittel eingeführt?

☐ a) Tschechien
☐ b) Slowakei
☐ c) Slowenien
☐ d) Polen

☞ **b) Slowakei**

Frage 263

Welche Staaten gehören der Europäischen Freihandelsassoziation EFTA an?

☞ Nach dem Beitritt Finnlands, Schwedens und Österreichs zur EU (1995) umfasst die EFTA heute nur noch Island, Liechtenstein, Norwegen und die Schweiz.

Frage 264

Wer ist seit 2003 Präsident der Europäischen Zentralbank (EZB)?

☞ **Der Franzose Jean-Claude Trichet** wurde 2003 als Nachfolger des Niederländers Wim Duisenberg zum Präsidenten der Europäischen Zentralbank gewählt.

Frage 265

Was untersucht die Mikroökonomie?

☞ Das wirtschaftliche Verhalten einzelner Konsumenten und Unternehmen.

Frage 266

Was sind die wichtigsten Ziele des globalisierungskritischen Netzwerks Attac?

☞ Zu den Zielen von Attac gehören u. a. eine stärkere Kontrolle des weltweiten Kapitalmarkts, fairer Handel, Geschlechtergerechtigkeit, die Abschaffung von Steueroasen und die Besteuerung internationaler Devisengeschäfte.

Frage 267

Zu welchem Zweck tritt die Hauptversammlung einer AG zusammen?

☞ In der Hauptversammlung entscheiden die Aktionäre über die Wahl der Aufsichtsratsmitglieder, die Verwendung des Bilanzgewinns sowie die Entlastung von Vorstand und Aufsichtsrat.

Frage 268

Wer war bis 2006 als Vorsitzender der US-Notenbank der mächtigste Mann in der internationalen Wirtschaft?

☐ a) Milton Friedman
☐ b) Alan Greenspan
☐ c) James Edward Meade
☐ d) James M. Buchanan

☞ **b) Alan Greenspan**

Frage 269

Wie bezeichnet man die Gemeinschaftsgründung eines Unternehmens durch zwei Geschäftspartner?

☞ **Als Joint Venture.** Dabei schließen sich selbstständige Unternehmen zum Zweck der Durchführung eines bestimmten Projekts zusammen und teilen sich Verantwortung und Risiko.

Frage 270

Wann spricht man von einem Kleinunternehmen?

☞ Als Kleinunternehmen gelten Unternehmen mit einem Jahresumsatz unter einer Million Euro und weniger als neun Beschäftigten.

Frage 271

Was ist die Riesterrente?

☞ Eine staatlich bezuschusste kapitalgedeckte Privatrente: Man zahlt während des aktiven Arbeitslebens Beiträge in eine private Rentenversicherung, einen Banksparplan oder einen Fonds ein und erhält dafür staatliche Zulagen und Steuerfreibeträge.

Frage 272

Wann spricht man von einer Emission?

☞ Von einer Emission (lat. emittere, „aussenden") spricht man bei der Ausgabe von Wertpapieren oder Banknoten. Emittenten und die Emission begleitende Konsortialbanken veröffentlichen rechtzeitig den zu erwartenden Ausgabepreis (Bookbuilding-Spanne) sowie die Zeichnungsfrist. Der tatsächliche Ausgabepreis wird als Emissionskurs bezeichnet.

Frage 273

Was passiert bei einer Stagflation?

☞ Stagflation kennzeichnet eine Situation, in der gleichzeitig ein stagnierendes Wirtschaftswachstum und eine Inflation, d. h. ein steigendes Preisniveau gegeben sind. Sie entsteht z. B. dann, wenn trotz Nullwachstum der Kampf um höhere Löhne weitergeführt wird und die erzielten Lohnsteigerungen zu Kostensteigerungen und damit zu Preiserhöhungen führen.

Frage 274

Welche Leistungen erbringt die Bundesagentur für Arbeit (BA)?

☞ Die wesentlichen Leistungen der BA bestehen in der Zahlung von Entgeltersatzleistungen im Rahmen der Arbeitslosenversicherung, Maßnahmen der Arbeitsmarktpolitik, der Berufsberatung sowie der Arbeitsvermittlung. Im Zuge der Umsetzung der Ergebnisse der Hartzkommission wurde die BA reformiert, um ihre Leistungsfähigkeit z. B. durch umfassende und effiziente kundenorientierte Beratung der Arbeitslosen in Jobcentern, durch die frühzeitige Meldepflicht der von Arbeitslosigkeit Bedrohten sowie durch die Gründung von Personalserviceagenturen zu verbessern.

Frage 275

Welches Ziel verfolgt das Outsourcing?

☞ Outsourcing zielt auf die Auslagerung von Wertschöpfungsaktivitäten und -prozessen auf andere Unternehmen. Typische Beispiele sind das Outsourcing der EDV-Abteilung auf dafür spezialisierte Unternehmen oder das Outsourcing bestimmter Verwaltungsaufgaben auf externe Unternehmen.

Frage 276

Wann wird ein Betriebsrat gegründet?

☐ a) in Großunternehmen
☐ b) in öffentlichen Unternehmen
☐ c) in Gewerkschaften
☐ d) in Unternehmen mit mehr als fünf Arbeitnehmern

☞ **d) in Unternehmen mit mehr als fünf Arbeitnehmern**

Frage 277

Welche Aufgabe hat ein Wirtschaftsprüfer?

☞ Die Hauptaufgabe eines Wirtschaftsprüfers ist die Prüfung und Zertifizierung des Jahresabschlusses von Unternehmen.

Frage 278

Was versteht man unter Liquidation?

☞ Die Auflösung eines Unternehmens, bei der noch die laufenden Geschäfte zu Ende geführt werden und das Vermögen verkauft wird, um die Schulden der Gläubiger zu begleichen.

Frage 279

Der Nabel der amerikanischen Finanzwelt liegt in Manhattan. Nicht nur die New Yorker Börse, auch eine Vielzahl bedeutender Banken residieren dort in derselben Straße, deren Name zum Synonym für den amerikanischen Aktienmarkt, manchmal sogar für das Finanzwesen der Vereinigten Staaten geworden ist. **Wie heißt die berühmte Straße?**

☞ **Wall Street.**

Frage 280

Was versteht man unter Trading?

☞ Trading steht für kurzfristiges Kaufen und Verkaufen von Aktien, um Spekulationsgewinne zu erzielen. Es ist vor allem in den USA unter dem Begriff „Day-Trading" bekannt geworden, wenn Spekulanten am gleichen Tag kaufen und verkaufen.

Frage 281

Was besagt das Ladenschlussgesetz?

☞ Seit dem 1. Juni 2003 dürfen Geschäfte in Deutschland montags bis samstags von 6–20 Uhr geöffnet haben. Sonderregelungen gelten für Geschäfte in Bahnhöfen und Flughäfen. Anlässlich von Märkten und Messen sind vier verkaufsoffene Sonn- und Feiertage pro Jahr möglich, wobei die Verkaufszeit fünf Stunden nicht überschreiten darf, um 18 Uhr beendet sein und außerhalb der Zeiten der Hauptgottesdienste liegen muss.

Frage 282

Was sind die sogenannten Tigerstaaten?

☞ Tigerstaaten nennt man bestimmte asiatische Schwellenländer wie Südkorea, Taiwan und Singapur, die aufgrund ihres rasanten Wirtschaftswachstums nicht mehr als Entwicklungsländer gelten können.

Frage 283

Was versteht man unter Schlüsselqualifikationen?

☞ Kompetenzen und Qualifikationen, die über den fachlichen Bereich hinausgehen. Dazu zählen etwa Projektmanagementfähigkeiten, Kreativitäts- und Präsentationstechniken, aber auch soziale Kompetenzen wie Konfliktfähigkeit und konstruktive Kommunikationsfähigkeit.

Frage 284

Was ist ein Mindestlohn?

☞ Mindestlöhne sind die kleinsten rechtlich zulässigen Löhne, die durch eine gesetzliche Regelung oder einen Tarifvertrag festgelegt sind. Sie sollen Beschäftigten im Niedriglohnsektor ein Einkommen über dem Existenzminimum sichern.

Frage 285
Was ist der tertiäre Sektor?

☞ Der Bereich der Wirtschaft, der im Gegensatz zur produzierenden Wirtschaft keine Sachgüter herstellt, sondern Dienstleistungen zur Verfügung stellt.

Frage 286
Arbeitsbedingungen und Löhne werden in der Regel nicht zwischen jedem Arbeitgeber und Arbeitnehmer einzeln ausgehandelt, sondern zwischen Gewerkschaften und Arbeitgeberverbänden. Dabei geht es meist um ein ganzes Bündel von Vereinbarungen wie Arbeitszeiten, Urlaub, Arbeitsplatzschutz usw. **Wie nennt man eine solche Vereinbarung?**

☞ **Tarifvertrag.**

Frage 287
Wofür stehen Bär und Bulle an der Börse?

☞ Der Bär, der mit seinen Tatzen nach unten schlägt, symbolisiert den Pessimisten an der Börse. Er steht also für den Abwärtstrend. Der Bulle, der mit seinen Hörnern nach oben stößt, symbolisiert den Optimisten und damit den Aufwärtstrend.

Bulle und Bär vor der Frankfurter Börse

Frage 288
Auf welchen Wert bezieht sich der NASDAQ?

☞ NASDAQ steht für National Association of Securities Dealers Automated Quotations System und misst die Wertentwicklung der 50 umsatzstärksten Technologiewerte der USA. Es handelt sich um eine reine Computerbörse ohne Handel auf dem Parkett.

Frage 289
Um welche Marktform handelt es sich bei einem Monopol?

☞ Um eine Marktform, bei der nur ein Anbieter oder ein Nachfrager auftritt. Tritt nur ein Anbieter auf, spricht man von einem Angebotsmonopol, tritt nur ein Nachfrager auf, von einem Nachfragemonopol.

Frage 290
Was sind Devisen?

☐ a) festverzinsliche Wertpapiere
☐ b) Guthaben in ausländischer Währung im Inland
☐ c) ausländische Münzen und Banknoten
☐ d) jährliche Auszahlungen an die Aktionäre

☞ **b) Guthaben in ausländischer Währung im Inland**

Guthaben in Dollar in Deutschland: Devisen

Frage 291
Welche Funktion hat ein CEO?

☞ CEO (Chief Executive Officer) ist eine andere Bezeichnung für Management oder Unternehmensführung. In großen Unternehmen handelt es sich dabei um den Sprecher des Vorstands oder den Vorstandsvorsitzenden.

Frage 292
Welche Philosophie verfolgt der Kapitalismus?

☞ Kapitalismus steht für ein Wirtschaftssystem, in dem sich Kapital und Produktionsfaktoren in privater Hand befinden. Die Unternehmen entscheiden selbstständig über die eigene Planung, streben nach Gewinn und stehen untereinander in Wettbewerb.

Frage 1

Welche Rolle spielen Flechten in der Natur?

☞ Sie waren wahrscheinlich die ersten Pflanzen, die sich vor 400 Millionen Jahren auf dem Festland ausbreiteten und die Erde für andere Pflanzen vorbereiteten. Flechten sind symbiotische Systeme aus Pilzen und Algen. Weltweit gibt es etwa 25.000 Flechtenarten.

Frage 2

Was ist der hauptsächliche Gegenstand von Einsteins Allgemeiner Relativitätstheorie?

☞ In seiner Allgemeinen Relativitätstheorie befasst sich Albert Einstein (1879–1955) in erster Linie mit der Gravitation und ihrer Auswirkung auf die Raumzeit. Die Raumzeit selbst ist dabei ein vierdimensionales „Geflecht" aus drei räumlichen Dimensionen und einer zeitlichen. Einsteins Theorie zufolge macht die Gravitation nun nichts anderes, als diese Raumzeit zu krümmen. Das Ganze kann man sich ein wenig wie eine Eisenkugel vorstellen, die auf einem Gummituch liegt. Auch diese Kugel beult das Tuch durch ihr Gewicht ein. Je schwerer die Kugel dabei ist, desto tiefer wird die „Beule" im Tuch.

Frage 3

Haben Lungenfische Lungen?

☞ Wie alle Fische haben auch Lungenfische Kiemen. Zusätzlich besitzen sie aber Lungen, die ihnen das Atmen über äußere Nasenlöcher ermöglichen. Dadurch können sie Trockenperioden überstehen. Trocknet ein See oder Fluss aus, graben sich die Tiere, umgeben von einer Schleimkapsel, bis zum nächsten Regen in den Schlamm ein.

Lungenfisch

Frage 4

Wie funktioniert ein Schnellkochtopf?

☞ Ein Schnellkochtopf ist ein spezieller Topf, bei dem durch Erhöhung des Druckes erreicht wird, dass Wasser erst bei einer Temperatur von über 100 °C siedet. Durch diese höhere Siedetemperatur werden Speisen schneller gar, man spart Zeit und Energie.

Frage 5

Was entsteht, wenn Zement mit Wasser und Kies oder ähnlichen Zusätzen gemischt wird?

☐ a) Marmor
☐ b) Beton
☐ c) Granit
☐ d) Kalkstein

☞ **b) Beton**

Frage 6

Warum sind Auwälder besonders schützenswerte Biotope?

☞ Weil die zeitweise unter Wasser stehenden Wälder entlang Flussläufen und Bächen für viele seltene Pflanzen und Tiere eine letzte Zufluchtsstätte darstellen. Sie sind außerdem ein wichtiges Trinkwasserreservoir. In Auwäldern wachsen v. a. Eschen und Weiden, aber auch Ulmen und Eichen.

Frage 7

Warum kann man mit Röntgenstrahlen Menschen „durchleuchten"?

☞ Im Jahr 1895 experimentierte der deutsche Physiker Wilhelm Röntgen (1845–1923) mit der Kathodenstrahlröhre. Dabei entdeckte er eine besondere Art von Strahlen, die feste Körper durchdringen und einen dahinter befindlichen Film schwärzen konnten. Röntgenstrahlen können nicht jedes Objekt gleich gut durchdringen. Bei Knochen fällt ihnen das beispielsweise viel schwerer als bei Muskeln. Will man einen Menschen röntgen, bestrahlt man seinen

Körper mit Röntgenstrahlen und belichtet auf der anderen Seite eine fotografische Platte. Dort, wo die Strahlen auf einen großen Widerstand stoßen (also bei den Knochen), wird die Platte nur wenig geschwärzt. Wo viele Strahlen auf die Platte gelangen können (also bei den Muskeln), erscheint die Platte fast schwarz.

Frage 8

Was ist ein Retortenbaby?

☞ „Retortenbaby" ist die Bezeichnung für ein Baby, das durch künstliche Befruchtung gezeugt wurde, z. B. durch In-vitro-Fertilisation. Das erste Retortenbaby überhaupt wurde 1978 in England geboren, das erste deutsche Retortenbaby kam 1982 in Erlangen zur Welt.

Frage 9

Was besagt der pH-Wert?

☞ Ein häufig gebrauchtes Schlagwort in der Werbung ist der pH-Wert, der z. B. bei Seifen und Waschmitteln eine Rolle spielt. Man spricht von pH-neutralen Reinigungsmitteln bzw. hautneutralem Shampoo. Übersetzt heißt der Ausdruck „pH-Wert" Wasserstoff-Stärke. Am pH-Wert kann man ablesen, ob eine Lösung neutral, sauer oder basisch ist. Saure Lösungen enthalten einen Überschuss an Wasserstoff-Ionen (Hydronium-Ionen), basische Lösungen sind durch einen Überschuss an Hydroxid-Ionen gekennzeichnet.

Frage 10

Wodurch wird das Geschlecht eines Menschen bestimmt?

☞ Ob jemand eine Frau oder ein Mann wird, hängt von den Chromosomen ab. Ein Mann hat ein Y-Chromosom und ein X-Chromosom, während die Frau zwei X-Chromosomen besitzt. Von den 46 Chromosomen des Menschen entscheidet also letztlich das Y-Chromosom über das Geschlecht.

Frage 11

Wer hat die Glühbirne erfunden?

☐ a) Werner von Siemens
☐ b) Thomas Alva Edison
☐ c) Alessandro Volta
☐ d) Heinrich Göbel

☞ **d) Heinrich Göbel**

Entgegen häufigen Annahmen, Thomas Alva Edison (1847–1931) habe die Glühbirne erfunden, war der eigentliche Erfinder ein Deutscher: Heinrich Göbel (1818–93).

Frage 12

Wie kommunizieren Bienen untereinander?

☞ Um sich zu verständigen, vollführen sie einen Bienen- oder Schwänzeltanz. Das ist wichtig, um das Bienenvolk über Futterquellen zu unterrichten. Liegt eine Quelle weniger als 80 Meter vom Stock entfernt, vollführt die Biene einen Rundtanz; liegt die Futterquelle weiter weg, so trippelt sie in Form einer Acht und schwänzelt auf der mittleren Strecke mit dem Hinterleib. Je länger und öfter die Biene tanzt, desto weiter ist das Futter vom Stock entfernt. Die anderen Bienen erfassen die Botschaft, indem sie mittanzen.

Frage 13

Was wurde nach Daniel Gabriel Fahrenheit benannt?

☞ Der deutsche Physiker (1686–1736) war der Begründer der wissenschaftlichen Wärmemessung. Die in den USA gebräuchliche Fahrenheit-Skala ist nach ihm benannt. Auf dieser Skala liegt der Gefrierpunkt des Wassers bei 32 °F, der Siedepunkt bei 212 °F.

Frage 14

Das Licht einer normalen Glühbirne wird kreuz und quer in alle Richtungen abgestrahlt. Wenn man sich die einzelnen Lichtwellen genau ansähe, könnte man kaum eine Ordnung feststellen. Bereits 1914 hatte Albert Einstein Überlegungen über eine Lichtquelle angestellt, die dieses Chaos nicht verbreitet. Es dauerte allerdings noch bis zum Jahr 1960, bis es Theodore Maiman (1927–2007) gelang, ein Gerät zu bauen, das ein „geordnetes" Licht abstrahlte. Beim Licht aus dieser Lichtquelle haben alle Wellen die gleiche Größe und breiten sich in die gleiche Richtung aus. Daher ist der Lichtstrahl hier auch wesentlich intensiver, weil sich Wellentäler und Wellenberge nicht mehr gegenseitig auslöschen können. Die Physiker bezeichnen das Licht, das eine solche Lichtquelle abstrahlt, als kohärent. **Wie nennt sich diese besondere Lichtquelle?**

☞ **Laser.** Der Begriff „Laser" ist eine Abkürzung und bedeutet „Light Amplification by the Stimulated Emission of Radiation". Übersetzt heißt das: „Lichtverstärkung durch angeregte Strahlungsaussendung".

Frage 15

Wann können sich in Muscheln und Austern Perlen bilden?

☞ Wenn ein Fremdkörper, z. B. ein Sandkorn, in die Schale der Weichtiere hineingelangt. Die Muschel speichelt den Fremdkörper dann mit Perlmutt ein und es wächst eine Perle.

Frage 16

Was sind Aminosäuren?

☞ Aminosäuren sind kleine organische Moleküle. Alle Aminosäuren weisen zwei besondere chemische Gruppen auf: eine sogenannte Caroxylgruppe, die aus einem Kohlenstoff-, einem Wasserstoff- und zwei Sauerstoffatomen besteht (-COOH), und eine Aminogruppe aus zwei Wasserstoffatomen und einem Stickstoffatom (-NH2). Die einfachste Aminosäure enthält außer diesen beiden Gruppen keine weiteren Elemente. Alle weiteren Aminosäuren besitzen noch zusätzliche Elemente.

Frage 17

Leistung ist ...

☐ a) Arbeit durch Zeit
☐ b) Aufwand mal Energie
☐ c) Strecke plus Kraft
☐ d) Drehzahl plus Verbrauch

☞ **a) Arbeit durch Zeit**
Die Leistung P ist der Quotient aus verrichteter Arbeit W oder dafür aufgewandter Energie E und der dazu benötigten Zeit t.

Frage 18

Was ist eine Fata Morgana?

☞ Ein optisches Trugbild, das durch Luftspiegelung entsteht. Diese Spiegelung kann über stark erhitzten Flächen entstehen, z. B. über Wüstensand oder Asphalt. Sehr weit entfernte Dinge erscheinen greifbar nah, selbst wenn sie hinter dem Horizont liegen.

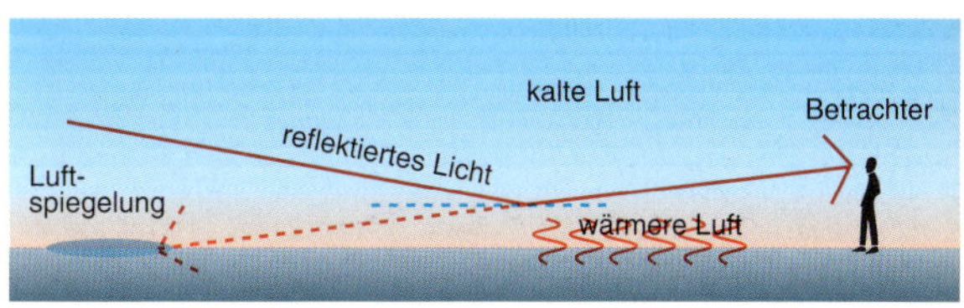

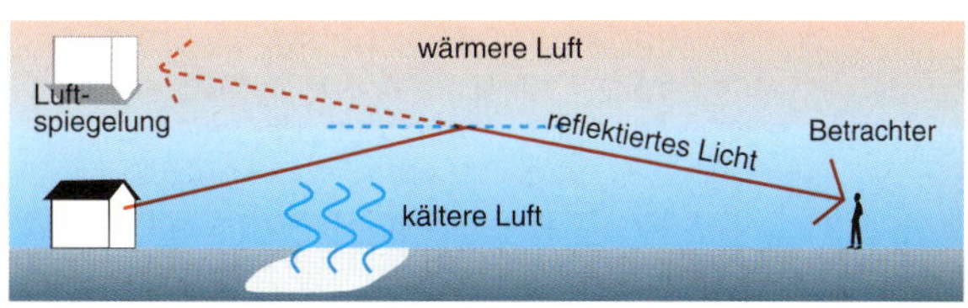

Frage 19
Was ist eigentlich ein Ökosystem?

☞ Unter einem Ökosystem versteht man die Gesamtheit aller in einem festgelegten Raum vorhandenen Teile des Biosystems (Pflanzen, Tiere) und des Geosystems (Böden, Wasser, Klima, etc.). Greift der Mensch nicht ein, entwickelt sich im Allgemeinen ein ökologisches Gleichgewicht, d. h. die Pflanzen und Tiere können sich nur so weit ausbreiten, wie es die natürlichen Gegebenheiten und die natürlichen Feinde zulassen.

Frage 20
Welche naturwissenschaftliche Disziplin wurde früher als Physiologische Chemie bezeichnet?

☞ **Die Biochemie.** Sie behandelt alle chemischen Vorgänge in Lebewesen.

Frage 21
Was sind die bekanntesten einzelligen Tiere?

☞ Die Amöbe, die sich durch eine sehr veränderliche Gestalt ohne feste Umrisse auszeichnet, das Pantoffeltierchen, das seinen Namen seiner Form verdankt, und das Geißeltierchen, das sich mithilfe eines oder mehrerer kleiner fadenförmiger Fortsätze vorwärts schlängeln kann.

Frage 22
Welche Aufgabe hat der Zellkern?

☞ Alle Lebewesen sind aus Zellen zusammengesetzt. Ein ganz wichtiger Bestandteil der Zelle ist der Zellkern, der von zwei Membranen geschützt wird. Der Zellkern enthält eine Menge wichtiger Informationen, das Erbgut des betreffenden Lebewesens. Das Lesen übernehmen bestimmte Stoffe. Sie können die beiden schützenden Membranen des Zellkerns durchqueren und verstehen die Informationen, die er bereithält. Außerdem gelangen ständig Informationen über den Zustand der Zelle und der Außenwelt in den Kern.

Frage 23
Wie groß ist die Lichtgeschwindigkeit in etwa?

☐ a) 100.000 km/s
☐ b) 200.000 km/s
☐ c) 300.000 km/s
☐ d) 400.000 km/s

☞ **b) 200.000 km/s**
Der genaue Wert beträgt 299.792,485 km/s. Entdeckt wurde diese Geschwindigkeit im Jahr 1667 vom dänischen Astronomen Ole Rømer (1644–1710).

Frage 24
Sind Korallen Tiere?

☞ Lange Zeit wurden Korallen für Pflanzen gehalten. Erst im 18. Jh. stellte sich heraus, dass sie zu den Hohltieren zählen. Korallenriffe werden von den Korallenpolypen aufgebaut, nur wenige Millimeter großen Lebewesen, die in Kolonien zusammenleben. Wenn sie sterben, hinterlassen sie ein Kalkgerippe, auf dem sich neue Polypen ansiedeln.

Frage 25
Warum werden manche Wälder als Bannwald ausgewiesen?

☞ Um sie wegen ihrer Bedeutung für Klima, Wasserhaushalt oder Luftreinigung zu erhalten. Ein Bannwald – z. B. in der Nähe von Großstädten als grüne Lunge unersetzlich – steht deshalb unter besonderem Schutz.

Frage 26
Er wurde im Jahr 1903 als Sohn eines berühmten Arztes in Wien geboren und sollte ebenfalls Medizin studieren. Doch nach ei-

niger Zeit entdeckte er seine Liebe zur Ornithologie. Daher studierte er zusätzlich noch Zoologie und schloss auch dieses Fach mit einem Doktortitel ab. Während Sigmund Freud (1856–1939), ebenfalls Österreicher, sich mit der Psychologie des Menschen beschäftigt hatte, ging es dem gesuchten Wissenschaftler um das Verhalten der Tiere. Er gilt als der Begründer der Verhaltensbiologie und erhielt im Jahr 1973 den Nobelpreis. **Wie hieß der Wissenschaftler?**

☞ **Konrad Lorenz (1903–89)** wurde vor allem durch die Prägung, eine Form des Lernens, bekannt, die er durch die intensive Beobachtung des Verhaltens von Gänsen entdeckte. Diese Beobachtungen brachten ihm auch den Namen „Vater der Graugänse" ein.

Konrad Lorenz mit Graugänsen

Frage 27

Was ist das Äquinoktium?

☞ Die Tagundnachtgleiche. Der 21. März und der 23. September zeichnen sich dadurch aus, dass an diesen beiden Tagen Tag und Nacht exakt gleich lang sind, weil dann die Sonne mittags genau über dem Äquator steht. Die beiden Tage bezeichnen den Frühlings- bzw. den Herbstanfang.

Frage 28

Was ist der Treibhauseffekt?

☞ Der Treibhauseffekt tritt ein, weil Gase in der Atmosphäre die von der Erde reflektierte Wärmestrahlung blockieren. Dadurch steigt die weltweite Durchschnittstemperatur.

Frage 29

Was versteht man unter Fotosynthese?

☞ Die Fotosynthese gilt als eine der bedeutendsten Reaktionen in der Natur und als Voraussetzung für das Leben aller tierischen Organismen einschließlich des Menschen, da durch diesen Vorgang der Sauerstoff zum Atmen gebildet wird. Sie geht in drei Schritten vor sich. Im ersten Schritt absorbiert die Pflanze mithilfe von Farbstoffen das Licht. Daraufhin wird die elektromagnetische Energie des Lichts in der Pflanze in chemische Energie umgewandelt. Diese chemische Energie benötigt die Pflanze für den Stoffwechsel, zur Synthese organischer Verbindungen und für das Wachstum. Bei diesen Reaktionen entsteht der für alles Leben so wichtige Sauerstoff.

Frage 30

Welches Ziel verfolgte das Humangenomprojekt?

☐ a) ein Medikament gegen Krebs zu entwickeln
☐ b) ein Medikament gegen AIDS zu entwickeln
☐ c) das menschliche Erbgut zu entschlüsseln
☐ d) den Aufbau der menschlichen Zellen zu erkunden

☞ **c) das menschliche Erbgut zu entschlüsseln**
Weltweit arbeiteten etwa 1000 Wissenschaftler aus 40 Ländern im Rahmen dieses Projekts daran, das menschliche Erbgut zu entschlüsseln. Sie begannen ihre Arbeit im Jahr 1990 und konnten 2001 verkünden, ihre Aufgabe erfolgreich beendet zu haben.

Frage 31

Wofür wird Plutonium verwendet?

☞ Das hochgiftige radioaktive Element dient als Brennstoff für Atomkraftwerke, als Energiequelle für Satelliten und zur Herstellung von Atombomben. Durch seine extreme Giftigkeit und seine Langlebigkeit ist der

Umgang mit Plutonium äußerst gefährlich und daher gesellschaftlich heftig umstritten.

Frage 32

Für welche Entdeckung bekam Albert Einstein den Nobelpreis verliehen?

Albert Einstein

☞ Albert Einstein (1879–1955) bekam den Nobelpreis für die Entdeckung des Fotoeffekts. Dabei handelte es sich um ein Phänomen, das die Physik lange Zeit nicht erklären konnte. Unter bestimmten Bedingungen ist Licht nämlich in der Lage, aus Metalloberflächen Elektronen „herauszuschlagen". Außerdem zeigte sich, dass sich mit zunehmender Helligkeit der Lichtquelle die Anzahl der herausgeschlagenen Elektronen erhöht, ihre Geschwindigkeit allerdings gleich bleibt, sich also die Energie der Einzelelektronen nicht verändert. Dieses Phänomen lässt sich nur mithilfe der Quantenphysik erklären. Wenn man nämlich davon ausgeht, dass auch das Licht in Form von kleinen Teilchen vorliegt, lässt sich der Fotoeffekt leicht erklären. Heutzutage hat der Fotoeffekt beispielsweise bei der Gewinnung von Solarstrom großen Nutzen.

Frage 33

Worin unterscheiden sich Normalbenzin und Superbenzin?

☞ **Durch ihre Oktanzahl**, die ein Maß für die Klopffestigkeit eines Kraftstoffes ist. Je höher die Klopffestigkeit des Benzins, desto geringer ist seine Neigung, sich selbst im Motor zu entzünden. Sie beträgt beim Normalbenzin rund 91–94 Oktan und beim Superbenzin 98–100,5 Oktan.

Frage 34

Wann lebten die ersten Tiere?

☞ Nach neuen Fossilfunden könnten die ersten vielzelligen Tiere bereits vor ungefähr einer Milliarde Jahren gelebt haben. Die Anfänge des Lebens vermutet man vor drei bis vier Milliarden Jahren.

Frage 35

Was sind Naturkonstanten?

☞ Einige Größen in der Natur haben einen festen Wert. Solche Größen nennt man auch Naturkonstanten. Typische Beispiele für solche Konstanten sind die Lichtgeschwindigkeit im Vakuum als die größtmögliche in der Natur auftretende Geschwindigkeit oder der absolute Nullpunkt der Temperatur als die tiefstmögliche Temperatur.

Frage 36

Wem wurde 1907 der erste Nobelpreis für Physik verliehen ?

☞ **Dem deutschen Physiker Wilhelm Conrad Röntgen (1845–1923).** 1895 hatte er die nach ihm benannten Röntgenstrahlen entdeckt.

Frage 37

Wie heißt die radioaktive Strahlung, die am schwersten abgeschirmt werden kann?

☐ a) Alphastrahlung
☐ b) Betastrahlung
☐ c) Gammastrahlung
☐ d) Deltastrahlung

☞ **c) Gammastrahlung**
Die bei der Atomkernspaltung in Atomkraftwerken entstehende Gammastrahlung kann nur durch eine einen Meter dicke Betonwand bzw. eine 20 Zentimeter dicke Bleischicht abgeschirmt werden.

Frage 38

Nach welchem Ordnungsprinzip ist das chemische Periodensystem der Elemente gegliedert?

☞ Die chemischen Elemente sind nach ihrem Atomgewicht angeordnet.

Frage 39

Worauf beruht die vernichtende Wirkung einer Atombombe?

☞ In einer Atombombe kommt es zur unkontrollierten Spaltung von Atomen. Dabei werden innerhalb kürzester Zeit ungeheure Mengen an Energie freigesetzt. Sie breitet sich in Form von Hitze mit mehreren Mio. °C, einer starken Druckwelle und radioaktiver Strahlung aus.

Frage 40

Worin unterscheiden sich Knorpel- und Knochenfische?

☞ Knorpelfische, zu denen z. B. die Haie und Rochen zählen, besitzen im Gegensatz zu den Knochenfischen keine Schwimmblase. Zudem ist ihr Skelett aus Knorpel aufgebaut und somit sehr viel leichter als Knochen.

Frage 41

Warum ist Sauerstoff lebenswichtig?

☞ Mit seiner Hilfe verbrennt der Körper die zugeführte Nahrung und gewinnt daraus Energie. Diese braucht er als Wärmequelle und um die Vielzahl an biochemischen Reaktionen im Körper zu ermöglichen. Ist durch einen Atemstillstand die Sauerstoffzufuhr unterbrochen, führt dies innerhalb weniger Minuten zu Herzstillstand, Gehirnschäden und schließlich zum Tod.

Frage 42

Welche beiden Maßeinheiten braucht man zur physikalischen Kennzeichnung des elektrischen Stromes?

☞ Das Ampere als die Einheit der Stromstärke und das Volt als die Einheit der elektrischen Spannung. Die Einheit wurde nach dem französischen Physiker und Mathematiker André Marie Ampère (1775–1836) benannt, während sich Volt von dem italienischen Physiker Alessandro Volta (1745–1827) ableitet.

Frage 43

Wie heißen die bekanntesten Modelle über den Aufbau der Atome?

☞ Rutherfordsches Atommodell, Bohrsches Atommodell und Orbitalmodell.

Frage 44

Was verstehen wir unter DNS?

☐ a) Dynamonuklearsubstanz
☐ b) Desoxyribonukleinsäure
☐ c) Dauerhaftes Nuklearsystem
☐ d) Dynamische Nanoschichten

☞ **b) Desoxyribonukleinsäure**

Frage 45

Welcher Teil des Gehirns ist bei Gefühlsreaktionen beteiligt?

☞ Das limbische System, das zum Großhirn gehört. Es ist an allen Vorgängen beteiligt, die das Verhalten bestimmen und bei Gefühlsreaktionen ablaufen. Es steuert u. a. Angst, Freude, Lust, Schmerz, Lachen, Weinen und Aggressivität und ist an der hormonellen Steuerung beteiligt.

Frage 46

Wie kommt es zur Hautalterung?

☞ Die Alterung der Haut wird zum einen durch genetische Faktoren (innere Hautalterung) und zum anderen durch Umwelteinflüsse (äußere Hautalterung) ausgelöst. Bei der inneren Hautalterung werden mit zunehmendem Alter die einzelnen Schichten der Haut immer dünner, die Funktionsfähigkeit der Hautdrüsen lässt nach und die Elastizität der Fasern der Lederhaut nimmt ab. Die äußere, vorzeitige Hautalterung wird in erster Linie durch übermäßige UV-Strahlung, aber auch durch das Rauchen verursacht.

Frage 47
Was ist die sogenannte Chemie des Kohlenstoffs?

☞ Die organische Chemie wird manchmal so bezeichnet.

Frage 48
Wie finden die Pollenkörner der männlichen Blüten ihren Weg zu den weiblichen Blüten?

☞ Es gibt zwei Formen der Bestäubung: die Fremdbestäubung und die Selbstbestäubung. Bei Ersterer wird der Blütenstaub z. B. durch den Wind oder durch Insekten transportiert. Bei der Selbstbestäubung gelangt er unmittelbar zu den weiblichen Organen derselben Pflanze.

Frage 49
Auf wessen Erfindung beruht die Temperaturmessung in Grad Celsius?

☞ **Auf der von Anders Celsius (1701–44):** Der schwedische Astronom erfand das Quecksilberthermometer. Seine Temperaturskala erhielt er, indem er den Bereich zwischen Gefrier- und Siedepunkt des Wassers in 100 gleiche Schritte einteilte.

Anders Celsius

Frage 50
Alle Stoffe kommen in der Natur in verschiedenen Zuständen vor. **In welchem Zustand befindet sich ein Stoff nach der Kondensation?**

☐ a) fest ☐ c) flüssig
☐ b) gasförmig ☐ d) ionisiert

☞ **c) flüssig**
Diesen Vorgang kann man beispielsweise beim Kochen beobachten, wenn der Wasserdampf sich am Topfdeckel niederschlägt und dort als Flüssigkeit hinunterläuft.

Frage 51
Warum sind Pflanzen meist grün gefärbt?

☞ Dies liegt an einer Substanz, die als Blattgrün oder Chlorophyll bezeichnet wird. Sie ist in allen grünen Pflanzenzellen enthalten und die Grundlage für die Fotosynthese.

Frage 52
Wie unterscheiden sich Radiowellen von optischen Wellen?

☞ Durch Wellenlänge und Frequenz.

Frage 53
Wovon hängt die Dichte eines Körpers ab?

☞ Die Dichte ist abhängig von der Masse und dem Volumen. Sie wird definiert als das Verhältnis der Masse eines Körpers zu seinem Rauminhalt und in kg/m^3 angegeben.

Frage 54
Welche Teile gehören zu den Elementarteilchen?

☞ Neben den klassischen Elementarteilchen, den Elektronen, Protonen und Neutronen, ist heute eine Vielzahl weiterer Teilchen bekannt. Zu den Elementarteilchen gehören z. B. Leptonen, Mesonen, Baryonen, Photonen und Resonanzen.

Frage 55
Welches ist die wichtigste Eigenschaft der Energie?

☞ Sie wird durch den Energieerhaltungssatz beschrieben: Er besagt, dass in einem abgeschlossenen System Energie weder vernichtet noch erzeugt, sondern nur von einer Form in eine andere umgewandelt werden kann.

Frage 56

Welches physikalische Prinzip wird bei einer Zentrifuge ausgenutzt?

☞ Sie beruht auf dem Prinzip der Fliehkraft. Diese Kraft, die bei einer Drehbewegung entsteht und vom Drehpunkt nach außen gerichtet ist, ermöglicht es, in einer Zentrifuge unterschiedlich schwere Bestandteile eines Gemisches zu trennen.

Frage 57

Welcher deutsche Nobelpreisträger entdeckte im Jahr 1900 die Grundlagen der Quantentheorie?

☐ a) Walther Bothe
☐ b) Max Planck
☐ c) Werner Heisenberg
☐ d) Wilhelm C. Röntgen

Der junge Max Planck

☞ **b) Max Planck (1858–1947)**
Als sich Max Planck mit der Strahlung sogenannter schwarzer Körper beschäftigte, stellte er fest, dass die Wärmeenergie in winzig kleinen „Paketen" transportiert wird. Er nannte diese Pakete Quanten.

Frage 58

Gibt es lebende Fossilien?

☞ Eigentlich ist der Begriff „lebende Fossilien" ein Widerspruch in sich, denn Fossilien leben nicht. Dennoch werden einige Tier- und Pflanzenarten, die in gleicher oder ähnlicher Form bereits in weit zurückliegenden Erdzeitaltern existierten, als lebende Fossilien bezeichnet. Das gilt z. B. für den Quastenflosser, der schon vor ca. 400 Millionen Jahren auf der Erde lebte und sich seitdem nicht verändert hat.

Quastenflosser

Frage 59

Er machte sich auf vielen Gebieten der Naturwissenschaften einen Namen. Am bekanntesten sind seine Arbeiten auf dem Gebiet der Astronomie. Er entwickelte z. B. als Erster so gute Fernrohre und Teleskope, dass er viele Planeten unseres Sonnensystems eingehend und genau beobachten konnte. Außerdem fand er heraus, dass das Weltbild von Nikolaus Kopernikus (1473–1543) richtig war, der erkannt hatte, dass nicht die Erde, sondern die Sonne der Mittelpunkt unseres Sonnensystems ist. **Um welchen bekannten Wissenschaftler geht es?**

☞ **Galileo Galilei (1564–1642)** war Philosoph, Astronom, Physiker und Professor für Mathematik in Pisa, Padua und Florenz.

Frage 60

Woher stammen die Begriffe Fauna und Flora?

☞ Fauna war eine römische Waldgöttin und Beschützerin der Tiere. Heute bezeichnet man damit die Tierwelt einer bestimmten Region oder einer bestimmten Periode. Flora war die Göttin der Blumen, des Getreides und des Frühlings. Entsprechend der Fauna versteht man heute darunter die Pflanzen einer bestimmten Region oder einer bestimmten Periode.

Frage 61

Welche Rolle spielt Kohlendioxid (CO_2) beim Treibhauseffekt?

☞ Kohlendioxid trägt wesentlich zur Erwärmung der Erdatmosphäre bei. Das in Jahrmillionen von den Pflanzen durch die Fotosynthese aus der Atmosphäre entnommene Gas wird in den letzten Jahrzehnten durch die massive Verbrennung fossiler Energieträger wie Kohle, Erdöl und Erdgas wieder freigesetzt.

Frage 62

Wie heißt der zentrale Bereich eines Atomkraftwerkes?

☞ **Der Kernreaktor** ist die eigentliche Anlage, in der die Atomkerne gespalten werden und so die Kernenergie in Wärmeenergie umgewandelt wird.

Frage 63

Wo befindet sich das Gleichgewichtsorgan des Menschen?

☐ a) Bauch ☐ c) Ohr
☐ b) Rücken ☐ d) Fuß

☞ **c) Ohr**
Es ist als Teil des Innenohres in einer Knochenkapsel, dem „Felsenbein", verborgen.

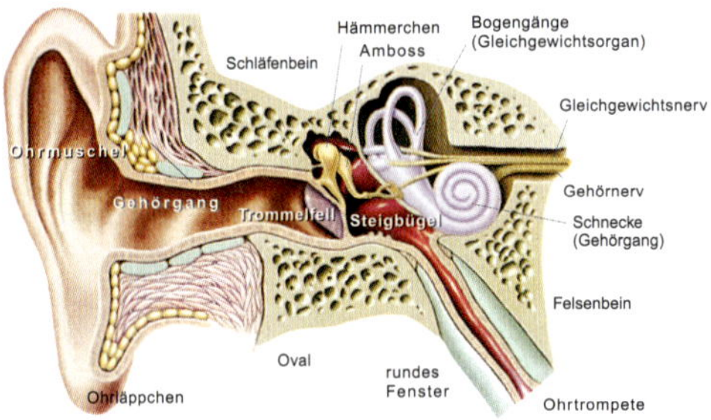

Frage 64

Welche Tiere gehören zur Gruppe der Gliederfüßer?

☞ Pfeilschwanzkrebse, Spinnen, Krebse, Tausendfüßer, Milben und Insekten gehören zu den Arthropoden, wie sie in der Fachsprache genannt werden. Alle diese Gruppen besitzen zahlreiche gemeinsame Merkmale, darunter den grundlegenden Aufbau der Gliedmaßen, dem sie ihren Namen verdanken.

Frage 65

Aus welchen chemischen Elementen besteht Wasser?

☞ **Das Wassermolekül besteht aus einem Sauerstoffatom und zwei Atomen Wasserstoff.** Daher lautet die chemische Formel für Wasser H_2O. Das normale Leitungswasser enthält neben den Wassermolekülen eine Vielzahl anderer Verbindungen wie Kohlendioxid, zahlreiche Salze und Metalle. Die meisten dieser Stoffe sind nur in geringsten Konzentrationen vertreten.

Frage 66

Was ist ein Facettenauge?

☞ Wenn sich Insekten einen Film im Kino ansehen würden, hätten sie vermutlich wenig Spaß daran. Sie sähen jedes Bild einzeln, und das auch noch unscharf, da die Facettenaugen der Insekten aus vielen Einzelaugen, die jeweils einen Lichtpunkt registrieren, zusammengesetzt sind. Die Lichtpunkte werden dann zu einem Bild zusammengefügt. Das räumliche Auflösungsvermögen ist von Art zu Art unterschiedlich und hängt davon ab, wie viele Einzelaugen vorhanden sind. An die Leistung eines Linsenauges kommt das Facettenauge allerdings nicht heran. Doch was das zeitliche Auflösungsvermögen angeht, ist es dem Sehorgan der Wirbeltiere überlegen: Manche fliegenden Insekten können bis zu 250 Bilder pro Sekunde wahrnehmen, der Mensch erfasst im gleichen Zeitraum gerade einmal 24 Bilder.

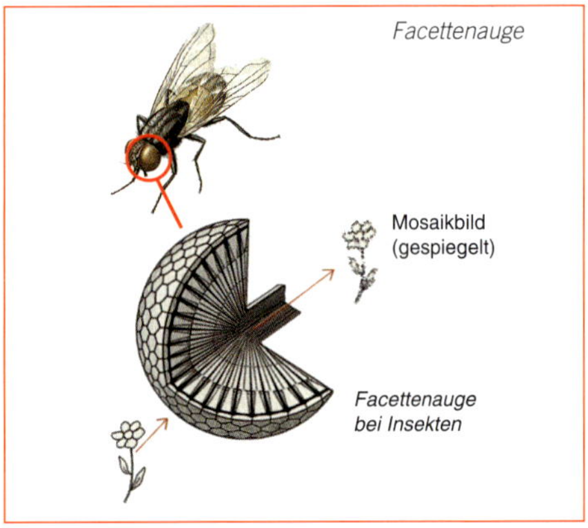

Frage 67

Im Oktober 2003 erspähte ein amerikanisches Astronomenteam den Zwergplaneten Xena, der damals zunächst als „10. Planet" in unserem Sonnensystem bezeichnet wurde. **Wie lauten die Namen der anderen neun bzw. heute acht Planeten?**

☞ Die ursprünglich neun weiteren Planeten in unserem Sonnensystem sind Merkur, Venus, Erde, Mars, Jupiter, Saturn, Uranus, Neptun und Pluto. Allerdings wurde Pluto im Jahr 2006 der Status eines Planeten aberkannt, er gilt nunmehr als Zwergplanet.

Frage 68

In welchem sowjetischen Atomkraftwerk kam es 1986 zu einem GAU?

☞ **In Tschernobyl.** Dieser „größte anzunehmende Unfall", abgekürzt mit GAU, verseuchte weite Landstriche in der Ukraine, in Weißrussland und Russland. In Teilen Westeuropas kam es zu deutlich erhöhter radioaktiver Strahlung.

Frage 69

Bei welchem Vorgang kommt der Alkohol ins Bier?

☐ a) Fotosynthese ☐ c) Substitution
☐ b) Elektrolyse ☐ d) Gärung

☞ **d) Gärung**
Dabei werden Zucker und Stärke von Hefepilzen bzw. deren Enzymen unter Sauerstoffabschluss in Alkohol umgewandelt.

Frage 70

Wer waren die größten jemals lebenden Landtiere?

☞ Die zu den Dinosauriern gehörenden Sauropoden. Die riesigen Reptilien wurden bis zu 30 Meter lang und 75 Tonnen schwer.

Frage 71

Wie kommt die Chaosforschung zu ihrem Namen?

☞ Die Chaosforschung ist entgegen ihrem Namen ein ernsthafter, mit mathematisch-naturwissenschaftlichen Methoden arbeitender Forschungszweig. Er befasst sich mit Systemen, über deren langfristiges Verhalten man keine Aussagen machen kann, da es unvorhersehbar, also chaotisch ist. Einer der bedeutendsten Theoretiker der Chaosforschung ist der amerikanische Physiker Mitchell Feigenbaum (*1944).

Frage 72

Was bedeutet Ausstrahlcharakteristik?

☞ Die Ausstrahlcharakteristik ist die Verteilung der Strahlungsintensität auf die Richtungen des Raums. Dipol-Antennen beispielsweise strahlen ihre Hauptintensität horizontal ab. Die Wohnung mit dem schlechtesten Empfang – ihre Bewohner sind aber am wenigsten gefährdet – liegt direkt unter der Mobilfunkantenne.

Frage 73

Gibt es Körper, die sich beim Abkühlen ausdehnen?

☞ Wird ein Körper erwärmt, dehnt er sich aus. Eine wichtige Ausnahme stellt das Wasser dar, dessen Volumen zwischen 0 °C und 4 °C bei steigender Temperatur abnimmt. Diese Anomalie hat Auswirkungen auf das Leben in Seen und Teichen. Unterhalb von 4 °C steigt nämlich kälteres Wasser nach oben, da es eine geringere Dichte hat. Dadurch bildet sich Eis zuerst auf der Wasseroberfläche und bleibt dort. Daher können beispielsweise Fische unter dem Eispanzer weiterleben.

Frage 74

Wo verwendet man im Alltag Polyamid?

☞ Polyamid ist ein besonders reiß- und verschleißfester Kunststoff, der in vielen Bereichen eingesetzt wird. Im Handel kennt man ihn als Nylon und Perlon und er ist z. B. in Nylonstrümpfen, Borsten, Bändern, Folien, Kunstleder, Kletterseilen und Wetterschutzbekleidung zu finden.

Frage 75

Welche Grenze wurde beim BT-Mais überwunden?

☞ Die Grenze zwischen Bakterien und Pflanzen. Den mittlerweile weitverbreiteten „BT-Mais" macht ein Gen aus einem Bakterium resistent gegen Herbizide.

Frage 76

Wie bezeichnet man Stoffe, die sowohl Strom leiten als auch isolieren können?

☐ a) Isolationsleiter
☐ b) Halbleiter
☐ c) Umkehrleiter
☐ d) Doppelleiter

☞ **b) Halbleiter**
Bei tiefen Temperaturen wirken solche Stoffe als Isolatoren, mit steigender Temperatur nimmt ihre Leitfähigkeit zu. Sie sind heute aus der Elektrotechnik nicht mehr wegzudenken.

Frage 77

Wie heißen die wichtigsten deutschen Physiker?

☞ Max Born (1882–1970, Quantenmechanik), Walther Bothe (1891–1957, Kernphysik), Albert Einstein (1879–1955, Relativitätstheorie), Werner Heisenberg (1901–76, Quantenmechanik), Max Planck (1858–1947, Quantentheorie), Wilhelm Conrad Röntgen (1845–1923, Röntgenstrahlung). Sie alle wurden für ihre Verdienste mit dem Nobelpreis für Physik geehrt.

Frage 78

Was ist die Meiose?

☞ Die Meiose ist der Vorgang der Geschlechtszellenbildung. Der wichtigste Schritt ist die Trennung der homologen Chromosomen, der väterlichen und mütterlichen Chromosomen, die zusammen ein Chromosomenpaar bilden. Denn damit die Nachkommen von ihren Eltern das genetische Material nicht doppelt bekommen, muss die Zahl der Chromosomen bei der Bildung der Geschlechtszellen halbiert werden. Vor der Trennung ordnen sich die Chromosomenpaare in der Zelle so an, dass der Spindelapparat von zwei Seiten je einen vollständigen Chromosomensatz greifen und auseinanderziehen kann. Bei der anschließenden ersten Reifeteilung bekommt jede Tochterzelle ein Chromosomenset zugeteilt. Die zweite Reifeteilung entspricht der Mitose, bei der die Chromatiden der Chromosomen voneinander getrennt werden und vier Tochterzellen entstehen.

Meiose

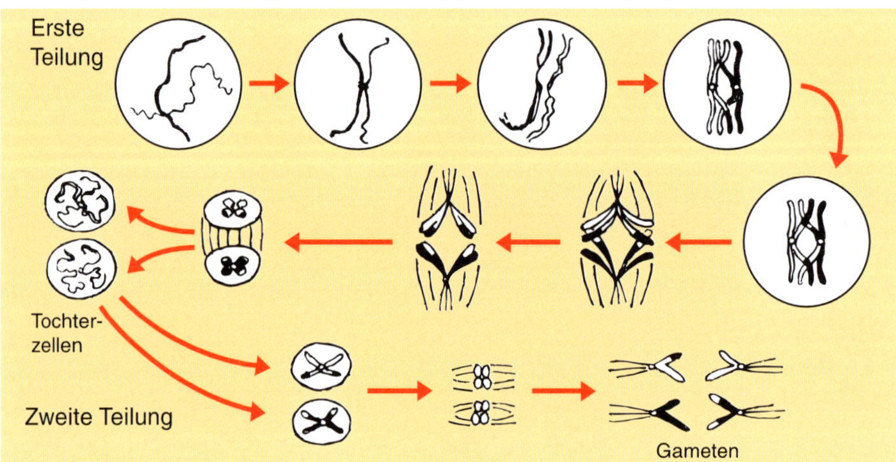

Frage 79

Warum verschwindet ein radioaktives Element im Laufe der Zeit?

☞ Ein radioaktives Element zerfällt, indem es Strahlung aussendet und so zu einem neuen Element wird. Nach einer bestimmten Zeitspanne, der sogenannten Halbwertszeit (Sekundenbruchteile bis Jahrmillionen), ist nur noch die Hälfte der Ausgangssubstanz vorhanden.

Frage 80

Wiegt ein Körper überall auf der Erde gleich viel?

☞ **Nein.** Sein Gewicht, also die Kraft, mit der er von der Schwerkraft auf den Boden gedrückt wird, ist am Äquator geringer als an den Polen. Dies hängt mit dem Abstand der Erdoberfläche zum Erdmittelpunkt zusammen. Da die Erde an den Polen abgeplattet ist, ist hier der Abstand geringer und damit die Erdanziehung größer.

Frage 81

Welche Aufgabe erfüllen Katalysatoren bei chemischen Reaktionen?

☞ Viele Reaktionen laufen nur unter Zufuhr von Energie ab. Katalysatoren beschleunigen chemische Reaktionen, indem sie den Energieaufwand für die Umsetzungen senken. Sie nehmen an der Reaktion teil, gehen aber letztlich unverändert aus dieser hervor.

Frage 82

Wo liegt der Nullpunkt der Temperaturmessung bei der Celsiusskala und bei der Kelvinskala?

☞ Bei der Celsius-Skala fällt der Nullpunkt mit dem Gefrierpunkt des Wassers zusammen (0 °C). Die Kelvinskala geht vom absoluten Nullpunkt aus, der bei –273,15 °C liegt (entspricht 1 Kelvin). Sie wurde 1954 definiert und nach William Thomson, später Lord Kelvin, benannt.

Frage 83

Was ist ein „Buckyball"?

☐ a) eine winzige Eisenkugel
☐ b) ein fast rundes Staubkörnchen
☐ c) ein Goldpartikel, das in die menschliche Blutbahn injiziert wird
☐ d) ein besonderes Kohlenstoffmolekül

☞ **d) ein besonderes Kohlenstoffmolekül**
Bei Diamant und Grafit spricht man auch von Modifikationen des Kohlenstoffs. 1985 entdeckte nun ein Forscherteam von der Rice University in Houston/Texas, dass es neben diesen beiden Modifikationen noch eine weitere gibt: die Fullerene. Das sogenannte Buckyball ist eines der bekanntesten Fullerene. Es besteht aus 20 Sechsecken und zwölf Fünfecken. Manchem Sportfan dürfte bei dieser kurzen Beschreibung bereits dämmern, wie diese Modifikation des Kohlenstoffs aussieht – nämlich wie ein waschechter Fußball. Jedes Kohlenstoffatom – insgesamt sind hier 60 Atome „verarbeitet", daher bezeichnet man ein Buckyball auch mit der chemischen Formel C_{60} – verfügt über zwei Einzel- und eine Doppelbindung. Neben den C_{60}-Molekülen gibt es noch weitere Fullerene. Das C_{70}-Molekül sieht beispielsweise ein wenig wie ein American Football aus.

Frage 84

Warum beschlagen die Brillengläser, wenn man aus der Kälte in einen warmen Raum tritt?

☞ Warme Luft kann mehr Feuchtigkeit aufnehmen als kalte. Die Luft in unmittelbarer Nähe der kalten Brillengläser kühlt ab und die Luftfeuchtigkeit muss sich auf den Gläsern niederschlagen. Physikalisch bezeichnet man einen Vorgang, bei dem ein Stoff aus dem gasförmigen in den flüssigen Zustand übergeht, als Kondensation.

Frage 85

Was versteht man unter Fermentation?

☞ Die Fermentation bezeichnet die Umwandlung von biologischen Materialien mithilfe von Bakterien, Pilzen, Zellkulturen oder Enzymen. Mithilfe dieses Vorgangs werden viele Antibiotika, aber auch Lebensmittel wie Käse oder Sojasoße hergestellt. Auch die alkoholische Gärung stellt eine Form der Fermentation dar.

Frage 86

Wann kommt es zu einem Kurzschluss?

☞ Wenn zwei unter Spannung stehende Teile eines elektrischen Geräts durch einen Fehler unmittelbar miteinander verbunden werden. Bei einem solchen verkürzten Stromkreis ist der Widerstand nur gering, die Stromstärke dagegen sehr hoch. Die Folge ist eine starke Erwärmung, die zu Bränden führen kann.

Frage 87

Was sind Sukkulenten?

☞ Pflanzen, die sich den besonderen Bedingungen extrem trockener Gebiete, z. B. der Wüsten und Steppen Nord- und Südamerikas, angepasst haben. Der Organismus dieser Pflanzen ist so ausgelegt, dass sie das wenige Wasser, das ihnen zur Verfügung steht, speichern und nur sehr langsam wieder abgeben.

Frage 88

Wer war Antony van Leeuwenhoek?

☞ Der Niederländer Leeuwenhoek (1632–1723) betätigte sich in seiner Freizeit als Naturforscher und wurde so zum Begründer der Mikrobiologie. Mit seinen selbst gebauten Mikroskopen entdeckte er u. a. die Kleinstlebewesen, die in einem Wassertropfen leben, die Blutzellen und die Bakterien.

Antony van Leeuwenhoek

Frage 89

Auf welchem Kontinent leben die giftigsten Schlangen der Welt?

☞ Die giftigsten Schlangen sind allesamt in Australien heimisch. Zu ihnen zählen die Seeschlange und der Inlandtaipan, die giftigste Schlange der Welt.

Frage 90

Welches sind die Hauptbestandteile der Luft?

☐ a) Stickstoff und Sauerstoff
☐ b) Wasserstoff und Sauerstoff
☐ c) Magnesium und Sauerstoff
☐ d) Kohlenstoff und Sauerstoff

☞ **a) Stickstoff und Sauerstoff**
Unsere Atemluft besteht zu 78 % aus Stickstoff und zu 21 % aus Sauerstoff.

Frage 91

Wie stellt man Magnete her?

☞ Magnete mit einem dauernden magnetischen Feld werden durch starke elektrische Felder oder Elektromagneten erzeugt. Elektromagnete wirken immer dann magnetisch, wenn sie an das Stromnetz angeschlossen sind.

Frage 92

Wo kommen Erythrozyten, Leukozyten und Thrombozyten im menschlichen Körper vor?

☞ Als Blutzellen sind sie neben dem flüssigen Blutplasma die wichtigsten Bestandteile des Blutes. Rote Blutkörperchen (Erythrozyten) und Blutplättchen (Thrombozyten) kommen nur im Blut vor. Die weißen Blutkörperchen (Leukozyten) können dagegen durch die Wände der Blutgefäße auch in das umgebende Gewebe eindringen.

Frage 93

Welche Bedeutung hat der Urvogel Archaeopteryx?

☞ Der Archaeopteryx gilt als Übergangsform zwischen Reptilien und Vögeln. Die Fossilfunde des Urvogels weisen Merkmale beider Tiergruppen auf. So hatten die Tiere, die vor ca. 125 Millionen Jahren lebten, Zähne, eine Schwanzwirbelsäule und Krallen wie Reptilien. Schnabel, Federn und Flügel zeigen, dass der Archaeopteryx bereits erste Vogelmerkmale ausgebildet hatte.

Archaeopteryx

Frage 94

Was versteht man unter einem ökologischen Gleichgewicht?

☞ Einen idealen Zustand in der Natur, in dem alle Kreisläufe des Lebens perfekt aufeinander eingespielt sind und sich keine Tier- oder Pflanzenart unnatürlich stark vermehrt.

Frage 95

Muss man beim Einatmen von Lachgas wirklich lachen?

☞ Distickstoffoxid zeigt schwach betäubende Wirkung und wird als Narkosegas eingesetzt. Die Wirkung tritt sehr schnell ein, Langzeitschäden sind nicht bekannt. Distickstoffoxid unterhält jedoch die Atmung nicht, deshalb darf es bei Narkosen nur unter gleichzeitiger Sauerstoffzufuhr verwendet werden. Die Inhalation von geringen Mengen Lachgas kann krampfhafte Lachlust, Halluzinationen und Rauschzustände auslösen.

Frage 96

Wo kommen Kohlenhydrate in der Natur vor?

☞ Sie sind als Zellulose ein wesentlicher Baustoff der Pflanzen und als Stärke in vielen pflanzlichen Speicherorganen, z. B. in Kartoffeln, enthalten. Auch der Zucker der Zuckerrüben und des Zuckerrohrs gehört zu den Kohlenhydraten.

Frage 97

Mit welchen Tieren beschäftigen sich Ornithologen?

☐ a) mit Spinnen ☐ c) mit Fischen
☐ b) mit Würmern ☐ d) mit Vögeln

☞ **d) mit Vögeln**
Ornithologie ist die wissenschaftliche Bezeichnung für die Vogelkunde.

Frage 98

Was wird in einem Transformator umgewandelt?

☞ Ein Transformator, kurz Trafo genannt, wandelt eine elektrische Wechselspannung in eine höhere oder niedrigere Spannung mit gleicher Frequenz um. Er transformiert z. B. die Spannung des Netzstromes in die Spannung, die ein elektrisches Kleingerät benötigt.

Frage 99

In welche Gruppen lassen sich die Metalle einordnen?

☞ In Buntmetalle (z. B. Kupfer, Nickel), Edelmetalle (z. B. Gold, Silber), Leichtmetalle (z. B. Aluminium, Magnesium), Schwermetalle (z. B. Blei, Quecksilber) und Eisenmetalle (z. B. Eisen, Chrom).

Frage 100

Warum können Funken sprühen, wenn man Pullover aus Kunstfasern auszieht?

☞ Dies liegt an der elektrostatischen Aufladung. Reibt man verschiedene Materialien gegeneinander, z. B. den Kunstfaserpullover an den Kopfhaaren, werden positive und negative elektrische Ladungen voneinander getrennt. Wenn die Ladungsunterschiede wieder ausgeglichen werden, fließt ein Strom, der als Funke oder leichter Schlag bemerkbar ist.

Frage 101

Wo ist das Ozonloch am größten?

☞ **Über der Antarktis.**

Frage 102

Was ist Mimese?

☞ Um nicht entdeckt und als Beute verspeist zu werden, ahmen einige Tierarten Gegenstände oder Lebewesen nach. Besonders gut gelingt diese Form der Tarnung z. B. den Stabheuschrecken, die von einem kleinen Ast kaum zu unterscheiden sind. Auch das Wandelnde Blatt ist kaum als Insekt zu erkennen, denn seine Flügel imitieren Form und Farbe eines gewöhnlichen Pflanzenblattes.

Kaum vom Untergrund zu unterscheiden: das Wandelnde Blatt

Frage 103

Wie viele Höcker hat das Dromedar?

☞ Das Dromedar besitzt nur einen Höcker und gehört zur Familie der Kamele. Häufig wird das zweihöckerige Trampeltier schlicht als „Kamel" bezeichnet. Das Dromedar stammt aus Südwestasien und Nordafrika, das Trampeltier aus Ost- und Mittelasien. Der Höcker dient zur Fettspeicherung.

Frage 104

Wie viele chemische Elemente gibt es?

☐ a) ca. 90
☐ b) ca. 95
☐ c) ca. 100
☐ d) ca. 105

☞ **d) ca. 105**
Derzeit sind etwa 105 chemische Elemente bekannt. Ihre Zahl kann sich weiter erhöhen, da immer wieder künstliche Elemente hergestellt werden. In der Natur kommen nur 92 verschiedene Elemente vor.

Frage 105

Was sind Isotope?

☞ Jedes Atom besteht aus Protonen, Neutronen (diese beiden befinden sich im Atomkern) und Elektronen. Die chemischen Eigenschaften eines Elements werden durch die unterschiedliche Anzahl an Protonen bestimmt. Dabei legt die Anzahl an Protonen auch die Menge an Elektronen fest, über die das Atom verfügt. Isotope eines chemischen Elements sind all die Atome, die über die gleiche Anzahl an Protonen und Elektronen verfügen, jedoch eine andere Menge an Neutronen aufweisen. Isotope werden dadurch gekennzeichnet, dass man die Summe ihrer Protonen- und Neutronenzahlen angibt. Uran 235 ist beispielsweise das Isotop des Urans mit insgesamt 235 Protonen und Neutronen in seinem Kern.

Frage 106

Worin unterscheiden sich Sonnenkollektor und Solarzelle?

☞ Die beiden Arten der Energieerzeugung mithilfe von Sonnenlicht werden häufig verwechselt. Eine Solarzelle kann unmittelbar aus Sonnenlicht elektrischen Strom erzeugen. Ein Sonnenkollektor dient dagegen zur Wärmegewinnung, meist in Form von warmem Wasser.

Frage 107

Was ist das Zwillingsparadoxon?

☞ Das Zwillingsparadoxon ist ein Gedankenexperiment: Einer von zwei Zwillingen fliegt mit nahezu Lichtgeschwindigkeit mit dem Raumschiff und kehrt anschließend mit derselben Geschwindigkeit wieder zurück. Nach der Relativitätstheorie schließt jeder Zwilling aus seinen Beobachtungen, dass während der Flugphasen mit konstanter Geschwindigkeit der jeweils andere Zwilling langsamer altert. Nach der Rückkehr stellt sich aber heraus, dass der auf der Erde gebliebene Zwillingsbruder mitsamt der Erde um mehrere Jahre gealtert ist. Das Gedankenexperiment basiert auf einem Hinweis Albert Einsteins (1879–1955), wonach eine Uhr, welche sich von einem beliebigen Punkt entfernt und dann wieder dorthin zurückkehrt, gegenüber einer die ganze Zeit an diesem Punkt verbliebenen Uhr nachgeht.

Frage 108

Ist eine Zerstreuungslinse konkav oder konvex?

☞ Konkav bedeutet hohl oder nach innen gekrümmt. Zerstreuungslinsen zerstreuen das Licht, da sie nach innen gewölbt, also konkav sind. Sammellinsen dagegen sammeln durch ihre nach außen gewölbte Form das Licht in einem bestimmten Punkt. Sie sind konvex.

Frage 109

Ist die Welt vierdimensional?

☞ Ein einzelner Punkt ohne Ausdehnung hat die Dimension 0, eine Linie die Dimension 1, eine Fläche die Dimension 2, ein Würfel ist dreidimensional. Die Zeit hat die Dimension 1. Man spricht auch von einer Zeitlinie, die nur in eine Richtung verläuft. Vor der Relativitätstheorie wurden Raum und Zeit als unabhängige Erscheinungen betrachtet. Erst die Erkenntnis, dass sich bei hohen Geschwindigkeiten die Zeit in demselben Maß dehnt, wie sich der Raum verkürzt, beide also zusammenhängen, führte die Wissenschaftler auf die Spur des vierdimensionalen Raum-Zeit-Kontinuums.

VERSCHIEDENE AGGREGATZUSTÄNDE

In der Schule lernt man für gewöhnlich, dass die Wissenschaft drei Aggregatzustände unterscheidet: fest, flüssig und gasförmig. Darüber schütteln die Forscher heutzutage nur noch den Kopf, denn es gibt in der Tat eine Reihe weiterer Aggregatzustände. Einer der interessantesten dürfte das Bose-Einstein-Kondensat sein. In diesen Zustand kann man Gase bei sehr niedrigen Temperaturen mithilfe eines ungeheuer komplizierten Verfahrens versetzen. Das Bose-Einstein-Kondensat ist dadurch gekennzeichnet, dass sich alle Atome des Gases wie ein einziges Superatom verhalten. Ein solches Superatom ist natürlich wesentlich einfacher zu beobachten als ein „normales". Insofern ist dieser Zustand für die Wissenschaftler – insbesondere für Quantenphysiker – sehr spannend.

Frage 110

Was versteht man unter dem Tunneleffekt?

☞ In der Welt der Atome und Elektronen werden ständig Barrieren durchdrungen, die eigentlich energetisch viel zu hoch sind. Dieser sogenannte Tunneleffekt wurde 1928 von Ralph Howard Fowler (1889–1944) und Lothar W. Nordheim (1899–1985) entdeckt und beruht auf der Tatsache, dass Ereignisse in der Quantenmechanik nicht verboten, sondern nur mehr oder weniger wahrscheinlich sind. Der Tunneleffekt ist für die radioaktive Alphastrahlung verantwortlich, außerdem beruhen auf diesem Effekt modernste Mikroskope, mit denen man einzelne Atome „sehen" kann.

Frage 111

Wo befindet sich der Urmeter?

☐ a) in London ☐ c) in Berlin
☐ b) in Paris ☐ d) in Rom

☞ **b) in Paris**
Er dient als Prototyp für die grundlegende Maßeinheit Meter des metrischen Systems. Dieses System beruht neben dem Meter auf den Maßeinheiten Kilogramm und Sekunde.

Frage 112

Was hat eine brennende Kerze mit einer rostenden Dachrinne zu tun?

☞ Das Rosten wie die Verbrennung beruhen auf dem Prinzip der Oxidation. Dies ist eine Reaktion, bei der sich ein chemisches Element mit Sauerstoff verbindet. Bei der Verbrennung erfolgt die Reaktion sehr rasch, beim Rosten dauert sie lange Zeit. Der rötlichbraune Rost besteht aus einer Eisenoxidverbindung.

Frage 113

Woher stammt der Sauerstoff in der Atmosphäre?

☞ Er wird von den Pflanzen durch die Fotosynthese freigesetzt.

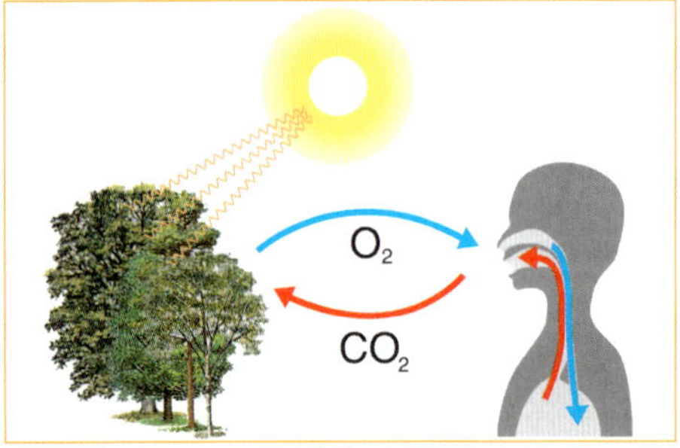

Frage 114

Woran erkennt man, dass ein Flugzeug die Schallgeschwindigkeit erreicht?

☞ Gerät ein Flugzeug in die Nähe der Schallgeschwindigkeit, wird der Luftwiderstand sehr hoch. Das Erreichen dieser sogenannten Schallmauer ist als lauter Knall auf der Erdoberfläche zu hören.

Flugzeug durchbricht die Schallmauer

Frage 115

Was ist eine chemische Reaktion?

☞ Ein Vorgang, bei dem aus Elementen oder chemischen Verbindungen neue Verbindungen entstehen. Die chemischen Elemente bleiben dabei erhalten, während die Atome und Moleküle durch Lösen oder Knüpfen von chemischen Bindungen neu angeordnet werden.

Frage 116

Wie funktioniert ein Radar?

☞ Ein Sender strahlt gebündelte elektromagnetische Wellen in den Luftraum ab. Treffen die Radarstrahlen auf ein Flugobjekt, werden sie zurückgestrahlt. Aus der Zeitdauer zwischen Aussendung und Reflexion lassen sich Entfernung und Geschwindigkeit des Flugobjektes berechnen.

Frage 117

Was sind Tenside?

☞ Tenside können die Oberflächenspannung des Wassers herabsetzen und ermöglichen es damit, auch Fette in Wasser aufzulösen. Sie bewirken, dass zwei eigentlich nicht miteinander mischbare Flüssigkeiten wie Öl und Wasser fein vermengt werden können.

Frage 118

In der Nebennierenrinde wird ein wichtiges entzündungshemmendes Hormon produziert. **Wie heißt es?**

☐ a) Adrenalin ☐ c) Thyreoglobulin
☐ b) Aphrodisiakum ☐ d) Kortison

☞ **d) Kortison**
Kortison ist ein Medikament, das entzündliche oder allergische Erkrankungen lindert. Heutzutage wird Kortison vor allem bei Hautkrankheiten, Asthma, Allergien und Rheuma verwendet.

Frage 119

Was faszinierte Gregor Mendel an Erbsenpflanzen?

Gregor Mendel

☞ Der österreichische Biologe (1822–84) führte an ihnen Kreuzungsversuche durch. Dabei entdeckte er die grundlegenden Gesetze der Vererbung von Merkmalen bei Mensch, Tier und Pflanze. Mendel wird heute als „Vater der Genetik" bezeichnet.

Frage 120

Was geschieht beim Pasteurisieren mit der Milch?

☞ Die Milch wird auf 60–80 °C erhitzt. Dadurch sterben die Fäulniserreger ab und die Milch bleibt länger haltbar. Das Verfahren wurde von dem französischen Mikrobiologen und Chemiker Louis Pasteur (1822–95) eingeführt.

Frage 121

Wer legte die Grundlagen der Polymerchemie?

☞ Der deutsche Chemiker Hermann Staudinger (1881–1965) entwickelte die Theorie der Makromoleküle und legte damit die Grundlagen der heutigen Polymerchemie, die sich mit natürlichen und künstlichen Polymeren beschäftigt. 1953 wurde er für seinen Beitrag zum Verständnis der Polymere mit dem Nobelpreis für Chemie ausgezeichnet.

Frage 122

Was geschieht bei einem Quantensprung?

☞ Elektronen können nicht auf beliebigen Bahnen um den Atomkern kreisen, sondern nur auf Umlaufbahnen, die einem bestimmten Energieniveau entsprechen. Springt ein Elektron auf eine Bahn mit geringerem Energiegehalt, wird dabei genau die Energiemenge abgestrahlt, die der Differenz beider Bahnen entspricht. Diesen Vorgang bezeichnet man als Quantensprung.

Frage 123

Was passiert beim Salzstreuen im Winter?

☞ Normalerweise schmilzt gefrorenes Wasser ab einer Temperatur von 0 °C. Da Lösungen meist einen tieferen Schmelzpunkt als reine Lösungsmittel haben, streut man Salz, um Eis oder Schnee früher zum Schmelzen zu bringen. Je nach Konzentration des Salzes taut es dann bereits deutlich unterhalb von 0 °C.

Frage 124

Was erbrütet ein Atomkraftwerk von der Art des „Schnellen Brüters"?

☞ Bisher nicht spaltbare Uranbestandteile werden in spaltbares Plutonium umgewandelt.

Frage 125

Wie hieß der erste Mensch im Weltall?

☐ a) Neil Armstrong
☐ b) Thomas Reiter
☐ c) Juri Gagarin
☐ d) Wladimir Komarow

☞ **c) Juri Gagarin**
Im Jahr 1961 umkreiste Juri Gagarin (1934–68) in der Raumkapsel „Wostok 1" als erster Mensch die Erde.

Frage 126

Was erhoffen sich die Forscher von der Kernfusion?

☞ Manche Forscher sehen in der Kernfusion die Energiequelle der Zukunft. Die zur Kernfusion benötigten Brennstoffe, Wasserstoffisotope, stehen auf lange Sicht in fast beliebiger Menge zur Verfügung.

Frage 127

Was geschieht chemisch, wenn Zucker im Kaffee aufgelöst wird?

☞ Dabei entsteht eine homogene Mischung verschiedener Stoffe. Das Wasser ist das Lösungsmittel, in dem sich der Zucker auflöst, bis er in Form einzelner Zuckermoleküle vorliegt. Eine Lösung kann auch aus Gasen oder festen Bestandteilen zusammengesetzt sein.

Frage 128

Wer erfand die Wasseruhr?

☞ Die Erfindung der Wasseruhr mit Zeigerwerk und der Feuerspritze geht auf Ktesibios zurück, der etwa im 2. Jh. v. Chr. lebte. Der Mechaniker konstruierte eine Uhr mit zwei weiblichen Figuren. Aus den Augen der einen Figur tropfte fortwährend Wasser, das durch eine Röhre in ein Gefäß lief. Der Schwimmer in diesem Gefäß trieb die andere Figur, die mit einem Stab die Stunde anzeigte, langsam in die Höhe.

Frage 129

Gehören Pilze zu den Pflanzen?

☞ Pilze werden zwar traditionell zu den Pflanzen gestellt, bilden aber nach neuerer Anschauung neben den großen Gruppen der Tiere und Pflanzen ein eigenes Reich. Sie betreiben keine Fotosynthese wie die Pflanzen, sondern ernähren sich von organischer Substanz. Außerdem bestehen ihre Zellwände meist aus Chitin und nicht aus Zellulose.

Frage 130

In der Biologie ist immer wieder die Rede von Biotopen. **Was versteht man darunter?**

☞ Ein Biotop ist ein räumlich begrenzter Ort, an dem verschiedene Pflanzen- und Tierarten in einer Gemeinschaft zusammenleben. Ein solcher Ort kann ein Bachlauf sein oder auch ein Teich, eine Wiese, ein Wald, aber auch nur ein einzelner toter Baum. Biotope können natürlich entstanden oder von Menschen künstlich geschaffen worden sein.

Frage 131

Kann man Tollwut bekämpfen?

☞ In Deutschland wurde die Tollwut weitgehend eingedämmt, indem in vielen Gebieten mit Impfstoffen präparierte Köder ausgelegt wurden. Fressen Füchse den Köder, werden sie gegen die Krankheit immun und können das Tollwutvirus nicht mehr weiter verbreiten.

Frage 132

Wie heißt das wichtigste männliche Geschlechtshormon?

☐ a) Gestagen ☐ c) Testosteron
☐ b) Östrogen ☐ d) Androgen

☞ **c) Testosteron**
Es wird im Hoden gebildet und bewirkt die Ausbildung der sekundären Geschlechtsmerkmale. Testosteron regt auch das Muskel- und Knochenwachstum an. Bei der Frau wird Testosteron in geringen Mengen im Eierstock gebildet.

Frage 133

Welche biologischen Vorgänge wurden an Pawlows Hunden erforscht?

☞ Die Versuche des russischen Wissenschaftlers Iwan Petrowitsch Pawlow (1849–1936) führten zur Unterscheidung von bedingtem und unbedingtem Reflex. Ersterer beruht auf einem Lernvorgang, der auch als Konditionierung bezeichnet wird, während unbedingte Reflexe wie der Kniesehnenreflex angeboren sind.

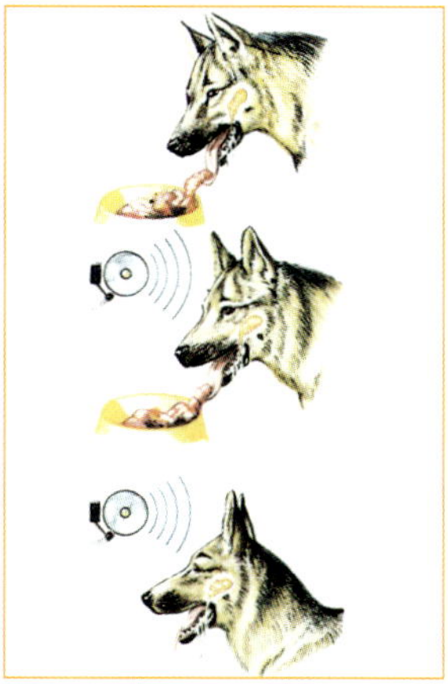

Konditionierung der pawlowschen Hunde

Frage 134

Was bewirkt die Schwerkraft?

☞ Sie bewirkt, dass Gegenstände auf den Boden fallen, wenn man sie loslässt. Die Schwerkraft ist ein Sonderfall der Gravitation, die sich durch die Anziehung, die zwei Massen aufeinander ausüben, bemerkbar macht.

Frage 135

Womit befasst sich die Thermodynamik?

☞ Bei der Wärmelehre geht es darum, wie sich Körper und Stoffe verhalten, wenn Wärmeenergie zu- oder abgeführt wird bzw. wenn Temperatur-, Druck- oder Volumenänderungen eintreten. Sie ist die Grundlage für die Energieerzeugung in Wärmekraftwerken und den Antrieb von Kraftfahrzeugen mit Verbrennungsmotoren.

Frage 136

Was ist edel an den Edelgasen?

☞ Es ist ihre Eigenschaft, keine chemischen Verbindungen einzugehen. Dies hängt mit der ausgeglichenen Anordnung ihrer Elektronen in der Atomhülle zusammen. Zu den Edelgasen gehören u. a. die Elemente Helium, Neon, Argon und Krypton.

Frage 137

Ein beliebtes Dekorationsstück für die heimische Wohnung besteht aus einem Rahmen, in dem mehrere Kugeln in einer Reihe aufgehängt sind. Lässt man nun die erste Kugel auf die Reihe prallen, „pflanzt" sich der Stoß durch alle Kugeln fort, und die letzte Kugel in der Reihe wird nach vorne weggestoßen. Auf ihrem Rückweg trifft sie dann wieder auf die Kugelreihe, und das ganze Spiel beginnt erneut. Dieses Kugelspiel verkörpert ein grundlegendes Gesetz der Mechanik. **Um welches Gesetz handelt es sich dabei?**

☞ **Der Impulserhaltungssatz** besagt, dass beim Zusammenstoß zweier Körper der Impuls der Körper erhalten bleibt. Dieser physikalische Satz wurde bereits im Jahr 1668 von dem Engländer John Wallis (1616–1703) formuliert.

Frage 138

Wer hat beruflich mit der Herstellung von Giften zu tun?

☐ a) Ornithologe
☐ b) Toxikologe
☐ c) Pathologe
☐ d) Anthropologe

☞ **b) Toxikologe**
Er untersucht Gifte auf ihre chemische Zusammensetzung und ihre Wirkung auf den Organismus. Auch die Herstellung und die Suche nach Gegenmitteln gehören dazu. Die Toxikologie hängt eng mit der Pharmakologie zusammen, die für die Entwicklung von Arzneimitteln zuständig ist.

Frage 139

Was besagt das Fermatsche Prinzip?

Pierre de Fermat

☞ Das Fermatsche Prinzip, benannt nach Pierre de Fermat (1601–65), besagt, dass Licht zwischen zwei vorgegebenen Punkten stets den Weg wählt, bei dem die Laufzeit minimal ist. Deshalb verlaufen Lichtstrahlen in homogenen Medien gradlinig.

Frage 140

Welche UV-Strahlen verursachen Bräunung und Sonnenbrand?

☞ Die ultraviolette Strahlung setzt sich aus UV-A-, UV-B- und UV-C-Strahlen zusammen. UV-C wird vollständig, UV-B zum großen Teil von der Ozonschicht der Atmosphäre zurückgehalten. Das restliche UV-B löst den Sonnenbrand aus. UV-A wirkt bräunend, soll aber nach neueren Studien ebenfalls Hautkrebs verursachen.

Frage 141

Warum juckt ein Mückenstich?

☞ Beim Stechen sondern Mücken ein eiweißhaltiges Sekret ab, um die Einstichstelle zu betäuben und die Gerinnung des Blutes zu verhindern. So können sie ungestört trinken. Der Stich regt aber auch die Immunabwehr des Körpers an. Das Immunsystem schüttet den Abwehrstoff Histamin aus, der einen Juckreiz verursacht.

Frage 142

Diese Säure ist geruchlos, während ihre Reaktionsprodukte teuflisch stinken können. Verwendet wird sie u. a. für die Herstellung von Dünger, die Aufschließung von Erzen und in der Lebensmittelherstellung. **Wie heißt sie?**

☞ **Schwefelsäure.**

Frage 143

Was besagt das Tröpfchenmodell?

☞ Es gibt mehrere Modelle, um sich den Zuständen im Inneren des Atomkerns zu nähern. Eines ist das Tröpfchenmodell. Kernmasse verhält sich, mit gewissen Einschränkungen, wie eine Flüssigkeit. Insbesondere die Bindungskräfte zwischen Protonen und Neutronen verhalten sich wie die der Moleküle in einem Wassertropfen, d. h., sie sind irgendwann abgesättigt, es können keine weiteren Wassermoleküle mehr an den Tropfen gebunden werden.

Frage 144

Was ist ein Molekül?

☞ Es ist das kleinste Teil einer Verbindung, besteht also aus mindestens zwei Atomen. Die Summenformel eines Moleküls gibt die Art und die Zahl der Atome an, die es enthält: z. B. H_2O (Wasser): 2 H-Atome und 1 O-Atom.

Frage 145

Wie heißt das einzige Metall, das bei Zimmertemperatur flüssig wird?

☐ a) Platin
☐ b) Zinn
☐ c) Zink
☐ d) Quecksilber

☞ **d) Quecksilber**
Durch seine Eigenschaft, sich bei Temperaturrückgang stark zusammenzuziehen bzw. sich bei Temperaturerhöhung auszudehnen, findet das silbrig glänzende Metall z. B. in Thermometern Verwendung.

Frage 146

Worin unterscheiden sich Viren von Bakterien?

☞ Viren bestehen nur aus einem Nukleinsäure-Kern und einer Eiweißhülle. Da sie keinen eigenen Stoffwechsel haben und sich nur in anderen Organismen vermehren können, zählen sie nicht zu den Lebewesen. Bakterien sind dagegen einzellige Lebewesen, die keinen Zellkern besitzen. Sie vermehren sich durch Zellteilung oder Sporen.

Frage 147

Was ist eine elektrische Spannung?

☞ Wenn man die Stromstärke mit der Wassermenge eines Wasserfalles vergleicht, so entspricht die Spannung der Fallhöhe. Sie wird in Volt gemessen. Die Spannung des Netzstroms in Deutschland beträgt 220 V.

Frage 148

Wie verhält sich die Körpertemperatur warmblütiger Tiere im Winterschlaf?

☞ Warmblüter haben normalerweise eine gleichbleibende Körpertemperatur, unabhängig von der Außentemperatur. Eine Ausnahme bilden Winterschläfer. Sie senken ihre Körpertemperatur auf knapp über 0 °C ab, wodurch sie nur wenig Energie verbrauchen. Zu ihnen gehören z. B. Igel und Fledermaus.

Frage 149

Wer gilt als Erfinder der Holografie?

☞ Der Engländer Dennis Gabor (1900–79). Für seine Arbeit erhielt Gabor 1971 den Nobelpreis für Physik.

Frage 150

Was hat Vitamin C mit Ascorbinsäure zu tun?

☞ Vitamin C ist der populäre Name für die Ascorbinsäure. Das Vitamin spielt im Körper eine vielfältige Rolle, es ist u. a. für die Zähne, das Wachstum der Knochen und die Infektionsabwehr von Bedeutung.

Frage 151

Welche Naturwissenschaftler haben mit Polymeren zu tun?

☐ a) Chemiker
☐ b) Biologen
☐ c) Physiker
☐ d) Astronomen

☞ **a) Chemiker**
Polymere sind lange Ketten aus vielen einzelnen Bausteinen. Einen solchen Baustein nennt man dann Monomer. Ein durchschnittliches Polymer enthält zwischen 10.000 und 100.000 Monomere. Dabei können sie aus lauter gleichen, aber unter Umständen auch aus verschiedenen Monomeren zusammengesetzt sein. Die meisten Kunststoffe bestehen übrigens aus solchen Polymeren.

Frage 152

Wodurch unterscheiden sich Nichtmetalle von den Metallen?

☞ Nichtmetalle haben eine geringe thermische und elektrische Leitfähigkeit und ihnen fehlt der metallische Glanz. Bekannte Nichtmetalle sind Wasserstoff, Sauerstoff, Kohlenstoff sowie die Gruppe der Edelgase und Halogene.

Frage 153

Mit welchen Leistungen ist der Name Ernest Rutherford verknüpft?

Ernest Rutherford

☞ Der britische Physiker (1871–1937) war einer der bedeutendsten Erforscher der Radioaktivität. Er entdeckte die Alpha-, Beta- und Gammastrahlen und entwarf das Rutherford'sche Atommodell, das von einem kleinen positiv geladenen Atomkern und einer großen, negativ geladenen Atomhülle ausgeht.

Frage 154

Was macht ein Wasser weich oder hart?

☞ Der Gehalt an gelöstem Kalzium (Kalk) oder Magnesium. Die Wasserhärte wird in „deutschen Härtegraden" angegeben. Beim Erhitzen des Wassers fallen die gelösten Stoffe als „Kesselstein" aus. Die Ablagerungen können die Funktion von Wasserleitungen und Haushaltsgeräten wie Waschmaschinen und Wasserkocher beeinträchtigen.

Frage 155
Wodurch unterscheiden sich Springflut und Sturmflut?

☞ Zu einer Springflut kommt es jeweils an mehreren Tagen eines Monats, wenn sich bei Vollmond die Anziehungskräfte von Sonne und Mond addieren. Zu einer Sturmflut kommt es dagegen, wenn besonders im Winter starke Winde auf die Küste zuwehen. Tritt beides gleichzeitig ein und staut sich dadurch ein Fluss, der nicht in das Meer abfließen kann, dann sind Hochwasserkatastrophen möglich.

Frage 156
Was ist ein Stroboskop?

☞ Stroboskope, wie sie z. B. aus Diskotheken bekannt sind, senden in kurzen Abständen Lichtblitze aus. In der Physik werden sie verwendet, um schnelle, sich wiederholende Vorgänge, die das menschliche Auge aufgrund seiner Trägheit nicht auflösen kann, „einzufrieren". Das gelingt, wenn die Stroboskopfrequenz mit derjenigen der schnellen, sich wiederholenden Vorgänge, die untersucht werden sollen, übereinstimmt.

Frage 157
Was versteht man unter homologer Insemination?

☞ Als homologe Insemination wird die Befruchtung mit den Spermien des (Ehe-)Partners bezeichnet. Bei der heterologen Insemination handelt es sich bei dem Samenspender um einen anonymen Dritten.

Frage 158
Welche Farbe wird aus den Blättern des Indigostrauches gewonnen?

☐ a) grün ☐ c) blau
☐ b) rot ☐ d) gelb

☞ **c) blau**
Indigoblau ist der älteste bekannte blaue Farbstoff, seit 1878 kann er auch chemisch hergestellt werden.

Frage 159
Wie heißen die beiden wichtigsten Bestandteile des zentralen Nervensystems?

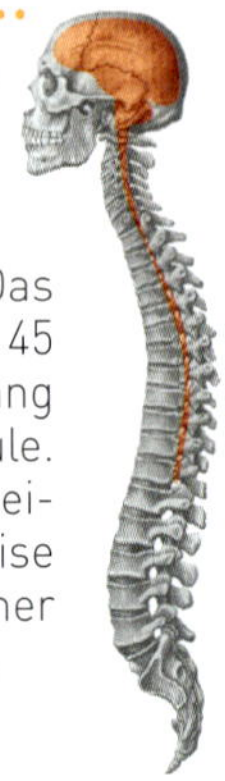

☞ **Rückenmark und Gehirn.** Das Rückenmark verläuft als ca. 45 Zentimeter langer Nervenstrang im Wirbelkanal der Wirbelsäule. Werden die Nervenbahnen bei einer Verletzung ganz oder teilweise unterbrochen, kann es zu einer Querschnittslähmung kommen.

Frage 160
Was versteht man unter einer biologischen Uhr?

☞ Bei vielen Lebewesen laufen bestimmte Vorgänge rhythmisch ab, sie wiederholen sich in bestimmten Zeitabständen. Bei der biologischen Uhr wird der Rhythmus durch einen inneren Mechanismus gesteuert, wobei auch äußere Faktoren mitwirken können. Schirmt man z. B. einen Menschen vom natürlichen Tag-Nacht-Wechsel ab, behält er zwar seinen Schlaf-Wach-Rhythmus bei, er kann sich aber um mehrere Stunden verschieben, da nun der äußere Taktgeber fehlt.

Frage 161
Was besagt die Heisenbergsche Unschärferelation?

☞ Das Überschreiten einer vorgeschriebenen Geschwindigkeit mit dem Auto bliebe im Mikrokosmos unbestraft. „Blitzer"-Fotos würden nur einen verschwommenen Fleck zeigen, da Impuls und Ort eines Teilchens laut Werner Heisenbergs (1901–76) Unschärferelation nicht immer gleichzeitig beliebig genau bestimmbar sind.

Frage 162
Auf welchen Gebieten war Rudolf Virchow tätig?

☞ Virchow (1821–1902) schuf wichtige Grundlagen in der Anthropologie und der

Rudolf Virchow

Zellularpathologie. Mit der Schrift *Die Cellularpathologie in ihrer Begründung auf physiologische und pathologische Gewebelehre* begründete Virchow eine neue naturwissenschaftliche Krankheitslehre. Nach dieser „Solidarlehre" können alle Krankheitszustände des Organismus auf krankhafte Veränderungen der Körperzellen zurückgeführt werden. Als Arzt und Sozialpolitiker beeinflusste er die Hygienegesetzgebung nachhaltig.

Frage 163

Was bedeutet Osmose?

☞ Der Durchgang einer gelösten Substanz durch eine durchlässige oder halbdurchlässige Membran. Der Vorgang ist beendet, wenn die Lösung auf beiden Seiten der Trennwand den gleichen Wert erreicht hat.

Frage 164

Was versteht man unter Hybriden?

☞ Es sind Mischformen, nämlich durch Kreuzung von verschiedenen Rassen oder Arten entstandene Nachkommen. Solche Mischformen werden auch Bastarde oder Mischlinge genannt.

Frage 165

Was verändert sich bei den Atomen, wenn sie erwärmt werden?

☐ a) sie werden schneller
☐ b) sie werden langsamer
☐ c) sie werden größer
☐ d) sie werden kleiner

☞ **a) sie werden schneller**

Frage 166

Finden Zugvögel ihr Ziel auf dem Vogelzug tatsächlich ohne Kompass?

☞ Es ist nicht übertrieben zu sagen, dass Vögel sogar einen gigantischen Kompass benutzen: Sie orientieren sich nämlich bei ihrem mehrere 1000 Kilometer weiten Flug u. a. an den erdmagnetischen Feldern und an den Sternen. Auch ein normaler Kompass funktioniert schließlich nur aufgrund des Erdmagnetismus. Der „innere Kompass" ist den Vögeln angeboren, sie finden ihren Weg, ohne ihn jemals zuvor geflogen zu sein.

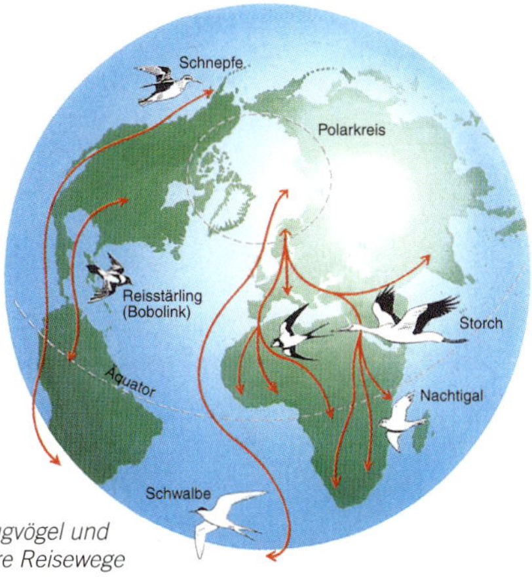

Zugvögel und ihre Reisewege

Frage 167

Warum sollte man sich nach dem Baden abtrocknen und trockene Kleidung anziehen?

☞ Weil man sich sonst leicht erkältet. Das Wasser, das sich auf der Haut bzw. in der Bekleidung befindet, verdunstet und entzieht dadurch seiner Umgebung, also vor allem dem Körper, Wärme.

Frage 168

Was ist Tscherenkowstrahlung?

☞ Es gibt Teilchen, die sich in einem Medium schneller als das Licht bewegen. Diese Teilchen strahlen entgegengesetzt zur Bewegungsrichtung kegelförmig Licht ab, ähnlich einer Druckwelle, die entsteht, wenn ein Flugzeug die Schallmauer durchbricht. In Kernreaktoren, bei denen sich die Brennstäbe im Wasserbad befinden, kann man daher während der Kernspaltung ein typisches bläuliches Licht beobachten. Diese Strahlung wurde von dem russischen Physiker und Nobelpreisträger Pavel A. Tscherenkow (1904–90) entdeckt und nach ihm benannt.

Frage 169

Zu welcher Ordnung der Säugetiere gehört der Mensch?

☞ **Zu den Primaten** – ebenso wie Affen und Menschenaffen.

Frage 170

Wie kommt es zur herbstlichen Laubfärbung?

☞ Die grünen Chloroplasten zerfallen, sodass die vorhandenen, normalerweise überdeckten roten und gelben Farbstoffe sichtbar werden.

Frage 171

Warum werden manche Aminosäuren als essenziell bezeichnet?

☞ Aminosäuren sind die Bausteine der Proteine. Von den etwa 20 zum Leben benötigten Aminosäuren kann der menschliche Körper einige selbst herstellen, andere aber muss er mit der Nahrung zu sich nehmen. Diese unentbehrlichen Aminosäuren werden „essenziell" genannt. Werden sie nur unzureichend zugeführt, dann hat dies schwere Schäden zur Folge, z. B. Wachstumsverzögerung, weil der Eiweißaufbau in den Zellen gestört ist.

Frage 172

Was ist ein Ion?

☐ a) ein Säugetier
☐ b) ein Atom
☐ c) ein Wirbelsturm
☐ d) ein Stern

☞ **b) ein Atom**
Ein Ion ist entweder positiv oder negativ geladen. Die elektrische Ladung kommt durch Abgabe oder Einfangen eines Elektrons zustande.

Frage 173

Was ist ein Spektrum?

☞ Leitet man weißes Licht (Sonnenlicht) durch ein Prisma, entsteht ein Lichtband mit den ineinander übergehenden Regenbogenfarben Violett, Blau, Grün, Gelb, Orange und Rot. Violett wird am stärksten, Rot am schwächsten abgelenkt.

Frage 174

Welche Funktion üben die Langerhansinseln aus?

☞ Die sehr gut durchbluteten Zellgruppen befinden sich im Drüsengewebe der Bauchspeicheldrüse. In ihnen werden die Hormone Insulin und Glukagon produziert. Beide sind Gegenspieler und beeinflussen den Kohlenhydratstoffwechsel und damit den Zuckergehalt des Blutes.

Frage 175

Ist der Neandertaler ein Vorfahre des Homo sapiens?

☞ Nach heutiger Auffassung ist der Neandertaler (Homo sapiens neanderthalensis) nur ein ausgestorbener Seitenzweig am Stammbaum des Jetztmenschen (Homo sapiens sapiens) und damit nicht unser Stammvater. Erste Spuren des Homo sapiens sapiens stammen aus Afrika und sind über 100.000 Jahre alt. In Europa trat er erstmals vor mindestens 40.000 Jahren auf.

Frage 176

Die Menschen nutzten die Passatwinde schon vor Jahrhunderten. Wofür?

☞ **Für die Seefahrt.** Bei den Passatwinden handelt es sich um stetige Winde, die südlich des Äquators von Südosten und nördlich des Äquators von Nordosten zum Äquator wehen. Bereits im 14. Jh. nutzten die Araber die Passatwinde für einen regen Handelsverkehr zwischen Indien und Ostafrika.

Frage 177

Was ist ein Akkumulator?

☞ Ein Speicher für elektrische Energie. Beim Laden wird elektrische in chemische Energie umgewandelt, bei Energieabgabe verläuft der Vorgang in umgekehrter Richtung. Gebräuchlich sind Blei-, Nickel-Eisen- und Nickel-Cadmium-Akkumulatoren.

Frage 178

Was besagt das Ohmsche Gesetz?

Georg Simon Ohm

☞ Das nach dem Physiker Georg Simon Ohm (1787–1854) benannte Gesetz gibt Auskunft über die Zusammenhänge von Stromstärke, Spannung und Widerstand des Gleichstroms. Dabei ist die Stromstärke der Quotient aus Spannung und Widerstand.

Frage 179

Zu welcher Klasse von Planeten zählt der Jupiter?

☐ a) Gesteinsplaneten
☐ b) Zwergplaneten
☐ c) Gasplaneten
☐ d) Lavaplaneten

☞ **c) Gasplaneten**
Zu den Gasplaneten zählen in der Astronomie Planeten, die vorwiegend aus den leichten Elementen Wasserstoff oder Helium bestehen. Beim Jupiter herrscht das Element Wasserstoff vor. Er ist mit einem Durchmesser von 143.000 Kilometern der größte Planet unseres Sonnensystems und besitzt eine Masse, die 2,5-mal so groß ist wie die aller anderen Planeten des Sonnensystems zusammen.

Frage 180

Was ist eine Blasenkammer?

☞ Die Blasenkammer ist eine Weiterentwicklung der Nebelkammer. Sie wird mit Wasserstoff oder Propan gefüllt, der Inhalt wird überhitzt. Die ionisierende Strahlung führt zur Entstehung kleiner Dampfbläschen entlang ihrer Spur. Zur Bestimmung der Teilchenmasse wird die Kammer in ein Magnetfeld gebracht, das die Teilchen je nach ihrer Masse mehr oder weniger stark ablenkt.

Frage 181

Was ist Wechselstrom?

☞ Elektrischer Strom, dessen Richtung und Stärke periodisch wechselt. Beim normalen Netz-Wechselstrom beträgt die Anzahl der Perioden je Sekunde 50 Hz.

Frage 182

Was verdanken die Physiker dem Schriftsteller James Joyce?

☞ Sie übernahmen aus seinem Roman *Finnegan's Wake* den Begriff „Quarks" für bisher sechs gefundene winzigste Elementarbausteine der Materie. Als freie Elementarteilchen konnten sie nicht nachgewiesen werden.

Frage 183

Aus welchem Material bestehen Mehrweg-Kunststoffflaschen?

☞ **Aus Polyethylenterephthalat,** abgekürzt PET. Sie haben gegenüber den herkömmlichen Glasflaschen den Vorteil, dass sie wesentlich leichter und auch bruchfester sind.

Frage 184

Wie hoch ist der Erkennungswert der „neuen" biometrischen Merkmale?

☞ Aktuelle „biometrische Identifikatoren" sind z. B. Fingerabdruck, Handgeometrie, Iris, Gesichtsform und Stimme. Durch die umstrittene Speicherung der Identifikatoren in Reisepässen wird höhere Sicherheit erhofft.

Frage 185

Was ist eine Säure?

☞ Eine chemische Verbindung, die beim Lösen in Wasser in der Lage ist, Wasserstoffionen abzugeben. Dadurch sind Säuren verhältnismäßig aggressive chemische Verbindungen.

Frage 186

Wie viel Karat hat reines Gold?

☐ a) 18 Karat ☐ c) 30 Karat
☐ b) 24 Karat ☐ d) 36Karat

☞ **b) 24 Karat**
Karat (K.) dient als Maß zur Festlegung der Reinheit von Goldlegierungen, die sonst in Tausendsteln angegeben ist. So entspricht 3 K. 125/1000.

Frage 187

Was wird in Kilowatt (kW) gemessen und was in Kilowattstunden (kWh)?

☞ In der Physik ist Watt die Einheit der Leistung. 1000 W entsprechen 1 kW. Wattstunde ist eine Einheit der Energie. In einem durchschnittlichen deutschen Haushalt werden ungefähr 1560 kWh pro Kopf und Jahr an elektrischer Energie verbraucht.

Frage 188

Womit beschäftigt sich die Ökologie?

☞ Ökologie ist die Wissenschaft, die sich mit den Wechselbeziehungen zwischen den Lebewesen und ihrer belebten und unbelebten Umwelt befasst. Zur unbelebten Umwelt eines Organismus gehören z. B. das Klima und der Boden, zur belebten Umwelt alle anderen Organismen.

Frage 189

Wie funktioniert eine Solarzelle?

☞ Solarzellen bestehen aus Halbleitern, z. B. aus Silizium. Zur Herstellung einer Solarzelle wird das Halbleitermaterial „dotiert", d. h., es wird eine bestimmte Menge eines zusätzlichen Elements eingebracht, mit dem man entweder einen positiven Ladungsträgerüberschuss (p-leitend: Elektronenmangel) oder einen negativen Ladungsträgerüberschuss (n-leitend: Elektronenüberschuss) erzeugen kann. An der Grenzschicht zweier unterschiedlich dotierter Halbleiter baut sich ein elektrisches Feld auf. Bei der Einstrahlung von Licht werden zusätzliche positive und negative Ladungsträger freigesetzt, die durch das innere elektrische Feld getrennt werden. Über Metallkontakte an der Ober- und Unterseite der Zelle kann eine elektrische Spannung abgegriffen werden.

Frage 190

Kann man Intelligenz messen?

☞ Dies ist umstritten, da der Begriff Intelligenz selbst schwer zu definieren ist. Mit Intelligenztests versucht man näherungsweise, die Intelligenz zu erfassen. Das Ergebnis eines solchen Tests wird in Form des Intelligenzquotienten (IQ) angegeben. Die Skala wird dabei so angelegt, dass der Durchschnitt der Bevölkerung einen IQ von 100 hat.

Frage 191

Was versteht man unter Endlagerung?

☞ Die endgültige Lagerung radioaktiven Abfalls. Man bringt den „Atommüll" in tief gelegenen Salz- oder Gesteinsformationen unter.

Frage 192

Sind Diamanten brennbar?

☞ Obwohl der Name „Diamant" so viel wie „der Unbezwingbare" bedeutet, verbrennt der König der Edelsteine doch ab einer Temperatur von 850 °C zu Kohlendioxid. Diamanten bestehen ebenso wie Grafit aus reinem Kohlenstoff und sind damit brennbar. Seit den 1950er-Jahren ist es dank der Hochdrucksynthese auch möglich, bei

1600–1800 °C und einem Druck von ca. 80.000 bar Grafit in Diamant umzuwandeln. Heute werden so jährlich ca. 40 Tonnen Diamanten bis zu einer Größe von einigen Millimetern hergestellt.

Frage 193

Wo liegen die Erbinformationen beim Menschen?

☐ a) DNS
☐ b) LRS
☐ c) ADS
☐ d) USB

☞ **a) DNS**

Sie sind in Molekülen des Zellkerns, den Desoxyribonukleinsäuren (DNS), verborgen. Die DNS ist wiederum aus vier verschiedenen Grundbausteinen zusammengesetzt, deren Reihenfolge entscheidend für den Informationsgehalt ist. Die DNS ist wesentlicher Bestandteil der Chromosomen.

Frage 194

Bedeutet ein Hochdruckgebiet automatisch schönes Wetter?

☞ Nein, denn man unterscheidet zwei Arten von Hochs: Thermische oder Kältehochs sind nicht besonders stark ausgeprägt, unbeständig und wegen des Einflusses der über ihnen ablaufenden Wettervorgänge nicht unbedingt ein Garant für schönes Wetter. Bei dynamischen Hochs handelt es sich um subtropische Luftmassen, die polwärts gewandert sind. Mit ihrer Mächtigkeit von mehreren 1000 Metern bringen sie schönes Wetter nach Mitteleuropa.

Frage 195

Wodurch wurde Konrad Lorenz bekannt?

☞ Konrad Lorenz (1903–89) leistete hervorragende Arbeiten auf dem Gebiet der Verhaltensbiologie.

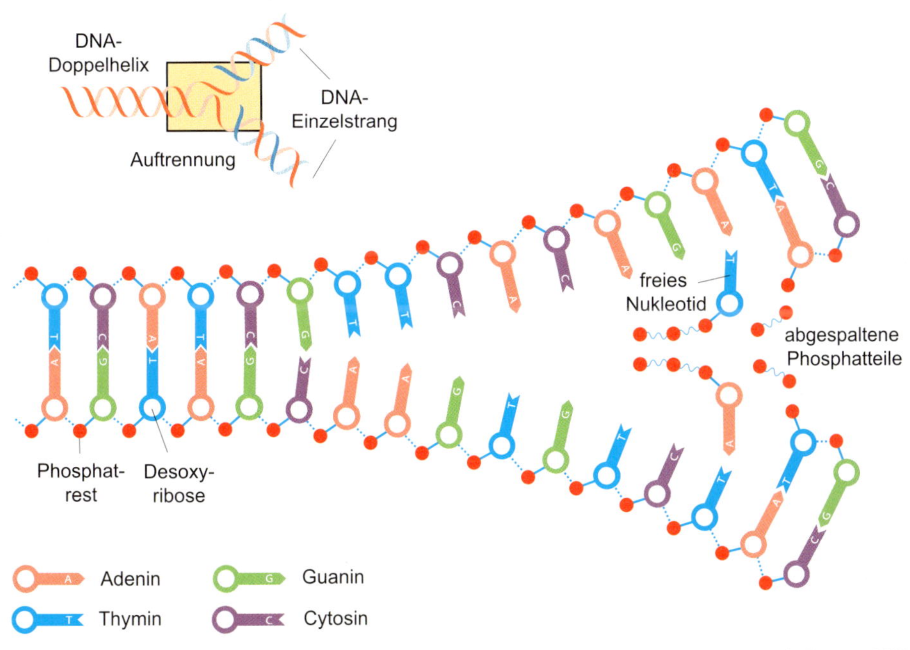

Aufbau der DNS

Frage 196

Bringen Monsunwinde immer Regen mit sich?

☞ Nein, nicht immer. Monsun wird ein halbjährlich wechselnder Wind in den äußeren Tropen genannt, der seine charakteristische Ausbildung in Indien und Südasien erfährt. Wenn der Monsun im Sommerhalbjahr vom Meer landeinwärts weht, bringt er eigentlich immer Regen mit, weht er im Winterhalbjahr aber vom Kontinent aufs Meer hinaus, sind Regenfälle nur zu erwarten, wenn er unterwegs das Meer überquert (z. B. auf Inseln).

Frage 197

Warum finden Brieftauben zu ihrem Schlag zurück?

☞ Weil sie exakt den heimatlichen Sonnenstand kennen und weil sie bei bedecktem Himmel nach ihrem inneren „Magnetkompass" fliegen können; denn auch die Stärke des Magnetfeldes ihres Heimatortes ist genau gespeichert. Brieftauben können praktisch nur dann fehlgeleitet werden, wenn das Magnetfeld gestört wird – etwa bei starken Sonneneruptionen.

Frage 198

Charles Darwin

Was hat Charles Robert Darwin geleistet?

☞ Der britische Naturforscher verfasste das Werk *Über den Ursprung der Arten durch natürliche Zuchtwahl*. Mit dieser Veröffentlichung lieferte Darwin (1809–82) eine im Wesentlichen bis heute anerkannte Erklärung für die Evolution der Lebewesen. Mit seiner Selektionstheorie verhalf er der modernen Evolutionslehre zum Durchbruch.

Frage 199

Welches Tiefdruckgebiet greift immer wieder in unser Wetter ein?

☞ Das Islandtief, auch „Isländische Zyklone" genannt. Die ständig über dem Nordpol vorhandene Kaltluft wird durch die Drehung der Erde in kalte Nordostwinde verwandelt. Beim Zusammentreffen mit wärmeren Luftmassen, die aus dem Süden vorstoßen, entsteht der als Islandtief bekannte Luftwirbel, der uns kühle und regenreiche Atlantikluft bringt.

Frage 200

Was bedeutet das c in der Formel $E = mc^2$?

☐ a) Wärmekapazität
☐ b) Stromstärke
☐ c) Lichtgeschwindigkeit
☐ d) Luftdruck

☞ **c) Lichtgeschwindigkeit**
Albert Einstein (1879–1955) veränderte mit der berühmten Formel seiner Relativitätstheorie das bisherige Weltbild der Physik.

Frage 201

Was formulierte Ernst Haeckel?

☞ Der Zoologe und Naturphilosoph (1834–1919) stellte die biogenetische Grundregel auf. Demzufolge besitzt ein Lebewesen in seinen frühen Entwicklungsstadien bis zur Geburt sehr oft Merkmale, die auch seine stammesgeschichtlichen Vorfahren hatten.

Ernst Haeckel

Frage 202

Welches ungewöhnliche Gewächshaus steht im britischen Cornwall?

☞ Dort wurde im April 2001 die „Biosphäre" eröffnet. Auf über 22.000 m² sollte die Flora aus unterschiedlichen Klimazonen nachgestellt werden. Die Gewächshäuser ähneln riesigen Blasen und beheimaten über 10.000 Pflanzenarten.

Frage 203

Welche Information liefert der genetische Fingerabdruck?

☞ Informationen über das Erbgut eines Menschen. So wie der Fingerabdruck eines jeden Menschen völlig anders aussieht, ist auch das jeweilige Erbgut unverwechselbar und individuell. Es genügen kleinste Spuren von Blut, Speichel, Haaren oder Samen, um die DNS zu analysieren.

Frage 204

Wie wird ein Tier geklont?

☞ Ein Klon ist die exakte Kopie eines Lebewesens. Anders als bei der natürlichen Fortpflanzung besteht ein Klon nur aus dem genetischen Material eines Elternteils. Wissenschaftler nehmen zum Klonen aus einer weiblichen Eizelle den Kern mit der Erbinformation heraus und ersetzen ihn durch das Erbmaterial einer normalen Körperzelle. Das Schaf Dolly wurde z. B. aus dem Genmaterial einer Euterzelle geklont. Die Eizelle wird anschließend im Labor dazu gebracht, sich zu teilen, und dann in die Gebärmutter eines Muttertiers eingepflanzt. Dort wächst der Klon wie ein normaler Embryo heran, bis er nach Ablauf der gewöhnlichen Schwangerschaftsdauer geboren wird.

Frage 205

Was gewinnt man durch therapeutisches Klonen?

☞ **Embryonale Stammzellen.** Eine Eizelle wird entkernt und mit dem Erbmaterial einer Körperzelle versehen. Die so entstandene Zelle entwickelt sich wie ein normaler Embryo bis zu dem Stadium, in dem die Stammzellen entnommen werden. Stammzellen sind genetisch mit den Körperzellen des Erbmaterial-Spenders nahezu identisch und werden – so die Theorie – von seinem Immunsystem nicht abgestoßen.

Frage 206

Was ist ein Möbiusband?

☞ Ein Möbiusband ist ein Band, das nur eine Kante und eine Fläche hat. Ein anschauliches Möbiusband ist leicht herzustellen, indem man einen längeren Streifen Papier mit beiden Enden ringförmig zusammenklebt, ein Ende aber vor dem Zusammenkleben um 180° verdreht.

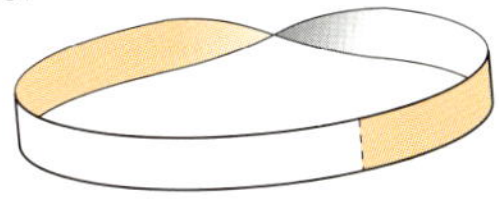

Frage 207

Welches der folgenden Tiere gibt es nicht?

☐ a) Nasenbeutelschwalbe
☐ b) Satansaffe
☐ c) Mopsfledermaus
☐ d) Baumstachelschwein

☞ **a) Nasenbeutelschwalbe**
Eine Nasenbeutelschwalbe gibt es nicht, aber ein Tier mit einem Nasenbeutel ist durchaus bekannt: der Nasenbeuteldachs.

Frage 208

Welcher Zustand ist für die Natur natürlich?

☞ **Unordnung.** Materie und Energie werden gleichmäßig verteilt; darum löst sich Zucker im Tee auf und verteilt sich dort ebenso gleichmäßig wie Milch. Rührt man nicht um, dann dauert es nur etwas länger. Physiker sprechen von Entropie als Maß für die Unordnung. Je unordentlicher ein Zustand, desto größer ist seine Entropie. Natur strebt hohe Entropie an.

Frage 209

In der Chemie unterscheidet man zwischen anorganischer und organischer Chemie. **Wo liegt der Unterschied zwischen den beiden Disziplinen?**

☞ In der organischen Chemie geht es in erster Linie um Verbindungen, die aus Kohlenstoff aufgebaut sind. Immerhin sind bisher mehr als 17 Millionen derartiger Verbindungen bekannt. Darüber hinaus sind Kohlenstoffverbindungen häufig wesentlich komplexer als diejenigen, die man in der anorganischen Chemie findet. Dort befasst man sich dann mit den übrigen Verbindungen.

Frage 210

Im menschlichen Körper gibt es eine ganze Reihe hoch spezialisierter Zellen. **Welche Aufgabe haben die T-Zellen?**

☞ Die T-Zellen sind eine besondere Gruppe von weißen Blutkörperchen und gehören zum Immunsystem. Innerhalb dieser Gruppe von Zellen gibt es noch vier weitere Unterscheidungen: Man differenziert in Killerzellen, Helferzellen, Gedächtniszellen und regulatorische T-Zellen. Die Killerzellen vernichten die Eindringlinge in den Körper, die Helferzellen aktivieren andere Abwehrzellen, die Gedächtniszellen sind langlebig und „erinnern" sich an Erreger, die schon einmal in den Körper eingedrungen sind. Sie helfen dadurch mit, eine möglichst schnelle und effektive Abwehr gegen diese Eindringlinge aufzubauen. Regulatorische T-Zellen schließlich sind sehr wichtig: Sie stoppen alle Abwehrzellen, die versehentlich körpereigenes Gewebe angreifen würden.

Frage 211

Was verkündete der Forscher Craig Venter im April 2000?

☞ Venter (*1946) war die Entschlüsselung des menschlichen Genoms gelungen.

Frage 212

Was sind Gene?

☞ Gene sind die Erbanlagen, die von einer Generation an die nächste weitergegeben werden. Sie liegen auf bestimmten Abschnitten der DNS-Moleküle der Chromosomen. Die Gesamtheit aller Gene nennt man Genom. Die einzelnen Gene bestimmen zusammen mit den Umwelteinflüssen die Ausprägung der Körpereigenschaften und Merkmale von Lebewesen.

Frage 213

Was besagt das Gesetz des freien Falles?

☞ Entsprechend dieses Gesetzes ist beim Fallen im luftleeren Raum die Geschwindigkeit eines Körpers von dessen Gewicht unabhängig. Das bedeutet theoretisch, dass eine Bleikugel genauso schnell oder langsam zu Boden fällt wie eine Feder. In der Praxis jedoch sorgt der Luftwiderstand dafür, dass die Feder erst viel später als die Bleikugel am Boden ankommt.

Frage 214

Was ist die Grundeinheit aller Lebewesen?

☐ a) Samen
☐ b) Plasma
☐ c) Zelle
☐ d) Atom

☞ **c) Zelle**

Sie ist die kleinste lebensfähige Einheit, die zu Fortpflanzung, Vererbung und Reaktionen fähig ist und über einen eigenen Stoffwechsel verfügt.

Zelle mit Zellkern, Ribosomen, Golgiapparat und Mitochondrien

Frage 215

Wie entsteht Smog?

☞ Besonders bei sogenannten austauscharmen Wetterlagen, wenn warme Luft über kalter liegt und kaum Wind weht, können sich Abgase und Rauch von Industrieanlagen, Fahrzeugen und Haushalten nicht in der Atmosphäre verteilen und sammeln sich über Städten an.

Frage 216

Was ist das Besondere an kaltblütigen Tieren?

☞ Schlangen, Frösche und andere Tierarten können ihre Körpertemperatur nicht selbst regulieren, sondern sind auf äußere Wärmequellen, i. d. R. die Sonne, angewiesen. Bei Kälte werden sie träge oder völlig bewegungsunfähig.

Frage 217

Wie heißt das wichtigste weibliche Sexualhormon?

☞ Estrogen, auch Östrogen genannt.

Frage 218

Wie entsteht Wind?

☞ Wind entsteht, wenn sich durch Einwirkung der Sonne Luft erwärmt, ausdehnt und aufsteigt und dann kühlere, schwerere Luft nachströmt.

Frage 219

Wann bilden sich Wolken?

☞ Bei der Bildung von Wolken sind praktisch immer zwei Bedingungen erfüllt. Zum einen muss die Luft ausreichend Wasserdampf enthalten (Luftfeuchtigkeit mindestens 100 %), zum anderen müssen Kondensationskerne vorhanden sein, an denen sich Wassertröpfchen bilden können. Kondensationskerne sind Staub, Rußpartikel oder industrielle Emissionen.

Frage 220

Was versteht man unter Botanik?

☞ Botanik ist das Teilgebiet der Biologie, das sich mit der Organisation und Lebensfunktion von Pflanzen beschäftigt.

Frage 221

Was sind Lanthanoide?

☐ a) Fettsäuren ☐ c) Proteine
☐ b) Elemente ☐ d) Mineralstoffe

☞ **b) Elemente**
Mit diesem Begriff werden die 14 Elemente bezeichnet, die im Periodensystem auf das Metall Lanthan folgen.

Frage 222

Sie zählen zu den rätselhaftesten, aber auch faszinierendsten Objekten im Weltall – und das, obwohl man sie nicht sehen kann. Sie entstehen, wenn ein Stern als Supernova explodiert. In einem solchen Szenario schleudert er einen Teil der Masse in dieser gewaltigen Explosion von sich. Der Rest, der noch übrig bleibt, wird sehr stark zusammengepresst. Die komplette Masse der Erde müsste z. B. auf einen Raum von nur 9 mm komprimiert werden. Bei einem Körper von so großer Dichte steigt die Anziehungskraft so sehr an, dass die Geschwindigkeit, die man aufbringen müsste, um ihr zu entkommen, größer als die Lichtgeschwindigkeit sein müsste. Laut der Speziellen Relativitätstheorie ist das Überschreiten der Lichtgeschwindigkeit aber nicht möglich. Das bedeutet, dass nichts die Anziehungskraft des Körpers überwinden kann. **Wie heißen diese seltsamen Objekte?**

☞ **Schwarze Löcher.**

Frage 223

Womit beschäftigt sich die Anatomie?

☞ Die Anatomie ist Bestandteil jedes Medizinstudiums, denn sie untersucht Form, Lage und Beschaffenheit der Organe von Lebewesen. Generell versteht man unter der Anatomie die Lehre vom Bau der Pflanzen und Tiere. Der Arzt und Anatom Andreas Vesal (1514–64) gilt als Begründer der Anatomie.

Andreas Vesal

Frage 224

Wer schuf das Periodensystem der Elemente?

☞ An der Entwicklung eines Ordnungssystems für die chemischen Elemente arbeiteten mehrere Forscher. Das bis heute gültige System stammt von dem russischen Chemiker Dmitri Iwanowitsch Mendelejew (1834–1907).

Frage 225

Wer entwickelte das Nomenklatur-System der Pflanzen und Tiere?

☞ Die Nomenklatur der Arten wurde um 1750 von dem schwedischen Naturforscher Carl von Linné (1707–78) in dem Werk *Systema naturea* eingeführt. In dem zunächst für Pflanzen, später auch für Tiere aufgestellten System erhält jede Art zwei Namen, die sie eindeutig kennzeichnen. Der erste Name beschreibt die Gattung, der zweite die Art, z. B. Trifolium album (Weißklee) oder Trifolium pratense (Wiesenklee). Diese Nomenklaturregeln sind in den Grundzügen heute noch gültig, wurden aber verfeinert und neueren Erkenntnissen angepasst.

Carl von Linné

Frage 226

Was sind Heterocyclene?

☞ Organische Kohlenstoffringverbindungen. Zahlreiche Heterocyclen tragen bekannte Trivialnamen, z. B. Pyridin, Furan oder Chinolin.

Frage 227

Wie werden Proteine gebildet?

☞ Die Proteinbiosynthese beginnt an der DNS, die zunächst in eine mRNS (messenger Ribonucleinsäure) „abgeschrieben" wird. Diese ist dem Aufbau der DNS sehr ähnlich. Im nächsten Schritt wird die mRNS aus dem Zellkern zu den Ribosomen transportiert, wo die eigentliche Proteinsynthese erfolgt. Kleine RNA-Schnipsel (tRNS), die mit Aminosäuren beladen sind, lagern sich an die mRNS an. Entscheidend ist dabei die Abfolge der Bausteine der mRNS, da sich jeder Baustein nur mit einem ganz bestimmten tRNS-Element paart. Die mRNS-Bausteine bestimmen also, welche tRNS sich mit ihren Aminosäuren anlagert. Die einzelnen Aminosäuren werden zu einer Kette verknüpft, die sich mehrfach falten und mit anderen Ketten zusammenlagern kann, bis schließlich das fertige Protein entsteht.

Frage 228

Wer entdeckte die Grundlagen der Mechanik?

☐ a) Nikolaus Kopernikus
☐ b) Blaise Pascal
☐ c) Joseph von Fraunhofer
☐ d) Isaac Newton

☞ **d) Isaac Newton** (1643–1727)
Der Engländer formulierte das Gravitationsgesetz sowie das Trägheitsgesetz, das Beschleunigungsgesetz und das Wechselwirkungsgesetz. Letztere werden als die drei Newtonschen Axiome bezeichnet.

Frage 229

Was ist eine Monsterwelle?

☞ Eine Monsterwelle ist eine außergewöhnlich hohe Welle, die meist einzeln im Ozean auftritt. Mit einer Höhe von über 25 Meter wird sie etwa doppelt so hoch wie eine gewöhnliche hohe Welle. Heute sind drei Arten von Monsterwellen bekannt, der „Kaventsmann", die „Drei Schwestern" und die „Weiße Wand". Tsunamis werden oft fälschlicherweise als Monsterwelle bezeichnet: Während ein Tsunami durch plötzliche Bewegungen des Meeresbodens entsteht, ist an einer Monsterwelle nur Oberflächenwasser beteiligt.

Frage 230

Wie viel „Umwelt" steckt in einem PC?

☞ Ein PC besteht aus über 700 verschiedenen Stoffen. Hauptbestandteile eines Computers sind Metall (50 %), Kunststoff (23 %), Glas (15 %) und Elektronik (12 %). Verarbeitet werden wertvolle wiederverwertbare Metalle wie Gold, Silber, Kupfer, Aluminium und Stahl, aber auch giftige Schwermetalle wie Kadmium, Quecksilber, Arsen und Blei.

Frage 231

Wie viel Energie steckt in doppelter Geschwindigkeit?

☐ a) die doppelte ☐ c) die vierfache
☐ b) die dreifache ☐ d) die achtfache

☞ **b) die vierfache**

Kinetische Energie ist im klassischen Ansatz proportional zum Quadrat der Geschwindigkeit v: $E = 1/2\ mv^2$. Dabei ist m die Masse. Doppelte Geschwindigkeit bedeutet also vierfache Energie, dreifache Geschwindigkeit neunfache Energie usw.

Frage 232

Warum graben Termiten unter ihren Bauten bis zu 40 Meter tiefe Gänge in den Boden?

☞ Termiten sind Insekten, die wie Ameisen in großen Stämmen leben. Termiten bauen große Burgen aus Lehm und besiedeln Steppen- und Wüstengebiete, in denen es sehr trocken ist. Dennoch brauchen sie zum Überleben eine Luftfeuchtigkeit zwischen 90 und 95 %. Um bei der trockenen Umgebung ein derart feuchtes Klima im Inneren der Bauten zu schaffen, graben die Termiten Gänge zum Grundwasser, das manchmal 40 Meter tief unter der Erde liegt.

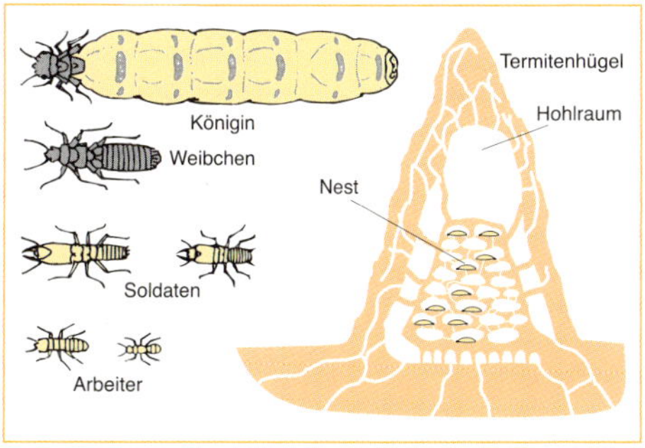

Frage 233

Ist saurer Regen heute noch ein Problem?

☞ Trotz bereits erfolgreich durchgeführten Maßnahmen gegen die Ursachen des sauren Regens, den hohen Schwefel- und Salpetersäuregehalt im Niederschlag, liegt der Säuregehalt des Regens noch über dem normalen Maß. Schäden an historischen Gebäuden, die unter dem säurehaltigen Regenwasser leiden, sind ein deutlicher Beleg dafür.

Frage 234

Welche Funktion hat der Zellkern?

☞ Im Zellkern befindet sich das Erbgut in Form der Chromosomen, die aus der DNS bestehen.

Frage 235

Was bewirkt ein Knoten im Seil?

☞ Jeder Knoten schwächt ein Seil. Weil durch die Umlenkungen im Knoten nicht alle Fasern gleich stark belastet werden und zur reinen Zugbelastung noch Biege- und Scherbelastungen dazukommen, hat ein Seil mit Knoten nur noch 50–70 % seiner ursprünglichen Reißfestigkeit.

Frage 236

Wie heißen die einzigen flugfähigen Säugetiere?

☐ a) Fledermäuse
☐ b) Seeadler
☐ c) Bienen
☐ d) Pinguine

☞ **a) Fledermäuse**

Die überwiegend dämmerungsaktiven Tiere sehen nur sehr schlecht und orientieren sich durch ein Ultraschall-Ortungssystem. Durch die Vertilgung von schädlichen Insekten spielen sie eine wichtige Rolle in der Natur. Da sie immer weniger Plätze finden, an denen sie ungestört ihren Winterschlaf verbringen können, sind alle 21 in Deutschland vorkommenden Arten akut vom Aussterben bedroht und stehen auf der „Roten Liste".

Frage 237

Wodurch unterscheidet sich der Ablauf der Kernspaltung in einer Atombombe und in einem Atomkraftwerk?

☞ In einer Atombombe werden mehrere Teile des spaltbaren Materials plötzlich vereinigt; damit wird eine „kritische Masse" erzeugt. Es kommt zu einer unkontrollierten Kettenreaktion und die erzeugte Energie wird in einer gewaltigen Explosion freigesetzt. Im Kernreaktor eines Atomkraftwerkes hingegen laufen geregelte Kettenreaktionen ab.

Frage 238

Wodurch ist das Wetter vorhersagbar?

☞ Aus Bodenstationen, Schiffen, Bojen, Radiosonden, Satelliten und Flugzeugen liefert das meteorologische Beobachtungssystem eine Fülle aktueller Atmosphärendaten. Mit den Daten werden auf „Supercomputern" mithilfe der integrierten Wettermodelle GME („Globales Modell") und LM („Lokales Modell" für Mitteleuropa) atmosphärische Prozesse simuliert. Dadurch lassen sich Prognosen für die Zukunft auf Basis aktueller Daten erstellen.

Frage 239

Was wird unter dem Begriff „Archosauria" zusammengefasst?

☞ Als Archosauria, auch „Herrscherreptilien" genannt, wird eine Reihe von ausgestorbenen Reptiliengruppen sowie die heute noch lebenden Krokodile und Vögel zusammengefasst. Die wichtigsten gemeinsamen Merkmale der Archosaurier liegen im Aufbau des Schädels: er besitzt drei Schädelfenster.

Frage 240

Gibt es Nullreibung?

☞ Reibung macht sich im gesamten Alltagsleben bemerkbar. Sie hält unser Auto auf der Straße und sorgt dafür, dass wir laufen können, ohne hinzufallen. Reibung kann aber z. B. durch Öle stark reduziert werden. Nullreibung gibt es nicht. Eine Ausnahme bildet jedoch die Superfluidität. Bei Temperaturen unter −271 °C verschwindet die innere Reibung von flüssigem Helium 4. Es fließt mühelos selbst durch die engsten Kapillaren und kann Wände hinauf kriechen.

Frage 241

Gibt es Lebewesen, die keinen natürlichen Tod kennen?

☞ Die einzelligen Lebewesen, die sich durch Zweiteilung vermehren, sind potenziell unsterblich, d. h. sie können allenfalls durch Unfall oder Krankheit zu Tode kommen. Potenziell unsterblich sind das Bakterium, das keinen echten Zellkern besitzt, und die tierischen und pflanzlichen Einzeller.

Frage 242

Wie viele Chromosomen hat der Mensch?

- ☐ a) 42
- ☐ b) 44
- ☐ c) 46
- ☐ d) 48

☞ **c) 46**

Die Anzahl der Chromosomen, welche die Träger der Erbanlagen sind, ist nicht bei jeder Art gleich. Hunde haben z. B. 78 Chromosomen, Tauben 16.

Frage 243

Welche Funktion haben Enzyme?

☞ Enzyme sind Eiweißkörper, die an fast allen Stoffwechselreaktionen in tierischen sowie pflanzlichen Organismen beteiligt sind.

Frage 244

Was findet man auf der Roten Liste?

☞ Hier sind alle in der Bundesrepublik vom Aussterben bedrohten Tiere und Pflanzen aufgeführt. Sie wurde erstmals 1977 veröffentlicht. Die gefährdeten Tier- und Pflanzenarten sind Gefährdungskategorien eingeteilt: 0 = ausgestorben oder verschollen, 1 = vom Aussterben bedroht, 2 = stark gefährdet, 3 = gefährdet und 4 = potenziell gefährdet.

Mittlerweile von „vom Aussterben bedroht" auf „gefährdet" herabgestuft: der Seeadler

Frage 245

Wie sahen Mammuts aus?

☞ Das Mammut, das in den eiszeitlichen Kältesteppen lebte, trug eine lange, dichte Behaarung und hatte bis zu fünf Meter lange Stoßzähne. Man weiß heute recht genau, wie diese vor ca. zehn Millionen Jahren ausgestorbenen Tiere ausgesehen haben, denn Forscher haben einige tiefgekühlte und vollständig erhaltene Exemplare im sibirischen Boden entdeckt.

Frage 246

Sie sind eine Unterklasse der Säugetiere, die lebende Junge gebären. Die Jungtiere kommen in einem sehr unterentwickelten Zustand auf die Welt und brauchen besonders geschützte Bedingungen. Sie leben hauptsächlich auf der Südhalbkugel, der Koala gehört ebenso dazu wie das amerikanische Opossum. **Wie heißen diese Tiere?**

☞ **Beuteltiere.** Der bekannteste Vertreter ist das Känguru.

Frage 247

Warum sind in der Nacht alle Katzen grau?

☞ Es gibt zwei Arten von Rezeptoren, die Bilder in Nervenimpulse umwandeln: Stäbchen und Zapfen. Die Zapfen sind Träger des Farbsehens, die Stäbchen sind Rezeptoren für das Helligkeitssehen. Sie setzen Lichtintensitäten in Grauwerte um. Auf der Netzhaut gibt es 20-mal mehr Stäbchen als Zapfen und jedes Stäbchen ist 10.000-mal lichtempfindlicher als ein Zapfen. Zapfen sind für das Tagsehen bestimmt. Deshalb können wir die Welt tagsüber in allen Farben sehen, während wir bei Dunkelheit nur Grauschattierungen unterscheiden können.

Frage 248

Wie viel Strom wird in Deutschland mit erneuerbaren Energien erzeugt?

☐ a) 7,4 % ☐ c) 14,2 %
☐ b) 10,9 % ☐ d) 18,5 %

☞ **c) 14,2 %**
2007 wurden 14,2 % Strom aus erneuerbaren Energien gewonnen. Zum Vergleich: 2000 waren es erst 6,3 %, 2004 bereits 9,4 % und 2006 11,8 %.

Frage 249

Was kennzeichnet die Demutsgebärde?

☞ Die Demutsgebärde ist eine Geste, die als Schlüsselreiz im Rivalenkampf besonders bei wehrhaften Tieren ernsthafte Schädigungen des Artgenossen verhindert. Wölfe und Hunde bieten dem überlegenen Gegner die ungeschützte Kehle dar oder legen sich wie Jungtiere auf den Rücken.

Frage 250

Was warf Galileo Galilei vom Turm zu Pisa, um das Gesetz des freien Falls zu erklären?

☞ Gar nichts – es handelt sich dabei um eine Legende. Galilei (1564–1642) erkannte jedoch, dass alle Körper, unabhängig von ihrer Masse und sonstigen Eigenschaften, im Vakuum gleich schnell fallen.

Frage 251

Wann ist etwas chiral?

☞ Moleküle werden als chiral bezeichnet, wenn ihr Spiegelbild auch nach einer Drehung um 180° nicht deckungsgleich ist. Ein gutes Beispiel für Chiralität sind die Hände des Menschen. Obwohl sie identisch aufgebaut sind, sind sie doch nicht deckungsgleich. Auch Ohren, Schuhe, Schrauben und Wendeltreppen sind chiral.

Frage 252

Ist der Embryo oder der Fötus das spätere Entwicklungsstadium?

☞ Beim Menschen bezeichnet man den im Mutterleib heranwachsenden Keim bis zum Ende des 3. Schwangerschaftsmonats als Embryo. Danach spricht man vom Fötus. Dieses Stadium endet mit der Geburt.

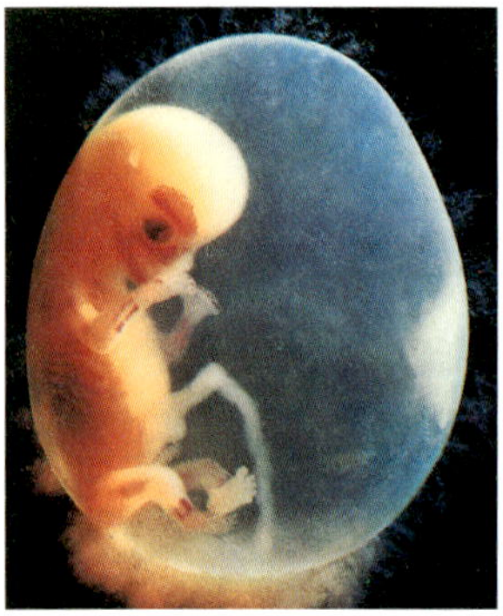

Embryo im Mutterleib

Frage 253

Unterscheidet sich ein Hurrikan von einem Taifun oder einem Zyklon?

☞ Alle drei sind tropische Wirbelstürme. Sie entstehen bei hohen Temperaturen über dem Meer durch aufsteigenden Wasserdampf. Unterschiedlich ist jedoch die Region, in der sie auftreten: Der Hurrikan kommt in Amerika vor, der Taifun in hauptsächlich Ost- und Südostasien und der Zyklon im Indischen Ozean.

Frage 254

Seit wann ist AIDS bekannt?

☐ a) 1981 ☐ c) 1985
☐ b) 1983 ☐ d) 1987

☞ **a) 1981**

Seit Dezember 1981 ist AIDS als eigenständige Krankheit bekannt. Das HI-Virus zerstört bei den Erkrankten nach und nach das Immunsystem. Obwohl heute Therapien den Ausbruch der Krankheit lange hinauszögern können, ist AIDS noch immer nicht heilbar.

Frage 255

Viele Krankenhäuser tragen heute seinen Namen. **Von welchem bedeutenden Arzt der frühen Neuzeit ist die Rede?**

☞ **Von Theophrast von Hohenheim (1493–1541),** auch Paracelsus genannt. Sein medizinisches Verständnis wird in seinem berühmten Ausspruch „Alle Ding' sind Gift und nichts ohn' Gift; allein die Dosis macht, dass ein Ding kein Gift ist" deutlich. In der Tradition der arabischen Alchemisten stehend, kann er in diesem Sinne also als der geistige Urvater der Homöopathie gesehen werden.

Frage 256

Zu welcher Pflanzenfamilie gehören Erbsen, Linsen und Bohnen?

☞ Zur Familie der Hülsenfrüchtler.

Erbsenstrauch

Frage 257

Was passiert bei Plastination?

☞ Plastination ist die dauerhafte Konservierung tierischer oder menschlicher Körper und Körperteile. In einem Lösungsmittelbad werden zunächst das Gewebewasser und später das Gewebefett erst durch Lösungsmittel, anschließend durch Kunststoff ersetzt. 2004 spaltete der Mediziner Gunther von Hagens (*1945) mit seiner Ausstellung „Körperwelten" die Gemüter der Öffentlichkeit. Die Darstellung der rund 25 Ganzkörperplastinate vermittelt naturgetreu die Lage der Organe im Körper.

Frage 258

Was ist das Genom eines Lebewesens?

☞ Als Genom bezeichnet man die Gesamtheit der vererbbaren Informationen einer Zelle, die als DNA vorliegt.

Frage 259

Wie heißt das Wissensgebiet, das sich mit der Herstellung von Gold aus unedlen Stoffen befasste?

☐ a) Onchemie
☐ b) Urchemie
☐ c) Edchemie
☐ d) Alchemie

☞ **d) Alchemie**
Die Alchemie ist der mittelalterliche Vorläufer der heutigen Chemie. Ein Hauptanliegen der Alchemisten war es, unedle Metalle wie Blei in Gold zu verwandeln.

Frage 260

Was ist Downcycling?

☞ Als Downcycling bezeichnet man die Abwertung von recycelten Materialien. Kunststoff und Glas z. B. haben nach dem Recyclingprozess nicht mehr die gleiche Qualität wie bei der Herstellung.

Frage 261

Welcher Effekt wandelt Licht in Strom um?

☞ **Der fotoelektrische Effekt,** der 1839 von Alexandre Becquerel (1820–91) entdeckt wurde. Unter dem fotoelektrischen Effekt versteht man die Freisetzung von positiven und negativen Ladungsträgern in einem Festkörper durch Lichteinstrahlung.

Alexandre Becquerel

Frage 262

Sind DNS und DNA dasselbe?

☞ DNS ist die Abkürzung für Desoxyribonukleinsäure, DNA für den englischen Begriff Deoxyribonucleic acid; DNS und DNA sind also dasselbe. Die DNS ist ein wesentlicher Bestandteil der Chromosomen; diese sind die Träger der Erbinformationen und befinden sich in den Molekülen des Zellkerns. Die DNS ist wiederum aus vier verschiedenen Grundsubstanzen (Adenin, Thymin, Guanin und Cytosin) zusammengesetzt. Die Reihenfolge dieser vier Basen ist entscheidend für den Informationsgehalt des Erbgutes. Forscherteams auf der ganzen Welt sind dabei, den vollständigen Gencode des Menschen zu entschlüsseln.

Frage 263

Was sind Fluorchlorkohlenwasserstoffe?

☞ Sie sind besser bekannt unter ihrer Abkürzung FCKW. Die Treibgase werden für den Treibhauseffekt und die damit zusammenhängende Erwärmung der Atmosphäre verantwortlich gemacht. In der Technik dienen FCKW-Verbindungen u. a. als Treibgas für Sprühdosen, Kältemittel in Kühlschränken und zur Aufschäumung von Kunststoffen.

Frage 264

Warum sind die Dinosaurier ausgestorben?

☞ Vermutlich aufgrund einer Klimaveränderung oder Klimakatastrophe. Denn die Dinosaurier verschwanden nicht mit einem

Schlag, sondern nach und nach. Womöglich schlug ein gigantischer Meteorit auf der Erde ein, was die Temperatur verändert und damit die Lebensbedingungen verschlechtert haben könnte. Anhand verschiedener versteinerter Dinosaurier-Eier fand man z. B. heraus, dass die Eierschalen immer dünner wurden. Das deutet darauf hin, dass sich die Nachkommen nicht mehr gut entwickeln konnten.

Apatosaurus

Frage 265
Warum entsteht auf Brücken besonders häufig Glatteis?

☞ Glatteis ist eine dünne, glatte Eisschicht. Häufig entsteht Glatteis durch unterkühlten Regen, der an kalten Oberflächen gefriert. Da Brücken nach oben und unten Wärme an die kalte Luft abgeben und meist zusätzlich Wind ausgesetzt sind, ist die Oberfläche von Brücken kälter als der Asphalt der angrenzenden Straße. Daher entsteht auf Brücken oft auch dann Glatteis, wenn die Straßen sonst eisfrei sind.

Frage 266
Was ist chemisch betrachtet das Gegenteil einer Reduktion?

- ☐ a) Maximation
- ☐ b) Oxidation
- ☐ c) Relation
- ☐ d) Edukation

☞ **b) Oxidation**
Wird ein Stoff reduziert, nimmt er Elektronen auf, wird er oxidiert, gibt er Elektronen ab.

Frage 267
Was ist Masse?

☞ Nach Isaac Newton (1642–1727) ist Masse ein Maß dafür, wie stark sich ein Körper einer Beschleunigung durch eine äußere Kraft widersetzt. Die Einheit der Masse, das Kilogramm, ist definiert durch das Urkilogramm, einem Platin-Iridium-Block, der im Bureau International des Poids et Mesures in Sèvres bei Paris aufbewahrt wird.

Frage 268
Was verursacht El Niño?

☞ Eine schwere atmosphärische und ozeanische Störung im Pazifik. Dabei strömt warmes Oberflächenwasser vom mittleren in den östlichen Pazifik und unterbricht damit das Aufdringen der nährstoffreichen und kalten Meeresströmung des Humboldtstromes vor der Küste von Südamerika.

Frage 269
Was sind Passatwinde?

☞ Passatwinde sind sehr beständige, bodennahe Winde, die auf beiden Erdhalbkugeln vom subtropischen Hochdruckgürtel zur äquatorialen Tiefdruckrinne gerichtet sind. Aufgrund der Bodenreibung und Erddrehung auf der Nordhalbkugel wehen sie als Nordostpassate von Nordosten zum Äquator hin, auf der Südhalbkugel als Südostpassate von Südosten her zum Äquator. Sie bringen meist feuchte Luftmassen mit sich.

Frage 270
Welche Erfindung stammt vom Stifter des Nobelpreises?

- ☐ a) Sprengschlamm
- ☐ b) Schwarzpulver
- ☐ c) Wassersprengstoff
- ☐ d) Dynamit

☞ **d) Dynamit**
Der Schwede Alfred Nobel (1833–96) ist der Erfinder des Dynamit. Der von ihm gestiftete Preis wird seit 1901 in den Bereichen Physik, Chemie, Medizin, Wirtschaft, Frieden und Literatur verliehen.

Frage 271

Welche Rolle spielen Hormone im menschlichen Körper?

☞ Hormone haben Einfluss auf alle Lebensprozesse, z. B. auf den Stoff- und Energiewechsel, das Wachstum, auf Schwangerschaft und Geburt. Sie beeinflussen das Immunsystem, wirken auf Organe und Nerven. Sie sind chemische Wirkstoffe, die Lebensprozesse in unserem Körper steuern und koordinieren.

Frage 272

Was ist eigentlich Farbe?

☞ Farbe ist nicht, wie man vielleicht vermuten würde, eine physikalische Eigenschaft von Gegenständen. Sie ist lediglich eine Sinneswahrnehmung. Diese entsteht vereinfacht gesagt, wenn Licht einer bestimmten Wellenlänge auf die Netzhaut des Auges trifft. Die Sinnesempfindung wird an das Gehirn geleitet.

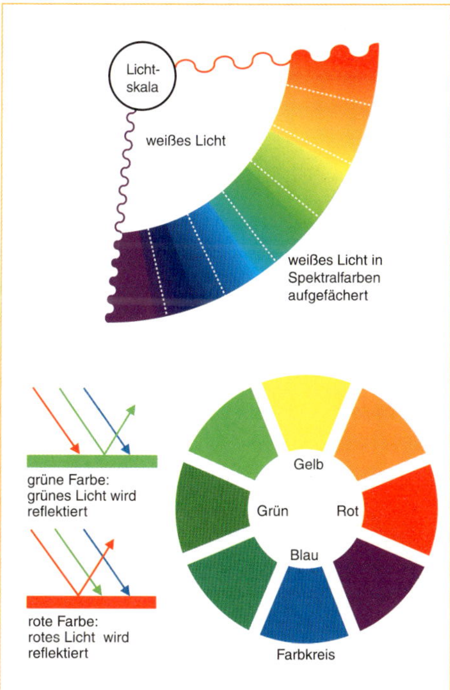

Frage 273

Welche Aufgabe haben Konservierungsmittel?

☞ Um die Haltbarkeit von Produkten zu erhöhen, werden Konservierungsmittel zugesetzt. Konservierungsmittel bewahren verderbliche Materialien in ihrem gegenwärtigen Zustand und schützen sie vor Zersetzung durch chemische, physikalische und biologische Einflüsse. Alle Konservierungsmittel in Lebensmitteln und Kosmetika – außer die „natürlichen" Konservierungsmittel wie Kochsalz, Zucker (z. B. in Marmeladen) und Essig (z. B. bei Gewürzgurken) – unterliegen einem Deklarationszwang.

Frage 274

Wo trat in Deutschland der erste Fall von Rinderwahnsinn auf?

- ☐ a) Bayern
- ☐ b) Hessen
- ☐ c) Sachsen
- ☐ d) Schleswig-Holstein

☞ **d) Schleswig-Holstein**

In der Gemeinde Hörsten wurde die BSE-Erkrankung zum ersten Mal im Bundesgebiet bei Rindern festgestellt. Der positive Befund der Veterinäre hatte im November 2000 die Notschlachtung von 166 Tieren zur Folge.

Frage 275

Auf welche Weise bewegen sich Heißluftballons?

☞ Heißluftballons sind Fluggeräte ohne eigenen Antrieb, die steigen, schweben und sinken können und sich ansonsten mit der Luftströmung bewegen. Die erforderliche Auftriebskraft wird durch heiße Luft hervorgerufen, die mithilfe eines Brenners erzeugt und in den Ballon geleitet wird.

Frage 276

Wie funktionieren Fernbedienungen?

☞ Bei Fernbedienungen verwendet man infrarotes, für den Menschen nicht sichtbares

Licht, um die entsprechenden Steuerimpulse von der Fernbedienung auf das jeweilige Gerät zu übertragen.

Frage 277

Welche Vorgänge laufen beim Sehen ab?

☞ Fällt von einem Gegenstand Licht auf das Auge, so wird es durch das optische System, das wie eine Sammellinse wirkt, gebrochen. Da sich die Gegenstände in der Regel weit außerhalb der doppelten Brennweite befinden, entsteht auf der Netzhaut ein verkleinertes, umgekehrtes und reelles Bild des Gegenstandes. Die unterschiedliche Helligkeit des Bildes wird durch die Stäbchen und Zäpfchen der Netzhaut in elektrische Impulse umgesetzt. Diese werden im Sehnerv zum Gehirn weitergeleitet und dort zu optischen Eindrücken verarbeitet.

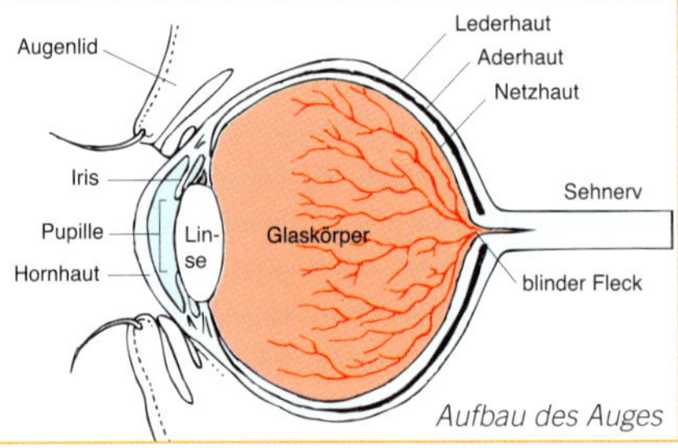

Aufbau des Auges

Frage 278

Warum ist Aluminium im Flugzeugbau von großer Bedeutung?

☞ Weil es besonders korrosionsbeständig ist, also nicht rostet, und als Leichtmetall auch nicht viel wiegt. Durch Legierungen mit anderen Metallen werden seine Eigenschaften noch verbessert.

Frage 279

Wofür erhielt Günter Blobel den Nobelpreis in Medizin?

☞ Das Nobelpreiskomitee zeichnete ihn 1999 für seine Forschungen zur Eiweißsteuerung in Körperzellen aus. Blobel (*1936) hatte erkannt, dass eine Adressmarkierung an neu produzierten Proteinen deren zukünftige Position und Funktion festlegt.

Frage 280

Welcher griechische Philosoph begründete die erste Atomtheorie?

☞ **Demokritos von Abdera (460–371 v. Chr.).** Im Laufe seiner Studien kam er zu dem Schluss, dass es in Wirklichkeit nur Atome und Leere gibt. Er stellte die These von den letzten, unteilbaren Teilchen auf, welche die Bausteine aller Dinge sind und nannte sie Atome. Demokrit betrachtete den leeren Raum als Voraussetzung dafür, dass die Atome sich überhaupt frei bewegen können.

Frage 281

Wie sahen die ersten Säugetiere aus?

☐ a) katzenähnlich ☐ c) mausähnlich
☐ b) hundeähnlich ☐ d) vogelähnlich

☞ **c) mausähnlich**
Die ersten Säugetiere waren kleine, mausähnliche Tiere. Sie entwickelten sich vor ca. 227 Millionen Jahren aus den „säugetierähnlichen" Reptilien (Therapsida) und ernährten sich von Insekten, kleinen Reptilien und Pflanzen.

Frage 282

Was ist das Typische an einem Instinkt?

☞ Es ist die Tatsache, dass er nicht erlernt werden muss, sondern vererbt wird. Instinktives Verhalten kann sich in sehr komplexen Verhaltensweisen äußern. Es kann durch innere Impulse (Triebe) oder äußere Reize ausgelöst werden.

Frage 283

Wo wurde 2000 der bisher älteste Frühmensch gefunden?

☞ **In Kenia.** Das Skelett ist auf ein Alter von sechs Millionen Jahren datiert worden. Der menschliche Vorfahr hatte wohl knapp die Größe eines Schimpansen, lief aber anders als dieser auf den Hinterbeinen.

Frage 284

Wie entstehen tropische Wirbelstürme?

☞ Die Entstehungsorte der meisten Wirbelstürme sind die ruhigen, warmen Meere der Tropen. Für die Entstehung muss die Wassertemperatur mindestens 27 °C betragen – das ist meist im Spätsommer und im Frühherbst der Fall. Über dem Meer lagert dann feuchtwarme Luft, die schnell in die Höhe steigt. Durch die aufsteigenden Luftmassen entsteht über dem Meer ein Sog, der immer mehr Luftmassen von den Seiten anzieht. Durch die Rotationskraft der Erde drehen sich die herbeiströmenden Luftmassen. Dieser rotierende Wolkenturm zieht mit der vorherrschenden Windrichtung weiter und gewinnt dabei immer mehr an Energie und Geschwindigkeit.

Satellitenaufnahme eines Wirbelsturms

Frage 285

Was entdeckte Hennig Brand bei seiner Suche nach dem Stein der Weisen?

☞ Der Hamburger Alchemist Hennig Brand (um 1630–1710) erhitzte 1669 auf der Suche nach einer Möglichkeit, Gold und Silber zu gewinnen, goldgelben Harn bis zur Trockenheit. Als er den Rückstand unter Luftabschluss noch weiter erwärmte, erhielt er ein im Dunkeln leuchtendes Produkt – auf der Suche nach Gold hatte er das Element Phosphor entdeckt. Über 200 Jahre lang blieb dies die einzige bekannte Methode, um reinen Phosphor zu erhalten.

Frage 286

Wem verdanken die Fullerene ihren Namen?

☞ 1985 entdeckte eine Forschergruppe bei der Laserbestrahlung von Grafit im Heliumstrom die Kohlenstoff-Cluster C_{60} und C_{70}, die heute Fullerene genannt werden. Diese Bezeichnung leitet sich vom Namen des US-amerikanischen Architekten Richard Buckminster Fuller (1895–1983) ab, der geodätische Kuppeln nach dem Bauprinzip der Fullerene konstruierte. Sein kugelförmiger US-Pavillon („Expo-Dome") sorgte mit rund 76 Metern Durchmesser auf der Weltausstellung 1967 in Montreal für Aufsehen.

Frage 287

Wie entsteht Donner?

☞ Bei einem Gewitter erfolgt ein Ladungsausgleich zwischen elektrisch unterschiedlich geladenen Wolken bzw. Wolken und Erde. Dabei fließen starke elektrische Ströme. Durch die heißen Ströme dehnt sich die Luft in der Nähe der Blitze kurzzeitig sehr stark aus, was zu einem schnellen Druckanstieg in der Luft führt. Dieser Druckanstieg breitet sich als Schallwelle aus und ist als Donner zu hören.

Frage 288

Worauf führen Wissenschaftler das Verschwinden von Schiffen im sogenannten Bermudadreieck zurück?

☐ a) Methan ☐ c) Ethylen
☐ b) Propan ☐ d) Ammoniak

☞ **a) Methan**
Im Bermudadreieck werden vom Meeresboden große Mengen von natürlich vorkommendem Methangas freigesetzt. Die Methangasblasen steigen zur Wasseroberfläche. Durch

die hohe Gaskonzentration verringert sich die Dichte des Wassers. Die Schiffe haben nicht mehr genügend Auftrieb und sinken.

Frage 289

Wo leben die sogenannten Kolibakterien?

☞ Die Kolibakterien (Escherichia coli) leben im Dickdarm des Menschen. Dort finden sie ideale Bedingungen vor. Andere Kolibakterien können beim Menschen Infektionen auslösen. Wird der Darm mit diesen Stämmen infiziert, kommt es zu Durchfallerkrankungen, die in der Regel durch das Eindringen der Bakterien in die Darmwand oder aber durch abgegebene Bakteriengifte verursacht werden.

Frage 290

Was hat eine Rakete mit einer Qualle gemeinsam?

☞ Um sich fortzubewegen, weiten Quallen ihren Körper zunächst wie einen Regenschirm aus. Danach ziehen sie den Körper wieder zusammen. Beim Zusammenziehen wird das eingesogene Wasser herausgepresst. Durch den Ausstoß des Wassers nach hinten bewegt sich die Qualle vorwärts – sie erzeugt einen Rückstoß. Ohne den Ausstoß riesiger Mengen heißer Abgase beim Start könnten Raketen die Atmosphäre nicht verlassen. Ihre Geschwindigkeit beruht ebenso wie die Bewegung der Quallen auf dem Rückstoßprinzip.

Gecko

Frage 291

Wieso können Geckos kopfüber auf glattem Glas klettern?

☞ An der Unterseite ihrer Zehen befinden sich Millionen von winzigen Haarborsten, die in breiten Lamellen angeordnet sind. Zwischen den Härchen und der Laufoberfläche kommt es zu atomaren Bindungskräften, die für eine extrem hohe Haftkraft sorgen. Diese atomaren Kräfte nennt man Van-der-Waals-Kräfte. Um den Fuß wieder anzuheben, „sträubt" der Gecko seine Härchen. Der optimale Haftungswinkel verändert sich dadurch und die Bindungskräfte werden schwächer.

Frage 292

Was schreibt das Klimaschutzabkommen von Kyoto vor?

☞ Die Reduzierung des CO2-Ausstoßes: 155 Länder unterzeichneten das Papier und legten sich damit auf Grenzwerte fest, die bis 2012 zu erreichen sind. Besonders betroffen sind die Industrieländer, die mit Abstand die meisten Abgase produzieren.

Frage 293

Wieso ist die Verfütterung von Tiermehl in vielen Ländern verboten?

☞ Weil die Verwendung von nicht ausreichend erhitzten Tierabfällen zur Übertragung von Krankheiten führen kann.

Frage 294

Was sind optische Aufheller in Waschmitteln?

☞ Optische Aufheller sind Substanzen, die mit dem Waschwasser in der Wäsche verteilt werden und dann den UV-Anteil aus dem Tageslicht der Sonne absorbieren und als blaues Fluoreszenzlicht wieder emittieren. Dadurch kommt es zu einem besonders strahlenden, weißen Aussehen.

Waschmittel

Frage 295

Wie ist das griechische Wort für die kleinste, nicht mehr teilbare Einheit der Materie?

☐ a) Elektron
☐ b) Proton
☐ c) Atom
☐ d) Kathion

☞ **c) Atom**
Das griechische „atomos" bedeutet „unteilbar". Das Atom lässt sich in einen positiv geladenen Atomkern und eine negativ geladene Hülle unterteilen. Im Kern befinden sich die positiv geladenen Protonen und die neutralen Neutronen, in der Hülle die negativ geladenen Elektronen.

Frage 296

Warum brauchen wir Deodorant?

☞ Auch bei bester Hygiene finden sich auf der Haut des Menschen Millionen von Bakterien. Diese sonst sehr nützlichen Mikroorganismen bauen die mit dem Schweiß ausgeschiedenen körpereigenen Fette zu den nicht sehr angenehm riechenden Fettsäuren Capron-, Valerian- oder Buttersäure ab.

Frage 297

Was sind freie Radikale und Antioxidantien?

☞ Unsere Zellen brauchen Sauerstoff zur Energieproduktion. Als Nebenprodukte entstehen dabei auch veränderte Sauerstoffverbindungen, von denen einige freie Radikale sind. Freie Radikale sind hochreaktive Teilchen, die sich in andere körpereigene Verbindungen wie Eiweiße, Fette oder in die Erbsubstanz hineindrängen und von intakten Molekülen einzelne Elektronen abziehen. Ein Übermaß an freien Radikalen bedeutet eine Gefahr für den Körper. Antioxidantien fangen freie Radikale direkt ab und neutralisieren sie. Zu den Antioxidantien gehören Vitamin C und E sowie sekundäre Pflanzenstoffe wie Bioflavonoide und Karotinoide.

Frage 298

Woraus besteht Holz?

☞ Holz ist das aus verholzten Zellen zusammengesetzte Gewebe, welches unter der Rinde von Bäumen und Sträuchern liegt. Es besitzt eine vielschichtige Feinstruktur, die fest, aber dennoch sehr elastisch ist. Holz ist aus verschiedenen chemischen Elementen zusammengesetzt: aus Kohlenstoff, Sauerstoff, Wasserstoff, Stickstoff und Mineralstoffen.

Frage 299

Was sind sekundäre Pflanzenstoffe?

☞ Hinter dem Begriff verbergen sich mehr als 30.000 verschiedene Substanzen, die ausschließlich von Pflanzen gebildet werden. Die Pflanzen bilden diese Pflanzenstoffe z. B. als Schutz- oder Abwehrstoffe gegen Schädlinge, als Farb-, Duft- oder Lockstoffe und als pflanzeneigene Hormone. Erst in letzter Zeit erkannte man die Bedeutung dieser Stoffe. Sekundäre Pflanzenstoffe üben im menschlichen Körper eine Vielzahl von Schutzfunktionen aus. So können sekundäre Pflanzenstoffe das Immunsystem stärken, den Körper vor freien Radikalen schützen, Krankheitserreger abtöten und vieles mehr.

Frage 300

Was zählt neben Kohle und Erdöl zu den fossilen Energieträgern?

☞ **Erdgas.** Verwendung findet es hauptsächlich zur Erzeugung von Wärme und Energie, aber auch als Rohstoff für die chemische Industrie; zudem gewinnt es als Treibstoff für Kraftfahrzeuge an Bedeutung. Erdgas ist ein Stoffgemisch, das im Wesentlichen aus gasförmigen Alkanen besteht. Darüber hinaus können Kohlenstoffdioxid, Stickstoff, Schwefelwasserstoff und Helium enthalten sein. Die Zusammensetzung dieses Gemisches ist in den Fördergebieten der Welt unterschiedlich, in jedem Fall ist jedoch Methan der Hauptbestandteil.

Frage 301

Was geschieht bei der Elektrolyse?

☞ Bei dieser chemischen Reaktion wird eine Substanz, die sich in einer Strom leitenden Lösung befindet, durch elektrischen Strom gelöst.

Frage 302

Was ist ein Jetstream?

☐ a) Welle ☐ c) Niederschlag
☐ b) Wind ☐ d) Temperatureinbruch

☞ **b) Winde**
Als Jetstream werden verhältnismäßig gleichmäßig wehende Winde bezeichnet, die als sogenannter Hauptstrahlstrom in großen Höhen von Westen nach Osten rund um den Erdball wehen und dabei zickzackförmig den Nordpol umkreisen. Ihren Namen verdanken sie der Luftfahrt: Jets, die von Nordamerika nach Europa fliegen, nutzen diese Winde aus, um schneller voranzukommen.

Frage 303

Woraus bestehen biologische Waffen?

☞ Jedes Mikrolebewesen, das bei anderen Lebewesen Krankheit und Tod verursacht, ist als Ausgangsbasis für die Produktion von biologischen Waffen bestens geeignet, z. B. der Milzbrand- oder Pesterreger. Aber auch Giftstoffe, die von Pflanzen und Tieren zum Schutz ihrer eigenen Art produziert werden, können als biologische Waffen eingesetzt werden. Dazu gehören beispielsweise Pilz- und Schlangengifte.

Frage 304

Wie werden Verbindungen mit einer Hydroxylgruppe genannt?

☞ Enthält eine Kohlenwasserstoffverbindung eine Hydroxylgruppe, spricht man von Alkohol. Durch den Austausch eines Wasserstoffatoms in Methan erhält man den einfachsten Alkohol Methanol, auch „Holzgeist" genannt. Weitere bekannte Alkohole sind Ethanol („Weingeist"), Isopropylalkohol und Glykol (1,2-Ethandiol). Alkohole lassen sich leicht in Ether umwandeln und spielen bei vielen chemischen Synthesen eine wichtige Rolle. Flüssige Alkohole werden oft als Lösungsmittel eingesetzt, finden aber auch als Frostschutzmittel oder in kosmetischen Präparaten Verwendung.

Frage 305

Woraus wird Teer gewonnen?

☞ Teer ist eine flüssige bis feste und braune bis tiefschwarze Substanz, die aus Braun- oder Steinkohle, Holz oder anderen organischen Materialien gewonnen wird. Neben der Verwendung von Teer als Bindemittel im Straßenbelag bildet er noch die Grundlage zur Herstellung von Farbstoffen, Kunstharzen, Lösungsmitteln.

Frage 306

Wer träumte von der bis dahin ungeklärten Struktur des Benzols?

☞ Als junger Professor hatte der deutsche Chemiker August Kekulé von Stradonitz (1829–96) einen Traum, der ihm half, die damals noch ungeklärte Frage nach der Struktur des Benzols zu beantworten. Er schrieb dazu später: „Wieder gaukelten die Atome vor meinen Augen. Lange Reihen, vielfach dichter zusammengefügt; alles in Bewegung, schlangenartig sich windend und drehend. Und siehe, was war das? Eine der Schlangen erfasste den eigenen Schwanz und höhnisch wirbelte das Gebilde vor meinen Augen." Die Idee der ringförmigen Anordnung der sechs Kohlenstoffatome des Benzols, die sich später als richtig erweisen sollte, war geboren.

August Kekulé von Stradonitz

Frage 307

Wie wichtig sind für den menschlichen Organismus Vitamine?

☞ Vitamine sind Ergänzungsstoffe, die bereits in kleinsten Mengen wirksam werden und dem Organismus zugeführt werden müssen, da er sie nicht selbst synthetisieren kann. Der Begriff „Vitamin" wurde 1912 von Casimir Funk (1884–1967) geprägt.

KOHLENSTOFF-NANORÖHRCHEN

Kohlenstoff-Nanoröhrchen sind extrem kleine Röhren, die aus einer wabenförmigen Kohlenstoff-Struktur bestehen. Bei einem Durchmesser von 0,4 nm bis 30 nm können sie eine Länge von bis zu 1 mm erreichen. Sie weisen einige bemerkenswerte Eigenschaften auf, die sie für technische Anwendungen sehr interessant machen. So verfügen sie über eine enorme Härte und große Bruchfestigkeit und sind ungefähr 100-mal fester als Stahl. Außerdem können sie leitend oder halbleitend sein. Welche dieser Eigenschaften sie annehmen, hängt davon ab, auf welche Weise die jeweilige Grafitschicht zu einer Röhre geschlossen und wie groß ihr Durchmesser ist. Legt man Spannung an eine Nanoröhre an, passiert etwas für einen derartigen Stoff vollkommen Ungewöhnliches: Die leblosen Röhren fangen an, sich zu bewegen.

Frage 308

Wo werden Hormone produziert und wie wirken sie?

☞ Die chemischen Botenstoffe werden in Hormondrüsen produziert und bei Bedarf direkt in die Blutbahn abgegeben. Hormondrüsen liegen im Körper verteilt. Dazu gehören die Hirnanhangdrüse, die Nebenschilddrüsen, die Schilddrüse, die Nebennieren, die Bauchspeicheldrüse und die Geschlechtsdrüsen. Über das Blut gelangen die Hormone zu den jeweiligen Zielorten. Obwohl die Hormone durch das Blut im gesamten Organismus verteilt werden, können nur die Zellen der Zielorte die Information empfangen. Jedes Hormon besitzt nämlich eine spezifische chemische Struktur. Es kann sich deshalb nur an die Zellen des Zielortes anlagern, da diese eine passende Stelle für die Anlagerung besitzen.

Frage 309

Was sind Talpidae?

☐ a) Ratten
☐ b) Elefanten
☐ c) Maulwürfe
☐ d) Wale

☞ **c) Maulwürfe**
Es gibt etwa 35 verschiedene Maulwurfarten, wobei der Europäische Maulwurf die einzige in Mitteleuropa lebende Art ist. Maulwürfe werden zwischen 6 und 22 Zentimeter groß und haben ein Gewicht von 9 bis 170 Gramm.

Frage 310

Wie bezeichnet man übermäßige Abwehrreaktionen unseres Körpers?

☞ Man spricht hier von Allergien. Allergien sind übermäßige Abwehrreaktionen des Immunsystems gegen unschädliche, oft harmlose körperfremde Stoffe.

Frage 311

Was ist ein Dauermagnet?

☞ Als Dauermagnete oder auch Permanentmagnete bezeichnet man alle Körper, die ein intensives Magnetfeld erzeugen, ohne dass ein elektrischer Strom durch sie hindurchfließt.

Frage 312

Wie funktioniert farbiges Sehen?

☞ Für das farbige Sehen sind die ca. sechs Millionen Zäpfchen in der Netzhaut verantwortlich. Davon gibt es drei Arten: Die eine

Art ist für rotes Licht am empfindlichsten, die anderen Arten sind es für grünes oder blaues Licht. Wenn farbiges Licht auf die Zäpfchen fällt, werden die lichtempfindlichen Zellen erregt und diese Erregungen im Sehnerv zum Gehirn weitergeleitet. Es ergibt sich ein Farbeindruck, der sich aus den drei Grundfarben Rot, Grün und Blau zusammensetzt.

Frage 313

Wofür steht die Abkürzung BSE?

☞ **Bovine Spongiforme Encephalopathie.** Dabei handelt es sich um eine eine schwammartige Gehirnerkrankung (Rückbildung von Gehirnsubstanz) bei Rindern, die in der Umgangssprache auch als „Rinderwahnsinn" bezeichnet wird. Ausgelöst wird die Krankheit durch Prionen, körpereigene Proteine, deren genaue Funktion noch nicht geklärt ist. Prionen sind nach krankhafter Veränderung die Ursache für Erkrankungen wie BSE bei Rindern, die Traberkrankheit bei Schafen und der neuen Creutzfeldt-Jakob-Krankheit bei Menschen.

Frage 314

Was sind Spurenelemente?

☞ Spurenelemente sind Metalle, die in sehr geringen Mengen vom Körper aufgenommen werden, z. B. Eisen, Fluor, Kupfer, Mangan, Selen oder Zink.

Frage 315

Was ist Kollagen?

☞ Kollagen ist das im menschlichen Körper am meisten vorkommende Eiweiß.

Frage 316

Was bezeichnet man als Parasitismus?

☞ Parasitismus ist ein Zusammenleben von Organismen verschiedener Arten mit einseitigem Nutzen für den Parasiten. In der Regel werden dem Wirt vom Parasiten Nährstoffe entzogen. Dabei wird der Wirtsorganismus geschädigt, aber meist nicht getötet. Parasiten sind Lebewesen, die in oder an anderen Organismen leben, sich von ihnen ernähren und sie dadurch schädigen.

Frage 317

Was ist die Chromatografie?

☐ a) medizinisches Gerät
☐ b) chemisches Verfahren
☐ c) Lehre vom Licht
☐ d) Querschnitt des Gehirns

☞ **b) chemisches Verfahren**
Die Chromatografie ist ein chemisches Verfahren, das die Auftrennung eines Stoffgemisches durch unterschiedliche Verteilung seiner Einzelbestandteile zwischen einer stationären und einer mobilen Phase erlaubt. Anwendung findet diese Methode zum einen in der Produktion zur Isolierung oder Reinigung von Substanzen, zum anderen in der chemischen Analytik.

Frage 318

Was bildet die Grundlage für alle Großgeneratoren?

☞ Das dynamoelektrische Prinzip ist eine der Grundlagen für alle modernen Großgeneratoren. Das Restmagnetfeld von Eisenkernen wird genutzt, um in einem Generator zunächst eine kleine Spannung und damit einen kleinen Strom zu erzeugen. Diesen Strom nutzt man, um das Magnetfeld zu verstärken und eine größere Induktionsspannung und damit auch einen größeren Induktionsstrom zu erhalten. Dieses gegenseitige Aufschaukeln der induzierten Spannung bzw. des Induktionsstromes und der Stärke des Magnetfeldes wird als dynamoelektrisches Prinzip bezeichnet.

Frage 319

Woraus besteht ein einfacher Stromkreis?

☞ Ein einfacher Stromkreis besteht mindestens aus einer elektrischen Quelle und einem elektrischen Gerät oder Bauteil, die durch elektrische Leitungen miteinander verbunden sind. Bei vielen Anwendungen werden mehrere Geräte oder Bauteile im Stromkreis zusammengeschaltet.

Frage 320

Wie funktioniert ein Elektroskop?

☞ Ein Elektroskop dient dem Nachweis elektrischer Ladungen. Die Wirkungsweise des Elektroskops beruht darauf, dass sich gleichartig geladene Körper abstoßen. Bei gleichartiger Ladung von Metallstab und Metallzeiger kommt es zu einem Zeigerausschlag.

Frage 321

Was ist Emaille?

☞ Emaille ist eine Masse, die meist als Schutz oder zur Dekoration auf Metalle aufgeschmolzen wird. Dazu wird auf die gereinigte Metalloberfläche ein feuchtes Gemisch aus Kieselsäure, Soda oder Pottasche und Blei aufgebracht. Zusetzen von Titan- oder Zirkoniumdioxid führt zu einer Trübung, Oxide z. B. von Kobalt, Kupfer und Chrom dienen zum Färben. Nach dem Trocknen wird der Auftrag in einem Ofen zu einer gleichmäßigen Glasschicht verbacken. Die frühesten erhaltenen Emaillestücke stammen etwa aus dem 13. Jahrhundert v. Chr.

Frage 322

Was geschieht beim Galvanisieren?

Luigi Galvani

☞ Es werden Oberflächen mit einer dünnen Metallschicht überzogen. Das Galvanisieren beruht auf dem Prinzip der Elektrolyse. Bei dieser Art von chemischer Reaktion wird eine Substanz, die sich in einer Strom leitenden Lösung befindet, durch elektrischen Strom gelöst. Namensgeber dieses Verfahrens war der Italiener Luigi Galvani (1737–98), der vor mehr als 200 Jahren bei seinen Forschungen entdeckte, dass Metalle elektrochemisch reagieren.

Frage 323

Nach wem ist die heute gebräuchliche Einheit der Energie benannt?

☞ **Nach James Prescott Joule (1818–89),** einem englischen Physiker. Joule maß das mechanische Wärmeäquivalent und legte damit die Grundlage für die Entdeckung des Gesetzes von der Erhaltung der Energie.

Frage 324

Was lässt sich mit einem Manometer messen?

☐ a) Wassertemperatur
☐ b) Stromfluss
☐ c) Druck
☐ d) Alkoholpegel

☞ **c) Druck**
Manometer oder Druckmesser sind Geräte, mit denen man den Druck in Flüssigkeiten und Gasen sowie den Druck, den feste Körper ausüben, messen kann. Die einfachste Form von Manometern sind U-Rohr-Manometer, auch Flüssigkeitsmanometer genannt, und Membran-Manometer. Zur Druckmessung werden auch Drucksensoren unterschiedlicher Bauart verwendet.

Frage 325

Welche Verhaltensform bei Tieren bezeichnet man als Bettelverhalten?

☞ Viele Tierarten legen diesen Verhalten an den Tag, um ihre Eltern dazu zu bewegen, sie zu füttern. So betteln z. B. junge Vögel um Futter, indem sie seitlich gegen den Schnabel der Eltern klopfen.

Bettelnde Schwalbenjunge

Frage 326
Welche Aufgabe hat die Blut-Hirn-Schranke?

☞ Alle Stoffe, die aus dem Blut in die Nervenzellen des Gehirns übertreten, müssen die Blut-Hirn-Schranke überwinden. Blutzucker und fettlösliche Stoffe, auch Nikotin und Heroin, können diese Barriere ungehindert passieren. Enzyme und Hormone sowie wasserlösliche Giftstoffe und Medikamente hingegen können die Schranke nicht überwinden.

Frage 327
Um welche Verbindungen handelt es sich bei den Dioxinen?

☞ Polychlorierte Dibenzodioxine (PCDD) und polychlorierte Dibenzofurane werden im Sprachgebrauch vereinfacht Dioxine genannt; es sind hochtoxische, krebserregende Verbindungen. Der giftigste Vertreter ist das Sevesogift TCDD. Es ist giftiger als Cyanid und die chemischen Kampfstoffe Tabun und Serin. Dioxine werden nicht gezielt synthetisiert, sondern entstehen als unerwünschte Nebenprodukte bei industriellen Verfahren und bei Verbrennungen.

Frage 328
Wann wird ein Haus als Niedrigenergiehaus bezeichnet?

☞ Als Niedrigenergiehaus wird bei uns ein Haus bezeichnet, bei dem höchstens 100 kWh Energie je Quadratmeter Fläche im Jahr verbraucht werden.

Frage 329
Welches sind die bekanntesten Entdeckungen Isaac Newtons?

☞ Die Entdeckung des Gravitationsgesetzes und die drei Newtonschen Axiome, nämlich das Trägheitsgesetz, das Beschleunigungsgesetz und das Wechselwirkungsgesetz.

Frage 330
Weshalb ist es besser, heiße Speisen mit einem Holz- statt mit einem Metalllöffel umzurühren?

☞ Zum längeren Umrühren einer heißen Speise nimmt man statt eines metallischen Löffels einen Löffel aus Holz oder Plastik. Der metallische Löffel würde sich wegen seines guten Wärmeleitvermögens schnell auch am Ende erwärmen. Bei einem Löffel aus Holz oder Plastik ist das wegen des schlechten Wärmeleitvermögens dieser Stoffe nicht der Fall.

Frage 331
Was weist die Nebelkammer nach?

☐ a) radioaktive Strahlung
☐ b) Kohlenmonoxid
☐ c) Ozon
☐ d) Pestizide

☞ **a) radioaktive Strahlung**
Sie wurde 1912 von dem schottischen Physiker Charles Wilson (1869–1959) entwickelt und wird deshalb auch als Wilsonsche Nebelkammer bezeichnet.

Frage 332
Warum muss man sich als stehender Fahrgast in einem Bus festhalten, wenn dieser anfährt oder bremst?

☞ Beim Anfahren bzw. beim Bremsen des Busses wirken Kräfte, die umso größer sind, je größer die Beschleunigung bzw. Verzögerung des Busses ist.

Frage 333
Wie lauten die Maxwellschen Gleichungen?

☞ Dem schottischen Physiker James Clerk Maxwell (1831–79) gelang es, elektrische und magnetische Erscheinungen als zwei Aspekte ein- und derselben Wechselwirkung zu verstehen und Magnetismus auf bewegte elektrische Ladungen zurückzuführen. Der qualitative Inhalt seiner

James Clerk Maxwell

berühmten Gleichungen lautet folgendermaßen: a) Magnetfelder haben immer geschlossene Feldlinien, es gibt keine punktförmige Quelle des Magnetfelds; b) eine zeitliche Änderung des Magnetfelds erzeugt ein elektrisches Feld in Wirbelform, seine Richtung ist durch die Rechte-Hand-Regel bestimmt; c) elektrische Felder haben eine Ladungsverteilung als Quelle, also offene Feldlinien; d) eine zeitliche Änderung des Magnetfelds und/oder ein Ladungsstrom erzeugen ein magnetisches Feld in Wirbelform, seine Richtung ist durch die Rechte-Hand-Regel bestimmt.

Frage 334

Was essen Omnivoren?

☞ Allesfresser oder Omnivoren sind weder auf tierische noch auf pflanzliche Nahrung spezialisiert. Sie fressen bzw. essen beides. Zu den Allesfressern gehören z. B. Schweine, Bären und auch der Mensch.

Frage 335

Wie heißt die stärkste Schlagader der Wirbeltiere?

☞ Die Aorta descendens führt von der linken Herzkammer aus zunächst kopfwärts, biegt dann um und verläuft im Körper abwärts. In der Biegung, dem sogenannten Aortenbogen, entspringen die Kopf-, Hals- und Armschlagadern.

Frage 336

Was umschreibt der Begriff Atavismus?

☞ Er umschreibt die Ausbildung von Merkmalen, die für die Ahnen eines Lebewesens typisch waren. Beim Menschen vorkommende Atavismen sind z. B. Ohrfisteln, Schwanzbildung, überzählige Schneide- und Backenzähne, eine vermehrte Anzahl Rückenwirbel oder eine extrem starke Körperbehaarung.

Frage 337

Wie funktioniert ein U-Boot?

☞ Die Wirkungsweise eines U-Bootes beruht auf dem archimedischen Prinzip: Die Auftriebskraft ist gleich der Gewichtskraft der verdrängten Wassermenge. Je nach den Bedingungen kann sich das U-Boot unterschiedlich bewegen.

Frage 338

Wie nennt man das Verfahren, das Wärmestrahlung sichtbar macht?

☐ a) Thermolyse
☐ b) Thermologie
☐ c) Thermolation
☐ d) Thermografie

☞ **d) Thermografie**
Die Thermografie ist ein Verfahren, bei dem mithilfe von speziellen Kameras die Wärmestrahlung sichtbar gemacht wird, die von Körpern bzw. technischen Objekten ausgeht.

Frage 339

Welche Aufgabe haben Neurotransmitter?

☞ Neurotransmitter sind chemische Moleküle, die Zellwände durchdringen können. Sie übernehmen eine entscheidende Funktion bei der Übertragung von Nervenimpulsen. Freigesetzt werden Neurotransmitter, die oft auch als Nervenbotenstoffe bezeichnet werden, durch das elektrische Signal einer Nervenzelle.

Frage 340

Was untersucht der Wissenschaftszweig der Biochemie?

☞ Die Biochemie ist ein weitgehend selbstständiger Wissenschaftszweig, der sich Ende des 19. Jahrhunderts als eine Art Grenzwissenschaft aus Biologie, Chemie, Landwirtschaft und Medizin herausgebildet hat. Während sie sich zunächst mit der Ermittlung von Struktur und Funktion einzelner Zellbestandteile auseinandergesetzt hat, werden heute in erster Linie die chemischen Prozesse des Zellgeschehens, z. B. Baustoffwechsel, Energiestoffwechsel und deren Regulationsmechanismen, die durch Hormone oder aber bestimmte Stoffwechselprodukte gesteuert werden, untersucht.

Frage 341

Wann kann man einen Regenbogen sehen?

☞ Er ist zu beobachten, wenn man die Sonne im Rücken hat und eine abziehende Regenwolke von der Sonne beleuchtet wird. Charakteristisch für einen Regenbogen ist ein Farbband mit den Spektralfarben Rot, Orange, Gelb, Grün, Blau und Violett, wobei die Farben stets in gleicher Reihenfolge auftreten. Manchmal ist über einem Regenbogen ein zweiter, lichtschwächerer Nebenregenbogen zu beobachten, bei dem eine umgekehrte Farbfolge zu sehen ist.

Frage 342

Warum ist man in einem Auto vor Blitzeinschlag geschützt?

☞ Weil das Auto als sogenannter Faradaykäfig wirkt. Dies ist eine von allen Seiten geschlossene Metallhülle, in die kein elektrisches Feld eindringen kann. Er trägt den Namen des englischen Physikers und Chemikers Michael Faraday (1791–1867).

Frage 343

Was machte Alfred Edmund Brehm bekannt?

☞ Bekannt wurde Brehm (1829–84) durch sein Monumentalwerk *BREHMs Tierleben.* Seine umfangreichen Reisen in ferne Länder, aber auch seine Beobachtungen als Zoodirektor lieferten ihm Material für diese außergewöhnliche Buchreihe und weitere Veröffentlichungen wie *Reiseskizzen aus Nordafrika* oder aber *Das Leben der Vögel.*

Frage 344

Wie nennt man den abgestorbenen Teil der Rinde bei Holzpflanzen?

☞ **Borke.** Sie wächst beim Dickenwachstum nicht mit, sondern reißt auf oder blättert ab.

Frage 345

Welcher englische Wissenschaftler prägte 1906 den Begriff der Genetik?

☐ a) Charles Darwin
☐ b) Gregor Mendel
☐ c) William Bateson
☐ d) Kary Mullis

☞ **c) William Bateson**
Der Engländer (1861–1926) prägte den Begriff „Genetik" für die Lehre von der Vererbung.

Frage 346

Welche Leistungen begründeten den Weltruhm Albert Einsteins?

☞ Mit dem Namen Albert Einstein (1879–1955) ist untrennbar die Entwicklung der speziellen und der allgemeinen Relativitätstheorie verbunden, mit denen er das bisherige Weltbild der Physik veränderte. Die berühmte Formel $E = mc^2$ geht auf Einstein zurück.

Frage 347
Was steckt hinter der Abkürzung PVC?

☞ PVC ist die Abkürzung für den Kunststoff Polyvinylchlorid. Der Einsatzbereich von PVC ist sehr vielfältig. Es kann sowohl für Hartplastik als auch für weiche, elastische Teile verwendet werden. Wegen seiner umweltgefährdenden Eigenschaften durch das enthaltene Chlor ist es in die öffentliche Diskussion geraten.

Frage 348
Was haben Mäuse, Ratten und Kaninchen gemeinsam?

☞ Sie sind dämmerungsaktive Tiere, d. h. sie haben besonders leistungsfähige Augen, damit sie auch bei geringer Lichtstärke noch ausreichend sehen können. Orientierungshilfe bieten meist noch gut entwickelte Tastsinnes- und Gehörorgane.

Frage 349
Welcher Wissenschaftler entdeckte das Neutron als Elementarteilchen?

☞ Der britische Physiker James Chadwick (1891–1974) entdeckte das Neutron und ebnete damit den Weg für die Kernspaltung und den Bau von Atomreaktoren.

Frage 350
Welche Verbindungen werden Ampholyte genannt?

☞ Verbindungen, die sowohl als Säuren als auch als Basen reagieren können.

Frage 351
Wie nennt man Verbindungen aus Kohlenstoff und Wasserstoff?

☞ **Kohlenwasserstoffe.** Unzählige Verbindungen setzen sich allein aus den Elementen Kohlenstoff und Wasserstoff zusammen. Sie unterscheiden sich hinsichtlich der Anzahl der beteiligten Atome und der Struktur. Daraus ergibt sich eine Vielfalt an Stoffen mit unterschiedlichen chemischen und physikalischen Eigenschaften.

Frage 352
Woraus bestehen Radiergummis?

☞ Sowohl Natur- als auch Synthesekautschuk werden als Radiergummis verwendet. Die hohe Abriebfähigkeit erlaubt es, Bleistiftstriche vom Papier zu entfernen, ohne es zu beschädigen. Der englische Chemiker Joseph Priestley (1733–1804) beschrieb diese Eigenschaft mit „rubber“ und bescherte so der englischen Sprache ein neues Wort für Kautschuk.

Frage 353
Welche Säuren werden auch als Bausteine des Lebens bezeichnet?

☐ a) Nukleinsäuren
☐ b) Salpetersäuren
☐ c) Salzsäuren
☐ d) Kohlensäuren

☞ **a) Nukleinsäuren**

Frage 354
Was besagt die RGT-Regel?

☞ Die RGT-Regel ist eine Faustregel, die auf fast alle chemischen und physiologischen Reaktionen anwendbar ist. Sie besagt, dass sich bei einer Temperaturerhöhung von 10 °C die Reaktionsgeschwindigkeit verdoppelt bis vervierfacht.

Frage 355
Was ist eine Chimäre?

☞ Eine Chimäre ist ein Lebewesen, das aus genetisch unterschiedlichen Zellen oder Geweben besteht.

Frage 356

Wie heißen die Salze der Salpetersäure und wo finden sie Verwendung?

☞ Die Salze der Salpetersäure nennt man Nitrate. Die Nitrate finden hauptsächlich als Düngemittel in der Landwirtschaft und als Oxidationsmittel Verwendung.

Frage 357

Zu welchem Ergebnis führte der Foucaultsche Pendelversuch?

☞ Mit diesem Versuch konnte 1850 der französische Physiker Jean Bernard Léon Foucault (1819–1869) die Rotation der Erde nachweisen. Ein Pendel schwingt nie genau in der Ebene, da es durch die Drehung der Erde von seiner Schwingungsrichtung abweicht. Für seinen Versuch verwendete Foucault ein 67 Meter langes und 28 Kilogramm schweres Pendel; so wurde der Effekt mit bloßem Auge sichtbar.

Foucaults Pendelversuch

Frage 358

Was sind die für den Menschen so giftigen Aflatoxine?

☞ Aflatoxine sind Pilzgifte, man kann sie nicht schmecken oder riechen. Sie kommen in bestimmten Lebensmitteln gehäuft vor und können auch durch Erhitzen nicht beseitigt werden. Aflatoxine finden sich besonders häufig in Haselnüssen, Paranüssen, Erdnüssen, Mandeln, Feigen, Pistazien, Getreide, aber auch in geräuchertem Schinken.

Frage 359

Was wird als Teilchen bezeichnet?

☞ Als Teilchen bezeichnet man sehr kleine, mit bloßem Auge oft gar nicht wahrnehmbare Bestandteile von Stoffen und manchmal auch ihre elementaren Bausteine. Es können also winzige Stoffbestandteile ebenso gemeint sein wie Atome, Moleküle und Ionen oder Elementarteilchen.

Frage 360

Wie viele klassische Aggregatzustände unterscheidet man?

☐ a) zwei ☐ c) vier
☐ b) drei ☐ d) fünf

☞ **b) drei**
Man unterscheidet die Aggregatzustände fest, flüssig und gasförmig. Wasser kann z. B. je nach Temperatur als Wasserdampf (gasförmig), Wasser (flüssig) und Eis (fest) in Erscheinung treten. Trotz der unterschiedlichen Aggregatzustände handelt es sich immer um denselben Stoff.

Frage 361

Wie werden Edelgase gewonnen?

☞ Das am meisten angewandte Verfahren zur industriellen Gewinnung von Edelgasen ist das 1895 entwickelte Lindeverfahren. Dabei werden die Edelgase durch Gasverflüssigung aus der Umgebungsluft gewonnen.

Frage 362

Was sind Mineralstoffe?

☞ Mineralstoffe sind Bestandteile des Körpers und der Nahrung. In enger Verbindung mit Vitaminen, Enzymen und Hormonen sind sie für den Aufbau von Körpergewebe, Zellen, Knochen, Zähnen und den ungestörten Ablauf innerhalb des Körperhaushalts verantwortlich. Die Bezeichnung „Mineralstoffe" ist eigentlich ein Oberbegriff, der sehr viele Stoffe umfasst. Im engeren Sinne sind damit aber nur Natrium, Kalium, Kalzium, Phosphor, Magnesium und Chlor gemeint. Letzteres wird dem Körper nur in der Verbindung mit Natrium als Kochsalz zugeführt.

Frage 363

Was versteht man unter einem angeborenen Verhalten?

☞ Angeborenes Verhalten ist im Erbgut verankert und wird somit von den Eltern auf die Nachkommen vererbt. Es muss nicht bereits von Geburt an als Verhalten für das Individuum verfügbar sein, sondern kann auch erst in einer späteren Lebensphase auftreten (z. B. angeborenes Balzverhalten). Einige Biologen benutzen mittlerweile statt „angeboren" den Begriff „erblich", weil letztlich keine Verhaltensweise gänzlich ohne Umwelteinflüsse entstehen kann.

Frage 364

Zeigt ein Kompass zum magnetischen oder zum geografischen Nordpol?

☞ **Zum magnetischen Nordpol.** Je weiter man nach Norden kommt, desto stärker macht sich die Abweichung der Magnetnadel von der geografischen Nordrichtung bemerkbar.

Frage 365

Was besagt die Bergmannsche Regel?

☞ Sie besagt, dass Tiere in kälteren Regionen im Allgemeinen größer sind als in warmen. Deutlich wird dieser Zusammenhang bei Vögeln. Der Größenvergleich verschiedener Pinguinarten zeigt, dass die größten Arten in der Antarktis, die kleinsten am Äquator leben: Je kälter das Klima ist, desto größer ist die jeweilige Pinguinart.

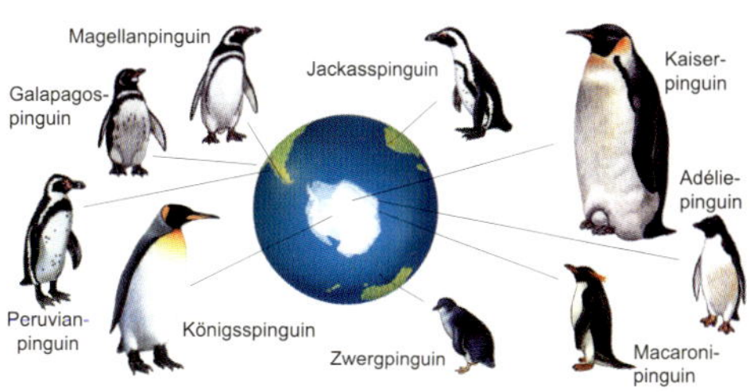

Frage 366

Was sind ungesättigte Verbindungen?

☞ Ungesättigte Verbindungen bestehen aus Molekülen, in denen Kohlenstoff-Atome durch Doppel- oder Dreifachbindungen verknüpft sind. „Ungesättigt" heißt, dass die Moleküle dieser Verbindungen „Hunger" auf die Atome anderer Moleküle haben. Ein Beispiel sind die ungesättigten Fettsäuren, die vor allem Fleisch und Fleischprodukte enthalten.

Frage 367

Welcher Faktor hat bei Bluttransfusionen große Wirkung?

☐ a) Pavianfaktor
☐ b) Kipunjifaktor
☐ c) Makakenfaktor
☐ d) Rhesusfaktor

☞ **d) Rhesusfaktor**
Als Rhesusfaktor bezeichnet man eine vererbbare Eigenschaft der roten Blutkörperchen. Ist der Faktor vorhanden, spricht man von rhesuspositivem (rh+) Blut, ist er es nicht, von rhesusnegativem (rh-) Blut. Der Rhesusfaktor wirkt wie ein Antigen, d. h. im Rh-negativen Blut werden Antikörper gegen ihn gebildet. Daher spielt der Rhesusfaktor z. B. bei Bluttransfusionen eine entscheidende Rolle. Spender und Empfänger von Blut müssen nicht nur die gleiche Blutgruppe, sondern auch den gleichen Rhesusfaktor haben. Ist dies nicht der Fall, kommt es zu Unverträglichkeitsreaktionen, die tödlich enden können.

Frage 368

Auf welche Wirkungsweise beruht das Prinzip des Echolots?

☞ Schallwellen werden an Flächen reflektiert; das gilt sowohl für Schall im hörbaren

Bereich als auch für Ultraschall. Diese Eigenschaft des Schalls wird in der Technik genutzt, um die Tiefe von Gewässern zu messen oder um Fischschwärme zu orten. Das dabei angewandte Verfahren wird als Echolot bezeichnet.

Frage 369

Welche gesundheitsförderliche Wirkung haben Karotinoide?

☞ Karotinoide sind in Pflanzen weitverbreitete Farbstoffe. Die sekundären Pflanzenstoffe bewirken in Obst und Gemüse eine orangegelbe bis rote Farbe. Vielen Karotinoiden wird eine gesundheitsfördernde und besonders vor Krebs schützende Wirkung nachgesagt, insbesondere dem Beta-Karotin und dem Lykopin. Relativ viel Beta-Karotin enthalten Aprikosen, Grünkohl, Spinat, Kürbis und Karotten. Lykopin befindet sich in Guaven, Tomaten, roten Grapefruits und Wassermelonen.

Frage 370

Was sind Kristalle und wie entstehen sie?

☞ Kristalle sind regelmäßig geformte, feste Reinstoffe. Sie entstehen beim Eintrocknen von Lösungen oder beim Abkühlen von geschmolzenen oder verdampften Stoffen. Kristallisation ist die Bildung von Kristallen.

Frage 371

Was bezeichnet der Begriff Ontogenese?

☞ Die Entwicklung eines Individuums vom Beginn seiner Existenz bis zum Tod. Beim Menschen beginnt die Ontogenese (Individualentwicklung) z. B. mit der Befruchtung der Eizelle durch ein Spermium.

Frage 372

Was läuft bei einer Oxidation ab?

☞ Die Oxidation ist eine chemische Reaktion, bei der der zu oxidierende Stoff Elektronen an das Oxidationsmittel abgibt. Dieser wird durch die Elektronenaufnahme reduziert. Mit der Oxidation ist also immer auch eine Reduktion verbunden.

Frage 373

Was „fressen" Makrophagen?

☞ Makrophagen sind bewegliche Zellen des körpereigenen Abwehrsystems, die sich feste Partikel „einverleiben" – dieses Einverleiben (z. B. von Bakterien) nennt man Phagozytose. Makrophagen werden im Knochenmark gebildet. Von dort werden sie in noch unreifer Form in den Blutkreislauf abgegeben. Werden sie ins Gewebe „gerufen", reifen diese Zellen schnell. Je nach Einsatzort erhalten sie dann spezifische Namen: Im Bindegewebe nennt man sie Histiozyten und im Nervengewebe Mikrogliazellen.

Frage 374

Wie heißt die funktionelle Einheit des Nervensystems?

☐ a) Altron ☐ c) Kaltron
☐ b) Neuron ☐ d) Warmron

☞ **b) Neuron**
Die Aufgabe eines Neurons besteht darin, neuroelektrische und neurochemische Signale aufzunehmen, zu verarbeiten und weiterzuleiten.

Frage 375

Wo kommen Zwitter vor?

☞ Bei einem Zwitter sind männliche und weibliche Geschlechtsorgane mehr oder weniger stark ausgebildet. Zwitter kommen in vielen Tiergruppen vor, z B. bei Regenwürmern, Schnecken, Muscheln und einigen Fischen. Auch die meisten Blütenpflanzen sind Zwitter.

Frage 376

Was besagt die Oktettregel?

☞ Sie besagt, dass sich in der Außenschale eines Atoms nicht mehr als acht Elektronen aufhalten dürfen. Einzige Ausnahme: Die erste Schale, auch K-Schale genannt, die bereits mit zwei Elektronen vollständig besetzt ist.

Frage 377

Warum bleibt der Kaffee in der Thermoskanne stundenlang heiß?

☞ Eine Thermoskanne ist so aufgebaut, dass die Wärmeübertragung zwischen dem Inneren der Thermoskanne und der Umgebung möglichst gering ist, also Wärmeleitung, Wärmeströmung und Wärmestrahlung von innen nach außen bzw. von außen nach innen klein gehalten werden. Erfunden wurde die Thermosflasche vom schottischen Chemiker und Physiker James Dewar (1842–1923).

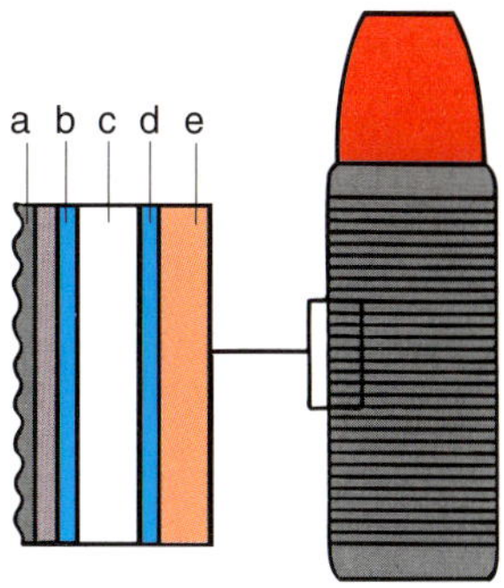

Thermosflasche:
a) Ummantelung, b) äußere Hülle der Thermosflasche, c) Vakuum, d) Innere Hülle der Thermosflasche, e)Flascheninneres

Frage 378

Was ist eine Emulsion?

☞ Auch wenn eine Flüssigkeit sich mit einer zweiten nicht homogen mischen lässt, kann sie doch in Form feinster Tröpfchen in dieser verteilt werden – ein solches Gemenge nennt man Emulsion. Je nach der Dichte trennen sich die so zusammengebrachten Flüssigkeiten wieder voneinander. Ein Beispiel für eine Emulsion ist Milch: Hier werden durch das Homogenisieren der Frischmilch Fetttröpfchen ganz fein im Wasser verteilt.

Frage 379

Was bezeichnet man als Reizschwelle?

☞ Als Reizschwelle bezeichnet man die geringste Intensität eines Reizes auf den Organismus, die bei diesem eine Reaktion auslösen kann.

Frage 380

Was ist der Unterschied zwischen Analog- und Digitalschaltungen?

☞ Während sich bei Analogschaltungen Strom und Spannung stetig verändern, arbeiten Digitalschaltungen nur mit den zwei Zuständen „leitend" und „nicht leitend". Digitalschaltungen stellen die Grundlage aller modernen Kommunikations- und Informationssysteme dar.

Frage 381

Wie heißt der weltweit größte Pinguin?

☐ a) Kaiserpinguin ☐ c) Königspinguin
☐ b) Brillenpinguin ☐ d) Eselspinguin

☞ **a) Kaiserpinguin**
Kaiserpinguine haben eine leicht orange Färbung am Hals, sind mindestens einen Meter groß und erreichen ein Gewicht von 30–50 kg. Kaiserpinguine sind Vögel, können aber allein schon wegen ihres hohen Körpergewichts nicht fliegen. Die Flügel sind zu flossenartigen Gebilden umgewandelt und werden als Ruder beim Schwimmen und Tauchen eingesetzt.

Frage 382

Welche Bedeutung haben Telomere und was versteht man darunter?

☞ Ein Telomer ist das Ende bzw. der Endabschnitt eines Chromosoms. Telomere scheinen eine wichtige Bedeutung bei der Alterung eines Lebewesens zu spielen: Sie verkürzen sich mit zunehmendem Alter eines Lebewesens, sodass die Verkürzung der Telomere recht genau mit dem biologischen Alter eines Lebewesens übereinstimmt.

Frage 383
Können Fische elektrischen Strom erzeugen?

☞ Eine Vielzahl von Fischen besitzt die Fähigkeit, elektrischen Strom zu erzeugen. Die meisten erzeugen nur ein schwaches elektrisches Feld; der Zitterrochen kann jedoch mit Entladungen von bis zu 200 V beträchtliche Ströme erzeugen. Die elektrischen Organe der Fische dienen hauptsächlich der Nahrungssuche. Einige Arten lähmen oder desorientieren ihre Beute durch die Entladungen oder schlagen Räuber in die Flucht. Andere nutzen den Strom auch zur Erkennung von Artgenossen.

Frage 384
Welche Wirkung haben Endorphine?

☞ Endorphine sind im Gehirn produzierte Stoffe, die eine ähnliche Wirkung besitzen wie Morphine: Auch sie haben eine schmerzlindernde Wirkung. Außerdem sollen Endorphine Euphorie hervorrufen.

Frage 385
Was sind bioaktive Substanzen?

☞ Unter bioaktiven Substanzen versteht man in Lebensmitteln enthaltene Stoffe mit gesundheitsfördernder Wirkung, die keine Nährstoffe sind. Zu ihnen zählt man Ballaststoffe, sekundäre Pflanzenstoffe sowie Substanzen in fermentierten Lebensmitteln.

Frage 386
Was bezeichnet man als sogenannten Coolidge-Effekt?

☞ Bei verschiedenen Tierarten verlieren die Männchen relativ schnell das Interesse an der Begattung desselben Weibchens; dies bezeichnet man als Coolidge-Effekt. Die Bezeichnung dieser Erscheinung geht auf den ehemaligen US-Präsidenten Calvin Coolidge (1872–1933) zurück.

Frage 387
Wer erfand den Blitzableiter?

☐ a) Alexander Graham Bell
☐ b) Ian Donald
☐ c) Benjamin Franklin
☐ d) John Gorrie

☞ **c) Benjamin Franklin** (1706–90)

Benjamin Franklin bestätigt mit einem Drachen seine Theorie des Blitzableiters

Frage 388
Was versteht man unter einem Tierverband?

☞ Unter einem Tierverband versteht man eine Gruppe von Tieren, die einander gezielt aufgesucht haben und mehr oder weniger stark zusammenwirken, wobei die Gruppenmitglieder grundsätzlich das Bestreben haben, in der Gruppe zu bleiben. Die Mitglieder eines Tierverbandes sind soziale Lebewesen.

Frage 389
Was bezeichnet man als Kapillarität?

☞ Das Aufsteigen von Flüssigkeiten in engen Röhren (Kapillaren) oder Hohlräumen. Dabei gilt: Je enger eine Röhre oder ein Hohlraum ist, desto höher steigt das Wasser. Ursache für die Kapillarität sind die Adhäsionskräfte zwischen den Teilchen verschiedener Stoffe.

Frage 390

Wie entstehen Luftspiegelungen?

☞ Luftspiegelungen entstehen, wenn Licht an der Grenze zwischen Warmluft und Kaltluft scheinbar total reflektiert wird und dadurch für einen Beobachter Objekte an Stellen erscheinen, an denen sie sich in Wirklichkeit nicht befinden. Wird das Vorhandensein einer ausgedehnten Wasserfläche vorgetäuscht, so spricht man von einer Fata Morgana.

Frage 391

Wie funktionieren automatische Feuermelder?

☞ Automatische Feuermelder lösen ein Warnsignal aus, wenn die Raumtemperatur einen bestimmten Wert übersteigt.

Frage 392

Was soll den sogenannten Tarantismus verursachen?

☞ Die etwa 5 Zentimeter große Tarantel gehört zu den Wolfsspinnen. Früher vermutete man, ihr Biss rufe den sogenannten Tarantismus hervor. Die Erkrankten tanzen angeblich so lange, bis sie erschöpft zusammenbrechen. Heute weiß man, dass der Tarantelbiss zwar schmerzhaft, aber nicht tödlich ist und auch nicht in Zusammenhang mit Krankheiten wie z. B. dem Veitstanz steht.

Frage 393

Wer gilt als Erfinder der Atombombe?

☐ a) Joseph von Fraunhofer
☐ b) Julius Robert Oppenheimer
☐ c) Max Planck
☐ d) Gustav Robert Kirchhoff

☞ **b) Julius Robert Oppenheimer**
Der Atomphysiker (1904–67) leitete ab 1943 das amerikanische Atombombenprojekt („Manhattan Project") im Forschungszentrum von Los Alamos. Die dort entwickelte Atombombe wurde am 6. August 1945 auf Hiroshima abgeworfen und kostete ca. 260.000 Menschen das Leben. Später sprach sich Oppenheimer zum Teil gegen den Bau der Wasserstoffbombe aus.

Robert Oppenheimer

Frage 394

Was ist eine Eutrophierung?

☞ Unter Eutrophierung versteht man die Überdüngung von Gewässern durch Pflanzennährstoffe und die hierdurch verursachte Schädigung des Gewässers. Diese Überdüngung bewirkt eine Massenvermehrung kurzlebiger Organismen. Diese sterben ab und sinken zu Boden. Infolge der Sauerstoff verbrauchenden Abbauprozesse kommt es im Gewässer zu einem Sauerstoffmangel, der schließlich am Grund des Gewässers die Freisetzung von zuvor gebundenem Phosphat bewirkt und zur Bildung von Fäulnisgasen und giftigen Stoffen führen kann. Ist Letzteres der Fall, spricht man vom Umkippen des Gewässers.

Frage 395

Was testet man mit Falltürmen?

☞ Falltürme ermöglichen die Durchführung von Kurzzeitexperimenten unter den Bedingungen der Schwerelosigkeit. Ein solcher Fallturm befindet sich in Bremen. Bei diesem Fallturm ist es möglich, bei einer Fallhöhe von 110 Metern im freien Fall ca. 4,5 Sekunden lang Schwerelosigkeit zu erreichen.

Frage 396

Gibt es Säugetiere, die Eier legen?

☞ Die in Australien, Tasmanien und Neuguinea lebenden Kloakentiere sind echte Säugetiere: Sie haben ein dichtes Haarkleid und die Jungtiere werden über Milchdrüsen des Weibchens genährt. Dennoch findet die Entwicklung von Schnabeltier und Ameisenigel außerhalb des Muttertiers statt. Kloakentiere legen Eier und sind damit evolutionsbiologisch die den Reptilien am nächsten stehenden heute lebenden Säugetiere.

Schnabeltier mit Gelege

Frage 397

Was sind Flechten?

☞ Flechten sind Doppelorganismen, die aus einem Pilz und einer Alge bestehen. Sie leben in einer Symbiose, d. h. jeder der beiden Organismen zieht aus dem Zusammenleben Vorteile. Die Alge bildet Glucose, die der Pilz als Nährstoff benötigt. Als Gegenleistung liefert der Pilz mineralische Stoffe an die Alge. Darüber hinaus bietet er ihr Schutz vor Austrocknung und ermöglicht ihr das Wachstum in einem Lebensraum, der ihr sonst nicht zugänglich wäre. Flechten sind sehr widerstandsfähig, sie ertragen Temperaturen von −60 bis +70 °C. Da das Gleichgewicht zwischen den Partnern sehr störanfällig ist, reagieren sie empfindlich auf schädliche Umwelteinflüsse. Flechten gelten daher auch als Indikator für Umweltverschmutzung.

Frage 398

Wo ist der Sitz der Forschungsinstitution CERN und auf welchem Gebiet ist sie tätig?

☞ Ihr Sitz ist Genf, gegründet wurde sie 1954. Als „Europäischer Rat für Kernforschung" beschäftigt sich die Einrichtung mit physikalischer Grundlagenforschung. Schwerpunkte sind Kernphysik, Hochenergiephysik und Elementarteilchenphysik.

Frage 399

Was besagen die Hundschen Regeln?

☞ Ein Atom verfügt über Schalen, auf denen sich die Elektronen um den Kern bewegen. Die verschiedenen Schalen und Unterschalen sind nach den Hundschen Regeln durch Elektronen besetzt. Diese Regeln sind nach dem deutschen Chemiker Friedrich Hermann Hund (1896–1997) benannt. Das Element Beryllium beispielsweise besitzt vier Elektronen auf zwei Unterschalen, von denen die äußere mit zwei Elektronen unvollständig besetzt ist. Die Hundschen Regeln fordern, dass ihre Spins (Eigendrehimpulse) und ihre Bahndrehimpulse um den Kern je parallel, Gesamtspin und Gesamtbahndrehimpuls dagegen antiparallel zueinander ausgerichtet sind.

Frage 400

Woraus besteht Glas hauptsächlich?

☐ a) Siziliumdioxid
☐ b) Lithiummonoxid
☐ c) Calciumdiphosphat
☐ d) Poloniumtriphosphat

☞ **a) Siziliumdioxid**

Frage 401

Was besagt das Bernoullische Gesetz?

☞ Für strömende Flüssigkeiten und Gase gilt das Bernoullische Gesetz: Je größer die Strömungsgeschwindigkeit einer Flüssigkeit oder eines Gases ist, desto kleiner ist der statische Druck. Unter dem statischen Druck versteht man dabei den senkrecht zur Strömung gemessenen Druck. Benannt ist das Gesetz nach seinem Entdecker, dem Schweizer Mathematiker, Physiker und Mediziner Daniel Bernoulli (1700–82).

Frage 402

Wie schwimmt eine Seerose?

☞ See- und Teichrosen schließen in speziellen Luftkammern große Mengen Luft in ihre Blätter ein. Außerdem belegen sie die

Blätter mit einer dicken Wachsschicht. So entsteht außen eine wasserabweisende Oberfläche. Die Unterseite der Blätter zieht hingegen Wasser eher an. Die Blätter bleiben so auf der Wasseroberfläche.

Frage 403

Womit machen Heuschrecken ihre Geräusche?

☞ Heuschrecken „singen" mit ihren Beinen und/oder Flügeln. Die Techniken, die sie dabei anwenden, sind von Art zu Art unterschiedlich. So singt z. B. die Feldheuschrecke, indem sie mit den gezähnten Leisten an den Innenseiten der Hinterbeine über spezielle Adern ihrer Flügel streicht. Um die Laute zu verstärken, hält sie die Flügel dabei dachartig nach oben und bildet so einen Resonanzkörper. Langfühlerschrecken singen, indem sie ihre Vorderflügel aneinander reiben.

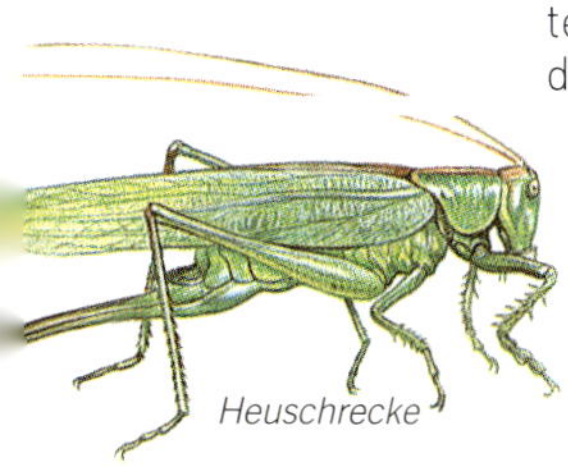

Heuschrecke

Frage 404

Wird der radioaktive Zerfall in Becquerel oder Curie gemessen?

☞ Seit 1986 ist die gültige Einheit für die Aktivität das Becquerel. Es trägt den Namen des Entdeckers der Radioaktivität, Antoine Henri Becquerel (1852– 1908). Die früher ebenfalls verwendete Einheit Curie ist nicht mehr gültig.

Frage 405

Warum werden Haare grau?

☞ Für die natürliche Haarfarbe ist der Melaningehalt des Haares verantwortlich. In speziellen Zellen, den Melanozyten, werden Aminosäuren in zwei verschiedene Farbpigmente umgewandelt, Eu- und Phäomelanin. Aus ihnen werden die unterschiedlichen Haarfarben gemischt. Allerdings stellt der Körper mit zunehmendem Alter die Produktion von Melanin ein. Anstelle der Farbpigmente werden dann Luftbläschen in den Haarschaft eingelagert und das Haar erscheint grau bis weiß. Wann dieser Prozess beginnt, ist genetisch festgelegt.

Frage 406

Wann überlebt ein Regenwurm eine Körperteilung?

☐ a) wenn der vordere Körperabschnitt noch aus mind. 90 Segmenten besteht
☐ b) wenn der vordere Körperabschnitt noch aus mind. 40 Segmenten besteht
☐ c) wenn der hintere Körperabschnitt noch aus mind. 90 Segmenten besteht
☐ d) wenn der hintere Körperabschnitt noch aus mind. 40 Segmenten besteht

☞ **b) wenn der vordere Körperabschnitt aus noch mind. 40 Segmenten besteht**
Regenwürmer sind in der Lage, verletzte oder abgetrennte Körperteile zu regenerieren. Allerdings überlebt bei einer Teilung nur der vordere Körperteil mit Kopf und Gehirn. Dies ist möglich, weil jedes der ca. 150 Körpersegmente eines Regenwurms alle lebenswichtigen Organe enthält. Damit der Wurm die Teilung überlebt, muss der vordere Körperabschnitt allerdings noch aus mindestens 40 Segmenten bestehen.

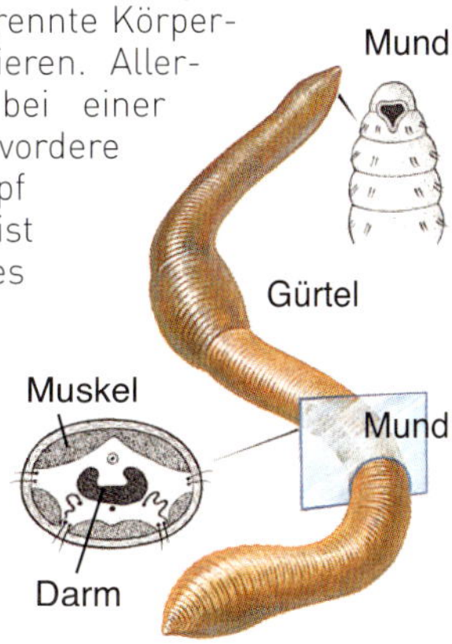

Regenwurm

Frage 407

Was passiert, wenn die Werte des Barometers sinken?

☞ Ein Barometer zeigt den Luftdruck in Millibar an. Sinken die Werte, wird das Wetter schlechter. Nähert sich uns ein Tiefdruckgebiet, sinken die Werte, bei einem Hochdruckgebiet steigen sie.

Frage 408

Schlafen Fische?

☞ Auch Fische schlafen, allerdings nicht so fest wie z. B. Säugetiere. Sie schlummern eher und treiben dabei im Wasser. Da sie keine Augenlider besitzen, ist es schwer zu erkennen, wann Fische schlafen. Einige nehmen allerdings eine Schlafstellung ein: Sie legen sich auf die Seite oder klemmen sich in Felsspalten. Manche ändern während des Schlafs die Körperfarbe.

Frage 409

Warum klappern Klapperstörche?

☞ Weil sie nicht singen können. Weißstörche haben keine Stimme und machen dies durch Schnabelklappern wett. Nach der Rückkehr aus Afrika umwerben sie so ihr etwas später eintreffendes Weibchen bei einer Art Grußzeremonie.

Frage 410

Wie kam das Rhenium zu seinem Namen?

☞ Das Element Rhenium wurde erstmals 1926 nach aufwendigen Arbeiten von dem deutschen Chemiker-Ehepaar Ida Eva Noddack-Tacke (1896–1978) und Walter Karl Friedrich Noddack (1893–1960) isoliert. Den Namen des Elements leiteten sie von ihrer Heimat, dem Rheinland, ab.

Frage 411

Was bedeutet die Abkürzung LSD?

☞ Kaum jemand kennt den vollständigen chemischen Namen dieser Substanz. LSD ist die Kurzform von Lysergsäurediethylamid, einem Derivat der Lysergsäure, das bereits ab einer Dosis von 0,05 Milligramm psychogen wirkt. Ähnliche Derivate der Lysergsäure finden sich im Mutterkorn, einem Schimmelpilz, der Getreide befällt. So kam es bereits im Mittelalter zu dokumentierten Fällen von schweren Halluzinationen, Krämpfen und bei einer erhöhten Dosis auch zum Tod der Betroffenen.

Frage 412

Wer ist der Erfinder des ersten europäischen Porzellans?

☐ a) Hermann Friedrich Meissen
☐ b) Karl Rosenthal
☐ c) Nicolas Villeroy
☐ d) Johann Friedrich Böttger

☞ **d) Johann Friedrich Böttger** (1682–1719) Vom sächsischen König wurde er beauftragt, Porzellan herzustellen. Dies gelang ihm zunächst 1706 mit der Herstellung des Böttgersteinzeugs, auch Jaspisporzellan genannt. Zwei Jahre später entstand das erste europäische Porzellan, dessen Entdeckungstag mit dem 28. März 1708 angegeben wird.

Der sächsische König August der Starke begutachtet erste Werke Böttgers, Figur aus dem Museum der Porzellanmanufaktur Meißen

Frage 413

Was ist Eau de Javelle?

☞ Es klingt wie ein Parfum, doch Eau de Javelle ist etwas ganz anderes. Bereits Theodor Fontane (1819–98) warnte deshalb in seinem Roman *Frau Jenny Treibel* vor einer Verwechslung mit Eau de Cologne. Eau de Javelle, eine saure Lösung von Kaliumhypochlorit, ist ein starkes Bleichmittel, das 1792 in Frankreich erfunden wurde. Es diente viele Jahrzehnte lang zum Bleichen von Zellstoff, Papier und Textilien, aber auch als starkes Desinfektionsmittel. Es wurde erstmals im französischen Javelle durch Einleiten von Chlorgas in eine kalte Pottasche-Lösung hergestellt.

Frage 414

Was ist Knallgas?

☞ Das Gasgemisch aus zwei Teilen Wasserstoff und einem Teil Sauerstoff, das als Knallgas bezeichnet wird, ist bei Raumtemperatur völlig stabil. Erhitzt man aber das Gemisch, das sich z. B. in einem Luftballon befindet, auch nur an einer Stelle auf über 600 °C, läuft die Reaktion sehr schnell ab – es kommt zu einer Knallgasexplosion. Ursache des lauten Knalls ist der entstehende Wasserdampf, der sich durch die frei gewordene Wärme schlagartig ausdehnt und die umgebende Luft verdrängt.

Frage 415

Wie kann man mit Stärke Jod nachweisen?

☞ Stärkelösungen bilden zusammen mit Jod eine intensive Blaufärbung, mit der sich selbst geringste Mengen Jod feststellen lassen. Ursachen dieser Färbung sind die Einlagerung des Jods in die „Kanäle" des Polysaccharids Amylose (Stärke) und die damit verbundene Lichtabsorption. Bei Erwärmung verschwindet das Blau, da sich das Jod dann wieder aus der Stärke löst. Bei Abkühlung und Neubildung des Jod-Stärke-Komplexes tritt die Färbung aber wieder auf.

Frage 416

Was entdeckte der Dichter Georg Fabricius 1556?

☞ Der deutsche Schulmeister und Dichter Georg Fabricius (1516–71) führte in diesem Jahr Experimente mit Silberchlorid durch und stellte überrascht fest, dass sich das eigentlich weißliche Mineral bei längerer Sonnenbestrahlung schwarz färbte. Silberchlorid ist ein in der Natur vorkommendes Silbermineral. Obwohl Fabricius' Entdeckung zunächst keine besondere Beachtung fand, legte sie doch die Grundlage für die spätere Entwicklung der Fotografie.

Frage 417

Wie heißt der italienische Physiker, der maßgeblich am Bau des ersten Atomreaktors beteiligt war?

- ☐ a) Carlo Accardo
- ☐ b) Giovanni Manzi
- ☐ c) Enrico Fermi
- ☐ d) Stefano Taccone

☞ **c) Enrico Fermi (1901–54)**
Er entdeckte, dass sich Atomkerne nach dem Beschuss mit langsamen Neutronen umwandeln und fand eine Möglichkeit, die Kettenreaktion in einem Atomreaktor zu steuern. 1938 erhielt er den Physiknobelpreis.

Enrico Fermi

Frage 418

Ab welchem Alkoholgehalt brennt Schnaps?

☞ Als Faustregel gilt, dass alle Getränke mit mehr als 50 % Ethanol entzündlich sind. Deshalb werden in der Gastronomie zum Flambieren von Speisen Spirituosen mit einem Alkoholgehalt von mindestens 50 % verwendet. Es gibt aber auch klare Schnäpse, die bereits bei 40 % Ethanolgehalt brennen, da sie zusätzlich brennbare Aromaöle enthalten.

Frage 419

Kann man Gold in Säure auflösen?

☞ Konzentrierte Salpetersäure löst Silbermetall auf, greift aber Gold nicht an. Da man also mit ihrer Hilfe Silber von Gold abtrennen kann, wird sie auch als „Scheidewasser" bezeichnet. Verwendet man allerdings ein Gemisch aus einem Teil Salpetersäure und drei Teilen konzentrierter Salzsäure, löst sich darin sogar Gold auf. Deshalb wird diese Mischung auch „Königswasser" genannt.

Frage 420

Wozu dient der Lackmustest?

☞ Lackmus ist ein organischer Farbstoff, der in Abhängigkeit vom Säuregehalt einer Lösung seine Farbe ändert. Gibt man Lackmus zu einer Säure, färbt sich die Lösung rot, in einem basischen Milieu ändert sich die Farbe hingegen zu Blau.

Frage 421

Seit wann gibt es Nylonstrümpfe?

☞ Nylon ist eine synthetische Polymerverbindung, die 1935 von dem US-amerikanischen Chemiker Wallace Hume Carothers (1896–1937) erfunden wurde. Die ersten Nylonstrümpfe, das erste Produkt aus dem neuen Kunststoff überhaupt, wurden am 15. Mai 1940 verkauft.

Frage 422

Wie hieß die erste Frau, die einen Nobelpreis erhielt?

☐ a) Berta von Suttner
☐ b) Marie Curie
☐ c) Linda B. Buck
☐ d) Maria Goeppert-Mayer

Marie Curie

☞ **b) Marie Curie**
Die aus Polen stammende französische Forscherin (1867–1934) bekam 1903 zusammen mit ihrem Mann Pierre Curie (1859–1906) und Henri Becquerel (1852–1908) den Physiknobelpreis für ihre Forschungen auf dem Gebiet der spontanen Radioaktivität. Als Begründerin der Radiochemie erhielt sie acht Jahre später auch den Nobelpreis für Chemie.

Frage 423

Welche Erfindung machte Emil Erlenmeyer berühmt?

☞ Erlenmeyer (1825–1909) erfand einen kegelförmigen Glaskolben, der bis heute unter dem Namen „Erlenmeyerkolben" in jedem Laboratorium Verwendung findet.

Frage 424

Was bildet einen elektrischen Dipol?

☞ Zwei ungleichnamige Ladungen, die sich im Abstand voneinander befinden, bilden einen elektrischen Dipol. Verändert sich die Entfernung zwischen den Ladungen nicht und unterliegt die Ladungsmenge keiner Schwankung, dann bezeichnet man den Dipol als permanenten Dipol.

Frage 425

Wie lautet die Goldene Regel der Mechanik?

☞ Was man an Kraft spart, muss man an Weg zusetzen, d. h. das Produkt aus Weg und Kraft ändert sich nicht.

Frage 426

Welches Metall hat den höchsten Schmelzpunkt?

☐ a) Wolfram
☐ b) Beryllium
☐ c) Tantal
☐ d) Osmium

☞ **a) Wolfram**
Das weiß glänzende Metall hat im reinen Zustand einen Schmelzpunkt von 3410 °C und damit den höchsten Schmelzpunkt aller Metalle.

Frage 427

Was wird als Brownsche Bewegung bezeichnet?

☞ Die unregelmäßige Bewegung von mikroskopisch beobachtbaren Körperchen. Sie wurde 1827 von dem schottischen Botaniker Robert Brown (1773–1858) entdeckt und ist ein Beleg für die Existenz von kleinsten, im Mikroskop nicht sichtbaren Teilchen.

Frage 428
Was ist eine Hackordnung?

☞ Eine Hackordnung beschreibt, wer in einer Gruppe das Sagen hat. Ein solches Rangordnungsverhalten wurde erstmals bei Hühnern beobachtet und wissenschaftlich beschrieben. Da hier das ranghöhere Huhn die rangniederen mit dem Schnabel hackt, entstand der Begriff der „Hackordnung".

Frage 429
Was ist eine kovalente Bindung?

☞ Wenn Atome von Nichtmetallen miteinander reagieren, kommt es nicht zu einer Ionenbindung, weil alle beteiligten Atome dazu tendieren, Elektronen aufzunehmen. Stattdessen binden sich jeweils zwei Atome in einem Molekül durch ein Elektronenpaar fest aneinander, das dann beiden angehört. Es handelt sich hierbei also um gerichtete Bindungskräfte. Eine kovalente Bindung ist wesentlich stärker als eine Ionen- oder Metallbindung.

Frage 430
Kann man Wärme sehen?

☞ Ja, nämlich indirekt mit einer Infrarotkamera. Damit lassen sich Wärmeverluste eines Gebäudes (Wärmebildkamera) oder Menschen aufspüren (Nachtsichtgeräte). Die Strahlung wird als Infrarot bezeichnet, weil ihre Wellenlänge unterhalb der des sichtbaren roten Lichtes liegt.

Frage 431
Was sind Dioptrien?

☞ Die Fehlsichtigkeit des Auges resultiert aus einer Veränderung der Augenlinse oder der Hornhaut, welche dann mithilfe einer zusätzlichen Linse wieder „scharf eingestellt" werden muss. In Dioptrien misst man die Stärke der Brechkraft, d. h. die Stärke, mit der Lichtstrahlen gebündelt werden. Das normalsichtige Auge hat eine Dioptrienzahl von 65. Abweichungen von der normalen Brechkraft werden bei Weitsichtigkeit mit positiven Dioptrienwerten angegeben, bei Kurzsichtigkeit werden die Dioptrienwerte mit einem Minuszeichen angezeigt.

Frage 432
Welches ist das schwerste aller Metalle?

☐ a) Iridium
☐ b) Gold
☐ c) Osmium
☐ d) Quecksilber

☞ **c) Osmium**

Frage 433
Wofür wird das Haber-Bosch-Verfahren genutzt?

☞ Es ist das wichtigste Verfahren zur großtechnischen Herstellung von Ammoniak und wurde von den deutschen Chemikern Fritz Haber (1868–1934) und Carl Bosch (1874–1940) entwickelt. Bei dieser Methode reagieren Wasserstoff und Stickstoff bei einer Temperatur von 500 °C und einem Druck von 450 bar in Anwesenheit eines Katalysators aus Eisenoxid und Aluminiumoxid direkt zu Ammoniakgas, das später mit Wasser von den nicht umgewandelten Ausgangsstoffen getrennt wird. Für die Entwicklung der Grundlagen dieses Verfahrens wurde Fritz Haber 1918 mit dem Nobelpreis ausgezeichnet, Carl Bosch erhielt 1931 den Nobelpreis für die technische Umsetzung.

Frage 434
Darf man Natrium mit Wasser in Kontakt bringen?

☞ Das Alkalimetall Natrium reagiert mit Wasser sehr heftig unter Bildung von Natronlauge und Wasserstoffgas. Durch die starke Wär-

Sir Humphrey Davy

meentwicklung kann sich der gebildete Wasserstoff sogar entzünden. Natrium wurde 1807 von dem englischen Chemiker Sir Humphry Davy (1778–1829) entdeckt.

Frage 435

Woraus bestehen Amalgamzahnfüllungen?

☞ Die für Zahnfüllungen verwendeten Amalgame (Quecksilber-Legierungen) sind Mischungen aus den Metallen Silber, Zinn, Kupfer, Zink in unterschiedlichen Anteilen und Quecksilber. Das enthaltene Quecksilber ist der Grund für die Diskussion um eine Gesundheitsgefährdung durch Amalgamfüllungen. Es wird während des Aushärtungsprozesses von Füllungen zwar weitgehend eingebunden, doch geben diese während des Legens und in sehr geringem Umfang durch den Abrieb beim Kauen und bei nächtlichem Zähneknirschen auch in der Folgezeit Quecksilber ab.

Frage 436

Warum hilft Natron gegen Sodbrennen?

☞ Im Magen wird aufgenommene Nahrung durch körpereigene Salzsäure zersetzt. Bildet der Körper zu viel davon, kann es zu Sodbrennen kommen, einem Rücklaufen von Salzsäure in die Speiseröhre. Löst man ein wenig Natron in Wasser auf und trinkt es, neutralisiert diese schwach basische Lösung die Säure und beruhigt den Magen. Eine unangenehme Nebenwirkung ist die Entstehung von Kohlendioxidgas, das zu Aufstoßen und Blähungen führen kann.

Frage 437

Lösen sich Perlen in Essig auf?

☞ Obwohl Perlen ein wertvoller Schmuck sind, bestehen sie chemisch betrachtet zum größten Teil nur aus einfachem Kalk. Daher ist es auch nicht verwunderlich, dass man sie in Essig auflösen kann – es handelt sich dabei um eine simple Zersetzung von Kalk mit Essigsäure unter Freisetzung von Kohlendioxid.

Frage 438

Wofür erhielt Otto Hahn den Chemienobelpreis 1944?

- ☐ a) Entdeckung der Kristallisierbarkeit von Enzymen
- ☐ b) Entdeckung des schweren Wasserstoffes
- ☐ c) Entdeckung der Kernspaltung von Atomen
- ☐ d) Entdeckung der chemische Prozesse beschleunigenden Eigenschaften der Ribonukleinsäure

☞ **c) Entdeckung der Kernspaltung von Atomen**

Frage 439

Was haben Diamant und Grafit gemeinsam?

☞ Auch wenn es auf den ersten Blick seltsam erscheinen mag – Diamant und Grafit sind trotz ihrer sehr unterschiedlichen physikalischen Eigenschaften nur verschiedene Erscheinungsformen des Elements Kohlenstoff. Grafit setzt sich aus übereinander liegenden, ebenen Kohlenstoffschichten zusammen, die aus an den Kanten miteinander verbundenen Kohlenstoffsechsringen bestehen. Zwischen den Schichten können sich Elektronen frei bewegen, was die Leitfähigkeit des Grafits erklärt. Da die Schichten leicht gegeneinander verschiebbar sind, ist Grafit weich und schuppenartig. Im Diamant ist jedes Kohlenstoffatom mit vier anderen Kohlenstoffatomen fest verbunden, es liegt ein dreidimensionales Kristallgitter vor. Durch diese räumliche Verknüpfung erhält der Diamant seine Härte und Festigkeit.

Frage 440

Was versteht man unter einer Pufferlösung?

☞ Gemische von schwachen Säuren und ihren Salzen bzw. von schwachen Basen und ihren Salzen können den pH-Wert einer Lösung trotz der Zugabe von kleinen Mengen einer starken Säure oder Base konstant halten. Sie wirken als „Puffer", da sie mit der zugegebenen Base oder Säure reagieren und deren Wirkung neutralisieren können. Auch in lebenden Organismen sind Puffer von großer Bedeutung. So halten z. B. im Blut gelöste Eiweißstoffe den pH-Wert bei etwa 7,3–7,5.

Frage 441

Sind alle bekannten Transurane radioaktiv?

☞ Chemische Elemente, deren Ordnungszahl größer als 92 ist, die also im Periodensystem rechts vom Uran stehen, werden als Transurane bezeichnet. Alle Transurane sind radioaktiv; mit steigender Ordnungszahl zerfallen sie schneller radioaktiv. Sehr schwere Kerne, z. B. Californium, neigen zum spontanen Zerfall.

Frage 442

Wie funktioniert ein Mikrowellenherd?

☞ In dem Gerät werden durch ein Wechselstromfeld Mikrowellen erzeugt und durch das Kochgut geleitet. Sie regen die Wassermoleküle in den Speisen zum Schwingen an, wobei sie aneinander reiben und so das Kochgut erhitzen. Mikrowellen liegen im Wellenlängenbereich zwischen den UKW-Wellen des Rundfunks und den Infrarotwellen.

Frage 443

Gibt es Scheinkräfte?

☞ Scheinkräfte sind fiktive Kräfte, die Erscheinungen in beschleunigten Systemen erklären. In Zügen gibt es keine Kronleuchter, weil sie bei jeder Beschleunigung pendeln würden. Die auf einen sich drehenden Hammerwerfer wirkende Zentrifugalkraft ist ebenso eine Scheinkraft wie jene, die auf eine Ameise wirkt, wenn sie auf dem laufenden Plattenteller eines Plattenspielers vorankrabbeln möchte, aber durch die seitwärts gerichtete Corioliskraft, benannt nach dem Franzosen Gustave Gaspard Coriolis (1792–1843), abgedrängt wird.

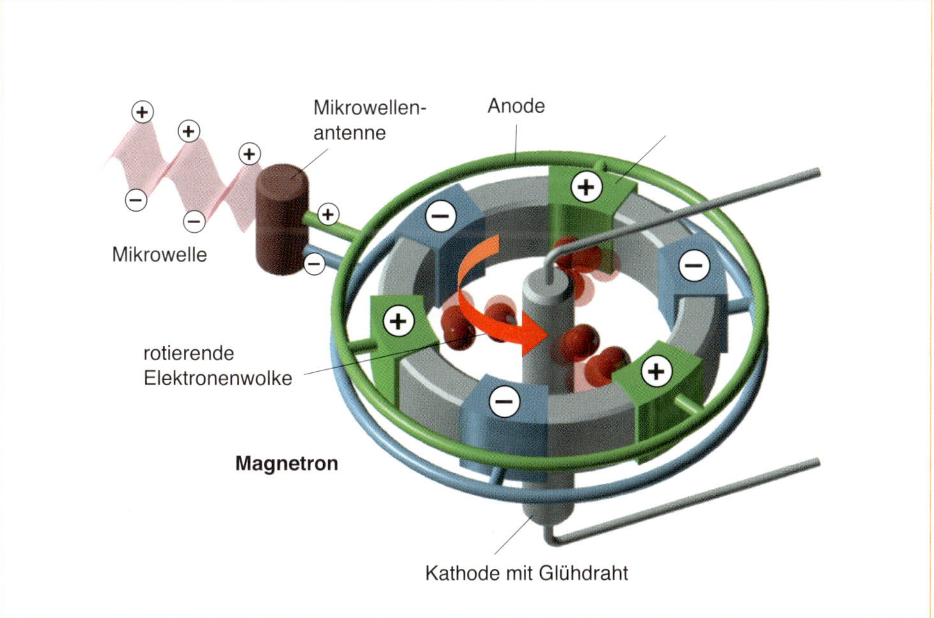

Frage 444

Wer entdeckte im 17. Jahrhundert den großen geschlossenen Blutkreislauf?

☐ a) Ronald Ross
☐ b) Frederick Banting
☐ c) Otto Loewi
☐ d) William Harvey

☞ **d) William Harvey**
Der englische Arzt, Anatom und Physiologe (1578–1657) entdeckte bereits Mitte des 17. Jh. den großen geschlossenen Blutkreislauf.

Frage 445

Welche Auswirkungen haben Fluktuationen?

☞ Der Phasenübergang von Wasser zu Eis und viele andere Flüssig-Fest-Übergänge verlaufen häufig diskontinuierlich: Die Dichte der sich umwandelnden Substanz ändert sich abrupt. Beim Verflüssigen von Wasser unter Normaldruck begegnet man einem anderen Szenario: Schon oberhalb der kritischen Temperatur von 100 °C bilden sich winzige Flüssigkeitstropfen, die sich schnell wieder auflösen. Man spricht von Fluktuationen. Nähert man sich weiter der 100 °C-Marke, dehnen sich die Tröpfchen zeitlich und räumlich aus, bis der Umschlag in die flüssige Phase erfolgt. Bei weiterer Abkühlung entstehen Fluktuationen des restlichen Gases, die langsam verschwinden. Durch die Fluktuationen wird der Phasenübergang kontinuierlich.

Frage 446

Was ist Schall?

☞ Erzeugen wir ein Geräusch durch eine Bewegung oder unsere Stimme, breitet sich dieses in der Luft, aber auch im Wasser und anderen Medien mit Schallgeschwindigkeit aus. Man spricht auch von Schallwellen. Es handelt sich dabei um periodische Druck- und Dichteschwankungen innerhalb des Mediums, die über die gekoppelten Moleküle räumlich weitergegeben werden. Die Moleküle selbst bleiben dabei an ihrem Ort und schwingen um ihre Ruhelage.

Frage 447

War der Tyrannosaurus Rex ein Pflanzen- oder ein Fleischfresser?

☞ Die bis zu elf Meter hohe Riesenechse war Fleischfresser.

Tyrannosaurus Rex

Frage 448

Wer war Ernst Mach?

☞ Der Österreicher Ernst Mach (1838–1916) war der Auffassung, dass nicht die Dinge, sondern die Empfindungen, die sie auslösen (Farbe, Geruch usw.), die eigentlichen Elemente der Welt sind. Neben seiner philosophischen Tätigkeit war Mach in erster Linie Physiker. Er war Professor für Physik an der Universität von Prag, später wechselte er an die Philosophische Fakultät der Universität Wien. Sein breites Arbeitsgebiet umfasste z. B. Optik, Akustik, Gasdynamik und Ballistik sowie die Erkenntnistheorie. Nach ihm ist die Einheit für Überschallgeschwindigkeiten benannt.

Frage 449

Was ist ein Dezibel?

☞ Dezibel (dB) ist die heute gebräuchliche Einheit, um Geräuschbelastungen zu erfassen.

Frage 450

Wer war Lise Meitner?

☐ a) Chemikerin
☐ b) Physikerin
☐ c) Medizinerin
☐ d) Biologin

☞ **b) Physikerin**
Die Kernphysikerin Lise Meitner (1878–1968) ließ sich 1907 in Berlin nieder,

Lise Meitner

wo sie auf den deutschen Chemiker Otto Hahn (1879–1968) traf, mit dem sie fortan zusammenarbeitete. 1938/39 wies das Forscherpaar die Kernspaltung nach. Da sie Jüdin war, musste Lise Meitner 1938 aus Deutschland fliehen und emigrierte nach Stockholm. Sie verstarb als schwedische Staatsbürgerin in Cambridge.

Frage 451

Was versteht man unter dem Gegenspielerprinzip?

☞ Das muskuläre Zusammenspiel von Gliedmaßen des Körpers, welches durch wechselweise Kontraktion der Beuge- und Streckmuskeln gekennzeichnet ist. Wenn z. B. der Bizeps (Beuger) beim Anbeugen des Arms aktiv verkürzt wird, wird zur gleichen Zeit der Trizeps (Strecker) passiv gedehnt. Wenn umgekehrt beim Ausstrecken des Arms der Strecker aktiv verkürzt wird, wird dabei der Beuger passiv gedehnt.

Frage 452

Was bedeutet der Golfstrom für Europa?

☞ Mit dem Golfstrom besitzt Europa so etwas wie eine Fernheizung. Er hat seinen Ursprung im Nordäquatorialstrom und ist im Vergleich zu den umgebenden Wassermassen sehr warm. Durch regelmäßig wehende Passatwinde bewegt er sich zunächst westwärts zu den Küsten des amerikanischen Kontinentes. Über den Golf von Mexiko, dem er seinen Namen verdankt, gelangt er schließlich an die Küsten Nordwesteuropas.

Frage 453

Welches Verhalten wird in der Physik „Anomalie des Wassers" genannt?

☞ Wasser hat eine besondere Eigenschaft, die es von fast allen anderen Flüssigkeiten unterscheidet. Es hat bei 4 °C sein kleinstes Volumen und damit seine größte Dichte. Geht man von 4 °C aus, so vergrößert sich sowohl bei Temperaturerhöhung als auch bei Temperaturerniedrigung das Volumen; die Dichte wird damit kleiner. Dieses nicht normale, thermische Verhalten von Wasser wird in der Physik als Anomalie des Wassers bezeichnet.

Frage 454

Was versteht man unter einem Reflex?

☞ Unter einem Reflex versteht man eine in immer gleicher Weise erfolgende Reaktion auf einen bestimmten Reiz.

Frage 455

Wie funktioniert eine Klingel?

☞ Eine Klingel besteht aus einer Eisenspule, einem Anker mit Klöppel und Kontaktfeder, einer Stellschraube und der Glocke. Sie erzeugt ein periodisches akustisches Signal, sofern man einen Gleichstromkreis schließt. Hausklingeln werden mit Gleichstrom geringer Spannung betrieben. Betätigt man den Klingelknopf, dann schließt sich der Spulenstromkreis. Durch das Magnetfeld der Spulen wird der Anker zum Spulenkern gezogen. Dieser Vorgang löst zwei Bewegungen aus: Der Klöppel schlägt gegen die Glocke und erzeugt den Signalton, gleichzeitig hebt die Kontaktfeder von der Stellschraube ab und unterbricht dadurch den Stromkreis. Das Spulenfeld bricht zusammen und Kontaktfeder sowie Klöppel kehren in ihre Ausgangslage zurück. Damit ist der Stromkreis wieder geschlossen.

Frage 1

Die Mathematik besteht aus vielen Teilbereichen. **Womit beschäftigt sich die Analysis?**

☞ Dieses Teilgebiet der Mathematik befasst sich in erster Linie mit Folgen (z. B. 2, 4, 6, 8, 10 ...) und Reihen (z. B. 1 + 2 + 3 + 4 ...) sowie mit Funktionen reeller Zahlen. Es geht dabei vor allem um die Beschreibung und Berechnung dieser mathematischen Ausdrücke. Die Methoden, die in der Analysis entwickelt wurden, sind in den Naturwissenschaften von großer Bedeutung. Bei der Entwicklung der Analysis haben sich vor allem Gottfried W. Leibniz (1646–1716) und Isaac Newton (1643–1727) große Verdienste erworben.

Frage 2

Diese mehr als 3000 Jahre alte Rechenhilfe besteht aus einem Rahmen, in dem sich mehrere parallele Stäbe befinden. Auf diesen Stäben kann man kleine Kugeln, die je nach Lage bestimmte Zahlen darstellen, nach links oder rechts verschieben. Durch Verschieben der Kugeln lassen sich Zahlen darstellen und auch Rechenoperationen durchführen. **Wie nennt man dieses Gerät?**

☞ **Abakus oder Rechentafel.**

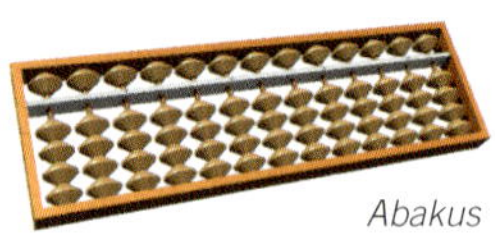

Abakus

Frage 3

In der Mathematik spielt das korrekte Anwenden von Formeln eine wichtige Rolle. In der Algebra hat man es beispielsweise häufig mit den sogenannten binomischen Formeln zu tun. **Wie lauten sie?**

☞ **Es gibt drei binomische Formeln. Sie lauten:**

$(a + b)^2 = a^2 + 2ab + b^2$

$(a - b)^2 = a^2 - 2ab + b^2$

$(a + b) \cdot (a - b) = a^2 - b^2$

Frage 4

Vierecke können ganz verschieden aussehen, dennoch haben sie alle einige Gemeinsamkeiten. Die Summe ihrer Innenwinkel ist z. B. immer gleich. **Wie groß ist sie?**

☐ a) 90° ☐ c) 270°
☐ b) 180° ☐ d) 360°

☞ **d) 360°**

Frage 5

In der Geometrie gibt es den Begriff der Kongruenz. **Wann sind zwei geometrische Figuren kongruent?**

☞ Geometrische Figuren lassen sie sich drehen, spiegeln oder parallel verschieben. Diese Aktionen oder auch beliebige Kombinationen dieser Aktionen werden Kongruenzabbildungen genannt. Geometrische Figuren sind genau dann kongruent, wenn sie durch eine Kongruenzabbildung zur Deckung gebracht werden können.

Frage 6

Welche Eigenschaft besitzt die Tangente eines Kreises?

☐ a) Sie schneidet den Kreis an einer beliebigen Stelle.
☐ b) Sie schneidet den Kreis und führt durch seinen Mittelpunkt.
☐ c) Sie berührt den Kreis an genau einem Punkt.
☐ d) Sie führt vom Mittelpunkt des Kreises bis zur Kreislinie.

☞ **c) Sie berührt den Kreis an genau einem Punkt.** Das Wort „Tangente" kommt aus dem Lateinischen. Das Verb „tangere" bedeutet berühren.

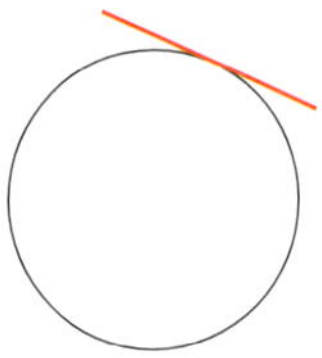

Tangente

Frage 7

Kaum eine andere Zahl hat die Menschen mehr fasziniert als die Konstante, die hier gesucht wird. Allein schon die Tatsache, dass sie in ihrer Dezimaldarstellung unendlich viele Nachkommastellen aufweist, sorgt für Aufsehen, denn Rechenkünstler versuchen immer wieder, diese Konstante möglichst genau zu berechnen (mittlerweile kennt man mehr als eine Billion Nachkommastellen dieser Zahl). Der erste Mathematiker, dem es gelang sie zu berechnen, war der Grieche Archimedes (285–212 v.Chr.). In der Geometrie beschreibt die Zahl das Verhältnis des Umfangs eines Kreises zu seinem Durchmesser. **Um welche mathematische Konstante geht es?**

☞ Es geht um die Kreiszahl Pi (π). Sie lautet mit den ersten 30 Nachkommastellen: 3,141 592 653 589 793 238 462 643 383 279.

Frage 8

Welche Zahlen umfasst die Menge der ganzen Zahlen?

☞ Die Menge der ganzen Zahlen umfasst alle positiven ganzen Zahlen (also Zahlen ohne Nachkommastellen), alle negativen ganzen Zahlen und die Null.

Frage 9

Stellen Sie sich ein Dreieck vor, dessen Grundseite den Durchmesser eines Kreises bildet. Der dritte Punkt des Dreiecks befindet sich irgendwo auf der Kreislinie. **Um welche Art von Dreieck handelt es sich hierbei?**

☞ Es handelt sich um ein rechtwinkliges Dreieck. Die in der Frage formulierte Regelmäßigkeit wurde bereits ca. 600 Jahre v. Chr. von dem griechischen Naturwissenschaftler Thales von Milet (624–546 v. Chr.) formuliert. Sie ist in der Mathematik als Satz des Thales bekannt.

Frage 10

Mit der Formel $A = \frac{a \cdot h}{2}$ kann man die Fläche dieser geometrischen Figur berechnen. **Um welche Figur handelt es sich dabei?**

☐ a) Dreieck
☐ b) Quadrat
☐ c) Parallelogramm
☐ d) Kreis

☞ **a) Dreieck**

Diese Formel berechnet die Fläche eines Dreiecks. Dabei ist a die Länge der Grundseite und h die Höhe des Dreiecks.

Frage 11

Dieser Mathematiker und Philosoph (570–510 v. Chr.) verließ mit 40 Jahren seine griechische Heimat und gründete in Italien eine Schule. Trotz intensiver Bemühungen der Forschung gehört er noch heute zu den rätselhaftesten Persönlichkeiten der Antike. Einer seiner bekanntesten Lehrsätze beschäftigt sich mit dem rechtwinkligen Dreieck, von ihm stammt die Formel $a^2 + b^2 = c^2$. **Um welchen Wissenschaftler handelt es sich?**

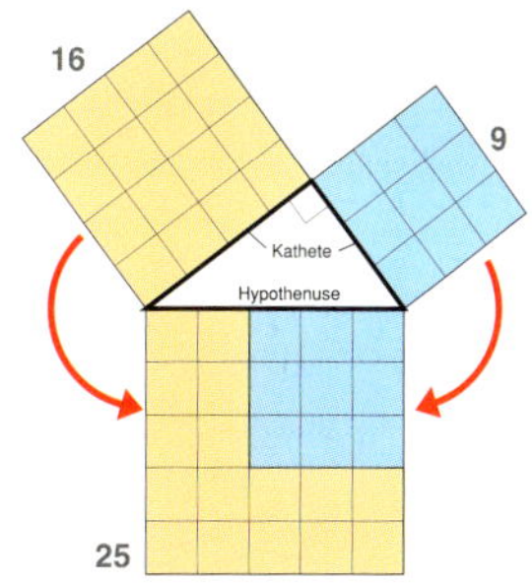

$a^2 + b^2 = c^2$

☞ **Pythagoras** wurde auf der griechischen Insel Samos geboren. Viele Einzelheiten über sein Leben sind nicht bekannt, sodass ihn auch heute noch ein Hauch des Mysteriösen umgibt.

Frage 12

In der Prozentrechnung gibt es drei grundlegende Werte. **Wie heißen sie?**

☞ Die drei grundlegenden Werte der Prozentrechnung sind der Grundwert (G), der Prozentwert (W) und der Prozentsatz (p). Dabei ist die Größe, die dem Ganzen bzw. den 100 % entspricht, der Grundwert. Der Prozentwert ist ein Anteil des Grundwertes. Wie viele Prozent er ausmacht, wird vom Prozentsatz – das sind die Angaben in Prozent – bestimmt.

Frage 13

Womit beschäftigt sich die Stochastik?

☐ a) Gleichungen
☐ b) Funktionen
☐ c) Mengen
☐ d) Wahrscheinlichkeiten

☞ **d) Wahrscheinlichkeiten**

Die Stochastik beschäftigt sich mit der Gesetzmäßigkeit von zufälligen Ereignissen. Ihre beiden großen Teilbereiche sind die Wahrscheinlichkeitsrechnung und die Statistik.

Frage 14

Zahlen sind nicht immer einfach nur Zahlen. Einige von ihnen weisen ganz besondere Eigenschaften auf und haben somit auch ganz eigene Namen erhalten. Quadratzahlen sind z. B. diejenigen Zahlen, die das Ergebnis der Multiplikation einer Zahl mit sich selbst darstellen (also 4 = 2 · 2; 25 = 5 · 5 usw.). Die Besonderheit der Zahlen, um die es hier geht, ist, dass sie nur durch 1 und sich selbst geteilt werden können. **Um welche Zahlen handelt es sich?**

☞ **Um Primzahlen.** Die kleinsten Primzahlen sind 2, 3, 5, 7 und 11. Die 1 ist per definitionem keine Primzahl.

Frage 15

Was bedeutet der Begriff „Menge" und wer verwendete ihn erstmals?

Georg Cantor

☞ Zusammenfassungen von beliebigen wirklich existierenden oder gedachten Objekten zu einem Ganzen werden als Mengen bezeichnet. Die zusammengefassten Objekte werden die Elemente der Menge genannt. Der Begriff „Menge" wurde 1895 erstmals von dem deutschen Mathematiker Georg Cantor (1845–1918) verwendet.

Frage 16

Was ist ein Term?

☞ Als Term bezeichnet man eine mathematische Zeichenfolge, die sinnvoll miteinander verknüpft ist. Terme sind sozusagen die grammatisch korrekten Wortgruppen oder Sätze in der Sprache der Mathematik.

Frage 17

Nach welcher Formel berechnet man das Volumen (V) eines Würfels?

☐ a) $V = a^2 + b^2 = c^2$
☐ b) $V = a \cdot b \cdot c^3$
☐ c) $V = a^3$
☐ d) $V = (a + b) \cdot c^2$

☞ **c) $V = a^3$**
Das Volumen eines Quaders errechnet sich aus dem Produkt seiner Höhe, Breite und Länge. Ein Würfel ist eine Spezialform eines Quaders, bei dem Höhe, Breite und Länge gleich sind.

Frage 18

Bei welcher mathematischen Disziplin bringt man etwas auf einen gemeinsamen Nenner?

☐ a) Stochastik
☐ b) Geometrie
☐ c) Mengenlehre
☐ d) Bruchrechnung

☞ **d) Bruchrechnung**
Bei der Bruchrechnung muss man, um Brüche zu addieren oder zu subtrahieren, die beteiligten Brüche auf den gleichen Nenner bringen. Das geschieht durch entsprechendes Erweitern. Der gemeinsame Nenner der Brüche 2/3 und 3/4 lautet 12, die Brüche nach der Erweiterung entsprechend 8/12 und 9/12.

Frage 19

Wozu benutzte man früher Logarithmentafeln?

☞ Logarithmentafeln stellten früher – bevor es Taschenrechner und Computer gab – eine wichtige Rechenhilfe dar. Es handelt sich hierbei um eine spezielle Tabelle, aus der man den Logarithmus und die Nachkommastellen bestimmter Zahlen ablesen kann. Es bedurfte allerdings einiger Übung, bis man mit diesem Hilfsmittel zuverlässig und schnell rechnen konnte.

Frage 20

Mathematiker streben danach, ihre Aussagen auch zu beweisen. Nun gibt es aber einige mathematische Aussagen, die nicht bewiesen werden können. **Wie nennt man solche Aussagen?**

Aristoteles

☞ **Axiome.** Eines der bekanntesten Axiome aus der

Geometrie lautet z. B.: „Die kürzeste Verbindung zwischen zwei Punkten ist eine Gerade." Auch die Aussage „Jede natürliche Zahl n hat genau einen Nachfolger" ist ein bekanntes mathematisches Axiom. Der griechische Gelehrte Aristoteles (384–322 v. Chr.) gilt als „Vater" der Axiomatik.

Frage 21

Wie nennt man ein Zahlensystem, in dem es nur zwei unterschiedliche Werte gibt?

☐ a) Binärsystem
☐ b) Dezimalsystem
☐ c) Tertiärsystem
☐ d) Oktalsystem

☞ **a) Binärsystem**
Die Entwicklung des Binärsystems geht auf den deutschen Mathematiker Gottfried Wilhelm Leibniz (1646–1716) zurück. Leibniz zeigte sich davon überzeugt, dass sein System, das nur die Zahlen 0 und 1 enthielt, perfekt für die mechanische Umsetzung in einer Maschine geeignet sei.

Frage 22

Wer begründete die klassische Geometrie?

☐ a) Euklid
☐ b) Newton
☐ c) Thales
☐ d) Pythagoras

☞ **a) Euklid** (ca. 365–300 v. Chr.). Der griechische Mathematiker schuf ein umfangreiches mathematisches Lehrbuch mit dem Titel *Elemente*, das bis ins 19. Jahrhundert neben der Bibel das meist verbreitete und meist übersetzte Werk war. Euklid wies auch nach, dass es unendlich viele Primzahlen gibt und dass die Quadratwurzel von 2 irrational ist.

Frage 23

Um die Erfindung des Schachspiels rankt sich eine schöne Legende: Ihr zufolge soll der Erfinder gefragt worden sein, was er als Belohnung für das schöne Spiel haben wolle. Daraufhin verlangte er ein Reiskorn für das erste Spielfeld, zwei Reiskörner für das zweite und für jedes weitere Feld doppelt so viele Körner wie für das vorhergegangene. Auf dem 64. Feld liegen dann 9.223.372.036.854.775.808 (mehr als neun Trillionen) Reiskörner – ein wahrhaft gigantisches Wachstum. **Wie nennt man eigentlich ein solches Wachstum in der Mathematik?**

☞ **Exponentielles Wachstum.** Das wohl wichtigste Merkmal des exponentiellen Wachstums ist, dass die Zu- bzw. Abnahme in einem bestimmten Zeitintervall nicht konstant, sondern abhängig vom und proportional zum vorhandenen Bestand ist.

Frage 24

Wer entwickelte das erste brauchbare Addiergerät?

Die erste Rechenmaschine

☞ Der französische Mathematiker und Philosoph Blaise Pascal (1623–62). Der deutsche Philosoph und Mathematiker Gottfried Wilhelm Leibniz (1646–1716) machte Pascals Maschine auch für andere Rechenarten tauglich.

Frage 25

Wie heißen die wichtigsten Teilgebiete der Mathematik?

☞ Arithmetik, Geometrie, Algebra, Analysis, Topologie, Funktionentheorie und Mengenlehre.

Frage 26

Welche mathematischen Aufgaben lassen sich mit einem Dreisatz lösen?

☞ Aufgaben, bei denen eine unbekannte Größe aus dem Verhältnis zweier gegebener Größen zueinander berechnet werden soll. Voraussetzung ist, dass die unbekannte Größe im gleichen Verhältnis zu einer gegebenen dritten Größe steht, wie die beiden anderen Größen. Mit einem Dreisatz lässt sich z. B. die Frage beantworten: Was wiegen acht Äpfel, wenn fünf Äpfel drei Pfund wiegen?

Frage 27

Was bezeichnet in der Mathematik die Potenz?

☐ a) die Größe einer Zahl
☐ b) das Produkt einer Zahl mit sich selbst
☐ c) die Summe einer Zahl mit sich selbst
☐ d) die Häufigkeit einer Zahl innerhalb einer Menge

☞ **b) das Produkt einer Zahl mit sich selbst**
Die Potenz wird als kleine hochgestellte Zahl neben die potenzierte Zahl geschrieben. So gilt also $8^3 = 8 \cdot 8 \cdot 8 = 512$.

Frage 28

Wo befindet sich im rechtwinkligen Dreieck die Hypotenuse?

☐ a) rechts des rechten Winkels
☐ b) gegenüber dem rechten Winkel
☐ c) links des rechten Winkels
☐ d) gibt es im rechtwinkligen Dreieck nicht

☞ **b) gegenüber dem rechten Winkel**
Ein rechtwinkliges Dreieck verfügt über eine Ankathete, eine Gegenkathete und eine Hypotenuse, die längste Seite im rechtwinkligen Dreieck, die immer dem rechten Winkel gegenüber liegt.

Frage 29

Was ist der Unterschied zwischen einer Ellipse und einem Oval?

☞ Die Ellipse ist eine geometrische Form, bei der für jeden Punkt die Summe seiner Abstände von zwei festen Punkten (Brennpunkten) denselben Wert hat. Als Oval bezeichnet man dagegen jede beliebige länglich-runde Form.

Frage 30

Wie schreibt man einen mathematischen Bruch?

☞ Ein Bruch ist das Ergebnis einer Rechnung, bei der geteilt wird (das Verhältnis zwischen zwei Zahlen). Teilt man z. B. 5 durch 3, dann wird die Zahl 5 als Zähler bezeichnet und über den sogenannten Bruchstrich geschrieben. Die Zahl 3 ist der Nenner und steht unter dem Bruchstrich. Alternativ ist auch die Schreibweise 5/3 möglich.

Frage 31

In welchem Bereich spielt die Eulersche Zahl eine wichtige Rolle?

☐ a) Flächenberechnung
☐ b) Infinitesimalrechnung
☐ c) Mengenlehre
☐ d) Funktionentheorie

☞ **b) Infinitesimalrechnung**
Die Eulersche Zahl (e = 2,718281828459…) ist die Basis des natürlichen Logarithmus und der Exponentialfunktion.

DIE GRÖSSTE PRIMZAHL

Tüftler sind ständig bemüht, immer größere Primzahlen zu finden. Dabei bedienen sie sich verschiedener ausgeklügelter Verfahren und natürlich der enormen Rechenleistung von Großrechenanlagen. Die (vorläufig) größte gefundene Primzahl lautet übrigens $2^{43112609}-1$. Sie wurde 2008 im Rahmen des Projekts „GIMPS – The Great Internet Mersenne Prime Search“ entdeckt.

Frage 32

Wie nennt man ein Viereck, dessen Seiten parallel sind, das jedoch keinen rechten Winkel hat?

☞ **Parallelogramm.**

Frage 33

Was sind die Winkelfunktionen?

☞ Die Winkelfunktionen (Sinus, Cosinus, Tangens und Cotangens) drücken Beziehungen zwischen Winkeln und Längen aus. So lässt sich mit ihrer Hilfe z. B. die Länge eines Schattens berechnen, die ein schief in die Erde gesteckter Stab wirft, wenn man den Winkel kennt, den der Stab mit dem Boden bildet.

Frage 34

Eine der Grundrechenarten in der Schule ist das Abziehen. **Wie lautet der wissenschaftlich korrekte Begriff?**

☐ a) Multiplizieren ☐ c) Subtrahieren
☐ b) Dividieren ☐ d) Addieren

☞ **c) Subtrahieren**

Frage 35

Womit beschäftigt sich das mathematische Teilgebiet Algebra?

☞ Die Algebra ist eine Rechenform, bei der Symbole anstelle von Zahlen stehen („Buchstabenrechnen"). Man unterscheidet mehrere voneinander abgegrenzte Teilgebiete: die elementare Algebra, die klassische Algebra, die lineare Algebra, die multilineare Algebra, die abstrakte Algebra und die reelle Algebra.

Frage 36

In der Logik gibt es den Begriff „Tautologie". **Was bezeichnet er?**

☞ Als Tautologie bezeichnet man eine Aussage, die immer wahr ist, unabhängig davon, ob ihre einzelnen Teilaussagen als wahr oder falsch angesehen werden können. So handelt es sich z. B. bei der Aussage „Es schneit oder nicht" um eine Tautologie. Eine von beiden Teilaussagen ist immer richtig. Da beide mit einem „oder" verknüpft sind, muss also die Gesamtaussage auch immer richtig sein.

Frage 37

Die Geschäfte eines Unternehmens müssen jederzeit lückenlos dokumentiert und überprüfbar sein. **Wie nennt man die Gesamtheit der Aufzeichnungen, zu dessen Führung ein Unternehmen verpflichtet ist?**

☞ **Buchführung.**

Frage 38

Was versteht man in der Mathematik unter einem Satz?

☐ a) eine beliebige Buchstabenfolge
☐ b) eine Zeile in einer Berechnung
☐ c) eine Aussage, deren Wahrheit man mit anderen Aussagen beweisen kann
☐ d) eine Aussage, deren Wahrheit selbstverständlich ist und die nicht mehr bewiesen werden muss

☞ **c) eine Aussage, deren Wahrheit man mit anderen Aussagen beweisen kann**

Frage 39

Welcher französische Mathematiker, der von 1811 bis 1832 lebte, wurde erst postum als Genie bekannt?

☞ Évariste Galois (1811–32) wurde in einem Pariser Vorort geboren. Seine Zulassung zur École Polytechnique, der führenden höheren Lehranstalt für Mathematik in Frankreich, wurde zweimal verweigert. Kurz vor seinem Tod formulierte er im Alter von 21 Jahren die nach ihm benannte Galoistheorie. Mit der Veröffentlichung seiner Manuskripte 1846 und 1870 verbreitete sich Galois' Ruf als mathematisches Genie.

Frage 40

Wie viel Grad beträgt die Summe der Innenwinkel in einem Dreieck?

☐ a) 90°
☐ b) 180°
☐ c) 170°
☐ d) 360°

☞ **b) 180°**

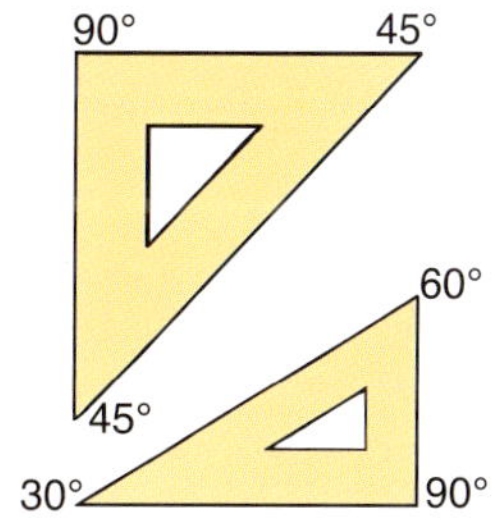

Innenwinkel eines Dreiecks

Frage 41

Der Mathematiker Bertrand Russell (1872–1970) hat eine schöne, aber verzwickte Geschichte erfunden, um auf ein logisches Dilemma aufmerksam zu machen. Im Mittelpunkt dieser Geschichte steht ein Barbier.

Dieser Barbier behauptet von sich selbst, er rasiere alle Männer des Ortes, nur nicht die, die sich selbst rasieren. So weit, so gut. Wie behandelt der arme Mann nun aber seinen eigenen Bart? Rasiert er sich selbst oder rasiert er sich nicht selbst? **Wie nennt sich ein solches logisches Dilemma?**

☞ In diesem Fall spricht man von einem Paradoxon. Ein Paradoxon taucht auf, wenn aus einer Aussage ein Widerspruch entsteht, der sich nicht auflösen lässt.

Frage 42

In der Mathematik hat man es immer wieder auch mit unendlichen Größen zu tun. **Wie sieht das mathematische Zeichen für „unendlich" aus?**

☐ a) ∫
☐ b) ↸
☐ c) ≈
☐ d) ∞

☞ **d) ∞**

Die liegende Acht ist in der Mathematik das Zeichen für unendlich.

Frage 43

Warum machte die Mengenlehre in den 60ern Schlagzeilen?

☞ Als sie in den 1960er-Jahren in den Schulen eingeführt wurde, führte das zu heftigen Protesten der Elternschaft. Die Mengenlehre sollte das logische Denken der Kinder fördern. Anfang der 1990er-Jahre wurde sie z. T. wieder abgeschafft.

Frage 44

Ein wichtiger Untersuchungsgegenstand für Mathematiker sind Funktionen. **Aber was genau versteht man in der Mathematik unter einer Funktion?**

☞ Eine Funktion stellt eine eindeutige Abbildung beliebiger Gegenstände auf andere Gegenstände dar. So kann man beispielsweise jeder Zahl x in einer Funktion ihr Quadrat zuordnen, also x^2. Die Funktion aus unserem Beispiel würde als mathematische Formel so dargestellt: $f(x) = x^2$. Man kann Funktionen wie diese auch grafisch als Kurve in einem Koordinatensystem aufzeichnen.

Frage 45

Wer war Leonhard Euler?

Leonhard Euler

☞ Einer der bedeutendsten Mathematiker und Physiker des 18. Jahrhunderts. Der Schweizer (1707–85) gilt als Begründer der Hydrodynamik und der Theorie des Kreisels. Die Eulersche Zahl (e = 2,71828…) gilt als Basis des natürlichen Logarithmus. 1767 völlig erblindet, hinterließ er 28 große Werke und über 700 Abhandlungen.

Frage 46

Bei einer Lottoziehung kann man ausrechnen, wie groß die theoretische Chance ist, den Jackpot zu knacken. **Wie nennt man eine solche Rechnung?**

☐ a) Chancenrechnung
☐ b) Zufallsrechnung
☐ c) Glücksrechnung
☐ d) Wahrscheinlichkeitsrechnung

☞ **d) Wahrscheinlichkeitsrechnung**

Frage 47

Was hat es mit der Quadratur des Kreises auf sich?

☞ Die Quadratur des Kreises ist ein klassisches Problem der Geometrie. Die Aufgabe besteht darin, nur mit Lineal und Zirkel aus einem gegebenen Kreis ein Quadrat mit demselben Flächeninhalt zu konstruieren. Das Problem lässt sich bis in die Anfänge der Geometrie zurückverfolgen und beschäftigte Jahrhunderte lang führende Mathematiker, darunter auch Leonardo da Vinci (1452–1519). Im Jahr 1882 bewies der deutsche Mathematiker Ferdinand von Lindemann (1852–1939), dass diese Aufgabe unlösbar ist.

Frage 48

Was kann man mit der Formel $A = r^2 \cdot \pi$ berechnen?

☞ Die Fläche eines Kreises. Die Kreisfläche A erhält man, indem man den Radius r quadriert und mit Pi (π) multipliziert. Für Pi kann man näherungsweise den Wert 3,14 einsetzen.

Frage 49

Wie heißt der deutsche Naturwissenschaftler, der zwischen 1818 und 1826 die Landesvermessung des Königsreichs Hannover durchführte?

☐ a) Richard Dedekind
☐ b) Carl Friedrich Gauß
☐ c) Felix Klein
☐ d) Jean Baptiste Joseph Fourier

☞ **b) Carl Friedrich Gauß** (1777–1855)
Er zählt zusammen mit Archimedes (um 287–212 v. Chr.) und Isaac Newton (1643–1727) zu den größten Mathematikern aller Zeiten. Auch zur Astronomie, zur Zahlentheorie und Physik leistete Gauß wichtige Beiträge. Er wird auch als „Fürst der Mathematik" bezeichnet.

Carl Friedrich Gauß

Frage 50

Wie viele Flächen hat ein Pentaeder?

☐ a) 4
☐ b) 5
☐ c) 6
☐ d) 8

☞ **b) 5**
Pentaeder kommt aus dem Griechischen und bedeutet Fünfflächner.

Frage 51

Seit wann kennt man negative Zahlen?

☞ Bereits um 100 v. Chr. führten chinesische Mathematiker oder Astronomen negative Zahlen ein. Zu dieser Zeit waren solche Zahlen (weniger als Nichts) für Menschen europäischer Denkweise allerdings noch unvorstellbar oder sinnlos. So dauerte es noch bis 1535, bis der italienische Mathematiker Geronimo Cardanao (1501–76) die Mathematik um die negativen Zahlen bereicherte.

Frage 52

Wie nennt man in der Mathematik das Resultat einer Division?

☞ **Quotient.** Der Quotient gibt das Verhältnis zweier Größen zueinander an. Man kann ihn als Dezimalzahl (0,5) oder als Bruch (1/2) darstellen.

Frage 53

Manchmal ist es in der Mathematik wichtig, nicht nur den Zahlenwert einer Größe zu kennen, sondern auch die Richtung, in die diese Größe bewegt wird. So etwas ist dann beispielsweise der Fall, wenn man in einem Koordinatensystem einen Punkt um einen bestimmten Zahlenwert verschieben möchte. Auch in der Physik treten derartige Fälle auf. Die Kombination aus einem Wert und einer Richtung wird dann zeichnerisch mit einem Pfeil dargestellt. **Wie nennt man solche Größen?**

☞ **Vektoren.** Vektoren werden durch einen Betrag und eine Richtung bestimmt.

Frage 54

Von welchem berühmten Mathematiker stammt der Satz „Zerstört mir meine Kreise nicht"?

☞ Von Archimedes, der in der Zeit von 287–212 v. Chr. in Syrakus auf Sizilien lebte. Er gilt als der größte Mathematiker der Antike. Römische Legionäre trafen Archimedes in seinem Garten sitzend an, als er Skizzen in den Sand zeichnete. Er soll sie nur mit den Worten „Zerstört mir meine Kreise nicht!" bedacht haben, sie aber erschlugen ihn, und so wurde der letzte große griechische Mathematiker ein Opfer der neuen aufstrebenden Macht im Mittelmeerraum.

Frage 55

Wie lautet die mathematische Definition für die Ebene?

☞ Eine Ebene ist eine Fläche, welche durch drei Punkte, die nicht auf einer Geraden liegen, eindeutig festgelegt ist. Es gibt eine Länge und Breite, aber keine Höhe.

Frage 56

Wie heißt das Ergebnis einer Subtraktion?

☐ a) Differenz ☐ c) Quotient
☐ b) Summe ☐ d) Skalarprodukt

☞ **a) Differenz**

Frage 57

Wie ist die Symmetrie in der Geometrie definiert?

☞ Symmetrie ist die spiegelbildliche Lage zu einem Punkt (dem Symmetriezentrum), zu einer Geraden (der Symmetrieachse) oder zu einer Ebene (der Symmetrieebene). Symmetrische Formen gibt es in der unbelebten Natur (z. B. bei Kristallen) oder in der belebten Natur (z. B. der überwiegend zweiseitig-symmetrische Mensch).

Frage 58

Wie viel Grad beträgt die Summe der Außenwinkel in einem Dreieck?

☞ **360°**

Frage 59

Welche Lösung ist richtig und wie heißt die Regel, die sich dahinter verbirgt?

☐ a) $5 + 2 \cdot 8 = 56$ ☐ b) $5 + 2 \cdot 8 = 21$

☞ **b) $5 + 2 \cdot 8 = 21$.** Punkt vor Strich.

Frage 60

Was versteht man unter einer Dezimalzahl?

☞ Dezimalzahlen sind Zahlen, die mit den Zahlen von 0 bis 9 im sogenannten Dezimalsystem dargestellt werden. Bei der Dezimalzahl 45,32 hat die 5 als erste Zahl links des Dezimalkommas den Stellenwert 1 und die 4 als zweite Zahl den Stellenwert 10. Die erste Zahl rechts des Kommas, hier die 3, erhält den Stellenwert 1/10, die zweite Zahl, hier die 2, den Wert 1/100.

Frage 61

Wie viel Grad hat ein stumpfer Winkel und wie viel ein spitzer Winkel?

☞ Jeden Winkel, der größer als 90° und kleiner als 180° ist, bezeichnet man als stumpfen Winkel. Der spitze Winkel ist kleiner als 90° und größer als 0°. Ein rechter Winkel hat genau 90°.

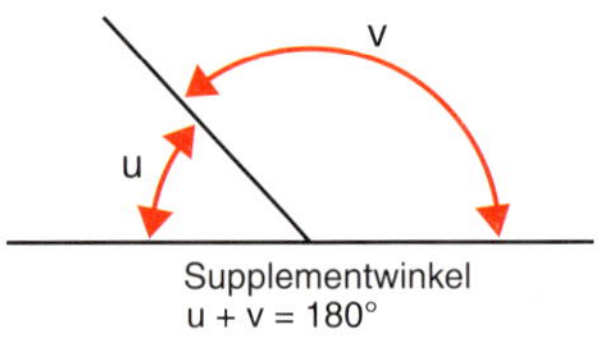

Spitzer und stumpfer Winkel

Frage 62

In welcher mathematischen Disziplin beschäftigt man sich mit der Lösung von mathematischen Gleichungen?

☐ a) Analysis ☐ c) Arithmetik
☐ b) Algebra ☐ d) Stochastik

☞ **b) Algebra**

VERLOGENE KRETER

Der Philosoph und Seher Epimenides lebte im 6./7. Jahrhundert v. Chr. auf der griechischen Insel Kreta. Er gilt als Schöpfer eines der berühmtesten Paradoxa: „Alle Kreter sind Lügner und alle von Kretern aufgestellte Behauptungen sind Lügen." Wer versucht, dieses Paradoxon sinnvoll aufzulösen, wird sich unweigerlich im Logikdschungel verlaufen und nicht wieder hinausfinden.

Frage 63

Was ist eine Kathete?

☞ Als Kathete werden die beiden kürzeren Seiten eines rechtwinkligen Dreiecks bezeichnet.

Frage 64

In der Geometrie kommen im Zusammenhang mit Kreisen auch Sekanten vor. **Was stellen diese Gebilde mit dem Kreis an?**

☞ Eine Sekante ist in der Geometrie eine Gerade, die einen Kreis an zwei unterschiedlichen Punkten schneidet.

Frage 65

Was wird in der Geometrie in Grad gemessen?

☞ Grad ist in der Geometrie die Einheit für den Winkel, wobei ein Grad den 360. Teil eines Vollkreises bezeichnet.

Frage 66

Was muss empirisch oder durch Experimente überprüfbar sein?

☐ a) Hypotenusen ☐ c) Hypothesen
☐ b) Hypotheken ☐ d) Hyponyme

☞ **c) Hypothesen**
Hypothesen sind wissenschaftliche Annahmen, die so formuliert sind, dass sie empirisch (durch Erfahrung) oder durch Experimente überprüfbar sind (d.h. sie müssen sich verifizieren lassen).

Frage 67

Wie nennt man das Buch, in dem man mathematische Formeln nachschlagen kann?

☞ **Formelsammlung.**

Frage 68

Er war Mathematiker, Philosoph und Naturwissenschaftler. Dadurch, dass er Algebra und Geometrie miteinander verknüpfte, wurde er zum Wegbereiter der analytischen Geometrie. **Wer war der Mann?**

René Descartes

☞ **René Descartes (1596–1650).** Als Philosoph gilt er als Begründer des Rationalismus.

Frage 69

Welche Anwendungsmöglichkeiten gibt es für ein Flussdiagramm?

☞ Überall, wo es um die übersichtliche Darstellung von Abhängigkeiten oder Beziehungen geht, ist ein Flussdiagramm (Ablaufplan) hilfreich. Die Übersichtlichkeit der Darstellung entsteht durch die Verwendung von Kästchen, Verbindungslinien und Pfeilen. In einem Ablaufdiagramm kann z.B. die Abwicklung einer Bestellung vom Eingang bis zur Ablieferung dargestellt werden.

Frage 70

Er wird gern zitiert, wenn es um die Lösung geht: „Das macht man nach …". Dennoch ist der fränkische Mathematiker so sehr in Vergessenheit geraten, dass nicht einmal sein Name korrekt verwendet, sondern ein „e" angehängt wird. Sein Verdienst ist es, dass im 19. Jh. die römischen Zahlen durch die arabischen ersetzt wurden. **Wer ist er?**

☐ a) Heinrich Nam ☐ c) Adam Ries
☐ b) Frank Tasch ☐ d) Karl Fe

☞ **c) Adam Ries**

Frage 71

Wie unterscheidet sich die fraktale Geometrie von der euklidischen Geometrie?

Während sich die euklidische Geometrie mit einfachen Formen wie Dreiecken oder Kreisen beschäftigt, geht es bei der fraktalen Geometrie um komplexe, auch in der Natur vorkommende Gebilde. Mit ihren Methoden kann man z.B. Landoberflächen mathematisch erfassen und in Computern simulieren.

Frage 72

Wie bezeichnet man einen Grundsatz der Logik und Mathematik, der keines Beweises bedarf?

☐ a) Sinus
☐ b) Thales-Satz
☐ c) Axiom
☐ d) Term

☞ **c) Axiom**

Frage 73

Wann spricht man von einer Antinomie?

☞ Man spricht in der Mathematik von einem Paradoxon oder einer Antinomie, wenn aus einer Aussage ein Widerspruch entsteht, der nicht lösbar ist. Antinomien sind streng beweisbar und weisen auf Fehler im Systemkonzept hin.

Frage 74

Wieso gibt es keinen Nobelpreis für Mathematik?

☞ Es gibt die kuriose Geschichte, dass ein schwedischer Mathematiker Alfred Nobel (1833–96) seine Frau ausgespannt haben soll. Als Rache schrieb Nobel keinen Preis für Mathematiker aus. Dies ist jedoch nur eine Legende, Nobel war nie verheiratet. Der wahre Grund ist wohl, dass Alfred Nobel die Mathematik in seinem Testament schlicht und einfach nicht erwähnt hat.

Alfred Nobel

Frage 75

Was ist ein Drachenviereck?

☞ Ein Drachenviereck ist ein Viereck, in dem jeweils die beiden Seiten gleich lang sind, die einen Eckpunkt auf der Symmetrieachse gemeinsam haben. Die Diagonalen stehen in einem (gleichschenkligen) Drachenviereck senkrecht aufeinander. Eine von ihnen ist die Symmetrieachse.

Frage 76

Wer gilt als der erste europäische Fachmathematiker des Mittelalters?

☐ a) Michael Stifel
☐ b) François Viète
☐ c) Leonardo von Pisa
☐ d) Johannes Kepler

☞ **c) Leonardo von Pisa** (auch Fibonacci, 1180–1250). Er behandelte v. a. zahlentheoretische Probleme.

Frage 77

Was versteht man unter der sogenannten goldbachschen Vermutung?

☞ In einem Brief an Leonhard Euler (1707–83) äußerte der Mathematiker Christian Goldbach (1690–1764) am 7. Juni 1742 seine berühmte Vermutung, dass sich jede gerade Zahl als Summe zweier Primzahlen schreiben lässt: Dies wird heute als binäre goldbachsche Vermutung bezeichnet. Obwohl man davon ausgeht, dass die Vermutung stimmt, konnte bisher kein Beweis gefunden werden.

Frage 78

Wie viele Symbole werden zur Darstellung römischer Zahlen benutzt?

☐ a) sechs
☐ b) sieben
☐ c) acht
☐ d) neun

☞ **b) sieben**

Zur Darstellung römischer Zahlen werden insgesamt sieben Symbole benutzt: vier Grundzeichen (I, X, C und M), von denen jeweils zehn zum nächsthöheren zusammengefasst werden, sowie drei Hilfszeichen (V, L und D). Sie haben folgende Bedeutung: I = 1; X = 10; C = 100; M = 1000; V = 5; L = 50; D = 500. Ein Beispiel: LXXVIII bedeutet 50 + 10 + 10 + 5 + 1 + 1 + 1 = 78. Die Grundzeichen I, X, C und M werden höchstens dreimal nebeneinander geschrieben, die Hilfszeichen treten nur einzeln auf.

Frage 79

Wie bezeichnet man die Forderung, dass eine Aussage entweder wahr oder falsch ist?

☞ Als Prinzip der Zweiwertigkeit. Es enthält zwei Teilforderungen: 1. Jede Aussage ist wahr oder falsch. 2. Keine Aussage ist wahr und falsch zugleich.

Frage 80

Was besagt der sogenannte Thalessatz?

☞ Der Satz des Thales (640–546 v. Chr.) ist ein Satz der Geometrie. In Kurzform besagt er: „Alle Winkel im Halbkreis sind rechte Winkel." Anders ausgedrückt: Konstruiert man ein Dreieck aus den beiden Endpunkten des Durchmessers eines Halbkreises (dem Thaleskreis) und einem weiteren Punkt dieses Kreises, erhält man immer ein rechtwinkliges Dreieck. Thales von Milet (624–546 v. Chr.) gilt als der älteste der sogenannten sieben Weisen, in der Antike hoch angesehene Politiker, Dichter und Philosophen.

Thales von Milet

Frage 81

Was ist der Unterschied zwischen einem gleichschenkligen und einem gleichseitigen Dreieck?

☞ Ein gleichschenkeliges Dreieck besitzt zwei gleich lange Seiten (was damit gleichbedeutend ist, dass es zwei gleiche Winkel besitzt). Ein gleichseitiges Dreieck besitzt drei gleich lange Seiten (was damit gleichbedeutend ist, dass alle Winkel gleich sind).

Frage 82

Welcher schottische Mathematiker hatte großen Einfluss auf die Entwicklung von Rechenmaschinen?

☞ Der schottische Mathematiker John Napier (1550–1617) erfand die Napierstäbchen. Auf den rechteckigen Holzstäbchen, die vor allem als Rechenhilfe für Multiplikationen gedacht waren, war auf allen vier Seiten das kleine Einmaleins aufgetragen. Die Napierschen Rechenstäbchen sind leider in Vergessenheit geraten, obwohl sie einen bedeutenden Einfluss auf die Entwicklung der Rechenmaschinen hatten.

Frage 83

Was unterscheidet ein spitzwinkliges von einem stumpfwinkligen Dreieck?

☐ a) die Anzahl der Winkel
☐ b) die Größe der Winkel
☐ c) die Länge der Hypotenuse

☞ **b) die Größe der Winkel**
Spitzwinklig wird ein Dreieck genannt, wenn alle seine Winkel spitz, d. h. kleiner als 90° sind. Stumpfwinklig wird ein Dreieck genannt, wenn es einen Winkel besitzt, der stumpf, d. h. größer als 90° ist.

Frage 84

Wie kann man unter neun Kugeln die eine herausfinden, die geringfügig schwerer als die anderen acht ist, wenn man nur zweimal wiegen darf?

☞ Zuerst legt man drei Kugeln zur Seite und wiegt die anderen sechs jeweils drei auf einer Seite der Waage. Nun weiß man, unter welchen drei sich die schwerere Kugel befindet: Wenn beide Seiten gleich schwer sind, liegt sie unter den anfangs zur Seite gelegten Kugeln, andernfalls eben bei den Kugeln der schwereren Waagschale.
Dann wiegt man zwei der ausgewählten Kugeln (jeweils eine auf jeder Seite). Zeigt die Waage an, dass beide Kugeln gleich schwer sind, ist die gesuchte Kugel jene, die man zur Seite gelegt hat, andernfalls jene, die schwerer ist.

Frage 85

Durch welche Diagramme lassen sich Prozentangaben veranschaulichen?

☞ Prozentangaben lassen sich grafisch durch Kreisdiagramme, Streifendiagramme, Säulendiagramme oder Liniendiagramme veranschaulichen. Welche Art der Darstellung günstig ist, hängt vom Sachverhalt ab.

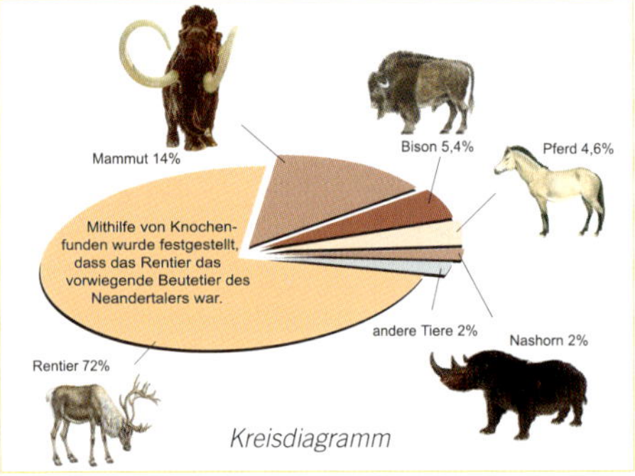

Kreisdiagramm

Frage 86

Was ist eine Variable?

☞ Eine Variable ist ein abstraktes Symbol, üblicherweise ein Buchstabe, an dessen Stelle konkrete Zahlen (oder sonstige mathematische Objekte) eingesetzt werden können. Daher wird sie auch Platzhalter genannt. Der Name kommt daher, dass man sich nicht auf eine konkrete Zahl festgelegt hat, also die eingesetzte Zahl „variabel" hält.

Frage 87

Was versteht man unter einer Quersumme?

☞ Die Quersumme einer Zahl ist die Summe ihrer Ziffern.
Beispiel: 4589
Quersumme $q = 4 + 5 + 8 + 9 = 26$.

Frage 88

Wer entwickelte den Rechenschieber?

☐ a) John Wallis
☐ b) Pierre de Fermet
☐ c) Gaspard Monge
☐ d) William Oughtred

☞ **d) William Oughtred**
Das Prinzip des Rechenstabs wurde bereits in den 20er-Jahren des 17. Jahrhunderts von Edmund Gunter (1581–1626) vorgestellt. Doch erst dem Engländer William Oughtred (1574–1660) ist die Entwicklung des Rechenschiebers mit aneinander gleitenden Skalen zuzuschreiben.

Frage 89

Was ist der Unterschied zwischen einem Radius und dem Durchmesser eines Kreises?

☞ Der Durchmesser eines Kreises ist doppelt so groß wie sein Radius.

Frage 90

Wann bezeichnet man ein Viereck als Trapez?

☞ Ein Viereck heißt Trapez, wenn es genau zwei parallele Gegenseiten hat.

Frage 91

Woher kommt der Ausdruck „etwas auf dem Kerbholz haben"?

☞ Rechenhilfsmittel existierten bereits in sehr frühen Phasen der Menschheitsentwicklung. Die einfachsten Darstellungen von Zahlen gibt es auf Kerbhölzern, die beim Zählen von Vieh, Sklaven oder Naturalabgaben Verwendung fanden. In einen Holzstab wurden dazu Marken eingekerbt.

Frage 92

Was versteht man unter dem sogenannten Sieb des Eratosthenes?

☞ Der griechische Mathematiker Eratosthenes (275–194 v. Chr.) beschrieb ein Verfahren, mit dem man in der Reihe der natürlichen Zahlen alle Primzahlen aussieben kann. Dabei werden aus einer Liste von natürlichen Zahlen, beginnend mit 2, systematisch alle Vielfache gestrichen und die Primzahlen gewissermaßen ausgesiebt.

Frage 93

Rechtecke sind eine Spezialform von Vierecken. Welche besonderen Merkmale weist ein Rechteck auf?

☞ Rechtecke besitzen vier rechte Winkel. So ist z. B. eine Raute zwar ein Viereck, aber kein Rechteck.

Frage 94

Welcher griechische Mathematiker und Astronom nennt man auch „den großen Geometer"?

☞ Apollonius von Perge (262–190 v. Chr.). Er beschäftigte sich sowohl mit arithmetischen Berechnungen als auch mit der Statistik. Besonders zu erwähnen ist sein Hauptwerk *Conica*, in dem er die Ergebnisse der antiken Kegelschnittlehre zusammenfasste. Apollonius lieferte auch wichtige Beiträge zur Astronomie.

Frage 95

Wozu dienen Baumdiagramme?

☐ a) zur Berechnung der durchschnittlichen Baumhöhe
☐ b) zur Demonstration von Kreisbewegungen
☐ c) zur Veranschaulichung von Vorgängen

☞ **c) zur Veranschaulichung von Vorgängen**
Wie bei einem Baum können sich die „Äste" auf einer bestimmten Stufe des Diagramms „verzweigen". Die Zweige entsprechen dann den Ergebnissen des nächsten Teilvorgangs.

Frage 96

Welche Beweisverfahren unterscheidet man?

☞ Man unterscheidet im Wesentlichen zwei Beweisverfahren, den direkten Beweis und den indirekten Beweis. Jeder Beweis besteht aus drei Schritten, nämlich Voraussetzung – Behauptung – Beweis(-durchführung). Wenn eine mathematische Aussage bewiesen werden soll, ist es günstig, diese Aussage in Form einer Implikation, also in „wenn, dann …"-Form, anzugeben.

Frage 97

Seit wann kennt die Mathematik irrationale Zahlen?

☐ a) seit 930 v. Chr. ☐ c) seit dem 8. Jh.
☐ b) seit 410 v. Chr. ☐ d) seit 1650

☞ **b) seit 410 v. Chr.**
Zahlen, die sich nicht als Quotient zweier ganzer Zahlen ausdrücken lassen, bezeichnete Theodoros von Kyrene (um 460–399 v. Chr.) um 410 v. Chr. erstmals als irrationale Zahlen.

Frage 98

Unsere Erde ist keine Kugel, sondern ein Ellipsoid, da der Äquatorradius (6378 km) und der Polradius (6356 km) nicht gleich groß sind. **Was ist ein Ellipsoid?**

☞ Ein Ellipsoid ist ein Rotationskörper, der z. B. durch die Rotation einer Ellipse um eine ihrer Hauptachsen entsteht. Während bei einer Kugel alle drei räumlichen Ausdehnungen gleich sind, sind diese bei einem Ellipsoid verschieden.

Frage 99

Was ist eine Pyramide?

☞ Ein Körper heißt Pyramide, wenn er von einem Dreieck, Viereck, Fünfeck usw. als Grundfläche und von Dreiecken als Seitenflächen begrenzt wird, die einen Punkt S gemeinsam haben. Der Punkt S heißt Spitze der Pyramide. Der Abstand der Spitze der Pyramide von der Grundfläche heißt Höhe der Pyramide. Der Fußpunkt der Höhe ist der Fußpunkt des Lotes von der Spitze in die Grundfläche.
Die Kanten der Grundfläche nennt man Grundkanten, die Kanten der Seitenfläche heißen Seitenkanten.

Ägyptische Pyramide

Frage 100

Nach wie vielen Jahren hätte jemand, der mit seinem Auto im Jahr etwa 15.000 Kilometer fährt, einmal die Erde umrundet?

☐ a) nach drei Monaten und 15 Tagen
☐ b) nach einem Jahr und sieben Monaten
☐ c) nach zwei Jahren und acht Monaten
☐ d) nach vier Jahren und vier Tagen

☞ **c) nach zwei Jahren und acht Monaten**
Der Erdumfang am Äquator beträgt nämlich 40.076,59 km. Dass die Erde keine vollkommene Kugel ist, zeigt sich, wenn man den Erdumfang an einer Linie misst, auf der auch die beiden Pole liegen, den sogenannten Meridianumfang: Er beträgt nur 40.009,14 km.

Frage 101

Wer erfand die Differenzialrechnung?

☞ Unabhängig voneinander entwickelten im Jahre 1671 der britische Naturwissenschaftler Sir Isaac Newton (1643–1727) und ungefähr vier Jahre später auch der deutsche Universalgelehrte Gottfried Wilhelm Leibniz (1646–1716) die Differenzialrechnung. Ziel der beiden Forscher war es, die Schnelligkeit der Veränderung eines Vorgangs in Zeit und/oder Raum zu bestimmen.

Frage 102

Welche Beziehung besteht zwischen einer Wurzel und einer Potenz?

☞ Die Wurzel ist die Umkehrung der Potenz. So ist die Wurzel von 9 die Zahl 3 ($\sqrt{9} = 3$), die zweite Potenz von 3 (3^2) ergibt 9.

Frage 103

Was versteht man unter einem geometrischen Körper?

☞ Ein geometrischer Körper ist die Menge aller Punkte, Geraden und Ebenen des dreidimensionalen Raumes, die innerhalb eines vollständig abgeschlossenen Teils dieses Raumes liegen. Die Summe der Flächeninhalte der Begrenzungsflächen bildet den Oberflächeninhalt, der vollständig umschlossene Raum das Volumen des Körpers.

Frage 104

Wer erfand das „Instrumentum architecturae“?

☐ a) Johann Balthasar Neumann
☐ b) Gerd Faltings
☐ c) Wendelin Werner
☐ d) Klaus Friedrich Roth

☞ **a) Johann Balthasar Neumann**
Johann Balthasar Neumann (1687–1753), deutscher Architekt und Baumeister, ist vor allem durch seine prächtigen Rokokobauten bekannt geworden. Für seine Berechnungen entwickelte er einen speziellen Proportionalwinkel, das „Instrumentum architecturae“, mit dem die Proportionen der verschiedenen Säulenarten bequem abgelesen werden konnten.

Klosterkirche Vierzehnheiligen, konstruiert von Balthasar Neumann

Frage 105

Was bezeichnet man als Maßstab?

☞ Das Verhältnis einer Vergrößerung oder Verkleinerung nennt man Maßstab. Die erste Zahl des Maßstabes bezieht sich auf das Bild und die zweite auf das Original. Ist die erste Zahl des Maßstabes größer als die zweite, handelt es sich um eine Vergrößerung. Ist die erste Zahl kleiner als die zweite, handelt es sich um eine Verkleinerung.

Frage 106

Was ist die höchste Auszeichnung, die ein Mathematiker erlangen kann?

☐ a) Nobelpreis ☐ c) Abelpreis
☐ b) Pulitzerpreis ☐ d) Fieldsmedaille

☞ **d) Fieldsmedaille**
Sie ist benannt nach dem Mathematiker John Charles Fields (1863–1932) und gilt als höchste Auszeichnung, die man als Mathematiker erlangen kann. Sie wird alle vier Jahre verliehen.

Frage 107

Was versteht man unter dem „Goldenen Schnitt"?

☞ Der Goldene Schnitt ist eine Gestaltungsregel, mit der man harmonische Maßverhältnisse berechnet. Eine Strecke wird so geteilt, dass sich die Länge der ganzen Strecke zu der größeren Strecke so verhält, wie diese zur kleineren Strecke. Schon in der Antike herrschte die Auffassung, dass der menschliche Körper und seine Teile eine gewisse symmetrische Harmonie, die sich auch mathematisch beschreiben ließe, besitzen müsse, um vollkommen zu sein.

Frage 108

Welches ist die Basiseinheit für Flächen?

☞ Die Basiseinheit für Flächen ist der Quadratmeter (m^2). Außerdem gibt es Quadratkilometer (km^2), Hektar (ha), Quadrazentimeter (cm^2) und Quadratmillimeter (mm^2).

Frage 109

Wie sieht eine Hyperbel aus?

☞ Eine Hyperbel besteht aus zwei sogenannten „Ästen" (Kurven), die sich ins Unendliche erstrecken und immer mehr einer Gerade ähneln, aber nie wirklich gerade werden. Eine praktische Anwendung von Hyperbelfunktionen ist das Hyperbelnavigationsverfahren, das zur Standortbestimmung von Schiffen und Flugzeugen dient.

Frage 110

Wer begann mit der Wahrscheinlichkeitsrechnung?

☞ Obwohl erst Blaise Pascal (1623–62) und Pierre de Fermat (1601–65) die Lehre von der Wahrscheinlichkeit mathematisch begründeten, beschäftigte sich schon Geronimo Cardano (1501–76) mit ihr. Er schrieb darüber im Jahr 1539 sogar ein Buch mit dem Titel *Practica Arithmeticae et mensurandi generalis*.

Frage 111

Seit wann verwendet man in der Mathematik Klammern?

☐ a) 1379 ☐ c) 1801
☐ b) 1629 ☐ d) 1967

☞ **b) 1629**
Der französische Mathematiker Albert Girard (1595–1632) führte im Jahre 1629 den Gebrauch von Klammern in die Buchstabenrechnung ein, um damit auch längere Rechnungen korrekt anschreiben zu können.

Frage 112

Wer der folgenden Herren war Mathematiker?

☐ a) Hans Clarin
☐ b) Jakob Bernoulli
☐ c) Heinrich Böll
☐ d) Michel Platini

☞ **b) Jakob Bernoulli**
Jakob Bernoulli (1655–1705) hat wesentlich zur Entwicklung der Wahrscheinlichkeitsrechnung und zur Untersuchung von Potenzreihen beigetragen.

Jakob Bernoulli

Frage 113

Wer erfand das + und das –?

☞ Der deutsche Rechenmeister Johann Widmann (um 1460 – nach 1498) erfand 1484 die Symbole für die Addition und die Subtraktion: das + und das –. Damit wurde es viel leichter, einfache Rechenoperationen kurz anzuschreiben, denn zuvor schrieb man die Rechenoperation als Wort an.

Frage 114

Wie zuverlässig waren die ersten Rechenmaschinen?

☞ Als im Jahre 1818 die erste automatische Rechenmaschine konstruiert wurde, arbeitete sie auf 20 Stellen hinter dem Komma genau und beherrschte neben den vier Grundrechenarten auch das Wurzelziehen, das Potenzieren und berechnete zudem trigonometrische Reihen. Drei Jahre später erlangte die von Xavier Charles Thomas (1785–1870) konstruierte Maschine in Paris die Serienreife.

UNENDLICH IST NICHT GLEICH UNENDLICH

Der Mathematiker David Hilbert (1862–1943) hat ein interessantes Gedankenexperiment formuliert, das zeigt, dass selbst im Unendlichen noch Abstufungen existieren. Hilbert ging von einem Hotel mit unendlich vielen Zimmern, die durchnummeriert sind, aus. Das Hotel ist gerade voll belegt. Nun kommt ein neuer Gast und fragt den Wirt, ob er noch ein Zimmer bekommen kann. Der Wirt sagt ja, es sei kein Problem. Wie stellt er das nun an? Er verlegt einfach den Gast von Zimmer 1 in Zimmer 2, den Gast von Zimmer 2 in Zimmer 3 und so weiter. Da das Hotel über unendlich viele Zimmer verfügt, stellt diese Aktion kein Problem dar. Am Ende ist immer ein Zimmer frei und kann den neuen Gast aufnehmen. Auf diese Weise ist es dem Wirt also möglich, noch unendlich viele weitere Gäste zu beherbergen. In der Sprache der Mathematik verfügt das Hotel über abzählbar unendlich viele Zimmer.

Frage 115

Seit wann wird die Kreiszahl als „Pi" bezeichnet?

☞ Obwohl sie bereits um 250 v. Chr. berechnet wurde, war der englische Mathematiker William Jones (1675–1749) 1706 der Erste, der das griechische Symbol „π" für die Kreiszahl benutzte. Diese Bezeichnung setzte sich aber erst 1737 mit den Schriften des Schweizer Mathematikers Leonhard Euler (1707–83) in der Wissenschaft durch.

Frage 116

Der englische Mathematiker und Philosoph wurde im Jahr 1815 in Lincoln geboren. Er war ursprünglich als Lehrer tätig, wurde dann aber wegen seiner wissenschaftlichen Leistungen zum Mathematikprofessor am Queens College im irischen Cork ernannt. Er beschäftigte sich intensiv damit, philosophische Probleme mit mathematischen Formulierungen darzustellen. **Wie hieß der Wissenschaftler?**

☞ **George Boole (1815–1964).** Mithilfe der Boolschen Algebra lassen sich logische Aussagen treffen und Bedingungen formulieren. Auch elektronische Schaltungen können mit der Boolschen Algebra dargestellt werden.

George Boole

Frage 117

Wo befindet sich das älteste mathematische Museum in Deutschland?

☐ a) Bonn
☐ b) Paderborn
☐ c) Dresden
☐ d) Gießen

☞ **c) Dresden**
Das älteste Museum ist der 1728 gegründete „Mathematisch-Physikalische Salon" in Dresden.

Frage 1
Würde eine Glühlampe leuchten, wenn man sie in die Mikrowelle legt?

☞ Die Antwort lautet eindeutig: ja. Und deshalb muss und sollte das niemand zu Hause ausprobieren.

Frage 2
Die Stärke welches Naturereignisses wird mit Werten der Richterskala angegeben?

☞ **Die Stärke von Erdbeben.** Die stärksten bekannten Beben hatten Werte von 8,5 bis 9. Seismologen (Erdbebenforscher) benannten die Skala nach ihrem amerikanischen Kollegen Charles Francis Richter (1900–85). Da es sich um eine logarithmische Skala handelt, ist ein Beben der Stärke 4 zehnmal stärker als ein Beben der Stärke 2 und hundertmal stärker als ein Beben der Stärke 1.

Frage 3
Warum sind manche Materialien magnetisch, andere wiederum nicht?

☞ Stoffe, die magnetisch werden können, besitzen eine ganz besondere Struktur: Sie sind aus unzähligen Elementarmagneten zusammengesetzt. Jeder dieser winzigen Magnete verfügt über einen eigenen Nord- und Südpol. Normalerweise befinden sich diese Elementarmagnete völlig ungeordnet innerhalb des Stoffs. In einem solchen Zustand hebt sich ihre Wirkung gegenseitig auf. Nun können sich diese winzigen Magnete – z. B. durch den Einfluss eines starken Magnetfeldes von außen – aber alle in Reih und Glied ausrichten. Dann hebt sich ihre Wirkung nicht mehr gegenseitig auf, sondern sie verstärkt sich noch. Der Stoff ist magnetisch geworden.

Frage 4
Der Frequenzbereich der vom Menschen wahrnehmbaren Töne liegt ungefähr zwischen 20 Hz und 18.000 Hz. Töne, die darunter oder darüber liegen, werden für gewöhnlich nicht mehr wahrgenommen. Außerdem hört man sehr leise Töne in direkter Nachbarschaft von sehr lauten Tönen nicht. All diese Dinge macht sich ein besonderes Verfahren zur Speicherung von Musik zunutze. **Wie heißt es?**

☞ **MP3.** Das Verfahren wurde 1982 am Fraunhoferinstitut für Integrierte Schaltungen in Erlangen entwickelt.

Frage 5
Welcher deutsche Industrielle war maßgeblich an der Entwicklung der elektronischen Ausrüstung im Kraftfahrzeug beteiligt?

☐ a) Robert Bosch
☐ b) Roman Siemens
☐ c) Roland Krups
☐ d) Ronald Rowenta

☞ **a) Robert Bosch** (1861–1942)
Er entwickelte 1905 den Hochspannungsmagnetzünder für den Motorfahrzeugbau und gründete die Robert-Bosch-Werke.

Robert Bosch

Frage 6
Was ist ein Lauschangriff?

☞ Eine Maßnahme der Polizei zur Bekämpfung der organisierten Kriminalität. Dabei werden unter Einsatz technischer Mittel wie Mikrofonen, Infrarotsensoren und Wanzen Privatwohnungen und Geschäftsräume überwacht.

Frage 7
Der Kern dieses Geräts ist das Magnetron. Dabei handelt es sich um einen Metallstab, der als Kathode dient. Er ist von einem massiven Metallzylinder, der Anode, umgeben. Auf der Innenseite des Zylinders befinden sich in regelmäßigen Abständen Bohrungen.

Diese ganze Apparatur ist von einer Spule umgeben, die ein starkes Magnetfeld erzeugt. Schaltet man das Gerät nun ein, erhitzt sich die Kathode so lange, bis aus ihr Elektronen austreten. Sie werden durch das Magnetfeld stark beschleunigt und in eine kreisförmige Bahn gezwungen. Treffen die Elektronen auf ihren Bahnen auf die Anode, sorgen sie in den Hohlräumen für Schwingungen. So werden elektromagnetische Wellen erzeugt. **Um welches Gerät handelt es sich?**

☞ **Um die Mikrowelle.** Sie erhitzt das Essen, indem sie seine Wasserstoffmoleküle zum Rotieren bringt.

Frage 8

Welche amerikanische Raumfähre explodierte 1986 kurz nach dem Start?

☞ Die Raumfähre Challenger explodierte am 28. Januar 1986 wegen einer schon länger bekannten Schwachstelle an den Feststoffraketen nur 73 Sekunden nach dem Start. Bei der Explosion starben alle sieben Besatzungsmitglieder. Damit handelte es sich um den schwersten Unfall in der Geschichte der bemannten Raumfahrt.

Frage 9

Dient ein Teleobjektiv zur Aufnahme naher oder weit entfernter Gegenstände?

☞ Teleobjektive haben eine lange Brennweite und sind daher zur vergrößerten Abbildung ferner Gegenstände geeignet. Nahaufnahmen können mithilfe von Makroobjektiven, Zwischenringen, Balgengeräten oder Nahlinsen gemacht werden.

Frage 10

Wenn es darum geht, die Leistung eines Motors zu beschreiben, ist diese Größe immer noch sehr populär, obwohl sie offiziell schon seit 30 Jahren nicht mehr gebraucht wird. **Wie heißt sie?**

☞ **Pferdestärke (PS).**

Frage 11

Für welche physikalische Größe benutzt man die Einheit Watt?

☐ a) Geschwindigkeit
☐ b) Widerstand
☐ c) Kraft
☐ d) Leistung

James Watt

☞ **d) Leistung**
Die Einheit wurde nach dem Schotten James Watt (1736–1819), der die Dampfmaschine entscheidend verbesserte, benannt.

Frage 12

In welcher Stadt steht das größte technische Museum der Welt?

☞ **In München.** Das Deutsche Museum beherbergt neben den meisten Gebieten der Technik auch die wichtigsten Zweige der Naturwissenschaften. Es sind viele historische Originale wie das erste Automobil und zahlreiche Modelle zu sehen. Einfache Versuche können selbst durchgeführt werden.

Frage 13

Welche Geschwindigkeit muss eine Rakete ungefähr haben, um die Anziehungskraft der Erde zu überwinden?

☞ Die Rakete muss etwa 40.000 km/h bzw. 11,2 km/s schnell sein. Sie sollte mindestens Flucht- oder Entweichgeschwindigkeit besitzen. Dies ist die Anfangsgeschwindigkeit, die ein Raumkörper haben muss, um ohne weiteren Antrieb den Anziehungsbereich eines Planeten verlassen zu können.

Frage 14

Worin unterscheiden sich LEDs von herkömmlichen Glühlampen?

☞ Die „Glühbirne" wird immer mehr von der LED-Technik verdrängt. LEDs senden lediglich Strahlen eines eng begrenzten Strahlenbereichs aus. Wärme entsteht dabei nicht, die gesamte Energie dient deshalb der Lichtgewinnung. LEDs verbrauchen daher bei gleicher Helligkeit weniger Strom.

Frage 15

Wo wird in unserem Alltagsleben die Braunsche Röhre eingesetzt?

☞ Sie ist in Form der Bildröhre ein Bestandteil von (Röhren-)Fernsehgeräten. Es handelt sich um eine Kathodenstrahlröhre, in der Elektronen stark beschleunigt und durch Magnetfelder abgelenkt werden. Durch den Leuchtschirm lassen sich die Elektronen sichtbar machen.

Frage 16

Wie misst eine Körperfettwaage den Fettanteil des Körpers?

☞ Zum einen misst die Körperfettwaage das Gesamtgewicht, zum anderen einen elektrischen Widerstand. Dazu schickt sie über Metallelektroden, auf die sich die Person barfuß stellt, einen leichten Strom in den Körper. Dieser misst den Widerstand, der wiederum vom Flüssigkeitsanteil abhängt. Je höher der Wasseranteil im Körper ist, desto geringer ist der Widerstand. Da Fett ein Gewebe ist, das wenig Wasser enthält, ist klar: geringer Widerstand = viel Wasseranteil = wenig Fettanteil.

Frage 17

In welchem Fluss wurde das U-Boot auf Seetüchtigkeit getestet?

☐ a) Themse
☐ b) Seine
☐ c) Donau
☐ d) Tiber

☞ **a) Themse**
Der Niederländer Cornelius van Drebbel (1572–1633) soll 1620 ein lederüberzogenes Holzruderboot mit Luftröhren verwendet und damit in der Themse getaucht haben.

Frage 18

Das Wort „downloaden" ist in aller Munde. Doch was heißt es auf gut Deutsch?

☞ Beim Downloaden werden Dateien oder Programme von einem Computer oder aus dem Internet heruntergeladen.

Frage 19

Wie kann man mithilfe von Satelliten in einem unbekannten Gelände seinen Standort feststellen?

☞ **Mit dem GPS (Global Positioning System).** Mit einem Empfangsgerät können die Signale von mehreren Satelliten empfangen und der eigene Standort berechnet werden. Das System wurde ursprünglich zu militärischen Zwecken von den USA entwickelt, ist heute aber auch für die zivile Nutzung freigegeben.

Frage 20

Er ist das grundlegende Bauelement aller modernen elektronischen Geräte, ohne ihn wäre die rasante Entwicklung in der Unterhaltungselektronik, aber auch in der Büro- und Kommunikationstechnik und vielen weiteren Gebieten undenkbar. Hergestellt wird er aus einem Material, das sich Halbleiter nennt. **Um welches unverzichtbare Bauteil handelt es sich?**

☞ **Um den Transistor.** Der erste wirklich funktionierende Transistor wurde 1947 in den USA hergestellt, nachdem deutsche Wissenschaftler das Funktionsprinzip bereits 20 Jahre zuvor erkannt hatten.

Frage 21

Wie unterscheiden sich digitales Fernsehen und digitaler Hörfunk von der bisher üblichen analogen Technik?

☞ Bei der digitalen Technik werden Bild- und Tonsignale in Form von digitalen Sendeimpulsen, d. h. verschlüsselt als ganze Zahlen ausgestrahlt. Im Gegensatz dazu beruht die analoge Technik auf der beliebigen Veränderung physikalischer Größen.

Frage 22

Was ist bei der Verwendung von Kindersitzen in Bezug auf Airbags zu beachten?

☞ Die sich blitzartig füllenden „Luftsäcke" im Auto haben sich zwar für den Schutz von Fahrer und Beifahrer bewährt, können aber bei Kindersitzen gefährlich werden. Werden Kleinkinder auf dem Beifahrersitz befördert, sollte der Airbag deaktiviert werden.

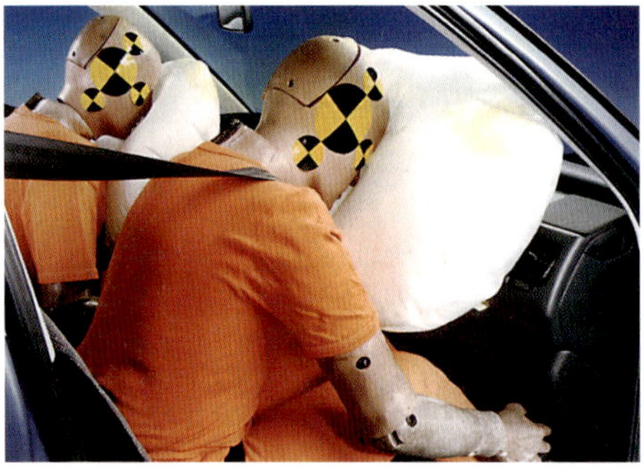

Gefährlich für Kleinkinder: Airbag am Beifahrersitz

Frage 23

Was versteht man unter einem Supraleiter?

☐ a) einen Leiter, der dem Strom einen unendlichen Widerstand entgegensetzt und so als Schalter eingesetzt werden kann
☐ b) einen Leiter, der den Strom ohne Widerstand transportiert
☐ c) einen Stoff, der über eine enorme Bruchsicherheit verfügt
☐ d) eine chemische Verbindung, die in unseren Waschmitteln für das Entfernen der Flecken zuständig ist

☞ **b) einen Leiter, der den Strom ohne Widerstand transportiert**
Einige Stoffe haben die Eigenschaft, bei sehr niedrigen Temperaturen ihren elektrischen Widerstand zu verlieren. Supraleitende Materialien sind beispielsweise Aluminium, Blei oder Quecksilber.

Frage 24

Wo werden Elektromagneten eingesetzt?

☞ Elektromagneten werden in vielen Bereichen des täglichen Lebens eingesetzt. Sie befinden sich in zahlreichen elektrischen Maschinen, ermöglichen Kränen, schwere Lasten zu heben, und dienen zur Abtrennung wiederverwertbarer Eisenteile aus dem Hausmüll.

Frage 25

Nach welchem Prinzip funktioniert ein Radargerät?

☞ Das Prinzip des Radars ist recht einfach: Ein Sender sendet Radiowellen aus, die von Gegenständen, auf die sie treffen, wieder reflektiert werden. In unmittelbarer Nähe des Senders befindet sich ein Empfänger, der die Ankunft der reflektierten Wellen registriert. Die Geschwindigkeit von Radiowellen ist bekannt, man muss also nur die Zeit messen, bis sie wieder empfangen werden, und kann daraus die Position des Gegenstands bzw. Hindernisses berechnen.

Frage 26

Von was wird der Röhrenbildschirm immer öfter abgelöst?

☞ **Vom Flachbildschirm.** Sowohl beim Computermonitor als auch beim Fernsehgerät setzt sich die flache Variante mehr und mehr durch.

Frage 27

Worum geht es, wenn von Hydraulik die Rede ist?

☞ Hydraulik ist ein Begriff aus dem Griechischen, der so viel wie „Wasser in Röhren" bedeutet. Gemeint ist damit, dass man sich in einem geschlossenen System die Kräfte des Wassers zunutze machen kann. Durch den Druck der Flüssigkeit können Kolbenstangen angetrieben werden. Eine solche Technik findet man z. B. bei Hebebühnen, Gabelstaplern, Pressen, Aufzügen und Kränen, aber auch in Bremsen. Heutzutage arbeiten hydraulische Systeme meist nicht mehr mit Wasserkraft, sondern mit besonderen Ölen.

Frage 28

Was ist in einem Computer für den Aufbau von Grafiken verantwortlich?

☞ **Die Grafikkarte** bestimmt die Auflösung, die Anzahl der Farben, die Bildwiederholfrequenz und die Geschwindigkeit, mit der eine Grafik auf dem Bildschirm aufgebaut wird.

Frage 29

Was misst ein Seismograf?

☐ a) den Luftdruck
☐ b) den pH-Wert
☐ c) die Stärke von Erdbeben
☐ d) den Alkoholspiegel

☞ **c) die Stärke von Erdbeben**

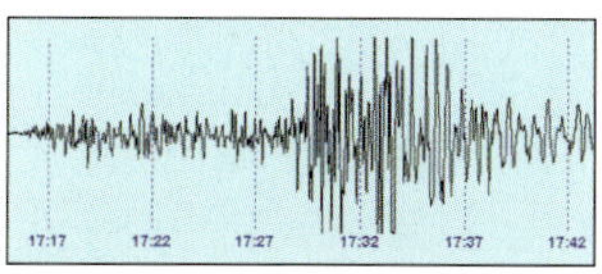

Aufzeichnung eines Bebens

Frage 30

Was versteht man unter einem Breitbandkabel?

☞ Beim Kabelfernsehen empfängt man die Fernsehsignale über ein Breitbandkabel. Bei einem solchen Kabel handelt es sich nicht um ein einfaches Kupferkabel, wie wir es z. B. von der Stromversorgung kennen, sondern um ein Koaxialkabel. Es besteht aus einem Leiter, einer isolierenden Schicht und einem röhrenförmigen Außenleiter. Da man in Koaxialkabeln einen sehr großen Frequenzbereich übertragen kann, werden sie auch als Breitbandkabel bezeichnet.

Frage 31

Was ist das Tätigkeitsfeld der Hacker?

☞ **Die Welt der Rechner und Netzwerke.** Mit ihren ausgezeichneten Fachkenntnissen können sie illegal in fremde Computersysteme eindringen.

Frage 32

Wer gilt als Erfinder des Telefons?

☞ **Philipp Reis (1834–74)** entwickelte bereits 1861 ein Gerät, mit dem Töne übertragen werden konnten. Der Amerikaner Alexander Graham Bell (1847–1922) verbesserte 1876 diese Erfindung, sodass auch Sprache verständlich übermittelt werden konnte.

Frage 33

Jeder hat in seinem täglichen Leben mit Pits und Lands zu tun. **Wo findet man diese Dinge?**

☞ **Pits und Lands finden sich auf jeder CD und DVD.** Dabei stellen die Pits winzige Vertiefungen auf der Oberfläche dar. Ihr Name kommt vom englischen „pit", das „Grube" bedeutet. Diese Pits sind spiralförmig auf der CD angeordnet, also ähnlich wie die Rille auf einer klassischen Schallplatte. Die Zwischenräume zwischen diesen Pits bezeichnet man als Lands. Je nachdem, ob der Laser des CD- oder DVD-Spielers auf ein Pit oder ein Land trifft, braucht er eine unterschiedliche Zeit, um von der CD reflektiert zu werden. Diese Zeit erkennt der Spieler und kann daraus die gespeicherten Informationen errechnen.

Frage 34
Was kennzeichnet die Hardware im Gegensatz zur Software?

☞ Hardware hat im Gegensatz zur Software die Eigenschaft, dass man sie anfassen kann. Dazu gehören also sämtliche mechanischen und elektronischen Bauteile des Computers einschließlich des Zubehörs wie Drucker und Bildschirm.

Frage 35
Wo findet man ein GSM-Netz?

☐ a) in der Hochseefischerei
☐ b) in der Mobilfunktechnik
☐ c) in der Computertechnik
☐ d) in modernen Haushalten

☞ **b) in der Mobilfunktechnik**
GSM-Netze sind spezielle digitale Mobilfunknetze. Die Übertragung der Daten erfolgt hier in reinen Zahlenfolgen aus 0 und 1. Daher lassen sich nicht nur Gespräche, sondern Daten jeglicher Art über ein GSM-Netz übertragen.

Frage 36
Wer gilt als Erfinder des Computers?

☞ **Konrad Zuse (1910–95)** zählt neben A. M. Turing (1912–54) und H. Aiken (1900–73) zu den Pionieren der elektronischen Datenverarbeitung und des Rechnerbaus. 1941 stellte er mit dem „Z3" den ersten programmgesteuerten Rechner vor. Der „Z3" beherrschte die vier Grundrechenarten und konnte Quadratwurzeln berechnen.

Konrad Zuse

Frage 37
Welche vier Takte durchläuft ein Vier-Takt-Motor?

☞ Im ersten Takt bewegt sich der Kolben nach unten. Dabei strömt oben durch ein Ventil das Benzin-Luft-Gemisch in den Zylinder. Im zweiten Takt bewegt sich der Kolben wieder nach oben und presst dabei das Benzin-Luft-Gemisch zusammen. In dem Moment, wo das Gemisch am dichtesten zusammengepresst ist, entsteht der Zündfunke. Er sorgt dafür, dass das Gemisch explodiert und den Kolben mit großer Kraft nach unten presst. Das ist der dritte Takt. Im vierten und letzten Takt bewegt sich der Kolben schon wieder nach oben. Diesmal presst er dabei die Abgase der Explosion durch ein anderes Ventil aus dem Zylinder hinaus.

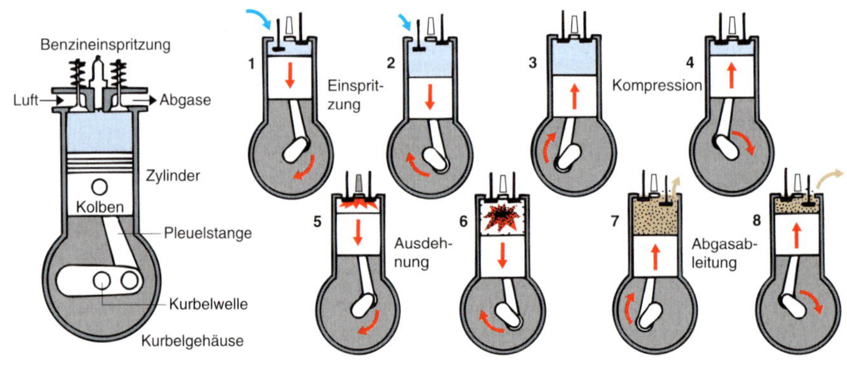

☞ Frage 38

Wer baute das bis heute am meisten verbreitete Gewehr?

☞ **Der russische Waffenkonstrukteur Michail Timofejewitsch Kalaschnikow (*1919).** 1947 wurde die Rote Armee mit seinem Gewehr AK 47 (Automat Kalaschnikow) ausgerüstet. Es wurde zur Standardwaffe des Warschauer Paktes und vieler anderer Staaten und Rebellengruppen. Kennzeichnend ist das lange, nach vorn gebogene Magazin.

Frage 39

Wer verwendete das Hypokaustum?

☞ **Die Römer.** Beim Hypokaustum handelt es sich um die früheste bekannte Form der Heizung. Dabei ruhte der Fußboden der Häuser auf kleinen Ziegelpfeilern. Zwischen diesen Pfeilern konnte heiße Luft, die bei der Verbrennung von Holz in einer speziellen Grube entstand, zirkulieren. Später fanden sich auch Tonröhren in den Wänden der Häuser, durch die ebenfalls warme Luft strömen konnte.

Frage 40

Wofür steht die Abkürzung UKW?

☐ a) Unabhängiges Kraftwerk
☐ b) Ultraschallwelle
☐ c) Unabsehbarer Kurswechsel
☐ d) Ultrakurzwelle

☞ **d) Ultrakurzwelle**
Ultrakurzwellen sind elektromagnetische Wellen, die in einem Frequenzbereich zwischen 30 MHz und 300 MHz liegen. Verwendung finden sie in der Rundfunktechnik.

Frage 41

Wozu braucht ein Computer einen Algorithmus?

☞ Zur Lösung von Aufgaben und Problemen. Der Algorithmus ist eine Folge von Anweisungen, mit denen ein bestimmtes Problem gelöst werden soll. In einem Computerprogramm stecken meist sehr viele Algorithmen.

Frage 42

Sie kehrt den Prozess der Elektrolyse um. Bei der Elektrolyse wird Wasser mithilfe elektrischer Energie in die gasförmigen Bestandteile Wasserstoff und Sauerstoff zerlegt. Sie nimmt nun genau diese beiden Stoffe und wandelt sie wieder in Wasser um. Dabei wird theoretisch die Menge elektrischer Energie wieder abgegeben, die bei der Elektrolyse zur Spaltung notwendig war. Man kann also sagen: Mit dem Wasserstoff hat man ein Gas, in dem wir elektrische Energie speichern können, und mit ihr lässt sich daraus wieder elektrischer Strom produzieren. **Worum handelt es sich?**

☞ **Die Brennstoffzelle** kehrt die Elektrolyse um. Besonders interessant erscheint die Bereitstellung von Strom für Elektroautos durch Brennstoffzellen und die Entwicklung von tragbaren Brennstoffzellen für Laptops oder Handys.

Frage 43

Wie viele verschiedene Kombinationen für ein Byte gibt es?

☞ Da ein Byte aus acht Bits besteht und jedes Bit zwei verschiedene Zustände (binärer Code) einnehmen kann, gibt es 256 verschiedene Kombinationen. Der erweiterte ASCII-Zeichensatz besteht daher aus 256 Zeichen, von denen jedes durch ein Byte dargestellt wird.

Frage 44

Was befördert der Bus in einem Computer?

☞ Ein Bus, auch als Systembus bezeichnet, überträgt Daten zwischen den verschiedenen Baugruppen in einem Computer. Die Busbreite ist die Anzahl der Leitungen, aus denen der Bus besteht. Bei 16 Leitungen spricht man von 16 Bit Breite, es können also 16 Bits gleichzeitig transportiert werden.

Frage 45

Woher kommt der Kondensstreifen, den einige Flugzeuge an den Himmel „malen"?

☞ Die Kondensstreifen entstehen bei der Verbrennung des Treibstoffs in den Triebwerken. Dabei entwickelt sich u. a. Wasserdampf, der in der kalten Luft kondensiert und zur charakteristischen Wolke hinter den Flugzeugen wird.

Frage 46

Was für Folgen hatte die Erfindung des mechanischen Webstuhls durch Edmund Cartwright?

☞ Die Erfindung des englischen Konstrukteurs (1743–1823) läutete den Beginn der industriellen Textilherstellung ein. Textilien waren nun in großer Menge und zu geringen Preisen herstellbar. Damit konnten die Weber mit ihren handbetriebenen Webstühlen nicht konkurrieren.

Frage 47

Was ist eine LED?

☐ a) ein lichtempfindlicher Widerstand
☐ b) eine Leuchtdiode
☐ c) eine Energiesparlampe
☐ d) eine lasergesteuerte Datenübertragung

☞ **b) eine Leuchtdiode**
Die Abkürzung LED steht für „light emitting diode", bedeutet also also „Licht emittierende Diode". Dabei handelt es sich um ein elektronisches Halbleiter-Bauelement, das Licht abstrahlt, wenn es von Strom durchflossen wird.

Frage 48

Ist die Anwendung von Lügendetektoren in deutschen Strafverfahren erlaubt?

☞ Der Bundesgerichtshof entschied 1998, dass die Geräte zur Untersuchung der Glaubwürdigkeit ungeeignet seien und daher nicht eingesetzt werden dürfen.

Frage 49

Wo werden Roboter eingesetzt?

☞ Die rechnergestützten Automaten mit ihren Greifarmen sind schon lange in der Automobilindustrie verbreitet. Zunehmend spielen nun mobile Serviceroboter eine Rolle. Als Putzroboter reinigen sie Großfassaden und als Löschroboter werden sie bei Großbränden eingesetzt. In der Medizin können Roboter Operationen mit höchster Genauigkeit durchführen.

Roboter in einem Autowerk

Frage 50

Welche Aufgabe hat der Server eines Netzwerkes?

☞ Der Server ist ein Rechner, der andere Rechner des Netzwerkes, die Clients, bedient. Er kann Daten bereithalten und Dienstleistungen ausführen, z. B. Druckaufträge. Je nach Aufbau des Netzes ist der Server für alle zentralen Aufgaben zuständig oder nur für einzelne Bereiche.

Frage 51

Welche Aufgabe hat das BIOS bei einem Computer?

☞ Das BIOS ist ein Programm, das jedes Mal beim Einschalten des Rechners automatisch abläuft. Es startet das Betriebssystem und prüft einige grundlegende Parameter. Das BIOS bleibt auch nach dem Systemstart aktiv und ist z. B. für die Zugriffe auf das Disketten- und CD-Laufwerk verantwortlich.

Frage 52

Welche Nachteile hat der Standby-Betrieb von Elektrogeräten?

☞ Der Standby-Betrieb hält die Geräte in ständiger Bereitschaft; die Folge ist ein hoher Stromverbrauch. Im Rahmen der Diskussion um den Klimawandel ist er sehr umstritten, weil Geräte im Standby-Betrieb weltweit betrachtet erhebliche Energiemengen verbrauchen.

Frage 53

An welches Gerät kann man einen Subwoofer anschließen?

☐ a) an den Staubsauger
☐ b) an das Telefon
☐ c) an die Hi-Fi-Anlage
☐ d) an das Faxgerät

☞ **c) an die Hi-Fi-Anlage**
Als Subwoofer bezeichnet man einen speziellen Basslautsprecher für die Stereoanlage.

Frage 54

Welche Möglichkeiten bietet ein USB (Universal Serial Bus)?

☞ Ein Bus ist eine Datenleitung, die den Computer mit externen Geräten verbindet. An den neu entwickelten USB lassen sich bis zu 127 Geräte wie Bildschirme, Lautsprecher, Drucker oder Scanner anschließen.

Frage 55

Wie kommt bei einer Schallplatte der Schall auf die Platte?

☞ Die einzelnen Rillen einer Schallplatte weisen eine deutliche Struktur auf. Sie verfügen über Berge und Täler, aber auch über Ausbuchtungen nach links und rechts. Fährt nun die Nadel des Plattenspielers durch diese Berg-und-Tal-Bahn, wird sie in Schwingungen versetzt. Diese Schwingungen können dann im Tonabnehmer in elektrische Signale umgewandelt werden. Der Schall wird also in die physikalische Struktur der Rille umgewandelt, bevor er in das Vinyl der Schallplatte gepresst wird.

Frage 56

Welchen Vorteil hat die DVD gegenüber der CD?

☞ Im Vergleich zur herkömmlichen CD ist die Speicherkapazität der DVD um ein Vielfaches höher.

Frage 57

In welchen Anwendungsbereichen wird die Fuzzylogik technisch umgesetzt?

☞ Überall dort, wo es unscharfe Bereiche gibt, sei es, dass genaue Messwerte fehlen oder die zu große Komplexität eine Lösung nach der herkömmlichen strengen Logik erschwert. Chips auf Grundlage der Fuzzylogik stecken z. B. in Belichtungsmessern von Kameras oder in Haushaltsgeräten.

Frage 58

Was ist der Unterschied zwischen Tonwahl und Impulswahl beim Telefon?

☞ Die Impulswahl ist ein altes Wählverfahren, das in Deutschland kaum noch angewendet wird. Bei ihm werden die gewählten Nummern in eine entsprechende Anzahl von Gleichstromimpulsen umgewandelt, die dann übertragen werden. Erzeugt werden sie durch eine kurzzeitige Unterbrechung des auf der Leitung liegenden Stromes. Bei der Tonwahl hingegen ist jeder einzelnen Ziffer ein eigener Ton zugeordnet. Dieses Wählverfahren ist wesentlich schneller als die Impulswahl.

Frage 59

Wer schuf das erste Automobil?

☐ a) Carl Friedrich Benz
☐ b) Henry Ford
☐ c) Rudolf Diesel
☐ d) Adam Opel

Carl Benz

☞ **a) Carl Friedrich Benz** (1844–1929)
Er entwickelte 1885 einen Einzylinder-Viertakt-Verbrennungsmotor, den er in ein dreirädriges Fahrzeug einbaute. Damit hatte er das erste KFZ geschaffen.

Frage 60

Was wird in einem Windkanal simuliert?

☞ Die Bewegung eines Fahr- oder Flugzeuges für aerodynamische Untersuchungen.

Frage 61

Wie funktionieren Scheibenbremsen?

☞ Bei einer Scheibenbremse läuft eine Scheibe aus Stahl, Aluminium oder Carbon zwischen zwei Bremsklötzen. Zum Bremsen werden dann die Bremsklötze auf die Scheibe gepresst. Da der Weg, den sie dabei zurücklegen müssen, nur sehr gering ist, kann so eine große Bremskraft erzeugt werden.

Frage 62

Was ist das Betriebssystem eines Computers?

☞ Eine Gruppe von Programmen, die den Computer für den Anwender einsatzfähig machen. Dem Betriebssystem obliegt die gesamte Verwaltung des Computers und der angeschlossenen Peripheriegeräte.

Frage 63

Wie funktioniert ein Flaschenzug?

☞ Beim Flaschenzug ist die Last an ein Seil gebunden, das über eine feste und eine lose Rolle geführt wird. Dadurch kann man beim Heben der Last Kraft einsparen bzw. Kraft in ihrer Wirkung vervielfältigen. Flaschenzüge sind im 7. Jahrhundert v. Chr. von griechischen Technikern erfunden worden.

Frage 64

Was ist eine Computersimulation?

☞ Die Durchführung einer Simulation mittels eines Computers, bei der komplexe und unübersichtliche Situationen nachgebildet werden. Die Simulation kann exakte Rechnungen und aufwendige Experimente ersetzen.

Frage 65

Wie kann man die Zugfestigkeit des Betons erhöhen?

☞ Zugrisse lassen sich verhindern, indem man Stahleinlagen in den Beton einbaut. Ein Beispiel für solchen „Stahlbeton" ist der Spannbeton. Bei ihm wird der Beton durch vorgespannte Stähle zusammengedrückt.

Frage 66

Was verbirgt sich hinter dem Begriff „Lumen"?

☐ a) ein Autotyp
☐ b) eine Strom sparende Glühbirne
☐ c) eine Maßeinheit für Strahlung
☐ d) eine Maßeinheit für Windstärke

☞ **c) eine Maßeinheit für Strahlung**
Lumen ist eine Maßeinheit für die gesamte von einer Quelle ausgehende sichtbare Strahlung.

Frage 67

Warum stehen Teleskope zur Weltraumbeobachtung in siedlungsfernen, trockenen Gebieten?

☞ Die Sicht durch die Riesenfernrohre ist am besten, wenn keine störenden Lichtquellen in der Umgebung vorhanden sind und die Luft möglichst trocken und frei von

Staub und sonstigen Verunreinigungen ist. Ideal ist in dieser Hinsicht der Standort des Weltraumteleskops Hubble in der Erdumlaufbahn.

Frage 68

Was versteht man unter der CPU eines Computers?

☞ Die CPU (central processing unit) ist die Zentraleinheit eines Rechnersystems. Sie ist verantwortlich für das Holen, Decodieren und Ausführen der in Maschinen- oder Objektcode abgelegten Befehle. Die CPU umfasst den Zentralprozessor (Steuer- und Rechenwerk), den Haupt- und Arbeitsspeicher und den Ein- und Ausgabeprozessor.

Frage 69

Sein großes Verdienst war es, die Druckkunst ganz entscheidend verbessert zu haben. Von ihm stammte nämlich die Idee, Druckplatten für Buchseiten nicht mehr aus einem Stück anzufertigen, sondern sie aus einzelnen Metalllettern zusammenzusetzen. Diese Lettern umspannte er dann mit einem festen Eisenrahmen. Darüber hinaus entwickelte er eine neuartige Handbremse und nahm viele Verbesserungen beim ganzen Druckvorgang vor. **Wie lautet sein Name?**

☞ **Johannes Gutenberg (1397–1468).**

Frage 70

Wer erfand das erste fotografische Verfahren?

☞ **Der französische Maler und Erfinder Louis Jacques Mandé Daguerre (1787–1851)**. Schon zu seiner Zeit war bekannt, dass eine versilberte Kupferplatte durch eine Behandlung mit Joddampf lichtempfindlich wird. Bei der von ihm entdeckten Daguerreotypie wird das latente Bild mittels Quecksilberdämpfen entwickelt und mit einer Kochsalzlösung fixiert.

Louis Daguerre

Frage 71

Wer erfand 1888 den luftgefüllten Gummireifen?

☞ Der Ire **John Boyd Dunlop** (1840–1921). Er war eigentlich Tierarzt.

Frage 72

Womit beschäftigt sich die Hydraulik?

☞ **Mit nicht komprimierbaren Flüssigkeiten.** In geschlossenen Leitungssystemen kann mittels Hydraulik eine hohe Kraftübertragung trotz kleiner Abmessungen erreicht werden, z. B. mit der hydraulischen Hebebühne am Lkw.

Frage 73

In der Elektronik finden hin und wieder noch sogenannte Relais Verwendung. Was sind diese Bauteile?

☐ a) Speicher ☐ c) Widerstände
☐ b) Verstärker ☐ d) Schalter

☞ **d) Schalter**
Relais sind elektromagnetische oder elektromechanische Schalter. Sie werden zum Ein-, Aus- oder Umschalten von Stromkreisen verwendet. Beim klassischen Relais werden durch ein Magnetfeld Kontakte geschlossen oder geöffnet. Dieses Magnetfeld entsteht, wenn eine Spule von Strom durchflossen wird.

Frage 74

Was ist ein Modem?

☞ Das Kunstwort „Modem“ (Modulator + Demodulator) bezeichnet ein Gerät, das Computerdaten in Töne umwandelt, die dann z. B. über eine Telefonleitung verschickt werden können. Durch ein weiteres Modem beim Empfänger können die Daten dann wieder in Computerdaten umgewandelt werden.

Frage 75
Seit wann gibt es die U-Bahn?

☞ Als erste U-Bahn der Welt gilt die am 10. Januar 1863 in London eröffnete Metropolitan Railway. Allerdings handelte es sich dabei noch um eine mit Dampflokomotiven betriebene Eisenbahn. Die erste elektrische U-Bahn wurde am 4. November 1890 – ebenfalls in London – in Betrieb genommen.

Eingang zur Metro in Paris

Frage 76
Wozu benötigt man einen Transformator?

☞ Die Aufgabe eines Transformators besteht darin, Spannungen zu verändern. So wandelt beispielsweise der Transformator einer Spielzeugeisenbahn die Netzspannungen von 230 Volt zu einer für Kinder ungefährlichen Spannung von 17 Volt um. Aber auch umgekehrt funktioniert es. Um Strom über weite Strecken transportieren zu können, z. B. in Hochspannungsleitungen, wird die Spannung auf 380.000 Volt erhöht.

Frage 77
Welcher deutsche Ingenieur war neben Carl Benz maßgeblich an der Entwicklung des modernen Automobils beteiligt?

☞ Gottlieb Daimler (1834–1900) baute 1886 das erste vierrädrige Automobil. Bereits ein Jahr zuvor hatte er das erste Motorrad der Welt konstruiert. Daimler war zusammen mit Wilhelm Maybach (1846–1929) an der Entwicklung des Benzinmotors beteiligt und gründete 1926 zusammen mit Carl Friedrich Benz (1844–1929) die Daimler Benz AG.

Frage 78
Was ist Bluetooth?

☞ Als Bluetooth wird eine Technologie bezeichnet, die die drahtlose Übertragung von Daten zwischen zwei Geräten über eine Distanz bis ca. 10 Meter ermöglicht. Eingesetzt wird sie hauptsächlich bei Handys und PCs bzw. Notebooks.

Frage 79
Was misst ein Hygrometer?
☐ a) den Luftdruck
☐ b) die Luftfeuchtigkeit
☐ c) die Körpertemperatur
☐ d) den Wasserstand

☞ **b) die Luftfeuchtigkeit**

Frage 80
1705 wurde die erste Dampfmaschine gebaut. 61 Jahre später nahm James Watt (1736–1819) an der Maschine mehrere Verbesserungen vor, die sie mehr als viermal so leistungsfähig machten wie zuvor. Dampfbetriebene Spinnmaschinen machte Handarbeit unnötig. **Welche Entwicklung wurde mit Watts Maschine eingeleitet?**

☞ **Die industrielle Revolution.**

Frage 81

Wo ist die Benutzung von Handys verboten?

☞ Die empfindliche Elektronik von medizinischen Geräten und Flugzeugen kann durch die Benutzung von Mobilfunktelefonen gestört werden. In Krankenhäusern und Flugzeugen ist daher ihre Benutzung grundsätzlich verboten.

Frage 82

Wie wird die Hauptplatine eines Computers noch genannt?

☞ Das Bauteil ist auch unter den Bezeichnungen „Motherboard“, „Systemboard“ oder „Systemplatine“ bekannt.

Frage 83

Was versteht man unter einem Planetengetriebe?

☞ Bei einem Planetengetriebe rollen mehrere (typischerweise drei oder vier) kleinere Zahnräder (Planetenräder), die durch einen Ring miteinander verbunden sind (Planetenradring), um ein feststehendes Zahnrad (Sonnenrad). Außen herum ist ein Zylinder, der auf der Innenseite Zähne hat, in denen die Außenseiten der Planetenräder laufen (Hohlrad). Man findet derartige Getriebe z. B. in der Nabenschaltung von Fahrrädern und auch häufig bei Windkraftanlagen.

Frage 84

Wer hat das WWW – World Wide Web – erfunden?

☞ **Mitarbeiter des CERN**, dem Europäischen Zentrum für Nuklearforschung, führten das WWW 1992 ein.

Frage 85

Was ist ein Kondensator?

☞ In der Elektrotechnik ist ein Kondensator ein Bauteil aus zwei gegeneinander isolierten elektrischen Leitern, zwischen denen ein elektrisches Feld auftritt.

Frage 86

Welcher Bestandteil eines Lautsprechers versetzt die Luft in Schwingungen und erzeugt so Töne?

☐ a) der Schwingkreis
☐ b) die Membran
☐ c) die Spule
☐ d) die Frequenzweiche

☞ **b) die Membran**
Die Membran des Lautsprechers ist mit einer Spule verbunden, die in einem Permanentmagneten gelagert ist. Leitet man Strom durch die Spule, verhält sie sich wie ein Elektromagnet. Da sich ungleiche Pole zweier Magneten anziehen und gleiche abstoßen, bewegt sich dieser Mini-Elektromagnet bei sich änderndem Stromfluss hin und her. Zusammen mit ihnen bewegt sich auch die Membran und erzeugt so die gewünschten Töne.

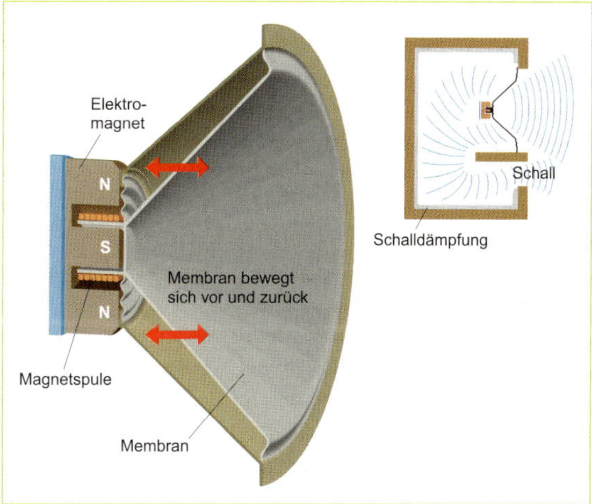

Frage 87

Wie viele Bits hat ein Byte?

☞ Ein Bit ist die kleinste Informationseinheit der elektronischen Datenverarbeitung. Jeweils acht Bits bilden ein Byte.

Frage 88

Wie können Satelliten zur Orientierung auf der Erde beitragen?

☞ Mit satellitengestützten Navigationssystemen lässt sich der Standort von Personen oder Gegenständen sehr genau und sehr schnell feststellen. Das meistgenutzte System ist das GPS.

Frage 89

Gibt es einen Unterschied zwischen Laptop, Notebook und Netbook?

☞ Die Unterscheidung zwischen Laptop und Notebook stammt aus den 1980er-Jahren, damals wurde der Begriff „Notebook" eingeführt, um besonders kompakte und leichte Geräte vom Laptop abzugrenzen. Heute werden die Begriffe „Notebook" und „Laptop" im deutschen Sprachraum aber synonym gebraucht. Die Bezeichnung „Netbook" stammt aus dem Jahr 2008 und bezeichnet kleine, günstigere und sehr einfach ausgestattete „Subnotebooks". Ihre Rechenleistung spielt gegenüber der Akkulaufzeit und dem Preis nur eine untergeordnete Rolle.

Frage 90

Wie kann man mehr Daten auf einem Datenträger unterbringen?

☞ Durch das Komprimieren von Dateien. Nach einem bekannten Packprogramm nennt man das Verdichten einer Datei oft auch „zippen".

Frage 91

Was ist der Care-O-bot 3?

☞ **Care-O-bot ist ein Haushaltsroboter.** Der erste Care-O-bot-Prototyp wurde bereits 1998 entwickelt und ist in der Lage, sich sicher und zuverlässig in der Umgebung von Menschen zu bewegen. Der Care-O-bot 3 ist die neueste Generation des Haushaltsroboters. Er kann z. B. den Tisch decken oder Getränke bringen. Momentan ist der kleine Helfer allerdings noch unerschwinglich: Etwa eine viertel Million Euro müsste man für ihn bezahlen.

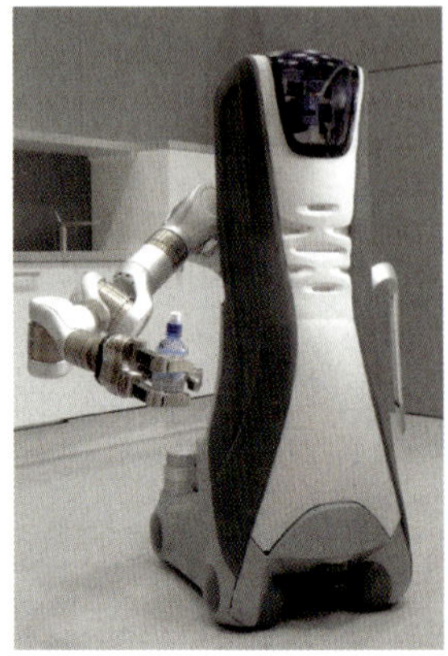

Der Care-O-bot 3

Frage 92

Welche besonderen Eigenschaften hat ein Laser?

☞ Ein Lasergerät kann Licht sehr stark bündeln und verstärken. Mit einem Laserstrahl lassen sich Metalle verdampfen, feinste Löcher bohren und Augenoperationen durchführen. Die auf einer CD gespeicherte Information wird mit einem Laserstrahl abgerufen und auch der Laserdrucker bedient sich dieser Technik.

Frage 93

Womit wurde die Draisine des Freiherrn von Drais angetrieben?

☐ a) mit den Händen
☐ b) mit dem Oberkörper
☐ c) mit den Füßen
☐ d) mit dem Mund

☞ **c) mit den Füßen**

Die Draisine von Forstmeister Drais (1785–1851) war ein Laufrad, d. h. ein Zweirad ohne Pedale.

Frage 94

Wer war der erfolgreichste amerikanische Erfinder?

☞ **Thomas Alva Edison (1847–1931).** Er entwickelte das Telefon und die Kamera weiter, erfand u. a. das Kohlekörnermikrofon, den Phonographen, das Schraubgewinde der Glühlampe und den Eisen-Nickel-Akkumulator. Er baute den ersten Generator, das erste öffentliche Elektrizitätswerk und entdeckte den glüh-elektrischen Effekt.

Thomas Alva Edison

Frage 95

Worum handelt es sich bei Linux?

☞ **Um ein Betriebssystem**, das der Finne Linus Torvalds (*1969) entwickelt hat. Es ist ein ständig wachsender Konkurrent zum Produkt des US-Konzerns Microsoft. Mittlerweile nutzen etwa zehn Millionen PC-Anwender das System.

Frage 96

Wenn ein Redner mit seinem Mikrofon an den Lautsprechern steht, passiert Folgendes: Die Schallwellen der Stimme werden vom Mikrofon aufgenommen und verstärkt. Die Lautsprecher geben diese Stimme nun wieder. Da der Redner mit dem Mikrofon sehr nahe an den Lautsprechern steht, nimmt das Mikrofon das verstärkte Signal wieder auf und leitet es erneut verstärkt zum Lautsprecher. Dort beginnt dieser Teufelskreis ein weiteres Mal. Das Ergebnis ist schließlich ein lauter Pfeifton. **Wie nennt man dieses Phänomen?**

☞ **Rückkopplung.** Im schlimmsten Fall kann es hier sogar zur sogenannten Resonanzkatastrophe kommen, die die Lautsprecher zerstört.

Frage 97

Wie kann man beim Fotografieren den Bildwinkel erweitern?

☞ **Durch die Verwendung eines Weitwinkelobjektives.** Je nach Brennweite ermöglicht es Bildwinkel zwischen 60 und 140 Grad. Eine besondere Art von Weitwinkelobjektiven sind Fischaugenobjektive, die den Bildwinkel auf bis zu 220 Grad vergrößern.

Frage 98

Was kürzt man mit „UFO" ab?

☞ **Unbekanntes Flugobjekt.** Die Sichtung sogenannter fliegender Untertassen nahm v. a. nach dem Zweiten Weltkrieg zu. Bisher konnte aber in keinem Fall nachgewiesen werden, dass es sich dabei um Flugobjekte außerirdischer Lebensformen handelte. Meist lassen sich solche Phänomene als optische Täuschungen erklären.

Frage 99

Welche technischen Erfindungen waren in England die wichtigsten Merkmale der industriellen Revolution?

☞ Die Spinnmaschine (Umstellung in der Textilindustrie auf maschinelle Fertigung) und die Eisenbahn.

Frage 100

Wann wurde die Farbfotografie erfunden?

☐ a) 1895
☐ b) 1907
☐ c) 1923
☐ d) 1949

☞ **b) 1907**
1907 stellten die Brüder Auguste (1862–1954) und Louis (1864–1948) Lumière ein Verfahren vor, mit dem man farbige Diapositive herstellen konnte.

Die Brüder Lumière

Frage 101

Wie werden Zeitlupenaufnahmen gemacht?

☞ **Durch erhöhte Bandgeschwindigkeit bei der Aufnahme**. Später wird der Film verlangsamt abgespielt. Den gegenteiligen Effekt (Zeitraffer) erreicht man, indem man Einzelbilder verlangsamt aufnimmt und schnell abspielt.

Frage 102

Wieso bringt Schwarzlicht in der Diskothek weiße Kleidungsstücke zum Leuchten?

☞ Verantwortlich für diesen besonderen Leuchteffekt sind UV-Strahlen aus künstlichen Lichtquellen, die eine bestimmte Wellenlänge haben. Mit bloßem Auge sind diese Strahlen nicht zu sehen. Einige Materialien (fluoreszierende Substanzen, wie z. B. optische Aufheller in Waschmitteln) reflektieren aber einen Anteil dieses Lichts und beginnen so, geheimnisvoll zu leuchten.

Frage 103

Welche Erfindung wirkte sich grundlegend auf das gesellschaftliche Leben des mittelalterlichen Menschen aus?

☞ **Die Erfindung der Räderuhr** im 14. Jh. ermöglichte es, die Zeit objektiv und unabhängig von der Beobachtung der Natur zu messen.

Frage 104

Wozu verwendet man Ultraschall?

☞ Ultraschall wird in der Technik eingesetzt, um z. B. Werkstoffe auf eventuelle Schäden zu überprüfen und leistet v. a. in der Medizin wichtige Dienste. Die Schallwellen, die mit einer Frequenz von über 20.000 Hertz für das menschliche Gehör nicht mehr zu erfassen sind, eignen sich besonders zur Untersuchung des ungeborenen Kindes im Mutterleib und zur Untersuchung innerer Organe.

Frage 105

Welches Datenkompressionsverfahren basiert auf Psychoakustik?

☞ Ohne dass dabei subjektiv signifikanter Qualitätsverlust entsteht, reduziert MPEG Layer 3 (MP3) digitale Audiodateien auf bis zu ein Zwölftel ihrer ursprünglichen Größe. Möglich wird dies durch Anwendung der Psychoakustik, die beschreibt, wie das menschliche Ohr arbeitet und welche Töne es hört. MP3 analysiert die digitalen Daten und filtert alle Anteile heraus, die das Ohr nach psychoakustischen Erkenntnissen nicht wahrnehmen kann.

Frage 106

In welche Bereiche gliedert sich das Bauingenieurwesen?

☞ Das bekannteste Betätigungsfeld ist sicherlich der konstruktive Ingenieurbau (Hochbau, Statik etc). Bauingenieure können aber auch in den Bereichen Wasserbau, Verkehrswegebau, Bauleitung, Bauchemie oder Bauinformatik arbeiten.

Frage 107

Wann wurde der Staubsauger erfunden?

☐ a) um 1870 ☐ c) um 1910
☐ b) um 1890 ☐ d) um 1930

☞ **a) um 1870**

Ein früher Staubsauger der Firma Siemens

Frage 108

Durch wen wurde das Fließband berühmt?

☞ **Der nordamerikanische Automobilhersteller Henry Ford (1883–1947)** machte das Fließband bekannt. Am 1. Oktober 1908 stellte Ford sein Automobil „Modell T" vor, wovon schon im ersten Jahr 19.000 Stück produziert wurden. Ford perfektionierte sein Konzept, sodass er fünf Jahre später ein Modell für den Rekordpreis von nur 290 Dollar herstellen konnte.

Frage 109

Welche Wissenschafts- und Technikdisziplinen der Wachstumsbranchen der nachindustriellen Gesellschaft werden als Hightech bezeichnet?

☞ Die Informationstechnik (z. B. Computer- und Kommunikationstechnik), die neue Biotechnik, die Werkstofftechnik (z. B. Faserverbundwerkstoffe), die neue Energietechnik (z. B. Windenergie), die Umwelttechnik (z. B. Altlastenbehandlung) und die Satelliten- und Raumfahrttechnik.

Frage 110

Wie zünden elektrische Feuerzeuge?

☞ **Mithilfe von Piezokristallen.** Bei mechanischem Druck erzeugen sie Strom, der wiederum den Zündfunken erzeugt.

Frage 111

Was leistet ein Generator?

☞ Generatoren sind elektrische Maschinen, die mechanische in elektrische Energie umwandeln. Stromgeneratoren können auf unterschiedliche Weise angetrieben werden, Wasserkraftgeneratoren werden von Wasserturbinen angetrieben. Auch der Fahrraddynamo ist ein Generator.

Frage 112

Worin unterscheiden sich Grüne, Rote, Weiße und Blaue Biotechnologie?

☞ Grüne Biotechnologie beschäftigt sich u. a. mit Agrarwirtschaft, Nahrungsmitteln und nachwachsenden Rohstoffen. Rote Biotechnologie umfasst medizinische Anwendungen wie gentechnisch entwickelte Arzneien, Impf- und Wirkstoffe sowie gentechnische Therapie. Weiße Biotechnologie zielt im Bereich Umwelt u. a. auf Bodensanierung, Abwasserbehandlung, Abluftreinigung und Abfallverwertung, während sich Blaue Biotechnologie um das komplexe Ökosystem Meer kümmert.

Frage 113

Welches unbemannte Fluggerät ohne Raketenantrieb stellte 2001 einen neuen Höhenrekord auf?

☞ **Das Flugzeug Helios** stieg am 13. August 2001 auf die Höhe von 32.160 Metern und erreichte damit eine neue Bestleistung. Nur von Solarzellen versorgt, schraubten 14 Propeller den Flieger über dem Pazifik in die Höhe.

Frage 114

Wozu verwendet man in der Elektrotechnik einen Kondensator?

☐ a) zum Verstärken elektrischer Ströme
☐ b) zum Abschwächen elektrischer Ströme
☐ c) zum Speichern elektrischer Energie
☐ d) zur Umwandlung von Bewegung in elektrische Energie

☞ **c) zum Speichern elektrischer Energie**
Ein Kondensator wird benutzt, um elektrische Ladungen bzw. elektrische Energie zu speichern. Die einfachste Form eines Kondensators besteht aus zwei gegenüberliegenden Metallplatten.

Frage 115

Wie funktioniert eine Zentrifuge?

☞ In einer Zentrifuge kann man unterschiedlich schwere Bestandteile eines Gemisches trennen. Dazu wird in der Zentrifuge das physikalische Prinzip der Fliehkraft ausgenutzt. Diese Zentrifugalkraft sorgt

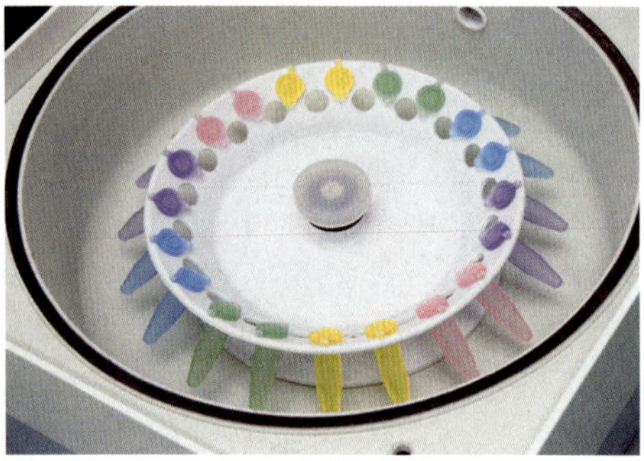

Zentrifuge in einem Labor

z. B. auch dafür, dass ein Satellit auf seiner Bahn bleibt und nicht aufgrund der Erdanziehung auf die Erde stürzt.

Frage 116

Was war das „Manhattanprojekt“?

☞ Unter diesem Codenamen entwickelten die USA ab 1942 die Atombombe. 1945 wurde sie gegen die japanischen Städte Hiroshima und Nagasaki eingesetzt.

Frage 117

Woher kennt das GPS seine Position?

☞ Satelliten senden zusammen mit einem Zeitsignal permanent ihre exakte Position. Aus deren Signallaufzeit können GPS-Empfänger dann ihre eigene Position und Geschwindigkeit berechnen. Seit im Jahr 2000 die künstliche Störung des Signals für zivile Nutzung abgeschaltet wurde, können selbst handliche Empfangsgeräte die Position mit einer Genauigkeit von unter 10 Metern bestimmen.

Frage 118

Wer gewann das erste Lokomotivwettrennen in England?

☞ Um die technische Reife der Eisenbahnen öffentlich zu zeigen, veranstaltete man 1829 in der Nähe von Liverpool ein Wettrennen über drei Kilometer Länge. Es gewann die Lokomotive „Rocket“ von George Stephenson (1781–1848) mit einer Geschwindigkeit von 40 km/h.

Frage 119

Woher hat der Geigerzähler seinen Namen?

☞ Ursprünglich hieß er Geiger-Müller-Zählrohr, benannt nach seinen Entwicklern Hans Geiger (1882–1945) und Erwin Wilhelm Müller (1911–77). Mit dem Gerät werden radioaktive Teilchen gemessen; die Messung macht sich durch ein Knacken im Gerät bemerkbar.

Frage 120

Was wurde nach Nikolaus August Otto (1832–92) benannt?

☞ Der von ihm 1862 erfundene und 1876 patentierte Ottomotor.

Frage 121

In dem gesuchten Gerät dient eine Kathode als Elektronenquelle. Zusammen mit einer Anode sorgt sie für einen völlig gleichmäßigen Elektronenstrom. In einer speziellen Linse wird dieser Strom zu einem sehr dünnen Strahl gebündelt. Dieser Strahl muss nun die Anlenkelektroden passieren, zwischen denen ein wechselndes Magnetfeld aufgebaut wird, das den Elektronenstrahl von seiner Bahn ablenken kann. **Welches heute noch oft unverzichtbare Bauteil basiert auf diesem Prinzip?**

☐ a) die Schwarzsche Röhre
☐ b) die Grünsche Röhre
☐ c) die Grausche Röhre
☐ d) die Braunsche Röhre

☞ **d) die Braunsche Röhre**
Die Kathodenstrahlröhre, auch Braunsche Röhre genannt, wurde 1897 von Karl Ferdinand Braun (1850–1918) entwickelt.

Frage 122

Wie wird der Luftraum überwacht?

☞ Der Luftraum wird mit Radar überwacht. Dazu strahlt ein Sender gebündelte elektromagnetische Wellen ab. Treffen diese Radarstrahlen auf ein Flugzeug, werden sie von diesem reflektiert. Aus dem zeitlichen Abstand zwischen Aussendung und Rückstrahlung lassen sich Entfernung und Geschwindigkeit des Flugobjektes berechnen. Das Echo kann auf einem Bildschirm sichtbar gemacht werden.

Frage 123

Was sind FLOPS?

☞ In der Computertechnik steht FLOPS für „Floatingpoint Operations per Second", zu Deutsch „Fließkomma-Operationen pro Sekunde". Der „FLOPS-Wert" gibt die Rechenleistung von Supercomputern an.

Frage 124

Was ist die Aufgabe von Transistoren?

☞ Transistoren sind elektronische Halbleiterbauelemente, die als Schalter oder zur Verstärkung von elektrischen Strömen oder Spannungen dienen. Sie gaben dem Transistorradio ihren Namen. Auf einem winzigen Chip befinden sich zum Teil mehrere Millionen Transistoren.

Frage 125

Bei welcher Art der Energiegewinnung wird Sonnenlicht direkt in elektrische Energie umgewandelt?

☞ **Bei der Energiegewinnung mittels Solarzellen.**

Frage 126

Wie funktioniert eine Ampelsteuerung?

☞ **Die Ampelsteuerung ist eine Zeitplansteuerung.** Die Signalfarben leuchten nach einem fest vorgeschriebenen zeitlichen Ablauf. Dieser wird zyklisch aus dem Programmspeicher eines Mikrorechners ausgelesen. Mit Veränderung der Taktzeit wird die Dauer des gesamten Zyklus gesteuert. Die optimalen Phasenverhältnisse werden im Probelauf ermittelt. Je nach Tageszeit und Verkehrsaufkommen werden die Taktzeiten geändert.

Frage 127

Wie funktioniert die Rücktrittbremse beim Fahrrad?

☞ Über ein Gewinde wird beim Rückwärtstreten der Bremskonus zwischen zwei Bremsklötze geschoben. Da der Konus keilförmig ist, drückt er die Bremsklötze so lange nach außen, bis sie von der Innenseite gegen das Nabengehäuse stoßen und so das Rad abbremsen. Lässt der Pedaldruck wieder nach, sorgt eine Feder dafür, dass die Bremsgummis in ihre Ausgangsposition zurückgeschoben werden und das Rad wieder frei laufen kann.

Frage 128

Wann kam das erste Dampfbügeleisen auf den Markt?

☐ a) 1926 ☐ c) 1966
☐ b) 1946 ☐ d) 1986

☞ **a) 1926**
Die ersten elektrischen Dampfbügeleisen wurden in New York angeboten.

Frage 129

Wofür schwärmen Besucher des Miniatur-Wunderlandes?

☞ **Für Modelleisenbahnen.** Nach dem Baubeginn im Dezember 2000 wurden im August 2001 die ersten drei Anlagenabschnitte in Betrieb genommen, es folgten mehrere

Ergänzungen. Seit der Abschnitt „Küste" im November 2002 fertiggestellt wurde, ist das Wunderland die größte Modelleisenbahn in Europa. Seit den Erweiterungen „USA" im Dezember 2003 und „Skandinavien" im Juli 2005 gilt das „MiWuLa" als größte Modelleisenbahnanlage der Welt.

Berlin im MiWuLa

Frage 130

Seit wann gibt es Flaschenzüge?

☞ **Seit dem 7. Jh. v. Chr.** Das Prinzip beruht darauf, dass man beim Heben der Last Kraft einspart bzw. Kraft in ihrer Wirkung vervielfältigt.

Frage 131

Was unterscheidet einen Ottomotor von einem Dieselmotor?

☞ Bei dem von Nikolaus August Otto (1832–92) erfundenen Ottomotor wird das Kraftstoff-Luft-Gemisch im Verbrennungsraum von außen gezündet. Der Dieselmotor ist dagegen ein Selbstzünder. Hier wird das Kraftstoff-Luft-Gemisch so lange verdichtet, bis es sich selbst entzündet.

Frage 132

Welche technischen Errungenschaften beruhen auf den Entdeckungen Luigi Galvanis?

☞ Der italienische Arzt und Naturforscher (1737–98) trug zur Erforschung elektrochemischer Vorgänge bei, die z. B. in Form der galvanischen Elemente in Trockenbatterien eine Rolle spielen. Beim Galvanisieren werden Oberflächen mit einer dünnen Metallschicht überzogen.

Frage 133

Was ist Gentechnik?

☞ Als Gentechnik bezeichnet man Verfahren und Methoden, die gezielte Eingriffe in das Erbgut ermöglichen. Grundlage der Gentechnik ist der 1944 geführte Nachweis des Biologen Oswald Avery (1877–1955), dass die DNA Träger der Erbinformation in allen Lebewesen ist.

Frage 134

Wo wurden zum ersten Mal in Deutschland elektronische Fußfesseln eingesetzt?

☐ a) Bayern
☐ b) Niedersachsen
☐ c) Hessen
☐ d) Berlin

☞ **c) Hessen**
In Hessen kamen 2001 die ersten elektronischen Sender im Strafvollzug zum Einsatz. Das Band um den Fuß des Gefangenen meldete über Telefon, wenn sich der Gefangene zu weit von einer Überwachungseinheit entfernte.

Frage 135

Was ist der „zusätzliche Treibhauseffekt"?

☞ Er ist im Gegensatz zum natürlichen Treibhauseffekt auf das Wirken des Menschen zurückzuführen. Ursache für den zusätzlichen Treibhauseffekt ist die jahrzehntelange verstärkte Abgabe von Gasen in die Atmosphäre.

Frage 136

Wie erzeugt ein Induktionsherd die Wärme zum Kochen?

☞ Bei einem Induktionsherd entsteht die Wärme nicht auf der Kochplatte, sondern im

Boden des Topfes. Hierzu ist es notwendig, dass der Topfboden aus einem ferromagnetischen Material wie Eisen oder Kupfer besteht. In der Kochplatte auf dem Herd befindet sich eine Spule, die von Wechselstrom durchflossen wird. Dadurch wird ein Magnetfeld aufgebaut, das permanent seine Richtung ändert. Am Boden des Kochgeschirrs entsteht so ein Wirbelstrom, der dafür sorgt, dass sich der Boden des Topfes erhitzt.

Frage 137

Wie kann man die Helligkeit von Lampen regulieren?

☞ **Dies erfolgt mit Dimmern.** Dimmer sind elektronisch gesteuerte Schalter, mit denen die Stromstärke so eingestellt wird, dass die Lampe die gewünschte Helligkeit erzeugt.

Frage 138

Was bezeichnet man im Bauwesen als Statik?

☞ **So nennt man die Lehre von der Stabilität von Tragwerken**. Das Tragwerk eines Gebäudes besteht aus Decken, Balken, Stützen, Wänden und dem Fundament. Es gibt Stab- und Flächentragwerke.

Statik in der gotischen Architektur

Frage 139

Wann gab es den ersten Toaster?

☞ **Den ersten Toaster gab es 1909 in den USA.**

Frage 140

Wie funktioniert ein Navigationssystem in einem Auto?

☞ Navigationssysteme dienen der Ermittlung des geografischen Standortes. Zu einem Navigationssystem im Auto gehören GPS-Empfänger, Fahrzeugsensoren, elektronisch gespeichertes Kartenmaterial, Bordrechner und Verkehrsleiteinrichtungen. Der Standort wird ständig aktualisiert, dabei werden mögliche Verkehrsbehinderungen wie Staus und Baustellen, welche die Radiodienste melden, mit berücksichtigt.

Frage 141

Wie nennt man Stoffe, die die Wärmeleitung behindern?

☐ a) Bindungsstoffe
☐ b) Kältestoffe
☐ c) Dimmstoffe
☐ d) Dämmstoffe

☞ **d) Dämmstoffe**
Diese Baustoffe behindern den Temperaturaustausch. Je feinporiger und trockener die Dämmstoffe sind, desto besser ist ihre Eignung. Gute Dämmstoffe sind zum Beispiel Holzfaserplatten, Styropor und Mineralwolle.

Frage 142

Welcher Naturstoff wird vorwiegend in der Elektrotechnik eingesetzt?

☞ **Kupfer.** Der rötlich-braune Naturstoff kommt in Erz vor. Kupfer ist nach Silber das Metall mit der besten Leitfähigkeit, weswegen es vorwiegend in der Elektrotechnik als Leitungsmaterial eingesetzt wird.

Frage 143

Welcher Baustoff gehört zu den Ältesten der Welt?

☞ **Ziegel.** Seit der Antike bezeichnet man gebrannte Formsteine aus Ton oder tonigen Erden als Ziegel. Schon die Ägypter kamen auf die Idee, den Nilschlamm mit Kamelmist zu mischen. Diese Masse wurde dann in die richtige Form gebracht und in der Sonne getrocknet. Etwa 4000 v. Chr. wurden in Mesopotamien Ziegel gebrannt und später auch eingefärbt. Die Römer verbreiteten den Tondachziegel vor etwa 2000 Jahren im gesamten Abendland.

Frage 144

Was geschah bei der Katastrophe von Lakehurst?

☞ **1937 ging das Luftschiff „Hindenburg" bei der Landung in Lakehurst (USA) in Flammen auf.** Dabei verloren 36 Menschen ihr Leben. Der Unfall, dessen Ursache nie geklärt wurde, führte zur Einstellung der Verkehrsluftschifffahrt.

Die Hindenburg geht bei Lakehurst in Flammen auf

Frage 145

Wer entwickelte die atmosphärische Dampfmaschine?

☞ **Der englische Schmied und Techniker Thomas Newcomen (1663–1729).** Er entwickelte eine Maschine, bei der das Wasser nicht mehr direkt im Zylinder erhitzt wurde, sondern von einem einfachen Dampferzeuger durch ein Ventil in den Zylinder strömte.

Frage 146

Wie funktioniert ein Backofen?

☞ Je nach Beheizungsart unterscheidet man Backofen mit Ober- und Unterhitze, Umluftbackofen oder Backofen mit kombinierter Ausstattung. Das Beheizen des Backofens geschieht durch Heizwiderstände, die sich unter dem Boden und an der Decke des Backofens befinden. Im Backofen mit Ober- und Unterhitze erfolgt die Wärmeübertragung durch Strahlung und natürliche Luftströmung, d. h., es kann beim Backen nur eine Ebene bzw. ein Blech belegt werden. Im Umluftbackofen erfolgt die Wärmeübertragung durch einen Ventilator, der sich an der Rückwand des Backofens befindet. So ist ein Backen oder Garen auf mehreren Ebenen bzw. Blechen möglich.

Frage 147

Wie funktioniert ein Drehstrommotor?

☞ Drehstrommotoren sind vielfach eingesetzte, preiswerte und wartungsarm zu betreibende Elektromotoren. Sie werden mit Drehstrom gespeist und wandeln die Elektroenergie in Rotationsenergie um.

Frage 148

Wer verwendete als Erster Leichtmetall für Autokarosserien?

☐ a) BMW
☐ b) VW
☐ c) Audi
☐ d) DaimlerChrysler

☞ **c) Audi**

Frage 149

Seit wann gibt es Kugelschreiber?

☞ **1938** erhielt László József Biró (1899–1945) ein Patent für seinen Kugelschreiber.

Frage 150

Welche Technik wird heute bei der Präzisionszucht von Pflanzen eingesetzt?

☞ Moderne Methoden der Züchtung von Nutzpflanzen basieren heute auf der Gentechnik. Die Anwendung gentechnischer Verfahren bei der Züchtung von Nahrungs- und Nutzpflanzen wird auch „Grüne Gentechnik" genannt. Zu den Zielen der Grünen Gentechnik gehört u. a. die Erhöhung der Widerstandsfähigkeit der Pflanzen gegen Unkrautvernichtungsmittel und Krankheiten.

Frage 151

Wer brachte erstmals Bilder „zum Laufen"?

☞ Als Pioniere der Filmgeschichte gelten die Brüder Auguste (1862–1954) und Luis Lumière (1864–1948). Sie erfanden 1895 den Kinematografen. Ohne diesen Filmprojektionsapparat gäbe es das heutige Kino wohl nicht.

Werbeplakat für den Kinematografen

Frage 152

Welches sind die stabilsten Materialverbindungen überhaupt?

☞ **Schweißverbindungen.** Das Schweißen bewirkt durch Wärme an der Verbindungsstelle zweier Werkstücke eine unlösbare Verbindung. Das Hammer- oder Feuerschweißen als frühestes Verfahren blieb trotz gewonnener Einzelerkenntnisse bis zur Mitte des 19. Jahrhunderts das einzige Schweißverfahren. Erst danach entwickelten Techniker und Erfinder weitere Methoden. Heute spielen Pressschweiß- und Schmelzschweißverfahren eine große Rolle.

Frage 153

Wie funktioniert ein Kühlschrank?

☞ **Sein Wirkprinzip entspricht dem der Wärmepumpe:** Durch ein Arbeitsmittel wird durch einen Verdampfer der Luft und den im Kühlschrank befindlichen Lebensmitteln Wärme entzogen. Diese Wärme wird über einen Verflüssiger an die Umgebung abgegeben.

Frage 154

Was bedeutet der zusätzliche Treibhauseffekt für das Klima?

☞ Neben dem natürlichen und für uns lebensnotwendigen Treibhauseffekt wird in den letzten Jahrzehnten ein zusätzlicher Treibhauseffekt registriert. Dieser zusätzliche Treibhauseffekt äußert sich darin, dass Wärmestrahlung stärker von der Atmosphäre in Richtung Erdoberfläche reflektiert wird und damit in den letzten Jahrzehnten eine Erhöhung der mittleren Temperatur an der Erdoberfläche von ca. 0,5 °C registriert wurde. In verschiedenen Klimamodellen wird bis zum Jahr 2100 mit einer weiteren Zunahme der globalen Durchschnittstemperatur um 1,1 °C bis 6,4 °C gerechnet.

Frage 155

Wann gab es in Deutschland das erste öffentliche Kartentelefon?

☐ a) 1983
☐ b) 1990
☐ c) 1993
☐ d) 1998

☞ **a) 1983**
Ab Juni 1983 fanden erste Feldversuche mit Telefonkarten statt. 1986 wurde das System bundesweit eingeführt.

Frage 156
Wer hat die Klimaanlage erfunden?

☞ **W. H. Carrier (1876–1950)** gilt als Vater der modernen Klimaanlage. 1902 erhielt er das Patent für seine Erfindung.

Frage 157
Seit wann gibt es den elektrischen Haartrockner?

☞ Der Föhn kam um 1920 in den USA auf den Markt.

Frage 158
Wofür steht die Abkürzung HTML?

☞ HTML steht für Hypertext Markup Language und ist eine in den 1980er-Jahren entwickelte Auszeichnungssprache, welche die Erstellung von Hypertext-Dokumenten für das World Wide Web standardisiert.

Frage 159
Was ist ein Perpetuum mobile?

☞ Ein Perpetuum mobile ist eine Konstruktion, die ewig in Bewegung bleibt und dabei Arbeit verrichten soll, ohne dass ihr von außen Energie zugeführt wird. Nach dem Energieerhaltungssatz sind aber solche Konstruktionen nicht möglich.

Frage 160
Seit wann gibt es Münzfernsprecher?

☞ In einer Bank in Connecticut stellte man 1889 den ersten Münzfernsprecher auf. In Deutschland gab es den ersten Apparat dieser Art im Jahr 1900.

Frage 161
Was ist die Verfahrenstechnik?

☞ Verfahrenstechnik ist eine Ingenieurwissenschaft, deren Aufgabe die Entwicklung, Berechnung und der Betrieb von Verfahren und Anlagen zur Herstellung meist chemischer Produkte ist. Ihr Ziel ist es, die Vorgänge in Apparaten optimal ablaufen zu lassen. Physikalische Vorgänge und chemische Reaktionen, die in der Anlage ablaufen, werden von der Verfahrenstechnik in ihrem Zusammenwirken untersucht und technisch angewendet.

Frage 162
Wann kam der erste elektrische Kühlschrank auf den Markt?

☐ a) 1898
☐ b) 1913
☐ c) 1935
☐ d) 1949

☞ **b) 1913**
Dieser Kühlschrank arbeitete mit Ammoniak als Kühlmittel.

Werbung für einen Kühlschrank aus den 1930er-Jahren

Frage 163
Wofür steht die Abkürzung BASIC?

☞ **BASIC ist der Name einer weitverbreiteten Programmiersprache.** Es ist eine Abkürzung für „Beginners All purpose Introduction Code". Die Sprache wurde für Nutzer von Datenverarbeitungsanlagen entworfen, die wenig Erfahrung mit dem Programmieren haben.

Frage 164
Was versteht man unter Desktop-Publishing?

☞ Unter Desktop-Publishing (DTP) versteht man das Erstellen und Gestalten von Dokumenten, die aus Text und Bildern bestehen und später publiziert werden, mithilfe des Computers.

Frage 165
Was ist eine Laterna magica?

☞ **Eine Laterna magica ist technisch gesehen ein Vorgänger des Diaprojektors.** Entwickelt wurde sie 1665. Die Laterna magica besteht aus einer Lichtquelle, einem Reflektor, einer Linse und einer Leinwand, auf die das Bild geworfen werden soll. Die Vorlage ist auf einer Glasplatte angebracht, die im Gerät in den Lichtgang geschoben wird. Sehr einfach lassen sich mittels Scherenschnittvorlagen große Schattenmotive projizieren, aber auch Texte können damit vergrößert auf eine Leinwand geworfen werden.

Frage 166
Was sind Counter im WWW?

☞ Unter Counter versteht man einen Zähler, mit dessen Hilfe sich die Anzahl der Zugriffe auf eine Website ermitteln lässt.

Frage 167
Auf welchem technischen Prinzip beruht die Bildröhre eines Fernsehers?

☞ Auf dem der Kathodenstrahlröhre. In ihr werden Elektronen zwischen Kathode und Anode beschleunigt und zu einem Strahl gebündelt. Dieser Strahl kann z. B. durch magnetische Felder abgelenkt und auf jeden Punkt eines Bildschirms gerichtet werden.

Frage 168
Wann wurde das Maschinengewehr erfunden?

☐ a) 1683 ☐ c) 1885
☐ b) 1784 ☐ d) 1986

☞ **c) 1885**
Sein Erfinder ist Hiram Maxim (1840–1916).

Frage 169
Wozu werden Proxy-Server eingesetzt?

☞ Proxy-Server werden zu verschiedenen Zwecken eingesetzt. Bei Providern fungieren sie in erster Linie als Arbeitsspeicher. Sie dienen als lokaler Zwischenspeicher für häufig aus dem Internet geladene Daten. Bei einem erneuten Zugriff müssen diese Daten dann nicht erst vom weit entfernten Ursprungsrechner geladen werden. Das verkürzt Zugriffszeiten und entlastet den Datenverkehr.

Frage 170
Wer hat die Sofortbildkamera erfunden?

☞ **1948 stellte Edwin Herbert Land (1909–91) seine „Polaroidkamera" vor.** Er hatte den fotochemischen Prozess in die Kamera und den Film verlagert.

Edwin Land und eines der ersten Polaroidbilder

Frage 171
Was ist ein Energiepass?

☞ Beim Energiepass handelt es sich um eine Bescheinigung, die jeder Mieter für seine Wohnung und jeder Kaufinteressent für eine Immobilie, die nach 2006 gebaut wurde, verlangen kann. Bei der Einführung von Energieausweisen handelt es sich um die Umsetzung einer EU-Richtlinie über die Energieeffizienz von Gebäuden. Der Energiepass informiert die Verbraucher und ermöglicht es, den Energiebedarf von Häusern bundesweit unkompliziert zu vergleichen. In Immobilienanzeigen soll künftig so selbstverständlich mit der Energieeffizienz von Gebäuden geworben werden, wie es bei Kühlschränken und Waschmaschinen längst Praxis ist.

Frage 172
Was ist eine Linotype?

☞ **Eine Zeilensetzmaschine.** Die erste praxistaugliche Maschine dieser Art wurde 1886 bei der Zeitung *New York Tribune* eingesetzt.

Frage 173
Seit wann gibt es im Auto Sicherheitsgurte?

☞ 1960 begannen die Entwicklungen der Automobilindustrie für einen Sicherheitsgurt. Ursprünglich stammt der Sicherheitsgurt aus der Flugzeugtechnik.

Frage 174
Seit wann gibt es Armbanduhren?

- ☐ a) 1834
- ☐ b) 1860
- ☐ c) 1877
- ☐ d) 1900

☞ **d) 1900**

Erst seit 1900 kann man so kleine Uhren bauen, dass sie als Armbanduhr tragbar sind. Die industrielle Massenfertigung von Armbanduhren begann um 1930.

Frage 175
Was ist Feinstaub und wie gefährlich ist er?

☞ **Als Feinstaub bezeichnet man winzige Partikel im Staub**. Sie stammen überwiegend aus Aktivitäten der Menschen und gehören zu den am schwierigsten zu beseitigenden Luftschadstoffen. Die Partikel werden eingeatmet und dringen bis weit in die Lunge vor. Wegen dieser gefährlichen Eigenschaften hat am 27. September 1996 der Europäische Rat in einer „Luftqualitätsrahmenrichtlinie" die nachhaltige Reduzierung von gesundheitsschädlichen Staub- und Rußpartikeln festgelegt. Das Gesetz trat in Deutschland am 1. Januar 2005 in Kraft.

Frage 176
Wofür steht die Abkürzung PAK?

☞ **Polyzyklische aromatische Kohlenwasserstoffe** (PAK) sind Verbindungen, die in Erdöl, Kohle und Tabakteer enthalten sind, aber auch bei unvollständigen Verbrennungsprozessen und bei der Müllverbrennung entstehen können. In hohen Konzentrationen erzeugen sie Krebs.

Frage 177
Welche Verfahren stehen zur Verfügung, um Sonnenenergie zu nutzen?

☞ Die Sonnenenergie ist ein dem Menschen unbegrenzt zur Verfügung stehender Energieträger. Die Sonne schickt Strahlen mit einer Leistung von maximal 1000 W/m^2 an wolkenlosen und minimal etwa 20 W/m^2 an trüben Tagen auf die Erdoberfläche. Zur Nutzung stehen thermische Verfahren in Form von Sonnenkollektoren zur Verfügung, fotovoltaische Verfahren zur Stromerzeugung mit Solarzellen oder die passive Sonnenenergienutzung durch geschickte architektonische Bauweise und Standortwahl von Gebäuden.

Frage 178
Warum werden die Arianeraketen des europäischen Raumfahrtprogramms von Kourou in Südamerika aus gestartet?

☞ Nicht alle Orte auf der Erde sind als Raumfahrtstationen gleich gut geeignet. Von Orten, die näher am Äquator liegen, ist es unkomplizierter, Raketen in eine Erdumlaufbahn zu befördern. Da Französisch-Guayana seit 1947 zu Frankreich gehört und sehr nahe am Äquator liegt, fiel die Wahl auf Kourou.

Frage 179
Welche Aufgabe haben Raffinerien?

☞ Die Raffinerie ist eine verfahrenstechnische Anlage zur Trennung des Rohöls in einzelne Fraktionen und deren Weiterverarbeitung zu Kraftstoffen und anderen Produkten. In der Raffinerie werden physikalische und chemische Verfahren zur Verarbeitung von Kohlenwasserstoffen eingesetzt.

Erdölraffinerie

Frage 180
Was versteht man unter dem Begriff „Pneumatik"?

☞ Pneumatik ist ein Teilbereich der Mechanik, das sich mit dem Verhalten von Gasen beschäftigt. In der Technik werden Geräte und Anlagen, die mit Druckluft arbeiten, so bezeichnet.

Frage 181
Was ist in der Computertechnik der Cache?

☐ a) Festplatte ☐ c) Grafikkarte
☐ b) Prozessor ☐ d) Zwischenspeicher

☞ **d) Zwischenspeicher**

Frage 182
Wie funktioniert eine Windkraftanlage?

☞ Die Windenergie setzt den Rotor, auch Windturbine genannt, in Bewegung. Der Rotor ist an einer Welle befestigt. Mithilfe eines Getriebes wird die Drehung des Rotors auf einen Generator übertragen, der dann Strom erzeugt. Damit sich die Investition in eine WKA lohnt, muss die Windgeschwindigkeit in 10 Meter Höhe mindestens 4 Meter pro Sekunde betragen.

Frage 183
Was bedeutet Recycling?

☞ Recycling ist die Trennung von Abfällen, ihr Transport und ihre Aufbereitung zu wieder verwertbaren Stoffen. Diese Stoffe heißen Wertstoffe oder Sekundärrohstoffe und werden erneut zu einem Produkt verarbeitet.

Frage 184
Welche vorgeschichtliche Erfindung ist das älteste mechanisierte Handwerksgerät des Menschen?

☞ **Die Töpferscheibe**, die Keramiker im 4. Jh. in Mesopotamien entwickelten.

Frage 185
Welches Volk errichtete bereits in der Antike vollendete Wasserleitungssysteme?

☞ **Die Römer** legten künstlich Aquädukte aus Stein an, die aus einem offenen und einem geschlossenen Kanal bestanden und meist auf hohen Bogenkonstruktionen errichtet wurden. Durch eine Rinne mit leichtem Gefälle floss das Gebirgswasser in die

Pont du Gard, ein römisches Aquädukt in Frankreich

Städte. Die kilometerlangen Leitungen versorgten Haushalte und öffentliche Badeanlagen mit Wasser und transportierten das Schmutzwasser ab.

Frage 186

Was ist ein Echo und wie kommt es zustande?

☞ **Ein Echo ist ein Signalrücklauf zur Signalquelle.** Es entsteht durch Reflexionen, die eine gegen die ursprüngliche Signalausbreitungsrichtung reflektierte Welle zur Folge haben.

Frage 187

Wie funktioniert der Motor, den der deutsche Maschinenbauer Felix Wankel erfand?

☞ Der Wankelmotor ist ein ventilloser Verbrennungsmotor mit Schlitzsteuerung, dessen Kolben eine stetig kreisende Bewegung ausführt.

Frage 188

Wer gründete neben Herrn Siemens die Siemens AG?

☐ a) J. G. Halske ☐ c) A. S. Bauchke
☐ b) N. B. Armke ☐ d) K. T. Beinke

☞ **a) J. G. Halske**
Werner von Siemens (1816–92) und J. G. Halske (1814–1890) gründeten 1847 die Telegrafen-Bauanstalt Siemens & Halske, aus der später die Siemens AG hervorging.

Frage 189

Wann nahm das erste deutsche U-Boot seine Probefahrt auf und wie hieß es?

☞ **1851** ließ der bayerische Artillerie-Unteroffizier Wilhelm Bauer (1822–75) das erste in Deutschland gebaute U-Boot in der Kieler Förde zu Wasser, den „Brandtaucher". Beim ersten Tauchversuch sank das U-Boot bis auf den Grund bei ca. 20 Meter Wassertiefe. Der verunglückte Brandtaucher wurde erst im Jahr 1887 geborgen. Nach verschiedenen Museumsstationen hat das älteste erhaltene Tauchboot der Welt nun seine Heimat im Militärhistorischen Museum der Bundeswehr in Dresden gefunden.

Frage 190

Was ist ein Wärmekraftwerk?

☞ Ein Wärmekraftwerk erzeugt Elektroenergie aus der chemischen Energie von Stein- und Braunkohle, Erdöl, Erdgas und Müll sowie aus der Kernenergie von Uran und Plutonium.

Frage 191

Was ist der Unterschied zwischen Schmalband- und Breitbandnetz?

☞ Digitale Schmalband- und Breitbandnetze unterscheiden sich durch die Anzahl der parallel übertragenen Bits. Von Schmalband spricht man bei einer Datenübertragungsrate von 64 Kbits/s. In einem Breitbandnetz werden n x 64 Kbits/s übertragen.

Frage 192

Auf welche Weise werden in der Datenverarbeitung Informationen dargestellt?

☞ **Durch die binäre Darstellung.** Ihre mathematische Grundlage ist das Dualsystem, bei dem es nur zwei Zahlen, nämlich 0 und 1, gibt.

Frage 193
Wofür steht die Abkürzung CD-ROM?

☞ **CD-ROM ist die Abkürzung für Compact Disc Read-Only Memory.** ROM verweist auf die Besonderheit, dass die Daten zwar gelesen, aber nicht überschrieben werden können.

Frage 194
Warum gab es im 18. Jahrhundert keine Kugellager?

☞ Obwohl bereits die Griechen und Römer das Prinzip des Kugellagers kannten und auch einfache Lager mit Holzkugeln verwendeten, geriet es im Mittelalter in Vergessenheit und war im 18. Jahrhundert wieder völlig unbekannt. Zwar hatte Leonardo da Vinci (1452–1519) mit Kugellagern experimentiert, doch seine Forschungen wurden genauso wenig umgesetzt wie die des Briten Philip Vaughan, der 1794 das Prinzip des Kugellagers ebenfalls neu entdeckt hatte. Das große Problem beim Bau dieser Lager waren die hohen Anforderungen an die Präzision der Stahlkugeln. Diese mussten damals noch per Hand gerundet und gefeilt werden.

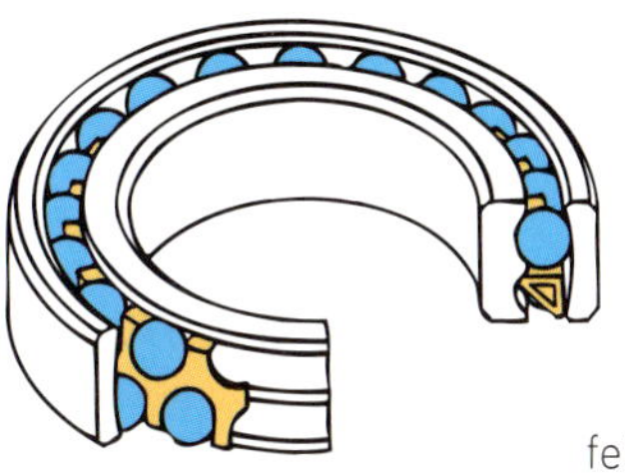

Schematische Darstellung eines Kugellagers

Frage 195
Was wird mit einer archimedischen Schraube befördert?

☐ a) Gas ☐ c) Wasser
☐ b) Konservendosen ☐ d) Fahrgäste

☞ **c) Wasser**
Die Erfindung des griechischen Gelehrten Archimedes (287–212 v. Chr.), ein mobiles Wasserhebegerät, wird noch heute benutzt. Eine von einem Zylinder umschlossene Spirale befördert das Wasser durch Drehen von tieferem zu höherem Niveau.

Frage 196
Was ist die Bildwechselfrequenz?

☞ Sie gibt an, wie oft in der Sekunde das Fernsehbild neu aufgebaut wird. Gemessen wird sie in Hertz (Hz).

Frage 197
Wer erfand den Liebigkühler?

☞ Auch wenn es die Bezeichnung „Liebigkühler" nahelegt, so war Justus von Liebig (1803–73) doch nicht der Erfinder des Gegenstromkühlers. Bereits über 30 Jahre vor Liebigs Geburt erfand der deutsche Chemiker Christian Ehrenfried Weigel (1748–1831) im Jahre 1771 den neuen Kühler für die Destillation von Flüssigkeiten.

Frage 198
Was gibt der Heizwert an?

☞ Der Heizwert gibt an, welche Wärmemenge bei der Verbrennung von einem Kilogramm Kraftstoff frei wird.

Frage 199
Wer baute die erste technisch verwendbare Dampfmaschine?

☞ Der englische Ingenieur und Erfinder James Watt (1736–1819). Er gründete zusammen mit Matthew Boulton (1728–1809) die erste Dampfmaschinenfabrik. Die Verwendung ihrer Maschinen in den Baumwollspinnereien leitete die Industrialisierung Englands ein. Die Einheit der elektrischen Leistung trägt zur Erinnerung an den Erfinder den Namen Watt.

Frage 200
Wer erfand den Radiergummi?

☞ Bereits kurz nachdem erstmals Kautschuk aus Südamerika nach Europa gelangt war, entdeckte der englische Chemiker Joseph Priestley (1733–1804) im Jahre 1770, dass man mit Gummi Bleistiftstriche wegradieren konnte. Kautschuk heißt deshalb im Englischen auch heute noch – genauso wie der Radiergummi – „rubber".

Frage 201
Wie kam der Korken in den Flaschenhals?

☞ Der Erfinder des Flaschenkorkens soll Pierre Pérignon (1678–1715), Kellermeister der Benediktinerabtei Hautvillers in Frankreich, gewesen sein. Ab dem Jahre 1690 verschloss er erste Weinflaschen mit Rindenstücken der Korkeiche. Da sich der Korken als Flaschenverschluss bewährte, wurden Korkeichen schon bald systematisch im Mittelmeerraum angebaut.

Frage 202
Wie hoch waren die niedrigsten Stollen unter Tage?

☐ a) 36 cm ☐ c) 56 cm
☐ b) 46 cm ☐ d) 66 cm

☞ **b) 46 cm**
Die schlimmsten Verhältnisse fand man in England. Noch bis 1842 war dort die Beschäftigung von Kindern und Frauen unter Tage erlaubt und man fand teilweise Stollen mit einer Höhe von 46 Zentimetern.

Frage 203
Was ist ein Elektrophor?

☞ Der italienische Physiker Graf Alessandro Volta (1745–1827) erfand 1775 den Elektrophor, einen elektrischen Kondensator, der durch Peitschen mit einem Fuchsschwanz mit statischer Elektrizität aufgeladen wurde. Mit dem Elektrophor ließen sich beim Entladen kleine Funken erzeugen.

Frage 204
Wo lag das Zentrum des Luftschiffbaues?

☞ **In Friedrichshafen am Bodensee.** Hier entwickelte Ferdinand Graf von Zeppelin (1838–1917) das erste lenkbare Starrluftschiff LZ 1. Nach ihm sind die zigarrenförmigen Luftfahrzeuge, Zeppeline, benannt. Sie wurden im Ersten Weltkrieg zu militärischen Zwecken und bis zur Brandkatastrophe von Lakehurst im Jahr 1937 im transatlantischen Passagierverkehr eingesetzt.

Frage 205
Was ist Koks?

☞ Wenn man Steinkohle unter Luftabschluss „röstet", entfernt man dabei viele Verunreinigungen aus der Kohle und zurück bleibt Koks – ein weitgehend sauberer Kohlenstoff.

Frage 206
Was ist ein Röntgenbild?

☞ **Genau genommen ist das Röntgenbild nur ein Schattenbild.** Mit den Röntgenstrahlen können Organe und innere Gewebe sichtbar gemacht werden, besonders gut sind darauf Knochen darstellbar. Verabreicht man dem Patienten ein strahlenundurchlässiges Kontrastmittel, lassen sich auch hohle oder flüssigkeitsgefüllte Organe wie der Darm abbilden.

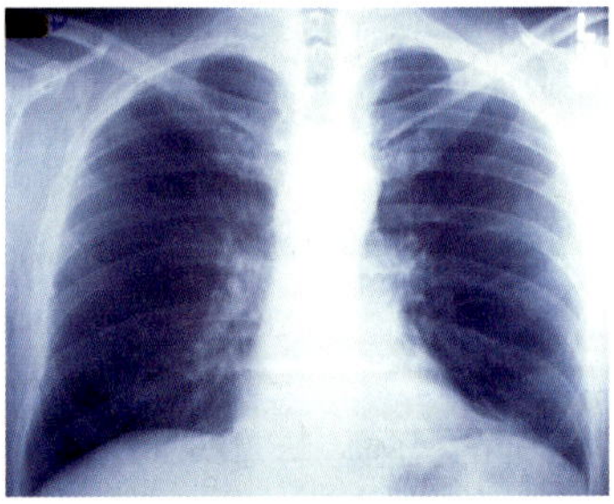

Röntgenaufnahme des Brustkorbs

Frage 207
Seit wann gibt es Kameras ohne Film?

☞ Die erste Kamera ohne Film, die Bilder dauerhaft speichern konnte, gab es 1975, die Aufnahmen wurden direkt auf einer Diskette gespeichert.

Frage 208
Wann entstand der Thonet-Stuhl?

☞ Dass man mit heißem Dampf und Salzlösungen Holz biegen und verformen konnte, war schon länger bekannt. Der Erste, der dies gezielt im Möbelbau einsetzte, war Michael Thonet (1796–1871). Im Jahr 1848 fertigte er den ersten Kaffeehausstuhl an. Der 1859 von ihm entwickelte Stuhl Nr. 14 – besser bekannt unter *„Konsumstuhl Nr. 14"* – gilt bis heute als Stuhl aller Stühle.

Frage 209
Was wurde 1889 anlässlich der Pariser Weltausstellung errichtet?

☐ a) Louvre
☐ b) Centre Georges Pompidou
☐ c) Eiffelturm
☐ d) Triumphbogen

☞ **c) Eiffelturm**
Benannt wurde er nach seinem Konstrukteur Gustave Eiffel (1832–1923). Der rund 300 Meter hohe Turm war seiner Hässlichkeit wegen umstritten, wurde aber doch gebaut, weil er den technischen Fortschritt in Frankreich unter Beweis stellen sollte. Eiffels Bau hatte enormen Einfluss auf die Gestaltung und Konstruktion der Architektur des 20. Jahrhunderts.

Frage 210
Wer erfand den Elektromagneten?

☞ Der Engländer William Sturgeon (1783–1850) kombinierte im Jahr 1825 die Erkenntnisse der Franzosen André Marie Ampère (1775–1836) und Dominique-François-Jean Arago (1786–1853) und wickelte erstmals isolierten Draht um einen nicht magnetischen massiven Eisenkern. Wenn durch die Spule ein Gleichstrom fließt, verhält sich der Eisenkern wie ein Magnet.

Frage 211
Warum war das deutsche Patentgesetz von 1877 so wichtig?

☞ Bis 1877 gab es in Deutschland kein Gesetz, mit dem das Patentwesen geregelt wurde; man konnte sich also folglich auch keine Erfindung für die eigene Vermarktung schützen lassen. Das Ergebnis war anfangs eine wilde Industriespionage und später das Verkümmern von Forschung und Entwicklung. Es war schließlich billiger, das vom Mitbewerber entwickelte Produkt abzukupfern. Aus heutiger Sicht scheint es erstaunlich, dass die Wirtschaft trotzdem funktionierte, obwohl dieses Gesetz erst so spät erlassen wurde.

Frage 212
Wer erfand den Silberspiegel?

☞ Bis 1835 wurden die reflektierenden Rückseiten von Spiegeln vorwiegend aus giftigem Quecksilber hergestellt. Der deutscher Chemiker Justus Liebig (1803–73) entwickelte 1835 ein ungiftiges Verfahren auf der Basis von Silber und Zinn, das schnell durchsetzte. Die Silberschicht brauchte nur ein hundertstel Millimeter dick zu sein; zum Schutz wurde sie mit einer preiswerten Kupferschicht abgedeckt.

Frage 213
Wo stand die erste größere Wasserkraftanlage in den USA?

☞ An den Niagarafällen auf amerikanischer Seite hatte man Wasserkraft in unbeschränkter Menge zur Verfügung. Zwischen 1895 und 1896 baute man dort ein Kraftwerk mit drei großen Turbinen-Generator-Sätzen und transportierte den Wechselstrom ins 40 Kilometer entfernte Buffalo.

Frage 214
Womit begründete Krupp in Essen sein Weltunternehmen?

☞ Bis 1811 konnte man nur relativ kleine Eisenguss-Werkstücke herstellen, da durch die Nachbehandlung des Hochofeneisens in kleinen Feuern auch nur kleine Mengen flüssigen Eisens bereitgehalten werden konnten. Krupp entwickelte nun ein Verfahren, wie man durch das Zusammengießen mehrerer kleiner Schmelztiegel auch große Formen füllen konnte. Das war der Grundstock für das spätere Weltunternehmen.

Frage 215

Wer erfand das Morsealphabet?

☞ **Samuel F. B. Morse (1791–1872)** kam etwa 1830 auf die Idee, mit einer Vorrichtung, die er Telegraf nannte, Nachrichten über große Entfernungen per Telegrafenleitung zu übermitteln. Im Prinzip handelt es sich dabei auf der Empfängerseite um einen Schreibstift, den ein Elektromagnet auf einen Papierstreifen presst. Dieser Papierstreifen wird mit einer Transportvorrichtung langsam unter dem Bleistift durchgezogen. Bekommt der Magnet nur einen kurzen Stromimpuls, sieht man auf dem Papier einen kurzen Strich oder einen Punkt. Ein längerer Impuls verursacht einen entsprechend längeren Strich. Sender und Empfänger sind durch eine einfache Stromleitung miteinander verbunden. Jeder Buchstabe des Alphabets entspricht einer bestimmten Kombination von Strichen und Punkten. Zwischen den Buchstaben macht man kurze, zwischen den Wörtern längere Pausen. Wegen der recht mühsamen und teuren Übermittlung entwickelte sich der Telegrammstil; man sagte nicht: „Ich komme am Freitag um 12 Uhr an" sondern: „Ankomme Freitag 1200".

Samuel Morse

Frage 216

Wann gab es die ersten Fahrstühle?

☐ a) 1768 ☐ c) 1823
☐ b) 1792 ☐ d) 1857

☞ **d) 1857**
Aufzüge zum Transportieren von Gegenständen gab es schon sehr lange; der erste Personenaufzug wurde dagegen erst 1857 in einem New Yorker Porzellanwarengeschäft in Betrieb genommen.

Frage 217

Was erfand Rudolf Diesel?

☞ In den Jahren 1892 bis 1893 entwickelte der deutsche Maschineningenieur (1858–1913) den nach ihm benannten selbstzündenden Dieselmotor. Bei diesem Motor wird Luft durch den Kolben verdichtet und dadurch erhitzt. Auf diese Weise entzündet sich der Dieselkraftstoff. Dieser Motor wird bevorzugt in Lastkraftwagen, Lokomotiven und Schiffen eingebaut und dient als Dieselaggregat auch zur Stromerzeugung.

Dieselmotor

Frage 218

Seit wann gibt es Brenngläser?

☞ Schon um 640 v. Chr. konnte man in Assyrien mithilfe von Brenngläsern Sonnenlicht bündeln, um so ein Feuer zu entzünden. Als Brenngläser dienten Linsen aus geschliffenem Bergkristall, aber auch Hohlspiegel aus Bronze mit einem Überzug aus Blattsilber.

Frage 219

Wann wurde die Straßenbeleuchtung eingeführt?

☞ Bereits um 450 v. Chr. wurden in der Stadt Antiochia die Hauptstraßen nachts mit Fackeln beleuchtet. Damit waren die Straßen auch nach der Abenddämmerung noch sicher zu benutzen und besser durch die Wachen zu kontrollieren.

Frage 220

Wer erbaute die erste Brücke über den Bosporus?

☞ Um seine Truppen schneller über den Bosporus zu befördern, stellte Darius I. (549–486 v. Chr.) von Persien im Jahr 513 v. Chr. den Baumeister Mandroklos von Samos in seine Dienste. Dieser entwarf eine Schiffsbrücke, die schnelle Truppentransporte für die Eroberungszüge gegen die Skythen ermöglichte.

Frage 221

Was waren die Magdeburger Halbkugeln?

☞ 1654 führte der Magdeburger Bürgermeister und Naturforscher Otto Guericke (1602–86) dem Kürfürsten Friedrich Wilhelm die Kraft des Luftdrucks auf beeindruckende Weise vor. Guericke setzte bei einem öffentlichen Experiment vor dem Regensburger Reichstag zwei Halbkugeln aus Eisen luftdicht zusammen und pumpte dann mit einer selbst entwickelten Pumpe die Luft aus der Kugel. Danach ließ er 16 starke Pferde – acht auf jeder Seite – an den Halbkugeln zerren, deren Kraft jedoch nicht ausreichte, um sie zu trennen! Nachdem er aber über einen Hahn wieder Luft in die Kugel einströmen ließ, fielen die Hälften von selbst wieder auseinander. Damit hatte Guericke die Möglichkeit der Erzeugung eines Vakuums in sensationeller Form bewiesen, obwohl die Existenz des luftleeren Raums zuvor noch von vielen Wissenschaftlern als unmöglich bezeichnet worden war.

Frage 222

Existieren Katalysatoren nur im Auto?

☞ Als Gottlieb Sigismund Constantin Kirchhoff (1764–1833) 1811 den Katalysatoreffekt entdeckte, lag die Erfindung des Autos noch weit in der Zukunft. Überhaupt ist ein Katalysator nichts anderes als ein Begriff für eine Substanz, die eine chemische Reaktion verzögert und damit eher im chemischen Wörterbuch als in der Autozeitung zu finden.

Frage 223

Seit wann gibt es in Deutschland ein Telefonnetz?

☐ a) 1877
☐ b) 1899
☐ c) 1911
☐ d) 1933

☞ **a) 1877**

Die ersten Telefone wurden in Berlin installiert und hier stand auch 1877 die erste Fernsprechvermittlungsstelle, die allerdings nur ein Teil des Telegrafenamtes war.

Guerickes Versuch mit den Magdeburger Halbkugeln

Frage 224

Wie entsteht Laserstrahlung?

☞ **Laserstrahlung entsteht in der Atomhülle.** Durch die Zufuhr von Licht oder elektrischem Strom nehmen die Atome Energie auf. Ihre äußeren Elektronen wechseln zeitweilig auf ein höheres Energieniveau. Beim Rückgang auf ihr ursprüngliches Energieniveau strahlen sie durch die Wirkung des Resonators die aufgenommene Energie als monochromatisches und kohärentes Licht ab. Der Laser erzeugt monochromatisches Licht, d. h., er hat genau eine Wellenlänge und damit nur eine Farbe. Laserstrahlen verlaufen parallel. Die abgestrahlten Wellen erreichen zeitgleich ihr Maximum bzw. Minimum.

Frage 225

Wie gelang es den Ägyptern, Wände genau senkrecht zu bauen?

☞ Bereits um 3000 v. Chr. erfanden die Baumeister in Ägypten das Senkblei, ein kleines, schweres Gewicht an einem Faden und konnten so immer schnell überprüfen, ob die Steinmauern von den Arbeitern auch wirklich gerade hochgezogen worden waren.

Frage 226

Wer erfand das Mikroskop?

☞ Obwohl bereits 1538 der italienische Arzt Girolamo Fracastero (1478–1553) die Idee hatte, dass zwei Linsen eine stärkere Vergrößerung als ein einfaches Vergrößerungsglas ergeben müssten, waren es doch erst die holländischen Brillenmacher Hans Janssen und sein Sohn Zacharias, die 1590 das Mikroskop erfanden. In ihrem ersten Modell diente eine Bikonvexlinse als Objektiv, das ein vergrößertes Abbild des betrachteten Gegenstandes erzeugte. Mit einer Bikonkavlinse als Okular wurde dieses Abbild dann noch einmal vergrößert.

Mikroskopaufnahme von Plankton

Frage 227

Wer erkannte erstmals, dass Töne eine Schwingung der Luft sind?

☞ Im Jahr 20 n. Chr. beschrieb Marcus Vitruvius Pollio Töne als eine Bewegung der Luft. Er erkannte auch die Wellennatur des Schalls und verglich dessen Ausbreitung mit der von Wasserwellen.

Frage 228

Wann wurde das Rad erfunden?

☞ Der Zeitpunkt der Erfindung des Rades lässt sich heute nicht mehr genau ermitteln. Vielleicht gab den Anstoß für diese wichtige Erfindung die Tatsache, dass Lasten auf Rollen transportiert wurden und es damit nahe lag, Baumscheiben als Räder zu benutzen. Funde in Mesopotamien lassen den Schluss zu, dass die ersten Karren mit Rädern zu Beginn des 4. Jahrtausends v. Chr. in Gebrauch waren. Möglicherweise dienten Modelle mit Rädern aus Ton mesopotamischen Kindern auch zuerst als Spielzeug, bevor man Räder aus Holz für Fahrzeuge nutzte.

Frage 229

Wann wurde das erste Hufeisen geschmiedet?

☐ a) um 400 v. Chr. ☐ c) um 200 v. Chr.
☐ b) um 300 v. Chr. ☐ d) um 100 v. Chr.

☞ **c) um 200 v. Chr.**

Hufeisen werden mit Eisennägeln an den zuvor gesäuberten und gefeilten Hufen befestigt und sollen die Pferde vor Verletzungen schützen. In früheren Zeiten verwendete man immer wieder Hufschoner aus Leder, die jedoch nicht sehr lange hielten.

Frage 230

Was ist Pergament?

☞ Pergament besteht aus besonders verarbeiteten Tierhäuten und entstand 263 v. Chr., als Eumenes, Herrscher von Pergamon, für seine Bibliothek einen Ersatz für das bisher verwendete Papyrus suchte. Dazu wurden die Tierhäute von Rindern, Eseln, Schafen, Ziegen oder Schweinen mehrere Tage in Kalk eingeweicht, dann straff in Holzrahmen aufgespannt und noch einmal gesäubert. Durch das Einreiben mit Kreidestaub und das nochmalige Glätten mit Bimsstein erhielt man schließlich sehr glatte und dünne Seiten, die besser beschrieben werden konnten als Papyrus.

Frage 231

Seit wann gibt es Kolbenspritzen?

☞ Einfache Spritzen mit einem eingepassten Kolben gab es bereits um 230 v. Chr. in Griechenland. Sie wurden damals allerdings hauptsächlich für Klistiere benutzt.

Frage 232

Wer erfand das Löten von Eisen?

☞ Dem griechischen Kunstschmied Glaukos von Chios gelang es 692 v. Chr., Eisenteile zusammenzulöten. Mit dieser Technik konnte man endlich größere Eisenteile problemlos aus kleineren zusammensetzen, was die Fertigung wesentlich erleichterte.

Frage 233

Wo entstanden die ersten Hängebrücken?

☞ Um 68 n. Chr. wurden in China die ersten Hängebrücken gebaut. Durchhängende Seilkonstruktionen mit Holzplanken überspannten den Abgrund und dienten als wacklige Fußgängerbrücken.

Frage 234

Wann setzte sich der Traktor in der Landwirtschaft durch?

☞ Im Jahr 1911 konstruierte ein russischer Ingenieur bereits einen Dieseltraktor. Große Verbreitung fand jedoch der von Henry Ford (1863–1947) im Jahre 1917 konstruierte „Fordson". 1921 brachte die deutsche Firma Lanz AG den „Bulldog" auf den Markt, einen robusten und den Bedürfnissen der Landwirtschaft angepassten Traktor. Die Anzahl der Zugtiere sank stetig mit der Anzahl der eingesetzten Traktoren.

Frage 235

Warum wird die Blackbox nach einem Flugzeugabsturz meistens schnell gefunden?

- ☐ a) Sie ist mit einem Peilsender ausgestattet.
- ☐ b) Sie ist mit GPS ausgestattet.
- ☐ c) Sie ist mit einem Ultraschallsender ausgestattet.
- ☐ d) Sie ist mit einem Bewegungsmelder ausgestattet.

☞ **c) Sie ist mit einem Ultraschallsender ausgestattet.**
Außerdem trägt eine auffallende Signalfarbe dazu bei, dass die Box gefunden werden kann.

Frage 236

Was für eine Maschine war Puffing Billy?

☞ Es war die erste brauchbare Dampflok, um 1810 herum gebaut und konstruiert von dem Engländer William Hedley (1779–1843); sie wurde unter Tage im Kohlenbergbau eingesetzt und war der Auslöser für die Eisenbahnbegeisterung, die nach 1830 überall in Europa um sich griff.

Die Puffing Billy

Frage 237

Seit wann gibt es in Serie produzierte elektrische Handbohrmaschinen?

☞ Erfunden wurde die elektrische Handbohrmaschine 1895, ab 1905 wurde sie in Serie gefertigt.

Frage 1
Wo befindet sich der Loreleyfelsen?

Loreleyfelsen

☞ Am rechten Rheinufer im Taunus bei Sankt Goarshausen. Wenige 100 Meter vom Aussichtspunkt entfernt befindet sich die 1939 erbaute Loreley-Freilichtbühne, wo gelegentlich Großveranstaltungen wie Rockkonzerte stattfinden. In Liedern, Opern und Musicals wurde der Fels vielfach besungen.

Frage 2
Am 24. März 1989 war ein Öltanker von der Ölverladestation der Trans-Alaska-Pipeline in einem Hafenort in Alaska Richtung Süden unterwegs. Vor Südalaska passierte dann das Unglück: Der Tanker lief auf das Bligh-Riff im Prince William Sund auf. Der Kapitän lag zu diesem Zeitpunkt betrunken in seiner Koje, das Kommando hatte der dritte Offizier inne. Der verfügte allerdings nicht über genug Erfahrung, um ein solches Schiff durch das Seegebiet vor Alaskas Küste zu steuern. Und so kam es, wie es kommen musste: Dem dritten Offizier unterlief ein Manövrierfehler und eine der größten Umweltkatastrophen der Seefahrt nahm ihren Lauf. **Wie hieß der Tanker?**

☞ **Die Exxon Valdez** gehörte zu den größten Schiffen, die jemals gebaut wurden. Hier ein paar Daten: Sie war über 300 Meter lang, wog ohne Ladung 30.000 Tonnen, verdrängte eine Wassermasse von über 200.000 Tonnen und konnte 235 Millionen Liter Rohöl transportieren. Bei dem Unglück vor Alaska liefen 40.000 Tonnen Öl aus.

Frage 3
Der Bodensee wird von drei Ländern umschlossen. **Welche Länder sind das?**

☞ **Deutschland, Österreich und die Schweiz.** In Deutschland liegen die beiden Bundesländer Bayern und Baden-Württemberg am Bodensee.

Frage 4
Worin liegt die besondere Gefährlichkeit eines Ozonlochs?

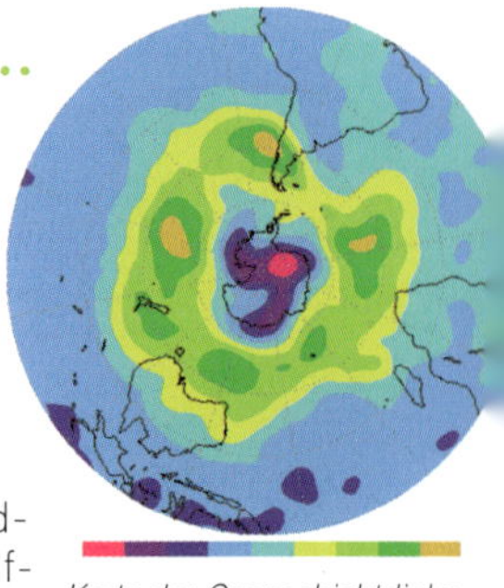

Karte der Ozonschichtdicke

☞ Ein Ozonloch ist ein Bereich in der Atmosphäre, in dem die Ozonschicht zerstört ist und der eine unnatürlich niedrige Ozonkonzentration aufweist. Diese Schicht stellt für die Lebewesen auf der Erde einen Schutz vor kurzwelliger Ultraviolettstrahlung dar, die insbesondere die Erbsubstanz in den Zellen der Körperoberfläche schädigt. Erstmals wurde Mitte der 1980er-Jahre über der Antarktis ein drastischer Rückgang der Ozonschicht festgestellt.

Frage 5
Welche Stadt liegt teilweise in Europa, teilweise in Asien?

☞ **Istanbul.** Mit 5,5 Millionen Einwohnern ist es die größte Stadt der Türkei. Die Stadt bzw. ihre Vorgänger Konstantinopel und Byzanz blicken auf eine bewegte Vergangenheit zurück, von der auch heute noch zahlreiche historische Gebäude aus allen Epochen Zeugnis ablegen.

Frage 6
Welchen Umfang hat die Erde?

☐ a) ca. 20.000 Kilometer
☐ b) ca. 33.000 Kilometer
☐ c) ca. 40.000 Kilometer
☐ d) ca. 51.000 Kilometer

☞ **c) ca. 40.000 Kilometer**

Frage 7

Durch die Untersuchung welches Planeten gerieten die amerikanische Raumsonde Pathfinder und das Roboterauto Sojourner in die Schlagzeilen?

☞ 1997 erreichte die Sonde Pathfinder eine Umlaufbahn um den Mars. Anschließend schickte sie eine Landefähre mit dem solarbetriebenen Roboterauto Sojourner auf die Oberfläche des Planeten. Bis März 1998 hat Sojourner Gesteinsproben aufgenommen und analysiert sowie das Vorhandensein von Kohlenstoff, Stickstoff und Sauerstoff auf dem Mars nachgewiesen.

Frage 8

Unter welchem Namen ist die beliebte Ferienregion an der spanischen Küste zwischen Gibraltar und Almería bekannt?

☞ **Als Costa del Sol („Sonnenküste").** Hier findet man bekannte Ferienorte wie Marbella und Málaga. Im Hinterland sind die Stadt Granada und die Berge der Sierra Nevada viel besuchte Touristenziele.

Frage 9

Wie heißt das Gebirge, dessen höchster Berg der Aconcagua ist?

☞ **Anden.** Sie durchziehen in drei bis vier Gebirgszügen, den sogenannten Kordilleren, Südamerika am westlichen Rand von Norden bis Süden. Der 6960 Meter hohe Aconcagua liegt an der argentinisch-chilenischen Grenze.

Frage 10

Niemand hat die Karten dieser Welt so verändert wie er. Auf seinen drei großen Südseereisen entdeckte er Länder und Inseln und kartografierte deren Küsten. Daheim in London hielt es der Brite nicht lange aus – nach einer Weile in der Studierstube zog es ihn immer wieder hinaus. 1779 geschah ein Unglück: Nachdem es auf Hawaii bereits mehrfach zu Missverständnissen zwischen den Einheimischen und dem Entdecker und seiner Mannschaft gekommen war, eskalierte eines Tages die Lage. Es fielen mehrere Schüsse, und der Entdecker wurde während eines Scharmützels von Hawaiianern erstochen. **Wer war der Mann?**

☞ **James Cook (1728–79).** Cook wurde von seiner Mannschaft auf See bestattet.

James Cook

Frage 11

Nach welcher Stadt wurde das bekannte Weinanbaugebiet im Südwesten Frankreichs benannt?

☞ **Nach Bordeaux**, der Hauptstadt des Départements Gironde. Das Weinbaugebiet um Bordeaux, das Bordelais genannt wird, ist mit rund 4000 Weingütern das größte zusammenhängende Anbaugebiet der Welt.

Frage 12

Wer war Joseph von Fraunhofer?

☞ Der deutsche Physiker und Glastechniker Joseph von Fraunhofer (1787–1826) wurde durch die Herstellung hervorragender Linsen und optischer Instrumente berühmt. Viele große Observatorien ließen sich ihre Teleskope von ihm bauen. Neben zahlreichen Entdeckungen und Erfindungen im Bereich der Optik machte sich Fraunhofer auch in der Astronomie einen Namen. 1814 entdeckte er dunkle Linien im Bereich des Sonnenspektrums, sogenannte Absorptionslinien, die noch heute Fraunhoferlinien genannt werden.

Frage 13

An wie viele Staaten grenzt die Bundesrepublik Deutschland?

- ☐ a) sieben
- ☐ b) acht
- ☐ c) neun
- ☐ d) zehn

☞ **c) neun**
Im Osten grenzt Deutschland an Polen und Tschechien; im Süden an Österreich und die Schweiz; im Westen und Nordwesten an Frankreich, Luxemburg, Belgien und die Niederlande; im Norden an Dänemark.

Frage 14

Was zeichnet die Nova oder Supernova genannten Himmelskörper aus?

☞ **Ihre ungewöhnliche Helligkeit.** Früher wurde ein Stern, der plötzlich dort erschien, wo zuvor keiner zu sehen war, als Nova bezeichnet. Der Ausdruck ist jedoch irreführend, denn der Stern existierte schon vorher. Er wurde nur durch eine Art Ausbruch plötzlich viel heller und dadurch sichtbar. Das Sichtbarwerden einer Nova ist ein Zeichen von Vorgängen, die den Stern zerstören oder verändern. Nach einer Weile verblassen die so sichtbar gewordenen Himmelskörper wieder. Eine Supernova, bei der ähnliche Vorgänge extremer ablaufen, ist viel seltener als eine Nova.

Frage 15

Was versteht man unter dem Drei-Schluchten-Staudamm?

☞ 1997 wurde in China am Jangtsekiang mit dem Bau des größten Staudamms der Welt begonnen. Die Befürworter begründen seine Notwendigkeit hauptsächlich mit der Verbesserung des Hochwasserschutzes. Kritische Stimmen hingegen befürchten, dass die geologischen Voraussetzungen ungünstig sind und der gigantische Damm einmal brechen könnte. 2006 wurde er in Betrieb genommen.

Frage 16

Wie heißt der nördlichste der drei baltischen Staaten?

☞ **Estland.** Ausgedehnte Wälder, Dünenstrände, 1500 Seen und ca. 800 Inseln prägen die schöne und abwechslungsreiche Landschaft.

Frage 17

Was ist der Apennin?

☐ a) ein See
☐ b) ein Gebirge
☐ c) eine Steppe
☐ d) ein Fluss

☞ **b) ein Gebirge**
Das Gebirge, das Italien von Genua im Norden bis in den äußersten Süden, zur Straße von Messina, durchzieht. Seine Zentralkette wird Abruzzen genannt, der höchste Gipfel ist der Corno Grande (2912 Meter).

Montecassino in den Abruzzen

Frage 18

Was sind Protuberanzen?

☞ Die Sonne meist bogenförmig oder flammenartig umgebende Lichterscheinungen. Bei totalen Sonnenfinsternissen sind sie mit bloßem Auge am Rand der vom Mond verdunkelten Sonnenscheibe als rötliche, wolkenartige Zungen zu erkennen.

Frage 19

Wodurch unterscheidet sich Braunkohle von Steinkohle?

☞ Durch die unterschiedliche Festigkeit und den Gehalt an Kohlenstoff. Beide Kohlen entstanden in früheren Erdzeitaltern aus Sumpfmoorwäldern, die unter anderen Gesteinsschichten luftdicht abgedeckt und dann durch großen Druck verfestigt wurden. Braunkohle ist weniger fest, also quasi ein Vorstadium von Steinkohle, die einen höheren Kohlenstoffgehalt hat.

Frage 20

Gibt es auf dem Mond Wasser?

☞ Ja – in Form von Eis. Die Raumsonde Clementine entdeckte 1996 bei der Untersuchung der Mondoberfläche per Radiowellen einen bis zu 30 Meter dicken Eispanzer. Das erste entdeckte Eisfeld befindet sich im 13 Kilometer tiefen Shakletonkrater auf der Südhälfte des Mondes. Auf den Boden dieses Kraters kann das Sonnenlicht zu keiner Zeit vordringen.

Frage 21

Was haben St. Moritz, Innsbruck, Kufstein und Rosenheim gemeinsam?

☐ a) Sie haben mehr als 100.000 Einwohner.
☐ b) Sie liegen am Inn.
☐ c) Sie liegen in Österreich.
☐ d) Sie haben eine U-Bahn.

☞ **b) Sie liegen am Inn.**
Der Inn ist der längste Nebenfluss der Donau in Deutschland.

Frage 22

Welches Land wird durch den Öresund von Schweden getrennt?

☞ **Dänemark.** Der Öresund ist die Meerenge zwischen Dänemark und Schweden.

Frage 23

Wie bezeichnet man die Gashülle eines Planeten?

☞ **Als Atmosphäre.** Besonders die Lufthülle der Erde wird so genannt. Ihre wichtigsten Bestandteile sind Stickstoff (77 %), Sauerstoff (20,7 %), Wasserdampf (1,3 %) und das Edelgas Argon (0,9 %). Die restlichen 0,1 % werden von Kohlendioxid, den Edelgasen Neon, Helium, Krypton und Radon sowie einigen anderen Gasen gebildet. Der Wasserdampfgehalt schwankt stark von fast 0 bis hin zu 4 % und ist von großer Bedeutung für das Klima.

Frage 24

Was bezeichnet man als Watt?

☞ Das Übergangsgebiet vom festen Land zum Meer an einer flachen Gezeitenküste. Es wird bei Flut vom Meer überspült und fällt bei Ebbe trocken. Das Watt besteht aus Schlick und Sand.

Watt

Frage 25

Welcher Teil der USA gehörte einmal zu Russland?

☞ 1867 verkaufte Russland Alaska für 7,2 Millionen Dollar an die USA. Die reichen Erdgas- und Erdölvorkommen im Norden Alaskas waren damals noch nicht bekannt.

Frage 26

Welches Gebirge trennt Sachsen von der Tschechischen Republik?

☞ **Das Erzgebirge.** Sein Name geht auf die reichen Erzvorkommen zurück, die dort schon seit dem frühen Mittelalter bekannt sind. Nach dem Rückgang der Erzproduktion bildete sich im 19. Jahrhundert die Herstellung von Holzspielzeug als neuer Erwerbszweig aus.

Frage 27

Wie heißt der höchste Gipfel der Alpen?

☐ a) Großglockner
☐ b) Zugspitze
☐ c) Matterhorn
☐ d) Mont Blanc

☞ **d) Mont Blanc**
Der Mont Blanc ist mit 4809 Metern der höchste Berg der Alpen. Das gesamte Mont-Blanc-Massiv gehört zu den Savoyer Alpen.

Frage 28

Was bezeichnen die Astronomen als Galaxie?

☞ Spiralförmige, meist elliptische Gebilde im Universum, die aus etwa einer Billion Sternen bestehen. Unsere Milchstraße ist eine davon. Das Alter der ältesten Galaxien wird auf über 13 Milliarden Jahre geschätzt. Wie viele Galaxien es im Universum gibt, ist noch unklar.

Spiralgalaxie

Frage 29

In welcher Stadt stoßen die Grenzen Frankreichs, Deutschlands und der Schweiz zusammen?

☞ **In Basel.** Es ist mit etwas über 200.000 Einwohnern nach Zürich die größte Stadt der Schweiz. Bedeutende Unternehmen der Chemie- und Pharmaindustrie haben ihren Sitz in Basel.

Frage 30

Auf der Karibikinsel Hispaniola liegen zwei Länder. Wie heißen sie?

☞ **Haiti und Dominikanische Republik.** Die Dominikanische Republik im Ostteil der Insel ist fast doppelt so groß wie Haiti im Westen.

Frage 31

Wie heißt der größte See Europas?

☞ Es ist der nördlich von St. Petersburg in Russland nahe der Grenze zu Finnland gelegene Ladogasee mit 17.703 km². Im Winter friert der See völlig zu.

Frage 32

Welche Bedeutung haben die koronalen Löcher?

☞ Auf Röntgenaufnahmen der Sonne fallen neben den hellen Leuchterscheinungen des Gases in der heißen Korona auch ausgedehnte dunkle Gebiete auf, die als koronale Löcher bezeichnet werden. Diese Löcher sind Regionen, in denen die Magnetfeldlinien offen sind, d. h. weit in den Raum hinausreichen. Da die geladenen Teilchen der Korona an die Magnetfeldlinien gebunden sind, können sie im Bereich der koronalen Löcher in den Weltraum entweichen. Daher sind die koronalen Löcher als Ursprung des sogenannten Sonnenwindes anzusehen, eines Stroms geladener Teilchen, der beim Eindringen in die Erdatmosphäre entlang der Pole die spektakulären Polarlichter hervorruft.

Frage 33

Welcher Fluss fließt durch den Grand Canyon in Arizona/USA?

☐ a) Colorado River
☐ b) Mississippi
☐ c) Rio Grande
☐ d) Red River

☞ **a) Colorado River**

Der 350 Kilometer lange Grand Canyon ist die berühmteste von vielen Schluchten, die das Coloradoplateau, ein 1500 bis 3000 Meter hohes Tafelland, durchziehen.

Colorado River im Grand Canyon

Frage 34

Zu welchem Land gehören die Galapagosinseln heute und warum sind sie so bedeutend?

☞ Die westlich von Südamerika am Äquator liegenden Galapagosinseln gehören heute zu Ecuador. Sie wurden von der UNESCO zum Welterbe der Natur erklärt.

Frage 35

Was bezeichnet man als Weltraummüll?

☞ Durch die zahlreichen bisher gestarteten Raketen und Raumfähren wurden unerwünschte Objekte in erdnahe Umlaufbahnen befördert. Dabei handelt es sich um ausgediente Satelliten, Reste abgebrannter und abgesprengter Raketenstufen oder auch Abfälle früherer Unternehmungen. Sie stellen inzwischen eine ernst zu nehmende Gefahr für Satelliten, Raumstationen oder auch das Hubble-Weltraumteleskop dar, denn bereits kleine Teile können durch ihre hohe Geschwindigkeit erhebliche Schäden verursachen.

Frage 36

Welches südamerikanische Land wurde als Heimat der Gauchos und des Tangos bekannt?

☞ **Argentinien.** Die Gauchos, die südamerikanischen Cowboys, hüten zwar auch die Viehherden in den Nachbarländern Uruguay, Brasilien und Paraguay, aber weltbekannt wurden sie als Symbol für Argentinien.

Frage 37

Welches ist der längste Fluss in Deutschland?

☐ a) Donau
☐ b) Rhein
☐ c) Elbe
☐ d) Oder

☞ **a) Donau**

Frage 38

Welches einzigartige Flussgebiet liegt 100 Kilometer südöstlich von Berlin?

☞ **Das Biosphärenreservat Spreewald.** 70 Kilometer lang und etwa 15 Kilometer breit ist der Spreewald von zahlreichen Wasserläufen durchzogen. Das Flussgebiet ist ein in Europa nahezu einmaliges Beispiel für eine besiedelte und ständig in Kultur gehaltene binnenländische Auenlandschaft, die eine vielfältige Fauna und Flora aufweist.

Frage 39

Die Region rund um den Nordpol wird Arktis genannt. **Wie heißt das Gebiet um den Südpol?**

☞ **Antarktis.**

Pinguine in der Antarktis

Frage 40

Gibt es die sogenannten Schwarzen Löcher tatsächlich?

☞ Als Schwarze Löcher werden Himmelskörper mit einer Anziehungskraft bezeichnet, die so stark ist, dass von ihnen weder Licht noch elektromagnetische Strahlung ausgehen. Sie lassen sich daher nur durch Effekte feststellen, die sie auf ihre Umgebung haben. Vermutete Schwarze Löcher sind eine Röntgenquelle in unserer Nachbargalaxie, der Großen Magellanschen Wolke und ein als „QZ Vul" benanntes Objekt in unserer Milchstraße, das 1995 im Sternbild Vulpecula entdeckt wurde. Ein Hinweis auf das Vorhandensein eines Schwarzen Loches ist z. B. die hohe Beschleunigung von Gasen in einer Region.

Frage 41

Wie heißt der größte deutsche Umweltverband?

☞ **BUND** – Bund für Umwelt und Naturschutz Deutschland. Der BUND wurde im Jahr 1975 von 21 Männern und Frauen gegründet und hat heute fast 400.000 Mitglieder.

Frage 42

Was verbirgt sich hinter dem Namen „Galileo" der Europäischen Weltraumbehörde?

☞ **Galileo ist der Name des europäischen Satelliten-Navigationssystems.** Die Europäische Raumfahrtbehörde (ESA) geht mit Galileo in Konkurrenz zu den bestehenden amerikanischen und russischen Navigationssystemen GPS und GLONASS. Die ESA will 30 Satelliten in 23.600 Kilometern Höhe in eine Erdumlaufbahn bringen.

Frage 43

Aus wie vielen Bundesländern setzt sich Deutschland zusammen?

☐ a) 11
☐ b) 12
☐ c) 15
☐ d) 16

☞ **d) 16**

Frage 44

Wie bestimmte Eratosthenes die Größe der Erde?

Eratosthenes

☞ Der griechische Gelehrte Eratosthenes (um 290–214 v. Chr.) errechnete als Erster relativ genau den Umfang der Erdkugel. Dazu maß er mittags am Tag der Sommersonnenwende in Alexandria die Schattenlänge eines Stabes. Da er wusste, dass die Sonne am gleichen Tag in Syene senkrecht am Himmel steht, also keinen Schatten wirft, konnte er aus dieser Winkeldifferenz und der Entfernung zwischen Alexandria und Syene den Umfang der Erde bestimmen und gelangte so zu einer Vorstellung von der tatsächlichen Größe der Erdkugel.

Frage 45

In welche Staaten löste sich während der 1990er-Jahre Jugoslawien auf?

☞ In Slowenien, Kroatien, Bosnien-Herzegowina, Makedonien und die Bundesrepublik Jugoslawien, die häufig auch als Serbien bezeichnet wird. Streng genommen hat sich Jugoslawien also nicht aufgelöst, es haben sich jedoch einige Landesteile vom Mutterland abgespalten.

Frage 46

Wie weit liegen Delhi und Neu-Delhi auseinander?

☞ **Sie sind benachbart.** Da Neu-Delhi und die ältere Stadt Delhi eine urbane Einheit bilden, werden in Indien meist beide Städte zusammen einfach nur Delhi genannt.

Frage 47

Zu welcher Inselgruppe gehören Teneriffa, Fuerteventura, Lanzarote und Gran Canaria?

☞ Zusammen mit den kleineren Inseln El Hierro, La Palma und La Gomera bilden sie die Kanarischen Inseln, kurz auch Kanaren genannt. Wegen ihres milden Klimas sind die zu Spanien gehörenden Inseln auch im Winter ein beliebtes Reiseziel.

Frage 48

Von wie vielen Staaten ist das Schwarze Meer umgeben?

☐ a) drei
☐ b) vier
☐ c) fünf
☐ d) sechs

☞ **d) sechs**
Diese Staaten sind die Ukraine, Russland, Georgien, Türkei, Bulgarien und Rumänien.

Frage 49

Was ist das „Deutsche Eck" in Koblenz?

☞ Eine Landzunge an der Mündung der Mosel in den Rhein.

Frage 50

Wo findet man Rote Riesen?

☞ **Im Weltall.** Wenn bei Sternen wie unserer Sonne der Vorrat an Wasserstoff verbraucht ist, fallen sie in sich zusammen, wobei es zu Kernfusionen kommt, die den Stern aufblähen. In der Folge bildet sich eine vom Kern entfernte Hülle, die bis zu 100.000 Jahre nachleuchtet, während der Kern immer mehr schrumpft. Da Astronomen die Lebensdauer unserer Sonne auf zehn Milliarden Jahre schätzen, von denen etwa 4,6 Milliarden vorbei sind, besteht noch kein Anlass, sich Sorgen zu machen.

Frage 51

Was versteht man unter dem Maghreb?

☞ Als Maghreb wird der Westen der arabischen Welt, also die drei Staaten Marokko, Algerien und Tunesien bezeichnet.

Frage 52

Wie viele Bundesstaaten umfassen die USA?

☐ a) 46 ☐ c) 50
☐ b) 48 ☐ d) 52

☞ **c) 50**

Frage 53

Finnland wird auch das Land der 1000 Seen genannt. **Wie sind diese Seen entstanden?**

See in Finnland

☞ Durch die Gletscher der Eiszeiten. Während der Eiszeiten lagen über Skandinavien teilweise mehrere hundert Meter dicke Gletscher. Ihre Vorwärtsbewegung hinterließ in der Landschaft zahlreiche Mulden, die heute oft von Seen gefüllt sind. Die Mecklenburgische Seenplatte und die Buchten an der schleswig-holsteinischen Ostseeküste entstanden übrigens genauso.

Frage 54

Was beschreibt das zweite keplersche Gesetz?

☞ Es macht Aussagen über die Bewegung von Planeten längs ihrer Bahn und lautet: Die Verbindungslinie Sonne–Planet überstreicht in gleichen Zeiten gleich große Flächen. Aus diesem Gesetz folgt, dass sich die Planeten auf ihrer Bahn mit unterschiedlicher Geschwindigkeit bewegen. In Sonnennähe sind sie schneller als in Sonnenferne. Für die Erde betragen diese Geschwindigkeiten 29,3 km/s in Sonnenferne (Juni/Juli) und 30,3 km/s in Sonnennähe (Dezember/Januar).

Frage 55

Wie nennt man außergewöhnlich hohe Meereswellen?

☞ Die durch Seebeben, Vulkanausbrüche oder Rutschungen ausgelösten hohen Meereswellen nennt man Tsunami.

Frage 56

Welcher offene Sternhaufen befindet sich im Sternbild Stier?

☞ **Die Plejaden.** Das Besondere an den Plejaden sind die bläulich leuchtenden Nebel, die sich um die größeren Sterne gruppieren. Es sind Reflexionsnebel, gestreutes Licht der Sterne, welche sich an Staub und Partikeln im All brechen. Es handelt sich dabei nicht um Reste des Urnebels, aus dem sich der Sternhaufen gebildet hat, sondern um eine Staubwolke, durch die die Plejaden ziehen.

Frage 57

Zu welcher europäischen Hauptstadt gehört der Hafen Piräus?

☐ a) zu Lissabon ☐ c) zu Athen
☐ b) zu Neapel ☐ d) zu Istanbul

☞ **c) zu Athen**
Von einem kleinen Nachbarort entwickelte sich Piräus zu einem Teil des städtischen Ballungsraumes rund um Athen, in dem ein Drittel der griechischen Bevölkerung lebt. Luftverschmutzung und Verkehrschaos gehören heute zum Alltag der bereits seit der Antike bestehenden Metropole.

Frage 58

Was ist der bekanntere Ausdruck für Schweifsterne?

☞ **Kometen.** Bei Kometen handelt es sich um kleine Himmelskörper, die in langen elliptischen Bahnen um die Sonne kreisen. In der Nähe der Sonne verdampfen die äußeren Schichten und es bildet sich der charakteristische leuchtende Schweif.

Frage 59

Welche herausragende Bedeutung haben die Dardanellen und wo liegen sie?

☞ Als Dardanellen bezeichnet man die Meerenge zwischen der Ägäis und dem Marmarameer, von wo aus Schiffe durch den Bosporus ins Schwarze Meer gelangen können. Da es der einzige Zugang zum Schwarzen Meer ist, waren die Dardanellen jahrtausendelang zwischen rivalisierenden Mächten umkämpft.

Frage 60

Welche Stadt ist nach London und Paris die drittgrößte EU-Metropole?

☞ **Berlin, die Hauptstadt Deutschlands.** Nach der Wiedervereinigung und dem Beschluss, Parlament und Regierung nach Berlin zu verlegen, setzte in Berlin eine rege Bautätigkeit ein, die bis heute nicht abgeschlossen ist. Berlin bietet seinen Bewohnern und Besuchern eine Fülle von kulturellen Einrichtungen und baulichen Sehenswürdigkeiten.

Frage 61

Was ist Konvektion?

☞ Jeder Stern erzeugt seine Energie in seinem Zentrum durch die Fusion von Wasserstoffkernen zu Heliumkernen. Es gibt zwei Möglichkeiten, wie diese Energie zu seiner Oberfläche gelangt, von wo er sie abstrahlt: entweder in Form von elektromagnetischer Strahlung oder als aufsteigende Blasen heißen Gases, die ihre Energie an kühlere Schichten abgeben und wieder nach unten sinken. Diese zweite Form des Energietransports wird Konvektion genannt und ist den Strömungen einer heißen Flüssigkeit im Kochtopf nicht unähnlich.

Frage 62

Was ist der Kaukasus?

☞ Ein etwa 1100 Kilometer langes Hochgebirge in Eurasien zwischen dem Schwarzen und dem Kaspischen Meer.

Frage 63

Welches ist der größte Kontinent?

☐ a) Afrika ☐ c) Amerika
☐ b) Europa ☐ d) Asien

☞ **d) Asien**
Mit etwa 44 Millionen km^2 ist Asien der größte Kontinent, gefolgt von Amerika (42 Mio. km^2), Afrika (30 Mio. km^2), Europa (10 Mio. km^2) und Australien (9 Mio. km^2).

Frage 64

Welches ist der größte Planet unseres Sonnensystems?

☞ **Der Jupiter.** Mit einem Durchmesser

Jupiter

von 142.870 Kilometern ist er 317-mal so groß wie unsere Erde. Da er wesentlich weiter von der Sonne entfernt ist, braucht er etwa zwölf Jahre, um die Sonne zu umrunden. Aus demselben Grund beträgt die Temperatur an seiner Oberfläche auch nur etwa –130 °C.

Frage 65

Wo liegen die Kykladen?

☞ Die Kykladen sind eine Inselgruppe im Ägäischen Meer und gehören zu Griechenland. Zu ihnen gehören u. a. Naxos, Paros, Santorin und Kea.

Frage 66

Wo liegt Mesopotamien?

☞ Das sogenannte Zweistromland liegt im Gebiet des heutigen Irak zwischen den Flüssen Euphrat und Tigris. Hier entstanden dank der günstigen klimatischen und landschaftlichen Voraussetzungen bereits vor 6000 Jahren die ersten Hochkulturen von Völkern wie Sumerern, Babyloniern und Assyrern; wahrscheinlich wurde dort der Ackerbau entwickelt. Auch heute noch spielt die Landwirtschaft in Mesopotamien eine bedeutende Rolle, denn Erdöl und Erdgas werden nur nördlich und südlich davon gefördert.

Frage 67

Um welches Erdzeitalter wurde 2004 die geologische Zeitskala offiziell erweitert?

☞ **Um das Ediacarium.** Sie bezeichnet den Zeitraum von 600 Millionen bis 542 Millionen Jahren vor unserer Zeit.

Frage 68

Welcher Planet wird auch als Roter Planet bezeichnet?

☞ **Der Mars**, der der Erde am nächsten gelegene Planet unseres Sonnensystems. Da er weiter von der Sonne entfernt ist als die Erde und über eine weniger ausgebildete Atmosphäre verfügt, schwanken die Temperaturen auf seiner Oberfläche zwischen –100 und +30 °C. Das als Eis auf dem Mars vorhandene Wasser – der Grundstoff allen Lebens – lässt immer wieder Spekulationen über die Möglichkeit von Lebensformen auf dem Mars zu.

Frage 69

Im September 1971 machte sich eine kleine Gruppe von Friedensaktivisten auf den Weg, um einen Atomtest auf den Aleuteninseln zu verhindern. Sie wählten für ihre Gruppe einen Namen, mit dem heutzutage jeder sofort großes Engagement für die Umwelt verbindet. **Wie nannte sich die Gruppe?**

☐ a) WWF
☐ b) Bund Naturschutz
☐ c) Greenpeace
☐ d) KSB

☞ **c) Greenpeace**

Frage 70

Welches Gebirge bestimmt die Landschaft des Elsass?

☞ **Die Vogesen**, ein Mittelgebirge in Ostfrankreich. Die höchsten Berge findet man im Südteil der Vogesen, während sie nach Norden hin langsam in einer Hügellandschaft auslaufen.

Frage 71

Wie erzeugt die Sonne Wärme, die über 149,6 Millionen Kilometer bis zur Erde ausstrahlt?

☞ Vereinfacht gesagt ist die Sonne ein riesiges Kraftwerk, in dessen Innerem ständig Kernverschmelzungen ablaufen. Dabei werden Wasserstoffatomkerne in Heliumkerne umgewandelt. So entstehen Temperaturen, die bei etwa 15 Millionen °C liegen. Daher strahlt die Sonne nicht nur Hitze und Licht ab, sondern auch radioaktive Strahlen, Röntgen- und Gammastrahlung.

Frage 72

Welcher Alpenpass verbindet zwischen Montblanc und Matterhorn die Schweiz mit Italien?

☞ **Der Große St. Bernhard** oder Gran San Bernardo, wie die Italiener ihn nennen. Ein 5,9 Kilometer langer Straßentunnel erleichtert die Verbindung zwischen dem Rhône- und dem Aostatal.

Frage 73

Welcher Abschnitt der spanischen Mittelmeerküste ist als Costa Brava bekannt?

☞ Die Costa Brava bildet den nördlichsten Teil der spanischen Mittelmeerküste von Barcelona bis Kap Creus nahe der französischen Grenze. Er ist sehr felsig und durch zahlreiche malerische Buchten besonders reizvoll.

Costa Brava

Frage 74

In welchem Gebirge liegt der K2, der zweithöchste Berg der Welt?

☞ Der 8611 Meter hohe K2 befindet sich im Karakorum, einem Gebirge in Zentralasien. Das Hochgebirge trennt die Provinz Kaschmir von China.

Frage 75

Wo liegt der größte europäische Binnenhafen?

☐ a) Saarlouis ☐ c) Dresden
☐ b) Berlin ☐ d) Duisburg

☞ **d) Duisburg**
Bereits 1716 wurden in Duisburg erste Hafenanlagen gebaut. Heutzutage erstreckt sich das Hafengebiet über eine Fläche von 1000 ha und verfügt über 21 Hafenbecken. Diese Becken bieten zusammen 40 Kilometer Uferfläche.

Frage 76

Was beschreibt das erste keplersche Gesetz?

☞ Es beschreibt die Bahnen, auf denen die Himmelskörper um die Sonne kreisen und lautet: Die Planeten bewegen sich auf elliptischen Bahnen. In einem gemeinsamen Brennpunkt steht die Sonne. Aus diesem Gesetz folgt, dass sich bei der Bewegung der Planeten der Abstand Planet-Sonne ständig ändert.

Frage 77

Wie heißt das Mittelgebirge in Oberfranken, dessen höchste Erhebung der Schneeberg ist?

☞ **Fichtelgebirge.** Das stark bewaldete Gebirge ist eines der ältesten in Deutschland.

Frage 78

Wie heißt die Südspitze Afrikas?

☞ **Kap Agulhas**, und nicht, wie oft angenommen, Kap der Guten Hoffnung. Das Kap Agulhas liegt mehr als 150 Kilometer südöstlich vom Kap der Guten Hoffnung.

Frage 79

Dunkle Wolken und starker Wind sind meist Vorboten eines Gewitters. Gewitter entstehen bei großen Turbulenzen in den Wolken. Dabei entsteht eine elektrische Spannung, die sich als Blitz entlädt. **Doch was ist der Donner?**

☞ Häufig heißt es, die Wolken rumpelten aneinander und verursachten dabei den Donner. Das ist natürlich Unsinn. Der Don-

ner entsteht vielmehr dadurch, dass sich die Luft, durch die der Blitz rast, sehr stark erhitzt. Dabei dehnt sie sich schlagartig aus. Dieses Ausdehnen verursacht dann das bedrohliche Donnern.

Gewitter

Frage 80

In welchem Land leben die Magyaren?

☞ Die Ungarn bezeichnen sich selbst so, ihr Land nennen sie Magyarország. In Budapest leben über zwei der insgesamt mehr als zehn Millionen Einwohner Ungarns.

Frage 81

Wie heißt die Abkürzung für die amerikanische Weltraumfahrtbehörde?

☐ a) DLR ☐ c) ISS
☐ b) NASA ☐ d) FAI

☞ **b) NASA**
Das ist die Abkürzung für National Aeronautic Space Administration. Sie wurde 1958 unter dem Eindruck des Sputnik-Schocks, der die Amerikaner ereilte, als die Sowjetunion am 4. Oktober 1957 den ersten künstlichen Satelliten in eine Erdumlaufbahn beförderte, gegründet. Ziel war es, die zivilen Anstrengungen im Bereich der Luft- und Raumfahrt in den USA zu leiten und zu koordinieren. Bereits elf Jahre später konnte die NASA mit der Landung von Menschen auf dem Mond einen großen Triumph feiern.

Frage 82

Wo liegen die Inseln über dem Winde?

☞ **In der Karibik.** Zusammen mit den Inseln unter dem Winde, die sich vor der Küste Venezuelas erstrecken, bilden sie die Kleinen Antillen.

Frage 83

Zu welcher Inselgruppe gehört die beliebte Ferieninsel Mallorca?

☞ Zusammen mit Ibiza, Formentera und Menorca bildet sie die Inselgruppe der Balearen. Sie gehören zu Spanien und liegen östlich davon im Mittelmeer. Mallorca mit der Hauptstadt Palma de Mallorca ist die größte der vier Inseln.

Frage 84

Wofür ist der an der Grenze zwischen Tibet und Nepal im Himalaja gelegene Berg Chomolungma bekannt?

☞ Er ist mit 8848 Metern der höchste Berg der Welt. Chomolungma ist der tibetische Name für den Mount Everest - unter diesem Namen wurde er wesentlich bekannter.

Frage 85

Wie heißt der berühmte Geograf, nach dem eine Berliner Universität benannt wurde?

☞ **Alexander Freiherr von Humboldt (1769–1859).** Seine Arbeiten auf den Gebieten der Vulkanforschung, der Erforschung des Erdmagnetismus und der Klimakunde waren wegweisend für die zukünftige Wissenschaft. Seine ausgedehnten Reisen führten ihn u. a. in unerforschte Gebiete in Südamerika, worüber er ein 30-bändiges Werk verfasste, und in den asiatischen Teil Russlands.

Alexander von Humboldt

Frage 86

Was wird als Fixstern bezeichnet?

☞ Fixsterne sind alle scheinbar feststehenden Sterne außerhalb unseres Sonnensystems. Die Planeten, die wie die Erde die Sonne umkreisen, gehören nicht dazu. Neben den Fixsternen gibt es noch die sogenannten Wandelsterne. Sie verändern ihre

Position von der Erde aus gesehen scheinbar (z. B. wenn sie von Begleitsternen verdeckt werden) oder tatsächlich.

Frage 87

Durch welche deutsche Großstadt fließt die Isar?

☞ **Durch München.** Der Fluss entspringt im österreichischen Karwendel, fließt durch Bad Tölz, München und Landshut und mündet schließlich nach 295 Kilometern bei Deggendorf in die Donau.

Frage 88

In welches Land muss man reisen, um Patagonien zu besuchen?

☐ a) Bolivien ☐ c) Argentinien
☐ b) Chile ☐ d) Peru

☞ **c) Argentinien**
Der südliche Landesteil Argentiniens wird so genannt. Die Ureinwohner, die Patagonier, sind heute fast vollständig von europäischen Siedlern verdrängt worden. Patagonien ist ein trockenes Steppenland am Fuße der südlichen Anden.

Frage 89

Warum bleibt ein Satellit auf seiner Erdumlaufbahn?

☞ Ein Satellit, also ein künstlicher Flugkörper, wird mithilfe einer Rakete oder einer Raumfähre mit einer vorher exakt berechneten Geschwindigkeit auf eine Umlaufbahn gebracht, die gewährleistet, dass die Erdanziehungskraft, die auf den Satelliten wirkt, und die Fliehkraft des Satelliten genau im Gleichgewicht sind.

Frage 90

Welches ist der längste Fluss: Donau, Elbe oder Wolga?

☞ **Die Wolga** ist mit 3531 Kilometern der längste Fluss Europas und damit länger als die Donau, mit 2850 Kilometern der zweitlängste Fluss Europas, und die Elbe mit 1165 Kilometern. Die Wolga ist nicht nur eine bedeutende Wasserstraße Russlands, sondern spielt durch acht große Wasserkraftwerke und einige enorme Stauseen auch bei der Energiegewinnung und der Wasserversorgung eine wichtige Rolle.

Frage 91

Welche herausragende Bedeutung hat der in Sibirien gelegene Baikalsee?

☞ Es ist der tiefste See der Welt und ein außerordentlich bedeutsames Süßwasserreservoir: 20 % der nicht im Eis der Polkappen gebundenen Süßwasservorräte sollen in ihm enthalten sein. In letzter Zeit ist der See von zunehmender Umweltverschmutzung bedroht.

Frage 92

Welches Meer liegt zwischen Ägypten und Saudi-Arabien?

☞ **Das Rote Meer.** Es ist mit 440.000 km^2 ungefähr so groß wie Deutschland und Österreich zusammen.

Frage 93

Welche Eigenschaften hat das Wasser aus Thermalquellen?

☞ Mineralquellen werden, wenn sie Temperaturen über 20 °C haben, auch als Thermalquellen bezeichnet. Aus ihnen tritt Wasser aus, das in größerer Tiefe oder in der Nähe von vulkanischen Erscheinungen erwärmt wurde. Thermalquellen werden schon seit den Zeiten der Römer zu Heil- und Badezwecken herangezogen.

Frage 94

Welcher Planet ist am hellsten?

☐ a) Venus ☐ c) Mars
☐ b) Jupiter ☐ d) Saturn

☞ **a) Venus**
Nach dem Merkur ist sie der sonnennächste Planet unseres Sonnensystems. Sie leuch-

tet nicht aus sich selbst heraus, sondern wird wie alle anderen Planeten von der Sonne angestrahlt und reflektiert das Licht nur. Auf der Erde ist sie wegen ihrer Helligkeit auch als Morgen- und Abendstern zu sehen, d. h. als erster bzw. als letzter Stern am Himmel mit bloßem Auge deutlich erkennbar.

Frage 95
In welchem Land liegen die Ardennen?

☞ Zum größten Teil im Südosten Belgiens, teilweise aber auch in Frankreich und Luxemburg. Die Ardennen sind ein Waldgebirge.

Frage 96
Was ist El Niño?

☞ El Niño ist eine Klimaanomalie, die sich hauptsächlich im Pazifikraum zwischen der Westküste Südamerikas und dem südostasiatischen Raum ereignet, genauer gesagt das Auftreten ungewöhnlicher Strömungen. Der Name des ozeanisch-atmosphärischen Phänomens ist auf den Zeitpunkt seines Auftretens in der Weihnachtszeit zurückzuführen (span. „der Junge, das Kind").

Frage 97
Am Fuße welchen bis zu 5600 Meter hohen Gebirges liegen die Republiken Dagestan, Nordossetien und Tschetschenien?

☞ **Am Nordrand des Kaukasus.**

Frage 98
Funkeln die Sterne tatsächlich oder handelt es sich dabei um eine optische Täuschung?

☞ Das nächtliche Funkeln der Sterne wird durch die Erdatmosphäre verursacht. Gerade nach sonnigen Tagen ist der Temperaturunterschied zur Nacht recht hoch, die Erdoberfläche strahlt aber noch Wärme ab. Diese Wärme verursacht Turbulenzen in der Luft. Die von den Sternen kommenden Lichtstrahlen werden in diesen Turbulenzen abgelenkt. Diese Ablenkung wird dann von uns als Funkeln der Sterne wahrgenommen.

Frage 99
In welchem deutschen Mittelgebirge ist der Brocken die höchste Erhebung?

☞ **Im Harz.** Der 1142 Meter hohe Berg ist Teil eines Nationalparks im nordöstlichsten der deutschen Mittelgebirge.

Frage 100
Als Wahrzeichen welcher Stadt ist der Tafelberg bekannt?

☞ Der Tafelberg erhebt sich in der Nähe von Kapstadt. Die Stadt ist Sitz des südafrikanischen Parlaments und verfügt über einen natürlichen Hafen, der von der weit ins Meer hinausragenden Landzunge, an deren Spitze das Kap der Guten Hoffnung liegt, gebildet wird.

Kapstadt vor dem Tafelberg

Frage 101
Welches sind die baltischen Staaten?

- ☐ a) Chile, Argentinien und Paraguay
- ☐ b) Estland, Lettland und Litauen
- ☐ c) Thailand, Kambodscha und Laos
- ☐ d) Luxemburg, Belgien und Liechtenstein

☞ **b) Estland, Lettland und Litauen**
Sie machen den größten Teil des Baltikums aus.

Frage 102

An welchem Fluss liegt die ägyptische Hauptstadt Kairo?

☞ **Am Nil.** Der längste Fluss der Erde entspringt in Ruanda, durchfließt den Victoriasee und nimmt im Sudan den aus dem äthiopischen Hochland kommenden Blauen Nil auf. Nördlich von Kairo verzweigt sich der Nil in ein weitläufiges Delta.

Frage 103

Während des Kalten Krieges war die Raumfahrt für US-Amerikaner und Sowjet-Russen eine Frage des Prestiges. Enorme Anstrengungen wurden unternommen, um die technische Überlegenheit des eigenen Landes zu demonstrieren. Als die Russen 1957 mit dem Sputnik den ersten Satelliten ins All schossen, war der Westen schockiert. 1961 flog dann der erste Mensch ins All. **Wie hieß er?**

☞ **Juri Gagarin (1934–68).** Der sowjetische Kosmonaut umkreiste die Erde in nicht einmal zwei Stunden.

Juri Gagarin

Frage 104

Welchen See nennen die Ungarn Balaton?

☞ Den mit rund 600 Quadratkilometern größten See Mitteleuropas, den Plattensee. Neben der ungarischen Hauptstadt Budapest ist er das beliebteste Touristenziel des Landes.

Frage 105

In welches Meer mündet der Jordan?

☞ Der Jordan ist der Hauptzufluss des Toten Meeres. Der sehr hohe Anteil an Salz, sechsmal mehr als im Ozeanwasser, und anderen Feststoffen bewirkt, dass Menschen im Wasser des Toten Meeres nicht untergehen können. Der hohe Salzgehalt verhindert aber auch die Besiedlung des Sees durch Tiere und Pflanzen.

Frage 106

Wodurch wurde der Londoner Stadtteil Greenwich für die ganze Welt wichtig?

☞ **Hier verläuft der Nullmeridian.** Der Nullmeridian ist ein Halbkreis senkrecht zum Äquator, der durch Nord- und Südpol verläuft. Er unterteilt die Erde in östliche und westliche geografische Länge. Wo dieser Nullmeridian, der auf allen modernen Karten verwendet wird, verläuft, wurde auf der Meridiankonferenz 1884 festgelegt.

Frage 107

Wie lautet der Name des Sternensystems, das unserer Milchstraße am nächsten liegt?

☞ **Andromedanebel.** Er bildet wie unsere Galaxis einen Spiralnebel und kann gerade noch mit bloßem Auge beobachtet werden.

Frage 108

Wie viele Menschen leben in Deutschland?

☐ a) ca. 49 Mio.
☐ b) ca. 61 Mio.
☐ c) ca. 82 Mio.
☐ d) ca. 98 Mio.

☞ **c) ca. 82 Mio.**
Dabei machen die Frauen den größeren Teil aus: Es gibt etwa 1,6 Millionen weniger Männer als Frauen in Deutschland.

Frage 109

Wo gibt es tropische Regenwälder?

☞ Tropische Regenwälder gibt es nur in immerfeuchten tropischen Klimazonen. In

Regenwald in Ecuador

Süd- und Mittelamerika, Afrika, Südasien und Australien existieren tropische Regenwälder beidseits des Äquators bis etwa zum zehnten Breitengrad.

Frage 110

Was ist das flächenmäßig größte Land der Welt?

☞ **Russland.**

Frage 111

In welches Meer ragt die Halbinsel Krim hinein?

☞ Im Süden der Ukraine gelegen ragt sie in der Form einer Raute weit in das Schwarze Meer und trennt dieses vom Asowschen Meer. Die Halbinsel ist das Anbaugebiet des Krimsektes.

Frage 112

Was ist ein Spektrum?

☞ Ein Spektrum gibt an, wie viel Energie ein Objekt bei jeder Wellenlänge abstrahlt. Dazu muss das Licht mithilfe eines Spektrografen in die Beiträge der einzelnen Wellenlängen zerlegt werden. Die Form der kontinuierlichen spektralen Energieverteilung sowie die Existenz von Absorptionslinien und Emissionslinien bei bestimmten Wellenlängen geben Aufschluss über die physikalische Beschaffenheit und die Elementzusammensetzung von Himmelskörpern. So lassen sich aus dem Sonnenspektrum beispielsweise die Temperatur der Sonnenatmosphäre und die in ihr enthaltenen Elemente bestimmen.

Frage 113

Welches Land wird wegen seiner Form oft mit einem Stiefel verglichen?

☞ **Italien.** Mit dem Vergleich lassen sich auch einige italienische Regionen leicht merken: So bildet Kalabrien die Stiefelspitze, Apulien den Absatz, Lazio und Toskana die vordere Seite des Stiefelschaftes und die Emilia Romagna befindet sich dort, wo der Stiefel endet und die Lombardei beginnt.

Frage 114

Wo liegt das Ijsselmeer?

☞ Der Süßwassersee liegt in den Niederlanden, nördlich von Amsterdam.

Frage 115

Vulkanausbrüche sind eindrucksvolle Naturschauspiele. Häufig tritt bei ihnen flüssiges Gestein – Lava – aus und wälzt sich in glühenden Strömen die Flanken des Vulkans herab. **Welches der folgenden Gesteine ist kein Vulkangestein?**

☐ a) Basalt
☐ b) Obsidian
☐ c) Granit
☐ d) Grauwacke

☞ **d) Grauwacke**
Die Grauwacke ist ein meist graugrünes Gestein, das aus Quarz, Feldspat, Chlorid- und Glimmerplättchen besteht.

DER FLIEGENDE HOLLÄNDER SCHEITERTE AM KAP

Die Sage vom Fliegenden Holländer ist die Legende um einen niederländischen Kapitän und sein Segelschiff. Obwohl er noch die Götter um Hilfe rief, verschwand er in der tosenden See. Durch einen Fluch ist der Kapitän dazu verdammt worden, bis zum jüngsten Tag mit seinem Schiff auf den sieben Weltmeeren umherzuirren, ohne je in einen Hafen einlaufen zu können. Durch die gleichnamige Oper von Richard Wagner (1813–83) wurde die Sage noch bekannter.

Frage 116

Sind alle Sterne auch Planeten?

☞ Nein, nur die Planeten unseres Sonnensystems, also Merkur, Venus, Erde, Mars, Jupiter, Saturn, Uranus, Neptun und Pluto erscheinen uns als Sterne. Als Planet wird ein Himmelskörper bezeichnet, der einen Fixstern umkreist. Fixsterne leuchten aus sich selbst heraus, wie unsere Sonne. Planeten reflektieren nur das empfangene Licht. Planeten aus anderen Sonnensystemen sind daher nicht hell genug, um mit bloßem Auge von der Erde aus gesehen werden zu können.

Frage 117

Was ist ein Kontinentaldrift?

☞ Kontinentaldrift, auch Kontinentalverschiebung genannt, bezeichnet eine Theorie, nach der sich die Landmassen der Erde, die heutigen Kontinente, im Laufe der Erdgeschichte verschoben haben. Außerdem geht man davon aus, dass sich die Kontinente auf den tektonischen Platten entlang der ständig wandernden Plattengrenzen der Erdkruste verschieben.

Superkontinent Gondwana vor dem Auseinanderbrechen der Kontinente

Frage 118

In welchem Land liegt die Algarve?

☞ Algarve wird die südlichste Provinz und zugleich die Südküste Portugals genannt. Die beliebte Ferienregion ist vor allem für die malerische Steilküste mit Buchten und Klippen bekannt.

Frage 119

Wie heißt die nach Rügen und Usedom drittgrößte deutsche Insel?

☞ **Fehmarn.** Sie liegt ebenfalls in der Ostsee und ist durch die Fehmarnbrücke mit dem Festland verbunden. Die Brücke und der Fährhafen Puttgarden im Norden der Insel bilden einen Teil der „Vogelfluglinie", einem wichtigen Verkehrsweg nach Skandinavien.

Frage 120

Was strebten die Amerikaner mit ihrem Apollo-Raumfahrtprogramm an?

☐ a) die Umrundung der Erde
☐ b) die Zerstörung eines Meteoriten
☐ c) die Entdeckung Außerirdischer
☐ d) die Landung auf dem Mond

☞ **d) die Landung auf dem Mond**
Die Mission „Apollo 11" erreichte dieses Ziel am 21. Juli 1969, als Neil Alden Armstrong (*1930) aus der Mondfähre „Eagle" ausstieg und als erster Mensch den Mond betrat.

Neil Armstrong auf dem Mond

Frage 121

Durch welche Länder fließt der Euphrat, bevor er mit dem Tigris zusammenfließt und als Schatt el Arab in den Persischen Golf mündet?

☞ Der Euphrat beginnt seinen Lauf in der östlichen Türkei und fließt dann quer durch

Syrien in den Irak. Da sowohl für Syrien als auch den Irak das Wasser des Euphrat sehr wichtig ist, verfolgen beide Länder die Staudammprojekte der Türkei am Oberlauf des Flusses sehr kritisch.

Frage 122

Welche Kurorte in der Schweiz, in Österreich und in Deutschland haben – fast – denselben Namen?

☞ Baden bei Zürich, Baden bei Wien und Baden-Baden in Deutschland.

Frage 123

Was sind die Hauptbestandteile der Sonne?

☞ Neben Wasserstoff (ca. 75 %) ist Helium (ca. 25 %) der Hauptbestandteil der Sonne. Andere chemische Elemente wie Sauerstoff (0,8 %) und Kohlenstoff (0,3 %) spielen eine untergeordnete Rolle.

Frage 124

Welche Länder grenzen an den Kosovo an?

☞ Im Westen Albanien, im Norden Montenegro, im Osten Serbien und im Süden Mazedonien. Dadurch, dass in dem von den Serben als Herzstück ihres Landes betrachteten Kosovo die albanische Bevölkerungsmehrheit unterdrückt wurde, kam es in den 1990er-Jahren zu immer gewaltsameren Übergriffen, die schließlich im Krieg Serbiens gegen den Kosovo mündeten. Im Februar 2008 erklärte sich die Republik Kosovo für unabhängig und wurde von einigen UN-Mitgliedsstaaten bereits anerkannt.

Frage 125

An welchem Fluss liegt Bagdad?

☞ Die Stadt, die früher Sitz der Kalifen war und heute als Hauptstadt des Irak immer noch Bedeutung besitzt, liegt am Tigris.

Frage 126

Von welchem Land wird Grönland außenpolitisch vertreten?

☐ a) Schweden
☐ b) Finnland
☐ c) Dänemark
☐ d) Norwegen

☞ **c) Dänemark**
Grönland ist die größte Insel der Erde. Innenpolitisch ist es komplett unabhängig, wird in allen außenpolitischen Angelegenheiten jedoch von Dänemark vertreten.

Frage 127

Warum entweicht die Luft nicht ins Weltall?

☞ Weil sie durch die Erdanziehungskraft daran gehindert wird.

Frage 128

Wie alt ist das älteste Gestein auf der Erde?

☞ Das älteste noch vorhandene Gestein ist der ca. vier Milliarden Jahre alte Acasta-Gneis aus der Slave-Province in Kanada. Natürlich gab es schon vorher Gesteine. Diese wurden aber im Laufe der Jahrmillionen erodiert oder anderweitig umgearbeitet und können deshalb nicht mehr bestimmt werden.

Frage 129

Wie heißt das Messgerät zur Bestimmung einer Richtung?

☞ **Kompass.** Ein Kompass mit Peilvorrichtung wird auch Bussole genannt.

Schiffskompass

Frage 130

Wie heißt der älteste Handelsweg der Welt und wer benannte ihn?

☞ Spätestens seit dem 2. Jh. v. Chr. diente die Seidenstraße Händlern, Forschenden und Reisenden als Verbindungsweg von China bis an die Küsten des Mittelmeeres. Benannt wurde die Karawanenstraße von dem deutschen Geografen und Geologen Freiherr Ferdinand von Richthofen (1833–1905) nach dem wichtigsten Handelsgut, der Seide.

Frage 131

Zu welchem Land gehört die Mittelmeerinsel Korsika?

☞ **Seit 1768 zu Frankreich.** Korsikas Hauptstadt ist Ajaccio. Die Insel ist mit Badestränden, Küstenstädtchen, Gebirgsseen, Bergdörfern und alpiner Wildnis äußerst vielseitig.

Frage 132

Welcher Unterschied besteht zwischen Meteor und Meteorit?

☞ Ein Meteorit ist ein Gesteinsbrocken aus dem All, der, wenn er in den Bereich der Erdanziehung gelangt, entweder in der Erdatmosphäre verglüht oder auf der Erde einschlägt. Er kann dann riesige Einschlagkrater wie etwa das Nördlinger Ries in Bayern und Baden-Württemberg hinterlassen. Verglüht der Meteorit in der Erdatmosphäre, dann sieht man ihn am Himmel als Meteor. Dieses Phänomen ist auch unter dem Namen „Sternschnuppe" bekannt.

Frage 133

Wo findet man das Quartier Latin?

☐ a) Paris
☐ b) Toronto
☐ c) Mexiko-Stadt
☐ d) Peru

☞ **a) Paris**
Das Quartier Latin ist – bzw. war – das Studentenviertel der französischen Metropole. Heute ist das Viertel sehr touristisch und von der Gastronomie geprägt. Die Mieten sind entsprechend gestiegen, deshalb können es sich immer weniger Studenten leisten, dort zu leben.

Frage 134

Wer schon einmal in einer Tropfsteinhöhle war, wird sicherlich die Gesteinssäulen, die dort zu besichtigen sind, kennen. Man unterscheidet hier zwei verschiedene Formen von Tropfsteinen: solche, die von der Decke herabhängen, und solche, die vom Boden nach oben wachsen. **Wie heißen die nach oben wachsenden Tropfsteine?**

☞ **Stalagmiten.** Tropfsteine sind aus einem Material, das sich Kalksinter nennt. Sie wachsen nur sehr langsam: 8–15 Millimeter in 100 Jahren.

Gegenstück zum Stalagmit: Stalaktiten

Frage 135

Welche beiden Länder trennen die Pyrenäen?

☞ **Frankreich und Spanien.**

Frage 136

Womit beschäftigt sich die Kosmologie?

☞ Kosmologie setzt sich aus den griechischen Wörtern „kosmos", dem Weltall, und „logos", der Lehre, zusammen, ist also die Lehre vom Weltall. Sie beschäftigt sich mit den großen Strukturen, der Entstehung und der Entwicklung des Weltalls.

Frage 137

In der Nähe welcher italienischen Großstadt liegt die Insel Capri?

☞ **Bei Neapel.** Die Insel ist besonders durch die Blaue Grotte, eine durch das Meer aus dem Fels gewaschene Brandungshöhle, bekannt geworden.

Frage 138

Was ist der Brahmaputra?

☞ **Asiens wasserreichster Fluss.** Er entspringt im Westen Tibets und fließt als Tsangpo in einem langen Quertal des Himalaja nach Osten. Schließlich fließt er nach Süden in die indische Region Assam, bevor er mit dem Ganges zusammenfließt und in Bangladesh in den Indischen Ozean mündet.

Frage 139

An welchem See liegt Lausanne?

☐ a) am Gardasee ☐ c) am Genfer See
☐ b) am Tegernsee ☐ d) am Wolfgangsee

☞ **c) am Genfer See**
Lausanne ist politisches Zentrum des Kantons Waadt und gehört zur französischsprachigen Schweiz.

Frage 140

Wie heißt das häufigste auf der Erde vorkommende Mineral?

☞ **Quarz.** Es kommt in vielen Formen vor und ist als Bergkristall, Achat oder Feuerstein bekannt. Quarzsand ist ein Hauptbestandteil bei der Glasherstellung.

Violett gefärbter Quarz: Amethyst

Frage 141

Was ist das Engadin?

☞ So wird der 96 Kilometer lange, obere Teil des Inntals genannt, der sich im schweizerischen Kanton Graubünden befindet. Bekannte Orte wie St. Moritz oder imposante Bergmassive wie Silvretta und Bernina haben das Engadin zu einer beliebten Ferienregion gemacht, in der sowohl im Sommer als auch im Winter reger Betrieb herrscht.

Frage 142

Was ist ein Pulsar?

☞ Ein sich schnell drehender Neutronenstern, der Radiowellen abstrahlt.

Frage 143

Wie bezeichnen die Franzosen den zu Frankreich gehörenden Teil der Riviera?

☞ **Als Côte d'Azur.** Ferienorte wie St. Tropez, Cannes und Nizza sind weltbekannt.

Frage 144

Wie heißt der Teil Italiens in dem es eine deutschsprachige Bevölkerungsgruppe gibt?

☞ **Südtirol.** Meran, Bozen und Bruneck sind wegen des angenehmen Klimas und der imposanten Berglandschaft (Ortlergruppe, Dolomiten) schon seit Langem beliebte Ferienorte.

Frage 145

Die Hauptstadt welchen österreichischen Bundeslandes ist Graz?

☐ a) Kärnten ☐ c) Oberösterreich
☐ b) Steiermark ☐ d) Vorarlberg

☞ **b) Steiermark**
Mit 16.388 km² ist die Steiermark nach Niederösterreich das zweitgrößte Bundesland Österreichs. Es reicht vom fast 3000 Meter hohen Dachsteinmassiv im Westen bis an die Ausläufer der ungarischen Tiefebene im Osten.

Frage 146

Wann feiert man die Sommersonnenwende?

☞ **Am 21./22. Juni.** An diesem Tag erreicht die Sonne während ihres jährlichen Laufs den nördlichen Wendekreis und steht über diesem senkrecht im Zenit.

Frage 147

In welchem südamerikanischen Land ist Portugiesisch die Amtssprache?

☞ **In Brasilien.** Zu Beginn der kolonialen Expansion Portugals und Spaniens nach Südamerika im 16. Jahrhundert hatten die beiden Länder zunächst durch den Vertrag von Tordesillas und später durch den Vertrag von San Ildefonso die Grenzen der jeweiligen Interessengebiete festgelegt. Da Brasilien zu Portugal gehörte, setzte sich dort Portugiesisch als Amtssprache durch.

Frage 148

An welchem See liegen die drei Kantone Uri, Schwyz und Unterwalden, aus denen die heutige Schweiz hervorging?

☞ **Am Vierwaldstätter See.** Die bereits seit 1291 bestehenden Urkantone und die ihnen inzwischen angeschlossenen Städte und Kantone errangen nach den Schlachten von Morgarten (1315) und Sempach (1386) ihre Freiheit.

Frage 149

In welche Stadt gelangt man, wenn man von Kehl aus über den Rhein fährt?

☞ **Nach Straßburg.** Die Stadt ist Hauptstadt des Elsass.

Färberviertel in Straßburg

Frage 150

Was weiß man über den Beginn des Universums?

☞ Nach einer verbreiteten Vorstellung entstand der Kosmos durch einen plötzlichen explosionsartigen Vorgang, den Urknall. Seit dieser Zeit dehnt sich das Universum mit zunehmender Geschwindigkeit aus. Nach der neuesten Theorie von Stephen Hawking (*1942) kehrt sich die Ausdehnung nicht mehr um, sondern wird endlos fortgesetzt.

Frage 151

Welches ist das flächenmäßig größte Bundesland in Deutschland?

☐ a) Nordrhein-Westfalen
☐ b) Bayern
☐ c) Niedersachsen
☐ d) Baden-Württemberg

☞ **b) Bayern**

Frage 152

Welches ist das einwohnerreichste Land der Welt?

☞ **China mit 1329,3 Mio. Einwohnern,** gefolgt von Indien mit etwa 1129,9 Mio.; erst weit dahinter kommen die USA an dritter Stelle mit 305,5 Mio. Einwohnern.

Frage 153

Zu welcher Insel gehören Kap Arkona und die berühmten Kreidefelsen?

☞ **Zur größten deutschen Insel Rügen.** Kap Arkona bildet den nördlichsten Punkt der Insel, die als Stubbenkammer bekannt gewordene Steilküste mit den weithin sichtbaren Kreidefelsen liegt im Nordosten der Insel.

Frage 154

Wie heißt der südlichste Punkt Südamerikas?

☞ Auf dem Festland ist es die zu Chile gehörende Halbinsel Brunswick. Nur durch einen schmalen Meeresarm, die Magellanstraße, davon getrennt liegt etwas weiter südlich die Insel Feuerland, die sich Chile und Argentinien teilen. An der Südspitze von Feuerland findet sich eine Gruppe kleiner Inseln. Hier liegt auch das berühmte Kap Hoorn.

Frage 155

Warum ist für Astronomen eine Mondfinsternis keine echte Finsternis?

☞ Weil im Gegensatz zur Sonnenfinsternis der Himmelskörper nicht bedeckt, sondern lediglich durch den Erdschatten beschattet wird, und zwar dann, wenn unser Planet genau zwischen Sonne und Mond steht.

Frage 156

An der Mündung welchen Flusses liegt New Orleans?

☞ **An der Mündung des Mississippi.** Mit 3778 Kilometern ist er der längste Strom Nordamerikas.

Raddampfer auf dem Mississippi

Frage 157

Welche norddeutsche Stadt ist die brückenreichste Europas?

☐ a) Bremerhaven ☐ c) Hamburg
☐ b) Kiel ☐ d) Rostock

☞ **c) Hamburg**
Die Alster ist ein Fluss, der in der Stadtmitte aufgestaut wird, wodurch eine Art innerstädtischer Binnensee entsteht. Dieser „See" ist in zwei Teile geteilt, die jedoch miteinander verbunden sind – Binnen- und Außenalster. Sie werden durch zahlreiche Kanäle gespeist, die von großen Parkanlagen gesäumt sind. Die unzähligen Fleete, Flüsschen und Kanäle werden von mehr als 2500 Brücken überspannt. Hamburg ist damit die brückenreichste Stadt Europas und hat mehr Brücken als Venedig und Amsterdam zusammen.

Frage 158

Welchen Namen trug die bekannte russische Raumstation, die seit 1986 im All war?

☞ **Sie hieß Mir** und wurde 2001 stillgelegt und zum Absturz gebracht. Über 70 Raumfahrer hielten sich auf der fast ständig bemannten Station auf. Durch die sich häufenden Pannen geriet Mir zunehmend in die Schlagzeilen.

Frage 159

In welcher skandinavischen Hauptstadt steht die Statue einer kleinen Meerjungfrau, die inzwischen zu einem der bekanntesten Wahrzeichen der Stadt wurde?

☞ **In der dänischen Hauptstadt Kopenhagen.** Mit der Statue ehrten die Dänen ihren besonders durch seine Märchen bekannt gewordenen Dichter Hans Christian Andersen (1805–75), der mit *Die kleine Meerjungfrau* Weltruhm erlangte.

Frage 160

Welches ist die kürzeste Fährroute zwischen England und Frankreich?

☞ **Die Route von Dover nach Calais.** Die beiden Städte liegen nur 34 Kilometer voneinander entfernt. Die Überfahrt dauert ungefähr 1,5 Stunden.

Frage 161

Welche Länder gehören zum Nahen Osten?

☞ Die Länder Asiens und Afrikas, die an das östliche Mittelmeer grenzen. Das sind Ägypten, Israel, Libanon, Syrien und Türkei.

Oft werden jedoch auch noch Staaten der arabischen Halbinsel (v. a. Jordanien, Kuwait und Saudi-Arabien) sowie die Länder am Persischen Golf (Irak, Iran, Bahrain, Vereinigte Arabische Emirate und Oman) dazugezählt.

Frage 162

Welcher antike Astronom entwickelte das geozentrische Weltbild?

☞ **Claudius Ptolemäus** (100–170 n. Chr.) entwickelte das geozentrische Weltbild mit der Erde als Mittelpunkt, das bis ins späte Mittelalter die Wissenschaft beherrschte und erst dann allmählich vom heliozentrischen Weltbild des Nikolaus Kopernikus (1473–1543) abgelöst wurde. Mit seiner Hilfe gelang es, die Positionen der Wandelsterne im Voraus zu bestimmen. Das war zugleich ein überzeugendes Argument für die Richtigkeit dieses Weltbildes.

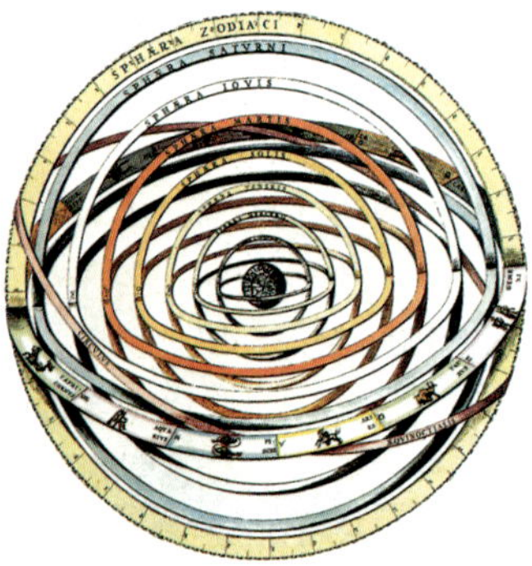

Ptolemäisches Weltbild

Frage 163

Was ist der Monsun?

☐ a) ein Tiefdruckgebiet
☐ b) ein Hochdruckgebiet
☐ c) ein Wind
☐ d) ein Taifun

☞ **c) ein Wind**

Der Monsun ist ein Wind, der im Indischen Ozean im jahreszeitlichen Wechsel seine Richtung ändert. Der Sommermonsun dauert von April bis Oktober und wird von starken Regenfällen begleitet.

Frage 164

Wie heißen die Nordfriesischen Inseln?

☞ Die größeren der Nordfriesischen Inseln, die sich vor der Westküste Schleswig-Holsteins erstrecken, sind Sylt, Föhr, Amrum, Pellworm und Nordstrand. Die größte Insel Sylt ist durch den Hindenburgdamm mit dem Festland verbunden.

Frage 165

Wie heißt der den Hindus heilige Fluss in Nordindien?

☞ **Es ist der 2700 Kilometer lange Ganges.** Das breite Gangestal ist eine fruchtbare Region, in der intensiv Landwirtschaft betrieben wird. Zusammen mit dem Brahmaputra mündet der Ganges in einem breiten Delta in Bangladesh in den Indischen Ozean.

Frage 166

Wie groß ist der Anteil der Sonnenenergie, also der Strahlungsenergie, die in der Sonne durch Kernfusion erzeugt und nach außen abgestrahlt wird, der die Erde erreicht?

☞ **Nur etwa 50 %.** Durch Absorption und Streuung beim Weg durch die Atmosphäre geht etwa die Hälfte der Strahlungsenergie verloren.

Frage 167

Welche der sogenannten Gesellschaftsinseln wurde in Europa besonders durch den Maler Paul Gauguin bekannt?

Paul Gauguin: Frauen am Strand

☞ Tahiti wurde durch die Bilder des französischen Malers Gauguin (1848–1903) in Europa als paradiesische Südseeinsel bekannt. Die Gesellschaftsinseln sind eine zu Französisch-Polynesien gehörende Inselgruppe im Pazifik. Sie werden in zwei Gruppen unterteilt, in die der windzugewandten und die der windabgewandten Seite.

Frage 168

In welchem Teil Frankreichs leben die Bretonen?

☞ **In der Bretagne**, einer Halbinsel im Nordwesten des Landes. Die Bretonen gehören zur Volksgruppe der Kelten, deren Nachfahren heute außer in der Bretagne noch in Wales und Irland anzutreffen sind.

Frage 169

Was versteht man unter einem Meridian?

☐ a) einen besonderen Reiseführer
☐ b) einen halben Längenkreis auf der Erde
☐ c) einen Kreis, der parallel zum Äquator verläuft
☐ d) den Schnittpunkt eines Längen- und eines Breitenkreises

☞ **b) einen halben Längenkreis auf der Erde**
Ein Meridian ist ein halber Längenkreis, der senkrecht zum Äquator steht und durch einen der beiden Pole verläuft.

Frage 170

Wer betreibt die Raumstation ISS?

☞ Die internationale Raumstation (International Space Station) ist ein Gemeinschaftswerk von Russland, Kanada, Japan den USA und zwölf Staaten, die Mitglieder der europäischen Raumfahrtorganisation ESA sind. Sie ist ein Symbol für das Zusammenwachsen der Völker: Menschen aus allen Nationen sollen auf der neuen Station arbeiten und leben.

Frage 171

Umgangssprachlich sagt man manchmal „Das liegt in der Pampa“, um damit die Abgeschiedenheit eines Ortes auszudrücken. **Wo liegt die Pampa eigentlich?**

☞ Pampa ist der in Südamerika gebräuchliche Name für die besonders in Argentinien weit verbreitete Steppe.

Frage 172

Wann entstehen Sturmfluten?

☞ Schon immer haben Sturmfluten bzw. Sturmhochwässer die flachen Teile des Festlandes und die Mündungstrichter der Flüsse an der deutschen Nordseeküste bedroht. Sie treten an der Gezeitenküste v. a. dann auf, wenn sich die beim Mondwechsel eintretenden Springfluten mit heftigen Stürmen verbinden und das Wasser des Meeres ins Land drücken. Deiche dämmen im Regelfall die zerstörerischen Wirkungen der Sturmfluten ein. Auch an der Ostseeküste gibt es Sturmfluten, allerdings in geringerem Ausmaß.

Frage 173

Was bezweckt eine Schummerung in einer Landkarte?

☞ Die Schummerung ist eine zusätzliche grafische Gestaltungsmöglichkeit des Kartografen. Mit ihr soll es dem Laien erleichtert werden, die Lage und das Aussehen von Bergen und Gebirgen von der Karte abzulesen, denn durch die Schummerung wird ein Schatteneffekt erzeugt, die die Erhebungen fast plastisch hervortreten lässt.

Frage 174

Wie kommt das Salz ins Meer?

☞ **Über Bäche und Flüsse.** Sie schwemmen im Laufe der Zeit stetig Minerale aus dem Gestein aus, so auch Salz. Auch Süßwasserseen enthalten Salze, jedoch in ganz geringer Konzentration, weil sie permanent aufgefüllt werden.

Frage 175

Das Bundesumweltamt verleiht für Produkte mit besonderer Umweltverträglichkeit ein bestimmtes Gütesiegel. **Was ziert dieses Siegel?**

☐ a) ein grüner Baum
☐ b) eine gelbe Sonnenblume
☐ c) ein blauer Engel
☐ d) eine rote Erdbeere

☞ **c) ein blauer Engel**
Der Blaue Engel ist das erste und bekannteste Umweltprüfsiegel der Welt. Seit 1978 kennzeichnet er umweltfreundliche Produkte, die von einer Jury nach vorgegebenen Kriterien ausgewählt werden. Mit dem Blauen Engel werden Unternehmen für ihr Engagement im Umweltschutz belohnt. Sie können ihre umweltfreundlichen Produkte seriös am Markt bewerben. Der Blaue Engel ist ein ökologischer Leuchtturm, der Verbrauchern den Weg zum ökologisch besseren Produkt weist und umweltbewussten Konsum fördert.

Frage 176

Welcher bedeutende Astronom des Mittelalters leitete eine der größten Revolutionen in der Geschichte der Astronomie ein?

☞ **Nikolaus Kopernikus (1473–1543)** ging davon aus, dass sich nicht die Erde, sondern die Sonne im Zentrum unseres Planetensystems befindet. Das heliozentrische Weltbild bedeutete eine völlig neue Vorstellung über den Aufbau unseres Planetensystems.

Nikolaus Kopernikus

Frage 177

In welchem Land erhebt sich die Sierra Maestra?

☞ **Im Südosten Kubas.** Hier steigt die Sierra Maestra aus dem Tiefland auf und erreicht mit dem höchsten Berg des Landes, dem Pico Turquino, fast 2000 Meter Höhe.

Frage 178

Wie heißt der nach Alaska größte Bundesstaat der USA?

☞ Nach Alaska, das fast ein Fünftel so groß ist wie der gesamte Rest der USA, ist Texas der größte Bundesstaat der zusammenhängenden USA. Er ist fast doppelt so groß wie die Bundesrepublik Deutschland und reich an Erdöl und Erdgas. Bekannte Städte sind Dallas, Houston mit dem Raumfahrtkontrollzentrum, der Ferienort Corpus Christi und die Hauptstadt Austin.

Frage 179

In Nordamerika, an der Grenze von Kanada und den USA, befinden sich berühmte Wasserfälle. Wie heißen sie?

☞ **Die Niagarafälle.** Hier stürzt der Niagara River 58 Meter in die Tiefe.

Niagarafälle

Frage 180

Wo gibt es in Deutschland Vulkane?

☞ Aktive Vulkane gibt es in Deutschland keine. Zeugen vulkanischer Tätigkeit finden sich jedoch an mehreren Stellen: Die Maare in der Eifel etwa sind die Kraterlöcher ehemaliger Vulkane, der Kaiserstuhl in Baden ist als ehemaliger Vulkankegel heute ein Weinanbaugebiet und auch der Vogelsberg im Hessischen Bergland ist ein Gebirgsstock vulkanischen Ursprungs.

Frage 181

Wo liegt die vielfach besungene Sierra Madre?

☐ a) Chile
☐ b) Ecuador
☐ c) Argentinien
☐ d) Mexiko

☞ **d) Mexiko**
Die Sierra Madre del Sur ist ein Gebirgszug im Süden Mexikos, der sich über 1000 Kilometer erstreckt.

Frage 182

Wo landete die Sonde Near nach fünfjähriger Reise?

☞ **Auf dem Asteroiden Eros.** Damit gelang die erste Landung auf einem solchen Himmelskörper. Das Treffen der beiden Flugobjekte war eine technische Meisterleistung; das Ziel ist nur 33 mal 13 Kilometer groß und 315 Millionen Kilometer von der Erde entfernt.

Frage 183

Wie heißt die bevölkerungsreichste Stadt Chinas?

☞ Obwohl die Schätzungen über die Einwohnerzahl Shanghais stark schwanken, dürfte die Stadt mit fast acht Millionen Einwohnern Chinas bevölkerungsreichste Stadt sein. Hongkong und Peking mit jeweils rund sechs Millionen folgen jedoch dicht dahinter.

Shanghai

Frage 184

Welche von Kanälen durchzogene Stadt in den Niederlanden wird oft als Venedig des Nordens bezeichnet?

☞ **Amsterdam.** Die Kanäle, die dort Grachten heißen, verleihen der Stadt Charme und Charakter. Mit über 720.000 Einwohnern ist sie die bevölkerungsreichste Stadt der Niederlande und gleichzeitig die Hauptstadt. Die Regierung hat ihren Sitz jedoch im 50 Kilometer weiter südlich am Meer gelegenen Den Haag, wo auch die Königsfamilie ihren Wohnsitz hat.

Frage 185

Was ist der Kohlensack?

☞ Die bekannteste Dunkelwolke im Sternbild Kreuz des Südens. Der Kohlensack hebt sich deutlich gegen den hellen Hintergrund der Milchstraße ab.

Frage 186

In welchem See liegt die Herreninsel?

☞ **Im Chiemsee.** Er ist der größte See in Bayern und der drittgrößte in Deutschland. Neben der Herreninsel mit dem berühmten Schloss Herrenchiemsee liegen im Chiemsee außerdem die Krautinsel und Frauenchiemsee, auch Fraueninsel genannt.

Frage 187

Was bedeutet die Angabe „Normalnull“?

☞ Normalnull (NN) bezeichnet den mittleren Wasserstand der Meere. Dieser rechnerisch ermittelte Wert ist die Grundlage für alle Höhenangaben über bzw. unter dem Meeresspiegel.

Frage 188

Welcher See wird auch Schwäbisches Meer genannt?

☐ a) Bodensee
☐ b) Tegernsee
☐ c) Chiemsee
☐ d) Starnberger See

☞ **a) Bodensee**

Dieser 252 Meter tiefe und 538 km^2 große See ist ein wichtiges Trinkwasserreservoir. Auch die Schweiz und Österreich haben einen Anteil am Bodensee. Seine Inseln heißen Reichenau, Lindau und Mainau.

Frage 189

Gibt es am Nordpol Berge?

☞ **Nein**, denn unter dem Nordpol befindet sich das Nordpolarmeer. Die Eisdecke liegt also auf dem Meer. Diese Eisdecke wird, zusammen mit den umliegenden Inseln im Norden Kanadas, mit Grönland, Teilen von

Alaska und Skandinavien als Arktis bezeichnet. Die Antarktis rund um den Südpol ist dagegen ein eigener Kontinent.

Frage 190

Was erforschen Raumsonden?

☞ Durch die immer besser werdende Technik gelang es in den letzten Jahren, Sonden zu weit entfernten Gestirnen zu schicken. So untersucht Galileo seit 1997 den Jupitermond Europa und ebenfalls in diesem Jahr startete Cassini-Huygens in Richtung des Saturnmondes Titan. Bereits seit 1979 sind Voyager 1 und 2 im All unterwegs. Ihre Mission ergab neue Erkenntnisse über die Ausdehnung des Sonnensystems. Ulysses/SOHO ist mit der Untersuchung der Sonne beauftragt.

Frage 191

Wer fertigte den ersten Atlas an?

☞ **Gerhard Mercator (1512–94).** Sein postum erschienenes Sammelwerk aus dem Jahr 1595 enthielt 107 Karten. Nach dem Geografen wurde die von ihm entwickelte Mercatorprojektion benannt.

Frage 192

Welchen Namen hat der Teil des Mittelmeeres zwischen Italien und Kroatien?

☞ **Adria.** Die Küste der Adria ist im Sommer ein beliebtes Ferienziel, im Frühjahr entstehen hier jedoch Adriatiefs. Sie bringen feuchte und warme Mittelmeerluft nach Mitteleuropa und verursachen häufig ergiebige Regenfälle.

Frage 193

Zwischen welchen beiden der fünf Großen Seen liegen die Niagarafälle?

☞ Der nur 56 Kilometer lange Niagarariver fließt vom Eriesee zum Ontariosee. Er verbindet also die beiden westlichsten der Großen Seen (Oberer See, Michigansee, Huronsee, Eriesee und Ontariosee).

Frage 194

Wo liegt die Insel Java?

☐ a) vor Kanada ☐ c) vor Australien
☐ b) vor Indonesien ☐ d) vor Schweden

☞ **b) vor Indonesien**

Frage 195

Wie heißt der größte und hellste Kugelsternhaufen?

☞ **Omega Centauri.** Der Kugelsternhaufen im Sternbild Centaurus besteht vermutlich aus mehreren Millionen alter Sterne. Neuere Forschungen haben entdeckt, dass seine Sterne zusammen fünf Millionen Sonnenmassen ergeben. Dieses riesige und unter Kugelsternhaufen einmalige Gewicht lässt darauf schließen, dass Omega Centauri als Mittelding zwischen Kugelsternhaufen und Zwerggalaxie angesehen werden muss.

Frage 196

Wo liegt Myanmar?

☞ Myanmar, bis 1989 als Birma oder Burma bekannt, liegt am Indischen Ozean, östlich von Indien und nordwestlich von Thailand.

Siedlung in Myanmar

Frage 197

Wofür steht die Abkürzung FCKW?

☞ **Fluorchlorkohlenwasserstoffe.** Diese Stoffe wurden häufig als Treibmittel in

Spraydosen oder als Kältemittel in Kühlschränken oder Klimaanlagen eingesetzt. Auch in chemischen Reinigungen fanden diese Stoffe häufig Verwendung. Allerdings zerstören FCKW, die in die Erdatmosphäre gelangen, die schützende Ozonschicht unseres Planeten. Auf ihr Konto geht das Ozonloch. Daher ist ihr Einsatz seit Mitte der 1990er-Jahre weitgehend verboten.

Frage 198

Welche Ozeane verbindet der Panamakanal?

☞ Den Pazifischen mit dem Atlantischen Ozean. Der Panamakanal ist 81 Kilometer lang und überwindet mittels Schleusen einen Höhenunterschied von 26 Metern.

Frage 199

Welcher Erdtrabant aus Menschenhand fand im März 2001 seinen Weg zur Erde zurück?

☞ Die russische Raumstation Mir wurde nach 15 Jahren im All kontrolliert zum Absturz gebracht. Sie verglühte zum Teil in der Atmosphäre, Reste von ihr fielen in den Pazifik. Zuletzt hatten sich an Bord Defekte gehäuft.

Frage 200

In einer Studie des Umweltbundesamtes aus dem Jahr 2006 wurden die Bundesbürger gefragt, welches die wichtigsten Themen seien, die in der Bundesrepublik dringend bearbeitet werden müssten. **Auf welchem Platz landete hier wohl der Umweltschutz?**

☐ a) 1. Platz
☐ b) 2. Platz
☐ c) 5. Platz
☐ d) 10. Platz

☞ **b) 2. Platz**

Nur die Arbeitslosigkeit wurde im Rahmen der Umfrage für wichtiger erachtet als der Einsatz für den Umweltschutz.

Frage 201

Was sind Oasen?

☞ Oasen sind am Rand oder im Inneren von Wüsten oder Wüstensteppen gelegene Inseln reicheren Pflanzenwuchses, durch Grundwassernähe oder Quellen hervorgerufen, meist durch künstliche Bewässerung vergrößert. Sie sind meist dicht bevölkert und intensiv bewirtschaftet.

Oase

Frage 202

Welchen Erfolg kann das Civilian Space Exploration Team für sich verbuchen?

☞ Ihm gelang es im Mai 2003 zum ersten Mal, mit einer „Amateurrakete" in den Weltraum vorzudringen. Das unbemannte Raumfahrzeug stieg auf eine Höhe von 100 Kilometern und kehrte an Fallschirmen wieder unbeschadet zur Erde zurück.

Frage 203

Welche Stadt wird vom Zuckerhut dominiert?

☞ **Rio de Janeiro.**

Frage 204

Wie heißen die Ureinwohner Neuseelands?

☞ **Maoris.** Sie gehören zu den polynesischen Völkern. Durch die Einwanderung hauptsächlich englischer Siedler im 19. Jahrhundert wurden sie zurückgedrängt und ihr Land wurde beschlagnahmt. Heute stellen sie nur noch etwa 10 % der Bevölkerung. In den letzten Jahren konnten sie jedoch vor Gericht Erfolge bei der Wiedererlangung ihrer Rechte erzielen.

Frage 205

Wie findet man den Polarstern?

☐ a) über dem Südpol
☐ b) über Moskau
☐ c) über New York
☐ d) über dem Nordpol

☞ **d) über dem Nordpol**
Der Polarstern steht fast genau über dem Nordpol der Erde.

Frage 206

Wie heißt die Hauptstadt der nordspanischen Region Katalonien?

☞ **Barcelona.** Die Stadt ist ein bedeutendes Handels- und Industriezentrum und zugleich das Zentrum der katalanischen Kultur. Da die Katalanen eine eigene Sprache haben und über eine eigene kulturelle Tradition verfügen, errangen sie von der spanischen Regierung Selbstverwaltungsrechte, die dazu beitragen sollen, Sprache und Kultur zu bewahren.

Barcelona

Frage 207

Welches sind die Beneluxstaaten?

☞ Die drei Staaten Belgien, Niederlande und Luxemburg, aus deren Anfangsbuchstaben in der jeweiligen Landessprache die Abkürzung zusammengesetzt ist.

Frage 208

Wie heißt der größte See Italiens?

☞ **Der Gardasee.** Der See ist Dank seiner ausgezeichneten Wassersportmöglichkeiten und der grandiosen Landschaft ein beliebtes Ferienziel. Dass die Entstehung auf einen eiszeitlichen Gletscher zurückgeht, erkennt man heute noch an der lang gezogenen Form des Sees: Während seine Länge 51 Kilometer beträgt, ist er nur zwischen 5 und 16 Kilometer breit.

Frage 209

Was sind Planetesimale?

☞ Körper von bis zu 10 Kilometern Durchmesser, die sich in der protoplanetaren Scheibe bilden und aus denen die Planeten entstehen.

Frage 210

Was wird als das Dach der Welt bezeichnet?

☞ Das in Mittelasien liegende Hochland des Pamirgebirges. Hier treffen die drei Hochgebirge Hindukusch, Karakorum und Himalaja aufeinander. Der größte Teil des Pamir liegt in Tadschikistan, ein Teil auch in Afghanistan und China.

Frage 211

Wenn es ums Energiesparen und energieeffizientes Heizen und Stromerzeugen geht, taucht immer wieder das Kürzel BHKW auf. **Was verbirgt sich dahinter?**

☐ a) Besonders hohe Kilowattleistung
☐ b) Blockheizkraftwerk
☐ c) Braunkohleheiz- und Kraftwerk
☐ d) Bestimmung des Heizkraftwerts

☞ **b) Blockheizkraftwerk**
Blockheizkraftwerke sind Geräte, die die Funktion der Heizung und Stromerzeugung direkt beim Verbraucher übernehmen. Sie arbeiten mit sehr hohem Wirkungsgrad, da sie die Abwärme aus der Stromerzeugung zum Heizen nutzen.

Frage 212

Was steckt hinter dem Begriff „Leuchtkraft"?

☞ Die Energiemenge, die ein Himmelskörper in Form von elektromagnetischer Strahlung abgibt.

Frage 213

Wie entstehen Muren?

☞ An Berghängen mit spärlicher Pflanzendecke geraten im Hochgebirge bei starken Niederschlägen Teile des feinen Schutts, aus dem die Berghänge bestehen, in Bewegung. Aus mehreren kleinen Seitenarmen bildet sich schließlich ein starker und breiter Schuttbreistrom, der in der Lage ist, Bäume und Häuser mit sich fortzureißen. Durch die intensive Nutzung der Bergwelt durch den Menschen und die damit verbundene Beanspruchung der Pflanzenwelt haben sich in den letzten Jahren immer wieder Muren gebildet, die zum Teil beträchtlichen Schaden anrichteten.

Frage 214

Wie werden die während der Eiszeit von Gletschern geformten Buchten an der norwegischen Küste genannt?

☞ **Fjorde.** Diese engen Meeresarme mit trogförmigem Profil erstrecken sich zwischen steilen Felswänden weit ins Innere des Landes. Der längste Fjord erreicht so eine Länge von über 200 Kilometer.

Geirangerfjord in Norwegen

Frage 215

Was untersucht die Wissenschaft der Paläontologie?

☞ Die Paläontologie beschäftigt sich mit den Fossilien, versteinerten Teilen vorzeitlicher Tiere und Pflanzen und versucht, aus ihnen die Entwicklung des Lebens abzuleiten. Von besonderem Interesse sind die sogenannten Leitfossilien, Versteinerungen die sehr häufig vorkommen, aber nur in einer kurzen Zeitspanne entstanden sind. Anhand der Leitfossilien lassen sich Gesteinsschichten in die Erdgeschichte einordnen und somit andere Funde datieren.

Frage 216

In welchem Land lebt das Volk der Zulu?

☞ **In Südafrika.** Die Zulu lebten ursprünglich im Osten des Landes von Viehzucht und Ackerbau.

Frage 217

Welcher Planet wird zugleich als Morgenstern und Abendstern bezeichnet?

☐ a) Pluto
☐ b) Merkur
☐ c) Jupiter
☐ d) Venus

☞ **d) Venus**
Neben Sonne und Mond ist die Venus das hellste Objekt am Himmel. Morgenstern wird sie genannt, da sie vor Sonnenaufgang im Osten erscheint, und Abendstern, weil sie nach Sonnenuntergang im Westen zu sehen ist.

Frage 218

Wie nennen sich die Bewohner Lapplands?

☞ Die Menschen, die in Lappland wohnen und von uns häufig Lappen genannt werden, bezeichnen sich selbst als Samen. Lappland ist kein souveräner Staat, sondern die Bezeichnung für das Gebiet nördlich des Polarkreises, das sich mehrere Länder teilen. Die Samen leben

Samen in Lappland

in den Sommermonaten mit ihren Rentierherden teilweise noch nomadisch, auch wenn sie sonst über alle Annehmlichkeiten der westlichen Gesellschaft verfügen.

Frage 219

In welchen Ländern leben Eskimos bzw. Inuit?

☞ **In den USA, in Kanada und in Grönland.** Während sie in Kanada und den USA eine Minderheit bilden, konnten sie in dem zu Dänemark gehörenden Grönland eine weitgehende Selbstverwaltung erreichen.

Frage 220

Was sind planetarische Nebel?

☞ Planetarische Nebel sind Endstadien von Sonnen am Ende ihres Lebens. Sie entstehen, wenn ein alternder Stern mit einer Masse zwischen einer bis achtfacher Sonnenmasse seine innere Stabilität verliert, weil im Kern die Umwandlung von Wasserstoff zu Helium mangels Masse erlischt. Der Stern bläht sich auf zum roten Riesenstern. Dabei tritt ein Sternwind mit hohen Masseverlusten auf.

Frage 221

Was sind die Dolomiten?

☞ Ein Gebirge in Norditalien und Teil der südlichen Kalkalpen.

Frage 222

Wo liegt der Serengetinationalpark?

☞ **Im Nordosten Tansanias.** Der Nationalpark wurde 1941 eingerichtet und umfasst eine Fläche von 14.763 km². Zu den häufigsten Tierarten im Nationalpark zählen Zebras, Gnus und Gazellen. Daneben leben hier Giraffen, Leoparden, Löwen, Antilopen, Flusspferde, Nashörner und Hyänen sowie zahlreiche Vogelarten. Von der UNESCO wurde die Serengeti zum Naturerbe der Menschheit erklärt.

Frage 223

Was sind Laurentiustränen?

☞ Der Mönch Laurentius wurde am 10. August 268 auf Befehl des Kaisers Valerian (200–260) auf einem glühenden Rost zu Tode gefoltert. Ihm zu Ehren wird der alljährlich im August stattfindende Sternschnuppenstrom der Perseiden Laurentiustränen genannt.

Frage 224

Wie viel Tonnen Altöl fallen in Deutschland pro Jahr an?

☐ a) ca. 50.000 ☐ c) ca. 500.000
☐ b) ca. 200.000 ☐ d) ca. 750.000

☞ **c) ca. 500.000**

Frage 225

Wie heißt das größte Korallenriff der Welt?

☞ **Das Great Barrier Reef** vor der Küste von Queensland in Australien erstreckt sich über 2000 Kilometer. Es bietet eine faszinierende Unterwasserwelt: Korallenbänke, Seeanemonen und unzählige tropische Fischarten machen das Riff zu einem Eldorado für Taucher. Aber das empfindliche Paradies ist bedroht: In den letzten 20 Jahren hat eine Seesternart fast die Hälfte der lebenden Korallen bis auf das Kalkskelett abgefressen.

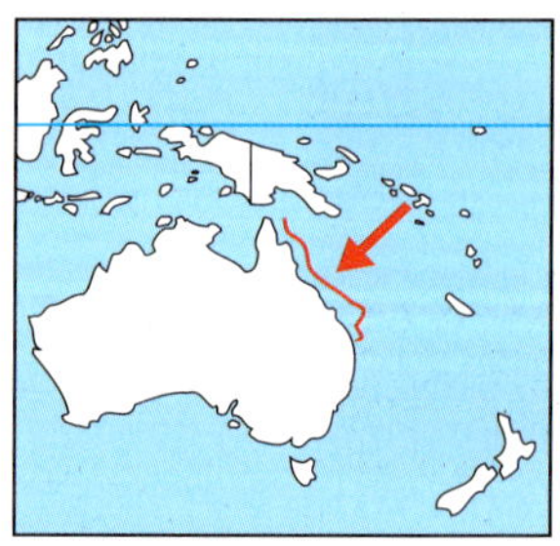

Great Barrier Reef vor Australien

Frage 226

Was versteht man unter Präzession?

☞ Die Erde ist mit einem Kreisel vergleichbar, dessen Rotationsachse mit der Erdbahnebene einen Winkel von 23,5° einschließt. Auf den Erdkreisel wirken die Kräfte des Mondes, der Sonne und der anderen Planeten, was zu einer Drehung der Rotationsachse führt. Daher läuft die Achse in ca. 26.000 Jahren einmal um die Senkrechte zur Erdbahnebene herum und umschreibt dabei einen Doppelkegel. Diese Bewegung ist als Präzession bekannt.

Frage 227

Gibt es Lagunen nur in tropischen Ländern?

☞ **Nein**, sie kommen an vielen Küsten vor, doch werden sie in verschiedenen Gegenden unterschiedlich bezeichnet. Lagunen an der Nordküste des Schwarzen Meers werden Limane genannt, die an der Adria vorkommenden Lagunen werden als Lido bezeichnet und in der Ostsee werden die beiden großen Lagunen, das Oderhaff und das Kurische Haff, als Haff bezeichnet.

Frage 228

In welche zwei Gruppen unterteilt man die acht Planeten unseres Sonnensystems?

☞ Man unterteilt sie in die vier inneren erdähnlichen Planeten (Merkur, Venus, Erde, Mars) und die fünf äußeren jupiterähnlichen Planeten (Jupiter, Saturn, Uranus und Neptun).

Frage 229

Wie unterscheidet man die Steppe von der Savanne?

☞ Während die Steppe von Natur aus ein reines Grasland ist, wird die Savanne gerade durch den ständigen Wechsel von Grasflächen und Strauch- bzw. Baumgruppen oder einzeln stehenden Bäumen gekennzeichnet. Savannen sind v. a. in den Subtropen anzutreffen und von Tieren wie Antilopen und kleinen Nagetieren, die im Boden wühlen, besiedelt.

Frage 230

Bei welcher Gelegenheit kann man Trinkwasser problemlos durch Regenwasser ersetzen?

☐ a) beim Zähneputzen
☐ b) beim Bewässern des Gartens
☐ c) beim Kochen
☐ d) beim Händewaschen

☞ **b) zum Bewässern des Gartens**
Hier ist es aus ökologischer Sicht ratsam, Regenwasser zu verwenden. Man kann das kostbare Nass beispielsweise in Regentonnen auffangen.

Frage 231

Wo befindet sich die größte Insel der Welt?

☞ **Grönland** liegt größtenteils jenseits des nördlichen Polarkreises zwischen dem nördlichen Atlantik und dem Nordpolarmeer. Die Insel gehört zu Dänemark, ist aber autonom. Etwa 84 % seiner Gesamtfläche sind stets von Eis bedeckt.

Frage 232

Was ist der Big Bang?

☞ Mit diesem Ausdruck bezeichnet man den Urknall, eine plötzliche Explosion durch die unser Kosmos entstanden sein soll.

Frage 233

Wofür steht der Begriff „Äquinoktium“?

☞ **Für die Tagundnachtgleiche**, d. h. Tag und Nacht sind gleich lang. Dies geschieht, wenn die Sonne am 21. März (zum Frühlingsanfang) und zum 23. September (zum Herbstanfang) durch den Himmelsäquator läuft.

Frage 234

In der Nähe welcher griechischen Stadt verbindet eine schmale Landbrücke den Peloponnes mit dem Festland?

☞ Bei Korinth verbindet der sogenannte Isthmus von Korinth den Peloponnes mit der

Halbinsel Attika, auf der auch Athen liegt. Ein Kanal erleichtert und verkürzt den Seeweg von der griechischen Ostküste an die Westküste. Im Griechischen ist das grammatische Geschlecht des Namens weiblich, im Deutschen hat sich kein einheitlicher Gebrauch durchgesetzt, man kann sowohl „der Peloponnes" als auch „die Peloponnes" sagen.

Frage 235

Wie viele Ozeane gibt es auf der Erde?

☞ Man unterscheidet drei Ozeane: Atlantischer Ozean, Pazifischer Ozean und Indischer Ozean. Alle drei bilden eine zusammenhängende Salzwassermasse und spielen eine wichtige Rolle bei der Entstehung und Verteilung von Wetter und Klima auf der Erde.

Frage 236

Welche wichtige Rolle für das Weltklima spielt der tropische Regenwald?

☞ Über den tropischen Regenwäldern verdunstet eine Menge Wasser und steigt als Wasserdampf in die Höhe. Mit dem aufsteigenden Wasserdampf wird die durch Sonneneinstrahlung an der Erdoberfläche erzeugte Wärmeenergie hoch in die Atmosphäre transportiert. Die Freisetzung von Wärme in diesen Höhen treibt auf der einen Seite das Wettergeschehen an und beeinflusst auf der anderen Seite die globale Luftzirkulation. Man weiß noch nicht genau, welche Veränderung die Rodung des Regenwaldes mit sich bringt, sicher ist aber, dass sie gravierend ausfallen wird.

Frage 237

Wo liegen die Fidschi-Inseln?

☐ a) im Mittelmeer
☐ b) im Atlantischen Ozean
☐ c) im Südpazifik
☐ d) im Toten Meer

☞ **c) im Südpazifik**

Der Archipel, wie eine inselreiche Meergegend bezeichnet wird, liegt etwa 1800 Kilometer nördlich von Neuseeland und umfasst ca. 300 Inseln, von denen etwa 100 bewohnt sind. Das Klima der Fidschi-Inseln ist tropisch.

Fidschi-Insel im Südpazifik

Frage 238

Wo befinden sich geostationäre Satelliten?

☞ Sie kreisen alle in derselben Höhe (35.787 Kilometer), befinden sich immer über dem gleichen Punkt der Erde und haben alle dieselbe Geschwindigkeit (3,067 km/s). Satelliten in geringerer Höhe müssen sich schneller bewegen, um nicht auf die Erde zu stürzen. Deshalb sind sie nicht „geostationär", sondern bewegen sich relativ zur Erde.

Frage 239

Was versteht man unter Primärenergie?

☞ Als Primärenergie bezeichnet man Energieträger, die in der Natur vorkommen und ohne vorherige Behandlung verwendet werden können, Zu ihnen zählen beispielsweise Kohle, Erdöl, Windenergie, Biomasse und Sonnenenergie. Aufbereitete Energieformen wie Benzin, elektrischer Strom oder Briketts heißen Sekundärenergien.

Frage 240

Wo befindet sich das Morgenland?

☞ Im Mittelalter bezeichnete man die östlichen, islamisch geprägten Länder als Morgenland (Orient), weil im Osten am Morgen die Sonne aufgeht. Das Morgenland wurde von dem westlich geprägten Abendland abgegrenzt, zu dem Italien, Deutschland, Frankreich und Spanien gehören.

Frage 241

Welches Land hat den größten Anteil an der Sahara?

☞ **Algerien.**

Frage 242

Woraus besteht ein Komet und warum leuchten Kometen?

☞ Ein Komet ist in drei Bereiche gegliedert: Kern, Koma und Schweif. Der Kern besteht aus Wassereis, gefrorenen Gasen, Gesteinsbrocken und Staub. Die helle Koma entsteht dadurch, dass die Gasmoleküle in Nähe der Sonne durch die Strahlung angeregt werden und zu leuchten beginnen. Der Schweif besteht aus Gasen und Staub, die von dem Kometen weggerissen worden sind.

Frage 243

Wo befindet sich die größte tropische Wüste der Welt?

☞ **Die Sahara** ist mit 9 Millionen km² die größte tropische Wüste der Erde. Die riesige Fläche, die vom Mittelmeer und vom Atlasgebirge bis etwa zum 16. Breitengrad und vom Atlantik bis zum Roten Meer reicht, ist den trockenen Winden der Passatzone ausgesetzt.

Beduine in der Sahara

Frage 244

Welche ist die größte der griechischen Inseln?

☐ a) Korfu
☐ b) Kreta
☐ c) Rhodos
☐ d) Kos

☞ **b) Kreta**

Die 8336 km² große und rund 500.000 Einwohner beherbergende Insel lebt hauptsächlich von der Landwirtschaft sowie dem Fremdenverkehr. Im Altertum war Kreta der Mittelpunkt der minoischen Kultur, die in den Palastruinen von Knossos bis heute eindrucksvolle Zeugnisse hinterlassen hat.

Frage 245

Wodurch geriet das Hubble-Weltraumteleskop in die Schlagzeilen?

☞ Nachdem man das Teleskop in eine Erdumlaufbahn geschossen hatte, stellte man fest, dass es kurzsichtig war. Astronauten behoben den Fehler mit zusätzlichen Linsen, seitdem liefert es hervorragende Bilder aus dem All.

Frage 246

Der aktivste Vulkan Europas befindet sich auf Sizilien. Wie heißt er?

☞ **Es ist der Ätna.** Zusammen mit den etwas nördlich von Sizilien gelegenen Liparischen Inseln und dem Vesuv bei Neapel ist der Ätna ein Zeuge der sich dort abspielenden geologischen Vorgänge: Die Auffaltung des Apenningebirges ließ diese Vulkane entstehen.

Der Ätna

Frage 247

Er wurde am 24. September 1932 in Uelzen geboren. Von 1977 bis 1986 war er Oberbürgermeister der Stadt Frankfurt am Main. Nach der Reaktorkatastrophe in Tschernobyl wurde er am 6. Juni 1986 vom damaligen Bundeskanzler Helmut Kohl (*1930) zum ersten Bundesumweltminister ernannt. **Wie lautet der Name des Politikers?**

☞ **Walter Wallmann (*1932).** Aus dem Amt des Bundesministers für Umwelt schied er

1987 aus, als er zum Ministerpräsidenten des Landes Hessen gewählt wurde.

Frage 248

Welcher Himmelskörper trägt den Namen 2001 KX76?

☞ Das Kürzel bezeichnet einen 2001 entdeckten Asteroiden aus dem Kuipergürtel. Mit einem Durchmesser von 1200 bis 1400 Kilometern ist er der größte bisher gesichtete Asteroid.

Frage 249

Wie heißt das Gebiet zwischen Ural und Beringmeer?

☞ **Sibirien.** Die Region umfasst den größten Teil des asiatischen Territoriums von Russland, begrenzt durch den Ural im Westen, das Polarmeer im Norden, im Osten durch den Pazifik und im Süden durch China, die Mongolei und Kasachstan. In Sibirien findet man ein extremes Kontinentalklima mit langen Wintern und kurzen heißen Sommern.

Frage 250

Welcher gilt als der bekannteste Volksstamm Ostafrikas?

☞ **Die Massai.** Sie gelten als der Inbegriff des Naturvolkes und leben in den Savannen Kenias und Tansanias als Hirtennomaden. Ihre Rinder liefern ihnen Milch, das Hauptnahrungsmittel der Massai, und Kuhdung, den die Frauen zum Bau neuer Lehmhütten verwenden.

Frage 251

Welches ist der höchste Berg der Alpen?

☐ a) Matterhorn ☐ c) Montblanc
☐ b) Strahlhorn ☐ d) Großvenediger

☞ **c) Montblanc**

Der in Frankreich gelegene Montblanc ist 4807 Meter hoch. Ein 11,6 Kilometer langer Straßentunnel verbindet die beiden am Fuß des Bergmassivs gelegenen Orte Chamonix in Frankreich mit Courmayeur in Italien.

Frage 252

Welches spektakuläre astronomische Ereignis löste einen Sturm auf deutsche Optiker aus?

☞ **Die totale Sonnenfinsternis vom 11. August 1999.** Da Deutschland im Kernschatten der Finsternis lag, stieg die Nachfrage nach speziellen Sonnenbrillen zur Beobachtung des Phänomens, die schnell ausverkauft waren.

Frage 253

Wie entstehen die meisten Gebirge?

☞ **Durch die Bewegung von Erdplatten.** Die Erdkruste besteht aus einzelnen Platten, die sich durch tektonische Vorgänge gegeneinander bewegen. Wenn zwei oder mehrere Platten aufeinander treffen, werden die Gesteine übereinander geschoben und gefaltet. An der Erdkruste kommt es bei der Kollision der Platten zur Verdickung: An der Erdoberfläche entstehen Gebirge. Die Alpen sind entstanden, als sich die Afrikanische bzw. die Adriatische Platte nach Norden bewegte und auf die Eurasische Platte traf.

Frage 254

Warum lebt man auf der San-Andreas-Verwerfung gefährlich?

☞ Entlang dieser Spalte, die Kalifornien in zwei Hälften teilt, kommt es häufig zu Erdbeben; hier treffen die Nordamerikanische und die Pazifische Platte aufeinander. Wenn sich die Platten verschieben und die sich dadurch aufgebauten Spannungen ruckartig entladen, kommt es zu Erdbeben.

Frage 255

Bei welchem Ereignis fielen die Worte „Es ist nur ein kleiner Schritt für den Menschen, aber ein großer für die Menschheit"?

☞ Mit diesen Worten betrat der amerikanische Astronaut Neil Armstrong (*1930) 1969 als erster Mensch den Mond.

Frage 256

Welche portugiesischen Inseln im Atlantik sind vulkanischen Ursprungs und sind teilweise noch heute aktiv?

☞ **Die Azoren.** Die Inselgruppe befindet sich etwa 1190 Kilometer westlich des Festlandes von Portugal im Atlantik. Ihre höchste Erhebung, der Pico Alto, gehört zu den noch aktiven Vulkanen.

Frage 257

Was versteht man unter Geothermie?

☞ Die unter der Erdoberfläche gespeicherte Wärmeenergie – also die Erdwärme – bezeichnet man als Geothermie. Je tiefer man in das Innere der Erde vordringt, umso wärmer wird es. Bei uns in Mitteleuropa nimmt die Temperatur um etwa 3 °C pro 100 Meter Tiefe zu. Heute geht man davon aus, dass im Kern der Erde Temperaturen von etwa 5000–6000 °C erreicht werden. Seit einiger Zeit wird verstärkt versucht, diese Energie zur Heizung von Gebäuden oder auch zur Gewinnung von Strom nutzbar zu machen. Die Geothermie erscheint vor allem deshalb als hervorragender Energieträger, weil es mit heutigen Technologien fast überall möglich ist, sie zu nutzen.

Frage 258

An welchem Meer liegt Finnlands Hauptstadt Helsinki?

☐ a) Nordsee ☐ c) Atlantik
☐ b) Ostsee ☐ d) Mittelmeer

☞ **b) Ostsee**
Helsinki liegt im finnischen Meerbusen, der zur Ostsee gehört.

Helsinki

Frage 259

Wer fertigte den ersten Sternenkatalog der Antike?

☞ **Hipparch von Nikaia (um 190–120 v. Chr.)** fertigte den ersten Sternkatalog der Antike mit über 1000 Sternpositionen und Helligkeitsangaben, entdeckte eine Nova (um 134 v. Chr.) und präzisierte die bereits den Babyloniern bekannte Dauer der vier Jahreszeiten.

Frage 260

Sie war alleinerziehende Mutter von drei Kindern und hielt sich u. a. mit einem Job bei einer Anwaltskanzlei über Wasser. Dort stolperte sie über eine Akte, die einen Umweltskandal um verseuchtes Trinkwasser im kalifornischen Ort Hinkley aufdeckte. Im Jahr 1996 konnte sie zusammen mit dem Anwalt Ed Masry einen Schadensersatz in Höhe von 333 Millionen US-Dollar erstreiten. Diese Geschichte wurde im Jahr 2000 mit Julia Roberts in der Hauptrolle verfilmt. **Um welche Aktivistin geht es?**

☞ **Erin Brockovich-Ellis (*22. Juni 1960).** Die echte Erin spielt im Film eine Gastrolle als Kellnerin.

Frage 261

Welches ist der größte afrikanische See?

☞ **Der Victoriasee.** Der in Ostafrika gelegene See ist mit einer Fläche von 70.000 km² der größte Süßwassersee Afrikas und der zweitgrößte der Erde. Wegen seines Fischreichtums im Zentrum eines dicht besiedelten Gebietes spielt der Victoriasee eine bedeutende Rolle.

Frage 262

Durch welches Land fließt der Shannon?

☞ **Durch Irland.** Er entspringt im Norden des Landes und mündet nach 370 Kilometern südlich von Limerick in den Atlantischen Ozean. Durch eine Reihe von Schleusen kann der Shannon bis Limerick mit Schiffen befahren werden.

Frage 263

Was versteht man unter der Sonnenkorona?

☞ Die normalerweise von der Sonne überstrahlte Sonnenkorona wird bei einer totalen Sonnenfinsternis sichtbar. Vereinfacht kann man sich die Korona als Flammenkranz vorstellen, der aus der Sonne schlägt. Die Stärke der Korona schwankt, die Temperaturen in ihren Teilen bleiben jedoch gleich: Sie liegen bei unvorstellbaren einer Mio. °C, die Sonne selbst ist dagegen nur rund 5000 °C heiß.

Sonnenkorona bei einer totalen Sonnenfinsternis

Frage 264

Welches ist der kleinste Erdteil?

☐ a) Europa
☐ b) Asien
☐ c) Australien
☐ d) Afrika

☞ **c) Australien**
Es umfasst den Inselkontinent Australien, die benachbarte Insel Tasmanien und einige vorgelagerte Inseln. Die Hauptstadt Australiens ist Canberra.

Frage 265

Wie entsteht der Treibhauseffekt?

☞ Normalerweise wird die während des Tages einfallende Sonnenstrahlung gespeichert und nachts wieder an die Atmosphäre abgegeben. Die Gase und Partikel, die für den Treibhauseffekt verantwortlich sind, absorbieren und reflektieren nun einen Teil dieser Wärme, sodass sich die Atmosphäre langsam, aber sicher aufheizt. Den Vorgang kann man sich durchaus wie in einem gigantischen Treibhaus vorstellen.

Frage 266

Welcher um unsere Sonne kreisende Zwergplanet wurde erst 1930 entdeckt?

☞ **Pluto.** Die Sonne umkreist Pluto einmal alle 247,7 Jahre in einer mittleren Entfernung von 5,9 Milliarden Kilometern. Er kann nur durch große Teleskope betrachtet werden und weist eine gelbliche Färbung auf.

Frage 267

Bei der Herstellung dieses Kraftstoffs wird Raps zunächst getrocknet und dann in Ölmühlen zu Pflanzenöl gemahlen oder gepresst. Dem Pflanzenöl wird ca. 10 % Methanol beigemischt. Dann kommt noch ein Katalysator (hier wird häufig Kaliumhydroxid oder Natriumhydroxid verwendet) hinzu und die Mischung wird langsam auf 60 °C erhitzt. Dabei kommt ein chemischer Vorgang, die Umesterung, in Gang. Dabei wird das Pflanzenölmolekül, das aus Glycerin und drei Fettsäureketten besteht, aufgespalten. Die Fettsäuren verbinden sich mit dem Methanol zum fertigen Kraftstoff. **Um welchen Stoff handelt es sich?**

☞ **Biodiesel.** Allerdings steht Biodiesel immer wieder in der Kritik, da durch seine Produktion Nahrungsmittel vergeudet werden. Der große Verlierer sind die ohnehin schon armen Länder, dort verteuern sich einfache Lebensmittel wie Mais oder Soja, da Anbauflächen und andere Ressourcen für die Gewinnung von Biodiesel benutzt werden. Eine Verschärfung der Hungersnot und der Unterernährung ist die Folge.

Frage 268

Welches ist der längste Fluss Afrikas und zugleich der längste Fluss der Erde?

☞ **Der Nil** mit 5584 Kilometern. Er fließt vom Victoriasee in Ostafrika Richtung Norden durch Uganda, den Sudan und Ägypten zum Mittelmeer.

Der Nil in Kairo

Frage 269

Wie heißt der wohl berühmteste Krater der Welt?

☞ Der berühmteste Krater der Welt ist vermutlich der Meteor Crater in Flagstaff, Arizona. Die dort in geringer Anzahl gefundenen Bruchstücke des Eisenmeteoriten werden als „Canyon Diabolo" gehandelt. Vor etwa 20.000 bis 22.000 Jahren stürzte ein Eisenmeteorit von etwa 30 Tonnen Gewicht auf die Erde.

Frage 270

Wie heißt der Name der Organisation WWF ausgeschrieben?

☐ a) World Wildlife Fund for Nature
☐ b) World Wide Fund for Nature
☐ c) World Wide Fun with Nature
☐ d) Wonder World Fit for Nature

☞ **b) World Wide Fund for Nature**
Der WWF Deutschland wurde 1963 gegründet.

Frage 271

Welcher südamerikanische Staat hat sowohl eine pazifische als auch eine karibische Küste?

☞ **Kolumbien** im Nordwesten Südamerikas. Kolumbien grenzt im Norden an Panama und das Karibische Meer, im Osten an Venezuela und Brasilien, im Süden an Peru und Ecuador und im Westen an den Pazifik. Bogotá ist Hauptstadt und zugleich größte Stadt.

Frage 272

Was ist ein Lichtjahr?

☞ **Das Lichtjahr ist ein Längenmaß.** Es bezeichnet die Strecke, die das Licht in einem Jahr zurücklegt. 1 LJ = 9.465.000.000.000 Kilometer.

Frage 273

Wie heißt die heimliche Hauptstadt Europas?

☞ **Brüssel** ist Haupt- und Residenzstadt Belgiens. Zusammen mit 18 umgebenden Gemeinden bildet sie die 162 km^2 große gleichnamige Region. Keine andere Stadt in der Europäischen Union beheimatet eine solche Anzahl an europäischen Institutionen.

Frage 274

In welcher Stadt führt die Karlsbrücke über die Moldau?

☞ **In Prag**, der Hauptstadt der Tschechischen Republik. Als Zentrum des zum Heiligen Römischen Reich deutscher Nation gehörenden Königreiches Böhmen blickt die Stadt auf eine glanzvolle Geschichte zurück, von der noch heute viele Baudenkmäler zeugen.

Karlsbrücke in Prag

Frage 275

Vor welcher tödlichen Gefahr schützt uns das Magnetfeld der Erde?

☞ Die Sonne strahlt nicht nur Licht und Wärme aus, sie strömt auch Gas ins Weltall aus – den sogenannten Sonnenwind. Der Sonnenwind besteht aus freien Elektronen und Atomkernen. Die ungefilterte Strahlung würde das Leben auf der Erde zerstören. Durch das Magnetfeld wird der Sonnenwind abgeschwächt und trifft nur zu einem geringen Anteil auf der Erdoberfläche auf.

Frage 276

Welches sind die vier Übersee-Departements Frankreichs?

☞ **Französisch-Guyana, Guadeloupe, Martinique und Réunion.**

Frage 277

Was ist ein Mäander?

☐ a) ein Wirbelsturm
☐ b) eine Flussschleife
☐ c) eine Wassersäule
☐ d) ein Baum

☞ **b) eine Flussschleife**
Sie entsteht, wenn sich der Lauf eines Flusses durch die Flussauen mit der Zeit verändert. Die Mäanderschleife kann so lang werden, dass sich der Fluss an ihrer engsten Stelle einen kürzeren Weg sucht. Geschieht dies, wird die Schleife des alten Mäanders abgeschnürt bzw. abgeschnitten und es entsteht ein sogenanntes Altwasser.

Flussmäander in der Türkei

Frage 278

Was verbirgt sich hinter dem Namen „Beagle 2“?

☞ Beagle 2 ist ein Forschungsroboter, den die Europäische Raumfahrtbehörde (ESA) auf dem Mars ausgesetzt hat. Seine Messungen sollten neue Erkenntnisse zur Beschaffenheit der Marsoberfläche bringen.

Frage 279

Welche Inselgruppe und ehemalige portugiesische Kolonie liegt vor der westafrikanischen Küste?

☞ **Die Kapverdischen Inseln.** Sie befinden sich 600 Kilometer vor der westafrikanischen Küste im Atlantik. Das Klima ist heiß, trocken und niederschlagsarm.

Frage 280

Welchem Geschehen verdanken die Kieler Förde und die Eckernförder Bucht ihre Entstehung?

☞ Sie wurden während der Eiszeit durch Ausläufer der großen Inlandeismassen geschaffen. Die sich aus dem Ostseebereich heranschiebenden Gletscher bildeten Täler, die dann durch den Anstieg des Meeresspiegels zu Buchten wurden.

Frage 281

Welche natürliche Ursache haben Polarlichter?

☞ Polarlichter sind keine optische Täuschung. Sie entstehen durch den Sonnenwind, der mit bis zu 500 km/h auf das Magnetfeld der Erde trifft und dessen Teilchen mit Stickstoff und Sauerstoff der Atmosphäre reagieren. Der Sonnenwind entsteht durch noch ungeklärte Störungen des Magnetfelds der Sonne und besteht größtenteils aus Wasserstoff und Heliumteilchen, die bei explosionsartigen Ausbrüchen der Sonne fortgeschleudert werden.

Frage 282

Wohin gelangt man, wenn man vom Mittelmeer aus den Suezkanal durchfährt?

☞ **Ins Rote Meer und von dort aus in den Indischen Ozean.** Durch den Kanal wurde der Schifffahrtsweg nach Asien erheblich verkürzt – vorher musste man ganz Afrika umfahren, um beispielsweise von Portugal oder Spanien nach Indien zu gelangen.

Frage 283

Welcher Gletscher ist der größte der Alpen?

☞ **Der Große Aletschgletscher in der Schweiz.** Der an der Südseite der Berner Alpen gelegene Gletscher besitzt eine bis zu 800 Meter dicke Eisdecke. Seine untersten Lagen sind zwischen 500 und 1000 Jahre alt.

Frage 284

Wie heißt der südwestlich von Rimini gelegene Zwergstaat?

☐ a) San Marino
☐ b) San Benedetto
☐ c) San Pellegrino
☐ d) San Sebastian

☞ **a) San Marino**
Mit seinen etwa 62 km^2 ist das ringsum von italienischem Staatsgebiet umgebene San Marino die kleinste Republik der Welt. Die Hauptstadt heißt ebenfalls San Marino. Die rund 23.000 Einwohner sind überwiegend italienischer Abstammung.

Frage 285

Wie heißt der Scheitelpunkt des Himmelsgewölbes?

☞ **Zenit.** Damit wird der Punkt der Himmelskugel bezeichnet, der genau senkrecht über dem jeweiligen Beobachter liegt, also der höchste Punkt des Himmels. Der Zenit liegt genau 90 Grad über dem theoretischen Horizont.

Frage 286

Wie heißt die Brücke, die San Francisco mit dem Ort Sausalito verbindet?

☞ **Es ist die berühmte Golden Gate Bridge.** San Francisco ist die Metropole der zwischen der Küstenkette und der Sierra Nevada liegenden fruchtbaren Ebenen der Täler der beiden Flüsse Sacramento und San Joaquin.

Golden Gate Bridge

Frage 287

Wie heißt die große Bergkette im Westen der USA?

☞ **Rocky Mountains.** Die Gebirgskette erstreckt sich vom US-Bundesstaat New Mexico bis in den Nordosten der kanadischen Provinz British Columbia über eine Länge von etwa 3220 Kilometer. In den Rocky

Mountains entspringen viele große Flüsse, darunter der Colorado River, Missouri und Rio Grande.

Frage 288

Wie verläuft die Bewegung des Mondes?

☞ Der Mond umläuft die Erde auf einer nahezu kreisförmigen Ellipse in 27 Tagen, 7 Stunden, 43 Minuten und 11,5 Sekunden und dreht sich dabei einmal um seine eigene Achse.

Frage 289

Wie heißt das steppenartige Grasland in der ungarischen Tiefebene?

☐ a) Blaszta
☐ b) Leszta
☐ c) Puszta
☐ d) Schauszta

☞ **c) Puszta**
Die durch extensive Weidewirtschaft entstandene baumlose Grassteppenlandschaft erstreckte sich einst über große Teile des ungarischen Tieflandes. Als man nach dem Zweiten Weltkrieg anfing, die Lössböden mittels umfangreicher Bewässerung in fruchtbares Land umzuwandeln, wurde die Puszta immer weiter zurückgedrängt. 1973 erklärte man das letzte zusammenhängende Steppengebiet in Ostungarn zum Nationalpark.

Wildpferde in der Puszta

Frage 290

Was trennt die Straße von Messina?

☞ **Sizilien und das italienische Festland.**
Die Straße von Messina verbindet das Tyrrhenische Meer mit dem Ionischen Meer.

Frage 291

Was verbirgt sich hinter der Abkürzung ESA?

☞ Dahinter verbirgt sich die Europäische Weltraumorganisation (European Space Agency).

Frage 292

Was ist Emissionshandel?

☞ Im Rahmen des Emissionshandels können sich Unternehmen das „Recht" erkaufen, eine bestimmte Menge an Schadstoffen in die Luft zu entlassen. Dazu können sie eine bestimmte Menge an Zertifikaten erwerben. Da die Gesamtanzahl der Zertifikate begrenzt ist, soll so sichergestellt werden, dass darüber hinaus keine weiteren Schadstoffe in die Luft gelangen.

Frage 293

Wie lange braucht das Sonnenlicht zur Erde?

☞ Das Sonnenlicht erreicht die Erde in acht Minuten, bis zum Pluto – dem ehemals äußersten Planeten unseres Sonnensystems – ist es fast sieben Stunden unterwegs.

Frage 294

Was ist ein Plenterwald?

☐ a) ein Waldgebiet, in dem nur kleine Bäume wachsen
☐ b) ein Waldgebiet, in dem Bäume aller Entwicklungsstufen nah beieinander stehen
☐ c) ein Waldgebiet, in dem nur Nadelbäume stehen
☐ d) ein Waldgebiet, in dem nur einheimische Bäume wachsen

☞ **b) ein Waldgebiet, in dem Bäume aller Entwicklungsstufen nah beieinander stehen**
Diese Waldgebiete entstehen dadurch, dass die Förster hier immer nur einzelne Bäume schlagen lassen. Die Lücken, die so entstehen, schließen sich dann wieder von selbst, der Wald nimmt keinen nennenswerten Schaden.

Frage 295
Wie heißt unsere Heimatgalaxie?

☞ **Milchstraße.** Sie ist ein spiralförmiges System mit einigen hundert Milliarden Sternen. Helle Regionen mit jungen Sternen lassen die Spiralarme mancherorts aufleuchten. Zwischen den Armen gibt es überwiegend ältere Sterne, von denen einige bereits explodiert und schließlich erloschen sind.

Frage 296
Wie heißt die Insel im nördlichen Atlantik, die zwischen Großbritannien und Grönland liegt?

☞ **Island.** Erst vor 15 Millionen Jahren bildete sich die Insel aus dem Riss der Kontinentalverschiebung zwischen Amerika und Eurasien.

Frage 297
Wo liegt Tasmanien?

☞ Die Insel liegt südöstlich des australischen Kontinentes. Einst war Tasmanien ein Teil des australischen Kontinentes, dann wurde es durch den gewaltigen Anstieg des Meeresspiegels davon getrennt.

Frage 298
In der Atmosphäre bilden sich immer wieder Flecken. Was versteht man darunter?

☞ Flecken kann man sich als gewaltige Wirbelstürme vorstellen. In diesen Wolkengebilden sind riesige Mengen an Bewegungsenergie gespeichert. Daher handelt es sich bei ihnen mitunter um relativ langlebige Objekte. Der größte Jupiterfleck, auch Großer Roter Fleck genannt, ist seit 1665 bekannt. Der Fleck verschwand schon mehrmals, seit 1878 konnte man ihn jedoch lückenlos beobachten. Der Große Rote Fleck ist rund 40.000 mal 15.000 Kilometer groß. Die Erde hätte in ihm also bequem Platz.

Frage 299
Über welchem Golf im Atlantik zwischen Spanien und Frankreich braut sich so manches Wetter zusammen?

☞ **Über dem Golf von Biscaya.** Die große Bucht im Atlantischen Ozean wird im Norden und Osten von Frankreich und im Süden von Spanien begrenzt. Wegen der vorherrschenden Nordwestwinde und einer starken Strömung ist Schifffahrt nur bedingt möglich.

Frage 300
Welches ist die größte brasilianische Stadt?

☐ a) Brasilia
☐ b) São Paulo
☐ c) Rio de Janeiro
☐ d) Porto Alegre

☞ **b) São Paulo**
Mit rund 20 Millionen Einwohnern ist São Paulo die größte Stadt Brasiliens, an zweiter Stelle folgt Rio mit etwa 11 Millionen.

São Paulo

Frage 301
Was verstehen Astronomen unter einem Gravastern?

☞ **Eine Art Schwarzes Loch.** Das Konzept wurde von Astrophysikern entwickelt, um theoretische Probleme bei der Erklärung Schwarzer Löcher zu umgehen. Ein Gravastern ist theoretisch ein kollabierter, superdichter Stern, der Materie anzieht, aber nicht verschlingt.

Frage 302
Welchen Rekord hält der Großglockner?

☞ Er ist mit 3797 Metern der höchste Berg Österreichs.

Frage 303
Im welchem Bereich ist das Duale System Deutschland (DSD) tätig?

☞ Das Unternehmen beschäftigt sich mit der Sammlung und anschließenden Verwertung von Verpackungsabfällen. Der „Grüne Punkt" auf vielen Verpackungen ist mittlerweile so etwas wie das Markenzeichen des DSD geworden.

Frage 304
Welches Gebirge gilt neben dem Ural als Grenze zwischen Europa und Asien?

☞ **Der Kaukasus**, ein Gebirge in Georgien, Armenien, Aserbaidschan und dem südwestlichen Russland. Das gesamte Gebirge ist etwa 1200 Kilometer lang. Die wichtigsten Rohstoffe im Kaukasus sind Kohle, Kupfer, Blei, Mangan und Erdöl.

Frage 305
Woher stammt das Wort „Kosmos"?

☞ Der Begriff kommt vom griechischen Wort „kosmos", das „Ordnung" bedeutet. In der Astronomie gilt es als Bezeichnung für das Universum, die die zugrunde liegende Struktur alles Geschaffenen betont.

Frage 306
In welchen mittelamerikanischen Ländern sind heute noch Bauwerke der Mayakultur zu bewundern?

☞ Im Süden Mexikos, vor allem auf der Halbinsel Yucatán; in Guatemala und in Honduras. Die Maya wurden im 13. Jahrhundert von den Tolteken, Vorläufern der Azteken, unterjocht. Im 15. Jahrhundert konnten sie sich jedoch wieder befreien und ihre Kultur kam nochmals zu einer Blüte, bevor sie von dem spanischen Eroberer Pedro de Alvarado (um 1486–1541) vernichtet wurde.

Chichén Itzá, Ruinenstätte der Maya

Frage 307
Wo liegen die Iguaçuwasserfälle?

☐ a) in Nordeuropa ☐ c) in Australien
☐ b) in Südamerika ☐ d) in Ostasien

☞ **b) in Südamerika**
Am Dreiländereck zwischen Argentinien, Brasilien und Paraguay ergießen sich 250 kleinere und 20 größere Fälle über die etwa drei Kilometer breite Sturzkante.

Frage 308
Wo liegt der von der US-Weltraumbehörde NASA „Mazatzal" genannte Stein?

☞ Er befindet sich auf der Oberfläche des Mars im Gusevkrater. Er wurde bei der Marsmission 2004 gefunden und von dem Roboter Spirit untersucht. Die an ihm gefundenen Risse und Mineralablagerungen deuten auf die Existenz von Wasser hin.

Frage 309
Wie bezeichnet man die ungewöhnlich starke Abnahme der Ozonschicht?

☞ **Als Ozonloch.** In der Stratosphäre, die sich 18–50 Kilometer über der Erde befindet und die gefährlichen UV-B-Strahlen absorbiert, sammeln sich ozonschädigende Gase.

Diese reagieren mit dem Ozon: Verschiedene chemische Verbindungen entstehen und die Menge des Ozons in der Stratosphäre nimmt ab. Damit kann die Ozonschicht ihre schützende Funktion zunehmend weniger erfüllen.

Frage 310

Wie heißt die Wildnis im Herzen Asiens?

☞ **Mongolei.** Eingeschlossen von Russland im Norden und China im Süden erstreckt sich das Territorium des zentralasiatischen Landes über eine Fläche von 1,57 MIllionen km^2.

Nomaden in der Mongolei

Frage 311

Was sind Tektite?

☞ Ein beim Einschlag von Meteoriten durch Aufschmelzung entstehendes natürliches Glas. Tektite werden durch die Wucht des Aufschlages oft über sehr große Strecken geschleudert und treten deshalb nicht nur in unmittelbarer Umgebung des Einschlagortes auf.

Frage 312

Wie viele Länder haben Anteil an den Alpen?

☐ a) sieben ☐ c) neun
☐ b) acht ☐ d) zehn

☞ **b) acht**
Diese Länder sind Deutschland, Frankreich, Monaco, Italien, Österreich, Schweiz, Slowenien und Liechtenstein.

Frage 313

Was ist die Turiner Skala?

☞ 1999 führte die Internationale Astronomische Union eine einheitliche Bewertungsskala für große Meteorite und Planetoide ein. Jeder Himmelskörper, der eine Gefahr für die Erde darstellen könnte, wird nach dieser 10-Punkte-Skala bewertet. 0 bedeutet, dass eine Kollision mit der Erde sehr unwahrscheinlich ist. Wird ein Himmelskörper in die Kategorie 10 eingestuft, ist eine Kollision mit der Erde fast unausweichlich und der Einschlag würde wahrscheinlich eine Klimakatastrophe auslösen. Ereignisse der Kategorie 10 können alle 100.000 Jahre auftreten.

Frage 314

Wie heißt das höchste Bergmassiv Afrikas?

☞ **Kilimandscharo.** Es befindet sich im Nordosten Tansanias unweit der Grenze zu Kenia und besteht aus drei Vulkanen, von denen der stets schneebedeckte Kibo mit 5895 Metern der höchste ist. An den tieferen Hängen des Kilimandscharo werden Kaffee und Bananen angebaut.

Kilimandscharo

Frage 315

Wie heißt die zur Mongolei und China gehörende Wüste?

☞ **Gobi.** Sie erstreckt sich über rund 1600 Kilometer von Osten nach Westen und über ca. 1000 Kilometer von Norden nach Süden. In der Wüste Gobi schwanken die Temperaturen zwischen –40 °C im Winter und +40 °C im Sommer.

Frage 316

Welche neuen Ergebnisse brachte die europäische Sonde Mars Express ans Licht?

☞ Die Sonde umkreist den Planeten im Abstand von 270 Kilometern. Dabei scannt eine Kamera die Marsoberfläche aus verschiedenen Blickwinkeln; dadurch ergibt sich ein dreidimensionales Bild der Marslandschaft. Die Kamera macht farbige Aufnahmen von Objekten mit einer Größe von 10 bis 30 Metern. Durch eine Art Lupe kann die Kamera zusätzlich Details in der Bildmitte mit einer Genauigkeit von zwei bis drei Meter auflösen. Man kann erkennen, dass es bis vor wenigen Millionen Jahren aktive Vulkane auf dem Mars gegeben hat. Die Aufnahmen zeigen zudem deutliche Spuren von gefrorenem Wasser auf und im Marsboden.

Frage 317

Was ist gemeint, wenn von Kulturlandschaft gesprochen wird?

☞ Eine durch menschliche Einwirkung strukturell veränderе Naturlandschaft wird Kulturlandschaft genannt. Dabei besteht v. a. bei falscher Nutzung die Gefahr, dass das ökologische Gleichgewicht gestört wird.

Frage 318

Welche heute noch tätigen Vulkane Italiens zählen zu den Liparischen Inseln?

☞ **Stromboli und Vulcano.** Die Liparischen Inseln, die auch Äolische Inseln genannt werden, bestehen aus 17 Inseln vulkanischen Ursprungs. Sie liegen im Tyrrhenischen Meer in Süditalien, nördlich von Sizilien. Die größte Insel ist Lipari, ihr folgen Vulcano, Stromboli, Salina, Filicudi, Alicudi und Panarea.

Frage 319

Welche Stadt ist das wirtschaftliche und politische Zentrum der Toskana?

☐ a) Siena ☐ c) Pisa
☐ b) Lucca ☐ d) Florenz

☞ **d) Florenz**

Die Hauptstadt der Toskana beherbergt zahlreiche bedeutende Museen und Architekturdenkmäler. In wirtschaftlicher Hinsicht hat Florenz andere historisch bedeutende Städte der Toskana wie Pisa, Siena oder Lucca heute überflügelt.

Der Arno in Florenz

Frage 320

Der Kilauea stellt die größte aktive vulkanische Masse der Erde dar. **Auf welcher Insel liegt er?**

☞ **Auf Hawaii.** Er besteht aus den Hawaii-Inseln, die acht Hauptinseln und mehr als 120 kleine Inseln umfassen. Die Hauptinseln sind Hawaii, Maui, Oahu, Kauai, Molokai, Lanai, Niihau und Kahoolawe. 1959 trat Hawaii als 50. Bundesstaat den USA bei.

Frage 321

Wie groß ist der bisher größte Meteorit auf der Erde?

☞ **Der Hoba-Meteorit.** Er wurde 1920 in der Kalahariwüste in Namibia entdeckt. Der Eisenmeteorit misst ca. 3 mal 3 mal 1,25 Meter und hat ein Gewicht von etwa 61 Tonnen. Er schlug vor etwa 80.000 Jahren auf der Erde ein.

Frage 322

Die Sonne stellt eine schier unendliche Menge an Energie zur Verfügung. Wie nutzt man diese Energie bei der Solarthermie?

☞ Bei der Solarthermie wird die Sonnenenergie zur Bereitung von Warmwasser benutzt. Das Kernstück der hierzu verwendeten Kollektoren ist ein sogenannter Absorber. Der wird von einer Flüssigkeit, meist einem Gemisch aus Wasser und einem umweltverträglichen Frostschutzmittel, durchströmt. Steigt die Temperatur nun über einen gewissen Wert, wird eine Umwälzpumpe zugeschaltet und die warme Flüssigkeit in einen Warmwasserspeicher gepumpt.

Frage 323

Woran arbeitet das Projekt seti@home?

☞ **An der Suche nach außerirdischem Leben.** Das Projekt verschickt über das Internet Daten mit Teleskopsignalen an Freiwillige, die ihre Computer die Angaben untersuchen lassen. So sind mittlerweile durch fünf Millionen Freiwillige zwei Millionen Jahre Rechenzeit zusammengekommen.

Frage 324

Welcher der folgenden Stoffe ist hauptsächlich für den Treibhauseffekt verantwortlich?

☐ a) FCKW ☐ c) Kohlensäure
☐ b) Kohlendioxid ☐ d) Stickstoff

☞ **b) Kohlendioxid**
Kohlendioxid kommt in der Natur sowohl frei als auch in gebundener Form vor. Es handelt sich um ein farb- und geruchloses Gas, das Flammen, aber auch Lebewesen ersticken kann.

Frage 325

Welche Inseln umfassen die Antillen?

☞ Die Großen Antillen bestehen aus Kuba, Jamaika, Hispaniola und Puerto Rico. Die Kleinen Antillen umfassen die Jungferninseln, die Inseln unter dem Winde, die Inseln über dem Winde, die südliche Gruppe der Niederländischen Antillen sowie Barbados, Trinidad und Tobago.

Frage 326

Wie lautet die traditionelle Bezeichnung für die Inselwelt des Pazifischen Ozeans?

☞ **Ozeanien.** Zu Ozeanien zählen u. a. Australien, Tasmanien, Neuseeland, Neuguinea, Fidschi, Westsamoa und nicht-selbstständige Gebiete wie Neukaledonien und Französisch-Polynesien.

Frage 327

Gibt es im Universum mehr Materie oder Antimaterie?

☞ Vermutlich mehr Antimaterie: Neue Beobachtungen der Ausdehnung von Supernovae und aktuelle Messungen von kosmischer Mikrowellen-Hintergrundstrahlung legen den Schluss nahe, dass die Masse des Universums zu 90 % aus Antimaterie besteht.

Frage 328

Der Begriff „Biodiversität" findet in der heutigen Diskussion um Nachhaltigkeit und Ökologie immer mehr Verwendung. **Was bezeichnet er eigentlich?**

☞ Unter Biodiversität versteht man die biologische Vielfalt von Tieren, Pflanzen und Mikroorganismen. Ein mit dieser Bezeichnung verwandter, etwas besser verständlicher Begriff ist „Artenvielfalt".

Frage 329

Wo liegt Neufundland?

☞ **Im Osten Kanadas.** 1949 wurde Neufundland zusammen mit Labrador kanadische Provinz.

Frage 330

Wer verließ als erster Tourist die Erde?

☐ a) ein Deutscher ☐ c) ein Amerikaner
☐ b) ein Russe ☐ d) ein Mexikaner

☞ **c) ein Amerikaner**
Es war der Millionär Dennis Tito (*1940), der als erster für einen Flug in den Weltraum bezahlte. Der Preis belief sich auf 20 Millionen Dollar. Reisebeginn war der 28. April 2001.

Der erste Weltraumtourist Tito kurz vor dem Start

Frage 331
Wie heißt die Hauptstadt von Estland?

☞ Seit 1918 ist Tallinn die Hauptstadt von Estland. Die Hafenstadt liegt an einer Bucht des Finnischen Meerbusens.

Frage 332
Wer versteht man unter einem Asteroid?

☞ So bezeichnet man Himmelskörper, welche die Sonne umlaufen, hauptsächlich aus Gesteinsmaterial bestehen und wenige Meter bis maximal 1000 Kilometer große Durchmesser besitzen. Im Unterschied zu Kometen beobachtet man an Asteroiden keinerlei Aktivitätsvorgänge. Statt der Bezeichnung Asteroid ist auch der Begriff Planetoid gebräuchlich.

Frage 333
Wer soll Costa Rica seinen Namen gegeben haben?

☞ Den Namen Costa Rica („reiche Küste") hat angeblich Christoph Kolumbus (1451–1506), vom Goldschmuck der einheimischen Indianer beeindruckt, bei seiner Landung 1502 geprägt. Im übertragenen Sinne gilt das noch heute, denn das wirtschaftlich und politisch relativ stabile Entwicklungsland Costa Rica gilt als die „Schweiz Mittelamerikas".

Frage 334
Was bezeichnet man als Weiße Zwerge?

☞ Das Endstadium in der Entwicklung sonnenähnlicher Sterne. Es handelt sich um kleine, extrem dichte und heiße Sterne.

Frage 335
Wer spielt in der „Grünen Liga"?
☐ a) ökologische Fußballvereine
☐ b) Waldbesitzer
☐ c) ökologische Bewegungen
☐ d) Besitzer großer Grasflächen

☞ **c) ökologische Bewegungen**
Die „Grüne Liga" ist ein Netzwerk ökologischer Bewegungen. Sie hat ihre Wurzeln noch in der ehemaligen DDR.

Frage 336
Was verstanden die Griechen in der Antike unter den Säulen des Herakles?

☞ **Die Straße von Gibraltar,** d. h. die Meerenge zwischen Spanien und Marokko, die das Mittelmeer vom Atlantik trennt. Bis in die Neuzeit war die Meerenge bei Seeleuten gefürchtet: Dort herrschen unberechenbare Strömungen und Wirbel.

Straße von Gibraltar

Frage 337

Welche Galaxie ist neben dem Milchstraßensystem die größte?

☞ **Die Andromedagalaxie.** Man kann sie bereits mit bloßem Auge im Sternbild Andromeda beobachten. In Teleskopen erscheint das Sternsystem als diffuses Gebilde. So entstand die unzutreffende Bezeichnung „Andromedanebel". Auf Fotografien erkennt man, dass es sich bei dem „Nebel" ohne Zweifel um eine Spiralgalaxie handelt. Das Sternsystem ist etwa 2,2 Millionen Lichtjahre von der Erde entfernt und bewegt sich mit ca. 270 km/s auf das Milchstraßensystem zu.

Frage 338

In welcher russischen Stadt steht der Kreml?

☞ **In Moskau.** Kreml nannte man in Russland ursprünglich die meist auf einer Anhöhe gelegenen burgartigen Stadtteile, in die sich die Bevölkerung bei Gefahr zurückziehen konnte.

Der Kreml

Frage 339

Was ist die Oortsche Wolke?

☞ Unter der Oortschen Wolke – benannt nach dem niederländischen Astronomen Jan Hendrik Oort (1900–92) – versteht man eine Ansammlung von einigen Milliarden Kometen, die sich an den Grenzen unseres Sonnensystems aufhalten.

Frage 340

Wo befindet sich das Bikiniatoll?

☞ **Im Pazifischen Ozean bei den Marshallinseln.** Bevor die USA im Juli 1946 mit Atomwaffentests auf dem Atoll begannen, wurden die Ureinwohner der Inseln auf ein nahe gelegenes Atoll umgesiedelt. Weitere Atomwaffentests fanden 1954 statt. Ende der 1960er- und Anfang der 1970er-Jahre kehrten einige der Inselbewohner auf das Bikiniatoll zurück, wegen radioaktiver Verseuchung mussten sie die Inseln allerdings erneut verlassen.

Frage 341

Was nennt man „The Golden Gate"?

- ☐ a) die Einfahrt in die Bucht von San Francisco
- ☐ b) den Eingang zum amerikanischen Death Valley
- ☐ c) die Einfahrt in den Panamakanal
- ☐ d) das östliche Ende Großbritanniens

☞ **a) die Einfahrt in die Bucht von San Francisco**

Das Golden Gate ist eine Meerenge, die ca. 8 Kilometer lang und zwischen 1,6 und 3 Kilometer breit ist. Seit 1930 wird sie von der berühmten Golden Gate Bridge überspannt.

Frage 342

Welches Teilgebiet der Astronomie erforscht die physikalischen Eigenschaften kosmischer Objekte?

☞ **Die Astrophysik.** Astrophysikalische Forschungen fußen auf der begründeten Annahme, dass überall im Universum die gleichen physikalischen Gesetze gelten. Sie basieren auf der Analyse der Richtung, Intensität und Zusammensetzung elektromagnetischer und Teilchenstrahlung, die von den Himmelskörpern zur Erde gelangt.

Frage 343

Wie heißt der längste Breitengrad der Erde?

☞ **Äquator.** Er ist eine gedachte Linie, die in Ost-West-Richtung um den Globus verläuft und exakt die gleiche Entfernung vom Nord- wie vom Südpol hat. Er ist der Punkt, von dem aus alle anderen Breitengrade in nördliche oder südliche Richtung gemessen werden.

Frage 344

Welche vier Großlandschaften prägen den Naturraum Ägyptens?

☞ Die Libysche Wüste im Westen, die Arabische Wüste im Osten, die dazwischen liegende Flussoase des Nil und die Wüsten der Halbinsel Sinai.

Frage 345

Was ist das Outback?

☞ Als Outback bezeichnet man die Gebiete Zentralaustraliens. Kennzeichnend sind hier hohe Temperaturschwankungen zwischen Tag und Nacht sowie extreme Trockenheit. Temperatursprünge von frostigen Minusgraden in der Nacht auf heiße 40 °C am nächsten Tag sind in den Outbacks nicht ungewöhnlich.

Uluru, auch Ayers Rock genannt, im Outback des Northern Territory

Frage 346

Wie heißt der größte Asteroid unseres Sonnensystems?

☐ a) Ares
☐ b) Beres
☐ c) Ceres
☐ d) Deres

☞ **c) Ceres**

Sie ist mit einem Äquatordurchmesser von 975 Kilometern der größte Asteroid des Asteroidenhauptgürtels und wurde 1801 von Giuseppe Piazzi (1746–1826) als erster Asteroid entdeckt.

Frage 347

Dieses Genie bekam bereits als Jugendlicher eine fast universitäre Ausbildung. Danach probierte er diverse Tätigkeiten aus, die ihm aber alle nicht zusagten, da sie ihn unterforderten. Im Jahr 1799 hatte er dann die Mittel beisammen, um sich einen lange gehegten Traum zu erfüllen, nämlich auf Forschungsreise zu gehen. In den folgenden Jahren bereiste er die Länder Lateinamerikas und Zentralasiens. Dabei betrieb er Forschungen in den Bereichen Botanik, Zoologie, Mineralogie, Klimakunde, Meereskunde und Astronomie. **Wer war es?**

☞ **Alexander von Humboldt (1769–1859)** verband während seiner Reisen immer wieder Abenteuer, wie die Befahrung des Orinoko, mit präziser Forschungsarbeit.

Frage 348

Was sind die Hyaden?

☞ **Ein bekannter Bewegungssternhaufen.** Die Gruppe umfasst etwa 350 Sterne.

Frage 349

Was ist ein Passivhaus?

☞ So bezeichnet man ein Haus mit einer Lüftungsanlage, welches aufgrund seiner guten Wärmedämmung keine klassische Heizung benötigt. Auch im Winter ist kein separates Heizsystem nötig, um es warm zu haben. Im Vergleich zum Niedrigenergiehaus benötigt ein Passivhaus 80 % weniger Heizenergie, im Vergleich zu einem konventionellen Gebäude über 90 %. Diese sensationelle Einsparung erreicht das Passivhaus allein durch seine beiden Grundprinzipien: Wärmeverluste vermeiden und freie Wärmegewinne optimieren.

Frage 350

Welche Aufgabe hatte die Cassinimission?

☞ Sie gehört zu denjenigen Raumfahrtprojekten, die sich durch komplexe Swing-by-Flugmanöver auszeichnen, dafür aber einen spektakulären Weg zum Zielobjekt einschlagen und – quasi auf ihrem Weg dorthin – Daten über verschiedene weitere Himmelskörper liefern. Die am 15. Oktober 1997 gestartete Sonde absolvierte zunächst zwei Venusvorbeiflüge, einen Erdevorbeiflug und einen Jupitervorbeiflug, bevor sie ihr eigentliches Ziel, den Ringplaneten Saturn, ansteuerte.

Frage 351

Welche Region bezeichnet man als Kornkammer Frankreichs?

☐ a) Lyoner Fuß
☐ b) Marseiller Hals
☐ c) Pariser Becken
☐ d) Grenobler Brust

☞ **c) Pariser Becken**
Die Beckenlandschaft im Raum Paris nimmt rund ein Viertel der gesamten Fläche Frankreichs ein. Hier werden vor allem Weizen, Mais und Zuckerrüben erzeugt.

Frage 352

Was verbirgt sich hinter einem Bewegungssternhaufen?

☞ Die Sterne in offenen Sternhaufen entstanden zur gleichen Zeit aus der gleichen Gas- und Staubwolke. Sie haben dadurch viele Gemeinsamkeiten, z. B. weisen sie eine gleichartige Bewegungsrichtung auf. Unter Bewegungshaufen oder Bewegungssternhaufen versteht man nahe offene Sternhaufen, bei deren Sternen man diese Eigenschaft gut untersuchen kann.

Berühmte Inkastadt in den Anden: Machu Picchu

Frage 353

Wie heißt die sagenumwobene, geheimnisvolle Inkastadt am Rio Urubamba?

☞ **Machu Picchu** blieb fast 400 Jahre eine „verborgene Stadt". Viele Versuche, die sagenumwobene Inkastadt zu finden, scheiterten an dem unwegsamen Gelände, dem unpassierbaren Urobambatal und den Witterungsverhältnissen. Erst im Jahre 1911 konnte die Stadt entdeckt werden.

Frage 354

Wer war William Herschel?

☞ Sir Friedrich William Herschel wurde 1738 in Hannover geboren. 1757 siedelte der Musiker und Astronom nach England über, wo er sich zu einem herausragenden Beobachter entwickelte. Er konstruierte Spiegelteleskope, begann systematische Durchmusterungen des Himmels nach Doppelsternen sowie Nebelflecken und versuchte aus Sternzählungen in verschiedenen Himmelsrichtungen die geometrische Struktur der Milchstraße zu ergründen. Berühmtheit erlangte Herschel v. a. durch die Entdeckung des Planeten Uranus im Jahre 1781, des ersten neu gefundenen großen Planeten seit dem Altertum. Außerdem entdeckte er die Uranusmonde Oberon und Titania sowie die Saturnmonde Enceladus und Mimas. Herschel starb 1822 in England.

Frage 355

Welcher große Binnensee wurde auch als „Meer Mittelasiens" bezeichnet?

☞ **Der Aralsee in Usbekistan.** 1960 war der Aralsee noch der viertgrößte Binnensee der Erde, heute rangiert er nur noch an achter Stelle.

Frage 356

Wo findet man eine Auenlandschaft?

☐ a) an Fluss- und Bachläufen
☐ b) in Waldgebieten
☐ c) in Steppen
☐ d) an der Nordseeküste

☞ **a) an Fluss- und Bachläufen**
Auen unterliegen einer ständigen Veränderung. Das Hochwasser bringt zum

einen neue, oft sehr fruchtbare Bodenteilchen mit sich, die sich ablagern, reißt aber auch in den Auen vorhandene Bodenpartikel mit sich. Die Pflanzen und Tiere dieser Landschaften sind an diese sich ständig ändernden Bedingungen gut angepasst.

Frage 357

Welchen Himmelskörper umkreist der Halleysche Komet?

☞ Wie alle Kometen umkreist er nicht die Erde, sondern die Sonne. In Sonnennähe erreichen Kometen Geschwindigkeiten von Millionen Stundenkilometern, woraus der sichtbare Schweif resultiert. Kometen bestehen aus einem festen Kern und einer gasförmigen Hülle. Edmund Halley (1656–1742) hatte die Wiederkehr seines Kometen exakt vorausgesagt, er erschien 16 Jahre nach seinem Tod.

Frage 358

Welcher Stadtstaat liegt am südlichen Ende der Malaiischen Halbinsel?

☞ **Singapur.** Hier leben auf nur 641 km^2 rund fünf Millionen Menschen. Die Stadt konnte sich wegen der politischen Stabilität zu einem der herausragenden Bankenzentren Südostasiens entwickeln. Zusätzlich ist sie eine Drehscheibe des Flugverkehrs und besitzt einen der größten Häfen der Welt.

Frage 359

Wie heißt die zweitgrößte Stadt der Niederlande?

☞ **Rotterdam.** Die verkehrsgünstige Lage verhalf dem Hafen zu einem starken Wachstum. Seit der Eröffnung und dem Ausbau des Europoort verfügt Rotterdam über einen der größten Seehäfen der Erde und ist wohl der wichtigste Erdölumschlagplatz. Rotterdam ist Sitz zahlreicher Großhandelsgesellschaften, Banken und Industrien.

Frage 360

Welche Insel im Pazifik wurde durch ihre riesigen, geheimnisvollen Steinstatuen bekannt?

☞ **Die Osterinsel.** Die heute zu Chile gehörende Insel hat trotz genauer archäologischer Untersuchungen durch den Norweger Thor Heyerdahl (1914–2002) bis heute noch nicht alle Geheimnisse ihrer Geschichte preisgegeben.

Die weltbekannten Steinstatuen der Osterinsel: ein Moai

Frage 361

Wer oder was ist Deimos?

☐ a) Jupitererde
☐ b) Marsmond
☐ c) Merkurpluto
☐ d) Venussaturn

☞ **b) Marsmond**
Er umläuft den Mars auf einer fast kreisförmigen Bahn und führt dabei eine gebundene Rotation aus, d. h., er zeigt immer die gleiche Seite zur Marsoberfläche. Deimos ist mit Kratern verschiedener Größe bedeckt.

Frage 362

Welche Region bezeichnet man als Ruhrgebiet?

☞ Als Ruhrgebiet wird die Region östlich des Rheins bezeichnet, die sich im Westen zwischen den Flüssen Ruhr und Lippe erstreckt und im Osten über Dortmund bis nach Hamm reicht. Das Ruhrgebiet liegt im Bundesland Nordrhein-Westfalen. Zusammen mit den Industriezentren am Niederrhein und an der Wupper bildet es als Rheinisch-Westfälisches Industriegebiet eines der größten industriellen Ballungsgebiete Europas. Die Grundlage der wirtschaftlichen Entwicklung bildeten die großen Vorkommen an Steinkohle. An den Bergbau schloss sich eine vielseitige Industrie an.

Frage 363

Was bezeichnet man als Entfernungsmodul?

☞ Als Entfernungsmodul wird die Differenz zwischen der scheinbaren Helligkeit und der absoluten Helligkeit eines Sterns bezeichnet.

Frage 364

Welche ehemalige Hansestadt liegt in der historischen Landschaft Pomerellen?

☞ **Danzig.** Das architektonische Erbe der Hanse ist unübersehbar. Die reich verzierten Bürgerhäuser und öffentlichen Gebäude aus der goldenen Zeit der Stadt im Stil des Danziger Manierismus geben Gdansk seinen liebenswerten Charme.

Frage 365

Wie heißt die viertgrößte Insel der Welt und wo liegt sie?

- ☐ a) Kuba
- ☐ b) Grönland
- ☐ c) Island
- ☐ d) Madagaskar

☞ **d) Madagaskar**

Die Insel liegt im Indischen Ozean und ist durch die Straße von Mosambik vom afrikanischen Festland getrennt.

Frage 366

Wann wurde der Plutomond Charon entdeckt?

☞ Der US-amerikanische Astronom James Christy (*1938) entdeckte im Juni 1978 den Plutotrabanten Charon. Um die Bahnelemente genauer zu bestimmen, fotografierte er auf der Flagstaffsternwarte, einem Institut des US-Naval-Observatoriums, regelmäßig den Pluto. Die Aufnahmen vom April und Mai 1978 mit dem 1,55-Meter-Teleskop zeigten eine Ausbuchtung des Plutobildchens. Charon gehört zu den eisartigen planetarischen Himmelskörpern.

Frage 367

Was versteht man unter Feinstaub?

☞ Die Erdatmosphäre besteht nicht nur aus Luft, sondern auch aus jeder Menge kleinster Partikel. All diese in der Luft verteilten Feststoffe werden unter dem Begriff „Staub" zusammengefasst. Ihre Größe ist jedoch höchst unterschiedlich, nicht jeder Staub zählt automatisch auch zu den Feinstäuben. Erst Partikel, die kleiner als 10 μm sind, werden als Feinstaub bezeichnet. Ein menschliches Haar hat im Vergleich eine Dicke von ca. 100 μm.

Frage 368

Was ist das Hertzsprung-Russel-Diagramm?

☞ Ein Diagramm, in dem Sterne in Abhängigkeit von Leuchtkraft und Spektralklasse aufgetragen sind.

Frage 369

Welche Inseln und Inselgruppen gehören zum Vereinigten Königreich und Nordirland?

☞ Zu dem von Nordsee, Atlantischem Ozean, Irischer See und Ärmelkanal umgebenen Inselstaat gehören neben der Hauptinsel Großbritannien die Inseln Wight im Süden und Anglesey vor Wales in der Irischen See, die Scillyinseln im Südwesten, die Hebriden im Nordwesten, die Orkney- und die Shetlandinseln im Norden, die Kanalinseln Guernsey und Jersey vor der französischen Kanalküste sowie der nordöstliche Teil der Insel Irland.

Frage 370

Wie heißt das höchste Gebirge Europas?

☐ a) Jura
☐ b) Alpen
☐ c) Pyrenäen
☐ d) Karpaten

☞ **b) Alpen**

Frage 371

Was ist der Unterschied zwischen optischen und physischen Doppelsternen?

☞ Als Doppelsterne bezeichnet man solche Sterne, die an der scheinbaren Himmelskugel sehr nahe beieinander stehen. Optische Doppelsterne sind nur ein Projektionseffekt an der Himmelskugel, die Sterne selbst sind im All sehr weit voneinander entfernt. Physische Doppelsterne weisen eine so geringe Nähe zueinander auf, dass sie sich gegenseitig gravitativ beeinflussen und auf Keplerbahnen umkreisen.

Frage 372

Wie heißt der Hauptstrom Polens?

☞ Die 1047 Kilometer lange Weichsel ist der Hauptstrom Polens. Sie mündet in die Danziger Bucht und ist durch Kanäle mit der Oder und dem Westlichen Bug verbunden. Nach dem Bau von 30 Staustufen und zweier Talsperren ist der Fluss auf einer Länge von 941 Kilometern schiffbar.

Frage 373

Wie heißt der bedeutendste Fluss Ugandas?

☞ **Victorianil.** Er verbindet den Victoriasee, Kiogasee und den Albertsee, den er als Albertnil in Richtung Norden verlässt. Die Flüsse sichern fast den gesamten Energiebedarf Ugandas. Wasserkraftwerke erzeugen an den Owenwasserfällen am Victoria-Nil und an den Flüssen Kagera und Kiruruma elektrische Energie.

Frage 374

Welcher italienische Astronom und Mathematiker wurde wegen seiner wissenschaftlichen Erkenntnisse von der kirchlichen Inquisition ermahnt?

☞ **Galileo Galilei (1564–1642)** war ein Verfechter des heliozentrischen Weltbildes und wurde dafür von der Inquisition ermahnt und zur Abschwörung gezwungen.

Galileo Galei

Frage 375

Erneuerbare Energien rücken immer stärker ins Zentrum des öffentlichen Interesses. **Was genau versteht man unter erneuerbaren Energien?**

☞ Physikalisch gesehen ist Energie natürlich nicht erneuerbar. Dennoch hat sich der Begriff „erneuerbare Energien" für solche Energieträger aus nachhaltigen Quellen, die in menschlichen Maßstäben gemessen nahezu unerschöpflich vorhanden sind, durchgesetzt. Ein weiteres Kennzeichen der erneuerbaren Energien ist, dass ihre Verwendung kaum oder gar keine zusätzliche Umweltbelastung verursacht. Zu ihnen zählen die Biomasse, Sonnenenergie, Wasserkraft, Windenergie und Geothermie.

Frage 376

Wie heißt die zweitgrößte Insel im Mittelmeer?

☐ a) Sardinien
☐ b) Korfu
☐ c) Korsika
☐ d) Krk

☞ **a) Sardinien**
Die Insel gehört zu Italien, die Hauptstadt ist Cagliari. Sardinien hat eine Fläche von 24.090 km² und 1,65 Millionen Einwohner.

Frage 377

Wie ist die Erde aufgebaut?

☞ Wie viele andere Himmelskörper besitzt die Erde einen schalenförmigen Aufbau. Die drei Hauptschalen der Erde sind die Erdkruste, der Erdmantel und der Erdkern. Die Erdkruste besteht aus Gesteinsmassen, deren Dicke zwischen 10 und 70 Kilometern schwankt. Daran schließt sich bis in eine Tiefe von 2900 Kilometern der Erdmantel an. Abgesehen von einer teilweise flüssigen Schicht unterhalb der Kruste besteht der Erdmantel aus plastischem Material. Die leichten Krustengesteine schwimmen auf dem dichteren Mantelgestein. Die oberste Schicht des Erdmantels bildet die heiße, fließfähige Asthenosphäre. Der Erdkern erstreckt sich über den halben Erdradius. Er besitzt eine relativ hohe Dichte. Deshalb geht man davon aus, dass Eisen der Hauptbestandteil dieses Kerns ist. Die Temperatur im Erdkern beträgt vermutlich 6500 °C bis 6600 °C.

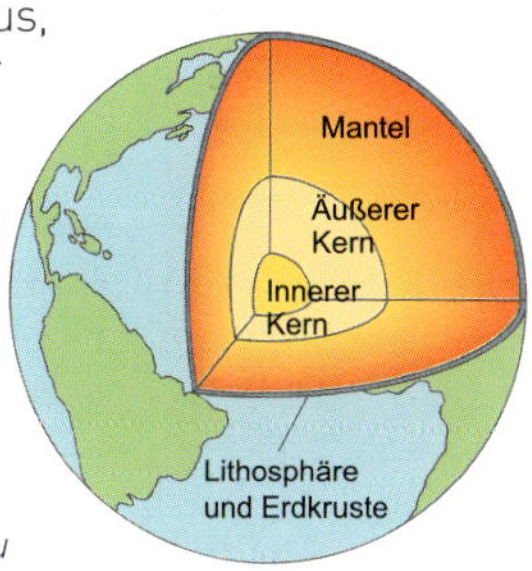

Erdaufbau

Frage 378

Wo gibt es Fjorde?

☞ Neben den berühmten Fjordküsten in Norwegen findet man Fjorde in Schottland, Neuseeland, Alaska und Kanada.

Frage 379

Welcher Mond verfügt über das größte Rückstrahlungsvermögen?

☞ Der Saturnmond Enceladus verfügt über das größte Rückstrahlungsvermögen aller Planeten und Monde. Fast das gesamte einfallende Sonnenlicht wird von ihm ins All reflektiert.

Frage 380

Wie heißt die Hauptstadt Syriens?

☞ **Damaskus.** Die Hauptstadt Syriens ist die älteste durchgehend bewohnte Stadt der Welt sowie ein kulturelles und religiöses Zentrum des Orients. Die Altstadt von Damaskus ist seit 1979 UNESCO-Weltkulturerbe.

Frage 381

Wie nennt man die Ureinwohner Australiens?

☞ **Aborigines.** Nur noch wenige von ihnen leben in traditionellen Gruppen, sodass die überlieferte Kultur der Aborigines vom Aussterben bedroht ist.

Frage 382

Welcher Staat Südasiens liegt im Ganges-Brahmaputra-Delta?

☐ a) Bangladesh
☐ b) Nepal
☐ c) Pakistan
☐ d) China

☞ **a) Bangladesh**
Die Republik in Südasien grenzt im Westen, Norden und Osten an Indien, im Südosten an Myanmar und im Süden an den Golf von Bengalen.

Frage 383

Was versteht man unter dem sogenannten Ekliptikalsystem?

☞ Das Ekliptikalsystem ist ein astronomisches Koordinatensystem. Es wird vorrangig zur Angabe der Position von Himmelskörpern des Sonnensystems verwendet. Die Position eines Himmelskörpers wird durch die Angabe der beiden Winkel ekliptikale Länge und ekliptikale Breite festgelegt.

Frage 384

Welche berühmte Lagunenstadt blickt auf eine fast 1500-jährige Geschichte als unabhängige Stadt zurück?

☞ **Venedig**, das bereits 697 eine Adelsrepublik bildete. Im Mittelalter beherrschte es das östliche Mittelmeer und geriet vor allem in Konflikt mit dem konkurrierenden Genua, gegen das es einen Hundertjährigen Krieg von 1257 bis 1381 führte, aus dem es siegreich hervorging. 1797 löste Napoleon (1769–1821) die Adelsrepublik auf.

Markusplatz in Venedig

Frage 385

Dieser Wirbelsturm tritt v. a. in Nordamerika in den Monaten Mai und Juni auf. Erkennbar ist er meist an der Unheil bringenden Trichterwolke. **Wovon ist die Rede?**

☞ **Vom Tornado.** Sie entstehen durch den Auftrieb warmer, feuchter Luft, wenn die Temperatur der einzelnen Luftschichten nach oben sehr schnell abnimmt.

Frage 386

Was war die Hauptleistung des Astronomen und Mathematikers Johann Franz Encke?

☞ Die Hauptleistungen Enckes (1791–1865) lagen auf dem Gebiet der Theorie und des astronomischen Rechnens. Er berechnete die Bahn eines 1818 entdeckten Kometen, dessen Wiederkehr er für 1822 richtig voraussagte. Dieser Komet wird heute Enckescher Komet genannt. Mit nur 3,33 Jahren Umlaufzeit um die Sonne ist er der kurzperiodischste aller bekannten Kometen.

LA NIÑA, DIE KLEINE SCHWESTER VON EL NIÑO

Wenn La Niña im Pazifikraum ihr Unwesen treibt, was meist im Anschluss an El Niño passiert, geschehen genau die umgekehrten Ereignisse. Dadurch werden die typischen Klimaverhältnisse der betroffenen Regionen noch verstärkt. In Südostasien bedeutet dies, dass die heftigen Regenfälle wieder für Abkühlung sorgen. Diese Regenfälle werden nach den dort herrschenden Dürreperioden natürlich sehnlichst erwartet. Für Südamerika sieht es dagegen nicht immer so rosig aus. Hier blühen dann nicht mehr die Wüsten in einer herrlichen Blumenvielfalt, wie es manchmal während El Niño der Fall ist. Stattdessen beginnen sie wieder sehr stark auszudörren.

Frage 387

Sibirien liegt auf der einen Straßenseite der Beringstraße. Was befindet sich auf der anderen?

☞ **Alaska.** Die Beringstraße und das südlich von dieser Meerenge gelegene Beringmeer sind nach dem dänischen Entdecker Vitus Bering (1680–1741), der sie im Jahr 1728 durchfuhr, benannt. Sie ist ungefähr 85 Kilometer breit und durchschnittlich 30 bis 50 Meter tief.

Frage 388

Von wem wird der Deutsche Umweltpreis verliehen?

☐ a) Greenpeace
☐ b) Bundesregierung
☐ c) BUND
☐ d) Deutsche Bundesstiftung Umwelt

☞ **d) Deutsche Bundesstiftung Umwelt**
Mit dem Deutschen Umweltpreis sollen – so heißt es in einer Information der Deutschen Bundesstiftung Umwelt – „Einsatz und Leistungen ausgezeichnet werden, die entscheidend und in vorbildhafter Weise zum Schutz und zur Erhaltung unserer Umwelt beigetragen haben bzw. in Zukunft zu einer deutlichen Umweltentlastung beitragen werden".

Frage 389

Eine typische Erscheinung auf der Erdoberfläche sind die Gezeiten. Welche Ursachen haben diese?

☞ Zwischen Erde und Mond bestehen gravitative Wechselwirkungen, die zu einer Ausbildung eines Flutberges auf der dem Mond zugewandten und der dem Mond abgewandten Seite der Erdoberfläche führen. Erde und Mond, die man manchmal auch als Doppelplaneten bezeichnet, bewegen sich um einen gemeinsamen Schwerpunkt. Die Erde rotiert um ihre Achse und damit unter den Flutbergen hinweg.

Frage 390

In welchem Land erheben sich das Er Rif, der Hohe und der Mittlere Atlas sowie der Antiatlas?

☞ **In Marokko.** Das Land ist überaus vielgestaltig, es umfasst die weitesten Ebenen und höchsten Gebirge Nordafrikas.

Frage 391

Wer war Thor Heyerdahl?

☞ Heyerdahl (1914–2002) studierte in Oslo Biologie und Geografie. Er wurde als Anthropologe und Seefahrthistoriker bekannt. Seine berühmteste Expedition führte ihn 1947 mit dem Balsafloß „Kon-Tiki" von Peru nach Polynesien.

Frage 392

1981 flog zum ersten Mal eine solche Fähre ins Weltall und landete nach dem Wiedereintritt in die Atmosphäre wie ein Flugzeug auf einer Landebahn. Inzwischen gab es über 120 Flüge durch fünf verschiedene Fähren. **Wie nennt man diese Raumfähren, die mehrmals eingesetzt werden können?**

☞ **Spaceshuttle.**

Frage 393

Diese Organisation wurde im Jahr 1980 gegründet und befasst sich mit den Rechten der Tiere. Eine ihrer Hauptaufgaben sehen die Aktivisten darin, „Politiker und die Öffentlichkeit über die anhaltende, weit verbreitete und nicht zu akzeptierende Tierquälerei aufzuklären sowie die Einsicht zu fördern, dass Tiere einen naturgegebenen Anspruch darauf haben, mit Respekt und Achtung behandelt zu werden." Viele Prominente schließen sich diesen Forderungen an. **Wie nennt sich diese Organisation?**

☞ **PETA – People for the ethical treatment of animals.**

Frage 394

An welchem Fluss liegt Hamburg?

☐ a) Spree
☐ b) Rhein
☐ c) Isar
☐ d) Elbe

☞ **d) Elbe**

Frage 395

Wie heißt der größte Mond des Planetensystems?

☞ **Ganymed.** Die Bahn des galileischen Mondes ist fast kreisförmig und verläuft außerhalb der Bahnen von Io und Europa. Ganymeds mittlere Dichte ist sehr gering, der Jupitersatellit gehört zur Gruppe der eisartigen planetarischen Himmelskörper. Neben vielen Einschlagkratern finden sich auch Regionen, die von Gräben und Spalten durchzogen werden.

Frage 396

Welche Großstadt entstand auf den Ruinen von Tenochtitlán, der Hauptstadt der Azteken?

☞ **Mexiko-Stadt**, ein städtisches Konglomerat mit rund 15 Mio. Einwohnern im Hochland Mexikos. In der Hauptstadt Mexikos ist die Luftverschmutzung durch die Ballung der Industrie und den Autoverkehr ins Unerträgliche gewachsen. Da durch die Höhenlage der Sauerstoffgehalt der Luft geringer ist und die Ozonbildung verstärkt wird, gehört die Stadt zu den weltweit am meisten belasteten Räumen.

Frage 397

Was versteht man unter der Pekuliarbewegung eines Himmelskörpers?

☞ Unter der Pekuliarbewegung eines Himmelskörpers versteht man seine Relativbewegung im Vergleich zu einer Gruppe anderer Himmelsobjekte.

Frage 398

Welches ist das größte Land Südamerikas und welches hat die meisten Einwohner?

☞ **Brasilien** besitzt mit 8.547.404 km² die größte Fläche auf dem Kontinent und ist das fünftgrößte Land der Erde. Das Land wird durch den Amazonas geprägt – den größten und zweitlängsten Fluss der Erde. 182,5 Millionen Menschen leben in Brasilien.

Frage 399

Wie heißt das größte Land am Horn von Afrika?

☞ **Äthiopien.** Bis ins 20. Jahrhundert war Äthiopien unter dem Namen Abessinien bekannt. Die Hauptstadt ist Addis Abeba.

Frage 400

Immer mehr Städte führen Umweltzonen ein. Was versteht man darunter?

☞ Die Umweltzone ist ein Gebiet, in dem nur Fahrzeuge fahren dürfen, die bestimmte Abgasstandards einhalten. Fahrzeuge mit besonders hohen Emissionen müssen draußen bleiben. Bereits seit dem 1. März 2007 können in Deutschland in Städten und Kommunen Fahrverbote in Umweltzonen erlassen werden. Voraussetzung ist, dass diese durch die Stadt oder die Kommune besonders als Umweltzone gekennzeichnet worden sind. Die ersten Umweltzonen wurden zum 1. Januar 2008 in den Städten Berlin, Köln und Hannover eingerichtet, weitere Städte haben nachgezogen.

Frage 401

Welche der folgenden Inseln ist keine Kanalinsel?

☐ a) Jersey
☐ b) Guernsey
☐ c) Wight
☐ d) Herm

☞ **c) Wight**

Die Isle of Wight befindet sich an der Südküste Englands und hat eine Fläche von 381 km².

Frage 402
Wie entsteht das Magnetfeld der Erde?

☞ Es entsteht durch innere Strömungsvorgänge, die einen Dynamoeffekt hervorrufen. Von allen erdähnlichen Planeten besitzt die Erde das stärkste Magnetfeld. In der Nähe der Erdoberfläche ist es von der Form her mit dem Magnetfeld eines Stabmagneten vergleichbar. Wie man inzwischen weiß, wird es aber durch die Teilchenstrahlung der Sonne, den Sonnenwind, erheblich verformt.

Frage 403
Nach der BSE-Krise im Jahr 2001 hat auch in der Agrarpolitik ein vorsichtiges Umdenken eingesetzt. Viele der „neuen Ideen" – die so neu eigentlich gar nicht sind – werden unter dem Schlagwort „Agrarwende" zusammengefasst. **Was ist darunter zu verstehen?**

☞ Der Grundgedanke der Agrarwende lässt sich in einem Satz zusammenfassen: Klasse statt Masse. Die Steigerung der Produktionsmenge und fast wahllose Subventionen, die zu Butter- oder Milchbergen führten, sollen nicht mehr im Zentrum stehen, sondern die Produktion qualitativ hochwertiger Lebensmittel. Dabei möchte man ein besonderes Augenmerk auf die Schonung der Ressourcen legen.

Frage 404
Wie heißt die Côte d'Ivoire auf deutsch?

☞ **Elfenbeinküste.** In dem westafrikanischen Land werden neben der Verkehrssprache Französisch über 60 einheimische afrikanische Sprachen gesprochen.

Frage 405
Was bewirkt die Erdanziehungskraft?

☞ Die Erdanziehungskraft bewirkt, dass ein Apfel, wenn man ihn loslässt, senkrecht nach unten fällt. Die Erdanziehungskraft wird häufig auch als Gewichtskraft bezeichnet. Die Gewichtskraft ist die Gravitationskraft, mit der ein Körper von der Erde angezogen wird. Jeder Körper auf der Erdoberfläche oder in der Nähe der Erde wird von dieser Kraft angezogen. Zugleich zieht auch jeder Körper die Erde an.

Frage 406
Auf welcher Insel liegt die Stadt Havanna?

☐ a) Kuba
☐ b) Bahamas
☐ c) Grenada
☐ d) Haïti

☞ **a) Kuba**
In Havanna lebt rund ein Fünftel der gesamten Bevölkerung Kubas. Seit 2008 ist Raúl Castro (*1931) Staats- und Regierungschef; er trat die Nachfolge seines Bruders Fidel (*1926) an, der das Land seit 1976 regiert hatte und aus gesundheitlichen Gründen zurückgetreten ist.

Straße in Havanna

Frage 407
Was ist ein Horoskop?

☞ Das Horoskop ist ein Abbild des Himmels, eine Darstellung des Standes der Gestirne zu einer bestimmten Zeit und für einen bestimmten Ort. Die Horoskoperstellung und Deutung beruht auf einem Regelwerk, das keine naturwissenschaftliche Begründung besitzt und von allen Astronomen daher strikt abgelehnt wird.

Frage 408

Was bezeichnet man als „Ring of Fire"?

☞ Der „Ring of Fire" bezeichnet die ringförmige Anordnung von Vulkanen und Vulkanketten rund um den Pazifik: Der Ring zieht sich von Neuseeland über Neuguinea, Indonesien, Japan, Kamtschatka, den Aleuten, Alaska, den Kanadischen und Amerikanischen Rocky Mountains weiter nach Süden bis an die Spitze Südamerikas.

Frage 409

Welche Himmelskörper bezeichnet man manchmal auch als schmutzige Schneebälle?

☞ **Kometen** bestehen aus einem festen Kern mit einem Durchmesser von 100 Meter bis maximal etwa 100 Kilometer. Dieser Bereich besteht aus Gesteinstrümmern, die durchsetzt sind mit gefrorenem Wasser, Ammoniak und Methan. Deshalb bezeichnet man Kometen manchmal auch als schmutzige Schneebälle.

Frage 410

Wo liegt der Ayers Rock?

☞ Der Ayers Rock liegt in Zentralaustralien. Die Aborigines nennen den Ort, der ihnen über Jahrtausende als religiöses Zentrum diente, Uluru, „Schatten spendenden Platz". Je nach Sonnenstand und Witterung wechselt der Ayers Rock seine Färbung, vom intensiven Rot bei Sonnenauf- und -untergang über das Spektrum des Regenbogens im Verlauf des Tages.

Frage 411

Wie heißt das fünftgrößte Sternbild?

☞ **Herkules.** Benannt wurde es nach der bekannten griechischen Sagengestalt Herakles, dessen lateinischer Name Herkules lautet.

Frage 412

Welche Tiere findet man häufig in Batterien?

☐ a) Lurche ☐ c) Kühe
☐ b) Flöhe ☐ d) Hühner

☞ **d) Hühner**
In der Massentierhaltung werden Hühner in Legebatterien gehalten. Das sind extrem kleine Käfige (dem Huhn steht ein Platz zur Verfügung, der kleiner als ein DIN-A4-Blatt ist), in denen die Hühner ihr Leben fristen müssen.

Frage 413

Was bedeutet Gravitation?

☞ Alle Körper ziehen sich aufgrund ihrer Massen gegenseitig an. So zieht z. B. die Erde den Mond an. Umgekehrt zieht auch der Mond die Erde an. Die gegenseitige Anziehung von Körpern aufgrund ihrer Massen wird Massenanziehung oder Gravitation genannt.

Frage 414

Wo liegt Karatschi?

☞ Als Pakistan 1947 seine Unabhängigkeit erlangte, wurde Karatschi die Hauptstadt des neuen Landes. Mittlerweile wurde sie von Islamabad als neue Hauptstadt abgelöst.

Frage 415

Wie entsteht das Abendrot am Himmel?

☞ Da die Atmosphäre das kurzwellige blaue Licht der Sonne stärker streut als langwellige Rotstrahlen, kommt es bei tieferem Sonnenstand, d. h. bei längerem Weg des Lichtes durch die Atmosphäre, zu den roten Dämmerungsfarben. Durch hohe Luftfeuchtigkeit verstärkt sich die Rotfärbung des Himmels.

Frage 416

Wann entsteht eine Sonnenfinsternis?

☞ Wenn sich der Mond zwischen Sonne und Erde schiebt und so die Sonne teilweise oder ganz verdeckt. Da die Sonne etwa 400-mal so groß ist wie der Mond und die Entfernung von der Erde zur Sonne ungefähr das 400-Fache der Entfernung von der Erde zum Mond ausmacht, ist der Mond ausreichend groß, um die Sonne zu verdecken. Dieses Phänomen ist einmalig in unserem Sonnensystem und kann ausschließlich auf der Erde beobachtet werden.

Frage 417

Wo verläuft die Europäische Wasserscheide in Süddeutschland?

☞ Von Arlberg in Österreich kommend verläuft sie durch den Bodensee am Rhein entlang, durch den Schwarzwald, die Schwäbische Alb und das Fichtelgebirge zum Böhmerwald. In Süddeutschland trennt die Wasserscheide die Zuläufe von Nordsee und Schwarzem Meer voneinander: Alle Zuflüsse des Rheins fließen in die Nordsee, alle Zuflüsse der Donau ins Schwarze Meer.

Frage 418

Welcher Vulkan ist der heilige und zugleich höchste Berg Japans?

☞ **Der Fudschijama.** Er ist der höchste Berg Japans. Für die Japaner gilt der Fudschi als heiliger Ort. Jedes Jahr pilgern Tausende von ihnen aus allen Landesteilen zu den zahlreichen Schreinen und Tempeln an seinen Hängen.

Teeplantagen am Fuße des Fudschijama

Frage 419

Wo liegt der Platz des himmlischen Friedens?

☐ a) Peking
☐ b) Tokio
☐ c) Taipeh
☐ d) Kuala Lumpur

☞ **a) Peking**

Die Demonstrationen auf dem Platz des himmlischen Friedens waren der Höhepunkt einer Reihe von Protesten für mehr Demokratie in China. Am 15. April 1989 begannen chinesische Studenten mit friedlichen Gedenk-Kundgebungen für den Tod des demokratischen Reformers Hu Yaobang (1915–89). Die chinesische Regierung antwortete mit der Entsendung von Truppen und tötete etwa 3000 bis 5000 Demonstranten. Zusätzlich folgte eine groß angelegte Verhaftungswelle.

Frage 420

Was bezeichnet man als Impakt?

☞ Als Impakt bezeichnet man den Einschlag eines Kometen, Asteroiden oder Meteoriten auf der Erde. Schon seit langer Zeit weiß man, dass die Krater auf dem Erdmond eine Folge kosmischer Impakte sind. Im Zeitalter der Raumfahrt konnte man auf nahezu allen anderen Himmelskörpern des Planetensystems ebenfalls Krater oder anderweitige Einschlagspuren ausfindig machen. Auf der Erde wurden bisher über 100 Einschlagkrater gefunden.

Einschlagkrater

Frage 421

Eine deutsche Umweltorganisation hat sich bei ihrer Namensgebung an einem englischen Nationalhelden orientiert. **Wie heißt diese Organisation?**

☞ **Robin Wood.** 1982 schlossen sich Umweltschützer zusammen, um gegen das Sterben der Wälder gewaltfrei in Aktion zu treten. Mittlerweile hat der Verein knapp 5000 Mitglieder und Förderer.

Frage 422

Wie wird die Stärke eines Erdbebens registriert?

☞ Bei einem Erdbeben wird die Erdkruste schockartig von Erschütterungen durchlaufen. Die Erschütterungen werden von Seismografen aufgezeichnet. Die Stärke wird nach der Mercalliskala von I bis XII oder der nach oben offenen Richterskala festgelegt. Der Ausgangspunkt eines Erdbebens wird Epizentrum genannt. Die Erschütterung eines Erdbebens kann überall auf der Welt registriert werden.

Frage 423

Wie entstand der Erdmond?

☞ Über die Entstehung des Erdmondes existieren verschiedene Theorien. Favorisiert wird von vielen Wissenschaftlern die Auffassung, der Mond habe sich in der Frühzeit der Erdentwicklung infolge des Aufpralles eines etwa marsgroßen Himmelskörpers gebildet.

Erdmond

Frage 424

Wie errechnen Wissenschaftler das Alter der Erde?

☞ Das Erdalter wird anhand von Meteoriten bestimmt, die man auf der Erde findet. Da Meteoriten im Weltraum chemisch nicht verändert werden, können sie mit radiometrischen Methoden datiert werden. Nach diesen Messungen ist die Erde vor etwa 4,55 Milliarden Jahren entstanden. Die Alpen sind noch ganz jung: Sie entstanden erst vor etwas mehr als 180 Millionen Jahren.

Frage 425

Wie heißt der Vulkan am Golf von Neapel?

☐ a) Ätna
☐ b) Piton de la Fournaise
☐ c) Vesuv
☐ d) Pico del Teide

☞ **c) Vesuv**
Er ist der einzige aktive Vulkan auf dem europäischen Festland. Der schwerste Ausbruch des Vesuv ereignete sich 79 n. Chr., bei dem die Städte Herculaneum, Pompeji und Stabiae unter einem Regen aus Asche und Schlamm begraben wurden und 2000 Menschen ums Leben kamen. Die letzte schwere Eruption erfolgte 1944.

Frage 426

Gibt es einen Nachweis über Leben auf dem Mars?

☞ Nachdem bereits 1975 die beiden Sonden Viking 1 und 2 erfolglos nach einfachem Leben auf dem Mars suchten, gelang es auch der amerikanischen Pathfinder-Mission 1997 nicht. Allerdings konnte das Roboterfahrzeug Sojourner beeindruckende Bilder der Marsoberfläche auf die Erde senden.

Frage 427

Welche zwei Phänomene sind für das Quartär kennzeichnend?

☞ Das Quartär ist ein Erdzeitalter. Im Quartär begann die Entwicklung des Menschen und seiner Kultur bis zum heutigen modernen Menschen. Auch wurde das Quartär v. a. durch wiederholte Vergletscherung während der Eiszeiten geprägt. Die Gletscher haben die Landschaft der Erde nachhaltig überformt – ihre Spuren kann man bis heute nachvollziehen. Auf dem Höhepunkt der Vereisung waren 45 Millionen km² der Erdoberfläche von Eis überzogen. Heute ist gerade noch ein Drittel dieser Fläche von Gletschern bedeckt.

Frage 428

Wie heißen die vier amerikanischen Raumfähren?

☞ Die Raumfähren oder Space Shuttles tragen die Namen Columbia, Discovery, Endeavour und Atlantis. Eine weitere, die Challenger, stürzte 1986 beim Start ab, wobei die Besatzung den Tod fand.

Frage 429

Womit beschäftigt sich die Tektonik?

☞ Die Tektonik ist die Lehre vom Aufbau der Erdkruste in ihrer Struktur. Auch Bewegungen und Strukturen des oberen Teils des Erdmantels, der Lithosphäre sind Teil der Tektonik.

Frage 430

Was sind die zehn häufigsten Elemente, aus denen 99 % der Erdkruste bestehen?

☞ Die Erdkruste besteht aus Sauerstoff (46,6 %), Silizium (27,7 %), Aluminium (8,1 %), Eisen (5,0 %), Calcium (3,6 %), Natrium (2,8 %), Kalium (2,6 %), Magnesium (2,1 %), Titan (0,4 %) und Wasserstoff (0,1 %).

Frage 431

Welcher englische Astronom und Physiker entdeckte die Gravitation als Kraft, die das Sonnensystem zusammenhält?

☐ a) Georg Simon Ohm
☐ b) Max Planck
☐ c) Léon Foucault
☐ d) Isaac Newton

☞ **d) Isaac Newton** (1643–1727)
Um die Farbfehler bei der Abbildung mit Linsen zu umgehen, baute er 1668 als Erster ein Spiegelteleskop, mit dem er die Jupitermonde und die Phasen der Venus beobachtete. Ausgehend von den Gesetzen der Planetenbewegung, die Johannes Kepler (1571–1630) gefunden hatte, leitete Newton das Gravitationsgesetz her. Dieses Gesetz ist die Grundlage der gesamten Himmelsmechanik.

Frage 432

Was sind Feuchtwälder?

☞ Als Feuchtwälder bezeichnet man halbimmergrüne bis immergrüne Regenwälder. In Nord- und Südamerika, Südafrika, Asien und Australien liegen sie in der Zone der immerfeuchten Subtropen. Hier lassen die sommerlichen Monsunregen keine extreme Trockenperiode aufkommen, und in den milden Wintern gibt es kaum Frost.

Frage 433

Wo befindet sich das berühmteste Megalithmonument Englands?

☞ **In Stonehenge im Südwesten Englands.**
Die Steinkreissetzung aus der Jungsteinzeit und der Bronzezeit stellt das bedeutendste prähistorische Bauwerk Europas dar. Die Bedeutung von Stonehenge ist noch immer unklar. So könnte es beispielsweise zur Voraussage von Sommer- und Wintersonnenwende sowie von Sonnen- und Mondfinsternis gedient haben.

Stonehenge

Frage 434

Was bezeichnet man als Mondphasen?

☞ Die typischen und sich ständig ändernden Lichtgestalten des Mondes. Sie kommen zustande, weil der Mond ein von der Sonne beleuchteter Körper ist und Erde und Mond infolge ihrer Bewegung unterschiedliche Stellungen bezüglich der Sonne einnehmen. Besondere Stellungen treten dann auf, wenn der Mond von der Erde aus gesehen voll von der Sonne beleuchtet wird (Vollmond) bzw. wenn er nicht beleuchtet wird (Neumond).

Frage 435

Was ist der Mittelozeanische Rücken?

☞ Der Mittelozeanische Rücken ist ein weit verzweigtes Grabensystem, das sich durch alle Weltmeere erstreckt. Aus dem Graben fließt ständig Magma, die seitlich abdriftet und erstarrt. Am Mittelozeanischen Rücken entsteht eine neue, ozeanische Erdkruste.

Frage 436

Was unterscheidet die Trojaner von den Erdbahnkreuzern?

☞ Neben den Asteroidengruppen im Asteroidengürtel unterscheidet man noch verschiedene andere Gruppen. In der Bahn des Jupiters befinden sich die Trojaner. Asteroiden, welche die Mars- oder die Erdbahn kreuzen, werden als Mars- bzw. Erdbahnkreuzer bezeichnet. Die Erdbahnkreuzer könnten mit einer gewissen – allerdings sehr geringen – Wahrscheinlichkeit mit der Erde kollidieren. Daher bemüht man sich, insbesondere diese Objekte möglichst vollständig zu erfassen und ihre Bahndaten zu katalogisieren.

Frage 437

Zu welchem Land gehört die Osterinsel?

☐ a) Chile
☐ b) Argentinien
☐ c) Mexiko
☐ d) Paraguay

☞ **a) Chile**

Obwohl die Osterinseln 4000 Kilometer von der chilenischen Küste entfernt sind, gehören sie zu Chile. Seit 1995 gelten sie, genauer der Nationalpark Rapa Nui, als UNESCO-Weltkulturerbe.

Frage 438

Was bezeichnet die Datumsgrenze?

☞ Reist man in östlicher Richtung um die Welt, muss wegen der Erdumdrehung die Uhr immer wieder vorgestellt werden, damit sie mit der Ortszeit übereinstimmt. Ist man einmal um die Erde gereist, und hat seine Uhr regelmäßig der Ortszeit angepasst, sind so insgesamt 24 Stunden vorgestellt worden. Obwohl man natürlich keine Zeit verloren hat, ist man der Datierung dann einen Tag voraus. Um dies auszugleichen, wurde nahe des 180. Längengrades eine Linie vereinbart, bei deren Überschreiten ein Datumswechsel vorgenommen wird.

Frage 439

Was beschreibt das dritte keplersche Gesetz?

☞ Es beschreibt den Zusammenhang zwischen der Größe der Bahn und der Zeit für einen Umlauf um die Sonne. Es lautet: Die Quadrate der Umlaufzeiten zweier Planeten verhalten sich wie die dritten Potenzen der großen Halbachsen ihrer Bahnen. Mithilfe dieses Gesetzes können aus den beobachtbaren Umlaufzeiten der Planeten um die Sonne die wahren Dimensionen des Planetensystems hergeleitet werden. Insbesondere folgt aus diesem Gesetz, dass die Bahngeschwindigkeit von Planeten mit wachsendem Abstand von der Sonne abnimmt.

Frage 440

Was meinen Geologen, wenn sie von Jura sprechen?

☞ Den Zeitraum der Erdgeschichte zwischen 180 und 140 Millionen Jahren vor unserer Zeit. Zahlreiche Fossilienfunde geben den Wissenschaftlern einen guten Einblick in diese Zeit.

Wichtiges Leitfossil im Jura: Ammoniten

Frage 441
Woraus besteht die Atmosphäre?

☞ **Aus einer Gashülle, die einen Planeten umgibt.** Auf der Erde besteht die Atmosphäre hauptsächlich aus Stickstoff- und Sauerstoffverbindungen. Am dichtesten ist sie in der Nähe der Oberfläche, mit zunehmender Höhe wird sie kontinuierlich dünner.

Frage 442
Welche ökologische Katastrophe vollzieht sich am Aralsee, im Süden Kasachstans?

☞ **Der See wird immer kleiner.** In den letzten 30 Jahren verlor er rund 60 % seines Volumens. Die starke Wasserentnahme der Anrainerstaaten Kasachstan, Usbekistan und Tadschikistan führt zudem zu einem ständig steigenden Salzgehalt. Daher besteht die Gefahr, dass sich in einigen Jahren an der Stelle des Aralsees eine Salzwüste erstreckt.

Frage 443
Wo befindet sich die gefährlichste Wasserstraße der Welt?

☐ a) vor Liberia
☐ b) vor Tunesien
☐ c) vor Somalia
☐ d) vor Ägypten

☞ **c) vor Somalia**
Der Golf von Aden, der im Norden von Somalia und zwischen Afrika und Asien liegt, ist das weltweit am meisten durch Piraterie gefährdete Gebiet. Im November 2008 entführten somalische Piraten den Supertanker „Sirius Star" mit 300.000 Tonnen Rohöl an Bord.

Frage 444
Was ist ein Quasar?

☞ Quasar ist die Abkürzung für „quasistellares Objekt". Auf fotografischen Aufnahmen unterscheiden sich Quasare kaum von Sternen. Man hat ermittelt, dass die Quasare im Mittel sehr weit von der Milchstraße entfernt sind. Aufgrund ihrer Entfernung erscheinen sie uns als winzige Pünktchen, so als ob es sich bei ihnen quasi um Sterne handeln würde. Ihr optischer Lichtausstoß wird außerdem durch die interstellare Materie stark abgeschwächt. Ein Quasar leuchtet etwa 100-mal heller als die leuchtkräftigsten Galaxien.

Frage 445
Welche Stadt liegt an der Mündung der Seine?

☞ **Le Havre.** Die Stadt liegt im Nordwesten Frankreichs. Zahlreiche Raffinerien prägen das Bild dieser Hafen- und Industriestadt.

Frage 446
Gibt es einen Unterschied zwischen Lava und Magma?

☞ **Ja**, als Lava wird entgastes Magma bezeichnet. Wenn Magma, das im Erdinneren vorkommt, durch Risse unter Druck an die Erdoberfläche steigt, beginnen die Gase, die vorher im über 1100 °C heißen Magma gelöst waren, auszuperlen. Tritt das Magma dann aus der Erde aus, ist es weitgehend entgast und fließt als zähflüssige Lava aus dem Vulkan.

Frage 447
Warum werden Mars und Phobos in rund 100 Millionen Jahren zusammenprallen?

☞ Phobos, der den Mars umrundet, unterliegt infolge von Gezeitenkräften einer beständigen Abbremsung – Phobos verliert an Höhe. Die nahezu kreisförmige Mondbahn besitzt also in Wahrheit eine spiralförmige Gestalt. Allerdings sind die einzelnen „Windungen" dieser Spirale nicht zu beobachten, weil die Verringerung der Bahngeschwindigkeit nur äußerst langsam vorangeht. Dennoch liegt das Ende der Bahn des natürlichen Marssatelliten auf dem Boden des Roten Planeten.

Frage 448

Wo liegen die magnetischen Pole der Erde?

☞ Das Magnetfeld der Erde befindet sich ständig in Bewegung. Im Laufe eines Menschenlebens sind diese Bewegungen aber kaum feststellbar. Der geomagnetische Nordpol liegt heute im äußersten Westen Grönlands, nahe der Stadt Thule.

Frage 449

In einem Artikel des Goethe-Institutes heißt es: „Seit mehr als einhundert Jahren trägt die Kraft des blauen Goldes zur Stromerzeugung bei." In der Tat macht sich der Mensch diese Kraft schon seit langer Zeit zunutze. Heutzutage wird weltweit etwa 18 % des Strombedarfs durch das „blaue Gold" gedeckt, in der Bundesrepublik sind es derzeit ca. 5 %. Experten gehen aber davon aus, dass sich dieser Anteil noch deutlich erhöhen lässt, ohne dabei ökologische Aspekte und die Nachhaltigkeit aus dem Blick zu verlieren. **Aber was ist das „blaue Gold"?**

☐ a) Windenergie
☐ b) Wasserkraft
☐ c) Sonnenenergie
☐ d) Geothermie

☞ **b) Wasserkraft**
Mithilfe des Wassers werden Turbinen oder Wasserräder angetrieben, die dann Strom erzeugen. Als besonders effektiv haben sich an einigen Standorten Gezeitenkraftwerke erwiesen, die die Kraft von Ebbe und Flut zur Stromerzeugung nutzen. Insbesondere hier liegt noch ein großes, nicht ausgeschöpftes Potenzial.

Wasserkraftwerk

Frage 450

Welchen Effekt bezeichnet man als Randverdunklung?

☞ Fotografische Aufnahmen der Sonne zeigen eine Helligkeitsabnahme zum Sonnenrand hin. Diesen Effekt bezeichnet man als Randverdunklung bzw. Mitte-Rand-Variation. Er entsteht infolge der Temperaturzunahme in der Sonnenatmosphäre in Richtung Sonneninneres.

Frage 451

Was ist eine Moräne?

☞ Eine Moräne ist die Gesamtheit des Erd- und Gesteinsmaterials, das nach dem Abschmelzen eines Gletschers übrig geblieben ist.

Frage 452

Wer entdeckte die Marskanäle?

☞ **Giovanni Schiaparelli (1835–1910).** Während seiner Betrachtung der erdähnlichen Planeten untersuchte der Italiener den Mars, dessen auffällige Formationen er vermaß und benannte. Bei seinen Beobachtungen entdeckte er die sogenannten Marskanäle.

Frage 453

Woraus besteht Moor?

☞ Moor besteht aus unvollständig zersetzten Pflanzenresten (Torf) und einer durch Wassertümpel unterbrochenen Pflanzendecke (meist Gräser und Moose). Man unterscheidet – je nach Pflanzenbestand – Nieder-, Hoch- und Übergangsmoore.

Frage 454

Welcher Mond verfügt als einziger über eine Atmosphäre?

☐ a) Phobos
☐ b) Sinope
☐ c) Calypso
☐ d) Titan

☞ **d) Titan**, der zweitgrößte Mond im Planetensystem. Leider bildet die Gashülle Titans einen undurchdringlichen Dunstschleier aus, der den Blick zur Oberfläche des Mondes vollständig verwehrt. Daher ranken sich um die Beschaffenheit des Mondbodens viele Spekulationen.

Frage 455

Welche Inseln bilden die Ostfriesischen Inseln?

☞ Angefangen mit Borkum ganz im Westen, über Juist, Norderney und Baltrum bis nach Langeoog, Spiekeroog und Wangerooge im Osten ziehen sich die Ostfriesischen Inseln von der Mündung der Ems bis zur Mündung der Weser in die Nordsee vor der Küste Ostfrieslands entlang.

Frage 456

Was ist die Ursache für Schwerelosigkeit in einer Raumstation?

☞ Unter Schwerelosigkeit oder Gewichtslosigkeit versteht man die Erscheinung, dass Körper in einer Raumstation, welche die Erde umkreist, keine Kraft auf eine Unterlage oder eine Aufhängung ausüben. Die Summe der Kräfte auf diese Körper ist Null. Damit schweben sie in dem betreffenden Raum. Ursache für die Schwerelosigkeit ist das Zusammenwirken verschiedener Kräfte. Auf jeden Körper in der Raumstation und auch auf die Raumstation selbst wirkt die Gewichtskraft in Richtung Erdmittelpunkt. Daneben wirkt auf jeden Körper aufgrund der Kreisbewegung um den Erdmittelpunkt eine gleich große, entgegengesetzt gerichtete Kraft, die als Fliehkraft bezeichnet wird. Die Summe aus diesen beiden Kräften ist Null.

Frage 457

Was sind Riesenströme?

☞ Riesenströme sind große Flüsse, die entweder nach ihrer Länge, nach ihrem Einzugsgebiet oder nach ihrer Abflussmenge zu den größten der Erde gehören. Es gibt 30 Riesenströme; zu ihnen gehören z. B. Amazonas, Mississippi, Nil, Niger und Mekong.

Frage 458

Welche Stadt wird auch „Elbflorenz" genannt?

☞ **Dresden, die Hauptstadt des Bundeslandes Sachsen.** Die bis Ende des Zweiten Weltkrieges wegen ihres bemerkenswerten Stadtbildes als „Elbflorenz" gerühmte Stadt wurde im Februar 1945 durch drei Luftangriffe in Schutt und Asche gelegt. Viele Bauwerke wie der Zwinger, die Semperoper und die Frauenkirche wurden jedoch wieder errichtet. Sie locken zahlreiche Besucher nach Dresden.

Frauenkirche in Dresden

Frage 459

Was versteht die Astronomie unter Sternbildern?

☞ Ein abgeschlossenes Gebiet an der scheinbaren Himmelskugel, in dem sich die Sternbildfigur befindet. Je nach der Lage an der scheinbaren Himmelskugel unterscheidet man zwischen nördlichen Sternbildern, südlichen Sternbildern und Sternbildern der Äquatorzone. Es gibt 31 nördliche und 45 südliche Sternbilder.

Frage 460

Bei einem dieser Gewässer handelt es sich nicht um einen Süßwassersee. Welches ist es?

☐ a) Victoriasee
☐ b) Ladogasee
☐ c) Baikalsee
☐ d) Barentssee

☞ **d) Barentssee**
Die Barentssee ist ein Meeresarm des Nordpolarmeeres. Sie trennt die Küsten Norwegens und Russlands voneinander.

Frage 461

Was ist für die Entstehung der Jahreszeiten verantwortlich?

☞ Dafür ist die Neigung der Rotationsachse der Erde gegenüber der Erdbahnebene verantwortlich. Das führt im Jahresverlauf für einen Ort zu verschiedenen Einfallswinkeln und unterschiedlicher Dauer der Sonnenstrahlung und damit zu einer unterschiedlichen Erwärmung.

Frage 462

Gibt es Wüsten, in denen es schneit?

☞ **Ja**, z. B. in der Wüste Gobi in Zentralasien. Im Frühling kann es hier zu eisigen Schnee- Sandstürmen kommen.

Frage 463

Was versteht man unter einer nachhaltigen Entwicklung?

☞ Die Internationale Kommission für Umwelt und Entwicklung hat Nachhaltigkeit 1987 so definiert: „Nachhaltig ist eine Entwicklung dann, wenn sie den Bedürfnissen der heutigen Generation entspricht, ohne die Möglichkeiten der zukünftigen Generationen zu gefährden."

Frage 464

Was versteht man unter einer aktiven Galaxie?

☞ Galaxien, in denen gewaltige Energieausbrüche stattfinden. Unter die aktiven Galaxien fallen Seyfert- und Radiogalaxien sowie Quasare.

Frage 465

Wie gliedert sich die Wasseroberfläche der Erde auf?

☞ Die Weltmeere, die Wasseroberfläche der Erde, gliedern sich in vier große Ozeane (Atlantischer, Pazifischer, Indischer und Arktischer Ozean) mit ihren jeweiligen Nebenmeeren. Zu den Nebenmeeren der Ozeane gehören Mittelmeere (z. B. das Europäische Mittelmeer), Randmeere (z. B. die Nordsee) und Binnen- oder intrakontinentale Mittelmeere (z. B. die Ostsee).

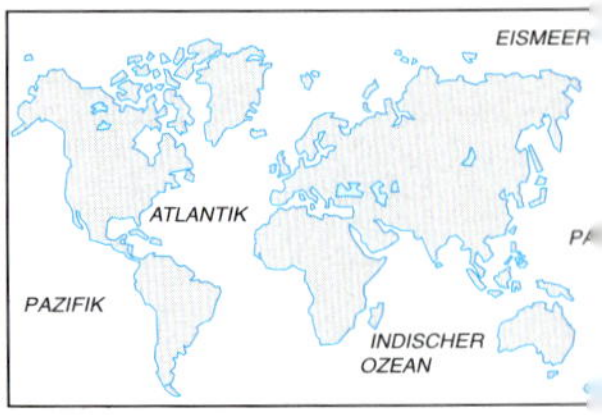

Frage 466

Im niedersächsischen Gorleben kommt es regelmäßig zu heftigen Protesten und gigantischen Polizeieinsätzen. Was ist der Grund für die Auseinandersetzungen?

☐ a) Braunkohletagebau
☐ b) Gewässerverschmutzung
☐ c) Atommülltransporte
☐ d) Gefahren durch Chemieindustrie

☞ **c) Atommülltransporte**
Am 2. Juni 1995 erteilte das Bundesamt für Strahlenschutz die Genehmigung, in Gorleben ein Atommüllzwischenlager zu betreiben. Seither fahren immer wieder Atommülltransporte nach Niedersachsen. Der Widerstand innerhalb der Bevölkerung hält auch mehr als 20 Jahre nach der Genehmigung an. So kommt es immer wieder zu Demonstrationen.

Frage 467

Was ist der Comahaufen?

☞ Im Sternbild Coma Berenices (Haar der Berenike) steht der symmetrisch aufgebaute Comahaufen, eine Ansammlung von etwa 1000 Galaxien.

Frage 468

Welches ist die älteste Siedlung Australiens, die von Europäern gegründet wurde?

☞ **Sydney**, die Hauptstadt des Bundesstaates New South Wales. Sydney liegt an der Pazifikküste Australiens. Der Hafen der Stadt, Port Jackson, erhielt seinen Namen von James Cook (1728–79), der hier 1770 an Land ging. Wenige Jahre später legte dann das erste Sträflingsschiff aus Großbritannien an, und der erste Gouverneur der britischen Kolonie New South Wales gründete 1788 die Siedlung Sydney Cove.

Sydney: Harbour Bridge und Oper

Frage 469

Wo findet man Warften?

☞ **Auf den Halligen** im nordfriesischen Wattenmeer. Warften sind Aufschüttungen, die für Gehöfte und Siedlungen angelegt wurden, um vor den Sturmfluten Schutz zu bieten.

Frage 470

Wie entstand die Form des Nördlinger Ries?

☞ Das Nördlinger Ries verdankt seine Form einem Meteoriteneinschlag vor ca. 15 Millionen Jahren. Zwischen den Städten Nürnberg, Stuttgart und München gelegen, versteckt sich die Form des ursprünglich 11 Kilometer breiten und 700–800 Meter tiefen Impaktkraters. Man glaubt, dass ein Steinmeteorit mit einem Durchmesser von ca. einem Kilometer Durchmesser und einer Geschwindigkeit von 70.000 km/h auf die Erdoberfläche zuraste. Die Stoßwelle mit einem Druck von 6,6 Millionen Atmosphären bewirkte ein Zusammenpressen des Meteoriten und des betroffenen Untergrundes auf die Hälfte ihres Volumens. Es entstanden Temperaturen von 30.000 Grad Celsius. Meteorit und Erdreich verdampften mit einer Wucht, welcher der Zerstörungskraft von 250.000 Hiroshimabomben gleichkam. Von dem Meteoriten ist nichts übrig geblieben.

Frage 471

Was ist der Mezzogiorno?

☐ a) der Norden Italien
☐ b) der Osten Italiens
☐ c) der Süden Italiens
☐ d) der Westen Italiens

☞ **c) der Süden Italiens**
Prägend ist in Italien der Gegensatz zwischen dem industrialisierten, reichen Norden und dem ländlichen, ärmeren Süden, dem sogenannten Mezzogiorno. Aus diesem starken wirtschaftlichen und sozialen Gefälle ergibt sich eine Reihe von sozialen Problemen. Sie erklären letztlich auch das Phänomen der berüchtigten kriminellen Vereinigungen, unter denen die Mafia wohl die bekannteste ist.

Frage 472

Welche Erscheinung trägt den Namen „Zodiakallicht"?

☞ In der Sonnenumgebung kann man eine Leuchterscheinung wahrnehmen, die durch Streuung des Sonnenlichtes am interplanetaren Staub hervorgerufen wird. Man nennt diese Leuchterscheinung Zodiakallicht.

Frage 473

Was wird als Meerenge bezeichnet?

☞ **Eine schmale Meeresstraße** wie z. B. der Bosporus, die Dardanellen und die Straße von Gibraltar nennt man auch Meerenge. Eine Meerenge verbindet zwei größere Meeresteile miteinander und ist daher von strategischer Bedeutung.

Frage 474

Welches Phänomen umschreibt der Diamantring?

☞ Der Diamantring ist ein Phänomen, das kurz vor oder nach einer totalen Sonnenfinsternis auftritt. Dabei scheint Sonnenlicht durch Täler am Mondrand und erzeugt brillante Punkte entlang des Mondrandes.

Frage 475
Was ist ein Epikontinentalmeer?

☞ **Die Ostsee** wird als Epikontinental- oder Randmeer des Atlantiks bezeichnet. Ein solches Randmeer kennzeichnet ein weitaus geringerer Salzgehalt als den Weltozean.

Frage 476
Welches Sternbild wird auch als das Himmels-W bezeichnet?

☐ a) Kepheus
☐ b) Kassiopeia
☐ c) Nördliche Krone
☐ d) Zentaur

☞ **b) Kassiopeia**
Der Name ist entlehnt aus der griechischen Mythologie. Kassiopeia ist die Mutter der Andromeda und die Sage erzählt, dass die eitle und selbstsüchtige Mutter zur Strafe an den Himmel gesetzt wurde und niemals im Meer baden darf. Erkennbar ist das Sternbild durch die Anordnung seiner hellsten Sterne: Sie bilden ein „W".

Frage 477
Wo gibt es Schärenlandschaften?

☞ Ausgedehnte Schärenlandschaften gibt es z. B. an den Küsten Norwegens, Schwedens und Finnlands. Bei den Schärenküsten handelt es sich um eine Rundhöckerlandschaft, die flach vom Meer überspült wurde, sodass heute die oberen Teile der Rundhöcker als kleine Inseln – Schären – der eigentlichen Küste vorgelagert sind.

Schärenlandschaft in Skandinavien

Frage 478
Was ist charakteristisch für die irische Landschaft?

☞ **Seine Torfmoore.** Nach Finnland ist Irland das moorreichste Land Europas.

Frage 479

Johannes Keppler

Wer war der bedeutendste Astronom der frühen Neuzeit?

☞ **Johannes Kepler (1571–1639)** entdeckte die nach ihm benannten drei Gesetze der Planetenbewegung, die keplerschen Gesetze. Damit gehört er neben Nikolaus Kopernikus (1473–1543), Galileo Galilei (1564–1642) und Isaac Newton (1643–1727) zu den Wegbereitern eines neuen wissenschaftlichen Weltbildes, mit dem religiöse Auffassungen überwunden und naturwissenschaftliche Erkenntnisse Grundlage der Vorstellungen wurden.

Frage 480
Wie heißt die größte Stadt Afrikas?

☞ **Kairo**, die Hauptstadt Ägyptens. Die Stadt hat sich in ihrer langen arabischen Geschichte zu einem Zentrum für Wirtschaft, Politik, Religion und Kultur entwickelt. Die Altstadt und das Ägyptische Nationalmuseum gehören zum Weltkulturerbe der UNESCO.

Frage 481
Was sind Bok-Globulen?

☞ In Gasnebeln um Sternentstehungsgebiete fallen oft sehr kompakte, dunkle und kugelförmige Regionen auf. Diese wurden erstmals von dem niederländisch-amerikanischen Astronomen Bart Jan Bok (1906–83) untersucht und sind seither als Bok-Globulen bekannt. Es handelt sich um dichte Molekül- und Staubwolken, in deren Zentrum sich mithilfe von Infrarotbeobachtungen fast immer ein junger, heißer Stern nachweisen lässt. Offenbar handelt es sich bei den Bok-Globulen um die noch verhüllten Geburtsorte von Sternen, die das sie umgebende Material noch nicht von sich weggetrieben haben.

Frage 482

In welchem Land findet man den größten Nationalpark Europas?

☐ a) Spanien ☐ c) Island
☐ b) Finnland ☐ d) Schweden

☞ **c) Island**

Der Vatnajökull-Nationalpark wurde im Juni 2008 gegründet. Mit knapp 13.000 km² nimmt er rund 13 % der Fläche Islands ein. Geprägt wird der Park vom 8000 km² großen Vatnajökullgletscher mit einem Eisvolumen von ca. 3000 km³, der in einer Zone mit sechs aktiven Vulkanen liegt und damit ein einzigartiges Zusammenspiel von Feuer und Eis bietet.

Frage 483

Was bedeutet der Begriff „Parsec"?

☞ **Parallaxensekunde.** Ein Objekt im Abstand von einem Parsec von der Erde würde am Himmel eine Parallaxe von einer Bogensekunde aufweisen. Ein Parsec entspricht 3,26 Lichtjahren.

Frage 484

Was sind tropische Wirbelstürme?

☞ Tropische Wirbelstürme entstehen über den tropischen Meeresgebieten bei Wassertemperaturen über 27 °C. Wirbelstürme sind an wandernde Tiefdruckgebiete gebunden, deren Durchmesser bis zu 500 Kilometer erreichen kann. Die Lebensdauer der tropischen Stürme liegt zwischen fünf und 15 Tagen. Auf dem Meer wird ein Wirbelsturm von hohen Wellen und sintflutartigen Regenfällen begleitet. Wenn er die Küste erreicht, entfaltet er zusammen mit den von ihm ausgelösten Flutwellen eine große Zerstörungskraft.

Frage 485

Wie sieht der Neptun aus?

☞ Wie seine inneren Nachbarn Jupiter, Saturn und Uranus ist der Neptun ein großer Gasplanet. Ähnlich dem Uranus ist er von bläulicher Farbe und in seiner Atmosphäre sind weiße Wolkenbänder zu sehen. Der Neptun wurde 1989 von der Raumsonde „Voyager 2" besucht. Eine der faszinierenden Entdeckungen war ein großer dunkler Fleck in der Atmosphäre des Planeten. Diese Wolkenformation scheint sich aber inzwischen aufgelöst zu haben.

Neptun

Frage 486

Was sind die Mangroven?

☞ Ähnlich wie die Wattgebiete im Norden Europas liegen die tropischen Mangroven in der Zone zwischen Ebbe und Flut. Regelmäßig werden die Wurzeln der Bäume vom Wasser umspült, einige Stunden später zeigt sich wieder das Land.

Frage 487

Was bezeichnet man als Bahn?

☞ So bezeichnet man den Weg eines Himmelskörpers in einem Gravitationsfeld, gewöhnlich ein geschlossener Orbit um einen zentralen Punkt. Bei den Planeten ist dieser Punkt die Sonne.

Frage 488

Wie viele deutsche Städte haben mehr als eine Million Einwohner?

☐ a) drei ☐ c) fünf
☐ b) vier ☐ d) sechs

☞ **b) vier**

Berlin hat etwa 3,4 Mio. Einwohner, Hamburg 1,75 Mio. und München 1,33 Mio. Erst 2007 hat Köln die Millionenmarke geknackt, dort leben heute etwa 1.024.000 Menschen.

Frage 489

Diese künstliche Wasserstraße ist nur knapp 82 Kilometer lang, doch für die Schifffahrt bedeutet sie eine enorme Erleichterung. Vor ihrem Bau war die gefährliche Umschiffung des Kap Hoorn notwendig. Den Bau des Kanals hatten im Jahr 1880 die Franzosen begonnen, doch nach zehn Jahren und einigen Rückschlägen gaben sie ihr Vorhaben auf. Nachdem der Staat, durch den der Kanal läuft, im Jahr 1903 unabhängig geworden war, nahmen seine Einwohner mit amerikanischer Hilfe das Bauvorhaben wieder auf. Im Jahr 1914 konnten die Arbeiten abgeschlossen werden. **Um welchen berühmten Kanal handelt es sich?**

☞ **Um den Panamakanal.** Er verläuft zwischen den Städten Colón an der Atlantikküste und Panama-Stadt auf der Seite des Pazifiks. Die Durchfahrtszeit beträgt durchschnittlich acht bis zehn Stunden.

Frage 490

Wozu dienten die Meridiankreise?

☞ Früher waren die Meridiankreise für die genaue Bestimmung der Position von Gestirnen am Himmel unerlässlich. Ein Meridiankreis ist gleichsam ein Teleskop, das nur in Nord-Süd-Richtung nach oben und unten geschwenkt, nicht aber parallel zum Horizont gedreht werden kann. Die Positionsbestimmung eines Himmelskörpers geschieht dadurch, dass die Höhe und die Uhrzeit des Meridiandurchgangs, d. h. des Objektdurchgangs durch die Südrichtung, erfasst werden. Dadurch werden die beiden Winkelkoordinaten am Himmel präzise bestimmt.

Frage 491

Was sind die Halligen?

Haus auf der Hallig Gröde

☞ Die Halligen sind Teil des Marschlandes, das beim nacheiszeitlichen Meeresspiegelanstieg durch Schlickablagerungen entstanden ist. Die größeren der insgesamt zehn Halligen haben Sommerdeiche, die nicht eingedeichten Halligen werden bei Sturmfluten ganz oder teilweise überflutet.

Frage 492

Warum sehen wir immer nur eine Seite des Mondes?

☞ Wer den Mond zu verschiedenen Zeiten aufmerksam betrachtet, erkennt, dass er immer die gleiche Verteilung von dunklen und hellen Regionen sieht. Der Mond wendet der Erde stets dieselbe Seite zu. Nach seiner Entstehung rotierte der Mond sicherlich nicht gebunden, d. h., seine Rotationsperiode war kürzer als seine Umlaufperiode. Aufgrund der Erdanziehung auf die nicht gleichmäßige Kruste des Trabanten entstand Reibung zwischen dieser und dem flüssigen Inneren, welche die Rotation so lange abbremste, bis Rotations- und Umlaufperiode gleich waren.

Frage 493

Welches ist die größte Stadt Europas?

☐ a) London
☐ b) Moskau
☐ c) Istanbul
☐ d) Berlin

☞ **b) Moskau**
Dicht dahinter liegt Istanbul. Beide Städte haben mehr als zehn Millionen Einwohner.

Frage 494

Was führt in Deutschland seit den 1970er-Jahren zum Waldsterben?

☞ Hauptgrund für das Waldsterben ist die Einwirkung von Luftschadstoffen, die durch die Verbrennung von Kohle, Erdöl sowie Erdgas in Hochöfen, Kraftwerken und im Straßenverkehr entstehen. Sie fallen als „saurer Regen" nieder.

Frage 495
Was bezeichnet der Begriff „Vierte Welt"?

☞ Darunter versteht man jene Gruppen von Ländern unter den Entwicklungsländern, die über keine Rohstoffe verfügen. Sie sind infolgedessen von den allgemeinen Preissteigerungen besonders hart betroffen und bilden die Gruppe der ärmsten Länder der Erde.

Frage 496
Gibt es außerhalb der Erde Vulkane?

☞ Erst Raumsonden konnten auf diese Frage eine Antwort liefern. Wir kennen inzwischen neben der Erde einige Himmelskörper im Sonnensystem, die aktive oder erloschene Vulkane besitzen. Dazu zählt zunächst die Venus, auf der sich zahlreiche Flüsse erstarrter Lava und Vulkane befinden, die möglicherweise noch aktiv sind. Hinzu kommen der Mars, dessen erloschener Vulkan Olympus Mons eine rekordverdächtige Höhe (ca. 24 Kilometer) erreicht, und der Jupitermond Io, von dem die Voyager-Raumsonden spektakuläre Bilder von Vulkanausbrüchen zur Erde sandten.

Frage 497
Wie wird Schnee zu Firn?

☞ Bei anhaltenden Schneefällen im Gebirge wird der bereits früher gefallene Schnee durch den Druck des auf ihm lastenden Materials zu Firn verdichtet. Sollte es noch weiter schneien, so verwandelt sich der Firn allmählich in Eis. Dies ist z. B. bei Gletschern zu beobachten.

Frage 498
Man findet Bodenschätze häufig in recht dünnen, dafür aber sehr langen Schichten. Wie lautet der Fachbegriff für solche Schichten?

☐ a) Schize
☐ b) Booze
☐ c) Kazus
☐ d) Flöze

☞ **d) Flöze**
Dieser Ausdruck stammt aus der Sprache der Bergmänner. Er wird nur für die Erdschichten, die nutzbares Material enthalten, verwendet.

Frage 499
Wie erklärt man sich die Entstehung von Erdöl?

☞ In ehemaligen und heute noch vorhandenen Meeren können sich gelegentlich dicke Schichten mit abgestorbenen Pflanzenteilen und Kleinstlebewesen, dem Plankton ansammeln. Unter Sauerstoffabschluss kann sich daraus Erdöl bilden. Der Prozess kann aus geologischer Sicht relativ schnell ablaufen. So wurden im Golf von Mexiko Erdölspuren gefunden, die weniger als 10.000 Jahre alt sind.

Frage 500
Was sind Kugelsternhaufen?

☞ Kugelsternhaufen sind kugelförmige Ansammlungen von bis zu einer Million Sternen. Die Sterne in Kugelsternhaufen sind alle zur gleichen Zeit entstanden – und sie sind sehr alt. Altersbestimmungen ergeben zumeist einen Wert zwischen 12 und 14 Milliarden Jahren, also kaum weniger als das Alter des Universums. Aufgrund der gleichzeitigen Entstehung eignen sich Sterne in Kugelsternhaufen sehr gut als Testfall für unsere Modelle der Sternentwicklung, die bislang allesamt bestätigt wurden. In unserer Milchstraße sind Kugelsternhaufen v. a. im Halo zu finden, einer kugelförmigen Ansammlung alter Sterne, welche die Milchstraßenscheibe umgibt.

Frage 501
Bei welcher Wetterlage im Winter ist im Gebirge die Gefahr von Lawinen besonders groß?

☞ Große Schneefälle und Stürme, die den Schnee umlagern, sind Voraussetzung. Eine bei Tauwetter einsetzende Erwärmung der oberen Schneedecke führt dann oft zur Lösung einer Lawine, die mit 40–70 km/h zu Tal rasen kann.

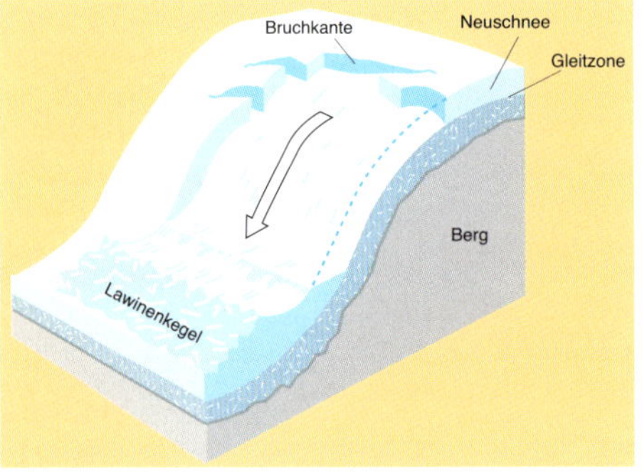

Frage 502

Was ist ein Wadi?

☐ a) Lehmhütte
☐ b) Wind
☐ c) Bergkette
☐ d) Trockental

☞ **d) Trockental**
Als Wadi werden Trockentäler in der Wüste bezeichnet. Sie führen nur sehr selten Wasser, dann aber oft für kurze Zeit große Mengen, da die fehlende Vegetationsdecke zu einem raschen Abfluss der Regenfälle führt.

Frage 503

Er reiste mit seinem Vater und seinem Onkel im Jahr 1271 in Richtung China. Erst nach 26 Jahren und vielen Abenteuern kehrte er als wohlhabender Mann wieder nach Venedig zurück. Wenig später schloss er sich einem Feldzug gegen die Stadt Genua an und geriet dort für zwei Jahre in Gefangenschaft. Für die Nachwelt hatte dies den unschätzbaren Vorteil, dass er einem seiner Mithäftlinge seine Reiseerlebnisse diktierte. So blieben die Erlebnisse und Schilderungen dieses Reisenden für die Nachwelt erhalten. **Wer war der junge Abenteurer?**

☞ **Marco Polo (1254–1324).** Mittlerweile kommen allerdings einige Zweifel an der Authentizität seiner Chinaberichte auf. So bemängeln kritische Historiker, dass die Chinesische Mauer, ein wahrlich eindrucksvolles Bauwerk, dort nirgendwo erwähnt wird. Da Polo angeblich 17 Jahre in China verbrachte, hätte er eigentlich von der Existenz dieses Bauwerks wissen müssen.

Frage 504

Was ist ein Interferometer?

☞ Ein Interferometer ist ein gekoppeltes System von Einzelteleskopen. Da der Abstand dieser Teleskope größer ist als der Durchmesser eines Einzelteleskops, wird damit bei der Beobachtung des Himmels eine höhere Winkelauflösung erreicht. Die Einzelteleskope verhalten sich gleichsam wie kleine Stücke eines viel größeren Teleskops. Insbesondere bei der sehr langwelligen Radiostrahlung ist Interferometrie sehr wichtig, weil eine hohe Ortsauflösung unmöglich mit einem Einzelteleskop erreicht werden kann.

Frage 505

Was versteht man unter einem Geysir?

☞ Ein Geysir ist eine thermische Springquelle, die regelmäßig ihr Wasser herausschleudert.

Geysir „Old Faithful" im Yellowstone Park

Frage 506

Welche Faktoren tragen die Hauptschuld am stetigen Untergang Venedigs?

☞ Vergleiche mit alten Bildern aus dem 18. Jahrhundert zeigen, dass Venedig im Jahr 2003 ca. 69 Zentimeter tiefer lag als damals.

Die Hauptursache dafür ist der weiche Untergrund aus Sand, Kies und Ton, auf dem die Stadt erbaut wurde und in dem sie immer weiter versinkt. Aktuelle Berechnungen zeigen, dass die Stadt derzeit um etwa zwei Millimeter pro Jahr sinkt. Außerdem steigt der Meeresspiegel durch die globale Erwärmung stetig an: Seit der ersten amtlichen Aufzeichnung 1872 bis zum Jahr 2003 stieg der Wasserspiegel um 30 Zentimeter.

Frage 507

Welche Stadt wird auch als Weiße Stadt des Nordens bezeichnet?

☐ a) Oslo
☐ b) Helsinki
☐ c) Kopenhagen
☐ d) Stockholm

☞ **b) Helsinki**

Frage 508

Auf welche Vorgänge in der Erdkruste sind Erdbeben zurückzuführen?

☞ 90 % aller Erdbeben entstehen durch tektonische Vorgänge in der Erdkruste. Spannungen im Gestein, die infolge der langsamen Verschiebung der Kontinentalplatten auftreten, lösen sich plötzlich. Dadurch kommt es im Jahr zu etwa 10.000 Beben weltweit, von denen jedoch nur wenige ohne Messinstrumente registrierbar sind.

Frage 509

Ist der Salzgehalt des Meeres überall gleich hoch?

☞ **Nein.** Er schwankt im offenen Weltmeer zwischen 32 und 38 Promille, in Nebenmeeren mit hoher Verdunstung wie dem Roten Meer kann er auch 40 Promille erreichen. In anderen Nebenmeeren, wie z. B. der Ostsee, wo die Verdunstung weniger stark ist, liegt er deutlich darunter. Hier vermischt sich Salzwasser aus dem Weltmeer ständig mit Süßwasser, das durch große Flüsse wie Memel, Oder und Weichsel zugeführt wird.

Frage 510

Wie sind Fossilien entstanden?

☞ Die harten Überreste von vorzeitlichen Tieren und Pflanzen wurden bei geeigneten Bedingungen erhalten und später in das aus den abgelagerten Sedimenten entstehende Gestein integriert.

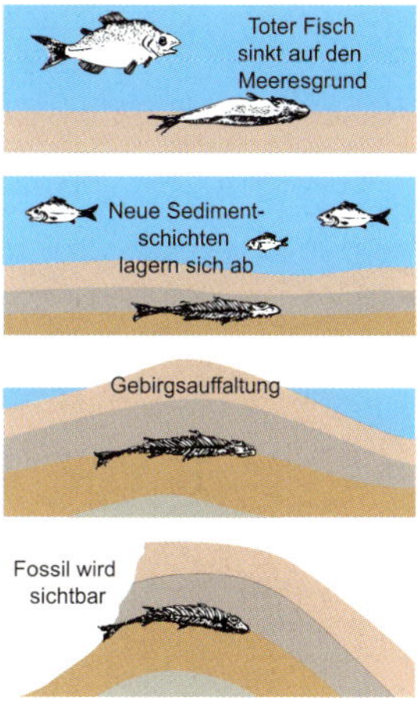

Frage 511

Welches ist der kleinste Staat der Welt?

☞ Der kleinste anerkannte Staat der Welt ist der Vatikan.

Frage 512

Worauf führt man heute die Entstehung der Alpen zurück?

☞ Die Alpen gehören zu den Faltengebirgen. Ihre Entstehung wird nach der Kontinentalverschiebungstheorie aus der Bewegung großer Platten, die auf dem zähflüssigen Erdinneren schwimmen, erklärt. Die Alpen entstanden so aus dem „Zusammenprall" von Afrika und Europa.

Frage 513

Wodurch geriet 1976 die italienische Stadt Seveso in die Schlagzeilen?

☐ a) mit der Erfindung des Drei-Liter-Autos
☐ b) durch einen Chemieunfall
☐ c) als Geburtsort des ersten Ökologie-Nobelpreisträgers
☐ d) durch ein schweres Erdbeben

☞ **b) durch einen Chemieunfall**
Bei einem Unfall in der Chemiefabrik Icmesa am 10. Juli 1976 wurden große Mengen des hochgiftigen Dioxins freigesetzt. Nur

schleppend wurde in den folgenden Tagen die Bevölkerung informiert und vor der Gefahr gewarnt. 77.000 Tiere fielen der Vergiftung zum Opfer. Wie viele Menschen vergiftet wurden und starben, ist nicht klar. Vor allem Kinder hatten aber sehr unter den Folgen des Unfalls zu leiden.

SEVESO – EIN AUGENZEUGENBERICHT

„Es war fast surreal. All diese Pflanzen, diese Bäume ließen ihre Blätter hängen, als ob sie ihren Lebensmut verloren hätten. Nach dem Unfall sahen wir eine Schafherde – vielleicht 50, 60 Tiere, die alle furchtbar aufgebläht waren, die Tiere haben Gras gefressen und die Säure verbrannte ihnen die Kehle." (Quelle: Deutschlandradio 10 Juli 2006)

Frage 514

Warum sind im Bernstein manchmal Insekten eingeschlossen?

☞ Bernstein ist nichts anderes als fossiles Harz. Im Tertiär tropfte es zähflüssig von den Bäumen. Traf ein Tropfen ein fliegendes oder herumkrabbelndes Insekt, so wurde das Tier davon umschlossen und – unter völligem Luftabschluss – konserviert.

Frage 515

Wie heißt der Fachbegriff für die Wissenschaft vom Wetter?

☞ **Meteorologie.**

Frage 516

Wie ist der Oberrheingraben entstanden?

☞ An dieser Linie hat sich die Erdkruste durch im Inneren der Erde wirkende Kräfte herausgehoben. Schließlich ließ die entstandene Spannung die Erdoberfläche einreißen und in sich zusammenfallen. Stark vereinfacht lässt sich dies vielleicht mit dem Aufplatzen eines Würstchens im kochenden Wasser vergleichen.

Frage 517

Was ist das Fünfseenland?

☞ So wird die Region im Südwesten Münchens zwischen Ammersee und Starnberger See bezeichnet. Zu den fünf Seen gehören Ammersee, Starnberger See, Pilsensee, Wörthsee und Wesslinger See. Das Fünfseenland ist ein beliebtes Ausflugs- und Urlaubsgebiet.

Frage 518

Wie heißt der Fluss, der durch Sachsen, Brandenburg und Berlin fließt?

☞ **Spree.**

Frage 519

Unsere Erde gilt als recht kleiner Planet. Dennoch sind ihre Größe und Masse für uns Erdenbewohner kaum vorstellbar. **Wie schwer ist unser Mutterplanet (in Trillionen Tonnen)?**

☐ a) 6
☐ b) 600
☐ c) 6000
☐ d) 6.000.000

☞ **c) 6000**

Genau gesagt wiegt die Erde 5,972 Tausend Trillionen Tonnen (das ist eine Zahl mit 24 Nullen).

Frage 520

Was ist ein Findling?

☞ Ein Felsblock, der durch die Gletschermassen der Eiszeiten oft über Hunderte von Kilometern transportiert wurde. Daher besitzen Findlinge stets ganz abgeschliffene Kanten und Ecken.

Frage 521

Wie heißt der gemeinsame Ausdruck für die auch als Bruch, Fehn, Moos oder Ried bezeichnete Landschaftsart?

☞ **Moor.** Man unterscheidet dabei noch Hochmoore und Niedermoore. Das hat jedoch nichts mit der Höhenlage zu tun, sondern beschreibt vielmehr, ob das Moor Verbindung mit dem Grundwasser hat (Niedermoor) oder ob es vom Grundwasser abgeschnitten ist (Hochmoor). Notwendige Voraussetzung der Moorentstehung ist jedoch auf jeden Fall, dass ständig mehr Wasser auftritt als abfließt.

Frage 522

Wofür ist Spitzbergen bekannt?

☞ Spitzbergen, eine von Norwegen verwaltete Inselgruppe, ist der nördlichste von Menschen bewohnte Fleck der Welt. Die Inselgruppe liegt zwischen dem 74. und 81. Grad nördlicher Breite im Eismeer und ist nur etwa 1000 Kilometer vom Nordpol entfernt. Weniger als 3000 Menschen leben auf dem Eiland.

Spitzbergen

Frage 523

An welchem Meer liegt Pommern und zu welchen Ländern gehört es heute?

☞ Pommern ist die Bezeichnung für die ehemalige preußische Provinz, die sich rechts und links der Odermündung an der Ostseeküste erstreckte. Die bedeutendste Stadt war das heute zu Polen gehörende Stettin. Der links der Odermündung gelegene Teil Pommerns bildet heute einen Teil des Bundeslandes Mecklenburg-Vorpommern, der rechts gelegene Teil ist die polnische Region Pomorze.

Frage 524

Welche Staaten teilen sich die Insel Borneo?

☞ **Indonesien, Malaysia und Brunei.** Mit 743.384 km² ist Borneo nach Grönland und Neuguinea die drittgrößte Insel der Welt.

Frage 525

Der Amazonas mündet in den ...?

☐ a) Indischen Ozean
☐ b) Pazifischen Ozean
☐ c) Atlantischen Ozean
☐ d) Arktischen Ozean

☞ **c) Atlantischen Ozean**

Frage 526

Wo befindet sich das Ozonloch?

☞ Regelmäßig im Winter bildet sich das Ozonloch in der Stratosphäre über der Antarktis. Hier dreht sich in den Wintermonaten in etwa 20 Kilometer Höhe der sogenannte Polarwirbel. In diesen sehr kalten, durch starke Windströmungen von der Umgebung isolierten Luftmassen wird in einem breiten Bereich in jedem Winter das gesamte Ozon zerstört.

Frage 527

Wie unterscheiden sich Astrologie und Astronomie?

☞ Astrologie (Sternendeutung) geht davon aus, dass der Charakter und das Schicksal eines Menschen eng mit der Stellung der Gestirne verknüpft sind, wobei vor allem die Sternenkonstellation bei der Geburt des Menschen von Bedeutung sein soll. Die Astronomie (Himmelskunde) untersucht dagegen mit wissenschaftlichen Methoden die chemischen und physikalischen Eigenschaften der Himmelskörper.

Frage 528
In welcher südostasiatischen Hauptstadt kann man auf schwimmenden Märkten einkaufen?

Schwimmender Markt in Bangkok

☞ **In Bangkok**, der Hauptstadt von Thailand. Der Kern der Hafenstadt wurde auf Schwemmland erbaut und wird von drei Flüssen sowie einem großen Kanal umschlossen. Früher war das „Venedig des Ostens" von unzähligen Kanälen durchzogen, und auch heute noch wird hier – eher als touristische Attraktion – Gemüse von Boot zu Boot verkauft.

Frage 529
Wie heißt Königsberg in Ostpreußen heute?

☞ Nach der Besetzung durch sowjetische Truppen am Ende des Zweiten Weltkrieges wurde der nördliche Teil Ostpreußens unter sowjetische Verwaltung gestellt, Königsberg wurde in Kaliningrad umbenannt.

Frage 530
Wie heißt die größte Wüste Asiens?

☐ a) Sahara ☐ c) Negev
☐ b) Gobi ☐ d) Karakum

☞ **b) Gobi**
Die Wüste Gobi erstreckt sich von Kirgisien und dem Hochland von Pamir im Westen bis zur Mandschurei im Osten. Im Norden reicht sie bis Sibirien, im Süden fast bis zur Chinesischen Mauer. Mit ihrer Fläche von mehr als zwei Millionen km^2 ist sie ungefähr zehnmal so groß wie die Bundesrepublik Deutschland.

Frage 531
In welchem Teil des Mittelmeeres liegt die Insel Elba?

☞ Im Tyrrhenischen Meer vor der Westküste Italiens. Mit 223 km^2 ist Elba die größte der Toskanischen Inseln, zu der auch Giglio, Montecristo und Capraia gehören. Napoleon (1769–1821) wurde 1814/15 auf die Insel Elba verbannt.

Frage 532
Ab wann können wir Antwort von Aliens erwarten?

☞ Am 16. November 1974 wurde mit einem Radioteleskop in Arecibo, Puerto Rico, eine Botschaft per Radiosignal in Richtung Kugelsternhaufen Messier 13 im Sternbild Herkules gesendet. Mit 2000 Gigawatt ist dies das stärkste jemals technisch erzeugte Radiosignal. Messier 13 ist 22.600 Lichtjahre entfernt. Die Radiosignale sind mit Lichtgeschwindigkeit unterwegs, brauchen also 22.600 Jahre bis zu ihrem Ziel. Werden sie dort zügig beantwortet, sollten unsere Nachfahren in 45.200 Jahren ihre Antennen ausfahren.

Frage 533
Seit es den Menschen auf unserem Planeten gibt, ist er dabei, seine Umgebung zu erforschen. Dabei waren es nicht immer die Naturwissenschaftler, die auf diesem Gebiet herausragende Leistungen vollbrachten. Im 17. Jahrhundert waren es oft Künstler, die wissenschaftlich exakte Darstellungen von verschiedenen Pflanzen- und Tierarten anfertigten. So erschien im Jahr 1679 ein damals sensationelles Buch mit dem Titel *Der Raupen wunderbare Verwandlung und sonderbare Blumennahrung*. Dieses Buch verfügte nicht nur über eindrucksvolle Abbildungen, sondern beschäftigte sich erstmals auch ausführlich wissenschaftlich mit der Verwandlung der Schmetterlinge. **Wie heißt die Autorin?**

☞ **Anna Maria Sybilla Merian (1647–1717).** Sie war eine der bedeutendsten Naturforscher ihrer Zeit. Vor ihr hatte sich kaum jemand ernsthaft mit Insekten beschäftigt, was sich jedoch nach der Veröffentlichung ihrer viel beachteten Bücher änderte.

Frage 1

Was versteht man unter Kommunikation zwischen Menschen?

☞ **Den Austausch von Informationen** durch Zeichen wie z. B. Schriftzeichen, Worte, Mimik und Symbole.

Frage 2

Was versteht man unter Massenmedien?

☞ **Rundfunk, Fernsehen, Film- und Printmedien**, die einem großen und vielschichtigen Publikum Informationen und Unterhaltung weitergeben; dem Internet kommt dabei eine immer größere Bedeutung zu. Ihr Einfluss auf Politik und Gesellschaft ist unbestreitbar, die exakten Wirkungsweisen dieses Einflusses sind jedoch in der Wissenschaft umstritten.

Frage 3

An den Dateierweiterungen kann man erkennen, mit welcher Art von Datei man es gerade zu tun hat. **Worauf weist die Endung „.wav" hin?**

☐ a) auf ein Textdokument
☐ b) auf eine Sounddatei
☐ c) auf ein Bild
☐ d) auf eine Tabelle

☞ **b) auf eine Sounddatei**
WAV ist ein Format für Audiodateien, das – anders als beispielsweise das MP3-Format – die Daten nicht komprimiert und daher recht große Audiodateien zur Folge hat.

PLUG & PRAY

Da Plug & Play in den ersten Jahren nach seiner Entwicklung nicht immer ohne Pannen funktioniert hat, wurde es von Computerfreaks schnell in „Plug & Pray" – einstöpseln und beten – umbenannt. Mittlerweile hat dieses System allerdings seine Kinderkrankheiten überwunden und arbeitet in den meisten Fällen recht zuverlässig.

Frage 4

Wer übernahm nach der Erfindung des Buchdrucks den Buchvertrieb?

☞ Anfangs übernahmen den Buchvertrieb reisende Buchführer, sogenannte Kolporteure. Schon um 1500 gab es jedoch auch erste ortsansässige Sortimentsbuchhändler.

Frage 5

Wie nennt man das Sammeln von spontanen Ideen innerhalb einer Gruppe?

☞ **Brainstorming.** In einer Gruppe werden durch gegenseitiges Aufgreifen und Weiterspinnen von spontanen Einfällen sogenannte Assoziationsketten gebildet, die solange wechselseitig ergänzt werden, bis eine für alle geeignete Lösung gefunden ist.

Frage 6

Eines der Merkmale, auf die Computerkäufer achten sollten, ist die Taktfrequenz des Geräts. **Was wird mit ihr bezeichnet?**

☞ **Die Taktfrequenz bezeichnet die Geschwindigkeit des Mikroprozessors**, der in einen Rechner eingebaut ist. Sie wird in MHz (Megahertz) angegeben und gibt die Geschwindigkeit, mit der der Prozessorquarz pro Sekunde schwingt, an. Allgemein gilt: Je höher die Taktfrequenz ist, desto schneller arbeitet der Prozessor.

Frage 7

Was verbirgt sich hinter dem Kürzel HTML?

☞ **HTML ist die Abkürzung von Hypertext Markup Language.** Das ist die grundlegende Programmiersprache für die Erstellung von Internetseiten. Mit ihr lassen sich Texte, Bilder und Links darstellen, allerdings keine

Animationen programmieren. Hierzu sind spezielle Programme wie Javascript oder Pearl erforderlich.

Frage 8

Wer war Maria Montessori?

☐ a) Journalistin
☐ b) Parawissenschaftlerin
☐ c) Psychologin
☐ d) Pädagogin

☞ **d) Pädagogin**

Die italienische Ärztin und Pädagogin (1870–1952) gründete 1907 in Rom das erste Kinderhaus für Arbeiterkinder. Ihr pädagogisches Konzept beruht auf der Förderung der Intelligenz und Kreativität von Kindern, indem man sie zu einer eigenständigen und individuellen Entwicklung anregt.

Maria Montessori

Frage 9

Wer gründete 1952 die BILD-Zeitung?

☞ **Axel Caesar Springer (1912–85)**, der sein Unternehmen mit Zeitschriften wie *Hörzu* und Zeitungen wie *Die Welt* zu einem der größten europäischen Pressekonzerne aufbaute.

Frage 10

Wie heißt der Versuch der Meinungsbeeinflussung mithilfe besonderer Kommunikationsmittel?

☞ **Werbung.** Sie versucht, die Produkte eines Unternehmens in der Öffentlichkeit bekannt zu machen und Kaufwünsche zu wecken. Zur Übermittlung der Werbebotschaft an den Empfänger werden Werbemittel wie Plakate oder Werbespots entworfen, die dann in den sogenannten Werbeträgern (z. B. Fernsehen oder Zeitung) geschaltet werden.

Frage 11

Was ist eine Anekdote?

☞ **Eine kurze Erzählung**, die meist an eine historische Person geknüpft ist und eine pointenhafte Wendung hat. Sie stellt schlaglichtartig den Charakter der Person oder einer Begebenheit dar.

Frage 12

Wer professionell mit dem Computer arbeitet, beherrscht zumeist auch verschiedene Programmiersprachen. Eine dieser Sprachen nennt sich Javascript. **In welchem Bereich wird sie eingesetzt?**

☞ Javascript ist eine Programmiersprache, die bei der Erstellung von Internetseiten zum Einsatz kommt. Sie ist oft dann am Werke, wenn bestimmte Elemente einer Internetseite bei der Berührung mit dem Mauszeiger ihre Gestalt verändern.

Frage 13

Wie heißt die erste Buchstabenkurzschrift?

☐ a) Morsezeichen
☐ b) Stenografie
☐ c) Telegrafie
☐ d) Memo

☞ **b) Stenografie**

Die Stenografie besteht aus Teilen der gewöhnlichen Buchstaben.

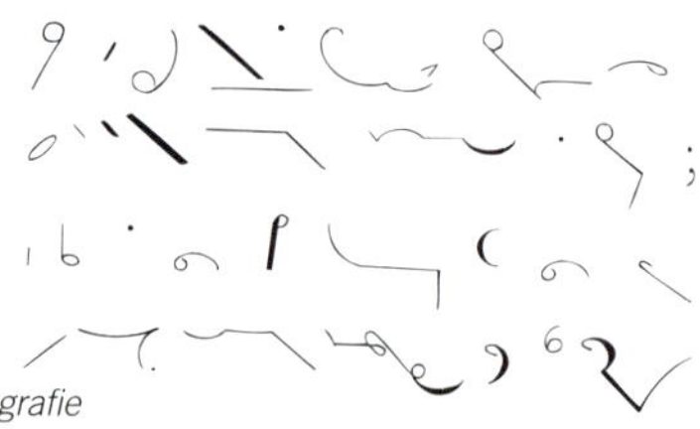

Stenografie

Frage 14

Unter welchem Namen ist die Straßenverbindung zwischen den Hamburger Ortsteilen Othmarschen und Waltershof bekannt?

☞ **Als Elbtunnel.** Über 100.000 Fahrzeuge zwängen sich täglich etwa 30 Meter unter der Elbe durch den 2653 Meter langen Tunnel.

Frage 15

Wie heißt eine der meistbefahrenen künstlichen Schifffahrtsstraßen der Welt, die in Deutschland liegt?

☞ **Der Nord-Ostsee-Kanal.** Er wurde 1895 von Kaiser Wilhelm II. (1859–1941) eingeweiht. Heute fahren auf dem 100 Kilometer langen Kanal zwischen Hamburg und Kiel jährlich etwa 40.000 Schiffe.

Frage 16

Was versteht man unter einem Binnenhafen?

☞ Als Binnengewässer werden Flüsse und Seen des Festlandes bezeichnet. Die Schifffahrt auf ihnen wird demzufolge als Binnenschifffahrt bezeichnet und Häfen im Landesinneren als Binnenhäfen.

Frage 17

Wo liegt der zweitgrößte Flughafen der Welt?

☐ a) Vancouver
☐ b) München
☐ c) Chicago
☐ d) Sydney

☞ **c) Chicago**
Neben dem Flughafen, dem O'Hare International Airport, befinden sich hier auch der größte Eisenbahnknotenpunkt der Welt und ein bedeutender Hafen. Der größte Flughafen ist derzeit Atlanta (Hartsfield-Jackson Atlanta International Airport) mit über 89 Millionen Passagieren im Jahr.

Frage 18

In welchem Jahr wurde die nationale Standesorganisation der Buchhändler und Verleger gegründet?

☞ **1825** erwirkte Friedrich Perthes (1867–1927) die Gründung des Börsenvereins des Deutschen Buchhandels und schuf damit die bis heute fortbestehende nationale Standesorganisation der deutschen Buchhändler und Verleger.

Frage 19

Was ist der Vorteil der elektronischen Post gegenüber der Briefpost?

☞ Sie kann weltweit empfangen werden und ist günstiger, schneller und meist problemloser zu versenden als ein herkömmlicher Brief. Es lassen sich außerdem beliebig Dateien anhängen.

Frage 20

Womit befasst sich die Philologie?

☞ **Mit der wissenschaftlichen Erforschung der Sprachen und Literaturen.** Beispielsweise beschäftigt sich die Germanistik mit den mündlichen und schriftlichen Überlieferungen der germanischen Sprachen und Literaturen, insbesondere des Deutschen.

Frage 21

Was leistete Johann Heinrich Pestalozzi?

☞ Der Erzieher und Bildungsreformer (1746–1827) gilt als geistiger Wegbereiter der modernen Volksschule.
Der Schweizer Erzieher gründete mehrere Erziehungsheime und wirkte lange Zeit als Lehrer.

Johann Heinrich Pestalozzi

Frage 22

Auf welchem Kontinent hatte das Wort „palavern" keine negative Bedeutung?

☞ **Afrika.** Mit Palaver bzw. palavern bezeichneten die ehemaligen portugiesischen Kolonialherren des 19. Jahrhunderts das stunden- und tagelange Gespräch der Eingeborenen in Versammlungen, wenn beispielsweise wichtige Gerichtsentscheidungen zu treffen waren (portug. palavra, „Wort").

Frage 23

Wie lautet die englische Bezeichnung für die Zugangsberechtigung ins Internet oder zu einem Computer?

☐ a) Account ☐ c) Log-in
☐ b) Access ☐ d) Code

☞ **a) Account**
Damit wird z. B. der Zugang zu einem Onlinedienst möglich.

Frage 24

Wie bezeichnet man eine Postanschrift im Internet?

☞ Anschriften für die elektronische Post (E-Mail) sind die E-Mail-Adressen. Adressen im World Wide Web beginnen mit dem Kürzel „http".

Frage 25

Welche Bedeutung hat die aus der Informationstechnik stammende Abkürzung ADSL?

☞ **Sie steht für „Asymmetric (oder: Asynchronus) Digital Subscriber Line".** Dabei handelt es sich um ein Verfahren, mit dem die Datenübertragungsraten in den Kupferleitungen des herkömmlichen Telefonnetzes erhöht werden sollen.

Frage 26

Wie kommen die Computerviren zu ihrem Namen?

☞ **Der Name wurde aus der Medizin entlehnt**, da Computerviren Ähnlichkeiten mit biologischen Viren aufweisen. Programme und Dateien können sich, z. B. über den Austausch von infizierten Disketten, gegenseitig anstecken und dadurch Schaden nehmen.

Frage 27

Je nachdem, ob man am Computer mit Grafiken, Texten oder Tabellen arbeiten möchte, muss man unterschiedliche Computerprogramme aufrufen. Auch um sich im Internet bewegen zu können, sind besondere Programme erforderlich. Mithilfe dieser Programme lassen sich nicht nur Texte oder Bilder darstellen, sondern auch Programme, Musik oder Filme herunterladen. **Wie nennt man sie?**

☞ **Browser.** Der Name leitet sich von dem englischen Verb „to browse" ab, das „stöbern, schmökern" bedeutet. Die bekanntesten Browser sind der Internet Explorer, der Netscape Navigator, Mozilla Firefox und Opera. Diese Programme können Festplatten oder andere Datenträger, aber auch Dateien und Verzeichnisse durchsuchen. Besonders wichtig sind Browser, wenn man auf Daten im Internet zugreifen will.

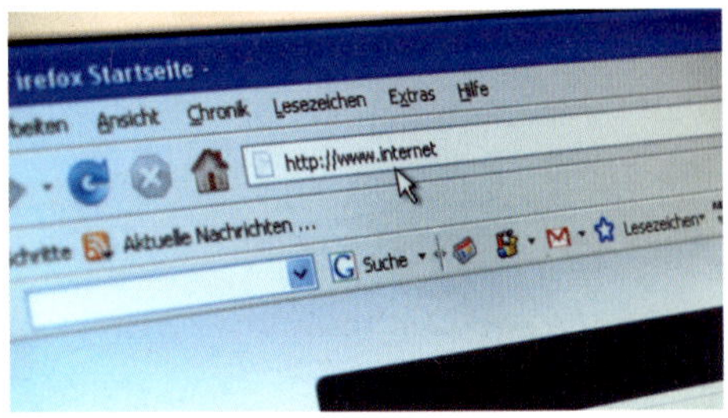

Ein Internet-Browser

Frage 28

In welcher Epoche wurde Althochdeutsch gesprochen?

☐ a) 400 bis 750 ☐ c) 1050 bis 1300
☐ b) 750 bis 1050 ☐ d) 1300 bis 1650

☞ **b) 750 bis 1050**
Das Althochdeutsche ist eine eigenständige Epoche der deutschen Sprachgeschichte, die etwa von 750 bis 1050 reichte.

Frage 29

Welche zusätzliche Möglichkeit gibt es seit 1994, von Frankreich nach England zu reisen?

☞ **Den Eurotunnel.** Seit 1994 kann der Ärmelkanal zwischen den beiden Ländern an seiner schmalsten Stelle, zwischen Dover und Calais, nicht nur mit Fähren überquert, sondern auch mit dem Zug unterquert werden.

Frage 30

Wie heißen die kleinsten Einheiten der Schriftsprache?

☞ **Die Buchstaben** sind die kleinste Einheit der deutschen Schriftsprache, während der Laut die kleinste Einheit der gesprochenen Sprache ist.

Frage 31

Was passiert, wenn man in einem Funkloch steckt?

☞ Wer mit seinem Funkgerät, Mobilfunkgerät oder Radio in ein Funkloch kommt, hat keinen Empfang mehr bzw. kann nicht mehr senden. Es sind geografisch ungünstig gelegene Bereiche, die von den Funkwellen nicht erreichbar sind, wie etwa tiefe Täler.

Frage 32

Wo findet man eine Homepage?

☞ **Im Internet oder World Wide Web.** Es ist die erste Seite eines Anbieters. Von hier aus kann über sogenannte Links auf andere Seiten zugegriffen werden. Heute werden in den Begriff auch die anderen, von dieser Homepage aus erreichbaren Seiten einbezogen.

Frage 33

Wie heißt der größte Chip-Hersteller der Welt?

☐ a) AMD
☐ b) Intel
☐ c) NEC
☐ d) Motorola

☞ **b) Intel**
80 % aller Personalcomputer weltweit enthalten Chips des US-Konzerns Intel.

Frage 34

Welche Aufgabe hatte die mittelalterliche Schreibstube?

☞ Vor der Erfindung des Buchdrucks im 15. Jahrhundert mussten Texte durch Abschreiben vervielfältigt werden. Zunächst geschah dies in Klöstern, im Spätmittelalter übernahmen dann Händler diese Aufgabe.

Frage 35

Wie heißen die Schwarzen Bretter des Internets?

☞ **Newsgroups**. Dies sind Informations- und Diskussionsforen zu beliebigen Themen in einem „Usernet" genannten Teil des Internets oder in anderen Netzen.

Frage 36

Was wird auf einer Datenautobahn transportiert?

☞ **Bild, Ton, Schrift und elektronische Daten.** Im Datennetz sind Telekommunikation, Fernsehen und Computertechnologie zusammengefasst.

Frage 37

Welche Möglichkeiten bietet das Internet?

☞ Jeder, der über einen Computer, ein Modem und einen Telefonanschluss verfügt, kann weltweit auf Informationen zugreifen oder kommunizieren. Immer mehr Waren und Dienstleistungen werden über das Internet angeboten. Der Internetbuchhandel beispielsweise nimmt Bestellungen über das Weltnetz entgegen und liefert Bücher, z. T. sogar ohne Versandkosten, ins Haus.

Frage 38

Was versteht man unter einem Hyperlink?

☐ a) einen Verweis auf eine Internetseite
☐ b) eine Abkürzung durch den Weltraum
☐ c) eine Grafik auf einer Internetseite
☐ d) den Namen einer Internetseite

☞ **a) einen Verweis auf eine Internetseite**
„Hyperlink" kommt aus dem Englischen und bedeutet so viel wie „Querverweis, Verweis, Verknüpfung".

Frage 39

Was versteht man unter einem Online-Redakteur?

☞ Damit werden Journalisten bezeichnet, die sich im Internet so gut auskennen, dass sie für Medienkonzerne und Verlagshäuser deren Internetseiten einrichten und ständig aktualisieren können. Auch bei Fernsehsendern sind Online-Redakteure beschäftigt: Dort bereiten sie Nachrichten- und Magazinsendungen für das Internet auf.

Frage 40

Was ist das Besondere an einem Internetcafé?

Café mit Internetzugang

☞ Statt oder neben dem üblichen Angebot eines Cafés stellt ein Internetcafé gegen Bezahlung Computer zur Verfügung, über die auf das Internet zugegriffen werden kann.

Frage 41

Spielt der öffentlich-rechtliche oder der private Rundfunk eine größere Rolle?

☞ Ende der 1990er-Jahre hatten die öffentlich-rechtlichen Rundfunksender der ARD noch geringfügig mehr Hörer als die privaten Sender. Letztere warben allerdings zunehmend Hörer ab und auch die Einnahmen durch Werbung im Radio gingen bei der ARD stärker zurück.

Frage 42

Was ist eine Glosse?

☞ Die Glosse nimmt Sachverhalte, Erscheinungen und Verhaltensweisen aufs Korn, die widersprüchlich oder gar überlebt sind. Dafür werden Stilmittel wie Humor, Ironie und Satire eingesetzt.

Frage 43

Um wie viel verlängert sich der Bremsweg, wenn ein Autofahrer seine Geschwindigkeit verdoppelt?

☐ a) Er bleibt gleich.
☐ b) Er verdoppelt sich.
☐ c) Er verdreifacht sich.
☐ d) Er vervierfacht sich.

☞ **d) Er vervierfacht sich.**
Es gibt eine einfache Formel, nach der man den Bremsweg berechnen kann:
Bremsweg = (Geschwindigkeit x 3) / 10

Frage 44

Dieses Fahrzeug hat keine Räder, Achsen, Getriebe und Oberleitungen. Es rollt nicht, es schwebt. An die Stelle von Rad und Schiene bei der Eisenbahn tritt hier ein berührungsfreies elektromagnetisches Trag-, Führ- und Antriebssystem. **Um welches Verkehrsmittel handelt es sich hier?**

☞ **Es handelt sich um den Transrapid.** Zum Schweben braucht das Fahrzeug nicht mehr Energie als für den Betrieb seiner Klimaanlage. Die Energie zum Schweben liefern Batterien, sodass der Transrapid selbst bei Stromausfall noch eine Stunde lang weiterschweben kann.

Transrapid in Shanghai

Frage 45

Wozu werden Trojanische Pferde in fremde Computer eingeschleust?

☞ Mit diesen virenähnlichen Programmen können unberechtigt Daten auf fremden Rechnern ausgeforscht werden. „Trojan Horses" werden oft als nützliche und kostenlose Programme im Internet angeboten. Lädt man sie herunter und startet sie auf dem eigenen Rechner, werden dort Dateien verändert.

Frage 46

Wie kauft man in einem virtuellen Shop ein?

☞ Über das Internet lassen sich auf dem Bildschirm des eigenen PCs die Waren der virtuellen Warenhäuser betrachten und bestellen.

Frage 47

Wozu dient ein Banner auf einer Webseite im Internet?

☞ **Ein Banner dient der Werbung**, man spricht daher auch von Bannerwerbung. Oft sind die Werbeabbildungen als Links angelegt, die den Anwender beim Anklicken auf die Internet-Seite des werbenden Unternehmens führen. Auch das Bild, das beim Starten eines Programms erscheint (meist das Logo des Herstellers), ist ein Banner.

Frage 48

Welches methodische Verfahren zur Erkenntnisgewinnung leitete man von der antiken Kunst der Rede und Gegenrede ab?

☞ **Die Dialektik**, deren Verfahren u. a. mit Platon (um 427–347 v. Chr.) in der Antike wurzeln und seit Hegel (1770–1831) in der Neuzeit Gültigkeit haben. Einer These wird eine Antithese gegenübergestellt; aus dem Widerspruch zwischen beiden gelangt man durch die Synthese zur Aufhebung und Gewinnung einer neuen These; hier kann das Verfahren fortgesetzt werden.

Frage 49

Wie viele Menschen haben Deutsch als Muttersprache?

☐ a) 80 Millionen ☐ c) 125 Millionen
☐ b) 105 Millionen ☐ d) 150 Millionen

☞ **b) 105 Millionen**
Weltweit haben 105 Millionen Menschen die deutsche Sprache als Muttersprache, u. a. in Frankreich, USA, Kanada und Südafrika.

Frage 50

Wofür sollte das Internet ursprünglich dienen?

☞ Das Computernetzwerk wurde 1969 als ARPANET von den USA für militärische Zwecke eingerichtet. Es sollte für den Fall eines Atomkrieges die Kommunikation zwischen den Schaltzentralen der Macht sicherstellen. Zuerst für wissenschaftliche Einrichtungen freigegeben, entwickelte es sich zu einem öffentlich zugänglichen, weltweiten Computernetz, dem Internet.

Frage 51

Wofür steht die Abkürzung CASTOR?

☞ Die Abkürzung kommt aus dem Englischen und steht für „cask for storage and transport of radioactive material", zu Deutsch „Behälter zur Lagerung und zum Transport radioaktiven Materials". In einem Castor werden abgebrannte Brennelemente oder radioaktive Abfälle aus Atomkraftwerken zu Zwischen- oder Endlagern und Wiederaufbereitungsanlagen befördert.

Frage 52

Wo lebt der Klammeraffe?

☞ Man findet ihn in den Wäldern Mittel- und Südamerikas oder auf der Tastatur von Computern. Im letzteren Fall handelt es sich nicht um ein Tier, sondern um die saloppe Bezeichnung für das Sonderzeichen @.

Frage 53

Wofür steht der Begriff „Pseudoereignis" in der Medienwissenschaft?

☞ Ereignisse, die ohne die Medien gar keine wären, bezeichnet man als Pseudoereignisse.

Frage 54

Im 17. bis 19. Jahrhundert trugen fahrende Schausteller ihre Schauergeschichten über Verbrechen, v. a. Mordtaten, Laster, Kriege und Naturkatastrophen mit monoton-melancholischen Liedern vor. Dabei standen sie zumeist auf einer Holzbank. **Wie nennt man die Vortragsweise fahrender Schausteller, die mit Drehorgel-Begleitung Meldungen unter das Volk brachten?**

☐ a) Minnesang ☐ c) Gstanzl
☐ b) Schaugesang ☐ d) Bänkelsang

☞ **d) Bänkelsang**

DAS LOGISCHE UND

Gegeben sind zwei Aussagen A und B. Verknüpfen wir diese beiden Aussagen mit einem logischen UND, so müssen A und B beide gleichzeitig „wahr" sein, damit auch das Ergebnis C „wahr" ist. Man kann das in einer Wahrheitstabelle so darstellen:

A	B	C
f	f	f
f	w	f
w	f	f
w	w	w

Wenn wir nun noch das „f" durch eine 0 und das „w" durch eine 1 ersetzen, ist man wieder bei einer für den Rechner lesbaren Darstellungsform angelangt.

Frage 55

Wo lief das letzte Modell des wohl bekanntesten Autos aus Wolfsburg vom Band?

☞ **In Puebla in Mexiko** wurde im Juli 2003 die Produktion des VW-Käfers eingestellt. Weltweit wurden in 69 Jahren über 21,5 Millionen Fahrzeuge produziert. Der Kleinwagen war die Grundlage des Erfolges der Volkswagen AG.

Der VW-Käfer

Frage 56

Warum ist für die Fernsehbranche die Primetime so interessant?

☞ Weil hier, in der Hauptsendezeit nach den abendlichen Nachrichten, die ganze Familie vor dem Fernseher sitzt und so für eine hohe Einschaltquote sorgt. Auch für die Werbung ist es die beste Zeit.

Frage 57

Welche Aufgabe hat die Bundesprüfstelle für jugendgefährdende Schriften?

☞ Sie prüft Medien aller Art darauf, ob sie unsittlich oder gewaltverherrlichend sind oder zu Gewalttätigkeit und Rassenhass anreizen. Die gefährlichen Medien werden in einer Liste, dem sogenannten Index, geführt und unterliegen dann Werbe- und Vertriebsbeschränkungen.

Frage 58

Was bedeutet beim Telefonieren die Preselection?

☞ Im Gegensatz zum Call-by-call-Verfahren wählt der Telefonkunde vorher aus, welcher Telefonanbieter seine Gespräche vermitteln soll, nämlich für Ortsgespräche, Ferngespräche und Auslandsverbindungen der jeweils günstigere.

Frage 59

Wie bezeichnet man die aus den USA kommende Fernseh-Talkshow für Nachtschwärmer?

☐ a) Evening Talk
☐ b) Night Talk Show
☐ c) Late-Night-Show
☐ d) Dark Talk

☞ **c) Late-Night-Show**

Frage 60

Was ist ein Spartenkanal?

☞ Ein Fernsehsender, der sich auf ein bestimmtes Interessengebiet konzentriert, z. B. ein Sportsender, ein Nachrichtensender oder auch ein Kinderkanal.

Frage 61

Um welches Massenmedium streiten sich öffentlich-rechtliche und private Anbieter?

☞ **Um das Fernsehen**, besonders um die Einschaltquoten. Dabei setzen die Konkurrenten v. a. auf Eigenproduktionen, um nicht auf überteuerte US-Spielfilme und Serien angewiesen zu sein.

Frage 62

Was heißt „Pay-per-View" bzw. „Pay-TV"?

☞ In Amerika kann man mit Pay-per-View einzelne Fernsehbeiträge ordern, die dann auch einzeln vom Anbieter abgerechnet werden. In Deutschland ist vorerst nur das Pay-TV möglich, d. h., der Abnehmer muss eine monatliche Gebühr bezahlen und einen Decoder kaufen, um je nach Belieben das Programm des Anbieters empfangen zu können.

Frage 63

Welches simple Werbemittel ist ein Flyer?

☞ Ein Handzettel, der an Passanten verteilt wird.

Frage 64

Wo liegt der bedeutendste Binnenhafen Mitteleuropas?

☐ a) München
☐ b) Berlin
☐ c) Chemnitz
☐ d) Duisburg

☞ **d) Duisburg**

Der Duisburger Binnenhafen

Frage 65

Was ist Teleshopping?

☞ **Das Einkaufen über den Fernsehschirm.** In TV-Werbesendungen wird die Telefon- oder Faxnummer einer Bestell-Hotline eingeblendet, über die Waren bestellt werden können.

Frage 66

Was ist mit Telelearning gemeint?

☞ **Eine Form der PC-gestützten Aus- und Weiterbildung an Fernuniversitäten.** Im weitesten Sinn bezeichnet man damit multimediale Lernmöglichkeiten und Wissensvermittlungen durch das Internet oder auch durch Multimedia-Enzyklopädien, die als CD-ROMs erhältlich sind.

Frage 67

Was bedeutet der Begriff „Sitcom"?

☞ Sitcom ist eine Kontraktionsform aus „situation" und „comedy" und bezeichnet eine humorvolle Fernsehserie mit stets wiederkehrenden Akteuren, Situationen und Orten.

Frage 68

Wie schnell fährt ein ICE?

☐ a) 150 km/h
☐ b) 280 km/h
☐ c) 350 km/h
☐ d) 420 km/h

☞ **b) 280 km/h**.
Der ICE fährt seit seiner Einführung mit einer Höchstgeschwindigkeit von bis zu 280 km/h. Der ICE wäre aber – so dies die Strecken zulassen würden – zu weitaus höheren Geschwindigkeiten in der Lage. So erreichte das Vorläufermodell des ICE 1988 auf der Neubaustrecke Würzburg – Fulda eine Höchstgeschwindigkeit von 406,9 km/h.

Rechts ICE, links gewöhnliche Lok

Frage 69

Was ist künstliche Intelligenz?

☞ Die Fähigkeit eines Computers, nach den gleichen Grundsätzen wie das menschliche Gehirn zu funktionieren. Es wird versucht, mit Computern die menschliche Intelligenz nachzuahmen. Der Rechner sollte daher nicht nur große Wissensmengen speichern, sondern auch lernfähig sein und logische Schlussfolgerungen ziehen können.

Frage 70

Wer entzifferte die Zeichen auf dem Stein von Rosette?

☞ **Der französische Ägyptologe Jean François Champollion (1790–1832)** entzifferte 1822 die ägyptischen Schriftzeichen auf dem Stein von Rosette, auf dem ein königliches Dekret der Priester von Memphis aus dem Jahre 196 v. Chr. in hieroglyphischer und griechischer Übersetzung festgehalten war.

Frage 71

Was ist ein Phonem?

☞ **Die kleinste bedeutungsunterscheidende Einheit eines Wortes.** Das bedeutet, dass sich durch Austausch eines Phonems durch ein anderes die Bedeutung des Wortes verändert (z. B. **R**atte – **M**atte).

Frage 72

Wie wird ein als internationales Luftverkehrsdrehkreuz fungierender Flughafen bezeichnet?

☞ **Als Hub.** Der 1992 eröffnete neue Münchner Flughafen z. B. entwickelte sich in den letzten Jahren zu einem solchen. So stieg das Umsteigervolumen in einem Zeitraum von acht Jahren um das Vierfache – von 1,3 Millionen Umsteigern im Jahr 1992 auf 5,7 Millionen im Jahr 1999.

Frage 73

Was ist die Montgolfiere?

☐ a) der höchste Titel der Golfweltmeisterschaft der Damen
☐ b) das höchste Gipfelkreuz der Schweiz
☐ c) der erste Heißluftballon
☐ d) das erste Segelflugzeug

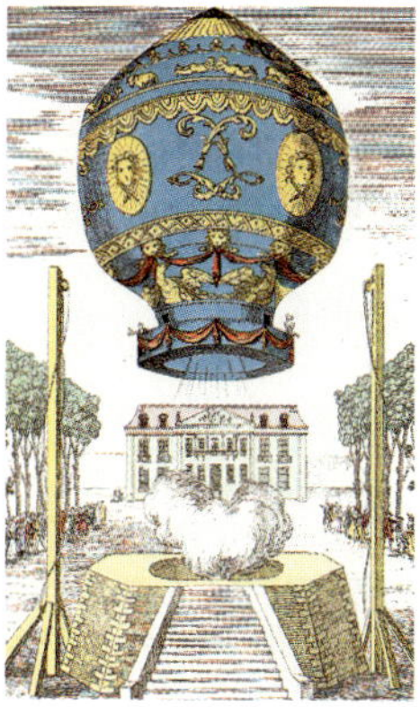

☞ **c) der erste Heißluftballon**

Es war der erste Heißluftballon der Welt, benannt nach seinen Erfindern Etienne Jacques (1745–99) und Joseph Michel de Montgolfier (1740–1810). Das französische Brüderpaar experimentierte zunächst mit Papiertüten und kleinen Stoffballons, ehe es 1783 den ersten bemannten Flug wagte.

Die „Montgolfiere“

Frage 74

Was ist der Anchorman bzw. die Anchorwoman in einer Nachrichtensendung?

☞ In den Abendmagazinen der öffentlichen und privaten Sender hat der Anchorman die Aufgabe, den seriösen und kompetenten Fixpunkt der Sendung darzustellen. Er dirigiert gewissermaßen mit der Regie im Hintergrund den Verlauf der Film- und Nachrichtenbeiträge und führt die Live-Interviews.

Frage 75

Was versteht man unter dem Begriff „Technologietransfer“?

☞ Den privatwirtschaftlich oder staatlich unterstützten Prozess der Diffusion und Verbreitung vorhandener Technologien oder vorhandenen technischen Wissens. Der Transfer kann z. B. durch Lizenz- oder Know-how-Verträge innerhalb eines international tätigen Unternehmens, zwischen Unternehmen oder zwischen Industrie- und Entwicklungsländern erfolgen.

Frage 76

Welches Verkehrsmittel verbindet seit 2003 das Finanzzentrum Shanghais mit dem Flughafen?

☞ **Die Magnetschwebebahn Transrapid.** Die 30 Kilometer lange Strecke ist der erste kommerzielle Einsatzort dieser Technik. Der Hochgeschwindigkeitszug erreicht dabei eine Geschwindigkeit von 430 km/h.

Frage 77

Was baute Ernst Heinrich Heinkel?

☞ Der deutsche Konstrukteur (1888–1958) baute 1939 in den von ihm gegründeten Ernst-Heinkel-Flugzeugwerken das erste Düsenflugzeug der Welt. Allerdings wurde seine He 178 nie in großer Stückzahl hergestellt.

Frage 78

Wie heißt die Brücke, die Dänemark mit Schweden verbindet?

☐ a) Köhlbrandbrücke
☐ b) Öresundbrücke
☐ c) Skarnsund Brücke
☐ d) Storebælt-Brücke

☞ **b) Öresundbrücke**

Am 14. August 1999 wurde das letzte Teilstück in die Brücke über den Öresund eingesetzt. Die Brücke ist acht Kilometer lang.

Der Öresund zwischen Dänemark und Schweden

Frage 79
Wer erfand das World Wide Web?

☞ **Der Engländer Tim Berners-Lee (*1955)** wollte 1989/90 am Schweizer Kernforschungsinstitut CERN mit seinem Vorschlag für ein World Wide Web ein Informationssystem schaffen, das wissenschaftliche Dokumente online sichtbar machen sollte, wobei einfache Textformatierung und das Einbringen von Grafik möglich sein sollten.

Frage 80
Welche Internet-Schädlinge sorgen für Ärger und Schaden?

☞ Software, die absichtlich Schaden verursacht, kann grob in drei Kategorien eingeteilt werden: Viren nisten sich in andere Programme ein, um Daten zu schädigen oder unerlaubt zu versenden. Würmer sind Viren, die sich selbstständig verbreiten. Trojaner täuschen eine sinnvolle Funktion vor, öffnen aber eine Hintertür und gewähren so Zugriff auf den Computer, ohne dass der Benutzer dies bemerkt.

Frage 81
Wann entstanden in Ägypten die Hieroglyphen?

☐ a) vor 2000 Jahren ☐ c) vor 8000 Jahren
☐ b) vor 5000 Jahren ☐ d) vor 10.000 Jahren

☞ **b) vor 5000 Jahren** entstanden in Ägypten die ersten Hieroglyphen. Doch zunehmend wurde eine raschere Form des Schreibens benötigt, und dafür benutzte man Zeichen mit einer lautlichen Zuordnung. Es entstanden stilisierte abstraktere Zeichen, die Schrift wurde komplexer, aber auch genauer. In Ägypten erfuhren die Hieroglyphen eine Verknüpfung mit Lauten. Das daraus entstandene komplizierte Schriftsystem war so dienlich, dass es 3000 Jahre unverändert bestehen blieb.

Hieroglyphen

Frage 82
Welche weltbekannte deutsche Show moderiert Thomas Gottschalk?

☞ **Die Sendung *Wetten, dass..?*.** Der deutsche Entertainer ist besonders durch seine Schlagfertigkeit und seine forschen Sprüche berühmt geworden. Der ausgebildete Lehrer betätigt sich neben seiner Moderation auch als Schauspieler. Neben zahlreichen anderen Preisen erhielt Gottschalk (*1950) zweimal den Bambi.

Frage 83
Wieso sorgte die Botschaft „I love you“ im Mai 2001 nicht überall für Freude?

☞ Weil es sich dabei um die Betreffzeile einer E-Mail handelte, die einen Computervirus verbreitete. Nach Öffnen einer Datei durch den Computernutzer verschickte sich der Virus weiter und sorgte für ein weltweites Computerchaos.

Frage 84
Was forderte im Oktober 2003 die Berlin Declaration on Open Access to Knowledge in the Sciences and Humanities?

☞ Sie forderte Wissenschaftler auf, anderen Nutzern das freie, unwiderrufliche und weltweite Recht auf Zugang zu den Ergebnissen ihrer Arbeit einzuräumen und zugleich die Genehmigung zu erteilen, ihr Werk unter korrekter Angabe der Autorenschaft zu nutzen, zu kopieren und digital weiterzuverbreiten. Die Forderung wurde von den Repräsentanten der großen deutschen Forschungsorganisationen unterzeichnet.

Frage 85
Wie groß ist das Internet?

☞ Die Größe des Internets kann nur ungefähr bestimmt werden, da es mittlerweile viele unterschiedliche Anschlusstechnologien gibt. Eine Erhebung des European Information Technology Observatory ergab für 2008 eine Zahl von 1,23 Milliarden Nutzern.

Frage 86

Welches war das Unwort des Jahres 2007?

☐ a) Bundestrojaner
☐ b) Tätervolk
☐ c) Herdprämie
☐ d) Langlebigkeitsrisiko

☞ **c) Herdprämie**

Frage 87

Wie funktioniert eine Suchmaschine im Internet?

☞ Ein Crawler krabbelt über Internetlinks von Website zu Website. Ein Spider lädt die Websites ins Computersystem der Suchmaschine. Der Indexer ermittelt dort die (mehrfach auftretenden) Schlüsselbegriffe und speichert sie in der Indexdatenbank. Trifft aus dem Internet eine Anfrage bei der Suchmaschine ein, werden anhand dieser Datenbank relevante Internetseiten ermittelt und die Adressen (URL-Links) an den Benutzer übertragen.

Frage 88

Wer waren die Gebrüder Wright?

☞ Den amerikanischen Brüdern Orville (1871–1948) und Wilbur Wright (1867–1912) gelang 1903 mit dem von ihnen gebauten „Flyer" der erste motorisierte Flug der Welt. Angeblich war es aber bereits zwei Jahre zuvor dem deutschstämmigen Gustav Weißkopf (1874–1927) gelungen, mit einem Motorflugzeug zu fliegen.

Frage 89

Wie heißt das größte Passagierflugzeug der Welt?

☞ **Airbus A380.** Das Projekt begann unter dem Kürzel A3XX und sollte die Luftfahrt revolutionieren. Auf zwei Etagen können bis zu 800 Passagiere Platz finden.

Airbus A380

Frage 90

Welche sprachliche Leistung erbrachte Martin Luther?

☞ **Luther (1483–1546) übersetzte die Bibel in die deutsche Sprache.** Er stellt damit die deutsche Sprache erstmals gleichberechtigt neben die drei bis dahin ausschließlich als heilig erachteten Sprachen: Hebräisch, Griechisch und Lateinisch.

Frage 91

Wo wird der Airbus hergestellt?

☞ **Das vom Airbus-Konsortium produzierte Flugzeug wird sowohl in Deutschland als auch in Frankreich hergestellt und hat seinen Hauptsitz in Toulouse.** Von der Airbus-Standard-Rumpffamilie wurden bis 2002 über 3000 Flugzeuge gefertigt, davon zwei Typen in der Hamburger Flugwerft der Deutschen Aerospace AG (DASA), die anderen in der Werft der französischen Société Nationale Industrielle Aérospatiale in Toulouse. Der neue Airbus A380 wird in Hamburg (Innenausbau) und Toulouse (Endmontage) gebaut.

Frage 92

Was versteht man unter einer Denial-of-Service-Attacke?

☞ Eine Form des Angriffs im Internet. Durch gleichzeitiges massenhaftes Aufrufen einer

Internetadresse wird versucht, den Anbieter zu blockieren und den Zugang zum Internet zu verhindern. Dieser Praxis bedienen sich v. a. Computerviren, die andere Rechner für einen solchen Angriff fernsteuern.

Frage 93

Das Handy klingelt während der Fahrt im Auto oder mit dem Fahrrad. **Darf man das Gespräch entgegennehmen?**

☐ a) Natürlich, denn es könnte ja ein Notfall sein.
☐ b) Nur auf dem Fahrrad darf man das immer.
☐ c) Nur mit einer Freisprecheinrichtung.
☐ d) Nur, wenn man an einer roten Ampel steht.

☞ **c) Nur mit einer Freisprecheinrichtung.**
Bei fehlender Freisprecheinrichtung kostet die Benutzung des Handys im Auto 40 Euro Bußgeld plus einen Punkt in Flensburg und auf dem Fahrrad 35 Euro Bußgeld.

Frage 94

Was bedeutet Cyberspace?

☞ **Das englische Wort steht für „künstlicher Raum".** Gemeint sind vom Computer simulierte dreidimensionale Räume, in denen sich ein technisch entsprechend ausgerüsteter Mensch wie in realer Umgebung „bewegen" kann. Mit einem Spezialhandschuh, der Handbewegungen auf den Computer überträgt, können Objekte im künstlichen Raum sogar verschoben werden. Designer und Architekten nutzen Cyberspace häufig in der Planungsphase.

Frage 95

Welches Transportmittel wurde am 2. Juli 2000 auf den Namen „Friedrichshafen" getauft?

☞ **Es war das Luftschiff Zeppelin NT.** Der Name wurde gewählt, weil in der Stadt am Bodensee mit der Zeppelin Luftschifftechnik GmbH der Eigentümer sitzt. Außerdem startete hier am 2. Juli 1900 zum ersten Mal ein Zeppelin.

Zeppelin über dem Bodensee

Frage 96

Wofür ist die britische Stadt Dover bekannt?

☞ **Für die Fährverbindung Dover-Calais.** Dover ist einer der geschäftigsten Fährhäfen Großbritanniens, da Calais auf dem europäischen Festland lediglich 34 Kilometer entfernt ist. Der britische Ausgang des konkurrierenden Kanaltunnels, der 1994 eröffnet wurde, liegt im nahe gelegenen Folkstone.

Frage 97

Welche Qualitätsmerkmale unterscheiden Suchmaschinen?

☞ **Maßgeblich sind Größe, Aktualität und Themenrelevanz.** Von weltweit geschätzten zehn Milliarden statischen Internetseiten hat der Suchmaschinen-Marktführer Anfang 2004 eigenen Angaben zufolge 4,3 Milliarden in seinem Index gespeichert. Ihre Ergebnisse liefert die Suchmaschine aus diesem Bestand. Er muss regelmäßig aktualisiert werden. Damit im Ergebnis einer Suche die relevantesten Seiten am Anfang der Liste stehen, muss die Suchmaschine eine möglichst gute Relevanzbewertung durchführen.

Frage 98

Bis in die 1940er-Jahre wurden Slogans nach der Reiz-Reaktions-Theorie konzipiert. Was steckt hinter dieser Theorie?

☞ Sehr stark vereinfacht ausgedrückt geht die Reiz-Reaktions-Theorie davon aus, dass eine einzige Werbeaussage den Verbraucher zum Konsumieren bringt, beispielsweise: „Produkt XY ist für euch gut, kauft es!“ Man ging davon aus, alle Verbraucher würden dieses Produkt sofort kaufen.

Frage 99

Wo bis zur Mitte des 17. Jahrhunderts nur Sumpf und Wald war, tummeln sich heute die Reichen und Schönen – und natürlich unzählige Touristen, vorbei an teuren Geschäften und eleganten Boutiquen. Die „Felder der Seligen“, so die Übersetzung, zählen zu den berühmtesten Flaniermeilen der Welt. **In welcher Stadt sind sie zu finden?**

☐ a) Amsterdam ☐ c) New York
☐ b) Rom ☐ d) Paris

☞ **d) Paris**
Die 100 Meter breite Avenue des Champs-Elysées, kurz Champs-Elysées, wurde angelegt, damit der König von seinem damaligen Palast einen besseren Blick auf den Louvre hatte.

Frage 100

Was genau ist eine Presseerklärung?

☞ Es handelt sich um eine Erklärung, die der Presse zur Veröffentlichung zur Verfügung gestellt wird. Sie kann von einer einzelnen Person oder einer Gesellschaft, Organisation oder Partei sein. Meist wird in der Presseerklärung Stellung zu einem bestimmten Thema genommen.

Frage 101

Womit beschäftigt sich jemand, der Medienwissenschaften studiert?

☞ Er beschäftigt sich mit der Geschichte und Entwicklung der Medien. Weitere Inhalte seines Studiums sind: Medientypen, Kultur- und Kommunikationskonzepte, Modelle und Theorien der Massenkommunikation. Beleuchtet werden all diese Aspekte für die verschiedenen Medienformen wie Hörfunk und Fernsehen, Film, Printmedien und digitale Medien.

Frage 102

Wodurch entwickelte sich im 19. Jahrhundert die Vielfalt der Tageszeitungen?

☞ Durch die Erfindung der Schnell- und Rotationspresse.

Frage 103

Auf wie viele Folgen brachte es die deutsche Fernsehsendung *Literarisches Quartett*?

☞ **Von 1988–2001 wurden insgesamt 77 Sendungen ausgestrahlt.** Die große Popularität verdankte die Sendung vor allem dem streitlustigen Literaturkritiker Marcel Reich-Ranicki (*1920), der mitunter Bücher buchstäblich zerriss.

Literaturkritiker Marcel Reich-Ranicki

Frage 104

Ab wann darf man eine Nebelschlussleuchte einschalten?

☐ a) Wenn die Sichtweite unter 100 m beträgt.
☐ b) Wenn die Sichtweite unter 75 m beträgt.
☐ c) Wenn die Sichtweite unter 50 m beträgt.
☐ d) Immer, wenn man dazu Lust hat.

☞ **c) Wenn die Sichtweite unter 50 m beträgt.**

Frage 105
Welche verschiedenen Werbearten gibt es?

☞ Werbearten lassen sich unterschiedlich einteilen. Beispielsweise nach der Zahl der Angesprochenen (Massenwerbung oder Einzelwerbung). Eine häufige Unterscheidung ergibt sich aus dem Gegenstand der Werbung (Produkt-, Firmen-, Branchenwerbung) und aus dem Medium, das eingesetzt wird (Zeitung, TV, Radio, Internet, Verkehrsmittel, Trikot, Plakat, Direktwerbung).

Frage 106
Was ist Sprache?

☞ Sprache ist eine Besonderheit der Menschen. Sie ist ein komplex aufgebautes Kommunikationssystem, das Laute und Schriftzeichen verbindet und Wörter bildet, die sich zu größeren Einheiten, zu Sätzen, formieren. Durch die Aneinanderreihung vieler Sätze entstehen schließlich Texte.

Frage 107
Unterschiedliche Textformen haben vollkommen unterschiedliche Strukturen. Warum ist das nötig?

☞ So verschieden wie die Textformen sind auch die Ziele, die sie erreichen wollen. Ein Roman soll unterhalten und Spannung beim Leser erzeugen. Deshalb wird sicher nicht am Anfang schon verraten, worum es im Kern geht. Ganz anders bei Meldungen in der Tageszeitung. Dabei geht es nicht um Unterhaltung, sondern um möglichst viele Fakten, die „auf einen Blick" informieren.

Frage 108
Wann und wo wurde die Brieftaubenpost eingeführt?

☞ **In Ägypten und anderen Ländern des Mittleren Ostens wurde die Taubenpost um 1000 v. Chr. eingeführt.** Etwa 500 Jahre später nutzten auch die Griechen und Römer Tauben zur Beförderung von Briefnachrichten. Die Araber setzten im 12. Jahrhundert eine planmäßige Brieftaubenpost für Staatszwecke ein. In Europa verwendete man Brieftauben erst im 16. Jahrhundert, u. a. im niederländisch-spanischen Krieg. In der Mitte des 19. Jahrhunderts bestanden Brieftaubenpostverbindungen u. a. zwischen Brüssel, Antwerpen und Paris, die vor allem für das Übermitteln von Börsennachrichten und Zeitungsmeldungen genutzt wurden.

Der „bepackte" Fuß einer Brieftaube

Frage 109
Was war das Wort des Jahres 2008?

☐ a) Klimakatastrophe
☐ b) Fanmeile
☐ c) Finanzkrise
☐ d) Bundeskanzlerin

☞ **c) Finanzkrise**

Frage 110
Was ist eine Rezension?

☞ Eine Rezension ist die kritische Auseinandersetzung mit literarischen oder wissenschaftlichen Texten sowie mit Theaterauf- oder Filmvorführungen. In Tageszeitungen sind Rezensionen meist im Feuilleton abgedruckt.

Frage 111
Wo liegt die Teststrecke des umstrittenen Transrapids?

☞ Die gut 30 Kilometer lange Teststrecke liegt im Emsland (Haren). 2009 soll sie stillgelegt werden.

Frage 112
Diese Schriftstellervereinigung, die 1921 in London gegründet wurde, hat es sich zur Aufgabe gemacht, weltweit gegen Rassismus und für die allgemeine Presse- und Meinungsfreiheit einzutreten. **Wie heißt sie?**

☞ **PEN-Club.** PEN ist die Abkürzung für „Poets, Essayists, Novelists Club".

Frage 113

In welchem Text wird am deutlichsten die Sprachkrise der Moderne thematisiert?

☞ **In Hugo von Hofmannsthals (1874–1929) *Ein Brief*** (auch *Brief des Lord Chandos an Francis Bacon* oder *Chandos-Brief*). Darin berichtet Lord Chandos in einem imaginären Schreiben von 1603 seinem Freund Francis Bacon davon, wie ihm völlig die Fähigkeit abhanden kam, über irgendetwas zusammenhängend zu schreiben. Im historischen Gewand präsentiert Hofmannsthal die für die Moderne charakteristische Störung der Beziehung des Subjekts zu seiner Umgebung.

Hugo von Hofmannsthal

Frage 114

Welche zulässige Höchstgeschwindigkeit gilt im Allgemeinen innerhalb geschlossener Ortschaften?

☐ a) 35 km/h ☐ c) 50 km/h
☐ b) 40 km/h ☐ d) 60 km/h

☞ **c) 50 km/h**

Frage 115

Wem wird der Big Brother Award verliehen?

☞ Big Brother Awards werden in Deutschland seit dem Jahr 2000 an Firmen, Organisationen und Personen verliehen, die in besonderer Weise und nachhaltig die Privatsphäre von Menschen beeinträchtigen oder persönliche Daten Dritten zugänglich machen. Big Brother Awards Deutschland will die öffentliche Diskussion um Privatsphäre und Datenschutz fördern sowie missbräuchlichen Umgang mit Technik und Informationen zeigen.

Frage 116

Welcher bahnbrechende Erfolg gelang 2004 bei einem Privatflug?

☞ **Im Juni 2004 erreichte erstmals ein privat finanziertes bemanntes Flugzeug das Weltall.** Pilot Mike Melvill (*1941) steuerte das *Space Ship One* bis zur entscheidenden Flughöhe von 100 Kilometern.

Frage 117

Was gelang Charles Elwood Yaeger?

☞ **Yaeger (*1923) war der erste Mensch, der schneller flog als der Schall.** Der Luftwaffenpilot durchbrach am 14. Oktober 1947 mit einem Bell-X-1-Raketenflugzeug die Schallmauer.

Frage 118

Auf Initiative des deutschen Generalpostmeisters Heinrich von Stephan (1831–97) wurde mit dem von Alexander Graham Bell (1847–1922) entwickelten Telefon die erste Telefonverbindung Deutschlands (und zugleich Europas) in Berlin für Versuchszwecke in Betrieb genommen. **Wann war das?**

☐ a) 1855
☐ b) 1877
☐ c) 1922
☐ d) 1955

☞ **b) 1877**
Die Verbindung bestand am 26. Oktober über einer Entfernung von zwei Kilometern zwischen dem Generalpostamt und dem Generaltelegrafenamt.

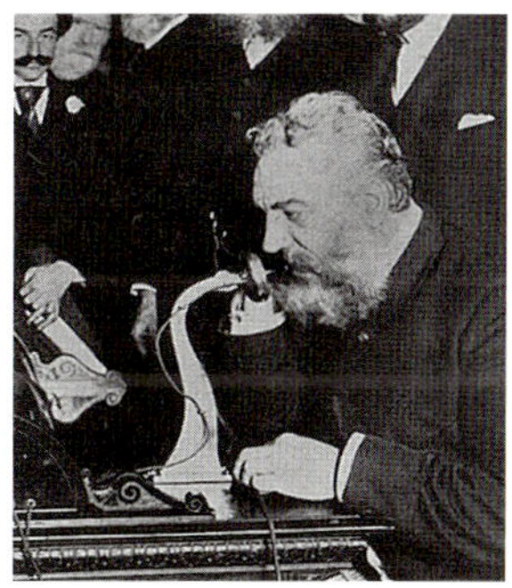

Alexander Graham Bell

Frage 119

Was kann ein funktionaler Analphabet und was nicht?

☞ Analphabeten können nicht lesen und schreiben. Funktionale Analphabeten können beispielsweise ihren Namen völlig korrekt schreiben, einen zusammenhängenden Text verstehen sie jedoch nicht.

Frage 120

Wann fuhr in Deutschland die erste Eisenbahn?

☐ a) 1775 ☐ c) 1895
☐ b) 1835 ☐ d) 1925

☞ **b) 1835** wurde die erste Eisenbahnstrecke zwischen Nürnberg und Fürth eingeweiht.

Frage 121

Welche Erfindung ebnete den Weg der Massenkommunikation?

☐ a) der Buchdruck ☐ c) Schreiberschulen
☐ b) Brieftauben ☐ d) Tinte

☞ **a) der Buchdruck**
Johannes Gutenberg (um 1400–68) unternahm einige Versuche mit einzelnen völlig gleich gestalteten, auswechselbaren Metalltypen (Bleilettern), die mithilfe geschnittener Stahlstempel, Kupfermatrizen und des Handgießinstrumentes angefertigt wurden. Aus den Lettern fügte er Druckformen zusammen und druckte mit ihnen auf einer ebenfalls von ihm entwickelten Druckerpresse.

Johannes Gutenberg

Frage 122

Welcher Käfer war zum Millenniumswechsel in aller Munde?

☞ **Der sogenannte Millennium-Bug.** Der englische Ausdruck stand für einen Computerfehler. Da viele Betriebssysteme das Datum nur aus den letzten zwei Ziffern zusammensetzten, drohte die Gefahr, dass einige Programme das neue Jahr als 1900 ausweisen würden.

Frage 123

Wo ereignete sich das bisher schwerste Bahnunglück in der Geschichte Deutschlands?

☞ **In Eschede bei Celle** ließ am 3. Juni 1998 ein gebrochener Radreifen einen ICE entgleisen. Das Unglück ereignete sich unmittelbar vor einer Brücke, gegen die die entgleisten Waggons prallten. Dabei kamen 101 Menschen ums Leben.

Frage 124

Was versteht man unter einem salomonischen Urteil?

☞ **Ein salomonisches Urteil ist ein weiser Richterspruch.** König Salomo soll den Befehl gegeben haben, ein Kind, um das sich zwei Mütter stritten, zu zerteilen. So entlarvte er die falsche Mutter, die zu der Tat bereit gewesen wäre.

Frage 125

Welcher bedeutende Philosoph der Antike befasste sich auch mit der Rhetorik?

☐ a) Aristoteles ☐ c) Plato
☐ b) Sokrates ☐ d) Sophokles

☞ **a) Aristoteles** (384–322 v. Chr.)

Frage 126

Wann und wo nahm die erste elektrische Straßenbahn ihren Dienst auf?

☞ **Am 16. Mai 1881 in Lichterfelde bei Berlin.** Die von Werner von Siemens (1816–92) gebauten Wagen hatten eine Länge von 4,3 Metern und fuhren auf einer 2,5 Kilometer langen Strecke mit einer Geschwindigkeit von maximal 20 km/h.

Die erste Straßenbahn in Lichterfelde bei Berlin

Frage 127

Wodurch wurde am 1. Juli 2002 der Nachthimmel über dem nördlichen Bodensee hell erleuchtet?

☞ Der Zusammenstoß eines Frachtflugzeugs mit einer russischen Tupolew verursachte bei Überlingen einen hellen Feuerball. Ihre Trümmer verfehlten nur knapp bebautes Gebiet. In dem Inferno kamen 71 Menschen ums Leben.

Frage 128

Was versteht man unter Argumentation?

☞ Die Art und Weise, wie durch Argumente überzeugt wird und wie diese miteinander verknüpft werden, bezeichnet man als Argumentation. Ziel ist es, einen Sachverhalt nicht nur zu klären, sondern die Zustimmung der Beteiligten an einer Diskussion zu einem Lösungsvorschlag zu erreichen, Strittiges zu klären, Kompromisse zu schließen oder sogar Entscheidungen zu treffen.

Frage 129

Welche Fahrzeuge müssen auf Landstraßen möglichst den befestigten Seitenstreifen benutzen (mehrere Antworten sind möglich)?

☐ a) Mofas
☐ b) Krankenfahrstühle
☐ c) Dreiräder
☐ d) landwirtschaftliche Nutzfahrzeuge

☞ **a), b) und d)**
Mofas und Krankenfahrstühle wie auch langsame landwirtschaftliche Nutzfahrzeuge müssen hier den Seitenstreifen benutzen, damit der schnellere Verkehr möglichst ohne Gefahr überholen kann.

Frage 130

Wofür steht eigentlich das Zustimmung signalisierende Kürzel „ok“?

☞ Allem Anschein nach geht es auf einen heute kaum mehr bekannten amerikanischen Präsidenten zurück, endgültig geklärt ist dies aber nicht. Andrew Jackson (1767–1845) soll damit die damals moderne Schreibweise „oll korrect“ für „all correct“ abgekürzt haben, was 1839 in die Presse gelangte. Aus diesem Jahr stammt der erste Beleg. Verschiedene andere Thesen sprechen dafür, dass die Abkürzung aus dem Militär stammen oder auf mangelnden Rechtschreibkenntnissen von „all clear“ beruhen könnte.

Frage 131

Was ist ein Exzerpt?

☞ Das Exzerpt ist ein schriftlicher, mit dem Text der Vorlage übereinstimmender Auszug aus einem Dokument (Buch, Artikel, Aufsatz). Dadurch ist es möglich, wesentliche Aussagen oder Gedanken festzuhalten und für weitere Arbeit verfügbar zu machen, ohne den Originaltext nochmals lesen zu müssen.

Frage 132

Was ist der Unterschied zwischen verbaler und nonverbaler Kommunikation?

☞ Grundlage der verbalen Kommunikation sind Wörter und Sätze, während nonverbale Kommunikation unbewusst stattfindet – durch Blickverhalten, Gesichtsausdruck, Körperhaltung, Körperbewegung und Berührung.

Frage 133

Auf welchem Kontinent findet sich die Open-Source-Gemeinde?

☞ Auf allen Kontinenten sind ihre Mitglieder primär über Internet am Entwicklungsprozess von Open-Source-Software (OSS) beteiligt. Die geistige Leistung eines Programmierers, der sogenannte Quellcode (Sourcecode), ist bei OSS öffentlich. Kostenfrei über das Internet erhältlich kann der Code in ein Programm übersetzt und ohne Lizenzgebühr verwendet werden. Zu populären OS-Programmen bieten Firmen Serviceleistungen wie Handbücher und Benutzerhilfe (Support) an. Prominente OSS-Vertreter sind das Betriebssystem Linux, der Internetbrowser Mozilla und der Webserver Apache.

Frage 134

Welche Vorschriften gelten für einen Autofahrer, der ein anderes Fahrzeug überholen will?

☐ a) Er darf die zulässige Höchstgeschwindigkeit nicht überschreiten.
☐ b) Er muss zügig fahren und darf auch für kurze Zeit die Höchstgeschwindigkeit überschreiten.
☐ c) Er muss deutlich schneller sein als der zu überholende Verkehrsteilnehmer.
☐ d) Er muss den zu Überholenden durch Lichthupe auf seine Absicht aufmerksam machen.

☞ **a) Er darf die zulässige Höchstgeschwindigkeit nicht überschreiten.**
c) Er muss deutlich schneller sein als der zu überholende Verkehrsteilnehmer.

Frage 135

Was bedeutet GPS?

☞ **GPS ist die Abkürzung für „Global Positioning System".** Es dient der Ortung auf der Erdoberfläche. Mithilfe von Satelliten und eines GPS-Empfängers wird dabei die Position bestimmt. Die 24 Satelliten kreisen in einer Höhe von 20.200 Kilometern um die Erde.

Navigationsgerät an der Windschutzscheibe eines PKWs

Frage 136

In welchem Alter wird der Mensch kommunikativ?

☞ **Erst sechs Monate nach der Geburt** wird der Mensch kommunikativ, denn zu diesem Zeitpunkt wird der Stirnlappen aktiviert und es kommt zur ersten echten wechselseitig empfundenen Beziehung, in aller Regel mit der Mutter. Jetzt wird die Welt erstmals eingeteilt in nah und fern oder in dazugehörig und fremd.

Frage 137

Welche Kontakt- und Kommunikationsstörung kann bereits im frühen Kindesalter auftreten?

☞ **Das sogenannte Asperger-Syndrom**, eine abgeschwächte Form des Autismus (schwere Entwicklungsstörung). Typisch sind Beeinträchtigungen des sozialen Verhaltens, mangelndes Einfühlungsvermögen, starres Festhalten an Gewohnheiten, motorische Auffälligkeiten sowie ausgeprägte Spezialinteressen (Routinen).

Frage 138

Was versteht man unter einem Interview?

☞ Das Interview ist eine Gesprächsform zur Ermittlung von Wissen und Erfahrungen, Meinungen und Wünschen, Einstellungen und Haltungen, Verhaltensweisen und Motiven. Die kommunikative Situation wird durch die Abfolge von Fragen und Antworten zwischen zwei oder mehreren Personen aufrecht gehalten.

Frage 139

Welche Kommunikationsmuster treten auf, wenn Menschen auf Spannungen reagieren?

☞ Virginia Satir (1916–88), eine amerikanische Familientherapeutin, unterschied vier Kommunikationsmuster: Beschwichtigen (die andere Person soll nicht ärgerlich werden), Anklagen (die andere Person soll die Fehler bei sich suchen), Rationalisieren (keine Gefühle zeigen, sich nicht ausliefern), Ablenken (keine wirkliche Beziehung eingehen, den Konflikt ignorieren).

Frage 140

Rechts vor links – diese Regel kennen wir alle. Aber an welchen Stellen ohne entsprechende Verkehrszeichen gilt sie eigentlich?

☐ a) an Einmündungen mit abgesenktem Bordstein
☐ b) an Straßenkreuzungen oder Einmündungen
☐ c) an Einmündungen von Feld- und Waldwegen
☐ d) an Einfahrten und Parkplätzen

☞ **b) an Straßenkreuzungen oder Einmündungen**

ABS UND ESP – SICHERHEIT IM AUTO

Das Herzstück eines Antiblockiersystems (ABS) ist ein besonderes Steuergerät. Es misst in regelmäßigen Abständen, ob sich die Räder beim Bremsen noch drehen oder ob sie blockieren. Im Fall des Blockierens sorgt es dafür, dass sich der Bremsdruck verringert und die Räder sich wieder frei drehen können. So wird erreicht, dass die Räder beim Bremsen nie blockieren und das Fahrzeug so nicht ins Schleudern gerät.
Die Abkürzung ESP steht für Elektronisches Stabilitätsprogramm. Damit ist ein System gemeint, das verhindern soll, dass Autos während der Fahrt schleudern. Auch hier sind Sensoren im Einsatz, die registrieren, ob das Fahrzeug Bewegungen macht, die es nicht machen soll. Dann reagiert dieses System damit, dass es einzelne Räder abbremst und so die Fahrt des Fahrzeugs wieder stabilisiert.

Frage 141

Was umschreibt der relativ neue Begriff „Mobbing“?

☞ Mobbing bezeichnet einen Prozess der systematischen Ausgrenzung und Erniedrigung eines anderen Menschen, der von einer oder mehreren Personen betrieben wird.

Frage 142

Seit wann gibt es eigentlich Briefe?

☞ **Den Brief gab es schon im Alten Orient.** So sind aus allen altägyptischen Geschichtsperioden geschriebene Briefe, zumeist auf Papyrus, erhalten. Persönliche Briefe von Königen an vertraute Beamte sind in Abschriften in den Beamtengräbern abgebildet.

Frage 143

Viele Menschen führen ein Tagebuch, doch schreiben sie ihre Gedanken nicht altmodisch in einem Buch nieder, sondern veröffentlichen sie im Internet. **Wie nennt man so ein Online-Tagebuch?**

☞ **Blog.** Menschen, die einen Blog verfassen, heißen Blogger.

Frage 144

Für welche Fähigkeiten steht der Begriff „Telepathie“?

☞ Mit Telepathie oder Gedankenübertragung ist die angebliche Fähigkeit gemeint, Informationen verschiedener Art (Wörter, Gefühle, Gedanken u. a.) ohne Benutzung der Sinnesorgane von einer Person auf eine andere zu übertragen.

Frage 145

Mit welchem Schiff gingen die Mitglieder der Hanse auf Fahrt?

☞ **Die Mitglieder der Hanse entwickelten den Schiffstyp der Kogge.** Die Kogge war geräumig und hochseetüchtig, sodass große Mengen an Waren in diesem Lastschiff Platz fanden und weite Strecken zurückgelegt werden konnten.

Kogge auf der Weser

Frage 146

Wann werden Ordnungswidrigkeiten, die im Verkehrszentralregister verzeichnet wurden, frühestens wieder getilgt?

☐ a) nach einem Jahr
☐ b) nach zwei Jahren
☐ c) nach drei Jahren
☐ d) nach vier Jahren

☞ **b) nach zwei Jahren**
Eingetragen werden in das Register Verkehrswidrigkeiten mit Bußgeld sowie Straftaten, die im Zusammenhang mit der Teilnahme am Straßenverkehr verübt wurden.

Frage 147

Was ist die Hochsprache?

☞ Die Hochsprache (auch Standardsprache) ist eine Sprachvarietät, die nach einer allgemein verbindlichen Norm als korrekt akzeptiert wird. Wer sich der Hochsprache bedient, achtet auf korrekte Ausdrucksweisen und vermeidet die Umgangssprache, z. B. in offiziellen Situationen. Die Grenzen zwischen Hoch- und Umgangssprache sind jedoch fließend. Entscheidend sind Adressat und Situation.

Frage 148

Was besagt das Kommunikationsmodell von Shannon und Weaver?

☞ Nach diesem Modell ist die Kommunikation ein linearer Prozess, in dessen Mittelpunkt das Signal steht. Das Prinzip ist, dass jede menschliche Kommunikation eine Quelle (information source) hat. Diese Quelle ist der Sender, der seine Nachricht (message) in Form eines Codes über einen Kanal (transmitter) weitergibt.

Frage 149

Welche europäische Einrichtung des 17. Jahrhunderts trug dem Bedürfnis der Menschen auf Bildung und Unterhaltung Rechnung?

☞ **Mit der Einrichtung des Kaffeehauses im 17. Jahrhundert**, das in seinen verschiedenen Erscheinungsformen dem Gast neben dem Kaffeeausschank Bildung (Zeitungen, Zeitschriften), Spiel (Karten-, Schach-, Billardspiel) und Unterhaltung (Musik, Gesang, später Kabarett) bot, wurde dem sozialen Bedürfnis nach Information entsprochen.

Frage 150

Welchen Konflikt beschreibt der Begriff „Bossing"?

☞ Mobbing (Ausgrenzung) kann sowohl von Mitarbeitern als auch von Vorgesetzten ausgehen. In letzterem Fall spricht man von Bossing. Nach internationalen Untersuchungen werden rund 3 % der Beschäftigten gemobbt. 10–15 % aller Arbeitnehmer fühlen sich schikaniert.

Frage 151

Was ist der Unterschied zwischen Phonetik und Phonologie?

☞ In der Phonetik geht es um die Erforschung der gesprochenen Sprache. Die Phonologie beschäftigt sich, vereinfacht gesagt, mit der geschriebenen Sprache, d. h. mit dem Lautsystem von Einzelsprachen.

Frage 152

Was besagt dieses Verkehrsschild?

- ☐ a) Die Straße ist für Lkws verboten.
- ☐ b) Lkws dürfen hier nicht in Kolonne fahren.
- ☐ c) Lkws, die länger als 70 m sind, dürfen hier nicht fahren.
- ☐ d) Das Fahren ohne Mindestabstand ist verboten.

☞ **d) Das Fahren ohne Mindestabstand ist verboten.**

Frage 153

Was bezeichnet der Begriff „Rezeption"?

☞ Mit Rezeption meint man die **Wirkungsgeschichte, Überlieferung und Verbreitung eines Werkes.** Dabei ist von entscheidender Bedeutung, dass die Rezeption nicht immer gleich bleibt, sondern sich mit dem Erwartungshorizont, den Meinungen und Wertmaßstäben der Rezipienten verändert.

Frage 154

Was umfasst die Parasprache?

☞ Als Parasprache bezeichnet man die Sprache begleitende Mittel, die für die Kommunikation wichtig sind, wie z. B. Tonfall, Lautstärke, Gesprächspausen, Seufzen.

Frage 155

Wie heißt die längste Straße der Welt?

☞ **Der rund 30.000 Kilometer lange Panamerican Highway** bzw. die Carretera Panamericana führt von Prudhoe Bay in Alaska bis zum südlichen Zipfel Argentiniens nach Ushuaia. Sie durchquert 17 Staaten, vier Klima- und sechs Zeitzonen.

Frage 156

Wieso stellte die Concorde 2003 ihren Flugdienst ein?

☞ **Der Betrieb war unrentabel geworden.** Nach den Terroranschlägen mit Flugzeugen 2001 und dem Absturz einer Concorde am 25. Juli 2000 waren die Fluggastzahlen eingebrochen. Zudem verschlang der Flieger Unmengen Kerosin.

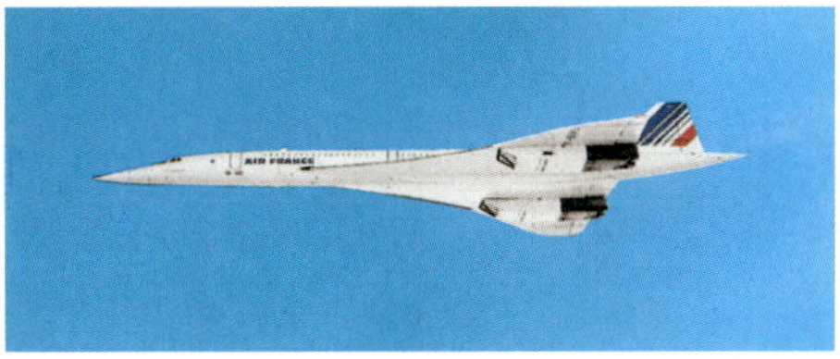

Concorde-Verkehrsflugzeug

Frage 157

Was bezeichnet „Voice over IP", eine neue Errungenschaft der modernen Kommunikation?

☞ **Die Verknüpfung von Telefon und Internet.** Mit „Voice over IP" kann ein Internetnutzer eine Telefonverbindung von seinem PC aus herstellen. Verfügt man über eine Flatrate, so werden durch diese VoIP-Telefonate keine weiteren Kosten verursacht. Somit sind sehr günstige Telefonate von PC zu PC, aber auch von PC zu herkömmlichen Telefonanschlüssen und Handys möglich.

Frage 158

Wann muss ein Fahrzeug bei einem Kreisverkehr durch Blinken oder Handzeichen die Richtungsänderung anzeigen?

- ☐ a) nur beim Einfahren in den Kreisverkehr
- ☐ b) nur beim Verlassen des Kreisverkehrs
- ☐ c) immer
- ☐ d) nie

☞ **b) nur beim Verlassen des Kreisverkehrs**

Beim Einfahren in den Kreisverkehr wird nicht geblinkt. Nur beim Verlassen des Kreisverkehrs ist es nötig, die Richtungsänderung anzuzeigen.

Frage 159

Was bezeichnet die Abkürzung „.de" bei einer Internetadresse?

☞ **Es ist die Länderkennung für Deutschland bzw. den deutschen Teil des Internets.** Eine Gruppe von geografisch oder thematisch zusammengehörenden Computern oder Teilen eines Netzes bezeichnet man als Domain. Die Länderkennungen gehören zu den Hauptdomains.

Frage 160

In welchem Land gab es das erste Anzeigenbüro?

☞ Der französische Arzt, Publizist und Historiograf von Ludwig XIII. (1610–43), Théophraste Renaudot (1586–1653), richtete 1630 in Paris ein Anzeigenbüro ein, in dem Kaufangebote und -gesuche an den Wänden angeschlagen wurden; Stellensuchende und Stellungen Anbietende konnten sich in Listen eintragen, die Renaudot ab 1633 gedruckt herausgab. Sie waren die Vorläufer der Intelligenzblätter (Anzeigenblätter).

Frage 161

Wie hieß der erste fliegende Mensch?

☞ **Otto Lilienthal (1848–96).** Der deutsche Ingenieur studierte zunächst den Vogelflug und baute nach diesem Vorbild seine Fluggeräte. Als besonders wichtig erwies sich die gewölbte Form der Flügel. Mit seinen Hängegleitern flog Lilienthal bis zu 300 Meter weit. 1896 kam er bei einem seiner Flugversuche ums Leben.

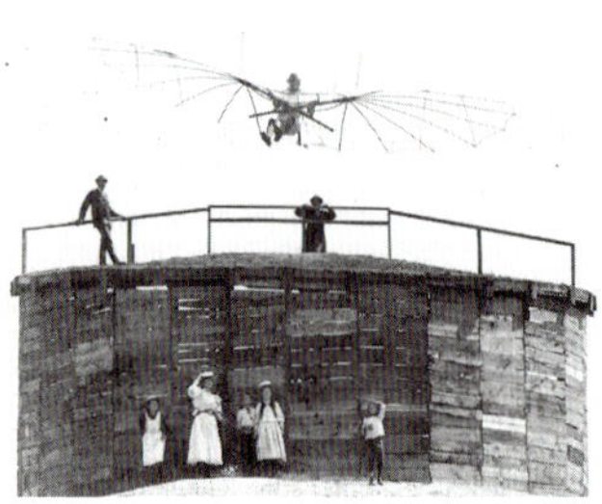

Flugversuch Otto Lilienthals

Frage 162

Was ist eine rhetorische Figur?

☞ **Eine rhetorische Figur ist eine sprachliche Darstellungsform, die von der üblichen Sprechweise abweicht.** Sie wird vom Autor oder Redner gezielt eingesetzt, um eine bestimmte Wirkung beim Leser zu erzielen. Beispiele sind der Pleonasmus, bei dem sinnverwandte Wörter gehäuft werden (hegen und pflegen; tote Leiche), Tautologien, wiederholende Häufungen gleichbedeutender Wörter derselben Wortart (voll und ganz, aus und vorbei) oder auch Metaphern, bildhafte Sinnverdichtungen, die der Veranschaulichung dienen (Mauer des Schweigens; das Recht mit Füßen treten; Blechschlange).

Frage 163

Wo liegt die Promillegrenze für die Blutalkoholkonzentration zum Führen von Kraftfahrzeugen?

☐ a) 0 Promille ☐ c) 0,8 Promille
☐ b) 0,5 Promille ☐ d) 1,1 Promille

☞ **b) 0,5 Promille**
Seit dem 1. April 2001 liegt die Grenze bei 0,5 Promille.

Frage 164

Wann wurde in Deutschland die Postkarte eingeführt?

☞ In Deutschland wurde die Postkarte von der Postverwaltung des Norddeutschen Bundes zusammen mit jener Bayerns, Württembergs und Badens am 1. Juli 1870 als „Correspondenzkarte" eingeführt. Vom 1. März 1872 an wurde sie „Postkarte" genannt.

Frage 165

Was ist ein Schlagwort?

☞ **Schlagworte sind Wörter oder kurze Phrasen, die benutzt werden, um bestimmte Sachverhalte prägnant und überzeugend mitzuteilen.** Da ihrem Gebrauch eine (unbewusste) Überzeugungsabsicht zugrunde liegt, verknappen oder vereinfachen diese Wörter den beschriebenen Sachverhalt oft auf zweifelhafte Weise zugunsten des Wohlklangs und zulasten der vermittelten Information.

Frage 166

Wann und wo wurde die erste Luftpost befördert?

☞ Während der Belagerung von Paris durch die Preußen 1870/1871 ließ man zur Postbeförderung Ballons mit Briefen aus Paris aufsteigen. Die erste Postsendung dieser Art startete am 23. September 1870. So wurden diese „Par-ballon-monté"-Briefe zur ersten Luftpost überhaupt. Am 6. Februar 1919 eröffnete die Deutsche Luftreederei aus Anlass und für die Dauer der Nationalversammlung in Weimar einen Luftpostdienst Weimar – Berlin. Dies war der Beginn der planmäßigen Luftpostbeförderung in Deutschland.

REKORDVERDÄCHTIGER SPRITVERBRAUCH

Viele Automobilhersteller tun sich schwer damit, den Treibstoffverbrauch ihrer Fahrzeuge zu senken. Und so sind Gefährte, die sechs oder acht Liter auf 100 km verbrauchen, eher die Regel als die Ausnahme. Aber es geht auch anders: Ein Wasserstoffauto, das von der Eidgenössischen Technischen Hochschule Zürich entwickelt wurde, stellte hier im Jahr 2005 einen Rekord auf. Das Fahrzeug besitzt anstelle des Verbrennungsmotors zwei Elektromotoren. Sie beziehen ihren Strom von einer Brennstoffzelle. Würde man den Verbrauch dieses Modells auf Benzin umrechnen, käme man auf einen Liter auf 5384 km.

Frage 167

Welche Art von Familienzeitschriften war im 19. Jahrhundert in Deutschland beliebt?

☞ **Die sogenannten illustrierten Unterhaltungszeitschriften.** Sie sprachen hauptsächlich den bürgerlichen Mittelstand an. Die erste Familienzeitschrift *Unterhaltungen am häuslichen Herd* wurde 1852 vom Verlag F. A. Brockhaus in Leipzig herausgegeben. 1853 wurde die Zeitschrift in der Auflagenhöhe von der Wochenzeitschrift *Die Gartenlaube* überflügelt.

Frage 168

Wie schnell darf man in einem verkehrsberuhigten Bereich fahren, der durch dieses Schild gekennzeichnet ist?

☐ a) 4 bis 7 km/h
☐ b) 10 km/h
☐ c) 30 km/h
☐ d) höchstens 50 km/h

☞ **a) 4 bis 7 km/h**

Frage 169

Was sind Special-Interest-Zeitschriften?

☞ Special-Interest-Zeitschriften wenden sich an Frauen und Männer, die besondere Interessen haben, wie z. B. Basteln, Handwerk, Surfen, Computer oder Garten. Gemeinsames Merkmal ist, dass sie den Lesestoff in möglichst unterhaltender Form und einfacher Sprache vermitteln.

Frage 170

Wann und wo wurde die erste europäische Lichtsignalanlage zur Verkehrsregelung aufgestellt?

☞ **1924 auf dem Potsdamer Platz in Berlin.** Der Platz wurde extra für die neue Verkehrsregelung umgebaut. Außerdem wurde ein Gesetz eingeführt, das die Lichtsignale den Handzeichen der Verkehrspolizisten gleichstellte.

Frage 171

Nach welchem Vorbild wurden im 19. Jahrhundert in Deutschland die ersten Lesehallen eröffnet?

☞ Aufgrund der gegen Ende des 19. Jahrhunderts aufkommenden volksbildenden Bestrebungen wurden um 1900 in einer Reihe von deutschen Großstädten nach dem Vorbild der angelsächsischen „Public libraries" öffentliche Bibliotheken gegründet, die Bücherhallen oder Lesehallen genannt wurden. Die Bücherhalle, die eine Verbindung zwischen Ausleihbibliothek und Lesesaal darstellte, reformierte die alte Volksbücherei und schuf den Typ der modernen öffentlichen Bibliothek.

Frage 172

Inwiefern dient die Werbung der Verhaltensbeeinflussung?

☞ Die Werbung versucht, die Produkte und Leistungen eines Unternehmens in der Öffentlichkeit bekannt zu machen und durch eine entsprechende Gestaltung der Werbebotschaft Kaufwünsche zu wecken und folglich das Kaufverhalten zu beeinflussen.

Frage 173

Was bedeutet dieses Verkehrszeichen?

☐ a) Hier beginnt eine Umleitung.
☐ b) Hier darf man einen Stau rechts umfahren.
☐ c) Nothalte- und Pannenbucht
☐ d) Abkürzung gesperrt

☞ **c) Nothalte- und Pannenbucht**
In einer solchen Nothalte- und Pannenbucht, wie man sie beispielsweise in Straßentunnels findet, darf man wirklich nur im Notfall oder bei einer Panne halten.

Frage 174

Welche Literaturrichtung wurde nach dem französischen Wort für Steckenpferd benannt?

☞ **Der sogenannte Dadaismus.** Die Dadaisten waren konsequente Gegner des Krieges. Als zumeist aus kriegführenden Ländern geflüchtete Exilanten ließen sie sich zunächst im schweizerischen Zürich nieder, wo im legendär gewordenen Cabaret Voltaire eine Bewegung entstand, die sich nach dem Begriff „dada", dem französischen Wort für „Steckenpferdchen", bzw. einem kindlichen Stammellaut nannte.

Frage 175

Was bezeichnet das Nachrichtenquadrat bzw. Vier-Seiten-Modell?

☞ **Das Vier-Seiten-Modell oder Nachrichtenquadrat ist ein Kommunikationsmodell von Friedemann Schulz von Thun (*1944).** Es nimmt Bezug auf die vier Seiten einer Botschaft: 1. Die Sachverhaltsinformation beinhaltet die reinen Sachaussagen, Daten und Fakten, die in einer Botschaft enthalten sind. 2. Der Appell beinhaltet einen Wunsch oder eine Handlungsaufforderung. 3. Im Beziehungshinweis wird ausgedrückt bzw. aufgenommen, wie das Verhältnis der beiden Personen empfunden wird. 4. In der Selbstoffenbarung vermittelt der Sprecher – bewusst oder unbewusst – etwas über sein Selbstverständnis, seine Motive, Werte oder Emotionen etc.

Frage 176

Was bezeichnet der Begriff „Aphasie"?

☞ **Eine erworbene, durch Schädigung bestimmter Hirnregionen hervorgerufene Störung des Sprachsystems**, was den teilweisen oder völligen Verlust der bereits erworbenen Sprache bedeutet.

Frage 177

Wem gelang die erste funktelegrafische Verbindung über eine große Distanz?

Guglielmo Marconi

☞ **Am 12. Dezember 1901 gelang dem Italiener Guglielmo Marconi (1874–1937)** die erste funktelegrafische Verbindung über den Atlantik zwischen Europa (Cornwall im Südwesten Englands) und Amerika (Neufundland) über 3600 km, wobei der Buchstabe S als Morsezeichen, drei Punkte, gesendet wurde.

Frage 178

Das Fahren welches der folgenden Zweiräder bringt keine Helmpflicht mit sich?

☐ a) Mofa
☐ b) Roller
☐ c) Kleinmofa
☐ d) Motorrad

☞ **c) Kleinmofa**
Als Kleinmofa bezeichnet man Fahrräder, die in der hinteren Achse einen kleinen Benzinmotor mit sich führen, aber dennoch nicht mehr als 20 km/h schnell fahren können.

Frage 179

Welche berühmte Straße war für Hunderttausende der Weg in den goldenen Westen von Amerika?

☞ **Die Route 66** war die erste durchgehende Straße von Chicago bis Los Angeles. Im Jahre 1926 wurde mit dem Bau begonnen, 1938 war sie komplett geteert. Damit wurde sie die schärfste Konkurrentin der Eisenbahn. Entlang der Route 66 eröffneten Tankstellen, Motels und Geschäfte. Neue Städte entstanden an dem viel befahrenen Highway.

Frage 180

Wie nennt man den literarisch-kulturellen Teil einer Zeitung?

☞ **Feuilleton.** In diesem Teil stehen Rezensionen, Kritiken, Buchbesprechungen oder auch politische oder allgemein-kulturelle Kommentare. Ein einzelner Beitrag im Feuilletonteil der Zeitung wird ebenfalls Feuilleton genannt. Es handelt sich dabei meist um einen kritischen Aufsatz populärwissenschaftlicher Art.

Frage 181

Wie heißen die bekanntesten Onlinedienste in Deutschland?

☞ **AOL, T-Online und Compuserve.** Das amerikanische Unternehmen AOL ist der größte Onlinedienst. T-Online gehört der Deutschen Telekom und hat die meisten Teilnehmer in Deutschland. Compuserve wurde Ende 1997 von AOL übernommen, blieb aber als eigenständiger Onlinedienst bestehen.

Frage 182

Woraus setzt sich eigentlich der vollständige Anhalteweg eines Fahrzeugs zusammen?

☐ a) nur aus dem Bremsweg
☐ b) nur aus dem Reaktionsweg
☐ c) aus dem Abstand zum vorausfahrenden Fahrzeug
☐ d) aus Reaktions- und Bremsweg

☞ **d) aus Reaktions- und Bremsweg**
Dabei ist der Reaktionsweg der Weg, den das Fahrzeug zurücklegt, bis der Fahrer reagieren kann und die Bremse betätigt.

Frage 183

Bei der Ausstattung von Rennrädern versucht der wahre Profi, möglichst viel Gewicht einzusparen. Daher verfügen diese Maschinen über aufwendige Gangschaltungen und Bremsen, weiteres Zubehör wie Schutzbleche, Gepäckträger und Beleuchtungsanlagen sucht man indes vergeblich. **Darf man sich mit einem so ausgestatteten Rennrad im normalen, alltäglichen Straßenverkehr bewegen?**

☞ **Ein solches Fahrrad ist nicht straßenverkehrstauglich.** Die Straßenverkehrsordnung schreibt neben den Bremsen auch verbindlich eine funktionierende Lichtanlage und eine Klingel vor.

Rennräder sind nur für den Sport, nicht jedoch für den Straßenverkehr geeignet

Frage 184

Wie heißt der bedeutendste mittelhochdeutsche Heldengesang?

☞ **Das Nibelungenlied** entstand auf der Grundlage älterer germanischer Überlieferungen um 1200 im Donauraum. Es liegen heute elf vollständige und 23 fragmentarische Handschriften des Nibelungenliedes vor, die aus der Zeit vom 13. bis zum 16. Jahrhundert stammen.

Frage 185

Welche Möglichkeiten bietet der WAP-Standard für Handys?

☞ WAP steht für Wireless Application Protocol. Es ist eine Vereinbarung, die den Zugriff der Mobilfunktelefone auf das World Wide Web regelt. Damit lässt sich mit den Geräten nicht mehr nur telefonieren, faxen oder Daten übertragen, sondern auch das Internet mit seinen vielfältigen Möglichkeiten nutzen.

Frage 186

Über das Internet werden Computerviren verbreitet, die sich in Dateien einnisten und aktiviert werden, wenn diese geöffnet werden. Solche Viren können komplette Computersysteme lahmlegen. Besonders tückisch sind Eindringlinge, die unbemerkt Programme installieren, über die Dritte dann wichtige Daten wie Passwörter ausspähen oder den Computer steuern können. **Wie heißen diese Eindringlinge?**

☞ **Trojaner.** Ihren Namen haben diese Programme von dem Trojanischen Pferd aus der griechischen Mythologie.

Frage 187

Was ist beim Abschleppen eines anderen Fahrzeugs zu beachten?

☐ a) Der Abstand zwischen den Fahrzeugen darf nicht größer als 5 m sein.
☐ b) Motorräder dürfen nur mit fester Verbindung abgeschleppt werden.
☐ c) Das abschleppende Fahrzeug darf nur im ersten Gang fahren.
☐ d) Das Abschleppseil bzw. die Abschleppstange muss deutlich gekennzeichnet sein.

☞ **a) Der Abstand zwischen den Fahrzeugen darf nicht größer als 5 m sein.**
d) Das Abschleppseil bzw. die Abschleppstange muss deutlich gekennzeichnet sein.

Frage 188

Wie nennt man die stilisierten Gesichter, die gern in E-Mails eingesetzt werden, um bestimmte Gefühle auszudrücken?

☞ **Smileys oder Emoticons** heißen die aus ASCII-Zeichen zusammengesetzten stilisierten Gesichter. Zur Bildung der gängigsten Smileys werden hauptsächlich der Doppelpunkt, das Semikolon, der Bindestrich und verschiedene Klammern verwendet, um Augen, Nase und Mund zu stilisieren. Erkennbar werden die „Gesichter", wenn man die Vorlage mit den Smileys nach rechts dreht oder den Kopf vor dem Monitor entsprechend zur linken Schulter neigt. Am bekanntesten ist sicher das lachende Strichgesicht, das den Smileys ihren Namen gab.

Frage 189

Mobiltelefone dienen inzwischen auch als Kamera und Walkman und haben oft Internetzugang

Aus welcher Sprache stammt der Begriff „Handy"?

☞ Obwohl Handy sehr englisch klingt, stammt der Begriff nicht aus dem Englischen, sondern wurde in Deutschland erfunden. Die Engländer sprechen nämlich von „portable telephone", „mobile phone" oder „cellular phone". In Deutschland hat sich jedoch für das tragbare Telefon, technisch als Mobilfunktelefon bezeichnet, der Begriff „Handy" durchgesetzt.

Frage 190

Welches berühmte Flugzeug wurde auch als „Tante Ju" bezeichnet?

☞ **Das 1930/31 von den deutschen Junkerswerken gebaute Flugzeug JU 52.** Es ist sofort an seiner Wellblechverkleidung zu erkennen. Von dem äußerst zuverlässigen Flugzeug wurden fast 5000 Stück gebaut. Es kam in vielen Ländern zum Einsatz, hauptsächlich für militärische Zwecke, aber auch für den zivilen Luftverkehr.

Frage 191

Wie heißt der größte Softwarehersteller weltweit und wer ist die Nummer eins in Deutschland?

☞ **Das amerikanische Unternehmen Microsoft** hat bei der Herstellung von Software eine marktbeherrschende Stellung. Ende der 1990er-Jahre lieferte es 90 % aller Betriebssysteme („Windows"). Der größte deutsche Hersteller ist SAP („Systeme, Anwendungen, Produkte"), der v. a. betriebswirtschaftliche Programme anbietet.

Frage 192

Welche Folgen kann ein Cookie auf der Festplatte eines Internet-Nutzers haben?

☞ **Mit einem Cookie können Daten und Benutzergewohnheiten ausgeforscht werden.** Es handelt sich um eine Datei, die beim Surfen im Internet auf dem Rechner des Nutzers abgelegt wird, ohne dass dieser davon erfährt.

Frage 193

Was bedeutet dieses Verkehrszeichen?

- ☐ a) Ende der Richtgeschwindigkeit
- ☐ b) Ende der Autobahn
- ☐ c) Streckenempfehlungen auf der Autobahn
- ☐ d) Umleitung

☞ **a) Ende der Richtgeschwindigkeit**
Auf Straßen ohne Tempolimit kann eine Richtgeschwindigkeit gelten, deren Überschreitung nicht empfohlen wird, aber auch nicht strafbar ist. Im Fall eines Unfalls aufgrund erhöhter Geschwindigkeit ist allerdings mit einer Mithaftung zu rechnen.

Frage 194

Wann und wo werden EmoTags eingesetzt?

☞ EmoTags (Emotional Tags) werden eingesetzt, um Textpassagen mit HTML-Tags zu hinterlegen, welche ähnlich wie Smileys und Akronyme (z. B. „lg" für „liebe Grüße") die Meinung des Autors wiedergeben und so die Kommunikation über das Internet erleichtern, da sie häufig die Informationen ersetzen, die bei einer Unterhaltung von Angesicht zu Angesicht über Mimik, Lautstärke, Tonfall und Gestik übermittelt werden.

Frage 195

Was versteht man unter Makeln?

☞ Die Möglichkeit für einen Fernmeldeteilnehmer, zwischen zwei Gesprächspartnern hin- und herzuschalten.

Frage 196

In einigen Ländern dürfen Jugendliche bereits mit 16 Jahren den Führerschein machen. **Wie sieht das in Deutschland aus?**

☞ Seit dem 1. Februar 2005 dürfen Jugendliche auch hierzulande ab 16 Jahren einen Führerschein machen. Entsprechend einer EU-Richtlinie ist dies der Führerschein Klasse „S". Er gilt für Leichtmobile und Quads. Leichtmobile sind dem Auto ähnliche Fahrzeuge, die allerdings maximal 350 Kilogramm wiegen.

Frage 197

Die Dampfmaschine rief auf dem Gebiet des Schiffverkehrs eine tief greifende Umwälzung hervor. **Warum?**

Robert Fulton

☞ Robert Fulton (1765–1815) baute 1807 das erste nutzbare Dampfschiff Clermont, das zwischen New York und Albany verkehrte. Die Strecke von 240 Kilometern wurde in 32 Stunden zurückgelegt. Schon 1819 konnte das erste größere Dampfschiff, das allerdings auch noch Segel führte, in 29,5 Tagen den Atlantik überqueren. In den 40er-Jahren des 19. Jahrhunderts nahm die Dampfschifffahrt einen raschen Aufschwung.

Frage 198

Was bezeichnet man als Image?

☞ Die Vorstellung bzw. das Bild, das jemand oder eine ganze Gruppe von jemand anderem oder einer anderen Gruppe oder Sache gewinnt. „Imagepflege" ist besonders für Personen des öffentlichen Lebens wichtig.

Frage 199

Diese Situation kennt sicherlich jeder: Man hat sich in einer fremden Stadt an der Ampel auf der falschen Spur eingeordnet. Eigentlich müsste man rechts abbiegen, steht nun aber auf der Spur, die nur ein Abbiegen nach links oder eine Fahrt geradeaus erlaubt. **Darf man, wenn die Straße frei ist, dennoch vorsichtig rechts abbiegen?**

☞ Auch wenn es verlockend erscheint, ist es nicht erlaubt, in einem solchen Fall doch rechts abzubiegen. Korrekterweise fährt man also geradeaus oder biegt nach links ab.

Frage 200

In welchem Land entwickelte sich die Rhetorik?

☞ **Die Rhetorik entwickelte sich im antiken Griechenland.** Der Begriff Rhetorik, im engeren Sinne als Redekunst aufgefasst, geht davon aus, dass Redefähigkeit eine Naturanlage des Menschen ist, die durch Kunst und Wissen sowie durch Erfahrung und Übung vervollkommnet werden kann.

Frage 201

Welches Unternehmen gründete der Amerikaner Steve Jobs im Jahr 1976?

☐ a) Windows ☐ c) Google
☐ b) Apple ☐ d) Linux

☞ **b) Apple**

Das Produkt, das Jobs (*1955) und seinen Kompagnon Steve Wozniak (*1950) auf einen Schlag bekannt machte, war der erste Personal Computer, der Apple 1.

Das Logo der Apple-Computer

Frage 202

Am Straßenrand ist ein Transporter geparkt, der gerade ausgeladen wird. Auf beiden Fahrbahnen kommen Autos an. **Wer muss in dieser Situation warten?**

☞ **Das Fahrzeug, auf dessen Straßenseite der Transporter parkt, muss warten.**

Frage 203

London war Mitte des 19. Jahrhunderts die größte Stadt der Welt und hatte schon deutlich mehr als eine Million Einwohner. Auf den Straßen der Metropole war einiges los. Da kamen ein paar Techniker auf die Idee, besondere Signale einzusetzen, um Herr über das Verkehrschaos zu werden. Doch es kam bereits nach kurzem Betrieb zu einem tragischen Unglück. Eines der Signale explodierte nämlich und tötete dabei einen Polizisten. Schnell nahmen die Engländer ihre neue Anlage wieder außer Betrieb. **Welche Signale hatten sie damals erfunden?**

☞ **Die Ampel.** Eine grüne und eine rote Signallaterne sollten den Verkehr regeln. Diese Laternen wurden damals noch mit Gas betrieben, was eine nicht ganz so sichere Angelegenheit war. So konnte es zu dem tragischen Unfall kommen.

REKORDRAD

30 Gänge, Hightechbremse, ergonomischer Lenker? All das reichte dem Amerikaner Leon Chassman nicht aus. Wie das Guinessbuch der Rekorde bereits im Jahr 1998 meldete, konstruierte er einen Drahtesel, der über 1500 verschiedene Gänge verfügte. Den Geschwindigkeitsrekord auf dem Fahrrad konnte Chassman mit seiner Maschine nicht brechen. Den hält der Niederländer Fred Rompelberg mit immerhin 268,8 km/h.

Frage 204

Worin besteht der Unterschied zwischen inneren und sozialen Konflikten?

☞ Innere Konflikte sind solche, die Menschen mit sich selbst ausfechten. Häufig geht es um Entscheidungen, die sie fällen müssen. Als soziale Konflikte bezeichnet man alle zwischenmenschlichen Konflikte, in die zwei oder mehrere Personen (z. B. eine Familie oder ein Freundeskreis) verwickelt sind.

Frage 205

Auf welche Verkehrsteilnehmer muss ein Autofahrer achten, der rechts auf eine Vorfahrtsstraße einbiegen will?

☞ Wer rechts auf eine Vorfahrtstraße einbiegen will, muss auf Fahrzeuge, die von beiden Seiten kommen, achten. Außerdem bedürfen Radfahrer und Fußgänger, die sich rechts neben oder hinter dem eigenen Fahrzeug befinden, besonderer Aufmerksamkeit.

Frage 206

Wofür stehen die Buchstaben WWW?

☐ a) World Wide Warming
☐ b) Wild West Web
☐ c) World Wide Web
☐ d) Wet While Washing

☞ **c) World Wide Web**
Mit WWW wird allgemein das Internet bezeichnet, obwohl das nicht ganz richtig ist. Genau genommen handelt es sich um ein spezielles Textsystem, das über das Internet abrufbar ist.

Frage 207

Wie viel Promille Alkohol hat ein 80 Kilogramm schwerer Mann im Blut, der zwei normale Gläser Bier getrunken hat?

☞ **0,26 Promille.** Zwei Stunden später ist der Promillegehalt bereits auf 0,06 abgesunken. Dennoch ist es natürlich am besten, gar keinen Alkohol zu sich zu nehmen, wenn man noch Auto fahren will.

Frage 208

Bei dieser Art von Bremse sind die Bremsklötze auf einem Ring montiert, der sich in einem speziellen Bremsbehälter befindet. Der Ring ist so beschaffen, dass er auseinander gedrückt werden kann. Betätigt man die Bremse nun, dreht sich ein Bauteil, das dafür sorgt, dass sich der Durchmesser des Rings vergrößert und so die Bremsklötze an die Wand des Behälters gedrückt werden. Da der Behälter fest mit dem Rad verbunden ist, wird also auch das Rad gebremst. **Wie nennen sich Bremsen dieser Bauart?**

☞ **Trommelbremsen.**

Frage 209

Wer hat hier Vorfahrt?

☞ Das Schild zeigt eine nach rechts abknickende Vorfahrtstraße an. Vorfahrt hat also, wer sich auf dieser Straße befindet.

Frage 210

Was ist der Unterschied zwischen einem „Halteverbot" und einem „eingeschränkten Halteverbot"?

☞ Im Halteverbot ist jegliches Anhalten untersagt, im eingeschränkten Halteverbot darf man kurz anhalten, um jemanden aussteigen zu lassen oder um das Auto zu entladen.

Frage 211

Wie bezeichnen Techniker das „Verunreinigen" von Halbleitern mit fremden Atomen?

☐ a) Addieren
☐ b) Skalieren
☐ c) Generieren
☐ d) Dotieren

☞ **d) Dotieren**

Das Atom, mit dem der Halbleiter verunreinigt wird, nennt man Donator. Es schenkt (lateinisch „donare" bedeutet „schenken") dem Halbleiter ein zusätzliches Elektron, das dann zur Entstehung eines Stroms beitragen kann.

Frage 212

Wann wurde das Alphabet erfunden?

☞ Um das Jahr 1500 v. Chr. kam es an der syrischen Küste zur Verschmelzung mehrerer regionaler Schriftarten, was zu einer Revolution innerhalb des Schriftbildungsprozesses führte: die Erfindung des Alphabets. Die Phönizier kannten ein aus 22 Zeichen bestehendes Alphabet, in dem allerdings keine Vokale vorkamen. Durch die Kontakte ihres weitreichenden Handelsnetzes beeinflussten die Phönizier mit ihrem Schriftgebrauch bald auch ihre Handelspartner. Um 800 v. Chr. übernahmen die Griechen das Alphabet und ergänzten es um Vokalzeichen. Das griechische Alphabet wurde zum Vorbild des lateinischen Alphabets, das wir heute benutzen.

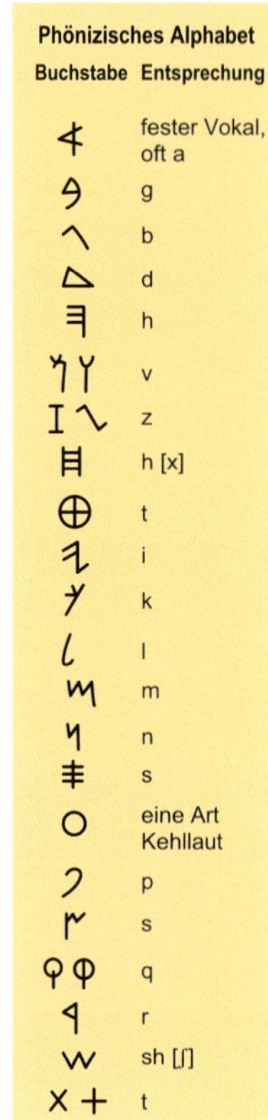

Das phönizische Alphabet

Frage 213

Wer hat eigentlich in welchem Kreisverkehr Vorfahrt?

☞ Am einfachsten ist die Sache, wenn die in den Kreisverkehr einmündenden Straßen mit einem Vorfahrt-Gewähren-Schild versehen sind. Dann haben die Fahrzeuge im Kreisverkehr immer Vorfahrt. Verfügt der Kreisverkehr nur über das entsprechende Kreisverkehrsschild, aber keine Vorfahrt-Schilder, sind sich die Experten nicht ganz einig. Die meisten von ihnen gehen aber davon aus, dass auch in diesem Fall die Fahrzeuge im Kreisverkehr Vorfahrt haben. Lediglich bei Kreisverkehren ganz ohne Beschilderung sieht die Sache anders aus. Hier gilt eine normale Rechts-vor-links-Regelung.

Frage 214

Was bezeichnet der Begriff „Stalking"?

☞ Der Ausdruck „Stalking" entstammt der englischen Jagdsprache und kann mit „anschleichen" oder „heranpirschen" übersetzt werden. Er bezeichnet ein besitzergreifendes Verfolgen, Belästigen und Bedrohen einer Person gegen deren erklärten Willen, auch durch Telefonanrufe (Telefonterror), Droh-SMS und -mails (Cyberstalking) sowie Überwachen und Ausspionieren der betreffenden Person.

Frage 215

Diese Fahrzeugmotoren, die die Kraftstoffe Benzin und Gas miteinander kombinieren, erlauben es, im Normalbetrieb mit Gas zu fahren und nur bei Bedarf auf Benzin umzuschalten. Manche dieser Fahrzeuge benutzen das Benzin auch zum Anfahren und schalten dann nach kurzer Zeit auf den umweltfreundlichen Gasbetrieb um. **Wie heißen diese Motoren?**

☞ **Hybridmotoren.**

KURIOSER ZWEIRADREKORD

Der Lübecker Christian Adam überlegte sich, dass es wesentlich spannender sei, mit dem Fahrrad rückwärts zu fahren. In dieser Disziplin hält er auch den Rekord mit 113,3 km innerhalb von sechs Stunden.

Frage 216

Was bedeutet die Abkürzung CPU?

☐ a) Central Printing Unit
☐ b) Central Processing Unit
☐ c) Circular Processing User
☐ d) Crash Per Minute

☞ **b) Central Processing Unit**
Die CPU ist das Bauteil in einem Computer, das für das Interpretieren von Befehlen und zum Ausführen von Programmen verantwortlich ist. Sie stellt also das Herzstück der Maschine dar.

Frage 217

Was ist ein „Bonmot"?

☞ **Eine treffende witzige und geistreiche Bemerkung.** Bonmots gelten als Zeichen von Geist und sind ein Teil der Fähigkeit, sich in anspruchsvoller Gesellschaft zu bewegen.

Frage 218

Flachbildschirme verfügen über keine Bildröhre, daher können sie überhaupt so flach gebaut werden. **Aber wie entstehen dann bei ihnen die Bilder?**

☞ TFT-Monitore nutzen eine besondere Eigenschaft bestimmter flüssig-kristalliner Substanzen, die sich genau zwischen den Aggregatzuständen flüssig und fest befinden. Diese Substanzen können ihre optischen Eigenschaften ändern, wenn eine Spannung an sie angelegt wird. Sie werden dann also, je nach angelegter Spannung, mehr oder weniger durchsichtig. Einzelne Transistoren steuern nun jeden Bildpunkt auf dem Monitor. Von hinten wird er beleuchtet, und je nachdem, wie lichtdurchlässig die Flüssigkristalle an der entsprechenden Stelle sind, erscheint der Punkt hell oder dunkel. Die Farben werden dadurch erzielt, dass jeder Bildpunkt aus drei Farbpixeln, die ebenfalls einzeln gesteuert werden können, besteht.

Frage 219

Was bohrte der Riesenbohrer TRUDE unter der Elbe?

☞ Mit dem 60 Meter langen Gerät wurde der längste Teil der vierten Röhre des Hamburger Elbtunnels gefertigt. Die Bohrzeit dauerte zweieinhalb Jahre, die gesamte Bauzeit das doppelte. Der Bau des drei Kilometer langen Tunnels kostete ca. 500 Millionen Euro.

Frage 220

Was verhindert eine Personal Firewall und was nicht?

☞ Bei entsprechender Einstellung schützt sie den PC vor ungewollten Zugriffen auf den PC aus dem Internet und auch umgekehrt. Sie schützt allerdings nicht vor Viren, die vom Benutzer unachtsam aus dem Internet heruntergeladen werden.

Frage 221

Welche Möglichkeiten bietet das Chatten im Internet?

☞ Beim Chatten können sich mehrere Nutzer eines Netzwerkes direkt über Tastatur und Bildschirm miteinander unterhalten.

In sogenannten Chatrooms können Menschen auf der ganzen Welt, die zur selben Zeit online sind, über die Tastatur miteinander plaudern

Frage 222

In der Informatik kennt man das EVA-Prinzip. **Wofür steht die Abkürzung EVA?**

- ☐ a) Eine Vereinfachte Arbeitsweise
- ☐ b) Eingabe – Verarbeitung – Ausgabe
- ☐ c) EVA ist der Name einer Programmiersprache, die jeder Computer versteht
- ☐ d) Ernster Verfahrensfehler bei der Ausgabe von Daten

☞ **b) Eingabe – Verarbeitung – Ausgabe** Das EVA-Prinzip bezeichnet ein Schema, nach dem alle Computer arbeiten. Zunächst müssen Daten eingegeben werden. Diese werden dann verarbeitet und schließlich wieder ausgegeben.

Frage 223

Welche verkehrspolitische Maßnahme gehörte zu Adolf Hitlers größten Propagandaerfolgen?

☞ **Der Bau der Reichsautobahnen.** Vorbilder für die „Straßen des Führers" waren die amerikanischen Highways und die „Autostrada" von Mailand zu den oberitalienischen Seen. Die Autobahnbaustellen wurden in der Werbung für die Sozialpolitik des NS-Staates als Arbeitsbeschaffungsmaßnahme angepriesen. Der Autobahnbau trug tatsächlich auch zur Senkung der Arbeitslosigkeit bei, allerdings war die psychologische Wirkung von rund 130.000 Arbeitsplätzen bei 1,8 Millionen Arbeitslosen im Jahr 1936 größer als der tatsächliche wirtschaftliche und sozialpolitische Effekt.

Frage 224

Wer eine Ampel bei Rot überfährt, gefährdet nicht nur den Straßenverkehr, sondern riskiert auch eine empfindliche Strafe. **Wie hoch ist sie?**

☞ Man erhält einen Monat Fahrverbot, vier Punkte in Flensburg und ein Bußgeld von 125 bis 200 Euro.

Frage 225

Woher kommt der Ausdruck „Zugzwang"?

☞ **Vom Schachspiel,** wo er eine Situation bezeichnet, in der ein Spieler ziehen muss und ihm daraus Nachteile erwachsen.

Frage 226

Welcher deutsche Wissenschaftler baute den ersten Computer?

- ☐ a) Konrad Zuse
- ☐ b) Albert Einstein
- ☐ c) Gottfried Wilhelm Leibniz
- ☐ d) Werner von Siemens

Konrad Zuse

☞ **a) Konrad Zuse**
In einer kleinen Wohnung in Kreuzberg baute im Jahr 1941 der Wissenschaftler Konrad Zuse (1910–95) den ersten funktionsfähigen programmierbaren Rechner. Die Z3, so hieß das Prunkstück, arbeitete mit elektromagnetischen Schaltern, den sogenannten Relais, und basierte erstmals vollständig auf dem Binärsystem.

Frage 227

Wie viele Menschen mussten 2007 in Deutschland aufgrund von Verkehrsunfällen sterben?

☞ **4949 Personen wurden getötet** (im Durchschnitt 14 pro Tag) und 431.419 wurden verletzt. Das ist immerhin der geringste Wert seit 1953, als diese Statistik in Deutschland eingeführt wurde.

Frage 228

Wie nennen die Techniker ein kleines Halbleiterstück, auf dem sich heutzutage mehr als 200 Millionen Transistoren befinden können?

☐ a) I/O Einheit ☐ c) Relais
☐ b) Rechenwerk ☐ d) Chip

☞ **d) Chip**
Mitte der 1960er-Jahre nutzte die Firma IBM erstmals Chips in ihren Rechnern, die dadurch deutlich kleiner und kompakter wurden.

Frage 229

Welche Gefahren bringt der Haschischkonsum für Fahrzeugführer mit sich?

☞ Der Konsum der Droge kann zu Sinnestäuschungen führen und zieht auf jeden Fall eine Verringerung der Reaktionsgeschwindigkeit nach sich. Außerdem können Verwirrtheitszustände und Depressionen auftreten.

Frage 230

Diese Straße ist weit über 5.000 Jahre und liegt auf dem eurasischen Kontinent. Sie ist somit die älteste Handelsverbindung. **Wie heißt diese Straße?**

☞ **Seidenstraße.**

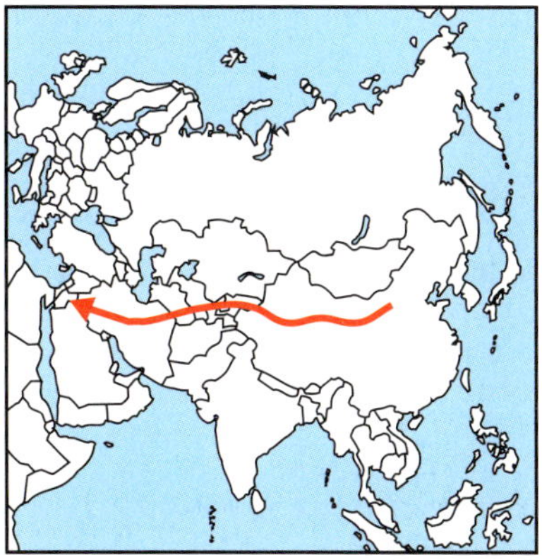

Der Verlauf der Seidenstraße

Frage 231

Welche Mobilfunktechnik spülte überraschend Milliarden in die deutsche Staatskasse?

☞ **Die UMTS-Technik** sorgte im Juli 2000 für überraschenden Geldsegen. Als in Frankfurt die Sendefrequenzen versteigert wurden, zahlten die Sieger der Auktion insgesamt 100 Milliarden Mark in den deutschen Bundeshaushalt.

Frage 232

Im Alter von 16 Jahren können Jugendliche den Führerschein der Klasse A 1 machen. **Welche Fahrzeuge dürfen sie damit fahren?**

☞ Der Führerschein der Klasse A 1 berechtigt zum Fahren eines Motorrads mit maximal 125 cm^3 Hubraum. Außerdem darf das Zweirad nicht mehr als 11 kW Motorleistung bringen. Bis zur Vollendung des 18. Lebensjahres dürfen Jugendliche nur leichte Krafträder mit einer Höchstgeschwindigkeit von 80 km/h fahren.

Frage 233

In welchem Land wurde das World Wide Web erfunden?

☐ a) Amerika
☐ b) Schweiz
☐ c) Indien
☐ d) Sowjetunion

☞ **b) Schweiz**
Das World Wide Web wurde 1989 am CERN in der Schweiz entwickelt. Das Internet als übergeordnetes Gebilde ist indes eine amerikanische Erfindung.

Frage 234

Welche technische TV-Erneuerung durften die Menschen im Ballungsraum Berlin/Potsdam als weltweit Erste genießen?

☞ Im Ballungsgebiet um die deutsche Hauptstadt wurde ab Oktober 2002 der herkömmliche analoge terrestrische Fernsehempfang auf Digitaltechnik umgerüstet. Dadurch sollen sich die Bildqualität sowie die Anzahl der zu empfangenden Programme erhöhen.

Frage 235

Wer baute die erste wirklich funktionstüchtige mechanische Rechenmaschine?

☞ **Gottfried Wilhelm Leibniz (1646–1716)** präsentierte im Jahr 1673 eine mechanische Rechenmaschine, die bereits die vier Grundrechenarten und das Ziehen von Quadratwurzeln beherrschte.

Frage 236

Welches österreichische Tunnelunglück ereignete sich im November 2000?

☞ Auf dem Weg zum Kapruner Gletscher am Kitzsteinhorn kam es zum Brand der Zahnradbahn. Im Gefährt entzündete sich ein Heizgerät. Der im Tunnel herrschende Kamineffekt führte zu einem schnellen Ausbrennen der Bahn, wobei 155 Menschen starben.

Frage 237

Was ist eine Fabel?

Illustration aus der Fabel Fuchs und Rab

☞ Eine Fabel ist eine kleine Beispielerzählung in Prosa- oder Versform, die eine moralische Lehre vermittelt. Diese Lehre wird anhand einer konkreten Geschichte veranschaulicht. Die vorgeführten menschlichen Eigenschaften sind dabei meist auf Tiere übertragen. Die Handlung einer Fabel ist sehr knapp dargestellt und auf die abschließende Lehre zugespitzt.

Frage 238

Was bedeutet Konflikt?

☞ Das Wort „Konflikt" stammt von dem lateinischen Substantiv „conflictus" ab und bedeutet „Aneinanderschlagen, Zusammenstoßen", im weiteren Sinne daher auch „Kampf, Streit". Ein Konflikt kann sich auf einzelne Personen beschränken (intrapersonell), aber auch mehrere Menschen (interpersonell) oder ganze Organisationssysteme (organisatorische Konflikte) umfassen. Konflikte sind Störungen, die den Handlungsablauf unterbrechen und belastend wirken.

Frage 239

Wie nennt man einen Speicherbaustein im Computer, der nur das Auslesen von Daten, nicht aber sein Wiederbeschreiben gestattet?

☐ a) REM
☐ b) RIM
☐ c) ROM
☐ d) RUM

☞ **c) ROM**
ROM ist die Abkürzung für Read Only Memory (Nur-Lese-Speicher).

Frage 240

Seit einigen Jahren tauchen immer mehr Ampeln im Verkehrsbild auf, die zusätzlich zu den normalen Lichtsignalen über einen grünen Pfeil verfügen, der nach rechts zeigt. **Wie muss man sich hier verhalten?**

Der grüne Abbiegerpfeil gilt unabhängig vom Ampelsignal

☞ Vom rechten Fahrstreifen aus kann man, unabhängig vom Ampelsignal, nach rechts abbiegen. Man muss allerdings vorher angehalten haben, um sich davon zu überzeugen, dass niemand beim Abbiegen behindert oder gefährdet wird.

Frage 241

Ohne Halbleiter ist die moderne Computertechnik nicht denkbar. **Was ist eigentlich ein Halbleiter?**

☞ Als Halbleiter bezeichnet man ein Material, das von seiner Leitfähigkeit zwischen einem Leiter und einem Isolator angesiedelt ist. Entscheidend für seine Leitfähigkeit ist dabei die Temperatur. Bei Raumtemperatur ist es für gewöhnlich nicht leitend, seine Leitfähigkeit nimmt bei steigenden Temperaturen zu.

Frage 242

Wo und wann wurden die ersten Briefkästen angebracht?

☞ Die nachweislich ersten Briefkästen wurden 1653 im Stadtbereich von Paris als Wandbriefkästen angebracht. In sie konnte jeder seine Briefe werfen, sofern an ihnen ein Papierstreifen mit der Bestätigung des vorausbezahlten Portos befestigt war. In Deutschland wurde der erste Briefkasten 1766 in Berlin aufgestellt.

Frage 243

Welche Vorteile bietet ISDN gegenüber einem herkömmlichen Telefonanschluss?

☞ Die digitale ISDN-Technik bietet gegenüber dem herkömmlichen analogen Fernmeldenetz zahlreiche Vorteile: Es eignet sich auch für die Übertragung von Bildern, man kann über eine Nummer Telefon, PC und Telefax erreichen und die Leitung ist nicht blockiert, wenn ein Anruf eingeht, während der Nutzer im Internet arbeitet.

Frage 244

Was ist BASIC?

☐ a) ein einfacher Computer
☐ b) eine Programmiersprache
☐ c) ein Computer-Einführungskurs
☐ d) das erste Betriebssystem

☞ **b) eine Programmiersprache**
BASIC ist eine der am meisten verbreiteten Programmiersprachen. Sie wurde bereits im Jahr 1964 von John George Kemeny (1926–92) und Thomas Eugene Kurtz (*1928) entwickelt.

Frage 245

Seit einigen Jahren erfreuen sich Motorroller bei Jugendlichen großer Beliebtheit. **Wie schnell dürfen sie mit diesen Gefährten höchstens unterwegs sein?**

☞ Im Alter von 16 Jahren dürfen Jugendliche den Führerschein Klasse S erwerben. Damit können sie Motorroller fahren, die eine Höchstgeschwindigkeit von **45 km/h** erreichen.

Mit dem Motorroller dürfen bereits 16-jährige fahren

Frage 246

Was versteht man unter einem Betriebssystem?

☞ Das Betriebssystem ist ein zentrales Computerprogramm (bzw. ein Bündel verschiedener Programme), das alle Aktivitäten des Computers (wie das Ausführen anderer Programme, das Drucken, die Tastatureingabe etc.) koordiniert.

Frage 247

Worüber unterhalten sich Computerfreaks, wenn der Begriff „Ubuntu" fällt?

☞ **Über das Betriebssystem Linux**, einem Konkurrenzprodukt von Windows. Ubuntu ist eine Version dieses Betriebssystems, das sich Computerbenutzer kostenlos aus dem Internet herunterladen können.

Frage 248

Zu welchem Zweck benutzen viele Menschen das Programm Powerpoint?

☐ a) zum Erstellen von Präsentationen
☐ b) zum Schreiben einfacher Texte
☐ c) zum Bearbeiten digitaler Fotos
☐ d) zum Schreiben und Empfangen von E-Mails

☞ **a) zum Erstellen von Präsentationen**
Das Programm erlaubt es nicht nur, dem Zuhörer starre Grafiken zu präsentieren, es bietet auch die Möglichkeit, die Grafiken zu animieren (Einblendungen etc.).

Frage 249

Wie hat sich ein Autofahrer an einer Bushaltestelle zu verhalten?

☞ Wenn ein Bus mit eingeschalteter Warnblinkanlage in eine Bushaltestelle einfährt, besteht ein striktes Überholverbot. Hält der Bus nun mit eingeschalteter Warnblinkanlage in der Bushaltestelle, so darf man ihn nur im Schritttempo (höchstens 7 km/h) passieren. Das gilt auch für den entgegenkommenden Verkehr.

Frage 250

Was ist der Unterschied zwischen Hardware und Software?

☞ Als Hardware (harte Ware) bezeichnet man alle Komponenten eines Computers, die man auch anfassen kann, also die Geräte und ihr elektronisches Innenleben. Die Programme werden dagegen unter dem Begriff „Software" (weiche Ware) zusammengefasst.

Frage 251

Wie heißt das größte Kreuzfahrtschiff der Welt?

☞ Seit 2006 ist die „Freedom of the Seas" das größte Kreuzfahrtschiff der Welt, bis dahin war es die „Queen Mary 2". Doch Dezember 2009 soll die „Oasis of the Seas" in Florida starten. Dieses Schiff wird 360 Meter lang und 71 Meter breit sein und kann bis zu 5400 Urlauber aufnehmen. Auf dem Schiff soll es einen eigenen englischen Jahrmarkt und sogar ein Amphitheater geben.

Frage 252

Wie nennt man ein Motorrad mit vier Rädern?

☞ **Quad.** Quads verfügen für gewöhnlich über eine Lenkung wie bei einem Motorrad und über vier breite, geländegängige Reifen. Ausführungen mit einem Hubraum von bis zu 50 cm^3 dürfen auch von Jugendlichen mit dem Führerschein Klasse S gefahren werden.

Frage 253

Die Microcomputer-Software wurde 1975 entwickelt. Heute nennt sich die Firma, die sie herstellt, Microsoft und ihr Gründer gilt als drittreichster Mensch der Welt. **Wie heißt er?**

☞ **Bill Gates (*1955)** gründete 1975 zusammen mit Paul Allan (*1953) seine Firma Microsoft.

Bill Gates

Frage 254

Nach welchem Gelehrten ist eine Programmiersprache benannt worden?

☐ a) Leonard Euler
☐ b) Gottfried Wilhelm Leibniz
☐ c) Blaise Pascal
☐ d) Enrico Fermi

☞ **c) Blaise Pascal** (1623–62)
Er hat noch vor Leibniz eine Rechenmaschine erfunden. Allerdings funktionierte das Gerät – im Gegensatz zum Modell von Leibniz – nicht vollständig. Dennoch wurde er für diese Pioniertat posthum mit einer eigenen Programmiersprache geehrt.

Frage 255

Wie werden in einem Computer Daten transportiert?

☞ In einem Computer ist ein sogenannter Bus für den Transport von Daten von einem Bauteil zum nächsten zuständig, z. B. vom Speicher zum Prozessor. Eine wichtige Kenngröße ist hier die Breite des Busses. Damit wird die Anzahl der Leitungen, über die gleichzeitig Daten übertragen werden können, bezeichnet. Sind beispielsweise 16 Leitungen vorhanden, spricht man von einem 16-Bit-Bus.

Frage 256

Was versteht man in der Straßenverkehrsordnung unter Vorfahrt und Vorrang?

☞ Von einer Vorfahrtssituation spricht man, wenn sich zwei Fahrbahnen kreuzen. Der Vorrang hingegen regelt die Reihenfolge, in der Verkehrsteilnehmer, die sich begegnen (also auch von gegenüber bzw. auf derselben Fahrbahn), fahren oder gehen dürfen.

Frage 257

Dieses Computerprogramm wird vor allem für die Analyse und Darstellung verschiedener Daten verwendet. Arbeitsblätter, Tabellen, Diagramme und auch Datenbanken sind dabei die zentralen Arbeitsgebiete des Programms. **Um welches Programm handelt es sich hierbei?**

☞ **Microsoft Excel.** Bereits im Jahr 1985 entstand die erste Version dieses Programms zur Tabellenkalkulation.

Frage 258

In den Beschreibungen von Computern oder einzelnen Computer-Komponenten ist immer wieder die Rede von „Plug & Play". **Was verbirgt sich hinter diesem Ausdruck?**

☞ Plug & Play bezeichnet die Eigenschaft von Computern, neue Geräte einfach anschließen und dann sofort mit ihnen arbeiten zu können. Die vorherige Installation einer speziellen Treibersoftware ist bei diesem Verfahren nicht nötig. Plug & Play ist englisch und lässt sich am besten mit „einstöpseln und loslegen" übersetzen.

Frage 259

Was versteht man unter Copy & Paste?

☐ a) unerlaubtes Kopieren von Daten aus dem Internet
☐ b) Prinzip zur Übertragung von Daten zwischen verschiedenen Anwendungen
☐ c) Auslesen von Daten von einem Datenträger
☐ d) Ausspionieren eines Computers innerhalb eines Netzwerks

☞ **b) Prinzip zur Übertragung von Daten zwischen verschiedenen Anwendungen**
Bei diesem Verfahren werden die Daten aus einer Anwendung heraus zunächst per Mausklick oder Tastenkombination in einen Zwischenspeicher geschrieben und in einem zweiten Schritt von dort in die neue Anwendung übertragen.

Frage 260

Welche Antwort erwartet man auf eine rhetorische Frage?

☞ **Keine.** Eine rhetorische Frage ist ein Mittel, mit dem man beim Angesprochenen unausgesprochene Zustimmung erreichen oder zum Nachdenken anregen will.

Frage 261

Die Diskette hat als Speichermedium schon lange ausgedient. Heutzutage verwendet man wiederbeschreibbare CDs. **Wie kann man eigentlich Daten von einer CD löschen?**

☞ Das Verfahren, mit dem CDs oder DVDs mehrfach beschrieben werden, nennt man Phase-Change-Technik. Hier ist die Oberfläche der Scheibe mit einem besonderen Material beschichtet: Je nachdem, wie schnell die von dem Schreiblaser erhitzten Stellen abkühlen, wird das Material gut (die Moleküle sind regelmäßig angeordnet) oder schlecht reflektierend (die Moleküle sind unregelmäßig angeordnet). Es gibt hier also keine eingebrannten „Gruben". Das erreicht man am besten, indem man sie mit unterschiedlich intensivem Laserlicht bestrahlt. Je heißer die Laser, desto länger dauert der Abkühlvorgang. Außerdem ist die Oberfläche so beschaffen, dass sich die Eigenschaften des Materials durch erneutes Erwärmen ändern lassen.

Frage 262

Wer sich einen neuen Computer kauft, achtet für gewöhnlich darauf, dass genug RAM in der Maschine vorhanden ist. **Was steckt aber eigentlich hinter der Bezeichnung „RAM"?**

☞ **RAM ist die Abkürzung für Random Access Memory.** In diesem speziellen Speicher hinterlegt der Rechner alle Daten, die er zum raschen und störungsfreien Betrieb benötigt. Viel Speicherplatz ermöglicht hier eine schnelle Datenverarbeitung.

Frage 263

Was ist neu am interaktiven Fernsehen?

☞ Es bietet dem Zuschauer die Möglichkeit, sich unmittelbar an der Gestaltung von Fernsehsendungen zu beteiligen. Grundlage ist die digitale Fernsehtechnik und eine Rückleitung in Form der Telefonleitung oder eines Kabelnetzes, über die der Zuschauer mitwirken oder Informationen abrufen kann.

Frage 264

Mit welchen Schriftzeichen verständigten sich die germanischen Stämme?

☞ Bis zur Mitte des 1. Jahrhunderts las und schrieb im deutschen Sprachraum fast niemand. Die germanischen Stämme benutzten als Schriftzeichen Runen. Das althochdeutsch-gotische „runa" bedeutet „Geheimnis". Die Runen dienten vor allem kultischen Zwecken.

Runenstein mit germanischen Schriftzeichen

Frage 265

Im Jahr 1847 entwickelte ein irischer Gelehrter eine spezielle Algebra, die nicht mit mathematischen (+, -, ·,:), sondern mit logischen Operatoren wie UND, ODER und NICHT arbeitet. Mit ihrer Hilfe lassen sich logische Aussagen treffen und Bedingungen formulieren. Auch elektronische Schaltungen können mit ihr dargestellt werden. Der besondere Kniff ist nun, dass das natürlich auch in die andere Richtung funktioniert: Logische Verknüpfungen lassen sich ebenso mit elektronischen Schaltungen realisieren – auch das geschieht in modernen Rechnern ständig. **Wie hieß der Gelehrte, dessen Namen diese besondere Algebra auch trägt?**

☞ **George Boole (1815–64).** Seine Algebra ist unter dem Namen Boolesche Algebra bekannt.

Frage 266

Einige Computerdateien erfordern ein besonderes Programm, um sie öffnen zu können. **Welche Dateien lassen sich mit dem Acrobat Reader betrachten?**

☞ **Dateien mit der Endung „.pdf".** Dabei handelt es sich um ein spezielles Dateiformat, das es erlaubt, Dokumente mit komplettem Layout (mit Grafiken und allem Drum und Dran) zu speichern und zu verschicken und auf einem beliebigen an-deren Rechner, der über dieses Leseprogramm verfügt, exakt gleich darzustellen.

Frage 267

Wenn ein bestimmter Bestandteil eines Computers (z. B. die Soundkarte oder ein Drucker) nicht mehr korrekt arbeitet, bekommt man oft den Hinweis, man solle einen aktuellen Treiber installieren. **Was genau ist eigentlich ein Treiber?**

☞ Ein Treiber ist ein spezielles Computerprogramm, das dafür sorgt, dass eine Kommunikation zwischen dem Computer und den angeschlossenen Geräten reibungslos funktionieren kann.

Frage 268

Welches der folgenden Computerprogramme ist besonders gut zur Erstellung von Grafiken geeignet?

☐ a) Corel Draw
☐ b) Access
☐ c) Word
☐ d) Pagemaker

☞ **a) Corel Draw**

Corel Draw Graphics Suite – wie das Programm mit vollem Namen heißt – wurde von der Firma Corel Corporation erstmals 1989 vorgestellt.

Frage 269

Was ist ein FlipFlop?

☞ FlipFlops sind elektronische Schaltungen aus zwei Transistoren, die so miteinander verbunden sind, dass immer einer der beiden keinen Strom durchlässt, während der Strom den anderen Transistor passieren kann. So kann man diese Schaltung wie einen elektrischen Kippschalter einsetzen. Es gibt aber noch eine weitere Besonderheit: Die Schaltung eignet sich auch, um einen elektrischen Zustand zu speichern.

Frage 270

Woher kommt die Sitte des Daumendrückens, wenn man jemandem Glück wünschen will?

☞ **Sie geht auf die Gladiatorenkämpfe zurück.** Richtete der Kaiser seinen Daumen auf sich selbst oder nach unten, dann musste der im Kampf unterlegene Gladiator sterben. Knickte der Kaiser seinen Daumen jedoch ein, so bedeutete dies, dass der siegreiche Gladiator seine Waffe einstecken und den Gegner verschonen sollte.

Frage 271

Welche Städte verbindet die Transsibirische Eisenbahn?

☞ Die Transsibirische Eisenbahn, kurz auch Transsib genannt, verbindet Russlands Hauptstadt Moskau mit der Hafenstadt Wladiwostok am Japanischen Meer. Mit dem Bau der 9289 Kilometer langen Strecke wurde schon in der Zarenzeit, im Jahr 1891, begonnen.

Die Route der Transsibirischen Eisenbahn

Frage 272

Das binäre Zahlensystem, mit dem alle Computer arbeiten, kennt nur zwei Zahlen, die 0 und die 1. Allerdings kommt man natürlich mit einer einzelnen dieser sogenannten Binärziffern nicht weit. Alle Zeichen, die unser Alphabet umfasst, und auch die Sonderzeichen auf unserer Tastatur sind deshalb aus acht Binärziffern zusammengesetzt. Für eine solche aus acht Ziffern bestehende Einheit kennt die Informatik einen besonderen Begriff. **Wie heißt er?**

☞ **Byte.** Auch die Speicherkapazität von Festplatten und anderen Speichermedien wird in Bytes gemessen. Dabei ist man mittlerweile im Gigabyte-Bereich angekommen. 1 Gigabyte entspricht einer Milliarde Byte.

Frage 273

Was versteht man unter Pressefreiheit?

☞ Das u. a. im Grundgesetz verbürgte Grundrecht, das die freie Meinungsverbreitung in Presse, Rundfunk und Fernsehen sowie die ungehinderte Informationsbeschaffung garantiert.

Frage 274

Im Zusammenhang mit CDs und DVDs taucht immer häufiger der Begriff „Dual Layer" auf. **Worauf deutet er hin?**

☞ Die Bezeichnung „Dual Layer" deutet auf einen speziellen Typ einer CD oder DVD hin. Bei ihnen werden die Daten nicht auf eine, sondern auf zwei übereinander liegende Schichten geschrieben, die getrennt gelesen werden können. Dies führt (fast) zu einer Verdoppelung der Speicherkapazität.

Frage 275

Was ist eine Malware?

☞ So bezeichnet man eine Software, die absichtlich Schaden verursacht.

Frage 276

Wann kamen in Deutschland die ersten Taschenbücher auf den Markt?

☞ **1950** führte der Rowohlt Verlag in Hamburg (seit 1959 in Reinbek bei Hamburg) die Taschenbücher ein. Die erste Nummer seiner Taschenbuchreihe rororo (Abkürzung für „rowohlts rotations romane") war der Roman *Kleiner Mann – was nun?* von Hans Fallada (1893–1947).

Frage 277

Was versteht man unter der Nachrichtenpyramide und den sechs W?

☞ Die Nachrichtenpyramide steht am Anfang jeder journalistischen Ausbildung. Die sechs W sind die Fragen: Wer? Was? Wann? Wo? Wie? Warum? Sie stehen übereinander in einem auf der Spitze stehenden Dreieck. Idealerweise enthält eine Pressemeldung alle sechs W-Fragen.

WIE FUNKTIONIERT DIE SATELLITENNAVIGATION?

Für die Satellitennavigation, wie sie auch heute in Fahrzeugen verwendet wird, braucht man Signale von drei Satelliten. Jeder dieser Satelliten sendet ständig Nachrichten, die ungefähr diese Form haben: „Ich bin Satellit Nr. X, meine Position ist gerade Y und diese Nachricht wurde zum Zeitpunkt Z versandt."
Um die Position des Fahrzeugs zu bestimmen, vergleicht der Empfänger im Auto die Zeit, zu der das Signal ausgesandt wurde, mit der Zeit, zu der er das Signal empfangen hat. Daraus kann er berechnen, wie lange das Signal unterwegs war, wie weit der Satellit also vom Fahrzeug entfernt ist. Nun gibt es aber auf der Erde mehr als einen Punkt, der genau gleich weit vom Satelliten entfernt ist. Deshalb nimmt man die Daten von drei Satelliten. Aus ihnen kann man ganz genau die Position des Fahrzeugs bestimmen (sie ist dort, wo sich die drei Kreise der Satelliten überschneiden).

Frage 1

Wann und wo wurde die erste Pockenschutzimpfung eingeführt?

Edward Jenner

☞ **Im Jahr 1807** wurde im Königreich Bayern die Pockenschutzimpfung eingeführt. Edward Jenner (1749–1823) entdeckte, dass eine Immunisierung auch mit den harmlosen Erregern von Kuhpocken möglich ist. Vorher starben viele Menschen daran, weil sie sich mit Pocken infizieren ließen, um sich dagegen zu immunisieren.

Frage 2

Was versteht der Mediziner unter „freien Radikalen"?

☞ Freie Radikale attackieren schützende Zellmembranen und lebensnotwendige Proteine und schädigen das Erbgut, indem sie Bindungen zwischen den Basen zerschneiden. Außerdem sind sie für den Alterungsprozess verantwortlich. Sie kommen überall im Körper vor. In gewissem Maße sind die Schädigungen, die durch freie Radikale verursacht werden, natürlich. Man kann sich aber mit sogenannten Antioxidanzien (wie man sie z. B. in Obst, Kaffee oder Tee findet) davor schützen, dass sie in unserem Körper überhandnehmen.

Frage 3

Was ist der Unterschied zwischen gesättigten und ungesättigten Fettsäuren?

☞ Fette stellen eine Kombination aus Kohlenstoff- und Wasserstoffatomen dar, die in bestimmter, regelmäßiger Art und Weise miteinander verbunden sind. Bei einem gesättigten Fett sind so viele Wasserstoffatome wie möglich mit den Kohlenstoffatomen verbunden. Dabei herrscht zwischen den einzelnen Atomen eine Einfachbindung. Ungesättigte Fette hingegen verfügen über einen oder mehrere Doppelbindungen. Bei der Ernährung sollte man grundsätzlich darauf achten, lieber einfach oder mehrfach ungesättigte Fettsäuren zu verwenden.

Frage 4

Wohin setzt der Arzt die Spritze, wenn er subkutan spritzt?

☐ a) ins Rückenmark
☐ b) in eine Vene
☐ c) in den Muskel
☐ d) unter die Haut

☞ **d) unter die Haut**

Frage 5

Was ist ein Patiententestament?

☞ Der testamentarisch festgehaltene letzte Wille eines Menschen, der sich im Fall schwerer gesundheitlicher Schädigung für die Sterbehilfe entscheidet. Sie schließt ausdrücklich den Verzicht auf lebensverlängernde Maßnahmen wie Beatmung, Bluttransfusion oder künstliche Ernährung ein, etwa wenn kein Bewusstsein mehr erlangt werden kann oder das Gehirn dauerhaft geschädigt ist.

Frage 6

Was versteht man unter dem sogenannten Functional Food?

☞ Als Functional Food (funktionelle Nahrung) bezeichnet man Nahrungsmittel, in denen bestimmte Zusätze wie beispielsweise Nährstoffe oder Vitamine künstlich zugesetzt wurden, um so einen für die Gesundheit günstigen Effekt zu erzielen.

Frage 7

Eine Folge eines ungesunden Lebensstils kann der Herzinfarkt sein. Der Infarkt, bei dem wegen Durchblutungsstörungen ein Teil des Hirns geschädigt wird, hat einen besonderen Namen. **Wie nennt man ihn?**

☞ **Schlaganfall.** Nach dem Herzinfarkt und Krebs ist der Schlaganfall die dritthäufigste Todesursache in Deutschland. Bluthochdruck, Rauchen, Übergewicht und Herzerkrankungen kommen hier als besondere Risikofaktoren infrage.

Frage 8

Welche Aufgabe übernehmen in unserem Körper die Hormone?

☞ **Hormone „arbeiten" im Körper als besondere Informationsübermittler.** Sie werden in bestimmten Drüsenzellen (z. B. im Gehirn oder in der Bauchspeicheldrüse) gebildet und ins Blut abgegeben. Auf diese Weise gelangen sie zu Zellen mit speziellen „Andockstellen" (Rezeptoren), wo ihre Nachricht gelesen werden kann. Als Botenstoffe sorgen Hormone dafür, dass die biologischen Prozesse im menschlichen Körper richtig ablaufen.

Frage 9

Eine medizinische Studie hat gezeigt, dass im Jahr 2000 weltweit mehr als 300 Millionen Menschen an Adipositas litten, die Tendenz war stark steigend. **Um welche Krankheit handelt es sich hierbei?**

☐ a) Magersucht
☐ b) starkes Übergewicht
☐ c) Beeinträchtigung des Hörvermögens
☐ d) Beeinträchtigung des Bewegungsapparates

☞ **b) starkes Übergewicht**
Bei einem Körpermasseindex (BMI) von mehr als 30 (bei normalgewichtigen Menschen liegt er zwischen 18 und 24) spricht man von Adipositas, krankhaftem Übergewicht.

Frage 10

Was ist Legasthenie?

☞ **Eine Lese- und Schreibschwäche.** Legastheniker haben Schwierigkeiten, Lesen und Schreiben zu erlernen, und verwechseln Buchstaben oder sogar ganze Wortteile.

Frage 11

Eltern von Neugeborenen stehen immer wieder vor der Frage, ob sie ihren Babys Vitamin K geben lassen sollen. **Welchen Nutzen schreibt man diesem speziellen Vitamin zu?**

☞ Ein Mangel an Vitamin K kann sich negativ bemerkbar machen, weil sich dadurch die Blutgerinnung verschlechtert. Es können dann Gehirnblutungen auftreten. Weil einige Säuglinge unter Vitamin-K-Mangel leiden, wird eine Gabe des Mittels kurz nach der Geburt routinemäßig angeboten.

Frage 12

Es wiegt ca. 150 Gramm. Es ist ein kleines Organ im linken Oberbauch direkt unter dem Zwerchfell. Umgeben ist dieses Organ von einer festen Bindegewebskapsel. Das Organ erkennt überalterte Blutzellen, filtert sie aus dem Blut und baut sie ab. Es speichert bis zu 30 % der im Körper befindlichen weißen Blutkörperchen. Darüber hinaus werden in ihm Blutplättchen, die bei der Gerinnung eine große Rolle spielen, gespeichert. Diese können bei erhöhtem Bedarf, z. B. bei einer Blutung, gezielt ausgeschüttet werden. **Von welchem Organ ist hier die Rede?**

☞ **Die Milz.** Zu den häufigsten Erkrankungen der Milz zählen die Milzzysten, die Milzverletzungen und die mit einer Vergrößerung des Organs verbundenen Erkrankungen des Blutes, rheumatische Erkrankungen sowie akute und chronische Infektionskrankheiten.

Frage 13

Viele Sportler betreiben ihren Sport auch deshalb, weil der Körper bei Belastung sogenannte Endorphine ausschüttet. **Wo werden diese Stoffe gebildet?**

☞ **Endorphine werden in der Hirnanhangdrüse (der sogenannten Hypophyse) gebildet.** Sie sind körpereigene Morphine und werden oft als „Glückshormone" bezeichnet. Sie regulieren Triebe und Gefühle und unterdrücken das Schmerzempfinden.

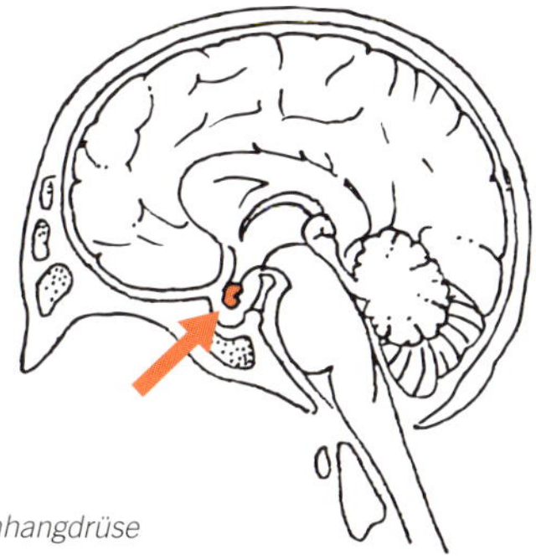

Hirnanhangdrüse

Frage 14

Welches der folgenden Vitamine gibt es gar nicht?

☐ a) Vitamin K ☐ c) Vitamin H
☐ b) Vitamin E ☐ d) Vitamin O

☞ **d) Vitamin O**

Vitamin K verbessert die Blutgerinnung, Vitamin E schützt als Oxidationsschutz vor den schädlichen freien Radikalen und Vitamin H übernimmt eine wichtige Funktion beim Stoffwechsel.

Frage 15

Was versteht man unter dem metabolischen Syndrom?

☞ Das metabolische Syndrom (auch Tödliches Quartett) setzt sich aus Einzelerkrankungen zusammen, die häufig in Kombination auftreten: erhöhte Blutfettwerte, Bluthochdruck, erhöhter Blutzucker und bauchbetontes Übergewicht.

Frage 16

Was versteht man unter sekundären Pflanzenstoffen?

☞ Sekundäre Pflanzenstoffe sind Substanzen, die nur in sehr geringen Mengen in Pflanzen vorhanden sind. Dennoch hat man herausgefunden, dass sie eine wichtige Rolle spielen: Menschen, die viel Obst und Gemüse essen, erkranken nämlich deutlich seltener an Krebs oder Herz-Kreislauf-Erkrankungen.

Frage 17

Zur Bewertung des Körpergewichts wird heutzutage häufig der sogenannte Body-Mass-Index (BMI) herangezogen. **Wie berechnet man diese Größe?**

☞ Bei der Berechnung des BMI wird das Gewicht (in Kilogramm) durch das Quadrat der Körpergröße (in Meter) dividiert.

Frage 18

Vitamin C ist ein sehr wichtiges Vitamin. Es unterstützt nämlich tatkräftig unser Immunsystem. **Welches Obst enthält das meiste Vitamin C?**

☐ a) Zitrone
☐ b) Hagebutte
☐ c) Apfel
☐ d) Birne

☞ **b) Hagebutte**

Bereits 7 Gramm decken den Tagesbedarf eines Menschen. Dazu benötigt man immerhin 120 Gramm Zitronen oder 600 Gramm Äpfel.

Frage 19

Robert Koch erhielt im Jahr 1905 den Nobelpreis für Medizin. Dabei sah es zunächst gar nicht nach einer Karriere in diesem Bereich aus, denn er begann Philologie zu studieren.

Robert Koch

Erst nach zwei Semestern schwenkte er zur Medizin um. Das war auch gut so, denn er avancierte zu einem bedeutenden Mikrobiologen. So gelangte er zu wichtigen Erkenntnissen über die Milzbrand- und Choleraerreger. Den Nobelpreis erhielt er allerdings für die Entdeckung eines Bakteriums, das eine weitverbreitete Lungeninfektion verursachte, an der vor allem arme und geschwächte Menschen starben. **Um welche Krankheit handelt es sich?**

☞ **Tuberkulose.** Die Krankheit wird mittels Tröpfcheninfektion übertragen. Daher konnte sie sich gerade bei den dicht gedrängt lebenden Armen rasch ausbreiten. Sie fordert auch heutzutage noch jährlich mehr als zwei Millionen Opfer.

Frage 20

Einige Produkte werben mit dem Slogan „Reich an Omega-3-Fettsäuren". **Was ist eigentlich das Besondere daran?**

☞ Für den Menschen sind Omega-3-Fettsäuren lebensnotwendig, der Körper kann sie aber selbst nicht bilden. Daher müssen sie regelmäßig mit der Nahrung aufgenommen werden. Im Körper helfen diese Fette u. a. das Cholesterin zu senken, fördern den Blutfluss und werden auch besonders wegen ihrer blutdrucksenkenden und entzündungshemmenden Wirkung geschätzt.

Frage 21

Für den hohen Blutdruck haben die Mediziner den Fachausdruck „Hypertonie". **Wie lautet der entsprechende Begriff für niedrigen Blutdruck?**

☞ **Hypotonie.** Von niedrigem Blutdruck spricht man bei Werten unter 100/60 mmHg (Millimeter Quecksilbersäule). Menschen, die unter niedrigem Blutdruck leiden, klagen häufig über Müdigkeit, Schwäche, Schwindel und Antriebsschwäche.

Frage 22

Bei welchem Sport verbraucht man am meisten Kalorien?

☐ a) Radfahren
☐ b) Schwimmen
☐ c) Joggen
☐ d) Nordic Walking

☞ **c) Joggen**
Wenn die Geschwindigkeit beim Jogger deutlich über 10 km/h liegt, verbraucht man bei diesem Sport am meisten Kalorien. Der Verbrauch beim Nordic Walking liegt allerdings nur knapp dahinter.

Frage 23

Woran kann man eine Parodontose erkennen?

☞ Folgende Symptome sprechen für eine Paradontose: Das Zahnfleisch ist empfindlich und blutet leicht. Die Zahnhälse werden allmählich freigelegt (Zahnfleischschwund), wodurch die Zähne schmerzen, wenn sie mit kalten, heißen oder süßen Speisen und Getränken in Berührung kommen. Schließlich kommt es zu Knochenschwund und Zahnausfall.

Frage 24

Eine gesunde Ernährung sollte zu ca. 55 % aus Kohlenhydraten bestehen. **Was sind eigentlich Kohlenhydrate?**

☞ Kohlenhydrate sind nichts anderes als Zucker, Stärke und Zellulose. Kohlenhydrate bestehen aus den Bausteinen Kohlenstoff, Wasserstoff und Sauerstoff. Sie entstehen bei der pflanzlichen Fotosynthese aus Kohlendioxid und Wasser unter Abgabe von Luftsauerstoff. Der menschliche Organismus ist nicht in der Lage, selbst Kohlenhydrate herzustellen. Auch fällt es ihm nicht leicht, sie zu verwerten. Sie werden vielmehr im Körper zu Glykogen umgewandelt und dann in der Leber und in den Muskelzellen gespeichert. Der Speicherplatz ist aber begrenzt. Wenn er voll ist, wird der Rest in Fett umgewandelt und wandert in die Fettdepots.

Frage 25

„Ähnliches wird durch Ähnliches geheilt" ist ein zentraler Grundsatz dieser Heilmethode. Dem Patienten werden hierbei Substanzen, von denen bekannt ist oder angenommen wird, sie könnten bei gesunden Menschen der Krankheit ähnelnde Symptome hervorrufen, in starker Verdünnung verabreicht. Die Wahl der richtigen Medikamente richtet sich nach individuellen Krankheitszeichen und Persönlichkeitsmerkmalen des Patienten, es gibt also nicht ein bestimmtes Mittel für eine bestimmte Krankheit. **Wie heißt diese Heilmethode denn?**

☞ **Homöopathie.**

Frage 26

Wie entsteht ein Muskelkater?

☞ Die Experten sind sich noch nicht ganz einig darüber, wie er genau entsteht. Die meisten neigen aber mittlerweile dazu, kleine Risse in den Muskelfasern dafür verantwortlich zu machen. Diese Risse entstehen, wenn ein ungeübter Muskel sehr beansprucht wird. Durch diese Risse dringt nun Wasser ein. Dadurch schwillt innerhalb von ein bis zwei Tagen die Muskelfaser an und wird gedehnt. Der Dehnungsschmerz wird dann als Muskelkater wahrgenommen.

Frage 27

Welches ist das größte Organ des Menschen?

☐ a) Haut
☐ b) Lunge
☐ c) Leber
☐ d) Magen

☞ **a) Haut**

Die Haut eines erwachsenen Menschen bedeckt, je nach Körpergröße, eine Fläche von 1,5 bis 2 m². Ihr Gewicht macht etwa ein Sechstel des Körpergewichts aus, im Durchschnitt also 10–12 Kilogramm.

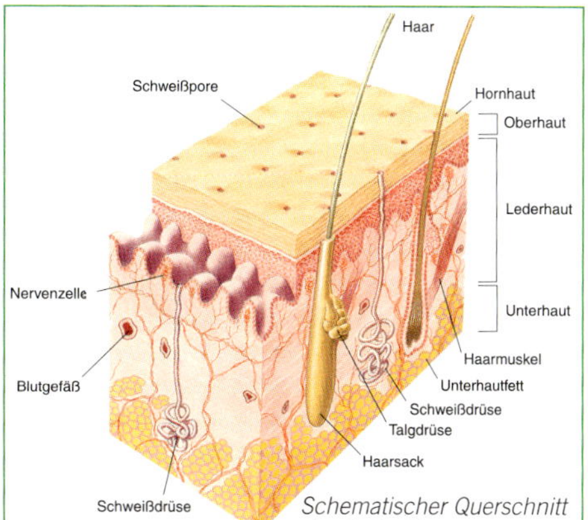

Schematischer Querschnitt durch die Haut

Frage 28

Der Mensch besitzt weiße und rote Blutkörperchen. **Welche Sorte ist aktiv an unserem Immunsystem beteiligt?**

☞ Die weißen Blutkörperchen sind gewissermaßen die Blutpolizei. Sie machen Krankheitserreger unschädlich. Darüber hinaus schützen sie den Körper vor Infektionen. Dabei erledigen verschiedene Gruppen von weißen Blutkörperchen ganz unterschiedliche Aufgaben. Sie reichen von der Markierung fremder Zellen bis hin zu deren Zerstörung.

Frage 29

Wenn man umgangssprachlich von einer Grippe spricht, hat man zumeist nichts anderes als eine Erkältung, die allenfalls von Fieber begleitet wird. Dabei handelt es sich aber eigentlich nur um einen sogenannten grippalen Infekt. Ein solcher Infekt wird durch relativ harmlose Viren verursacht. Die echte Grippe dagegen geht auf die Influenza-Viren zurück. Sie ist oft mit sehr hohem Fieber und starker Schwäche verbunden. Häufig kommt es auch zu Todesfällen. In der Grippesaison 2003/04 starben in Deutschland beispielsweise etwa 6000 Personen an dieser Krankheit, ein Jahr später waren es sogar fast 20.000. Es kann auch zu weltweiten Grippeepidemien kommen. **Wie nennt man derartige Epidemien?**

☞ **Pandemien.** Im Zuge der Ausbreitung der Vogelgrippe befürchtet man eine Pandemie, sollte das Virus einmal so weit mutieren, dass es problemlos von Mensch zu Mensch übertragen werden kann. In einem solchen Fall rechnen die Experten mit mehreren Millionen Todesopfern.

Frage 30

Kann BSE auch für den Menschen gefährlich werden?

☞ Die Wissenschaft geht davon aus, dass der Verzehr von BSE-infiziertem Rindfleisch beim Menschen zur Creutzfeld-Jakob-Krankheit führen kann. Bei dieser Krankheit wird das Gehirn allmählich wie ein Schwamm durchlöchert.

Frage 31

Fett ist für den Menschen nicht nur schlecht. In gewissem Umfang muss eine gesunde Ernährung Fett enthalten. **Wie viel Fett braucht ein Erwachsener?**

☐ a) 20–40 Gramm ☐ c) 60–80 Gramm
☐ b) 40–60 Gramm ☐ d) 80–100 Gramm

☞ **c) 60–80 Gramm**
Ernährungswissenschaftler empfehlen, dass der Fettanteil an unserer Nahrung nicht mehr als 30 % ausmachen sollte. Als Faustregel gilt, man soll nicht mehr als 1 Gramm Fett pro Kilogramm Körpergewicht zu sich nehmen (bei starkem Übergewicht reduziert sich diese Angabe natürlich).

Frage 32

Was versteht man im Sport unter aerober und anaerober Belastung?

☞ Um körperliche Arbeit oder Sport betreiben zu können, muss man dem Körper Energie bereitstellen. Bei geringen bis mäßigen Belastungen werden Fette und Kohlenhydrate als Brennstoffe für die Energiebereitstellung genutzt. Da für diese Form der Energiegewinnung Sauerstoff erforderlich ist, spricht man von aerober Energiegewinnung. Bei höheren Belastungen muss indes eine große Energiemenge in kurzer Zeit produziert werden. Dafür reicht dann die Sauerstoffzufuhr nicht mehr aus, es muss Energie ohne Sauerstoff bereitgestellt werden. Diesen Prozess bezeichnet man als anaerob.

Frage 33

Was verlangt der Fitnesstrainer, wenn er zum Stretching ruft?

☐ a) Dehnung der Muskeln
☐ b) Aufbau von Muskeln
☐ c) Konditionstraining
☐ d) Massage des Bindegewebes

☞ **a) Dehnung der Muskeln**
Das Stretching dient in erster Line der Wiederherstellung der Beweglichkeit nach einer starken Muskelanstrengung bzw. der Lockerung vor dem Sport.

Ausdehnen nach dem Laufen

Frage 34

Was sind Vitamine?

☞ Vitamine sind wissenschaftlich gesehen keine chemisch einheitliche Stoffgruppe, man kann also nicht sagen, „jedes Vitamin besteht aus folgenden Stoffen ...". Vitamine sind in der Tat recht komplizierte Stoffe, die in der unbelebten Natur nicht einfach so vorkommen. Sie müssen zunächst von Pflanzen, Bakterien oder Tieren gebildet werden. Vitamine sind oft Bestandteile von Enzymen, den Biokatalysatoren des Körpers. Vitamine sind aber auch sehr empfindlich und können leicht durch Sauerstoff, Licht, Wasser oder Hitze zerstört werden.

Frage 35

Der gesuchte Begriff wird umgangssprachlich zumeist für eine Entzündung der Gaumenmandeln, die zu einem Engegefühl im Rachen und starken Schluckbeschwerden führen kann, verwendet. Medizinisch gesehen bezeichnet er aber lediglich ein „Engegefühl". Er steht für diverse Krankheiten, wie z. B. auch eine Verengung der Herzkranzgefäße, die starke Schmerzen in der Herzgegend oder hinter dem Brustbein hervorruft und einen Herzinfarkt nach sich ziehen kann. **Von welcher Bezeichnung ist die Rede?**

☞ **Angina.** Die Mediziner benutzen den Begriff mit verschiedenen Zusätzen wie beispielsweise tonsillaris oder pectoris, um die verschiedenen Formen der Angina voneinander zu unterscheiden.

HITLISTE DER MEDIZINISCHEN ERRUNGENSCHAFTEN

Das britische Fachmagazin *British Medical Journal* hat Anfang 2007 die Ergebnisse einer Umfrage veröffentlicht, bei der die Leser die wichtigsten medizinischen Errungenschaften aller Zeiten bestimmen sollten. Die ersten vier Plätze lauten:

1. **Wasserversorgung**
2. **Antibiotika**
3. **Anästhesie**
4. **Impfung**

Frage 36

Wo findet man den Meniskus?

☞ **Der Meniskus ist eine Knorpelscheibe im Knie.** Sie liegt zwischen dem Oberschenkelknochen und dem Schienbein. Wenn Ober- und Unterschenkel bei gebeugtem Knie gegeneinander verdreht werden, kann es hier leicht zu Verletzungen kommen. Dann reißt der Meniskus ein oder wird verklemmt.

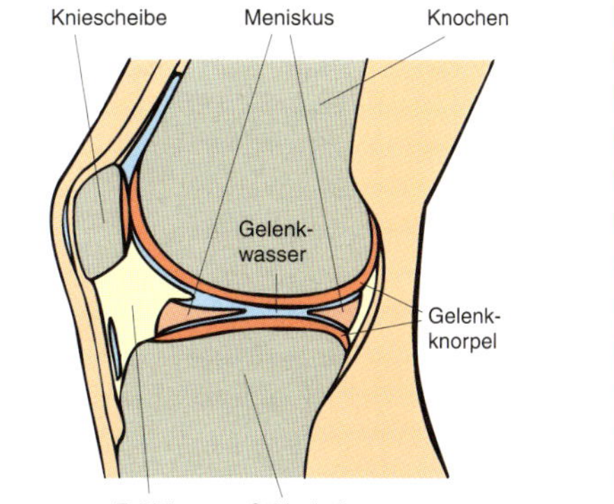

Aufbau des Knies

Frage 37

Wofür steht die Abkürzung EKG?

☐ a) Einfache Klinik Genesung
☐ b) Entzündete Kniegelenke
☐ c) Elektrokardiogramm
☐ d) Elektrokosmogenese

☞ **c) Elektrokardiogramm**
Das EKG ist ein Verfahren, bei dem die Herzströme aufgezeichnet werden. Das funktioniert, weil das Zusammenziehen und Erschlaffen der Herzmuskeln von elektrischen Strömen begleitet wird, die man in Form einer Kurve aufzeichnen kann.

Frage 38

Welche Bedeutung hat die Tsetsefliege?

☞ **Die afrikanische Fliege überträgt den Erreger der Schlafkrankheit.** Eine besondere Form der Schlafkrankheit, an der Vieh und Großwild erkranken, ist die Naganaseuche. Die Schlafkrankheit hat ihren Namen von der Apathie und starken Erschöpfung, die sie bei den Befallenen auslöst.

Frage 39

Gesundheitsversorgung ist nicht nur eine lokal begrenzte, sondern eine weltweite Aufgabe. Daher gibt es auch eine UN-Organisation, die sich dieser Aufgabe widmet. **Wie heißt sie?**

☞ **Die Weltgesundheitsorganisation (WHO)** wurde am 7. April 1948 gegründet und hat ihr Hauptbüro in Genf.

Frage 40

Medikamente werden in unterschiedliche Klassen eingeteilt, die wiederum jeweils eigene Namen führen. So bezeichnet man Medikamente, die gegen Virenerkrankungen helfen, als Virusstatika. Arzneien, die gegen Pilze als Krankheitsauslöser wirken, heißen Antimykotika. Eine weitere Klasse von Medikamenten kommt zum Einsatz, wenn es um den Kampf gegen Bakterien geht. **Wie nennt man sie?**

☞ **Antibiotika.**

Frage 41

Unterernährung ist auch in den wohlhabenden Industriestaaten ein Thema geworden. **Ab wann spricht man von extremer Unterernährung und chronischem Hunger?**

☐ a) bei weniger als 1400 Kalorien täglich
☐ b) bei weniger als drei Mahlzeiten täglich
☐ c) bei einem Taillenumfang von weniger als 60 cm
☐ d) bei einem BMI von weniger als 20

☞ **a) bei weniger als 1400 Kalorien täglich** Weltweit leiden mehr als 800 Millionen Menschen an einer solch extremen Unterernährung.

Frage 42

Während weltweit mehr als 800 Millionen Menschen Hunger leiden, nimmt insbesondere in den Industrienationen die Zahl der stark Übergewichtigen deutlich zu. **Woran liegt das?**

☞ Die Essgewohnheiten haben sich stark verändert. So wird häufig mehr, fetter und süßer gegessen. Dabei wenden die Menschen immer weniger Zeit für die Nahrungszubereitung und Essrituale auf. Fast Food ist auf dem Vormarsch. 20 % der deutschen Kinder sind heute schon übergewichtig.

Frage 43

Es gibt ganz unterschiedliche Formen von Vegetarismus. Manche Vegetarier haben auch Milchprodukte oder Eier von ihrem Speiseplan gestrichen. **Wie nennt man die Vegetarier, die gar keine tierischen Produkte mehr nutzen, also auch auf Honig, Gelatine oder Kleidung aus Wolle und Leder verzichten**?

☞ **Veganer** müssen besonders auf die Zusammenstellung ihrer Ernährung achten, damit es nicht zu Mangelerscheinungen kommt.

Frage 44

Was versteht man unter einem aeroben Training?

☞ Bei einem aeroben Training achtet man darauf, dass die Herzfrequenz nicht zu schnell wird. Ein Richtwert für die optimale Herzfrequenz ist 180 minus Lebensalter. Dadurch erhält der Körper immer ausreichend Sauerstoff und kann das Fett optimal verbrennen.

Frage 45

Was wird bei einem Laktattest überprüft?

☞ **Bei einem Laktattest wird die Bildung von Milchsäure und ihrer Anhäufung im Blut gemessen.** Laktatbildung ist immer ein Zeichen dafür, dass die Energie der Muskulatur durch eine zu hohe Belastung knapp wird. Dadurch kommt es zu einer Übersäuerung durch die Milchsäure, und der Muskel muss seine Arbeit einstellen.

Frage 46

Wieso ist die weltweite Fleischproduktion ein Grund für den Hunger in vielen Ländern der Welt?

☐ a) Die Viehhirten kommen oft tagelang nicht zum Essen.
☐ b) Die Löhne für die Arbeiter in der Fleisch verarbeitenden Industrie sind zu niedrig.
☐ c) Der Anbau von Futtermitteln verbraucht zu viel Land.
☐ d) Immer mehr Menschen werden Vegetarier.

☞ **c) Der Anbau von Futtermitteln verbraucht zu viel Land.**
Um ein Rind ein Jahr lang zu mästen, benötigt man 0,5 Hektar Land. Das Ergebnis sind 300 Kilogramm Rindfleisch. Auf der gleichen Fläche könnte man z. B. 20.000 Kilogramm Kartoffeln anbauen – damit hätten 177 Menschen ein Jahr lang zu essen.

Frage 47

Welche Sportart verbirgt sich hinter dem Begriff „Aerobic"?

☐ a) langsames Laufen
☐ b) entspanntes Schwimmen
☐ c) Konditionstraining mit Musik
☐ d) Training für 100-Meter-Lauf

☞ **c) Konditionstraining mit Musik**
Aerobic wurde besonders in den 1980er-Jahren sehr populär. Eine Trainerin oder ein Trainer gibt dabei die Übungen vor und fungiert als Animateur für die Teilnehmer. Die einzelnen Übungen sind eine Mischung aus klassischer Gymnastik und freiem Tanz und

haben sehr große Ähnlichkeit mit dem, was viele Menschen als Skigymnastik kennen.

Frage 48

Welche berühmten Ärzte wirkten an der Berliner Charité?

Rudolf Virchow

Friedrich Sauerbruch

☞ An dem bedeutenden Berliner Krankenhaus und heutigen Universitätsklinikum arbeiteten u. a. C. W. Hufeland (Verdienste in der Seuchenbekämpfung, 1762–1836), R. Virchow (arbeitete auf dem Gebiet der Pathologie und Anthropologie, 1821–1902), R. Koch (Entdecker des Milzbrandbazillus und Tuberkelbakteriums, 1843–1910) und F. Sauerbruch (Neuerungen in der Chirurgie, 1875–1951).

Frage 49

Was sind die Kennzeichen einer nachhaltigen Ernährung?

☞ Eine nachhaltige Ernährung ist gut für die eigene Gesundheit, sorgt aber auch dafür, dass bei der Nahrungsmittelproduktion die Umwelt nicht zu sehr belastet wird. Nachhaltiger Konsum berücksichtigt darüber hinaus die gerechten Ansprüche der Menschen in anderen Erdteilen – beispielsweise durch den Kauf von fair gehandelten Produkten.

Frage 50

Wie oft sollte man für eine gesunde Ernährung täglich Obst und Gemüse essen?

☞ Die meisten Experten gehen davon aus, dass eine optimale Ernährung täglich fünf Gaben von Obst und Gemüse umfasst. Dabei sollte ihre Gesamtmenge bei ungefähr 600 Gramm liegen.

Frage 51

Wie viel Prozent der täglichen Gesamtenergie sollte man in Form von Fett zu sich nehmen?

☐ a) nicht mehr als 10 %
☐ b) nicht mehr als 20 %
☐ c) nicht mehr als 25 %
☐ d) nicht mehr als 30 %

☞ **b) nicht mehr als 20 %**
Dabei sollte man zusätzlich darauf achten, dass höchstens die Hälfte dieses Anteils aus tierischen Fetten besteht.

REKORDWURM

Der längste Wurm überhaupt kann bis zu 20 Meter lang werden. Es handelt sich dabei um Exemplare des Diphyllobothrium latum – eines Bandwurms, der auch Menschen befallen kann. Interessanterweise bleibt ein Befall meistens ohne weitere Symptome – der Wurm lebt dann im Darm vor sich hin und der Mensch weiß noch nicht einmal etwas davon.

Frage 52

Was ist die Ursache der Creutzfeldt-Jakob-Krankheit?

☞ Die Rinderkrankheit BSE steht im Verdacht, für eine neue Variante der den Menschen befallenden Creutzfeldt-Jakob-Krankheit verantwortlich zu sein. Die Infektion erfolgt vermutlich über den Verzehr infizierten Rindfleisches. Bei den Betroffenen wird das Gehirn ähnlich einem Schwamm durchlöchert.

Frage 53

Bisweilen hört man, Sportler müssten aufpassen, kein „Sportlerherz" zu bekommen. Das könne ein gesundheitliches Risiko darstellen. **Was genau kennzeichnet ein „Sportlerherz"?**

☐ a) Es schlägt schneller.
☐ b) Es schlägt langsamer.
☐ c) Es ist kleiner.
☐ d) Es ist größer.

☞ **d) Es ist größer.**
Aufgrund regelmäßiger sportlicher Belastung vergrößert sich das Herz und kann so während der Belastung mehr Blut und Sauerstoff in Umlauf bringen. Das ist allerdings kein Risiko, sondern für den Sport nur dienlich. Kritisch wird es erst, wenn man plötzlich mit dem (Leistungs-)Sport aufhört. Dann kann es zu Kreislaufproblemen kommen. Fährt man die Belastung jedoch langsam auf ein niedrigeres Level zurück, verkleinert sich das Herz auch entsprechend und es sind keine negativen Folgen zu erwarten.

Frage 54

Alternative Lebensformen sind keine Erfindung der 68er-Generation. Bereits im späten 19. und frühen 20. Jahrhundert waren sie in einigen Gesellschaftskreisen sehr populär. Ein Arzt aus der Schweiz, der von der Heilkraft pflanzlicher Rohkost überzeugt war, hatte damals beispielsweise viele Anhänger. Seiner Meinung nach waren solche Pflanzen besonders gesund, die viel „lebendige Sonnenenergie" gespeichert hatten. Auch heute noch profitieren wir von den Erkenntnissen dieses Arztes, denn er hat auch das Müsli erfunden. **Wie lautet sein Name?**

☞ **Dr. Maximilian Oskar Bircher-Benner (1867–1939).** Sein Original-Müsli-Rezept bestand aus eingeweichten Haferflocken, geraspeltem Apfel, Zitronensaft, gezuckerter Kondensmilch und gehackten Nüssen.

Frage 55

Was versteht man unter Aminosäuren?

☞ **Aminosäuren sind die Grundbausteine aller Proteine.** Der Körper kennt Zehntausende verschiedener Proteine, die unterschiedliche Aufgaben wahrnehmen. Damit alle für ein gesundes Leben benötigten Proteine hergestellt werden können, sollte der Körper durch eine ausgewogene Ernährung mit den jeweils richtigen Aminosäuren versorgt werden, denn er kann nicht alle dieser Bausteine selber herstellen.

Frage 56

Ist es ratsam, am Wochenende mit Power zu trainieren und dann in der Woche keinen Sport zu treiben?

☞ Wer sonntags versucht, die Bequemlichkeit der letzten Woche wettzumachen, kann seinem Immunsystem schaden. Studien zeigen, dass ein zu hohes Tempo oder ein zu großes Pensum oft Atemwegsinfekte auslösen können. Es ist wesentlich gesünder, mehrmals pro Woche 30–60 Minuten ruhig zu trainieren.

Frage 57

Welche Muskulatur wird im Fitnessstudio vom „Butterfly" trainiert?

☐ a) Oberschenkelmuskulatur
☐ b) Waden
☐ c) Bizeps
☐ d) Brustmuskulatur

☞ **d) Brustmuskulatur**

Frage 58

Wie hoch ist der Fruchtanteil in einem durchschnittlichen Fruchtnektar?

☐ a) 34 %
☐ b) 50 %
☐ c) 70 %
☐ d) 100 %

☞ **b) 50 %**
Außerdem darf dem Getränk noch bis zu 20 % Zucker zugesetzt werden.

Frage 59

Im 18. Jahrhundert war Sport eigentlich noch kein Schulfach, aber in einem kleinen Thüringer Ort entstand 1784 eine Schule, in der Sport zum Unterrichtsplan gehörte. Verantwortlich war der Lehrer Johann Christoph Friedrich GutsMuths, der seine Gedanken zum Thema Turnen auch schriftlich festhielt. Im Volkspark Hasenheide errichtete ein anderer Lehrer schließlich den ersten öffentlichen Turnplatz. **Wie wurde er wegen seiner Begeisterung fürs Turnen genannt?**

Turnvater Friedrich Jahn

☞ **Turnvater Jahn**, eigentlich Friedrich Ludwig Jahn (1778–1852), hat den Gedanken der allgemeinen Leibesertüchtigung in Deutschland populär gemacht.

Frage 60

Wie wird Tofu hergestellt?

☞ **Tofu ist Sojaquark.** Eiweiß aus Sojamilch wird bei 70°–80° C durch Zugabe von Kaliumsulfat langsam ausgeflockt und dann in Formen von der Molke abgepresst. Das überschüssige Kalziumsulfat wird dann im fließenden Wasser abgespült. Dieser Vorgang kann mehrere Stunden dauern. Tofu kann roh verzehrt oder auch als Fleischersatz verwendet werden.

Frage 61

Wie viele Kalorien verbraucht eine 60 Kilogramm schwere Büroangestellte, die sich nicht viel bewegt, pro Tag?

☞ **Sie verbraucht etwa 2000 Kalorien**. Zum Vergleich: Eine durchschnittliche Tafel Alpenmilchschokolade (100g) enthält bereits 530 Kalorien.

Frage 62

Qi-Gong ist der Name einer alten chinesischen Atem- und Meditationstherapie. **Wie alt ist Qi-Gong?**

☐ a) 2500 Jahre
☐ b) 3300 Jahre
☐ c) 4000 Jahre
☐ d) 5200 Jahre

☞ **b) 3300 Jahre**
Qi-Gong bedeutet „Energietraining". Im Kern hat Qi-Gong zum Ziel, durch beständige Übung die Kontrolle über den inneren Fluss der Lebensenergie zu erlangen und den Willen zu stärken.

Frage 63

Hobbysportler, die nur ab und zu aktiv sind, können auch durch ihre Ernährung etwas für die Fitness tun. **Wie sieht eine gesunde Ernährung für sie aus?**

☐ a) sehr eiweißreich
☐ b) sehr fettreich
☐ c) besonders ausgewogen
☐ d) sehr kalorienreich

☞ **c) besonders ausgewogen**
Sie umfasst wenig Fett und Zucker, viel frisches Obst, Gemüse und Salat, wenig Fleisch und mäßig viel Getreide- sowie Milchprodukte.

Frage 64

Wie kommt beim Sport eigentlich das Seitenstechen zustande, und wie lässt es sich vermeiden?

☞ Die gängigste Theorie geht davon aus, dass es durch eine verminderte Durchblutung des Zwerchfells bei Belastungen entsteht. Andere Möglichkeiten sind eine plötzliche Dehnung der Leberkapsel wegen des erhöhten Blutrückflusses, eine Verspannung der Bauchmuskulatur oder eine Ausdehnung der Darmwände wegen erhöhter Gasbildung.

Frage 65

Fast Food kennt jeder. **Was aber ist Slow Food?**

☞ Die Bewegung stammt ursprünglich aus Italien und sieht sich als Gegenströmung zum schnellen, gleichförmigen und oft ungesunden Fast Food. Die Grundsätze sind: buono, pulito e giusto (ital., gut, sauber und fair). Ökologische Erzeugnisse aus der Region sollen auf nachhaltige Weise produziert und auf traditionelle Art zubereitet werden. Industrielle Billigware und Massentierhaltung lehnt die 1986 gegründete Organisation ab.

Frage 66

Welches medizinische Verfahren sorgt dafür, dass man bei einer Operation keinen Schmerz spürt?

☞ Die Anästhesie kann durch örtliche Betäubung einen bestimmten Körperteil schmerzunempfindlich machen oder eine vollständige Bewusstlosigkeit herbeiführen.

Frage 67

Welches Getränk eignet sich für Freizeitsportler am besten?

☐ a) Saftschorle
☐ b) Energy Drink
☐ c) Coca Cola
☐ d) Radler (Bier-Limonade-Mischung)

☞ **a) Saftschorlen** enthalten alle Stoffe, die man nach einer mäßigen sportlichen Belastung benötigt.

Frage 68

Joggen gilt als effektive Sportart, wenn es darum geht, Kalorien zu verbrennen. **Wie viele Kalorien verbrennt ein Jogger durch-**

schnittlich pro Kilogramm Körpergewicht und zurückgelegtem Kilometer?

☞ **1 Kalorie.** Was so wenig klingt, läppert sich bei einem 10-Kilometer-Lauf ordentlich zusammen. Ein Läufer mit einem Gewicht von 70 Kilogramm trainiert bei einem solchen Training immerhin 700 Kalorien ab.

Frage 69

Zu einer gesunden und ausgewogenen Ernährung zählt auch Fisch. **Wie oft pro Woche sollte Fisch auf Ihrem Teller liegen?**

☞ **Ein- bis zweimal pro Woche** sollte Ihr Speiseplan eine Fischmahlzeit vorsehen. Dabei kann man grundsätzlich sagen, dass alle Fische für uns gesund sind. Die mit dem weißen Fleisch, wie Seelachs, Scholle und Zander, haben weniger Fett. Hering, Lachs, Makrele oder Thunfisch sind fettreicher, besitzen aber auch einen größeren Anteil an gesunden Omega-3-Fettsäuren.

Frisch gebratener Fisch

Frage 70

Tai-Chi ist eine jahrhundertealte chinesische Bewegungsmethode. Hier werden bestimmte Figuren dargestellt. **Welche der folgenden Figuren gibt es im Tai-Chi nicht?**

☐ a) Der Kranich breitet die Flügel aus
☐ b) Zurückschreiten und Affen vertreiben
☐ c) Hände wie Wolken
☐ d) Der Giraffe den Hals streicheln

☞ **d) Der Giraffe den Hals streicheln**

Frage 71

Was ist Banja?

☐ a) ein Schokoriegel
☐ b) ein russischer Schwitzraum
☐ c) ein polnisches Nationalgericht
☐ d) eine tschechische Heilgymnastik

☞ **b) ein russischer Schwitzraum**
Traditionell wird die Banja mit einem Holzofen beheizt, in ihr herrschen Temperaturen von 50 °–70 °C.

Frage 72

Ordnen Sie die folgenden Soßen aufsteigend nach ihrem Kaloriengehalt: Joghurtdressing, Mayonnaise, Ketchup.

☞ **Ketchup – Joghurtdressing – Mayonnaise.** 100 ml der einzelnen Soßen enthalten durchschnittlich folgende Kalorien: Ketchup: 108, Joghurtdressing: 161 und Mayonnaise: 799.

Frage 73

Als Grundlage für dieses Lebensmittel wird Milch verwendet. Bei der Herstellung wird die Milch auf eine Temperatur von etwa 35 °–40 °C gebracht und dann mit bestimmten Bakterienkulturen versetzt. Nun wird aus dem in der Milch enthaltenen Milchzucker dabei durch Gärung Milchsäure gebildet. Diese Milchsäure führt dann dazu, dass sich die Milcheiweiße so zusammenlagern, dass eine Gallerte entsteht. **Welches Nahrungsmittel entsteht auf so?**

☞ **Joghurt.**

Frage 74

Man kann sich nicht immer nur zusammenreißen, manchmal greift man doch zu Fast Food. **Wie lange muss der Mittagsspaziergang ausfallen, wenn man eine Portion Pommes frites und eine Currywurst wieder wettmachen möchte?**

☞ Um die Folgen dieser kulinarischen Sünde wieder auszubügeln, sollte der Spaziergang mindestens drei Stunden dauern (natürlich nur, wenn man zu den Pommes frites keine Mayonnaise gegessen hat).

Frage 75

Wie viel Zucker findet man beispielsweise in einem halben Liter Coca Cola?

☐ a) 10 g
☐ b) 30 g
☐ c) 50 g
☐ d) 100 g

☞ **c) 50 g**
Ein halber Liter Coca Cola hat 220 Kalorien, ein Liter weist also fast genauso viele Kalorien auf wie eine Tafel Schokolade.

EINIGE AMINOSÄUREN

	WICHTIG FÜR
Alanin	Eiweißproduktion
Arginin	Wachstumshormone, Schönheit
Asparaginsäure	Muskelwachstum
Glyzin	Muskel- und Knochenwachstum
Lysin	Immunsystem
Methionin	Entgiftung, Wundheilung
Ornithin	Bauchspeicheldrüse, Diabetestherapie
Phenylalanin	Hormonproduktion, gutes Gedächtnis
Prolin	Eiweißproduktion
Threonin	Verdauung, gesunder Appetit
Tyrosin	Nervensystem, gute Stimmung
Valin	Stofftransport im Blut
Zystin	Entgiftung, schöne Haut

Frage 76

Auf welche Zellen wirkt eine Chemotherapie besonders stark?

☞ **Von der Krebs-Chemotherapie sind alle schnell wachsenden Zellen betroffen.** Dazu gehören die Krebszellen, das eigentliche Ziel der Behandlung, aber auch die Zellen von Knochenmark, Eierstöcken und Hoden.

Frage 77

Welche Sportart eignet sich als Einstiegssport für Übergewichtige besonders gut?

☐ a) Nordic Walking
☐ b) Aerobic
☐ c) Thai-Bo
☐ d) Qi-Gong

☞ **a) Nordic Walking**
Hier ist insbesondere die Belastung für die Gelenke nicht so hoch wie beim Joggen. Außerdem lässt sich beim Nordic Walking sehr gut im optimalen Herzfrequenzbereich trainieren.

Nordic Walking

Frage 78

Was bewirken Ballaststoffe eigentlich?

☞ Grundsätzlich füllen Ballaststoffe den Magen, verzögern die Entleerung und lassen den Blutzucker langsamer ansteigen. Man findet sie vorwiegend in pflanzlichen Nahrungsmitteln. Sie sättigen anhaltend und erleichtern das Abnehmen und Gewichthalten. Ballaststoffe werden unverdaut vom Körper wieder ausgeschieden.

Frage 79

Wenn man sich schmackhafte und gesunde Mahlzeiten vorstellt, kommen einem wahrscheinlich nicht unbedingt Chrom oder Eisen in den Sinn. Für den Geschmack einer Mahlzeit sind diese beiden Stoffe in der Tat unerheblich, aber dennoch braucht der Organismus kleine Mengen von ihnen, um richtig funktionieren zu können. Eisen wird beispielsweise beim Sauerstofftransport benötigt. Chrom spielt im Zuckerstoffwechsel eine Rolle. Allerdings sind dafür nur jeweils winzig kleine Mengen dieser Stoffe notwendig. **Wie werden Substanzen genannt, die der Körper nur in sehr geringen Mengen benötigt?**

☞ **Spurenelemente.** Notwendige Spurenelemente sind Chrom, Eisen, Fluor, Jod, Kobalt, Kupfer, Mangan, Molybdän, Selen, Vanadium und Zink.

Frage 80

Wer Sport treibt, hat manchmal leider auch mit Verletzungen zu tun. **Welche Sportverletzungen sind am häufigsten?**

☐ a) Verletzungen an der Schulter
☐ b) Verletzungen am Sprunggelenk
☐ c) Verletzungen am Oberschenkel
☐ d) Verletzungen am Knie

☞ **b) Verletzungen am Sprunggelenk**
27,1 % aller Sportverletzungen sind Verletzungen des Sprunggelenks. Am zweithäufigsten sind mit 18 % Verletzungen des Knies.

Frage 81

Warum schwellen die Lymphknoten bei bestimmten Infektionskrankheiten an?

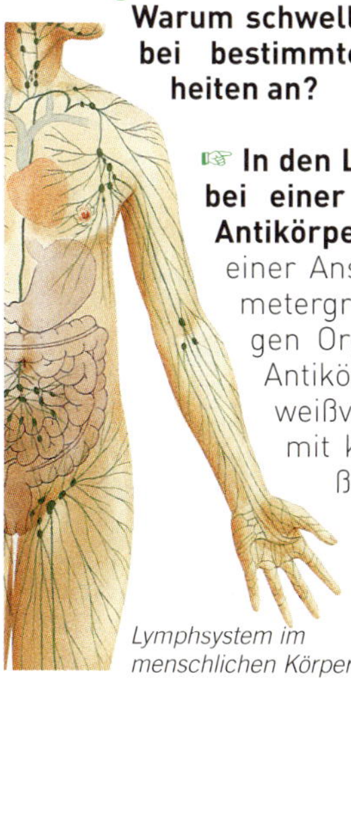
Lymphsystem im menschlichen Körper

☞ **In den Lymphknoten werden bei einer Infektion vermehrt Antikörper gebildet,** was mit einer Anschwellung der millimetergroßen, bohnenförmigen Organe einhergeht. Die Antikörper selbst sind Eiweißverbindungen, die sich mit körperfremden Eiweißen (z. B. von Bakterien oder fremden Blutkörperchen) verbinden und sie dadurch unschädlich machen.

Frage 82

In welchen medizinischen Bereichen wird die Akupunktur bevorzugt angewendet?

☞ Die chinesische Heilmethode wird v. a. zur Bekämpfung von Schmerzzuständen, zur Betäubung und zur Suchtbekämpfung eingesetzt.

Frage 83

Welches sind die typischen Symptome eines Herzinfarkts?

☞ Ein Herzinfarkt macht sich häufig durch ein Druckgefühl und Schmerzen in der Brust bemerkbar. Die Schmerzen können bis zur Schulter, den Armen und dem Nacken ausstrahlen.

DIE ERSTE OPERATION

Genau weiß man nicht, wann der Mensch erstmals zum Operationsbesteck gegriffen hat, aber es könnte gut 50.000 Jahre her sein, meinen Archäologen. Sie haben nämlich im Irak das Skelett eines Neandertalers gefunden, das deutliche Spuren einer Armamputation aufwies.

Frage 84

Unter den Molekülen, die für die Aufrechterhaltung des Lebens unverzichtbar sind, nehmen sie eine herausragende Stellung ein. Sie zählen zu den Makromolekülen, das heißt, sie bestehen aus sehr vielen Bausteinen. Man kann sie sich wie lange Perlenketten vorstellen. Die einzelnen „Perlen" werden durch die sogenannten Aminosäuren gebildet. Die gesuchten Makromoleküle zählen zu den Grundbausteinen aller Zellen. **Von welchem Stoff ist hier die Rede?**

☞ **Proteine.** Umgangssprachlich nennt man diese Stoffe auch Eiweiße. In der Natur kommen die Proteine nicht als lange und gerade Kette, sondern als Knäuel vor. So kann jedes

Protein genau in der Form gestaltet sein, in der es seine jeweilige Aufgabe optimal erledigen kann. Wenn man Proteine – beispielsweise beim Kochen – erhitzt, werden diese Knäuel entwirrt. Man spricht in diesem Zusammenhang vom Denaturieren der Proteine.

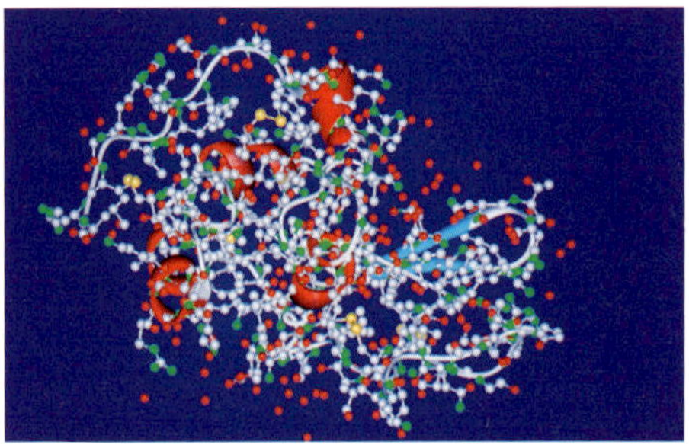

Molekülstruktur eines Proteins

Frage 85

In welchem Organ kommt es bei der Diabeteskrankheit zu Störungen?

☞ **In der Bauchspeicheldrüse.** Dabei ist die Ausschüttung des Hormons Insulin gestört, das zur Regelung des Blutzuckerspiegels dient. Neben der Insulinproduktion ist die Bauchspeicheldrüse auch für die Erzeugung von Verdauungsenzymen verantwortlich.

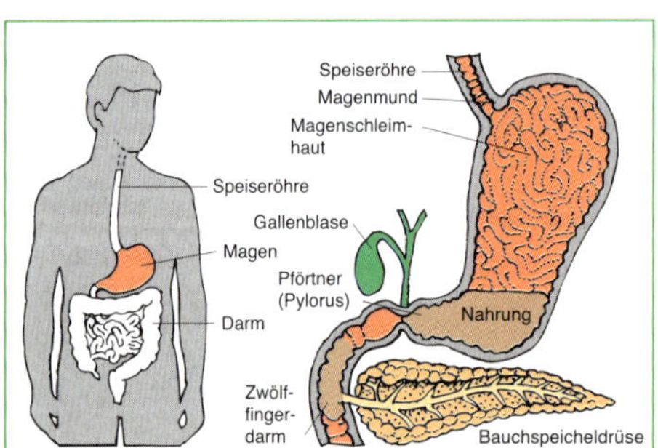

Verdauungssystem mit Bauchspeicheldrüse

Frage 86

Wie heißt die Krankheit, die mit übermäßiger Nahrungsaufnahme und anschließendem Erbrechen einhergeht?

☞ **Bulimie.** Charakteristisch sind Anfälle von Fresssucht und nachfolgend gezielt herbeigeführtem Erbrechen. Die Betroffenen, meist Mädchen und junge Frauen, wollen ihr Leiden möglichst geheim halten. Die Krankheit hat psychische Ursachen.

Frage 87

Welches der folgenden Lebensmittel hat den höchsten Fettanteil (je 100 g)?

☐ a) Pommes frites ☐ c) Fischstäbchen
☐ b) Sahnejoghurt ☐ d) Salami

☞ **d) Salami**

Die durchschnittliche Salami hat 33 Gramm Fett (pro 100 g). Wer 100 Gramm Salami verspeist, nimmt damit 371 kcal zu sich.

Frage 88

Wem ist die Entdeckung der Impfstoffe gegen die Infektionskrankheiten Diphterie und Tetanus zu verdanken?

☞ **Emil Adolf von Behring (1854–1917)** entdeckte die Fähigkeit des menschlichen Körpers, körpereigene Wirkstoffe (Antikörper) gegen die Erreger von Infektionskrankheiten zu bilden. Damit war er in der Lage, die beiden Impfstoffe zu entwickeln. 1901 erhielt er den Nobelpreis.

Emil von Behring

Frage 89

Welches Antibiotikum wurde kurz nach dem Penicillin entwickelt?

☞ In den USA entwickelte der Biochemiker Selman A. Waksman (1888–1973) im Jahr 1943 das erste Antibiotikum, das sich zur Bekämpfung der Lungentuberkulose eignet: das Streptomycin. Das Medikament wird zwar heute immer noch eingesetzt, die therapeutische Anwendung ist wegen der Nebenwirkungen allerdings sehr eingeschränkt.

Frage 90

Was gehört zu einer typischen Kneippkur?

☞ Wichtigster Teil einer Heilbehandlung nach Pfarrer Sebastian Kneipp (1821–97) ist die äußerliche Anwendung von Wasser. Dies kann z. B. in Form von Kaltwassergüssen, Ganz- oder Teilbädern geschehen.

Frage 91

Was geschieht bei einer Lungenembolie?

☞ **Eine Lungenarterie wird durch ein Blutgerinnsel verstopft.** Dadurch ist die Blutversorgung unterbrochen, was zu Brustschmerzen, Atemnot und zum Tod führen kann.

Frage 92

Welche Krankheit führt die weltweite Statistik tödlicher Infektionskrankheiten an?

☞ **Tuberkulose** (Tbc) war und ist besonders in armen Ländern verbreitet, wo die Widerstandskraft der Menschen durch Unterernährung und Krankheit geschwächt ist. Mitte des 19. Jahrhunderts war jeder vierte Todesfall auf Tbc zurückzuführen. Die Erkrankten leiden an Husten, Schmerzen in der Brust, Fieber und Schweißausbrüchen.

Frage 93

Was ist schädlich an Cholesterin?

☞ Ein hoher Cholesterinspiegel im Blut gilt als Auslöser der Arteriosklerose (Arterienverkalkung). Damit steigt das Risiko, einen Herzinfarkt oder Schlaganfall zu erleiden.

Frage 94

Wodurch entsteht eine Dermatitis?

☞ Eine solche Hautentzündung kann beim Kontakt der Haut mit Waschmitteln, Chemikalien, Schmuck oder Medikamenten entstehen. Der Ausschlag wird dabei durch die unmittelbare Giftwirkung der betreffenden Substanz oder durch eine allergische Reaktion hervorgerufen.

Frage 95

Wie viel Flüssigkeit sollte ein Erwachsener täglich durchschnittlich zu sich nehmen?

☐ a) 20–45 ml pro kg Körpergewicht
☐ b) 45–60 ml pro kg Körpergewicht
☐ c) 60–80 ml pro kg Körpergewicht
☐ d) 100 ml pro kg Körpergewicht

☞ **a) 20–45 ml pro kg Körpergewicht** Verliert der Organismus mehr als 35 % seiner Flüssigkeit, führt das für gewöhnlich zum Tod.

Frage 96

Woran erkennt man Epilepsieanfälle?

☞ Die Kranken brechen plötzlich mit Bewusstseinsstörungen zusammen, zeigen zuckende Bewegungen und Verkrampfungen. Häufig sind sie verwirrt und orientierungslos.

Frage 97

An welchen Symptomen erkennt man eine Hepatitis?

☞ **Das auffälligste Zeichen einer solchen Leberentzündung ist die Gelbfärbung der Haut.** Sie wird häufig begleitet von Übelkeit, Erbrechen und Appetitlosigkeit. Meist wird die Krankheit durch eine Virusinfektion ausgelöst. Die bekanntesten Viren sind die Hepatitis-A- und Hepatitis-B-Viren, gegen die man sich durch eine Impfung schützen kann.

Frage 98

Wie kann man ein ungeborenes Kind auf erblich bedingte Schäden untersuchen?

☞ **Man kann eine kleine Menge Fruchtwassers entnehmen, in dem stets auch einige Zellen des Kindes vorhanden sind.** Diese lassen sich z. B. auf eine Chromosomenstörung hin überprüfen, die für das

Downsyndrom verantwortlich ist. Eine solche Fruchtwasseruntersuchung ist allerdings mit hohen Risiken für das Kind verbunden.

Frage 99

Nach wem ist der Hippokratische Eid benannt?

☞ **Der Eid trägt den Namen des griechischen Arztes Hippokrates** (um 460–377 v. Chr.). Die Ärzte mussten früher schwören, nach seinen ethischen Grundsätzen zu handeln. Dazu gehört insbesondere, bedingungslos menschliches Leben zu erhalten. Seinem Wesen nach ist der Hippokratische Eid auch heute noch die Grundlage ärztlichen Handelns.

Frage 100

Welche Körperteile können von Herpes befallen werden?

☞ **Von der Viruskrankheit sind allgemein Haut- und Schleimhautbereiche betroffen**, auf denen sich dann die typischen Bläschen bilden. Verbreitet ist der Befall der Lippen mit sogenannten Lippenbläschen durch den Virus Herpes simplex.

Frage 101

Diese Trainingsmethode kombiniert gleichmäßige, fließende Bewegungen, die von einem stabilen Zentrum ausgehen, mit ruhig ausgeführten Übungen zur Entspannung und Dehnung der Muskeln. Mit ihr sollen die tief liegenden Bauchmuskeln und die Beckenmuskulatur trainiert und insgesamt eine Stabilisierung rund um die Wirbelsäule erreicht werden. Benannt wurde diese spezielle Gymnastik nach ihrem Erfinder, der im Jahr 1880 in Düsseldorf geboren wurde.

Wie heißt sie?

☐ a) Yoga
☐ b) Thai-Bo
☐ c) Pilates
☐ d) BBP

☞ **c) Pilates**

Frage 102

Wie lange dauert es von der Ansteckung bis zum Ausbruch einer Krankheit?

☞ **Dieser Zeitraum ist bei jeder Infektionskrankheit verschieden.** Er beträgt z. B. bei Windpocken 14 bis 17 Tage, bei Masern sieben bis 14 Tage und bei Cholera einige Stunden bis wenige Tage.

Frage 103

Womit schmeckt der Mensch?

☞ **Bei Säugetieren wird der Geschmackssinn über die Geschmackspapillen auf der Oberfläche der Zunge vermittelt.** Der Mensch kann zwischen fünf Richtungen unterscheiden: süß, sauer, salzig, bitter und umami. Der letztgenannte Teil des Geschmackssinns spricht auf Glutamat an, das auch als Geschmacksverstärker verwendet wird. Umami kann am ehesten als herzhaft, fleischig-würzig umschrieben werden.

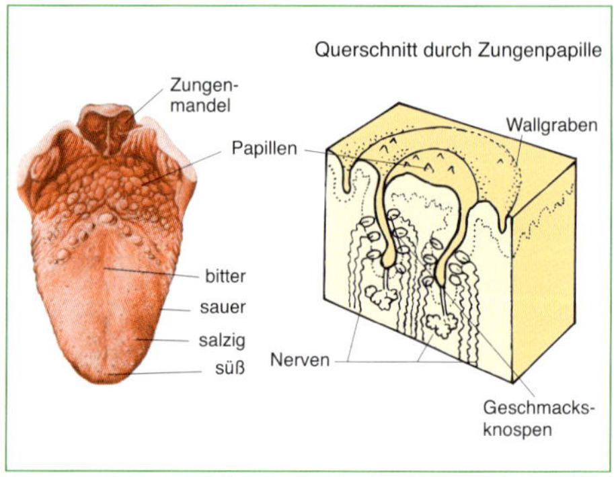

Frage 104

Unter welchen Bedingungen werden Endorphine freigesetzt?

☞ **Der Körper erzeugt diese Substanzen v. a. in Ausnahmesituationen.** Sie werden z. B. verstärkt bei starkem körperlichen Stress (wie Schmerzen) produziert. Ähnlich wie das chemisch verwandte Rauschgift Morphium können sie Schmerzen lindern und Stimmungen beeinflussen.

Frage 105
Was ist eine Nesselsucht?

☞ Die Nesselsucht ist eine rasch eintretende Überempfindlichkeitsreaktion (Allergie) des Körpers gegen bestimmte Substanzen. Innerhalb von wenigen Minuten bis Stunden kommt es zur Ausbildung von meist roten, stark juckenden Quaddeln. Manchmal ist die Reaktion so heftig, dass auch die Schleimhäute in Mund und Rachen zuschwellen (Erstickungsgefahr!) und es zu Herzrasen, Schwindel, Atemnot, Fieber, Erbrechen und Kreislaufstörungen bis hin zum Kollaps kommen kann.

Frage 106
Welche Substanz hilft dem Arzt, sich Einblick ins Augeninnere zu verschaffen?

☞ **Die Verabreichung von Atropin, dem Gift der Tollkirsche.** Es bewirkt eine Erweiterung der Pupille und wird daher vor Beginn einer Augenuntersuchung gegeben.

Frage 107
Was bedeutet es, wenn eine Krankheit psychosomatisch ist?

☞ Das heißt, die körperlichen Beschwerden wurden durch seelische (psychische) Ursachen hervorgerufen. Häufige psychosomatische Leiden sind Kopfschmerzen, Rückenschmerzen, Übelkeit, Asthma, bestimmte Geschwüre und Ekzeme. Der Erfolg vieler sogenannter „alternativer" Heilmethoden beruht auf der psychischen Beeinflussbarkeit körperlicher Vorgänge.

Frage 108
Für Diabetiker sind die BE enorm wichtig. Was verbirgt sich hinter diesem Kürzel?

☐ a) Broteinheit ☐ c) Braueinheit
☐ b) Brateinheit ☐ d) Brenneinheit

☞ **a) Broteinheit**
Sie ist ein Maß zur Berechnung der Kohlenhydratmenge für die Kost bei Diabetikern. Für diese ist die genaue Kenntnis des Nährstoffgehalts von Lebensmitteln sehr wichtig, weil nur so eine gute Blutzuckereinstellung möglich ist.

Frage 109
Wie lassen sich Koma und Schlaf gegeneinander abgrenzen?

☞ Ein Mensch, der im Koma liegt, kann im Gegensatz zu einem Schlafenden nicht durch äußere Einwirkungen wie Kneifen oder Ansprechen geweckt werden. Ursachen einer solchen tiefen Bewusstlosigkeit sind z. B. Kopfverletzungen, Hirntumore, Diabetes mellitus oder Hirnhautentzündung.

Frage 110
Wodurch entsteht Karies?

☞ Bei der Entstehung der Zahnfäule spielen v. a. die Ernährungsgewohnheiten eine Rolle. Häufiger Genuss zuckerhaltiger Nahrungsmittel und Getränke sowie ungenügende Zahnpflege sind die Hauptursachen. Daneben spielt auch die erbliche Veranlagung eine Rolle. Die Karies erzeugenden Bakterien können bereits durch die Mutter auf den Säugling übertragen werden.

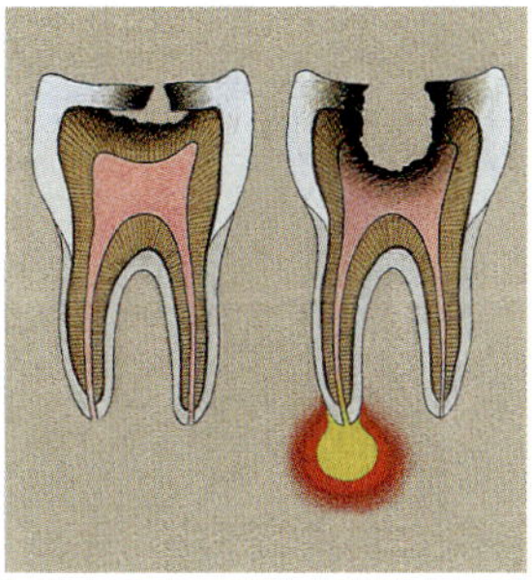

Frage 111
Was ist der Unterschied zwischen Homosexualität und Heterosexualität?

☞ Als Homosexualität bezeichnet man die gleichgeschlechtliche Liebe, also die Liebe zwischen zwei Männern oder zwischen zwei Frauen. Im Unterschied dazu bezeichnet die

Heterosexualität die gemischtgeschlechtliche Liebe, also die Liebe zwischen Mann und Frau.

Frage 112

Welche Krankheit bezeichnete man früher als Aussatz?

☐ a) Pest
☐ b) Cholera
☐ c) Typhus
☐ d) Lepra

☞ **d) Lepra**
Diese chronisch verlaufende Krankheit war schon vor Tausenden von Jahren bekannt. Die Kranken wurden aus der Gemeinschaft ausgestoßen und mussten in besonderen Häusern außerhalb der Stadt leben („Aussätzige"). Die Krankheit ist allerdings weniger ansteckend, als gemeinhin vermutet wird. Sie wird durch Bakterien verursacht.

SCHLECHTE ZEIT FÜR SCHÄDEL-OPs

Einen unrühmlichen Rekord hält wahrscheinlich die bronzezeitliche Aunjetitzer Kultur (etwa 2000 v. Chr.). In dieser Periode misslangen nämlich die meisten Schädeloperationen. Nur ca. 72 % dieser Eingriffe sind gelungen. Das konnten selbst die Steinzeitmenschen besser. Sie verwendeten übrigens geschärfte Feuersteine zum Öffnen der Schädeldecke.

Frage 113

Wie heißt die Krebsform, von der das Blut betroffen ist?

☞ **Der „Blutkrebs" wird als Leukämie bezeichnet.** Die Krankheit ist meist mit einer starken Vermehrung der weißen Blutkörperchen verbunden. Die akute Leukämie kann im Gegensatz zur chronischen Form geheilt werden. Letztere muss aber nicht zwangsläufig zum Tod führen.

Frage 114

In welchem Alter endet normalerweise die Regelblutung einer Frau?

☞ Die Menopause, wie das altersbedingte Ausbleiben der Menstruation genannt wird, tritt meist zwischen dem 45. und 50. Lebensjahr ein. Die Menopause findet während der Wechseljahre statt, dem Übergang von der Geschlechtsreife zum Alter.

Frage 115

Wer kann vom Milzbrand befallen werden?

☞ Der Milzbrand ist eine bakterielle Infektion beim Vieh, die aber auf den Menschen übertragen werden kann. Die Krankheit ist in vielen Entwicklungsländern noch weit verbreitet, in den Industriestaaten dagegen sehr selten geworden. Eine schwere Form ist der oft tödlich endende Lungenmilzbrand.

Frage 116

An welchen Symptomen leiden Multiple-Sklerose-Kranke?

☞ **Häufig kommt es zu Kribbeln, Ermüdung, Schwindel, Lähmungen und Inkontinenz.** Zeiten weitgehender Normalität können sich mit schweren Krankheitsschüben abwechseln. Durch eine entzündliche Reaktion kommt es an verschiedenen Stellen im Gehirn und Rückenmark zur Schädigung oder Zerstörung der Markscheiden (Isolierschichten, welche die Nervenzellen umgeben).

Frage 117

Welche Körperfunktionen sind bei der Mukoviszidose gestört?

☞ **Die Betroffenen dieser Erbkrankheit leiden an einer Fehlfunktion wichtiger Drüsen.** In ihren Lungen bildet sich ein zäher Schleim, der einen idealen Nährboden für Bakterien bildet. Die Fähigkeit, Fette und andere Nährstoffe aus der Nahrung aufzunehmen, ist gestört.

Frage 118

Welche Aufgabe erfüllt Insulin im Stoffwechsel?

☞ **Das Hormon reguliert den Gehalt des Zuckers im Blut.** Steigt nach der Nahrungsaufnahme der Blutzuckerspiegel an, schüttet die Bauchspeicheldrüse vermehrt Insulin aus. Der Zucker kann nun aus dem Blut in die Leber gelangen und gespeichert oder in der Muskulatur verbrannt werden.

Frage 119

Was sind die größten Schwierigkeiten bei einer Organtransplantation?

☞ Das Immunsystem versucht, fremde Organe abzustoßen, was durch geeignete Medikamente verhindert werden muss. Spender- und Empfängergewebe sollten daher möglichst gut zusammenpassen.

Frage 120

Was ist das Burn-out-Syndrom?

☞ Unter dem Burn-out-Syndrom versteht man einen chronischen Erschöpfungszustand mit Krankheitsgefühl, der längerfristig andauert. Als mögliche Ursachen werden chronische Infekte, insbesondere durch Viren, Immunfehlfunktionen oder Hormonstörungen, außerdem Giftbelastungen, eine einseitige Ernährung und besonders anhaltende, unbewältigte Konflikte sowie Stresssituationen diskutiert.

Frage 121

Alexander Fleming

Wofür erhielt der britische Bakteriologe Sir Alexander Fleming den Nobelpreis für Medizin?

☞ Fleming (1881–1955) entdeckte 1928 das Penicillin, eine Substanz, die von Pilzen gebildet wird und zur Bekämpfung von Bakterien geeignet ist. Damit bereitete er den Weg zur Entwicklung der Antibiotika.

Frage 122

Wie viel Wasser enthält der menschliche Organismus?

☐ a) 30 %
☐ b) 45 %
☐ c) 50 %
☐ d) 65 %

☞ **d) 65 %**

Frage 123

Welche Bedeutung haben die Pocken heute?

☞ Die gefährliche Virusinfektionskrankheit wurde 1980 von der Weltgesundheitsorganisation WHO für ausgerottet erklärt. Damit waren schließlich die jahrelangen weltweiten Impfprogramme von Erfolg gekrönt. Es gab bis zum Schluss keine wirksamen Heilmethoden gegen die Krankheit, der bis zu 40 % aller Erkrankten zum Opfer fielen.

Frage 124

Wie lautet die Fortsetzung des oft gehörten Spruches „Schluckimpfung ist süß, …"?

☞ Der vollständige Satz heißt: „Schluckimpfung ist süß, Kinderlähmung ist grausam." Damit sollte die Impfbereitschaft gegen Polio (Kinderlähmung) erhöht werden.

Frage 125

Warum gibt es bei jedem Menschen einen blinden Fleck auf der Netzhaut?

☞ **Die Fortsätze der Nervenzellen in der Netzhaut vereinigen sich zum Sehnerv.** An der Stelle, wo der Sehnerv die Netzhaut durchstößt und zum Gehirn führt, gibt es keine Sehzellen. Eine Lichtempfindung ist nicht möglich. Im Gegensatz dazu ist der Gelbe Fleck der Punkt des schärfsten Sehens und der besten Farbwahrnehmung.

Frage 126

Was ist die Hauptursache für Zahnfleischentzündungen?

☞ **Zahnbelag**, der aus Speichel, Bakterien und Nahrungsresten besteht. Setzen sich

Mineralsalze (z. B. Calcium, Phosphat) aus dem Speichel im Zahnbelag ab, so bilden sich harte, weiße oder gelbliche Ablagerungen am Zahn, die man Zahnstein nennt. In dem porösen Zahnstein kann sich wiederum leicht Zahnbelag absetzen, der das Zahnfleisch angreift.

Frage 127

Was ist ein Gerstenkorn?

☞ Unter einem Gerstenkorn versteht man eine schmerzende, druckempfindliche, oft eitrige Entzündung von Schweiß- und Talgdrüsen der Lider, die meist von einer Schwellung des ganzen Lides begleitet wird. Gerstenkörner entstehen durch eine Infektion mit Eiterbakterien.

Frage 128

Was geschieht beim monatlichen Eisprung im Körper einer Frau?

☞ Beim Eisprung in der Mitte des Monatszyklus gelangt ein Ei aus dem Eierstock in den Eileiter. Es kann nun von den männlichen Samenzellen befruchtet werden. Die Tatsache, dass der Eisprung mit einer erhöhten Körpertemperatur und einer Veränderung des Gebärmutterhalsschleimes verbunden ist, macht man sich bei der „natürlichen Empfängnisverhütung" zunutze.

Frage 129

Manche Menschen haben Schwierigkeiten logisch mathematisch zu denken. **Wie nennt man diese Rechenschwäche in der Fachterminologie?**

☞ **Dyskalkulie.**

Frage 130

Zu welcher Gruppe von Geisteskrankheiten gehört die Schizophrenie?

☞ **Zu den psychischen Störungen.** Sie zeichnen sich dadurch aus, dass der Bezug zur Wirklichkeit verloren geht, ohne dass die Betroffenen es selbst bemerken (im Unterschied zur neurotischen Störung). Wahnvorstellungen (z. B. Verfolgungswahn), Halluzinationen (Sinnestäuschungen) und Depression sind Merkmale von psychotischen Störungen.

Frage 131

Was bedeutet der Rhesusfaktor?

☞ Der Rhesusfaktor ist, wie die Blutgruppen A, B, 0 und AB, eine Eigenschaft der roten Blutkörperchen. Rhesus-positiv bedeutet das Vorhandensein einer bestimmten Struktur (eines Antigens), bei rhesus-negativen Personen fehlt sie. Das Antigen wurde erstmals im Blut von Rhesusaffen nachgewiesen.

Rhesusaffen

Frage 132

Was ist das gemeinsame Kennzeichen der rheumatischen Erkrankungen?

☞ Unter dem Begriff Rheumatismus oder Rheuma fasst man akut oder chronisch verlaufende Erkrankungen von Muskeln (Muskel-Rheumatismus), Sehnen, Bändern und Gelenken (Gelenk-Rheumatismus) zusammen.

Frage 133

Wozu benötigt der Körper Eiweiß (Proteine)?

☞ **Viele Hormone und alle Enzyme sind aus Eiweiß aufgebaut.** Beide sind zur Steuerung wesentlicher Körperfunktionen unverzichtbar. Eiweiß ist außerdem ein wichtiger Baustoff des Körpers (z. B. in Form von Muskeleiweiß).

Frage 134

Wann sind Röteln gefährlich?

☞ **Wenn eine werdende Mutter in den ersten Monaten der Schwangerschaft an Röteln erkrankt, drohen schwere Schäden**

für den Fötus. Daher sollten sich Frauen, die nicht durch eine frühere Rötelnerkrankung immunisiert wurden, impfen lassen.

Frage 135

In welchen Nahrungsmitteln sind häufig Salmonellen enthalten?

☞ **Die Erreger von Lebensmittelvergiftungen kommen besonders oft in Hühnerfleisch und Hühnereiern vor.** Häufige Infektionsquellen sind Speisen, die mit rohen Eiern zubereitet sind (Mayonnaise, Eiscreme). Die Bakterien lassen sich durch starkes Erhitzen unschädlich machen.

Bei rohen Eiern droht Salmonellengefahr

Frage 136

Wodurch entsteht ein Kropf?

☞ **Die häufigste Ursache für einen Kropf ist Jodmangel.** Jod ist zur Bildung des Hormons Thyroxin in der Schilddrüse notwendig. Ist zu wenig davon vorhanden, versucht dies die Schilddrüse durch eine Größenzunahme auszugleichen.

Frage 137

Was sind die wichtigsten Aufgaben der Nieren?

☞ Sie filtern das Blut, regeln den Salz- und Wasserhaushalt des Körpers und sorgen für die Ausscheidung schädlicher Stoffwechselprodukte. Außerdem sind sie für ein ausgeglichenes Säure-Basen-Verhältnis im Körper verantwortlich. Die Arbeit der Nieren bestimmt unmittelbar Menge und Zusammensetzung des Urins.

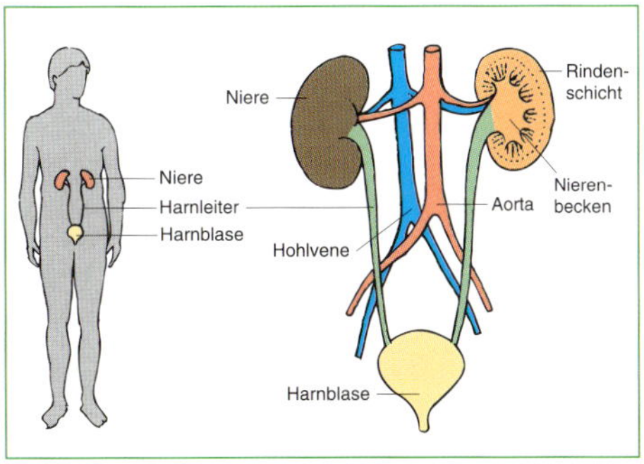

Frage 138

Wann wurde die Chiropraktik als Behandlungsmethode in die Medizin eingeführt?

☞ **Im Jahr 1895.** Sie beruht auf der Vorstellung, dass Krankheiten auf Störungen im Nervensystem beruhen. Im Mittelpunkt der Behandlung steht die Wirbelsäule, an der verschobene Wirbel oder Bandscheiben mit den Händen von außen wieder eingerenkt werden sollen.

Frage 139

Warum wird die Prostata oft zum Problem für ältere Männer?

☞ Die Vorsteherdrüse kann bei Männern ab 50 Jahren durch eine Größenzunahme Schwierigkeiten beim Wasserlassen bereiten. In fortgeschrittenem Alter entsteht auch Prostatakrebs, einer der häufigsten Krebsarten bei Männern.

Frage 140

Wie funktioniert eine Antibabypille?

☞ **Die Wirkung beruht auf einem Eingriff in den Hormonhaushalt der Frau.** Meist enthält die Pille eine Kombination der Geschlechtshormone Progesteron und Östrogen. Sie unterdrücken den Eisprung und verhindern dadurch eine Befruchtung.

Frage 141

Wie lautet die deutsche Bezeichnung für die Parkinsonkrankheit?

☐ a) Zitterkrankheit
☐ b) Schüttelkrankheit
☐ c) Zitterlähmung
☐ d) Schüttellähmung

☞ **d) Schüttellähmung**
Sie weist auf die typischen Krankheitszeichen wie Muskelzittern, starrer Gesichtsausdruck und langsame Bewegungen hin. Die Krankheit wird durch eine Schädigung bestimmter Gehirnzellen hervorgerufen.

Frage 142

Wie reagiert der Körper auf Stress?

☞ Jede Einwirkung auf den Körper, die zu einer Störung des Normalzustandes führt, ist Stress. Er antwortet darauf mit der Ausschüttung von Hormonen wie Adrenalin, die den Körper in eine Kampf- oder Fluchtstimmung versetzen (z. B. durch verstärkte Durchblutung). Wiederholter Stress ohne entsprechende körperliche Aktivität ist vermutlich gesundheitsschädlich.

KALORIENVERBRAUCH BEIM SPORT

Ein Mensch, der 70 Kilogramm wiegt, verbraucht beim Sport pro Stunde folgende Kalorien:

Aerobic	**476**
Fitnesstraining	**828**
Bergsteigen	**544**
Fußball	**596**
Golf ohne Caddy	**388**
Inline-Skating	**540**
Joggen (1 km in 5 min)	**936**
Radfahren (25 km/h)	**764**
Schwimmen, zügig	**704**
Walking *	**496**

*** Der Kalorienverbrauch beim Nordic Walking liegt noch einmal um 20–50 % höher.**

Frage 143

Wie kann man sich mit dem Tetanuserreger infizieren?

☞ Das Bakterium lebt hauptsächlich im Boden. Gelangt es mit Schmutz in eine Hautwunde, kommt es zur Vermehrung und Bildung eines Giftes, das die typischen Muskelkrämpfe auslöst (Wundstarrkrampf). Gegen die Infektion kann man sich durch eine Impfung schützen, die alle zehn Jahre aufgefrischt werden sollte.

Frage 144

Wie viele Kopfhaare hat ein Mensch im Durchschnitt?

☐ a) 100.000–150.000
☐ b) 300.000–350.000
☐ c) 10.000–15.000
☐ d) 30.000–35.000

☞ **a) 100.000–150.000**
Täglich verlieren wir ca. 60–100 Haare.

Frage 145

Was versteht man unter Rekonvaleszenz?

☞ **Den Zeitraum der Genesung nach einer Krankheit.**

Frage 146

Wie verhalten sich autistische Menschen?

☞ **Der Autismus ist ein Zustand, bei dem der Betroffene unfähig ist, Beziehungen zur Außenwelt aufzunehmen.** Er ist völlig mit sich selbst beschäftigt und sträubt sich gegen jede Art von Veränderung im Umfeld. Als Ursache wird heute eine Gehirnschädigung vermutet.

Frage 147

Wodurch gelang es, die Tollwut weitgehend zurückzudrängen?

☞ In vielen Gebieten Deutschlands wurden Köder ausgelegt, die einen Impfstoff gegen Tollwut enthielten. Fressen Füchse den

Köder, werden sie gegen die Krankheit immun und können das Tollwutvirus nicht mehr weiter verbreiten.

Durch gezielte Impfungen gegen die Fuchstollwut gilt Deutschland seit 2008 as tollwutfrei.

Frage 148

Woran erkennt man eine Bindehautentzündung?

☞ Bei der Bindehautentzündung ist die Membran, die das Weiße des Auges und die Innenseite der Augenlider überzieht, entzündet. Dies äußert sich in Form von Rötungen und Juckreiz. Mitunter ist morgens das Auge durch Eiter verklebt. Ursache der Infektion sind meist Bakterien, die mit Antibiotika bekämpft werden können.

Frage 149

Wie gefährlich sind Windpocken?

☞ Im Kindesalter sind Windpocken meist harmlos. Bei Erwachsenen, die nicht durch eine frühere Windpockenerkrankung immunisiert wurden, nimmt die Krankheit einen schwereren Verlauf. Besonders gefährdet sind Frauen im letzten Stadium der Schwangerschaft. Dabei kann auch das Kind erkranken.

Frage 150

Wie kann Diabetes mellitus (Zuckerkrankheit) behandelt werden?

☞ Bei Altersdiabetes (Typ II) erzeugt die Bauchspeicheldrüse nicht mehr genügend Insulin. Zur Behandlung genügen hier meist Tabletten, Diät und Gewichtsabnahme. Bei der schweren Form (Typ I) kann das Hormon überhaupt nicht mehr gebildet werden, daher muss ein- bis mehrmals am Tag Insulin selbst gespritzt werden.

Frage 151

Woher kommt die typische Wirkung alkoholischer Getränke?

☞ **Durch ihren Gehalt an Äthylalkohol.** Er entsteht durch die Vergärung von Kohlenhydraten (z. B. aus Gerste). Im Übermaß genossen führt er zu einer akuten Vergiftung des Körpers, die landläufig als „Rausch" bezeichnet wird. Schon in geringen Mengen setzt Äthylalkohol die Reaktionsfähigkeit herab und verringert Hemmschwellen und Ängste.

Frage 152

An dieser ungewöhnlichen Behandlungsweise scheiden sich die Geister. Sie soll Ekzeme bekämpfen, gefäßbedingte Störungen aufheben oder einfach nur das Immunsystem stärken. Dazu soll man einen bestimmten körpereigenen Stoff einfach in die Haut einreiben, sich injizieren lassen oder auch „nur" trinken. **Was ist das für ein Stoff und wie nennt sich die Behandlung?**

☞ **Manche Menschen lassen sich mit ihrem eigenen Urin behandeln;** genannt wird diese Methode Eigenurintherapie. Über deren Wirkung streiten die Wissenschaftler allerdings noch.

Frage 153

Welche Vitamine kann der Körper selbst erzeugen?

☞ **Nur Vitamin D und das zu den B-Vitaminen gehörende Niacin können im Körper**

selbst hergestellt werden. Für die Vitamin-D-Synthese ist Sonnenlicht nötig. Enthält die Nahrung Karotin (z. B. in Möhren), kann daraus auch Vitamin A hergestellt werden. Alle anderen Vitamine müssen mit der Nahrung aufgenommen werden.

Frage 154

Unter welchem Namen ist die angeborene Krankheit Downsyndrom noch bekannt?

☞ **Unter dem früher üblichen Begriff „Mongolismus“** (wegen der Ähnlichkeit mit den Gesichtszügen der Mongolen). Sie entsteht, wenn ein bestimmtes Chromosom nicht nur zweifach, sondern dreifach vorhanden ist. Die Gefahr für eine solche Abweichung steigt, je älter die Mutter des Kindes ist.

Frage 155

Von welchen Stoffen können Asthmaanfälle ausgelöst werden?

☞ Die Ursache für Asthma, also wiederkehrende Fälle von Atemnot, können Stoffe sein, auf die der Körper allergisch reagiert. Verursacher solcher Allergien sind z. B. Pollen, Hausstaubmilben, Tierhaare, aber auch Inhaltsstoffe von Medikamenten und Speisen.

Frage 156

Einige Menschen und Tiere können kaum Melanin bilden und haben deswegen oft auffallend hellere Haut-, Haar- und Augenfarben. **Wie nennt man diesen angeborenen Defekt?**

☞ **Albinismus.**

Frage 157

Welche Körperteile werden durch Osteoporose geschwächt?

☐ a) Knochen ☐ c) Geschlechtsorgane
☐ b) Muskeln ☐ d) Gelenke

☞ **a) Knochen**

Es findet ein gesteigerter Knochenabbau und/oder reduzierter Knochenanbau statt. Besonders im fortgeschrittenen Alter ist Osteoporose ein verbreitetes Leiden. Osteoporose betrifft besonders Frauen, da bei ihnen die altersbedingte Abnahme der Knochenmasse noch durch Östrogenmangel in den Wechseljahren verstärkt wird.

Frage 158

Warum ist der Äskulapstab das Sinnbild der Mediziner?

☞ **In der griechischen Götterwelt war Äskulap der Gott der Heilkunde.** Sein Zeichen war der von einer heiligen Schlange umwundene Äskulapstab.

Äskulapstab

Frage 159

Wie viele Zähne hat der erwachsene Mensch?

☞ Je nachdem, ob Weisheitszähne vorhanden sind oder nicht, umfasst das Dauergebiss 28 bis 32 Zähne (acht Schneidezähne, vier Eckzähne, acht Backen- und acht bis zwölf Mahlzähne).

Frage 160

Warum wurde Galenus der König der Ärzte genannt?

☞ Der Leibarzt Kaiser Mark Aurels (121–180) sammelte alles bis zu seiner Zeit angehäufte Wissen in der Medizin und baute daraus ein System auf, das bis ins Mittelalter hinein anerkannt wurde. Die von Galenus (129 – ca. 199) eingeführten Begriffe der vier Temperamente – Phlegmatiker, Sanguiniker, Choleriker und Melancholiker – werden noch heute verwendet.

Frage 161

Warum werden Arterien Schlagadern genannt, Venen hingegen nicht?

☞ Weil in Arterien das vom Herzen kommende sauerstoffreiche Blut stark pulsiert, während es in den Venen ruhiger zum Herzen zurückfließt.

Frage 162

Seit wann werden Kontaktlinsen hergestellt?

☞ Plexiglaskontaktlinsen stellte die I.G. Farben erstmals 1936 vor, nachdem dieser Glaskunststoff 1929 von W. Bauer entwickelt wurde. Kontaktlinsen aus Glas hatte Adolf Eugen Fick (1829–1901) schon 1877 entwickelt. Während die ersten Linsen noch sehr unkomfortabel waren, war um 1939 bereits eine Tragzeit von zehn bis zwölf Stunden möglich.

Frage 163

Was ist ein Hypochonder?

☞ Jemand, der krankhaft übertrieben auf seinen eigenen Gesundheitszustand achtet – aus übergroßer Furcht, krank zu sein oder zu werden. Solche „eingebildeten Kranken" empfinden Krankheitssymptome oft in der Bauchgegend. Hypochondrie ist eine psychische Störung.

Frage 164

Bei welchen Operationen werden Umleitungen für verstopfte Herzarterien eingerichtet?

☞ **Bei Bypassoperationen.** Sie können durch eine Arteriosklerose (Arterienverkalkung) notwendig werden, bei der bestimmte Herzarterien verengt oder ganz geschlossen sind. Um eine ausreichende Blutversorgung des Herzens zu gewährleisten, kann man Blutgefäße aus einem anderen Teil des Körpers (z. B. den Beinen) entnehmen und zur Umgehung der Engstelle verwenden.

Frage 165

Was ist die Ursache der Diphtherie und wie wird sie übertragen?

☞ Der Erreger dieser Infektionskrankheit ist ein Bakterium, das beim Husten oder Niesen übertragen wird. Betroffen sind meist Kinder. Es bildet sich ein typischer Belag auf den Mandeln, der sich bis in die Luftröhre ausbreiten kann. Dazu kommen Halsschmerzen und Fieber. Die mitunter tödlich endende Krankheit ist vor allem in Entwicklungsländern verbreitet.

Frage 166

Wer erkannte, dass die DNA als hochmolekulare Polynukleinsäure Träger genetischer Information ist?

☞ 1953 formulierten **Francis Crick** (1916–2004) und **James Watson** (*1928) das wohl bekannteste Modell der Molekularbiologie: die berühmte DNA-Doppelhelix bzw. die Watson-Crick-Spirale. Die Forscher entdeckten den chemischen Mechanismus, mit dem die Zelle ihre genetische Eigenschaft bei der Zellteilung exakt weitergeben kann.

James Watson (links) und Francis Crick

Frage 167

Was passiert bei Schluckauf?

☞ Bei einem Schluckauf zieht sich das Zwerchfell krampfartig zusammen und die Stimmritze verschließt sich plötzlich. Dadurch wird das Einströmen der Luft unterbrochen und es entstehen die typischen Schluckauflaute. Kurz andauernder Schluckauf ist medizinisch ohne Bedeutung.

Frage 168

Warum tritt die Hautkrankheit Akne besonders in der Pubertät auf?

☞ **Mit beginnender Geschlechtsreife kommt es zu hormonellen Umstellungen im Körper.** Die Talgdrüsen sondern dann verstärkt Talg ab, wobei die sogenannten Mitesser entstehen.

Frage 169

Wie wird Malaria übertragen?

- ☐ a) durch Geschlechtsverkehr
- ☐ b) durch eine Mücke
- ☐ c) durch unhygienische Lebensumstände
- ☐ d) durch eine afrikanische Affenart

☞ **b) durch eine Mücke**
Der Erreger selbst ist ein tierischer Einzeller, mit dem die Mücke Anopheles infiziert ist. Die Krankheit ist in tropischen Ländern weit verbreitet.

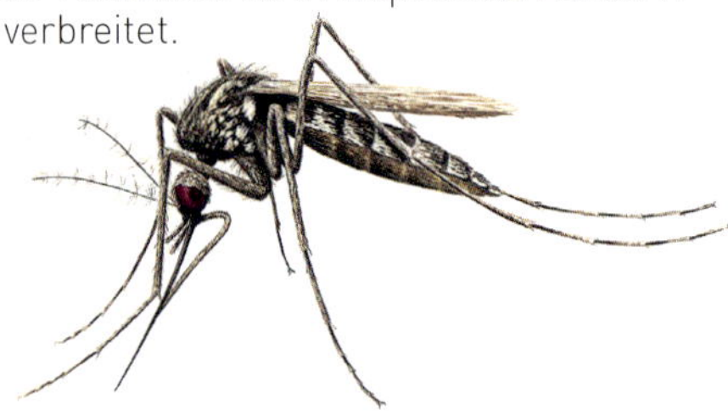

Anophelesmücke

Frage 170

Was bewirkt Bewegung im Körper?

☞ Der Körper verbrennt bei körperlicher Anstrengung zusätzlich zum Grundbedarf Energie. Deshalb wird der Kreislauf angekurbelt, das Herz pumpt mehr Blut pro Zeiteinheit durch das Blutsystem. Der Stoffwechsel „läuft" auch nach Stunden noch auf einem höheren Niveau. Außerdem wird die Muskulatur gestärkt und die Anfälligkeit für Infektionen sinkt. Wer sich regelmäßig körperlich betätigt, ist belastbarer, hat ein gesteigertes Wohlbefinden und verbessert seine Fitness.

Frage 171

Welche Gewebe erkranken bei einem grünen Star und welche bei einem grauen Star?

☞ In beiden Fällen ist das Auge betroffen. Beim grauen Star trüben sich die Linsen, beim grünen Star ist der Flüssigkeitsdruck im Auge zu groß. Problematisch ist bei beiden Formen, dass die Sehkraft nur allmählich nachlässt und die Krankheit daher oftmals erst spät erkannt wird.

Frage 172

Welche Blutgruppen müssen Blutspender und Blutempfänger besitzen, damit eine Bluttransfusion möglich ist?

☞ Menschen mit der Blutgruppe 0 sind Universalspender, da sie jedem Menschen Blut spenden können. Menschen mit der Blutgruppe AB sind dagegen Universalempfänger, da ihr Blut mit allen Blutgruppen mischbar ist. Die beiden anderen Kombinationsmöglichkeiten sind Mischungen von A mit A und B mit B.

Frage 173

Wie heißen einige der wichtigsten Mineralstoffe unserer Nahrung und wo kommen sie besonders häufig vor?

☞ Kalium (Getreide, Obst, Gemüse, Kartoffeln), Natrium (Salz, Wurst, Käse), Calcium (Milch, Eidotter, grünes Gemüse), Magnesium (grünes Gemüse: Blattgrün), Eisen (Leber, Fleisch, Eidotter), Zink (Rindfleisch, Leber, Erbsen), Kupfer (Leber, Eidotter, Fisch).

Frage 174

Wie wirkt übermäßiger Alkoholgenuss auf die Leber?

☞ Zu viel Alkohol erhöht die Wahrscheinlichkeit, an einer Leberzirrhose zu erkranken. Sie zerstört die Struktur der Leber und beeinträchtigt ihre Leistungsfähigkeit. Die Krankheit kann auch durch eine Virusinfektion (Hepatitis) verursacht werden.

Frage 175

Welche neuartigen Lebensmittel werden englisch als Novel Food bezeichnet?

☞ **Gentechnisch veränderte Nahrungsmittel** und deren Folgeprodukte. Weltweit wurden in der sogenannten grünen Gentechnik die Eigenschaften von rund 40 Nutzpflanzen verändert, sodass sich der Anbau, der Ertrag und die Haltbarkeit verbessern ließen.

Frage 176

Um welche wissenschaftliche Disziplin handelt es sich bei Ayurveda?

☞ **Um die altindische Medizinlehre.** Ein Teil der Behandlungsmethoden gründet sich auf pflanzliche Arzneien.

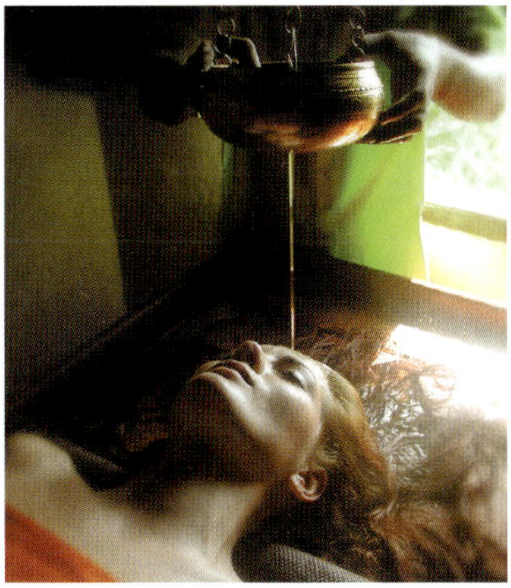

Ayurvedamassage

Frage 177

Was versteht man unter Yoga?

☞ Yoga ist die altindische Lehre von einem gesunden und erfüllten Leben, die z. B. von Gurus vermittelt wird. Ziel ist die Verbindung von Körper, Geist und Seele, wobei die Verbundenheit mit dem Kosmos, der Erde bzw. der Natur angestrebt wird.

Frage 178

Bisweilen verschreiben Mediziner ihren Patienten Placebos. **Welche Wirkung haben diese Arzneimittel?**

☐ a) Keine.
☐ b) Sie beruhigen den Patienten.
☐ c) Sie putschen den Patienten auf.
☐ d) Sie sorgen dafür, dass andere Medikamente weniger Nebenwirkungen haben.

☞ **a) Keine.**
Placebos enthalten keinen Wirkstoff, dennoch gibt es Fälle, in denen sie durch ihre psychologische Wirkung (der Patient meint, er bekäme eine wirkungsvolle Arznei) Effekte zeigen.

Frage 179

Wer war Paul Ehrlich (1854–1915)?

Paul Ehrlich

☞ Der deutsche Mediziner gilt als der Begründer der experimentellen Chemotherapie und entdeckte ein Mittel zur Bekämpfung der Syphilis, das Salvarsan.

Frage 180

Wofür ist welche Gehirnhälfte zuständig?

☞ In der linken Gehirnhälfte sitzt unser Sprachzentrum. Dieser Teil des Gehirns ist auch für alle analytischen und logischen Aufgaben zuständig. Die rechte Gehirnhälfte steuert unsere Emotionen, Fantasie und Kreativität.

Frage 181

An welcher Gruppe von Krankheiten sterben in Deutschland die meisten Menschen?

☐ a) Krebs
☐ b) Gefäßkrankheiten
☐ c) Herz-Kreislauf-Krankheiten
☐ d) Aids

☞ **c) Herz-Kreislauf-Krankheiten**
Dazu gehören z. B. Herzinfarkt, Schlaganfall und Hirnschlag. Bei Bluthochdruck steigt die Wahrscheinlichkeit, daran zu erkranken.

Frage 182

Welches sind die Vorteile der Kernspintomografie?

☞ Dieses Bildgebungsverfahren ermöglicht es, ohne in den Körper des Patienten einzudringen, in kurzer Zeit dünne Schichtaufnahmen von jedem Körperteil in beliebigem

Winkel und beliebiger Richtung zu erzeugen. Gerade in der Früherkennung von zahlreichen Krankheiten ist die Kernspintomografie demzufolge für die Medizin von unschätzbarem Wert.

Frage 183

Wer führte die erste Herztransplantation durch?

☞ Die erste Herzverpflanzung bei einem Menschen wurde 1967 von dem südafrikanischen Chirurgen Christiaan Neethling Barnard (1922–2001) durchgeführt. Am erfolgreichsten ist die Operation, wenn das neu einzusetzende Herz noch schlägt.

Christiaan Barnard

Frage 184

Wer gründete das Komitee Cap Anamur?

☞ Diese unabhängige humanitäre Hilfsorganisation wurde 1979 von dem Journalistenehepaar Neudeck gegründet. Für die nach dem ersten vietnamesischen Flüchtlingsboot benannte Organisation arbeiten Ärzte, Krankenschwestern, Techniker und Logistiker, die zunächst halfen, die Situation der Vietnamflüchtlinge zu verbessern und heute in verschiedenen Hilfsprojekten auf der ganzen Welt eingesetzt werden.

Frage 185

Hat der Mensch einen freien Willen?

☞ In den vergangenen Jahrzehnten hat diese Kernfrage der Philosophie insbesondere die moderne Hirnforschung beschäftigt. Einige Neurowissenschaftler vertreten die Ansicht, dass der freie Wille eine Illusion sei. Sie beziehen sich dabei auf ein Experiment des US-amerikanischen Neurophysiologen Benjamin Libet (1916–2007). Probanden sollten angeben, wann sie die Entscheidung getroffen hatten, ihre Hand zu heben. Wie sich herausstellte, war im Gehirn dieser Personen schon eine Aktivität messbar, bevor sie glaubten, sich für das Handheben entschieden zu haben. Das Gefühl, etwas zu wollen, trat auf, nachdem im Gehirn längst alles für die Ausführung der Handlung vorbereitet worden war. Das Gehirn bestimme also, was wir tun, und gaukelte uns nur vor, dass wir frei entscheiden, so die Schlussfolgerung der Wissenschaftler. Abschließend beantwortet ist die Frage nach dem freien Willen damit aber sicher nicht.

Frage 186

Welches Pech für die Maus gilt als Glück für die Wissenschaft?

☞ Da die Gene von Mensch und Maus bemerkenswert große Ähnlichkeit besitzen, ist es das Ziel der Forscher, für jede Krankheit ein Mausmodell zu entwickeln. Schätzungen zufolge werden weltweit jedes Jahr mindestens 25 Millionen Mäuse in Experimenten eingesetzt.

Frage 187

Wie wird Krätze übertragen?

☞ **Die Krätze ist eine ansteckende Hautkrankheit, die durch eine bestimmte Milbenart hervorgerufen wird.** Die Weibchen bohren Gänge in die oberen Hautschichten und legen dort ihre Eier ab. Es kommt zu starkem Juckreiz und zu kleinen geröteten Knötchen auf der Haut, die oft in einer Linie liegen. Der Juckreiz wird durch Wärme, z. B. im Bett, verstärkt. Krätze wird meist durch intensiven Hautkontakt übertragen.

Frage 188

Warum ist ein menschlicher Embryo in den ersten Schwangerschaftswochen besonders gefährdet?

☞ **Weil im Embryonalstadium das Zellwachstum am stürmischsten vorangeht.** In dieser Zeit werden alle wichtigen Organe angelegt. Alkohol, Nikotin und Medikamente können dann nicht nur das Wachstum empfindlich stören, sondern auch zu Missbildungen führen.

Frage 189

Wie viel Blut enthält der Körper eines erwachsenen Menschen durchschnittlich?

☐ a) 3 Liter
☐ b) 4 Liter
☐ c) 5 Liter
☐ d) 8 Liter

☞ **c) 5 Liter**
Bei Verlust von einem Liter Blut schwebt man für gewöhnlich in Lebensgefahr.

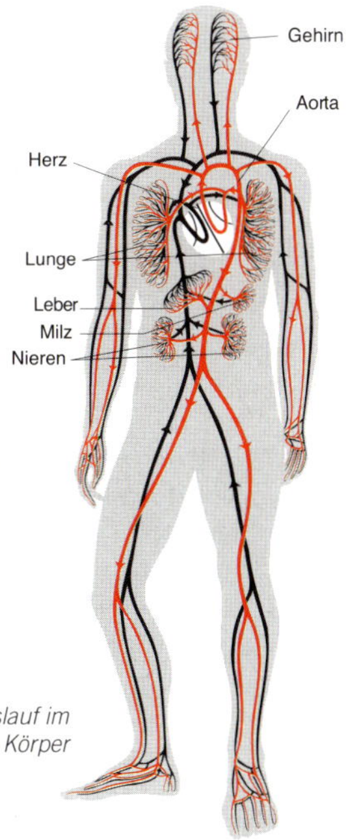

Blutkreislauf im menschlichen Körper

Frage 190

Wann spricht man von einem Bluterguss?

☞ Wenn unter der Haut aus einem Gefäß Blut ausgetreten ist, spricht man von einem Bluterguss (Hämatom). Man sieht sofort oder erst nach Tagen einen blauen Fleck, der sich später durch die verschiedenen Abbaustufen des Blutes erst gelblich und dann bräunlich verfärbt.

Frage 191

Welche Vorteile werden der minimal-invasiven Chirurgie zugeschrieben?

☞ Sie arbeitet mit kleinen Hautschnitten und vielfach ambulant oder mit kurzen stationären Aufenthalten. Organe werden videogestützt mit Operationswerkzeugen im Miniaturformat behandelt.

Frage 192

Wie heißen die Entwicklungsstadien des ungeborenen Kindes?

☞ Die Zeit von der Befruchtung über das Heranwachsen des Keimes bis zum Ende des dritten Schwangerschaftsmonates bezeichnet man als Embryonalzeit, das Ungeborene nennt man Embryo. Danach beginnt die Fetalzeit, die durch starkes Körperwachstum und zunehmende Tätigkeit der Organe gekennzeichnet ist. Jetzt spricht man vom Fötus (auch Fetus). Dieses Stadium endet mit der Geburt.

Frage 193

Wogegen hilft Kortison?

☞ Dank seiner entzündungshemmenden Wirkung wird es bei Entzündungen durch schwere Allergien, bei rheumatischen Beschwerden, Arthritis und anderen entzündlichen Krankheiten angewendet. Kortison kommt in der Natur als ein Hormon der Nebennierenrinde vor, aber man kann auch synthetisch Abkömmlinge dieses Hormons erzeugen.

Frage 194

Was sind Furunkel?

☞ **Furunkel sind plötzlich auftretende, weiche, entzündete Knötchen, die tief unter der Haut sitzen und sehr schmerzhaft sein können.** Sie treten um eine Haarwurzel auf, meist an Nacken, Brust, Gesicht oder Gesäß. Wenn das Knötchen reif ist, öffnet es sich meist von alleine und es fließt Eiter ab. Oft bleibt danach eine Narbe zurück.

Frage 195

Warum ist eine übermäßige Fettzufuhr für den Körper schädlich?

☞ **Es kann zu Übergewicht führen**, das wiederum zur Entstehung von Gelenkschäden, Bluthochdruck, Schlaganfällen, Herzkrankheiten, Diabetes mellitus und Krebs beiträgt. In der richtigen Menge sind Fette für den Körper allerdings lebenswichtig.

Frage 196

Wie äußert sich das chronische Müdigkeitssyndrom?

☞ **Durch bleierne Müdigkeit und Erschöpfung schon nach geringen Belastungen.** Weitere körperliche Beschwerden können dazu kommen: Muskel- und Gelenkschmerzen, Lymphknoten- und Mandelschwellung, erhöhte Körpertemperatur, Kreislaufstörungen und Kopfschmerzen.

Frage 197

Was ist eine Amniozentese?

☞ Mit dieser Methode, auch Fruchtwasseruntersuchung genannt, kann man ein ungeborenes Kind auf erblich bedingte Schäden untersuchen. Dazu entnimmt der Arzt aus der Fruchtblase eine kleine Menge Fruchtwasser, in dem stets auch einige Zellen des Kindes vorhanden sind.

Frage 198

Wozu dient die Mammografie?

☐ a) zur Aufzeichnung der Muskelstruktur
☐ b) zur Früherkennung von Brustkrebs
☐ c) zur Messung des Blutdrucks
☐ d) zur Behandlung von Haarausfall

☞ **b) zur Früherkennung von Brustkrebs** Die Strahlenbelastung durch die angewendete Röntgenstrahlung gilt als relativ gering.

Frage 199

Woraus besteht unser Blut?

☞ **Die Blutzellen Erythrozyten, Leukozyten und Thrombozyten sind neben dem flüssigen Blutplasma die wichtigsten Komponenten des Blutes.** Die weißen Blutkörperchen (Leukozyten) können durch die Wände der Blutgefäße auch in das umgebende Gewebe eindringen. Rote Blutkörperchen (Erythrozyten) und Blutplättchen (Thrombozyten) hingegen kommen nur im Blut vor.

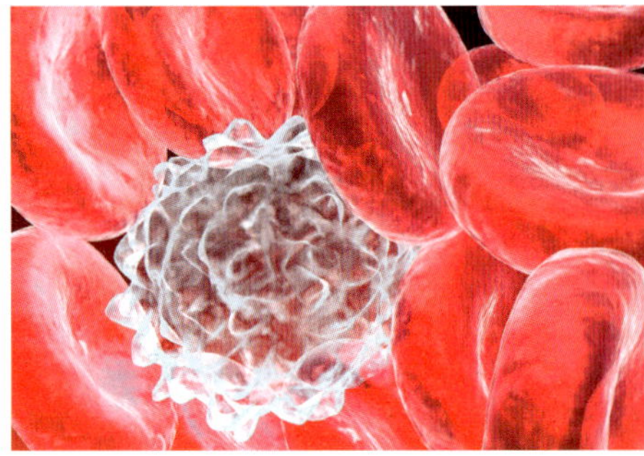

Aufnahme eines Rasterelektronenmikroskops von roten und weißen Blutkörperchen

Frage 200

Was versteht man unter der Bluterkrankheit oder Hämophilie?

☞ Bei der Bluterkrankheit ist die Gerinnung des Blutes gestört, sodass bereits kleinste Verletzungen für einen Bluter tödlich sein können. Bei der Hämophilie handelt es sich um eine Erbkrankheit, die zwar von Frauen vererbt wird, an der sie aber selbst nicht erkranken können. Deshalb sind praktisch nur Männer davon betroffen.

Frage 201

Was ist ein Hexenschuss?

☞ Ein Hexenschuss wird häufig durch eine Bandscheibenvorwölbung oder einen Bandscheibenvorfall ausgelöst und wird durch bestimmte Bewegungen wie Heben, Bücken oder Drehen ausgelöst. Oft kann man sich danach nicht mehr aufrichten und man nimmt eine seitlich gekrümmte Schonhaltung ein.

Frage 202

Was untersucht die Psychologie?

☞ Als Wissenschaft, die sich mit der „gesunden" Seele und dem menschlichen Erleben und Verhalten beschäftigt, erforscht sie seelische Phänomene wie Denken, Wahrnehmen, Fühlen, Intelligenz oder Lernen. Dazu gehören auch die äußerlich sichtbaren Verhaltensweisen, die sich aus den inneren psychischen Vorgängen ergeben.

Frage 203

Was macht die Aorta?

☞ **Sie ist die Hauptschlagader des menschlichen Körpers.** Ihre Aufgabe ist es, sauerstoffreiches Blut von der linken Herzkammer zu allen anderen Schlagadern im Körper zu leiten.

Frage 204

Was wurde im September 1998 in Lyon zum ersten Mal transplantiert?

☐ a) das Auge einer Kuh
☐ b) das Gehirn eines Menschen
☐ c) eine menschliche Hand
☐ d) ein Kniegelenk

☞ **c) eine menschliche Hand**
Allerdings kam es zu Abstoßreaktionen des Immunsystems und Problemen mit der Funktionalität, sodass die Hand 2001 wieder entfernt wurde.

Frage 205

Wodurch zeichnen sich Viren aus?

☞ **Sie bestehen nur aus einer Eiweißhülle und einem Nukleinsäurekern.** Viren haben keinen eigenen Stoffwechsel und brauchen andere Organismen, um sich zu vermehren. Daher zählen sie, anders als etwa Bakterien, nicht zu den Lebewesen.

Frage 206

Was ist eine Depression?

☞ **Wer unter Depressionen leidet, ist meist traurig und niedergeschlagen.** Bei den sogenannten manisch-depressiven Menschen wechselt Niedergeschlagenheit mit Phasen von unnatürlicher, übertriebener Fröhlichkeit ab. Auch Ängste, mangelnder Appetit, Schlaflosigkeit und plötzliche Weinkrämpfe sind Anzeichen einer Depression.

Frage 207

Was ist die Strahlenkrankheit?

☞ **Sie tritt akut dann auf, wenn Körpergewebe radioaktiver Strahlung ausgesetzt war,** z. B. bei einem Unfall in einem Atomkraftwerk. Je nach Dosis und Dauer der Einwirkung sind die Folgen unterschiedlich. Entweder führt die Strahlenkrankheit innerhalb weniger Stunden zum Tod oder aber zu schweren Gesundheitsschäden. Spätwirkungen sind Krebs und Veränderungen im Erbgut.

Frage 208

Was bedeutet die Abkürzung AIDS?

☞ **Sie steht für Acquired Immune Deficiency Syndrome, eine erworbene Immunschwäche.** Der Erreger der Krankheit, das HI-Virus, befindet sich im Blut, im Sperma und der Scheidenflüssigkeit und kann z. B. bei sexuellen Kontakten übertragen werden.

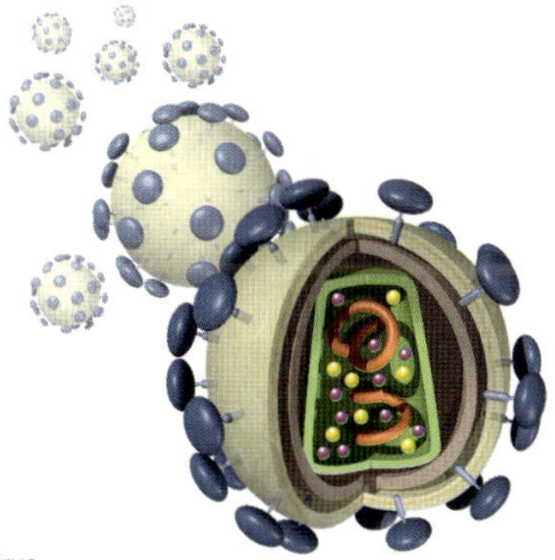

HI-Virus

Frage 209

Was ist die Hauptursache für eine Migräne?

☞ **Als Schlüsselursache der Migräne wird eine Störung des Serotoningleichgewichts angenommen.** Bei der Migräne handelt es sich um eine Erkrankung mit einem halbseitigen, pulsierenden Kopfschmerz, der häufig von vegetativen Begleiterscheinungen wie Licht- und Lärmscheu, Übelkeit sowie von visuellen Symptomen und neurologischen Ausfällen begleitet wird.

GRUNDUMSATZ

Wer sein Gewicht reduzieren will, sollte seinen Grundumsatz kennen. Der Grundumsatz ist die Energie, die man im Liegen an einem Tag verbrauchen kann, ohne dabei zuzunehmen. Und so ermittelt man den entsprechenden Wert: Multiplizieren Sie Ihr Idealgewicht mit 21,6. Das Ergebnis ist Ihr Grundumsatz in Kalorien. Vom Grundumsatz unterscheidet man den Leistungsumsatz. Da wir uns ja alle täglich bewegen, verbrauchen wir mehr Kalorien, als unser Grundumsatz ausdrückt. So kann ein Sportler, der sich häufig körperlich anstrengt, den doppelten Grundumsatz verbrauchen, der Büro-Typ, der überwiegend sitzt jedoch nur den 1,4-fachen.

Frage 210

Was sind Krampfadern?

☞ **Krampfadern sind erweiterte, oberflächlich liegende Venen.** Durch ihre starke Erweiterung und ihre schlussunfähig gewordenen Klappen wird der Transport des Blutes von den Füßen zum Herzen gestört.

Frage 211

Warum knacken manchmal die Gelenke?

☞ Das Gelenkknacken, das bei manchen Menschen in den Knien vorkommt oder mit Absicht in den Fingergelenken ausgelöst werden kann, hängt sehr wahrscheinlich mit Luftbläschen in der Gelenkschmiere zusammen. Mit Gelenkkrankheiten wie Arthritis hat das Knacken – anders als oft angenommen – nichts zu tun.

Frage 212

Was versteht man unter Sucht?

☞ Bei einer Sucht handelt es sich um ein zwanghaftes Bedürfnis und Angewiesensein auf eine bestimmte Substanz. Man unterscheidet zwischen einer psychischen und körperlichen, d. h. physischen Abhängigkeit. Psychische Abhängigkeit ist gekennzeichnet von dem übermächtigen inneren Verlangen, eine bestimmte Substanz immer wieder zu konsumieren. Bei körperlicher Abhängigkeit treten dabei zusätzlich körperliche Entzugserscheinungen beim Fehlen der betreffenden Substanz auf.

Frage 213

Wie äußert sich Alzheimer?

☞ **Ursache dieser Krankheit ist der Schwund von Gehirnzellen.** Die Krankheit beginnt mit zunehmender Vergesslichkeit. Die Patienten vergessen Name und Wohnort und können sich besonders an jüngste Ereignisse nicht mehr erinnern.

Frage 214

Was versteht man unter Heilbräuchen?

☞ Die nicht-medizinischen Versuche, kranke Menschen oder Tiere gesunden zu lassen. Dazu wird der Erkrankte meist mit einem „Wissenden" in Berührung gebracht, der in einer besonderen Beziehung zu den „Höheren Mächten" steht.

Frage 215

Worauf beruht die Wirkung von Aphrodisiaka?

☞ **Wohl nur auf Suggestion (Einbildung).** Die Einnahme von angeblich potenz- und luststeigernden Mitteln hat nicht selten dazu geführt, dass Tiere gejagt und in ihrem Bestand stark dezimiert oder bedroht wurden.

Kaum mehr als ein Placebo: Austern als Aphrodisiakum

Frage 216

Was sagt der IQ über einen Menschen aus?

☞ Der Intelligenzquotient wird durch spezielle Tests ermittelt; die Skala ist dabei so angelegt, dass der Durchschnitt der Bevölkerung einen IQ von 100 hat. Auf diese Weise versucht man, wenigstens annäherungsweise die Intelligenz eines Menschen zu messen und einzuteilen.

Frage 217

Wer beschäftigt sich mit übersinnlichen Erscheinungen?

☞ Die Parapsychologen befassen sich mit sogenannten paranormalen Phänomenen. Ihre Wissenschaft, die Parapsychologie, beschäftigt sich mit der Telepathie (Gedankenübertragung), dem Hellsehen und der Psychokinese (Bewegen von Gegenständen durch seelische Kräfte).

Frage 218

In welchen Nahrungsmitteln stecken die Herz und Kreislauf schützenden Omega-3-Fettsäuren?

☞ Wichtigste Quelle für die Omega-3-Fettsäuren sind fette Meeresfische und zwar vor allem die, die in kalten Gewässern leben. Dazu gehören Makrele, Thunfisch, Sprotte, Hering und Lachs.

Frage 219

Diese Substanz kommt in über 63 verschiedenen Pflanzenarten vor und wird von Menschen v. a. wegen ihrer stimulierenden Wirkung oft und gerne konsumiert; sie steigert die Wachsamkeit als auch die Konzentrationsdauer. **Wie heißt die Substanz?**

☐ a) Carotin
☐ b) THC
☐ c) Opium
☐ d) Koffein

☞ **d) Koffein**

Frage 220

Welche Aufgabe haben sogenannte Stents?

☞ Etwa 500.000 erwachsene Menschen bekommen jährlich einen Stent (Gefäßstütze) implantiert. Der Sinn eines solchen Stents besteht darin, die Verengung in der betroffenen Arterie, die lebensbedrohlich werden kann, auszugleichen.

Frage 221

Welche Bevölkerungsgruppe ist durch Keuchhusten besonders gefährdet?

☞ Von der Infektionskrankheit sind besonders Säuglinge und Kleinkinder betroffen. Die Ansteckung kann durch eine Schutzimpfung verhindert werden.

Frage 222

Woraus besteht die menschliche Haut?

☞ Die Haut ist im Wesentlichen dreischichtig aufgebaut. Die Oberhaut ist nach außen hin sichtbar, fest und kann verhornen. Darunter befindet sich die Lederhaut mit knäuelartigen Schweiß- und Talgdrüsen, der Haarschaft bricht in Richtung Oberhaut durch. Noch tiefer stößt man auf die Unterhaut; hier liegen die Haarwurzeln und spezialisierte Schweiß- bzw. Duftdrüsen in lockeres Fettgewebe eingebettet.

Frage 223

Welchem Stoff in den Tomaten wird gesundheitsförderliche Wirkung zugeschrieben?

☞ Der Tomateninhaltsstoff Lycopin übernimmt wichtige Schutzfunktionen in der Pflanze. Aber auch beim Menschen gibt es zahlreiche Hinweise, dass er vor chronischen Krankheiten am Herzen oder vor Krebs schützt und die Immunabwehr stärkt.

Frage 224

Welche Ursachen kann eine Arterienverkalkung haben?

☞ Arterienverkalkung (Arteriosklerose) ist eine Veränderung der Blutgefäße. Das Blut kann nicht mehr ungehindert fließen. Einerseits ist die Arterienverkalkung ein natürlicher Alterungsprozess. Andererseits können Risikofaktoren wie Rauchen, Diabetes, Bluthochdruck, Übergewicht, Stress und erhöhte Blutfettwerte zur Verengung der Blutgefäße beitragen.

Frage 225

Was sind sogenannte Besenreiser?

☞ Besenreiser sind winzige fleck-, ast- oder sternförmig zusammenlaufende Gefäße in der Haut und gelten als die ersten Zeichen von belasteten Venen. Ähnlich wie die Krampfadern haben sie einen Großteil ihrer Spannkraft eingebüßt und sich unkontrolliert erweitert.

Frage 226

Wer erkrankt am häufigsten an Pseudokrupp?

☐ a) Kinder bis zu fünf Jahren
☐ b) Mädchen in der Pubertät
☐ c) Frauen in den Wechseljahren
☐ d) Männer im Alter von 20 bis 30 Jahren

☞ **a) Kinder bis zu fünf Jahren**
Beim sogenannten falschen Krupp handelt es sich um eine ansteckende Erkrankung, bei der die Schleimhaut des Kehlkopfs unterhalb der Stimmbänder anschwillt. Durch die Schwellung und vermehrte Schleimproduktion werden die Atemwege verengt und es kommt zu Atemnot.

Frage 227

Welche Beschwerden treten bei einer allergischen Reaktion auf?

☞ Schwellungen im Gesicht, an Lippen oder Hals, Atemnot, Magenkrämpfe, Übelkeit, Durchfall, Hautausschlag, Blutdruckabfall können die Folge sein. Beim anaphylaktischen Schock (Ohnmacht, Blässe, Herzrasen) kann es zu einem Kreislaufzusammenbruch kommen.

Frage 228

Wann spricht man von Harninkontinenz?

☞ **Bei unfreiwilligem Urinverlust.** Die zwei häufigsten Formen sind die Stressinkontinenz (bei erhöhtem Bauchinnendruck durch Heben, Lachen oder Husten) und die Dranginkontinenz (z. B. bei Blasenentzündung).

Frage 229

Wann werden Ängste als krankhaft eingestuft?

☞ Angst wird als krankhaft bezeichnet, wenn Dauer und Häufigkeit der Angstzustände mit der Zeit zunehmen, man nicht in der Lage ist, die Angst durch eigene Kraft zu überwinden und die momentanen Lebensumstände das Ausmaß der Angst nicht erklären können.

Frage 230

Wodurch entsteht die sogenannte Brustenge?

☞ Als Brustenge bezeichnet man einen Schmerz in der Brust, der durch eine Durchblutungsstörung der Herzkranzgefäße ausgelöst wird. Durch die Verengung der Kranzarterien kommt es zu einer Unterversorgung des Herzmuskels mit Sauerstoff.

Frage 231

Die Werte des Blutdrucks werden in zwei Zahlen angegeben. Wie heißen diese und was bedeuten sie?

☞ Der Blutdruck wird in zwei Werten mit der Maßeinheit Millimeter Quecksilbersäule (mm Hg) angegeben. Der höhere oder obere (systolische) Wert entspricht dem Druck, den das Herz aufbringt, um das Blut in den Kreislauf zu pumpen. Er wird beim Öffnen der Blutdruckmanschette ermittelt. Der niedrigere oder untere (diastolische) Wert, der den passiven Gefäßwiderstand bei entspanntem Herzmuskel angibt, wird während der vollständigen Gefäßweite gemessen.

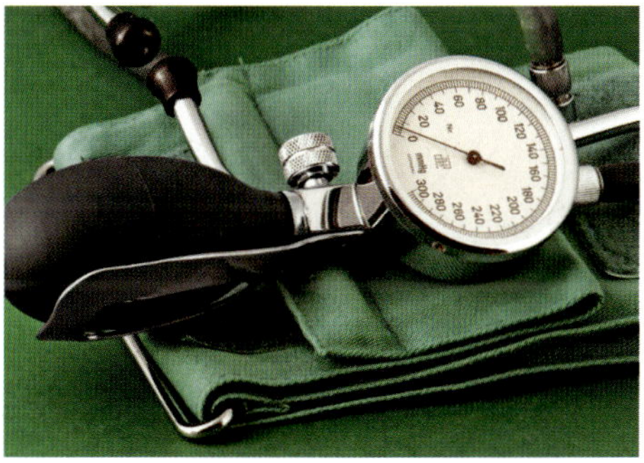

Blutdruckmessgerät

Frage 232

Was ist eine Glutenunverträglichkeit?

☞ Bei einer Glutenunverträglichkeit reagiert der Körper überempfindlich auf Klebereiweiß (Gluten). Die Substanz ist ein Bestandteil von Getreide. Frauen erkranken häufiger als Männer.

DAS TEUERSTE MEDIKAMENT

Eine Behandlung mit dem derzeit teuersten Medikament der Welt kostet pro Patient und Jahr (nur für das Medikament, versteht sich) 150.000 bis 400.000 US-Dollar. Für seine Herstellung werden pro Dosis und Patient 2000 bis 8000 Plazenten benötigt – und jeder Patient benötigt alle zwei Wochen eine neue Dosis. Behandelt wird mit dieser exklusiven Arznei eine besondere Stoffwechselkrankheit, genannt Morbus Gaucher.

Frage 233

Wie macht sich der Reizdarm bemerkbar?

☞ Das Ausmaß der Beschwerden ist sehr unterschiedlich und reicht in der Regel von Blähungen, Völlegefühl, Krämpfen und Übelkeit über Durchfälle und Verstopfung bis hin zu Bauchschmerzen.

Frage 234

Welche Krankheit wurde als „Schwarzer Tod" bezeichnet?

☐ a) Cholera
☐ b) Pest
☐ c) Malaria
☐ d) Lepra

☞ **b) Pest**

Die Krankheit kostete im 14. Jahrhundert mehr als 20 Millionen Menschen in Europa das Leben. Sie wurde von einem Erreger, der Ratten befällt, verursacht. Auf den Menschen wurde der Erreger dann durch Flöhe übertragen.

Frage 235

Wie entsteht ein Tinnitus?

☞ Er wird vermutlich aufgrund von Durchblutungsstörungen der kleinsten Innenohrgefäße ausgelöst. Begünstigende Faktoren sind beispielsweise Lärmbelastung und Stresssituationen, Erkrankungen des Ohres oder Bluthochdruck. Der Tinnitus äußert sich durch einseitige oder beidseitige Geräuschphänomene wie Sausen, Pfeifen, Brummen, Zischen, Rauschen oder Knacken.

Frage 236

Wer begründete die moderne Anatomie?

☞ **Der in Brüssel geborene Arzt und Chirurg Andreas Vesal (1514–64)** führte die ersten Studien am Seziertisch durch. Ab 1539 sezierte er im italienischen Padua die Leichen aller in der Stadt hingerichteten Menschen und untersuchte den Aufbau von Organen und Gewebe.

Andreas Vesal

Frage 237

Wie kommt es zu einem Schlaganfall?

☞ **Der unblutige Schlaganfall wird durch den Verschluss oder die starke Verengung von Blutgefäßen, die das Gehirn versorgen, ausgelöst.** Dadurch können die Gehirnzellen nicht ausreichend mit Nährstoffen versorgt werden und sterben ab. So kann es zu kurzzeitigen Sprachstörungen, Gedächtnisverlusten, Missempfindungen bis hin zu kurzen Lähmungserscheinungen kommen. Meist entstehen halbseitige Lähmungen, bei denen der Mundwinkel der betroffenen Seite herabhängt und Sprach- und Gefühlsstörungen auftreten.

Frage 238

Welche Depression taucht in der dunklen Jahreszeit gehäuft auf?

☞ **Die Winterdepression.** Sie ist eine saisonal abhängige Depression (SAD), die jährlich wiederkommend in der dunklen Jahreszeit auftritt: Sie beginnt in den Herbstmonaten und endet wieder in den Frühjahrsmonaten. In dieser Zeit klagen die Betroffenen über Energielosigkeit und übermäßige Traurigkeit.

Frage 239

Welche Anzeichen gibt es bei Magenkrebs?

☞ Das Magenkarzinom wächst lange Zeit ohne charakteristische Krankheitserscheinungen, die sofort den Verdacht auf einen Tumor lenken würden. Ein leichter Druck im Oberbauch, Widerwillen gegen bestimmte Speisen wie z. B. Fleisch, sind oft die einzigen Symptome.

Frage 240

Wie sind Muskeln aufgebaut?

☞ Jeder Muskel besteht aus in Längsrichtung verlaufenden, parallel zueinander liegenden Muskelfasern, die in bindegewebsartiger Verbindung als Muskelbündel eingefasst und von der Muskelhaut umgeben sind. Zwischen diesen Bündeln liegen Speicher, in denen Zucker und Sauerstoff in Energie umgewandelt werden. Insgesamt verfügt der Mensch über etwa eine Million einzelner Muskelfasern.

Aufbau eines quergestreiften Muskels

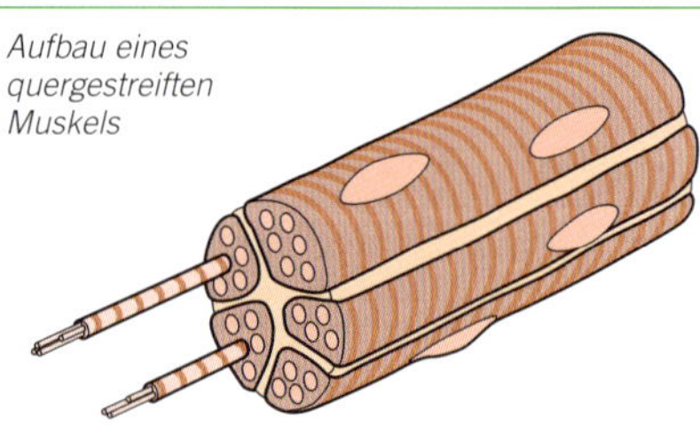

Frage 241

Bei welcher Krankheit ist eine Dialyse (Blutwäsche) erforderlich?

☞ **Bei akutem oder chronischem Nierenversagen** ist die Niere nicht mehr in der Lage, das Blut von Schad- und Abfallstoffen zu reinigen. Dies bedeutet Lebensgefahr. Die Aufgabe der Nieren wird dann von einem Dialysegerät erledigt, an das die Betroffenen angeschlossen werden.

Frage 242

Was versteht man unter dem prämenstruellen Syndrom?

☞ Fast 75 % der Frauen haben einige Tage vor ihrer Menstruationsblutung Symptome. Dazu zählen Stimmungsschwankungen, Müdigkeit, Reizbarkeit, depressive Verstimmung oder Bauchschmerzen. Beeinträchtigen diese Symptome jedoch ihren Tagesablauf oder ihre Aktivitäten, spricht man vom prämenstruellen Syndrom (PMS).

Frage 243

Was ist autogenes Training und wer hat es „erfunden"?

☞ **Autogenes Training wurde vom Berliner Neurologen Johannes H. Schultz (1884–1970) entwickelt.** Es zählt in Deutschland zu den bekanntesten Entspannungstechniken.

Frage 244

Was zeigt der Pearl-Index an?

☐ a) das Wachstum des Haares nach Alter
☐ b) die Wirksamkeit von Antibiotika
☐ c) die Zuverlässigkeit von Verhütungsmethoden
☐ d) das Vorkommen bestimmter Krankheitsbilder in verschiedenen Regionen

☞ **c) die Zuverlässigkeit von Verhütungsmethoden**
Je niedriger der Index, desto sicher ist die Verhütungsmethode. Am zuverlässigsten sind Antibabypille, Minipille und natürlich Sterilisation.

Frage 245

Ignaz Semmelweis

Welcher Geburtshelfer wird als Retter der Mütter bezeichnet?

☞ **Ignaz Philipp Semmelweis (1818–65)** führte die Händedesinfektion in Krankenhäusern vor Untersuchungen ein und reduzierte auf diese Weise die hohe Zahl der Frauen, die an Kindbettfieber verstarben.

Frage 246

Welches revolutionäre Verfahren ermöglicht Operationen, ohne den Körper großflächig aufzuschneiden?

☞ **Seit Mitte der 1970er-Jahre hat die Endoskopie einen starken Aufschwung erfahren.** Heute sind mithilfe der winzigen Sonden und optischen Geräte, die durch winzige Öffnungen in den Körper eingeführt werden, zahlreiche Diagnosen und Operationen möglich.

10 REGELN FÜR GESUNDES ESSEN

1. **Essen Sie vielseitig.**
2. **Getreideprodukte und Kartoffeln liefern wichtige Ballaststoffe. Achten Sie aber auf vollwertige Getreideprodukte. Auszugsmehl ist nicht gesund.**
3. **Essen Sie fünfmal am Tag Obst oder Gemüse.**
4. **Nehmen Sie täglich Milch oder Milchprodukte zu sich. Ein- bis zweimal pro Woche sollten Sie Fisch essen, Fleisch und Wurstwaren besser nur in Maßen genießen.**
5. **Versuchen Sie, wenig Fett oder fettreiche Nahrungsmittel zu sich zu nehmen.**
6. **Auch Zucker und Salz sollten Sie nur in Maßen essen.**
7. **Achten Sie darauf, viel zu trinken.**
8. **Bereiten Sie Ihre Mahlzeiten schonend zu.**
9. **Nehmen Sie sich Zeit zum Essen.**
10. **Achten Sie auf Ihr Gewicht und bleiben Sie in Bewegung.**

Frage 247

Was versteht man unter einer Borderlinestörung?

☞ **Die Borderlinestörung ist geprägt durch eine Instabilität in zwischenmenschlichen Beziehungen.** Die Betroffenen bemühen sich verzweifelt darum, nicht verlassen zu werden, sie leiden unter Störungen der Selbstwahrnehmung und entwickeln paranoide Vorstellungen. Oft verletzen sie sich selbst, zeigen Verstimmungen und bisweilen heftige Wutanfälle.

Frage 248

Wie verhütet man mit der Knaus-Ogino-Methode?

☞ **Man protokolliert den Menstruationszyklus einer Frau.** Daraus kann man grob die fruchtbaren Tage einer Frau, die ca. 12 bis 16 Tage vor Menstruationsbeginn liegen, berechnen. Während dieser fruchtbaren Tage sollte man dann auf Geschlechtsverkehr verzichten, wenn man keine Schwangerschaft möchte. Diese Methode gilt aber als äußerst unzuverlässig.

Frage 249

Welche Bedeutung hat die Blut-Hirn-Schranke?

☞ Bei der Blut-Hirn-Schranke handelt es sich um eine Barriere, die verhindert, dass schädliche Stoffe aus dem Blut ins Gehirn gelangen. Es handelt sich um eine besonders abgedichtete Variante normaler Blutgefäße.

Frage 250

Was sind Tics?

☞ Unwillkürliche, rasche, meistens plötzlich einschießende Bewegungen, die immer wieder in gleicher Weise einzeln oder auch serienartig auftreten können – auch im Schlaf. In dem Erscheinungsbild zeigt sich häufig eine Mischung zwischen Muskelkrämpfen und Muskelzuckungen.

Frage 251

Was sind Neurotransmitter?

☞ **Neurotransmitter übernehmen eine entscheidende Funktion bei der Übertragung von Nervenimpulsen.** Freigesetzt werden die Neurotransmitter, die oft auch als Nervenbotenstoffe bezeichnet werden, durch das elektrische Signal einer Nervenzelle. Dann öffnen sich die Vesikel und die Neurotransmitter ergießen sich in den präsynaptischen Spalt.

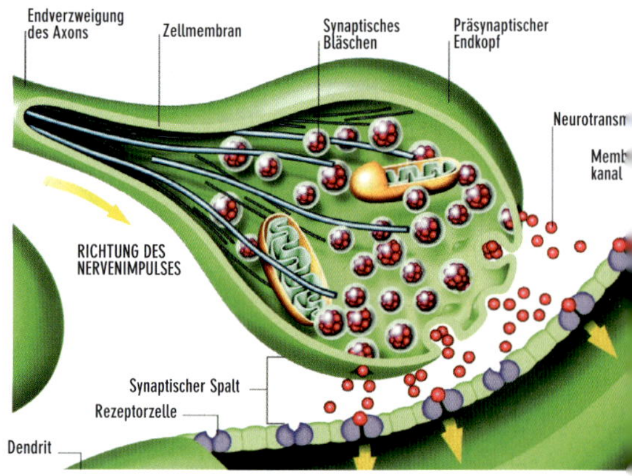

Frage 252

Was sind sekundäre Pflanzenstoffe und welche Funktion üben sie aus?

☞ Die Pflanzen bilden sekundäre Pflanzenstoffe z. B. als Schutz- oder Abwehrstoffe. Erst in letzter Zeit erkannte man die Bedeutung dieser Stoffe. Sekundäre Pflanzenstoffe üben im menschlichen Körper eine Vielzahl von Schutzfunktionen aus. So können sekundäre Pflanzenstoffe das Immunsystem stärken, den Körper vor freien Radikalen schützen, Krankheitserreger abtöten und vieles mehr.

Frage 253

Wie entstehen Mehrlingsschwangerschaften?

☞ Unter natürlichen Bedingungen kommen Mehrlingsschwangerschaften relativ selten vor. Sie treten auf, wenn bei einer Frau in einem Zyklus zwei Eizellen heranreifen, die dann beide befruchtet werden (zweieiige Zwillinge). In anderen Fällen teilt sich eine bereits befruchtete Eizelle im Verlauf der Entwicklung in zwei Embryonalanlagen. Dabei entstehen eineiige Zwillinge, die identisches Erbmaterial besitzen. Bei Drei- oder Vierlingsschwangerschaften können beide Mechanismen gleichzeitig greifen. Seitdem es Methoden zur künstlichen Befruchtung gibt, steigt die Zahl der Mehrlingsschwangerschaften an, da den Frauen gleich mehrere der außerhalb des Körpers befruchteten Eizellen eingepflanzt werden, um die Erfolgschancen zu erhöhen.

Frage 254

Was bedeutet der Begriff „palliative Medizin"?

☞ Sie wird im Rahmen von nicht heilbaren Krankheiten angewandt, um die Lebensqualität des Patienten auf möglichst hohem Standard zu halten und die Auswirkungen der Krankheit zu lindern. Schmerztherapie, Ernährung und psychologische Betreuung stellen Grundpfeiler dieser Therapie dar.

Frage 255

Wie entsteht Gicht?

☞ **Gicht ist eine Entzündung der Gelenke.** Ist der Harnsäurespiegel des Blutes erhöht, kristallisieren Harnsäuren aus. Dies geschieht zuerst in den Gelenken der großen Zehen oder Daumen. Die Harnsäurekristalle können in allen Gelenken schmerzhafte Entzündungen hervorrufen.

Frage 256

Was ist die Ursache für die Entstehung eines Strumas?

☞ **Der Kropf ist eine ständige Schwellung des vorderen unteren Halses.** Meist verursacht Jodmangel eine Vergrößerung der Schilddrüse. Daher ist der Kropf in Jodmangelgebieten häufiger und an der See selten.

Frage 257

Gegen was richtet sich eine Phobie?

☞ Eine Phobie ist eine extrem starke, lähmende Furcht vor bestimmten Dingen, die dann möglichst gemieden werden. Eine Phobie kann gegen alles gerichtet sein: Wasser (Hydrophobie), Eisenbahnen (Amakaphobie), Wahnsinn (Maniaphobie), enge Räume (Klaustrophobie), Nahrung (Sitophobie) oder die Farbe Gelb (Xanthophobie).

Frage 258

Was sind Zytostatika?

☐ a) kleine Knoten im Unterleib
☐ b) Krebsmedikamente
☐ c) überschüssige Fettzellen
☐ d) Knöchelchen im Handgelenk

☞ **b) Krebsmedikamente**
Sie greifen effizient in den Zellstoffwechsel ein. Da sie auch auf andere Körperzellen giftig wirken, werden sie nur dann eingesetzt, wenn keine andere wirkliche Alternative besteht.

Frage 259

Was ist ein Herzschrittmacher?

☞ Diese bei einer Operation eingesetzten Pulsgeber normalisieren die Herzerregung durch gezielte elektrische Impulse, die sie bei Bedarf an das Herz abgeben.

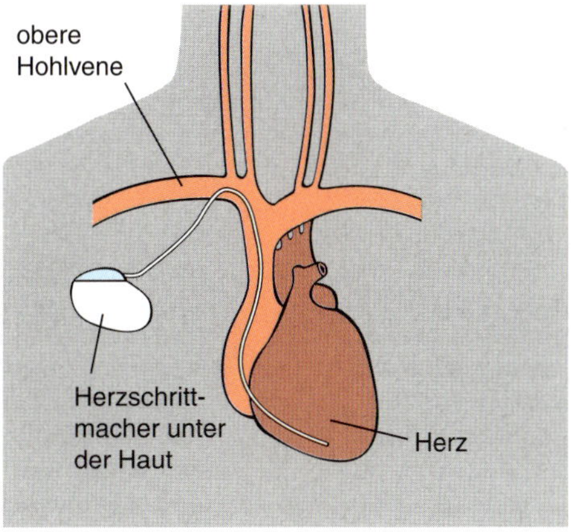

Frage 260

Welche Funktion haben rote Blutkörperchen?

☞ **Sie transportieren Sauerstoff** von der Lunge zu den Geweben des Körpers und nehmen Kohlendioxid auf. Sie machen den Löwenanteil der Zellen im menschlichen Blut aus.

Frage 261

Wodurch wurde Sigmund Freud berühmt?

Sigmund Freud

☞ **Er gilt als Begründer der Psychoanalyse.** Freud (1856–1939) maß v. a. dem Unterbewusstsein des Menschen große Bedeutung zu. Obwohl er mit seinen Theorien weite Bereiche des geistigen Lebens im 20. Jahrhundert beeinflusste, wurde Freud auch immer heftig kritisiert. Die Grundlagen und Wirksamkeit der psychoanalytischen Therapie werden bis heute angezweifelt.

Frage 262

Als größtes Organ des Körpers umhüllt sie bei einem erwachsenen Menschen eine Fläche von bis zu zwei Quadratmetern und wiegt beachtliche 10 bis 12 Kilogramm. **Um welches Organ handelt es sich?**

☐ a) das Haar ☐ c) die Blutgefäße
☐ b) das Gedärme ☐ d) die Haut

☞ **d) die Haut**

Frage 263

Welches Berliner Pharmaunternehmen brachte 1961 mit Anovlar in Deutschland die erste Antibabypille auf den Markt?

☞ **Schering**, das schon vor dem Zweiten Weltkrieg aktiv an der Erforschung eines sicheren Verhütungsmittels beteiligt war. Wegen heftiger Kritik aus konservativen und kirchlichen Kreisen führte Schering die Pille zunächst als „Mittel zur Behebung von Menstruationsstörungen" ein.

Frage 264

Welche schwerwiegende Erkrankung wird als Raucherhusten verharmlost?

☞ **Die COPD** („Chronic Obstructive Pulmonary Disease"). Im deutschen Sprachgebrauch spricht man von chronisch obstruktiver Lungenerkrankung. „Obstruktion" ist der Fachbegriff für eine Verengung bzw. Verlegung und bedeutet, dass die Bronchialschleimhaut entzündet und geschwollen ist und deshalb eine dauerhafte Einschränkung des Sauerstofftransportes bewirkt.

Frage 265

Welche Blutkörperchen sind Teil unseres Immunsystems?

☞ **Die weißen Blutkörperchen.** Ihre Zahl nimmt ab, wenn das Immunsystem des Körpers geschwächt ist, wie das z. B. bei Leukämie- oder HIV-Erkrankten der Fall ist. Im Falle einer Entzündung steigen sie an, auch Raucher haben leicht erhöhte Werte.

Frage 266

Wenn er vorliegt, kommt es durch einen Verschluss der Herzkranzgefäße zu einer Unterversorgung des Herzens mit Sauerstoff. Diese Unterversorgung zerstört unwiederbringlich einen Teil des Gewebes. **Wobei handelt es sich hier?**

☞ **Um einen Herzinfarkt.**

Frage 267

Welche wichtige Funktion hat der Mineralstoff Eisen?

☞ **Die wichtigste Funktion von Eisen ist die Bildung des Moleküls Hämoglobin in den roten Blutkörperchen**, das Sauerstoff und Kohlendioxid bindet. Auf diese Weise wird der Sauerstoff aus den Lungenbläschen im

Blut zu den Körperzellen und das Kohlendioxid wieder zurücktransportiert. Eisenmangel beeinträchtigt die Bildung von Hämoglobin, wodurch es zu der häufigsten Anämieform (Blutarmut), der Eisenmangelanämie, kommt. Eine der Folgen ist eine Unterversorgung des Organismus mit Sauerstoff. Fleisch ist einer der wichtigsten Eisenlieferanten.

Frage 268

Welche Erreger verursachen die Grippe?

☞ Die Grippe wird von den Influenzaviren ausgelöst, von denen es drei unterschiedliche Typen, (A, B und C) gibt. Die Schwere der ausgelösten Erkrankungen und ihre Tendenz, sich auszubreiten, sind von Typ zu Typ unterschiedlich.

Frage 269

Dieses Präparat enthält Progesteron und verdickt den Gebärmutterhalsschleim, sodass er für die Spermien undurchlässig wird. **Wie heißt es?**

☐ a) Diaphragma
☐ b) Minipille
☐ c) Spirale
☐ d) Antibabypille

☞ **b) Minipille**

Frage 270

Welche Bestandteile des Immunsystems erkennen fremde Eiweißstrukturen?

☞ **Die Makrophagen.** Die sogenannten Fresszellen erkennen fremde Eiweißstrukturen, umschließen in den Körper eingedrungene Erreger, stülpen diese in ihr Zellinneres und bauen sie dort ab. Auch lebende Tumorzellen vermögen sie zu zerstören.

Frage 271

Was versteht man unter dem plötzlichen Kindstod?

☞ **Den unerwarteten Tod eines scheinbar völlig gesunden Säuglings**, ohne dass die Vorgeschichte die Ursache klären könnte. In westlichen Industrieländern stirbt etwa eines von 1000 Neugeborenen an diesem Syndrom.

Frage 272

Welche Tiere übertragen die Frühsommer-Meningo-Enzephalitis auf den Menschen?

☞ **Die Entzündung des Gehirns wird von Zecken übertragen.** Das Infektionsrisiko erscheint insgesamt gering, da selbst in Hauptverbreitungsgebieten nur 1–5% der Zecken Virusträger sind und nicht alle Infektionen beim Menschen zum Ausbruch der Krankheit führen. Kommt der Virus allerdings zum Ausbruch, resultiert daraus häufig ein schwerer Krankheitsverlauf mit Folgeschäden.

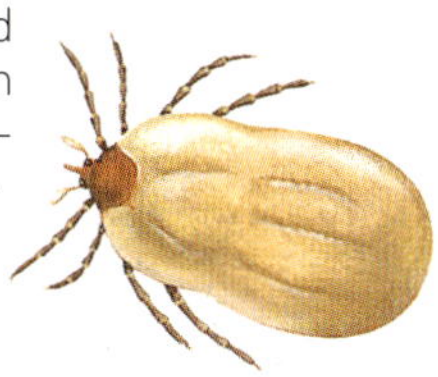

Zecke

Frage 273

Welche seltene Krebserkrankung geht vom Lymphsystem aus?

☞ **Die Hodgkinkrankheit.** Sie geht vom Lymphsystem des Körpers aus, ein Teil des körpereigenen Abwehrsystems, das für die Bekämpfung von eindringenden Erregern zuständig ist.

Frage 274

Welche Funktion hat Vitamin E?

☞ **Vitamin E ist ein wichtiges Antioxidans,** d. h., es sitzt auf der Zellmembran und schützt die Zelle vor freien Radikalen und Sauerstoffradikalen, die durch Stoffwechselvorgänge entstehen oder aus der Umwelt aufgenommen werden und Krankheiten, möglicherweise auch Krebs, auslösen können.

Frage 275

Cholesterin ist nur dann ein gefährlicher Stoff, wenn zu viel davon im Körper zu finden ist. Ansonsten erfüllt es einen wichtigen Zweck im Fettstoffwechsel. **Welche der folgenden Aussagen ist richtig?**

☐ a) Cholesterin kommt hauptsächlich in tierischen Fetten vor.
☐ b) Cholesterin kommt hauptsächlich in pflanzlichen Nahrungsmitteln vor.
☐ c) Cholesterin kann vom Körper nicht hergestellt werden.
☐ d) Cholesterin kann vom Körper nicht gespeichert werden.

☞ **a) Cholesterin kommt hauptsächlich in tierischen Fetten vor.**
Viele Menschen haben einen zu hohen Cholesterinspiegel, weil unsere Nahrung zu fettreich ist und häufig zu viel Fleisch enthält.

Frage 276

Womit verbindet man den Namen C. G. Jung (1875–1961)?

Carl Gustav Jung

☞ **Mit der Tiefenpsychologie.** Nach Jungs Theorie ist die menschliche Psyche nur zum Teil subjektiv und einmalig. Neben den erworbenen Verhaltensmustern gibt es auch das kollektive, allgemein menschliche, durch ererbte Archetypen geprägte Unbewusste, in welchem die ganzen zurückliegenden Erfahrungen der Menschheit vereinigt sind.

Frage 277

Was unterscheidet das spezifische vom unspezifischen Abwehrsystem?

☞ Das sogenannte unspezifische Abwehrsystem richtet sich ganz allgemein gegen eingedrungene Krankheitserreger und versucht sie abzutöten. Das spezifische Abwehrsystem geht gezielter gegen Krankheitskeime vor, indem es spezielle Gegengifte (Antikörper) bildet, mit deren Hilfe die Krankheit überwunden wird. In den Zellen des Abwehrsystems bleibt in manchen Fällen eine Art „Erinnerung" an die überstandene Krankheit zurück, sodass bei erneutem Kontakt sofort die wirksamen Antikörper produziert werden können.

Frage 278

Worin unterscheiden sich eine Epidemie und eine Pandemie?

☞ Bei einer Epidemie ist die Erkrankung sowohl räumlich als auch zeitlich begrenzt, d. h., sie tritt für eine bestimmte Zeit in einem bestimmten Gebiet auf und verschwindet dann wieder. Eine Pandemie kann zeitlich begrenzt oder unbegrenzt sein, in jedem Fall verbreitet sich der Erreger um die gesamte Welt.

CHOLESTERINREICHE NAHRUNGSMITTEL

Folgende Nahrungsmittel enthalten besonders viel Cholesterin:

	Cholesterin in mg pro 100 g
Aal	163
Austern	125
Butter	230
Eigelb	1260
Garnele	135
Hackfleisch, gemischt	100
Hering, mariniert	100
Hühnerleber	555
Hummer	180
Mascarpone	138
Languste	200
Leberpastete	137
Ochsenzunge	140
Schinkenspeck	100
Schweineleber	340
Wiener Würstchen	100
Wildente	110
Zungenwurst	110

Frage 279
Was sind die Koch-Henleschen Postulate?

☞ Mithilfe der Koch-Henleschen Postulate lässt sich überprüfen, ob eine Krankheit von einem Erreger wie einem Virus oder Bakterium verursacht wird. Ihnen zufolge muss ein Erreger immer bei Kranken, aber nicht bei Gesunden nachweisbar sein. Er muss sich isolieren und in Kulturen züchten lassen und die Krankheit erneut auslösen, wenn gesunde Tiere das Isolat verabreicht bekommen. Schließlich muss es möglich sein, den Erreger auch aus diesen Tieren zu isolieren.

Frage 280
Wer ist HUGO?

☞ **HUGO ist die Abkürzung für „Human Genome Organisation".** Diese Organisation koordiniert die Genomforschung. Unter Federführung von HUGO wurde z. B. das Human-Genom-Projekt (HGP) zur Entschlüsselung des menschlichen Erbguts vorangetrieben. Im Jahre 2003 gaben die Forscher bekannt, ihr Ziel erreicht zu haben. Gleichzeitig meldete der US-amerikanische Unternehmer Craig Venter die Entschlüsselung des Humangenoms. Jetzt arbeiten die Wissenschaftler daran, die Funktion der Gene und ihre Steuerung zu erforschen.

Frage 281
Was ist ein Pricktest?

☞ **Es handelt sich um einen Allergietest.** Die Substanzen, die vermutlich allergieauslösend wirken, werden als Lösungen mit kleinen (Prick-)Nadeln in die Haut eingestochen. Nach kurzer Zeit kann man anhand der Hautreaktion ablesen, ob und in welchem Maße die eingebrachten Substanzen tatsächlich Allergien hervorrufen.

Frage 282
Wie groß ist die Darmoberfläche?

☞ Nachdem die Nahrungsmittel durch Speichel, Magen- und andere Verdauungs-

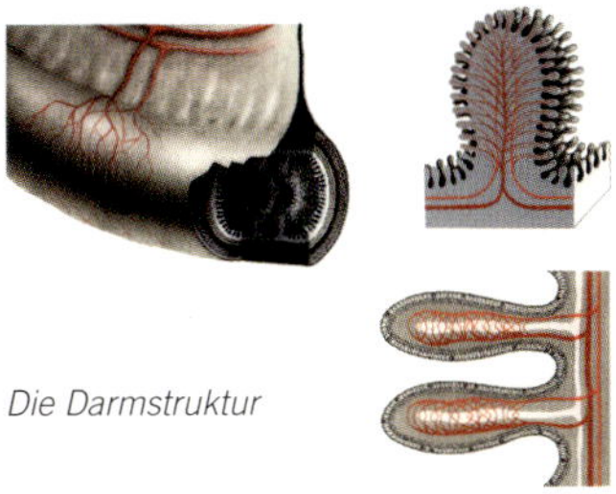

Die Darmstruktur

säfte aufgeschlossen worden sind, müssen sie über die Schleimhaut des Dünndarms ins Blut aufgenommen werden. Damit diese Resorption möglichst effizient verläuft, ist die Oberfläche des bis zu fünf Meter langen Dünndarms auf vielfältige Weise vergrößert. Die Querfalten, in denen sich der Darm windet, machen eine Oberflächenvergrößerung um das 1,5-Fache aus. Durch die ca. einen Millimeter großen Schleimhautausstülpungen, die sogenannten Zotten, wird das Darmepithel nochmals um das Fünffache vergrößert. Den größten Effekt haben jedoch die kleinsten Strukturen: Die Mikrovilli, winzige Ausstülpungen der Darmzellen, bewirken immerhin eine Vergrößerung um den Faktor 30. Der Darm hat so eine Oberfläche von mehr als 100 m^2.

Frage 283
Welcher Teil des Gehirns ist für die Steuerung von Hunger und Durst verantwortlich?

☞ **Der Hypothalamus,** ein Teil des Zwischenhirns, empfängt Signale aus dem Körper über den Wasser- und Nährstoffgehalt und erzeugt bei Bedarf ein Durst- oder Hungergefühl. Damit veranlasst er den Organismus, Nahrung oder Wasser aufzunehmen.

Frage 284
Welche Inhaltsstoffe im Rotwein verbessern die Fließeigenschaften des Blutes?

☞ **Die Phenole**, die zu den sekundären Pflanzenstoffen gehören. Mehr als ein bis höchstens zwei Gläser sollte man jedoch nicht trinken sonst überwiegen auf Dauer die negativen Auswirkungen des Alkohols.

Mythologie

Frage 1

Welcher deutsche Kaiser des Hochmittelalters schlummert der Sage nach bis zu seiner Rückkehr im Kyffhäuser bei Halle?

☞ **Kaiser Friedrich I. Barbarossa (1122–90)**, dessen imperiale Macht im Mittelalter einen Höhepunkt der deutsch-römischen Reichsgeschichte darstellt. Danach gingen die Reichsrechte des Kaisers immer mehr an die Fürsten und Reichsstädte verloren.

Frage 2

Wie nennt die griechische Mythologie das kriegerische Frauenvolk, das Männer lediglich zur Zeugung ihrer Kinder benötigt haben soll?

☞ **Amazonen** (griech. „brustlos"). Die Sage berichtet, dass sie sich die rechte Brust herausgeschnitten haben, um besser mit Pfeil und Bogen umgehen zu können.

Frage 3

Welcher griechische bzw. römische Gott verkörpert das Ideal der strahlenden Schönheit und des Lichts?

☐ a) Poseidon
☐ b) Mars
☐ c) Apollo
☐ d) Zeus

☞ **c) Apollo**
Der Sohn des Zeus und der Titanin Leto, Zwillingsbruder der Artemis, ist einer der höchsten Götter Griechenlands und Roms.

Zeus und Europa

Frage 4

Woher kommt der Name „Europa"?

☞ **Aus der griechischen Mythologie.** Der Göttervater Zeus verliebte sich in Europa, nahm die Gestalt eines Stieres an und entführte sie auf seinem Rücken nach Kreta. Europa gebar ihm zwei Söhne, einer davon war der sagenumwobene König Minos.

DIE OLYMPISCHEN GÖTTER

Zwölf Götter haben ihren Sitz auf dem Olymp: Zeus, Hera, Poseidon, Demeter, Apollo, Artemis, Ares, Aphrodite, Hermes, Athene, Hephaistos und Hestia.

Frage 5

Was aßen die griechischen Götter?

☐ a) Ambrosia
☐ b) Menschenopfer
☐ c) Trauben und Oliven
☐ d) von Menschen bereitete Gaben

☞ **a) Ambrosia**
Eine Art Brotspeise, die ihnen ewige Jugend und Unsterblichkeit verlieh.

Frage 6

Welcher Mythologie gehört Baldur, der Gott des Lichtes an?

Der germanischen. Baldur, der Sohn Odins und der Frija, verkörpert das Gute und die Gerechtigkeit.

Frage 7

Wie nennt man im Volksmund den Brocken im Harz?

☞ **Blocksberg.** Hier findet nach alten Sagen vom 30. April auf den 1. Mai die Walpurgisnacht statt, ein Fest der Dämonen, Hexen und Zauberer zu Ehren des Teufels. Das wilde Hexentreiben auf dem Blocksberg fand u. a. Eingang in Goethes (1749–1832) *Faust I*.

Frage 8

Welche Jungfrau der germanischen Heldensage konnte nur von Siegfried bezwungen werden?

☞ **Brunhild**, von der das Nibelungenlied (um 1200) erzählt, dass Siegfried sie erfolgreich für den Burgunderkönig Gunther freite. Dies wird dem arglosen Siegfried zum Verhängnis, denn nach etlichen Verstrickungen wird er schließlich von Hagen von Tronje ermordet.

Hagen ermordet Siegfried

Frage 9

Woher kommt die Redensart „Wie ein Zerberus über etwas wachen"?

☞ **Aus der griechischen Mythologie**, wo Zerberus, der dreiköpfige Höllenhund, die Aufgabe hatte, jeden zu verschlingen, der aus dem Reich des Hades entkommen wollte, und auch zu verhindern, dass Sterbliche die Unterwelt betraten.

Frage 10

Er ist die römische Entsprechung des griechischen Liebesgottes Eros und wird meist mit Pfeil und Bogen auf Menschenherzen zielend dargestellt. **Wie heißt er?**

☞ **Amor**, ein Sohn der Venus. Nach den *Metamorphosen* des Apuleius (um 125–180) verliebte sich Amor in die Königstochter Psyche, die er in einen Feenpalast entrückte, wo er mit ihr in menschlicher Gestalt die Nächte teilte, bis sie sein Verbot missachtete und seine Gestalt doch bei Kerzenschein betrachtete.

Frage 11

Welche Bedeutung haben die Furien in der römischen Mythologie? Sie sind ...

☐ a) Fruchtbarkeitsgöttinen
☐ b) männermordende Göttinnen
☐ c) Göttinnen der Nacht
☐ d) Rachegöttinen

☞ **d) Rachegöttinnen**, die nach der Vorstellung der alten Griechen die Seelen der Ermordeten waren, die nach Rache verlangen und den Schuldigen bis zu seiner gerechten Strafe verfolgen.

Frage 12

In welcher Mythologie kommt es zum Untergang der Götter in der Götterdämmerung?

☞ **In der nordischen**, die eigentlich von der „Ragnarök" („Geschick der Götter") spricht. In ihrer letzten Auseinandersetzung kämpfen die Götter gegen die Riesen und Dämonen aus Utgard, von denen der Wolf Fenrir der Gefährlichste ist und Odin verschlingt. Auf den Tod der Götter folgt der Untergang der Erde und des Kosmos; aber bereits im Untergang zeichnen die nordischen Barden die Heraufkunft einer neuen Erde und die Wiederkehr der Götter.

Frage 13

Wie hieß der römische Gott des Krieges?

☞ **Mars.** Er war der Sage nach der Vater von Romulus und Remus und damit der Stammvater Roms. Der Monat März erhielt ihm zu Ehren seinen Namen.

Frage 14

Wem gehörte der Sage nach das Schwert Excalibur?

☞ **König Artus**, der es – wie die Sage berichtet – aus einem Felsen herauszog, was kein Mensch vor ihm vermocht hatte. So gelangte er auf den Thron Britanniens und ließ die Festung Camelot erbauen, wo er die edelsten Ritter an seiner Tafelrunde versammelte.

König Artus

Frage 15

Wie nennen die germanischen Sagen die drei Schwestern, die den Schicksalsfaden weben?

☞ **Nornen.** Zwei von diesen Schwestern begegneten den Menschen freundlich und wohlwollend, die dritte aber stand den Menschen äußerst skeptisch, ja böswillig gegenüber. Sie war letztlich dafür verantwortlich, dass sich die Fäden des Schicksals gelegentlich in für den Menschen unglücklicher Weise verstrickten.

Frage 16

Warum tranken die griechischen Götter immer Nektar?

Er sollte ihnen ewige Jugend und Unsterblichkeit verleihen. Er gehörte neben Ambrosia zu den Hauptnahrungsmitteln der Unsterblichen.

Frage 17

Welche Position nimmt Odin in der Hierarchie der germanischen Götter ein?

☞ **Er ist der oberste Gott der zwölf germanischen Hauptgottheiten.** Odin ist der Herr über den Erdkreis, er überblickt auf seinem Hochsitz Hlidskjalf in seinem Reich Asgard die gesamte bewohnte Erde. Wenn er sich in die Weltesche Yggdrasil hängt, erlangt er Zauberwissen und Runenkunst. Er ist auch der Gott des Schlachtfeldes, den zwei Raben begleiten. An seiner Tafel bewirtet er die im Kampf Gefallenen.

Frage 18

Welcher Vogel steigt wieder aus der Asche, nachdem er sich selbst verbrannt hat?

☞ **Phönix**, ein Fabelwesen aus der Antike, das aber bereits bei den Ägyptern Verehrung fand. „Wie ein Phönix aus der Asche steigen" bedeutet im übertragenen Sinne: aus dem Nichts eine Wiedererneuerung erfahren.

Frage 19

Welches Aussehen hat die Sphinx der griechischen Mythologie?

☞ **Sie ist ein Mischwesen mit einem Mädchenkopf und einem geflügelten Löwenrumpf.** Schon bei den alten Ägyptern war sie bekannt, wo ihre Monumentalskulptur an Tempeleingängen Wache hält (z. B. in Giseh).

Sphinx-Skulptur in Giseh

Frage 20

Welche deutsche Sagengestalt ist ein Waldbewohner des Riesengebirges?

☞ **Rübezahl.** Die Sage kennt den Berggeist und Herrn des Riesengebirges nicht nur als Riesen, sondern auch als Bergmännlein, Geist, Mönch oder auch in Tiergestalt. Er wird als durchweg gutmütig dargestellt, denn er beschenkt die Armen. Allerdings führt er Wanderer in die Irre und schickt auch Gewitter, wenn man ihn ärgert.

Frage 21

Welcher behörnte Hirtengott versetzt nach den Vorstellungen der alten Griechen Mensch und Tier in panischen Schrecken?

Panflöte

☞ **Pan.** Der Lüsternheit des Gottes entkommt die Nymphe Syrinx nur, indem sie in ein Schilfrohr verwandelt wird, aus dem wiederum der Verfolger eine Hirtenflöte, die Panflöte, herstellt.

Frage 22

Wie heißt die griechische Göttin des Sieges?

☐ a) Adidas
☐ b) Puma
☐ c) Nike
☐ d) Diana

☞ **c) Nike**

Frage 23

Wo stand nach den Vorstellungen der Germanen der sagenhafte Baum Yggdrasil?

☞ **Im Mittelpunkt der Welt.** Yggdrasil ist die Weltesche, ein immergrüner Baum, der drei Wurzeln hat: Unter der einen befindet sich Hel (die Unterwelt), unter der zweiten Utgard, das Reich der Riesen, die sich beim Weltuntergang mit den Göttern eine letzte große Schlacht liefern. Unter der dritten schließlich befindet sich Midgard, die bewohnte Erde.

Frage 24

Welche Gottheit verehrten die alten Griechen als Sonnengott?

☞ **Helios**, der mit seinem von vier feuerschnaubenden Rossen gezogenen Sonnenwagen auf seinem Weg von Ost nach West das Firmament erleuchtete.

Frage 25

Ein Mythos berichtet von zwölf Arbeiten, die für jeden Normalsterblichen undurchführbar gewesen wären: beispielsweise die Tötung der vielköpfigen Hydra oder die Überwindung des Höllenhundes Zerberus. Doch dieser griechische Heros hat sie alle bewältigt. **Wer war er?**

☞ **Herakles.** In der römischen Mythologie wurde er zu Herkules.

Frage 26

Welcher Titan stützt nach der griechischen Mythologie die Himmelssäulen?

☞ **Atlas**, der nach dem Sieg der olympischen Götter über die Titanen von Zeus dazu verurteilt wurde. Später soll Atlas von Perseus mithilfe des Hauptes der Medusa in das nordwestafrikanische Atlasgebirge verwandelt worden sein.

Der Titan Atlas

Frage 27

Welche Jungfrauen der nordischen Mythologie führen die gefallenen Helden nach Walhall?

☞ **Die Walküren.** Sie sind Odins Botinnen, die auf der Walstatt (Schlachtfeld) mit ihren schnellen Rossen den Helden vorausjagen und die für den Heldentod bestimmten auswählen („kiesen"); deshalb auch ihr Name „Totenwählerinnen".

Frage 28

Wie versuchte die trojanische Seherin Kassandra die Trojaner vor der Tücke der Griechen zu warnen?

☞ **Mit ihren sprichwörtlich gewordenen „Kassandrarufen".** Sie war durch Zeus mit einem Fluch beladen worden: Ihre Prophezeiungen sollten zwar immer richtig sein, aber niemand würde ihnen Glauben schenken. Ungehört blieben deshalb ihre Warnungen vor dem trojanischen Pferd, was zum Untergang Trojas führte.

Frage 29

Welche griechische Göttin galt in der Antike als Göttin der Weisheit?

☐ a) Helena ☐ c) Diane
☐ b) Aphrodite ☐ d) Athene

☞ **d) Athene**, Tochter des Zeus, aus dessen Haupt sie in voller Rüstung entsprungen sein soll; eine jungfräuliche Göttin des Krieges wie des Friedens. Sie galt in den griechischen Stadtstaaten und insbesondere in Athen als Schutzgöttin. Eines ihrer Kennzeichen ist die Eule, die in der Antike als klügster Vogel galt.

PLEJADEN, DIE SIEBEN TÖCHTER DES ATLAS

Auf der Flucht vor dem Jäger Orion – so weiß es die Sage – werden die jungfräulichen Plejaden von Zeus als Siebengestirn an den Himmel gesetzt. Auch heute kennt man noch die Plejaden als Siebengestirn im Sternbild „Stier". Insgesamt befinden sich dort mehr als 300 Sterne, aber nur die sieben Plejaden sind mit bloßem Auge zu beobachten.

Frage 30

Auf welche griechische Heldensage gründet das geflügelte Wort „Einen Augiasstall ausmisten"?

☞ **Auf die fünfte Arbeit (von zwölf), die Herakles von Eurystheus aufgetragen wurde.** Der Sage nach habe Herakles die Ställe des Augias, der riesige Viehherden besaß, ausmisten müssen. Herakles bewältigte die Aufgabe an einem Tag, indem er den Fluss Alpheios durch die Ställe leitete.

Frage 31

Hat König Artus wirklich gelebt?

☞ **Ja**, und zwar unter dem Namen Arthur als Heerführer und Bezwinger der in Britannien eindringenden Sachsen. Im Jahr 537 soll er gefallen sein. In der Artussage, in der er als idealer ritterlicher König inmitten seiner Tafelrunde dargestellt wird, wurde er unsterblich.

Frage 32

Warum nahmen die antiken Griechen an, der Olymp sei der Sitz der Götter?

☞ **Weil man in Griechenland dem Himmel nirgends näher sein konnte als auf der Spitze des 2911 Meter hohen Olymp.** Der Berg wirkt noch beeindruckender, da er sich nicht im Pindosgebirge an der griechischen Westküste, sondern an der weniger gebirgigen Ostküste des Landes unweit des Meeres erhebt.

Frage 33

Wie heißt der römische Gott des Weines?

☞ **Bacchus.** Er ist aber auch der Gott der Ekstase und der Fruchtbarkeit. In Begleitung von trunkenen Waldgeistern, den Satyrn, veranstaltete er seine Umzüge, denen die rauschhaften Kulte der Bacchanalien nachempfunden sind, die aus dem Orient kommend sich bei den Griechen und Römern verbreiteten. Diese Feste verliefen mitunter derart ausschweifend und sittenlos, dass sie vorübergehend verboten wurden.

Frage 34

In welcher südosteuropäischen Gegend treibt nach dem Volksglauben der Vampir Dracula sein Unwesen?

☞ **In Transsylvanien** (Siebenbürgen) in Rumänien. Dieser berühmte Vampir, der nachts aus seinem Grab steigt und Menschen das Blut aussaugt, geht auf den grausamen Fürsten der Walachei, Vlad III. (1431–76) zurück, der seine Feinde pfählte. Im Jahr 1897 erschien der Roman *Dracula*, der den irischen Schriftsteller Bram Stoker bis in die heutige Zeit berühmt machte.

Frage 35
Wozu dient eine Initiation?

☞ **Sie dient der Einführung in eine bestimmte Gruppe (z. B. einen Geheimbund) oder in einen neuen Lebensabschnitt.** Bei vielen Naturvölkern bedeutet die Initiation die Aufnahme der Jugend in die Welt der Männer oder Frauen.

Frage 36
Was sind Werwölfe?

☞ Im Volksglauben sind sie Menschen, die sich nachts in Wölfe verwandeln und dann Menschen und Tiere töten.

Frage 37
Welche Götter sollen nach altägyptischer Überlieferung die Urahnen aller anderen Götter gewesen sein?

☞ **Der Erdgott Geb und die Himmelsgöttin Nut.** Die beiden waren nicht nur Geschwister, sondern auch noch miteinander verheiratet. Die Götter Osiris, Isis, Seth und Nephtys waren der Legende nach ihre Kinder.

Darstellung der Himmelsgöttin Nut

Frage 38
Was ist eine Legende?

☞ **Die Lebensgeschichte eines Helden oder Heiligen oder einzelne exemplarische Teile aus ihr.** Die Bezeichnung ist mit dem mittelalterlichen Brauch verbunden, am Jahrestag eines Heiligen Geschichten aus dessen Leben vorzulesen (lat. legenda, Plural von legendum, „das zu Lesende").

Frage 39
Wofür soll Tantalos von den Göttern bestraft worden sein?

☞ **Weil er ihnen seinen eigenen Sohn Pelops als Mahl servierte**, wurde Tantalos von den griechischen Göttern in die Unterwelt gestürzt. Dort musste er durstend im Wasser stehen, das zurückwich, wenn er sich danach bückte, während über ihm die köstlichsten Früchte an einem Ast hingen, der zurückschnellte, wenn er danach griff.

Frage 40
Was ist nach altdeutscher Überlieferung ein Erlkönig?

☐ a) ein Walddämon
☐ b) ein Wichtelmännchen
☐ c) eine Märchenfigur des Mittelalters
☐ d) ein Poltergeist

☞ **a) ein Walddämon**
Ein Erlkönig ist ein Dämon, der sich bei Nacht hinter Gebüschen und Bäumen verschanzt und Wanderern auflauert. Bekannt wurde der Erlkönig besonders durch Goethes (1749–1832) gleichnamige Ballade (1782).

Frage 41
Woraus soll ein Golem bestehen?

☞ **Aus Lehm.** Der jüdischen Mythologie zufolge können besonders würdige Rabbiner eine menschenähnliche Gestalt aus Lehm erschaffen und sie durch ein in die Stirn geritztes magisches Wort zum Leben erwecken. Entfernt man dieses Wort, fällt der Golem wieder zu einem Lehmklumpen zusammen.

Frage 42
Was ist im nordischen Volksglauben ein Troll?

☞ **Ein Dämon oder Kobold**, der seine Gestalt verändern kann, meist jedoch als Riese oder Zwerg beschrieben wird. Trolle haben die Fähigkeit, den Menschen Krankheiten anzuhexen.

Frage 43
Worin besteht der Unterschied zwischen einem Märchen und einem Mythos?

☞ Ein Mythos gehört zum elementaren Kulturgut eines Volkes und liefert meist eine magische Erklärung für die Entstehung des Universums. Ein Märchen dagegen behandelt meist soziale Konflikte, wie etwa den zwischen Alt und Jung.

Frage 44
Dieses Fabelwesen kann der Sage nach nur von einer reinen Jungfrau gefangen und gezähmt werden. Was für ein Wesen ist das?

☐ a) ein Zentauer
☐ b) ein Einhorn
☐ c) der Erlkönig
☐ d) ein Mainzelmännchen

☞ **b) ein Einhorn**
Einhörner sind in verschiedenen Kulturvölkern auch als Esel-, Rhinozeros- und Stiergestalt bekannt. Das Horn kann ein Symbol für jungfräuliche Reinheit und Liebe sein.

Jungfrau mit Einhorn

Frage 45
Was versteht man unter Kulturheroen?

☞ **Mystische Helden**, die in der Entstehungszeit der Menschheit außergewöhnliche Taten vollbrachten, von denen die Menschheit profitierte. Ein Kulturheros ist so z. B. der griechische Titan Prometheus, der den Göttern das Feuer stahl und es den Menschen schenkte.

Frage 46
Auf die angeblichen Tricks welcher Zauberin wird angespielt, wenn man sagt, ein Mann wird von einer Frau „bezirzt"?

☞ **Circe.** Wie ein griechischer Mythos berichtet, kam Odysseus mit seinen Gefährten auf der Rückreise von Troja nach Ithaka auf ihre Insel. Circe verwandelte seine Freunde in Schweine, während Odysseus sich durch ein Kraut davor schützen konnte. Nachdem er sie überwältigt hatte, verbrachte er noch ein ganzes Jahr bei ihr, seine Gefährten erhielten wieder ihre menschliche Gestalt.

Frage 47
Um welche drei Hauptgottheiten der alten Ägypter ranken sich zahlreiche Mythen?

☞ **Isis, Osiris und Horus.** Zwar verehrten die Ägypter zahlreiche Götter, doch im Mittelpunkt ihres Glaubens und ihrer Mythologie stand dieses Trio aus Mutter (Isis), Ehemann und Bruder (Osiris) und Sohn (Horus).

Frage 48
Wie wurde der römische Gott des Torbogens, Janus, verehrt?

☞ **Durch einen kurzen, morgendlichen Blick nach hinten und nach vorn.** Janus, „der Doppelgesichtige", war der Gott aller Dinge, die zwei Seiten haben. So wurde er oft auf Toren oder über Türen abgebildet.

Frage 49
Welches Tier soll bei der germanischen Götterdämmerung den obersten Gott Odin verschlingen?

☞ **Der Wolf Fenris** – er gilt als Sprössling des Gottes Loki und wird als Dämon der Vernichtung selbst von den Göttern gefürchtet. Nachdem Fenris neben Odin auch Mond und Sonne verschlungen hat, bricht nach der germanischen Mythologie die dunkle „Wolfszeit" über die Welt herein.

Frage 50

Woher stammt der Begriff „Hypnose"?

☞ **Von Hypnos, dem griechischen Gott des Schlafes.** Er musste in der Unterwelt leben und erblickte nie das Licht der Sonne.

Frage 51

Welcher griechische Held durfte seine Frau aus der Unterwelt zurückholen?

☞ **Orpheus.** Der Sänger wagte sich in das Reich des Hades und fand dort seine verstorbene Frau, verlor sie aber wieder, weil er sich zu früh nach ihr umdrehte.

Frage 52

Was befindet sich im Heiligen Gral?

☞ **Der Überlieferung nach das Blut Christi**, das in einem Kelch aufgefangen wurde, nachdem Jesus mit einem Speer in die Seite gestochen worden war. König Artus' Ritter der Tafelrunde hatten es sich zur Aufgabe gemacht, den verschollenen Heiligen Gral zu finden.

Frage 53

Was gilt als der älteste aufgezeichnete Mythos der Welt?

☞ **Das Gilgamesch-Epos**, in dem die Taten des gleichnamigen sumerischen Königs im 12. Jahrhundert v. Chr. auf zwölf Tafeln aufgezeichnet wurden. Das Gilgamesch-Epos ist das bedeutendste literarische Werk der Babylonier, in dem auch eine ursprüngliche Fassung der Sintflutsage vorkommt.

Frage 54

Welchen Beruf übte nach der griechischen Mythologie Charon aus?

☞ **Er war der Fährmann**, der die Verstorbenen über den Fluss Styx ins Reich der Toten brachte.

Frage 55

Was ist die Heilige Lanze?

☞ Der christlichen Legende nach ist es die Lanze, mit der dem am Kreuz hängenden Jesus in die Seite gestochen wurde. Ähnlich wie der „Heilige Gral" (in dem das hervorquellende Blut aufgefangen wurde) hat auch die „Heilige Lanze" besondere, wundertätige Eigenschaften.

Frage 56

Wer war Osiris?

☐ a) der Gott der Tierwelt
☐ b) der Götterbote in Ägypten
☐ c) der Gott des Sturmes
☐ d) der Gott des Totenreichs

☞ **d) der Gott des Totenreiches**
Der ägyptische Gott wird oft als Mumie dargestellt. Seine Gemahlin ist die Göttin Isis.

Isis und Osiris

Frage 57

Mythen müssen nicht aus grauer Vorzeit stammen. Der ganze Sagenkreis um König Artus z. B. entstand im Mittelalter und wird bis in die Gegenwart neu interpretiert und ausgeschmückt. Ähnlich steht es um einen Räuberhauptmann, der in englischen Balladen aus dem 14. Jahrhundert zum ersten Mal auftaucht und später mit konkreten Ereignissen in der britischen Geschichte in Verbindung gebracht wurde. **Wer war er?**

☞ **Robin Hood.** Die ersten erhaltenen Balladen stammen aus dem 16. Jahrhundert. Dort ist Robin Hood ein Freibauer und Anführer einer burlesken Schar von Räubern, die sich in einzelnen Episoden auch großzügig zeigen.

Frage 58

Wer vertauschte nach einem altgriechischen Mythos seinen Fuß mit einem Weinstock und richtete deshalb ein Massaker an?

☞ **Der erblindete Sohn des Kriegsgottes Ares, Lykurgos.** Er habe sich, so wird berichtet, beim Versuch, mit dem Beil einen alten Weinstock abzuhauen, versehentlich einen Fuß abgehackt und sei darüber so in Rage geraten, dass er nicht nur seine Familie, sondern schließlich auch sich selbst umbrachte.

Frage 59

Welche Gestalt der griechischen Mythologie tötet ihren Vater und heiratet die Mutter?

☞ **Ödipus** tötet erst den König von Theben. Und weil er Theben von der Sphinx befreien konnte, erhält er die Witwe dieses Königs als Frau. Später erfährt er, dass der König und die Königin von Theben seine leiblichen Eltern waren. Somit bewahrheitet sich das Orakel von Delphi, das Ödipus sowohl Vatermord als auch Inzest vorausgesagt hatte.

Frage 60

Welche Waffe wird dem germanischen Donnergott Thor zugeschrieben?

☞ **Ein magischer Hammer.** Diese mächtige Waffe wurde von den Zwergen erschaffen und galt als Instrument sowohl der Zerstörung als auch der Fruchtbarkeit und Wiederbelebung.

Thor mit seinem Hammer

Frage 61

Was versteht man unter der Mythologie eines Volkes?

☞ **Die Gesamtheit aller religiös bedeutsamen Sagen, Legenden, Mythen und Märchen einer bestimmten Kultur.** Der Begriff kann durch eine Umetikettierung erweitert werden, man spricht dann z. B. von antiker Mythologie und meint die Gesamtheit aller antiken Sagen, Mythen etc.

Frage 62

Wie bezeichnet man die Vorstellung, dass alle Phänomene und Naturerscheinungen Götter seien?

☞ **Als Theomorphose.** In nahezu allen europäischen Mythologien der Antike findet man die Vorstellung, Flüsse, Seen, Meere oder Berge, auch Luft, Wasser oder Erde sowie Weisheit, Glück, Wankelmut, Jahreszeiten usw. seien nicht nur von Göttern gemacht, sondern sie seien selbst Götter.

Frage 63

An welchem sagenhaften Ort hat sich angeblich König Artus' Hof befunden?

☐ a) in Avalon
☐ b) in Atlantis
☐ c) in Camelot
☐ d) in Sherwood Forest

☞ **c) in Camelot**
Nach seiner Verwundung, die er im Kampf mit seinem Neffen erlitt, zog sich der König der keltischen Briten dann auf die Feeninsel Avalon zurück, wo er Heilung suchte.

Frage 64

Ist die Legende der Sintflut eine Erfindung des Alten Testaments?

☞ **Nein**, die Geschichte einer gewaltigen Flut, die nahezu die gesamte Menschheit vernichtet, basiert auf sehr viel älteren sumerischen und akkadischen Legenden. Wie im Alten Testament steht auch hier nicht allein der göttliche Ratschluss, die Menschen durch eine

Sintflut zu vernichten, im Mittelpunkt, sondern auch, wie das Menschengeschlecht letzten Endes dann doch noch gerettet wird.

Frage 65

Über welche verschiedenen Sphären herrschen nach altgriechischen Vorstellungen Zeus, Poseidon und Hades?

☞ Die drei Götter sollen das Universum unter sich ausgelost haben. Zeus erhielt dabei den Himmel, Poseidon das Meer und Hades die Unterwelt. Der Olymp, Sitz der Götter, wie auch die Erde fiel allen gemeinsam zu.

Frage 66

Warum muss sich die Menschheit nach den Vorstellungen der alten Griechen mit Leid, Elend, Hunger, Tod und anderen Übeln plagen?

☞ **Wegen der Neugierde der Pandora.** Diese Schwägerin von Prometheus erhielt vom Göttervater eine Büchse geschenkt, die alles Unheil enthielt. Zeus wusste wohl um die Neugier der Pandora, denn als diese die Büchse öffnete, entwichen die Plagen, mit denen sich die Menschen bis heute herumzuärgern haben.

Frage 67

Welchen Gott soll Lykurgos, der Sohn des Kriegsgottes Ares, in mörderischer Absicht aus seinem Reich vertrieben haben?

☞ **Dionysos**, den Gott des Weines. Da sich beide nicht besonders gut verstanden, soll Lykurgos Dionysos aus seinem Reich vertrieben und ins Wasser gejagt haben. Dionysos wurde zwar gerettet, aber Zeus wurde angesichts des Vorfalls so wütend, dass er Lykurgos zur Strafe erblinden ließ.

Dionysosdarstellung auf einer Vase

DIE DREIZEHN ASEN

Die Asen sind das gewaltigste und bedeutsamste der germanischen Göttergeschlechter. Die dreizehn Asen sind Odin, Thor, Tyr, Baldur, Bragi, Forseti, Heimdall, Hönir, Iduna, Loki, Mimir, Ullr und Vidar.

Frage 68

Wie wird in der griechischen Sagenwelt der Kampf des alten Göttervaters Kronos gegen seine Kinder bezeichnet?

☞ **„Kampf der Titanen".** Kronos hat mit seinem gesamten Geschlecht, den Titanen, seine eigenen Kinder – Zeus, Hestia, Pluto, Poseidon, Demeter und Hera – bekämpft, um die Herrschaft über das Universum zu behalten. Die Titanen verloren den Kampf jedoch.

Frage 69

Wessen Anblick lässt nach der griechischen Sage einen Menschen zu Stein erstarren?

☞ **Der Anblick der Medusa**, die wir als bärtiges weibliches Ungeheuer mit Schlangenhaar, Eberzähnen und Pferdegesäß kennen. Mit abgewandtem Gesicht soll der Sagenheld Perseus Medusa ihren hässlichen Kopf abgeschlagen haben.

Frage 70

Wie hießen die der Göttin des Feldes und des Ackerbaus geweihten Feste im alten Rom?

☞ **Cerealien.** Die Göttin Ceres und ihre Tochter Proserpina wurden von den römischen Unterschichten besonders verehrt und alle Strafgelder, die auf den Märkten

Roms eingezogen wurden, wanderten unmittelbar in die Kassen des Cerestempels.

Frage 71

Um welches reiche und wohlhabende, aber untergegangene Inselkönigreich ranken sich seit der Antike zahlreiche Legenden?

☞ **Atlantis.** Selbst der Philosoph Platon (um 427–327 v. Chr.) beteiligte sich an den Spekulationen und mutmaßte, das riesige Inselreich sei von den Göttern wegen des arroganten und selbstgefälligen Verhaltens seiner Bewohner vernichtet worden.

Frage 72

Wer sitzt nach altgriechischer Mythologie meist betrunken auf einem Esel?

☞ **Silen**, den man zum Gefolge des Weingottes Dionysos zählt. Er gilt als Sohn des Götterboten Hermes und einer Nymphe und soll stets betrunken gewesen sein. Dennoch konnte sich Dionysos z. B. beim Kampf gegen die Giganten immer auf seinen alten Freund und Begleiter verlassen.

Frage 73

Von welchen lieblichen Wesen berichtet die römische Legende, sie hätten Menschen in den Wahnsinn treiben können?

☞ **Von den Nymphen**, weiblichen Naturdämonen, die meist als jugendliche und anmutige Wesen dargestellt werden. Obgleich sie den Menschen zuweilen außergewöhnliche Freude bereiteten, sollen sie auch für den Wahnsinn manches Zeitgenossen verantwortlich gewesen sein.

Frage 74

Welches von einer Wölfin gesäugte Zwillingspaar hat der Sage nach Rom gegründet?

☞ **Romulus und Remus**, die in der römischen Mythologie Söhne des Mars sind. Remus wird beim Bau der Stadt von Romu-

Romulus und Remus

lus erschlagen, der der Stadt auf Befehl der Götter seinen Namen gibt.

Frage 75

Welches göttliche Wesen musste einem römischen Mythos zufolge für seine Geschwätzigkeit bitter büßen?

☞ **Die Nymphe Lara.** Sie erzählte überall, Jupiter habe ein Liebesverhältnis. Der Göttervater ließ Lara zur Strafe von Merkur in die Unterwelt verschleppen, wo dieser sie geschändet haben soll.

Frage 76

Welche römische Göttin reitet einer Legende zufolge auf einem Elefanten?

☞ **Aeternas**, die die Römer als personifizierte Ewigkeit verehrten. In der altrömischen Mythologie reitet sie auf einem Elefanten oder einem Löwen, oder sie sitzt auf einem von Elefant oder Löwe gezogenen Wagen. Die sich in den eigenen Schwanz beißende Schlange ist ein wichtiges Symbol dieser Gottheit, das nicht zuletzt auf die zyklischen Zeitvorstellungen der alten Römer verweist.

Frage 77

Worauf geht die auch heute noch gängige Redewendung vom Prokrustesbett zurück?

☞ Auf eine Sage, die berichtet, dass sich der Räuber Prokrustes für seine Gefangenen etwas ganz Besonderes habe einfallen lassen. Sie seien nämlich in ein Bett gesteckt worden, das ihnen immer entweder zu groß oder zu klein war. Um dieses Missverhältnis auszugleichen, ließ Prokrustes den einen die überstehenden Gliedmaßen abhacken, die anderen wurden gestreckt.

Frage 78

Was mussten nach ägyptischer Mythologie die Seelen der Verstorbenen zunächst leisten, bevor sie sich vor dem Totengericht verantworten konnten?

☞ **Sie mussten die Unterwelt durchqueren**, was nach altägyptischer Legende alles andere als ungefährlich gewesen sein soll.

Frage 79

Das Feuer welcher Göttin durfte nie erlöschen?

☞ **Das Feuer der Vesta**, der Göttin des Herdes und des Herdfeuers. Auf ihrem Altar im römischen Vestatempel brannte ein ewiges Feuer, das von den Priesterinnen der Vesta gepflegt wurde.

DIE FURIEN BEI DANTE

In Dantes *Göttlicher Komödie* findet sich eine eindrucksvolle Beschreibung der Rachegöttinnen:

„Bluttriefend beieinander, hoch erhoben,
An Wuchs und Haltung Weibern gleich, so standen
Die höllischen drei Furien stracks dort oben.
Giftgrüne Hydern ihre Gürtel banden,
Als Haupthaar Nattern sich den Unholdinnen
Und Vipern um die Schläfen dräuend wanden."

Frage 80

Galten antike Götter jeweils als ausschließlich gut oder als ausschließlich böse?

☞ **Nein, den meisten Göttern wurden sowohl gute wie auch schlechte Eigenschaften zugesprochen** – und manche Götter wurden von den Zeitgenossen auch gerade wegen ihres Wankelmuts gefürchtet. Musterbeispiel hierfür ist die römische Göttin Fortuna, die weder als gut noch als böse, sondern nur als unstet, launenhaft, sprunghaft und hektisch galt.

Frage 81

Welche religiöse Bedeutung hatte für die alten Römer der Herd in der Mitte ihrer Wohnungen und Häuser?

☞ **Hier war der Ort, an dem man die Penaten, die römischen Haus- und Schutzgötter, verehrte.** Aufgabe der Penaten war es, die Familie und deren tägliches Auskommen zu beschützen. In der Nähe des Herdes standen Holzfiguren, die die Penaten darstellten, hier brachte man ihnen auch die regelmäßigen Opfer dar.

Frage 82

In der römischen Religion galt die Achtung der Laren als besonders wichtig. Wer waren diese Laren?

☞ **Die Seelen verstorbener Familienmitglieder**. In jeder noch so kleinen Mietwohnung des alten Rom befand sich ein kleiner Altar mit Holzbildern der verstorbenen Familienangehörigen, denen man am Ersten des Monats ein Opfer darbrachte.

Frage 83

Warum bezeichneten die Priesterinnen der römischen Göttin Bona Dea den Wein, den sie konsumierten, an bestimmten Festtagen als Milch?

☞ Weil sie an den der Göttin Bona Dea (lat. „gute Göttin") geweihten Festtagen eigentlich gar keinen Wein trinken durften. Bona

Dea, die auch als Fauna verehrt wurde, galt als Göttin des Weissagens. An ihrem Kult durften nur Frauen teilnehmen, was beweist, dass in der römischen Antike Frauen selbstverständlich auch Wein trinken durften.

Frage 84

Welches Volk verehrte den Göttervater Teutates, den Herrn der Unterwelt Cernunnos und den Kriegsgott Lenus?

☐ a) die Druiden
☐ b) die Kelten
☐ c) die Gallier
☐ d) die Wikinger

☞ **b) die Kelten**

Cernunnos, der keltische Gott der Unterwelt

Frage 85

Die Furcht vor dem Tod ist für nahezu alle Religionen von größter Bedeutung. **Wie drückten die alten Römer diese Furcht aus?**

☞ **Indem sie dem Gott des Todes, Pluto, nur mit abgewandtem Gesicht Opfer darbrachten.** Die Menschen fürchteten den finsteren Pluto ebenso, wie sie den Tod fürchteten.

Frage 86

Welchen Gott verehrten die Römer als Gott des Übergangs?

☞ **Janus**, den man stets mit zwei Gesichtern – einem rückwärts- und einem vorwärtsblickenden – darstellte. In Kriegszeiten ließ man die Türen seiner Tempel offen stehen, um zu signalisieren, dass Janus nicht zu Hause, sondern bei den Legionären im Feld war.

Frage 87

Hera gilt als die griechische Göttermutter – wie heißt ihr römisches Pendant?

☞ **Juno**, die als die Göttin aller weiblichen Wesen galt und als höchste Himmelsgöttin in ihrem Heiligtum auf dem Kapitol verehrt wurde. Juno wurde stets als Matrone mit Helm, Panzer, Schild und Speer dargestellt und als besondere Schutzherrin der Ehe verehrt.

Frage 88

Wer war Narziss?

☞ **Der griechischen Mythologie zufolge war er ein schöner Jüngling**, in den sich unzählige Frauen verliebten, die er aber alle zurückwies. Als Strafe der Rachegöttin Nemesis verliebte sich Narziss unsterblich in sein eigenes Spiegelbild, dass er im Wasser eines Teiches erblickte. Er konnte sich nicht von seinem Ebenbild trennen und verwandelte sich in eine Narzisse, die Blume der Unterwelt.

Frage 89

Die alten Griechen verehrten Zeus als Göttervater – kannte die Religion der Römer einen ähnlichen Gott?

☞ **Ja, und zwar Jupiter**, der von den Römern als mächtigster und höchster Himmelsgott angebetet wurde.

Frage 90

Warum geriet das dem Gott Saturn geweihte religiöse Fest in Verruf?

Die Saturnalien fanden immer am 17. Dezember statt und glichen dem Karneval oder der Fastnacht. Anlässlich dieser Feiern gab es Maskenumzüge und Nahrungsmittel wurden kostenlos an die Bevölkerung verteilt. Ebenfalls wie im Karneval wurde exzessiv Alkohol konsumiert und die Feiernden gaben sich wohl auch anderen Exzessen hin, die das eigentlich religiöse Fest in Verruf brachten.

Frage 91

Welche Bedeutung hatte das Chaos in der altgriechischen Religion?

☞ **Es stand nach den religiösen Vorstellungen am Beginn aller Zeiten vor der Entstehung der Dinge.** Aus diesem Grund verstanden die Griechen unter „Chaos" auch etwas grundlegend anderes, als der Begriff heute nahelegt. Tatsächlich meinten sie damit nämlich die „gähnende Leere".

Frage 92

Wie entstand den germanischen Sagen nach der Mensch?

☞ Die drei Brüder Odin, Vili und Ve fanden an einem Strand zwei Baumstämme, die sie zu Menschen formten. Anschließend wurden den Gestalten Leben, Verstand, die Sinneswahrnehmungen, Wärme und Farbe eingehaucht. Damit waren Mann und Frau erschaffen.

Frage 93

Homer gilt als der erste bekannte Dichter der griechischen Antike. **Welche drei Werke machten ihn berühmt?**

☞ **Die *Ilias*, die *Odyssee* und die *Homerischen Hymnen*.**

Eine Szene aus der Odyssee

Frage 94

Welche Bedeutung kam in der Mythologie Seeschlangen zu?

☞ Die Ungeheuer versetzten die Seeleute in Angst und Schrecken, da der Glaube weit verbreitet war, sie würden Schiffe zerstören. Noch heute rankt sich ein Mythos um ein solches „Monster": Nessie, die angeblich im schottischen Loch Ness leben soll.

Frage 95

Wer waren die Asen und die Vanen?

☞ **Der germanischen Mythologie zufolge handelte es sich um zwei Göttergeschlechter.** Diese lagen miteinander im Streit und führten kriegerische Auseinandersetzungen, bis sie sich schließlich zu einer mächtigen Gemeinschaft zusammenschlossen.

Frage 96

Was ist eine Sibylle?

☐ a) eine Seherin
☐ b) eine Dichterin
☐ c) eine Göttin
☐ d) eine Hausdienerin

☞ **a) eine Seherin**

In der griechischen und römischen Mythologie wurden Seherinnen so bezeichnet. In Ekstase konnten sie zukünftige Ereignisse vorhersehen. Meist handelte es sich dabei um unheilvolle Geschehnisse wie etwa den Trojanischen Krieg.

Frage 97

Welche Nymphe der griechischen Mythologie verwandelte sich in einen Lorbeerbaum?

☞ **Daphne.** Die Jägerin hatte allen Liebhabern entsagt. Als sich der Gott Apollo in sie verliebte und von ihr abgewiesen wurde, verfolgte er sie durch die Wälder. Daphne flehte ihren Vater um Hilfe an, der sie daraufhin in einen Lorbeerbaum verwan-

Apollo und Daphne

delte. Der verschmähte Liebhaber erklärte den Baum für heilig und die Blätter wurden zum Symbol für die Dichtung.

Frage 98

Wer waren in der griechischen Mythologie die Horen?

☞ **Sie waren die Göttinnen der Jahreszeiten.** Die Töchter der Titanin Themis waren Thallo, die Göttin der Blüte, Auxo, Göttin des Wachstums, und Karpo, Göttin der reifen Früchte.

Frage 99

Was versteht man eigentlich unter dem Begriff „Mythos"?

☞ Mythos kommt aus dem Griechischen und bedeutet übersetzt Wort, Rede, Erzählung oder Sage. Die meisten dieser besonderen Erzählungen versuchen unsere Welt zu erklären, ihren Anfang und ihr Ende zu beschreiben und dem Menschen Leben und Aufgaben der Götter nahe zu bringen. Und natürlich berichten sie auch vom Leben und den Taten der großen Helden eines Volkes.

Frage 100

Aus wie vielen Teilen besteht die *Edda* und was enthalten sie?

☞ Die *Edda* gliedert sich in zwei Teile. Der ältere Teil stammt aus dem 8. bis 11. Jahrhundert und enthält 30 Lieder, die vom Leben der Götter und Helden handeln. Der jüngere Teil stammt aus dem 13. und 14. Jahrhundert und kann als Kommentar zur altnordischen Dichtung und Mythologie verstanden werden.

Frage 101

Die Germanen kannten mehrere verschiedene Göttergeschlechter, die auch an unterschiedlichen Orten wohnten. Wo waren die Vanen beheimatet?

☐ a) in Asgard
☐ b) in den Kronen der Bäume
☐ c) in Walhall
☐ d) in den Tiefen der Erde und des Meeres

☞ **d) in den Tiefen der Erde und des Meeres**
Die Vanen bescherten den Menschen Fruchtbarkeit und Gedeihen.

Frage 102

Königin Maeve will in einem Wettstreit ihren Gatten besiegen. Dazu braucht sie einen braunen Stier, der dem Nachbarkönig Chonchobor gehört. Aus dem Kampf um den Stier entwickelt sich ein gewaltiger, lang andauernder Krieg, der ähnlich wie der Trojanische Krieg zu einem Stelldichein der Helden wird. Der größte Heros ist Cu Chulainn, ein Sohn des Gottes Lug. **Woher stammt diese Geschichte?**

☞ **Aus Irland.**

Frage 103

Wer waren die Zentauren?

☞ Die Zentauren entstammen der römischen Mythologie und waren **Wesen mit Pferdeleib und menschlichem Oberkörper**.

Frage 104

In der Schlacht zu fallen oder als Freiwillige an rituellen Menschenopfern teilzunehmen, galt für die Krieger dieser Kultur als höchste Ehre. Oft wurden jedoch auch Gefangene geopfert. Die Opfer schritten die Stufen einer Tempelpyramide hinauf, legten sich oben auf einen gewölbten Stein und Priester schnitten ihnen das Herz heraus. **In welcher Kultur wurde dieses blutige Ritual ausgeübt?**

☞ **Bei den Azteken.**

Menschenopfer bei den Azteken

Frage 105

Welche römische Göttin wird häufig mit verbundenen Augen dargestellt?

☞ **Justitia**, die Vermenschlichung der Gerechtigkeit. Die Waage und das Schwert sind weitere Accessoires, die ihr häufig mit auf den Weg gegeben werden. Diese Symbole veranschaulichen, dass das Recht ohne Ansehen der Person (Augenbinde), nach sorgfältiger Abwägung der Sachlage (Waage) gesprochen und schließlich mit der nötigen Härte (Richtschwert) durchgesetzt werden soll.

Frage 106

Wessen Sohn war Lohengrin?

☐ a) Sohn des Parsifal
☐ b) Sohn des Artus
☐ c) Sohn des Siegfried
☐ d) Sohn des Tristan

☞ **a) Sohn des Parsifal**

Frage 107

Gegen Ende der Parsifalerzählung trifft der Titelheld seinen Halbbruder Feirefiz. Dieser verfügt über ein sehr auffälliges Äußeres. **Worin besteht diese Auffälligkeit?**

☐ a) Er hat eine Narbe im Gesicht.
☐ b) Ihm fehlen ein Arm und ein Bein.
☐ c) Er hat eine schwarz-weiß gescheckte Haut.
☐ d) Er trägt sein Haar in einem kunstvollen Zopf mehrfach um den Kopf geschlungen.

☞ **c) Er hat eine schwarz-weiß gescheckte Haut.**
Feirefiz ist aus der ersten Ehe von Parsifals Vater Gahmuret mit der Mohrenkönigin Belakane hervorgegangen.

Frage 108

Viele Götter und Helden der nordischen Mythologie tauchen in einer berühmten altisländischen Dichtung auf. **Wie heißt sie?**

☞ ***Edda.***

Frage 109

Die Festtage welches römischen Gottes wurden auch als Lupercalien bezeichnet?

☞ **Die dem Waldgott Faunus geweihten Festtage.** Der Gott beschützte, so glaubten die Römer, Herden vor umherstreunenden Wölfen, weshalb die ihm geweihten Festtage auch Lupercalien (lat. lupus, „Wolf") genannt wurden. Die Römer stellten sich Faunus mit Bockshorn und Bocksfuß vor.

Der Waldgott Faunus

Frage 110

Wie so viele Gestalten in der antiken Mythologie waren auch sie Mischwesen. Sie besaßen Vogelkörper und Mädchenköpfe und waren gar lieblich anzuschauen. Noch viel lieblicher als ihr Äußeres war aber ihr Gesang. Aber genau hier lag für den Menschen die große Gefahr, denn sie saßen auf einer Klippe im Meer und verdrehten den Seeleuten mit ihrem Gesang die Köpfe. **Wie hießen die gefährlichen Sängerinnen?**

☞ **Sirenen.** Neben ihren verlockenden Stimmen verfügten sie über ein übermenschliches Wissen und über die Gabe, das Wetter ändern zu können. Orpheus entging dem Tod durch die Sirenen übrigens: Er übertönte ihren Gesang mit dem eigenen.

Frage 111

Wofür waren die Musen in der griechischen Mythologie zuständig?

☞ **Sie waren die Schutzgöttinnen der Künste.** Wörter wie „Museum" oder „Musik" leiten sich von diesen Göttinnen ab.

Frage 112

Was verbindet Romulus, den Gründer Roms, mit dem biblischen Kain?

☞ **Von beiden wird berichtet, dass sie ihren Bruder erschlagen haben.** Romulus brachte Remus um, als sich dieser über einen Verteidigungswall, den Romulus um das noch kleine und unbedeutende Rom gezogen hatte, lustig machte.

Frage 113

Der König von Sparta war einer der tapfersten Helden von Troja. **Wie lautet sein Name?**

☐ a) Odysseus ☐ c) Agamemnon
☐ b) Menelaos ☐ d) Pergamon

☞ **b) Menelaos**
Er ist der jüngere Bruder Agamemnons und Gemahl der Helena. Der Raub der Helena durch Paris war der Auslöser des Trojanischen Krieges und Grund genug für den König, sich mächtig ins Zeug zu legen.

Frage 114

Wie heißt die römische Göttin der Liebe?

☞ **Venus.** Sie entspricht der griechischen Liebesgöttin Aphrodite (griech. „Schaumgeborene"). Wie Aphrodite soll auch Venus dem Schaum des Meeres entstiegen sein.

Botticellis Geburt der Venus

Frage 115

Zeus hatte auf dem Olymp das Zepter in der Hand. Aber auch seine Gemahlin verfügte über einige Macht, schließlich war sie die höchste Göttin. **Wie hieß sie?**

☐ a) Ira ☐ c) Hera
☐ b) Hora ☐ d) Rita

☞ **c) Hera**
Sie gilt als Beschützerin der Ehe und der Frauen. Außerdem riefen die Frauen Hera als Geburtsgöttin an. Bei Homer wird sie als missgünstige, eifersüchtige und zänkische Frau beschrieben.

ZUR ERFINDUNG DER AKUPUNKTUR

Einer chinesischen Sage nach ist die Entdeckung der Akupunktur einem Zufall zu verdanken: Ein Soldat wurde im Kampf von einem spitzen Pfeil verletzt. Während seiner Rekonvaleszenz stellt er erstaunt fest, dass nicht nur seine Wunde heilte, sondern auch eine organische Erkrankung, die ihn zuvor geplagt hatte, sich in Luft auflöste. Die Akupunktur hatte einen ersten Erfolg gezeigt.

Frage 116

Die Ägypter verehrten eine Vielzahl von Göttern, von denen viele sehr auffällige körperliche Merkmale aufwiesen. Einer von ihnen trug anstelle eines menschlichen Kopfes das Haupt eines Schakals. **Um welche Gottheit handelt es sich hierbei?**

☞ **Anubis.** Er trug den Beinamen „Der, der in den Mumienbinden ist". Anubis war der Gott der Einbalsamierer und dafür zuständig, beim Totengericht das Herz der Toten zu wiegen.

Frage 117

Nachdem Siegfried dem Burgunderkönig Gunther bei der Brautwerbung um Brunhild behilflich war (was geheim bleiben sollte), bekam er seine Schwester zur Frau. Während eines Streits zwischen den beiden

Frauen verrät diese aber Brunhild das Geheimnis. Daraufhin gerät Hagen von Tronje derart in Rage, dass er Siegfried umbringt. Ein wenig später heiratet die Witwe den Hunnenkönig Etzel und übt fürchterliche Rache an Hagen und ihrem Bruder. Aber auch sie nimmt kein natürliches Ende, sondern fällt einem Anschlag des Dietrich von Bern zum Opfer. **Welche Frau lebte dieses aufregende und blutrünstige Leben?**

☞ **Kriemhild.** Die Figur der Kriemhild geht auf die Gattin des Hunnenkönigs Attila zurück. Diesen Namen trägt sie nur in der mittelhochdeutschen Version des Nibelungenlieds. In anderen Versionen tritt sie beispielsweise als Gudrun in Erscheinung.

Frage 118

Die römische Göttin Diana glich in vielerlei Hinsicht einer von den alten Griechen verehrten Gottheit. **Welcher?**

☞ **Sie glich der Artemis**, die wie sie als Göttin der Jagd verehrt wurde. Allerdings galt Artemis – im Unterschied zu Diana – auch als Göttin des Todes, denn, obgleich sie als schützende und Heil bringende Göttin der Frauen galt, sagte man ihr auch nach, sie könne den Menschen, v. a. weiblichen Geschlechts, den plötzlichen und unerwarteten Tod bringen.

Artemis

Frage 119

Die Regenbogenschlange ist die wichtigste Figur in der Mythologie dieses Volkes. Die Menschen dieses Volkes glauben, sie habe Berge und Täler, Wasserlöcher und Regen erzeugt bzw. geschaffen. **In wessen Mythologie gehört die Regenbogenschlange?**

☞ **In die der Aborigines, der Ureinwohner Australiens.**

Frage 120

„Da kamen bei Nacht,
Ehe man's gedacht,
Die Männlein und schwärmten
Und klappten und lärmten
Und rupften und zupften
Und hüpften und trabten
Und putzten und schabten
Und eh ein Faulpelz noch erwacht,
War all sein Tagewerk bereits gemacht!"

Wer waren diese Helferlein?

☞ **Die Kölner Heinzelmännchen.** Bekannt geworden ist die Sage durch August Kopischs (1799–1853) Gedicht.

Frage 121

Bei der Brautwerbung für seinen Onkel verliebt sich Tristan in die Braut, verführt sie mit Zauberkraft und brennt schließlich mit ihr durch. **Welchen Namen trägt die Verführte?**

☐ a) Isabella
☐ b) Herzeloide
☐ c) Brunhilde
☐ d) Isolde

☞ **d) Isolde**

Sie ist die Königstochter von Irland und soll den alternden König von Cornwall heiraten. Tristan bekommt von seinem Onkel den Auftrag, die Brautwerbung zu übernehmen. Damit auch alles ein glückliches Ende nimmt, bekommt sie einen Zaubertrank mit auf die Reise. Wenn Isolde den Trank zu sich nimmt, verliebt sie sich unsterblich in den Mann, den sie dann sieht.

Die Hochzeit von Tristan und Isolde

Frage 122

Wer wohnt nach germanischer Vorstellung in Asgard?

☞ **Die Götter.** Über die Regenbogenbrücke konnte man zwischen der Welt der Götter und der Welt der Sterblichen verkehren.

Frage 123

In der griechischen Mythologie haust die Sphinx auf einem Felsen bei Theben und stellt Vorbeikommenden ein Rätsel. Wer es nicht lösen kann, wird von ihr getötet. Dies ist das Rätsel der Sphinx: „Es gibt auf der Erde ein Zweifüßiges und ein Vierfüßiges und, genauso genannt, ein Dreifüßiges. Als einziges Wesen ändert es seine Gestalt. Wenn es sich mit den meisten Füßen fortbewegt, ist seine Schnelligkeit am geringsten." **Hätten Sie den Besuch bei der Sphinx überlebt und die richtige Lösung gewusst?**

☞ **Der Mensch.** Als Kind krabbelt er auf Händen und Füßen und ist dabei sehr langsam unterwegs. Dann richtet er sich auf und bewegt sich auf seinen beiden Beinen fort. Im Alter schließlich nimmt er einen Stock zur Hilfe, der sozusagen sein drittes Bein darstellt.

Frage 124

Bei den Indianern, in Afrika, aber auch in der Südsee kennt man die mythologische Gestalt des Tricksters, eine Art Schelm wie Till Eulenspiegel, der andere hereinlegt. Einer der beliebtesten Trickster bei den nordamerikanischen Indianern ist ein Verwandter des Hundes, der eigentlich als besonders feige gilt. **Wie heißt er?**

☞ **Kojote.** Er kann in den amerikanischen Mythen listig und weise sein, aber auch gierig und tölpelhaft. In Afrika ist der Hase ein weitverbreiteter Trickster.

Frage 125

In der Schöpfungsgeschichte der ägyptischen Mythologie spielt ein blutiger Kampf eine zentrale Rolle. **Welche beiden Gottheiten geraten hier in Streit?**

☞ **Osiris und Seth.** Beide sind eigentlich Brüder, aber aus Neid erschlägt Seth Osiris und zerstückelt den Leichnam. Es gelingt Anubis, Osiris wieder zum Leben zu erwecken, indem er ihn mumifiziert. Dadurch wird er zum Gott der Toten, zum Symbol der Auferstehung und des ewigen Lebens, zu einem der wichtigsten ägyptischen Götter. Seth bleibt nur die Rolle als ungeliebter Gott des Unfriedens, des Chaos' und des Krieges.

Frage 126

Wie heißt in der nordischen Mythologie der Untergang der Götter?

☐ a) Armageddon
☐ b) Götterdämmerung
☐ c) Götterfall
☐ d) Midgardir

☞ **b) Götterdämmerung**
In der Götterdämmerung verlieren die Götter im Kampf gegen die Riesen und Dämonen. Die Erde sinkt ins Meer und der Himmel geht in Rauch und Feuer auf. Aber damit ist die Geschichte der Welt nicht beendet, denn nach dem Fall wird eine neue grüne Erde aus dem Meer auftauchen und Baldur, der Gott des Lichts und der Fruchtbarkeit, soll dann aus dem Reich der Toten zurückkehren und die Geschicke der Erde lenken.

DIE NEUN MUSEN UND IHRE ZUSTÄNDIGKEITEN

Kalliope: epische Dichtung
Melpomene: tragische Dichtung
Thalia: komische Dichtung
Euterpe: Flötenspiel
Terpsichore: Chorlyrik und Tanz
Erato: Liebesdichtung
Polyhymnia: Hymnendichtung
Klio: Geschichtsschreibung
Urania: Sternkunde

Frage 127

Wie hießen in der griechischen Mythologie die einäugigen Riesen?

☞ **Zyklopen.**

Frage 128

Das sagenhafte Labyrinth war ein riesiger Irrgarten, in dem König Minos den Minotaurus gefangen hielt. Die Flucht aus dem Labyrinth gelang nicht vielen. **Wo befand es sich?**

☐ a) vor den Toren Athens
☐ b) auf einer Anhöhe bei Troja
☐ c) am Eingang zum griechischen Totenreich
☐ d) auf Kreta

☞ **d) auf Kreta**

Frage 129

Welcher ägyptische Gott wurde oft mit einer Sonnenscheibe auf dem Kopf und häufig auch gleichzeitig als Falke dargestellt?

☐ a) Re ☐ c) Ptah
☐ b) Amun ☐ d) Thot

☞ **a) Re**

Frage 130

Als Heimstatt welcher antiken Göttin galt die Mittelmeerinsel Zypern?

☞ **Die Insel galt als Heimat der Aphrodite**, die hier an Land gegangen sein soll. Das religiöse Leben der Zyprioten war daher von einer besonderen Verehrung der Liebesgöttin geprägt, die aber nicht nur in Liebesdingen, sondern tatsächlich in allen wichtigen Fragen menschlichen Daseins um Beistand gebeten wurde.

Aphrodite

Frage 131

Das Fest hat alte keltische Wurzeln. Vermutlich war es unter dem Namen „Beltane" ein Frühlingsfest. Nach der Christianisierung wurde es nach einer Heiligen benannt, einer aus Wessex stammenden und im Kloster Heidenheim wirkenden Missionarin. Trotzdem ist das Fest bis heute mit Hexen und heidnischen Bräuchen verbunden. **Wie heißt es?**

☞ **Walpurgisnacht**, nach der Heiligen Walburga.

Frage 132

Zusammen mit Jupiter und Juno beschützte sie die Stadt Rom. Sie wurden zusammen als „Kapitolinische Trias" verehrt. **Wie heißt diese Göttin?**

☞ **Minerva** war die Göttin des Handwerks, der Weisheit und der schönen Künste.

Frage 133

Wer waren die Nibelungen?

☞ Die Nibelungen waren die Besitzer eines großen Schatzes, der vom Zwerg Alberich gehütet wurde.

Frage 134

Osiris wurde von seinem Bruder Seth zerstückelt und auf der ganzen Welt verteilt. **Wie wurde sein Körper wieder ein Ganzes?**

☞ Anubis sammelte zusammen mit Isis alle Teile wieder ein. Danach soll es ihm gelungen sein, Osiris wieder zusammenzusetzen, indem er ihn mumifizierte.

Frage 135

Trolle gibt es nicht nur in Fantasyspielen, sie tauchen auch in der nordischen Mythologie auf. Dort sind sie Kobolde in Riesen- oder Zwergengestalt, die ständig ihr Aussehen ändern können. Sie mögen die Menschen nicht und behexen sie mit Krankheiten. Aber Trolle sind auch verwundbar. **Was macht diese Plagegeister unschädlich?**

☞ **Tageslicht.** Trolle sind finstere Gesellen, die das Tageslicht fürchten, denn dadurch verlieren sie ihre sämtlichen Kräfte.

Frage 136

Wie konnte Prometheus Zeus' Feuer stehlen?

☞ Das gelang ihm, indem er einen Stängel des Riesenfenchels am vorüberrollenden, Funken sprühenden Sonnenwagen des Helios entzündete und diese Fackel den Menschen auf die Erde brachte.

Frage 137

Was haben Siegfried und Achilles gemeinsam?

☞ **Beide sind nahezu unverwundbar, verfügen aber über eine ungeschützte Stelle.** Siegfried badete in Drachenblut, doch ein Blatt, das ihm auf die Schulter gefallen war, hinterließ eine ungeschützte Stelle. Achilles hingegen war von seiner Mutter Thetis in die Fluten des Unterweltflusses Styx getaucht worden. Auch dieses Bad machte den Helden fast unverwundbar. Nur dort, wo sie ihn am Fuß festgehalten hatte („Achillesferse"), verfügt der Held über keinen Schutz.

Frage 138

Was war der Gral?

☐ a) das Grab Parsifals
☐ b) das Schwert Lohengrins
☐ c) ein heiliger Kelch
☐ d) der Schatz des Artus

☞ **c) ein heiliger Kelch**
Darüber, was der Gral genau war, streiten sich die Gelehrten allerdings. Zumeist wird er aber als Kelch oder Schale beschrieben. Für seinen Besitzer galt der Gral als Quell ewiger Jugend und Glückseligkeit.

Frage 139

Orpheus musste ihn mit Musik besänftigen und Herakles überwand das Ungeheuer sogar und brachte es ans Tageslicht. Normalsterbliche, hieß es, seien allein bei seinem Anblick zu Stein erstarrt. **Welches Ungeheuer was das?**

☞ **Der Höllenhund Zerberus.**

Frage 140

Er ist der Gott der prophetischen Weissagung, der Künste und besonders der Musik. Er führt die Musen an und ist Schutzheiliger der Medizin und der Hirten. Seit dem 5. Jahrhundert v. Chr. wird er auch mit der Sonne gleichgesetzt. Zugleich sagt man ihm aber auch nach, Krankheit und Tod zu bringen. **Wer ist er?**

☞ **Der Gott Apollo.**

Frage 141

Unter welchem Namen kennt die griechische Mythologie ein merkwürdiges Mischwesen aus Mensch und Stier?

☞ **Minotaurus.** Die Legende berichtet, dass die Ehefrau des Königs von Kreta sich in einen Stier verliebt und mit diesem den Minotaurus gezeugt habe. Ihr königlicher Ehemann habe den Bastard schließlich in ein Labyrinth einkerkern lassen, musste aber zahlreiche Kriege führen, um ihn zu ernähren.

Antikes Minotaurusrelief

Frage 142

Sisyphos war für seine Verschlagenheit bekannt. So konnte er sogar den Tod überlisten. Das gefiel den Göttern gar nicht und deshalb legten sie ihm eine Strafe auf. **Mit welcher Strafe muss sich Sisyphos seither plagen?**

☞ Einmal im Totenreich angekommen, musste Sisyphos einen Felsblock einen steilen Berg hinaufwälzen. Jedes Mal, kurz bevor er den Gipfel erreicht hatte, rollte der Stein wieder ins Tal hinab und das Spiel begann von Neuem.

Frage 1

Was versteht man unter einer Gretchenfrage?

☞ **Eine heikle Frage**, benannt nach der Frage Gretchens an Faust, wie er's denn mit der Religion halte. Faust hatte sich, wie man weiß, dem Teufel (Mephisto) verschrieben.

Frage 2

Wer lebt nach der Lehre des Epikur in sogenannten Intermundien (Zwischenwelten)?

☐ a) die Seelen
☐ b) die Götter
☐ c) die Ahnen
☐ d) die Weltenseele

☞ **b) die Götter**
Epikurs (342–271 v. Chr.) Auffassung nach sind es leere Zwischenräume zwischen den Welten; hier wohnen die Götter und kümmern sich folglich nicht um die Welt.

Frage 3

Wer war Max Weber?

☞ **Der Begründer der modernen Soziologie.** Weber (1864–1920) definierte die Soziologie als Wissenschaft vom „sozialen Handeln", die dieses Handeln deutend verstehen und erklären sollte.

Max Weber

Frage 4

1944 verfassten die beiden in die USA emigrierten Philosophen Max Horkheimer und Theodor Adorno die *Dialektik der Aufklärung*. Darin entwickelten sie die These von einer Naturalisierung der gesellschaftlichen Verhältnisse. Die Menschen, so kritisierten sie, würden die Umwelt als Faktum und nicht mehr als Urheber ihrer Geschichte sehen. **Das Buch wurde zum grundlegenden Werk welcher Gruppierung?**

☞ **Der Frankfurter Schule.**

Frage 5

Warum wird die Theorie über das Eigentum in der katholischen Soziallehre gerne als Primärkommunismus bezeichnet?

☞ Weil seit Thomas von Aquin (1224–74) die Auffassung vorherrscht, dass Gott die Erde und ihre Güter für alle Menschen gleichermaßen geschaffen hat; aus diesem Gemein-Eigentum sei dann das Privateigentum entstanden, woraus somit eine Sozialpflichtigkeit entspringe, zu der auch die Pflicht zum Einsatz des Privateigentums für den gemeinen Nutzen gehöre.

Frage 6

Wer war Albertus Magnus?

☞ **Einer der bedeutendsten Gelehrten der Scholastik und des ganzen Mittelalters.** Er führte die Philosophie des Aristoteles ins Abendland ein.

Frage 7

Wozu soll ein Rorschachtest dienen?

☞ Der von dem Schweizer Psychiater H. Rorschach (1884–1922) entwickelte Persönlichkeitstest soll persönliche Konflikte, Gefühle und Einstellungen einer Person aufzeigen. Der Therapeut beurteilt die Reaktion des Patienten auf eine Reihe von standardisierten Tintenklecksbildern. Der „Formdeutungstest" spielt heute kaum noch eine Rolle.

DER URSPRUNG DER PHILOSOPHIE

Aristoteles sagte über den Ursprung der Philosophie: „Staunen veranlasste zuerst wie noch heute die Menschen zum Philosophieren ... Wer aber fragt und staunt, hat das Gefühl der Unwissenheit ... Um also der Unwissenheit zu entkommen, begannen sie zu philosophieren."

Frage 8

„Man wird nicht als Frau geboren, man wird es". Von wem stammt dieser Ausspruch?

☐ a) Alice Schwarzer
☐ b) Jean-Paul Sartre
☐ c) Simone de Beauvoir
☐ d) Angela Merkel

☞ **c) Simone de Beauvoir**

Frage 9

Was bedeutet der Begriff „Unterbewusstsein"?

☞ Der Begriff bezeichnet seelische Vorgänge, die jenseits des Bewusstseins stattfinden und von diesem im Wesentlichen unbeeinflussbar sind. Umgekehrt können sie aber unter bestimmten Umständen auf das Bewusstsein und damit auf das Handeln des Menschen einwirken.

Frage 10

Welche Lehre beschrieb Funktion und Niedergang des Kapitalismus und die Entwicklung zu sozialistischen und kommunistischen Gesellschaftsformen?

☐ a) der Sozialismus
☐ b) der Marxismus
☐ c) der Kommunismus
☐ d) der Leninismus

☞ **b) der Marxismus**
Die philosophische Deutung des Weltgeschehens übernimmt der dialektische Materialismus, die Deutung der Geschichtsprozesse erklärt der historische Materialismus, die politische Ökonomie beschreibt die gesellschaftlichen und wirtschaftlichen Strukturen des Kapitalismus und der wissenschaftliche Sozialismus zeichnet das Zukunftsbild der sozialistischen Gesellschaft.

FÜNF DISZIPLINEN

Die Philosophie gliedert sich in fünf klassische Disziplinen:
Logik, Erkenntnistheorie, Ethik, Ästhetik und Metaphysik.

Frage 11

Welcher deutsche Philosoph gilt als Vollender des deutschen Idealismus und stellte sein Lehrsystem in der Phänomenologie des Geistes dar?

☞ **Georg Wilhelm Friedrich Hegel (1770–1831).** Hegel wollte mit seiner Philosophie die Einheit von Sein und Denken nachweisen, die sich in dialektischen Schritten zu einem „Absoluten" hin vollzieht („Alles Vernünftige ist wirklich, und alles Wirkliche ist vernünftig.")

Georg Wilhelm Friedrich Hegel

Frage 12

Welcher Philosoph war Kaiser Neros Lehrer?

☞ **Lucius Annaeus Seneca (4 v. Chr.–65 n. Chr.).** Der Anhänger der stoischen Lehre wurde 48 n. Chr. Erzieher des kommenden Kaisers. Dieser bedankte sich bei seinem Lehrer in der für ihn typischen Weise: Nero (37–68 n. Chr.) bezichtigte Seneca der Verschwörung und forderte ihn zum Selbstmord auf. Diesem Befehl kam Seneca nach und öffnete sich im Kreis seiner Freunde die Pulsadern.

Frage 13

Welcher deutsche Philosoph und Musikästhetiker wird zur Frankfurter Schule gerechnet?

☞ **Theodor Wiesengrund Adorno (1903–69).** Sein Hauptwerk befasst sich mit den Funktions- und den Wirkungsweisen des Faschismus, die dieser auf die Moral der Zeit nach Auschwitz ausübte.

Frage 14

Welche philosophische Disziplin beschäftigt sich mit der Frage, was der Mensch überhaupt erfahren und wissen kann?

☞ **Die Erkenntnistheorie, die auch als Ästhetik bezeichnet wird.** Sie versucht auch zu erklären, welche methodischen Mittel anzuwenden sind, um Erkenntnis möglich zu machen.

Frage 15

Welche philosophische Disziplin befasst sich mit dem folgerichtigen Denken?

☞ **Die Logik.** Ziel ist es, über Sachverhalte schlüssig zu befinden und zu argumentieren.

Frage 16

Wer zählt neben Platon und Sokrates zu den bedeutendsten Philosophen der Antike?

☐ a) Dante Alighieri ☐ c) Aristoteles
☐ b) Seneca ☐ d) Konfuzius

☞ **c) Aristoteles** (384/383–22 v. Chr.)
Seine wissenschaftliche Philosophie, mit der er die wissenschaftlichen Einzeldisziplinen ergründete, blieb von der Antike bis heute gleichsam in jeder Wissenschaft das Maß aller Dinge. Er unterschied die theoretische Philosophie, zu der er die Metaphysik rechnete, und die praktische Philosophie, die sich mit dem richtigen Handeln befasst. Hierher gehören seine Werke *Ethik* und *Politik*. Hinzu kommt noch seine *Logik*, als Lehre vom richtigen Denken und Schließen.

Frage 17

Wie bezeichnet man die Vorstellung, nach der das menschliche Handeln oder das Naturgeschehen oder der Geschichtsverlauf vorbestimmt ist?

☞ **Determinismus.** Die theologische Prädestinationslehre glaubt den Lebenslauf göttlich vorausbestimmt, der kosmologische Determinismus geht von der Bestimmtheit des Naturgeschehens und der historische Determinismus von der der Geschichte aus.

Frage 18

Grundlage der hinduistischen Philosophie sind die Veden. Hier wird die Vorstellung entwickelt, dass die Welt, die der Mensch mit seinen Sinnen wahrnimmt, nur eine Illusion ist. Ziel des Lebens sei es, sich von allem Irdischen zu reinigen und die Wahrheit hinter der materiellen Welt zu erkennen. All die irdische Last, die man sich in einem Leben aufgeladen habe oder nicht losgeworden sei, nehme man ins nächste Leben mit. **Wie lautet der Name für diese Bürde?**

☞ **Karma** ist die Rückwirkung jeder Tat auf den Akteur selbst.

Frage 19

Macht die moderne Gesellschaft den Menschen vom „Homo faber", dem selbstbestimmten Arbeiter und Schöpfer von Dingen, zum „Animal laborans", zum Arbeitstier, von dem nur noch automatisches Funktionieren verlangt wird? Mit diesem brisanten Thema beschäftigte sich eine deutsch-amerikanische Philosophin 1960 in ihrem Werk *Vita Activa*. **Wer war sie?**

☞ **Hannah Arendt (1906–75).**

Frage 20

Was versteht man unter Eristik?

☞ **Die Disputierkunst**, wie sie insbesondere von den griechischen Sophisten gepflegt wurde. Von den Schülern des Sokrates (470–399 v. Chr.) wurde sie als wortklauberische Spitzfindigkeit gebrandmarkt und abgelehnt. Allerdings war Sokrates selbst, wie sich an zahlreichen überlieferten Dialogen zeigen lässt, ein ausgesprochen versierter Meister der Eristik.

Frage 21

Welche philosophische Überzeugung erkennt nur dann Aussagen als wahr an, wenn sie auf überprüfbaren Voraussetzungen beruhen?

☞ **Der Positivismus**, der wegen dieser Grundeinstellung metaphysische Fragen über die letzten Dinge des Daseins wie Gott, Unsterblichkeit, Liebe etc. aus seiner Philosophie ausblendet.

Frage 22

Sein Geburtsname lautete Baruch, doch nachdem er wegen häretischer Ansichten aus der jüdischen Gemeinde ausgestoßen worden war, nannte er sich Benedikt. Aber auch von christlicher Seite kamen Atheismusvorwürfe. Dabei glaubte er durchaus an das Göttliche. Er sah es nur nicht in einer Person, sondern in allem Bestehenden vertreten. Damit wurde er zum Begründer des Pantheismus. **Wie lautete sein voller Name?**

☞ **Baruch de Spinoza bzw. Benedictus de Spinoza (1632–77).**

Frage 23

„Handle stets so, dass die Maxime deines Willens jederzeit zugleich als Prinzip einer allgemeinen Gesetzgebung gelten könnte." **Welcher bedeutende deutsche Philosoph formulierte diesen berühmten Satz?**

☞ **Immanuel Kant (1724–1804).** Sein Buch *Kritik der reinen Vernunft* wurde übrigens 1827 vom Vatikan auf die Liste der verbotenen Bücher gesetzt. Sein Schluss ist, dass Erkenntnisse über „Dinge an sich" nicht möglich sind, womit Kant die gesamte traditionelle Metaphysik und ihre Aussagen über Seele, Unsterblichkeit, Gott usw. als unkritisch und dogmatisch verwarf.

Immanuel Kant

Frage 24

Schon im 17. Jahrhundert gab es Bewegungen, die die Gleichwertigkeit der Geschlechter proklamierten. **Wie nennt man diese Bewegung, die die vorherrschende Gesellschaftsordnung als ungerecht und patriarchal ausgelegt kritisiert?**

☐ a) Feminismus ☐ c) Equilibrismus
☐ b) Antipatriarcha ☐ d) Genderstudies

☞ **a) Feminismus**

Frage 25

Welche philosophische Richtung deutet die Vernunft als inneren Grundsatz der Welt?

☞ **Der Rationalismus** (von lat. ratio, „Vernunft"), der im Gegensatz zum Empirismus davon ausgeht, dass es von der Erfahrung unabhängige Vernunftwahrheiten gibt, die über der veränderlichen Sinneswelt stehen.

Frage 26

Welche philosophische Schule der Antike erkor sich den Wahlspruch „Carpe diem"?

☞ Dieser Ausspruch des römischen Dichters Horaz (65–8 v. Chr.), lat., „Pflücke den Tag", bezieht sich auf den Epikureismus. Sein Begründer ist der griechische Philosoph Epikur (341–271 v. Chr.), nach dem sich Glückseligkeit dann einstellt, wenn man ein maßvolles, heiteres und sorgenfreies Leben führt.

Frage 27

Welcher britische Philosoph machte durch seine zeitkritische Protesthaltung gegen Krieg, soziale Unterdrückung und überkommene Moralvorstellungen von sich reden?

☞ **Bertrand Russel (1872–1970)**, der noch im Alter von 89 Jahren wegen seiner regierungsfeindlichen Aktivitäten ins Gefängnis kam.

Bertrand Russel

Frage 28

Welche Philosophie dominierte das mittelalterliche christliche Abendland?

☞ **Die Scholastik**, die an den Kathedral- und Klosterschulen gelehrt wurde. Sie knüpfte an die antike Philosophie und an die Kirchenlehrer der Spätantike an, versuchte die Offenbarungslehre mit philosophischem Denken zu verknüpfen.

Frage 29

Er kritisierte den negativen Einfluss von Bildung und Zivilisation auf den Menschen und forderte eine naturgemäße Erziehung. Seine staatsphilosophische Schrift *Über den Gesellschaftsvertrag* bereitete geistig die Französische Revolution vor. Der Gesellschaftsvertrag ist die modellhafte Vorstellung, nach der freie und gesellschaftlich gleichgestellte Bürger durch gemeinsamen Willen dem Staat die Herrschaft übertragen. **Wer war dieser Philosoph?**

☞ **Jean-Jacques Rousseau (1712–78).**

Frage 30

Welche der folgenden Schriften stammt von Thomas Hobbes?

☐ a) *Leviathan*
☐ b) *Paradise Lost*
☐ c) *Sechs Bücher über den Staat*
☐ d) *Der Fürst*

☞ **a) *Leviathan***
Der *Leviathan* erschien 1651 und stellt die erste moderne staatstheoretische Schrift dar. Hier führt Hobbes seine These vom „Krieg aller gegen alle" aus, der allein durch die Staatsgewalt – den König, dessen Souveränität ein „Gesellschaftsvertrag" regelt – verhindert werden könne.

Frage 31

Welche philosophische Lehre erklärt die Seele als Prinzip des Lebens?

☞ **Der Animismus.** In primitiven Völkern ist Animismus der Glaube an Geisterkräfte als Ursachen von Wirkungen in der Natur, deren Erscheinungsformen (z. B. Steine, Wasser, Feuer) als beseelt aufgefasst werden.

Frage 32

Wer war Konfuzius?

☞ **Konfuzius war ein chinesischer Philosoph (551–479 v. Chr.),** der seine Lehren auf Menschenliebe, Gerechtigkeit und anderen Tugenden aufbaute. Später verschmolz seine Lehre mit dem Buddhismus und daraus entstand der Konfuzianismus, der bis 1912 zur Staatsreligion in China wurde.

Frage 33

Was steht im Mittelpunkt hedonistischer Philosophie?

☞ Das Streben nach Lust, Freude und Genuss als Ursache und Motor für alles menschliche Handeln.

Frage 34

Welche philosophische Meinung geht davon aus, dass menschliche Erkenntnis nur durch die Erfahrung möglich wird?

☞ **Der Empirismus** erhebt das wissenschaftliche Experiment zur wichtigsten Methode der exakten Erkenntnisgewinnung. Hierbei spielt die sinnliche Wahrnehmung die zentrale Rolle. Der Empirismus steht damit im Gegensatz zum Rationalismus.

Frage 35

Welche philosophische Richtung hält die Welt und ihre Ausgestaltungen für unabhängig vom menschlichen Denken und Wollen?

☞ **Der Realismus** lässt zwei Möglichkeiten der Wahrnehmung zu: Entweder nehmen die Sinne die Welt so wahr, wie sie ist, oder der Mensch verstellt sich durch die Vorstellungen, die er von der Wirklichkeit hat, den Blick auf eben diese.

Frage 36

Welcher deutsche Philosoph gilt als der letzte große Universalgelehrte?

☞ **Gottfried Wilhelm Leibniz (1646–1716)** verfasste psychologische, ethische, rechtsphilosophische, ästhetische, technische und politische Schriften und entwickelte auch die Infinitesimalrechnung.

Gottfried Wilhelm Leibniz

Frage 37

Warum war Sören Aabye Kierkegaard gegen die Teilnahme an öffentlichen Gottesdiensten?

☞ **Der Däne Kierkegaard (1813–55) war der Ansicht, dass man Jesus Christus nur im Alleingang nachfolgen könne**, indem man, unangepasst und kompromisslos, einen persönlichen Leidensweg gehe. Persönliche Schuld und Leidensfähigkeit waren die zentralen Themen seiner Lehre.

Frage 38

Worin sah der deutsche Philosoph Arthur Schopenhauer trotz seiner pessimistischen Weltsicht letztendlich Trost?

☞ **Im Kunstgenuss.** Arthur Schopenhauer (1788–1860) war der Ansicht, dass das Weltgeschehen zwar durch einen allen zugrunde liegenden Trieb, nämlich den Willen, gesteuert werde, dass dies aber völlig sinnlos sei. Im Kunstgenuss jedoch, auch im tätigen Mitleid und in der Askese, könne man seinem Leid entrinnen.

Frage 39

Welcher antike Philosoph lehnte die Errungenschaften der griechischen Hochkultur radikal ab und entschied sich für ein Leben in einfacher Bescheidenheit?

☞ **Diogenes von Sinope (400–325 v. Chr.)**, der den Genuss von Kulturprodukten wie Musik, Literatur oder Theater radikal ablehnte.

Frage 40

Welche geistige Bewegung prägte die Zeit vom 14. bis zum 16. Jahrhundert?

☐ a) die Aufklärung
☐ b) der Realismus
☐ c) der Humanismus
☐ d) die Astrologie

☞ **c) der Humanismus**
Er entwickelte sich während der italienischen Renaissance und war gekennzeichnet durch ein der mittelalterlichen Scholastik gegenüber stark verändertes Welt- und Menschenbild. Grundlage des Humanismus war die intensive Beschäftigung mit den Schriften des klassischen Altertums.

Frage 41

Wie viele selbst verfasste philosophische Schriften hinterließ Sokrates?

Sokrates

☞ **Nicht eine einzige.** Sokrates (469–399 v. Chr.) habe sich, wie berichtet wird, bewusst dafür entschieden, seine Gedanken nicht schriftlich niederzulegen.

Frage 42

Welche Ideen hat Camus in *Der Mythos von Sisyphos* und *Der Mensch in der Revolte* publik gemacht?

☞ **Camus (1913–60) verneint die Existenz Gottes, lehnt aber zugleich den Selbstmord als Ausweg aus dem menschlichen Elend**

ab. Dahinter steht ein Ja zum Leben in der Einsicht der Begrenztheit der Sinnfindung.

Frage 43

Was bedeutet Ethik wörtlich?

☞ **„Sitte".** Die Ethik ist ein Teilbereich der Philosophie, der zu ergründen sucht, nach welchen Regeln und inneren Werten der Mensch sein Handeln ausrichten soll.

Frage 44

Was soll den Tyrannen Kleobulos ausgezeichnet haben?

☞ **Seine großen philosophischen Qualitäten.** So sind von Kleobulos unzählige weise Sprüche und Lebensregeln überliefert und selbst Platon (um 427–347 v. Chr.) bezeichnet den Tyrannen von Lindos auf Rhodos als einen der legendären „Sieben Weisen" der antiken griechischen Welt.

Frage 45

Dieser englische Theologe und Philosoph (um 1033–1109) leitete die Existenz Gottes aus der Existenz des Begriffs bzw. des Gedankens „Gott" ab. Aus der Existenz des Begriffs einer Sache wird ein Beweis für die reale Existenz der Sache abgeleitet. **Wer brachte diesen ersten Gottesbeweis?**

☞ **Anselm von Canterbury.**

Frage 46

Welcher bedeutende Mathematiker war gleichzeitig ein Verfechter des christlichen Glaubens?

☞ **Blaise Pascal (1623–62).** Obwohl er selbst als einer der Wegbereiter der modernen Naturwissenschaften gilt, betonte Pascal, dass der Verstand nur „mit der Logik des Herzens" funktionieren könne. In den logischen Widersprüchen der Mathematik glaubte er, die höchste, göttliche Wahrheit erkennen zu können.

Frage 47

Welcher Glaube ist eine wichtige Voraussetzung für jegliche Art von Okkultismus?

☞ **Der Glaube daran, dass es geheime, nicht sichtbare Mächte gibt**, die auf die Welt einwirken und mit denen „Eingeweihte" in Kontakt treten können. Die Astrologie gehört z. B. zum Bereich des Okkultismus; im Mittelalter galt sie, wie die Alchemie, als eine Geheimwissenschaft.

Frage 48

Was bedeutet das Wort „Metaphysik" ursprünglich?

☞ **„Jenseits der Physik".** Der Name geht darauf zurück, dass die Bücher des Aristoteles (384–322 v. Chr.), die sich mit diesen Themenfeldern beschäftigten, in den antiken Bibliotheken hinter den aristotelischen Büchern über die Physik standen.

Frage 49

Welcher griechische Philosoph hat das Höhlengleichnis entworfen?

☞ **Platon (um 427–347 v. Chr.).** Im Zentrum des platonischen Denkens steht die Ideenlehre. Ihr gemäß sind es allein die Ideen, die ewig und unwandelbar sind und der Ursprung und das Ziel alles Seienden darstellen. Die Vorstellungen und sinnlichen Wahrnehmungen sind nur Abbilder dieser Ideen.

Platon

Frage 50

Welche europäische Geistesbewegung des 18. Jahrhunderts forderte den Menschen auf, sein Handeln auf die Vernunft zu gründen?

- ☐ a) Sturm und Drang
- ☐ b) die Aufklärung
- ☐ c) die Erleuchtung
- ☐ d) der Rationalismus

☞ **b) die Aufklärung**

Frage 51

Welche philosophische Richtung begründet im Gegensatz zum Materialismus das Sein aus den Ideen heraus?

☞ **Der Idealismus.** Alles Gegenständliche und in der Welt Entstandene lässt sich danach auf ideelle Größen wie das „absolute Ich" oder eine Weltseele zurückführen. Kant (1724–1804) entwickelte den kritischen Idealismus; das praktische Handeln des Menschen muss sich an allgemeingültigen Werten messen lassen (kategorischer Imperativ). Fichte (1762–1814) und Hegel (1770–1831) erkannten das „absolute Ich" und leiteten schier unbegrenzte Möglichkeiten daraus ab, die Welt zu gestalten.

Frage 52

Aus welchen Begriffen setzt sich das Wort „Philosophie" zusammen?

☞ **Aus den griechischen Worten „philos" (Freund) und „sophia" (Weisheit).** Ein Philosoph ist also ein Freund der Weisheit.

KANTS MITTAGSSCHLAF

Immanuel Kant war besonders in seinen späten Jahren als pünktlich und pedantisch bekannt. Sein Tagesablauf war immer gleich. Einer seiner zeitgenössischen Biografen wusste von Kants Nachmittagsvergnügungen Folgendes zu berichten: „Kant ging jeden Nachmittag hin, fand [seinen Freund] Green in einem Lehnstuhle schlafen, setzte sich neben ihn hin, hing seinen Gedanken nach und schlief auch ein; dann kam Bankdirektor Ruffmann und tat ein Gleiches, bis endlich Motherby zu einer bestimmten Zeit ins Zimmer trat und die Gesellschaft weckte, die sich dann bis sieben Uhr mit interessanten Gesprächen unterhielt."

Frage 53

Wer musste wegen des Vorwurfes der Gottlosigkeit zum Schierlingsbecher greifen?

☞ **Sokrates (um 470–399 v. Chr.)** wollte bei seinen Mitmenschen Selbstkritik wecken, die zu einer tugendhaften Lebenseinstellung führen sollte. Wegen angeblicher Gottlosigkeit und Verführung der Jugend wurde er zum Tod durch Selbstmord verurteilt.

Frage 54

Von welchem englischen Staatsphilosophen stammt der Ausspruch „Homo homini lupus est" (lat., „Der Mensch ist dem Menschen ein Wolf")?

☞ **Von Thomas Hobbes (1588–1679).** Er beschrieb den Naturzustand des Menschen als egoistischen Kampf aller gegen alle, den nur der Staat durch seine Autorität zum Wohle jedes Einzelnen unterdrücken könne.

Thomas Hobbes

Frage 55

Worum handelt es sich beim Atomismus?

☞ Um eine philosophische Anschauung, die alle Naturvorgänge auf Atome und ihre Bewegungen zurückführt. Leukipp (um 450–370 v. Chr.) und Demokrit (um 460–370 v. Chr.) nannten das Unteilbare „atomon".

Frage 56

Wer waren die Sieben Weisen?

☞ Sie waren sieben Persönlichkeiten im antiken Griechenland, die maßgeblich die Wissenschaft, die Philosophie und die Politik mitbestimmten und ihre Lehren dem Volk mitteilten. Zu den Sieben Weisen gehörten Thales von Milet (625–547 v. Chr.), Bias aus Pirene (6. Jh. v. Chr.), Pittakos aus Mithylene (um 600 v. Chr.), Solon aus Athen (um 640–561 v. Chr.), Kleobulos aus Lidos (6. Jh. v. Chr.), Periander aus Korinth (628–587 v. Chr.) und Chilon aus Sparta (6. Jh. v. Chr.).

Frage 57

Was bedeutet Pluralismus?

☞ **Das Zulassen verschiedener Ansichten, Ideen und Überzeugungen**, die gleichzeitig und gleich geachtet nebeneinander bestehen und miteinander im offenen Austausch oder Wettstreit liegen.

Frage 58

Was bedeutet die lateinische Wendung „Conditio sine qua non"?

☞ **Damit wird auf eine notwendige Voraussetzung hingewiesen** (wörtlich: „Bedingung, ohne die nicht").

Frage 59

Was meint Aristoteles, wenn er den Menschen als „zôon politikón" bezeichnet?

☞ Aristoteles (384–322 v. Chr.) definiert den Menschen mit dieser griechischen Bezeichnung als ein Lebewesen, das durch das Leben in der politischen Gemeinschaft, die für ihn die höchste Form menschlicher Gemeinschaft ist, erst wirklich zum Menschen wird.

Frage 60

Welche philosophische Richtung prägten Albert Camus und Jean-Paul Sartre?

☐ a) den Utilitarismus
☐ b) den Marxismus
☐ c) den Nihilismus
☐ d) den Existenzialismus

☞ **d) den Existenzialismus**
Er erlangt v. a. bei Sartre (1905–80) eine atheistische, nihilistische und zuletzt auch marxistische Orientierung. Der Mensch, dem Sartre allein Wirklichkeit zuerkennt, müsse sich sein eigenes Sein schaffen. Camus (1913–60) beschrieb das Wesen des Menschen als Revolte gegen die Absurdität des Daseins (*Der Mythos von Sisyphos*).

Jean-Paul Sartre

Frage 61

Welcher bekannte deutsche Philosoph verstarb 2002 in Heidelberg?

☐ a) Hans-Georg Gadamer
☐ b) Hannah Arendt
☐ c) Martin Heidegger
☐ d) Friedrich Nietzsche

☞ **a) Hans-Georg Gadamer** (1900–2002)
Er lehrte seit 1949 an der Universität in Heidelberg, wo er den Lehrstuhl von Karl Jaspers (1883–1969) übernahm. Seine Arbeiten zur Hermeneutik machten den Deutschen weltweit bekannt.

Frage 62

Für welche Leistung ging Anaximander in die Philosophiegeschichte ein?

☞ **Der ionische Philosoph Anaximander (611–546 v. Chr.) verfasste das erste philosophische Werk in Prosa und nicht mehr in Versform.** Diese Originaltexte sind zwar verloren gegangen, Anaximanders Lehre aber blieb durch die Schriften seiner Schüler erhalten.

Frage 63

Welcher Philosoph prägte den Satz „Wissen ist Macht"?

☞ **Francis Bacons (1561–1626)** philosophische Vorstellungen konzentrierten sich auf die Beherrschung der Natur. Mittels Wissen und Technik wollte er den „Zufall Natur" weitgehend ausschalten. In seinem utopischen Roman *Nova Atlantis* beschreibt Bacon eine konfliktlose Gesellschaft, in der die Bedürfnisse ihrer Mitglieder durch technische Experten geregelt sind.

Frage 64

Wie hieß der Erzieher und Bildungsreformer, der als geistiger Wegbereiter der modernen Volksschule gilt?

☞ **Johann Heinrich Pestalozzi (1746–1827).** Der Schweizer Erzieher gründete mehrere Erziehungsheime und wirkte 20 Jahre lang in Iferten im Waadtland. Nach seinem Vorbild wurde das Erziehungswesen vieler Länder Europas umgestaltet.

Frage 65

Er entdeckte wichtige physikalische Gesetze wie das Hebelgesetz und wendete auch als Erster den Flaschenzug in der Praxis an. Er gilt als einer der größten Mathematiker und Physiker des Altertums und schuf die Grundlagen zur Berechnung komplizierter Flächen und Rauminhalte. **Wer war er?**

☞ **Archimedes (287–212 v. Chr.).** Er wurde bei der Eroberung von Syrakus von einem Soldaten erschlagen.

Frage 66

Welches methodische Verfahren zur Erkenntnisgewinnung leitete man von der antiken Kunst der Rede und Gegenrede ab?

☞ **Die Dialektik**, deren Verfahren seit Hegel (1770–1831) Gültigkeit hat. Einer These wird eine Antithese gegenübergestellt; aus dem Widerspruch zwischen beiden gelangt man in der Synthese zur Aufhebung und zur Gewinnung einer neuen These; hier kann das Verfahren fortgesetzt werden.

Frage 67

Welcher vorchristliche, griechische Philosoph beeinflusste viele Kirchenväter?

☞ **Platon (ca. 427–347 v. Chr.).** Zentraler Grundgedanke seiner Philosophie ist der Gegensatz zwischen der werdenden, vergehenden und niemals gleich bleibenden Welt der Erscheinungen und dem gleich bleibenden, wahrhaft Seienden. Die Welt der Erscheinungen sei eine sinnlich wahrnehmbare Welt, während das wahrhaft Seiende nur durch Vernunft wahrzunehmen sei.

Frage 68

Welcher chinesische Philosoph begründete die bis heute in Chinas Kultur verwurzelte Weisheits- und Morallehre?

☞ **Konfuzius (um 551–479 v. Chr.).** Er ging von einem hierarchischen Weltbild aus, wobei er den Kosmos als Ganzes von dem Gesetz Tao durchdrungen sah. Das göttliche Sternensystem ist dabei ein Spiegelbild für die Ordnung der Gesellschaft und der Familie, in die sich der Einzelne durch Gehorsam, Gerechtigkeit und Tugenden wie der Nächstenliebe einzugliedern hat.

Frage 69

In welchem Zweig der Psychologie arbeitete C. G. Jung?

Carl Gustav Jung

☞ **In der Tiefenpsychologie.** Nach Jung (1875–1961) ist das Unbewusste neben den erworbenen Verhaltensmustern auch durch ererbte Archetypen geprägt, in denen die ganzen zurückliegenden Erfahrungen der Menschheit vereinigt sind. Jung gründete 1948 ein eigenes Institut in Zürich und grenzte sich von Sigmund Freud (1856–1939) ab.

Frage 70

Irgendwann um das Jahr 1635 saß ein Philosoph in seinem Winterrock mit einem Papier zu Hause am Kamin. Aber ihm kamen Zweifel. Woher weiß er wirklich, dass es so ist? Es könnte doch alles nur Einbildung sein: dass er hier sitzt, dass er ein Papier in den Händen hält, ja, dass er überhaupt Hände hat. Vielleicht existiert er gar nicht und zwei plus drei sind auch nicht fünf. **Wer hatte diese Gedanken?**

☞ **René Descartes (1596–1650).**

Frage 71
Wer war Friedrich Engels?

☞ **Friedrich Engels (1820–95) war neben Karl Marx (1818–83) der Mitbegründer des wissenschaftlichen Sozialismus.** Er war von der dialektischen Entwicklung der Geschichte überzeugt, nach der der Kapitalismus zwingend durch den Sozialismus abgelöst werden würde; das Endziel der Entwicklung werde im Kommunismus erreicht.

Frage 72
Welcher Philosoph wurde wegen Entstellung der Heiligen Schrift verwarnt?

☞ **Immanuel Kant (1724–1804).** Wegen seiner Aufsatzsammlung *Religion innerhalb der Grenzen der bloßen Vernunft* (1794) wurde Kant vom preußischen Königlichen Kabinett verwarnt. Kant postulierte, dass keine sinnvollen Aussagen über Dinge getroffen werden können, die jenseits der menschlichen Erfahrungswelt liegen.

Frage 73
Welcher deutsche Philosoph ist neben Heidegger (1889–1976) der bedeutendste deutsche Vertreter der Existenzphilosophie?

☐ a) Karl Jaspers
☐ b) Immanuel Kant
☐ c) Ludwig Feuerbach
☐ d) Max Weber

☞ **a) Karl Jaspers** (1883–1969)
Er schuf mit dem Begriff der „Grenzsituation" einen der wichtigsten Termini der Existenzphilosophie. Demnach ist das menschliche Dasein durch Leiden, Kampf und Tod geprägt. Philosophie versteht Jaspers nicht mehr als nur theoretisch-geistige Aufgabe, sondern als zu lebende Praxis einer verantwortungsvollen „Weltorientierung".

Frage 74
Welcher theologische Gedanke stand im Werk von Gottfried Wilhelm Leibniz im Mittelpunkt?

☞ Der Mathematiker Leibniz (1664–1716) forderte einen Ausgleich zwischen christlichem Glauben und menschlicher Vernunft. Gott handelt dabei als vernünftig denkendes Wesen, dessen Logik der Mensch über die (abstrakte) Wissenschaft nachvollziehen kann. Die Wissenschaften sind demnach ein Werkzeug, mit dem Gottes Wege nachvollzogen werden können.

Frage 75
Er entwickelte seine Philosophie auf der Basis der Ideen Kants: Unsere Erkenntnis bildet nicht die Gegenstände ab, wie sie wirklich sind. Seiner Ansicht nach ist die Welt subjektiv ein Konstrukt unserer Erkenntnisformen. Außerdem sei der Mensch durch ein ewiges Begehren beschränkt, das sich z. B. in unseren Instinkten und Trieben zeigt. Dieser Drang lasse uns leiden, denn jeder Wunsch sei nur der Ausgangspunkt für einen neuen Wunsch. **Welcher Philosoph verfügte über diese pessimistische Sichtweise?**

☞ **Arthur Schopenhauer (1788–1860).** Einer der Schlüsselbegriffe in Schopenhauers Philosophie ist der Wille.

Frage 76
In welchem Zustand kommt nach dem englischen Philosophen John Locke (1632–1704) der Mensch auf die Welt?

☞ Nach seiner Theorie kommt der Mensch als völlig unbeschriebenes Blatt zur Welt, religiöse oder ethische Ausprägungen werden somit erst später erlernt.

John Locke

Frage 77
Wie nannte man die Wanderlehrer im alten Griechenland?

☞ **Sophisten.** Sie beschäftigten sich mit den klassischen Fragen der Philosophie nach den Menschen, ihrer Existenz und ihrem Zusammenleben, gerieten aber in den Ruf, v. a. spitzfindigen Wortspielereien zu frönen.

Frage 78

Welcher Philosoph prägte den Satz „Gott ist tot"?

☞ **Friedrich Nietzsche (1844–1900).** Er wurde damit zu einem Wortführer des europäischen Nihilismus, der jenseitige Werte wie die Hoffnung auf das Himmelreich verwarf, weil der Jenseitsglaube die Bejahung des Diesseits verhindere. Der christlichen Religion warf er eine „Sklavenmoral" vor.

Frage 79

Wer steht im Mittelpunkt der geistreichen Essays von Michel de Montaigne?

☞ **Der Mensch** mit all seinen Facetten des Unbeständigen, Schwankenden und Eitlen. Der Späthumanist Montaigne (1533–92) stellt immer auch die Frage nach dem sittlich Richtigen.

Frage 80

Auf wen geht der Mythos des „edlen Wilden" zurück?

☞ **Auf den französischen Philosophen Jean-Jacques Rousseau (1712–78).** Nach Rousseau wird der Mensch durch die Erziehung anderer Menschen verdorben; nur sich selbst überlassen kann er sich zu einem vollwertigen, moralisch unbefleckten Individuum entfalten.

PHILOSOPHISCHER HANSWURST

Arthur Schopenhauer war nicht sonderlich begeistert von der Philosophie Hegels. Daher sparte er auch nicht mit deutlicher Kritik. So schrieb er u. a.: „Hegel, ein platter, geistloser, ekelhaft-widerlicher, unwissender Scharlatan, der mit beispielloser Frechheit Aberwitz und Unsinn zusammenschmierte, welche von seinen feilen Anhängern als unsterbliche Weisheit ausposaunt und von Dummköpfen richtig dafür übernommen wurden, ... hat den intellektuellen Verderb einer ganzen gelehrten Generation zur Folge gehabt."

Frage 81

Welcher philosophischen Schule gehörte der deutsche Philosoph Friedrich Schleiermacher an?

☞ **Dem Idealismus**, der davon ausgeht, dass das menschliche Bewusstsein die Wirklichkeit bestimmt. Dementsprechend verstand Schleiermacher (1768–1834) Jesus Christus als „Mensch an sich", als eine göttliche Idee des Menschen.

Frage 82

Beeinflusste Platon ausschließlich die Philosophie der Antike?

☞ **Nein.** Platons (um 427–347 v. Chr.) Werke beeinflussten zwar die Philosophie der Antike in ganz erheblichen Maß, daneben aber auch das Christentum sowie die jüdische und arabische Philosophie.

Frage 83

Was ist das Ziel der Psychoanalyse?

☞ Mit der von Sigmund Freud (1856–1939) entwickelten Behandlungsmethode sollen verdrängte (Kindheits-)Erfahrungen ins Bewusstsein zurückgeholt werden. Solche verdrängten Erlebnisse, oft sexueller Natur, sollen eine wesentliche Ursache für seelische Erkrankungen sein. In Einzelsitzungen versucht man sie bewusst zu machen – und schon dieses Bewusstmachen sei, so Freud, der erste Schritt auf dem Weg zur Genesung.

Sigmund Freud

Frage 84

Welche Denkrichtung vertrat der Brite John Stuart Mill?

☐ a) die Aufklärung
☐ b) den Rationalismus
☐ c) den Positivismus
☐ d) den Utilitarismus

☞ **d) den Utilitarismus**
Er beurteilt menschliches Handeln allein nach Kriterien der Nützlichkeit. Als wichtigster Vertreter des Positivismus vertrat Mill (1806–73) die Auffassung, dass die Grundlage der Philosophie die Psychologie und die Erfahrung die einzige Quelle der Erkenntnis ist.

Frage 85

Welcher österreichisch-britische Philosoph begründete die Methodenlehre des „trial and error"?

☞ **Sir Karl Popper (1902–94)** vertrat eine Philosophie der Wachsamkeit gegenüber Versuchen, endgültige Theorien oder absolute Wahrheiten aufzustellen. Grundlegend in der Wissenschaft sei es, Aussagen immer wieder infrage zu stellen, um so zu einer Annäherung an die Wahrheit zu gelangen.

Frage 86

Die Anhänger welcher Schule lehrten, dass Erkenntnis allein auf Empfindungen beruhe, deren Ursachen für den Menschen jedoch unergründlich seien?

☞ **Die Kyrenaiker.** Die Anhänger des Sokratesschülers Aristippos von Kyrene (435–355 v. Chr.) erklärten, der Weise lehne den Lustgewinn nicht ab, aber er beherrsche die Lust und lasse sich nicht von dieser beherrschen.

Frage 87

Was ist Dogmatik?

☞ **Die systematische Darstellung und Entwicklung einer Lehre.** Im modernen Verständnis schwingt mit dem Begriff auch die Aussage mit, eine Lehre sei zu starr.

Frage 88

Was versteht man unter Agnostizismus?

☞ Eine philosophische Denkrichtung, die davon ausgeht, dass göttliche Einflüsse auf das Universum zwar möglich, aber für den Menschen nicht durchschaubar oder erkennbar sind. Agnostizismus (griech. ágnostos, „nicht erkennbar") wird deshalb oft fälschlicherweise mit Atheismus gleichgesetzt.

Frage 89

Welches Thema behandeln Sartres Romane, Theaterstücke und Essays?

☞ Seine durch den Marxismus beeinflussten politisch engagierten Romane, Theaterstücke und Essays kreisen um das Thema der menschlichen Freiheit, mit der der Mensch durch Engagement und Verantwortung dem Dasein Sinnhaftigkeit verleihen kann.

Frage 90

Welcher deutsche Sozialphilosoph entwarf eine marxistisch orientierte Sozialtheorie innerhalb der Frankfurter Schule?

☞ **Jürgen Habermas (*1929)**, der in historischen Untersuchungen den Strukturwandel der Gesellschaft und die Bedingungen von politischen Entscheidungsprozessen in bürgerlich-liberalen, d. h. kapitalistischen Gesellschaften erforschte. Er entwickelte den Begriff des „erkenntnisleitenden Interesses" in den Wissenschaften, mit dem er den in den 1960er-Jahren vorherrschenden Wissenschaftspositivismus bekämpfte.

Jürgen Habermas

Frage 91

Was ist konkret Gegenstand der Philosophie?

☞ Philosophie hat keinen speziellen, fest umrissenen Bereich zum Gegenstand, sie kann sich mit zahlreichen Themen beschäftigen (Leben und Existenz, Moral, richtiges Handeln, Vernunft, Erkenntnis und Wege zur Erkenntnis, Politik, Gesellschaft usw.).

Frage 92

Auf welchen wissenschaftlichen Feldern war Aristoteles tätig?

☞ Wie alle antiken Philosophen beschäftigte sich Aristoteles (384–322 v. Chr.) nicht nur mit Fragen der Ethik, Logik, Metaphysik und Erkenntnistheorie – mithin dem, was heute unter Philosophie verstanden wird. Er forschte daneben nämlich u. a. auch auf so disparaten Gebieten wie den Naturwissenschaften und den Sprachwissenschaften.

Frage 93

Was war das antike Lykeieon?

☞ **Eine berühmte Philosophenschule**, die Aristoteles (384–322 v. Chr.) gegründet hatte, nachdem er vom Hof Alexanders des Großen (356–323 v. Chr.), dessen Erzieher und Lehrer er war, nach Athen zurückgekehrt war. Die Schule, die auch „Peripatos" genannt wurde, bestand ca. 300 Jahre.

Frage 94

Was wissen die Menschen nach der Lehre des Sokrates vom guten und schlechten Handeln?

☞ **Nicht viel.** Sokrates (469–399 v. Chr.) lehrte, dass eines der Grundprobleme der Menschen sei, dass sie nicht wissen, was gut und was schlecht ist. Deshalb komme das Böse überhaupt in die Welt.

Frage 95

Von welchem antiken Philosophen stammt der Satz: „Der Krieg ist der Vater aller Dinge"?

☞ **Von Heraklit (535–480 v. Chr.).** Er wollte mit diesem Satz ausdrücken, dass die Welt durch den Widerstreit von Gegensätzen gekennzeichnet sei und es ohne diesen Kampf keine Harmonie geben könne.

Frage 96

Wie charakterisierte der buddhistische Philosoph Nagarjuna die Welt?

☞ **Nagarjuna (um 100 n. Chr.) behauptete, die Welt sei leer**, denn jedes Ding könne schließlich nur im Verhältnis zu seinem Gegenteil existieren. Durch dieses Verhältnis heben sich aber mit den Gegensätzen auch die Dinge selbst in ihrer Existenz auf – übrig bleibe nur die Leere. Dies gelte, so Nagarjuna, auch für das Sein als solches.

Frage 97

Was bedeutet der Name der philosophischen Schule der Stoa?

☞ **Wörtlich übersetzt „Säulenhalle"**; damit wird der Ort umrissen, an dem die Stoiker sich erstmals trafen. Die Stoiker behaupteten, dass die Bewältigung der Lei-

PLATONS HÖHLENGLEICHNIS

Eines der berühmtesten Gleichnisse in der Philosophie stammt von Platon: Er stellte sich eine Gruppe von Menschen in einer Höhle vor. Sie sind gefesselt und können nur eine Höhlenwand sehen. Durch ein unsichtbares Feuer werden auf diese Wand die Schatten von Gegenständen geworfen, die draußen am Höhleneingang vorbeigetragen werden. Die Gefesselten kennen nur diese Schatten. Sie halten sie also für Realität, obwohl es sich nur um Abbilder handelt. Platon folgert daraus, dass nur der, der sich von den Fesseln befreit, die wahre Wirklichkeit erkennen kann. Das ist natürlich der Philosoph.

denschaften eine unabdingbare Notwendigkeit für die Glückseligkeit des Menschen sei.

Frage 98

Wer lehrte, dass nicht der Besitz der Dinge selbst den Menschen befriedige, sondern nur die Vorstellungen, die er davon habe?

☞ **Der Philosoph Epiktet aus Phrygien (50–138 v. Chr.).** Der Stoiker lehrte, dass allein die Enthaltsamkeit den Menschen glücklich machen könne. Dabei sei es unumgänglich, Vernunft und Willen zu zähmen und die Welt hinzunehmen, wie sie ist.

Frage 99

Alice Schwarzer

Diese Frau trug maßgeblich dazu bei, dass Frauen in Deutschland straffrei einen Schwangerschaftsabbruch vornehmen können und kämpfte für die finanzielle Unabhängigkeit der Frau vor dem Gesetz. **Wer ist sie?**

☞ **Alice Schwarzer (*1942)** ist die bekannteste Vertreterin der deutschen Frauenbewegung.

Frage 100

Eleanor war die Tochter eines Philosophen. Eigentlich wollte sie Schauspielerin werden, engagierte sich aber voll und ganz als Privatsekretärin des geliebten Vaters. Der analysierte die gesellschaftlichen Probleme seiner Zeit wie niemand zuvor. Nach seinem Tod setzte sich Eleanor als politische Aktivistin dafür ein, dass aus seinen Erkenntnissen auch Konsequenzen gezogen wurden. **Wie hieß sie mit Nachnamen?**

☞ **Eleanor Marx (1855–98).**

Frage 101

Mit welchem Problem sah sich die christliche Theologie in ihren Anfängen gegenüber der heidnischen Philosophie konfrontiert?

☞ Die christliche Theologie verfügte gerade im Vergleich zur antiken heidnischen Philosophie über keine besonders feste logische Grundlage, was sie insbesondere für die intellektuellen Kreise der römischen Welt nur wenig ansprechend machte.

Frage 102

Worauf beruhen, glaubt man der Lehre des Karpokrates aus Alexandrien (um 130 n. Chr.), die religiösen Vorstellungen der Menschen?

☞ **Auf einer vor Urzeiten gemachten religiösen Erfahrung.** Karpokrates behauptete, dass die unsterblichen menschlichen Seelen am Anbeginn aller Zeiten Gott und das Ewige erblickt hätten. Weil sich die Menschen auch heute noch daran erinnerten, gäbe es überhaupt religiöse Vorstellungen.

Frage 103

Worauf ist ein „freudscher Fehler“ zurückzuführen?

☞ Nach Ansicht der Psychoanalyse entsteht eine solche „Fehlleistung“ durch verdrängte Wünsche oder Inhalte. Dabei werden Worte ausgesprochen oder geschrieben, die nicht in den Zusammenhang passen, aber mit den angeblich verdrängten Dingen zu tun haben und so auf die eigentliche Intention des Betreffenden hindeuten.

Frage 104

Welcher Philosoph war der Meinung, dass die Philosophie den Menschen v. a. lehren soll, was gut und was schlecht ist?

☞ **Marcus Tullius Cicero (106–43 v. Chr.)**, der die Philosophie zunächst auf seinen Reisen durch die griechische Inselwelt kennenlernte. Für ihn war Philosophie v. a. Ethik und hatte demnach primär praktisch-sittlichen Nutzen: Sie könne bei der Bestimmung dessen helfen, was der Mensch tun solle und was nicht.

Frage 105

Wie standen die Nationalsozialisten zur Philosophie Friedrich Nietzsches?

☞ Die Nationalsozialisten übernahmen viele Ideen Nietzsches (1844–1900), so etwa die „Herrenmoral" oder auch die Idee des „Willens zur Macht". Sie rissen sie aber aus ihrem komplexen moralischen Gesamtzusammenhang, um sie für ihre Zwecke umzuformen.

Frage 106

Mit welcher Einteilung prägte Magnus Aurelius Casaiodorus die Wissenschaften des gesamten Mittelalters?

☞ Der spätantike Philosoph Casaiodorus (488–583 n. Chr.) teilte die Wissenschaften in die sogenannten sieben freien Künste ein: das aus Grammatik, Dialektik und Rhetorik bestehende „Trivium" sowie das „Quadrivium", zu dem er Arithmetik, Geometrie, Musik und Astronomie zählte.

Frage 107

Welcher Philosoph beschäftigte sich in seinem Werk immer wieder mit der „Frage nach dem Sinn von Sein"?

☞ **Martin Heidegger (1889–1976)** prägte vor allem durch sein 1927 erschienenes Werk *Sein und Zeit* die Philosophie des 20. Jahrhunderts. Es geht ihm in seinem Werk um die Bedeutungsklärung des Wortes „Sein": Was meinen wir, wenn wir sagen, etwas „ist"? Wie lässt sich erklären, wodurch etwas ist (und nicht vielmehr nicht ist)? Im Mittelpunkt von Heideggers Existenzphilosophie steht nicht die Existenz an sich, sondern das konkrete Sein oder Dasein des Menschen: seine Befindlichkeit, seine Angst vor dem Tod, sein Umgang damit wie auch die Frage nach dem Sinn.

Frage 108

Welcher deutsche Philosoph prägte die Lehre vom Übermenschen?

☐ a) Friedrich Nietzsche
☐ b) Immanuel Kant
☐ c) Sigmund Freud
☐ d) Martin Heidegger

☞ **a) Friedrich Nietzsche** (1844–1900)
Seine Theorien zum Übermenschen fasste er in seinem Fragment gebliebenen Hauptwerk *Der Wille zur Macht* zusammen. Hier ist ein Menschentypus der Zukunft projiziert, der sich ohne Rückhalt auf Religiosität seine Ziele und seinen Lebenssinn selbst setzen soll.

Frage 109

Welchen antiken Philosophen hat man mit einigem Recht als einen der ersten Nihilisten bezeichnet?

☞ **Gorgias aus Leontini (gest. 375 v. Chr.)**, denn er lehrte, dass es überhaupt nichts gebe, von dem man mit Recht behaupten könne, es existiere wirklich.

Frage 110

Welches ethische Ziel verfolgten die alten Griechen?

☞ **Die Glückseligkeit.** Für die Griechen war der Mensch, dessen geistige und körperliche Kräfte sich ungehindert entfalten können, glücklich und tugendhaft.

Frage 111

Die drei Dimensionen der Liebe heißen Sexus, Eros und Agape. Was genau bezeichnen diese Begriffe?

☞ Sexus bezeichnet die geschlechtliche Liebe. Eros ist im Denken der Antike das Streben nach Vollkommenheit. Nach Platon besteht der Eros aus der Schönheit eines Körpers, aller Körper, der Seelen, der Gemeinschaft und aus der Idee des Schönen. Agape bezeichnet eine hingebende, gar interessenlose Liebe, die das Wohl des anderen zum Ziel hat.

Frage 112

Welchem Philosophen wird der Satz „Alles fließt" zugeschrieben?

☞ **Heraklit (550–480 v. Chr.)**, der die Ansicht vertrat, dass Veränderlichkeit und Gegensätzlichkeit die Prinzipien der Weltvernunft seien. „Niemand kann zweimal in denselben Fluss steigen".

Frage 113

Warum wird Mark Aurel (121–180 n. Chr.) als Philosoph auf dem römischen Kaiserthron bezeichnet?

☞ Weil er mit seinen *Selbstbetrachtungen* neben Seneca ein bedeutender Stoiker war. Die Maxime des von hohen Idealen erfüllten Herrschers soll gewesen sein: „Hüte dich, dass du nicht verkaiserst!"

Frage 114

Welcher Philosoph und Schriftsteller gilt als bedeutendster Vertreter der französischen Aufklärung?

☐ a) Descartes
☐ b) Voltaire
☐ c) Rousseau
☐ d) Sartre

☞ **b) Voltaire** (eigentlich François Marie Arouet, 1694–1778), der wegen seines Eintretens für eine bürgerlich-liberale, von staatlicher und kirchlicher Bevormundung unabhängige Gesellschaft meist im Exil leben musste.

Voltaire

Frage 115

Welcher Philosoph sprach von Gott als einzige, unteilbare Substanz?

☞ **Benedictus de Spinoza (1632–77).** Nach Spinoza sind Gott und die Natur ein und dasselbe, alle endlichen Erscheinungen sind nur Daseinsweisen dieser unendlichen Größe. „Die geistige Liebe zu Gott" ist nach Spinoza die höchste Tugend des menschlich möglichen Verhaltens.

Frage 116

Zhuang Zhou träumte, er sei ein Schmetterling, der fröhlich umherflatterte und nichts wusste von Zhuang Zhou. Nach dem Erwachen fragte sich Zhuang Zhou: Bin ich nun Zhuang Zhou, der träumte, er sei ein Schmetterling, oder bin ich ein Schmetterling, der träumt, er sei Zhuang Zhou? **Welcher Philosophie bzw. Religion gehört dieser Denker an?**

☐ a) dem Konfuzianismus
☐ b) dem Buddhismus
☐ c) dem Animalismus
☐ d) dem Taoismus

☞ **d) dem Taoismus**

Frage 117

Inwiefern befand sich der Sozialdarwinismus auf dem Holzweg?

☞ Dieser kulturphilosophische Ansatz versuchte im 19. Jahrhundert, beruhend auf Darwins (1809–82) Vorstellungen vom ständigen Konkurrenzkampf der Individuen untereinander (Kampf ums Dasein), den Darwinismus auf die Konkurrenz in menschlichen Gesellschaften zu übertragen und damit gesellschaftliche Hierarchien und soziale Ungleichheit zu rechtfertigen.

Frage 118

Was versteht man unter Utilitarismus?

☞ Mit Utilitarismus wird ein Standpunkt bezeichnet, der das menschliche Handeln in erster Linie unter dem Aspekt des Nutzens für den Einzelnen und die Gesellschaft betrachtet.

Frage 119

Was versteht man unter Maieutik?

☞ Die auf hartnäckigem Fragen beruhende Erkenntnismethode des Sokrates wird als „Maieutik", was soviel wie „Hebammenkunst" bedeutet, bezeichnet. Das Ziel dieser Art des Philosophierens besteht nicht darin, zu gesicherten eindeutigen Wahrheiten zu gelangen, sondern dem jeweiligen Gesprächspartner die Augen über sein Nichtwissen zu öffnen.

Frage 120

Ist der Taoismus eine Religion?

☞ **Nein, sondern eine frühe chinesische Philosophie.** Der Taoismus lehrt in etwa, dass alles Wirken im „Urgrund" (Tao) sich aus der Umkehr der Gegensätze (aus Nichtsein wird Sein, aus Böse wird Gut) von selbst ergibt und dass der Mensch nicht handelnd eingreifen, sondern sich lediglich passiv in den kosmischen Zusammenhang einfügen und versenken soll.

Frage 121

Philosophen haben sich immer wieder Gedanken über den Staat und die Politik gemacht. Aristoteles hatte beispielsweise eine ganz klare Vorstellung darüber, welche Staatsform er für die schlechteste hielt. **Welche war es?**

☐ a) Monarchie
☐ b) Demokratie
☐ c) Oligarchie
☐ d) Aristokratie

☞ **b) Demokratie**
In seiner Schrift *Politik* bezeichnet Aristoteles (384–322 v. Chr.) die Demokratie tatsächlich als schlechteste Staatsform. Seiner Meinung nach habe sie nicht das Allgemeinwohl im Blick, sondern diene nur dem Wohl der Armen.

Frage 122

Philosophen sind und waren bisweilen kauzige Gestalten. **Welcher Philosoph soll der Überlieferung nach in einer Tonne gelebt haben?**

☞ **Der griechische Philosoph Diogenes von Sinope (um 400 v. Chr.– um 325 v. Chr.).** Außerdem erzählt man sich von ihm einige wunderliche Anekdoten. So soll Alexander der Große ihn nach seinem größten Wunsch gefragt haben und als Antwort erhalten haben: „Dass du mir aus der Sonne gehst".

Diogenes in seiner Tonne

Frage 123

Georg Wilhelm Friedrich Hegel arbeitete in seiner Philosophie viel mit den Begriffen „These" und „Antithese". Aus diesen beiden folgte nach seiner Überzeugung ein Drittes. **Worum handelt es sich dabei?**

☞ **Die Synthese.** Laut Hegel (1770–1831) folgt einer These die Antithese. Daraus ergibt sich schließlich eine Synthese, die nach einiger Zeit wieder zur These wird.

Frage 124

Er selbst hat nichts Schriftliches hinterlassen, doch gibt es eine Reihe von Werken, die sich mit ihm und seinen Lehren befassen. In diesen Schriften erfährt man, dass er nicht nur als brillanter Denker, sondern auch als unbarmherziger Frager bekannt und gefürchtet war. Mit immer neuen Fragen versuchte er, den Dingen auf den Grund zu gehen und der Wahrheit auf die Spur zu kommen. Die Söhne der reichsten Athener Familien waren seine glühendsten Verehrer. **Wie hieß der Philosoph?**

☞ **Sokrates (469–399 v. Chr.)** sprach im Zusammenhang mit seiner Fragetechnik selbst von „Hebammenkunst". Damit wollte er ausdrücken, dass er wie eine Hebamme die Geburt der Wahrheit unterstützte.

Frage 125

Nicht alle Philosophen suchen den Sinn im menschlichen Leben. Es gibt auch eine Haltung, die die Welt und das menschliche Dasein als sinnlos betrachtet. **Wie nennt sich diese philosophische Haltung?**

☞ **Nihilismus.** Friedrich Nietzsche (1844–1900) gilt als einer der Vordenker dieser Richtung.

Frage 126

Auf welchen Denker soll der Satz „Störe meine Kreise nicht" zurückgehen?

☐ a) Descartes
☐ b) Diogenes
☐ c) Plato
☐ d) Archimedes

☞ **d) Archimedes** (287–212 v. Chr.)
Er gilt als einer der berühmtesten Mathematiker und Wissenschaftler der Antike. Der Legende nach war Archimedes eines Tages damit beschäftigt, geometrische Figuren in den Sand zu zeichnen, als die Römer anrückten, um ihn festzunehmen. Er war jedoch so sehr in seine Aufgabe versunken, dass er mit dem Satz reagierte: „Störe meine Kreise nicht." Dies brachte einen der Soldaten so in Zorn, dass er ihn erschlug.

Frage 127

Seine Philosophie hat den „über sich hinausdenkenden Menschen" im Mittelpunkt, der sich Tagträume und konkrete Utopien schafft. **Wie hieß dieser marxistische Philosoph?**

☞ **Ernst Bloch (1885–1977).** Sein *Prinzp Hoffnung* hatte außerdem großen Einfluss auf die Theologie des 20. Jahrhunderts.

Frage 128

Welche Aufgabe hatten sich die Scholastiker gesetzt?

☞ **Die Scholastiker wollten im Mittelalter die Philosophie der Griechen und Römer mit dem Christentum verbinden.** Das ging ihrer Meinung nach so: Wissenschaft im Sinne Aristoteles' wird neben dem Glauben anerkannt – allerdings wird sie der Theologie untergeordnet.

Frage 129

Einige Philosophen vertreten die Auffassung, das Schicksal sei unabwendbar. Wie nennt man eine derartige Sichtweise?

☐ a) Altruismus
☐ b) Nihilismus
☐ c) Fatalismus
☐ d) Protestantismus

☞ **c) Fatalismus**

Frage 130

Welcher der folgenden Sätze stammt von René Descartes?

☐ a) Ich denke, also bin ich.
☐ b) Ich kam, sah und siegte.
☐ c) Ich weiß, dass ich nichts weiß.
☐ d) Ich bin, also kann ich denken.

☞ **a) Ich denke, also bin ich.**
Der französische Mathematiker, Naturwissenschaftler und Philosoph Descartes (1569–1650) gilt als Begründer des Rationalismus und als einer der Väter der neuzeitlichen Philosophie.

Frage 131

1991 brachte der Norweger Jostein Gaarder (*1952) einen Roman heraus, in dem Sofie, ein junges Mädchen, immer wieder Briefe von einem Fremden bekommt, die sie dazu anregen, über sich und ihre Welt nachzudenken. In diesen Briefen erklärt der anonyme Absender Sofie die Welt und Geschichte der Philosophie. **Wie heißt das Buch?**

☞ ***Sofies Welt.***

Jostein Gaarder mit Sofies Welt

Frage 132

Wie heißen die wichtigsten Protagonisten der Frankfurter Schule?

☞ Theodor W. Adorno (1903–69), Max Horkheimer (1895–1973), Herbert Marcuse (1898–1979), Jürgen Habermas (*1929). Die Frankfurter Schule ging aus dem Institut für Sozialforschung der Frankfurter Uni hervor.

Frage 133

Ein bedeutender Philosoph sagte einmal: „Aufklärung ist der Ausgang des Menschen aus seiner selbst verschuldeten Unmündigkeit." **Wer war es?**

☞ **Immanuel Kant (1724–1804).** Das freie Denken, das auch ein zentraler Aspekt in der Aufklärung war, war Kant immer ein großes Anliegen. Das zeigt sich auch in einem weiteren seiner berühmten Zitate: „Habe Mut, dich deines eigenen Verstandes zu bedienen!"

Frage 134

In welchem Verhältnis stehen nach Heideggers Philosophie menschliche Existenz und menschliche Sterblichkeit?

☞ Martin Heideggers (1889–1976) Auffassung lautet: Der Mensch erreicht erst dann seine eigentliche Existenz, wenn er sich der Grunderfahrung der Sterblichkeit stellt. Existenz heißt für Heidegger, „sich selbst in der Zeit vorweg sein".

Frage 135

Die Philosophie benötigt – wie jede Wissenschaft – bestimmte Methoden. **Wie heißt die Methode, bei der Philosophen von Einzelfällen und Beobachtungen auf allgemeingültige Sätze schließen?**

☐ a) Induktion ☐ c) Deduktion
☐ b) Obduktion ☐ d) Präduktion

☞ **a) Induktion**

Frage 136

Welcher Schüler Sokrates' hat die Gespräche seines Meisters mitgeschrieben und so dafür gesorgt, dass auch die Nachwelt an seinen Gedanken teilhaben konnte?

☐ a) Aristoteles ☐ c) Diogenes
☐ b) Platon ☐ d) Archimedes

☞ **b) Platon** (427–347 v. Chr.)

Frage 137

Wer begründete die Schule der Stoiker?

☞ **Zenon aus Kition (340–260 v. Chr.).** Die Philosophie teilt sich für die Stoiker in Logik, Physik und Ethik, verdeutlicht am Bild eines Obstgartens: Die Logik entspricht den schützenden Mauern, die Physik dem nach oben wachsenden Baum und die Ethik den Früchten.

Frage 138

Sein Name wird heute vor allem mit rücksichtsloser Machtpolitik unter Ausnutzung aller Mittel, die das Recht erlaubte, verbunden. Geboren wurde er im Jahr 1469 in Florenz. Vor allem aufgrund seines Werks *Il Principe* wird er von vielen als einer der bedeutendsten Staatsphilosophen der Neuzeit bezeichnet. Sein eigentliches politisches

Hauptwerk trägt aber den Titel *Discorsi*. **Wie hieß der Politiker, Philosoph, Geschichtsschreiber und Dichter?**

☞ **Niccoló Machiavelli (1469–1527).** Er individualisierte in seinen Schriften die Menschen, indem er feststellte, dass jeder Mensch spezielle Bedürfnisse und Verlangen hat. Schlecht sind die Menschen deshalb nicht von Natur aus, sondern durch die Art und Weise, wie sie ihre Ambitionen verfolgen.

Frage 139

Welcher Mathematiker und Philosoph sagte: „Alles entspricht der Zahl"?

☞ **Pythagoras (570–510 v. Chr.).** Für Pythagoras ist die mathematische Zahl die Form des Kosmos. So kam er wohl auch auf seinen berühmten Satz.

Frage 140

Wer war der erste Philosoph, der sich mit dem Menschen beschäftigte?

☐ a) Antisthenes
☐ b) Sokrates
☐ c) Plato
☐ d) Protagoras

☞ **d) Protagoras** (490–411 v. Chr.)
Er lebte die meiste Zeit in Athen, fiel später jedoch wegen seiner Lehren bei der Volksversammlung in Ungnade und wurde verbannt.

Frage 141

Wo liegt für Thomas von Aquin (1225–1274) der Ursprung des Staates?

☐ a) in Gott
☐ b) in der Natur
☐ c) im Individuum
☐ d) in der Gesellschaft

☞ **a) in Gott**
Wie viele Staatsdenker des Mittelalters zieht auch Thomas von Aquin den organischen Vergleich zum Staatsgebilde heran. Hierbei sieht er den König als Vertreter Gottes im Staat als Herz des Körpers, dessen Glieder und Organe die Bevölkerung darstellen.

Frage 142

Die Griechen glaubten, dass sie an diesem Ort Aufschluss über ihr Schicksal bekommen würden. Angeblich sprach dort der Gott Apollo mittels der Priesterin Pythia zu den Menschen. **Wie heißt dieser Ort?**

☞ **Es handelt sich um den Tempel von Delphi.**

Der Tempel von Delphi

Frage 143

Wodurch ist der Existenzialismus gekennzeichnet?

☞ Als Existenzialisten gelten diejenigen Philosophen, die die Fragen der menschlichen Existenz in den Mittelpunkt ihrer Überlegungen stellen. Es geht ihnen weniger um Fragen nach dem Sinn der Welt als nach der Existenz und den Handlungsoptionen, eventuell auch Handlungsmaximen. Der Lebenseinstellung und Lebensführung des jeweiligen Individuums gilt ihr besonderes Interesse.

Frage 144

Was ist Ziel der Scholastik?

☞ **Ziel der Scholastik war die rationale Begründung, Verteidigung und Deutung der Wahrheit des Glaubens.** Berühmteste Scholastiker sind Albertus Magnus (1193–1280) und Thomas von Aquin (1224–74).

Frage 145

Yin ist die andere Seite von ...

☐ a) Yang
☐ b) Yong
☐ c) Yung
☐ d) Yeng

Yin und Yang

☞ **a) Yang**
Yin bezeichnet in der chinesischen Philosophie eine passive Wirkungsmacht, während Yang als aktiv beschrieben wird. Beide Wirkungsmächte sind aber stets gleichzeitig vorhanden.

Frage 146

Insbesondere in der zweiten Hälfte des 20. Jahrhunderts sorgte in den philosophischen Diskursen ein Begriff für Furore: „Dekonstruktion". **Was ist darunter zu verstehen?**

☞ Die Dekonstruktion leugnet die Gültigkeit traditioneller Begrifflichkeiten. Sie sollen zerstört und in der Schwebe des De- und Re-Konstruierens belassen werden. Subjektivität und Objektivität entstehen erst in diesem Schwebezustand, den die Protagonisten der Dekonstruktion „Bewegungen der Differenz" nennen. Zentral ist es auch, den grundlegenden Widerspruch zwischen dem, was der Autor zu sagen glaubt, und dem, was der Text wirklich aussagt, durchzuarbeiten. Der Franzose Jacques Derrida (1930–2004) war einer der führenden Denker dieser philosophischen Schule.

Frage 147

Wer war die Lebensgefährtin von Jean-Paul Sartre (1905–80)?

☞ Die französische Schriftstellerin **Simone de Beauvoir (1908–86).**

Frage 148

Wer ist der Begründer der Anthroposophie?

☐ a) Friedrich Engels
☐ b) Gottfried Wilhelm Leibniz
☐ c) Betrand Russell
☐ d) Rudolf Steiner

☞ **d) Rudolf Steiner** (1861–1925)
Die Aufgabe des Menschen ist laut Steiner die ganzheitliche Vervollkommnung aller geistigen Fähigkeiten.

Frage 149

Ferdinand de Saussure (1857–1913) schuf eine der Grundlagen für diese Wissenschaft. Er entwarf ein Modell für die Sprache, bei dem das Bezeichnete oder auch der „Vorstellungsinhalt" (Signifikat genannt) vom Bezeichnenden, d. h vom Laut- oder Schriftbild (Signifikant), unterschieden wird.
Wie heißt diese Wissenschaft?

Ferdinand de Saussure

☞ **Semiotik.**

Frage 150

Welcher Philosoph hat gesagt: „Wenn es Gott nicht gäbe, müsste man ihn erfinden"?

☞ **Voltaire (1694–1778).** Der französische Philosoph vertrat eine sogenannte deistische Position. Er war der Ansicht, dass Gott zwar der Schöpfer der Welt sei, aber seitdem keinen Einfluss mehr auf die Geschichte, den Lauf der Welt habe. Folglich lehnte er das Christentum mit seinen Dogmen und die Kirche ab.

Frage 151

Weisheit, Tapferkeit, Gerechtigkeit und Mäßigung zählen zu den weltlichen Tugenden. Ihnen sind verschiedene Symbole zugeordnet. **Welche von ihnen wird durch die Schlange symbolisiert?**

☞ **Die Weisheit.** Die Schlange symbolisiert einerseits den Antichristen, also das höchste Maß an Bosheit, auf der anderen Seite verkörpert sie aber auch die Klugheit.

Frage 152

Welcher Philosoph beschäftigte sich in seinem Werk hauptsächlich mit dem Verhältnis von Sprache und Wirklichkeit?

☐ a) Friedrich Nietzsche
☐ b) Ludwig Wittgenstein
☐ c) Hans-Georg Gadamer
☐ d) Karl Jaspers

☞ **b) Ludwig Wittgenstein** (1889–1951)

Frage 153

Bis zum Jahr 1912 war die Lehre eines Philosophen in China Staatsreligion. **Welchem Denker wurde diese Ehre zuteil?**

☞ **Konfuzius (551–479 v. Chr.).** Seine Lehre war in China von der Handynastie (um 200 v. Chr.) bis zum Ende des Kaisertums 1912 verbindliche Staatsreligion.

Frage 154

Die Anhänger dieser Schule sahen als die Richtschnur des Handelns die Lust – körperliches Wohlergehen und Gemütsruhe – an. Allerdings war damit nicht die pure Sinneslust gemeint. Die Wahrnehmung muss ihrer Ansicht nach immer durch den Verstand geprüft werden. Erst, wenn sie diese Prüfung hinter sich hat, kann sie Geltung beanspruchen. Ein tugendhaftes Leben sahen die Anhänger der Schule übrigens als Voraussetzung für ein glückliches Leben an. **Wie nennt man sie?**

☞ **Epikureer.** Die Schule der Epikureer wurde von Epikur (341–271 v. Chr.) in Athen gegründet.

Frage 155

Welcher Denker begründete mit einem staatsphilosophischen Werk mit dem Titel *Utopia* das literarische Genre des utopischen Romans?

☞ **Thomas More (1478–1535),** auch als Sir Thomas Morus bekannt. In seinem Werk beschreibt der englische Gelehrte ein erfundenes Inselkönigreich. Auf der Insel herrscht eine Staatsordnung, in der die Interessen der Einzelnen den Interessen der Gemeinschaft untergeordnet sind. Wie in einem Kloster hat jeder zu arbeiten; jedermann bekommt Bildung und genießt religiöse Toleranz.

Frage 156

Karl Marx begründete den wissenschaftlichen Sozialismus. **Wie heißt sein berühmtestes Werk?**

☞ **Das *Kommunistische Manifest.*** Er verfasste es gemeinsam mit Friedrich Engels, der eng mit ihm befreundet war. Beide waren davon überzeugt, dass der Kapitalismus zwingend vom Sozialismus abgelöst werden müsse und im Kommunismus ende.

Karl Marx

Frage 157

Welcher der folgenden vier Begriffe bezeichnet keine philosophische Richtung oder Lehre?

☐ a) Materialismus
☐ b) Paralogismus
☐ c) Empirismus
☐ d) Pragmatismus

☞ **b) Paralogismus** ist ein Begriff aus der Logik und bezeichnet dort einen Trug- oder Fehlschluss, der auf Denkfehlern beruht.

Frage 158

Warum soll sich Empedokles von Agrigent in den Krater des Ätna gestürzt haben?

☞ **Weil er sich selbst für einen Gott mit magischen Fähigkeiten hielt.** Der Arzt, Philosoph und Priester Empedokles (483–423 v. Chr.) war ein so begnadeter Redner, dass seine Anhänger an seine Göttlichkeit glaubten und später sein Leben und seinen Tod sagenhaft ausschmückten.

Frage 159

Wer ist der „Vater" des kategorischen Imperativs?

☐ a) Arthur Schopenhauer
☐ b) Karl Marx
☐ c) Immanuel Kant
☐ d) Georg Wilhelm Friedrich Hegel

☞ **c) Immanuel Kant**

Frage 160

Edith Stein

Die deutsche Philosophin und Frauenrechtlerin wurde 1891 als jüngstes Kind einer jüdischen Familie geboren. Nach einer Phase atheistischer Weltanschauung konvertierte sie zum Katholizismus. Am 7. August 1942 wurde sie nach Auschwitz deportiert, wo sie zwei Tage später ermordet wurde. Am 1. Mai 1987 sprach Papst Johannes Paul II. sie selig und am 11. Oktober 1998 heilig. **Wie hieß diese Frau?**

☞ **Edith Stein (1891–1942).**

Frage 161

Welchem bedeutenden deutschen Philosophen wurde wegen angeblichen Atheismus' die Lehrerlaubnis entzogen?

☞ **Johann Gottlieb Fichte (1762–1814)** musste 1800 seine Lehrtätigkeit an der Universität Jena aufgeben, da ihm fälschlich der Vorwurf des Atheismus gemacht wurde, den er nicht entkräften konnte. Sein Werk gilt als Höhepunkt des deutschen Idealismus. Für Fichte wird die Umwelt erst durch das Denkvermögen des Subjekts geschaffen. Darin widersprach er Kant, der die Unvereinbarkeit von Subjekt und Objekt vertrat.

Frage 162

Wie hieß die erste erkenntnistheoretische Schrift?

☞ ***Discours de la méthode*** von René Descartes (1596–1650); diese Schrift erschien 1637 und war wegbereitend für die Aufklärung.

Frage 163

Von wem stammt der Satz: „Ich weiß, dass ich nichts weiß"?

☞ **Von Sokrates (um 470–399 v. Chr.).** Seinen berühmten, oft zitierten Satz benutzte Sokrates als eleganten Kunstkniff. Indem er sein eigenes Wissen infrage stellte, brachte er auch seine Zeitgenossen dazu, den Zweifel als Weg zur Wahrheitsfindung zu benutzen.

MARX ALS DICHTER

Bevor sich Karl Marx der Philosophie und Politik zuwandte, hatte er sich bereits im Jünglingsalter als Dichter versucht. Einige seiner Werke sind überliefert und zeigen, dass er als Philosoph für die Menschheit deutlich wertvoller war. Hier nun eine kleine Kostprobe aus dem Gedicht *Schicksaltragödie:*

**Das Mägdlein steht da so bleich,
so stille und verschlossen;
die Seele, engelweich,
so trüb und verdrossen ...
Sie war so fromm, so mild,
dem Himmel ergeben,
der Unschuld seliges Bild,
das Grazien weben.
Da kam ein Ritter her
auf prunkendem Rosse,
im Auge ein Liebesmeer
und Glutgeschosse.
Das traf so tief in die Brust;
doch er zog von dannen,
hinstürmend in Kriegeslust;
nichts mag ihn bannen.**

Frage 1
Wann wurde Buddha geboren?

☐ a) 563 v. Chr. ☐ c) 73 v. Chr.
☐ b) 422 v. Chr. ☐ d) 242 n. Chr.

☞ **a) 563 v. Chr.**
Buddha bedeutet in Sanskrit so viel wie „der Erwachte". Der Begründer des Buddhismus hieß eigentlich Siddhartha Gautama und wurde im heutigen Nepal als Sohn einer adligen Familie geboren.

Buddhastatue

Frage 2
Im Alten Testament lässt Gott zehn Plagen über die Ägypter hereinbrechen, um den Auszug der Israeliten aus dem Land zu erzwingen. **Was waren diese zehn Plagen?**

☞ Blutiges Wasser, Frösche, Stechmücken, Bremsen, Viehseuchen, Geschwüre, Hagel, Heuschrecken, undurchdringliche Finsternis und schließlich der Tod des Erstgeborenen von Mensch und Tier.

Frage 3
Nur kurz nach Mohammeds Tod im Jahr 632 kam es zu Auseinandersetzungen um seine Nachfolge. Zum Kalifen wurde schließlich sein engster Vertrauter Abu Bakr gewählt. Sein Vetter und Schwiegersohn Ali ging dabei leer aus. Damit war der Streit allerdings nicht beigelegt, im Jahr 680 eskalierte er zwischen Alis Sohn Hussein und dem sechsten Kalifen Yazid. Hussein wurde im Laufe der Streitigkeiten getötet. Seine Anhänger trennten sich endgültig von denen Yazids. **Wie werden sie genannt?**

☞ **Schiiten.** Dieser Name leitet sich von „Schi'at Ali" ab. Das bedeutet „die Partei Alis". Ein wichtiger Grundsatz der Schiiten war es, dass ein Blutsverwandter Mohammeds sein Nachfolger werden sollte.

Frage 4
Wie heißen die heiligen Schriften der Hindus?

☞ **Veden.** Das Wort „Veda" heißt Wissen. Wenn damit eine Schrift bezeichnet wird, bedeutet es „Buch des Wissens" – die Veden sind also Bücher des Wissens.

Frage 5
Wo findet man ein Minarett?

☞ **Minarette sind die Türme der Moscheen**. Von dort ruft der Muezzin die Gläubigen zum Gebet.

Frage 6
Wie bezeichnet man im Hinduismus die Summe der guten und bösen Taten?

☐ a) Atman ☐ c) Karma
☐ b) Shiva ☐ d) Dharma

☞ **c) Karma**
Karma besagt, dass jede Handlung auf jeden Fall eine Folge hat. Die Folge muss aber nicht unbedingt in diesem Leben zu spüren sein, sie kann ihre Wirkung auch erst in einem der folgenden Leben entfalten.

Frage 7
Noah baute auf Geheiß Gottes eine Arche und nahm von jeder Tierart ein Pärchen an Bord. So konnte das Fortbestehen der Arten auch nach der Sintflut gesichert werden. **Wo aber strandete Noah, als sich die Fluten wieder zurückzogen?**

☞ **Auf dem Berg Ararat.** Der Berg Ararat ist ein erloschener Vulkan, der im Osten der heutigen Türkei zu finden ist. Er ist 5137 m hoch und damit der höchste Berg der Türkei.

Frage 8

Wie heißt der höchste jüdische Feiertag?

☞ **Jom Kippur** ist der „große Versöhnungstag". Er wird als Totengedenktag, Versöhnungstag und als Fastentag mit absoluter Arbeitsruhe begangen und beendet eine neuntägige Besinnungszeit. Diese Besinnungszeit sollen die Gläubigen so nutzen, dass zu Jom Kippur alle Streitigkeiten beigelegt sind.

LEIDEN IM BUDDHISMUS

Die erste der „Vier edlen Wahrheiten" im Buddhismus beschäftigt sich mit dem Leiden: „Geburt ist Leiden. Altern ist Leiden. Krankheit ist Leiden. Tod ist Leiden ... mit dem Ungeliebten vereint, von Lieben getrennt zu sein ist Leiden," heißt es da.

Frage 9

Jerusalem ist nicht nur für das Christentum eine heilige Stadt. In welchen beiden weiteren Weltreligionen spielt die Stadt eine wichtige Rolle?

☞ Für das Judentum spielt Jerusalem eine wichtige Rolle, denn hier befindet sich die Klagemauer. Auch dem Islam ist die Stadt heilig. Jerusalem beherbergt nämlich auch die berühmte Al-Aksa-Moschee, nach Mekka das zweite Haus Gottes auf Erden.

Frage 10

Welches Land ist das Ursprungsland des Buddhismus?

☐ a) China
☐ b) Indien
☐ c) Nepal
☐ d) Japan

☞ **b) Indien**
Siddhartha Gautama, der Begründer des Buddhismus, soll Sohn eines Regionalfürsten im Norden Indiens gewesen sein, bevor er mit 29 Jahren seine Familie verließ, um sich einem spirituellen Leben zu widmen.

Frage 11

In welchem Land ist der Dalai Lama das geistige Oberhaupt?

☐ a) Indien
☐ b) Nepal
☐ c) Tibet
☐ d) Thailand

Der Dalai Lama

☞ **c) Tibet**
Dalai Lamas sind im tibetischen Buddhismus Menschen, die sich aus Mitgefühl entschlossen haben, durch Wiedergeburt wieder in das Leben einzutreten, um anderen Wesen zu dienen, obwohl sie als erleuchtete Wesen diesen Kreislauf hätten verlassen können.

Frage 12

Das Pessachfest ist eines der drei wichtigsten jüdischen Feste. Es findet jeweils im Frühling statt. Das Fest, das übrigens auch der Ursprung des christlichen Abendmahls ist, geht nach strengen Regeln vor sich. Es darf beispielsweise während der Feierlichkeiten kein gesäuertes Brot verzehrt werden. **An welches wichtige Ereignis in der Geschichte der Juden soll das Fest erinnern?**

☞ **An den Auszug aus Ägypten.** Das Verbot gesäuerten Brotes rührt daher, dass den Juden damals keine Zeit blieb, Sauerteigbrot als Verpflegung für den Marsch zu backen.

Frage 13

Wer gründete den Orden der Franziskaner?

☞ **Franz von Assisi (1182–1226)** gründete den Bettelorden, der im Jahr 1223 vom Papst anerkannt wurde. Die Franziskaner sind der Armut verpflichtet und kümmern sich vor allem um die Seelsorge und um die Unterstützung Bedürftiger.

Frage 14

Welcher Religion stehen die Freimaurer nahe?

☞ Die Freimaurer sind eine 1717 auf Grundlage des Christentums gegründete Gemeinschaft. In Achtung vor der Menschenwürde treten sie für Toleranz, Hilfsbereitschaft und Brüderlichkeit ein. Ihr Ziel ist es, „in sich selbst den Tempel Gottes zu errichten".

Frage 15

Welche der folgenden Weltreligionen ist die älteste?

☐ a) Christentum ☐ c) Buddhismus
☐ b) Judentum ☐ d) Hinduismus

☞ **d) Hinduismus**
Der Hinduismus begann zwischen dem 26. und dem 15. Jahrhundert v. Chr. und war damals die Religion der indischen Ureinwohner. Diese neu entstehende Religion wurde jedoch im 22. Jahrhundert v. Chr. durch die einströmende Volksgruppe der Arier noch ein wenig verändert.

Frage 16

Wie heißt die heilige Schrift des Islam?

☐ a) Koran ☐ c) Scharia
☐ b) Kabbala ☐ d) Veda

☞ **a) Koran**
Der Koran entstand in einem Zeitraum von etwas mehr als 20 Jahren. Er ist in 114 Kapitel, die sogenannten Suren, gegliedert.

Koran, Handschrift aus der persischen Buchkunst

Frage 17

Sie verließ die Ordensgemeinschaft der Loreto-Schwestern, um sich um die Armen und Sterbenden, vor allem aber um Leprakranke in Kalkutta zu kümmern. Dort gründete sie auch ihren Orden „Missionarinnen der Nächstenliebe". 1979 bekam sie für ihre Arbeit den Friedensnobelpreis. 1997 starb sie und wurde nur sechs Jahre später seliggesprochen. **Unter welchem Namen ist sie bekannt?**

☞ **Mutter Teresa.** Angeblich wollte sie schon mit zwölf Jahren Nonne werden.

Frage 18

Wo findet man den Schintoismus?

☞ **Schinto ist die älteste Religion Japans.** Diese Bezeichnung bedeutet wörtlich „Weg der kami" (dabei ist „kami" alles, was beim Menschen Ehrfurcht hervorruft) und stammt ursprünglich aus dem Chinesischen. Sie kam erst im 6. Jahrhundert in Gebrauch, als man die einheimische Religion gegen den vordringenden Buddhismus abzugrenzen versuchte.

Frage 19

Die Menschen, die das Leben Jesu im Neuen Testament festhielten, werden heutzutage Evangelisten genannt. **Wie viele Evangelisten gibt es und wie lauten ihre Namen?**

☞ Es gibt vier Evangelisten. Ihre Namen lauten Matthäus, Markus, Lukas und Johannes.

Frage 20

Welcher Begriff ist in der folgenden Liste fehl am Platz?

☐ a) Tora ☐ c) Bibel
☐ b) Ramadan ☐ d) Koran

☞ **b) Ramadan**
Ramadan bezeichnet den islamischen Fastenmonat. Die anderen drei Bezeichnungen stehen für die heiligen Schriften des Judentums, des Christentums und des Islam.

Frage 21

Wen nannte man den „lächelnden Papst"?

☐ a) Paul VI.
☐ b) Johannes XXIII.
☐ c) Johannes Paul I.
☐ d) Johannes Paul II.

☞ **c) Johannes Paul I.**
Wegen seines stets freundlichen Auftretens, das immer von einem Lächeln begleitet war, erntete Johannes Paul I. (1912–78) viel Sympathie.

Frage 22

Welche Religion kannte die Götter Adad, Sin, Schamasch und Ea?

☞ **Die Religion der alten Babylonier.** Adad war ihr Gott des Windes, Sin der Mondgott, Schamasch der Sonnengott und Ea der Gott der Weisheit.

Frage 23

Eine bekannte Legende stellt einen Heiligen als Drachentöter dar: Er rettet eine junge Frau aus den Klauen eines bösen Drachen. Aber anstatt um ihre Hand anzuhalten und diese auch zu bekommen, rät er dem Volk, dem die junge Frau angehört, zur Taufe, um das Böse endgültig zu überwinden. Diesen Rat befolgen die Menschen und es kommt zu einer großen Taufaktion. **Von welchem Heiligen ist hier die Rede?**

☞ **Der heilige Georg** (unbekannt –303) war ein Märtyrer, der zu Beginn der Christenverfolgung unter Kaiser Diokletian (284–305) gestorben sein soll.

Frage 24

Viele Religionen weisen einen eigenen Kalender auf. **Mit welchem Jahr beginnt die Zeitrechnung nach dem islamischen Kalender?**

☞ **Mit dem Jahr 622 n. Chr.** Stichtag ist die Flucht Mohammeds (570–632) von Mekka nach Medina.

Frage 25

1054 schickte Papst Leo IX. (1002–54) den Kardinal Humbert von Silva Candida (1010–61) zu einem anderen christlichen Oberhaupt, um aufgetretene Probleme zu klären. Die Sache eskalierte und am 16. Juli – der Papst war mittlerweile seit drei Monaten tot – überreichte Humbert seinem Gesprächspartner eine Bannbulle, die diesen unter wilden Verwünschungen exkommunizierte. **Damit bewirkte er den Bruch zwischen der katholischen und welcher Kirche?**

☞ **Der orthodoxen Kirche.** Die Kirchen hatten schon im 4. Jh. begonnen sich auseinanderzuentwickeln, da sie ihre machtpolitischen Streitigkeiten nicht beilegen konnten.

Frage 26

Welcher Apostel hat die Korintherbriefe geschrieben?

☐ a) Paulus
☐ b) Johannes
☐ c) Matthäus
☐ d) Thomas

☞ **a) Paulus**
Die Forschung geht mittlerweile davon aus, dass Paulus wahrscheinlich vier Briefe an die Christen in Korinth geschrieben hat, zwei davon sind erhalten geblieben.

Frage 27

Die in den orthodoxen christlichen Kirchen verwendeten Heiligenbilder haben einen ganz speziellen Namen. **Wie lautet er?**

☐ a) Indices
☐ b) Ikonen
☐ c) Imagina Dei
☐ d) Statuten

Ikone der Muttergottes

☞ **b) Ikonen**
Der Zweck der Ikonen ist es, beim Gläubigen Ehrfurcht zu erwecken. Darüber hinaus sollen sie eine Verbindung zwischen dem Betrachter und dem Dargestellten und damit auch zwischen dem Betrachter und Gott sein.

Frage 28

Im Hinduismus gibt es einen heiligen Fluss, mit dessen Wasser sich die Gläubigen von ihren Sünden reinwaschen können. Wie heißt dieser Fluss?

☞ **Der Ganges** ist ein 2511 Kilometer langer Fluss, der durch Indien und Bangladesch fließt. Im Ganges nehmen täglich mehrere Tausend Pilger ihr Bad und dazu einen Schluck vom heiligen Wasser.

Frage 29

Ein für das Christentum folgenschweres Dokument beginnt mit den folgenden Sätzen: „1. Aus Liebe zur Wahrheit und in dem Bestreben, diese zu ergründen, soll in Wittenberg unter dem Vorsitz des ehrwürdigen Vaters ..., Magisters der freien Künste und der heiligen Theologie sowie deren ordentlicher Professor daselbst, über die folgenden Sätze disputiert werden. Deshalb bittet er die, die nicht anwesend sein und mündlich mit uns debattieren können, dieses in Abwesenheit schriftlich zu tun. Im Namen unseres Herrn Jesu Christi, Amen. 2. Da unser Herr und Meister Jesus Christus spricht: Tut Buße usw. (Matth. 4,17), hat er gewollt, dass das ganze Leben der Gläubigen Buße sein soll." **Um welches Dokument handelt es sich?**

☞ **Um die 95 Thesen des Martin Luther.** Der Ausschnitt enthält die beiden ersten Thesen des Dokuments, das schließlich zur Spaltung der katholischen Kirche und zur Gründung der protestantischen Kirche geführt hat.

Frage 30

Wer machte im Jahr 1979 den Iran zur islamischen Republik?

☞ **Ayatollah Khomeini** (1907–89) wurde 1969 wegen seiner Kritik an der Weißen Revolution von Schah Reza Pahlevi für einige Monate inhaftiert und musste danach ins Exil gehen. Aus dem Exil organisierte er den Widerstand gegen den damaligen iranischen Herrscher.

Frage 31

Wie nennt man die Westmauer des jüdischen Tempels in Jerusalem?

☞ **Klagemauer.** Sie ist 48 Meter lang und 18 Meter hoch. Heute pilgern täglich viele Menschen an die Klagemauer, um zu beten. Viele stecken aufgeschriebene Gebete und Wünsche in die Ritzen zwischen den Mauersteinen. Für viele Juden symbolisiert die Klagemauer den Rest des ungebrochenen Bundes Gottes mit ihrem Volk.

Betende an der Klagemauer

Frage 32

Wie nennt sich die im Islam wichtige Pilgerfahrt?

☐ a) Hakksch
☐ b) Hallsch
☐ c) Hannsch
☐ d) Haddsch

☞ **d) Haddsch**
Jeder Muslim muss mindestens einmal in seinem Leben die Pilgerfahrt vollendet haben. Nachdem er die Kaaba, das größte Heiligtum der islamischen Welt, besucht hat, darf er sich dann „Haddschi" nennen.

Frage 33

Wo steht die größte Tempelanlage der Welt?

☐ a) in Rom
☐ b) in Kambodscha
☐ c) in Mekka
☐ d) in Peru

☞ **b) in Kambodscha**
Im Norden Kambodschas steht die hinduistisch-buddhistische Tempelanlage von

Angkor Wat. Sie gilt als Glanzlicht der Khmer-Architektur und wird mittlerweile intensiv erforscht und auch teilweise restauriert, um dieses architektonische Meisterwerk für die Nachwelt zu erhalten.

Angkor Wat

Frage 34

Besondere kurze Gebetsformeln, die immer wieder wiederholt werden, spielen im Hinduismus und Buddhismus eine große Rolle. Durch das meditative Wiederholen der Texte sollen spirituelle Energien freigesetzt werden. Im Christentum hat das Beten des Rosenkranzes eine ähnliche Funktion, im Islam gibt es die Kurzformel „Allah Akbar", und das Judentum kennt den Satz „Schma Israeadonaj eloheinu". Der indische Name für solche Formeln hat sich mittlerweile auch bei uns eingebürgert. **Wie lautet er?**

☞ **Mantra.** Übersetzt bedeutet das Wort „Instrument des Denkens". Das wichtigste Mantra ist übrigens „Om". Es steht für den Urklang, aus dem Brahman die Welt geschaffen haben soll.

Frage 35

Einer der Söhne Abrahams gilt als Stammvater der Juden, ein anderer als Stammvater der Muslime. Wie heißen beide?

☞ Isaak ist der Stammvater der Juden, sein Bruder Ismael wird von den Muslimen als ihr Stammvater verehrt.

Frage 36

Wie nennt man einen Geistlichen, der sich mit Tanz, Musik oder Drogen in Trance versetzt?

☐ a) Schamane
☐ b) Derwisch
☐ c) Scharlatan
☐ d) Samurai

☞ **a) Schamane**
Vor allem in Zentralasien und Sibirien lebt die Tradition der Schamanen weiter. Dort erkennt man ihnen große magische Kräfte zu, die ihnen zur Seelenwanderung und Kontaktaufnahme mit Verstorbenen und Geistern verhelfen.

Frage 37

Wie heißen die geflochtenen Brote, die am Sabbat gegessen werden?

☞ **Challot.** Das traditionelle Sabbatmahl beginnt mit zwei Laiben Brot, die an die zweifache Portion Manna, die den Israeliten während ihrer 40-jährigen Wüstenwanderung zuteilwurde, erinnern sollen.

Frage 38

Es ist das Ziel jedes Buddhisten, dorthin zu gelangen. Allerdings kann es eine lange Zeit dauern, bis er so weit ist. Denn diesen Ort erreicht nur, wer es zu Lebzeiten zur Vollkommenheit gebracht und den Kreislauf aus Geburt, Tod und Wiedergeburt einige Male durchlaufen hat. **Wie nennt sich die-**

SAKRAMENTE

Die katholische und die orthodoxe Kirche kennen sieben Sakramente: Taufe, Firmung, Eucharistie, Buße, Krankensalbung, Priesterweihe und Ehe. Diese Sakramente sind Zeichenhandlungen, die die Gnade Gottes für die Gläubigen vermitteln und seine Nähe spürbar machen sollen.

ser geheimnisvolle Ort, das Heilsziel der Buddhisten?

☞ **Nirwana.** Das Wort bedeutet übersetzt „Erlöschen, Verwehen". Das Nirwana ist allerdings nicht mit dem „Himmel", wie ihn beispielsweise der christliche Glauben kennt, zu vergleichen. Er ist eher so etwas wie ein finaler Zustand.

Frage 39

In unregelmäßigen Abständen tagen die katholischen Bischöfe und Kardinäle unter Vorsitz des Papstes. **Wie nennen sich diese Versammlungen?**

☞ **Konzil.** Ungefähr im Jahr 50 tagte das erste christliche Konzil.

Frage 40

Welchen amerikanischen Bundesstaat gründeten die Mormonen?

☐ a) Texas
☐ b) Utah
☐ c) Florida
☐ d) Illinois

☞ **b) Utah**

Die Mormonen erwarten die Wiederkehr von Jesus Christus, der dann von ihrem Tempel in Salt Lake City aus das Jüngste Gericht abhalten wird.

Frage 41

Warum gründete Heinrich VIII. die anglikanische Staatskirche?

Heinrich VIII., Gründer der anglikanischen Kirche

☞ Weil der Papst seine Ehe mit Katharina von Aragón (1485–1536) nicht scheiden wollte. Deshalb löste der König 1535 die Kirche von England aus der katholischen Kirche. Heinrich VIII. (1491–1547) war nacheinander mit insgesamt sechs Frauen verheiratet, zwei von ihnen ließ er hinrichten.

Frage 42

Wer waren die Hugenotten?

☞ **Französische Protestanten.** In Frankreich wurden sie seit 1562 verfolgt, da die Katholiken das Erstarken ihrer Konfession befürchteten. Am Ende der Hugenottenkriege gewährte ihnen Heinrich IV. (1553–1610) im Edikt von Nantes 1598 die freie Religionsausübung. Allerdings ließ sie Ludwig XIV. (1638–1715) wieder verfolgen, viele von ihnen flohen nach Deutschland und in die Niederlande. Die Hugenotten wurden hier gerne aufgenommen, da sie zumeist reiche Kaufleute oder gut ausgebildete Handwerker waren.

Frage 43

Nach muslimischer Überlieferung soll dieses Gebäude von Adam gebaut und von Abraham und Ismael wiederaufgerichtet worden sein. In vorislamischer Zeit diente es als Tempel. Die dort aufgestellten Götterstatuen wurden aber im Jahr 630 von Mohammed nach der Eroberung Mekkas zerstört. Seitdem gilt das Gebäude als größtes Heiligtum des Islam. **Wie heißt es?**

☞ **Die Kaaba.** Sie ist ca. 12 x 10 x 15 Meter groß und mit schwarzem Brokat bedeckt. In die Wand ist ein schwarzer Stein eingelassen, der nach der Legende aus dem Paradies stammt.

Frage 44

Welche Macht stand seit 1215 hinter der Inquisition?

☐ a) das Römische Reich
☐ b) die katholische Kirche
☐ c) die spanische Monarchie
☐ d) eine italienische Handelsgesellschaft

☞ **b) die katholische Kirche**

Sie verfolgte Kirchenreformer, Andersgläubige und Andersdenkende, Wissenschaftler usw. als „Ketzer" oder gar als „Hexen", erpresste unter Folter Geständnisse und brachte unzählige Menschen auf den Scheiterhaufen.

Frage 45

Warum wanderten die Pilgerväter von England nach Amerika aus?

☞ Weil sie in ihrer Heimat an der freien Ausübung ihrer Religion gehindert wurden. Mit dem Segelschiff Mayflower landeten am 21. November 1620 die 102 Passagiere, darunter 41 Dissidenten der anglikanischen Kirche, im heutigen Massachusetts und gründeten die neuenglische Kolonie Plymouth.

Nachbildung der Mayflower

Frage 46

Wo entstand 1967 der erste atheistische Staat der Welt?

☐ a) in der Schweiz ☐ c) in Luxemburg
☐ b) in Monaco ☐ d) in Albanien

☞ **d) in Albanien**
Alle Kirchen und Moscheen wurden damals zerstört oder zweckentfremdet, die meisten Geistlichen verhaftet. Seit der Demokratisierung 1991 ist auch die Religionsausübung wieder gestattet. Heute sind etwa 70 % der albanischen Gläubigen Moslems, 20 % orthodoxe Christen und 10 % Katholiken.

Frage 47

Woher stammt der Begriff „Guru"?

☞ Er kommt aus dem altindischen Sanskrit und bezeichnete ursprünglich einen religiösen Lehrer. Heute versteht man darunter auch allgemein den Meinungsführer oder die fachliche Autorität auf einem bestimmten Gebiet.

Frage 48

Welche Denkweisen liegen der Magie zugrunde?

☞ Im Gegensatz zum naturwissenschaftlichen Denken, das auf der Frage nach Ursache und Wirkung fußt, ist das magische Denken irrational. Es stellt Beziehungen her, die nicht empirisch zu beweisen sind und versucht Einfluss auf eigentlich unbeeinflussbare Vorgänge zu nehmen. Magisches Denken manifestiert sich z. B. im Glauben an Zauberei und im Aberglauben.

Frage 49

Was versteht man unter Kismet?

☞ Die Vorstellung des Islam, dass das Schicksal des Menschen von Gott vorherbestimmt ist und dass der Mensch dieses nicht ändern kann.

Frage 50

Dass Schweinefleisch für Juden nicht „koscher" ist, wissen die meisten. **Aber auf welche Tiere verzichten Juden außerdem noch?**

☞ Sie sollten Tiere meiden, die keine zweigespaltenen Hufe haben oder keine Wiederkäuer sind (z. B. Kaninchen und Pferd), Geflügel ist erlaubt. Meerestiere, die keine Flossen und Schuppen haben (z. B. Stör, Aal, Muscheln, Krabben), sind ebenso tabu wie Froschschenkel, Schnecken und Insekten.

Frage 51

Was ist ein Ashram?

☐ a) eine Pilgerherberge in Indien
☐ b) ein Ayurvedazentrum
☐ c) ein klosterähnliches Meditationszentrum
☐ d) eine Begegnungsstätte zwischen Mönchen und dem gemeinen Volk

☞ **c) ein klosterähnliches Meditationszentrum** wird in den indischen Sprachen als Ashram bezeichnet.

Frage 52

Wo übersetzte Martin Luther (1483–1546) die Bibel ins Deutsche?

☞ **Auf der Wartburg** bei Eisenach in Thüringen, wo ihn sein Landesherr, Kurfürst Friedrich der Weise (1463–1525), versteckte, nachdem über den Reformator von der katholischen Kirche die Reichsacht verhängt worden war.

Die Wartburg

Frage 53

Welches Volk bezeichnet sich selbst als auserwählt?

☞ Nach alttestamentarischer Auffassung das Volk Israel. Es glaubt sich nach dem 2. Buch Mose von Jahwe zu seinem Eigentum vor allen Völkern erwählt. Das Neue Testament wertete im Römerbrief diese Auserwähltheit um und bezog sie auf die christliche Kirche.

Frage 54

Wo werden nach altkatholischer Vorstellung die Seelen der Verstorbenen von den Sünden gereinigt?

☞ **Im Fegefeuer** (von mittelhochdt. fegen, „reinigen"). Es darf nicht mit der Hölle verwechselt werden, wo die ewigen Sündenstrafen verbüßt werden.

Frage 55

Wie nannte die Heilige Inquisition Personen, die von der katholischen Lehre abwichen?

☞ **Ketzer oder Häretiker.** Der Name Ketzer leitet sich von den Katharern ab, einer von der Kirche verfolgten religiösen Bewegung des Mittelalters.

Frage 56

In dieser goldenen Truhe sollen die Steintafeln mit den Zehn Geboten aufbewahrt worden sein. Sie gilt jedoch seit der Plünderung des Jerusalemer Tempels im Jahr 587 v. Chr. als verschollen. **Wie heißt die Truhe?**

☞ **Bundeslade.**

Frage 57

Welche Theologie gründet den Glauben an die Inkarnation Gottes?

☞ **Die christliche Theologie.** Danach ist Gott durch Jesus Christus Mensch geworden, um die Menschen von ihren Sünden zu erlösen.

Frage 58

Was ist der höchste christliche Feiertag der evangelischen Kirche?

☐ a) Buß- und Bettag
☐ b) Gründonnerstag
☐ c) Karfreitag
☐ d) Ostermontag

☞ **c) Karfreitag**
Er erinnert an die Kreuzigung Jesu und wurde schon um die Mitte des 2. Jahrhunderts als Bußtag bei den nordafrikanischen Christen gefeiert.

Frage 59

Wie bezeichnet man eine streng enthaltsame und entsagende Lebensweise?

☞ **Askese.** Sie dient der Verwirklichung sittlicher und religiöser Ideale. Asketische

Übungen wie Beten, Fasten, Meditation und Kontemplation sind besonders im Mönchtum des Christentums, des Hinduismus' und des Buddhismus' zu finden.

Frage 60

An welchem Tag wird den Gläubigen nach katholischem Ritus mit Asche ein Kreuz auf die Stirn gezeichnet?

☞ **Am Aschermittwoch**, dem ersten Tag nach den Fastnachtstagen und dem ersten Tag der dann folgenden siebenwöchigen Fastenzeit. Der Priester zeichnet das Kreuz auf die Stirn mit den Worten: „Gedenke, Mensch, dass du Staub warst und wieder zu Staub wirst."

Frage 61

1830 wurde die Kirche Jesu Christi der Heiligen der Letzten Tage gegründet. **Wie nennen sich deren Anhänger?**

☐ a) Zeugen Jehovas
☐ b) Scientologen
☐ c) Lutheraner
☐ d) Mormonen

☞ **d) Mormonen**

Frage 62

Mit welcher Erneuerungsbewegung begegnete die katholische Welt der Reformation?

☞ **Mit der Gegenreformation.** Sie hatte eine geistlich-ideelle Seite, die innerkirchliche Reformen betraf und sich etwa in der Einschränkung des Ablasswesens oder auch in der Gründung des intellektuellen Jesuitenordens durch Ignatius von Loyola (1491–1556) manifestierte.

Frage 63

Welche Religionsgemeinschaft gedenkt mit dem Purim-Fest an seine Errettung?

☞ **Die jüdische.** Nach dem Buch Esther des Alten Testaments gelang es der schönen Jüdin Hadassa (Esther), der Gemahlin des persischen Königs Ahasver (Xerxes), die persischen Juden vor der Vernichtung zu erretten. Zum Gedenken daran feiern die Juden am 14. Adar (Februar/März) ein Fest.

Frage 64

Was enthält der Koran?

☞ Der Koran enthält den schriftlich niedergelegten Bericht von den Offenbarungen Mohammeds (um 570–632), die dieser in Mekka und Medina verkündete.

Frage 65

Welches katholische Sakrament erfolgt in der Eucharistie?

☞ Die Verwandlung von Brot und Wein in den Leib und das Blut Christi. Auch das gemeinsame Mahl der Kommunion wird so bezeichnet.

Frage 66

In welchem Land befindet sich der christliche Wallfahrtsort Santiago de Compostela?

☞ **In Spanien.** Hierher pilgern seit 1000 Jahren Wallfahrer auf den Jakobswegen, die in Frankreich und Deutschland ihre Ausgangspunkte haben, zu den Gebeinen des heiligen Jacobus des Älteren (1. Jh.).

Wallfahrtskirche in Santiago de Compostela

Frage 67

Welche Bedeutung hat die Scharia im Islam?

☞ Es ist das Gesetz, das im Koran und in der Sunna, die die Aussagen und Handlungen Mohammeds (um 570–632) überliefert, verankert ist und in islamischen Staaten auch als Strafrecht angewendet wird.

Frage 68

Welchen Glauben haben die Schiiten?

☞ **Den islamischen Glauben.** Die Schiiten sind Angehörige der kleineren der beiden Konfessionen des Islam und leben v. a. im Irak und im Iran.

Frage 69

Was betont der Begriff „evangelisch" im Unterschied zu „protestantisch"?

☞ Der Begriff „evangelisch" betont mehr den Religionsinhalt, der die Heilige Schrift, v. a. die Evangelien, zur Grundlage hat, „protestantisch" erinnert dagegen an die Entstehung dieser christlichen Kirchen zur Zeit der Reformation.

Frage 70

Welches Gebet hat Jesus seinen Jüngern gelehrt?

☐ a) Rosenkranz
☐ b) Psalm 23 („Der Herr ist mein Hirte")
☐ c) Vaterunser
☐ d) Glaubensbekenntnis

☞ **c) Vaterunser**

Frage 71

Was ist Zen?

☞ **Eine bestimmte Form meditativer Versenkung.** Sie ist das wichtigste Mittel im Zen-Buddhismus, um durch strenge Selbstdisziplin zur Erleuchtung zu gelangen.

Frage 72

Welcher katholische Würdenträger steht in der Hierarchie über dem Bischof und unter dem Papst?

☞ **Der Kardinal.** Er wird vom Papst ernannt und erhält wichtige Aufgaben in der Leitung der Kirche. Das Kardinalskollegium, das sich aus Bischöfen aller Erdteile zusammensetzt, wählt den Papst.

ANTEIL DER RELIGIONEN AN DER WELTBEVÖLKERUNG (IN %)

Religion	1900	1998	Prognose 2025
Christen	33,4	33,2	34,8
Muslime	12,4	19,9	24,4
Hindus	12,5	12,9	13,4
Buddhisten	7,8	6,0	5,4
Stammesreligionen	6,6	4,1	3,7
Sikhs	0,2	0,4	0,4
Juden	0,8	0,3	0,2

Frage 73

Welche Weltreligionen haben durch das Alte und Neue Testament dieselben Wurzeln?

☞ **Das Judentum und das Christentum.** Für das Judentum ist die Thora (die fünf Bücher Mose) sowie Propheten und Schriften des Alten Testaments ausschlaggebend, für das Christentum sind das Neue Testament, in dem das Leben und Wirken Jesu im Mittelpunkt steht, aber auch die göttlichen Offenbarungen des Alten Testaments verbindlich.

Frage 74

Wie heißen die geistlichen Lehrer der jüdischen Gemeinden?

☞ **Rabbiner.** Sie haben die Autorität zur Auslegung der Heiligen Schrift und des Talmud. In neuerer Zeit nennt man auch die Leiter der jüdischen Gemeinden Rabbiner.

Frage 75
Was versteht man unter dem Talmud?

☞ Er ist nach den fünf Büchern Mose die wichtigste Grundlage der jüdischen Religion und Gesellschaft und enthält eine Rechtssammlung mit Beispielfällen und Kommentaren aus der rabbinischen Überlieferung.

Frage 76
Von wem wurde nach christlicher Deutung die Erbsünde in die Welt gebracht?

☞ Von Adam und Eva, den ersten Menschen, deren Vergehen, vom „Baum der Erkenntnis von Gut und Böse" gegessen zu haben, Gott mit der Verbannung aus dem Paradies bestrafte. Die Sünde wird durch Zeugung von einer Generation auf die andere übertragen. Seit dem Kreuzestod Christi wird die Erbsünde durch die Taufe aufgehoben.

Michelangelo: Sündenfall und Vertreibung aus dem Paradies, *Sixtinische Kapelle*

Frage 77
Welche Religionen gelten als Weltreligionen?

☞ Das Christentum, der Islam, der Hinduismus, der Buddhismus und das Judentum.

Frage 78
Wodurch ist der Kult des Schintoismus geprägt?

☞ **Durch Naturverehrung und Ahnenkult.** Der Schintoismus wird hauptsächlich in Japan praktiziert, wo er von 1868 bis 1945 auch Staatskult war.

Frage 79
Welcher Tag erinnert im Festtagskalender der katholischen Kirche an das Letzte Abendmahl?

☞ **Der Gründonnerstag**, auf den der Karfreitag, der Kreuzigungstag Christi, folgt.

Frage 80
Wie heißt die philosophisch-religiöse Lehre Chinas?

☐ a) Zen
☐ b) Taoismus
☐ c) Feng-Shui
☐ d) Schintoismus

☞ **b) Taoismus**
Mit ihm verfolgen die Menschen das Ziel eine Übereinstimmung des menschlichen Denkens und Handelns mit dem Tao zu erzielen. Das Tao ist „der Weg", den die Natur weist.

Frage 81
In welchen Religionsgemeinschaften werden Sakramente gespendet?

☞ **Nur in der christlichen Religion.** Die heiligen Handlungen, die den Segen Gottes und damit seine Gnade gewähren, vollzieht der Priester oder ein höherer Geistlicher.

Frage 82
1870 gründete Charles Taze Russell (1852–1916) eine Gruppe zur Erforschung der Bibel und gab später auch eine Zeitschrift namens *Zion's Watch Tower and Herold of Christ's Presence* heraus. **Welche Religionsgemeinschaft entwickelte sich daraus?**

☞ **Die Zeugen Jehovas.** Nach eigenen Angaben gibt es weltweit ca. sieben Millionen Mitglieder, davon etwa 165.000 in Deutschland.

Frage 83

Was besagt der Zölibat, in dem katholische Priester und Mönche leben?

☞ Er ist das Gebot der Ehelosigkeit, das die Priester bei ihrer Weihe bzw. die Novizen bei der Aufnahme in einen Orden ablegen.

Frage 84

Wie nennt man die von Rom unabhängige Kirche Englands?

☞ **Anglikanische Kirche.** Ihr geistliches Oberhaupt ist der Erzbischof von Canterbury, das weltliche dagegen der König bzw. die Königin von England.

Frage 85

Aus welchen Teilen besteht die Bibel und was ist deren grober Inhalt?

☞ Aus dem Alten und dem Neuen Testament. Das Alte Testament enthält die heiligen Bücher der Juden, die mit der Erschaffung der Welt beginnend die Entstehung und den Verlauf der Geschichte des Volkes Israel erzählt, dem sich Gott offenbarte und das er als das seine auserwählte. Das Neue Testament berichtet in vier Evangelien, in der Apostelgeschichte und in weiteren Briefen vom Leben und Wirken Jesu und der Apostel. Hinzu kommt die Offenbarung des Johannes, die in gewaltigen Bildern das Weltende beschreibt.

Frage 86

Es gibt die unterschiedlichsten Vermutungen, was das Leben dieser Frau betrifft. Sie wird als Sünderin, manchmal als Prostituierte and dann wiederum als „Apostelin der Aposteln" bezeichnet. **Welche Frau an Jesu Seite gibt so viele Rätsel auf?**

☞ **Maria Magdalena.** Sie war eine Jüngerin Jesu. Seit 1969 wird sie offiziell nicht mehr als Sünderin oder Prostituierte angesehen. In Irland wurden die „Magdalenenheime" nach ihr benannt. Dort wurden noch bis 1996 „gefallene" Mädchen und Frauen von katholischen Nonnen – oft gegen ihren Willen und mit Gewalt – umerzogen.

Büßende Maria Magdalena, *La Tour*

Frage 87

Welchen Namen hat Gott im islamischen Glauben?

☞ **Allah.** Ähnlich wie im christlichen Glauben ist Allah Schöpfer und Erhalter der Welt und am Jüngsten Tag der Richter über die Menschen.

Frage 88

Auf welchem Heiligen Berg Griechenlands erhebt sich noch heute eine griechisch-orthodoxe „Mönchsrepublik"?

☞ Auf dem Berg Athos auf der Südspitze der östlichsten Chalkidike-Halbinsel. Hier thront seit etwa 963 wie eine Trutzburg das Kloster Dionysiou. In der Abgeschiedenheit und Sicherheit konnte sich über die Jahrhunderte hinweg das eremitische Leben einer regelrechten Mönchsrepublik entfalten. Die Mönche verbringen acht Stunden des Tages mit Gebeten.

Frage 89

Warum werden an Ostern Ostereier verschenkt?

☞ Die Ostereier haben nichts mit dem christlichen Fest der Auferstehung Jesu zu tun, sondern gehen auf germanische Frühlingsfeiern zurück. Bei diesen heidnischen Bräuchen fungierten Eier als Fruchtbarkeitssymbole.

Frage 90

Wer leitete mit einem freitäglichen Wurstessen die Züricher Reformation ein?

☞ **Der Pfarrer Ulrich (Huldrych) Zwingli (1484–1531)** stellte sich gegen das katholische Fastenverbot und das Zölibat.

Frage 91

Was erwarten die Adventisten?

☞ Die Mitglieder dieser hauptsächlich in den USA verbreiteten Religionsgemeinschaft (ca. sieben Millionen Anhänger) erwarten die erneute Wiederkehr von Jesus Christus.

Frage 92

Warum wird das 1. Buch Mose auch Genesis genannt?

☞ Genesis heißt „Anfang, Ursprung". Das erste Buch der Bibel beginnt mit der Schöpfungsgeschichte.

Frage 93

Wer waren die Judenchristen?

☞ Die urchristliche Gemeinde im 1. Jh. bestand fast ausschließlich aus Juden – Jesus selbst war ja auch Jude – und die Mitglieder dieser Gemeinde waren die Judenchristen.

Frage 94

Wozu wird Myrrhe verwendet?

☞ Das Gummiharz aus Myrrhestraucharten wird, wie Weihrauch, als Räucherharz bei kirchlichen Ritualen verwendet. Es war früher so kostbar, dass sie von Kaspar, Melchior und Balthasar neben Gold als königliche Geschenke mitgebracht wurden.

Frage 95

Wie heißt der Ruhetag bei den Juden?

☞ **Sabbath** (von hebräisch schabbat, „aufhören", „ruhen"). Er beginnt am Freitagabend und dauert bis zum Abend des Sonnabends.

Frage 96

Was ist ein Ayatollah?

☞ Er ist der geistliche und politische Führer im schiitischen Islam (übersetzt: „Zeichen Gottes").

Frage 97

Welche Stadt ist mit Zion gemeint?

☐ a) Jerusalem
☐ b) Mekka
☐ c) Babylon
☐ d) Athen

☞ **a) Jerusalem**, die „Stadt des Friedens" mit dem Berg Zion, auf dem der Davidspalast und Salomos Tempel standen.

Blick auf Jerusalem: Klagemauer und Felsendom

Frage 98

Wie viele Stationen hat ein Kreuzweg?

☞ Die Darstellung des Leidensweges Christi von der Verurteilung durch Pilatus bis zur Grablegung hat traditionellerweise 14 Stationen.

Frage 99

In welchen Weltreligionen spielt der Glaube an den Messias eine zentrale Rolle?

☞ **Im Judentum und im Christentum.** Während die Christen in Jesus Christus den von den Propheten erwarteten gesalbten Sohn Gottes erkennen, der die Menschen von den Sünden erlöst hat, erwarten die Juden das Kommen des Messias in künftiger Zeit.

Frage 100

Wie viele Geschwister hatte Jesus und wie hießen sie?

☞ Überliefert ist, dass Jesus vier Brüder hatte: Jakobus, Joses, Judas und Simon. Die Namen seiner Schwestern sind unbekannt.

Frage 101

Was versteht man unter Mystik?

☞ Eine religiöse Haltung, die danach trachtet, ganz in Gott aufzugehen. Mystiker versuchen, durch stark nach innen gekehrte Frömmigkeit wie auch durch meditative Übungen eine unmittelbare Gotteserfahrung zu erleben (z. B. in Ekstase).

Frage 102

Nikolaus von Myra, Ikone

Welchem Heiligen der christlichen Kirchen wird am 6. Dezember gedacht?

☞ **Nikolaus**, Bischof von Myra in der Türkei, der vermutlich im 4. Jahrhundert lebte. Zu Ehren des Schutzpatrons der Kinder werden ihnen an seinem Festtag Geschenke gemacht. In der evangelischen Kirche ist Nikolaus der Weihnachtsmann, der die Kinder an Heiligabend beschenkt.

Frage 103

Mit welchem Sakrament kann der katholische Priester den Gläubigen von seinen Sünden lossprechen?

☞ **Mit der Beichte**, wobei der Gläubige bußfertig sein, d. h. seine Verfehlungen voll eingestehen und bereuen muss. Der Priester erteilt nach dem Beichtgespräch die Absolution.

Frage 104

Wem gilt die besondere Verehrung im Ahnenkult?

☞ **Den Vorfahren der eigenen Familie**, von denen man glaubt, dass sie über ihren Tod hinaus in der Familie weiter wirken. Mit Opfergaben und Gastmählern oder auch beim Gebet vor Altären wird ihrer gedacht.

Frage 105

Welches Volk wurde als Erstes vollständig christianisiert?

☞ **Die Armenier.** Unmittelbar nach dem Tod Christi starteten die Apostel Thaddäus und Bartholomäus mit ihrer Mission bei den Armeniern, die überaus erfolgreich verlief. Denn schon im Jahre 301 n. Chr. wurden die neue Lehre und der neue Glaube zur einzigen Religion des armenischen Volkes proklamiert.

Frage 106

Warum wird Jesus von Nazareth auch Christus genannt?

☞ Christus bedeutet auf griechisch „der Gesalbte", was dem hebräischen „maschiach" („Messias") entspricht. Im Judentum war dies ursprünglich ein Hoheitstitel für den König („Gesalbter Gottes"). Später wurde der Messias als Heilsbringer erwartet. Im Neuen Testament wird Jesus als „Christos" („Messias") bezeichnet.

Frage 107

Warum ernähren sich Hindus vegetarisch?

☞ Weil sie manche Tiere (z. B. Kühe, Affen, Schlangen) als heilig verehren und die Ehrfurcht vor allem Leben eine wichtige Rolle in ihrem Glauben spielt. Außerdem glauben sie an die Wiedergeburt des Menschen auch in der Gestalt von Tieren.

Frage 108

Weshalb wird Jesu Geburtstag am 25. Dezember gefeiert, obwohl der eigentliche Geburtstag gar nicht überliefert ist?

☞ Der 25. Dezember war der Geburtstag orientalischer Sonnengötter und später auch ein Festtag für den römischen Sonnengott. Es ist die Zeit der Wintersonnenwende, d. h., die Tage der Dunkelheit sind überwunden, denn sie werden ja wieder länger. Jesus galt als „Lichtbringer" und wurde auch dafür verehrt.

Frage 109

Was bedeutet Advent wörtlich?

☞ **„Ankunft".** Gemeint ist die lang ersehnte Ankunft des Erlösers, das Warten auf die Geburt Jesu.

Frage 110

Wie nennt die Bibel den Garten, aus dem Gott Adam und Eva vertrieben haben soll?

☞ **Das Paradies oder Garten Eden.** Hier soll das erste Menschenpaar in natürlicher Unbekümmertheit gelebt haben, bis sie aufgrund des Sündenfalls in die Welt und in die Mühsal des menschlichen Daseins vertrieben wurden. Das Paradies gilt allgemein als der Ort des Friedens, der Glückseligkeit und der absoluten Bedürfnislosigkeit.

Frage 111

Welches Fest wird in Skandinavien Julfest genannt?

☐ a) das Osterfest
☐ b) die Sonnenwende
☐ c) das Sommerfest
☐ d) das Weihnachtsfest

☞ **d) das Weihnachtsfest**
Ins christliche Weihnachtsbrauchtum wurden auch heidnisch-germanische Jul-Bräuche (aus dem germanischen Wintersonnwendfest) übernommen, z. B. der Tannenbaum.

Frage 112

Welcher geistliche Würdenträger steht einer Diözese vor?

☞ **Der Diözesanbischof**, dem alle Katholiken innerhalb dieses geistlichen Wirkungsbereiches unterstehen. Zur Leitung der Diözese stehen dem Bischof ein Generalvikariat für die Verwaltung, ein Offizialat als Gerichtsbehörde und eine Bürobehörde unter dem Kanzler zu Gebote.

Frage 113

Was ist ein Buddha?

☞ „Buddha" ist ein Ehrentitel, den Verkünder der buddhistischen Lehre tragen, wenn sie aus eigener Kraft zur Erleuchtung gelangt sind. In den beiden großen Richtungen des Buddhismus wird jedoch eine Unterscheidung gemacht: Die eine sieht Buddha nicht als selbsterlösten Menschen, sondern als Offenbarung eines überweltlichen Buddha an.

Frage 114

Welcher Lehrmeinung widersprechen die sogenannten Häretiker?

☞ Der jeweils offiziellen Lehrmeinung der christlichen Amtskirchen. Von der katholischen Kirche wurden die der Häresie bezichtigten „Irrgläubigen" auch als Ketzer bezeichnet.

Frage 115

Warum lassen sich die Baptisten erst im Erwachsenenalter taufen?

☞ Weil die Baptisten (zu Deutsch „Täufer"), die Anhänger der größten evangelischen Freikirche, sich bewusst für Christus entscheiden wollen.

Baptistentaufe

Frage 116

Woraus entstanden Adam und Eva?

☞ Adam entstand aus dem Staub des Ackerbodens und Eva aus einer Rippe Adams.

Frage 117

Was sind Atheisten?

☞ Menschen, die an keinen Gott glauben, weil sie die Existenz von einem oder mehreren Göttern bzw. von einem göttlichen Wesen als irrational und nicht beweisbar ablehnen.

Frage 118

Welches berühmte Werk verfasste Laotse (3.–4. Jh. v. Chr.), der Lehrmeister des Taoismus?

☞ **Das Tao-te-king**, einen der Klassiker der chinesischen Philosophie. Wahrscheinlich im 4. Jahrhundert v. Chr. entstanden, wurde es zunächst „5000-Zeichen-Schrift" genannt. Die poetische Sammlung von 81 kurzen, teils gereimten Aphorismen gilt zugleich als Meisterwerk der Weltliteratur.

Frage 119

Was enthalten die Zehn Gebote?

☞ Die Moses auf dem Berg Sinai von Gott offenbarten Grundgesetze: Es gibt nur einen Gott; von ihm soll kein Bildnis gemacht werden; der Name Gottes soll geheiligt werden; der Sonntag ist zu ehren; die Eltern sind zu ehren; Verbot des Tötens, des Ehebrechens, des Stehlens, des Lügens und des Neides.

Frage 120

Wie nennen sich die Ostkirchen?

☞ **Orthodox**, d. h. griechisch „rechtgläubig". Orthodox ist eine Lehre oder religiöse Anschauung – etwa die des orthodoxen Judentums. In der BRD gibt es etwa 500.000 orthodoxe Christen.

Frage 121

In welcher Religion gilt der Ramadan als Fastenmonat?

☞ **Im Islam.** Im neunten Monat des islamischen Mondjahres verzichten die Gläubigen von Sonnenaufgang bis Sonnenuntergang auf jegliche leibliche Genüsse, wie Essen, Trinken oder Rauchen. Die Hauptmahlzeit wird, oft im festlichen Rahmen, um Mitternacht eingenommen.

Frage 122

Warum wird im Buddhismus das Nirwana angestrebt?

☞ Nirwana ist der ideale Zustand, in den ein Buddhist seinem Glauben zufolge eingehen wird, nachdem er den Kreislauf der Wiedergeburt oft genug durchschritten hat. Erst wenn er zu Vollkommenheit gelangt ist und die Lebensbegierde erlischt, ist das Nirwana erreicht.

Frage 123
Welche kirchlichen Würdenträger wählen den Papst?

☞ **Die Kardinäle.** Sie müssen sich so lange zur Wahl zurückziehen, bis sie zu einem Ergebnis gekommen sind. Dann steigt als Zeichen weißer Rauch aus dem Haus ihrer Zusammenkunft auf.

Frage 124
Wann wurde das Christentum zum ersten Mal als Staatsreligion deklariert?

☞ Theodosius I (347-395) erklärte im Jahr 380 das Christentum zur Staatsreligion des Römischen Reichs.

Frage 125
Mit welchem Ereignis beginnt die jüdische Geschichte und mit welchem hört sie auf?

☞ Die chronologische Darstellung der jüdischen Geschichte beginnt mit der Erschaffung der Welt und endet mit dem Auszug der Juden aus Ägypten und der Landnahme in Kanaan.

Frage 126
Welche griechischen Buchstaben stehen als Symbole des Anfangs und Endes für Gott oder Jesus Christus?

☞ **Das Alpha und das Omega**, also der erste und der letzte Buchstabe des griechischen Alphabets. Sie kommen in der Offenbarung vor, und zwar in dem Satz: „Ich bin das Alpha und das Omega, spricht Gott der Herr, der da ist und der da war und der da kommt, der Allmächtige."

Frage 127
Welchem Mönchsorden gehörte Martin Luther an?

☐ a) den Benediktinern
☐ b) den Augustinern
☐ c) den Paulanern
☐ d) den Franziskanern

☞ **b) den Augustinern**
Martin Luther (1483-1546) trat 1505 in das Schwarze Kloster der Augustiner-Eremiten in Erfurt ein.

Martin Luther

Frage 128
Welche Religionen sind in Deutschland am häufigsten vertreten?

☞ Die römisch-katholische Kirche zählt 25.684.890 Mitglieder, die Evangelische Landeskirche hat 25.100.727 Mitglieder und Muslime gibt es 3.500.000 in der BRD.

Frage 129
Was versteht man unter Monotheismus?

☞ **Die Verehrung eines einzigen Gottes**, im Gegensatz zum Polytheismus, in dem gleichzeitig verschiedene Götter verehrt werden. Im alten Ägypten führte z. B. Echnaton (14. Jh. v. Chr.) mit dem Kult des Sonnengottes Aton eine monotheistische Religion ein, der „Götterhimmel" der Griechen und Römer war dagegen von unzähligen Göttern bevölkert.

Frage 130
Wen meinte Jesus damit, als er sagte: „Auf diesen Fels will ich meine Kirche bauen"?

☞ **Den Apostel Petrus** (griech. „Fels"; † um 64). Er galt als der erste Bischof von Rom, dessen Nachfolger die Päpste sind. Die Petrusbriefe des Neuen Testaments sollen auf ihn zurückgehen.

Frage 131
Welchen Inhalt umfasst die Thora?

☞ **Die fünf Bücher Mose** des Alten Testaments, die im jüdischen Glauben das mosaische Gesetz darstellen. Das sind besonders die Bücher *Levitikus, Numeri* und *Deuteronomium*. Die ersten beiden Bücher – *Genesis* und *Exodus* – entwerfen die Weltentstehung sowie die Entstehung und Auserwählung des Volkes Israel.

Frage 132

Wo befindet sich das von dem bedeutenden oströmischen Kaiser Justinian I. (482–565) erbaute Katharinenkloster?

☞ **Auf der Sinai-Halbinsel.** Es ist ein 557 n. Chr. festungsartig errichteter Gebäudekomplex, der als Herberge für Pilger zu den Stätten des Alten Testaments und den Reliquien der Heiligen Katharina († Anfang 4. Jh.) diente.

Das Katharinenkloster im Sinai

Frage 133

Woraus bestehen die päpstlichen Insignien?

☞ Sie bestehen aus dem Papstthron, der dreifachen Papstkrone, dem päpstlichen Hirtenstab, dem Fischerring, einer besonderen Form des Palliums (eine Art Stola, die über dem Messgewand getragen wird) und bestimmten Gewändern.

Frage 134

Was bedeutet die Inschrift I. N. R. I., die auf dem Kruzifix angebracht ist?

☞ Es sind die Anfangsbuchstaben der lateinischen Inschrift „Iesus Nazarenus Rex Iudaeorum" („Jesus von Nazareth, König der Juden"), die nach dem Johannesevangelium (19, 19) Pontius Pilatus († um 39), der römische Statthalter von Judäa, anbringen ließ.

Frage 135

Wie heißen die wichtigsten Götter des Hinduismus?

☞ **Brahma, Shiva und Vishnu.** Brahma stand ursprünglich an der Spitze, er wurde aber durch Shiva (Zerstörer und Erneuerer der Welt) und Vishnu (Bewahrer des Lebens) allmählich verdrängt.

Frage 136

Was versteht man unter Diaspora?

☞ Zunächst versteht man darunter eine religiöse, nationale oder ethnische Minderheit, die außerhalb ihrer Heimat lebt. Im Speziellen bezieht er sich auf die jüdischen Gemeinden außerhalb Israels.

Frage 137

Wer sind die wichtigsten Autoren der neutestamentarischen Briefe?

☞ Die Briefe wurden in erster Linie von Paulus, Petrus, Judas und Johannes verfasst. Sie sind zeitgenössische Dokumente, die ein sehr eindrückliches Bild vom Leben in frühchristlichen Gemeinden und von deren Problemen vermitteln.

Frage 138

Dieser Dominikanermönch aus dem 13. Jh. gilt als einer der einflussreichsten Theologen der Geschichte. In seinem Hauptwerk *Summa Theologica* legte er rationale Gründe vor, die für die Existenz Gottes sprechen bzw. die sie sogar beweisen sollten. **Wer war er?**

Thomas von Aquin

☞ **Thomas von Aquin (1224–74)** versuchte zu zeigen, dass sich Vernunft und der Glaube an Gott nicht unbedingt widersprechen müssen.

Frage 139
Woher kommt der Begriff „Fastnacht"?

☞ **Von der Nacht vor Aschermittwoch, dem ersten Tag der Fastenzeit.** Später wird darunter die Woche vor Aschermittwoch verstanden. Die Fastnacht oder auch ober- und mitteldeutsch Fasenacht mit ihren Bräuchen, die meist heidnischen Ursprungs sind, ist die weltliche Entsprechung zur klösterlichen Feier des Fleischentzuges. Das Wort Karneval (von italienisch „carne levale" = „Fleischfortnahme") verweist noch darauf.

Frage 140
Wen verehren Anhänger des Voodoo-Kults?

☞ **Geister, die schützend oder Unheil bringend wirken sollen**. Der Voodoo-Kult ist mit magischen Ritualen verbunden, bei denen sich die Anhänger in Trance versetzen, Opferhandlungen vornehmen oder ekstatische Tänze vollführen.

Frage 141
Was versteht der Islam unter dem heiligen Krieg?

☞ **Der heilige Krieg („Dschihad") ist der Kampf gläubiger Muslime gegen die Ungläubigen.** Der Koran fordert die Gläubigen zur Verbreitung des Islam auf. Dabei muss ein Mudschaheddin, ein „Kämpfer für den Glauben, der den Feldzug gegen die Ungläubigen führt", nicht mit Waffengewalt kämpfen, obwohl diese legitim ist. Ein wichtiges Mittel der Glaubensverbreitung ist beispielsweise der gezielte Einsatz der Medien.

Frage 142
Welchen Wissenschaftler, der 1633 vor dem Inquisitionsgericht verurteilt wurde, rehabilitierte Papst Johannes Paul II. öffentlich im Jahr 1992?

☞ **Der italienische Mathematiker und Physiker Galileo Galilei (1564–1642)**, der wegen seiner Verteidigung des heliozentrischen Weltbildes, wie es Nikolaus Kopernikus (1473–1543) aus seinen Beobachtungen abgeleitet hatte, von dem Inquisitionsgericht als Ketzer verurteilt wurde, musste 1633 in Rom seinen Thesen abschwören. Er widerrief jedoch angeblich später seine Aussage vor dem Gericht mit den Worten „Und sie bewegt sich doch". Im Jahr 1992 wurde Galileo öffentlich von Papst Johannes Paul II. (1920–2005) in Rom rehabilitiert.

Frage 143
Was versteht man unter Simonie?

☞ Im katholischen Kirchenrecht bezeichnet Simonie den Verkauf eines geistlichen Amtes oder kirchlichen Besitzes gegen Geld.

Frage 144
Was ist die Bergpredigt?

☞ Als Bergpredigt bezeichnet man eine Rede, die Jesus an seine Jünger hielt. Hierin verkündet er vor allem die Seligpreisung.

Frage 145
Wo liegt das buddhistische Wallfahrtsheiligtum Borobudur?

☐ a) in Kalkutta
☐ b) in Kambodscha
☐ c) auf Java
☐ d) auf Sri Lanka

☞ **c) auf Java**
Die um 800 erbaute, 40 Meter hohe, in terrassenförmigen Stufen aufsteigende Pyramide gipfelt in drei kreisförmige Terrassen, auf deren oberster eine mächtige Halbkugel steht. Der Wallfahrer soll beim Wandeln auf den Terrassen die steinernen Reliefs betrachten, die u. a. Szenen aus dem Leben Buddhas (5. bis 4. Jh. v. Chr.) darstellen.

Frage 146
Wer ist Ganesha?

☞ **Ein elefantenköpfiger Gott des hinduistischen Glaubens.** Der gutmütige Ganesha gilt als Gottheit der Kaufleute und Schriftsteller.

Ganesha

Frage 147

Wer lehrte, dass heidnische Philosophie und christlicher Glaube dem gleichen Quell entspringen?

☞ **Clemens von Alexandria († 211).** Er erklärte, dass jegliche Erkenntnis, die christliche, jüdische wie auch die philosophische, einzig und allein von Gott ausgingen. Aus diesem Grund kam Clemens zu der für seine Zeit erstaunlichen Erkenntnis, dass der Christ auch in der heidnischen Philosophie das Wirken und das Wissen Gottes erkennen könne.

Frage 148

Woran glauben Anhänger der Christlichen Wissenschaft?

☞ Die Lehre der von Mary Baker-Eddy (1821–1910) begründeten Christlichen Wissenschaft geht davon aus, dass die erfassbare Materie und menschliches Leid wie Krankheit und Tod nur eine Illusion sind. Der Mensch sei nur ein Ausdruck des göttlichen Wesens, mit dem der Gläubige durch die Befolgung der Lehre Christi wieder verschmelzen könne.

Frage 149

Wozu dienten die Katakomben?

☞ Die unterirdischen Gänge in Rom waren christliche Begräbnisstätten. Der Name geht auf eine lateinische Flurbezeichnung „ad catacumbas" für ein Gelände an der Gräberstraße der Via Appia zurück.

Frage 150

Was veranlasste Martin Luther, seine 95 Thesen an die Schlosskirche zu Wittenberg anzuschlagen?

☞ Martin Luther (1483–1546) wandte sich vor allem gegen den Ablasshandel. Nach der Praktik des Ablasshandels konnten die Gläubigen durch Almosenspenden, Geldzahlungen oder Kirchenstiftungen Nachlass ihrer Sündenstrafen erwerben.

Frage 151

Was ist die Charta Oecumenica?

☞ Es ist die gemeinsame Erklärung der christlichen Kirchen, in der Regeln für das Miteinander der Konfessionen festgeschrieben werden. Im April 2001 unterzeichnet, rufen darin die Kirchenvertreter zu Toleranz und Offenheit gegenüber anderen Religionen auf.

Frage 152

Woran glauben Chiliasten?

☞ An das Ende der geschichtlichen Zeitrechnung, die von einer tausendjährigen Herrschaft Christi abgelöst wird. Zu den religiösen Gemeinschaften, die sich auf dieses Ende der geschichtlichen Zeit vorbereiten, gehören z. B. die Zeugen Jehovas, aber auch zahlreiche evangelische Ausrichtungen können als chiliastisch bezeichnet werden.

Frage 153

Welche Bedeutung hat der Ehering in der christlichen Kirche?

☞ Er ist ein Symbol für die Treue und Beständigkeit des Bundes. Ebenso wie der Ring keinen Anfang und auch kein Ende hat, so soll auch die Ehe und der Bund mit Gott für immer bestehen.

Frage 154

Durch welches Symbol wird das Judentum dargestellt und was bedeutet es?

☞ Der Davidstern ist ein sechseckiger Stern, der aus zwei sich überlappenden Dreiecken besteht. Das nach unten weisende Dreieck drückt aus, dass der Mensch sein Leben von Gott erhalten hat und das nach oben weisende Dreieck bedeutet, dass der Mensch auch wieder zu Gott zurückkehren wird.

Frage 155

Wodurch machte sich Kardinal von Galen Adolf Hitler zum Feind?

☞ Er war einer der wenigen hochrangigen Geistlichen, die den Nationalsozialismus und seine Verbrechen gegen die Menschheit offen kritisierten. Seine Proteste gegen das Euthanasieprogramm der Nationalsozialisten führten dazu, dass die Vernichtung „unwerten Lebens" (Alte, Kranke und Behinderte) zumindest für kurze Zeit gestoppt wurde. Der Sieg der Alliierten verhinderte, dass ein geplantes Todesurteil gegen den Geistlichen verhängt wurde.

Kardinal von Galen

Frage 156

Was ist ein Quäker?

☞ Im England des 17. Jahrhunderts lehnten die Quäker sowohl die englische Staatskirche als auch jeden Dienst an der Waffe ab, daher mussten sie von England fliehen und wanderten nach Nordamerika aus. 1681 gründete der Quäker William Penn (1644–1718) den Staat Pennsylvania, dessen Verfassung auf den Grundsätzen des Quäkertums beruhte.

Frage 157

Warum wurde Martin Luther von Kaiser Karl V. (1500–58) mit der Reichsacht belegt?

☞ Martin Luther (1483–1546) weigerte sich auch 1521 auf dem Reichstag von Worms, seinen Lehren abzuschwören, die eine Kirchenspaltung verursacht hatten und wegen der er vom Papst bereits gebannt worden war.

Frage 158

Was wird an Pfingsten gefeiert?

☞ Die Herabsendung des Heiligen Geistes über Maria und die Jünger Jesu, 50 Tage nach der Auferstehung. Das Pfingstfest markiert in der christlichen Kirche den Abschluss der Osterzeit und wird in vielen Regionen mit speziellen Bräuchen (Pfingstbäume, Jahrmärkte, Schmücken eines „Pfingstochsen") gefeiert.

Frage 159

Was versteht man unter einem Fruchtbarkeitskult?

☞ Einen Brauch, der eine reiche Ernte oder die Vermehrung von Vieh herbeiführen soll. Damit verbunden sind meist Opferungen, die zu symbolischen Zeitpunkten (Aussaat, Frühlingsbeginn etc.) durchgeführt werden.

Frage 160

Wer soll nach biblischer Überlieferung die Arche geschaffen haben, deren Passagiere als Einzige die Sintflut überlebten?

☞ **Noah**, der von Gott auserwählt wurde, sich mit den Seinen und der bekannten Tierwelt vor der Sintflut zu retten und ein neues Menschentum zu schaffen (Genesis 6–9).

Noahs Arche

Frage 161
Was ist ein Derwisch?

☐ a) ein Angehöriger eines islamischen Ordens
☐ b) ein türkischer Fürst
☐ c) ein Mönch in einem byzantinischen Orden
☐ d) ein buddhistischer Fürst

☞ **a) ein Angehöriger eines islamischen Ordens**
Derwische (übersetzt „Bettler") suchen durch geistige Versenkung und asketische Übungen eine mystische Vereinigung mit Gott.

Frage 162
Wie nennt man ein islamisches Gotteshaus?

☞ **Moschee.** Das Vorbild aller Moscheen ist das Haus des Propheten in Medina, das sowohl ein Ort des Gebetes als auch der politischen Versammlungen war.

Frage 163
Was versteht man unter Exorzismus?

☞ Die von einem katholischen Priester nach einem strengen Ritus ausgeführte Vertreibung eines Geistes, der von einem Menschen (oder auch einem Tier) Besitz ergriffen hat. Neben dem Aufsagen von Gebeten wird dem Dämon dabei auch mit Weihrauch und Weihwasser zu Leibe gerückt.

Frage 164
In welchen Religionen spielt die Wiedergeburt eine wichtige Rolle?

☞ **Im Hinduismus und Buddhismus.** In beiden Religionen stellt man sich vor, dass man in einem ewigen Kreislauf so lange (auch als Tier) wiedergeboren wird, bis man durch einen vollkommenen Lebenswandel hiervon erlöst wird.

Frage 165
Wie sah die Religion der Römer vor dem Einfluss der Griechen aus?

☞ Die ursprüngliche römische Religion kannte kaum in Menschengestalt auftretende Gottheiten. Bei Gebeten, Weissagungen, Opfern und Festen stand nie eine Gottheit, sondern immer die Fruchtbarkeit von Land und Vieh im Mittelpunkt. Alle religiösen Rituale der Römer wurden sehr formell abgehalten, da man sie nur in der festgelegten Form für wirksam hielt. Die altrömische Bauernreligion sah das Leben von der Natur beherrscht und verehrte einzelne Teile als solche, wie die Erde, die Quellen oder auch die Ernte.

Frage 166
Wer wurde als Baal verehrt?

☞ Baal war ursprünglich der oberste Gott der Syrer. Da die Anbetung Baals recht freizügige Elemente enthielt, versuchten die jüdischen Propheten erfolgreich, ihn zu „verteufeln". Seit dem Mittelalter gilt Baal als einer der mächtigsten Höllenfürsten. Baal hat angeblich drei Köpfe: den einer Kröte, den eines Menschen und den einer Katze.

Frage 167
Was versteht man unter Trinität?

☞ Die Dreifaltigkeit von Gott als Vater, Sohn und Heiliger Geist.

Frage 168
Wer ist der Antichrist?

☞ Der Gegenspieler Gottes, der am Zeitende auf der Erde erscheinen und als eine Art böser Zwilling von Jesus in Erscheinung treten wird. Im Laufe der Geschichte wurden aber auch ganz reale Zeitgenossen von der Kirche als Antichrist bezeichnet, so z. B. Kaiser Nero (37–68) oder Napoleon (1769–1821).

Frage 169
Was ist ein Brahmane?

☞ Das Mitglied der obersten indischen Kaste. Ein Brahmane versucht, die vielschichtigen indischen Religionsmythen in eine philosophische Form zu überführen.

Brahmane: Indischer Priester

Frage 170
In welcher Stadt befindet sich das größte Heiligtum des Islam?

☞ **In Mekka.** Inmitten der Großen Moschee befindet sich die Kaaba, das höchste Heiligtum des Islam.

Frage 171
Dieser Pilgerweg hat in den letzten Jahren einen großen Aufschwung erlebt. 1970 waren es nur 68 Christen, die die weite Reise auf sich nahmen. Doch das Pilgern wurde so populär, dass sich 2007 über 114.000 Menschen auf den Weg machten. **Welche Stadt steht am Ende dieser Reise?**

☞ **Santiago de Compostela** ist seit 830 ein Wallfahrtsort.

Frage 172
Was ist ein Kirchenbann?

☞ Die schwerste nichtkörperliche Strafe, die im Mittelalter gegen einen Christen ausgesprochen werden konnte. Der Kirchenbann führte zum Ausschluss eines Kirchenmitglieds aus der Gemeinschaft der Gläubigen und damit auch zum Ausschluss vom Gottesdienst. Er verhinderte eine christliche Bestattung. Nach katholischem Glauben war damit auch die Seele des Betroffenen für immer verdammt.

Frage 173
Wer erschuf das Goldene Kalb?

☞ **Der jüdische Hohepriester Aaron.** Während Moses auf dem Berg Sinai die Heiligen Zehn Gebote erhielt, forderte das Volk den Hohepriester auf, aus ihrem Schmuck ein Götzenbild zu formen, dass sie bei ihrem Weg durch die Wüste verehren konnten.

Frage 174
Wer gilt als Stammvater der drei großen Weltreligionen?

- ☐ a) Moses
- ☐ b) Mohammed
- ☐ c) Noah
- ☐ d) Abraham

☞ **d) Abraham**, der etwa 2000 v. Chr. gelebt haben soll. Abraham war bereit, Gott seinen eigenen Sohn zum Opfer zu bringen. Dieser absolute Glaubensgehorsam machte ihn zum Stammvater des Judentums, des Christentums und des Islam.

Das Opfer von Abraham *(1635), Rembrandt*

DER BELIEBTESTE HEILIGE

Antonius von Padua gilt als der bekannteste und beliebteste Heilige der Welt. In Padua wurde ihm zu Ehren die Basilika S. Antonio errichtet. An seinem Grab ereigneten sich in der Folgezeit so viele Wunder, dass es hieß: „Suchst du Wundertaten, gehe zu Antonius!" Die Basilika in Padua ist eine der meistbesuchten Wallfahrtsstätten überhaupt. Aber man findet auch sonst kaum eine römisch-katholische Kirche auf der Welt, die nicht einen Altar, ein Gemälde, ein Fresko oder eine Statue besitzt, die dem Heiligen geweiht ist.

Frage 175

Warum taucht der siebenarmige Leuchter als Bildmotiv in der jüdischen religiösen Kunst auf?

☞ Der auch Menora genannte siebenarmige Leuchter ist ein Überbleibsel des 70 n. Chr. zerstörten Tempels von Jerusalem.

Frage 176

Wer ist Beelzebub?

☞ Beelzebub gilt im Neuen Testament als Herrscher der Dämonen. Die Pharisäer klagten Jesus an, er treibe nur deshalb Dämonen aus, weil er heimlich mit Beelzebub zusammenarbeite. Wer sprichwörtlich den Teufel mit dem Beelzebub austreibt, bekämpft das eine Übel mit einem anderen.

Frage 177

Worin bestehen die fünf Hauptpflichten des Islams?

☞ Der Verzicht auf Schweinefleisch und Alkohol im Glaubensbekenntnis zu Allah, das tägliche, fünfmalige Gebet, das Fasten während des Ramadan, das Almosengeben für Bedürftige und soziale Zwecke sowie die Wallfahrt nach Mekka, die mindestens einmal im Leben durchgeführt werden muss. Höchstes religiöses und weltliches Gesetzbuch des Islam ist der Koran.

Frage 178

In welcher untergegangenen Kultur wurde Quetzalcoatl verehrt?

☐ a) bei den Azteken
☐ b) bei den Maya
☐ c) bei den Inka
☐ d) bei den Mohikanern

☞ **a) bei den Azteken**
Quetzalcoatl gehörte zu den weniger blutrünstigen aztekischen Göttern, der sich von seinen Verehrern keine Menschenopfer wünschte.

Quetzalcoatl

Frage 179

Was ist der Heilige Geist?

☞ Als Heiliger Geist wird die Schöpfermacht Gottes bezeichnet, die Leben spendet und dem Menschen Erkenntnis verleiht.

Frage 180

Was versteht man unter Okkultismus?

☞ **Die Lehre des Geheimnisvollen** (von lat. occultum, „das Geheimnisvolle"), das sich dem Zugriff der allgemein nachvollziehbaren Wissenschaft entzieht. Neben dem Studium der Magie lässt sich auch die Beschäftigung mit nicht naturwissenschaftlich erklärbaren Phänomenen dem Okkultismus zuordnen.

Frage 181

Was versteht man unter Animismus?

☞ Den Glauben an die Beseeltheit aller Erscheinungsformen im Kosmos. Der animistische Glaube ist besonders bei Naturvölkern weit verbreitet.

Frage 182
Woran glauben Anhänger des Pantheismus?

☞ **An die Einheit von Gott und der Welt**; die „Allgottlehre" (so die wörtliche Übersetzung) zählt zu den ältesten Glaubensrichtungen der Menschheit und erlebte in der Neuzeit eine neue Blüte als Gegenbewegung zu einer immer stärker um sich greifenden Rationalisierung und Erklärung der Welt.

Frage 183
Wie heißt die lateinische Kurzformel für „Gegrüßet seist du, Maria"?

☞ **Ave Maria.** Mit diesem Gruß trat der Engel Gabriel an Maria heran, um ihr die unbefleckte Empfängnis Jesu Christi mitzuteilen.

Erzengel Gabriel verkündet Maria die unbefleckte Empfängnis: „Gegrüßet seist du, Maria"

Frage 184
Was sind Dämonen?

☞ In den antiken Religionen Griechenlands und Roms, aber auch schon des alten Ägyptens, Mesopotamiens und Indiens verstand man unter einem Dämonen ein merkwürdiges Mischwesen zwischen Gott und Mensch mit eher zweifelhaftem Charakter. Nahezu jede Krankheit und jedes Unheil führten die antiken Zeitgenossen auf die Einwirkung solcher Dämonen zurück.

Frage 185
Welche Stadt gilt als wichtigste Pilgerstätte für Hinduisten?

☞ **Varanasi.** Nach der langen Reise nehmen die Hindus dort ein Bad im heiligen Fluss Ganges. Es gilt als besonders erstrebenswert, in Varanasi im Ganges zu sterben und verbrannt zu werden.

Frage 186
Was ist die religiöse Bedeutung des Begriffs „Tohuwabohu"?

☞ Im hebräischen Originalton der Schöpfungsgeschichte wird mit diesen Worten, denn es handelt sich eigentlich um drei Worte, der Zustand der Welt vor Gottes Eingreifen bezeichnet: „Tohu" bedeutet „wüst", „wa" steht für die Konjunktion „und" und „bohu" heisst übersetzt „leer".

Frage 187
Welcher spätere Apostel soll im kleinasiatischen Tarsus als Sohn frommer jüdischer Eltern aufgewachsen sein?

☞ **Paulus.** Als überzeugter Jude glaubte Paulus zwar an die unmittelbar bevorstehende Ankunft des Messias, nicht aber daran, dass Jesus von Nazareth dieser Erlöser sei. Paulus lehnte die neue Religion daher grundsätzlich ab, bis ihm auf der Reise nach Damaskus – wie das Neue Testament berichtet – Jesus Christus erschienen sei. Aufgrund dieses spirituellen Erlebnisses bekehrte er sich zum Christentum und wurde dessen eifrigster Missionar.

Frage 188
Welches antike Volk verehrte Isis, Osiris und Horus?

☐ a) die Ägypter ☐ c) die Römer
☐ b) die Griechen ☐ d) die Perser

☞ **a) die Ägypter**
Zwar kannte das Volk am Nil eine Unzahl von Göttern, Isis, Osiris und Horus aber waren die wichtigsten.

Frage 189

„Da geht es zu wie in Sodom und Gomorrha!" Dieses Sprichwort hat seinen Ursprung in der Bibel. **Doch welche Geschichte liegt ihm zugrunde?**

☞ Gott beschloss, Sodom und Gomorrha zu vernichten, nachdem er erfahren hatte, dass deren Einwohner sündhaft waren. Abraham versuchte das Unheil abzuwenden, indem er Gott fragte, ob er denn alle Sündhaften und Unschuldigen zugleich vernichten wolle. Daraufhin versprach Gott, er würde alle Menschen verschonen, wenn Abrahmen ihm nur zehn anständige Menschen in Sodom finden könne. Doch als sich die Sodomiter wieder versündigten, wurde die Stadt unter einem Feuer- und Schwefelregen begraben.

Frage 190

Welcher Sprache entstammt der Begriff „Religion"?

☞ Der Begriff „Religion" entstammt wahrscheinlich dem lateinischen Verb „religare", das wörtlich übersetzt zurückbinden bedeutet. Religion bindet also sinngemäß den Menschen an die Wurzeln seiner Existenz wie auch an die Wurzeln der Existenz der Welt zurück und macht ihm seine Position im Universum deutlich.

Frage 191

Wer formulierte 1530 das Augsburger Bekenntnis?

☞ **Philipp Melanchthon (1497–1560).** Das Augsburger Bekenntnis ist die grundlegende Bekenntnisschrift des Protestantismus. Melanchthon war in Wittenberg ein Mitarbeiter Luthers (1483–1546).

Philipp Melanchthon

Frage 192

Wie nennt man das geistliche Erleben eines Einzelnen oder auch einer Gruppe von Gläubigen im religiösen Kontext?

☐ a) Transzendenz
☐ b) Mystik
☐ c) Meditation
☐ d) Spiritualität

☞ **d) Spiritualität.** Als religiöses Erlebnis hängt Spiritualität nahezu immer mit der unmittelbaren oder auch vermittelten Erfahrung des Wirkens übernatürlicher Wesen in der irdischen Welt zusammen. Spiritualität steht damit auch in einem engen Zusammenhang mit der Suche nach Gott.

Frage 193

Was sollen die Bürger Antiochias den Christen gegeben haben?

☞ **Ihren Namen.** Nachdem die ersten Christenverfolgungen in Palästina begonnen hatten, flohen viele Anhänger des neuen Glaubens nach Antiochia. Viele Bürger der Stadt zeigten sich jedoch nicht eben begeistert von der christlichen Lehre und ihren Protagonisten und bezeichneten die Neuankömmlinge, gerade um sich von diesen abzugrenzen, als „Christen" – so berichtet es jedenfalls das Neue Testament.

Frage 194

Welcher Evangelist verfasste die Weihnachtsgeschichte, die am Heiligen Abend in der Kirche vorgelesen oder manchmal auch nachgespielt wird?

☞ **Lukas.**

Frage 195

Aus wie vielen Büchern besteht die Bibel?

☐ a) 2
☐ b) 70
☐ c) 25
☐ d) 55

☞ **b) 70**

Die Bibel setzt sich aus 70 einzelnen und sehr verschiedenartigen Büchern zusammen.

Frage 196

In welcher Frage legte das Konzil von Chalcedon die christliche Lehre fest?

☞ **In der Frage nach der Natur Christi.** In der Antike war immer wieder diskutiert worden, ob Christus Mensch oder Gott sei. Das Konzil von Chalcedon entschied im Jahre 451 n. Chr., dass die Natur Christi sowohl menschlich wie auch göttlich sei. Da es aber in dieser Hinsicht gerade in den orientalisch-vorderasiatischen Ursprungsgebieten des Christentums grundlegend andere Vorstellungen gab, kam es zu ersten Abspaltungen christlicher Kirchen, die schließlich in der Trennung zwischen Ost- und Westkirche kulminierten.

Frage 197

Was ist mit dem Begriff „Dogmatik" gemeint?

☞ Die Lehre von der göttlichen Dreieinigkeit, die Schöpfungslehre, die Lehre von der Natur Christi, den christlichen Sakramenten und der christlichen Kirche. Über Grundfragen der christlichen Dogmatik entschieden seit der Antike spezielle Bischofsversammlungen, die sogenannten Konzilien.

Frage 198

Welche drei Religionen hat Indien aus sich selbst herausgebracht?

☞ Den Hinduismus, den Buddhismus und den Jainismus.

Frage 199

Wer war der Gründer des Jesuitenordens?

Ignatius von Loyola

☞ **Ignatius von Loyola (1491–1556).** Die heute etwa 30.000 Mitglieder der Gesellschaft Jesu tragen, im Gegensatz zu anderen Orden, keine bestimmte Ordenskleidung und sind auch nicht fest an ein Kloster gebunden.

Frage 200

Was sind allen Ausrichtungen des Christentums gemeinsame wichtigste Charakteristika der christlichen Religion?

☞ Die Berufung auf die Offenbarung und auf Jesus Christus und der Glaube daran, dass dieser als Sohn Gottes der Erlöser der Menschheit ist. Alle christlichen Ausrichtungen erkennen in Jesus von Nazareth den Messias, der den Menschen die irrige Vorstellung ihres Getrenntseins von Gott nimmt, indem er sie durch seinen Tod am Kreuz wieder mit Gott verbindet und versöhnt.

Frage 201

In der Kathedrale von Santiago de Compostela hängt an einem 30 m langen Seil ein 1,60 m großes Weihrauchfass, das von sechs Männern geschwungen werden muss. **Welche spezielle Funktion hat dieses überdimensionierte Weihrauchfass?**

☞ Es kommen jeden Tag viele Pilger nach einer langen und anstrengenden Reise an. Oft verbringen sie die ganze Nacht wachend und betend in der Kathedrale. Dieses riesige Weihrauchfass soll die Ausdünstungen der Pilger übertünchen.

Frage 202

Wie nennt man den auf dem indischen Subkontinent beheimateten Vorläufer von Brahmanismus, Hinduismus und Buddhismus?

☞ **Vedische Religion**, die auf verschiedenen heiligen Schriften, den sogenannten Veden, basierte. In ihnen wurde das gesamte religiöse Wissen niedergelegt. Im Unterschied zu anderen antiken Religionen kannte der vedische Glaube nicht die Vorstellung menschengestaltiger Gottheiten und entsprechend kannte die Religion weder Tempel noch Götterbilder.

Frage 203

Welche Bedeutung hat die Lehre von der Menschwerdung des Gottes, seiner Kreu-

zigung, seinem Tod und seiner Auferstehung für das Christentum?

☞ Nach christlicher Überzeugung haben sie allergrößte Bedeutung für das Verhältnis zwischen Gott und den Menschen, weil durch die Geburt und das Opfer Christi die Menschheit wieder mit Gott ausgesöhnt wurde.

Frage 204

Frère Roger

Frère Roger Schutz (1915–2005) gründete in Frankreich eine ökumenische Bruderschaft. An diesem Ort finden heute v. a. Jugendtreffen statt, bei denen Jugendliche aus aller Welt gemeinsam beten, nachdenken, diskutieren und arbeiten. **Wie nennt sich diese Gemeinschaft?**

☞ **Communauté de Taizé.** Jedes Jahr fahren ca. 200.000 Besucher nach Taizé.

Frage 205

Auf welchen Ordensgründer gehen die Benediktiner zurück?

☞ **Auf Benedikt von Nursia** (um 480–547), der nach einem Studienaufenthalt in Rom mit einer großen Anzahl von Mönchen 529 auf den Monte Cassino zog, wo das Stammkloster des Benediktinerordens entstand. Hier lebten sie nach den von Benedikt vorgegebenen Regeln in Armut, Enthaltsamkeit, Arbeit und Gebet.

Frage 206

Wann entstand das Neue Testament?

☐ a) zwischen 150 v. Chr. und dem Jahr 0
☐ b) zwischen dem Jahr 0 und 50 n. Chr.
☐ c) zwischen 50 n. Chr. und 150 n. Chr.
☐ d) zwischen 150 und 250

☞ **c) zwischen 50 n. Chr. und 150 n. Chr.**

Frage 207

Die Anhänger dieser Religion erkennt man am kunstvoll gebunden Turban und am meist langen Bart. Um ihre Geschwisterlichkeit auszudrücken, tragen die Männer oft den Nachnamen „Singh" und die Frauen „Kaur". **Welcher Religion gehören sie an?**

☞ **Der Sikh-Religion.** Diese Religion entstand im 15. Jh. in der indischen Provinz Punjab und zählt heute über 20 Mio. Mitglieder.

Frage 208

Wie nennt man eine religiöse Erzählung, in der die göttliche Offenbarung des anstehenden Anbruchs eines neuen Zeitalters dargestellt wird?

☞ **Apokalypse.** Es handelt sich meist um äußerst schwer zu verstehende, symbolträchtige Texte, die davon berichten, dass der Endkampf zwischen Gut und Böse unmittelbar bevorstehe. Nicht allein der Bericht dieses Ereignisses wird Apokalypse genannt, auch das Ereignis selbst wird so bezeichnet.

Frage 209

Welcher Göttin opferten die alten Griechen fast ausschließlich weibliche schwarze Lämmer?

☞ **Der Göttin Gaia**, die den Griechen als Göttin der Erde und als Spenderin allen Lebens galt. Wie bei vielen anderen antiken Göttern fürchteten die Menschen bei Gaia aber auch eine dunkle Seite, war sie doch zugleich die Göttin des Todes und der Unterwelt.

Frage 210

Wie nennt man den historischen Prozess, in dem ganze Völker den christlichen Glauben annahmen?

☐ a) Inquisition
☐ b) Christianisierung
☐ c) Missionierung
☐ d) Kreuzzüge

☞ **b) Christianisierung**

In der Antike vollzog sich die Christianisierung zunächst durch die Mission der ersten Apostel und ihrer Nachfolger, später in der

Folge des Sklavenhandels, der Menschen christlichen Glaubens in alle Teile des Imperium Romanum brachte. Seit das Christentum aber römische Staatsreligion geworden war, setzte man nicht mehr allein auf freiwillige Überzeugung, sondern mehr und mehr auch auf zwangsweise Bekehrung. Die Mission mit Feuer und Schwert wurde später zum wichtigsten Instrument der Christianisierung.

Frage 211

Was war die Folge des Turmbaus zu Babel?

☞ **Die „babylonische Sprachverwirrung"** – Gottes Strafe für den Versuch der Menschen, einen bis zum Himmel reichenden Turm errichten zu wollen. Dabei entzog Gott den Menschen die „Ursprache" und schuf damit die Sprachvielfalt der Völker, die aber auch zur Verständnislosigkeit der Kulturen untereinander führte.

Der Turmbau zu Babel

Frage 212

Wer sind beiden berühmtesten Fischer des Neuen Testaments?

☞ **Die Apostel Johannes und Jakobus der Ältere.** Die Brüder sollen nach dem Bericht des Neuen Testaments Fischer am See Genezareth gewesen sein, wo sie Jesus erstmals begegneten.

Frage 213

Wovon berichten die sogenannten Geschichtsbücher des Neuen Testaments?

☞ Sie beschreiben das Leben und Wirken Christi wie auch seiner Apostel, wie sie von den vier Evangelisten – Matthäus, Markus, Lukas und Johannes – überliefert sind. Sie sind neben den Briefen und der Offenbarung wesentlicher Bestandteil des Neuen Testaments.

Frage 214

Wonach wird der islamische Kalender berechnet?

☞ **Nach Mondjahren.** Der islamische Kalender beruht nicht auf dem Sonnenjahr, wie es der gregorianische Kalender tut, sondern auf dem Mondjahr (354–355 Tage).

Frage 215

Wie heißt die Religion, zu deren Kernaussagen es gehört, dass Leiden der wichtigste Bestandteil des menschlichen Lebens ist?

☐ a) Islam ☐ c) Judentum
☐ b) Hinduismus ☐ d) Buddhismus

☞ **d) Buddhismus**
Buddha (um 500 v. Chr.) erklärte, dass alles menschliche Sein irrelevant und nichtig, vor allem aber mit Schmerzen und Leiden verbunden sei.

Frage 216

Wo steht die bedeutendste Kirche der Christenheit?

☞ **In der Vatikanstadt in Rom** über dem vermuteten Grab des Apostels Petrus († um 64). Die Peterskirche ist die Hauptkirche des Papstes.

Innenkuppel im Petersdom

Frage 217

Wann wurde das Ende des Ablasshandels erreicht?

☞ Katholiken und Lutheraner einigten sich 1999 darauf, dass nur die Gnade Gottes und nicht der eigene Verdienst dem Menschen das ewige Heil bringen kann.

Frage 218

Wie nennt man eine Örtlichkeit, die den Göttern oder auch einer einzelnen Gottheit geweiht und sakralen Kulten vorbehalten war?

☞ **Tempel.** In der Antike wurde mit dem Begriff der gesamte heilige Bezirk bezeichnet, auf dem sich schließlich auch ein mit Götterbildern, Bet- und Opferaltären ausgestattetes Gebäude befand.

Frage 219

Was versucht ein Gnostiker?

☞ Ein Gnostiker ist darum bemüht, Gott zu erkennen und so Glauben zum Wissen zu erheben. Unter Gnosis (griech. „Erkenntnis") versteht man daher seit der Antike das individuelle Erleben der Welt des Übersinnlichen.

Frage 220

Wie wird der Teil der Bibel genannt, der während des Verlaufs von rund 1000 Jahren entstand?

☞ **Altes Testament.** Aufgrund seiner Zusammensetzung kann es am ehesten als eine Art literarische Anthologie vieler recht unterschiedlicher Bücher von unterschiedlichen Verfassern bezeichnet werden. Die lange Entstehungszeit umfasst sehr wichtige Teile der israelitischen Geschichte, die in den Texten literarisch reflektiert und verarbeitet werden.

Frage 221

Warum wurde das Neue Testament ursprünglich in (alt-)griechischer Sprache verfasst?

☞ Weil das Griechische zum Zeitpunkt der Entstehung des Neuen Testaments als wichtigste Verkehrssprache des gesamten östlichen Mittelmeerraumes galt und somit in dieser Region ähnliche Bedeutung hatte wie das Englische heute.

Frage 222

Mit welcher Lehre entzweite der antike Theologe Arius das Christentum?

☞ Der Priester Arius (260–336 n. Chr.) lehrte, Christus sei zwar edelstes Geschöpf Gottes, selbst aber kein Gott. Die auf dieser These aufbauende Lehre wird nach ihrem Begründer „Arianismus" genannt. Auf dem Konzil von Nizäa wurde sie im Jahre 325 n. Chr. als Abweichung vom wahren christlichen Glauben verurteilt, Arianer galten forthin als Ketzer.

Frage 223

Was ist Religion?

☞ Der gemeinsame Glaube einer Gruppe von Menschen an die Existenz übernatürlicher, überweltlicher Wesen. Merkmale aller Religionen sind mündlich oder schriftlich tradierte Vorstellungen darüber, wie die Gläubigen in Verbindung mit diesen übernatürlichen Wesen treten können. Viele Religionen verfügen darüber hinaus auch über ein professionelles Personal, das kraft seiner Ausbildung oder Befähigung zwischen Menschen und Göttern zu vermitteln weiß.

Frage 224

Welcher französisch-schweizerische Reformer ist neben Zwingli (1484–1531) der Begründer der Reformierten Kirche?

☞ **Jean Calvin (1509–64)**, der hauptsächlich in Genf wirkte. Er gilt neben Martin Luther (1483–1546) als wichtigster Reformator und Erneuerer der christlichen Kirche im 16. Jahrhundert. Der Calvinismus geht vom Gedanken der Prädestination aus, der Vorbestimmung menschlichen Schicksals durch Gott. Die Anhänger Calvins wurden in Frankreich Hugenotten, in England Puritaner genannt.

Frage 225

Wie lange war Papst Johannes Paul I. (1912–78) im Amt?

☐ a) 13 Tage ☐ c) 33 Tage
☐ b) 33 Jahre ☐ d) 13 Jahre

☞ **c) 33 Tage**
Nach nur 33 Tagen im Amt starb er unter Umständen, die noch immer nicht ganz geklärt sind und immer wieder Anlass zu Verschwörungstheorien bieten.

Frage 226

Was bezeichnet man als christliche Mission?

☞ Die planmäßige Verbreitung des christlichen Glaubens in aller Welt. Die christliche Mission geht ursprünglich auf das Neue Testament zurück. Ein Werk der Liebe war sie aber nicht. Im Gegenteil: Seit dem Ende der Antike, v. a. aber seit dem späten Mittelalter wurden nicht christliche Völker häufig unter Anwendung von massivem Druck oder von Gewalt missioniert.

Frage 227

Unter welchem Namen ging Karol Józef Wojtyla in die Geschichte ein?

☞ **Als Johannes Paul II.**
Der polnische Kardinal Wojtyla (1920–2005) wurde 1978 zum 264. Papst gewählt und blieb bis zu seinem Tod am 2. April 2005 im Amt. Damit war er der Papst mit der längsten belegbaren Amtszeit seit Pius IX (1792–1878).

Johannes Paul II.

Frage 228

Was versteht man unter Synkretismus?

☞ Die Verschmelzung unterschiedlicher Lehren und Religionen zu einer neuen Bewegung. Sie können ein Ergebnis von Überlagerungen verschiedener Denkweisen sein, die zu einer neuen Religion verschmelzen. Fast alle großen Religionen lassen sich auf solche Prozesse zurückführen.

Frage 229

Kannte nur die katholische Kirche die Inquisition?

☞ **Nein.** Auch in der protestantischen Kirche gab es zeitweise ein ähnliches Verfahren zur Prüfung von Glaubensfragen. Berühmt-berüchtigt war das Genfer Konsistorium, das besonders unter Calvin (1509–64) hart gegen Glaubenskritiker vorging. So fiel etwa der spanische Gelehrte und Kirchenkritiker Miguel Servet (1511–53) dieser Institution zum Opfer, nachdem er der katholischen Inquisition zunächst erfolgreich entkommen war.

Frage 230

Wer wurde im April 2005 zum Nachfolger von Papst Johannes Paul II. gewählt?

☞ **Kardinal Joseph Ratzinger (*1927)** wurde zum neuen Papst Benedikt XVI. gewählt.

Frage 231

Welcher zylinderförmige Gegenstand findet im tibetanischen Lamaismus an der Stelle von Gebeten Verwendung?

☞ **Die Gebetsmühle.**
Im Inneren befinden sich auf Papierstreifen aufgeschriebene Gebete. Das kreisende Drehen der Gebetsmühle ersetzt das Aufsagen der Gebete.

Gebetsmühle

Frage 232
Was ist Candomblé?

☞ Es handelt sich um eine der wichtigsten afrobrasilianischen Religionen, die ihr Zentrum in der brasilianischen Stadt Bahía hat. Sie wird auch als synkretistische Religion bezeichnet, da sie neben vielen westafrikanischen Elementen auch Merkmale des Katholizismus enthält. Ursprünglich kam der polytheistischen Religion eine wichtige soziale Aufgabe zu, da sich die ehemaligen Sklaven in diesem Rahmen ein neues soziales Gefüge schaffen konnten.

Frage 233
Nach welchem Mann waren die Hussitenkriege benannt?

☞ Nach dem tschechischen Reformator Jan Hus (um 1370–1415), der 1415 auf dem Konzil von Konstanz als Ketzer verbrannt wurde. Seine Lehren kritisierten die katholische Kirche und spalteten das Königreich Böhmen in eher königstreue Katholiken und Hussiten.

Frage 234
Was versteht man unter Religionsphänomenologie?

☞ Ein Teilgebiet der Religionswissenschaften. Es untersucht die verschiedenen Ausprägungen religiöser Vorstellungen, Handlungen, Darstellungen oder Mythen. Ziel ist es, den Sinngehalt der unterschiedlichen Religionen zu untersuchen; dies kann etwa durch den Vergleich der verschiedenen Gebetsformen geschehen.

Frage 235
Welche Religion kannte den Sonnengott Huitzilopochtli?

☞ **Die Religion der Azteken.**
Wie die meisten Götter forderte auch er Menschenopfer. Gleichzeitig war er Gott des Krieges.

Frage 236
Was versteht man unter Exegese?

☞ Unter den Begriff fasst man die Auslegung von Texten, im Speziellen die Auslegung der Bibel. Die kritische Auslegung der Texte rechtfertigte man damit, dass es sich um von Menschen verfasste Texte handelte. Oft wurde in solchen Interpretationen eine Diskrepanz zwischen den Lehren der Heiligen Schrift und der zeitgenössischen Realität angeprangert.

Frage 237
Warum verehrt man in der katholischen Kirche Reliquien?

☞ Weil es sich bei den Reliquien um angebliche Überreste von Heiligen und Märtyrern oder Gegenstände wie etwa Teile aus der Dornenkrone oder dem Kreuz Jesu handelt. Solche Reliquien waren oft Voraussetzungen für Kirchengründungen, weil damit auch auswärtige Pilger angezogen wurden.

Frage 238
Wo entstand die Hare-Krishna-Bewegung?

☐ a) in den USA ☐ c) in Bangladesh
☐ b) in Indien ☐ d) in Großbritannien

☞ **a) in den USA**
1966 gründete A. C. Bhaktivedanta Swami Prabhupada (1896–1977) die Gemeinschaft, die sich einem enthaltsamen, drogenfreien Leben verschrieb. Ihre zentrale Gestalt ist die Gottheit Krishna. Besonders in westlich orientierten Staaten fand sie zahlreiche Anhänger; zu den bekanntesten gehörte wohl George Harrison (1943–2001).

Frage 239
Woher stammt das Wort „Gott"?

☞ Das Wort lässt sich auf das althochdeutsche „got" zurückführen, was so viel bedeutet wie „anrufen". In den monotheistischen Religionen wird er als höchstes Wesen verehrt, dem Schöpfungskraft, Ewigkeit, Wissen oder auch Allmacht zugesprochen wird.

Frage 1

Wessen Bildgeschichten gelten als Vorläufer des Comics?

☞ **Die von Wilhelm Busch (1832–1908),** einem der bekanntesten Humoristen Deutschlands. Von ihm stammt z. B. *Max und Moritz.*

Wilhelm Busch

Max und Moritz

Frage 2

Wie heißt der der weltweit renommierteste Preis im Bereich der Architektur?

☞ **Pritzkerpreis.** Er wurde 1979 von dem US-Amerikaner Jay A. Pritzker und seiner Frau gestiftet. Die jährlich vergebene Auszeichnung ist mit 100.000 Dollar dotiert und genießt in Fachkreisen ähnliche Wertschätzung wie der Nobelpreis in den Natur- und Geisteswissenschaften.

Frage 3

Von welchem Jahr an rechnet man ein Gebäude der modernen Architektur zu?

☞ **Ab etwa 1890.** Typisch sind klar gegliederte Gebäude, die für ihre spezielle Funktion entwickelt wurden.

Frage 4

Welche Stilrichtung der modernen Kunst bricht mit den traditionellen Vorstellungen der gegenständlichen Kunst?

☞ **Die abstrakte Kunst des 20. Jahrhunderts,** die sich von der dinglichen Darstellungsweise löste und völlig neue Wege in der Beziehung von Form und Farbe beschritt. Zu den bedeutendsten Vertretern der sich seit ca. 1910 entwickelnden Kunstrichtung zählen Wassily Kandinsky (1866–1944), Piet Mondrian (1872–1944), Jackson Pollock (1912–56) und Willem de Kooning (1904–97).

Jackson Pollock

Frage 5

Bei welchen architektonischen Werken sind Schlusssteine und die Kämpferlinie von großer Bedeutung?

Gotisches Gewölbe

☞ **Bei Gewölben.** Die Schlusssteine werden, wie der Name schon sagt, abschließend im Scheitel des gemauerten Gewölbes gesetzt. Ein weiteres wichtiges Bauelement echter Gewölbe ist die Kämpferlinie, die als horizontale Begrenzung und Widerlager dient.

Frage 6

Zu welcher Kunstgattung gehört die Collage?

☐ a) zur angewandten Kunst
☐ b) zur darstellenden Kunst
☐ c) zur bildenden Kunst
☐ d) zur Medienkunst

☞ **c) zur bildenden Kunst**
Bei einer Collage werden Materialien auf einer Fläche kunstvoll angeordnet und geklebt.

Frage 7

Wer gilt als Erfinder der Zentralperspektive?

☞ Der Architekt, Ingenieur und Bildhauer **Filippo Brunelleschi (1377–1446)**. Er erfand die Technik, mit der eine perfekte Raumillusion erzeugt werden konnte.

Frage 8

Welche besondere Vereinigung stellte „Die Brücke" dar, die 1905 gegründet wurde?

☞ Eine der wichtigsten dem Expressionismus verpflichteten Künstlergruppen, der u. a. Ernst Ludwig Kirchner (1880–1938), Erich Heckel (1883–1970) und Max Pechstein (1881–1955) angehörten. In der Auseinandersetzung mit der „primitiven Kunst" wurde ein auf kraftvollen Konturen, auf vereinfachten Formen und auf intensiver Farbgebung beruhender Mal- und Zeichenstil entwickelt.

Frage 9

Was macht eine Großstadt zur Weltstadt?

☞ Als Weltstadt bezeichnet man eine Großstadt, die international stark mit anderen Städten und Regionen verbunden ist. Sie hat außerdem politische, wirtschaftliche oder kulturelle Funktionen und meist mehr als eine Million Einwohner.

Frage 10

Welcher italienische Maler begründete die römische Barockmalerei?

Kreuzigung des Paulus

☞ **Caravaggio (1573–1610).** Der früh verstorbene Maler wurde durch seine revolutionäre Malweise wie der Helldunkelmalerei zu einem der bedeutendsten und einflussreichsten Maler der gesamten Kunstgeschichte.

Frage 11

Was ist expressionistische Kunst?

☞ Expressionistische Kunst ist „Ausdruckskunst", d. h., elementare Gefühle des Künstlers werden dargestellt, was oftmals zur Folge hat, dass sich das Kunstwerk nur schwer einer Interpretation öffnet. Wichtige deutsche Vertreter der expressionistischen bildenden Kunst sind Max Beckmann (1884–1950) und Ernst Ludwig Kirchner (1880–1938).

Frage 12

Aus welchem Land stammt der Maler Vincent van Gogh?

☐ a) aus den Niederlanden
☐ b) aus Deutschland
☐ c) aus Belgien
☐ d) aus Polen

Selbstporträt Vincent van Goghs

☞ **a) aus den Niederlanden**
Van Gogh (1853–90) hinterließ mehr als 800 Gemälde und 900 Zeichnungen. Seine Gemälde werden heutzutage zu Höchstpreisen gehandelt und erzielen bei Auktionen immer wieder Rekordsummen.

Frage 13

Welches Bauwerk wurde am 9. November 2001 in Dresden eingeweiht?

☞ **Die Synagoge.** Sie entstand an dem Ort, an dem 1938 die Sempersynagoge im Novemberpogrom niedergebrannt wurde.

DIE WICHTIGSTEN PHASEN IN PICASSOS WERK

Blaue Periode: 1901–1904
Rosa Periode: 1904–1906
Analytischer Kubismus: ab 1907
Beginn der abstrakten Malerei: ab 1909
Synthetischer Kubismus: ab 1912
Surrealismus: ab 1925
Plastische Arbeiten: 1930er-Jahre
Lithografien: 1945–1949
Bemalte Keramiken: ab 1947
Bearbeitungen alter Meister: ab 1954
Grafiken, Zeichnungen und Radierungen: ab 1961

Frage 14

Welche Erfindung begünstigte die Freilichtmalerei des 19. Jahrhunderts?

☞ **Die Erfindung der Metalltube** erleichterte es den Malern, eine größere Zahl von Ölfarben in die Natur mitzunehmen und die Freilichtmalerei noch intensiver zu praktizieren. Hilfreich war auch die „Boîte de campagne", ein Feldfarbkasten, der kleine Leinwände und Malutensilien aufnehmen, als Staffelei dienen und bequem auf dem Rücken getragen werden konnte.

Frage 15

Wie heißt das Sommerschloss, das der preußische König Friedrich II. in Potsdam erbauen ließ?

☞ **Sanssouci.** Erbaut wurde das Schloss in den Jahren 1745–47, zum Teil nach den Entwürfen des Königs selbst. Der Baumeister war Wenzeslaus von Knobelsdorff (1699–1753). Seit 1990 ist es in der Liste des UNESCO-Kulturerbes verzeichnet.

Frage 16

Wie nennt man die auf Papier aufgetragenen künstlerischen Erzeugnisse in Form von Drucken und Zeichnungen?

☞ **Grafiken.** Die Anfänge der abendländischen Grafik stellen im 14. und 15. Jh. Holzschnitt und Kupferstich dar. Später kamen die Technik der Radierung und die verschiedenen Formen der Lithografie hinzu. Auch Handzeichnungen werden der Grafik zugeordnet.

Frage 17

Womit machte sich der brasilianische Architekt Oscar Ribeiro de Almeida de Niemeyer Soares (*1907) einen Namen?

☞ 1957 wurde er beauftragt, der brasilianischen Hauptstadt Brasilia ein neues Gesicht zu geben. 2002 beendete er sein letztes Projekt, das Oscar Niemeyer Museum in Curitaba, Brasilien.

Kathedrale von Brasilia

Frage 18

Der gesuchte Begriff lässt sich ungefähr mit „das mit Wasserfarben gemalte Bild" übersetzen. Charakteristisch für diese Kunstwerke sind weiche, fließende Konturen und das Durchscheinen des Malgrundes. Der Ar-

Das große Rasenstück

beitsgang verläuft immer von den hellen zu den dunkeln Partien des Bildes. Man findet diese Art der Malerei schon in altägyptischen Totenbüchern und chinesischen Rollenbildern. **Um welche Art von Kunstwerken handelt es sich?**

☞ **Aquarelle.** Albrecht Dürer (1471–1528) gilt als der Begründer der Gattung. Als ihr Meister wird häufig der englische Maler William Turner (1775–1851) genannt. Mit seiner atmosphärischen Farbmalerei bereitete er den Impressionismus vor.

Frage 19

Welcher Kunstrichtung ist der russische Maler Wassily Kandinsky zuzuordnen?

☐ a) Jugendstil
☐ b) Expressionismus
☐ c) Impressionismus
☐ d) Surrealismus

☞ **b) Expressionismus**
Kandinsky (1866–1944) war ein Künstler des Expressionismus und v. a. der abstrakten Kunst. Seine ersten gegenstandslosen Bilder entstanden 1910. In München begründete er mit Franz Marc (1880–1916) und Alfred Kubin (1877–1959) die Künstlergruppe „Der Blaue Reiter". Ab 1922 war Kandinsky Professor am Bauhaus in Weimar bzw. Dessau.

Frage 20

Was ist eine Karikatur?

☞ Eine satirisch übertriebene Darstellung typischer Züge von Personen oder Situationen.

Karikatur von Charles Darwin

Frage 21

Auf welchen Gebieten der Kunst betätigte sich Paul Klee?

☞ **Auf dem Gebiet der Malerei und Grafik.** Klee (1879–1940) wurde von verschiedenen Kunstrichtungen und deren Vertretern beeinflusst, u. a. vom Blauen Reiter. Kennzeichnend ist seine Verbindung des Abstrakten mit Elementen des Traumhaft-Skurrilen, wodurch er Gemeinsamkeiten mit den Surrealisten hat. Bedeutende Werke sind u. a. *Rote und weiße Kuppeln* oder der *Aufstand der Viadukte*.

Frage 22

Was geschah in der Gotik mit steinernen Kirchenmauern?

☞ Sie wurden durchbrochen. An die Stelle des Durchbruchs setzte man riesige Fenster, wodurch die Glasmalerei als Kunstform massiv an Bedeutung gewann.

Frage 23

Welcher Maler ist besonders für seine Bibelillustrationen und Entwürfe für Glasfenster mit religiösen Motiven bekannt geworden?

☞ Der ursprünglich aus Russland stammende Marc Chagall (1887–1985) griff in seinen farbenfrohen, meist heiteren Bildern immer wieder Visionen und Motive aus russischen Märchen und Erinnerungen an das russisch-jüdische Leben in seiner Heimat auf.

Frage 24

Wer erbaute in München die Ludwigskirche, die Staatsbibliothek, die Universität, die Feldherrenhalle und das Siegestor?

☞ **Friedrich von Gärtner (1792–1847).** Nach Aufenthalten in Italien, England und den Niederlanden erhielt er einen Lehrstuhl an der Akademie in München. Auf einer zweiten Reise nach Italien 1828 wurde er König Ludwig I. von Bayern vorgestellt; Gärtner wurde neben Leo von Klenze (1784–1864), mit dem er wetteiferte, der Lieblingsarchitekt des Königs.

Siegestor in München

Frage 25

Welcher Hauptvertreter der Frührenaissance malte *Die Geburt der Venus*?

☐ a) Sandro Botticelli
☐ b) Giotto di Bondone
☐ c) Leonardo da Vinci
☐ d) Michelangelo Buonarroti

☞ **a) Sandro Botticelli** (1445–1510)
Er arbeitete v. a. für die Medici in Florenz. Eine träumerische, fast melancholische Göttin der Liebe begegnet dem Betrachter in der *Geburt der Venus*, die anmutig in einer geöffneten Muschel verharrt.

Frage 26

Bei welchem grafischen Verfahren muss der Künstler das Motiv mit Schneidegeräten aus einem Holzstock herausarbeiten?

Die apokalyptischen Reiter, *Holzschnitt von Albrecht Dürer*

☞ **Beim Holzschnitt**, der ältesten Variante des Hochdrucks. Er entwickelte sich in Mitteleuropa vor allem ab dem 14. Jh. Insbesondere nach Aufkommen des Buchdrucks wurde er zur Buchillustration verwendet. Meister wie Albrecht Dürer (1471–1528) bedienten sich dieser Kunst, bevor sie durch den Kupferstich abgelöst wurde. Eine Neubelebung fand um 1900 statt.

Frage 27

Er gilt als größter deutscher Architekt des 19. Jahrhunderts. Seine Hauptwerke entstanden zwischen 1816 und 1830, so z. B. die Neue Wache, das Schauspielhaus und das Alte Museum in Berlin. **Wie heißt er?**

☞ **Karl Friedrich Schinkel (1781–1841).** Er studierte in Berlin bei Friedrich David Gilly (1772–1800) und an der Akademie Architektur.

Frage 28

Welcher Maler aus Nordbrabant gab um 1500 dem Abgründigen und Dämonischen Ausdruck und den Surrealisten des 20. Jahrhunderts ein Vorbild?

☞ **Hieronymus Bosch (um 1450–1516)**, dessen Bilder immer wieder auf erschütternde wie faszinierende Weise die dämonische Seite der menschlichen Existenz aufgriffen, durchsetzt mit bizarren Spuk- und Fabelwesen in surrealer Umgebung.

Frage 29

Vor 40 Jahren gründete dieser 1935 in Manchester geborene weltberühmte Architekt sein Architekturbüro. Seither machten er und seine Partner immer wieder durch spektakuläre Bauten auf sich aufmerksam. So bekam er beispielsweise 1979 den Auftrag, für die Hongkong & Shanghai Banking Corporation das „schönste Gebäude der Welt" zu bauen. Er entwarf ein technisches Meisterwerk, in dem die Büroetagen an acht riesigen Stahlsäulen aufgehängt sind. Auch das neue Wembleystadion in London wurde nach seinen Entwürfen gebaut. **Wie lautet der Name des Architekten?**

☞ **Norman Foster.** Auch der Swiss-Re-Tower (von den Londonern „Gurke" genannt), eines

der bekanntesten Bürogebäude der Welt, in der Londoner City stammt von ihm. In Deutschland entwarf er u. a. den Commerzbank-Tower in Frankfurt und die neue Philologische Bibliothek der Freien Universität Berlin.

Der Swiss-Re-Tower von Norman Foster

Frage 30

Was ist die deutsche Bezeichnung für Lithografie?

☞ **Steindruck.** Das 1798 erfundene Verfahren arbeitet mit einer Druckform aus Kalkschiefer. Auch das Kunstblatt selbst, das so hergestellt wird, heißt Lithografie. Henri de Toulouse-Lautrec (1864–1901) war ein Meister der Kunstlithografie.

Frage 31

Welcher Kunstepoche gehörten die Meisterwerke Johann Balthasar Neumanns (1687–1753) an?

☐ a) Neuzeit
☐ b) Frühromantik
☐ c) Spätbarock
☐ d) Postimpressionismus

☞ **c) Spätbarock**

Frage 32

Was ist ein Fresko?

☞ Ein auf den frischen Putz einer Wand aufgetragenes Gemälde. Dabei verbinden sich die Farben unlöslich mit dem noch feuchten Kalkputz, Korrekturen sind nachträglich nicht mehr möglich. Zu den berühmtesten Fresken zählt die Decke der Sixtinischen Kapelle von Michelangelo (1475–1564).

Frage 33

Welcher französische Maler unternahm auf der Suche nach natürlicher Schönheit Reisen um die ganze Welt und fand schließlich auf Tahiti seine künstlerische Heimat?

☞ **Paul Gauguin (1848–1903).** Mit seinen Südseebildern in leuchtenden Farben wurde der Maler erst postum berühmt.

Frauen am Strand

Frage 34

Was wurde in den 1920/30er-Jahren als Neue Sachlichkeit bezeichnet?

☞ Eine Kunstrichtung, die sich der Auflösung der Formen im Expressionismus durch die Mittel des flächig abgebildeten Gegenständlichen entgegenstellte. Vertreter dieses auch als Magischer Realismus bezeichneten Kunststils sind u. a. Otto Dix (1891– 1969) und Christian Schad (1894–1982).

Frage 35

Welcher Architekt baute das Getty Center in Los Angeles und die 2003 geweihte Jubilee Church in Rom?

☞ **Der Designer und Architekt Richard Meier (*1934).** 1984 war er der jüngste Träger des Pritzkerpreises. Neben Wohnhäusern kreierte er auch Niederlassungen der Rickmers Reederei, von Canon und Peek & Cloppenburg.

Frage 36

Was versteht man in der Kunst unter Performance?

☞ Eine moderne Vorstellung avantgardistischer Künstler, auch Aktionskunst genannt. Ihre Wurzeln liegen in der Form des sogenannten Happenings, das die Grenzen zwischen Kunst und Alltäglichkeit, Dargestelltem und Zuschauern aufhebt.

Frage 37

Was ist in der Kunst eine Retrospektive?

☞ Eine Ausstellung, die das Gesamtwerk eines Künstlers oder die Gesamtproduktion einer bestimmten Schaffensperiode – z. B. das Alterswerk – präsentiert.

Frage 38

Was ist das höchste gotische Bauwerk Deutschlands?

☐ a) Dom in Speyer
☐ b) Ulmer Münster
☐ c) St.-Michaelis-Kirche in Hamburg
☐ d) Kölner Dom

☞ **b) Ulmer Münster**
Der 161,53 Meter hohe Turm ist der höchste Kirchturm der Welt.

Das Ulmer Münster

Frage 39

Was findet der Kunstinteressierte in einer Pinakothek?

☞ **Gemälde.** Im antiken Griechenland diente die Pinakothek zur Aufbewahrung von Weihgeschenktafeln, seit der Renaissance wird der Begriff für Gemäldesammlungen verwendet.

Frage 40

Wodurch zeichnen sich die Gemälde und Triptychen von Otto Dix besonders aus?

☞ Dix' (1891–1969) Bilder zeichnen sich durch einen fast fotografischen Realismus aus, der sich z. B. in den Triptychen *Der Krieg* und *Großstadt* zeigt.

Frage 41

Welche drei Säulenordnungen gibt es in der klassischen Architektur?

☞ Die älteste und einfachste Säulenordnung, die zugleich am stabilsten wirkt, ist die dorische. Die ionische Säule ist dagegen schlanker und hat symmetrische schneckenförmige Ornamente am Kapitell. Die kunstvollste Säulenordnung ist die korinthische; sie entstand erst um 400 v. Chr.

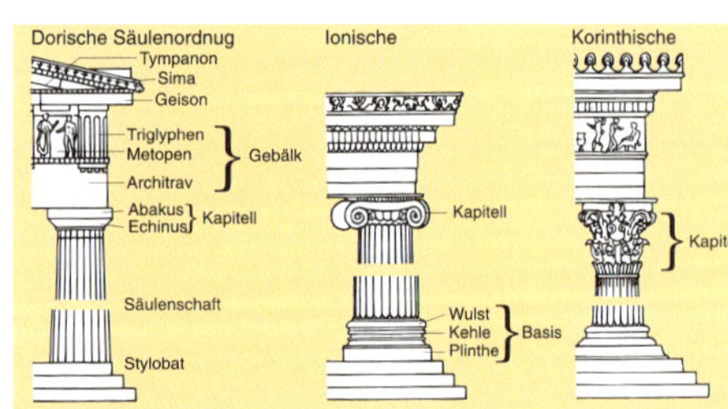

Die drei klassischen Säulenordnungen

Frage 42

Welcher universale Künstler des 20. Jahrhunderts gilt als der bedeutendste Maler der Moderne?

☞ **Der Maler, Grafiker, Bildhauer und Keramiker Pablo Picasso (1881–1973)**, der zunächst vom Impressionismus beeinflusst wurde, beschritt dann eigene Wege. Er bediente sich der Ausdrucksmittel der Naturvölker und bildete so die neue Stilrichtung des Kubismus.

Frage 43

Wie entsteht eine Plastik im Unterschied zu einer Skulptur?

☞ Die Plastik entsteht aus formbaren Materialien wie Ton, Gips, Wachs oder Porzellan. Das fertige Kunstwerk geht hierbei durch Anstückung hervor. Die Skulptur dagegen wird aus einem harten Rohmaterial wie z. B. Marmor durch Beschlagen von außen nach innen erarbeitet.

Frage 44

Wie hoch ist der Eiffelturm?

☐ a) 260 m
☐ b) 320 m
☐ c) 380 m
☐ d) 440 m

☞ **b) 320 m**
Das Pariser Wahrzeichen wurde von 1887 bis 1889 anlässlich der Weltausstellung und des 100-jährigen Jubiläums der Französischen Revolution gebaut.

Frage 45

In welchem Bereich der bildenden Künste erlangte Henry Moore Berühmtheit?

☞ **In der Bildhauerei.** Seine Skulpturen beziehen Anleihen aus der Kunst der Naturvölker und zeichnen sich durch äußerste Formreduktion bis hin zur Abstraktion aus. Bedeutende Skulpturen Moores (1898–1986) sind z. B. *Liegende* und *Krieger mit Schild.*

Frage 46

Seit wann kennt man in der neuzeitlichen Malerei das Porträt?

☞ Seit Ende des 14. Jahrhunderts, als die ersten Brustbilder von Monarchen entstanden. Vorher hatte die Jenseitserwartung so stark dominiert, dass die individuellen Gesichtszüge einer irdischen Person kaum interessierten.

Ein um 1480 von Hans Memling gemaltes Porträt

Frage 47

Was sind die prominentesten Kennzeichen der gotischen und der romanischen Architektur?

☞ Die romanische Architektur ist stark von Rundbögen geprägt. Sie erfüllten nicht nur ästhetische Zwecke, sondern waren auch aus statischen Gründen sinnvoll; ohne sie wären die gewaltigen gewölbten Kirchendecken beispielsweise nicht denkbar gewesen. Abgelöst wurde die romanische Architektur von der gotischen. Hier herrschten vor allem Spitzbögen vor.

Frage 48

Die Nachtwache ist eines seiner bekanntesten und beliebtesten Gemälde. Er hatte es für den Festsaal der Amsterdamer Schützengilde gemalt. Dort blieb das Gemälde allerdings nur bis zum Jahr 1745 hängen, danach kam es ins Amsterdamer Rathaus. Da es für dieses Gebäude zu groß war, wurde es an allen vier Seiten beschnitten. Das sehr düster gehaltene Gemälde zeigt eine Bürgerwehr aus dem 17. Jh. Das Bild weist die für diesen Maler typischen Hell-Dunkel-Kontraste auf. Heute befindet sich das Werk im Rijksmuseum in Amsterdam. **Um welchen Maler handelt es sich?**

☞ **Rembrandt (1606–69).** Seine Werke fallen in eine Zeit, als die holländische Kultur, die Wissenschaft, der Handel und der politische Einfluss ihren Höhepunkt erreicht hatten. Daher wird diese Epoche von vielen Historikern gern als das niederländische Goldene Zeitalter bezeichnet. Rembrandt wird heutzutage zu den wichtigsten niederländischen Malern gezählt.

Frage 49

Welches berühmte Bauwerk wurde am 30. Oktober 2005 in Dresden nach seinem Wiederaufbau feierlich eingeweiht?

☞ **Die Frauenkirche.** Das Bauwerk selbst blickt auf eine über 1000-jährige Geschichte zurück. In der Form, in der wir es heute kennen – mit der berühmten Kuppel von George Bähr (1666–1738) – existierte sie seit dem 18. Jh. Nach ihrer Zerstörung im Zweiten Weltkrieg wurde sie wieder aufgebaut.

Frage 50

Welcher Architekt entwarf die Berliner Philharmonie?

☞ **Hans Scharoun (1893–1972)**, einer der bedeutendsten Vertreter des organischen Bauens, dessen zeltartiges Konzerthaus von 1956 bis 1963 entstand. Das Innere und Äußere der Philharmonie bietet ständig neue Perspektiven.

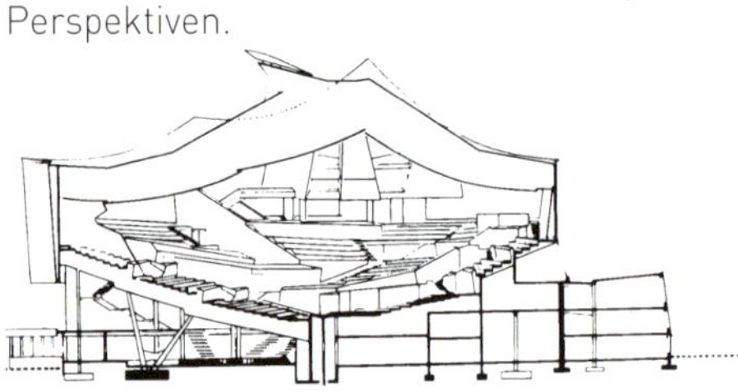

Querschnitt der Berliner Philharmonie

Frage 51

In welcher Stadt findet seit 1955 die documenta statt?

☐ a) Bremen ☐ c) Leipzig
☐ b) Hannover ☐ d) Kassel

☞ **d) Kassel**
Alle fünf Jahre findet dort die umfassende, internationale Informationsschau avantgardistischer Kunstströmungen statt.

Frage 52

Wer waren „Les Fauves"?

☞ **„Die Wilden".** So wurde um 1905 eine Malergruppe genannt, die sich um Henri Matisse (1869–1954) scharte. Als „wild" und ungestüm galten sie deshalb, weil sie in ihren Bildern reine, ungemischte Farben verwendeten und dabei durch das unvermittelte und flächige Aneinandersetzen von Komplementärfarben eine grelle, plakative Wirkung erzeugten. Um 1908 erreichte der Fauvismus seinen Höhepunkt.

Frage 53

Welcher flämische Maler des 16. Jahrhunderts bevorzugte für seine Gemälde Motive aus dem bäuerlichen Leben?

☞ **Pieter Bruegel d. Ä. (um 1528–69).** Er schuf z. B. *Bauernhochzeit* und den Zyklus *Monatsbilder*.

Pieter Bruegel d. Ä.: Bauernhochzeit

Frage 54

Wer ließ sich gegen Ende des 8. Jh. n. Chr. einen Palast in Aachen bauen?

☞ **Karl der Große (747–814)**, dessen Bau 805 von Leo III. (um 750–816) eingeweiht wurde. Für die Architekturgeschichte ist die Aachener Pfalzkapelle besonders interessant, weil sie der erste große Steinbau der deutschen Baukunst ist, der erhalten blieb. 1978 wurde der Dom, dessen Kernbau die Kapelle darstellt, als erstes deutsches Denkmal in die Liste des UNESCO-Weltkulturerbes aufgenommen.

Frage 55

Mit welcher Kunstrichtung bringt man Salvador Dalí und René Magritte in Verbindung?

☞ **Mit dem Surrealismus.** Man unterscheidet zwei Hauptströmungen: den gegenstandslosen Surrealismus, der die aus dem Unbewussten auftauchenden Bildzeichen unmittelbar wiedergibt, und den gegenständlichen Surrealismus, der die realistisch dargestellten Elemente der Wirklichkeit in fantastisch-vieldeutige Zusammenhänge stellt.

Frage 56

Eines der eindrucksvollsten Gemälde der europäischen Malerei ist *Die Erschießung der Aufständischen*. **Von welchem Maler stammt es?**

☞ **Von Francisco Goya (1746–1828).** Die Aufständischen, die erschossen werden, sind Teilnehmer des spanischen Aufstands gegen die Franzosen. Die Worte des französischen Oberbefehlshabers kurz vor der Exekution sollen gelautet haben: „Der irregeführte Pöbel von Madrid hat sich hinreißen lassen zu Revolte und Mord. Französisches Blut ist geflossen. Es verlangt Rache." Jeder Spanier, der mit einer Waffe angetroffen wurde, wurde sofort getötet. Auf diese Weise gab es annähernd 400 Opfer zu beklagen. 45 Aufständische wurden in der Nacht vom 2. auf den 3. Mai auf einem Hügel getrieben und erschossen. Dies ist die Szene, die Goya auf seinem Bild für die Nachwelt festgehalten hat.

Francisco Goya: Die Erschießung der Aufständischen *am 3. Mai 1808 in Madrid*

Frage 57

Von welchem Meister des Biedermeier stammen u. a. die Bilder *Der arme Poet* und *Abendständchen*?

- ☐ a) Moritz von Schwind
- ☐ b) Eduard Gärtner
- ☐ c) Franz Carl Spitzweg
- ☐ d) Adolph Menzel

☞ **c) Franz Carl Spitzweg** (1808–85)
Seine kleinformatigen Bilder mit feiner Stimmung stellen liebevoll die Welt der Kleinbürger und Sonderlinge der Biedermeierzeit dar.

Frage 58

Was bezeichnet man als Stillleben?

☞ Die malerische Darstellung der unbelebten Natur, etwa in Form von Früchten, Blumen oder toten Tieren.

Frage 59

Welches Bauwerk des 18. Jahrhunderts von Carl Gotthard Langhans (1732–1808) avancierte zum Wahrzeichen Berlins?

Brandenburger Tor

☞ **Das Brandenburger Tor**, das als Friedenstor konzipiert war, aber rasch zur „Bekundung preußischen Staatsgedankens" herhalten musste. Der von vier Pferden gezogene Streitwagen der Siegesgöttin thront über dem Tor.

Frage 60

Welches Gebäude verhüllte der Aktionskünstler Christo 1995?

☞ **Das Berliner Reichstagsgebäude.** Nach einem 24 Jahre währenden Kampf gegen

Behörden konnte Christo (*1935) sein Traumprojekt 1995 endlich verwirklichen. 100.000 m² Tuch ließen für drei Wochen ein Kunstwerk entstehen, das etwa fünf Millionen Menschen anzog.

Frage 61

Vom Bauhaus hört man oft, wenn es um Design, Kunst oder Handwerk geht. Was genau steckt dahinter?

☞ Das Bauhaus sollte eine Arbeitsgemeinschaft sein, die den Unterschied zwischen Handwerker und Künstler aufhob. Das Bauhaus beeinflusste die Kunstpädagogik, die moderne Architektur und die Wohn- und Industrieraumgestaltung.

Frage 62

Wie bezeichnet man eine Kunstrichtung, die im Vergleich zur Klassik oder Renaissance „gekünstelt" wirkt?

☞ **Manierismus.** Es handelt sich um einen Kunststil, der von der Renaissance zum Barock überleitete.

Manierismus. Kreuzabnahme von Pontormo

Frage 63

Wo steht das höchste Bauwerk der Welt?

☐ a) Dubai ☐ c) Peking
☐ b) Tokio ☐ d) Shanghai

☞ **a) Dubai**
Der Wolkenkratzer Burj Dubai ist seit März 2008 das höchste Bauwerk der Welt.

Frage 64

Wie wird eine Radierung hergestellt?

☞ **Durch Ätzen.** Eine Metallplatte wird mit einer schützenden Schicht bestrichen, dann ritzt der Künstler mit der Radiernadel eine Zeichnung auf die Schicht, sodass dort das Metall blank liegt. Im Säurebad wird die Zeichnung anschließend in das Metall geätzt.

Frage 65

Was sind die Kennzeichen des Dadaismus?

☞ Der Dadaismus nahm 1916 in Zürich seinen Ausgang und bezeichnet eine internationale Kunstbewegung, die sich nicht auf einen Stil festlegen lässt, wohl aber auf eine grundsätzlich antibürgerliche, ironische Grundhaltung. Als Ausdrucksmittel verwendeten die Dadaisten z. B. Collagen aus banalen Gegenständen.

Frage 66

Was ist eine Basilika?

☞ In vorchristlicher Zeit handelte es sich bei der Basilika um eine lang gestreckte Säulenhalle, die der Abhaltung von Märkten und Gerichtsverhandlungen diente. Das Christentum hat die Basilika als Versammlungsraum für die Gemeinde, d. h. als Kirche übernommen. Charakteristisch ist das große Mittelschiff, an das seitlich zwei oder vier schmalere und niedrigere Seitenschiffe anschließen.

Frage 67

Wer schuf vor Michelangelo (1475–1564) mit dem *David* von 1430 die erste freistehende Figur der Neuzeit?

☞ Der italienische Bildhauer Donatello (um 1386–1466), dessen Werk bahnbrechend für die Skulptur des 15. Jahrhunderts in Italien war. Der Künstler arbeitete mit Bronze, Marmor und Holz und schuf mit seinem *David* die erste Aktdarstellung seit der Antike.

Donatello: David

Frage 68

Was waren die zentralen Themen des Futurismus?

☞ Zentrale Themen waren die Erscheinungen der Massengesellschaft, der Großstadt, das Tempo der Verkehrsmittel und die Bewegung der Maschinen. Diese Dynamik wurde u. a. wiedergegeben durch Simultanansichten, Auflösung eines Gegenstands in Prismen und Facetten, durch vibrierende Konturen und phasenhaft wiederholte Formvariationen.

Frage 69

Das Atomium wurde für die Weltausstellung 1958 gebaut und avancierte schnell zum Wahrzeichen der Stadt, in der es steht. **Wie heißt diese Stadt?**

☐ a) Montreal ☐ c) Genf
☐ b) Brüssel ☐ d) Chicago

☞ **b) Brüssel**
Das Atomium stellt eine aus neun Atomen bestehende Elementarzelle eines Eisenkristalls dar. Es ist 102 Meter hoch, jede einzelne Kugel hat einen Durchmesser von 18 Metern. Nachdem es im Jahr 2005 gründlich renoviert wurde, erstrahlt das Atomium nun wieder in seinem alten Glanz.

Frage 70

Wie hieß die unmittelbar auf den Jugendstil folgende und diesem nahestehende Kunstrichtung?

☞ **Art déco.** Beides sind ornamentale Stile und beide beziehen sich sowohl auf die bildenden Künste als auch das Kunsthandwerk und die Architektur. Im Gegensatz zum Jugendstil zeichnete sich der Art déco durch scharfe Linien und Kanten aus.

Frage 71

Welche Grabmäler gehören zu den ältesten Denkmälern menschlicher Baukunst?

☞ **Die Pyramiden der Ägypter.** Die berühmten Pyramiden von Giseh wurden um das Jahr 2600 v. Chr. erbaut. Der König war für die Ägypter ein göttliches Wesen. Sobald er diese Erde verlassen hatte, würde er wieder in den Himmel hinaufsteigen. Die in den Himmel hineinragenden Pyramiden sollten wohl den Aufstieg erleichtern.

Die Pyramiden von Giseh

Frage 72

Welcher deutsche Aktionskünstler und Professor an der Düsseldorfer Kunstakademie machte Objekte aus Honig, Fett und Filz?

☞ **Joseph Beuys (1921–86).** Für ihn war Kunst ein Hilfsmittel für den sozialen und politischen Wandel. Durch die ungewöhnlichen Materialien wollte er ein rein ästhetisches Kunstverständnis aufbrechen.

Frage 73

Venus von Milo

Welcher berühmten Frauenstatue fehlen beide Arme?

☞ **Der *Venus von Milo*.** Bei dieser Statue handelt es sich um eine Darstellung der griechischen Göttin der Liebe und Schönheit, der Aphrodite. Gefunden wurde das um 100 v. Chr. entstandene Werk erst im Jahr 1820 auf der Insel Milos. Die Arme der Marmorstatue waren bereits damals verschwunden, über ihr Schicksal ist nichts bekannt.

Frage 74

Wer während der Weltausstellung 1937 den spanischen Pavillon betrat, sah sich einem fast acht Meter langen Bild gegenüber, das der damals 56-jährige Picasso (1881–1973) gemalt hatte. Das Bild ist düster und nur in den Farben Schwarz, Weiß und Grau gehalten. Es ist eine leidenschaftliche Anklage gegen Gewalt und Krieg, entstanden anlässlich der Bombardierung eines kleinen spanischen Ortes im Spanischen Bürgerkrieg. Der Ort wurde dabei vollkommen zerstört. Das Werk trägt den Namen dieses Ortes. **Wie lautet er?**

☞ ***Guernica.*** Bis 1981 hing das Bild im MoMA in New York, heute ist es in Madrid im Museo Reina Sofía zu sehen.

Frage 75

In welcher Stadt wurde 1911 „Der Blaue Reiter" gegründet?

☐ a) München ☐ c) Hamburg
☐ b) Berlin ☐ d) Dresden

☞ **a) München**
Die Gründer der Künstlergruppe waren Wassily Kandinsky (1866–1944) und Franz Marc (1880–1916).

Frage 76

Für welche Arbeiten ist Tilman Riemenschneider (um 1460–1531) berühmt?

☞ Für seine spätgotischen Schnitz- und Bildhauerarbeiten, mit denen der gebürtige Thüringer v. a. in Mainfranken und in Würzburg die Innenausstattung von Kirchen bereicherte. Neben Andachtsbildern und Beweinungsgruppen fertigte er auch Altäre an. Seine geschnitzten Figuren kommen aufgrund ihrer unnachahmlichen Licht- und Schattenwirkung ganz ohne Farbe aus.

KANDINSKY ÜBER DAS WESEN DER FORM

„Die Form selbst, wenn sie auch ganz abstrakt ist und einer geometrischen gleicht, hat ihren inneren Klang, ist ein geistiges Wesen mit Eigenschaften, die mit dieser Form identisch sind." (aus: Kandinsky, *Über das Geistige in der Kunst*, 1912)

Frage 77

Welche architektonische Form hat das Solomon R. Guggenheim Museum in New York?

☞ **Die Form einer Spirale.** Sein Architekt Frank Lloyd Wright (1867–1959) plante „ein organisches Gebilde mit einem einzigen großen Raum auf einem fortgesetzten Stockwerk"; er erreichte dies durch eine 800 Meter lange Spirale.

Frage 78

Was zeichnet die Werke Marc Chagalls (1887–1985) aus?

☞ Sie sind von russischer Volkskunst und jüdischer Kultur geprägt. Seine Bilder wirken traumhaft-mystisch, sein Stil ist keiner der Richtungen des 20. Jahrhunderts fest zuzuordnen. Oft wird er als „Poet unter den Malern" bezeichnet.

Frage 79

Der berühmte Architekt Mies van der Rohe sagte einst „Less is more" (Weniger ist mehr). Demgegenüber behauptete ein Kollege von ihm „Less is bore" (Weniger ist langweilig). **Wer war dieser Kollege?**

☞ **Robert Venturi (*1925)** gilt als bedeutender Vertreter der Postmoderne in der Architektur. Er ist Leiter des Architekturbüros Venturi, Scott Brown and Associates, Inc. in Philadelphia, USA. 1991 gewann er stellvertretend für sein Büro den Pritzkerpreis. Er lehrte an zahlreichen Universitäten, so z. B. in Princeton, Yale, Harvard und an der University of California Los Angeles und ist Autor zahlreicher Bücher.

Frage 80

Welches Baumaterial verwendete Ludwig Mies van der Rohe bevorzugt?

☞ **Glas, Beton und Stahl.** Mies van der Rohe (1886–1969) schuf klare, elegante Bauten und Hochhäuser mit frei gezeigter Stahlskelettbauweise. Er war von 1930 bis 1933 Direktor des Bauhauses.

Frage 81

Wo befindet sich das bedeutende europäische Museum Eremitage?

☐ a) Wien
☐ b) Berlin
☐ c) Barcelona
☐ d) Sankt Petersburg

☞ **d) Sankt Petersburg**

Der Winterpalast in Sankt Petersburg, in dem sich ein Großteil der Sammlung der Eremitage befindet

Frage 82

Die Bilder welcher Kunstrichtung zeichnen sich durch Einfachheit und Unbefangenheit aus und stammen meist von Laien?

☞ **Die der Naiven Malerei**, die sich keiner Stilrichtung verpflichtet sieht. Entscheidend ist das persönliche, nichtakademische und untheoretische Vermögen des Künstlers, der die Malerei nur nebenberuflich betreibt.

Frage 83

Was ist eine Akropolis?

☞ Ursprünglich bedeutete das griechische Wort „hohe Stadt" und bezeichnete insbesondere die Festung einer antiken Stadt, die zumeist einen königlichen Palast und eine Tempelgruppe umfasst. Die Akropolis von Athen, die sich auf einem steilen Felsen erhebt, dürfte die bekannteste noch erhaltene „Hochstadt" sein.

Frage 84

Wo wurde zwischen 1983 bis 1985 das Hundertwasserhaus erbaut?

☞ **In Wien.** Der Österreicher Friedrich Stowasser (1928–2000), der sich Friedensreich Hundertwasser nannte, engagierte sich für eine menschen- und umweltgerechte Architektur. In seinen stark farbigen, oft labyrinthartig angelegten Bildern und Plakaten nahm er Elemente des Jugendstils auf.

Hundertwasserhaus in Wien

Frage 85

Was ist kennzeichnend für das Werk Joan Mirós?

☞ Kennzeichnend ist eine eigene, poetisch-verspielte und skurrile Bildzeichensprache. Mirós (1893–1983) Figuren stehen oft auf einer monochromen Farbfläche.

Frage 86

Welches Bauwerk des Mittelalters lässt sich in Straßburg besichtigen?

☞ **Das Straßburger Münster**, dessen Bauzeit von der späten Romanik bis in die späte Gotik hinein andauerte. Besonders beeindruckend sind der ab 1399 gebaute Nordturm und die Bildwerke und Glasmalereien aus dem 12. bis 15. Jh.

Frage 87

Zu welcher Epoche gehört Schloss Sanssouci in Potsdam?

☐ a) Rokoko
☐ b) Klassizismus
☐ c) Jugendstil
☐ d) Romantik

☞ **a) Rokoko**
Das Schloss in Potsdam zeigt eine Variante des Rokoko: das friderizianische Rokoko. Baumeister war Georg Wenzeslaus von Knobelsdorff (1699–1753).

Frage 88
Welcher Richtung kann man den amerikanischen Maler Jackson Pollock zuordnen?

☞ **Dem abstrakten Expressionismus.** Pollock (1912–56) betonte im Sinne des Actionpaintings den malerischen Schöpfungsprozess. Er verarbeitete nicht nur Farbe, sondern auch Sandpasten, Glasscherben und Hölzer.

Frage 89
Was zeichnet die Architektur von Le Corbusier aus?

☞ Er entwickelte einen neuen Stil des Wohnbaus, der funktional ist und auf Ornamentales verzichtet. Le Corbusiers (1887–1965) Bauten setzen sich zumeist aus kubischen Elementen zusammen. Die Häuser haben flache Dächer, die Fenster sind groß und alles ist rational-sachlich angeordnet.

Le Corbusiers Villa Savoye in Poissy

Frage 90
Wer gründete 1919 in Weimar das Bauhaus?

☞ **Der Architekt Walter Gropius (1883–1969).** Das Bauhaus vermittelte in seinen Werkstätten für Handwerk, Architektur und bildende Künste das moderne architektonische Wissen unter besonderer Betonung des handwerklich-technischen Könnens. Grundlegend war die Forderung, dass unter der Führung der Architektur eine Einheit aller bildenden Künste zustande kommen sollte. Weitere Bauhaus-Vertreter waren u. a. Lyonel Feininger (1871–1956) und Ludwig Mies van der Rohe (1886–1969).

Frage 91
Was macht ein Stuckateur?

☞ Er bringt die plastischen Verzierungen aus Stuck an Decken in Innenräumen an. Als Material wird Gips oder eine Mischung aus Gips, Kalk und Sand verwendet. Ihren Höhepunkt erreichte diese Kunst im Barock und Rokoko.

Frage 92
In der Antike war diese Technik sehr verbreitet, ebenso im Byzantinischen Reich und später wieder im Art déco und im Jugendstil. In der Moderne schmückte v. a. der Jugendstilkünstler Antoni Gaudí seine Bauwerke damit. **Womit?**

☞ **Mit Mosaik.** Die Hauptstadt des Mosaik ist Ravenna, wo zahlreiche Kirchen und mit Bildern aus kleinen Steinchen geschmückt sind.

Frage 93
Welcher bedeutende Maler war ein Vertreter des Barock?
☐ a) Eugène Delacroix
☐ b) Peter Paul Rubens
☐ c) Michelangelo Buonarroti
☐ d) Giotto di Bondone

☞ **b) Peter Paul Rubens** (1577–1640)
Rubens zählte zu den herausragenden Vertretern dieser Epoche. Der flämische Barock wurde dabei entscheidend von ihm geprägt.

Peter Paul Rubens: Die drei Grazien

Frage 94
Was unterscheidet das Rokoko vom Barock?

☞ Das Rokoko ist wesentlich eleganter und zugleich verspielter.

Frage 95
Welcher Maler begründete in Frankreich mit Picasso (1881–1973) zusammen den Kubismus?

☞ **Georges Braque (1882–1963).** Man unterscheidet gemeinhin zwei Phasen des Kubismus. In seiner ersten Phase führte der Kubismus die darzustellenden Gegenstände auf ihre Grundformen (Kugel, Kubus, Zylinder, Kegel) zurück, zerlegte sie und verband ihre Elemente wieder zu flächigen Bildgefügen, wobei die Farbe eine untergeordnete Rolle spielte (analytischer Kubismus). In einer zweiten Phase wurden Formen aus Formelementen zusammengesetzt und es wurde wieder mehr Wert auf die Farbe gelegt (synthetischer Kubismus).

Frage 96
Wo befindet sich die größte gotische Kirche der Welt?

☞ **In Sevilla.** Die Kathedrale wurde im 15. und 16. Jh. erbaut und gehört zum Weltkulturerbe der UNESCO.

Frage 97
An diesem Bauwerk trat erstmals die Symbiose von Bogenbau und Säulenordnungsrelief auf, die in der Folgezeit zu einem der wichtigsten Anliegen der römischen Architektur werden sollte. Seit der Renaissance wurde dieses bauliche Merkmal maßgebend für die ganze abendländische Baukunst. Das erhaltene Stockwerk besitzt eine Front mit Bogenstellungen und dorischen Halbsäulen, der innen eine Galerie mit halbkreisförmigen Haussteinbögen entspricht. Innenräume und Treppen sind mit Tonnengewölben überspannt, die Wandflächen waren mit Stuck überzogen. **Um welches Gebäude handelt es sich hierbei?**

☞ **Das Tabularium** beherbergte das Staatsarchiv des Römischen Reiches. In ihm wurden die Gesetze, Edikte und Verträge aufbewahrt, die vom Magistrat Roms erstellt worden waren. Seine Fassade wies am Kapitolabhang zum Forum Romanum. Auf den Fundamenten des Tabulariums befindet sich heutzutage das Gebäude des Senatorenpalastes.

Tabularium in Rom

Frage 98
Wie nennt man die Darstellung von nackten Körpern in den bildenden Künsten?

☞ **Akt.** Erst im 19. Jh. lösten die Künstler den Akt aus den religiösen und mythologischen Zusammenhängen und machten den nackten Körper selbst zum Thema.

Frage 99
Wann entwickelte sich in der bildenden Kunst der Symbolismus?

☐ a) ab etwa 1665
☐ b) ab etwa 1775
☐ c) ab etwa 1885
☐ d) ab etwa 1995

☞ **c) ab etwa 1885**
Die Symbolisten arbeiteten mit vieldeutigen, sehr ausdrucksstarken Symbolen und benutzten diese für eine zeichenhafte Bild-

sprache. Mit betont flächiger Malweise und leuchtenden, monochromen Farben, die oft mit schwarzen oder tiefblauen Linien deutlich umrissen wurden, reagierten sie auf den „zu realistischen" Impressionismus, den sie ablehnten. Einer der berühmtesten Wegbereiter des Symbolismus war Paul Gauguin (1848–1903).

Frage 100

Welcher Stilrichtung sind die Bildhauer Bertel Thorvaldsen (1770–1844) und Antonio Canova (1757–1822) zuzuordnen?

☞ **Dem Klassizismus.** Beide Künstler erhoben die an die klassische Antike angelehnte Schlichtheit zum Prinzip.

Frage 101

Spitzbogen sind typisch für die gotische Architektur. **Welche Form, die zuvor in der Romanik häufig benutzt wurde, lösten sie ab?**

☞ In der romanischen Architektur waren Rundbogen stark vertreten. Sie erfüllten neben ästhetischen Zwecken v. a. statische. Rundbogen machten nämlich gewaltige gewölbte Kirchendecken aus Stein erst möglich. Davor waren die Decken flach und aus Holz.

Frage 102

Welcher französische Maler schuf 1830 das berühmte Revolutionsgemälde *Die Freiheit führt das Volk an*?

☞ **Eugène Delacroix (1798–1863)**, dessen Historien- und Tiergemälde sowie Reiseskizzen aus dem Orient die französische romantische Malerei begründeten.

Eugène Delacroix: Die Freiheit führt das Volk an

Zudem gilt er wegen seines großzügigen Umgangs mit Farben als Wegbereiter des Impressionismus.

Frage 103

Welcher Bau- und allgemeine Kunststil wurde im Klassizismus als „schwülstig" und „überladen" abgewertet?

☞ Der Barockstil des 17. und beginnenden 18. Jahrhunderts. Der Barock löste den Manierismus ab und beeinflusste Baukunst, Bildhauerei, Malerei, Musik und Literatur. Bedeutende Vertreter in den bildenden Künsten waren in der Architektur Bernini (1598–1680) und Neumann (1687–1753), in der Malerei Rubens (1577–1640) und Rembrandt (1606–69).

Frage 104

Was versteht man unter architektonischem Eklektizismus?

☞ Von Eklektizismus ist die Rede, wenn ein Architekt aus verschiedenen Stilepochen das – vermeintlich – Beste heraussucht und in ein neues Werk integriert, anstatt die eigene Kreativität zu bemühen.

Frage 105

Welcher Künstler stellte in seinem Werk die Pariser Nachtwelt in Bordellen und Kabaretts dar?

☐ a) Henri Matisse
☐ b) Claude Monet
☐ c) Henri de Toulouse-Lautrec
☐ d) Paul Gauguin

☞ **c) Henri de Toulouse-Lautrec**
Der Maler (1864–1901) brach sich als Kind beide Beine, weswegen er zeitlebens verkrüppelt blieb. Er fertigte u. a. für das Pariser Nachtlokal Moulin

Plakat von Toulouse-Lautrec

Rouge Plakatlithografien an und erhob damit das Plakat als Werbemittel in den Rang der Kunst.

Frage 106

In welcher historischen Epoche malte Lucas Cranach der Ältere?

☞ **Zur Zeit der Reformation.** Cranach (1472–1553), der u. a. das bekannte Porträt Luthers (1483–1546) anfertigte, bildete eine spezifisch protestantische Kunst heraus: Er illustrierte die Lutherbibel oder Flugblätter der Reformatoren. Die Hauptwirkungsstätte des Malers aus Kronach war in Wittenberg.

Frage 107

Womit krönte der Architekt Sir Norman Foster (*1935) das deutsche Parlamentsgebäude?

☞ Er ließ dem Reichstagsgebäude in Berlin eine Kuppel aus Glas aufsetzen. Das begehbare Dach des Plenarsaales erlaubt einen Blick auf die Tagungsstätte der Volksvertreter und soll die Offenheit der demokratischen Ordnung architektonisch abbilden.

Frage 108

Nicht nur die Werkzeuge, mit denen Maler die Farbe auf die Leinwand bringen, sind entscheidend, auch die Art und Weise, wie die Farben angerührt werden, können zu ganz charakteristischen Ergebnissen führen. **Was bezeichnet man beispielsweise als Gouache?**

☞ Bei Gouache handelt es sich um Malerei mit deckenden Wasserfarben, die mit Weiß vermischt und mit einem Bindemittel versetzt sind. Zunächst wurde diese Technik in erster Linie in der mittelalterlichen Buchmalerei und der Bildnisminiaturmalerei des 15. bis 19. Jahrhunderts angewendet. Aber auch in der Gegenwart kommt sie für Entwürfe und Illustrationen wieder in Mode.

Frage 109

Welche Bauten sind in dem *Stundenbuch* des Duc du Berry detailgetreu abgebildet?

☞ Das Manuskript mit einzelnen Monatsblättern zeigt die für jeden Monat typischen Tätigkeiten vor einer von der jeweiligen Jahreszeit geprägten Landschaft, im Hintergrund meist ein Schloss. Das *Stundenbuch* der Brüder von Limburg (15. Jh.), die es für ihren Dienstherrn Duc du Berry malten, (1360–1416) zählt zu den Meisterwerken der Gotik.

Der Monat April aus dem Stundenbuch *des Duc du Berry*

Frage 110

In welchem römischen Amphitheater fanden Gladiatoren- und Tierkämpfe, aber auch Krokodiljagden und Wasserschlachten statt?

☞ **Im Kolosseum in Rom,** das um 80 n. Chr. eingeweiht und danach oft erneuert wurde.

Die Umfassungsmauer des elliptischen Gebäudes hat eine Höhe von 48 Metern. Die unteren drei Stockwerke sind durch Arkaden und dazwischen liegende Säulen verschiedener Ordnung gegliedert. Das oberste Geschoss besteht aus Fenstern und Pilastern.

Frage 111

Was ist ein Triptychon?

☐ a) eine gotische Kirche
☐ b) ein dreigeteiltes Gemälde
☐ c) eine dadaistische Collage
☐ d) eine frühchristliche Grabanlage

☞ **b) ein dreigeteiltes Gemälde**
Es besteht aus einer Mitteltafel und zwei meist schmaleren Flügeln.

Frage 112

Welcher Maler errang besonders durch seine Porträts von Mitgliedern des spanischen Königshofes Berühmtheit?

Velázquez: Las Meninas

☞ Der Spanier Diego Rodríguez de Silva y Velázquez (1599–1660), Hofmaler Philipps IV. (1605–65) von Spanien. Eines seiner Hauptwerke ist *Las Meninas* (1656), das mit impressionistischer Leichtigkeit die spanische Infantin Margarita mit ihrem Gefolge zeigt.

Frage 113

Wo entstanden die meisten der wertvollen und künstlerisch anspruchsvollen Buchmalereien des Mittelalters?

☞ In den Scriptorien, den Schreibstuben der Klöster. Dies liegt zum einen daran, dass Mönche im Mittelalter zu den wenigen Menschen gehörten, die des kunstvollen Schreibens überhaupt mächtig waren. Zum anderen waren für die Herstellung eines einzigen Buches mehrere Personen nötig, denn jedes einzelne Blatt, jede einzelne Zeichnung musste schließlich handgefertigt werden.

Frage 114

An welchen Stil lehnte sich die Romanik an?

☞ **An die römische Architektur.** Romanische Bauten können v. a. an ihrem gedrungen wirkenden Charakter und der Verwendung von Rundbogen erkannt werden.

Frage 115

Wer war Jan Vermeer van Delft?

☞ **Ein niederländischer Maler.** Vermeers (1632–75) mit äußerster Bedachtsamkeit geschaffene Gemälde wirken wie Fotografien von handarbeitenden, lesenden, musizierenden und malenden Personen. Er hinterließ nur etwa 40 Gemälde, von denen *Das Atelier des Malers* zu den berühmtesten zählt.

Frage 116

In welchem Gebäude ist die Galerie Tate Modern zu Hause?

☞ **In einem ehemaligen Kohlekraftwerk in London.** Das Haus wurde von dem Architekten Sir Giles Gilbert Scott (1811–78) gestaltet, der auch durch das Design der roten britischen Telefonzellen bekannt geworden ist.

Frage 117

Nach welchem italienischen Baumeister ist eine ganze Stilrichtung benannt?

Andrea Palladio: Villa Rotonda bei Vicenza

☞ **Nach Andrea Palladio (1508–80).** Der Palladianismus, ein Architekturstil von strenger Gesetzmäßigkeit und klarer Gliederung, beeinflusste bis ins 18. Jh. die französische, englische und niederländische Architektur.

Frage 118

In welchem Zeitraum befindet man sich, wenn man in der bildenden Kunst vom Biedermeier spricht?

☐ a) zwischen 1676 und 1699
☐ b) zwischen 1725 und 1749
☐ c) zwischen 1782 und 1804
☐ d) zwischen 1815 und 1848

☞ **d) zwischen 1815 und 1848**
Für die bildende Kunst ist der Begriff leichter einzugrenzen, weil er sich v. a. auf die bürgerliche Wohnkultur beziehen lässt. Die Möbelkunst des Biedermeier schließt an den Stil des Empire, dem des napoleonischen Kaiserreiches, an. Er ist zweckmäßig, leicht und zierlich.

Frage 119

Welchen 1993 in Paris fertiggestellten Umbau bezeichnet Architekt Ieoh Ming Pei (*1917) als sein wichtigstes Werk?

☞ Der chinesisch-amerikanische Architekt meint die Pyramide des Musée du Louvre, die er aus 86 Tonnen Glas errichten ließ.

Frage 120

Welcher Meister schuf die *Mona Lisa*?

☞ **Leonardo da Vinci (1452–1519)**, einer der vielseitigsten Künstler aller Zeiten, der bedeutende Arbeiten der Malerei, Baukunst, Technik und Anatomie schuf. Als Künstler war er Mitbegründer der italienischen Hochrenaissance. Mit der Entwicklung und Konstruktion von Geräten und Maschinen wie dem U-Boot oder Flugapparaten war er seiner Zeit weit voraus. Er gilt als sogenannter Universalmensch: umfassend gebildet und zu den verschiedensten Tätigkeiten in der Lage.

Frage 121

Welcher Künstler schuf zwischen 1501 und 1504 die Skulptur des *David*, die sich heute in der Akademie in Florenz befindet?

☞ **Michelangelo Buonarroti (1475–1564)**, der mehr als zwei Jahre brauchte, um den *David* zu meißeln.

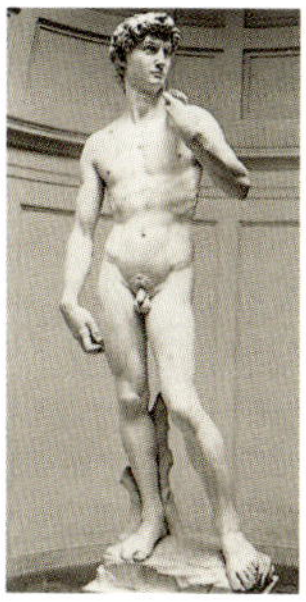

Michelangelo: David

Frage 122

Welcher Architekt gestaltet das Denkmal auf dem Gelände des früheren World Trade Centers?

☞ In dem ausgeschriebenen Wettbewerb setzte sich **Daniel Libeskinds** (*1946) Entwurf durch. Im Mittelpunkt des Plans steht der Freedom Tower, dessen Höhe von 1776 Fuß an das Jahr der amerikanischen Unabhängigkeitserklärung erinnert.

Frage 123

Schon die Menschen der prähistorischen Zeit haben Kunst geschaffen. Welche Materialien haben sie dazu benutzt?

☞ Da weder Leinwand noch Brennöfen für Keramik zur Verfügung standen, nutzten die Menschen vergängliche Stoffe wie Haare, Baumrinde und Holz. Deshalb sind Funde aus prähistorischer Zeit äußerst selten.

Frage 124

Dieser bedeutende Nürnberger Maler, Holzschneider und Kupferstecher schuf an der Wende vom Mittelalter zur Renaissance zahlreiche sakrale Meisterwerke. **Wie heißt er?**

☐ a) Franz Marc
☐ b) Paul Klee
☐ c) Albrecht Dürer
☐ d) Hans Holbein

☞ **c) Albrecht Dürer** (1471–1528)

Frage 125

Mit welchem Gemälde war Spanien auf der Weltausstellung 1937 in Paris vertreten?

☞ Mit Pablo Picassos (1881–1973) Monumentalgemälde *Guernica*.

Frage 126

Wie heißt das berühmteste Gemälde Théodore Géricaults?

☞ ***Das Floß der Medusa*** ist das neben der *Mona Lisa* wohl bekannteste Werk, das im Louvre zu besichtigen ist. Das Gemälde thematisiert die Schrecken eines Schiffsunterganges und schockierte damit das zeitgenössische Publikum so sehr, dass dem Gemälde die Anerkennung verweigert wurde, die Géricault (1791–1824) sich erhofft hatte.

Théodore Géricaults: Das Floß der Medusa

Frage 127

Es ist eines der markantesten und berühmtesten Gebäude des 20. Jahrhunderts und geht auf den Entwurf des dänischen Architekten Jørn Utzon (1918–2008) zurück. **Wovon ist hier die Rede?**

☞ **Vom Sydney Opera House**, dem Wahrzeichen Sydneys. Sein unverwechselbares Dach ragt 67 Meter in die Luft und ist mit weißen Keramikfliesen verkleidet.

Frage 128

Welche Bauwerke sind auf den Euro-Banknoten abgebildet?

☞ Auf den Banknoten sind ausschließlich Brücken abgebildet. Sie sollen als architektonische Bindeglieder den Zusammenschluss der europäischen Länder darstellen.

Frage 129

Welcher deutsche Maler thematisierte insbesondere in den 1920er-Jahren den Ersten Weltkrieg, den er als Soldat erlebte?

☞ **Otto Dix (1891–1969).** Wie viele andere Künstler wurde der von 1927 bis 1933 als Professor der Dresdner Akademie Lehrende 1933 durch die Nationalsozialisten entlassen und durfte seine Bilder nicht mehr ausstellen.

Frage 130

Welches Berliner Museumsgebäude entwarf der Architekt Daniel Libeskind?

- ☐ a) die Alte Nationalgalerie
- ☐ b) das Jüdische Museum
- ☐ c) die Neue Nationalgalerie
- ☐ d) das Museum Berggruen

☞ **b) das Jüdische Museum**

Das Gebäude hat die Form eines Blitzes und erinnert an einen geborstenen Davidstern. Es wird von seiner metallischen Außenhaut und den schroffen Kanten dominiert. Durch den labyrinthischen Aufbau des Gebäudes wollte Libeskind die schwierigen deutsch-jüdischen Beziehungen symbolisieren.

Jüdisches Museum, Fassadendetail

Frage 131

Welchen Zeitraum umfasst in der Kunstgeschichte die Gotik?

☞ Allgemein den Zeitraum zwischen dem Ende der Romanik um das 12. Jh. bis zum Beginn der Renaissance im frühen 15. Jh. Jedoch ist die zeitliche Dauer der Gotik in den verschiedenen Ländern sehr unterschiedlich.

Frage 132

Wer entwarf das Guggenheim Museum in New York?

☞ **Der Architekt Frank Lloyd Wright (1867–1959)**, der ein organisches Bauwerk schuf, das aus einem einzigen großen Raum besteht.

Frage 133

Wovon grenzten sich die Expressionisten zu Beginn des 20. Jahrhunderts ab?

☞ In erster Linie grenzten sie sich von Naturalismus und Impressionismus ab, weil es den Expressionisten nicht mehr darum ging, die Natur oder die sinnlich erfahrbare Welt künstlerisch darzustellen, sondern das geistige Innenleben des Menschen zum Ausdruck zu bringen. Vielmehr wollten sie neue Bezirke des Psychischen und subjektive Empfindungen, die die Wahrnehmung der Wirklichkeit verändern, künstlerisch erschließen.

Frage 134

Wo steht der Escorial?

Der Escorial

☞ In der Abgeschiedenheit des kastilischen Berglandes in Spanien, etwa 60 Kilometer nordwestlich von Madrid. Der Klosterpalast entstand im Auftrag König Philipps II. (1527–98); er war Residenz, Behördensitz, Kloster und dynastisches Grabmonument. Der Escorial ist der größte Renaissancebau der Erde.

Frage 135

Der Name der Kunstrichtung „Konkrete Kunst" geht auf den Niederländer Theo van Doesburg (1883–1931) zurück. **Was versteht man darunter?**

☞ Anders, als man es aufgrund des Namens vielleicht zunächst annehmen sollte, handelt es sich bei der Konkreten Kunst um eine ungegenständliche Kunst. Sie soll, so van Doesburg, mehr oder weniger ausschließlich durch geometrische Konstruktion erzeugt werden.

Frage 136

Welche Epoche beginnt um 1400 in Italien und leitet vom Mittelalter in die Neuzeit über?

☐ a) Rokoko
☐ b) Kubismus
☐ c) Klassizismus
☐ d) Renaissance

☞ **d) Renaissance**
Sie grenzt sich aus verschiedenen Gründen deutlich vom Mittelalter ab. Die Epoche war von der Antike beeinflusst, während der mittelalterliche Künstler im Dienst der Kirche stand und die Religion in seinen Kunstwerken thematisierte. Der Künstler der Renaissance bearbeitete auch profane Themen der griechischen Mythologie. Eine große Änderung gab es im Selbstverständnis der Künstler: Die Anonymität der Künstler, wie sie im Mittelalter die Regel war, löste sich auf. In der Renaissance traten erstmals namentlich bekannte Künstlerpersönlichkeiten auf, die bereits zu ihrer Zeit Gegenstand der Geschichtsschreibung wurden.

Frage 137

Welcher Kunstperiode gehören die Werke des Malers Caspar David Friedrich an?

☞ **Der Romantik.** In Friedrichs (1774–1840) nach intensiven Naturstudien entstandenen Bildern weitet sich der Blick in romantische Ferne (*Kreidefelsen auf Rügen*) oder in schaurige Nachtmotive (*Der einsame Baum*).

Caspar David Friedrich: Kreidsefelsen auf Rügen

Frage 138

7500 Tore haben im Februar 2005 die Fußwege des New Yorker Central Parks gesäumt. **Was war der Anlass?**

☞ Die Stadt New York hatte dem Künstlerehepaar Christo (*1935) und Jeanne-Claude (*1935) die Genehmigung erteilt, die jeweils fast fünf Meter hohen Tore für 16 Tage aufzustellen. Rund 98.000 m² Stoff sollten den Eindruck erwecken, der Park sei von einem riesigen Schleier verhüllt.

Frage 139

Im Jahr 2008 wurde sein Lebenswerk mit dem Pritzkerpreis ausgezeichnet. Von ihm stammen z. B. die Galeries Lafayette in Berlin und die Oper in Lyon. **Wie heißt er?**

☞ **Jean Nouvel (*1945).** 1994 gründete er die Ateliers Jean Nouvel, die zu den größten Architekturbüros in Frankreich zählen.

DIE ANTIKEN SIEBEN WELTWUNDER

Pyramiden von Giseh
Zeusstatue des Phidias
Artemistempel
Grabmal von Mausolos
Hängende Gärten
Koloss von Rhodos
Leuchtturm von Pharos

Frage 140

Welcher niederländische Künstler arbeitete mit Gauguin zusammen und nahm sich mit einem Revolverschuss das Leben?

☞ **Vincent Willem van Gogh (1853–90)**, der 1888 in Arles mit Gauguin (1848–1903) zusammenarbeitete. In dieser Phase entstanden van Goghs leuchtende und farbkräftige Sonnenblumen- und Landschaftsbilder. Im Dezember 1888 erlitt van Gogh einen Nervenzusammenbruch und schnitt sich sein linkes Ohr ab. In der Nervenheilanstalt malte er bis zu seinem Selbstmord weiter.

Frage 141

Was ist ein Zwinger?

☞ Ein Teil einer mittelalterlichen Burg. Der Raum zwischen den beiden Mauern, in dem die angreifenden Feinde festgesetzt werden sollten, wurde als Zwinger bezeichnet. In Dresden ist der Name übergegangen auf eines der wichtigsten Bauwerke des Barock, den Dresdener Zwinger (1711–22), in dem die Hoffestlichkeiten abgehalten wurden.

Zwinger in Dresden

Frage 142

In der Bildhauerei werden Skulptur und Plastik unterschieden. Aus welchem der folgenden Materialien fertigen die Künstler eine Skulptur?

☐ a) Bronze ☐ c) Wachs
☐ b) Elfenbein ☐ d) Gips

☞ **b) Elfenbein**
Skulpturen sind Kunstwerke, die aus harten Materialien wie Holz, Stein oder Elfenbein herausgearbeitet werden.

Frage 143

Welcher Designer wurde mit Kugelschreibern, Brillen, Autos und anderen Alltagsgegenständen weltberühmt?

☞ Der in Berlin geborene Luigi Colani (*1928) steht für ungewöhnliche Alltagsformen. Seit Mitte der 1980er-Jahre gilt er in Japan als Designer Nummer Eins, seit Anfang der 1990er-Jahre ist er Ideengeber für die NASA. Im April 2002 wurde in Karlsruhe ein Colani Designcenter mit Forschungszentrum eröffnet.

Frage 144

Was ist eine Ikone?

☞ So wird in der griechisch- oder russisch-orthodoxen Kirche das Tafelbild im Unterschied zum Wandgemälde bezeichnet. Auf den Ikonen sind heilige Ereignisse und Figuren zu sehen; es handelt sich bei den Tafelbildern also um Gegenstände religiöser Verehrung.

Frage 145

Welches Archiv verschwand 2001 unter den Trümmern des World Trade Centers?

☞ Infolge des Anschlags wurde das Archiv für Beutekunst der US-Zollbehörde unter dem Schutt begraben. Dort waren Informationen über Kunstwerke zusammengetragen worden, die nach 1945 aus deutschen Museen verschwunden waren.

Frage 146

Welcher spanische Maler thematisierte mit seiner aus 82 Grafiken bestehenden Bildfolge *Die Schrecken des Krieges* (*Desastres de la Guerra*) die Grausamkeiten der Soldaten Napoleons im Kampf mit der aufständischen spanischen Bevölkerung?

Grafik aus der Folge Die Schrecken des Krieges

☞ **Francisco de Goya (1746–1828)**, der der spielerischen Welt des Rokoko mit ihren dekorativen Farben und Formen eine Malerei entgegenstellte, die die politischen und gesellschaftlichen Fehler der Zeit zum Thema hatte und düster die Grausamkeit und Bosheit der Menschen darstellte. Wegen der dämonisch-düsteren und visionären Eindrücke, die seine Bilder hinterlassen, gilt Goya als Vorläufer des Surrealismus.

Frage 147

Mit welchem Metall ist die Außenhaut des Guggenheim Museums in Bilbao verkleidet?

☞ **Mit ca. 300.000 Titanblechen.** Das Museum wurde von dem Kalifornier Frank O. Gehry (*1929) entworfen und 1997 eingeweiht.

Frage 148

Welcher französische Maler gilt als größter akademischer Meister des 17. Jahrhunderts?

☐ a) Jean-Paul Toussin
☐ b) Nicolas Poussin
☐ c) Claude Coussin
☐ d) Arnaud Roussin

☞ **b) Nicolas Poussin**
Poussin (1594–1665) studierte in Venedig und Rom die Meisterwerke der Antike. Seine antiken Stoffe und die auf Klarheit und Präzision ausgerichteten Formen hatten großen Einfluss auf den Klassizismus des 18. Jahrhunderts.

Frage 149

Welchen asiatischen Flughafen gestaltete Sir Norman Foster (*1935)?

☞ Der Brite entwarf den „Chek Lap Kok"-Flughafen in Hongkong. Das über 12 km^2 große Gelände liegt auf einer künstlich geschaffenen Insel vor der Küste.

Frage 150

Was wurde in der Römerzeit über ein Aquädukt geleitet?

☞ **Wasser.** Die Römer leiteten das Wasser aus den Bergen bis in ihre Städte. Dabei überbrückten sie große Täler durch die bekannten, manchmal mehrstöckigen Bogenkonstruktionen. Das berühmteste Aquädukt ist der Pont du Gard in Südfrankreich.

Pont du Gard

Frage 151

Was zählt zu den populärsten Designobjekten der Postmoderne?

☞ 1985 entwarf der amerikanische Architekt und Designer Michael Graves (*1934) für die italienische Firma Alessi einen Wasserkessel mit vogelförmiger Flöte, der zu einem der populärsten Designobjekte der Postmoderne wurde.

Frage 152

Welcher Kunstrichtung rechnet man Robert Rauschenberg zu?

☞ Rauschenberg (1925–2008) gilt neben Jasper Johns (*1930) als Vorläufer der Pop-Art und als Vertreter des Neodadaismus. Er wurde insbesondere von Marcel Duchamp (1887–1968) beeinflusst und gehört zu den vielseitigsten und einflussreichsten Künstlern unserer Zeit.

Frage 153

Welcher englische Maler des 20. Jahrhunderts hatte einen englischen Philosophen und Staatsmann als Namensvetter?

☞ **Francis Bacon (1909–92).** Zentrales Thema seiner Werke ist der gequälte, isolierte und hoffnungslose Mensch. Schlachthäuser und Medizinbücher dienten Bacon als Vorlage. Seine Bilder gelten heute als schonungslose Darstellung des brutalen Gesichtes unserer Gegenwart.

Frage 154

Welche praktische Bewandtnis haben Pfahlbauten?

☞ Sie schützen vor (Hoch-)Wasser, aber auch vor Tieren und Feinden. In Südostasien und Ozeanien sind Pfahlbauten weit verbreitet, man fand aber auch in Mitteleuropa, z. B. an den Uferzonen der Schweizer Seen, Überreste von Pfahlbaukulturen aus der Urnenfelderzeit.

Pfahlbauten

Frage 155

In welcher bayerischen Provinzstadt hielten sich Kandinsky und Münter oft auf, um zu arbeiten?

☐ a) Murnau
☐ b) Penzberg
☐ c) Miesbach
☐ d) Traunstein

☞ **a) Murnau**
Ab 1908 malten Kandinsky (1866–1944) und seine Schülerin und langjährige Lebensgefährtin Gabriele Münter (1877–1962) im oberbayerischen Murnau, studierten im Voralpenland Volkskunst, kopierten Hinterglasbilder und betätigten sich selbst in dieser Technik.

Frage 156
Was unterscheidet einen Pfeiler von einer Säule?

☞ Säulen bestehen aus Basis, Schaft und Kapitell. Diese drei Bestandteile sind für einen Pfeiler nicht zwingend. Säulen haben meist einen runden, Pfeiler einen vier- oder vieleckigen Querschnitt. Wandpfeiler, die nur wenig aus der Wand hervortreten, werden Pilaster genannt.

Frage 157
Warum konnte man David Blaine (*1973) beim Fasten zusehen?

☞ Der amerikanische Aktionskünstler ließ sich in einen Würfel aus Plexiglas sperren und neben der Londoner Tower Bridge aufhängen. In dieser Box verlor er, beobachtet von unzähligen Schaulustigen, in 44 Tagen 25 Kilogramm.

Frage 158
Als Geschenk französischer Demokraten überquerte sie 1885 in Kisten verpackt den Ozean. Im Hafen von New York war sie für Millionen Einwanderer aus Europa der erste Anblick des ersehnten Landes. **Wovon ist die Rede?**

Freiheitsstatue

☞ **Von der Freiheitsstatue.** Der französische Politiker Edouard de Laboulaye (1811–83) machte den Vorschlag, zum 100. Geburtstag der Vereinigten Staaten eine Statue aufzustellen, die in Frankreich gebaut werden sollte.

Frage 159
Welches Münchner Bauwerk entwarf das schweizerische Architekturbüro Herzog & de Meuron?

☞ **Die Allianz Arena.** Dach und Fassade des Stadions bestehen aus 2760 Folienkissen, die jeweils in den Farben der spielenden Heimmannschaft leuchten.

Frage 160
Was ist das Happening?

☞ Das Happening ist eine der wichtigsten Formen der Aktionskunst der 1960er-Jahre. Die Grenzen zwischen verschiedenen Medien, Alltag und Kunst etc. sollen in einer umfangreichen theatralischen Aktion aufgehoben werden, die zwar einige festgelegte Handlungselemente enthält, aber ansonsten auf Improvisation ausgelegt ist.

Frage 161
Wer malte 1931 das Bild *Die Beständigkeit der Erinnerung*, auf dem zerrinnende Uhren zu sehen sind?

☐ a) Marc Chagall
☐ b) Salvador Dalí
☐ c) Paul Cézanne
☐ d) Andy Warhol

Salvador Dalí

☞ **b) Salvador Dalí**
Der spanische Maler (1904–89) ging 1929 nach Paris und wurde zu einem der führenden Vertreter des Surrealismus.

Frage 162
Welcher deutsch-schweizerische Maler und Grafiker orientierte sich häufig am Stil von Kinderzeichnungen?

☞ **Paul Klee (1879–1940)**, der mit Wassily Kandinsky (1866–1944) befreundet war und 1912 der Künstlergruppe des Blauen Reiters beitrat. Klee ging es in seinen Bildern nicht um das Reproduzieren der Wirklichkeit, sondern um das, was ihr unsichtbar zugrunde liegt; er betonte die Bedeutung des Unbewussten für die Kunst.

Frage 163
Welches ist die größte der drei Pyramiden von Giseh?

☞ **Die Cheopspyramide.** Für ihren Bau wurden über zwei Millionen Steinblöcke über den Nil herbeigeschafft.

Frage 164

Welcher Kunstepoche gehörte Raffael an?

☞ Der Hochrenaissance, zu deren Vollendung er neben Michelangelo (1475–1564) und Leonardo da Vinci (1452–1519) entscheidend beitrug. Ein bedeutendes Gemälde Raffaels (1483–1520) ist die *Sixtinische Madonna*.

Raffael: Sixtinische Madonna

Frage 165

Alltägliche Themen wie Geburt, Tod, Liebe, Sex und Krieg bildeten den Mittelpunkt seiner Arbeit. Zudem war es ihm äußerst wichtig, dass seine Kunst zu erschwinglichen Preisen verkauft wurde, sich also nicht nur eine ausgesuchte und wohlhabende Klientel an seinen Werken erfreuen konnte. Er hat mit vielen großen Künstlern wie Madonna oder Grace Jones zusammengearbeitet. **Um wen handelt es sich?**

☞ **Keith Haring (1958–90).** Obwohl er selbst nicht mit dieser Technik arbeitete, wird Haring zu den wichtigsten Impulsgebern der Graffitiszene gezählt. Erst als die Gattung Graffiti bereits in den legalen Kunstmarkt eingebunden war, begann Haring, Kreidefiguren auf freigegebene Reklametafeln der New Yorker U-Bahn zu zeichnen.

Frage 166

Welcher Künstler des 20. Jahrhunderts schuf Skulpturen, die durch ihre extreme Überlänge auffallen?

☞ Der schweizerische Bildhauer und Maler Alberto Giacometti (1901–66), der sich dem Surrealismus anschloss. Seine Plastiken machten Giacometti zu einem der bedeutendsten Vertreter der Bildhauerkunst im 20. Jahrhundert. Er ist auf der aktuellen 100-Franken-Banknote abgebildet.

Frage 167

Aus welchem Material ist die berühmte Laokoongruppe gefertigt?

☐ a) Bronze
☐ b) Alabaster
☐ c) Marmor
☐ d) Holz

☞ **c) Marmor**
Die Skulptur aus dem 1. Jh. n. Chr. wurde 1506 in Rom ausgegraben.

Laokoongruppe

Frage 168

Was ist ein Ready-made?

☞ Ready-mades nannte Marcel Duchamp (1887–1968) die industriell angefertigten Gebrauchsgegenstände, die er aus ihrem alltäglichen Kontext herauslöste und als Kunstwerke behandelte. Die Kreativität des Künstlers besteht bei den Ready-mades in der Auswahl der Objekte, nicht mehr in einem schöpferischen Entwurf.

Frage 169

Der bulgarische Künstler Christo wurde vor allem als „Verpackungskünstler" weltbekannt. 1985 erregte er mit einem Projekt ganz besondere Aufmerksamkeit. **Welches Projekt war das?**

☐ a) die Verhüllung des Reichstages
☐ b) die Verhüllung des Eiffelturms
☐ c) die Verhüllung der Pyramiden
☐ d) die Verhüllung der Pont Neuf

☞ **d) die Verhüllung der Pont Neuf**
Die Pont Neuf ist die älteste noch erhaltene Brücke über die Seine in Paris. Hierzulande machte Christo im Jahr 1995 durch die Verhüllung des Reichstags Schlagzeilen.

Frage 170

Von wem stammt der Begriff Surrealismus?

☞ Ursprünglich stammt der Begriff von Guillaume Apollinaire (1880–1918), wurde jedoch 1924 von André Breton (1896–1966) in seinem *Manifeste du Surréalisme* zum Programm der gleichnamigen Künstlergruppe erhoben. Hauptvertreter sind Giorgio de Chirico (1888–1978), Joan Miró (1893–1983), Salvador Dalí (1904–89), Max Ernst (1891–1976) und Hans Arp (1887–1966).

Frage 171

Woher stammt die Idee, Wolkenkratzer zu bauen?

☞ Aus den USA, wo man bereits Ende des 19. Jahrhunderts Hochhäuser baute. New York und Chicago boten die ersten imposanten Skylines.

Frage 172

Welche Künstlerin wurde durch ihre Nana-Figuren bekannt?

☞ **Niki de Saint-Phalle (1930–2002).** Ab 1964 fertigte die Malerin und Bildhauerin ihre berühmten Nanas, Frauenfiguren mit betont weiblichen Formen, an. In der Toskana baute sie einen Tarotgarten; noch bekannter ist der Strawinskibrunnen, den sie vor dem Centre Pompidou in Paris errichtete. Ihre Skulpturen säumen Straßen oder Parks auf der ganzen Welt, so z. B. in Hannover, Duisburg, Nizza, Jerusalem oder San Diego.

Frage 173

In welchem Sinn lässt sich der Kubismus als multiperspektivischer Realismus bezeichnen?

☞ Der Kubismus stellt seine Gegenstände nicht mehr aus einem subjektiv bestimmten und fixen Blickpunkt dar, sondern aus mehreren Blickpunkten gleichzeitig. Dabei handelt es sich gewissermaßen um eine objektive Darstellung, da nicht mehr nur einzelne Aspekte des Gegenstandes betrachtet werden, sondern möglichst alle. Der Kubist malt vom Gegenstand nicht nur das, was er sieht, sondern das, was er von ihm weiß.

Frage 174

Wann entstand die Kathedrale Notre-Dame-de-Paris?

☞ Vermutlich wurde der Bau um 1160 begonnen und war gegen Ende des 12. Jahrhunderts fast fertiggestellt.

Notre-Dame-de-Paris

Frage 175

Was versteht man unter einem Platytera?

☞ Der Begriff bezeichnet einen byzantinischen Madonnentypus, bei dem eine „Maria orans" mit betend erhobenen Händen eine Art Rundschild vor dem Körper trägt, auf dem das Brustbild ihres Kindes dargestellt ist.

Frage 176

Welche Aufgabe übernimmt die documenta?

☞ Die documenta, die seit 1955 alle vier bzw. seit 1972 alle fünf Jahre in Kassel stattfindet, ist eine internationale Ausstellung moderner Kunst, die immer wieder durch Aktionen bekannter Künstler für Aufsehen sorgt. Für 100 Tage übernimmt die documenta die Aufgabe, die früher Salons zukam, und präsentiert die neuesten Entwicklungen der Kunst.

Chinesische Mauer

Frage 177

Zu welchem Zweck wurde ab dem 5. Jh. v. Chr. die Chinesische Mauer erbaut?

☞ Als Befestigungsanlage zum Schutz vor Eindringlingen, nicht jedoch als eigentlicher Grenzwall, denn sie lag ein gutes Stück hinter den Grenzen.

Frage 178

Von wem stammt das Zitat „Für einen Künstler ist es vor allem gefährlich, gelobt zu werden"?

☞ **Von dem norwegischen Maler Edvard Munch (1863–1944).** Seine frühen Arbeiten waren stark vom Realismus beeinflusst. Munch entwickelte sich weiter und wurde zum Wegbereiter der expressionistischen Richtung in der Malerei der Moderne.

Frage 179

Welches Schloss bei Füssen ist eines der bekanntesten Touristenziele Deutschlands?

☞ Das imposante Märchenschloss Neuschwanstein.

Frage 180

Welche Sujets werden in den Bildern von Franz Marc immer wieder dargestellt?

☐ a) Früchte
☐ b) Brücken
☐ c) Tiere
☐ d) Bäume

☞ **c) Tiere**
Charakteristisch für seine Gemälde sind Tierdarstellungen wie in *Der Turm der blauen Pferde*. Zunächst gründete Marc (1880–1916) mit Wassily Kandinsky (1866–1944) zusammen die Künstlergruppe „Der Blaue Reiter". Ab 1911 entstanden dann die Tierbilder, in denen es nicht um naturalistische Darstellung, sondern um die Auseinandersetzung mit der Symbolkraft von Farben und den Wesensmerkmalen von Lebewesen geht.

Frage 181

Welche bekannte Kirche hat die Adresse „Domkloster 4"?

☞ **Der Kölner Dom.** Nach dem Ulmer Münster ist er die zweitgrößte Kirche Deutschlands.

Frage 182

Von welchem Begründer des französischen Klassizismus stammt das Gemälde *Der ermordete Marat*?

☞ **Von Jacques-Louis David (1748–1825).** Auf seinem Bild stilisierte er Jean Paul Marat, einen der Führer der radikalen Jakobiner während der Französischen Revolution, zum politischen Märtyrer.

Jacques-Louis David: Der ermordete Marat

Frage 183

Welcher Stilrichtung in der Malerei ebnete Édouard Manet den Weg?

☞ **Dem Impressionismus.** Hauptthema Manets (1832–83) war das Figurenbild. Seine Freilichtmalereien zeigten auch nackte Körper, was zum Eklat beim Publikum führte.

Frage 184

Welchem Stil wird die Kathedrale Notre-Dame-de-Paris zugerechnet?

☞ **Der Gotik.** Die ausgewogene Gliederung der Westfassade mit großer Fensterrose wurde beispielgebend für viele andere gotische Kathedralen.

Frage 185

Was unterscheidet Bilder von Henri Matisse von kubistischen Bildern?

☞ Während es für den Kubismus Formprobleme sind, mit denen sich die Künstler auseinandersetzten, dachte Matisse (1869–1954) primär über die Farbgebung nach. Die Farbe hatte nicht mehr nur die Funktion, etwas darzustellen, sondern erhielt einen autonomen Eigenwert.

Frage 186

Welches der folgenden Bauwerke gehört nicht zu den antiken Sieben Weltwundern?

☐ a) das Mausoleum in Halikarnassos
☐ b) der Koloss von Rhodos
☐ c) das Labyrinth von Knossos
☐ d) der Leuchtturm von Pharos

Palast von Knossos

☞ **c) das Labyrinth von Knossos**
Es ist noch nicht einmal eindeutig geklärt, ob es dieses Labyrinth überhaupt jemals gegeben hat oder ob es nur in der griechischen Mythologie seinen Platz hat.

Frage 187

Welcher amerikanische Künstler arbeitet häufig mit banalen Sujets wie Zielscheiben, Flaggen oder Glühbirnen?

☞ **Jasper Johns (*1930).**

Frage 188

Unter welchem Fürsten entwickelte sich das Dresdner Barock?

☞ Unter dem Barockfürsten August II. dem Starken (1670–1733). Er ließ die fürstliche Residenz mit Zwinger und Frauenkirche nach dem Vorbild von Versailles ausbauen.

Frage 189

Warum wurde die Oper von Sydney von den Kunsthistorikern anfangs mit gemischten Gefühlen aufgenommen?

☞ Das Opernhaus wurde wegen seiner gewagten Dachkonstruktion heftig kritisiert, aber auch wegen der Baukosten: Auf sieben Millionen US-Dollar geschätzt, stiegen sie auf 103 Millionen. Der Opernsaal ist außerdem für große Aufführungen zu klein.

Frage 190

Wer malte den Isenheimer Altar?

☞ **Matthias Grünewald (um 1470–1529)** malte den Altar für das Antoniterkloster in Isenheim (Elsass). Grünewalds Schöpfungen gehören zu den Hauptwerken der Frührenaissance.

Frage 191

Bei welchen Kunstwerken wird der Raum selbst zum Gegenstand künstlerischen Wirkens und künstlerischer Betrachtung?

☞ **Bei Rauminstallationen.** Hierbei steht das Kunstwerk nicht in einem Raum, sondern der Raum selbst ist das Kunstwerk. Es waren v. a. Vertreter des Dadaismus und des Surrealismus, die erstmals mit derartigen Kunstprojekten in die Öffentlichkeit gingen. Weite Verbreitung fanden Rauminstallationen aber erst mit Beginn der 1960er-Jahre. In den 1970er-Jahren gab es kaum ein bedeutendes modernes Kunstmuseum, das auf Rauminstallationen verzichtete.

Frage 192

In welcher Stadt der griechischen Antike wurden die ersten bis zu fünfgeschossigen Häuser gebaut?

☞ **In Theben.** Das traditionelle griechische Haus war rechteckig und verfügte über stabile tragende Steinmauern und ein Flachdach, das man auch als Zwischendecke für ein zweites Stockwerk verwenden konnte, welches ebenfalls ein Flachdach hatte, das wiederum als Zwischendecke des dritten Stocks dienen konnte.

Frage 193

Wer schuf die berühmten Lithografien *Der Schrei* und *Angst*?

☐ a) Käthe Kollwitz ☐ c) Christian Krohg
☐ b) Ernst Barlach ☐ d) Edvard Munch

☞ **d) Edvard Munch**
Munch (1863–1944) gilt als Wegbereiter des Expressionismus. Im Sommer 2004 wurde sein berühmtes Gemälde *Der Schrei* aus dem Munchmuseum in Oslo gestohlen und galt lange Zeit als vermisst. Erst 2006 tauchte es wieder auf, wurde aber durch den Raub so sehr zerstört, dass es nach Angaben des Museums nicht mehr restauriert werden kann.

Frage 194

Welche drei Schlösser ließ König Ludwig II. errichten?

☞ Neuschwanstein, Schloss Linderhof und Schloss Herrenchiemsee. Schloss Linderhof ist das kleinste der drei von Ludwig II. erbauten Schlösser, aber auch das einzige, welches voll ausgebaut und auch länger von ihm bewohnt wurde.

Spiegelsaal in Schloss Herrenchiemsee

Frage 195

Was kennzeichnet die Bilder Piet Mondrians?

☞ Seine Bilder spielen mit den universellen Mitteln der Malerei, mit den Primärfarben Rot, Gelb und Blau sowie senkrechten und waagrechten Linien. Mondrian (1872–1944) wurde zum Wegbereiter der abstrakten Malerei in Holland.

Frage 196

Von 1931 bis zur Eröffnung des World Trade Centers 1972 war es das höchste Gebäude der Welt. In nur 18 Monaten wurden 102 Stockwerke aufgezogen. **Welches Gebäude ist gemeint?**

☞ **Das Empire State Building.** Seine Höhe beträgt 381 Meter, einschließlich der Antenne 449,5 Meter. 1931 löste es das Chrysler Building als höchstes Gebäude der Welt ab.

Frage 197

Welcher italienische Renaissancemeister beeindruckt besonders durch seine Darstellung weiblicher Schönheit und prachtvollen Porträts?

☞ **Tizian (um 1488–1576)**, der die europäische Malerei entscheidend beeinflusst hat. Eine seiner exemplarischen Venusgestalten, Vorlage für viele spätere Aktmalereien, ist die 1538 entstandene *Venus von Urbino*. Besonders mit seiner revolutionären Verwendung der Farbe und der neuartigen, asymmetrischen Kompositionsweise schuf er eine völlig neue Bandbreite an Gestaltungsmöglichkeiten.

Tizian: Venus von Urbino

Frage 198

Wie heißt die prächtigste barocke Schlossanlage Europas etwa 40 Kilometer außerhalb von Paris?

☞ **Versailles**, dessen Gebäudekomplex und Gartenanlage den König von Frankreich symbolhaft in den Mittelpunkt setzen. Auftraggeber war der „Sonnenkönig" Ludwig XIV. (1638–1715), der seiner absolutistischen Herrschaft hiermit architektonischen Ausdruck verlieh. Versailles wurde Vorbild für die Architektur des Absolutismus.

Frage 199

Was ist ein Kouros?

☐ a) Kirchenschiff
☐ b) Gemälde
☐ c) Statue
☐ d) Kupferstich

☞ **c) Statue**

Ein Kouros bezeichnete in der griechischen Kunst der Archaik die Statue eines unbekleideten Jünglings und stellte das Gegenstück zur weiblichen Kore dar. Kouroi wurden lange Zeit als „Apollos" bezeichnet, da man meinte, sie alle bildeten den Gott Apollo ab.

Frage 200

Es war der zentrale Ort im alten Rom. Caesar und seine Nachfolger hatten es ausgebaut, aber als ab dem 5. Jh. der Niedergang Roms begann, verfiel es zunehmend. **Worum handelt es sich?**

☞ **Um das Forum Romanum.** Hier befanden sich Tempel und Verwaltungsgebäude, außerdem ein Marktplatz, ein Volksversammlungsplatz, der Senat und eine Rednerbühne.

Forum Romanum

Frage 201

Wer sind die berühmtesten Vertreter der Naiven Malerei?

☞ Die beiden wichtigsten Vertreter der Naiven Malerei sind die US-amerikanische Farmersfrau Grandma Moses (1860–1961) und der französische Zöllner Henri Rousseau (1844–1910), dessen Werk als wichtiger Beitrag zur modernen Kunst angesehen wird.

Frage 202

Auf welchem Bild malt sich der Spanier Diego Velázquez selbst beim Malen des spanischen Königspaares?

☞ Auf dem großen Gruppenbild *Las Meninas* (*Die Hoffräulein*) von 1656. Im Zentrum des Bildes sieht man die Prinzessin Margarita, die Hoffräulein und Zwerge. Am linken Bildrand erkennt der Betrachter Velázquez (1599–1660), der vor seinem Bild steht.

Kunst und Architektur

Frage 203
Wo befindet sich das MoMA?

☞ Das Museum of Modern Art, kurz MoMA, befindet sich im New Yorker Stadtteil Manhattan und ist eine der weltweit bedeutendsten Sammlungen moderner und zeitgenössischer Kunst.

Frage 204
Wodurch fallen die Bilder von Yves Klein besonders ins Auge?

☞ Sie sind in den meisten Fällen monochrom, d. h. einfarbig. Besonders bekannt sind Kleins (1928–62) monochrom blaue Bilder, denen eine eigene Farbmischung (International Klein Blue) zugrunde liegt.

Frage 205
Welche antike Ortschaft entdeckte Heinrich Schliemann?

☞ Der Archäologe Heinrich Schliemann (1822–90) glaubte, dass die antiken Sagen um den Trojanischen Krieg einen wahren Kern hätten. Mit seinem eigenen Vermögen finanzierte er Grabungen in Griechenland und entdeckte während seiner zwölf Jahre dauernden Grabungsarbeiten im Jahr 1870 das antike Troja.

Heinrich Schliemann

Frage 206
Eines der größten Museen der Welt ist der Louvre. Welchen Zweck hatte das Gebäude, bevor es zum Museum wurde?

☐ a) Gefängnis
☐ b) Kirche
☐ c) Königssitz
☐ d) Theater

☞ **c) Königssitz**
Bis ins 17. Jh. hinein diente das Gebäude als Königssitz. Es wurde immer wieder erweitert, sodass es eigentlich die meiste Zeit einer Großbaustelle glich.

Frage 207
Wer war Käthe Kollwitz?

☞ Eine deutsche Grafikerin und Bildhauerin, die hauptsächlich durch ihre sozialkritischen Radierungen, Zeichnungen, Lithografien und Holzschnitte Berühmtheit erlangte. Kollwitz (1867–1945) leitete von 1928 bis 1933 das Meisteratelier für Grafik an der Berliner Kunstakademie.

Frage 208
Welches Gebäude wurde zur Grabstätte Napoleons?

☞ **Der Invalidendom in Paris.**
Das 1670 begonnene Gebäude diente zunächst der Pflege und Unterbringung von Kriegsversehrten. 1840 wurden dort dann die Überreste Napoleons (1769–1821) bestattet.

Invalidendom

Frage 209
Was kennzeichnet die expressionistische Kunst Ernst Barlachs?

☞ Wie viele expressionistische Künstler interessierte sich Barlach für den leidenden menschlichen Körper in seiner Plumpheit und Hässlichkeit. Dies ließ die Nazis seine Kunst als „entartet" einstufen. In Barlachs (1870–1939) Plastiken erscheint der menschliche Körper oftmals als unbeholfene Masse, der Gesichtsausdruck tritt umso deutlicher hervor.

Frage 210
Wie entstand das Wort „Dadaismus"?

☞ Es entstand zufällig: „Dada wurde in einem Lexikon gefunden, es bedeutet nichts. [...] Wir wollen die Welt mit Nichts ändern, wir wollen die Dichtung und die Malerei mit Nichts ändern, und wir wollen den Krieg mit Nichts zu Ende bringen.", so Richard Huelsenbeck (1892–1974), Mitbegründer des Dadaismus. Die literarisch-künstlerische Bewegung stellte sich gegen die sinnentleerten Kunstrituale des Bürgertums. In diesem Sinn handelt es sich bei den Dadaisten eigentlich um eine Antikunstbewegung, die 1916 in Zürich ins Leben gerufen wurde.

Frage 211

Was war Vorbild aller Leuchttürme der Welt?

☞ **Der Pharos von Alexandria.** Er war der höchste je erbaute Leuchtturm, der erste seiner Art und eines der sieben antiken Weltwunder.

Frage 212

Wodurch zeichnen sich die Werke des italienischen Malers Amedeo Modigliani (1884–1920) besonders aus?

☞ Durch ihre charakteristischen überlangen Formen, ovale Gesichter und die lyrisch-zarte Melancholie der dargestellten Personen.

Frage 213

Welchem Zweck dient das Tadsch Mahal in Indien?

☞ Es ist die Grabstätte der Lieblingsfrau des Großmoguls Shah Jahan (1592–1666).

Tadsch Mahal

Frage 214

Welcher amerikanische Bildhauer erweiterte den Bereich der Skulptur durch seine Drahtkonstruktionen?

☞ Der von Piet Mondrian (1872–1944) und Joan Miró (1893–1983) beeinflusste Alexander Calder (1898–1976). Seine späteren Werke sind so gebaut, dass sie sich in Bewegung setzen lassen und der Skulptur auch neue räumliche Möglichkeiten erschließen. Calder gilt als der eigentliche Erfinder der Mobiles, einer von Marcel Duchamp (1887–1968) stammenden Bezeichnung, die dieser für die frühen plastischen Konstruktionen Calders verwendete.

DIE NEUEN SIEBEN WELTWUNDER

Chichén Itzá
Chinesische Mauer
Cristo Redentor
Kolosseum
Machu Picchu
Petra
Tadsch Mahal

Frage 215

Auf welcher Insel bauten Menschen erstmals einen über einen Kilometer langen Tunnel?

☐ a) Kos ☐ c) Kreta
☐ b) Samos ☐ d) Santorin

☞ **b) Samos**
Der Tunnel, der 532 v. Chr. gebaut wurde und der Wasserversorgung auf der Insel dienen sollte, gilt als architekturhistorische Meisterleistung ihres Konstrukteurs.

Frage 216

Was versteht man unter kinetischer Kunst?

☞ Kinetische Kunst ist eine künstlerische Ausdrucksform, in der die mechanische Bewegung als integraler ästhetischer Bestandteil des Kunstobjekts Beachtung findet. Sie wurde besonders in den 1960er-Jahren populär. Als einer ihrer Hauptvertreter gilt Jean Tinguely (1925–91), der vor allem für seine beweglichen, maschinenähnlichen Skulpturen bekannt war.

Frage 217

Dieses Schloss war lange Zeit die Sommerresidenz der Wittelsbacher. Aufgrund seiner einzigartigen Komposition von Bauwerk und Parkanlage gilt es als eines der schönsten Schlösser weltweit. **Welches Schloss ist gemeint?**

☞ **Schloss Nymphenburg in München.** Das Schloss wurde 1664 vom Kurfürsten Ferdinand Maria (1636–79) als Geschenk an seine Frau in Auftrag gegeben, als sie ihm Max Emanuel (1662–1726), den ersehnten Thronerben geboren hatte. Max Emanuel selbst hatte später wesentlichen Anteil an der Erweiterung des Schlosses.

Schloss Nymphenburg

Frage 218

Wer war El Greco?

☞ El Greco (1541–1614) war Maler, Bildhauer und Architekt griechischer Herkunft. Er gilt als Hauptmeister des spanischen Manierismus bzw. der ausklingende Renaissance.

Frage 219

Welcher koreanische Künstler gilt als Begründer der Video- und Medienkunst?

☐ a) Pen Jule Tuik
☐ b) Han Ken Leik
☐ c) Ten Wak Kuik
☐ d) Nam June Paik

☞ **d) Nam June Paik** (1932–2006)
Am bekanntesten dürften seine Installationen von neben- und übereinandergestapelten Fernsehgeräten sein. In Paiks Installationen finden sich häufig ökologische Anspielungen und ironische Hinweise auf die Reizüberflutung und die Ersetzung der Wirklichkeit durch das Fernsehen.

Frage 220

Was benötigt man für den Bau sogenannter unechter Kuppeln?

☞ Ziegelsteine unterschiedlicher Größe und Form. Für den Bau unechter Kuppeln, die im alten Sumer etwa ab dem Jahre 2420 v. Chr. entstanden, wurden Ziegelsteine reihenweise angeordnet, wobei die vorkragend übereinander geschichteten Steinringe nach oben hin immer enger werden.

Frage 221

Welches gotische Bauwerk ist auf der österreichischen 10-Cent-Münze zu sehen?

☞ Der Wiener Stephansdom, von den Einheimischen liebevoll „Steffl" genannt.

Stephansdom

Frage 222

Welche Charakteristika weisen die *Schönen Madonnen* auf?

☞ Zu den herausragenden Werken der Gotik gehören die v. a. in Süddeutschland, Österreich und Böhmen verbreiteten *Schönen Madonnen* aus Stein oder Holz, die die Merkmale des weichen Stils exemplarisch vorführen: starke Plastizität, üppige Faltenkaskaden, weit ausladende und fließende Konturen und Draperien, Neigung zu lockerem Formaufbau und ausgeprägtem Kontrapost, Lieblichkeit der Darstellung und idealisierter Gesichtstypus.

Frage 223

Welcher amerikanische Fotograf importierte die französischen Kunstströmungen des 20. Jahrhunderts nach Amerika?

☞ **Alfred Stieglitz (1864–1946)**, der auch in Deutschland einige Jahre studierte, bevor er sich 1890 in New York niederließ. Als Künstler, durch die Eröffnung vieler Galerien in New York und als Kunsthändler machte er sich um die moderne Kunst verdient.

Frage 224

Mit welcher Kunstform wurde Man Ray (1890–1976) berühmt?

☞ Obwohl der Amerikaner mit der Malerei begann, dürften die bekanntesten Werke seine Fotografien und dadaistischen Objekte wie z. B. ein an der Unterseite mit spitzen Nägeln versehenes Bügeleisen sein. Mit seinen Rayogrammen, bei denen er Gegenstände vor der Belichtung direkt auf Fotopapier setzte, führte er eine neue Technik in die Fotografie ein.

Frage 225

Wie wurde die weitläufige, meisterhaft in Terrassen angelegte Gartenanlage des antiken Babylons genannt?

☐ a) Schwebende Gärten
☐ b) Magische Gärten
☐ c) Hängende Gärten
☐ d) Göttliche Gärten

☞ **c) Hängende Gärten**
Die um 600 v. Chr. unter dem babylonischen König Nebukadnezar II. (um 640–562 v. Chr.) errichtete Gartenanlage war so prachtvoll und raffiniert, dass sie zu den sieben antiken Weltwundern gezählt wurde. Jede einzelne der Gartenterrassen soll eine Fläche von etwa 100 m^2 gehabt haben und bis zu 30 Meter hoch gewesen sein.

Frage 226

Mit welcher Kathedrale verewigte sich der spanische Architekt Antonio Gaudí in Barcelona?

☞ **Mit der Sagrada Familia.** Außengestaltung und Innenraum ergeben bei Gaudí (1852–1926) eine harmonische Einheitlichkeit, die ihn zum Meister der modernen Sakralarchitektur macht. Der Templo de la Sagrada Familia ist bis heute unvollendet.

Sagrada Familia

Frage 227

Was ist für die Fotografie des Franzosen Henri Cartier-Bresson charakteristisch?

☞ Es ging ihm um die Fixierung des „entscheidenden Augenblickes", der eine Situation treffend darzustellen vermag. Auf seinen vielen Reisen gelang es Cartier-Bresson (1908–2004) immer wieder, die spezifischen Lebensumstände in ihrer Besonderheit festzuhalten. Mit Robert Capa (1913–54) gründete er die berühmte Fotoagentur Magnum. Als erstem Fotografen überhaupt widmete man ihm 1955 eine Ausstellung im Pariser Louvre.

Frage 228

Welches römische Festungswerk ließ Kaiser Aurelian (214–275 n. Chr.) errichten?

☞ **Die römische Stadtmauer,** die ihrem Erbauer zu Ehren auch als aurelianische Mauer bezeichnet wurde. Sie sollte die Bürger Roms gegen Angriffe schützen und wurde sowohl unter Honorius (395–423 n. Chr.) als auch unter Arcadius (395–408 n. Chr.) abermals verstärkt. Dabei wurden ältere Gebäude wie das als Mausoleum dienende Hadrianeum geschickt in die Anlage integriert.

Frage 229

Wer gilt als Hauptvertreter der Wiener Jugendstilmalerei?

☞ **Gustav Klimt (1862–1918).** Charakteristisch für Klimt sind seine symbolisch-allegorischen Darstellungen und seine dekorativen Frauenporträts. Seine flächig-ornamentale Darstellungsform verbindet naturgetreu wiedergegebene Details mit mosaikartig-abstrakten Elementen, die seinen Bildern oft einen dekorativen und kostbaren Glanz verleihen.

Gustav Klimt: Margarethe Stonborough-Wittgenstein

Frage 230

Was war der Zikkurat?

☞ **Ein sumerischer Tempelturm** von ungeheueren Ausmaßen. Das riesige Gebäude wurde in drei Terrassen gebaut: Die erste Terrasse war über drei große Treppen zu erreichen, zu den beiden anderen Terrassen führte eine weitere Treppe. Auf der Spitze des Tempelturms befand sich schließlich der eigentliche Tempel.

Frage 231

Welcher amerikanische Maler bezog die Graffitikunst stark in seine Arbeit ein?

☐ a) Keith Darade
☐ b) Keith Haring
☐ c) Keith Farelle
☐ d) Keith Scampa

☞ **b) Keith Haring**
Der Maler (1958–90) wandte sich schon früh von der traditionellen Museumskunst ab und gab der Verwertung alltagsspezifischer Zeichen den Vorrang. Haring bemalte praktisch jeden Untergrund, der sich ihm bot (U-Bahnen, Körper, Autos, Kleidungsstücke usw.) und erhielt Aufträge aus der ganzen Welt. Auf dem Höhepunkt seines Erfolges starb er an Aids.

Frage 232

Welche architektonischen Elemente gehörten unbedingt zu einem römischen Castra?

☞ Zu jedem Castra gehörte neben den Stabsgebäuden auch das Forum, also ein Platz, auf dem sich die Bewohner des Militärlagers versammeln konnten oder mussten. Daneben waren ein Fahnenheiligtum, in welchem man die jeweiligen Legionszeichen aufbewahrte, und ein gut geplantes Wege- und Straßennetz Kennzeichen von derartigen Lagern, aus denen sich später häufig befestigte Städte entwickelten.

Frage 233

Im Jahr 1563 malte ein Niederländer den *Turmbau zu Babel*, dessen Architektur ein wenig an das Kolosseum in Rom erinnerte. **Wer war es?**

☞ **Pieter Bruegel der Ältere (1525–69).** Wegen seiner bevorzugt bäuerlichen Themen nannte man ihn auch den „Bauern-Bruegel". Seinen Turmbau zu Babel kann man im Kunsthistorischen Museum in Wien bewundern.

Pieter Bruegel d. Ä.: Turmbau zu Babel

Frage 234

Welches Frühstück im Freien führte 1863 zum Skandal des Pariser Herbstsalons?

☞ **Das Bild *Frühstück im Freien* von Édouard Manet (1832–83).** Manet traf aus mehreren Gründen auf Verständnislosigkeit: Er wählte für sein Thema das Format eines Historienbildes, obwohl das dargestellte Frühstück eine verhältnismäßig alltägliche Situation ist. Die Nacktheit der Frau in einem solchen Zusammenhang führte zum Eklat.

Frage 235

Warum ist der Schiefe Turm von Pisa schief?

☞ Wegen einer Bodensenkung, die sich schon während des 1173 begonnenen Baus abzeichnete.

Frage 236

Welche Kunstrichtung zu Beginn des 20. Jahrhunderts wurde von dem Italiener Filippo Tommaso Marinetti (1876–1944) begründet?

☞ **Der Futurismus**, der einen vollständigen Bruch mit allen Traditionen forderte. In der Malerei sollte beispielsweise statt eines bestimmten Augenblickes aus einer fortlaufenden Bewegung der gesamte Vorgang gleichzeitig im Bild sichtbar gemacht werden. In seinem provokanten Manifest verherrlichte Marinetti Krieg und Aggression und lehnte alles Althergebrachte ab.

Frage 237

Welcher Satz des Dichters Lautréamont wurde für die Surrealisten zum Leitmotiv?

☞ Im 19. Jh. hatte der Dichter Lautréamont (1846–70) die Schönheit des Seltsamen so umschrieben: „Schön wie die zufällige Begegnung einer Nähmaschine und eines Regenschirms auf einem Seziertisch". Dieses Motto nahm die surrealistischen Maximen vorweg.

Frage 238

Wie ist der Nachname des amerikanischen Malers, der für seine Motive, die er Comics entnommen hat, berühmt wurde?

☐ a) Lichtenstein
☐ b) Lettland
☐ c) Luxemburg
☐ d) Litauen

☞ **a) Lichtenstein**
Roy Lichtenstein (1923–97) nutzte in seiner Kunst bewusst Elemente der industriellen Produktion kommerzieller Produkte. Das Bild *Look Mickey*, auf dem Mickey Mouse und Donald Duck auf einem Bootssteg dargestellt waren, war nicht nur sein erstes Werk in diesem Stil, es brachte ihm auch seinen Durchbruch als Künstler.

Frage 239

Welcher bedeutende niederländische Maler wurde lange Zeit fälschlicherweise als Schöpfer des Portraits *Der Mann mit dem Goldhelm* angesehen?

☞ **Rembrandt (1606–69)**, der Werkstätten mit einer großen Zahl an Schülern unterhielt, die wohl mehrfach selbst die Meister ursprünglich Rembrandt zugewiesener Werke sind. Charakteristisch für seine Bilder ist das goldfarbene Leuchten, das sich vor dunklem Hintergrund abhebt.

Rembrandt: Das Gastmahl des Belsazar

Frage 240

Welches architektonische Meisterwerk des alten Rom befand sich unter den Straßen der Stadt?

☞ **Die Cloaca maxima**, die wohl größte unterirdische Kanalisation der Antike. Sie diente der geregelten Entsorgung von Abwässern. In den Kanälen der Cloaca maxima wurden die Abwässer in den nahe gelegenen Tiber gespült.

Frage 241

Wer gilt als der erste Baustatiker der Menschheitsgeschichte?

☞ **Archimedes von Syrakus (287–212 v. Chr.).** Archimedes berechnete die Stabilität von Gebäuden und gilt seither auch als Erfinder der Baustatik.

Frage 242

Was war die Berliner Secession?

☞ Eine deutsche Künstlergruppe aus Malern und Bildhauern. Unter ihren Mitgliedern waren z. B. Emil Nolde (1867–1956), Edvard Munch (1863–1944) oder Käthe Kollwitz (1867–1945).

Frage 243

Wer war der berühmteste Architekt des alten Rom?

☞ **Marcus Vitruvius Pollio, genannt Vitruv, (55 v. Chr.–14 n. Chr.).** In seinem Werk *Zehn Bücher über Architektur* legte Vitruv den Kenntnistand seiner Zeit über Architektur und Baustatik nieder, ergänzte diese, wo es notwendig war und schrieb so eines der auch heute noch wichtigsten Standardwerke über Architektur.

Frage 244

Was ließ der Aktionskünstler Wolfgang Flatz (*1952) von einem Hubschrauber in einen Berliner Innenhof fallen?

☞ **Den Kadaver einer Kuh.** Der Künstler hing derweil nackt an einem Kran und ließ sich von Klassik- und Technomusik beschallen. Die Aktion wurde unter dem Titel *Fleisch* umgesetzt.

Frage 245

In welcher Stadt befindet sich die zwischen 532 und 537 gebaute Hagia Sophia?

☐ a) Athen
☐ b) St. Petersburg
☐ c) Zagreb
☐ d) Istanbul

Hagia Sophia

☞ **d) Istanbul**
Die Sophienkirche gilt als Hauptwerk byzantinischer Baukunst. Sie stellte eine Zusammenfassung aller damals

bekannten Bauvorstellungen dar und bedeutete das endgültige Ende des antiken Bauens.

Frage 246

Was ist das bisher teuerste Gemälde der Welt?

☞ Im Moment ist das Jackson Pollocks *No. 5, 1948.* Mit einem Kaufpreis von 140 Mio. US-Dollar löste es im Jahr 2006 *Adele Bloch-Bauer I* von Gustav Klimt ab.

Frage 247

Was ist das Besondere an Brasiliens Hauptstadt Brasilia?

☞ Die über 1000 Kilometer von der atlantischen Küste und damit auch von den wichtigen städtischen Zentren des riesigen südamerikanischen Staates entfernte Stadt wurde vollständig von Architekten am Reißbrett geplant. Schließlich wurde sie an einer Stelle aus dem Boden gestampft, wo zuvor keine Stadt oder Siedlung gewesen war.

Frage 248

Wodurch erlangte die Sixtinische Kapelle ihre kunstgeschichtliche Bedeutung?

☞ Durch die Deckenfresken und die Darstellung des Jüngsten Gerichts an der Altarwand der Kapelle. Von 1508 bis 1512 entstanden an der Decke in neun Hauptfeldern Szenen aus dem Buch Genesis. 1536–41 erfolgte die Ausmalung der gesamten Altarwand mit dem gewaltigsten Jüngsten Gericht in der Kunstgeschichte.

Frage 249

Welche Gedenkstätte entstand im Zentrum von Berlin nahe dem Brandenburger Tor nach den Entwürfen eines US-Architekten?

☞ Die zentrale Holocaust-Gedenkstätte der Bundesrepublik Deutschland. 1999 hatte der Bundestag entschieden, das lange geplante Holocaust-Mahnmal dort zu errichten. In der Folgezeit gingen zahlreiche Gestaltungsvorschläge namhafte internationaler Architekten ein. Schließlich wurde nach den Plänen des US-Architekten Peter Eisenman ein Stelenmahnmal errichtet, das an die Ermordung von sechs Millionen Juden während des Nationalsozialismus erinnert.

Frage 250

Wer sprach im Bezug auf die bildende Kunst der klassischen Antike von edler Einfalt und stiller Größe?

Anton Raphael Mengs: Johann Joachim Winckelmann

☞ **Der Kunstgelehrte Johann Joachim Winckelmann (1717–68)**, dessen kunsttheoretische Schriften enormen Einfluss auf das Schönheitsideal der Weimarer Klassik ausübten.

Frage 251

Wie nennt man ein meist auf Papier mit Farbstiften in zarten Farben gemaltes Bild?

☐ a) Acryl ☐ c) Pastell
☐ b) Aquarell ☐ d) Linol

☞ **c) Pastell**
Eine Besonderheit der Pastelltechnik ist es, die bereits auf dem Papier aufgetragenen Farben mit dem Finger so zu verreiben, dass äußerst zarte Übergänge entstehen.

Frage 252

Zu welchem Typ von Bauwerken gehören Glacis, Bastion, Ravellin und Außenwerk?

☞ Es sind Bestandteile neuzeitlicher Festungen, wie sie u. a. von Sébastien le Prestre de Vauban (1633–1707) errichtet worden sind. Die Festungsbaumeister, allen voran Vauban, planten und bauten aber nicht nur Festungen, sondern berieten ihre Fürsten und Könige auch dann, wenn es darum ging, feindliche Festungen zu erobern.

Frage 253
Wo starb Hundertwasser?

☞ Der österreichische Maler und Architekt starb an Bord des Kreuzfahrtschiffes Queen Elizabeth II an Herzversagen. Bekannt wurde der Künstler (1928–2000) durch seine farbenfrohen Bauten und Bilder voller unsymmetrischer Elemente.

Frage 254
Wo befinden sich die Tempel von Abu Simbel?

☞ **In Südägypten, südlich von Assuan.** Um 1250 v. Chr. wurden die Tempel unter der Regierung von Ramses II. (um 1200 v. Chr.) aus einem Sandsteinfelsen geschlagen. Das Innere des größeren Tempels führt über 55 Meter tief in den Felsen und besteht aus einer Reihe von Hallen und Räumen. Mit einem internationalen Hilfsprojekt wurden die Tempel 1964 vor der Überflutung durch den Assuanstaudamm gerettet.

Abu Simbel

Frage 255
Welcher französische Maler der Gegenwart beging 1999 in Tourtour Selbstmord?

☞ **Bernard Buffet (1928–99).** Die Werke des für seine bedrückenden, dunklen Bilder und Radierungen bekannten Künstlers hängen in den großen Kunstmuseen der Welt, z. B. in der Tate Gallery und dem Musée d'Art Moderne.

Frage 256
Welcher NS-Minister gilt auch als Architekt des Nationalsozialismus?

☞ **Albert Speer (1905-81).** Der Technokrat und spätere Rüstungsminister des Deutschen Reichs entwarf für Hitler (1889-1945) zahlreiche repräsentative Gebäude. Er war es auch, der den größenwahnsinnigen Ausbau Berlins zur großdeutschen Hauptstadt Germania plante.

Frage 257
Wie nennt man einen meist mittellosen Künstler mit unbürgerlichem Lebensstil?

☞ **Bohemien.** Giacomo Puccini (1858–1924) hat der Welt der Bohemiens mit seiner Oper *La Bohème* ein Denkmal gesetzt.

Frage 258
Wie heißt das berühmteste Museum der spanischen Hauptstadt?

☐ a) Prado
☐ b) Dolco
☐ c) Gucco
☐ d) Armano

☞ **a) Prado**
Das Gebäude dient seit 1810 als Kunstmuseum und ist damit eine der wohl ältesten Gemäldegalerien der Welt.

Frage 259
Was ist ein Atrium?

☞ Der nach oben offene, zentrale Raum des römischen Hauses. Da es sich mit der Zeit immer mehr zu dem repräsentativsten Gebäudeteil entwickelte, wurde es auch immer mehr mit Kunstwerken wie Mosaiken ausgeschmückt.

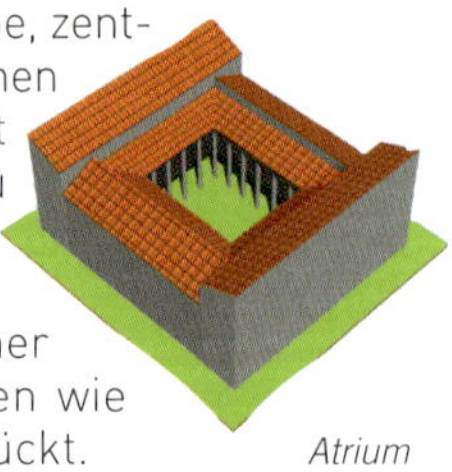

Atrium

Frage 260
Auf welchem Untergrund malte Giotto di Bondone seine bekanntesten Werke?

☞ **Auf frischem Putz.** Giottos (um 1267–1337) Fresken zeichneten sich durch eine im Mittelalter bis dato unbekannte räumliche Tiefe aus, Körper bekamen so eine ganz neue, eigene Dimension, Bewegung wurde darstellbar.

Frage 261

Welche Teile eines befestigten römischen Lagers waren stets aus Stein gebaut?

☞ Die Gebäudeteile, in denen die Legionskommandeure wohnten. Allerdings wurden im Laufe der Zeit auch die anderen Gebäude eines Castra immer häufiger aus Steinen, Ziegeln und Lehm errichtet.

Frage 262

Welcher Maler verarbeitete seine Liebesbeziehung zur Witwe des Komponisten Gustav Mahler in einem Bild?

☞ **Oskar Kokoschka (1886–1980)**, der seine Beziehung zu Alma Mahler im Bild *Die Windsbraut* verarbeitete. Wie alle Bilder Kokoschkas besticht auch dieses Gemälde durch den intensiven Einsatz von Farben.

Frage 263

Welche Funktion hatte das altrömische Hadrianeum?

☞ Es war die Grabstätte zahlreicher Kaiser, u. a. Hadrians (76–138 n. Chr.), nach dem es seinen Namen erhielt. Als Rom in seiner Spätzeit auch von äußeren Angriffen bedroht wurde, funktionierte man das Hadrianeum kurzerhand zu einem Bestandteil der Befestigungsanlagen um. Seit ein Engel im 6. Jahrhundert während einer Pestepidemie über dem Kaisermausoleum gesichtet worden sein soll, wird dieses auch als „Engelsburg" bezeichnet.

Frage 264

In welcher Stadt findet man die Museumsinsel?

☐ a) Dresden
☐ b) München
☐ c) Hamburg
☐ d) Berlin

☞ **d) Berlin**
Sie ist die nördliche Spitze der Spreeinsel. Auf ihr befinden sich zahlreiche Museen wie etwa das 2005 nach fünf Jahren Bauzeit vollständig renovierte und wieder der Öffentlichkeit übergebene Bodemuseum.

Altes Museum auf der Museumsinsel

Frage 265

Was sind die typischen Kennzeichen islamischer Architektur?

☞ Die Baukunst der Muslime ist geprägt von der Verwendung von Rund- und Spitzbogen, gemauerten Kuppeln sowie von Tonnengewölben. Wegen des Verbots der Darstellung von Menschen werden Moscheen, aber auch nicht sakrale Gebäude häufig mit verschlungen floralen Ornamenten verziert.

Frage 266

Welcher flämische Maler schuf mythologische Bilder wie *Der Raub der Töchter des Leukippos*?

Peter Paul Rubens: Raub der Töchter des Leukippos

☞ **Peter Paul Rubens (1577–1640)**, der im Stil des Frühbarock malte und neben mythologischen Motiven auch religiöse, historische und allegorische Motive bearbeitete. Seine Bilder präsentieren die flämische frühbarocke Sinnlichkeit, mit der er religiöse wie weltliche Themen behandelte.

Frage 267

Wer gilt als der wichtigste deutsche Vertreter der romantischen bildenden Kunst?

☞ **Caspar David Friedrich (1774-1840).** Seine Darstellungen von Landschaften,

Ruinen und Gebäuden hatten stets etwas Anrührendes, oft auch Unheimliches und entsprachen so dem irrationalen Impetus der romantischen Bewegung.

Frage 268

Welche charakteristischen Baukunstwerke der Maya erinnern an das alte Ägypten?

☞ Gigantische religiöse Kultstätten in Form von Pyramiden.

Frage 269

Was ist ein Beschlagwerk?

☞ Das Beschlagwerk ist eine Ornamentform der niederländischen und deutschen Spätrenaissance bzw. des Manierismus; dabei verbinden und überschneiden sich Stege, Leisten und geschwungene Bänder. Nagelähnliche Erhöhungen erinnern an Eisenbeschläge, wovon sich auch der Name ableitet. Das Beschlagwerk wurde um 1560 von dem niederländischen Architekten Hans Vredemann de Vries (1527–1606) aus dem Rollwerk entwickelt und kam zuerst an Hausgiebeln zum Einsatz.

Frage 270

Welcher Künstler schuf stark symbolhafte Gemälde wie *Gepflügte Erde* und *Frauen und Vögel in der Nacht*?

☐ a) Max Ernst ☐ c) Pablo Picasso
☐ b) Salvador Dalí ☐ d) Joan Miró

☞ **d) Joan Miró** (1893–1983)
Miró schuf Bilder, Grafiken und Plastiken. Seine Arbeit stand dabei unter verschiedenen Einflüssen wie dem Fauvismus, Kubismus und Surrealismus.

DAS TEUERSTE GEMÄLDE DER WELT

Das Gemälde *No. 5, 1948* von Jackson Pollock ist derzeit mit einer Verkaufssumme von 140 Millionen Dollar das teuerste der Welt.

Frage 271

Welche moderne Kunstrichtung vertrat Roy Lichtenstein?

☞ **Die Pop-Art.** Er übernahm in seinen Bildern geläufige Formen und Slogans aus Comics und Werbung. Charakteristisch für Lichtenstein (1923–97) ist die Verwendung der Rastertechnik und die Beschränkung auf die Grundfarben Rot, Blau und Gelb.

Frage 272

Welcher mittelalterliche Baustil ging der Gotik voraus?

☞ **Die Romanik (etwa 950–1240)**, die sich an die römische Architektur anlehnte.

Romanik: Dom von Speyer

Frage 273

Wie zeigt ein Relief die von ihm dargestellten Figuren?

☞ Die Figuren heben sich von der Grundfläche plastisch hervor. Reliefs können das Dargestellte stark hervortreten lassen (Hochrelief) oder nur leichte Wölbungen aufzeigen (Flachrelief).

Frage 274

Was ist eine Arkade?

☞ In der Architektur bezeichnet man so einen auf Säulen oder Pfeilern ruhenden Bogen. Eine Reihe von nebeneinander errichteten Bogen werden Arkaden genannt.

Frage 275

In welcher Kunstrichtung versuchte man, das Unbewusste zu erfassen?

☞ **Im Surrealismus.** Der Name der Kunstrichtung drückte bereits aus, worum es ihren Vertretern ging: Dinge jenseits der empirisch fassbaren Wirklichkeit darzustellen. Die wichtigsten Maler des Surrealismus waren Salvador Dalí (1904–89) und René Magritte (1898–1967).

Frage 276

Wie nennt man die meist kleinformatigen, mit Wasserfarben gemalten Bilder?

☞ **Aquarelle.** Dadurch, dass die verwendeten Wasserfarben nicht die Deckkraft beispielsweise von Ölfarben besitzen, erscheinen die Bilder oft sehr leicht und transparent.

Frage 277

Welcher französische Präsident hinterließ in Paris seine architektonischen Spuren, die sogenannten Grands Travaux?

☐ a) Charles de Gaulle
☐ b) François Mitterrand
☐ c) Jaques Chirac
☐ d) Georges Pompidou

Ieoh Ming Pei: Louvrepyramide

☞ **b) François Mitterrand** (1916–96)
Die „Grands Travaux" der Ära Mitterrand sind zu einem festen Bestandteil des kulturellen Lebens von Paris geworden. Zu ihnen gehören u. a. die Opéra de la Bastille, die neue Nationalbibliothek, der Parc de la Villette mit seinem Technikmuseum und die gläserne Pyramide im Innenhof des Louvre.

Frage 278

Was sind die Besonderheiten der Bilder William Turners?

☞ Der Umgang mit der Landschaft, die in seinen Werken zum eigenständigen Sujet der Malerei wird. Turner (1775–1851) stellt die Landschaft in all ihren Facetten dar: Von sehr naturnahen bis zu vollkommen fantastischen Darstellungen finden sich bei ihm alle Varianten. Mit der Auflösung der Form zugunsten eines Farbenspiels, das den visuellen Eindruck der Objekte verändert, beeinflusste er den Impressionismus.

Frage 279

Wo befindet sich das teuerste Bankgebäude der Welt?

☞ **In Hongkong.** Die „Hongkong and Shanghai Banking Corporation" sollte die schönste Bank der Welt werden; die teuerste wurde sie mit 5,5 Mia. Hongkong-Dollar (ca. 750 Mio. Euro) ganz gewiss.

Frage 280

Von welchem Maler stammt das Gemälde *Zwölf Sonnenblumen in einer Vase?*

☞ **Von Vincent van Gogh (1853–90).** Das Gemälde ist Teil einer Serie von vier Sonnenblumenbildern.

Frage 281

Wer war Anthemios von Tralleis?

☞ Anthemios von Tralleis, von dem biografisch kaum etwas bekannt ist, wurde 532 zusammen mit Isidoros von Milet mit dem Neubau der Hagia Sophia in Konstantinopel beauftragt, deren Planung v. a. ihm zugeschrieben wird.

Der gewaltige Kuppelbau der Hagia Sophia

Frage 282

Was beherbergt der größte Reliquienschrein des Mittelalters?

☞ Nach der Eroberung Mailands 1162 überführte der Kölner Erzbischof und Kanzler Rainald von Dassel die Gebeine der Heiligen Drei Könige aus Italien in den Kölner Dom. Ab 1181, an der Wende von der Romanik zur Gotik, begann einer der berühmtesten Goldschmiede des Mittelalters, Nikolaus von Verdun (vor 1181–nach 1205), mit dem Dreikönigsschrein. Dieses Wunderwerk aus vergoldetem Silber und Kupfer in Treibarbeit, aus Edelsteinen und Perlen wurde um 1230 vollendet. Der kostbare Inhalt, den die Stadt Köln als eine der wichtigsten Reichsstädte deklarierte, machte den Kölner Dreikönigsschrein zum größten und kostbarsten des Mittelalters.

Frage 283

Was wurde im September 2002 in München eröffnet?

☐ a) Lenbachhaus
☐ b) Pinakothek der Moderne
☐ c) Museum Brandhorst
☐ d) Neue Pinakothek

☞ **b) Pinakothek der Moderne**
Sie beherbergt vier voneinander unabhängige Museen aus den Bereichen Kunst, Grafik, Architektur und Design.

Frage 284

Wie heißt die berühmte Tempelanlage in Kambodscha?

☞ **Angkor Wat.** Die Tempelanlage fungiert als herausragendes nationales Symbol, das repräsentativ für die Khmerkultur und das heutige kambodschanische Volk steht.

Frage 285

Welches Bild verbirgt sich hinter dem Titel *La Gioconda*?

☞ **Leonardo da Vincis (1452–1519) *Mona Lisa*.** Auf dem heute im Louvre ausgestellten, wohl berühmtesten Bild der Kunstgeschichte ist die Gattin des florentinischen Adligen Francesco del Giocondo abgebildet; daher der ursprüngliche Titel.

Leonardo: Mona Lisa

Frage 286

Wer war der berühmteste Schüler Albrecht Dürers?

☞ **Hans Baldung (um 1484–1545).** Der Schüler Dürers (1471–1528) traf schon in jungen Jahren auf seinen Lehrmeister. Baldung gilt mit seinen innovativen Ideen als einer der kreativsten Künstler des 16. Jahrhunderts.

Frage 287

Welches Beispiel gilt als das vollkommenste der deutschen Rokokoarchitektur?

☞ **Das Jagdschlösschen Amalienburg**, das François de Cuvilliés d. Ä. (1695–1768) in den Jahren 1734–39 im Park von Schloss Nymphenburg in München anlegte. Im Spiegelsaal, der das Pariser Hôtel de Soubise zum Vorbild hatte, legen sich die silbernen Rocaillen (Muschelornamente) wie eine zarte Textur über die weißen Wände.

Frage 288

Woher kommt der Fachbegriff für künstlerisch wertvolle Bilderteppiche, wie sie bereits seit dem 13. Jh. hergestellt worden sind?

☞ Der Begriff „Gobelin" ist vom Namen einer flämischen Familie abgeleitet, die während der Regierungszeit des Sonnenkönigs Ludwig XIV. (1638–1715) in Paris Bilderteppiche herstellte.

Frage 289

Welche deutsche Stadt besitzt den „italienischsten" Palazzo?

☐ a) Tübingen
☐ b) Landshut
☐ c) Braunschweig
☐ d) Göttingen

☞ **b) Landshut**
Der Wittelsbacher Herzog Ludwig X., der in Landshut residierte, war ein echter deut-

scher Renaissancefürst. 1536 führte ihn ein Staatsbesuch nach Mantua, wo er den damals entstehenden Palazzo del Tè von Giulio Romano bestaunte. Deshalb ließ er von dort italienische Bauleute nach Niederbayern kommen, die ihm den ersten und wohl einzigen Palazzo nördlich der Alpen errichteten, nämlich die 1543 vollendete Landshuter Stadtresidenz.

Frage 290

Welcher berühmte Künstler lebte in der Provence und gilt als Begründer des Kubismus?

☞ **Paul Cézanne (1839–1906).** Cézanne übernahm zunächst den impressionistischen Stil, veränderte diesen jedoch immer weiter und gilt heute als Begründer des Kubismus.

Paul Cezanne:
Die Kartenspieler

Frage 291

Wofür wurde das Pariser Stadtschloss der französischen Könige nach der Abschaffung der Monarchie in der Französischen Revolution genutzt?

☞ **Für Kunstausstellungen.** Zwar residierten die Könige schon seit der Regierung des Sonnenkönigs Ludwig XIV. (1638–1715) nicht mehr im Louvre, sondern in Versailles; als öffentlicher Ausstellungsort für Kunstwerke konnte das Gebäude aber erst ab 1793, also nach der Abschaffung der Monarchie, genutzt werden.

Frage 292

Wer baute das bekannteste Belvedere nördlich der Alpen?

☞ Unter „Belvedere" versteht man einen Aussichtspunkt oder ein Gebäude mit schöner Fernsicht. Das erste Belvedere nördlich der Alpen ist das Lustschloss in Prag, das bekannteste befindet sich in Wien. Ehemals vor den Toren der Stadt ließ Prinz Eugen nach den Plänen Johann Lucas von Hildebrandts (1668–1745) ein Belvedere als weitläufige Anlage bauen.

Frage 293

Wer übernahm ab 1547 die Leitung des Baus der Peterskirche in Rom?

☞ **Michelangelo Buonarroti (1475–1564)**, einer der wichtigsten Künstler der Hochrenaissance. Der Bildhauer, Maler und Architekt schuf mit dem Wandgemälde *Das Jüngste Gericht* auch das berühmteste Wandgemälde der Sixtinischen Kapelle.

Frage 294

Für welche spezielle Art von Bildern ist der rote Farbstoff Minium namensgebend?

☞ **Für Bilder der mittelalterlichen Buchmalerei.** Nach dem Farbstoff, mit dem der Künstler das Buch gestaltete, werden diese auch als „Miniaturen" bezeichnet. Buchmalereien sind nicht allein bildliche Darstellungen, die sich auf den Text beziehen, sondern auch ornamentale Verzierungen der Schrift selbst.

Frage 295

Welcher Maler wurde durch seine impressionistische Freilichtmalerei berühmt?

☐ a) Pablo Picasso
☐ b) Salvador Dalí
☐ c) Auguste Renoir
☐ d) Andy Warhol

Auguste Renoir:
Die Schaukel

☞ **c) Auguste Renoir** (1841–1919)
Der Künstler schuf zahlreiche Gemälde, die teilweise unter freiem Himmel entstanden.

Frage 296

Welchem speziellen Stil ist der Maler Albrecht Altdorfer (um 1480–1538) zuzuordnen?

☞ **Dem Donaustil.** Die Kunstrichtung hatte ihren Ursprung im österreichischen Donauraum und zeichnete sich v. a. dadurch aus, dass hier die oft märchenhaft verklärte Landschaft zum zentralen Bildthema avancierte.

Frage 297

Seit wann gibt es Doppelchoranlagen?

☞ Unter einer Doppelchoranlage versteht man eine Kirche, die sowohl im Osten als auch im Westen eine eigenständige Choranlage besitzt. Ihre Entwicklung beginnt mit dem 8. Jh., als man einigen nach Osten ausgerichteten Kirchen ein zusätzliches Westquerhaus mit Westchor anfügte.

Frage 298

Welcher amerikanische Künstler porträtierte in seinen Siebdrucken überlebensgroße Campbell-Suppendosen?

☞ **Andy Warhol (1928–87)**, führender Vertreter der Pop-Art und schillernde Kultfigur in New York. Er schuf auch ganze Serien von Siebdruckporträts der Marilyn Monroe (1926–62) in immer wieder anderen, grellkitschigen Farbkombinationen.

Frage 299

Welches berühmte Meisterwerk gotischer Buchmalerei entstand zu Beginn des 14. Jahrhunderts in der Nähe der Stadt Zürich?

☞ **Der *Codex Manesse*,** auch *Manessische Handschrift* genannt, ist die umfangreichste und berühmteste deutsche Liederhandschrift des Mittelalters und enthält weit über 100 Zeichnungen, die die ritterliche Welt in ihren schönsten Farben zeigen. Heute wird die Handschrift in Heidelberg aufbewahrt.

Walther von der Vogelweide aus dem Codex Manesse

Frage 300

In welchem ehemaligen Florentiner Amtsgebäude befindet sich heute eine berühmte Kunstsammlung?

☞ **In den Uffizien.** Das Gebäude beherbergte einst wichtige Ämter der norditalienischen Stadt. Ähnlich wie der Louvre, der ursprünglich das Stadtschloss der französischen Könige war und nach der Revolution zum berühmtesten Museum Frankreichs avancierte, verloren auch die Uffizien ihre politisch-administrative Funktion und wurden zu einem wichtigen Kunstmuseum umfunktioniert.

Frage 301

Wie heißt das österreichische manieristisch-frühbarocke Lustschloss mit seinen weltberühmten Wasserspielen?

☐ a) Schloss Hardenberg
☐ b) Schloss Donnerskirchen
☐ c) Schloss Pinkafeld
☐ d) Schloss Hellbrunn

☞ **d) Schloss Hellbrunn**
Das bestimmende gestalterische Element des Salzburger Schlosses ist ohne Zweifel das Wasser. Das Schloss, der Hellbrunner Park und die Wasserspiele begeistern ihre Besucher seit rund 400 Jahren.

Frage 302

Welche Eigenschaften zeichnen die Fresken Giottos in der Arenakapelle aus?

☞ Der Formenkanon, der in den um 1305 vollendeten Fresken der Paduaner Arenakapelle souverän entfaltet wird, bildete die Grundlage für den Typenschatz der Giottoschule. Hier hat Giotto als Erster die gesamte malerische Dekoration eines Raumes auf einen einzigen zentralen Blickpunkt hin geordnet: Bei allen Kompositionen rechts von der Mittelachse einer der beiden Längswände ist nämlich der perspektivische Blick leicht nach links verschoben, auf der linken Hälfte nach rechts. Darüber hinaus bezieht Giotto den Lichteinfall aus der natürlichen Beleuchtungsquelle des großen dreiteiligen Fensters in der Westwand.

Frage 303

Wie heißt der größte englische Architekt des Frühbarock?

☞ Der 1573 in London geborene und dort 1652 verstorbene Inigo Jones hatte sich in Italien intensiv mit dem Werk Andrea Palladios auseinandergesetzt. Nach seiner Rückkehr nach London entwarf er in palladianisch-frühbarockem Stil jene Bauwerke, die seinen Ruhm begründeten: Queen's House in Greenwich, Banqueting House in Whitehall und Queen's Chapel.

Inigo Jones: Banqueting Hall

Frage 304

In welchem Sinne ist Leonardo da Vinci der exemplarische Mensch der Renaissance?

☞ Er verkörpert durch sein Universalgenie, das große Interesse an allen Zusammenhängen des Lebens und der Fähigkeit, seine Neugierde produktiv umzusetzen, das Ideal dieser Zeit. Leonardo da Vinci (1452–1519) war Maler, Bildhauer, Kunsttheoretiker, Architekt und Naturforscher, erfand Flugmaschinen und untersuchte den menschlichen Körper. Er hinterließ eine der bekanntesten Darstellungen des letzten Abendmahles – *Das Abendmahl* zählt zu den berühmtesten Wandgemälden der Welt – und die *Mona Lisa*.

Frage 305

Wer sind die „Alten Meister"?

☞ Unter dem Begriff werden die herausragenden Künstler gefasst, die zwischen dem späten Mittelalter und dem Beginn der Industrialisierung tätig waren. Der Terminus bezeichnet keine fest umrissene Gruppe von Künstlern.

Frage 306

Was bezeichnet man als Firnis?

☞ Eine Schicht aus transparentem Lack, mit der Gemälde (v. a. Ölbilder) nach ausreichend langer Trocknungszeit überzogen werden. Der Firnis dient in erster Linie dem Schutz des Gemäldes und soll altersbedingtes Vergilben wie auch die Entstehung der typischen Trocknungsrisse verhindern.

Frage 307

Was ist eine Vernissage?

☞ Die meist sehr feierliche Eröffnung einer Kunstausstellung, die oft von Musikdarbietungen und der Verköstigung der Besucher begleitet wird. Die Vernissage soll es dem Besucher erlauben, nicht nur die Bilder eines Künstlers, sondern diesen auch selbst kennenzulernen.

Frage 308

Wie heißt die Stilrichtung, die bereits am Ende des 19. Jahrhunderts Themen und Motive der Surrealisten vorwegnahm?

☐ a) Konstruktivismus ☐ c) Symbolismus
☐ b) Tachismus ☐ d) Effektivismus

Arnold Böcklin: Die Toteninsel

☞ **c) Symbolismus**
Die Themen der Symbolisten waren oft fantastisch, die Künstler suchten – wie später die Surrealisten – die Dinge jenseits der

empirischen Wirklichkeit darzustellen. Zu den berühmtesten Vertretern des Symbolismus gehören Arnold Böcklin (1827–1901) und Franz von Stuck (1863–1928).

Frage 309

Worin liegt eines der Hauptmissverständnisse des Klassizismus?

☞ Man nahm an, die antiken Statuen seien bewusst schlicht und farblos gehalten worden. Hier lag aber ein Irrtum vor, denn tatsächlich wurden Statuen in der Antike grell und bunt bemalt, die Farben waren nur im Lauf der Zeit völlig verblasst oder abgeblättert.

Frage 310

Wie bezeichnet man die sichtbare Alterung an Kunstwerken?

☞ **Patina.** Insbesondere Wind und Wetter ausgesetzte Skulpturen aus oxidierenden Metallen sind für ihre spezifische Patina bekannt.

Frage 311

Wer stellte sich vermutlich selbst auf dem Gemälde *Mann mit rotem Turban* dar?

☞ **Jan van Eyck (um 1390–1441).** Van Eyck gehörte zu den wichtigsten Vertretern der niederländischen Malerei des ausgehenden Mittelalters. Der Künstler arbeitete häufig für den Hof der mächtigen burgundischen Herzöge, deren Herrschaftsgebiet sich seinerzeit vom Mittelmeer bis in die nördlichen Niederlande erstreckte.

Frage 312

Wo findet sich der höchste Backsteinturm der Welt?

☞ Etwa ab 1389 begann man in Landshut mit dem Bau der gewaltigen Pfarrkirche St. Martin. Erster Baumeister war Hans von Burghausen. Er konzipierte ein Meisterwerk der süddeutschen Backsteingotik, eine beeindruckende Hallenkirche, die mit dem allerdings erst um 1500 vollendeten Turm von 130,6 Meter Höhe auch den höchsten Backsteinturm der Welt erhielt.

St. Martin in Landshut

Frage 313

Wer gab dem Impressionismus seinen Namen?

☞ Die Epochenbezeichnung geht auf ein Bild von Claude Monet (1840–1926) zurück, das den Titel *Impression – Sonnenaufgang* trägt. Ein Kritiker fühlte sich von diesem Titel veranlasst, der heftig beschimpften neuen Kunstrichtung den Namen „Impressionismus" zu geben.

Frage 314

Dieses Kunstmuseum befindet sich am nördlichen Ende des Trafalgar Squares in London und gilt als eines der umfassendsten und bedeutendsten der Welt. **Wie heißt es?**

☞ **National Gallery.** Sie wurde 1824 gegründet, nachdem die britische Regierung die Kunstsammlung eines russischen Bankiers gekauft hatte.

Frage 315

Dieser Maler beschäftigte sich in seinen letzten 30 Lebensjahren v. a. mit der Gestal-

tung seines Gartens und seines Seerosenteichs in Giverny. Beide dienten ihm häufig als Motiv für seine Gemälde. **Wer ist er?**
☐ a) Claude Monet
☐ b) Paul Cézanne
☐ c) Paul Gauguin
☐ d) Édouard Manet

☞ **a) Claude Monet** (1840–1926)

Frage 316

Wie bezeichnet man den virtuellen Ort, an dem die Preise sämtlicher derzeit verfügbarer Kunstgegenstände ausgehandelt werden?

☞ **Kunstmarkt.** Er umfasst sämtliche Orte wie z. B. Galerien oder Auktionen, auf denen Kunstwerke angeboten, ge- und verkauft werden. Wie auf jedem Markt entsteht der Preis für ein Kunstwerk dabei durch das Zusammenspiel von Angebot und Nachfrage, die maßgeblich vom Ruf des Künstlers bestimmt werden.

Frage 317

Wie heißt die Walfahrtskirche auf dem Hügel von Montmartre in Paris?

☞ **Basilique du Sacre-Cœur.** Die Kirche im „Zuckerbäckerstil" wurde im 19. Jahrhundert vom Architekten Paul Abadie (1812–84) begonnen. Inspiriert wurde er durch die Architektur römisch-byzantinischer Kirchen.

Sacre-Cœur in Paris

Frage 318

Was versteht man unter einer Vedute?

☞ Die möglichst realitätsnahe Darstellung einer Landschaft oder einer Stadt. Zu den wichtigsten Malern dieses Genres wird der Niederländer Jan Vermeer (1632–75) gerechnet, der mit seiner *Ansicht von Delft* (1661) ein Meisterwerk der Vedutenmalerei schuf.

Frage 319

Was ist Minimal Art?

☞ Eine in den 1960er-Jahren in den USA entstandene Kunstrichtung. Ziel der Minimal Art war die schematische, klare Darstellung. Die Künstler reduzierten ihre Darstellung meist auf einfache, geometrische Formen.

Frage 320

Was versteht man unter Aktionskunst?

☞ Der Begriff kennzeichnet verschiedene Kunstströmungen des 20. Jahrhunderts. Aktionskünstler setzen nicht auf die Herstellung überdauernder Kunstwerke wie Gemälde und Plastiken, sondern auf einmalige Aktionen, in denen sie nicht selten auch ihren eigenen Körper in den Mittelpunkt rücken.

Frage 321

Wer erfand den Reißverschluss in der Malerei?
☐ a) ein Amerikaner
☐ b) ein Deutscher
☐ c) ein Spanier
☐ d) ein Kanadier

☞ **a) ein Amerikaner**
Barnett Newman (1905–70) begann seine Karriere mit der Erfindung eines Motivs, des „Reißverschlusses", wie es später genannt wurde, einer vertikalen Linie, die die Leinwand teilte.

Frage 322

Wo fanden die niederländischen Genremaler des 16. Jahrhunderts die Themen für ihre Gemälde?

☞ **Im Alltag ihrer Mitmenschen.** Außerdem stellten sie oft zeitgenössische Sprichwörter oder Redewendungen dar.

Jan Steen: Fest in der Schenke

Frage 323

Inwiefern hat Kunst etwas mit Können zu tun?

☞ „Kunst" hat eigentlich nur begriffsgeschichtlich mit „Können" zu tun, leitet sich doch der Begriff vom mittelhochdeutschen Ausdruck für „Können" ab. Allerdings geht die moderne Kunsttheorie nicht mehr davon aus, dass Kunst notwendigerweise etwas mit dem technischen Vermögen eines Künstlers zu tun haben muss, vielmehr wird die Kreativität des Menschen in den Mittelpunkt gerückt.

Frage 324

Für welches Bauwerk gab die Loggia dei Lanzi in Florenz das Vorbild ab?

☞ **Für die Feldherrnhalle in München.**

Frage 325

Zu welcher Gruppe von Künstlern gehörte René Magritte?

☞ **Zu den Surrealisten.** Als einer seiner Hauptvertreter neben Salvador Dalí (1904–89), Mac Zimmermann (1912–95) und Max Ernst (1891–1976) beschäftigte Magritte (1898–1967) immer wieder das Verhältnis zwischen dem Objekt und seiner künstlerischen Abbildung.

Frage 326

Wird die Tätigkeit von Künstlern in Deutschland explizit geschützt?

☞ **Ja,** denn nach Art. 5 Abs. 3 des Grundgesetzes ist die künstlerische Freiheit ein Grundrecht und wird in Deutschland damit explizit geschützt. Diese Freiheit erfährt aber Grenzen, wenn sie andere Grundrechte zu beeinträchtigen droht. In diesen Fällen entscheidet das Bundesverfassungsgericht, wie im konkreten Fall mit dem Grundrecht der künstlerischen Freiheit umgegangen werden soll.

Frage 327

Welcher Bildhauer schuf die Skulptur *Der Denker*?

☞ **Auguste Rodin (1840–1917).** Neben dem berühmten *Denker*, der im Musée Rodin in Paris zu sehen ist, gehören *Der Kuss* und *Die Bürger von Calais* zu Rodins berühmtesten Skulpturen.

Auguste Rodin: Der Denker

Frage 328

Wie bezeichnet man die Wissenschaft, die sich mit der Beschreibung, Kategorisierung und Interpretation von Bildern beschäftigt?

☐ a) Kryptografie
☐ b) Historiografie
☐ c) Kalligrafie
☐ d) Ikonografie

☞ **d) Ikonografie**

Frage 329

Was ist die Enkaustik?

☞ Die Enkaustik ist eine Maltechnik, bei der in Wachs gebundene Farbpigmente heiß auf den Maluntergrund aufgetragen werden. Ihre Blütezeit hatte diese Technik in der Antike.

Frage 330

Welches Werk gilt als Höhepunkt der illusionistischen Wandmalerei aus antikrömischer Zeit?

☞ **Die Wandmalereien aus dem Schlafzimmer der Villa von Boscoreale bei Pompeji** gelten unbestritten als Gipfelpunkt des Illusionismus in der altrömischen Malerei. Sie negieren die Substanz der Wand, indem sie diese durch perspektivische Durchbrüche visuell „sprengen" und mit Landschafts- und Architekturprospekten bedecken.

Frage 331

Welcher Schweizer malte *Die Toteninsel*?

☞ *Die Toteninsel* ist das berühmteste Gemälde von Arnold Böcklin (1827–1901). Insgesamt malte Böcklin fünf verschiedene Variationen des Gemäldes.

Frage 332

Wie heißt das berühmteste an der Via Appia erhaltene Grabmal spätrepublikanischer Zeit?

☞ Wer Rom nach Süden über die schnurgerade Via Appia verließ, wurde kilometerlang von Grabmälern begleitet, die dicht an dicht diese verkehrsreiche Ausfallstraße säumten und im Aufwand dem Ansehen und Vermögen des Verstorbenen entsprachen. Das berühmteste erhaltene Monument ist das Grabmal der Caecilia Metella aus der Zeit um 40 v. Chr., ein runder Mauerkoloss von ca. 20 Meter Durchmesser. Der Zinnenkranz stammt aus dem Mittelalter.

Grabmal der Caecilia Metella in Rom

Frage 333

Welches spätkaiserzeitliche Kunstwerk blieb auf dem Gelände des ehemaligen Hippodroms in Konstantinopel erhalten?

☞ Theodosius I. ließ im Jahre 390 als Monument für einen seiner Siege den aus dem ägyptischen Karnak herantransportierten Teil eines Obelisken in der Pferderennbahn von Konstantinopel aufstellen. Der 19,6 Meter hohe Monolith ruht über vier Kupferklötzen auf zwei großen Marmorblöcken. Die z. T. stark verwitterten Reliefs des oberen Blocks zeigen den Kaiser samt Familie und Hofstaat. Die Reliefs des unteren Blocks präsentieren Wettkampfszenen und die Episode mit der Aufrichtung des Obelisken.

Frage 334

Wo befindet sich die längste Brücke Europas?

☞ **Die 1998 fertiggestellte Ponte Vasco da Gama** mit einer Gesamtlänge von 17,2 Kilometern verbindet Portugals Hauptstadt Lissabon mit den südöstlich von ihr gelegenen Städten.

Frage 335

Wo befindet sich die „Goldene Pforte"?

☐ a) Freistadt ☐ c) Freibach
☐ b) Freiberg ☐ d) Freiburg

☞ **b) Freiberg**

Bei der „Goldenen Pforte" handelt es sich um das heutige Südportal des Doms in Freiberg, Sachsen. Ursprünglich muss sich das Portal in einer heute kaum mehr vorstellbaren Farbenpracht präsentiert haben.

Frage 336

Was ist ein Einblattholzschnitt?

☞ Einblattholzschnitte sind Werke aus der Frühzeit des Bilddrucks, die vermutlich schon im späten 14. Jh., sicher aber um 1400 entstanden, und zwar nicht als Text- oder Buchillustration, sondern als nur einseitig bedruckte Einzelblätter.

Frage 337

Welche Torarchitektur zählt zu den bekanntesten Profanbauten der deutschen Spätgotik?

Holstentor in Lübeck

☞ **Das bekannte Lübecker Holstentor** sicherte die Ausfallstraße nach Holstein und Hamburg. Der Ratsbaumeister Hinrich Helmstede hat es 1477/78 vollendet und sich dabei am Vorbild flandrischer Brückentore orientiert. Dem Anreisenden präsentiert sich das wuchtige Bauwerk als eine Front aus Torhaus mit Durchgang und Treppengiebel, flankiert von zwei Rundtürmen.

Frage 338

Wie nannte sich einer der bekanntesten Kupferstecher der Spätgotik?

☞ Zwischen 1450 und 1467 war vermutlich im oberrheinisch-alemannischen Raum ein Grafiker tätig, der mit den Buchstaben E. S. signierte. Er war von größter Bedeutung für die Entwicklung des erst kurz zuvor erfundenen Kupferstichs.

Frage 339

Welches berühmte Reiterstandbild malte Andrea del Castagno?

☞ Als die Florentiner ihrem Heerführer Niccolò da Tolentino zwar die Ehre eines Reiterdenkmals zuerkannten, dabei aber Geld sparen und ein teures Marmormonument vermeiden wollten, beauftragten sie Castagno (vor 1419–57), zu dessen Spezialität es gehörte, Skulpturen durch Malerei vorzutäuschen, im Florentiner Dom ein solches Reiterdenkmal zu malen.

Frage 340

Welche Funktion hat der Kurator im modernen Kunstbetrieb?

☞ Der Kurator übernimmt die volle Verantwortung für eine Sammlung, z. B. in einem Museum oder einer Ausstellung. Er aktualisiert bestehende Sammlungen durch Zukäufe und entscheidet, was von den zusammengetragenen Kunstwerken öffentlich präsentiert wird.

Frage 341

Welche Kunstwerke finden sich im Fundus eines Museums?

☞ Die, die nicht in einer aktuellen Dauer- oder Sonderausstellung der Öffentlichkeit präsentiert werden.

Frage 342

Wer malte das Bild *Die Schule von Athen*?

☐ a) Michelangelo
☐ b) Raffael
☐ c) Leonardo da Vinci
☐ d) Andrea del Sarto

Raffael: Die Schule von Athen

☞ **b) Raffael**
Er fertigte das Fresko für Papst Julius II. an.

Frage 343

Wo wurden Gustav Klimts (1862–1918) *Adele Bloch-Bauer I*, auch *Goldene Adele* genannt, und Pablo Picassos (1881–1973) *Junge mit Pfeife* für Rekordsummen versteigert?

☞ **Bei Sotheby's,** einem der traditionsreichsten Auktionshäuser der Welt. Zu Beginn auf den Verkauf von wertvollen Büchern spezialisiert, erweiterte sich das Geschäftsfeld im Laufe der Zeit um Versteigerungen von Druckgrafiken, Medaillen und Münzen. Als die Nachfrage nach Gemälden und Kunstgegenständen die nach Büchersammlungen bei Weitem übertraf, verlagerte sich das Auktionsgeschehen zugunsten von Gemälden und Zeichnungen der Alten Meister. Im Jahre 2000 begann Sotheby's als erstes internationales Auktionshaus, Kunst im Internet zu versteigern.

Frage 344
Was ist der Unterschied zwischen einer Gemme und einer Kamee?

☞ **Kameen und Gemmen sind ein als Relief hergestellter Steinschnitt,** wobei sich aufgrund unterschiedlicher Tönungen des Steins der erhöhte Teil meist heller vom tieferen Teil des Steins abhebt. Im Gegensatz zur Kamee wird bei einer Gemme das Motiv in den Stein vertieft eingeschnitten. Auch hatten Kameen im Vergleich zu Gemmen oft repräsentativen Charakter.

Frage 345
Was ist ein Ornament?

☞ **Eine Verzierung,** die oft geometrische Formen hat, aber auch Pflanzenmotive nachahmt.

Frage 346
Wie werden Gobelins hergestellt?

☞ Gobelins, also Bildteppiche, werden in einem komplizierten Webeprozess hergestellt, bei dem die längs laufenden Fäden aus einfarbigem Garn bestehen. Die eigentliche Bildwirkung entsteht durch die von Hand vorgenommene Einarbeitung der Querfäden.

Frage 347
Welche Stilphase repräsentiert der populärste Brunnen Roms?

Trevibrunnen in Rom

☞ Niccolò Salvi (1697–1751) entwarf mit dem Trevibrunnen in Rom das letzte bedeutende einschlägige Werk des italienischen Spätbarock. Vor der theatralisch arrangierten Kulisse einer antikisierenden Triumphbogenarchitektur herrscht der Meeresgott Neptun über sein Wasserreich, in das schon unzählige Touristen ihre Münzen geworfen haben.

Frage 348
Welche Reaktionen löste die *Prinzessinnengruppe* von Johann Gottfried Schadow unmittelbar nach ihrer Fertigstellung aus?

☞ 1793 hatten Luise und Friederike von Mecklenburg-Strelitz, mit jugendlicher Schönheit ihre Umwelt bezaubernd, den Kronprinzen von Preußen und dessen jüngeren Bruder Louis geheiratet. Der Hofbildhauer Johann Gottfried Schadow (1764–1850) fertigte von ihnen eine Marmorgruppe, die das Motiv schwesterlicher Freundschaft in den Mittelpunkt stellt – eine „sentimentalische" Haltung, die dem Sturm und Drang wie der Romantik zugehören könnte. Deshalb missfiel das Ensemble dem preußischen König. Nicht mehr der anmutige Stil des Praxiteles war als Vorbild gefragt, sondern der „hohe" Stil des Phidias, wie er durch Bertel Thorvaldsen (1768/70–1844) in moderne Sprache übersetzt schien.

Frage 349
Welcher deutsche Expressionist engagierte sich in der Kommunistischen Partei?

☐ a) Herbert Romanmaier
☐ b) Friedrich Niklashuber
☐ c) Conrad Felixmüller
☐ d) Paul Leonhardschuster

☞ **c) Conrad Felixmüller**
1928 gewann Felixmüller (1897–1977) den Großen Preis des Dresdner Kunstvereins. Zwischen 1938 und 1939 vernichteten die Nationalsozialisten insgesamt 151 seiner Werke.

Frage 350
Welcher Sieneser Künstler malte eines der berühmtesten Retabel des Trecento?

☞ **In Siena war es Duccio di Buoninsegna (um 1260–1319),** der das Erbe byzantinischer Malerei in eine veränderte Zeit einbrachte und mit gotischem, linienbetonten Formempfinden und kalligrafischer Raffinesse durchsetzte. Die *Maestà*, das einstige Hochaltarbild des Sieneser Doms, 1308 in Auftrag gegeben und 1311 vollendet, wurde sein bewundertes Hauptwerk.

Frage 351

Welcher Triumphbogen außerhalb Roms zählt zu den schönsten seiner Gattung?

Trajansbogen in Benevent

☞ **Der Trajansbogen in Benevent** wurde im Jahr 114 n. Chr. errichtet. Eine Inschrift auf beiden Seiten der Attika benennt den Senat der Stadt Rom als Stifter. 14 Reliefbilder und ein Fries verherrlichen die Taten Kaiser Trajans (53–117). Die mächtigen Ausmaße, die ausgewogenen Proportionen und die reiche dekorative Ausstattung machen dieses Monument zusammen mit dem Titusbogen in Rom, der als Frühwerk vielleicht vom selben unbekannten Künstler stammt, zu einem der künstlerisch schönsten Zeugnisse dieser Gattung.

Frage 352

Was macht den Landschaftspark, geschaffen von Hermann Fürst Pückler-Muskau (1785–1871), geografisch so einzigartig?

☞ Die Neiße teilt ihn in einen deutschen und einen polnischen Teil. Auf deutsch-polnischen Antrag wurde der Park im Sommer 2004 zur Welterbestätte der UNESCO erklärt. Den nördlich von Görlitz gelegenen Park gibt es seit 1815.

Frage 353

Welches ist das Hauptwerk von James Ensor?

☞ Der Belgier James Ensor (1860–1949) gilt als einer der Hauptrepräsentanten des europäischen Symbolismus. In seinen Bildern wimmelt es von skurrilen Masken, von Totentänzen und anderen morbiden und fantastischen Themen. 1888 entstand sein mehr als vier Meter breites Hauptwerk *Der Einzug Christi in Brüssel* im Jahre 1888. Wie ein Karnevalsprinz wird Christus vom „irrsinnig gewordenen" modernen Publikum empfangen.

Frage 354

Welches Meisterwerk chinesischer Architektur liegt am nördlichen Ende des Platzes des himmlischen Friedens?

☞ **Die Verbotene Stadt.** Ihr Bau dauerte von 1406 bis 1420. Dort lebten und regierten bis zur Revolution 1911 die chinesischen Kaiser der Dynastien Ming und Qing. Erst 1924 wurden ihre Tore für die Bevölkerung geöffnet – daher auch der Name „Verbotene Stadt".

Frage 355

Welches Buch zählt zu den Hauptwerken der westfränkischen Hofschule Karls des Kahlen in spätkarolingischer Zeit?

☞ Der *Codex Aureus* entstand um 870 und bot jenes Höchstmaß an Ausstattungsluxus, welches man der repräsentativen Kunst der damaligen Zeit so gerne angedeihen ließ.

Seite aus dem Codex Aureus

Frage 1

Im Deutschen unterscheidet man verschiedene Wortarten. Bei der hier gesuchten Wortart handelt es sich um eine Beifügung zur näheren Bestimmung eines Nomens. **Um welche Wortart handelt es sich?**

☞ **Es handelt sich um das Attribut.** Am häufigsten kommen Attribute in Form eines Adjektivs vor, z. B. „der große Junge". Aber auch eine Genitiv-Ergänzung („die Puppe des Mädchens") oder ein Relativsatz („Die Frau, die anrief, ist meine Mutter.") können als Attribute bezeichnet werden.

Frage 2

Betttuch und Schifffahrt – diese Wörter sehen komisch aus. **Sind nach der neuen Rechtschreibung nun Dreifach-Konsonanten erlaubt?**

☞ So seltsam diese Wörter aussehen, nach den Regeln der neuen Rechtschreibung ist die Schreibweise korrekt. Wenn die Lesbarkeit dadurch erhöht wird, kann man die Wörter aber mit einem Bindestrich schreiben, wie z. B. Brenn-Nessel. Aber wie so oft gibt es auch hier Ausnahmen: Mittag, dennoch und Drittel werden nach wie vor nur mit einem Doppelkonsonanten geschrieben.

Frage 3

Wie lautet die korrekte Schreibweise? Sie wollten die gegnerische Mannschaft ...

☐ a) fertig machen
☐ b) fertigmachen
☐ c) Fertig machen
☐ d) fertig Machen

Sie wollten die gegnerische Mannschaft ...

☞ **a) fertig machen**
Adjektive und Verben werden meist zusammengeschrieben. Endet das Adjektiv auf „-ig", schreibt man sie auseinander. Das Gleiche gilt, wenn das Adjektiv steigerbar ist oder mit „ganz" oder „sehr" erweitert werden kann.

Frage 4

Vielen gilt der Konjunktiv als ein Schreckgespenst der deutschen Sprache. Man unterscheidet zwischen Konjunktiv I und Konjunktiv II. **Welche Haltung des Sprechers drückt der Konjunktiv II in der indirekten Rede aus?**

☞ Durch die Verwendung des Konjunktiv II („Sie sagt, sie hätte ihr Zimmer schon gestern aufgeräumt") drückt der Sprecher seine Zweifel am Gesagten aus.

Frage 5

Seit einiger Zeit erlebt der Apostroph im Deutschen einen wahren Boom. Dabei steht er häufig an Stellen, an denen er nichts zu suchen hat. **In welchen Fällen darf kein Apostroph gesetzt werden?**

☞ Es gibt drei Fälle, die einen Apostroph auf jeden Fall ausschließen: Bei der Verschmelzung von bestimmtem Artikel und vorangehender Präposition (aufs, unters, ins) darf kein Apostroph gesetzt werden. Auch beim Plural-s (Autos, Babys) hat er nichts zu suchen. Abkürzungen im Plural (AKWs, CDs) schreibt man ebenfalls ohne Apostroph.

Frage 6

Die Rechtschreibreform hat das ß nach einem kurzen Vokal abgeschafft. **Welches der folgenden Wörter wurde bereits vor der Reform mit ss geschrieben?**

☐ a) dass
☐ b) hassen
☐ c) Fass
☐ d) Fluss

☞ **b) hassen**

Frage 7

In jeder Sprache gibt es verschiedene Wortarten. So auch im Deutschen. Verben sind beispielsweise Wörter, die Tätigkeiten bezeichnen, Nomen hingegen benennen bestimmte Objekte oder Personen, Adjektive drücken Eigenschaften aus. **Was aber sind Pronomen?**

☞ Pronomen, auch Fürwörter genannt, sind Wörter, die ein anderes Wort, meist ein Nomen, ersetzen können. Es gibt verschiedene Arten von Pronomen:
Personalpronomen: ich, du, er, sie, es, wir, ihr, sie
Reflexivpronomen: mir, dir, sich etc.
Possessivpronomen: mein, sein, ihr etc.
Relativpronomen: Der Mann, der gerade über die Straße geht.
Demonstrativpronomen: dieser, diese, derjenige etc.
Interrogativpronomen: wer, wessen etc.
Indefinitpronomen: einer, keiner, irgendein, irgendwer, jeder etc.

Frage 8

Die Schreibung mancher Wörter bereitet immer wieder Probleme. Hier kommt eines davon. **Wie schreibt man es korrekt?**

☐ a) Rytmus
☐ b) Rythmus
☐ c) Rhytmus
☐ d) Rhythmus

☞ **d) Rhythmus**

Frage 9

Auch der Plural bereitet bisweilen Probleme. **Wie lautet der Plural des Wortes Praktikum?**

☞ **Praktika.** Das Wort stammt aus dem Lateinischen.

Frage 10

Die Sprache lebt, keine Frage. Trotzdem ist man bei der Wortstellung nicht völlig frei. Nur einer der folgenden Sätze weist die richtige Wortstellung auf. **Welcher ist es?**

☐ a) Ich gehe, weil bin ich verabredet.
☐ b) Ich gehe, weil ich bin verabredet.
☐ c) Ich gehe, weil ich verabredet bin.
☐ d) Ich gehe, weil verabredet ich bin.

☞ **c) Ich gehe, weil ich verabredet bin.**

PALINDROME

Als Palindrome bezeichnet man Wörter oder Texte, die vorwärts und rückwärts gelesen gleich sind. Ein einfaches Beispiel ist der Name Anna. Der Klassiker lautet hier aber sicher: „Ein Neger mit Gazelle zagt im Regen nie". Ein schönes Beispiel ist auch: „Dir, Gisela, male Ina dein Kajak! Nie, Daniela, male Sigrid!"

Frage 11

Die deutsche Sprache stammt vom Indogermanischen ab. Diese Sprache kannte noch acht oder neun verschiedene Fälle. Da haben wir es mit unseren vier Fällen also richtig einfach. **Wie heißen die vier Fälle eigentlich?**

☞ **Nominativ, Genitiv, Dativ und Akkusativ.**

Frage 12

Nach seinem Abitur 1846 studierte er vier Semester Geschichte, Germanistik und Klassische Philologie in Bonn. 1854 holte er mit besonderer Genehmigung das Staatsexamen an der Universität Bonn nach und promovierte noch im gleichen Jahr an der Philosophischen Fakultät der Universität Marburg. Später arbeitete er als Lehrer und Direktor verschiedener Gymnasien. Seine große Berufung sah er aber in seinem Einsatz für die Vereinheitlichung der deutschen Sprache. So veröffentlichte er im Jahr 1880 das Werk *Vollständiges Orthographisches Wörterbuch der deutschen Sprache*. **Wie lautet sein Name?**

☞ **Konrad Duden (1829–1911).**
Der Duden der Rechtschreibung, Ausgabe 2008, umfasst heute über 130.000 Stichwörter.

Frage 13

Wie heißt es richtig?

☐ a) Ich gebe ihn den Ball.
☐ b) Ich gebe ihm den Ball.
☐ c) Ich gebe ihn dem Ball.
☐ d) Ich gebe ihm dem Ball.

☞ **b) Ich gebe ihm den Ball.**

Frage 14

Bei einigen Texten hat es den Anschein, als habe jemand einen Sack Kommata über ihnen ausgeschüttet, so willkürlich sind diese Satzzeichen gesetzt. **Welcher der folgenden Sätze ist richtig?**

☐ a) Das Haus, das am Ende der Straße steht, steht leer weil die Besitzer ausgezogen sind.
☐ b) Das Haus, das am Ende der Straße steht, steht leer, weil die Besitzer ausgezogen sind.
☐ c) Das Haus das am Ende der Straße steht steht leer, weil die Besitzer ausgezogen sind.
☐ d) Das Haus, das am Ende, der Straße steht, steht leer, weil die Besitzer ausgezogen sind.

DAS LÄNGSTE WORT

Da man im Deutschen Wörter nahezu beliebig zusammensetzen kann, ist es eigentlich witzlos, nach dem längsten deutschen Wort zu suchen – es lässt sich immer noch ein weiteres Wort anhängen. Daher sind Wortungetüme wie „Himmelherrgottsakramentkreuzschockschwerenotpotzbombenelementdonnerwetter" nur mäßig interessant. Viel interessanter ist da schon ein Blick in den Duden. Welches Wort ist hier wohl das längste? In der 22. Auflage des Lexikons teilen sich mit jeweils 33 Buchstaben „Arbeiterunfallversicherungsgesetz" und „Bundesausbildungsförderungsgesetz" die Krone.

☞ **b) Das Haus, das am Ende der Straße steht, steht leer, weil die Besitzer ausgezogen sind.**

Frage 15

Was ist der Unterschied zwischen einem Adjektiv und einem Adverb?

☞ Adjektive werden verwendet, um ein Nomen näher zu beschreiben. Im Satz „Der große Hund bellt" ist „groß" das Adjektiv. Adverbien hingegen beschreiben ein Verb, ein Adjektiv oder ein anderes Adverb. In „Der Hund bellt laut" ist also „laut" das Adverb.

Frage 16

In welchen Situationen wird eher das Perfekt gebraucht, wann das Präteritum?

☞ Das Präteritum wird in erster Linie in schriftlichen Berichten verwendet, während das Perfekt bei mündlichen Erzählungen zum Einsatz kommt.

Frage 17

„Als" und „wie" gehören zu den kleinen Wörtern, die häufig verwechselt werden. **Wie heißt es hier korrekt?**

☐ a) Ich bin schlauer wie du.
☐ b) Ich bin schlauer als wie du.
☐ c) Ich bin schlauer wie als du.
☐ d) Ich bin schlauer als du.

☞ **d) Ich bin schlauer als du.**
Es gibt eine ganz einfache Regel zur Verwendung von als und wie: Bei Gleichheit sagt man wie, bei Ungleichheit als. Bei Gleichheit hieße unser Beispiel also „Ich bin genauso schlau wie du."

Frage 18

Befindet sich etwas, das in der Nähe eines Hauses ist, nahe des Hauses oder nahe dem Haus?

☞ **Es befindet sich nahe dem Haus.** Die Präposition „nahe" erfordert nämlich immer den Dativ und nicht den Genitiv.

Frage 19

Wie heißt die dritte Vergangenheitsform, die im Deutschen neben Präteritum und Perfekt existiert?

☞ **Plusquamperfekt.** Wörtlich heißt dieser Begriff „mehr als vollendet".

Frage 20

Das Objekt eines Satzes gibt nähere Informationen zum Prädikat. Objekte können in verschiedenen Fällen stehen. **Welcher Fall ist beim Objekt am wenigsten gebräuchlich und welcher findet am häufigsten Verwendung – Genitiv, Dativ oder Akkusativ?**

☞ **Der Genitiv, der die Frage „Wessen?" beantwortet, ist am seltensten. Am häufigsten taucht der Akkusativ auf. Er gibt Auskunft auf die Frage „Wen oder was?"**

Frage 21

Bisweilen herrscht die Meinung vor, man könne alles noch steigern. Das gilt nicht für alle Adjektive. **Welches der folgenden Adjektive lässt sich nicht steigern (obwohl es gerne probiert wird)?**

☐ a) optimal ☐ c) hübsch
☐ b) groß ☐ d) schnell

☞ **a) optimal**
Optimal ist bereits ein Superlativ. Noch besser als optimal geht einfach nicht.

Frage 22

„Morgen werden wir in die Stadt gehen." Dieser Satz steht im Futur I. Die deutsche Sprache kennt aber noch eine Futurform, nämlich das Futur II. **Wie lautet der Beispielsatz in dieser Zeitform?**

☞ **„Morgen werden wir in die Stadt gegangen sein."** Das Futur II kann ein Geschehen ausdrücken, das man sich als in der Zukunft abgeschlossen oder vollzogen vorstellt. Auch lässt sich mit dieser Zeitform ausdrücken, dass man annimmt, dass das Genannte der Wahrheit entspricht, man es aber nicht genau weiß: „Er wird wohl eingeschlafen sein."

Frage 23

Der Konjunktiv ist einer der drei Modi, in dem die deutschen Verben stehen können. Man verwendet ihn in der indirekten Rede und bei irrealen Wünschen und Bedingungssätzen. **Wie heißen die beiden anderen Modi?**

☞ **Indikativ und Imperativ.** Den Indikativ nutzt man für die Darstellung des Wirklichen und der Imperativ ist die sogenannte Befehlsform.

DIE HÄUFIGSTEN BUCHSTABEN

Der im Deutschen am häufigsten gebrauchte Buchstabe ist das e. Gefolgt wird der Vokal von einem Konsonanten, am zweithäufigsten verwenden wir das n. Der seltenste Buchstabe ist nicht das x – wie man vielleicht meinen sollte –, sondern das q.

Frage 24

Welches der folgenden Wörter ist richtig geschrieben?

☐ a) Färte ☐ c) baiseite
☐ b) widersprechen ☐ d) nähmlich

☞ **b) widersprechen**
In „widersprechen" befindet sich das Wort „wider", das so viel wie „gegen" bedeutet. Es hat also nichts mit „wieder" zu tun. „Er widerspricht" bedeutet also nicht, dass er schon wieder das Wort ergreift.

Frage 25

Was sind reflexive Verben?

☞ Reflexive Verben sind Verben, die mit dem Reflexivpronomen „sich" stehen. Das Reflexivpronomen ist mit dem Subjekt des Satzes identisch: „Ich ziehe mich um."

Frage 26

Welcher der folgenden Sätze ist richtig geschrieben?

☐ a) Als der Tot kam, war ich bereits tod.
☐ b) Als der Tod kam, war ich bereits tot.
☐ c) Als der Tod kam, war ich bereits tod.
☐ d) Als der Tot kam, war ich bereits tot.

☞ **b) Als der Tod kam, war ich bereits tot.**

Frage 27

Häufig hört man in Zügen folgende Ansage: „Bitte steigen Sie aus, dieser Zug endet hier!" **Ist diese Ansage so eigentlich korrekt?**

☞ **Die Ansage ist nicht korrekt.** Schließlich endet der Zug am hinteren Ende des letzten Waggons – das ist aber kein Grund, die Fahrgäste zum Aussteigen aufzufordern. Korrekt müsste es heißen: „Diese Zugfahrt endet hier."

Frage 28

Die deutsche Handball-Nationalmannschaft ist Weltmeister geworden. **Welche der folgenden Aufforderungen war im Endspiel wohl immer wieder zu hören?**

☐ a) Werf den Ball!
☐ b) Wirf den Ball!
☐ c) Wärf den Ball!
☐ d) Werfe den Ball!

☞ **b) Wirf den Ball!**
Der Imperativ (also die Befehlsform) von werfen lautet: wirf.

Frage 29

Wie heißt es richtig: „Ich backte einen Kuchen" oder „Ich buk einen Kuchen"?

☞ **Beide Formen sind gebräuchlich und korrekt.** Das war nicht immer der Fall, früher galt nur „buk" als die korrekte Form des Präteritums. Doch dann fand eine Angleichung an schon bestehende Formen wie an „hacken, hackte" statt und „backte" wurde ebenfalls akzeptiert.

Frage 30

Es gibt einige Verben, die zwingend ein Dativ-Objekt (antwortet auf die Frage „wem?") nach sich ziehen. Nennen Sie fünf dieser Verben!

☞ Im Deutschen gibt es gar nicht so viele Verben, die zwingend ein Dativobjekt erfordern. Hier ist eine vollständige Liste dieser besonderen Verben:
ähneln, antworten, ausweichen, befehlen, begegnen, beistehen, danken, einfallen, entgegnen, erwidern, fehlen, folgen, gefallen, gehören, gehorchen, gelingen, genügen, glauben, gratulieren, helfen, missfallen, misslingen, sich nähern, nützen, raten, schaden, schmecken, vertrauen, verzeihen, widersprechen, zuhören, zureden, zusehen, zustimmen, zuwenden

Frage 31

Welche berühmten Brüder sind als Sprachwissenschaftler und Märchensammler bekannt und gelten zugleich als Mitbegründer der Germanistik?

Jacob und Wilhelm Grimm

☞ **Jacob (1785–1863) und Wilhelm Grimm (1786–1859).**

Frage 32

Welches Wort gehört in die Lücke? Ein Kilogramm Äpfel ... 2,99 EUR.

☐ a) kosten
☐ b) kosteten
☐ c) kostet
☐ d) köstet

☞ **c) kostet**
Da sich das Verb hier auf das Kilogramm bezieht, ist der Singular, also „kostet", richtig.

Frage 33

Die Zeichensetzung in der wörtlichen Rede ist in der Regel ganz einfach: Am Anfang der Rede kommt das öffnende Anführungszeichen und am Ende das schließende. So weit, so gut. Aber oft reicht das nicht. Möchte man noch Erklärungen einfügen, z. B. wer gerade spricht, muss man besondere Regeln zur Zeichensetzung beachten. **Welche Regeln sind das?**

☞ Wenn die Erklärung am Ende der wörtlichen Rede eingefügt wird, kommt erst das schließende Anführungszeichen, dann ein Komma und dann die Erklärung: „Ich komme um acht Uhr.“, sagte er. Soll die Erklärung in der Mitte stehen, sind zwei Kommata und vier Anführungszeichen erforderlich. „Lieber Leser“, schrieb der Autor, „dieses Buch enthält viele spannende Fragen.“

KONSONANTEN-UND VOKALHÄUFUNG

Man kann auch Wörter suchen, bei denen möglichst viele Konsonanten oder Vokale hintereinander stehen. Auf acht Konsonanten bringen es da beispielsweise Gerichtsschreiber, Geschichtsschreiber oder Glückwunschschreiben. Gerne werden auch Wörter gesucht, bei denen alle Vokale auftauchen – und zwar in der Reihenfolge a- e- i- o- u. Hier ein paar Beispiele: Adjektivkonstrukt, Arbeitsordnung, Magermilchjoghurt oder Wasserskisportklub.

Frage 34

Welcher der folgenden Sätze enthält keinen Fehler?

☐ a) Wegen des Auftritts heute abend konnte die Sängerin heute morgen keinen Bissen essen.
☐ b) Wegen des Auftritts Heute abend konnte die Sängerin Heute morgen keinen Bissen essen.
☐ c) Wegen des Auftritts Heute Abend konnte die Sängerin Heute Morgen keinen Bissen essen.
☐ d) Wegen des Auftritts heute Abend konnte die Sängerin heute Morgen keinen Bissen essen.

☞ **d) Wegen des Auftritts heute Abend konnte die Sängerin heute Morgen keinen Bissen essen.**
Abend und Morgen sind Nomen, sie werden natürlich groß geschrieben. Heute ist ein Adverb, das klein geschrieben werden muss.

Frage 35

Was sind Konjunktionen?

☞ **Konjunktionen sind Bindewörter.** Sie verbinden Wörter, Satzglieder oder Sätze miteinander. Dabei unterscheidet man nebenordnende und unterordnende Konjunktionen. Nebenordnende Konjunktionen (und, oder, ...) verbinden gleichwertige Wörter oder Satzteile. Unterordnende Konjunktionen (wenn, weil, obwohl, dass, ...) verbinden hingegen grammatisch ungleichwertige Sätze, also Hauptsatz und Nebensatz.

Frage 36

Woran kann man erkennen, ob Verben trennbar oder untrennbar sind: „Das Schiff geht unter“, aber nicht „Er schreibt den Brief unter“, sondern „Er unterschreibt den Brief.“?

☞ Bei trennbaren Verben wie „umfallen“ liegt die Betonung auf dem Verbzusatz (Präfix), bei untrennbaren Verben wie „umarmen“ liegt sie auf dem Stammvokal des Verbs.

Frage 37

Welche der folgenden Aussagen ist im Deutschen zwar gebräuchlich, aber nicht korrekt?

☐ a) Das hat Sinn.
☐ b) Das macht Sinn.
☐ c) Das ist sinnvoll.
☐ d) Das ergibt Sinn.

☞ **b) Das macht Sinn.**
Dieser Satz stellt eine Übersetzung des englischen „It makes sense“ dar. Korrekterweise macht im Deutschen aber nichts einen Sinn, es kann höchstens einen Sinn haben oder sinnvoll sein.

Frage 38

Wie heißt der Plural des Wortes „Lexikon“?

☐ a) Lexikons ☐ c) Lexikas
☐ b) Lexikonne ☐ d) Lexika

☞ **d) Lexika**

Frage 39

Eine ältere Dame beschwert sich an der Supermarktkasse: „Eine solch langsame Abfertigung bin ich nicht gewöhnt! Das geht nebenan aber schneller." **Ist „gewöhnt" hier die richtige Form oder muss es „gewohnt" heißen?**

☞ Es muss „gewohnt" heißen. Man ist Dinge gewohnt, hat sich aber an sie gewöhnt.

Frage 40

Bei der Bedeutung einiger ähnlich klingender Wörter tun wir alle uns manchmal schwer: Was ist beispielsweise der Unterschied zwischen „anscheinend" und „scheinbar"?

☞ „Anscheinend" heißt „dem Anschein nach", dagegen bedeutet „scheinbar" „nur zum Schein, nicht in Wirklichkeit".

Frage 41

Wenn man in England „bitte" sagen möchte, muss man sich je nach Situation bestimmter Ausdrücke bedienen. **Welcher der folgenden Ausdrücke gehört nicht dazu?**

☐ a) You're welcome!
☐ b) Please!
☐ c) Pardon!
☐ d) Here you are!

☞ **c) Pardon!**
„Pardon?" fragt man, wenn man etwas nicht verstanden hat, es lässt sich am besten mit „Wie bitte?" übersetzen.

Frage 42

In Deutschland sind Kreisverkehre derzeit schwer angesagt. Auch die Engländer kennen diese Form der Verkehrsführung bestens. **Wie nennen sie die Straßenkreise eigentlich?**

☞ Für Kreisverkehr gibt es in England mehrere Wörter. Sehr gebräuchlich ist „roundabout", aber auch „traffic circle" oder „rotary" finden Verwendung.

Frage 43

Der Duden ist eines der gebräuchlichsten und wichtigsten Wörterbücher der deutschen Sprache. Was im Duden verzeichnet ist, gilt als korrektes Deutsch. Auch für die englische Sprache gibt es ein solches Werk. Es wird von der Oxford University Press herausgegeben und seine Geschichte reicht bis ins Jahr 1857 zurück. Heutzutage sind in diesem Wörterbuch mehr als 300.000 Worte verzeichnet. **Wie heißt das Wörterbuch?**

☞ **The Oxford English Dictionary (OED).** Ähnlich wie beim Duden gibt es auch hier weitere Ausgaben.

Frage 44

Manche Wörter ändern im Englischen ihre Bedeutung, je nach Präposition, mit der sie verwendet werden. **Wo liegt der Unterschied zwischen „to look", „to look for" und „to look after"?**

☞ „To look" bedeutet „sehen, gucken, ansehen"; „to look for" wird mit „suchen" übersetzt und „to look after" bedeutet „sich kümmern".

Frage 45

In einer englischen Kurzgeschichte steht folgender Satz: „They were sitting in a pub, shrouded with cigarette smoke." **Wie lässt sich der zweite Teil des Satzes sinnvoll übersetzen?**

☐ a) stanken nach Zigarettenqualm.
☐ b) qualmten viele Zigaretten.
☐ c) waren von Zigarettenqualm eingehüllt.
☐ d) fühlten sich vom Zigarettenqualm gestört.

☞ **c) waren von Zigarettenqualm eingehüllt.**
„To shroud" heißt wörtlich übersetzt „bedecken, verdecken, verschleiern".

Frage 46

Welche Antwort auf folgende Feststellung ist sinnvoll? „His mother is really amazing. She's 90 years old and still fends for herself."

☐ a) I know. They're going to put her in a nursing home.
☐ b) I know. She's confined to her bed.
☐ c) I know. She lives with her son and he takes care of her every need.
☐ d) I know. She's very healthy.

☞ **d) I know. She's very healthy.**
„To fend for oneself" ist im Englischen ein stehender Ausdruck und heißt „alleine zurechtkommen". Die alte Dame kommt also prima alleine zurecht – und das natürlich, weil sie so gesund ist.

Frage 47

In diesem englischen Witz fehlen ein paar entscheidende Wörter. **Bitte füllen Sie die Lücken sinnvoll!**

☞ A hungry-looking tramp knocked ______ the kitchen door and asked ______ something to eat. The woman of the house, ______ felt a bit uneasy, replied: "If I give you a piece ______ my home-made apple-pie, will you promise to go away and not come back?" "Well, you know your cooking better ______ I do, lady", said the tramp.

A hungry-looking tramp knocked at the kitchen door and asked for something to eat. The woman of the house, who felt a bit uneasy, replied: "If I give you a piece of my home-made apple-pie, will you promise to go away and not come back?" "Well, you know your cooking better than I do, lady", said the tramp.

Frage 48

Es gibt Wörter, die im Englischen und im Deutschen (fast) gleich geschrieben werden, aber ganz unterschiedliche Bedeutungen besitzen. Man nennt sie manchmal „false friends", falsche Freunde. Kennt man sie nicht, kann es mitunter zu peinlichen Verwechslungen kommen. Eines dieser Wörter ist das Deutsche „prägnant". **Wie heißt die englische Übersetzung für dieses Wort?**

☞ **Laconic.** Das englische „pregnant" hingegen bedeutet „schwanger". Man sollte die beiden Wörter also besser nicht verwechseln.

Frage 49

Woran sind die meisten englischen Adverbien zu erkennen?

☞ Die meisten englischen Adverbien werden gebildet, indem man ein „-ly" an das Adjektiv anhängt. Es gibt aber auch Ausnahmen von dieser Regel. So lautet das Adverb von „good" „well". Einige Adjektive verändern ihre Form auch gar nicht. Zu ihnen zählen: hard, high, early, pretty, wrong, far, short und low.

Frage 50

Was bedeutet "He gives me the creeps"?
☐ a) Er bäckt meine Pfannkuchen.
☐ b) Es gruselt mir vor ihm.
☐ c) Er schleimt sich bei mir ein.
☐ d) Er macht vor mir einen Diener.

☞ **b) Es gruselt mir vor ihm.**

Tower Bridge in London

Frage 51

Im Deutschen wird man gelb vor Neid. **Welche Farbe verwenden die Engländer?**

☞ **Green.** Die Engländer werden nicht gelb, sondern grün vor Neid bzw. „green with envy".

Frage 52

Immer dann, wenn man eine Service-Hotline anruft, ist gerade kein Spezialist verfügbar und man wird von einer freundlichen Computerstimme in der Warteschleife gehalten. Auf Deutsch hört man dann die Ansage „Bitte bleiben Sie am Apparat". **Was sagt die englische Computerstimme in dieser Situation?**

☞ **„Hold the line, please."**

Frage 53

Was sagen Sie, wenn Sie in England Theaterkarten bestellen wollen?

☐ a) I'd like to book some maps.
☐ b) I'd like to book some tickets.
☐ c) I'd like to book some books.
☐ d) I'd like to book some theatre.

☞ **b) I'd like to book some tickets.**

Frage 54

Wo liegt der Unterschied zwischen „We needn't take the umbrella" und „We mustn't take the umbrella"?

☞ „We needn't take the umbrella" heißt: Wir brauchen den Schirm nicht mitzunehmen. „We mustn't take the umbrella" bedeutet: Wir dürfen den Schirm nicht mitnehmen.

GHOTI UND FISH

Auf den ersten Blick haben das Kunstwort ghoti und das englische Wort fish nichts miteinander zu tun. Das ändert sich aber ganz schnell, wenn man ghoti einmal näher betrachtet. Spricht man nämlich das „gh" wie in to laugh als „f", „o" wie in women als „i" und „ti" wie in nation als „sh", muss man ghoti wie fish aussprechen. Und plötzlich muss sich der Star-Trek-Fan auch nicht mehr fragen, warum Fisch auf Klingonisch Ghoti heißt …

Frage 55

Wie geht der folgende Satz richtig weiter?

We haven't got …
☐ a) some children.
☐ b) any children.
☐ c) a children.
☐ d) one children.

☞ **b) any children**

Für den Gebrauch von „any" oder „some" gibt es eine recht einfache Regel, die man sich gut merken kann: „Any" steht immer mit Fragen und Verneinungen, ansonsten ist im Englischen „some" gebräuchlich.

Frage 56

Wie heißt die sogenannte ing-Form wirklich?

☞ **Gerundium** (engl. gerund). Das Gerundium entspricht dem substantivierten Verb („das Schwimmen") bzw. dem Partizip I („schwimmend"). Solche Wendungen müssen oft ganz anders übersetzt werden, z. B. durch Nebensätze. Hier ein kleines Beispiel dazu: Der englische Satz „Before going to bed he turned off the lights" enthält keinen Nebensatz, aber ein Gerundium. In der deutschen Übersetzung „Er machte die Lichter aus, bevor er ins Bett ging" ist aber ein Nebensatz erforderlich.

Frage 57

Auch das Englische kennt eine Reihe verschiedener Vergangenheitsformen. Eine dieser Formen ist das past progressive. **Wie wird es gebildet und wann benutzt man es?**

☞ Die Bildung des past progressive ist recht einfach: Man verwendet hierzu „was/were" und die ing-Form. Es wird dann eingesetzt, wenn eine Handlung beschrieben wird, die zu einem bestimmten Zeitpunkt in der Vergangenheit im Verlauf war, z. B. „Peter had a bad accident while he was skiing in the alps."

Frage 58

In jeder Sprache gibt es Redewendungen, die man nicht wörtlich übersetzen kann.

So heißt „einen Zahn zulegen" auf Englisch keineswegs „to gain weight of a tooth". **Wie übersetzt man diesen Ausdruck?**

☐ a) to keep up the scratch
☐ b) to run off the wall
☐ c) to pick up the pace
☐ d) to street up

☞ **c) to pick up the pace**

Frage 59

Eine weitere Redewendung zeugt vom großen Vertrauen der Engländer in die Justiz. **Wie lässt sich "to be as sober as a judge" übersetzen?**

☞ Diese Wendung lässt sich am besten mit „stocknüchtern" übersetzen. „Sober" hat also nichts mit dem ähnlich klingenden „sauber" zu tun. Warum hier nun gerade ein Richter gewählt wurde, ist allerdings nicht klar.

Frage 60

Wie wird das Futur im Englischen gebildet?

☞ Das Englische hält einige Möglichkeiten bereit, das Futur auszudrücken: Zunächst lässt es sich durch „going to" umschreiben (I'm going to ask someone for help). Diese Form wählt man, wenn man beabsichtigt, etwas in der Zukunft zu tun oder um ein wahrscheinlich in der Zukunft stattfindendes Ereignis zu beschreiben. Mit „will/shall" umschreibt man ein künftiges Ereignis, das der Sprecher nicht beeinflussen kann (He will be twenty next summer). Auch eine Vermutung über ein künftiges Ereignis wird so geäußert. Schließlich nutzt man „will/shall", wenn es um einen spontanen Entschluss zum Handeln geht. Man kann das Futur im Englischen auch mit dem simple present ausdrücken. Das geht dann, wenn das Geschehen Teil eines festgelegten Planes ist (The new restaurant opens on May 1st) oder das künftige Geschehen in mehreren Gliedsätzen ausgedrückt wird. Mit dem present progressive drückt man eine künftige Handlung aus, deren Ausführung durch Verträge oder Vereinbarungen festgelegt ist (I'm taking Jane out tonight. I just invited her).

Frage 61

Was verlangt ein Engländer von Ihnen, wenn er Sie auffordert: "Defenestrate yourself!"?

☐ a) Sie sollen sich aus dem Fenster stürzen.
☐ b) Sie sollen sich gegen Vorwürfe verteidigen.
☐ c) Sie sollen verschwinden.
☐ d) Sie sollen schnell heraneilen.

☞ **a) Sie sollen sich aus dem Fenster stürzen.**

Auch für Geld gilt dieses Verb. „Geld aus dem Fenster werfen" heißt also „to defenestrate money".

LANG LEBE DIE ABKÜRZUNG!

Spätestens seit dem Siegeszug der SMS finden sich englische Abkürzungen auch in unserer Alltagssprache. Aber so schön wie die Engländer bekommen wir das noch nicht hin. Ein schon altes Beispiel ist das Hinweisschild 4U2P, das ein Urinal anzeigt. Ausgesprochen heißt es „For you to pee". Aber auch das SMS-Zeitalter fördert einige tolle Beispiele zutage: B4, we usd 2 go 2 NY 2C my bro, his GF & thr 3 :-@ kds FTF. Ausgeschrieben bedeutet dieser Text: „Before, we used to go to New York to see my brother, his girlfriend and their three screeming kids face to face."

Frage 62

Im folgenden Text gilt es zu entscheiden, ob die Wörter in Klammern als Adverb oder Adjektiv verwendet werden müssen. **Setzen Sie die korrekten Formen ein!**

☞ A woman with a baby in her arm was sitting ________ (sad) in the waiting-room of a railway-station, weeping ________ (bitter). Up came a porter and ________ (immediate) asked her what the trouble was. "Oh dear me", she cried, "some people were in here and they were so __________ (rude) to me about my little son. I'm __________ (total upset). They said he looked __________ (ugly)." "My dear," said the porter __________ (kind). "Don't worry about it. What about a __________ (nice) cup of tea?" "You're so __________ (good)" she said, wiping her eyes, "that would be __________ (awful, nice)". "And while I'm at it", he said, "what about a banana for your monkey?"

A woman with a baby in her arm was sitting sadly in the waiting-room of a railway-station, weeping bitterly. Up came a porter and immediately asked her what the trouble was. "Oh dear me", she cried, "some people were in here and they were so rude to me about my little son. I'm totally upset. They said he looked ugly." "My dear," said the porter kindly. "Don't worry about it. What about a nice cup of tea?" "You're so good" she said, wiping her eyes, "that would be awfully nice". "And while I'm at it", he said, "what about a banana for your monkey?"

Frage 63

Wie lautet die richtige Verbform in diesem Satz? When he arrived a crowd (to wait) for several hours to greet him.

☞ "When he arrived a crowd had been waiting for several hours to greet him." Das past progressive, das hier eingesetzt werden muss, signalisiert eine Handlung, die vor einem bestimmten Zeitpunkt in der Vergangenheit begonnen wurde und an diesem bestimmten Zeitpunkt immer noch andauert.

Frage 64

Welche Art von Begebenheiten werden mit dem future progressive ausgedrückt?

☞ Das future progressive findet Verwendung, wenn sich eine Handlung zu einem Zeitpunkt in der Zukunft im Verlauf befindet (I'll be passing the station in about ten minutes). Außerdem signalisiert es üblicherweise eintretende Geschehen oder Handlungen, die sowieso ausgeführt werden: They will be staying with their aunt in the Easter holidays as usual.

Frage 65

Welche Antwort passt am besten zur Frage "Have you studied English before?"

☐ a) Yes, when I was born.
☐ b) Yes, I'm interested in your English course.
☐ c) Yes, but I need practice in speaking.
☐ d) Yes, I'd like to come to your school.

☞ **c) Yes, but I need practice in speaking.**

Cambridge

Frage 66

Setzen Sie hier die richtige Phrase ein: **To eat a lot of food is to __________.**

☐ a) wear out
☐ b) roll out
☐ c) pig out
☐ d) pick at it

☞ **c) pig out**

Frage 67

Die if-clauses sind Bedingungssätze. Das heißt, das Ereignis im Hauptsatz (ohne „if") findet nur statt, wenn die Bedingung im Satzteil mit "if" erfüllt ist. **Welche drei Formen von if-clauses gibt es und wie werden sie gebildet?**

☞ Wenn es möglich und auch sehr wahrscheinlich ist, dass die Bedingung eintritt, wird der if-Satz mit dem simple present und der Hauptsatz mit dem will-future gebildet: „If I find her address, I'll send her an invitation." Wenn es möglich, aber eher unwahrscheinlich ist, dass die Bedingung eintritt, wird der if-Satz mit simple past und der Hauptsatz mit dem conditional gebildet („If I found her address, I would send her an invitation").

Wenn es unmöglich ist, dass die Bedingung eintritt, weil sie sich auf die Vergangenheit bezieht, wird der if-Satz mit past perfect und der Hauptsatz mit dem conditional II gebildet: „If I had found her address, I would have sent her an invitation."

Frage 68

Übersetzen Sie folgenden kurzen Sachtext ins Deutsche:

The eastern part of England has very fertile soil, which makes good farmland. Wheat is one of the main crops. In southern England, there is a lot of dairy-farming. Kent, in the South-East, is called the "Garden of England", because of all the fruit and vegetables that are grown there.

☞ Die einzige richtige Übersetzung eines Textes gibt es nicht. Der Übersetzer hat immer ein paar Freiheiten. Eine mögliche korrekte Übersetzung lautet:
Der Osten Englands verfügt über einen sehr fruchtbaren Boden, der hervorragendes Ackerland darstellt. Weizen ist dabei eine der hauptsächlichen Feldfrüchte. Im südlichen England gibt es eine Menge Milchwirtschaft. Kent im Südosten wird „der Garten Englands" genannt, wegen des vielen Obsts und Gemüses, das hier angebaut wird.

Frage 69

I have a new dishwasher and a fridge in my ________. Das letzte Wort fehlt in diesem Satz. **Wie lautet es?**

☐ a) bathroom
☐ b) cellar
☐ c) kitchen
☐ d) office

☞ **c) kitchen**
Spülmaschine (dishwasher) und Kühlschrank (fridge) findet man für gewöhnlich in der Küche.

EINE GUTE FA(H)RT FÜR ENGLÄNDER

„So kann man schon mit kleinen Sachen Leuten eine Freude machen", heißt es in einem bekannten Reim. Es bedarf bisweilen auch nicht viel, um einen Engländer, der sich auf Reisen in Deutschland befindet, glücklich zu machen – oder wenigstens doch zum Kichern zu bringen. So schöne deutsche Wörter wie „Ausfahrt", „Auffahrt" oder „Schifffahrt" reichen da schon völlig aus. Das liegt daran, dass auch die englische Sprache das Wort „fart" kennt. Übersetzt bedeutet es allerdings etwas ganz anderes, nämlich „Furz".

Frage 70

Wie drückt man es im Englischen aus, wenn jemand zu einer Strafe verurteilt wurde?

☞ In diesem Fall benutzt man das Verb „to sentence". Es hat nichts mit dem gleichlautenden Nomen (sentence = Satz) zu tun, sondern bedeutet „verurteilen". „He was sentenced to death" heißt also „Er wurde zum Tode verurteilt."

Frage 71

Wandeln Sie folgende Sätze in die indirekte Rede um:

Sarah: "I haven't telephoned my sister."
Peter: "I travel to London once a year."
Paul to Angela: "You're my last guest before I leave this town."

☞ Sarah said that she hadn't telephoned her sister.
Peter agreed that he travelled to London once a year.
Paul said to Angela that she was the last guest before he left the town.

Frage 72

Bei starkem Regen regnet es in Deutschland Bindfäden. **Was fällt in England in diesem Fall vom Himmel?**

☐ a) mice and cats ☐ c) sheep and goats
☐ b) cats and dogs ☐ d) cows and bulls

☞ **b) cats and dogs**

Frage 73

Umgangssprachliche Ausdrücke bereiten dem Nicht-Muttersprachler am meisten Schwierigkeiten. **Versuchen Sie dennoch, den folgenden Satz zu vervollständigen:**

A tired Brit may say she feels
a)... sparky
b)... knackered
c)... peckish

☞ **b)... knackered**
„Peckish" heißt „hungrig" und „sparky" bedeutet „dynamisch".

Frage 74

Korrigieren Sie die Fehler im folgenden Brief:

Hello,
My name is Susan. I'm forteen and I life in Germany. My hobbys are go to discos, sometimes I hear music in the radio. In the summer I go bathing in a lake. I haven't any brothers or sisters. We take busses to scool. I visit form 9 at my school. My birthday is on Friday. I hope I will become a new guitar.
I'm looking forward to get a e-mail from you.
Yours,
Susan

☞ Der korrekte Brief lautet:
Hello,
my name is Susan. I'm fourteen and I live in Germany. My hobbies are going to discos, sometimes I listen to music on the radio. In summer I go swimming in a lake. I haven't got any brothers or sisters. We take buses to school. I attend form 9 at my school. My birthday is on Friday. I hope I will get a new guitar. I'm looking forward to getting an e-mail from you.
Yours,
Susan

DENGLISCH ANDERS HERUM

Mittlerweile haben wir viele englische Begriffe in die deutsche Sprache übernommen. Auf der anderen Seite haben es aber auch ein paar deutsche Wörter geschafft, in den englischen Sprachgebrauch Einzug zu halten. Neben „Kindergarten" und „Sauerkraut" findet man dort nun auch „Doppelgänger", „Lederhosen",„Fahrvergnügen",„Schadenfreude", „Gemütlichkeit" und „Bratwurst".

Frage 75

Warum sagt man eigentlich „an apple", aber „a uniform"?

☞ Eigentlich lautet die Regel, dass der Artikel „an" dann gewählt wird, wenn das nachfolgende Wort mit einem Vokal und „a", wenn es mit einem Konsonanten beginnt. Nun beginnt „uniform" ganz zweifellos mit einem Vokal und es heißt dennoch „a uniform", da es letztendlich nicht um die Schreibung, sondern um die Aussprache geht – und „uniform" wird „juniform" ausgesprochen.

Uniform der Yeomen Warders

Frage 76

Setzen Sie in den folgenden Sätzen die richtige Präposition ein:

I go _____ school in Vienna.
We have lunch _____ one o'clock.
She works _____ Saturday.
I'll stay _____ home _____ the morning

☞ I go to school in Vienna.
We have lunch at one o'clock.
She works on Saturday.
I'll stay at home in the morning.

Frage 77

Wie übersetzt man „Ich auch nicht" ins Englische?

☐ a) Neither do I.
☐ b) I not.
☐ c) Nor do I.
☐ d) I don't.

☞ **a) Neither do I.** oder **c) Nor do I.**
Beide Formen sind möglich.

Frage 78

Was will ein Engländer von Ihnen, wenn er „Shut up" sagt?

☐ a) Sie sollen abschließen.
☐ b) Sie sollen es ruhig angehen lassen.
☐ c) Sie sollen das Fenster schließen.
☐ d) Sie sollen den Mund halten.

☞ **d) Sie sollen den Mund halten.**

Frage 79

In den folgenden Satz haben sich einige Fehler eingeschlichen. **Was ist hier nicht korrekt?**
„We leaving on the ferry tomorrow by the crack of dawn."

☞ Der Satz muss richtig lauten: "We are leaving on the ferry tomorrow at the crack of dawn. "

Frage 80

Viele Redewendungen, die wir im Deutschen kennen, gibt es auch in England. Allerdings werden sie fast niemals wörtlich übersetzt. **Was bedeutet „a face as long as a fiddle"?**

☞ **Ein Gesicht wie sieben Tage Regenwetter.**

Frage 81

Von welchem berühmten Wissenschaftler stammt das folgende Zitat: „Zwei Dinge sind unendlich: das Universum und die menschliche Dummheit. Aber beim Universum bin ich mir nicht ganz sicher"?

☞ **Albert Einstein (1879–1955).** Einstein, der durch die Entwicklung der Relativitätstheorie die Naturwissenschaften revolutionierte, galt nicht nur als brillanter Wissenschaftler, sondern war auch für seine treffenden Kommentare bekannt.

Albert Einstein

Frage 82

Für welchen Satz ist der römische Kaiser Vespasian bekannt?

☞ „Geld stinkt nicht" bzw. „Pecunia non olet." Als es dem Staat an Geld fehlte, ließ Vespasian öffentliche Toiletten einrichten und verlangte für deren Benutzung Geld. Auf die etwas anrüchige neue Geldquelle angesprochen, sagte er diesen bedeutenden Satz.

Frage 83

Wie heißt die folgende Weisheit aus dem Volksmund richtig?

☐ a) Eklig nährt am besten.
☐ b) Ewig währt am längsten.
☐ c) Ehrlich wiegt am meisten.
☐ d) Ehrlich währt am längsten.

☞ **d) Ehrlich währt am längsten.**
Bisweilen wird dieses Sprichwort auch in einer längeren Form als „Ehrlich währt am längsten, schuftig lebt in Ängsten" verwendet.

Frage 84

In *Till Eulenspiegel* wird von einer Katze erzählt, die als Hase verkauft wurde. Solche oder ähnliche Episoden finden sich in vielen europäischen Volksdichtungen wieder. Eng mit ihnen verbunden sind in Deutschland zwei Redensarten. **Wie heißen sie?**

☞ „Die Katze im Sack kaufen" und „Die Katze aus dem Sack lassen". Wer etwas kauft, ohne sich vorher von der Qualität überzeugt zu haben, kauft im Volksmund die Katze im Sack. Die zweite Redensart besagt, dass man beabsichtigt, über einen Plan, den man bisher verschwiegen hat, zu sprechen. Dahinter steckt der Gedanke, dass man, solange der Sack verschlossen ist, nicht weiß, was darin ist. Öffnet man ihn, kann jeder sehen, woran er ist. Die Katze kann dann also nicht mehr als Hase verkauft werden.

Frage 85

Ein bekannter deutscher Schriftsteller und Satiriker hat einmal gesagt: „Der Vorteil der Klugheit liegt darin, dass man sich dumm stellen kann. Das Gegenteil ist schon schwieriger." **Wie lautet sein Name?**

Kurt Tucholsky

☞ **Kurt Tucholsky (1890–1935)** zählte zu den bedeutendsten Publizisten der Weimarer Republik.

Frage 86

Wer in einer Angelegenheit viele Wege machen muss und von einer Stelle zur anderen geschickt wird, der läuft ...

☐ a) von Hinz nach Kunz.
☐ b) von Pontius zu Pilatus.
☐ c) von Adam zu Eva.
☐ d) vom Hölzchen zum Stöckchen.

☞ **b) von Pontius zu Pilatus.**
Diese Redewendung ist in ganz Europa weit verbreitet. Sie geht auf die Bibel zurück: Jesus wurde vom damaligen römischen Statthalter Pontius Pilatus zu König Herodes geschickt. Dieser schickte ihn wieder zurück zu Pontius Pilatus. Dabei wurde das eigentliche „von Herodes zu Pontius Pilatus" vom Volksmund in „von Pontius zu Pilatus" umgeformt.

Frage 87

Wie entstand die Redewendung „dahin gehen, wo der Pfeffer wächst"?

☞ Früher waren die „Reiseziele" für unerwünschte Zeitgenossen noch nicht ganz so weit weg von der Erde. Heute muss man damit rechnen, „auf den Mond geschossen" zu werden. In vergangenen Zeiten erschienen Pfefferanbaugebiete mindestens genauso weit entfernt.

Frage 88

Von großen Persönlichkeiten aus der Geschichte sind bisweilen auch große Aussprüche überliefert. Caesar beispielsweise ist in jedem Geschichts- und Lateinbuch mit diesem Ausspruch vertreten: „Veni, vidi ..." **Aber wie geht es noch einmal weiter?**

☐ a) wadi
☐ b) vode
☐ c) pipi
☐ d) vici

☞ **d) vici**
„Ich kam, sah und siegte." Der römische Feldherr benutzte diesen Ausspruch in einem Brief an seinen Freund Amintus. Dort teilte er ihm einen unerwartet schnellen Sieg mit.

Frage 89

Es gibt mehrere verschiedene Ausdrücke dafür, dass zwei Dinge gut zueinander passen. **Welches der folgenden Beispiele zählt nicht dazu?** Es passt ...

☐ a) wie der Deckel auf den Topf.
☐ b) wie der Bart zum Propheten.
☐ c) wie die Faust aufs Auge.

☞ **b) wie der Bart zum Propheten.**
Der Bart des Propheten ist Bestandteil einer anderen Redewendung. Ähnlich wie das Kopfhaar galt auch der Bart lange Zeit als Sitz der Lebenskraft. Um die Aufrichtigkeit eines Schwurs zu demonstrieren, berührte man früher gern seinen Bart, schwor also bei seinem Leben. Konnte man selbst keinen Bart vorweisen oder wollte man dem Schwur mehr Gewicht verleihen, schwor man

„beim Bart des Propheten“, der als besonders prächtig galt.

Frage 90

Wer schmückte sich ursprünglich „mit fremden Federn“?

☞ Die Redensart „sich mit fremden Federn schmücken“ geht auf die Fabel *Die Krähe und die Pfauen* des lateinischen Dichters Phaedrus (ca. 20 v. Chr. – 50 n. Chr.) zurück. In ihr schmückte sich eine Krähe mit ausgefallenen Pfauenfedern.

Frage 91

Was versteht man unter einem Aphorismus?

☞ Ein Aphorismus ist eine kurz gefasste Aussage, die kurze und prägnante Formulierung eines Gedankens. Häufig sind Aphorismen in einem fast beiläufigen Sprachstil gehalten. Der Aphoristiker Michael Richter (*1952) beschreibt das Genre mit einem Aphorismus so: „Ein Aphorismus ist die zufällige Bekanntschaft mit der eigenen Meinung.“

Frage 92

Diese Redensart bedeutet, dass man mit jemandem gemeinsame Sache macht bzw. die gleichen Ziele verfolgt. **Wie heißt sie?**

☞ **„Mit jemandem unter einer Decke stecken“.** Die Redensart hat ihren Ursprung in dem Brauch, dass Jungvermählte nach der Eheschließung ins Brautgemach geleitet und dann mit einer Decke zugedeckt wurden. Ursprünglich bedeutete sie also „mit jemandem verheiratet sein“.

Frage 93

Es handelt sich hier nicht um ein Sprichwort, sondern um ein Zitat eines bekannten Staatsmannes, das nunmehr in den allgemeinen Sprachgebrauch übergegangen ist. Kann man normalerweise die Entstehung von Redewendungen nicht genau datieren, liegt hier der Fall ein wenig anders. Bekannt wurde der gesuchte Ausdruck nämlich durch Winston Churchill, der auf einem Bankett am 09.11.1914 sagte, die Maxime des britischen Volkes sei es, dass alles seinen ganz normalen Gang gehe. Er bezog sich dabei auf die Ereignisse des Ersten Weltkriegs und wollte betonen, dass sie keinen besonderen Einfluss auf das britische Wirtschaftsleben hätte. **Wie lautet dieses englische geflügelte Wort?**

☞ **„Business as usual“**. Dieser Ausdruck wird heutzutage entweder verwendet, um zu betonen, dass es nichts Besonderes zu vermelden gibt, oder um die Auswirkungen eines bestimmten Ereignisses herunterzuspielen.

Frage 94

Was geht auf „keine Kuhhaut“?

- ☐ a) Sünden
- ☐ b) Reichtümer
- ☐ c) Testament
- ☐ d) Schulden

☞ **a) Sünden**

Diese Redensart geht auf das Mittelalter zurück. Früher herrschte die Vorstellung, dass der Teufel den Menschen nach ihrem Leiden ihre Sünden präsentierte. Damit er keine dieser Missetaten vergaß, schrieb er sie zu Lebzeiten auf ein Pergament, das aus einer Kuhhaut hergestellt wurde. Führte ein Mensch ein schlechtes Leben und beging viele Sünden, gingen sie auf keine Kuhhaut.

Frage 95

Wie heißt das vollständige Sprichwort? Die Axt im Haus ...

☐ a) spottet jeder Beschreibung.
☐ b) sorgt für Ruhe und Ordnung.
☐ c) gehört in jeden guten Haushalt.
☐ d) erspart den Zimmermann.

☞ **d) erspart den Zimmermann.**
Das Sprichwort ist ein Zitat aus Schillers (1759–1805) Drama *Wilhelm Tell*.

Frage 96

„Als ich klein war, glaubte ich, Geld sei das Wichtigste im Leben. Heute, da ich alt bin, weiß ich: Es stimmt." **Von wem stammt es?**

Oscar Wilde

☞ **Oscar Wilde (1854–1900).** Er gilt als Urheber vieler heutzutage sehr bekannter Zitate. So stammen beispielsweise auch „Ich habe einen ganz einfachen Geschmack: Ich bin immer mit dem Besten zufrieden" oder „Ich kann allem widerstehen, nur der Versuchung nicht" aus seinem Munde.

Frage 97

Woher kommt die Redensart „nicht die Bohne wert sein"?

☞ Bohnen waren im Mittelalter verhältnismäßig günstig. Wenn etwas damit verglichen nicht einmal die Bohne wert war, so musste es schon ziemlich bedeutungslos sein.

Frage 98

Viele Redewendungen und geflügelte Worte gehen auf die Bibel zurück. So berichtet das 3. Buch Mose, dass am Versöhnungstag den Hohepriestern als Opfer für die Sünden des Volkes zwei Böcke übergeben wurden. Einer von ihnen wurde dem Herrn geopfert, den anderen Bock jagten die Priester in die Wüste. Auf diesen Brauch gehen gleich zwei Redewendungen zurück. **Welche sind das?**

☞ Erstens kann man „jemanden in die Wüste schicken", also z. B. jemanden, mit dem man unzufrieden ist, entlassen. Die zweite Redewendung ist die vom „Sündenbock", auf den man seine Schuld abwälzen kann.

Frage 99

Hier ist wieder ein Sprichwort durcheinander geraten, nur eine der folgenden Versionen stimmt. Welche?

☐ a) Was du heute kannst besorgen, das verschiebe stets auf morgen.
☐ b) Was du heute kannst besorgen, das verschiebe nicht auf morgen.
☐ c) Was du heute kannst verschieben, kann auch noch bis morgen liegen.
☐ d) Was du heute kannst besorgen, geht bestimmt auch übermorgen.

☞ **b) Was du heute kannst besorgen, das verschiebe nicht auf morgen.**

Frage 100

Welche unserer Redensarten leitet sich von den römischen Zahlen ab?

☞ **„Ein X für ein U vormachen."** Im Mittelalter wurden die Zahlen noch mit römischen Zeichen geschrieben. V stand für 5, dieses Zeichen wurde aber auch gleichzeitig für den Buchstaben u geschrieben. X war die 10. Wörtlich bedeutet die Redensart folglich: aus einem V ein X machen, also z. B. beim Anschreiben von Schulden mehr Geld aufschreiben, als eigentlich ausgezahlt wurde.

Frage 101

Was bedeutet „Tabula rasa machen"?

☐ a) Klarheit und Ordnung schaffen
☐ b) bewegliche Möbel herstellen
☐ c) alles kurz und klein schlagen
☐ d) kurzen Prozess machen

☞ **a) Klarheit und Ordnung schaffen**
Die tabula rasa war im Lateinischen eine besondere Schrifttafel. Man konnte sie abschaben und dann wieder neu beschreiben.

Frage 102

Wer hatte – im eigentlichen Sinne der Redensart – bei jemand anderem „einen Stein im Brett"?

☞ Die Redensart „bei jemandem einen Stein im Brett haben" geht vermutlich auf frühe Brettspiele zurück. Dort bezeichnet sie eine Situation, bei der man einen Spielstein im Feld des Gegners stehen hat und durch einen geschickten Spielzug seine Anerkennung findet. Heutzutage bedeutet sie so viel wie „bei jemandem gut angesehen sein".

Frage 103

Von wem stammt das Zitat: „Das ist so schön bei den Deutschen: Keiner ist so verrückt, dass er nicht einen noch Verrückteren fände, der ihn versteht."

☞ **Von Heinrich Heine (1797–1856),** einem der bedeutendsten deutschen Dichter und Journalisten des 19. Jahrhunderts.

Heinrich Heine

Frage 104

Auf welches literarische Werk geht die Redewendung „der Weisheit letzter Schluss" zurück?

☞ Wie viele Redewendungen und geflügelte Worte hat auch „der Weisheit letzter Schluss" seinen Ursprung in Goethes *Faust*. Am Ende seines Lebens bekennt der Gelehrte nämlich: „Das ist der Weisheit letzter Schluss: Nur der verdient sich Freiheit wie das Leben, der täglich sie erobern muss."

Frage 105

Wer einen guten Freund hat, kann mit ihm ...

☐ a) über Stock und Stein gehen.
☐ b) durch dick und dünn gehen.
☐ c) durch ein Nadelöhr gehen.
☐ d) von Sodom nach Gomorrha gehen.

☞ **b) durch dick und dünn gehen.**
Im Mittelhochdeutschen bedeutete „dick" soviel wie „dicht". Ging man damals mit jemandem durch „dickes" Gelände, war also ein unübersichtliches Gelände gemeint, in dem Räuber und andere Gefahren lauern konnten. Wer mitging, stand dem anderen also auf seinem schweren und gefährlichen Gang bei.

Frage 106

Es gibt eine alte höfische Sitte, nach der den Teilnehmern an einem Festmahl vor dem Essen von Edelknaben Wasser über die Hände gegossen wurde. **Welche Redensart geht auf diesen Brauch zurück?**

☞ **„Jemandem nicht das Wasser reichen können."** Heutzutage besagt es, einem anderen mit seinen Fähigkeiten oder Leistungen nicht annähernd gleichzukommen. Früher bedeutete es, nicht zu den auserwählten Knaben zu gehören, die den Gästen des Festmahls das Wasser reichen durften.

Frage 107

Wer diese Frage beantworten kann, hat die Weisheit mit ...

☐ a) ... Bechern getrunken.
☐ b) ... Gabeln geschluckt.
☐ c) ... Löffeln gegessen.
☐ d) ... Messern geschnitten.

☞ **c) ... Löffeln gegessen.**

Frage 108

Welches geflügelte Wort wurde aus einem Ausspruch von Cicero – „Epistula non erubescit" („ein Brief errötet nicht") – entwickelt?

☞ **„Papier ist geduldig".** Das eine wie das andere meint, dass man alles aufschreiben oder drucken kann, unabhängig davon, was es ist.

Frage 109

Von wem stammt das folgende Zitat: „Das Glück ist das einzige, das sich verdoppelt, wenn man es teilt"?

☐ a) Friedrich Schiller
☐ b) Max Planck
☐ c) Albert Schweitzer
☐ d) Ludwig Thoma

☞ **Von Albert Schweitzer** (1875–1965), Theologe, Musikforscher, Philosoph und Arzt.

Albert Schweitzer

Frage 110

Nasreddin Hodscha war ein türkischer Volksweiser, bekannt für seine Schlitzohrigkeit. Von ihm erzählt man sich folgende Anekdote: Nasreddin wollte gern als Heiliger gelten, daher fragte man ihn, welche Wunder er vollbringen könne. Darauf antwortete er, er könne einem Baum befehlen, zu ihm zu kommen. Allerdings wollte kein Baum seiner Aufforderung Folge leisten. Als Nasreddin daraufhin wegging, wurde er gefragt, wohin er gehen wolle, und antwortete: „Die Propheten und die Heiligen sind nicht hochmütig und verblendet. Kommt der Palmbaum nicht zu mir, so gehe ich zu ihm." **Welche Redensart könnte auf diese Anekdote zurückgehen?**

☞ „Wenn der Berg nicht zum Propheten kommen will, kommt eben der Prophet zum Berge."

SPORTLER SPRECHEN

Sportler gehören zu den am meisten interviewten Menschen überhaupt. Hier folgen ein paar schöne Worte aus Sportlermund:

„Am Spielstand wird sich nicht mehr viel ändern, es sei denn, es schießt einer ein Tor." *(Franz Beckenbauer)*

„Der springende Punkt ist der Ball." *(Dettmar Cramer)*

„Mir ist egal, ob es ein Brasilianer, Pole, Kroate, Norddeutscher oder Süddeutscher ist. Die Leistung entscheidet, nicht irgendeine Blutgruppe." *(Christoph Daum)*

„Ich habe mitgeholfen, dass wir aerodynamisch besser werden. Ich habe mir die Haare schneiden lassen." *(Michael Schumacher)*

Frage 111

Wie nennt man einen einzelnen Mann innerhalb einer Gruppe von Frauen?

☐ a) Hahn im Korb
☐ b) Storch im Nest
☐ c) Made im Speck
☐ d) Hund in der Pfanne

☞ **a) Hahn im Korb**

Diese Redewendung taucht schon im *Simplicissimus* von Grimmelshausen (1621–76) auf. Dort heißt es im vierten Kapitel: „Wer den Menschen am schädlichsten zu sein befunden wird, soll nach unserem alten Gebrauch und Herkommen auch der vornehmste Hahn im Korb sein."

Frage 112

Wer musste sich früher „an die eigene Nase fassen"?

☞ Einem alten Rechtsbrauch zufolge musste sich jemand, der dazu verurteilt war, eine Schmähung oder Beleidigung zu widerrufen, an die Nase fassen. Die bekannte Redensart geht wahrscheinlich auf diesen Brauch zurück.

Frage 113

Welcher ehemalige Fußballtrainer des FC Bayern München sagte „Ich habe fertig!"?

☞ **Giovanni Trapattoni (*1939),** ehemaliger Fußballspieler und Bayern-Trainer von 1996–98.

Frage 114

Was ist besser als eine Taube auf dem Dach?

☐ a) eine Blinde in der Küche
☐ b) eine große Lahme im Badezimmer
☐ c) ein Spatz in der Hand
☐ d) eine Fliege auf der Nase

☞ **c) ein Spatz in der Hand**
Die korrekte Redensart lautet: „Lieber ein Spatz in der Hand, als eine Taube auf dem Dach."

Frage 115

„Pferde heißen so, weil sie auf der Erde laufen. Wenn sie fliegen könnten, würden sie Pflüfte heißen." Vom wem stammt dieser Satz?
☐ a) Heinz Erhardt
☐ b) Fredl Fesl
☐ c) Peter Frankenfeld
☐ d) Dieter Bohlen

☞ **b) Fredl Fesl**
Fesl (*1947) ist ein niederbayerischer Sänger und Liedermacher. Er selbst bezeichnet seine Lieder als „bayrische und melankomische Lieder".

Frage 116

Aus welcher bekannten US-Serie stammt der Spruch „Leckt mich, Leute, ich geh nach Hause!"?

☞ Er stammt aus der animierten Fernsehserie *Southpark*. Die Serie handelt vom Leben der frühreifen Jungen Stan, Kyle, Cartman (der diesen Satz sprach) und Kenny. Sie besuchen die Grundschule in dem fiktiven typisch-idyllischen amerikanischen Bergstädtchen South Park. Durch ihre Augen werden die Zuschauer mit teilweise heiklen und gesellschaftskritischen Themen konfrontiert, welche oft polarisierend behandelt werden.

Frage 117

Warum können Milchmädchen im Volksmund nicht vernünftig rechnen?

☞ Im Volksmund steht der Begriff „Milchmädchenrechnung" für Erwartungen, die auf Illusionen, unlogischen Berechnungen oder Trugschlüssen beruhen. Der Begriff geht auf die Fabel *Das Milchmädchen und der Milchtopf* des französischen Dichters Jean de la Fontaine (1621–95) zurück. In ihr macht ein Mädchen bereits vor dem Verkauf der Milch Pläne, wie sie das Geld ausgeben möchte. Dabei hüpft sie vor Freude und verschüttet die Milch, so dass sie am Ende nichts mehr zu verkaufen hat.

Frage 118

Woher kommt der Begriff „aus dem Stegreif"?

☞ Der Begriff hat seinen Ursprung im Althochdeutschen. Dort bedeutet das Wort „stegareif" Steigbügel. Die Redewendung „aus dem Stegreif" heißt also eigentlich, „ohne vom Pferd abzusteigen".

Frage 119

Wovor schützt das Alter nicht?
☐ a) Sturheit ☐ c) Heiterkeit
☐ b) Dummheit ☐ d) Krankheit

☞ **b) Dummheit**
„Alter schützt vor Dummheit nicht" heißt diese Redensart. Bereits Shakespeare (1564–1616) kannte diese Weisheit, lässt er doch in seiner Tragödie Antonius und Kleopatra die schöne Ägypterin sagen: „Wenn mich das Alter auch nicht schützt vor Torheit, doch wohl vor Kindischsein."

Frage 120

Wer Leuten, die es nicht zu schätzen wissen, etwas Wertvolles schenkt, der wirft Perlen vor die ...
☐ a) Pferde ☐ c) Säue
☐ b) Hunde ☐ d) Gänse

☞ **c) Säue**
Auch diese Redensart geht auf die Bibel zurück. Dort heißt es: „Ihr sollt das Heiligtum nicht den Hunden geben, und eure Perlen sollt ihr nicht vor die Säue werfen, auf dass sie dieselbigen nicht zertreten mit ihren Füßen und sich wenden und euch zerreißen."

Frage 1

Welcher Literaturnobelpreisträger verfasste die *Danziger Trilogie*?

☞ **Günter Grass (*1927)** erhielt den Literaturnobelpreis im Jahr 1999, „weil er in munterschwarzen Fabeln das vergessene Gesicht der Geschichte gezeichnet hat". Sein Romanzyklus *Danziger Trilogie* umfasst die Werke *Katz und Maus, Hundejahre* und *Die Blechtrommel.*

Frage 2

Mit welcher Novelle verbindet man den Ruhm Theodor Storms?

☐ a) *Das kalte Herz*
☐ b) *Der Schimmelreiter*
☐ c) *Bahnwärter Thiel*
☐ d) *Andorra*

☞ **b) *Der Schimmelreiter***

Theodor Storm

Der Schimmelreiter beschreibt den tragischen Kampf eines Menschen gegen die Naturgewalt des Meeres. Storms (1817–88) Werk gehört dem poetischen Realismus an.

Frage 3

In welchem Märchen spricht der Held die Zauberworte „Sesam öffne dich"?

☞ **In *Ali Baba und die 40 Räuber*** aus 1001 Nacht. Es ist die Zauberformel, die eine Felsentür öffnet, hinter der sich der Schatz der 40 Räuber befindet. Ali Baba bedient sich daran und kann die Räuber nach einigen Abenteuern besiegen.

Frage 4

Welcher Schriftsteller erhielt 1901 den ersten Nobelpreis für Literatur?

☞ **Der französische Schriftsteller René Sully Prudhomme (1839–1907).** Sein bekanntestes Gedicht *Le Vase brisé* handelt von unglücklicher Liebe. Den Nobelpreis bekam er „als Anerkennung seiner ausgezeichneten, auch noch in späteren Jahren an den Tag gelegten Verdienste als Schriftsteller und besonders seiner Dichtungen, die hohen Idealismus, künstlerische Vollendung und eine seltene Vereinigung von Herz und Geist bezeugen" verliehen.

Frage 5

Wer lässt Wladimir und Estragon vergeblich auf Godot warten?

☐ a) Franz Kafka
☐ b) Samuel Beckett
☐ c) Albert Camus
☐ d) Gustave Flaubert

☞ **b) Samuel Beckett** (1906–89)
Beckett schrieb 1948 das absurde Theaterstück *Warten auf Godot* und veröffentlichte es vier Jahre später. Ein weiteres Jahr später wurde es in Paris uraufgeführt. *Warten auf Godot* stellt eines der rätselhaftesten Werke der Weltliteratur dar, eine Interpretation fällt ungemein schwer. Aber gerade seine Absurdität und das Fehlen nahezu jeglicher Handlung machen es auch zu einem faszinierenden Theaterstück.

Frage 6

Welche literarische Gruppe übte bis in die 1960er-Jahre großen Einfluss in Deutschland aus?

☞ **Die Gruppe 47**, die einflussreichste literarische Gruppe in Westdeutschland nach 1945. Das Ziel war neben der Wiederbelebung einer jungen deutschen Literatur, der Manifestation politisch-zeitkritischer Einstellung und einer Geistesverwandtschaft der Autoren auch die Verleihung eines Literaturpreises. Den Literaturpreis der Gruppe 47 erhielten u. a. Günter Eich (1907–72), Heinrich Böll (1917–85), Ilse Aichinger (*1921) und Günter Grass (*1927).

Frage 7

In welchem Werk findet sich die folgende berühmte Textstelle: „Da steh' ich nun, ich

armer Thor, und bin so klug als wie zuvor!"?
☐ a) *Der zerbrochene Krug*
☐ b) *Faust*
☐ c) *Die göttliche Komödie*
☐ d) *Maria Stuart*

☞ **b) Goethes *Faust***
Das berühmte Zitat stammt aus *Faust. Der Tragödie erster Teil.* Faust selbst spricht diese Klage zu Beginn des ersten Aktes aus.

Johann Wolfgang von Goethe

Frage 8

Der italienische Dichter Dante Alighieri schrieb *Die göttliche ...*
☐ a) *Eingebung*
☐ b) *Weissagung*
☐ c) *Tragödie*
☐ d) *Komödie*

☞ **d) *Komödie***
Das Buch ist ungefähr zwischen 1307 und 1320 entstanden. In ihm schildert Dante (1265–1321) seine Reise durch die Hölle. Sie ist – ebenso wie der Himmel – in neun Schichten, die Kreise der Hölle, unterteilt. Je tiefer man kommt, desto sündiger sind nach Dantes Schilderung die gestorbenen Seelen. Die göttliche Komödie gilt bis heute als eines der wichtigsten Werke der italienischen Literatur.

Frage 9

Die bekannte Romanfigur beginnt ihre Lebensgeschichte mit folgenden Worten: „Ob ich mich als Held meines eigenen Lebens erweisen werde oder ob dieser Rang irgendeinem anderen gebühren wird, müssen diese Seiten zeigen. Um meine Lebensgeschichte mit meinem Eintritt ins Leben zu beginnen, will ich berichten, dass ich nach glaubwürdigen Zeugenaussagen an einem Freitag um zwölf Uhr nachts geboren worden bin." Das Leben, das unser kleiner Held von nun an fristen muss, ist allerdings nur wenig freudvoll. Umgeben von grausamen und missgünstigen Menschen schlägt er sich durch das England des 19. Jahrhunderts. Im Laufe der Zeit begegnen ihm dabei einige Gestalten, die ihrerseits in die Literaturgeschichte eingegangen sind: Dazu zählen z. B. sein Kindermädchen Peggorty, die grausamen Mr. und Mrs. Murstone, seine exzentrische Tante Betsy Trotwood und der betrügerische Angestellte Uriah Heep. All diese Figuren sind eng mit der Hauptfigur, die dem Roman auch seinen Namen gibt, verknüpft. **Wie heißt der Knirps, den der Leser durch sein Leben begleitet?**

☞ **David Copperfield.** Der Roman des englischen Schriftstellers Charles Dickens (1812–70) wurde im Jahr 1849 veröffentlicht. Dickens selbst bezeichnet diesen Roman als seine Lieblingsgeschichte. Viele Details im Leben des David Copperfield gleichen seinem eigenen Leben.

Charles Dickens

Frage 10

Wie nennt man ein literarisches Werk, in dem ein Schriftsteller sein eigenes Leben nachzeichnet?

☞ **Autobiografie.** Berühmt ist Goethes (1749–1832) Autobiografie *Aus meinem Leben. Dichtung und Wahrheit.* Was dabei allerdings historische Wahrheit oder geschickte Selbstinszenierung ist, kann nicht eindeutig unterschieden werden.

Frage 11

***Die Angst des Tormanns beim Elfmeter* stammt aus der Feder von**

☐ a) Bodo Illgner
☐ b) Peter Handke
☐ c) Heinrich Böll
☐ d) Benjamin von Stuckrad-Barre

☞ **b) Peter Handke** (*1942)
Seine Hauptfigur der 1970 veröffentlichten Erzählung ist der Monteur Josef Bloch, der eines Tages die Baustelle, auf der er arbeitet, verlässt, weil er glaubt, er sei entlassen worden. Von da an lässt er sich durch die Stadt Wien treiben und begeht schließlich einen Mord. Bloch verlässt Wien und versucht, bei einer früheren Bekannten zur Ruhe zu kommen, was ihm aber nicht gelingt. Die Erzählung endet, bevor Bloch verhaftet wird.

Frage 12

Welches Märchen machte den Piloten Antoine de Saint-Exupéry (1900–44) berühmt?

☐ a) *Der gestiefelte Kater*
☐ b) *Das Märchen vom Mann im Monde*
☐ c) *Die kleine Meerjungfrau*
☐ d) *Der kleine Prinz*

☞ **d) *Der kleine Prinz***
Auf der Erde trifft der von einem anderen Planeten kommende Prinz den Fuchs, der ihm das Geheimnis von Freundschaft und Liebe preisgibt.

Frage 13

Welcher jüdisch-spanische Schriftsteller schrieb 1935 in deutscher Sprache den Roman *Die Blendung*?

☞ **Elias Canetti (1905–94)**, dessen Roman die Odyssee eines kalten Intellektuellen schildert. Die Romanfiguren leben ungehindert ihre animalischen Triebe aus.

Frage 14

Die Komödie *Der zerbrochene Krug* zählt zum Standardrepertoire vieler Bühnen und wird immer wieder einmal aufgeführt. Wer schrieb das Stück?

☐ a) Schiller
☐ b) Goethe
☐ c) Kleist
☐ d) Hölderlin

☞ **c) Kleist** (1777–1811)
Im *Zerbrochenen Krug*, zu dem der Schriftsteller durch einen Kupferstich mit dem gleichen Titel angeregt wurde, verstrickt sich Dorfrichter Adam immer tiefer in ein Lügengewebe, um den Verdacht von sich zu lenken, bis er schließlich selbst als Täter entlarvt wird. Heinrich von Kleist ist so etwas wie eine tragische Figur der deutschen Literatur. Erst postum ernteten seine Werke die Aufmerksamkeit, die sie verdienten. Kleist studierte Philosophie, Physik, Mathematik und Staatswissenschaft. Von 1802 bis 1803 lebte er in Weimar, wo er auch Goethe (1749–1832) und Schiller (1759–1805) kennenlernte. 1804 trat er in den preußischen Staatsdienst ein, wurde jedoch 1807 in Berlin als vermeintlicher Spion festgenommen. 1810 gab er die *Berliner Abendblätter* heraus, die schon kurz darauf wegen Zensurschwierigkeiten eingestellt werden mussten. Ohne literarischen Erfolg, an menschlichen Bindungen zweifelnd und über die politische Lage verzweifelt, nahm er sich 1811 das Leben.

Heinrich von Kleist

Frage 15

Was versteht man unter einem Adoleszenzroman?

☞ Der Begriff „Adoleszenzroman" wurde in den 1980er-Jahren in Anlehnung an das Muster der angloamerikanischen „adolescent novel" gebildet. Im Mittelpunkt stehen ein oder mehrere jugendliche Helden. Zentrale Problembereiche des Adoleszenzromans sind die Ablösung vom Elternhaus, die Ausbildung eigener Wertvorstellungen, die ersten sexuellen Erfahrungen und die Auseinandersetzung mit sozialen Rollenangeboten. Als einer der ersten Adoleszenzromane gilt *Die Leiden des jungen Werther* von Goethe (1749–1832). Zu den bekannten Schulromanen zählen *Die Verwirrungen des Zöglings Törleß* von Robert Musil (1880–1942) und *Unterm Rad* von Hermann Hesse (1877–1962).

Frage 16

Welches der folgenden Märchen stammt von Hans Christian Andersen?

☐ a) *Der Goldene Topf*
☐ b) *Die Prinzessin auf der Erbse*
☐ c) *Franz Sternbalds Wanderungen*
☐ d) *Hänsel und Gretel*

☞ **b) *Die Prinzessin auf der Erbse***
Das Märchen stammt aus seiner Märchensammlung, die zwischen 1835 und 1848 erschien. Zum Werk Andersens (1805–75) zählen auch Gedichte, Erzählungen und Theaterstücke.

Frage 17

In seinem berühmtesten Werk beschreibt der irische Schriftsteller James Joyce einen Tag im Leben des Leopold Bloom. Welchen Titel hat der Roman?

☞ ***Ulysses.*** Joyce (1882–1941) beschreibt in 18 Episoden den 16. Juni 1904 in Dublin. Diese Episoden entsprechen jeweils Ereignissen, die auch in der Odyssee (daher auch der Titel des Romans) vorkommen. Leopold Bloom und Stephan Daedalus, den Joyce schon in seinem Roman *Jugendbildnis* porträtiert hatte, werden durch ihren Tag begleitet. Im abschließenden Teil des Romans begeben sich die beiden Protagonisten schließlich in ein Bordell. *Ulysses* gilt als einer der bedeutendsten modernen Romane. Ein zentrales erzählerisches Mittel ist der innere Monolog, den Joyce hier perfektioniert.

Frage 18

Er wurde am 11. Oktober 1821 in Moskau geboren und zählt zu den wichtigsten russischen Dichtern. Bereits mit 25 Jahren veröffentlichte er sein Erstlingswerk, das ihm einen großen Erfolg bescherte. Doch das Leben hielt für den Schriftsteller einige Turbulenzen bereit: So wurde er nur drei Jahre später wegen Teilnahme an Zusammenkünften eines sozialistischen Kreises in St. Petersburg verhaftet und kurz darauf zum Tode verurteilt. Erst auf der Hinrichtungsstätte wurde das Todesurteil in eine vierjährige Zwangsarbeit in Sibirien umgewandelt. In der Folgezeit verdiente er sich dort als Soldat und kam als überzeugter Christ nach Russland zurück. Er verbrachte zusammen mit seinem Bruder einige Jahre in großer Armut, bis sich seine wirtschaftliche Situation langsam besserte. Auch an seine Karriere als Autor konnte er nun wieder anknüpfen. Aus seiner Feder stammen Werke wie *Der Spieler, Schuld und Sühne, Der Idiot* oder *Die Brüder Karamasow*. **Wie heißt der Autor?**

Fjodor Dostojewski

☞ **Fjodor M. Dostojewski (1821–81)** zählt zu den bekanntesten russischen Schriftstellern. Viele andere Autoren geben an, seine Arbeiten hätten einen wichtigen Einfluss auf ihre eigenen Werke ausgeübt. Zu ihnen zählen u. a. Hermann Hesse (1877–1962), Marcel Proust (1871–1922), Albert Camus (1913–60) und Franz Kafka (1883–1924).

Frage 19

Wer schrieb den Roman *Deutschstunde* (1968)?

☞ **Siegfried Lenz (*1926).** Sein viel gelesener Roman beginnt mit der Inhaftierung Siggis, der im Nachkriegsdeutschland in der Schule bei einem Aufsatz über die Freuden der Pflicht leere Blätter abgegeben hat. Erst im Verlauf des Romans erfährt der Leser den eigentlichen Grund der Verhaftung, der mit Verhaltensmustern zusammenhängt, die Siggi sich zur Zeit des Nationalsozialismus unter dem Einfluss seines Vaters angeeignet hatte und auch in der Nachkriegszeit nicht ablegen konnte.

Frage 20

Was ist Epik?

☞ Es ist die erzählende Literaturgattung, die je nach Kunstauffassung der Epoche als Vers- oder Prosaform in Erscheinung tritt. Epische Großformen sind das Epos und der Roman, zu den epischen Kleinformen zählen u. a. Novelle, Kurzgeschichte, Erzählung, Märchen und Anekdote.

Frage 21

Welche Ballade beginnt mit den folgenden Zeilen:

„Wer wagt es, Rittersmann oder Knapp,
Zu tauchen in diesen Schlund?
Einen goldnen Becher werf ich hinab,
Verschlungen schon hat ihn der schwarze Mund.
Wer mir den Becher kann wieder zeigen,
Er mag ihn behalten, er ist sein Eigen."

☞ ***Der Taucher*** von Friedrich von Schiller (1759–1805). Schiller verfasste diese Ballade 1797 in seinem sogenannten „Balladenjahr".

Friedrich von Schiller

Frage 22

Wie nennen sich japanische Kurzgedichte, die sich in erster Linie mit der Natur beschäftigen?

☐ a) Harakiri
☐ b) Lakai
☐ c) Samurai
☐ d) Haiku

☞ **d) Haiku**

In Japan wird der formelle Aufbau eines Haiku recht streng gehandhabt: Er besteht meist aus drei Wortgruppen zu fünf, sieben und fünf japanischen Lautsilben. Bei der Übersetzung kann man diese strengen Regeln natürlich nicht immer aufrecht erhalten. Wichtiger als Silbenzählen ist auf jeden Fall der Inhalt eines Haiku. Traditionell sind Haiku Naturgedichte: der Sprung eines Frosches, die bunte Sommerwiese, das fallende Blatt, der erste Schnee. Heutzutage können aber auch Autos im Stau oder Flugzeuge am Himmel Thema eines Kurzgedichts werden.

Frage 23

Der Literatur-Brockhaus schrieb über ihn 1995: „Auf der Basis seiner eigenen Erfahrungen schrieb er in knappem Stil harte, witzige Storys, Romane und Gedichte über das Leben in den Randzonen der bürgerlich-amerikanischen Gesellschaft. Schockwirkung durch die Darstellung brutaler Gewalt, obszöner Sexualität und des Schmutzes der Gosse." Der so Beschriebene wurde 1920 als Sohn eines US-Soldaten polnischer Herkunft und einer Deutschen in Andernach geboren. Seine Familie hatte nie viel Geld, seine Kindheit war hart und entbehrungsreich. Nach dem Studium lebte er viele Jahre wenig sesshaft, machte viele Gelegenheitsjobs und verbrachte einige Zeit im Gefängnis und in der Psychiatrie. Auch wenn sein Leben in der Folgezeit in etwas ruhigeren Bahnen verlief, blieb er zeitlebens ein Außenseiter. **Wie heißt dieses Raubein der amerikanischen Literatur, an dem sich die Geister auch heute noch scheiden?**

☞ **Charles Bukowski (1920–94).** Zu seinem Werk zählen neben Gedichten und Kurzgeschichten mehrere Romane wie *Der Mann mit der Ledertasche, Das Liebesleben der Hyäne, Hollywood* oder *Ausgeträumt*.

Frage 24

Er erhielt im Jahr 1954 den Literaturnobelpreis. Der im Jahr 1899 in Illinois geborene Mann gilt als einer der erfolgreichsten und bekanntesten Schriftsteller Amerikas im 20. Jahrhundert. Er war aber nicht nur Schriftsteller, sondern auch Reporter und Kriegsberichterstatter, Erzähler, zugleich ein Abenteurer, Jäger, Hochseefischer und Großwildjäger. All dies schlug sich in den vielen Erzählungen und Romanen nieder. Der Durchbruch als Autor gelang ihm 1927 mit dem Roman *Fiesta*. Infolge von Depressionen und Vereinsamung erschoss er sich

Ernest Hemingway

1961 in seinem Haus in Idaho. **Wie heißt der Abenteurer und Autor?**

☞ **Ernest Hemingway (1899–1961).** An seinem Stil orientierte sich eine ganze Autorengeneration der deutschen Nachkriegsliteratur.

Frage 25

Krimis sind schon seit langer Zeit beim Publikum äußerst beliebt. Einer der Kommissare, der allen Lesern ein Begriff ist, dürfte Sherlock Holmes sein. **Wer erfand diese Figur?**

☐ a) Patricia Highsmith
☐ b) Henning Mankell
☐ c) Arthur Conan Doyle
☐ d) Mary Shelley

☞ **c) Arthur Conan Doyle** (1859–1930)
1886 tauchte der Detektiv Sherlock Holmes zum ersten Mal in der Öffentlichkeit auf, nämlich in der Erzählung *Eine Studie in Scharlachrot* (Original: *A Study in Scarlet*). Darin ging es um einen Rachemord, den Holmes bereits in seinen frühen Tagen mit kriminalwissenschaftlichen Mitteln aufklärte. In einem gut ausgerüsteten Chemielabor untersuchte er z. B. Blutspuren. Diese moderne Arbeitsweise sollte im Weiteren zu seinem Markenzeichen werden. Zufällig fiel diese Geschichte zwei Jahre nach ihrem Erscheinen einem amerikanischen Verleger in die Hände, der gern mehr von Doyle veröffentlichen wollte. Und so wurde aus Sherlock Holmes ein Serienheld, der in vier langen Romanen und 56 kürzeren Geschichten den englischen Verbrechern den Garaus machte.

Frage 26

Wie heißt der Titel der Erzählung von Robert Louis Stevenson, in der sich der Held durch ein Elixier in einen grausamen Bösewicht verwandelt?

☞ ***Doktor Jekyll und Mr. Hyde* (1886)**. Der schottische Schriftsteller Stevenson (1850–94) beschreibt einen tiefenpsychologisch begründeten Fall von Persönlichkeitsspaltung in künstlerischer Form. Dr. Jekyll, ein angesehener Forscher, verwandelt sich zeitweise aufgrund medizinischer Selbstversuche in eine bösartige menschliche Kreatur, die nachts ihr Unwesen treibt.

Frage 27

Georg Büchner setzt sich in einem seiner Werke mit der Französischen Revolution auseinander. **Welchen Titel trägt es?**

☞ ***Dantons Tod.*** Das Drama erschien 1835 mit dem Untertitel *Dramatische Bilder aus Frankreichs Schreckensherrschaft*. Es ist übrigens das einzige zu Büchners Lebzeiten (1813–37) gedruckte literarische Werk aus seiner Feder.

Georg Büchner

Frage 28

Wo lag der Hauptschauplatz der Romane von Ludwig Ganghofer (1855–1920)?

☐ a) an der Ostsee
☐ b) in der bayerischen Gebirgslandschaft
☐ c) an der Mecklenburgischen Seenplatte
☐ d) in der oberrheinischen Tiefebene

☞ **b) in der bayerischen Gebirgslandschaft**
Hier spielen die meisten seiner trivialen, aber in seiner Zeit sehr populären Romane, deren Hauptakteure in Liebesgeschichten verstrickt sind.

Frage 29

Welcher russische Schriftsteller wurde durch seine Werke, die sich mit den russischen Straflagern in Sibirien befassten, weltberühmt?

☞ **Alexander Solschenizyn (1918-2008)** veröffentlichte 1962 die Erzählung *Ein Tag im Leben des Iwan Denissowitsch*, in der er das Leben in den Lagern schilderte. Sein Dokumentarbericht *Archipel GULAG* beschäftigt sich mit den Straflagern und dem russischen Rechtssystem ausführlich. Solschenizyn wurde in Folge der Veröffentlichung am 14. Februar 1974 aus der Sowjetunion ausgewiesen.

Frage 30

Wie ärgert und verspottet Till Eulenspiegel seine Zeitgenossen?

☞ Durch seine Streiche, die der Protagonist des 1515 geschriebenen *Dyl Ulenspiegel* auch noch mit Spott und Schadenfreude begleitet. Die Schelmendichtung erschien anonym in Straßburg, ihr Autor war Hermann Bote (um 1465–um 1520). Der Stoff wurde vielfach bearbeitet und übersetzt.

Frage 31

Wann bildete sich die literarische Form der Novelle aus?

☞ Die Novelle („kleine Neuigkeit") ist eine Prosaform mittlerer Länge, die sich in der Renaissance in Italien herausbildete und modernem, neuzeitlichem Ideengut und realistischer Gestaltungsweise den Boden bereitete. Als Prototyp gelten Giovanni Boccaccios (1313–75) Novellen aus seinem *Decamerone*. Mit der Aufklärung verbreitete sich die Novelle in ganz Europa.

Frage 32

Welches Bilderbuch schuf der Frankfurter Arzt Heinrich Hoffmann?

☞ **Den *Struwwelpeter*,** eine Folge von zehn Bildergeschichten, die Hoffmann (1809–94) für seinen Sohn verfasste und illustrierte. Mit den Geschichten sollten die Grundregeln der bürgerlichen Moral des Biedermeier vermittelt werden.

Frage 33

Im zarten Alter von knapp 20 Jahren verfasste die Engländerin Mary Shelley einen Gruselroman, der Weltruhm erringen sollte. **Um welches Werk handelt es sich?**

☐ a) *Dracula*
☐ b) *Frankenstein*
☐ c) *Harry Potter*
☐ d) *Dämonentanz*

☞ **b) *Frankenstein***
Das Werk entstand im Sommer 1816 während eines Urlaubs, den das Ehepaar Shelley zusammen mit Lord Byron (1788–1824) am Genfer See verbrachte. Sie vertrieben sich – so heißt es – ihre Zeit mit dem Schreiben von Gruselgeschichten. Aus diesen Fragmenten entstand dann *Frankenstein*.

Frage 34

„Ein Ring, sie zu knechten, sie alle zu finden,
Ins Dunkel zu treiben und ewig zu binden
Im Lande Mordor, wo die Schatten droh'n."
Ausgerechnet dieser Ring gerät in die Hände des friedvollen Hobbits Frodo Beutlin – und für ihn und seine Freunde beginnt das größte Abenteuer, das bis dahin ein Hobbit aus Mittelerde je erlebt hat. Denn es ist Frodos Aufgabe, den verhängnisvollen Ring ins Land Mordor zu bringen und dort zu vernichten. Aber in Mordor herrscht Sauron, der schreckliche und grausame Herrscher der Dunkelheit, der den Ring auch begehrt und mit seiner Hilfe die Macht über ganz Mittelerde an sich reißen will. Dies ist – ganz knapp zusammengefasst – der Inhalt der berühmten Fantasy-Trilogie *Der Herr der Ringe*. **Wie heißt der Autor dieses Jahrhundertwerks?**

☞ **J. R. R. Tolkien (1892–1973)** war zunächst Sprachwissenschaftler, dann folgte seine Tätigkeit als Autor. Dabei spezialisierte er, der seit Kindertagen in seiner Freizeit zum bloßen Zeitvertreib Alphabete kreierte und neue Sprachen erfand, sich bald aufs Altenglische und beschäftigte sich vor allem mit mittelalterlichen Dialekten der westlichen Midlands. Aus diesen Arbeiten heraus entstanden dann seine literarischen Werke.

Frage 35

Wer schrieb *Effi Briest*?

☞ **Theodor Fontane (1819–98).**

Frage 36

Welcher französische Dichter schrieb *Der Graf von Monte Cristo*?

☐ a) Gustave Flaubert
☐ b) Jean de la Fontaine
☐ c) Molière
☐ d) Alexandre Dumas

☞ **d) Alexandre Dumas** (1802–70)

Frage 37

Als Autor von Romanen wie *Solaris* oder *Der Unbesiegbare* gilt er als einer der Klassiker der Science-Fiction. **Wie lautet der Name des Russen?**

☞ **Stanislaw Lem (1921–2006).** Lem veröffentlichte auch eine ganze Reihe philosophischer Schriften. Das Genre, das ihn aber wirklich bekannt machte, war die Zukunftsliteratur.

Frage 38

Wie hieß der erste Bestseller der neueren deutschen Literatur?

☞ **Der Briefroman *Die Leiden des jungen Werther*** von Johann Wolfgang von Goethe (1749–1832). Der Dichter verarbeitete darin angeblich eigene Erlebnisse. Das Buch erschien im Herbst 1774 zur Leipziger Buchmesse. Kein weiteres Buch Goethes wurde von so vielen seiner Zeitgenossen gelesen.

Frage 39

In welchem Jahr bekam Heinrich Böll den Nobelpreis für Literatur?

☞ Heinrich Böll (1917–85) erhielt die Auszeichnung im Jahr 1972 „für eine Dichtung, die durch ihre Verbindung von zeitgeschichtlichem Weitblick und liebevoller Gestaltungskraft erneuernd in der deutschen Literatur gewirkt hat", so heißt es in der Laudatio.

Frage 40

Welche Autoren waren Vertreter der sogenannten Trümmerliteratur?

☞ Trümmerliteratur (1945–50) produzierte vor allem die junge Autorengeneration in den Westzonen, die sich nach dem Kriegsende zu Wort meldete und ihre Erfahrungen mit Nationalsozialismus, Krieg und dem Leben in den Trümmern der zerstörten Städte verarbeitete. Vertreter der Trümmerliteratur waren Wolfgang Borchert (1921–47), Ernst Schnabel (1913–86), Alfred Andersch (1914–80) und Günter Eich (1907–72).

Frage 41

Welcher Schriftsteller beschrieb 1968 einen Lügner, der durch die Verbreitung falscher Nachrichten den jüdischen Bewohnern des Warschauer Gettos Hoffnung gibt?

☞ **Jurek Becker (1937–97).** In seinem erstmals 1969 in der DDR publizierten Roman *Jakob der Lügner* lässt er den Protagonisten Nachrichten über eine angeblich unmittelbar bevorstehende Befreiung des Ghettos verbreiten, um den Menschen in seiner Umgebung Mut zu machen. Der Roman wurde ein internationaler Erfolg.

Frage 42

Bei welchen Vorhaben hilft Rumpelstilzchen der armen Müllertochter?

☐ a) beim Diamantenfinden
☐ b) beim Silberputzen
☐ c) beim Weihrauchernten
☐ d) beim Goldspinnen

☞ **d) beim Goldspinnen**
Der Müller hatte dem König großspurig erzählt, seine Tochter könne sogar Stroh zu Gold spinnen. Das hörte der Herrscher gern und er befahl der Müllertochter, ihm einen

Haufen Stroh in Gold zu verwandeln. Gelänge ihr das nicht, müsse sie sterben. Aus dieser Not hilft ihr der Gnom Rumpelstilzchen.

Frage 43

In dieser Komödie ist die schöne Athenerin Hermia zusammen mit ihrem Geliebten Lysander auf der Flucht vor ihrem Vater, der sie mit einem anderen jungen Mann – Demetrius – verheiraten will. Ihre Flucht führt sie in den sommerlichen Wald. Demetrius hat sich an die Fersen des Liebespaares geheftet und wird seinerseits von der unglücklich in ihn verliebten Helena verfolgt. Im Wald ist die Hölle los. Hier ist nämlich der Elfenkönig Oberon höchst eifersüchtig, da seine Gemahlin einen Jüngling in ihre Obhut genommen hat. Oberon setzt alles daran, seine Gemahlin zurückzuerobern. Das Zusammentreffen aller Beteiligten und diverse Zauber und Beschwörungen sorgen für allerlei Verwirrung in den Herzensangelegenheiten. Bei dieser Komödie handelt es sich um eines der meistgespielten Shakespeare-Stücke überhaupt. **Wie heißt sie?**

☞ ***Ein Sommernachtstraum.*** Das Stück wurde zwischen 1595 und 1596 von William Shakespeare (1564–1616) geschrieben und im Jahr 1600 uraufgeführt.

William Shakespeare

Frage 44

Welcher Romanheld muss sich zum Gleis Neundreiviertel begeben, wenn er zur Schule kommen will?

☞ **Harry Potter.** Als Zauberschüler besucht Harry die ehrwürdige Zauberschule Hogwarts. Hierhin können nur ausgewählte, magisch begabte Kinder gelangen. Um den Zug zur Schule zu erreichen, müssen sie am Londoner Bahnhof Kings Cross die Wand zwischen Gleis 9 und 10 ansteuern. Aber die Zauberschüler stoßen nicht mit der Wand zusammen, sondern können durch sie hindurchgehen und gelangen so auf das Gleis Neundreiviertel.

Frage 45

Welcher Bestseller machte die amerikanische Schriftstellerin Donna Woolfolk Cross (*1947) weltberühmt?

☞ ***Die Päpstin.*** Der 1996 erschienene historische Roman handelt von der legendären Päpstin Johanna.

Frage 46

Wie heißt das Hauptwerk des französischen Schriftstellers Honoré de Balzac?

☞ ***Die menschliche Komödie.*** Balzac (1799–1850) hatte sich die nahezu unlösbare Aufgabe gestellt, einen Zyklus zu schaffen, der sage und schreibe 137 Romane und Erzählungen umfassen sollte. Es gelang dem Franzosen, 91 dieser Werke fertigzustellen. In der Vorrede zu *Die Menschliche Komödie* schreibt Balzac: „Die Unermesslichkeit eines Planes, der zugleich die Geschichte und die Kritik der Gesellschaft, die Analyse ihrer Übel und die Erörterung ihrer Prinzipien umfasst, berechtigt mich, so scheint es mir, meinem Werk den Titel zu geben, unter dem es heute erscheint: *Die menschliche Komödie.*"

Frage 47

Joanne K. Rowling war nicht die erste Kinder- und Jugendbuchautorin, die sich mit Zauberschülern befasste. Auch Otfried Preußler hat sich dieses Themas angenommen. **Wie heißt sein düsterer Zauberschülerroman?**

☐ a) *Rungholt*
☐ b) *Hexentanz*
☐ c) *Krabat*
☐ d) *Sabbat*

Otfried Preußler

☞ **c) *Krabat***

Krabat ist ein 14-jähriger Waisenjunge, der als Lehrling in einer Mühle aufgenommen wird. Schnell stellt sich heraus, dass es sich hier aber nicht um eine gewöhnliche Mühle handelt, sondern um eine Zauberschule, in der der Meister ein grausames Regiment führt.

Frage 48

Wohin begab sich Heinrich Heine ins Exil?

☞ **Nach Paris**, wo er von 1831 bis zu seinem Tod lebte. Als politischer Journalist und zeitkritischer Schriftsteller hatte er sich den Zorn der konservativen Kräfte zugezogen. Berühmt sind Heines (1797–1856) Balladen, wie die *Loreley* (1823).

Frage 49

Wie heißt das älteste deutsche Buch?

☞ ***Abrogans.*** Es ist ein Glossar (Wörterverzeichnis, zumeist mit Erklärungen), wurde um 750 in Freising verfasst und umfasst etwa 3670 volkssprachliche Wörter.

Frage 50

Aus welchem Land stammt der Dichter Pablo Neruda?

☐ a) Chile ☐ c) Kuba
☐ b) Argentinien ☐ d) Mexiko

☞ **a) Chile**
Pablo Neruda (1904–73) war ein chilenischer Dichter, der immer wieder den Faschismus in seinem Land und in Spanien bekämpfte. 1971 erhielt Neruda den Literaturnobelpreis „für eine Poesie, die mit der Wirkung einer Naturkraft Schicksal und Träume eines Kontinents lebendig macht".

Frage 51

Wer schrieb den Adoleszenzroman *Der Fänger im Roggen*?

☞ **J. D. Salinger (*1919).** Der Roman über den 16-jährigen Holden Caufield und die Probleme des Erwachsenwerdens entwickelte sich schnell zur Lieblingslektüre der akademischen Jugend.

Frage 52

Wer schrieb das Kultbuch *Der Steppenwolf* (1927)?

☞ **Hermann Hesse (1877–1962)**, der mit seinem Romanhelden Harry Haller der amerikanischen und deutschen Jugend bis in die 1960er-Jahre hinein Identifikationsmuster lieferte. Die Werke des Literaturnobelpreisträgers von 1946 nehmen auch Bezug auf Romantik und indische Philosophie, z. B. in *Narziss und Goldmund* (1930) und *Das Glasperlenspiel* (1943).

Hermann Hesse

Frage 53

Er kam mit 35 Jahren bei einem tragischen Verkehrsunfall in London ums Leben und gilt als Vater der deutschen Pop-Literatur. Häufig arbeitete er mit Collagen und versuchte, Techniken aus Fotografie und Film auf die Literatur zu übertragen. Neben verschiedenen Gedichten und Erzählungen schrieb er den Roman *Keiner weiß mehr*. **Wie heißt der Autor?**

☞ **Rolf Dieter Brinkmann (1940–75).**

Frage 54

Was ist ein Sonett?

☞ Eine Gedichtform, die aus zwei vierzeiligen Strophen (Quartette) und zwei dreizeiligen Strophen (Terzette) besteht. In der klassischen Form haben die Verse elf Silben. Die ersten Meister des im 13. Jahrhundert entstandenen Sonetts sind Dante (1265–1321) und Petrarca (1304–74).

Frage 55

Von wem stammt *Das Dschungelbuch*?

☐ a) Mark Twain ☐ c) Rudyard Kipling
☐ b) Charles Dickens ☐ d) J. R. R. Tolkien

☞ **c) Rudyard Kipling** (1865–1936)
Bereits in seiner gedruckten Form erlangte *Das Dschungelbuch* einige Berühmtheit, die

Umsetzung des Stoffs in einen Walt-Disney-Zeichentrickfilm machte ihn jedoch weltberühmt. 1907 erhielt Kipling den Literaturnobelpreis.

Frage 56

Er schrieb Romane über Musik (*High Fidelity*) oder Fußball (*Fever Pitch*) und wurde mit ihnen weltbekannt. **Wie heißt der englische Autor?**

☞ **Nick Hornby (*1957)** zählt zu den großen Stars der modernen Popliteratur. Neben der Arbeit an seinen Romanen schrieb und schreibt er für verschiedene britische Magazine und Zeitschriften. Dort verdingt er sich u. a. als Musikkritiker, einer Leidenschaft, der er bereits in *High Fidelity* ausführlich frönt.

Frage 57

In welchem Roman beschreibt der Schweizer Schriftsteller Max Frisch (1911–91) einen zufälligen Inzest zwischen Vater und Tochter?

☞ **In *Homo Faber* (1957).** Beschrieben wird das tragische Scheitern des technikgläubigen Ingenieurs Walter Faber, der sich vor dem Zufall und dem Schicksal sicher glaubt.

Max Frisch

Frage 58

Wer verbirgt sich hinter dem Pseudonym Arne Dahl?

☞ **Der schwedische Romanautor Jan Arnald (*1963).** Er arbeitet für die Schwedische Akademie, die jährlich die Nobelpreise vergibt. Als Kriminalautor Arne Dahl hat er bislang vier Romane um den Stockholmer Inspektor Paul Hjelm und seine Kollegen geschrieben, die beim internationalen Publikum sehr erfolgreich waren und sind. 2004 erhielt Arnald den wichtigsten dänischen Krimipreis.

Frage 59

Welcher Schriftstellerin wurde als erster Frau der Literaturnobelpreis verliehen?

☐ a) Grazia Deledda
☐ b) Selma Lagerlöf
☐ c) Sigrid Undset
☐ d) Pearl S. Buck

☞ **b) Selma Lagerlöf** (1858–1940)

Die Schwedin erhielt die Auszeichnung „aufgrund des edlen Idealismus, des Fantasiereichtums und der seelenvollen Darstellung, die ihre Dichtung prägen".

Selma Lagerlöf

Frage 60

Welcher spanische Dichter schrieb den *Don Quijote de la Mancha*?

☞ **Miguel de Cervantes Saavedra (1547–1616)**, der mit seinem satirischen und tragikomischen Roman die zu Ende gehende Zeit des Rittertums und die weitverbreitete Ritterromantik aufs Korn nahm. Der Roman hatte eine große Wirkung auf die gesamteuropäische Romanliteratur. Der Autor gilt als Spaniens Nationaldichter.

Frage 61

In einem berühmten Roman schildert der Russe Boris Pasternak das Schicksal eines Arztes und Künstlers zwischen 1904 und 1930. **Wie heißt dieser Roman?**

☞ ***Doktor Schiwago.*** Wegen seiner kritischen Haltung war Pasternak (1890–1960) in der Sowjetunion nicht wohl gelitten. Die Repressalien gegen ihn führten schließlich sogar dazu, dass er den Literaturnobelpreis, der ihm im Jahr 1958 verliehen werden sollte, ablehnen musste. 1989 konnte sein Sohn in einer besonderen Zeremonie den Nobelpreis stellvertretend für seinen Vater doch noch annehmen.

Frage 62

Welcher bedeutende deutsche Lyriker verbirgt sich hinter den Initialen HME?

☐ a) Hans Magnus Enzensberger
☐ b) Herbert Moritz Engelhart
☐ c) Heinrich Michel Ehrenbaum
☐ d) Hannes Maria Eurich

☞ **a) Hans Magnus Enzensberger**
Hans Magnus Enzensberger (*1929) ist ein zeitkritischer Lyriker, der sich bis in die Gegenwart gesellschaftlicher Krisen- und Problemsituationen literarisch annimmt und dabei häufig die Form des Essays wählt. Er war u. a. Gründer der literarisch-kritischen Zeitschrift *Kursbuch*.

Frage 63

Was bezeichnet man in der Literatur als Prosa?

☞ Im weitesten Sinne alle literarischen Texte, die weder Gedichte noch Dramen sind; im engeren Sinne alle nicht durch Metrum, Reim und andere Mittel der gebundenen Sprache hervorgebrachte Literatur. Hierzu zählen z. B. Romane, Erzählungen und Kurzgeschichten.

Frage 64

Astrid Lindgren

Wie heißt die kleine Schwester von Mia-Maria und Jonas aus der Krachmacherstraße?

☞ **Lotta.** Lotta, Mia-Maria und Jonas sind *Die Kinder aus der Krachmacherstraße* aus dem gleichnamigen Kinderbuch von Astrid Lindgren (1907–2002). Die kleine Lotta spielt noch in einigen anderen Werken der schwedischen Autorin die Hauptrolle.

Frage 65

Wie oft ist es bisher vorgekommen, dass ein Preisträger den Literaturnobelpreis nicht annahm?

☐ a) einmal
☐ b) zweimal
☐ c) dreimal
☐ d) viermal

☞ **b) zweimal**
1958 lehnte Boris Pasternak (1890–1960) den Preis auf Druck der sowjetischen Führung hin ab; 1964 nahm Jean-Paul Sartre (1905–80) den Preis nicht an.

Frage 66

Wer schrieb den Roman *Schuld und Sühne*?

☞ **Der russische Schriftsteller Fjodor Dostojewski (1821–81).** Der Roman schildert die Gewissensqualen eines Mörders, der unter der Last der Schuldgefühle zusammenbricht. Im Straflager und durch die Liebe erfährt er, dass er sich nur durch Sühne befreien kann.

Frage 67

An welchem Bürgerkrieg in Europa nahm der amerikanische Schriftsteller Ernest Hemingway (1899–1961) teil?

☞ Am Spanischen Bürgerkrieg 1936–39 gegen die Faschisten unter Franco. Aus diesen Erlebnissen entstand der Roman *Wem die Stunde schlägt* (1940), der den Höhepunkt seines Weltruhmes darstellt.

Frage 68

Welches dieser Bücher stammt nicht aus der Feder der schwedischen Kinderbuchautorin Astrid Lindgren (1907–2002)?

☐ a) *Mehr von uns Kindern aus Bullerbü*
☐ b) *Kalle Blomquist, Eva-Lotte und Rasmus*
☐ c) *Die wunderbare Reise des kleinen Nils Holgersson mit den Wildgänsen*
☐ d) *Michel in der Suppenschüssel*

☞ **c) *Die wunderbare Reise des kleinen Nils Holgersson mit den Wildgänsen***
Dieses Buch stammt von Selma Lagerlöf (1858–1940).

Frage 69

Wer schrieb den Roman *Der Seewolf* (1904)?

☞ **Der amerikanische Schriftsteller Jack London (1876–1916)**, dessen Leben als Abenteurer, Landstreicher, Seefahrer und Goldschürfer von einem ähnlichen Existenzkampf wie das seiner Romanhelden gezeichnet war. London gehört zu den meistübersetzten amerikanischen Autoren.

Frage 70

Was bezeichnet man in der Literatur als Weimarer Klassik?

☞ Die von Goethe (1749–1832) und Schiller (1759–1805) in Weimar geprägte Literaturepoche, die sich am Humanitäts- und Bildungsideal der Antike und Renaissance ausrichtete. Der Beginn ist etwa mit Goethes erster Italienreise (1786/88) anzusetzen; sie endet nach Schillers Tod 1805. Die Weimarer Klassik gilt als eine Blütezeit in der deutschen Literaturgeschichte.

Frage 71

Welcher Schriftsteller erhielt 2008 den Nobelpreis für Literatur?

☞ **Jean-Marie Gustave Le Clézio (*1949).** Bekannt wurde er mit dem Roman *Das Protokoll (Procès-verbal)*. Bis heute sind über 30 Werke von Le Clézio erschienen.

Jean-Marie Gustave Le Clézio

DEFTIGE FLÜCHE

Goethe hat nicht nur sehr zur Verbreitung von Bildung und Literatur beigetragen, auch dem Fluchen hat er auf die Sprünge geholfen. So lässt er in seinem *Götz von Berlichingen* dem Hauptmann des Reichsheers durch seinen Trompeter bestellen:

> ***„Vor Ihro Kaiserlichen Majestät hab' ich, wie immer, schuldigen Respekt. Er aber, sag's ihm, er kann mich im Arsch lecken."***

Allerdings hat nicht Goethe diesen derben Fluch erfunden, es gab ihn schon vorher.

Frage 72

Wer verfasste den Roman *Das Bildnis des Dorian Gray* (1890)?

- ☐ a) Oscar Wilde
- ☐ b) Ernest Hemingway
- ☐ c) Samuel Beckett
- ☐ d) Mick Foley

☞ **a) Oscar Wilde**
Der irische Schriftsteller Oscar Wilde (1854–1900) zeichnete in seinem Roman angeblich sein eigenes genusssüchtiges und dandyhaftes Leben nach. Der Protagonist des Romans besitzt ein Porträt, das an seiner statt altert.

Frage 73

Wie heißt der französische Autor, der Ende des 20. Jahrhunderts mit seinen Romanen *Ausweitung der Kampfzone* und *Elementarteilchen* für Aufsehen sorgte?

☞ **Michel Houellebecq (*1958).** In seinen Romanen zeichnet er das provokante Bild einer narzisstischen Konsumgesellschaft. Seine Protagonisten sind meist beruflich erfolgreich, aber sexuell frustriert und nicht in der Lage, menschliche Nähe zu erleben.

Frage 74

Welcher Roman machte Umberto Eco (*1932) weltberühmt?

☐ a) *Der Fänger im Roggen*
☐ b) *Der Name der Rose*
☐ c) *Die gute Erde*
☐ d) *Die letzte Versuchung*

Umberto Eco

☞ **b) *Der Name der Rose***
Der Franziskanermönch William von Baskerville kommt im Jahr 1327 gemeinsam mit dem Novizen Adson von Melk in ein Kloster. Hier hat der gewaltsame Tod eines Bruders den Abt in Unruhe versetzt, weil seiner Abtei brisanter Besuch ins Haus steht. Wie ein Detektiv macht sich William an die Aufklärung des Todesfalls, dem weitere Morde folgen.

Frage 75

In welchem Roman ist Felix Krull der Held der Handlung?

☞ In dem unvollendet gebliebenen Roman *Bekenntnisse des Hochstaplers Felix Krull* von Thomas Mann (1875–1955). Felix Krull ist der Ich-Erzähler, der mit einer für Thomas Mann typischen feinen Ironie seinen kuriosen Lebensweg nacherzählt.

Frage 76

Welcher bedeutende Lyriker der Weltliteratur schuf die sogenannten Dinggedichte und die *Duineser Elegien*?

☞ **Der Österreicher Rainer Maria Rilke (1875–1926).** In einem Dinggedicht wird ein Gegenstand oder Lebewesen beschrieben (z. B. *Der Panther*, 1907). Die *Duineser Elegien* (1923) besingen die erstrebenswerte, aber unerreichbare Einheit von Realität und Wahrheit.

Frage 77

Welcher französische Autor erfand *Asterix* und den *Kleinen Nick*?

☐ a) Maurice Rosy
☐ b) René Goscinny
☐ c) Georges Prosper Remi
☐ d) Jean Roba

☞ **b) René Goscinny** (1926–77)
Er schrieb außerdem die Texte zu *Lucky Luke* und zählt zu den bekanntesten Comicautoren des 20. Jahrhunderts.

Frage 78

Von welchem deutschen Schriftsteller sind die Romane *Das Schwanenhaus* und *Die Verteidigung der Kindheit*?

Martin Walser

☞ **Von Martin Walser (*1927)**, der in seinen Erzählungen und Romanen mit meisterhafter Sprache den Zustand der Gesellschaft widerspiegelt und sich zur Identität und Geschichte der Deutschen äußert. Daneben behandelt er auch Ehe- und Beziehungsprobleme. Für seine Werke erhielt er unzählige Literaturpreise.

Frage 79

Wie heißt die berühmte Erzählung Edgar Allan Poes, in der die letzten Mitglieder einer Familie auf geheimnisvolle und schreckliche Weise umkommen?

☞ ***Der Untergang des Hauses Usher***, eine der wohl bekanntesten Schauergeschichten des Amerikaners, mit der Poe (1809–49) auch den Typus der Short Story (Kurzgeschichte) entwickelte.

Frage 80

Wie heißt die Novelle eines deutschen Autors, in dem ein Müllerssohn sorglos

durch die Welt reist und schließlich sein Glück mit einer als für ihn unerreichbar erklärten Frau findet?

☞ ***Aus dem Leben eines Taugenichts*** von Joseph von Eichendorff (1788–1857). In dieser Novelle verband der Hauptvertreter der deutschen Spätromantik Prosa und Lyrik zu einer Einheit.

Frage 81

Welches Werk gilt als der erste Artusroman – eine literarische Gattung des Mittelalters – der deutschen Literatur?

☐ a) *Hens*
☐ b) *Gestav*
☐ c) *Erec*
☐ d) *Reland*

☞ **c) *Erec***
Die mittelhochdeutsche Verserzählung von Hartmann von Aue (ca. 1165–1210) entstand um 1180 und basiert auf dem altfranzösischen Versepos *Erec et Enide*.

Frage 82

Welcher französische Schriftsteller schuf mit *Auf der Suche nach der verlorenen Zeit* einen der besten Romanzyklen des 20. Jahrhunderts?

☞ **Marcel Proust (1871–1922).**

Marcel Proust

Frage 83

Was sind die drei literarischen Grundformen?

☞ **Epik, Lyrik und Drama.** Die Epik umfasst Kleinformen wie Novelle, Kurzgeschichte, Erzählung, Märchen und Anekdote sowie Großformen wie das Epos und den Roman. Die Lyrik vereint Formen wie Oden, Elegien, Sonette, Balladen. Das Drama gliedert sich in die klassischen Formen Tragödie und Komödie.

Frage 84

Wer schrieb 1932 den utopischen Roman *Schöne neue Welt*?

☞ **Aldous Huxley (1894–1963).** Der englische Schriftsteller beschreibt in dem Roman, wie sich Menschen in einer völlig entseelten Welt gleichschalten und manipulieren lassen.

Frage 85

***John Maynard* zählt zu den bekanntesten deutschen Balladen. Wer hat sie geschrieben?**

☞ **Theodor Fontane (1819–98).**

Frage 86

Wer schrieb mit *Berlin Alexanderplatz* einen der bedeutendsten deutschen Großstadtromane?

☐ a) Sven Regener
☐ b) Jurek Becker
☐ c) Max Frisch
☐ d) Alfred Döblin

☞ **d) Alfred Döblin** (1878–1957)
Vor- und Rückblenden sowie montage- oder collageartige Struktur kennzeichnen diesen Roman. Döblin war Mitbegründer der expressionistischen Zeitschrift *Der Sturm*.

Frage 87

Mit welchem Werk erregte Bertha von Suttner (1843–1914) großes Aufsehen?

☞ **Mit ihrem Roman *Die Waffen nieder!*,** der 1889 erschien und in dem sie leidenschaftlich für den Frieden plädierte. Die Gräfin wurde 1905 mit dem Friedensnobelpreis geehrt und starb am Vorabend des Ersten Weltkriegs.

Bertha von Suttner

Frage 88

Wer schrieb die *Schachnovelle*?

☞ **Stefan Zweig (1881–1942).** Der österreichische Schriftsteller wurde durch seine stilistisch brillanten, psychologisch analysierenden Novellen, Romane, Biografien und Essays einer der meistgelesenen Autoren seiner Zeit. Die *Schachnovelle* handelt von einem Mann, den das Nachspielen von Schachzügen während seiner Haft im Wiener Gestapogefängnis vor dem Verrücktwerden bewahrte.

Frage 89

Wann war die Zeit des Sturm und Drang?

☞ **Etwa zwischen 1760 und 1790.** Es handelte sich um eine literarische Gegenbewegung zur Rationalität der Aufklärung. Ins Zentrum künstlerischer Produktion wurde nicht mehr die Vernunft, sondern das allumfassende Genie gestellt.

Frage 90

Was ist ein Pleonasmus?

☐ a) eine Romanform
☐ b) das Mitglied einer literarischen Gruppe
☐ c) ein Stilmittel
☐ d) ein Literaturpreis

☞ **c) ein Stilmittel**
Man versteht darunter eine überflüssige Doppelung von Begriffen. Beispiele sind etwa „rundes Rad" oder „kleiner Zwerg".

Frage 91

Wer war der Begründer der Gattung Essay?

☞ **Michel de Montaigne (1533–92).** Im Mittelpunkt seiner Essays steht der Mensch mit all seinen Facetten des Unbeständigen, Schwankenden und Eitlen.

Frage 92

Welcher italienische Staatstheoretiker entwarf in seinem Hauptwerk konkrete politische Ideen mit dem Ziel des politischen Machterhalts?

☞ **Niccolò Machiavelli (1469–1527).** Nach seiner Theorie ist jedes Mittel, auch Gewalt, zum Erhalt der Macht gerechtfertigt. Zur Zeit der europäischen Aufklärung im 18. Jahrhundert prangerte man den sogenannten Machiavellismus als unmoralisch an, wenn sich despotische Macht seiner Mittel bediente.

Frage 93

Welchen bekannten Abenteuerroman verfasste der englische Schriftsteller Daniel Defoe?

☐ a) *Robinson Crusoe*
☐ b) *Herr der Fliegen*
☐ c) *1984*
☐ d) *Abenteuer in London*

☞ **a) *Robinson Crusoe***
Es ist der erste und bekannteste Roman, den der Kaufmann und Journalist Defoe (um 1660–1731) veröffentlichte. Er verfasste aber auch wirtschaftspolitische und sozialkritische Abhandlungen.

Frage 94

Wie heißt die Novelle von Arthur Schnitzler, auf der der Film *Eyes Wide Shut* des amerikanischen Regisseurs Stanley Kubrick basiert?

☞ ***Traumnovelle.***

Frage 95

Welcher deutsche Schriftsteller und Nobelpreisträger von 1972 schrieb den Roman *Ansichten eines Clowns*?

Heinrich Böll

☞ **Heinrich Böll (1917–85)**, der in diesem Roman durch die Person des Clowns Hans Schnier die Situation Deutschlands in der Nachkriegszeit reflektiert. Aggressiv, aber auch resigniert werden Institutionen wie Kirche, Ehe und Familie der Heuchelei überführt sowie die Adenauerzeit kritisiert. Böll setzte sich nicht nur als Literat mit politischen Themen auseinander, sondern war auch selbst politisch aktiv.

Frage 96

Welche Autoren repräsentieren in Deutschland die literarische Romantik und in welchem Zeitraum ist diese zu verorten?

☞ Als Gegenströmung zur Weimarer Klassik und zur Rationalität der Aufklärung entwickelte sich zwischen 1790 und 1830 die romantische Epoche. Zu ihren Hauptvertretern zählen Novalis (1772–1801), die Brüder Schlegel (1767–1845 und 1772–1829), Tieck (1773–1853), Brentano (1778–1842), Eichendorff (1788–1857) und E. T. A. Hoffmann (1776–1822).

Frage 97

Welches Heldenepos des Mittelalters erzählt von Siegfrieds Tod und Kriemhilds Rache?

☐ a) *Ilias* ☐ c) *Hildebrandslied*
☐ b) *Odyssee* ☐ d) *Nibelungenlied*

☞ **d) *Nibelungenlied***
Das *Nibelungenlied* (um 1200), das größte deutsche Heldenepos des Mittelalters, umfasst 2000 vierzeilige Strophen. Seine Wirkung reicht vom Mittelalter über die Romantik bis hin zum Musikdrama Richard Wagners (1813–83).

Frage 98

Welcher Schriftsteller verfasste 1965 in Anlehnung an Heinrich Heine (1797–1856) den Text *Deutschland. Ein Wintermärchen*?

☞ **Wolf Biermann (*1936).**

Frage 99

Welche berühmte Novelle schrieb die deutsche Dichterin Annette von Droste-Hülshoff?

Annette von Droste-Hülshoff

☞ ***Die Judenbuche***, eine Geschichte um die Themen Schuld und Sühne. Mit ihren strengen Landschaftsdarstellungen, die sie in epischen Kleinformen und in ihrer sinnlich-visionären Naturlyrik verarbeitete, gehörte die Dichterin Hülshoff (1797–1848) einerseits noch der Romantik, andererseits bereits dem Realismus an.

Frage 100

In welchem Roman ist der Held so unbestimmbar, dass noch nicht einmal sein Familienname genannt wird?

☞ **In Robert Musils (1880–1942) Roman *Der Mann ohne Eigenschaften*.** Der Protagonist Ulrich versucht, ein bedeutender Mann zu werden. Als er bemerkt, dass dies in der Moderne nicht mehr möglich ist, verabschiedet er sich für ein Jahr von der Wirklichkeit und nimmt „Urlaub vom Leben".

Frage 101

Welcher italienische Dichter wurde durch seine *Liebeserklärungen an Laura* berühmt?

☞ **Francesco Petrarca (1304–74)**, der in den sich an die Geliebte wendenden Gedichten aus *Il Canzoniere* den Konflikt des Dichters thematisiert, der zwar erhört werden möchte, aber zugleich weiß, dass unter der Zuneigung der Geliebten seine dichterischen Qualitäten leiden würden.

Frage 102

Dieser deutsche Schriftsteller und Musiker machte eine Fotografenausbildung, spielte in mehreren Bands, arbeitete für das Satire-Magazin Titanic und wurde 2008 mit dem Kleistpreis ausgezeichnet. **Wer ist er?**

☞ **Max Goldt (*1958).** Von ihm stammen auch die Comicstrips *Katz und Goldt* sowie mehrere Bücher wie *Die Radiotrinkerin*, *Ä* und *Vom Zauber des seitlich dran Vorbeigehens*.

Frage 103

In welchem Roman führt die Reise in die Zukunft nur zu der Einsicht, dass es dort die gleichen Probleme wie im Heute gibt?

☞ Herbert George Wells (1866–1946) beschreibt in ***Die Zeitmaschine*** die ferne Zukunft als von Klassenkämpfen zwischen zwei unterschiedlich entwickelten Menschenrassen geprägt. Der Erdball bewegt sich zudem dem Kältetod entgegen.

Frage 104

Welche Romanheldin lässt sich als weibliches Gegenstück zu *Don Quijote* bezeichnen?

Gustave Flaubert

☞ **Emma, Gustave Flauberts (1821–80) Protagonistin im Roman *Madame Bovary***, eine sentimentale Frau, die mit dem Landarzt Charles Bovary einen für ihre klischeehaften und träumerischen Ansprüche denkbar ungeeigneten Mann geheiratet hat. Der Begriff „Bovarismus", nach Emma Bovary benannt, beschreibt eine der Realität ferne Lebenseinstellung.

Frage 105

Welcher Roman von Sven Regener (*1961) beschreibt das Leben eines Barkeepers in Berlin-Kreuzberg?

☞ ***Herr Lehmann.*** Regener wurde 2001 mit der Veröffentlichung dieses Romans bekannt. 2004 erschien sein zweiter Roman *Neue Vahr Süd*, der die Jugend des Herrn Lehmann beschreibt. 2008 folgte schließlich *Der kleine Bruder*, der den Beginn der Trilogie darstellt.

Frage 106

Welcher Dichter hielt sich Jahre seines Lebens vermutlich geistesgestört im Tübinger Turm auf?

☐ a) Hugo von Hofmannsthal
☐ b) Friedrich Nietzsche
☐ c) Frank Wedekind
☐ d) Friedrich Hölderlin

☞ **d) Friedrich Hölderlin** (1770–1843)
Zu Lebzeiten unverstanden befand sich der Autor des *Hyperion* (1797/99) zumeist außerhalb der Strömungen seiner Zeit. Er hielt an den Idealen der Französischen Revolution fest, während sich beispielsweise Goethe (1749–1832) und Schiller (1759–1805) von diesen abwandten.

Frage 107

Wie heißen die beiden Helden, die in zwei Romanen Mark Twains zahlreiche Abenteuer bestreiten?

☞ **Huckleberry Finn und Tom Sawyer.** Die Abenteuer der beiden jugendlichen Helden und Außenseiter konnten erstmals 1876 von ihren Lesern im Roman *Die Abenteuer des Tom Sawyer* verschlungen werden. Erst acht Jahre später ließ Twain (1835–1910) mit *Die Abenteuer des Huckleberry Finn* die Fortsetzung des Erstlings folgen, die sein größter Erfolg wurde. Beide Romane wurden in zahlreiche Sprachen übersetzt und gehören zu den Klassikern der Weltliteratur.

Frage 108

Welches Märchen Hans Christian Andersens gibt die Mode des Hofes der Lächerlichkeit preis?

☞ ***Des Kaisers neue Kleider.*** In Andersens (1805–75) Märchen wird dargestellt, wie erfundene Geschichten Wirklichkeit erzeugen. Weil alle Bürger glauben, dass nur der die neuen Kleider sehen könne, der für sein Amt etwas tauge, wagt niemand auszusprechen, dass der Kaiser nackt ist.

Hans Christian Andersen

Frage 109

Für die Dichter welcher Epoche war die „Vanitas" von zentraler Bedeutung?

☐ a) Barock
☐ b) Klassik
☐ c) Romantik
☐ d) Expressionismus

☞ **a) Barock**
Bei Andreas Gryphius (1616–64) findet sich im gesamten Werk die Thematik von Eitelkeit und Vergänglichkeit des Irdisch-Menschlichen.

Frage 110

In welchem Epos von Wolfram von Eschenbach (um 1170–1220) steht die Suche nach dem Heiligen Gral im Mittelpunkt?

☞ **Im *Parzival*.** Der junge Parzival wird abgeschieden von der Welt erzogen, aber seiner Bestimmung folgend dennoch Ritter und nach vielen Abenteuern Gralskönig.

Frage 111

Was ist ein pikaresker Roman?

☞ Beim pikaresken Roman handelt es sich um eine fiktive Biografie, in der aus der Perspektive eines Antihelden berichtet wird, der sich im Dienst verschiedener Herren durchs Leben schlägt und deren Fehler aufdeckt. In der deutschen Literatur gehören *Der Abentheurliche Simplicissimus Teutsch* von Grimmelshausen (um 1622–76) zu den berühmtesten pikaresken Romanen, aber auch Thomas Manns (1875–1955) *Felix Krull* und Günter Grass' (*1927) *Blechtrommel.*

Frage 112

Die Abenteuerromane welches Schriftstellers gelten als Vorläufer des Science-Fiction-Genres?

☞ **Die Romane von Jules Verne (1828–1905)**, der immer wieder auf Stoffe zurückgriff, in deren Zentrum die technischen Möglichkeiten einer fernen Zukunft fantasiert wurden. Zu seinen wichtigsten Büchern zählen *20.000 Meilen unter dem Meer* und *Reise um die Welt in 80 Tagen.*

Frage 113

Wer schrieb den Künstler- und Entwicklungsroman *Maler Nolten*?

☞ **Eduard Mörike (1804–75).** In dem Roman werden neurotische Selbstabschließung und Selbstentfremdung detailliert dargestellt. Die Resignation Mörikes ist exemplarisch für weite Teile der literarischen Intelligenz seiner Zeit.

Frage 114

Wie heißt der Roman *99 francs* des französischen Schriftstellers Frédéric Beigbeder (*1965) in Deutschland?

☞ ***Neunundneunzigneunzig.*** Mit diesem Roman wurde Beigbeder, der Politikwissenschaft studierte und dann in einer Werbeagentur arbeitete, zu einem Stichwortgeber der Konsumkritik.

Frage 115

Wer schrieb 1804/05 die *Flegeljahre*?

☐ a) Jean Peter ☐ c) Jean Luc
☐ b) Jean Paul ☐ d) Jean François

☞ **b) Jean Paul** (1763–1825), der in diesem Text die Widersprüche zwischen Poesie und Wirklichkeit thematisiert. Die ungleichen Zwillingsbrüder Walt und Vult verkörpern die gegensätzlichen Orientierungen, die für Jean Pauls Epoche und sein Spätwerk charakteristisch sind.

Frage 116

Welcher Roman schildert die Leidenschaft eines Mannes zu einem minderjährigen Mädchen?

Vladimir Nabokov

☞ **Vladimir Nabokovs (1899–1977) *Lolita*** aus dem Jahr 1955. Der Hauslehrer Humbert verliebt sich in die zwölfjährige Dolores (Lolita), die ihn verführt. Nabokovs Geschichte parodiert den „American Way of Life", den doppelbödigen Puritanismus und den Teenagerkult.

Frage 117

Wer schuf mit dem *Decamerone* eine der berühmtesten Geschichtensammlungen der europäischen Literatur?

☞ **Giovanni Boccaccio (1313–75).** Die 100 Novellen werden an zehn aufeinanderfolgenden Tagen in einer Gesellschaft erzählt, die wegen der Pest ihre Heimatstadt verlassen hat.

Frage 118

Welche zwei Heldenepen soll Homer verfasst haben?

☞ Die *Ilias*, die vom Trojanischen Krieg erzählt, und die *Odyssee*, die die Abenteuer des Odysseus auf seiner Rückreise von Troja nach Ithaka schildert. Der Grieche Homer (8. Jh. v. Chr.) wäre – sofern er überhaupt existiert hat – der älteste epische Dichter des Abendlandes.

FRÜHESTE DICHTUNG

Als eine der frühesten literarischen Dichtungen gilt das sumerische *Gilgamesch*-Epos. Es entstand zwischen dem 1. und 3. Jahrtausend v. Chr. und schildert in 3000 Versen die Abenteuer des sagenhaften Herrschers von Uruk, Gilgamesch. Auf Grundlage dieses Stoffs sind mittlerweile eine ganze Zahl verschiedener Romane und Dramen entstanden.

Frage 119

Wer schrieb die populären Kriminalromane um den schwedischen Kommissar Kurt Wallander?

☞ **Der Schwede Henning Mankell (*1948).** Die Krimis bestimmten weltweit die Bestsellerlisten.

Frage 120

Wo findet sich der Satz „Alle Tiere sind gleich. Aber manche Tiere sind gleicher als andere“?

☐ a) *Die Farm der Tiere*
☐ b) *Als die Tiere den Wald verließen*
☐ c) *Hase und Igel*
☐ d) *Auf dem Hofe*

☞ **a) *Die Farm der Tiere***
In George Orwells (1903–50) grimmiger Fabel setzen sich die Tiere zunächst gemeinsam gegen die Unterdrückung durch die Menschen zur Wehr. Als jedoch die Schweine zur herrschenden Klasse aufgestiegen sind, werden sie ununterscheidbar von den menschlichen Unterdrückern.

George Orwell

Frage 121

Welcher Nobelpreisträger von 1954 beschreibt den Kampf eines Fischers mit dem größten Fang seines Lebens?

☐ a) André Gide
☐ b) Hermann Hesse
☐ c) Ernest Hemingway
☐ d) Bertrand Russell

☞ **c) Ernest Hemingway** (1899–1961)
Im Roman *Der alte Mann und das Meer* (1952) kann der Fischer im Golfstrom von Havanna den gewaltigen Fisch an seiner Leine zunächst besiegen, bevor der Fisch auf dem Rückweg nach Hause von Haien gefressen wird.

Frage 122

Welcher deutsche Dichter erfand die Figur des Malte Laurids Brigge?

☞ **Rainer Maria Rilke (1875–1926).** Anhand der Hauptperson werden die Krisen im Verhältnis des Schriftstellers zur Realität und die Fremdheit des Menschen in einer ihm unverständlichen Welt zum Ausdruck gebracht.

Frage 123

Welcher dichtende Schuster befasste sich mit dem Bürgertum seiner Zeit?

☞ **Der Meistersinger Hans Sachs (1494–1576).** Er beschreibt in seinen Gedichten, Sprüchen, Fabeln und Schwänken satirisch die Grenzen der eigenen Lebenswelt.

Frage 124

Er begann bereits mit sieben Jahren zu schreiben, erhielt 1983 den Nobelpreis und verfasste *Herr der Fliegen*. **Wer war er?**

☞ **William Golding (1911–93).**

Frage 125

Welcher berühmte deutsche Barockroman spielt zur Zeit des Dreißigjährigen Krieges, also zwischen 1618 und 1648?

☞ ***Der Abentheurliche Simplicissimus Teutsch*** von Hans J. C. von Grimmelshausen (um 1621–76). Der Roman schildert den Weg des jungen Simplicius, der durch halb Europa auf eine einsame Insel flieht. Aus der Perspektive des Unterdrückten und von der Gesellschaft Ausgestoßenen wird die Welt des Dreißigjährigen Krieges satirisch dargestellt und kritisiert.

Frage 126

Wer schrieb *„Denk ich an Deutschland in der Nacht, dann bin ich um den Schlaf gebracht"*?

☐ a) Johann Heinrich Campe
☐ b) Carl Zuckmayer
☐ c) Bruno Wille
☐ d) Heinrich Heine

☞ **d) Heinrich Heine** (1797–1856)
Der Satz stammt aus dem Gedicht *Nachtgedanken*, das im Jahre 1843 entstand und den Zyklus *Zeitgedichte* abschloss.

Frage 127

Was kennzeichnet den Expressionismus in der Literatur?

☞ **Einen oftmals pathetisch übersteigerten Ausdruck des Ich.** Der Expressionismus kann als Reaktion gegen den Naturalismus oder den Impressionismus verstanden werden, zu seinen Autoren gehören u. a. Döblin (1878–1957) und Brecht (1898–1956).

Frage 128

Welche Figur schuf der Kriminalschriftsteller Georges Simenon?

Georges Simenon

☞ **Den Kommissar Maigret**, der seine Fälle löst, indem er sich in die psychologische Welt der Täter versetzt. Weltberühmt wurde Simenon (1903–89) durch seine 80 Bücher über den sympathischen Kommissar, wovon mehrere verfilmt wurden.

Frage 129

Was ist ein Entwicklungsroman?

☞ Der Entwicklungsroman ist ein Romantypus, der zur Zeit der Weimarer Klassik aufkam und in dem die Selbstfindungs- und Entwicklungsgeschichte eines Menschen in seiner Auseinandersetzung mit der Welt thematisiert wird.

Frage 130

Was kennzeichnet den literarischen Barock?

☞ Die widerspruchsvolle Situation des Menschen zwischen Endlichkeit und Unendlichkeit, Diesseits und Jenseits sowie Eros und Tod.

Frage 131

☞ **In welchem Schlüsselroman thematisiert Klaus Mann (1906–49) die Rolle des Schauspielers Gustav Gründgens in der Zeit der nationalsozialistischen Herrschaft?**

☞ **In *Mephisto. Roman einer Karriere*** von 1936. Der Roman durfte nach mehreren Verboten erst 1981 offiziell in Deutschland erscheinen, weil der Protagonist zu große Parallelen mit der Biografie von Gustav Gründgens (1899–1963) aufwies.

Frage 132

Was ist eine Satire?

☞ Die Satire ist eine Literaturform, die an keine bestimmte Gattung gebunden ist. Sie übt Kritik an den Gegebenheiten, Normen und Konventionen und parodiert die Wirklichkeit einer Zeit dadurch, dass sie diese nachahmt und dabei indirekt ihre Lächerlichkeit aufzeigt.

Frage 133

Was kennzeichnet die literarische Gattung des Dramas?

☞ Im Gegensatz zur Epik wird eine knappe und in sich geschlossene Handlung unmittelbar vor dem Zuschauer aufgeführt, d. h., das Drama besteht aus Dialogen. Eine vermittelnde Instanz fehlt. Das klassische Drama hat einen festen Aufbau in drei oder fünf Akten.

Frage 134

Wer schrieb den Roman *Sinn und Sinnlichkeit*, in dem Traditionen der romantischen Literatur parodiert werden?

☐ a) Judith Hermann
☐ b) Elfriede Jelinek
☐ c) Jane Austen
☐ d) Nelly Sachs

☞ **c) Jane Austen** (1775–1817) Erst nach ihrem Tod wurde ihren genauen Schilderungen der Gesellschaft größere Aufmerksamkeit und Anerkennung zuteil.

Jane Austen

Frage 135

Was ist ein Schlüsselroman?

☞ Ein Roman, bei dem wirkliche Personen oder geschichtliche Ereignisse hinter fiktiven Namen verborgen sind. Um die Zusammenhänge des Textes zu verstehen, braucht der Leser den „Schlüssel", der ihm den Zugang zu den verschlüsselten Vorgängen eröffnet.

Frage 136

Welcher Nobelpreisträger von 1952 bringt seine philosophische Lebenskonzeption in *Der Mythos von Sisyphos* zum Ausdruck?

☞ **Albert Camus (1913–60).** Die Welt, in der Sisyphos den Stein den Berg hinaufbewegt, ist ebenso absurd und sinnlos wie die Welt, in der der Mensch lebt, der ihr deshalb selbst einen Sinn geben bzw. diese Sinnlosigkeit akzeptieren muss.

Frage 137

Welcher deutsche Dichter führte eine Gemeinschaft von Künstlern und Gelehrten an und entwickelte eine ganz eigene Zeichensetzung und Orthografie?

☞ **Stefan George (1868–1933)**, dessen Umgebung ihn nahezu kultisch verehrte. Im sogenannten George-Kreis beschäftigte man sich mit Antike und Renaissance und huldigte dem Schönen und Heroischen.

Frage 138

Wer ist neben Goethe (1749–1832) Mitbegründer der Weimarer Klassik?

☞ **Friedrich Schiller (1759–1805).** Neben seiner schriftstellerischen Tätigkeit war er Universitätsprofessor in Jena und siedelte 1799 nach Weimar über.

Frage 139

In welchem Roman von Victor Hugo spielt die schöne Esmeralda eine zentrale Rolle?

☞ **In *Der Glöckner von Notre-Dame.*** Der verkrüppelte Quasimodo verliebt sich in die Zigeunerin und verteidigt sie in der berühmten Kathedrale von Paris gegen das anstürmende Volk. Hugo (1802–85) ist einer der ersten Autoren, der die Volksmassen ins Zentrum der Handlung stellte.

Victor Hugo

Frage 140

Mit welchem Roman wird *Effi Briest* oft verglichen?

☐ a) *Madame Bovary*
☐ b) *Die Braut*
☐ c) *Carmina Burana*
☐ d) *Die Frau am See*

☞ **a) *Madame Bovary***
Beide Romane haben den Ehebruch zum Thema.

Frage 141

Die Stadt Klagenfurt vergibt seit 1977 einen Literaturpreis. Welcher Autorin ist er gewidmet?

☞ Der österreichischen Lyrikerin und Romanautorin **Ingeborg Bachmann (1926–73)**.

Frage 142

In welchem Romanzyklus von J. R. R. Tolkien bevölkern Hobbits, Elben und Zwerge eine fantastische Welt?

☞ **In der Romantrilogie *Der Herr der Ringe*.** Tolkien (eigentlich John Ronald Reuel Tolkien; 1892–1973) war Professor für germanische Philologie in Oxford. In seinem Dreiteiler erfand er eine eigene, in sich geschlossene Märchenwelt.

Frage 143

Von wem stammt ursprünglich der Satz „Soldaten sind Mörder", der für viel Aufsehen gesorgt hat?

☞ **Von Kurt Tucholsky (1890–1935)**, der selbst als Soldat im Ersten Weltkrieg kämpfte, wegen der politischen Situation im Deutschland der 1930er-Jahre nach Schweden emigrierte und dort Selbstmord beging. Tucholsky setzte sich beständig satirisch mit den Verhältnissen der Weimarer Republik auseinander, veröffentlichte literarische Texte und gab Zeitschriften heraus.

Frage 144

Welcher Roman Stendhals gilt als erster realistischer Gesellschaftsroman?

☞ ***Rot und Schwarz.*** Der Text schildert die Lebensgeschichte eines jungen Mannes von niederem Stand, dessen Versuch, Zugang zu den höheren Schichten zu erlangen, scheitert.

Stendhal

Stendhal (1783–1842) – ursprünglich Marie-Henri Beyle – setzt sich kritisch mit der bürgerlichen Vorstellung auseinander, Talent und Leistung reichten aus, um jede beliebige gesellschaftliche Position erreichen zu können.

Frage 145

In welcher Erzählung Franz Kafkas spielt ein Insekt eine wichtige Rolle?

☞ ***Die Verwandlung.*** Der Handelsvertreter Gregor Samsa ist der Protagonist dieser Erzählung. Er wird eines Morgens wach und muss feststellen, dass er sich in ein Insekt verwandelt hat. Seine Familie bemüht sich zwar, irgendwie mit der Situation fertig zu werden, scheitert aber letztlich an der Aufgabe. Gregor wird durch ein Missverständnis tödlich verletzt und stirbt. Neben dem Inhalt der Erzählung verstört den Leser insbesondere die nüchterne und emotionslose Sprache Kafkas.

Frage 146

Von wem werden die Preisträger des Deutschen Bücherpreises bestimmt, der seit 2002 existiert?

☐ a) vom Sieger des Vorjahres
☐ b) von Journalisten
☐ c) von Politikern
☐ d) von Lesern

☞ **d) von den Lesern**
Von den unzähligen Literaturpreisen in Deutschland ist der Deutsche Bücherpreis des Börsenvereins des Deutschen Buchhandels der einzige, der von Lesern und Buchhändlern vergeben wird.

Frage 147

Was wird in einer Bestsellerliste aufgeführt?

☞ **Es werden die Bücher aufgeführt, deren Verkaufszahlen über dem Durchschnitt liegen.** Die erste Bestsellerliste rief 1895 die amerikanische Literaturzeitschrift *The Bookman* ins Leben.

Frage 148

Wer schrieb *Die Marquise von O.*?

☞ **Heinrich von Kleist (1777–1811)**, in dessen Erzählung über Gewalt, Kampf und Begehren eine Marquise ein Kind zur Welt bringt, ohne dass sie zunächst versteht, wie es zu ihrer Schwangerschaft gekommen sein kann.

Frage 149

Nach welcher biblischen Figur, über deren Kopf hinweg Gott mit dem Teufel eine Wette abschließt, benannte Joseph Roth einen seiner Romane?

☞ **Nach Hiob.** In Joseph Roths (1894–1939) Romanen, deren Qualität erst spät angemessen gewürdigt wurde, spielen Resignation über die Situation Europas und Trauer über den Zerfall der Donaumonarchie eine zentrale Rolle.

Frage 150

Wer erfand *Die Abenteuer des Pinocchio*?

☞ **Der Italiener Carlo Collodi (1826–90).** Sein Werk ist bis heute eines der berühmtesten Kinderbücher und diente als Vorlage für zahlreiche Filme und Zeichentrickserien.

Pinocchio, Illustration von Enrico Razzanti (1883)

Frage 151

Kunden in Buchhandlungen haben oft die Wahl zwischen Taschenbuch und gebundener Ausgabe. Was versteht man unter Broschur?

☞ Ein Taschenbuch ist eine Broschur, nämlich ein Buch mit flexiblem Umschlag, der direkt an den Buchblock geklebt ist. Von Broschur leitet sich das Wort Broschüre ab; das sind kleine Heftchen, die mit Drahtklammer oder Faden geheftet sind.

Frage 152

Welche der folgenden Strömungen existiert nicht?

☐ a) Jenaer Romantik
☐ b) Hamburger Romantik
☐ c) Schwäbische Romantik
☐ d) Heidelberger Romantik

☞ **b) Hamburger Romantik**
Die Jenaer Romantik ist von 1797–1804 anzusiedeln, die Heidelberger Romantik von 1805–1808 und die Schwäbische Romantik von 1810–1815.

Frage 153

Von welchem jüdischen Dichter stammt *Die Todesfuge*?

☞ **Von Paul Celan (1920–70)**, der in diesem Gedicht seine Erfahrungen im Konzentrationslager und die Realität des Faschismus vergegenwärtigt. In der Todesfuge wird konkrete Zeitgeschichte verarbeitet, was zum poetologischen Selbstverständnis Celans gehörte.

Frage 154

In welchem Roman beschreibt Heinrich Mann (1871–1950) den Aufstieg eines Papierfabrikanten zum Repräsentanten des reaktionären Zeitgeistes?

☞ **In *Der Untertan* (1916).** Neben dem konservativen Bürgertum kritisiert der Bruder von Thomas Mann (1875–1955) in seinem Roman auch das opportunistische Verhalten in der wilhelminischen Gesellschaft und gibt ein Bild von der realgeschichtlichen Situation seiner Zeit.

Frage 155

Wofür engagierte sich die französische Schriftstellerin George Sand (1804–76)?

☞ **Für die Gleichberechtigung der Frau.** Aus diesem Engagement heraus entstanden die Romane *Indiana* (1832) und *Lélia* (1833).

Frage 156

Welcher russische Schriftsteller verfasste den Versroman *Eugen Onegin*?

☞ **Alexandr Puschkin (1799–1837).** In seinen politischen Gedichten engagierte Puschkin sich für Freiheit und Fortschritt. Der russischen Literatur gaben seine Werke mit ihren formalen Innovationen ganz neue und grundlegende Impulse.

Frage 157

Wie heißen die beiden Nachbarskinder und Freunde von Pippi Langstrumpf?

☞ **Thomas und Annika.**

Frage 158

Welcher Autor schrieb den kontroversen Roman *In Stahlgewittern*?

☞ **Ernst Jünger (1895–1998),** der zu den umstrittensten Literaten des 20. Jahrhunderts gehörte. Seine Lebensphilosophie, nach der sich das, was den Menschen ausmacht, nur in Extremsituationen zeigen könne, wurde von den Nationalsozialisten als Verherrlichung des Krieges ausgelegt.

Frage 159

Für welche Eigenschaften sind die Romane von Henry James (1843–1916) berühmt?

☞ Der amerikanische Dichter entwickelte den psychologischen Roman, in dem der Bewusstseinsstrom eine zentrale Rolle spielt. Äußere Wirklichkeit kann nur über das Bewusstsein erfasst und vermittelt werden.

Frage 160

Welcher amerikanische Literaturnobelpreisträger verfasste 1952 den Roman *Jenseits von Eden*?

☞ **John Steinbeck (1902–68).** Hauptthema seiner sozialkritischen Romane ist die Verelendung der Landarbeiter (*Früchte des Zorns*, 1939). In seiner Familiensaga *Jenseits von Eden* greift der Dichter das biblische Kain-und-Abel-Motiv auf.

Frage 161

Wer schrieb das erfolgreiche Buch *Die unendliche Geschichte*?

☞ **Michael Ende (1929–95)** verfasste den Roman, in dem Bastian, der ein geheimnisvolles Buch entdeckt und darin zu lesen beginnt, in die Traumwelt von Fantasia gelangt.

Michael Ende

Frage 162

In welchem Roman lernt der Gymnasiast Michael Berg die 20 Jahre ältere Hanna Schmitz kennen, mit der er seine erste Liebe erlebt?

☞ **In Bernhards Schlinks (*1944) *Der Vorleser*.**

Frage 163

Welcher deutsche Kinderbuchautor schrieb *Die kleine Hexe*?

☐ a) Stefan Wolf
☐ b) James Krüss
☐ c) Otfried Preußler
☐ d) Erich Kästner

☞ **c) Otfried Preußler** (*1923)
Neben den Geschichten um *Die kleine Hexe* zählen *Der kleine Wassermann* (1956), *Der Räuber Hotzenplotz* (1962) und *Krabat* (1971) zu Preußlers fantasievollsten und spannendsten Büchern.

Frage 164

Welcher deutsche Autor verfasste die *Briefe in die chinesische Vergangenheit*?

☞ **Herbert Rosendorfer (*1934).** Aufsehen erregte Rosendorfer auch mit Schauspielen wie *Großes Solo für Anton* (1976) und *Vorstadtminiaturen* (1982).

Frage 165

Welcher Roman von Charles Dickens (1812–1870) spielt im Milieu der Londoner Unterwelt?

☞ ***Oliver Twist.*** Obwohl Oliver Twist einer Diebesbande in die Hände fällt, gelingt es ihm, seine Unschuld zu bewahren und gerettet zu werden.

Frage 166

Welche Schriftstellerin der ehemaligen DDR beschwört in *Kassandra* die Bedrohungen, denen die Menschheit ausgesetzt ist?

☐ a) Florentine Hahn
☐ b) Christa Wolf
☐ c) Bärbel Fuchs
☐ d) Ann-Kathrin Bär

☞ **b) Christa Wolf** (*1929)
Neben *Kassandra* (1983) gehören auch *Unter den Linden* und *Kindheitsmuster* zu den in ganz Europa viel gelesenen Romanen.

Frage 167

Welche französische Schriftstellerin schrieb die Romane *Bonjour Tristesse* und *Lieben Sie Brahms*?

Françoise Sagan

☞ **Françoise Sagan (1935–2004).** Ihre melancholischen und erotischen Romane kreisen um die Motive Liebe und Einsamkeit. Das alte literarische Thema des Weltschmerzes wird aufgelöst in Traurigkeit, Niedergeschlagenheit und Langeweile.

Frage 168

Was ist das älteste gedruckte Buch Europas?

☞ **Die Gutenbergbibel.** Der ehemalige Goldschmied Johannes Gutenberg (um 1400–68) konstruierte erstmals in Europa ein Handgießinstrument zur Herstellung von Drucktypen. Mit einer dazu passend gebauten Druckerpresse ermöglichte er den Massendruck von Büchern. Von den 180 auf diese Weise gedruckten Bibeln sind heute noch 49 erhalten.

Frage 169

Welcher Schweizer Schriftsteller verfasste die Novelle *Kleider machen Leute*?

☞ **Gottfried Keller (1819–90)**

Frage 170

Wer schrieb *Es muss nicht immer Kaviar sein*?

☞ **Der Österreicher Johannes Mario Simmel (1924–2009)**, der zahlreiche Bestseller verfasste, die dem Genre der Unterhaltungs- und Trivialliteratur zuzurechnen sind. Dennoch stellen seine Romane auch historische und zeitkritische Bezüge her.

Frage 171

Zu welcher literarischen Strömung wird Ricarda Huch gerechnet?

☞ **Huch (1864–1947) war eine Hauptvertreterin der Neuromantik**. Sie begann nach einem Studium der Geschichts- und Literaturwissenschaft und der Promotion (1892 als eine der ersten Frauen) mit gefühlsstarken Dichtungen wie in *Das Leben, ein kurzer Traum* und wandte sich dann historischen Stoffen zu.

Frage 172

In welcher Einheit gibt man die Lesegeschwindigkeit eines Menschen an?

☐ a) LGK
☐ b) WPS
☐ c) WPM
☐ d) SLG

☞ **c) WPM**
Die Maßeinheit lautet WPM, Wörter pro Minute. Nehmen Sie sich einen durchschnittlich anspruchsvollen Text mit exakt 500

Wörtern, lesen Sie ihn und stoppen Sie dabei die Zeit. Teilen Sie nun 500 durch die ermittelten Sekunden und multiplizieren Sie das Ergebnis mit 60. Schon kennen Sie Ihre Lesegeschwindigkeit. Der Durchschnitt liegt bei 300 WPM. Wichtig dabei ist, dass der Inhalt des Textes so verstanden werden muss, dass er wiedergegeben werden könnte.

Frage 173

In welchem Roman treffen die neunjährigen Mädchen Luise Palfy und Lotte Körner in einem Ferienheim aufeinander, ohne zu wissen, dass sie Zwillinge sind?

Erich Kästner

☞ **In Erich Kästners (1899–1974) *Das doppelte Lottchen.***

Frage 174

Welcher Arzt wurde zu einem der wichtigsten Vertreter der expressionistischen deutschen Lyrik?

☞ **Gottfried Benn (1886–1956).** In seinen poetischen Werken thematisierte er immer wieder drastisch die Erfahrungen, die er als Arzt gemacht hatte. Diese sachlich genauen Beschreibungen gingen oft bis an die Grenze dessen, was als guter Geschmack bezeichnet wurde. So schilderte Benn Leichensektionen oder beschrieb den Blick in die Pathologie.

Frage 175

Welche Romanvorlage zu einem Spielberg-Film machte Michael Crichton (1942–2008) weltberühmt?

☞ ***Dino Park*, die Romanvorlage zu *Jurassic Park*.** Die Verfilmung des Romans war 1993 ein Kassenschlager, denn sie bediente die jugendliche Begeisterung für Dinosaurier, die in dieser Geschichte für einige Verwirrungen in der Gegenwart sorgen. Crichton hat neben weiteren Science-Fiction-Thrillern auch die Fernsehserie *Emergency Room* erfunden.

Frage 176

In welcher Sprache schrieb der Dichter Dante Alighieri seine *Göttliche Komödie*?

☐ a) Lateinisch
☐ b) Italienisch
☐ c) Spanisch

☞ **b) Italienisch**

Der italienische Dichter Dante Alighieri (1265–1321) schrieb nicht mehr, wie es seinerzeit üblich war, auf Latein, was zu dieser Zeit sehr ungewöhnlich war, sondern auf Italienisch. Er schrieb die *Göttliche Komödie* in einer toskanischen Mundart, die mit seinem Werk die italienische Hochsprache prägte.

Frage 177

Die Liste der Helden, die bei Troja gekämpft haben sollen, ist bekanntlich sehr lang. **Wen aber verehrten die Römer als größten Helden des Kampfes um Troja?**

☞ **Den Trojaner Äneas.** Der römische Dichter Vergil (70–19 v. Chr.) gestaltete um diese Figur ein Epos, das in Form und Gestalt mit der Homerschen *Ilias* verglichen wurde und das zu einem der wichtigsten Texte im antiken Rom wurde. Es schildert, wie Äneas nach der verlorenen Schlacht auf der Flucht von Troja zahlreiche Abenteuer zu bestehen hat, bevor er schließlich in Italien landet, wo er Latiner und Trojaner vereinigt haben soll.

Frage 178

Welcher Autor beschrieb *Die unerträgliche Leichtigkeit des Seins*?

☞ **Milan Kundera (*1929).** Der Roman schildert die verschlungene Liebesgeschichte zwischen Tomas und Teresa, die sich vor dem Hintergrund der Unterdrückung durch den tsche-

Milan Kundera

choslowakischen Sozialismus abspielt. Mit diesem Buch gelang Kundera der internationale Durchbruch.

Frage 179

Wie bezeichnet man ein sprachlich einfaches und inhaltlich leicht zu erfassendes Stück Literatur?

☞ **Trivialliteratur.** Die Geschichten, die in solchen Romanen geschildert werden, sind stets wenig komplex und sehr leicht zu erfassen. Sie arbeiten gerne mit Stereotypen, wie dem reichen, aber unglücklich verheirateten Arzt oder der naiven Unschuld vom Land. Das positive Ende der Geschichten kann versierte Leser von Trivialliteratur kaum überraschen.

Frage 180

Wer schrieb die Kinder- und Jugendbücher *Nicht Chicago. Nicht hier* und *Mit Jakob wurde alles anders* sowie *Ich ganz cool*?

☞ **Kirsten Boie (*1950).**

Frage 181

Welches bekannte Buch des 15. Jahrhunderts liegt seit Februar 2000 in digitalisierter Form vor?

☞ **Die Gutenbergbibel** des ersten deutschen Buchdruckers Johannes Gutenberg (um 1400–68), die von der Staats- und Universitätsbibliothek Niedersachsen digitalisiert wurde. Die 1282 Seiten des zweibändigen Werkes sind im Internet verfügbar.

Frage 182

Wer waren die Schwestern von Emily Jane Brontë?

☐ a) Alice und Susan Brontë
☐ b) Stephanie und Hannah Brontë
☐ c) Caroline und Marianne Brontë
☐ d) Charlotte und Anne Brontë

☞ **d) Charlotte (1816–55) und Anne Brontë (1820–49)**

Alle drei Schwestern waren literarisch aktiv und schrieben Romane; allerdings galt Emily Jane (1818–48) als die Begabteste der Schwestern. Mit ihrem Roman *Sturmhöhe* (1847) löste sie im viktorianischen England einen handfesten Skandal aus.

Frage 183

Welcher lateinamerikanische Autor ist besonders für seine fantastischen Erzählungen berühmt?

☞ **Der Argentinier Jorge Luis Borges (1899–1989),** der zu den bedeutendsten lateinamerikanischen Autoren zählt. Zu seinen bekanntesten Texten gehört *Das Sandbuch.*

Jorge Luis Borges

Frage 184

Wer schuf den Krimidetektiv Philip Marlowe?

☞ **Raymond Chandler (1888–1959).** In seinen Kriminalromanen kreierte der Amerikaner mit Marlowe einen Detektiv, der nach außen hart und zynisch ist, innerlich aber an den Menschen und am Zustand der Welt im Allgemeinen, an der amerikanischen Gesellschaft verzweifelt. Zu den berühmtesten Romanen Chandlers gehören *Der große Schlaf, Die kleine Schwester* und *Lebwohl, mein Liebling.*

Frage 185

Wo ist die Heimat der *Edda*?

☞ **Auf Island.** Um 1000 wurden auf der nordskandinavischen Insel viele germanische Götter- und Heldenlieder zusammengefasst und schriftlich fixiert. 1643 erwarb der isländische Bischof Brynjólfur Sveinsson (1605–75) die Sammlung, heute wird die wertvolle Handschrift in der königlichen Bibliothek von Kopenhagen aufbewahrt. Sie ist auch deshalb von Bedeutung, weil sie tiefe Einblicke in die Welt der vorchristlichen Mythen und Göttervorstellungen der Germanen erlaubt.

Frage 186

Schrieb Hans Christian Andersen nur Märchen?

☞ Nein, Andersen (1805–75) gilt auch als einer der Mitbegründer des dänischen Realismus. Neben seinen Märchen verfasste er Romane, Lyrik und Dramen.

Frage 187

Welchen Helden erfand James Fenimore Cooper?

☞ **Der amerikanische Schriftsteller schuf den Mohikaner Lederstrumpf.** In den fünf Romanen um diesen Helden verarbeitete Cooper (1789–1851) Erlebnisse als Siedler auf dem amerikanischen Kontinent wie auch Kenntnisse über das Leben von Trappern, Soldaten und v. a. der Indianer. Die Abenteuerromane Coopers wurden in über 30 Sprachen übersetzt.

Frage 188

Welche drei Werke Puschkins (1799–1837) wurden von namhaften russischen Komponisten vertont?

☞ ***Eugen Onegin, Pique Dame* und *Boris Godunow.*** Den Versroman *Eugen Onegin* und die Erzählung *Pique Dame* vertonte Peter Tschaikowsky (1840–93), aus dem Drama *Boris Godunow* machte Mussorgskij (1839–81) eine Oper.

Frage 189

Seit wann kennt man die Gedichtform des Limerick?

☐ a) seit etwa 1570 ☐ c) seit etwa 1820
☐ b) seit etwa 1710 ☐ d) seit etwa 1980

☞ **c) seit etwa 1820**
Limericks, die ihren Namen von einer irischen Stadt haben, sind kurze fünfzeilige, humorvolle Gedichte, die meist in Zeitungen publiziert wurden. Die eigentlich witzige Pointe findet sich erst in der letzten Zeile eines solchen Limerick, die das bisher Gesagte umkehrt, überspitzt oder ins Groteske-Lächerliche zieht. Einer der wichtigsten Limerickverfasser war der Brite Edward Lear (1812–88).

Frage 190

Wie hieß die legendäre Fernsehsendung, in der Bücher vorgestellt und von einer vierköpfigen Gruppe manchmal hoch gelobt, oft aber auch gnadenlos zerrissen wurden?

☞ ***Das Literarische Quartett.*** Die Fernsehreihe, die zwischen 1988 und 2001 lief, verdankte ihre enorme Popularität in erster Linie Marcel Reich-Ranicki (*1920), einem ebenso wortgewandten wie streitlustigen Literaturkritiker.

Frage 191

In welcher Epoche der deutschen Dichtung hatte die blaue Blume einen besonderen Symbolwert?

Novalis

☞ **In der Romantik.** Novalis (1772–1801) hatte die blaue Blume als Symbol in seinem Romanfragment *Heinrich von Ofterdingen* eingeführt. Die blaue Blume symbolisierte seitdem die unermessliche Sehnsucht der Romantik nach dem Unendlichen und der Welterkenntnis.

Frage 192

Welcher römische Dichter wurde aus Rom verbannt, weil er über zu viele Kenntnisse über das Intimleben der kaiserlichen Familie verfügte?

☞ **Publius Ovidius Naso (43 v. Chr.–17 n. Chr.), kurz Ovid.** Der römische Dichter hatte mit den *Metamorphosen* auf sich aufmerksam gemacht, gerade weil die Themen dieser Gedichte zuweilen frivol waren. Da Ovid am Hof des Augustus (63 v. Chr.–14 n. Chr.) ein- und ausging, erfuhr er zu viele private Einzelheiten aus dem Leben der Kaiserenkelin und wurde deshalb kurzerhand aus Rom verbannt.

Frage 193

Welcher deutsche Schriftsteller erfand die Geschichten um den edlen Indianerhäuptling Winnetou?

☞ **Karl May (1842–1912)**, der weder den Wilden Westen noch den Vorderen Orient aus eigener Erfahrung kannte. Dennoch gelang es ihm, Old Surehand, Old Shatterhand und Winnetou so abenteuerlich und realistisch zu beschreiben, dass die Geschichten auch heute noch sehr beliebt sind.

Frage 194

Welche französische Schriftstellerin war die Lebensgefährtin von Sartre?

☞ **Simone de Beauvoir (1908–86).** Sie gilt als eine der Begründerinnen des Feminismus nach 1968. Ihr Welterfolg *Das andere Geschlecht* machte sie zur Vorzeigeintellektuellen Frankreichs.

Simone de Beauvoir

Frage 195

Mit welchem Begriff bezeichnet man eine Sammlung literarischer Texte, die ursprünglich getrennt voneinander publiziert wurden?

☞ Man bezeichnet eine solche Sammlung als **Anthologie**.

Frage 196

Was versteht man unter Lyrik?

☞ Alle Formen von Gedichten, d. h. der gebundenen Rede, aber auch der ungebundenen Rede in der modernen Lyrik. Weitere Unterscheidungskriterien sind Erlebnis- und Gedankenlyrik.

Frage 197

Wie heißt die in Venedig lebende Amerikanerin, die mit Commissario Guido Brunetti eine der beliebtesten Krimifiguren weltweit geschaffen hat?

☐ a) Donna Leon
☐ b) Carla Adriano
☐ c) Alessandra Luca
☐ d) Juliana Alessio

☞ **a) Donna Leon** (*1942)

Frage 198

Was verbirgt sich hinter der von Joseph Goebbels (1897–1945) angeordneten Aktion „Wider den undeutschen Geist"?

☞ **Bücherverbrennungen.** In Berlin und anderen Großstädten wurden 1933 vom Naziregime wichtige Werke der Weltliteratur und des deutschen literarischen Schaffens öffentlich verbrannt und anschließend ihre weitere Publikation wie auch ihre Lektüre in Schule und Universität verboten.

Frage 199

Welcher Oxforder Professor schuf sprechende Kaninchen, Humpty Dumpty und die Cheshire-Katze?

☞ **Lewis Carroll (1832–98)**, der *Alice im Wunderland* schrieb.

Frage 200

Welcher deutsche Autor schrieb *Rennschwein Rudi Rüssel* und *Die Entdeckung der Currywurst*?

☐ a) Benjamin von Stuckrad-Barre
☐ b) Florian Illies
☐ c) Uwe Timm
☐ d) Wilhelm Genazino

☞ **c) Uwe Timm** (*1940)
Der Autor zählt zu den wichtigsten Literaten, die die 68er-Generation hervorgebracht hat.

Frage 201

Aus wessen Feder stammt der Roman *Die Pest*?

☞ **Albert Camus (1913–60).** Er zählt zu den bekanntesten französischen Autoren des 20. Jahrhunderts. Sein Roman *Die Pest* erschien im Jahr 1947 und wurde zu einem der bedeutendsten Romane der französischen Nachkriegsliteratur.

Albert Camus

Frage 202

In der literarischen Überlieferung welcher Völker findet sich erstmals eine Sintfluterzählung?

☞ Bereits die ältesten Überlieferungen der Sumerer und Akkadier berichten von einer gewaltigen Flut, die fast die gesamte Menschheit vernichtet habe. Die Darstellungen sind aber – im Gegensatz zur Sintflutgeschichte des Alten Testaments – nur bruchstückhaft überliefert.

Frage 203

Welcher römische Autor musste seine Angriffe gegen einen der Nachfolger Caesars mit seinem Leben bezahlen?

☞ **Marcus Tullius Cicero (106–43 v. Chr.).** Nach Caesars (100–44 v. Chr.) Tod geriet er in Bedrängnis, weil er in der Öffentlichkeit gegen einen der drei Nachfolger Caesars und somit gegen einen der mächtigsten Männer Roms, nämlich Marcus Antonius (um 82–30 v. Chr.), gewettert hatte. Cicero fiel schließlich einem von Antonius initiierten Mordanschlag zum Opfer.

Frage 204

Welcher deutsche Schriftsteller erhielt neben vielen weiteren Auszeichnungen 2004 den Georg-Büchner-Preis und 2007 den Kleistpreis?

☞ **Wilhelm Genazino (*1943)**, der u. a. *Die Obdachlosigkeit der Fische* und *Die Liebesblödigkeit* schrieb. Im Mittelpunkt seiner Prosa steht meist eine labile männliche Person, die den gesellschaftlichen Entwicklungen kritisch gegenübersteht. Genazino verzichtet auf effektheischende und umständliche Formulierungen und hat dennoch die wohl gründlichsten und originellsten Beschreibungen und Schilderungen der neueren Literatur geschaffen.

Frage 205

In welchem Roman von Frank Schätzing deuten einige scheinbar zusammenhanglose Merkwürdigkeiten auf eine bevorstehende Katastrophe hin?

☞ **Im Roman *Der Schwarm*.** Schätzing (*1957) entwickelt Schritt für Schritt ein globales Katastrophenszenario, das erschreckend realitätsnah erscheint.

Frage 206

Mit welchem Buch parodiert Süskind den Bildungsroman?

☐ a) *Der Hauptmann* ☐ c) *Der Kontrabass*
☐ b) *Das Parfum* ☐ d) *Der Sommer*

☞ **b) *Das Parfum***
In seinem Roman beschreibt Patrick Süskind (*1949) die Lebensgeschichte Jean-Baptiste Grenouilles von der Geburt bis zum Tod, was typisch für den Bildungsroman des 18. Jahrhunderts ist.

Frage 207

Wie heißen die beiden Hauptfiguren in John Steinbecks *Von Mäusen und Menschen*?

☐ a) Paul und Roger ☐ c) George und Lennie
☐ b) Frank und Rick ☐ d) Polly und Selma

☞ **c) George und Lennie**
George und Lennie sind zwei wandernde Farmarbeiter, die sich in den USA durchs Leben schlagen. Ihr Traum ist es, einmal

John Steinbeck

eine eigene Farm zu besitzen. George ist klein, aber clever, Lennie ist ein bärenstarker Hüne, aber seine geistigen Fähigkeiten sind sehr eingeschränkt. Lennies größte Freude ist es, weiße Mäuse zu streicheln. Das macht er so lange, bis er die kleinen Nager tot gestreichelt hat. Ihre tragische Geschichte wird von Steinbeck (1902–68) virtuos erzählt.

Frage 208

Welcher deutsche Autor nahm 1954 den Stalin-Friedenspreis in Moskau entgegen?

☞ **Bertolt Brecht (1898–1956).** Der gebürtige Augsburger gilt als einflussreichster deutscher Dramatiker und Lyriker des 20. Jahrhunderts und als Begründer des Epischen Theaters.

Frage 209

Was verbarg sich hinter der 1950 veröffentlichten Anthologie *Gott, der versagte*?

☞ Die harsche Abrechnung und Kritik ehemals überzeugter kommunistischer Literaten am sowjetischen Staats- und Parteichef Jossif Stalin (1878–1953), mit der die Autoren ihre Enttäuschung über die von ihrem früheren Vor- und Leitbild betriebene Politik ausdrückten und so zum Sprachrohr zahlreicher europäischer Intellektueller avancierten.

Frage 210

Mit welchen Reisebeschreibungen hatte Theodor Fontane seinen ersten literarischen Erfolg?

☞ **Mit den *Wanderungen durch die Mark Brandenburg*.** Fontane (1819–98) war ein bedeutender Vertreter des poetischen Realismus.

Frage 211

Warum protestierte der sowjetische Staats- und Parteichef Leonid Breschnew gegen die Literaturnobelpreisverleihung des Jahres 1970?

☞ Weil mit Aleksandr Solschenizyn (1918–2008) ein Schriftsteller, der die restriktive Innenpolitik der damaligen Sowjetführung und den stalinistischen Terror scharf angegriffen hatte, den Nobelpreis für Literatur erhalten sollte.

Frage 212

Welche Ära gilt als literarische Blütezeit Athens?

☐ a) Ära des Perikles
☐ b) Ära des Aristoteles
☐ c) Ära des Dareios
☐ d) Ära des Sokrates

☞ **a) Ära des Perikles** (um 495–429 v. Chr.) Die Zeit der Herrschaft des Perikles war einerseits eine Phase des politischen und sozialen Aufbruchs. Zugleich war diese Phase aber auch von einer beachtlichen kulturellen Schaffenskraft geprägt. So fällt auch die Entstehung der wichtigsten literarischen Werke des alten Athen in diese Zeit.

Frage 213

Wer gilt als der wichtigste europäische Dichter, der in seinem Werk die Welt in all ihrer Vielfalt und ihren Widersprüchen darzustellen vermochte?

☞ **William Shakespeare (1564–1616)**, der u. a. die Erfolgswerke *Romeo und Julia, Ein Sommernachtstraum, Othello* und *Hamlet* schrieb.

Frage 214

Was für ein Typ Buch ist das Alte Testament?

☞ Eine Art literarische Sammlung unterschiedlicher Bücher verschiedener Autoren aus einem sehr langen Entstehungszeitraum. Die Entstehungszeit der Schriften des

Alten Testaments erstreckt sich über etwa 1000 Jahre und umfasst damit sehr wichtige Teile der israelitischen Geschichte, die in den Texten literarisch reflektiert und verarbeitet wurde.

Frage 215

Welcher deutsche Lyriker wurde durch seine unzähligen Aphorismen, Lebensweisheiten und Gedichte (Galgenlieder) bekannt?

☞ **Christian Morgenstern (1871–1914).**

Frage 216

Welche literarische Gattung verbindet man mit dem Namen Walther von der Vogelweide (um 1170–1230)?

☞ **Den Minnesang,** bei dem der Frauendienst des Ritters von entscheidender Bedeutung war. Während die Frau jedoch im klassischen Minnesang stets abwesend war und ihre Unerreichbarkeit thematisiert wurde, veränderte sich das Minneprinzip bei Walther in Richtung einer wechselseitigen Beziehung der Liebenden.

Frage 217

Wer schrieb den Roman *Der Prozess* (1925) und das Romanfragment *Das Schloss* (1926)?

☞ **Franz Kafka (1883–1924).** Kafka, von Beruf Versicherungsangestellter, lebte in Prag. Seine Figuren haben meist gegen verborgene und unbestimmte, dafür umso bedrohlichere Mächte zu kämpfen.

Franz Kafka

Frage 218

Wer schrieb den Roman *Der dritte Zwilling*, der über ein Jahr auf den Bestsellerlisten stand?

☐ a) James Joyce
☐ b) Virginia Woolf
☐ c) George Orwell
☐ d) Ken Follett

☞ **d) Ken Follett** (*1949)
Bereits im Alter von 29 Jahren schrieb der gebürtige Waliser mit dem Agententhriller *Die Nadel* seinen später verfilmten Erstlingsroman. Follett, dessen Frau Abgeordnete im britischen Unterhaus ist, ließ dem Bestseller zahlreiche weitere Publikumserfolge wie *Säulen der Erde*, *Die Pfeiler der Macht* und *Die Brücken der Freiheit* folgen.

Frage 219

Weswegen kam der österreichische Schriftsteller und Theaterkritiker Hans Weigel 1956 in die Schlagzeilen?

☞ Wegen eines Prozesses, den er gegen eine Schauspielerin angestrebt hatte. Diese hatte Weigel wegen einer negativen Kritik in aller Öffentlichkeit geohrfeigt. Im Prozess kam es dann zu tumultartigen Szenen, nachdem ein Schauspieler während seiner Aussage die Todesstrafe für Weigel (1908–91) forderte, weil er das legendäre Burgtheater in den Schmutz gezogen hätte.

Frage 220

Wer erfand mit der Figur des Hungerpastors einen der wohl merkwürdigsten Außenseiter des deutschen Realismus?

☞ **Wilhelm Raabe (1831–1910).**

Frage 221

Welcher amerikanische Autor schrieb die Popromane *Less than Zero, American Psycho* und *Glamorama*?

☞ **Bret Easton Ellis (*1964).** Mit seinem dritten Roman *American Psycho* wurde er zum Kultautor. Die detailliert beschriebenen und brutalen Gewalt- und Sexexzesse, eingebettet in das sinnentleerte Leben des Wallstreet-Yuppies Bateman, brachten dem Roman viel Aufmerksamkeit ein. 1995 wurde er in Deutschland von der Bundesprüfstelle für jugendgefährdende Medien indiziert, seit 2001 ist er wieder frei verkäuflich.

Frage 222

In welchem Drama schilderte Friedrich Hebbel (1813–63) die Lebensverhältnisse des Kleinbürgertums besonders deutlich?

☞ **Im bürgerlichen Trauerspiel *Maria Magdalena*.** Als einer der wichtigsten Dramatiker seiner Epoche versuchte er hier eine möglichst wirklichkeitsnahe, realistische Darstellung des kleinbürgerlichen Milieus. Werk und Autor werden deshalb dem Realismus zugerechnet.

Friedrich Hebbel

Frage 223

Wer verarbeitete seine Erfahrungen im vorderen Orient in dem Buch *Die sieben Säulen der Weisheit*?

☐ a) Graham Greene
☐ b) H. G. Wells
☐ c) Thomas Edward Lawrence
☐ d) Dylan Thomas

☞ **c) Thomas Edward Lawrence** (1888–1935)

Frage 224

Wie nennt man die Tiergeschichten, durch die beispielsweise Äsop (6. Jh. v. Chr.) bekannt geworden ist?

☞ **Fabeln.** Die in Vers oder Prosa gehaltenen Tierdichtungen vermitteln allgemein anerkannte Wahrheiten auf witzig-satirische oder moralisch-belehrende Art. Auch in der Aufklärung war die Fabel ein beliebtes Instrument der politischen Satire.

Frage 225

Was war *Die Alternative*, die Rudolf Bahro in seinem gleichnamigen Buch 1977 entwickelte?

☞ Eine marxistische Kritik an den politischen und ökonomischen Verhältnissen der DDR. Nach der Veröffentlichung wurde Bahro wegen „Geheimnis- und Landesverrats" zu mehrjähriger Haft verurteilt und zwei Jahre in Bauzen inhaftiert. Nach seiner Amnestie ließ ihn die DDR-Führung in den Westen übersiedeln, wo er Gründungsmitglied der Partei Die Grünen wurde.

Frage 226

Wie lautet der Titel des Buches von Jan Philipp Reemtsma, in dem er die Erfahrungen seiner 33-tägigen Geiselhaft verarbeitete?

☞ ***Im Keller.*** Der Multimillionär Reemtsma war am 25. März 1996 vor seinem Haus entführt worden und kam erst wieder frei, nachdem seine Familie rund 15 Millionen Euro Lösegeld gezahlt hatte. Zwei Geiselnehmer wurden in der Folgezeit gefasst, doch der Kopf der Bande floh nach Argentinien, wo er erst 1998 verhaftet werden konnte.

Frage 227

Dieser auch in Europa recht beliebte lateinamerikanische Autor hat mit *Hundert Jahre Einsamkeit* einen absoluten Bestseller geschrieben. Wie lautet der Name des Kolumbianers?

☞ **Gabriel García Márquez (*1927)** sollte sich eigentlich den Rechtswissenschaften widmen, konnte dieser Disziplin jedoch nichts abgewinnen. So begann er, sich auf die Literatur zu stürzen. Ab 1954 verdiente er seine Brötchen dann als Journalist – und er blieb beim Schreiben. 1982 erhielt er den Literaturnobelpreis.

García Márquez

Frage 228

Welche amerikanische Autorin wurde durch ihre Romane um Inspektor Lynley bekannt?

☞ **Elizabeth George (*1949).** Ihre Kriminalromane spielen in England und stehen ganz in der Tradition der britischen „Crime Ladies".

Frage 229

Wie heißt der erfolgreichste Roman von Haruki Murakami (*1949), einer der populärsten zeitgenössischen Schriftsteller Japans?

☐ a) *Anna Karenina*
☐ b) *Gefährliche Geliebte*
☐ c) *Die Entdeckung der Langsamkeit*
☐ d) *Schnee im Frühling*

☞ **b) *Gefährliche Geliebte***
In dem 1992 erschienenen Roman trifft der beruflich erfolgreiche, verheiratete Jazzbarbesitzer Hajime eines Abends nach vielen Jahren seine ehemalige Klassenkameradin Shimamoto wieder und verbringt schließlich eine Nacht mit ihr.

Frage 230

Welche Idee wurde in dem Buch *Der Mythos des 20. Jahrhunderts* entwickelt?

☞ Die nationalsozialistische Idee einer allen anderen Völkern geistig wie körperlich überlegenen „germanischen Herrenrasse". Das Buch erschien 1930 und stammt von Alfred Rosenberg (1893–1946), der als Schriftleiter bei der NS-Zeitung *Völkischer Beobachter* arbeitete. 1945/46 wurde er im Nürnberger Prozess als „Urheber des Rassenhasses" gebrandmarkt, zum Tode verurteilt und hingerichtet.

Frage 231

Dieser Autor hat dem historischen Roman in Amerika zu neuem Ansehen verholfen. Gleichzeitig gilt er wegen seines schwarzen Humors und der extravaganten Themenwahl aber auch als „Enfant terrible" der Gegenwartsliteratur. **Von wem ist hier die Rede?**

☞ **T. C. Boyle (*1948).** Sein zehnter Roman *Dr. Sex* (Originaltitel *The Inner Circle*) schildert die Geschichte des amerikanischen Sexualforschers Dr. Alfred Charles Kinsey, Verfasser des berühmt-berüchtigten Kinseyreports über das sexuelle Verhalten von Mann und Frau, aus der Sicht des Studenten John Milk.

Frage 232

Wer schrieb das *Grüne Buch*?

☞ **Libyens Staatschef Muammar al-Gaddhafi (*1942).** 1969 durch Putsch an die Macht gekommen, verfasste er mit dem *Grünen Buch* einen Leitfaden, der für alle Libyer verbindlich sein sollte. Gaddhafi selbst geriet immer wieder als Hintermann terroristischer Anschläge in die Schlagzeilen.

Frage 233

Wer erfand die Figuren Miss Marple und Hercule Poirot?

☞ **Die Britin Agatha Christie (1890–1976).** 2000 erhielt sie die Auszeichnung „Beste Kriminalautorin des Jahrhunderts" für ihr literarisches Lebenswerk.

VATER UND SOHN DUMAS

Alexandre Dumas gibt es gleich zwei Mal, nämlich als Vater und Sohn. Sie haben nicht nur den gleichen Namen, sie sind auch beide Schriftsteller und haben weltberühmte Werke geschaffen. Dumas der Ältere (1802–70) zeichnet für Romane wie *Die drei Musketiere* und *Der Graf von Monte Christo* verantwortlich. Sein Sohn, Alexandre Dumas der Jüngere (1824–95), schrieb u. a. *Die Kameliendame.*

Frage 1

Welcher bekannte Rockmusiker wird auch „The Boss" genannt?

☞ **Bruce Springsteen (*1949).** 1975 gelang Springsteen mit seinem dritten Album *Born to run* der Durchbruch. Endgültig zum Superstar wurde er jedoch erst mit seinem 1984 erschienenen Album *Born in the U.S.A.*, das sieben Top-Ten-Hits enthielt. Der amerikanische Musiker hat allein in den USA mehr als 60 Millionen Alben verkauft; damit ist er einer der erfolgreichsten Rockmusiker überhaupt.

Frage 2

Welcher Musiker war Mitglied der Fugees und landete mit *911* einen Riesenhit?

☞ **Wyclef Jean (*1972).** Neben seiner Band und verschiedenen Soloprojekten arbeitete er als Sänger, Songwriter, Producer und Remixer mit vielen internationalen Stars wie Whitney Houston, Michael Jackson oder Carlos Santana zusammen.

Frage 3

Mit der Darbietung welcher Liedform konnte Jacques Brel internationale Erfolge feiern?

☞ **Mit dem Chanson**, einer zumeist poetischen und philosophischen Liedform. Obwohl Brel (1929–78) eigentlich aus Belgien stammte, verkörpert er die Chansons wie kaum ein anderer. Einer seiner bekanntesten Chansons ist *Ne me quitte pas*.

Frage 4

Wie hieß der Sänger der Rockband The Doors?

☐ a) Ian Gillan
☐ b) Jim Morrison
☐ c) Roger Daltrey
☐ d) Nick Kerslake

☞ **b) Jim Morrison** (1943–71)
Morrison war der äußerst charismatische und extrovertierte Sänger der Doors. Er zog die Bewunderung seiner Fans und den Hass der bürgerlichen Gesellschaft gleichermaßen auf sich. Am 3. Juli 1971 verstarb Jim Morrison, seine Freundin fand ihn tot in der Badewanne. Da niemand außer ihr und dem Arzt den Leichnam zu Gesicht bekam, gibt es immer wieder Gerüchte, Morrison lebe noch.

Frage 5

Wer gab Shakespeares (1564–1616) *Sommernachtstraum* ein musikalisches Gewand?

☞ **Felix Mendelssohn Bartholdy (1809–47)**, ein Enkel des Philosophen Moses Mendelssohn (1729–86). Er gehörte zu den bedeutendsten Vertretern der Romantik. Seine berühmtesten Werke sind Konzertouvertüren, sein Violinkonzert in e-Moll und seine Sinfonien.

Felix Mendelssohn Bartholdy

Frage 6

Welche deutsche Band bezeichnet sich selbst als „Die beste Band der Welt"?

☞ **Die Ärzte.** Gegründet wurde die Band 1982, nach einer vierjährigen Trennung besteht die Band seit 1993 aus Farin Urlaub, Bela B. und Rod. 2006 brachten Die Ärzte das Album *Bäst of* auf den Markt, das eine Auswahl ihrer besten Hits enthält, z. B. *Schrei nach Liebe*, *Schunder Song*, *Mein Baby war beim Frisör* oder *Männer sind Schweine*.

Frage 7

Dieser italienische Violinist und Komponist zählt zu den besten Geigenvirtuosen aller Zeiten. Im 19. Jahrhundert, als er auftrat, wurde er wegen seines als dämonisch empfundenen Spiels und seiner geheimnisvollen Erscheinung häufig als „Teufelsgeiger" bezeichnet. Bei seinen Auftritten brillierte und überraschte er das Publikum mit damals noch unbekannten Griffen oder mit Manipulationen am Instrument. Bisweilen entfernte er einzelne Saiten oder stimmte sie um. Seine eigenen Kompositionen für die Geige konnten erst viele Jahrzehnte nach seinem Tod von anderen Violinisten fehlerfrei gespielt werden. **Wie hieß der Musiker?**

☞ **Niccolò Paganini (1782–1840).** Die *Zeitung für die elegante Welt* schrieb im Jahr 1829 über Paganini: „Jedermann errät es jetzt, und hätte es längst merken können, dass Paganini und der Satan in der engsten Beziehung stehen, wenn einer nicht sogar mit dem andern identisch ist."

Frage 8

Welche Sängerin und Schauspielerin wurde in *Bodyguard* von Kevin Costner gerettet und sang auch mehrere Lieder des Soundtracks?

☞ **Whitney Houston (*1963).** Ihre fantastischen Songs wie *I Will Always Love You*, *I Have Nothing* und *I'm Every Woman* trugen zum großen Erfolg des Films bei.

Frage 9

Wie nennt man ein Musikstück für zwei Singstimmen?

☐ a) Duett
☐ b) Trio
☐ c) Quartett
☐ d) Sextett

☞ **a) Duett**
Es wird meist instrumental begleitet. Der Begriff wird aber auch für eine Komposition für zwei Instrumente verwendet. Eine andere Bezeichnung ist Duo.

Frage 10

Welcher bekannte Gitarrist hat auf dem Woodstock-Festival eine ganz spezielle Version der amerikanischen Nationalhymne intoniert und danach seine Gitarre verbrannt?

☞ **Jimi Hendrix (1942–70)** gilt noch immer als einer der großen Meister auf der elektrischen Gitarre. Technische Entwicklungen nutzte er exzessiv aus, es gab kaum einen Körperteil, mit dem er sein Instrument nicht zu spielen verstand, er zupfte die Saiten sogar mit der Zunge. So konnte er der Gitarre, die er laut *Newsweek* „mit der Leidenschaft und dem Einfallsreichtum eines Casanovas" liebte, Töne entlocken, die vor ihm noch kein Musiker zustande gebracht hatte. Nach Auftritten pflegte er sein Instrument zu zerschmettern oder in Brand zu setzen. Im Alter von 28 Jahren starb er am 18. September 1970 in einem Londoner Hotel.

Jimi Hendrix

Frage 11

Was bedeutet die Vortragsanweisung „crescendo" in der Musik?

☞ **Das langsame Anwachsen der Tonstärke.**

LIVE-AID

Eines der größten Konzerte aller Zeiten ist sicherlich das 1985 von Bob Geldof initiierte Live-Aid-Konzert zugunsten der Menschen in Afrika. Es fand parallel im Londoner Wembley-Stadion und im John-F.-Kennedy-Stadion in Philadelphia statt. Auf diesen zwei Bühnen traten abwechselnd für mehr als 16 Stunden die Topstars der damaligen Musikszene auf. Dazu gehörten u. a. Queen, David Bowie, Elton John, Dire Straits, Mick Jagger, Bob Dylan, Santana, Madonna, Paul McCartney, Status Quo, The Who, Tina Turner, Eric Clapton, Phil Collins, U2, Simple Minds und viele mehr. Phil Collins sorgte hier noch für einen besonderen Rekord, da er auf beiden Bühnen auftrat. Nach seinem Auftritt in London setzte er sich ins Flugzeug und absolvierte eine zweite Show in Philadelphia.

Frage 12

Wenn es darum geht, das einflussreichste und beste Rockalbum aller Zeiten zu küren, landet eine Platte namens *Dark Side Of The Moon* regelmäßig ganz weit vorne. **Von welcher Band stammt dieses Werk?**

☞ **Pink Floyd.** Die Band wurde im Jahr 1965 von vier Schulfreunden in Cambridge gegründet: Syd Barret (1946–2006), Roger Waters (*1943), Nick Mason (*1944) und Rick Wright (1943–2008). Schnell machten sie sich mit ihrer avantgardistischen experimentellen Rockmusik in der Szene einen Namen. Nachdem Syd Barret wegen Drogenproblemen 1968 die Band verlassen und David Gilmour (*1946) seine Stelle eingenommen hatte, wurden die Songs von Pink Floyd ein wenig eingängiger. Der große Erfolg ließ nicht lange auf sich warten. Alben wie *Dark Side Of The Moon*, *Wish You Were Here* oder *Animals* wurden zu Verkaufsschlagern. Den Gipfel ihres Ruhmes erreichte die Band 1979 mit der Doppel-LP *The Wall*.

Frage 13

Von welchem Komponisten stammt das Chorwerk *Deutsches Requiem*?

☞ **Von Johannes Brahms (1833–97)**, der bereits mit zehn Jahren als Wunderkind gefeiert wurde. Seine Kompositionen gehören zu den bedeutendsten musikalischen Schätzen, die in der Tradition der Klassik und Romantik stehen. Zu seinen wichtigsten Werken zählen seine vier Sinfonien, die Klavierkonzerte und sein Violinkonzert in D-Dur.

Frage 14

In welcher erfolgreichen Boygroup sang Robbie Williams (*1974) bis 1995, bevor er solo durchstartete?

☐ a) Caught in The Act
☐ b) Backstreet Boys
☐ c) Take That
☐ d) New Kids on the Block

☞ **c) Take That**

Die 1990 gegründete Band bestand damals aus Gary Barlow (*1971), Mark Owen (*1972), Howard Donald (*1968) und Jason Orange (*1970). Nach Robbies Ausstieg trennte sich die Band im Jahr 1996. Einige ihrer größten Hits sind *Back for Good*, *Never Forget* und *How deep is your love*. Seit 2005 existiert *Take That* wieder, allerdings ohne Robbie.

Frage 15

Wer komponierte die berühmte sinfonische Dichtung *Die Moldau*?

☞ **Bedřich Smetana (1824–84).** Das sinfonische Werk beschreibt den Verlauf der Moldau in Smetanas tschechischer Heimat. Eingebettet ist sie in den sinfonischen Zyklus *Mein Vaterland* (1874–79). Smetana, dessen Musik viele Elemente der tschechischen Volksmusik enthält, schrieb auch die häufig gespielte heitere Oper *Die verkaufte Braut* (1866).

Frage 16

Wie nennt man die traditionelle Volksmusik in den USA?

☞ **Countrymusic, auch Country and Western.** Sie stammt aus dem Süden der USA. Das Herz der Countrymusic liegt in Nashville (Tennessee). Große Countrymusiker waren u. a. Hank Williams (1923–53) und Johnny Cash (1932–2003). Ein typisches Merkmal der Countrymusik sind Texte, die sich auf die amerikanischen Lebensverhältnisse beziehen, persönliche Erfahrungen beschreiben oder aktuelle Ereignisse kommentieren.

Frage 17

Welcher Musikstil entstand in den Südstaaten der USA unter den Nachfahren der afrikanischen Sklaven?

☞ **Der Jazz.** Ende des 19. und Anfang des 20. Jahrhunderts entwickelte sich aus den Liedern der aus Afrika in die Sklaverei verschleppten Schwarzen der Blues; das Spiritual entstand aus religiös-kirchlichen Liedern. Zusammen mit dem Ragtime mündeten diese Strömungen in den schwarzen New-Orleans-Jazz. Aus dieser Entwicklung gingen neue Stile wie Swing, Cooljazz, Bebop, Freejazz u. a. hervor. Bekannte Solisten waren Louis Armstrong (1901–71), Benny Goodman (1909–86) oder Ella Fitzgerald (1918–96).

Frage 18

Was ist in einem Libretto niedergeschrieben?

☞ Der Text zu musikalisch-dramatischen Werken wie Opern, Operetten und Musicals.

Frage 19

Welcher große Jazz-Trompeter hörte auch auf den Namen „Satchmo"?

☐ a) Neil Armstrong
☐ b) Lance Armstrong
☐ c) Louis Armstrong
☐ d) Samuel Armstrong

☞ **c) Louis Armstrong** (1901–71)
Armstrongs musikalische Wurzeln lagen in New Orleans. Er trug dazu bei, den New-Orleans-Jazz entscheidend weiterzuentwickeln. Armstrong machte aber nicht nur als Trompeter auf sich aufmerksam, auch als Sänger und Entertainer war er eine Größe für sich. Musikstücke wie *What a Wonderful World* sind längst zu Evergreens geworden.

Frage 20

Welche Band gilt als die erste Boygroup überhaupt?

☞ **Die Beatles.** Die britische Rockband, die 1960 gegründet wurde, bestand aus John Lennon (1940–80), Paul McCartney (*1942), George Harrison (1943–2001) und Ringo Starr (*1940). 1962 erschien ihre erste Single *Love Me Do*.

Die Beatles

Frage 21

Von wem stammt der Hit *Country Roads*?

☞ **Von John Denver (1943–97).** Der Song wurde mit Gold ausgezeichnet und machte Denver auf der ganzen Welt bekannt. 2000 wurde *Country Roads* zum Country-Song des Jahrhunderts gewählt.

Frage 22

Wofür steht in der Musik das Kürzel Pop?

☞ **Für populäre Musik**, d. h. alle durch die Massenmedien verbreiteten Formen der Unterhaltungsmusik wie Schlager, Hits, Folklore, Film- und Tanzmusik. Im engeren Sinne meint man damit die Musik der Jugendkultur seit den 1960er-Jahren. Die Popmusik hatte ihre Wurzeln in einer globalen Pop-Kultur, zu der auch die Pop Art der 1960er-Jahre gehörte. Rock 'n' Roll, Beat, Blues, Rhythm-and-Blues und Folk sind Spielarten der Popmusik.

Frage 23

1969 veröffentlichte er seine erste Single *Du*, die ihn über Nacht zum Star machte. 13 seiner Alben landeten auf Platz 1 der Charts. **Wer ist er?**

☞ **Peter Maffay (*1949).** Neben der Rockmusik hat er mit der Tabaluga-Reihe ein Märchen geschaffen, das inzwischen bereits vier Alben umfasst.

Frage 24

Welche der folgenden Figuren stammt aus Mozarts Oper *Die Zauberflöte*?

☐ a) Tamino
☐ b) Claudio
☐ c) Pipilata
☐ d) Caruso

☞ **a) Tamino**
Wolfgang Amadeus Mozart (1756–91) komponierte diese Oper 1791. Tamino soll, begleitet von Papageno, einer lustigen Gestalt im Federkleid, die Tochter der Königin der Nacht, Pamina, befreien. Dieser Aufgabe zeigt er sich letztendlich mithilfe einer Zauberflöte und Papagenos Glockenspiel gewachsen.

Frage 25

Welche ist bis heute die international erfolgreichste deutschsprachige Band?

☞ Die 1994 gegründete Rockband **Rammstein.** Insgesamt verkauften sie bereits über zwölf Millionen Platten, davon mehr als die Hälfte im Ausland. Mit ihrem zweiten Album *Sehnsucht* gelang ihnen im In- und Ausland der große Durchbruch.

Frage 26

In welcher Epoche entstand die Musik Johann Sebastian Bachs?

☞ **Seine Musik bildet den Höhepunkt des Barock.** Bach (1685–1750) gelang mit seinen Werken eine einzigartige Synthese verschiedener musikalischer Erscheinungsformen seiner Zeit. Bach betätigte sich – mit Ausnahme der Oper – in allen musikalischen Gattungen. Bekannteste Werke sind neben dem *Weihnachtsoratorium*, den Messen und Passionen (z. B. *Johannes- und Matthäuspassion*) die *Brandenburgischen Konzerte* sowie die berühmten Violinkonzerte.

Johann Sebastian Bach

Frage 27

Without You und *Open Arms* sind nur zwei der unzähligen Hits dieser Sängerin. **Wer ist sie?**

☞ **Mariah Carey (*1970).** Die Diva hatte in den USA 18 Nummer-1-Hits und konnte mehr als 200 Millionen Tonträger verkaufen.

Frage 28

Wen überkam *Immer wieder sonntags* die Erinnerung?

☐ a) Inga & Wolf
☐ b) Udo Jürgens
☐ c) Mouth & McNeil
☐ d) Cindy & Bert

☞ **d) Cindy & Bert**
Norbert Maria Berger (*1945) und Jutta Gusenburger (*1948) feierten als Schlagerduo Cindy & Bert insbesondere in den 1970er-Jahren große Erfolge. Damals zählten sie zu den Dauergästen in der ZDF-Hitparade, die regelmäßig alle Größen des Genres im Studio versammelte.

Frage 29

Welche amerikanische Popsängerin italienischer Herkunft wurde zum Superstar der Popszene?

☞ **Madonna (*1958)**, eigentlich Madonna Louise Ciccone. 1983 stieg sie mit ihrem Hit *Holiday* zum ersten weiblichen Weltstar des Pop auf. Das Album *Like A Virgin* verhalf ihr zum internationalen Durchbruch. Seitdem erklettern ihre Songs immer wieder die internationalen Charts.

Madonna

Frage 30

Mit welchem Musikstück wurde Bill Haley weltberühmt?

☞ ***Rock Around The Clock.*** Bekannt wurde das Stück durch den Film *Die Saat der Gewalt*. Dort lief der Song als Hintergrundmusik für den Vorspann. *Rock Around The Clock* schaffte es 1955 in den USA, Australien, Großbritannien und Deutschland (dort als einziger nicht-deutschsprachiger Titel) auf Platz 1 der Hitparaden.

Frage 31

Von wem stammt der legendäre Weihnachts-Hit *Driving home for Christmas*?

☞ **Von dem britischen Musiker Chris Rea (*1951).** Nach einer schweren Erkrankung gab Rea 2006 seine Abschiedstournee; umso überraschender war es, als er sich 2008 doch wieder zurückmeldete und erneut auf Tournee ging.

Frage 32
Das Doppelalbum *Bitches Brew* aus dem Jahr 1970 zählt zu den einflussreichsten Werken, die stilistisch zwischen Rock und Jazz angesiedelt sind. **Von wem stammt es?**

☞ **Miles Davis (1926–91)** zählt zu den einflussreichsten Musikern sowohl des Jazz als auch des Rock. Entscheidend dazu beigetragen haben seine eigenwilligen und ausufernden Improvisationen ohne festliegende Harmoniefolgen. Er war einer der führenden und stilbildenden Trompeter, v. a. des Cool Jazz.

Frage 33
Dieser Musikstil bezeichnet nicht nur eine Musikrichtung, sondern auch eine Jugendkultur, die ihre Ursprünge in den afroamerikanischen New Yorker Gettos der 1970er-Jahre hat. **Um welchen Musikstil geht es?**

☞ **Um den Hip-Hop.** Sein Ursprung liegt in den 1970er-Jahren, seit Anfang der 1990er ist er international verbreitet. Insgesamt blieben die Rapper aus den USA tonangebend, doch auch der deutsche Hip-Hop hat bei uns mittlerweile viele Anhänger.

Frage 34
Was versteht man unter einem Oratorium?

☞ Ein Oratorium ist eine Komposition für Einzelstimmen, Chor und Orchester. Es hat meist einen religiösen Inhalt und erinnert in seinem Aufbau an eine Oper. Im Gegensatz zur Oper wird hier die Handlung jedoch nicht szenisch dargestellt.

Frage 35
Mit welcher LP gelang Michael Jackson (*1958) der internationale Durchbruch?

Michael Jackson

☞ **Mit dem Album *Thriller*,** das 1982 erschien und heute mit geschätzten 60 Millionen Tonträgern das meistverkaufte Album der Welt ist. 1984 empfing ihn der Präsident Ronald Reagan (1911–2004) sogar im Weißen Haus. Der exzentrische Sänger gehört seitdem zu den erfolgreichsten und populärsten Popmusikern aller Zeiten.

Frage 36
Wie hieß die erste Schallplatte der Beatles?

☐ a) *Please Please Me* ☐ c) *Sgt. Pepper's*
☐ b) *A Hard Day's Night* ☐ d) *Beatles For Sale*

☞ ***a) Please Please Me***
Die erste Single der Pilzköpfe, *Love Me Do*, kam am 4. Oktober 1962 auf den Markt und brachte es immerhin auf Platz 17 der Charts. Diesem ersten internationalen Hit folgten zahlreiche weitere. Ein Jahr später erschien dann das erste Album *Please Please Me*. Die Beatles gelten als Band der Superlative, hatten sie doch mehr Top-Hits als irgendeine andere Band jemals zuvor oder danach.

Frage 37
Was ist ein Akkord?

☞ Ein Akkord ist das gleichzeitige Erklingen von mindestens drei Tönen.

Frage 38
Mit welcher Single wurde Jimi Hendrix über Nacht berühmt?

☞ **Mit *Hey Joe*.** Mit seinem Gitarrenspiel wurde Hendrix (1942–70) zur Legende. Seinen letzten Auftritt hatte er auf der Insel Fehmarn.

Frage 39
Wer komponierte das Tanzstück *Le sacre du printemps* (1913)?

☞ **Igor Strawinsky (1882–1971)**, der durch die Ballettmusiken *Der Feuervogel* und *Petruschka* bereits internationalen Ruhm erlangt hatte. Die Aufführung seines *Sacre* mit dem Untertitel Bilder aus dem heidnischen

Russland wurde jedoch bei der Uraufführung in Paris zu einem der größten Skandale der Musikgeschichte: Das Publikum war schockiert über die ungewöhnliche Dominanz der rhythmisch-schlagenden Elemente, die von Streichern, Bläsern und Schlagzeug gleichermaßen übernommen werden.

Frage 40

Einer der großen Hits der Hardrock-Combo Deep Purple heißt *Smoke on the …*

☐ a) *Grass* ☐ c) *City*
☐ b) *Mountain* ☐ d) *Water*

☞ **d) *Water***
Smoke on the Water zählt nicht nur zu den großen Hits von Deep Purple, sondern ist eines der herausragendsten Rockstücke aller Zeiten. Der Rocksong erschien 1972 auf dem Album *Machine Head*. Die 1968 gegründete Band zählt zu den ersten und einflussreichsten Vertretern des Hard Rock.

Frage 41

Welche Stilrichtung des Jazz brachte Glenn Miller in den 1930er-Jahren zur Blüte?

☞ **Den Swing.** Glenn Miller (1904–44) war Bandleader und Posaunist. Mit seiner 1937 gegründeten Big Band entwickelte er den typischen Glenn-Miller-Sound, der eine Besetzung von vier Saxofonen und einer führenden Klarinette zur Grundlage hatte.

Frage 42

Wer wurde nach dem Tode Wilhelm Furtwänglers 1954 Chefdirigent der Berliner Philharmoniker?

Herbert von Karajan

☞ **Herbert von Karajan (1908–89).** Der Salzburger gehörte zu den genialsten Dirigenten des 20. Jahrhunderts. Kaum ein anderer hat das Musikgeschehen im Bereich der klassischen Musik stärker beeinflusst als er.

Frage 43

Wie heißt die seit 1992 regelmäßig erscheinende CD-Compilation mit den aktuellen Chart-Hits?

☞ ***Bravo Hits.*** Die erste *Bravo Hits* kam im April 1992 als Einzel-CD und Vinyl-LP mit den 16 beliebtesten Liedern der Leser der Jugendzeitschrift BRAVO auf den Markt. Ab den *Bravo Hits 2* erschien der Sampler immer als Doppel-CD. Seit 1999 erscheinen außerdem zweimal im Jahr die *Bravo Black Hits*.

Frage 44

Wer komponierte die Opern *La Bohème, Tosca* und *Madame Butterfly*?

☞ **Der italienische Komponist Giacomo Puccini (1858–1924).** Puccini, der aus dem oberitalienischen Lucca stammt, spielte schon mit 14 Jahren Orgel. Sein Vater, Leiter der Stadtkapelle, ermöglichte ihm eine musikalische Ausbildung. Nach dem Studium am Mailänder Konservatorium komponierte er mehrere Opern, doch erst *Manon Lescaut* konnte sich beim Publikum durchsetzen. Drei Jahre später wurde *La Bohème* uraufgeführt, die als Prototyp der italienischen Oper des ausgehenden 19. Jahrhunderts gilt. Auch *Madame Butterfly* und *Tosca* eroberten die Opernhäuser in aller Welt. Puccinis Opern gehören neben denen Giuseppe Verdis (1813–1901) und Richard Wagners (1813–83) zu den meistgespielten Opern der Welt. Am 22. Dezember 2008 feierten Puccinis Fans seinen 150. Geburtstag.

Frage 45

Was verbirgt sich hinter dem Begriff „Motown"?

☐ a) eine Stadt im Mittleren Westen der USA
☐ b) ein Musikstil
☐ c) eine Plattenfirma
☐ d) ein Jazzfestival

☞ **c) eine Plattenfirma**
Das Plattenlabel Motown wurde im Jahr 1959 in Detroit gegründet. Die Mitarbeiter hatten ein gutes Näschen für Erfolg versprechende

Musik, und so nahmen sie Künstler wie The Supremes, The Temptations oder Marvin Gaye unter Vertrag. 1966 kamen 36 von 100 Hit-Singles aus dem Hause Motown.

Frage 46

Wer wurde „Spatz von Paris" genannt?

☞ **Edith Piaf (1915–63).** Mit Titeln wie *La vie en rose* oder *Non, je ne regrette rien* prägte sie das Genre des Chanson wie kaum ein anderer Künstler.

Edith Piaf

Frage 47

Dieses Musical entstand in den späten 1960er-Jahren in den Vereinigten Staaten. Die USA führten zu diesem Zeitpunkt den Vietnamkrieg, die Hippiebewegung befand sich in ihren Anfängen. Die Hauptperson des Musicals, Claude, ist Teil einer Gruppe von Hippies. Diese bringen ihre Ablehnung der bestehenden Herrschaftsnormen zum Ausdruck, äußeres Zeichen ihrer Rebellion sind die langen Haare. Als Claude den Einberufungsbefehl erhält, artikulieren Claude und seine Freunde in Songs und Tanznummern ihren Unmut, aber auch ihre Träume für das kommende Zeitalter. **Wie heißt das Musical, das zu den erfolgreichsten Produktionen dieser Art überhaupt zählt?**

☞ ***Hair.*** Die Uraufführung von *Hair* fand am 17. Oktober 1967 in New York statt. Es gibt auch eine deutschsprachige Fassung, die bereits ein Jahr später erstmals zur Aufführung kam.

Frage 48

Von welcher Band stammt der Titelsong zum Film *Armageddon – Das jüngste Gericht*?

☞ Der Titelsong *I Don't Wanna Miss a Thing* stammt von **Aerosmith**, der Band um Sänger Steven Tyler (*1948). Aerosmith gehören zu den wenigen Rockbands, die bis heute noch in ihrer Originalbesetzung aktiv sind.

Frage 49

Welche britische Rockband setzte der *Lady in Black* ein musikalisches Denkmal?

☞ **Uriah Heep.** Die Band war eigentlich für ihren schwerfälligen, von Orgel und Gitarre dominierten Sound bekannt. Ihr Hit *Lady In Black*, bei dem die akustischen Gitarren im Vordergrund stehen, bildet daher eine Ausnahme. Stücke wie *Easy Livin'* oder *Gypsie*, die ebenfalls zu Hits wurden, sind da schon viel typischer für die Band.

Frage 50

Durch welchen Song wurde Bob Dylan besonders bekannt?

☐ a) *Love of my Life*
☐ b) *Blowin' in the Wind*
☐ c) *Jesus he knows me*
☐ d) *I was made for lovin' you*

☞ **b) *Blowin' in the Wind*** Der Musiker, der eigentlich Robert Zimmermann (*1941) heißt, wurde in den 1960er-Jahren insbesondere durch das Lied *Blowin' in the Wind* international berühmt. Bob Dylan gilt als einer der einflussreichsten Musiker des 20. Jahrhunderts.

Bob Dylan

Frage 51

Welche deutsche Schlagersängerin und Schauspielerin sang in einem ihrer Lieder „Ich will keine Schokolade, ich will lieber einen Mann"?

☞ **Trude Herr (1927–91).** In ihrem Lied Ich will keine Schokolade gelang ihr 1960 der Durchbruch.

Frage 52

Mit welchem Instrument wurde Chuck Berry (*1931) berühmt?

☞ **Mit der Gitarre.** Chuck Berry war wesentlich an der Entwicklung der Rockmusik zu Beginn der 1950er-Jahre beteiligt. Berühmte Titel sind *Sweet little Sixteen* oder *Johnny B. Goode*.

TEURES VINYL

Die teuerste Platte aller Zeiten ist bis jetzt: John Lennon & Yoko Ono – *Double Fantasy*. Diese spezielle Kopie des Albums hatte Lennon etwa fünf Stunden vor seinem gewaltsamen Tod für seinen Attentäter Mark Chapman signiert. Sie wurde für 525.000 Dollar versteigert.

Frage 53

Wer vertonte Brechts *Dreigroschenoper*?

☞ **Kurt Weill (1900–50).** Sie war während der Weimarer Republik einer der größten Musiktheatererfolge auf einer deutschen Bühne. Brecht (1898–1956) und Weill arbeiteten viele Jahre international erfolgreich zusammen.

Frage 54

Wie hieß die britische Rockband um Freddy Mercury?

☞ **Queen.** Internationaler Erfolg begleitete kontinuierlich die Karriere von Queen: Sämtliche nach ihrem Durchbruch im Jahr 1974 veröffentlichten Studioalben erreichten in mindestens einem Land Platz eins der Charts. Mit über 150 Millionen verkauften Tonträgern ist Queen eine der erfolgreichsten Bands überhaupt. Zu ihren bekanntesten Liedern zählen *We are the Champions* und *We will rock you*.

Frage 55

Welcher amerikanische Sänger wurde mit *New York, New York* zur Legende?

☞ **Frank Sinatra (1915–98)**, der zu einer Institution im Showgeschäft geworden war und den man deshalb auch respektvoll „The Voice" nannte. Sinatras größter Erfolg als Schauspieler war seine Rolle als Maggio in dem kritischen Militärfilm *Verdammt in alle Ewigkeit*, die ihm einen Oscar einbrachte.

Frank Sinatra

Frage 56

Wer bekundete 1968 seine *Sympathy For The Devil*?

☐ a) Aerosmith
☐ b) Beatles
☐ c) Deep Purple
☐ d) Rolling Stones

☞ **d) Rolling Stones**

Sympathy For The Devil entstammt dem 1968 veröffentlichten Album *Beggar's Banquet* und ist einer der bekanntesten Songs der Rolling Stones. In dem über sechsminütigen Stück erzählt der Teufel von seinen Charaktereigenschaften und seinem Einfluss auf diverse historische Ereignisse. Zuletzt war die Band 2007 auf Tournee und zählt somit zu den „dienstältesten" Bands überhaupt.

Frage 57

Dieser Komponist konnte, da er viel Zeit auf dem abgeschiedenen Landsitz der österreichisch-ungarischen Familie verbrachte, ohne Einfluss von außen einen ganz eigenen Stil entwickeln. Zu seinen bekanntesten Kompositionen zählen die *Symphonie mit dem Paukenschlag*, die Oratorien *Die Schöpfung* und *Die Jahreszeiten* sowie die Melodie der deutschen Nationalhymne. **Wie heißt der Komponist?**

☞ **Joseph Haydn (1732–1809).** Gerüchte besagen, dass Haydn aufhörte, Opern zu schreiben, weil ihm sein Freund Mozart (1756–91) in dem Bereich zu sehr überlegen war. Dafür stürzte er sich mit Eifer auf die Instrumentalstücke. Er hat über 100 Sinfonien, mehr als 80 Streichquartette und viele Konzerte und Sonaten geschrieben.

Joseph Haydn

Frage 58

Welcher weiße Jazzmusiker gilt als King of Swing?

☞ **Der Klarinettist Benny Goodman (1909–86).** Seine Big Band, in der große Musiker wie Count Basie (1904–84), Lionel Hampton (1908–2002) und Stan Getz (1927–91) spielten, gehörte zu den erfolgreichsten Bands der USA.

Benny Goodman

Frage 59

In welcher Stadt besucht der Musikliebhaber die Scala?

☞ **In Mailand.** Der Bau dieses repräsentativen Hauses war notwendig geworden, nachdem die ursprüngliche Mailänder Oper abgebrannt war. Sie wurde zwischen 1746 und 1778 in der italienischen Stadt unter dem Namen „Teatro alla Scala" erbaut und gilt als eines der größten Häuser der Opernwelt. Wer es geschafft hat, in der Scala aufzutreten, zählt zu den namhaften Künstlern des Genres.

Frage 60

Von welchem Musiker stammen die Lieder *Summer of 69, Heaven* und *Let's Make a Night to Remember*?

☞ **Bryan Adams (*1959).** Seit 1983 erreichte er mit seinen Songs in über 30 Ländern die Spitze der Charts.

Frage 61

Wie nennt sich die kleine Schwester der Oper?

☐ a) Ballett ☐ c) Sprechtheater
☐ b) Operette ☐ d) Musical

☞ **b) Operette**

Die Operette ist ein Musikstück; sie hat eine leichte, eingängige Musik und eine leichte, an komischen Szenen reiche Handlung, die von liedhaften Formen mit ausgeprägtem Tanzcharakter unterbrochen wird. Bekannte Operetten sind z. B. *Boccaccio* von Franz von Suppé (1819–95) oder *Paganini* von Franz Lehár (1870–1948).

Frage 62

Welche Opernsängerin erregte mit ihrer Rolle der Violetta in *La Traviata* bei den Salzburger Festspielen 2005 großes Aufsehen?

☞ **Anna Netrebko (*1971).** In ihrer Rolle brillierte sie an der Seite von Rolando Villazón (*1972) derart, dass sie von Kritikern wie Zuschauern begeistert umjubelt wurde.

Anna Netrebko und Rolando Villazón

Frage 63

Wie heißt das Lied der Gruppe Wham!, das 1984 veröffentlicht wurde und seitdem zu den Klassikern der Weihnachtsmusik zählt?

☞ ***Last Christmas.*** Seit 1996 ist das Lied jedes Jahr zur Weihnachtszeit in den deutschen Charts zu finden.

Frage 64

Wer komponierte auf der Basis mittelalterlicher Vagantenlieder die *Carmina Burana*?

☞ **Carl Orff (1895–1982).** Die szenische Kantate *Carmina Burana* wurde zu einem der populärsten Chorwerke des 20. Jahrhunderts. Bedeutsam ist daneben v. a. Orffs Schulwerk, eine elementare Musiklehre, die mit Musik, Tanz und Gymnastik arbeitet und die kreativen Fähigkeiten von Kindern zu wecken versucht.

Frage 65

Welche Band landete mit den Singles *With or Without You* und *I Still Haven't Found What I'm Looking For* zwei Megahits?

☞ **Die irische Rockband U2.** Das Album *The Josua Tree*, auf dem die Lieder erschienen, gilt unter Musikkritikern als Meilenstein der Musikgeschichte.

Frage 66

Welcher italienische Opernkomponist wurde mit *Nabucco* schlagartig berühmt?

☞ **Giuseppe Verdi (1813–1901)**, dessen Freiheitsoper der italienischen Einheitsbewegung einen starken Impuls gab. Seine Opern gehören zu den meistgespielten, nicht zuletzt wegen ihrer dramatischen Überzeugungskraft, ihrer rhythmischen Prägnanz und ihrer melodischen Emotionalität. Von Verdi stammen auch *Rigoletto*, *La Traviata* und *Aida*.

Frage 67

Von welchem Komponisten stammt *Die Unvollendete*?

☐ a) Franz Schubert
☐ b) Wolfgang Amadeus Mozart
☐ c) Franz Liszt
☐ d) Ludwig van Beethoven

☞ **a) Franz Schubert** (1797–1828)
Die 1822 entstandene Symphonie in h-Moll wird auch *Die Unvollendete* genannt, da sie nur zwei Sätze hat. Ob diese Form beabsichtigt war oder warum das Werk unvollendet geblieben ist, ist ungeklärt.

Frage 68

Welcher berühmte Rocksänger machte die herausgestreckte Zunge zu seinem Markenzeichen?

☞ **Der Brite Mick Jagger (*1943).** Jagger ist Mitbegründer und Leadsänger der *Rolling Stones*; er trat auch in diversen Filmen, u. a. in *Performance*, auf.

Frage 69

Wie heißt in der Musik der Begriff für Vorspiel oder Eingangsmusik, z. B. für eine Oper?

☞ **Ouvertüre.** Vor allem musikalische Dramen wie Oper, Operette und Musical haben Ouvertüren.

Frage 70

Wie heißt dieser Musiker, der zu den populärsten Deutschlands zählt und dem mit *Bochum* der große Durchbruch gelang?

☞ **Herbert Grönemeyer (*1956).** 1979 erschien sein erstes Album *Grönemeyer*. Sein bislang erfolgreichstes Lied ist *Mensch* vom gleichnamigen Album, auf dem er den Tod seiner Frau und seines Bruders 1998 verarbeitete. 2006 erschien Grönemeyers Single *Zeit, dass sich was dreht*, die offizielle WM-Hymne der Fußball-WM 2006. Seit 1984 landete jedes seiner Studio-Alben auf Platz eins der deutschen Albumcharts.

Frage 71

Welches größere Saiteninstrument blickt bereits auf eine rund 4000-jährige Geschichte zurück?

☞ **Die Harfe**, die schon um 2000 v. Chr. bekannt war. Ihre 46 bzw. 48 Saiten werden mit den Fingerkuppen gezupft. Die heute übliche Form wurde 1811 in Paris gebaut.

Frage 72

Welches Instrument spielte der amerikanische Jazzmusiker Benny Goodman?

☞ **Klarinette.** Goodman (1909–86) feierte mit seiner Big Band vor allem in den 1930er-

Jahren große Erfolge. Er gilt dabei als einer der Bandleader, die den Swing ganz besonders weitergebracht haben. Neben seiner Big Band gründete er auch das Benny Goodman Quartett. In diesem Quartett spielten mit Teddy Wilson und Lionel Hampton zwei schwarze Musiker zusammen mit zwei weißen Musikern, was zur damaligen Zeit eigentlich undenkbar schien. Insofern hat Goodman sich auch um die Überwindung der Rassentrennung in den USA verdient gemacht.

Frage 73

Der Reggae hat seinen Ursprung auf Jamaika und entstand Ende der 1960er-Jahre. Einer der bekanntesten Reggae-Musiker starb 1981 an Krebs. **Wie ist sein Name?**

Bob Marley

☞ **Bob Marley (1945–81).** Seine Lieder hatten oft politisch motivierte und sozialkritische Texte. Bekannte Songs aus seiner Feder sind *I Shot The Sheriff*, *Buffalo Soldier*, *Stir It Up*, *No Woman No Cry* oder *Get Up, Stand Up*.

Frage 74

Welcher ist der Name eines jungen Pianisten?

☐ a) Tief Tief
☐ b) Lang Lang
☐ c) Hoch Hoch
☐ d) Breit Breit

☞ **b) Lang Lang** (*1982)
Das chinesische Ausnahmetalent, das bereits mit zwei Jahren Klavier spielte, nahm im Alter von neun Jahren sein Musikstudium am Konservatorium in Peking auf. 1999 gelang ihm der große Durchbruch.

Lang Lang

Frage 75

Wer gewann den ersten European Song Contest (damals hieß die Veranstaltung allerdings noch Grand Prix Eurovision de la Chanson)?

☞ **Lys Assia (*1924)** mit dem Titel *Refrain*. Der erste Grand Prix wurde im Jahr 1956 in Lugano ausgetragen. Für ihren Siegertitel erhielt Assia eine Goldene Schallplatte.

Frage 76

Weshalb wurde der britische Sänger Elton John (*1947) zum Ritter geschlagen?

☞ Der Grund war seine Neuauflage des Liedes *Candle in the Wind*, mit dem 1997 der Tod Lady Dianas betrauert wurde. Elton Johns Single brach alle Rekorde und verkaufte sich über drei Millionen Mal. Im folgenden Jahr wurde Elton John geadelt.

Frage 77

Wer komponierte die Oper *Carmen*?

☞ **Georges Bizet (1838–75).** Er konnte den Erfolg von *Carmen* jedoch nicht mehr miterleben: Im Alter von 36 Jahren starb Bizet an einem Herzanfall. *Carmen* gehört heute zu den meistgespielten Opern der Welt.

Frage 78

Wie heißt das wohl bekannteste Mitglied der R&B-Band Destiny's Child, die sich 2005 trennte?

☞ **Beyoncé Knowles (*1981).** Das 2003 erschienene erste Soloalbum der Sängerin und Schauspielerin war ein großer Erfolg, die Singleauskopplungen *Crazy in Love* und *Baby Boy* standen mehrere Wochen an der Spitze der Charts. 2006 erschien ihr zweites Album *B'Day*, 2008 folgte das dritte Soloalbum *I Am... Sasha Fierce*.

Frage 79

Wer galt als der stillste und introvertierteste Beatle?

☞ **George Harrison (1943–2001).** Harrison prägte die Musik der Beatles insbesondere durch seine Affinität zur indischen Musik, die er in die Kompositionen der Liverpooler Band einfließen ließ. Mit ihm starb 2001 nach langer Krankheit bereits der zweite der „Fab Four".

Frage 80

Welche deutschen Elektropop-Pioniere besangen die Autobahn und den Trans Europa Express?

☐ a) Feuer Frei
☐ b) Radio Aktivität
☐ c) Kraftwerk
☐ d) Elektrolurch

☞ **c) Kraftwerk**
Kraftwerk gelten mit ihrer leicht monoton wirkenden Musik als eine der Bands, die die heutige Technobewegung maßgeblich mitgeprägt haben. Allerdings sahen sich die Musiker wegen ihrer Mensch-Maschine-Ästhetik auch immer wieder Kritik ausgesetzt.

Frage 81

Welcher italienische Komponist komponierte um 1725 die *Vier Jahreszeiten*?

☞ Der italienische Priester, Violinist und Komponist **Antonio Vivaldi (1678–1741)**. Bei den *Vier Jahreszeiten* handelt es sich um das bekannteste Werk des Komponisten, das als eines der ersten programmatisch gestalteten Musikstücke überhaupt gilt.

Antonio Vivaldi

Frage 82

Wie nennt man die mittelalterliche Verbindung von Dichtung und Gesang, die v. a. die Liebe in den Mittelpunkt stellte?

☞ **Minnesang.** Das Thema der Minnesänger schlechthin war die Liebe eines Ritters zu einer edlen Jungfrau, die den Idealen des höfischen Lebens entsprechend nicht erfüllt wird.

Frage 83

Die Mitglieder welcher US-Band machten musikalische Einfachheit zu ihrem Credo und avancierten so zu den Gründungsvätern des Punk?

☞ **The Ramones.** Mitte der 1970er-Jahre war Popmusik v. a. durch vier Charakteristika gekennzeichnet: Glamour, musikalische Verspieltheit, Kommerz und eine unüberbrückbar erscheinende Distanz der Musiker zu den Fans. Dagegen rebellierten die Ramones mit einer Haltung, die schnell mit dem Etikett „Punk" versehen wurde.

Frage 84

Von wem stammt die Melodie der deutschen Nationalhymne?

☞ Vom österreichischen Komponisten **Joseph Haydn (1732–1809).** 1797 komponierte er das *Kaiserquartett*, das auch die Kaiserhymne *Gott erhalte Franz den Kaiser* enthielt. Diese Melodie wurde 1922 zusammen mit der Dichtung *Deutschlandlied* zur Hymne der Weimarer Republik, später auch der Bundesrepublik Deutschland.

Frage 85

Welches der folgenden Instrumente ist kein Blechblasinstrument?

☐ a) Trompete
☐ b) Posaune
☐ c) Saxofon
☐ d) Horn

Saxofon

☞ **c) Saxofon**
Das Saxofon zählt in der Tat zu den Holzblasinstrumenten. Entscheidend für die Einordnung der Blasinstrumente ist nämlich nicht das Material, aus dem sie hauptsächlich bestehen, sondern die Art der Tonerzeugung. Beim Saxofon spielt ein Holzblättchen, das am Mundstück befestigt wird, die entscheidende Rolle; daher gehört dieses Instrument zu den Holzblasinstrumenten.

Frage 86

Welcher Komponist ist als der Walzerkönig bekannt?

☞ **Der Österreicher Johann Strauß (1825–99).** Zu seinen berühmtesten Werken zählen *Die Fledermaus*, *Eine Nacht in Venedig* und *Der Zigeunerbaron*.

STILLE

Ein Klavierstück, das auch von Laien virtuos gespielt werden kann, stammt von John Cage und trägt den Titel *4'33"*. Der Titel gibt die Spieldauer des Stücks an. Während dieser gesamten Zeit ist kein Ton zu hören, und auch auf der Partitur des Dirigenten findet sich nur der Verweis, dass das Piano still bleibt. Da es sich um eine Solokomposition handelt, schweigen auch alle anderen Instrumente. Cage hat hier aber nicht unbedingt die Stille komponiert: die „Musik" soll aus den zufälligen Geräuschen im Konzertsaal bestehen.

Frage 87

Welcher amerikanische Countrymusiker trug den Beinamen „Man in black"?

☐ a) Hank Williams
☐ b) Waylon Jennings
☐ c) Willie Nelson
☐ d) Johnny Cash

☞ **d) Johnny Cash** (1932–2003)
In den 1970er-Jahren begann Johnny Cash, ganz im Gegensatz zu vielen Stars der Countrymusic, nur noch schwarze Kleidung zu tragen. In seinem Song *Man In Black* erklärt er diesen Schritt:
„I wear the black for the poor and the beaten down,
Livin' in the hopeless, hungry side of town,
I wear it for the prisoner who has long paid for his crime,
But is there because he's a victim of the time."

Frage 88

Wie heißt die erfolgreiche Band aus Düsseldorf, die sich aus der deutschen Punkbewegung entwickelt hat und 1982 gegründet wurde?

☞ **Die Toten Hosen.** Die 1988 veröffentlichte Platte *Ein kleines bisschen Horrorschau*, die u. a. den Hit *Hier kommt Alex* beinhaltet, gilt als kommerzieller Durchbruch der Gruppe. Für ihr drittes Album *Opium fürs Volk* bekam die Band um Frontmann Campino Platin. Bis heute hat die Band mehr als 22 Millionen Tonträger verkauft.

Frage 89

In Hamburg feierte 2004 ein Fachgeschäft für Klaviere und Flügel sein 100-jähriges Bestehen. Welches?

☞ **Das Steinway-Haus** in Hamburg kann auf diese lange Tradition zurückblicken. Nachdem seit 1880 Steinway-Flügel und -Klaviere ab Werk verkauft wurden, entstanden 1904 am Hamburger Jungfernstieg die ersten repräsentativen Verkaufsräume.

Frage 90

Wer wurde durch die sinfonische Vertonung von *Don Juan* und *Don Quixote* berühmt?

☞ **Richard Strauss (1864–1949).** Er war einer der bedeutendsten Komponisten des 19. und des 20. Jahrhunderts. 1919 wurde Strauss zum Leiter der Wiener Staatsoper ernannt, gab diese Stellung aber nach fünf Jahren auf, um sich ganz der Komposition widmen zu können.

Frage 91

Von wem stammt die Operette *Die lustige Witwe*?

☞ **Von Franz Lehár (1870–1948).** Viele seiner Lieder und Operetten haben bis heute weltweit großen Erfolg. Neben der *Lustigen Witwe* zählt *Das Land des Lächelns* mit dem Evergreen *Dein ist mein ganzes Herz* zu den bekanntesten Kompositionen Lehárs.

Frage 92

Welcher Künstler feierte mit Hits wie *Purple Rain* große Erfolge?

☞ **Prince (*1958).** Der internationale Durchbruch gelang Prince 1984 mit dem Album und der Single *Purple Rain* und dem gleichnamigen Film.

Frage 93

Dieser Musiker wird häufig als das „Chamäleon der Rockmusik“ bezeichnet. So trat er u. a. als Ziggy Stardust auf. **Wie heißt er?**

☐ a) Mick Jagger
☐ b) Paul McCartney
☐ c) David Bowie
☐ d) Alice Cooper

☞ **c) David Bowie** (*1947)
Bowie gilt als einer der einflussreichsten Musiker der neueren Musikgeschichte. Er erfand sich während seiner langen Karriere immer wieder neu. Besonders beeindruckend ist hierbei, dass er stets sehr erfolgreich agierte. Auch als Schauspieler machte er sich einen Namen.

Frage 94

Wo spielt Giacomo Puccinis (1858–1924) Oper *Madame Butterfly*?

☞ **In Japan.** Dargestellt wird die Heirat des amerikanischen Offiziers Pinkerton und der Geisha Cio-Cio-San, genannt Butterfly. Während Pinkerton, der nach Amerika zurückgekehrt ist, längst ein zweites Mal verheiratet ist, glaubt Butterfly, die unterdessen ein Kind geboren hat, an seine Treue. Beim Wiedersehen erzählt ihr der Amerikaner von seiner Heirat, woraufhin sie sich ersticht.

Frage 95

Wer sang *Stairway to Heaven*?

☞ *Stairway to Heaven* von der britischen Rockband Led Zeppelin aus dem Jahre 1970 ist eines der berühmtesten und einflussreichsten Lieder der Rockmusik.

Frage 96

Wer komponierte das Forellenquintett?

Franz Schubert

☞ **Franz Schubert (1797–1828).** Es ist nach seinem Lied *Die Forelle* benannt und für folgende fünf Instrumente geschrieben: Klavier, Violine, Viola, Violoncello und Kontrabass.

Frage 97

Welcher baltische Staat gewann als erster den Grand Prix d'Eurovision?

☞ **Estland** stellte den Sieger 2001. Der Siegertitel *Everybody*, eine Mischung aus Funk und Soul, brachte nicht nur den ersten Sieger aus dem Baltikum, sondern auch den ersten farbigen Gewinner.

Frage 98

Durch welchen von ihm geschaffenen Liedtext wurde der Dichter Hoffmann von Fallersleben berühmt?

☞ Von Fallersleben (1789–1874) schuf 1841 den Text zum ***Deutschlandlied***, das seit 1922 die offizielle deutsche Nationalhymne ist. Seit 1952 ist ausschließlich die dritte Strophe Bestandteil der Hymne. Nach dem Zweiten Weltkrieg wurde ein Text wie „Deutschland, Deutschland über alles“ strikt abgelehnt. Die Nationalhymne lautet:
„Einigkeit und Recht und Freiheit
Für das deutsche Vaterland!
Danach lasst uns alle streben,
Brüderlich mit Herz und Hand!
Einigkeit und Recht und Freiheit
Sind des Glückes Unterpfand:
Blüh im Glanze dieses Glückes,
Blühe, deutsches Vaterland!“

Frage 99

„Und i fliag, fliag, fliag, wie a Flieger. Bin so stark wie a Tiger und so groß wie a Giraff ...“ schallte es 2008 durch die Zelte des Oktoberfests. *So a schöner Tag*, eigentlich ein Kinderlied, wurde auf der Wiesn 2008 zum Kulthit. **Welche Band sang das Lied?**

☞ **Donikkl und die Weißwürschtl.** Die sechsköpfige deutsche Band wurde 2001 in Regensburg von „Donikkl" Andreas Donauer aus Profimusikern und Pädagogen formiert.

Frage 100

Der Komponist wurde 1813 in Leipzig geboren. Als Jugendlicher legte er beim Klavierspielen keine hervorstechende Begabung an den Tag. Dennoch wurde aus ihm ein berühmter – und auch bisweilen umstrittener – Komponist. Seine erste, im Jahr 1834 vollendete Oper hieß *Die Feen*. Wesentlich bekannter ist aber sicherlich *Der Ring der Nibelungen*, ein Opernzyklus, der aus den Einzelwerken *Das Rheingold*, *Die Walküre*, *Siegfried* und *Götterdämmerung* besteht. Als Gesamtwerk wurde *Der Ring der Nibelungen* erstmals anlässlich der ersten Bayreuther Festspiele 1876 aufgeführt. **Um welchen Komponisten geht es hier?**

☞ **Richard Wagner (1813–83).** Er verwendete für seine Opern besonders gerne Stoffe aus der nordischen Sagenwelt und dem deutschen Mittelalter.

Richard Wagner

Frage 101

Wer sang die Welthits *Sweet Child o' Mine* und *November Rain*?

☐ a) KISS
☐ b) Ozzy Osbourne
☐ c) Queen
☐ d) Guns N' Roses

☞ **d) Guns N' Roses**
Die kalifornische Band um Frontmann Axl Rose (*1962) erreichte mit ihrer Musik, ihrer spektakulären Bühnenshow und ihren Skandalen weltweit Bekanntheit.

Frage 102

In welchem sinfonischen Werk kommt Friedrich Schillers (1759–1805) *Ode an die Freude* vor?

☞ **Im letzten Satz der 9. Sinfonie von Ludwig van Beethoven (1770–1827)** als fulminanter Schlusschor. Durch die Musik Beethovens wurde das Gedicht zu der Freiheits- und Humanitätshymne schlechthin.

Frage 103

Wie heißt das Musikfestival, das als musikalischer Höhepunkt der US-amerikanischen Hippiebewegung „Flower Power" gilt?

☞ **Woodstock.** Auf dem 1969 stattfindenden Festival traten 32 Bands und Solisten auf. Es markierte den Höhepunkt einer Jugendkultur, die sich von der angepassten Welt der Eltern durch ihre Betonung von Liebe und Frieden unter dem Stichwort „Flower Power" abgrenzte.

Frage 104

Was verbindet den Komponisten Gustav Mahler mit dem Dichter Clemens Brentano?

☞ Die Liedersammlung *Des Knaben Wunderhorn*, eine Sammlung deutscher Volksliedtexte, die Brentano (1778–1842), literarisch einer der Hauptvertreter der deutschen Romantik, zwischen 1805 und 1808 herausbrachte. Rund 90 Jahre später, zwischen 1888 und 1899, vertonte Mahler (1860–1911) zwölf dieser Volkslieder für Gesang und Orchester.

Frage 105

Welche beiden Operntypen unterschied man im ausgehenden 18. Jahrhundert?

☞ Zu Mozarts (1756–91) Schaffenszeit unterschied man zwischen „Opera buffa", der heiteren Oper, und „Opera seria", der ernsten Oper.

Frage 106

Wer sang den Titelsong im James-Bond-Film *GoldenEye*?

☐ a) Diana Ross
☐ b) Tina Turner
☐ c) Tori Amos
☐ d) Whitney Houston

☞ **b) Tina Turner** (*1939)

Frage 107
Was versteht man unter Pizzicato?

☞ **Eine spezielle Technik beim Geigespielen.** Wird normalerweise eine der vier Saiten durch das Streichen des Bogen zum Tönen gebracht, gelingt dies bei der Technik des Pizzicato durch deren Zupfen mit den Fingern.

Frage 108
Welcher amerikanische Rocksänger gilt als King of Rock 'n' Roll?

☞ **Elvis Presley (1935–77)**, der mit *That's allright, Mama* 1954 über Nacht zum Star avancierte. *Always on My Mind* und *Suspicious Minds* sind nur zwei seiner unzähligen Hits. Mit über 500 Millionen verkauften LPs und Singles zählt er zu den erfolgreichsten Musikern weltweit.

Elvis Presley

Frage 109
Wie heißt das fünfte Album von Metallica?

☞ ***Metallica.*** Das Album der gleichnamigen Band erschien 1991 und wird wegen seines fast komplett schwarzen Covers in Anspielung auf *The White Album* von den Beatles meist „The Black Album" genannt.

Frage 110
Bill, Tom, Georg und Gustav sind ...

☐ a) Tokio Hotel
☐ b) US 5
☐ c) Bed & Breakfast
☐ d) Die Ärzte

☞ **a) Tokio Hotel**
Die Band aus Magdeburg gehört im deutschsprachigen Raum zu den kommerziell erfolgreichsten Bands der letzten Jahre. Bereits ihre erste Single *Durch den Monsun* schoss an die Spitze der deutschen Charts. Auch in vielen anderen europäischen Ländern sowie in Nord- und Südamerika haben Tokio Hotel mittlerweile viele Fans.

Frage 111
Wer komponierte 1787 die Oper *Don Giovanni*?

☞ **Wolfgang Amadeus Mozart (1756–91).** Die Oper handelt vom ausschweifenden Leben des gottlosen Verführers Don Giovanni, der aus den verschiedensten Werken der Kulturgeschichte als Don Juan bekannt ist und der schließlich in den Höllenschlund geworfen wird.

Wolfgang Amadeus Mozart

Frage 112
Diese Ballade behandelt die Trauer des Sängers nach dem Unfalltod seines vierjährigen Sohnes, der 1991 aus einem Fenster im 53. Stock fiel. **Wer schrieb und sang sie?**

☞ **Eric Clapton (*1945)** veröffentlichte 1992 die Ballade *Tears in Heaven*. Der mehrfache Grammygewinner gilt als einer der bedeutendsten Gitarristen überhaupt.

Frage 113
Was ist Hardrock?

☞ Eine Ende der 1960er-Jahre entstandene neue Richtung innerhalb der Rockmusik, die sich besonders durch die verstärkte Verwendung der E-Gitarre als Soloinstrument auszeichnet. Typische Hardrockbands waren Led Zeppelin, Deep Purple und AC/DC.

Frage 114

Wie heißt die Kölner Rockband um Wolfgang Niedecken (*1951), die seit 1976 existiert?

☞ **BAP.** Von den sechs Gründungsmitgliedern ist nur noch Niedecken verblieben, heute besteht die Band aus ihm und vier weiteren Musikern. Gemessen an der Anzahl der Nummer-Eins-Alben belegt BAP mit zehn Erstplatzierungen den zweiten Platz unter den erfolgreichsten Rockmusikern Deutschlands.

Frage 115

Welches Saiteninstrument gehört zur Familie der Violinen und ähnelt in Klang und Aussehen dem Bass?

☞ **Das Violoncello** oder kurz Cello. Es ist ein Bassinstrument, das beim Spiel mit den Knien gehalten wird. Seine Saiten werden mit einem Bogen gestrichen oder mit dem Finger gezupft. Es entstand Mitte des 16. Jahrhunderts.

Frage 116

Deutschland konnte bisher nur einmal den Eurovision Song Contest gewinnen. **Wer holte den Sieg für Deutschland?**

☞ 1982 schaffte es die Schlagersängerin **Nicole** mit *Ein bisschen Frieden* auf den ersten Platz.

NACHTRAGENDER MAESTRO

Auch große Meister haben einmal klein angefangen, sogar so berühmte wie Giuseppe Verdi (1813–1901). Der wollte gerne ans Mailänder Konservatorium. Dort lehnte man ihn aber im Jahr 1832 wegen Unfähigkeit ab. Diese Schmach vergaß der Maestro nie. Als sich die Institution 1898 nach ihm benennen wollte, verbat sich Verdi diese Ehrung energisch.

Frage 117

In welcher Stadt arbeitete Johann Sebastian Bach (1685–1750) die meiste Zeit seines Lebens?

☐ a) München
☐ b) Berlin
☐ c) Leipzig
☐ d) Bremen

☞ **c) Leipzig**
Dort stand er als Kantor dem berühmten Thomanerchor vor. Dieser Knabenchor war bereits im 13. Jahrhundert gegründet worden und übernahm wichtige Aufgaben bei den Gottesdiensten der Thomaskirche. Viele seiner Werke ließ Bach von dem von ihm geleiteten Chor uraufführen.

Frage 118

Welche Girlgroup landete 1996 mit ihrer Debütsingle *Wannabe* auf Platz eins der Charts?

☞ **Die Spice Girls.** Der Ausruf „Girl Power!" wurde zum Markenzeichen der britischen Band und sollte ausdrücken, dass moderne Mädchen stark, unabhängig und gemeinsam unschlagbar sind. 2001 löste sich die Band auf, 2007 traten die fünf Mitglieder eine gemeinsame Abschiedstournee an.

Frage 119

Wie heißt der bekannte Titelsong des Films *Philadelphia* von Bruce Springsteen?

☞ ***Streets of Philadelphia.*** Springsteen (*1949) erhielt für den Song einen Oscar.

Frage 120

Wie heißt die Aufzeichnung der Noten, die alle Instrumental- und Singstimmen eines Orchesterwerkes oder Musiktheaters beinhaltet?

☞ **Partitur.** Dabei werden die einzelnen Stimmen so in übereinanderliegenden Notenlinien notiert, dass die gleichzeitig erklingenden Noten untereinander stehen.

Frage 121

Von welchem russischen Komponisten stammt das sinfonische Märchen *Peter und der Wolf*?

☞ **Von Sergej Prokofjew (1891–1953).** Der Musiker war noch in der Zarenzeit bekannt geworden, schuf hauptsächlich neoklassizistische Werke und wurde zum Hauptvertreter eines sowjetisch-russischen Nationalstils.

Frage 122

Was ist eine Premiere?

☞ Die erste Aufführung eines bekannten Musik- oder Bühnenstückes an einem Theater oder an einem Opernhaus.

Frage 123

Als in den 1960er-Jahren Diskotheken populär wurden, entstand auch eine eingängige, leicht tanzbare Musik dazu. 1983 gründete ein Sänger und Musikproduzent, der heute bekannter denn je ist, die bis dahin erfolgreichste deutsche Band. **Wie heißt sie?**

☞ **Modern Talking**, gegründet von Dieter Bohlen (*1954), der seit 2002 Juror bei der Serie *Deutschland sucht den Superstar* ist. Gemeinsam mit Thomas Anders (*1963) erzielte die Band gleich mit ihrer ersten Single *You're my heart, you're my soul* einen Nummer-1-Hit.

Frage 124

Welche damals 16-jährige Sängerin landete mit *Baby One More Time* eine Riesenhit?

☐ a) Jennifer Lopez
☐ b) Paris Hilton
☐ c) Britney Spears
☐ d) Christina Aguilera

☞ **c) Britney Spears (*1981)**
In weniger als zehn Jahren verkaufte die Sängerin mehr als 83 Millionen Alben. Nach ihrer Scheidung und mehreren Skandalen gelang Spears 2008 das große Comeback.

Frage 125

Wer war neben Vladimir Horowitz der bedeutendste Pianist des 20. Jahrhunderts?

☞ **Arthur Rubinstein (1887–1982).** Der Pianist gilt v. a. als begnadeter Chopin-Interpret.

Arthur Rubinstein

Frage 126

Von welcher Band stammen der Titel *Surfin' U.S.A.* und das gleichnamige Album?

☞ **Von The Beach Boys.** Sie waren eine der erfolgreichsten Popbands der USA, die ihre Blütezeit in den 1960er-Jahren hatte. Die Beach Boys waren die erste Band, die die Beatles nach Beginn der „Beatlemania" wieder von Platz eins der amerikanischen Charts verdrängen konnte.

Frage 127

Der Erstling dieses deutschen Liedermachers hieß *Ich wollte wie Orpheus singen*. Danach besang er gerne die Absurdität des täglichen Lebens, griff aber auch oft ernstere Themen auf. **Wie ist sein Name?**

☞ **Reinhard Mey (*1942).** Sein bekanntestes Lied dürfte *Über den Wolken* sein.

Frage 128

Wer ist der bislang einzige international erfolgreiche Sänger Österreichs?

☞ **Johann Hölzel (1957–98), besser bekannt als Falco**. Sein Titel *Rock me Amadeus* erreichte als erstes und bisher einziges deutschsprachiges Lied die Spitze der US-Billboard-Charts. Am 6. Februar 1998 starb Falco bei einem Autounfall. Ein Bus rammte seinen Geländewagen, Falco war sofort tot. Bei der Obduktion wurden sowohl Alkohol als auch Drogen in seinem Blut gefunden. Bald kam – u. a. genährt durch den düsteren Text seines Titels *Out Of The Dark* – das Gerücht auf, Falco habe sich das Leben genommen. Das Lied war allerdings bereits einige Jahre vor seinem Tod entstanden.

Frage 129

Dieser Sänger war 2006 mit *You're Beautiful* nach fast zehn Jahren der erste britische Künstler, der einen Nummer-1-Hit in den US-amerikanischen Billboard-Charts landen konnte. **Von wem ist die Rede?**

☞ **Von James Blunt (*1974).** Bisher veröffentlichte er drei Alben, die auf der ganzen Welt sehr erfolgreich waren.

Frage 130

Welches schwere Leiden befiel den Komponisten Ludwig van Beethoven auf der Höhe seiner Schaffenskraft?

☞ **Beethoven (1770–1827)** erkrankte schon mit 26 Jahren an einem schweren Gehörleiden, das ihn um 1819 völlig ertauben ließ. Beethoven schuf seine berühmte *9. Sinfonie* also, ohne je selbst einen Ton davon gehört zu haben.

Frage 131

Mit welcher Band kam der deutsche Hip-Hop in die deutschen Charts?

☐ a) Die Ärzte
☐ b) Die Fantastischen Vier
☐ c) Die Toten Hosen
☐ d) Nena

☞ **b) Die Fantastischen Vier**
„Fanta 4" stammen aus Stuttgart und machen bis heute deutschsprachigen Hip-Hop. Ihr bislang größter Hit ist *Sie ist weg* aus dem Jahr 1995.

Frage 132

Welcher Jazzmusiker trug den Spitznamen „King"?

☞ **Nat „King" Cole (1917–65).** Cole machte sich zunächst als Jazzpianist einen Namen, bevor er in den 1940er-Jahren mit seichteren, aber perfekt komponierten Schlagern populär wurde.

Frage 133

Diese Band wurde 1972 gegründet und schaffte ihren internationalen Durchbruch 1974 mit dem Sieg beim Eurovision Song Contest mit dem Titel *Waterloo*. **Welche ist es?**

☞ **Die schwedische Popband ABBA**. Hits wie *SOS*, *Mamma Mia*, *Fernando* und *Dancing Queen* machten ABBA weltweit berühmt. 1999 wurde das Musical *Mamma Mia!*, das aus bekannten Liedern von ABBA besteht, uraufgeführt. Im Juli 2008 erschien der gleichnamige Kinofilm.

ABBA

Frage 134

Welches Musikgenie ging bereits mit sechs Jahren auf seine erste Konzertreise?

☞ **Wolfgang Amadeus Mozart (1756–91).** Mozart wurde von Kindheit an stark von seinem Vater gefördert. Mit acht Jahren komponierte Mozart seine ersten Klaviersonaten und mit 13 wurde er Konzertmeister in Salzburg. Zu seinen größten Schöpfungen gehören die Opern *Die Hochzeit des Figaro* und *Die Zauberflöte*.

Frage 135

Welche Sängerin wurde mit *Fallin'* berühmt?

☞ **Alicia Keys (*1981).** 2001 erschien ihr Debütalbum Songs *In A Minor*. Bis heute erhielt sie bereits elf Grammys.

Frage 136

Wie heißt das wohl größte und älteste Festival für Orgelmusik Europas?

☞ **Die Internationale Orgelwoche Nürnberg – Musica Sacra** wurde 1951 erstmals ausgerichtet. Seit 1968 gehört der Orgelwettbewerb um den Johann-Pachelbel-Preis dazu.

Frage 137

Welches sind die drei berühmtesten abendfüllenden Ballette von Peter Tschaikowsky (1840–93)?

☞ ***Schwanensee, Dornröschen*** **und** ***Der Nussknacker.*** Sie bilden Höhepunkte des klassisch-akademischen Tanzes.

Schwanensee

Frage 138

Peter Brugger, Flo Weber und Rüde Linhof sind die Band ...

☐ a) Die Ärzte
☐ b) Sportfreunde Stiller
☐ c) Rosenstolz
☐ d) Wir sind Helden

☞ **b) Sportfreunde Stiller**
Die Band aus Germering bei München erreichte 2004 mit *Burli* den zweiten Platz der deutschen Albumcharts. Die erste ausgekoppelte Single *,'54, ,'74, ,'90, 2006* des Albums *You have to win Zweikampf* von 2006 war ihr bisher größter Erfolg: Sie landete an der Spitze der Charts und war bei der WM 2006 in aller Munde.

Frage 139

Wann wurde die *Marseillaise* zur französischen Nationalhymne?

☞ **Während der Französischen Revolution**. Das Marschlied wurde 1792 von einem Bataillon aus Marseille beim Einzug in Paris gesungen. Text und Melodie stammen von C. J. Rouget de Lisle (1760–1836).

Frage 140

Er ist ein deutscher Rapper und war 2008 *Popstars*-Juror. **Wie heißt er?**

☞ **Sido.** Paul Würdigs (*1980) Künstlername ist eine Abkürzung für „Superintelligentes Drogenopfer". Sein Markenzeichen ist eine verchromte Totenkopfmaske.

Frage 141

Welche musikalische Ehrung konnte Stuttgart viermal in fünf Jahren nach Hause holen?

☞ **Die Stuttgarter Staatsoper wurde innerhalb von nur fünf Jahren viermal zum Opernhaus des Jahres gewählt.** Das Opernhaus des Jahres wird in einer Umfrage unter 50 Kritikern aus verschiedenen Ländern ermittelt und jährlich am Ende einer Spielzeit verliehen.

Frage 142

Unter welchem Namen ging John Simon Ritchie in die Musikgeschichte ein?

☞ **Als Sid Vicious.** Unter diesem Pseudonym war er Bassist der Punkband Sex Pistols, die 1977 mit *Anarchy in the UK, God save the Queen* und *Submission* echte Punkklassiker geschaffen hatte. Allerdings konnte Ritchie (1957–79) gar nicht Bass spielen, im Studio übernahm der Gitarrist der Band diesen Part, auf der Bühne stellte man sein Instrument so leise wie möglich. 1979 starb Ritchie an einer Überdosis Heroin.

Frage 143

Wer gilt seit den 1970er-Jahren als erfolgreichster Musicalkomponist?

☞ **Andrew Lloyd Webber (*1948).** Internationale Triumphe feierte er u. a. mit *Jesus Christ Superstar*, *Cats* oder *Das Phantom der Oper*. Durch Webber erlangte das Musical in Deutschland und Österreich einen beachtlichen Zuwachs an Popularität.

Das Phantom der Oper

Frage 144

1989 initiierte der DJ Dr. Motte die größte Veranstaltung der Technoszene. **Welche?**

☞ **Die Love Parade** auf dem Berliner Kurfürstendamm. Zu Beginn nahmen 150 Menschen an ihr teil; ihr Höhepunkt war 1999 mit 1,5 Millionen Teilnehmern erreicht. Seit 2007 findet die Love Parade im Ruhrgebiet statt.

Frage 145

Die erste Band, die in Deutschland über ein Fernsehcasting zusammengestellt wurde, heißt ...

☐ a) No Angels
☐ b) Silbermond
☐ c) Rammstein
☐ d) Tokio Hotel

☞ **a) No Angels**
Die Band ging im Jahr 2000 aus der ersten Staffel der Serie *Popstars* hervor. Mit *Daylight in Your Eyes*, *There Must Be an Angel*, *Something about Us* und *No Angel (It's All In Your Mind)* hatten die No Angels in Deutschland vier Nummer-1-Hits.

Frage 146

Was kostete die bislang teuerste Geige aller Zeiten?

☞ Umstritten ist, ob es sich um die Stradivarigeige „Lady Blunt" handelt oder um die Geige „Baron Heath" der Instrumentenbauerfamilie Guarneri. Gesichert scheint nur, dass der Preis für das Instrument weit über sieben Millionen US-Dollar lag.

Frage 147

***(What's The Story) Morning Glory?* ist das zweite Album welcher Band?**

☞ **Oasis.** Aus dem Album erreichten *Some Might Say* und *Don't Look Back In Anger* in England Platz eins der Charts. Die Band gilt als einer der erfolgreichsten Vertreter des Britpop und ist neben ihrer Musik auch bekannt für die Skandale der Brüder Liam (*1972) und Noel (*1967) Gallagher.

Frage 148

In welcher Oper stellen zwei Offiziere die Liebe und Treue ihrer Verlobten auf die Probe, woraus eine verwickelte Komödie gesponnen wird?

☞ **In der Oper *Così fan tutte***, die Wolfgang Amadeus Mozart (1756–91) im Jahr vor seinem frühen Tod vollendete. Die Oper war lange Zeit umstritten, von vielen Kritikern wurde sie als albern betitelt. Erst im 20. Jahrhundert wurde *Così fan tutte* neben *Die Hochzeit des Figaro* und *Don Giovanni* als eines von Mozarts Meisterwerken akzeptiert.

Frage 149

Welche berühmte Sängerin sei – so hieß es – an einer unglücklichen Liebesbeziehung zu einem griechischen Millionär zerbrochen?

☞ **Maria Callas (1923–77)**, die seit ihrem ersten Auftritt 1947 bei den Festspielen von Verona das Publikum zu beeindrucken wusste. Die als launisch gefürchtete Callas war mit dem griechischen Reeder Aristoteles Onassis (1906–75) eine Liaison eingegangen, der sie aber wegen Jacqueline Kennedy (1929–94) verließ.

Frage 150

Was ist ein Zapfenstreich?

☞ In seiner eigentlichen Bedeutung signalisierte der Zapfenstreich den Soldaten den Befehl zur Rückkehr in ihre Kaserne. Heute wird er vor allem bei der Verabschiedung hoher Militärs und Politiker gespielt. Auch der ehemalige Bundeskanzler Gerhard Schröder wurde nach seiner Abwahl 2005 mit einem Zapfenstreich verabschiedet.

Frage 151

Welches Lied gilt als das erfolgreichste One-Hit-Wonder?

☞ ***Macarena*** von dem spanischen Duo Los del Río. Im Sommer 1996 belegte *Macarena* 14 Wochen lang den ersten Platz der amerikanischen Billboardcharts. Insgesamt hielt sich der über 4,5 Millionen Mal verkaufte Titel 60 Wochen in den Charts.

Frage 152

Für wie viele Instrumente bzw. Singstimmen ist ein Quartett komponiert?

☐ a) für drei ☐ c) für fünf
☐ b) für vier ☐ d) für sechs

☞ **b) für vier**
Daneben bezeichnet man auch eine Gruppe von vier Instrumentalisten oder Sängern als Quartett.

Frage 153

Welcher berühmte Klaviervirtuose und Komponist wurde in Warschau geboren und lebte in Paris?

☞ **Frédéric Chopin (1810–49)**, dessen Mutter Polin und dessen Vater Franzose war. Das Neuartige seines Klavierspiels war, dass es an den Virtuosen höchste Ansprüche an poetischem Ausdruck stellte. Chopin schuf u. a. zwei Klavierkonzerte und die *Grande Polonaise brillante* für Klavier und Orchester, daneben zahlreiche kleinere Klavierwerke.

Frage 154

Was bezeichnet man als Remix?

☞ Die Neubearbeitung alter Songs am Mischpult, die auf diese Weise wieder ein Comeback in den Charts feiern.

Frage 155

Unter welchem Namen ist Alecia Moore besser bekannt?

☞ **Pink.** Den internationalen Durchbruch schaffte sie 2001 mit dem Soundtrack *Lady Marmalade* zum Film *Moulin Rouge*. Neben *Lady Marmalade* erreichte auch *So What* aus dem 2008 erschienenen Album *Funhouse* die Spitze der deutschen Charts. Großes Aufsehen erregte der Song *Dear Mr. President*, in dem sie den ehemaligen US-Präsidenten George W. Bush und seine Politik, v. a. den Irakkrieg, scharf kritisiert.

Frage 156

Was bezeichnet der Begriff „Salsa"?

☞ Einen lateinamerikanischen Tanz, dessen Musik Elemente der Rockmusik aufgreift. Seine Tanzschritte gehen aus dem Mambo hervor, sind aber durch die expressiveren Armbewegungen und Hüftdrehungen erotischer. Die Musik ähnelt der Samba.

Frage 157

Welches Holzblasinstrument von Antoine-Joseph Sax (1814–94) ist aus dem Jazz nicht mehr wegzudenken?

☞ **Das Saxofon**, das zwar überwiegend aus Metall besteht, aber wegen seines Rohrblatts zu den Holzbläsern gezählt wird. Es wird in acht verschiedenen Größen und Stimmlagen gebaut.

Frage 158

Welcher Sänger und Schauspieler wurde mit dem Lied *Looking For Freedom* sowie durch seine Hauptrollen in *Knight Rider* und *Baywatch* bekannt?

☞ **David Hasselhoff (*1952).**

Frage 159

Welcher Deutsche wird als der neue Startenor gefeiert?

☞ **Jonas Kaufmann (*1969).** Der *stern* schrieb über ihn: „Er ist sexy wie Brad, hat Locken wie Antonio, kann spielen wie George und singen – wie sonst keiner: Wenn der Münchner Jonas Kaufmann den Mund aufmacht, liegt ihm das Opernpublikum zu Füßen."

Frage 160

Was ist die höchste Tonlage, die eine menschliche Stimme erreichen kann?

☐ a) Alt ☐ c) Bass
☐ b) Sopran ☐ d)Tenor

☞ **d) Sopran**
Er wird entweder von Frauen oder von Knaben gesungen. Zwischen Sopran und Alt liegt der Mezzosopran.

Frage 161

Wo liegen die musikalischen Ursprünge von Joan Baez?

☞ Baez (*1941) begann mit angloamerikanischen Volksliedern und Balladen, die sie auf der Gitarre begleitete. Die amerikanische Folkloresängerin sang ab 1963 vor allem politisch engagierte Lieder.

Joan Baez

Frage 162

Welche Rockband aus New Jersey feierte 2003 ihr 20-jähriges Jubiläum?

☞ **Bon Jovi.** Mittlerweile hat die Band 14 Alben auf den Markt gebracht. Zu ihren erfolgreichsten Songs zählen u. a. *Livin' on a Prayer*, *Bed of Roses*, *Always* und *It's My Life*.

Frage 163

Mit welchem Hit wurde DJ Ötzi 1999 im deutschsprachigen Raum bekannt?

☞ Gerhard Friedle (*1971) wurde mit seinem *Anton aus Tirol* als DJ Ötzi bekannt. Mit *Hey Baby* landete er 2000 einen Welthit. Mit über 16 Millionen verkauften CDs weltweit zählt DJ Ötzi zu den erfolgreichsten Musikern aus dem deutschsprachigen Raum.

Frage 164

Wie ist der Name eines bekannten niederländischen Violinisten, Dirigenten und Musikproduzenten?

☞ **André Rieu (*1949).** Er stammt aus einer Musikerfamilie und wuchs schon mit klassischer Musik auf.

Frage 165

Welcher Pop-Ikone gelang es als einziger Künstlerin, in jeder der fünf Dekaden ihrer Karriere Nummer-1-Hits zu landen?

☞ **Cher (*1946).** *I Got You Babe*, *The Shoop Shoop Song (It's in His Kiss)* und *Believe* sind nur drei ihrer Hits. Mit ihrem Vermögen, das auf über 600 Millionen US-Dollar geschätzt wir, ist Cher die reichste weibliche Künstlerin der Welt.

Frage 166

Was ist das größte Holzblasinstrument?

☞ **Das Fagott**, der „Bass" in der Familie der Oboen. Die etwa 2,45 Meter lange Schallröhre ist geteilt; beide Teile verlaufen eng nebeneinander und sind durch ein Übergangsstück verbunden. Das kürzere Stück läuft in ein s-förmiges Metallmundrohr aus. Das Fagott entstand im 16. Jahrhundert.

Frage 167

Welcher französische Komponist schrieb die *Symphonie fantastique*?

☞ **Hector Berlioz (1803–69)**, der Schöpfer der romantischen Orchester- und Programmmusik. Hierher gehören u. a. *Harold in Italien* und *Romeo und Julia*.

Frage 168

Welche Band hatte in den 1980er-Jahren mit *Take On Me* großen Erfolg?

☐ a) a-ha ☐ c) i-hi
☐ b) e-he ☐ d) o-ho

☞ **a) a-ha**
Die norwegische Popband wurde 1982 gegründet.

Frage 169

Welchem weiblichen afroamerikanischen Popstar gelang Anfang der 1980er-Jahre ein Comeback?

☞ **Tina Turner (*1939)**, die mittlerweile auf eine über 40-jährige Bühnenkarriere zurückblicken kann. Anfangs ganz unter dem Einfluss ihres Ehemanns Ike (1931–2007) stehend, stieg sie nach Ihrer Scheidung zu einer der großen Ikonen der Pop-Szene auf.

Frage 170

Wie nennt man die höchste männliche Gesangsstimme?

☞ **Tenor.** In der Oper unterscheidet man den helleren und weicheren lyrischen Tenor, den Heldentenor, den ein dunklerer und männlicherer Ton auszeichnet, sowie den dazwischen stehenden französischen oder jugendlich-dramatischen Tenor und den Tenor buffo aus der heiteren Oper.

Frage 171

Wer komponierte die *Feuerwerksmusik* und die *Wassermusik*?

☞ **Der deutsche Komponist Georg Friedrich Händel (1685–1759)**, der 40 Jahre seines Lebens als Hofkomponist in London lebte. Neben seinen berühmten Orchesterwerken war Händel v. a. als Opern- und Oratorienkomponist erfolgreich.

Georg Friedrich Händel

Frage 172

Wie heißt der bekannteste Song der Eagles?

☞ ***Hotel California.*** Es erschien 1976 auf dem gleichnamigen, fünften Album der 1972 gegründeten Band und wurde zur Nummer eins der Charts in England, den USA und Deutschland.

Frage 173

Was ist Karaoke?

☞ **Ein aus Japan stammender Partyspaß, bei dem man zu Instrumentalbegleitung Popmusik ins Mikrofon singt**. Die Texte der Lieder laufen dabei auf einem Bildschirm mit. Sehr beliebt hierzulande ist *Sing Star*, ein Karaokespiel für die PlayStation.

Frage 174

Was löste die weltweite Twist-Euphorie der 1960er-Jahre aus?

☞ **Der amerikanische Hit *The Twist* des afroamerikanischen Rock 'n' Roll-Musikers Chubby Checker (*1941).** Ein Modetanz war geboren, bei dem die Tänzer ihre Glieder in gekrümmter Haltung kunstvoll verrenken und bei dem sich die Paare erstmals nicht mehr berührten. Der Song gab dem Tanz den Namen.

Frage 175

Welchem Sänger gelang mit *Sailing* 1975 in Deutschland der Durchbruch?

☐ a) George Michael ☐ c) Led Zeppelin
☐ b) Michael Bolton ☐ d) Rod Stewart

☞ **d) Rod Stewart (*1945)**
Ursprünglich wollte Rod Stewart Profi-Fußballspieler werden. Seine Erfolge in der Musikbranche zeigen jedoch, dass er den richtigen Weg gewählt hat.

Frage 176

Welcher Ton gibt einer Tonleiter den Namen?

☞ **Der Grundton.** So spricht man z. B. von der C-Dur-Tonleiter oder der e-Moll-Tonleiter. Die europäische Musik kennt fast nur Dur- und Moll-Tonleitern.

Frage 177

Welcher Sänger, dessen Name auf deutsch so viel wie „Hackbraten" bedeutet, wurde 1947 in Texas geboren?

☞ **Meat Loaf.** Einer seiner bekanntesten Songs *I'd Do Anything For Love (But I Won't Do That)* wurde sein erster Nummer-1-Hit in Großbritannien und den USA und erreichte Platinstatus.

Frage 178

Was ist ein Bariton?

☞ **Die mittlere männliche Gesangsstimme zwischen dem Tenor und dem Bass.** Ein Sänger dieser Stimmlage wird ebenfalls Bariton genannt.

Frage 179

In welcher südamerikanischen Stadt entstand der Tango?

☞ In **Buenos Aires.** Der gleichermaßen Sehnsucht wie aggressiven Stolz ausdrückende Tanz entstand in den unteren Gesellschaftsschichten und gelangte um 1910 nach Paris.

Tango tanzendes Paar

Frage 180

Robin, Maurice und Barry Gibb sind die ...

☐ a) Eagles ☐ c) Bee Gees
☐ b) Scorpions ☐ d) 4 Non Blondes

☞ **c) Bee Gees**

Der Soundtrack zum Film *Saturday Night Fever* machte sie 1977 zu Megastars. Nach dem Tod von Maurice (1949–2003) gaben Robin (*1949) und Barry (*1946) 2006 offiziell das Ende der Bee Gees bekannt.

Frage 181

Wie nennt man den harmonischen Zusammenklang von drei Tönen verschiedener Tonhöhe?

☞ **Dreiklang.** Dem tiefsten Ton dieser Terzschichtung weist man dabei die Rolle des Grundtons zu und benennt die darüber liegenden Töne nach ihrem Abstand zu diesem Grundton: Terzton und Quintton.

Frage 182

In welchen Musikwerken kommen Arien vor?

☞ **In Opern, Oratorien und Kantaten.** Die Arie ist ein Sologesangsstück, das instrumental begleitet wird.

Frage 183

Wie heißt der 1963 geborene italienische Popsänger, der 1997 mit Tina Turner (*1939) *Cose della vita* sang?

☞ **Eros Ramazotti.** 1981 nam er an einem Musikwettbewerb teil. Mit einem selbst geschriebenen Stück erreichte er das Finale und erhielt seinen ersten Plattenvertrag.

Frage 184

Welches ist das erfolgreichste Musical Leonard Bernsteins?

☞ **Die *West Side Story*,** eine moderne Fassung des *Romeo-und-Julia*-Themas vor den Kulissen Manhattans. Als Komponist gelang es Bernstein (1918–90), Unterhaltungsmusik salonfähig zu machen und die Grenzen zur ernsten Musik aufzuweichen. Als Dirigent gewann er größte internationale Anerkennung.

Frage 185

Welche Band wurde mit dem Album *Nevermind* berühmt?

☞ **Die Band Nirvana um Sänger und Gitarrist Kurt Cobain (1967–94).** Für das Album *Nevermind*, das so schnell vergriffen war, dass es nachgepresst werden musste, erhielt die Band die Platinschallplatte. Sieben Jahre nach ihrer Gründung löste sich Nirvana nach dem Suizid Cobains auf.

Nirvana

Frage 186

Welche Band wurde 1980 als Collegeband gegründet und brachte 2008 mit *Accelerate* ihr 14. Studioalbum heraus?

☞ **R.E.M.** Bei ihrer Suche nach einem neuen Namen nahm der Sänger Michael Stipe (*1960) ein Wörterbuch, suchte willkürlich einen Eintrag aus und landete zufällig bei R. E. M., die Abkürzung für „Rapid Eye Mouvement", eine Schlafphase des Menschen, in der sich die Augen sehr schnell unter den Lidern bewegen.

Frage 187

Wer gründete 1966 in England die Gruppe Cream?

☐ a) Steven Tyler
☐ b) Ozzy Osbourne
☐ c) Eric Clapton
☐ d) Rod Stewart

☞ **c) Eric Clapton** (*1945)
Er ist einer der einflussreichsten und besten Rock- und Bluesgitarristen. Die Gruppe Cream gelangte mit ihrem bluesgefärbten Rock zu Weltruhm.

Frage 188

Von wem stammt die Melodie für die Eurovisionssendungen der europäischen Fernsehanstalten?

☞ **Von dem Franzosen Marc-Antoine Charpentier (um 1634–1704)**, der vor allem sakrale Musik für den französischen Hof komponierte.

Frage 189

Welche Band sang zahlreiche Hits wie *It Must Have Been Love, Joyride* oder *Fading Like A Flower*?

☞ **Das schwedische Pop-Duo Roxette**, das aus Per Gessle (*1959) und Marie Fredriksson (*1958) bestand. Noch erfolgreicher als Roxettes Singles waren ihre Alben: *Look Sharp!* (1989) und *Joyride* (1991) zählen mit zehn bzw. zwölf Millionen verkauften Exemplaren zu den erfolgreichsten aus Europa stammenden Alben ihres Jahrzehnts.

Frage 190

Mit welchem Song wurde Ella Fitzgerald berühmt?

☞ **Mit der verjazzten Form des Kinderreimes *A Tisket, A Tasket*.** Fitzgerald (1918–96) avancierte in den späten 1940er-Jahren zu einer Ausnahmeerscheinung und spielte mit nahezu allen Größen des Jazz.

Frage 191

Neben seiner Solokarriere ist dieser Künstler Gründungsmitglied der deutschen Musikgruppe Söhne Mannheims. **Wer ist er?**

☞ **Xavier Naidoo (*1971).** Naidoo zählt zu den erfolgreichsten Künstlern, die Deutschland derzeit hat. Zu seinen Solohits zählt u. a. *Ich kenne nichts (das so schön ist wie du)*.

Frage 192

Wie heißt die klassische Instrumentalmusik, die in einem kleinen Rahmen von wenigen Musikern aufgeführt wird?

☐ a) Hüttenmusik
☐ b) Kammermusik
☐ c) Hofmusik
☐ d) Kellermusik

☞ **b) Kammermusik**
Diese im 16. Jahrhundert aufkommende Musik für den kleinen Saal ist z. B. für Duos, Trios oder Quartette bestimmt. Berühmte Stücke sind etwa die *Kreutzersonate* von Beethoven (1770–1827) und das *Forellenquintett* von Schubert (1797–1828).

Frage 193

Welche Premiere erlebte die Chansonnette Patricia Kaas (*1966) im Jahr 2001?

☞ Die von Schauspieler Gérard Depardieu (*1948) entdeckte Sängerin war erstmals in einem Kinofilm zu sehen. In *And now… Ladies & Gentlemen* spielte sie eine Jazzsängerin.

Frage 194

Wem widmete Chris Rea (*1951) seinen Hit *Josephine*?

☞ Seiner ersten Tochter Josephine.

Frage 195

Wer komponierte das berühmte Orchesterwerk *Boléro*?

☞ **Der Franzose Maurice Ravel (1875–1937)**, der zu den Hauptvertretern impressionistischer Musik in Frankreich gehört. Der ausgezeichnete Klaviervirtuose und Dirigent schuf bedeutende Ballettmusik *(Daphnis und Chloé)*, zu der übrigens auch der *Boléro* gehört.

Frage 196

Wie heißt der Titelsong des Films *Endlose Liebe*?

☞ Genauso wie der Originaltitel des Films: ***Endless Love.*** Für den Song wurde Lionel Richie (*1949) für den Oscar und den Golden Globe nominiert.

Frage 197

Wer sang den Hit *Jessie*?

☞ **Joshua Kadison (*1963).** 1993 landete er mit *Jessie* aus seinem ersten Album *Painted Desert Serenade* einen Hit. Weitere erfolgreiche Titel von diesem Album waren *Picture Postcards from L. A.* und *Beautiful in My Eyes*.

Frage 198

Welcher Sänger nahm 1989 mit *Let Love Rule* sein erstes Album auf?

☞ **Lenny Kravitz (*1964).** Schon während seiner Schulzeit hatte Kravitz seine ersten Auftritte. Den endgültigen Durchbruch schaffte er 1991 mit seinem zweiten Album *Mama Said*. Die Single *It Ain't Over ,Til It's Over* erreichte Platz zwei der US-Charts. Im Februar 2008 wurde das Album *It Is Time For A Love Revolution* veröffentlicht. Die erste Single *I'll Be Waiting* erreichte in den deutschen Charts Platz sechs und wurde damit seine erfolgreichste Single in Deutschland.

Lenny Kravitz

Frage 199

Welches berühmte Passionswerk schuf der deutsche Komponist Johann Sebastian Bach?

☐ a) *Lukaspassion*
☐ b) *Markuspassion*
☐ c) *Matthäuspassion*
☐ d) *Thaddäuspassion*

☞ **c) *Matthäuspassion***
Grundlage von Bachs (1685–1750) Werken waren Kirchenlieder und Choräle. Erst die Berliner Aufführung der *Matthäuspassion* 1829 durch Felix Mendelssohn Bartholdy begründete den späten Ruhm Bachs als einer der bedeutendsten Komponisten der Neuzeit. Durch seine ebenso innovativen wie streng durchkomponierten Werke hat Bach auch viele zeitgenössische Popmusiker inspiriert.

Frage 200

„When I find myself in times of trouble, mother Mary comes to me ..." **Aus welchem berühmten Lied stammt diese Zeile?**

☞ **Aus *Let it be* von den Beatles.** „Let it be" wird ins Deutsche fälschlicherweise oft mit „Lass es sein" übersetzt. Tatsächlich bedeutet es „Lass es geschehen". McCartney (*1942) verarbeitete im Text die Unstimmigkeiten, die seinerzeit zwischen den Bandmitgliedern herrschten.

Frage 201

Wer leitete die erste Gesamtaufführung aller neun Brucknersinfonien?

☞ **Gustav Mahler (1860–1911).** Seit 1907 war Mahler in New York an der Metropolitan Opera, wo er die erste Gesamtaufführung aller neun Brucknersinfonien leitete.

Frage 202

Wie viele Saiten hat eine Gitarre?

☞ **Seit dem 18. Jahrhundert sind sechs Draht-, Nylon- oder Darmsaiten üblich.** Die Gitarre ist auch in der Popmusik ein beliebtes Instrument, allerdings wird dort meist nicht gezupft, sondern geschlagen.

Frage 203

Wie nennt man die in Spanien beheimatete Tanzmusik, die sich vor allem durch schnelle Rhythmuswechsel auszeichnet?

Flamenco

☞ **Flamenco.** Der ursprünglich in Andalusien beheimatete Tanz wird meist von einem von Gitarre und teilweise auch von Kastagnetten begleiteten Sänger oder Tänzer dargeboten.

Frage 204

Wie nennt man ein Lied, das mehrstimmig versetzt gesungen wird?

☞ **Kanon.** Bei dieser speziellen Liedform beginnen mehrere Stimmen nacheinander, dieselbe Melodie in gleicher Tonhöhe zu singen.

Frage 205

Welche spezielle Musikform entstand in den Gottesdiensten der afroamerikanischen US-Bevölkerung?

☞ **Der Gospel.** Ihren Ursprung haben die von einem Chor gesungenen Gospelsongs in dem Brauch der Gemeindemitglieder, die vom Pfarrer verkündete Bibelexegese mit lauten Zurufen zu begleiten, worauf dieser wieder antwortet.

Frage 206

Von wem stammt der Hit *Father and Son*?

☞ **Von Cat Stevens (*1948).** Das Stück ist ein Dialog zwischen Vater und Sohn, wobei Cat Stevens in der Originalversion die Strophen des Sohnes in einer höheren Tonlage singt. In Folge seines Übertritts zum Islam 1977 änderte der Sänger seinen Namen in Yusuf Islam.

Frage 207

Wer komponierte die Melodien des Soundtracks von *Der König der Löwen*?

☐ a) Elton John
☐ b) Santana
☐ c) Lionel Richie
☐ d) Michael Jackson

☞ **a) Elton John** (*1947)
Für *Can You Feel the Love Tonight* erhielt er den Oscar für den besten Filmsong.

Frage 208

Welches Musikinstrument ist Blas- und Tasteninstrument zugleich, wobei der Luftstrom von einer Gebläseanlage erzeugt werden muss?

☞ **Die Orgel**, die aus Metall- und Holzpfeifen (Pfeifenwerk), Tastatur (Spielwerk) und einer Gebläseanlage (Windwerk) besteht. Eine mechanische Vorrichtung (Regierwerk) stellt die Verbindung zwischen Tastatur, Pfeifen und Gebläseanlage her.

Kirchenorgel

Frage 209

H. P. Baxxter, Rick J. Jordan und Michael Simon sind die Mitglieder welcher Band?

☞ **Scooter.** Seit 1993 ist die Band international erfolgreich und verkaufte über 30 Millionen Tonträger.

Frage 210

In welchem Land entstand das Musical?

☞ **In den USA**, genauer gesagt am Broadway in der Stadt New York. Um ein breites Publikum anzusprechen, wurden Anfang des 20. Jahrhunderts hier verschiedenste Elemente aus Operette, Theater, Revue, Ballett und anderen Gattungen der Unterhaltungsbranche kombiniert.

Frage 211

Welche britische Band um Sänger Chris Martin (*1977) gehört seit mehreren Jahren zu den weltweit erfolgreichsten Bands?

☞ **Coldplay.** Ihr erstes Album *Parachutes* war ein großer Erfolg. Auch ihre folgenden Alben, *A Rush of Blood to the Head*, *X&Y* und *Viva La Vida or Death and All His Friends* begeisterten Fans und Kritiker. Die Single *Viva La Vida* erreichte 2008 in den USA und in England Platz eins der Charts.

Frage 212

Die Erfindung welches Instruments wurde und wird vermutlich zu Unrecht Friedrich Buschmann zugeschrieben?

☐ a) Klavier ☐ c) Blockflöte
☐ b) Geige ☐ d) Mundharmonika

☞ **d) Mundharmonika**
Buschmann (1805–64) selbst behauptete zwar 1828, er habe das Instrument erfunden. Tatsächlich wurde die Mundharmonika schon weitaus früher verkauft. Wer auch immer die Mundharmonika erfunden haben mag – die Idee war genial. Das Instrument ist leicht transportabel, preiswert und relativ einfach zu spielen und fand daher in der modernen Popmusik, v. a. im Blues, im Rock und im Folk schnell Verwendung.

Frage 213

Welche Punkband gilt als Vorbild zahlreicher Britpop-Bands, aber auch von Bands wie R.E.M.?

☞ **The Clash.** Die Musik der 1976 gegründeten Band zeichnete sich durch ihren aggressiven Gitarrensound wie auch durch ihre eingängigen Melodien aus – ein Stil, der sie deutlich von anderen Gruppen abhob. 1985 brach die Gruppe wegen interner Querelen auseinander.

Frage 214

Was bezeichnet man in der Musik als Oktave?

☞ Den achten Ton im Notenintervall oder auch die Gesamtheit der acht Notenstufen.

Frage 215

Womit fielen die Bandmitglieder der US-Hardrockgruppe KISS bis 1983 vehement auf?

☞ **Durch ihre Kostümierung und ihre Schminkmasken.** Der New Yorker Band um Gene Simmons (*1949) und Paul Stanley (*1952) gelang 1975 der internationale Durchbruch. Sehr bald galten KISS als ausgezeichnete Liveband, die ihrem Publikum neben eingängigem Rocksound eine imposante Bühnenshow boten. Ihr erster ungeschminkter Auftritt 1983 bei MTV war für altgediente Fans ein wahrer Schock.

Frage 216

Wie viele Opern komponierte Ludwig van Beethoven?

☞ **Ludwig van Beethoven (1770–1827)** hat nur eine einzige Oper, nämlich *Fidelio*, komponiert. Ursprünglich sollte diese Oper *Leonore* heißen. In ihr knüpft Beethoven zum Teil an Mozart (1756–91) an und verwies auf Ideen der Französischen Revolution.

Ludwig van Beethoven

Frage 217

Wie nannte sich die Spielart des Rock 'n' Roll, die ausschließlich von Weißen gespielt wurde?

☞ **Rockabilly.** Die weißen Musiker des Rockabilly griffen auf der einen Seite Elemente des schwarzen Rhythm-and-Blues auf, kombinierten dies aber mit ihnen geläufigen Musikrichtungen der südlichen USA und spielten daher auch auf den ihnen vertrauten Instrumenten.

Frage 218

Bei den Konzerten welcher Band ging regelmäßig neben der E-Gitarre und diversen Verstärkern auch das komplette Schlagzeug zu Bruch?

☞ **Bei The Who.** Gitarrist Pete Townshend (*1945) pflegte schon bei den ersten Konzerten der Band die während des Konzerts verwendeten, oft nur geliehenen Gitarren in Trümmer zu zerschlagen und initiierte damit die häufigen Zerstörungsorgien, bei der der Schlagzeuger der Band, Keith Moon (1946–78), oft nicht unbeteiligt blieb.

EIN GROSSES SINFONIEORCHESTER

In einem modernen großen Sinfonieorchester finden sich folgende Instrumente:

Streicher: 12–16 erste Geigen, 10–14 zweite Geigen, 8–12 Bratschen, 8–10 Celli, 6–8 Kontrabässe

Holzbläser: 1 Piccoloflöte, 3 große Flöten, 3 Oboen, 1 Englischhorn, 3 Klarinetten, 1 Bassklarinette, 3 Fagotte, 1 Kontrafagott

Blechbläser: 6 Hörner, 4 Trompeten, 4 Posaunen, 1 Basstuba

Schlagzeug: 4 Pauken, kleine und große Trommel, Becken, Triangel, Xylofon, Glockenspiel u. a.

Außerdem je nach Bedarf: 1–2 Harfen, Klavier, Orgel, Celesta u. a.

Frage 219

Welche Art von Musik macht die Hamburger Band Deichkind?

☞ **Hip-Hop.** Deichkind selbst bezeichnen ihren Musikstil als TechRap, also als eine Mischung aus Techno und Rap.

Frage 220

Was ist Funk?

☞ Eine afroamerikanische Musikrichtung, die ausgesprochen rhythmusbetont ist. Zu den wichtigsten Vertretern des Funk gehört James Brown (1928–2006).

Frage 1

Welche Filmreihe machte George Lucas (*1944) weltberühmt?

☞ ***Star Wars***. 1972 begann Lucas mit dem Verfassen des Drehbuchs. 1977 lief *Krieg der Sterne* in den Kinos an. Die Episoden IV-VI wurden zwischen 1977 und 1983 veröffentlicht, die „Klonkriege-Trilogie“ der Episoden I-III folgte zwischen 1999 und 2005.

Frage 2

Einer der größten deutschen Entertainer wurde 1913 in Berlin geboren. Von der Schule hielt er nicht allzu viel und so verdingte er sich als Zauberer bei einem Wanderzirkus. 1938 kam er schließlich zum ‚Kabarett der Komiker'. Nach dem Krieg engagierten ihn die Amerikaner für ihre Truppenbetreuung. Hier fand er viele Anregungen, die er später in Konzepte für Quizshows in Rundfunk und Fernsehen umsetzte. Seine größten Erfolge feierte er, dessen Markenzeichen das karierte Jackett war, als Moderator von Fernsehsendungen wie *Eine nette Bescherung, Vergissmeinnicht* oder *Musik ist Trumpf*. **Wie hieß der Entertainer?**

☞ **Peter Frankenfeld (1913–79).** In seiner Karriere hat Frankenfeld über 1500 Sendungen moderiert und 15.000 Sketche geschrieben. Damit avancierte er nicht nur zu einem der beliebtesten, sondern auch zu einem der produktivsten Entertainer überhaupt.

Frage 3

Welches moderne Mysterienspiel von Hugo von Hofmannsthal wird alljährlich bei den Salzburger Festspielen aufgeführt?

☐ a) *Der Jedermann*
☐ b) *Die Montagsfrau*
☐ c) *Das Kuckuckskind*
☐ d) *Der Besserwisser*

☞ **a) *Der Jedermann***
Es ist neben dem *Rosenkavalier* aus demselben Jahr Hofmannsthals (1874–1929) populärstes Werk.

Frage 4

Die Rateshow *Wer wird Millionär* mit Günther Jauch zählt zu den beliebtesten Fernsehunterhaltungssendungen überhaupt. Schon einige Zeit, bevor Jauch das Wissen seiner Kandidaten auf die Probe zu stellen begann, sorgte ein Brettspiel für eine Quizwelle in vielen deutschen Wohnzimmern. **Wie heißt das beliebte Spiel?**

☞ ***Trivial Pursuit.*** Entwickelt wurde dieses Brettspiel bereits Ende der 1970er-Jahre in Kanada, den Durchbruch schaffte es aber erst Mitte der 1980er-Jahre. Die Spieler müssen hier ihr Wissen in sechs unterschiedlichen Themenbereichen unter Beweis stellen, um das Spiel gewinnen zu können.

Frage 5

Was ist ein Monolog?

☞ **Ein Selbstgespräch, z. B. in einem Bühnenstück.** Monologe sind heute auch Bestandteil moderner Prosa, man nennt sie dann „innere Monologe“, weil sie die Gedanken und Empfindungen eines Protagonisten wiedergeben.

Frage 6

Auf welcher Bühne werden u. a. die Stücke *Jim Knopf* und *Urmel aus dem Eis* gespielt?

☞ **Im Marionettentheater der Augsburger Puppenkiste**, die 1948 von dem Staatsschauspieler Walter Oehmichen (1901–77) gegründet wurde. Zur Popularität trugen vor allem die Fernsehaufzeichnungen bei.

Lukas, der Lokomotivführer, Urmel und Jim Knopf

Frage 7

Wer moderierte *Wetten, dass..?* während Gottschalks Pause von 1992–1994?

☐ a) Frank Elstner
☐ b) Stefan Raab
☐ c) Wolfgang Lippert
☐ d) Jürgen von der Lippe

☞ **c) Wolfgang Lippert** (*1952)
1992 wurde er Nachfolger von Thomas Gottschalk (*1950). Allerdings behielt er diese Stelle nur für neun Sendungen, denn er kam beim Publikum nicht gut an, die Einschaltquoten sackten deutlich ab. Gottschalk übernahm das Ruder wieder.

Thomas Gottschalk bei der Moderation von Wetten, dass..?

Frage 8

Welche nach 1945 entstandene neue Theaterform erhob das Sinnlose und Absurde zum ästhetischen Prinzip?

☞ **Das Absurde Theater**, das die Absurdität des menschlichen Daseins hervorheben wollte. Kennzeichen sind fehlende Handlungslogik, funktionslose Dialoge sowie die Entfremdung und Vereinzelung des Menschen. Die bedeutendsten Autoren sind Samuel Beckett (1906–89) und Eugène Ionesco (1912–94).

Frage 9

Welche Fernsehserie um das Leben einer reichen amerikanischen Industriellenfamilie wurde am 30. Juni 1981 erstmals im deutschen Fernsehen ausgestrahlt?

☞ ***Dallas.*** Die ARD zeigte insgesamt 357 Folgen dieser Saga um die Ölbarone der Familie Ewing. Weltweit wurde Dallas übrigens in 70 Länder verkauft und gilt als eine der erfolgreichsten Fernsehserien aller Zeiten.

Frage 10

Welcher bekannte Dramaturg schrieb Theaterstücke wie *Die Hamletmaschine* (1979)?

☞ **Heiner Müller (1929–95)**, der ab 1972 am Berliner Ensemble tätig war. Er trat mit eigenwilligen Bearbeitungen klassischer Vorlagen etwa von Kleist (1777–1811) oder Shakespeare (1564–1616) hervor. Eigene Dramen wie *Die Hamletmaschine* thematisieren u. a. die Position des Intellektuellen in der sozialistischen Gesellschaft.

Frage 11

Was ist ein B-Movie?

☞ **Eine Billigproduktion** wird in der Filmbranche so genannt.

Frage 12

In welchem preisgekrönten Gesellschaftsspiel geht es darum, eine kleine Insel zu besiedeln?

☐ a) *Civilization*
☐ b) *Die Siedler von Catan*
☐ c) *Stahlross*
☐ d) *Villa Paletti*

☞ **b) *Die Siedler von Catan***
Bis zu vier Spieler befinden sich auf der kleinen, unbewohnten Insel, die glücklicherweise reichlich mit Rohstoffen gesegnet ist. Dort müssen sie versuchen, Straßen, Siedlungen und Städte zu bauen. *Die Siedler von Catan* wurde im Jahr 1995 zum „Spiel des Jahres" gewählt.

Frage 13

Was ist ein Blockbuster?

☞ **Ein Film, der zu einem Kassenschlager im Kino wird.** Bestes Beispiel hierfür ist *Titanic* von James Cameron (*1954).

Frage 14

Nicht nur Künstler können Entertainment-Geschichte schreiben. Bisweilen sind es auch Gebäude, die die Augen der Fans zum Leuchten bringen. Das Hotel, um das es hier geht, steht in Las Vegas und ist im Stil eines alten römischen Palastes errichtet. Vor allem in den 1980er-Jahren war es der Austragungsort für viele berühmte Boxkämpfe. In den 1990ern baute man das Hotel zu einem familienfreundlichen Unterhaltungskomplex um. Hier haben nahezu alle Größen des Showgeschäfts wie beispielsweise Elton John oder Celine Dion bereits gastiert. **Wie heißt dieses berühmte Hotel?**

☞ **Caesars Palace.** Nachdem im Jahr 2005 die letzten Umbauarbeiten abgeschlossen wurden, verfügt das Hotel nun über eine Kapazität von fast 3500 Zimmern. Das Mekka des Showbusiness stellt das 4000 Plätze umfassende Colosseum dar, das im Jahr 2003 fertiggestellt wurde.

Frage 15

Was ist Poetry Slam?

☞ **Poetry Slam (dt. Dichterwettstreit) ist ein literarischer Vortragswettbewerb,** in dem selbst geschriebene Texte vor Publikum vorgetragen werden. Bewertet werden sowohl der Inhalt der Texte als auch die Art des Vortrags. Der erste Poetry Slam fand 1986 in den USA statt.

Frage 16

Wer führte Regie in dem Antikriegsdrama *Apocalypse now*?

☞ **Francis Ford Coppola (*1939).**

Frage 17

Welcher Film machte Humphrey Bogart, der einen Barbesitzer spielte, endgültig zu einer Filmikone?

☐ a) *Dirty Dancing*
☐ b) *Psycho*
☐ c) *Casablanca*
☐ d) *Tod in Venedig*

☞ **c) *Casablanca***
Als Rick Blaine begegnet Bogart (1899–1957) seiner früheren Geliebten wieder, die aber inzwischen mit dem Widerstandskämpfer Victor Laszlo verheiratet ist.

Humphrey Bogart und Ingrid Bergman in Casablanca

Frage 18

Mit welcher Fernsehshow fesselte Hans Rosenthal (1925–87) von 1971 bis 1986 sein Publikum?

☞ ***Dalli Dalli.*** Das Konzept der Sendung sah vor, dass prominente Rateteams in mehreren Spielrunden gegeneinander antreten. Dabei ging es in erster Linie darum, innerhalb von 15 Sekunden Assoziationen zu einem bestimmten Thema zu sammeln. Auf diese Weise konnten die Teams Punkte sammeln.

Frage 19

Wie heißt der erste James-Bond-Film?

☞ Der erste Bond-Film erschien 1962 und trug in Deutschland den Titel ***James Bond jagt Dr. No.***

Frage 20

Auf welchen internationalen Filmfestspielen werden alljährlich Goldene und Silberne Bären verliehen?

☞ **Auf der Berlinale in Berlin.** Sie besteht seit 1951 und gehört seit 1954 zur Kategorie der Erstaufführungsfestivals. Bis 1989 fanden die Aufführungen im Westberliner Zoo-Palast statt, nach der deutschen Wiedervereinigung auch im Ostberliner Kosmos-Kino.

Frage 21

Welcher Filmkomiker spielte die Hauptrollen in *Goldrausch* (1925) und *Lichter der Großstadt* (1931)?

☞ **Der englische Schauspieler Charles Spencer Chaplin (1889–1977).** *Moderne Zeiten* war Charlie Chaplins letzte Rolle als Tramp, seine Paraderolle. Er spielte hier einen Industriearbeiter, der unter der unmenschlichen Fließbandarbeit leidet. Unverwechselbar ist die Slapstick-Ikone durch ihr Äußeres: schwarzer Anzug, Melone und Spazierstock.

Charlie Chaplin

Frage 22

Welche Serie gilt als die Mutter der deutschen Comedy-Fernsehserien?

☐ a) *Klimbim*
☐ b) *Sketchup*
☐ c) *Schillerstraße*
☐ d) *Nonstop Nonsens*

☞ **a) *Klimbim***
Die Serie lief von 1973 bis 1978 als erste deutsche Comedy-Fernsehserie. Sketche, Einspiel-Filme, Gastauftritte von bekannten Stars sowie Episoden aus dem absurden Leben der namensgebenden Klimbim-Familie wechselten sich in einer bunten und rasanten Nummern-Revue ab. 1975 erhielt *Klimbim* den Grimme-Preis, 2003 dann den deutschen Comedypreis.

Frage 23

Welche bundesdeutsche Stadt verdankte Willy Millowitsch die Bereicherung um eine populäre Volksbühne?

☞ **Köln.** Hier wuchs Millowitsch (1909–99) bereits als Kind in der Welt des Theaters auf. Der Urgroßvater war Moritatensänger, der Vater Volksschauspieler.

Frage 24

Wofür steht die Abkürzung FSK?

☞ **Für ‚Freiwillige Selbstkontrolle der Filmwirtschaft'.**

Frage 25

Welcher deutscher Schauspieler brillierte als Liebhaber Brigitte Bardots genauso wie als draufgängerischer Teufels-General oder als Schinderhannes?

☞ **Curd Jürgens (1915–82)**, der lange Jahre als Theaterschauspieler erfolgreich war, bevor er die ersten großen Rollen bekam, etwa als eigenwilliger Luftwaffengeneral Harras in *Des Teufels General* oder als Filmpartner von Brigitte Bardot (*1934) in *Und immer lockt das Weib.*

Frage 26

Seit Ende der 1970er-Jahre gibt es Videospiele. 1980 kam ein Videospiel auf den Markt, das alle Rekorde brechen sollte. Man musste mit seiner Spielfigur, einer simplen gelben Scheibe mit stilisiertem Maul, durch ein Labyrinth manövrieren und dabei kleine Punkte fressen. Allerdings war die Spielfigur nicht allein im Labyrinth, es gab auch fiese Gespenster, die man besser nicht verspeiste. Waren alle Punkte aufgefressen und die Spielfigur keinem Gespenst über den Weg gelaufen, erreichte man das nächste Level. **Wie heißt dieser absolute Videospiel-Klassiker?**

☞ ***Pac Man.*** 1982 erschien eine Brettspielversion des Klassikers, die allerdings nicht annähernd so beliebt war wie das Videospiel.

Frage 27

Wie nennt sich der Hauptpreis, der bei den Internationalen Filmfestspielen in Cannes vergeben wird?

☐ a) Goldener Bär
☐ b) Goldene Palme
☐ c) Goldener Löwe
☐ d) Goldene Kristallkugel

☞ **b) Goldene Palme**
In Cannes wird seit dem Jahr 1946 die Goldene Palme verliehen. Der jeweils beste Film des Festivals erhält diese Auszeichnung. Sie kann auch zu gleichen Teilen an mehrere Filme vergeben werden. Dies geschah beispielsweise im Jahr 1997. Damals

teilten sich der iranische Beitrag *Der Geschmack der Kirsche* und *Der Aal* aus Japan die Auszeichnung.

DIE ERFOLGREICHSTEN KINOFILME

Laut imdb.com haben bis zum Jahr 2007 folgende Filme am meisten Geld eingespielt:

1. ***Titanic* (1997) 1,8 Mrd. $**
2. ***Der Herr der Ringe: Die Rückkehr des Königs* (2003) 1,1 Mrd. $**
3. ***Fluch der Karibik 2* (2006) 1,06 Mrd. $**
4. ***Harry Potter und der Stein der Weisen* (2001) 968 Mio. $**
5. ***Star Wars: Episode I* (1999) 922 Mio. $**
6. ***Der Herr der Ringe: Die zwei Türme* (2002) 921 Mio. $**
7. ***Jurassic Park* (1993) 919 Mio. $**
8. ***Harry Potter und der Feuerkelch* (2005) 892 Mio. $**
9. ***Shrek 2* (2004) 880 Mio. $**
10. ***Harry Potter und die Kammer des Schreckens* (2002) 866 Mio. $**

Frage 28

Was versteht man in der computergesteuerten Filmtechnik unter Morphing?

☞ **Die übergangslose Verwandlung einer Gestalt in eine neue Figur**; so können sich beispielsweise Tiere in Autos und umgekehrt verwandeln. Videoclips oder Werbespots profitieren von dieser Technik genauso wie Zeichentrickfilme.

Frage 29

Welches bekannte Ballett wurde 1841 an der Pariser Oper uraufgeführt?

☞ ***Giselle.*** Das bezaubernde Mädchen Giselle liebt Albrecht, der ihre Liebe heftig erwidert. Auf der Schwelle vom Mädchen zur Frau erlebt sie zum ersten Mal die leidenschaftliche Sehnsucht einer Liebe, die Misstrauen, Enttäuschung und Verlust noch nicht kennt. Doch die gerade erwachten Gefühle stehen unter keinem guten Stern.

Frage 30

Was machte den Broadway berühmt?

☞ Die in Nord-Süd-Richtung verlaufende Straße in New York ist besonders durch ihre zahlreichen Theater zwischen der 42. und 50. Straße weltberühmt geworden. Eine Aufführung am Broadway bedeutet für Theaterstücke oder Musicals den endgültigen Durchbruch.

Frage 31

Wer ist der Vater von Donald Duck und Mickey Mouse?

☞ **Walt Disney (1901–66).** Der linkische Enterich Donald Duck entstand 1934. Älter als Donald Duck sind Mickey Mouse und die von ihm angebetete Minnie.

Walt Disney mit Mickey Mouse in Disneyland

Frage 32

Der Adolf-Grimme-Preis wird jährlich an Fernsehproduktionen verliehen, die „die spezifischen Möglichkeiten des Mediums Fernsehen auf hervorragende Weise nutzen". **In welcher Stadt findet die Verleihung statt?**

☐ a) Weimar ☐ c) Berlin
☐ b) Hambach ☐ d) Marl

☞ **d) Marl**
Das Adolf-Grimme-Institut, das den Preis verleiht, hat seinen Sitz in der Stadt Marl in Nordrhein-Westfalen. Der Preis wird bereits seit dem Jahr 1964 verliehen.

Frage 33

Der Video- und Telespiel-Boom machte auch vor dem öffentlich-rechtlichen Fernsehen nicht halt. So schickte die ARD im Jahr 1977 Thomas Gottschalk mit einer Videospiel-Show auf Sendung. **Wie nannte sich das Spektakel?**

☞ **Die Spielshow war schlicht und ergreifend mit *Telespiele* überschrieben.** In dieser Sendung traten Kandidaten telefonisch gegen Thomas Gottschalk an und spielten die ersten zur Verfügung stehenden Telespiele wie Pong. Die Steuerung wurde dabei von der menschlichen Stimme übernommen. Die Sendung konnte sich immerhin bis 1981 im Fernsehprogramm behaupten.

Frage 34

Durch welches Ereignis gerät das oberfränkische Hof alljährlich ins Rampenlicht der internationalen Filmkunst?

☞ **Durch die Internationalen Hofer Filmtage**, die 1967 von einer oberfränkischen Jazzband ins Leben gerufen wurden. Mittlerweile rangieren die Hofer Filmtage in der deutschen Filmfestivalhierarchie dicht hinter den Berliner Filmfestspielen.

Frage 35

Mit welchem Klassiker des Stummfilms schrieb der sowjetische Regisseur Sergej Eisenstein Filmgeschichte?

☞ **Mit *Panzerkreuzer Potemkin.*** Der Film schildert das Übergreifen des Aufstandes von Odessa im Jahr 1905 auf den russischen Panzerkreuzer. Eisensteins (1898–1948) neue Techniken im Schnitt und in der Montage waren bahnbrechend für die Entwicklung der Filmkunst.

Frage 36

Die Tochter der amerikanischen Schauspielerin Judy Garland (1922–69) wurde ein berühmter Entertainment-Star. **Wie ist ihr Name?**

☞ **Liza Minelli (*1946).** Bereits im Jahr 1964 stand sie zusammen mit ihrer Mutter auf der Bühne, schnell folgten erste Fernsehauftritte und Filmrollen. Der große Durchbruch gelang ihr drei Jahre später, als sie die Sally Bowles in der Verfilmung des Musicals *Cabaret* verkörperte. Für diese Rolle erhielt sie den Oscar als beste weibliche Darstellerin. Minelli gilt als eine der besten Entertainerinnen des 20. Jahrhunderts.

Frage 37

Wer spielt in dem Science-Fiction-Kultfilm *Blade Runner* den ehemaligen Polizisten Rick Deckard?

☐ a) Tom Cruise
☐ b) George Clooney
☐ c) Pierce Brosnan
☐ d) Harrison Ford

☞ **d) Harrison Ford** (*1942)
Lange musste er sich mit Nebenrollen begnügen, bevor er in George Lucas' *Star Wars* international bekannt wurde. Für die Rolle des Detektivs in Peter Weirs (*1944) *Der einzige Zeuge* von 1985 wurde er für den Oscar nominiert.

Frage 38

Welcher englische Regisseur inszenierte meisterhafte Psychothriller wie *Der unsichtbare Dritte*?

☞ **Alfred Hitchcock (1899–1980)**, der es wie kein Zweiter verstand, die Zuschauer mit einer wohldosierten Spannung in den Bann zu ziehen. Bedeutende Filme Hitchcocks sind *Über den Dächern von Nizza, Psycho, Die Vögel* und *Marnie.*

Frage 39

Welche Schauspielerin hält den Oscar-Rekord?

☞ **Katharine Hepburn (1907–2003).** Sie wurde insgesamt zwölfmal für den Oscar nominiert und konnte ihn viermal gewinnen.

Frage 40

Wie heißt die älteste Nachrichtensendung im deutschen Fernsehen?

☞ ***Tagesschau.*** Diese Nachrichtensendung ist seit Weihnachten 1952 auf Sendung. Zunächst wurde sie dreimal pro Woche, ab dem 1. Oktober 1956 dann von Montag bis Samstag täglich gezeigt. Seit dem 3. September 1961 wird die Sendung auch sonntags ausgestrahlt.

Frage 41

Im Vorspann einer bekannten Science-Fiction-Serie heißt es: „Der Weltraum, unendliche Weiten. Wir schreiben das Jahr 2200." **Wie heißt die Serie, die schon längst Kultstatus erreicht hat?**

☞ ***Raumschiff Enterprise.*** In Deutschland brach die Enterprise erstmals im Jahr 1972 zu ihren Abenteuern auf. Gezeigt wurden die Episoden damals im ZDF. 39 Folgen lang sorgten Captain Kirk und seine Mannschaft für Ordnung in den Weiten des Alls.

Frage 42

Die Blues Brothers sind nach eigener Aussage ...

☐ a) ... total bekloppte Idioten.
☐ b) ... immer auf Achse.
☐ c) ... die beste Band der Welt.
☐ d) ... im Auftrag des Herrn unterwegs.

☞ **d) ... im Auftrag des Herrn unterwegs.** Der Film *Blues Brothers* lebt von seiner mitreißenden Musik und seiner Komik. Hier sind es insbesondere die Sprüche der beiden Hauptdarsteller, die Filmgeschichte geschrieben haben.

Frage 43

Mit welchem Film gelang dem bayrischen Regisseur Marcus Rosenmüller der Durchbruch in den deutschen Kinos?

☞ **Mit *Wer früher stirbt, ist länger tot.*** Allein im Startjahr 2006 sahen mehr als 1,2 Millionen Kinobesucher den Film. 2007 erhielt Rosenmüller den Bayerischen Filmpreis in der Kategorie „Beste Nachwuchsregie und Produzentenpreis."

Marcus Rosenmüller

Frage 44

Welcher amerikanische Filmstar wurde als Westernheld und als Hauptdarsteller in Hitchcockfilmen wie *Fenster zum Hof* unsterblich?

☞ **James Stewart (1908–97)**, der auch komische Rollen durch seine etwas linkische Art glänzend spielte, wie etwa in der Komödie *Mr. Hobbs macht Ferien* (1962), die ihm den Darstellerpreis in Berlin einbrachte. Produktiv war die Zusammenarbeit auch mit Alfred Hitchcock (1899–1980), mit dem er vier Filme drehte.

Frage 45

Welcher deutsche Entertainer, Musiker und Musikproduzent nahm 2000 mit dem Titel *Wadde hadde dudde da?* am Eurovision Song Contest teil und erreichte Platz fünf?

☞ **Stefan Raab (*1966)**, der nun bereits seit zehn Jahren die erfolgreiche Comedyshow *TV total* moderiert. Neben vielen weiteren Events wie der Wok-WM tritt Raab seit 2006 in der Sendung *Schlag den Raab* gegen wechselnde Kandidaten an.

Frage 46

Welcher Schwede gilt als einer der bedeutendsten Filmemacher nach dem Zweiten Weltkrieg?

☞ **Ingmar Bergman (1918–2007)**, der sich in seinen Filmen stets mit den Themen Gott, Religion und dem Sinn des Lebens auseinandersetzte. Der Film ist für Bergman Mittel zum Zweck, eine Erklärung für und die Wahrheit über die menschliche Situation und Existenz zu finden. Bedeutende Filme sind u. a. *Das siebente Siegel* und *Fanny und Alexander*.

Frage 47

Wie heißt der Erfinder von Käpt'n Blaubär?

☐ a) Walter Moers ☐ c) Sven Nordquist
☐ b) Rudi Carrell ☐ d) Otto Waalkes

☞ **a) Walter Moers**
Die Figur des Käpt'n Blaubär wurde durch Auftritte in der *Sendung mit der Maus* bekannt, in denen er seinen drei Enkeln allerlei Seemannsgarn erzählt. Inzwischen hat sich der Seebär mit dem blauen Fell aber vor allem durch das Buch *Die 13 1/2 Leben des Käpt'n Blaubär*, das auch aus der Feder von Walter Moers stammt, einen Namen gemacht.

Frage 48

Ziel dieses Spiels ist es, ein Grundstücksimperium aufzubauen und alle anderen Mitspieler in den Ruin zu treiben. Dazu erwirbt man möglichst viele Straßenfelder. **Wie heißt das Brettspiel?**

☞ ***Monopoly.*** Es ist weltweit eines der erfolgreichsten Brettspiele und wird nach Angaben des Herstellers in 37 Sprachen und über 100 Ländern verkauft.

Frage 49

Wessen Film wurde zum erfolgreichsten Streifen aller Zeiten?

☞ ***Titanic*** von James Cameron(*1954).Cameron gelang mit gigantischem technischem Aufwand ein einzigartiger Film.

Leonardo di Caprio und Kate Winslet in einer Szene aus Titanic

Frage 50

Dallas war zwar die erfolgreichste Familienserie im deutschen Fernsehen, aber nicht die erste. **Welcher Serie gebührt diese Ehre?**

☐ a) *Denver Clan*
☐ b) *Familie Heinz Becker*
☐ c) *Familie Schölermann*
☐ d) *Die Semmelings*

☞ **c) *Familie Schölermann***
Die Serie startete im September 1954. Sie wurde alle 14 Tage am Mittwochabend live aus einem Studio des WDR in Hamburg gesendet. Bis zu ihrer Einstellung im März 1960 liefen 111 Folgen.

FREIE ÜBERSETZUNG

Einige kleine Freiheiten, die sich die Übersetzer des amerikanischen Films *Casablanca* genommen haben, sorgten hierzulande für unsterbliche Filmzitate. „Ich seh dir in die Augen, Kleines" kommt in der Originalversion nie vor. Dort heißt es „Here's looking at you, kid". Das bedeutet allerdings soviel wie „Prost". Auch das berühmte „Spiel's noch einmal, Sam" taucht im Original nicht auf. Dort sagt Ingrid Bergman lediglich: „Play it once, Sam, for old times sake."

Frage 51

Seit wann existiert MTV?

☞ **MTV, ein amerikanisches Fernsehnetzwerk, wurde 1981 gegründet** und war damals das erste Spartenprogramm, das sich auf die Ausstrahlung von Musikvideos konzentrierte. Heute erreicht MTV nach eigenen Angaben 481,5 Millionen Haushalte in 179 Ländern.

Frage 52

Dieser Komödiant, Zeichner, Schriftsteller, Schauspieler und Regisseur wurde in Deutschland vor allem durch seinen feinsinnigen Humor bekannt. Er nahm vor allem die alltäglichen Schwierigkeiten in der zwischenmenschlichen Kommunikation auf die Schippe. Eine nach ihm selbst benannte Fernsehserie, in der er kleine Sketche und selbst gezeichnete Cartoons zeigte, wurde zu einem Klassiker der deutschen Fernsehunterhaltung. Auch seine Kinofilme *Ödipussi* und *Pappa ante Portas* waren große Erfolge. **Von welchem Komiker ist hier die Rede?**

Loriot

☞ **Loriot, eigentlich Vicco von Bülow (*1923)**, sagte selbst einmal über die Quelle seiner Ideen: „Kommunikationsgestörte interessieren mich am allermeisten. Alles, was ich als komisch empfinde, entsteht aus der zerbröselten Kommunikation, aus dem Aneinander-vorbei-reden."

Frage 53

Einer der bekanntesten Western ist *Spiel mir das Lied vom Tod*. **Von wem stammt die Musik für diesen Streifen?**

☞ **Ennio Morricone (*1928).** Der italienische Komponist und Dirigent komponierte die Musik zu mehr als 500 Filmen. 30 von diesen Filmen waren die sogenannten Italo-Western, zu denen auch *Spiel mir das Lied vom Tod* zählt.

Frage 54

Wer schrieb mit dem Streifen *Spiel mir das Lied vom Tod* Filmgeschichte?

☞ **Sergio Leone (1929–89).** Seine Wild-West-Saga gehört zu den Klassikern des Italo-Westerns. Unter anderem verlieh die berühmte Filmmusik von Ennio Morricone (*1928) dem Film die Aura einer Legende.

Frage 55

Durch welche Serie wurde Yvonne Catterfeld (*1979) in Deutschland bekannt?

☐ a) *Lindenstraße*
☐ b) *Gute Zeiten, schlechte Zeiten*
☐ c) *Marienhof*
☐ d) *Verliebt in Berlin*

☞ **b) *Gute Zeiten, schlechte Zeiten***
Von 2001 bis 2005 spielte Yvonne Catterfeld die Rolle der Julia Blum.

Frage 56

Wie heißt der Kinofilm aus dem Jahr 2000, der auf der gleichnamigen Serie aus den 1970er-Jahren basiert?

☞ ***3 Engel für Charlie.*** Die Hauptdarstellerinnen sind Cameron Diaz, Lucy Liu und Drew Barrymore. Weltweit spielte der Film an den Kinokassen mehr als 250 Millionen US-Dollar ein.

Frage 57

Welchem amerikanischen Filmregisseur gelang 1974 mit dem Thriller *Der weiße Hai* der erste internationale Erfolg?

☞ **Steven Spielberg (*1947)**, der mit seinen fantastischen Stoffen zum finanziell erfolgreichsten Regisseur aller Zeiten wurde. Spielberg wandte sich mit *Die Farbe Lila*, dem KZ-Drama *Schindlers Liste* sowie dem Antikriegsfilm *Der Soldat James Ryan* überzeugend auch ernsten Themen zu.

Steven Spielberg

Frage 58

Wie heißt der erfolgreiche Tanzfilm aus dem Jahre 1987, der seit März 2006 in Hamburg auch als Musical zu sehen ist?

☞ ***Dirty Dancing.*** Für den Titelsong *Time of my Life* erhielten die Komponisten sogar einen Oscar.

Frage 59

Welcher Film behandelt die Sage von König Artus und der Suche nach dem Heiligen Gral auf satirische Weise?

☞ ***Die Ritter der Kokosnuss.***

Frage 60

Welcher Münchner Volkskomiker entwickelte in Szenen wie *Der Firmling* oder *Im Fotoatelier* aus Alltagssituationen und sprachlichen Verrenkungen eine absurde Logik?

☐ a) Ludwig Thoma ☐ c) Helge Schneider
☐ b) Karl Valentin ☐ d) Otto Waalkes

☞ **b) Karl Valentin** (1882–1948)
Bürgerlich hieß er Valentin Ludwig Fey. Bis heute üben seine selbst verfassten Szenen und kleinen Komödien, die er häufig mit seiner Partnerin Liesl Karlstadt (1882–1960) spielte, einen einzigartigen Reiz auf die Lachmuskeln aus, wenn er die Hilflosigkeit des Menschen in banalen Alltagssituationen thematisiert.

Frage 61

Unter welchem Namen wurde Hans-Jürgen Dohrenkamp (*1948) bekannt?

☞ Der Schauspieler, Entertainer und Komiker wurde unter dem Künstlernamen **Jürgen von der Lippe** bekannt.

Frage 62

Wie hieß Fürstin Gracia Patricia von Monaco, als sie noch mit Hitchcock Filme drehte?

☞ **Grace Kelly (1929–82).** Die kühl wirkende Schauspielerin spielte u. a. in Hitchcocks (1899–1980) Thriller *Bei Anruf Mord* die weibliche Hauptrolle.

Frage 63

Wer war der Lieblingsschauspieler des deutschen Regisseurs Werner Herzog (*1942)?

☞ **Klaus Kinski (1926–91).** Mit ihm in der Hauptrolle drehte er die meisten seiner bekannten Filme, u. a. *Aguirre* und *Fitzcarraldo*. Kinski galt als überaus exzentrische Persönlichkeit.

Klaus Kinski in Fitzcarraldo

Frage 64

Es gibt einige Filme, in denen nicht die Polizisten, sondern die Gangster die Rolle der sympathischen Helden übernehmen; so in *Butch Cassidy und Sundance Kid*, einer Western-Komödie. Die beiden Helden planen den aberwitzigen Coup, einen Postzug gleich zweimal auszurauben. Das Unternehmen geht schief, und sie müssen vor Kopfgeldjägern nach Bolivien fliehen. Dort setzen die beiden sympathischen Gangster ihre Raubzüge fort, bis sie schließlich von der bolivianischen Polizei und den Kopfgeldjägern gestellt werden. **Welche beiden Schauspieler verkörpern Butch Cassidy und Sundance Kid?**

☞ **Paul Newman (1925–2008) spielt Butch Cassidy und Robert Redford (*1937) verkörpert Sundance Kid.** Bei der Oscar-Verleihung im Jahr 1969 erhielt der Film vier Auszeichnungen, allerdings gingen die beiden Hauptdarsteller dabei leer aus.

Frage 65

Welche beliebte Kinderserie trug ursprünglich den Namen *Lach- und Sachgeschichten für Fernsehanfänger*?

☞ ***Die Sendung mit der Maus.*** Sie ist eine Wissenssendung für Kinder, die aber auch gerne von Erwachsenen gesehen wird.

Frage 66

Wer erhielt 2008 den Bambi als beliebtester Nachrichtenmann im deutschen Fernsehen?

☐ a) Claus Kleber ☐ c) Christoph Teuner
☐ b) Peter Limbourg ☐ d) Peter Kloeppel

☞ **d) Peter Kloeppel**
Kloeppel (*1958) ist Journalist und Chefredakteur von RTL.

Frage 67

Welche italienische Schauspielerin verkörperte in vielen Filmen den Typus der temperamentvollen, schönen und leichtfertigen Frau aus dem Volk?

☞ **Sophia Loren (*1934).** Mit *Und dennoch leben sie* wurde sie zum Star und erhielt einen Oscar sowie den Darstellerpreis von Cannes.

Sophia Loren

Frage 68

Wer drehte 1968 den Science-Fiction-Film *2001: Odyssee im Weltraum*?

☞ **Stanley Kubrick (1928–99)**, der das Publikum mit der Verbindung von klassischer Musik, brillanten Spezialeffekten und einer philosophischen Geschichte beeindruckte. Kubrick war ein Meister der Provokation; seine Bilder zeigen eine aus den Fugen geratene Welt. Bis kurz vor seinem Tod arbeitete er noch an seinem letzten Meisterwerk *Eyes Wide Shut*.

Frage 69

Wie heißt die europaweit veranstaltete Pferdeshow, die jährlich von etwa 600.000 Zuschauern gesehen wird?

☞ **Apassionata.** Im Mittelpunkt der Pferdegala stehen Reiter und Pferde so unterschiedlicher Rassen wie Lusitano-Schimmel, Friesen, Shagya-Araber oder Shetland-Ponys.

Frage 70

Von welcher bekannten Fernsehserie lief am 30. Januar 2005 die tausendste Folge?

☐ a) *Wetten, dass..?*
☐ b) *Sportschau*
☐ c) *Verbotene Liebe*
☐ d) *Lindenstraße*

☞ **d) *Lindenstraße***
Die in der fiktiven Münchner Lindenstraße spielende Serie flimmerte zum ersten Mal am 8. Dezember 1985 über die Mattscheibe.

Frage 71

Welcher Regisseur schuf mit *Dr. Mabuse* und *Metropolis* Meisterwerke des deutschen Films?

☞ **Fritz Lang (1890–1976).** In Hollywood setzte er u. a. mit Rache für Jesse James neue Glanzpunkte seines Könnens. Insgesamt vier Mal beschäftigte ihn das bösartige Genie Mabuse, das die Weltherrschaft anstrebt.

Fritz Lang

Frage 72

Welcher deutsche Schauspieler und Entertainer wurde u. a. durch die Fernsehserie *Ein verrücktes Paar* berühmt?

☞ **Harald Juhnke (1929–2005)**, der in dieser TV-Sendung bundesweit die Zuschauer begeisterte. Juhnke kam ursprünglich von der Theaterbühne, der er niemals ganz untreu wurde. Seit den 1950er-Jahren wirkte er in mehr als 70 Kinofilmen mit, u. a. 1992 in *Schtonk!*.

Frage 73

Wie heißt der begehrte internationale Filmpreis von Cannes?

☞ **Goldene Palme.**

Frage 74

In diesem Film verschlägt es Rémy, eine Ratte mit Vorliebe für Kochkunst und gutes Essen, durch ein Unglück nach Paris. Dort landet er in dem Restaurant, das sein Idol, der berühmte Sternekoch Gusteau, gegründet hat. **Wie heißt der Film?**

☞ ***Ratatouille***. Der Film aus den USA erhielt 2008 den Golden Globe Award und den Oscar in der Kategorie ‚Bester Animationsfilm'.

Frage 75

Wer ist Lara Croft?

☞ **Lara Croft ist die Protagonistin der Video- und Computerspiel-Serie *Tomb Raider*.** Erfunden wurde sie 1994. Im Kinofilm *Lara Croft: Tomb Raider* und dessen Fortsetzung *Die Wiege des Lebens* wird Lara Croft von Angelina Jolie (*1975) gespielt.

Frage 76

Welcher Schauspieler sprach den berühmten Satz „Ich seh dir in die Augen, Kleines"?

☐ a) Burt Lancaster
☐ b) Clint Eastwood
☐ c) Richard Gere
☐ d) Humphrey Bogart

☞ **d) Humphrey Bogart** (1899–1957)
Bogart sagte diesen Satz zu seiner Filmpartnerin Ingrid Bergman (1915–82) im Film *Casablanca*. Im Original heißt er: „Here's looking at you, kid!"

Frage 77

Wie heißt die offizielle Bezeichnung des Filmpreises Oscar?

☞ **Award of Merit for Distinctive Achievements** („Verdienstauszeichnung für herausragende Leistungen"). Der Oscar wird seit 1927 in Hollywood für die besten künstlerischen Einzelleistungen des US-amerikanischen Films verliehen.

Frage 78

Welcher italienische Regisseur errang mit *La strada* den ersten internationalen Erfolg?

☞ **Federico Fellini (1920–93)**, der für seine traurige Geschichte der reisenden Jahrmarktsartisten Zampanò und Gelsomina den Oscar für den besten ausländischen Film erhielt.

Federico Fellini

Frage 79

Welcher französische Regisseur war der Sohn eines berühmten Malers?

☞ **Jean Renoir (1894–1979)**, Sohn von Auguste Renoir (1841–1919), der als Vorreiter des französischen Neorealismus gilt. Renoirs unverwechselbarer Stil und seine Vielschichtigkeit fanden in dem Gesellschaftsdrama *Die Spielregel* ihren Höhepunkt.

Frage 80

Welche Buch-Verfilmung gilt als der teuerste deutsche Film aller Zeiten?

☞ ***Das Parfum – Die Geschichte eines Mörders*** nach dem Roman *Das Parfum* von Patrick Süskind (*1949). Im Jahre 2001 übertrug Süskind die Filmrechte für geschätzte 10 Millionen Euro an den deutschen Regisseur und Produzenten Bernd Eichinger (*1949), der sich mehrere Jahre lang um das Projekt bemüht hatte.

Frage 81

Wie heißt der Oscar für Musikproduktionen?

☐ a) Wheely
☐ b) Grammy
☐ c) Phoney
☐ d) Disky

☞ **b) Grammy**
Der Grammy wird seit 1957 jährlich in mehr als 100 Kategorien in Los Angeles vergeben. Er gilt als höchste internationale Auszeichnung für Musiker und Aufnahmeteams. Die Nominierungen für die Preise in den einzelnen Kategorien werden im Januar bekannt gegeben, die Preisverleihung findet dann Anfang Februar statt.

EIN NEUER VOLKSSPORT

Seit es Fernbedienungen gibt und die Zahl der Fernsehkanäle stark angestiegen ist, hat ein neuer Volkssport Einzug in die deutschen Wohnzimmer gehalten: das Zapping. Statistiken besagen, dass der passionierte Zapper an einem 4-Stunden-Fernsehabend mehr als 100-mal die Kanäle wechselt. Einige können sich nicht entscheiden, welches Fernsehprogramm sie sehen wollen, andere möchten der Werbung entkommen und wiederum andere zappen aus Spaß an der Freude.

Frage 82
Welcher Schauspieler spielte in *Spartacus* die Rolle seines Lebens?

☞ **Kirk Douglas (*1916).**

Frage 83
Eine Sendung, die die Erwartungen des Senders nicht erfüllt, wird schnell aus dem Programm genommen. Regisseure, Schauspieler und Moderatoren warten gespannt und bisweilen auch ängstlich auf die Ergebnisse und die Einstufung ihrer Sendung. Ermittelt werden diese Ergebnisse in repräsentativ ausgewählten Haushalten, deren Fernsehverhalten durch bestimmte technische Geräte ständig erhoben wird. **Wie heißen die Daten, die zum Schreckgespenst von so manchem Fernsehschaffenden geworden sind?**

☞ **Einschaltquoten.** Sportereignisse wie Fußballspiele mit deutscher Beteiligung oder auch Formel-1-Rennen zählen zu den Programmen, die die besten Einschaltquoten aufweisen.

Frage 84
Welcher spanische Regisseur zählte zu den Hauptvertretern des surrealistischen Films?

☞ **Luis Buñuel (1900–83).** In Zusammenarbeit mit dem Maler Salvador Dalí entstanden u. a. die Filme *Der andalusische Hund* (1928) und *Das goldene Zeitalter*. Mit Catherine Deneuve (*1943) drehte Buñuel 1966 *Belle de jour – Schöne des Tages*.

Frage 85
Welche Schauspielerin spielte in *Frühstück bei Tiffany* die Hauptrolle?

☞ **Audrey Hepburn (1929–93).** Die ausgebildete Tänzerin britisch-niederländischer Herkunft wurde mit *Ein Herz und eine Krone, Sabrina, Krieg und Frieden, Frühstück bei Tiffany* und *My Fair Lady* zum internationalen Filmstar. Der „Hepburn-Stil", schwarzes Minikleid und große dunkle Brille, wird nach wie vor in der Modewelt gern kopiert.

Audrey Hepburn

Frage 86
In *Deutschland sucht den Superstar* werden regelmäßig neue Gesangstalente gesucht. Wer konnte die erste Staffel gewinnen?
☐ a) Daniel Küblböck
☐ b) Elli Erl
☐ c) Alexander Klaws
☐ d) Tobias Regner

☞ **c) Alexander Klaws** (*1983)
Klaws gewann 2003 die erste Staffel der Sendung. Den großen Durchbruch als Musikstar brachte ihm das allerdings nicht ein.

Frage 87

Wie hießen die beiden Zeichentrickfiguren, die hin und wieder in Wim Thoelkes Sendung *Der Große Preis* ihren Schabernack trieben?

☞ **Wum und Wendelin.** Zunächst erschien nur der Hund Wum auf dem Bildschirm, dann erschuf Loriot (*1923), aus dessen Feder die Figuren stammen, seinen Freund, den Elefanten Wendelin.

Frage 88

Welcher Regisseur drehte *Einer flog über das Kuckucksnest*?

☞ **Milos Forman (*1932).** Von ihm stammen außerdem moderne Klassiker wie *Hair* und *Amadeus*.

Frage 89

Welche Französin prägte nachhaltig das französische Kino?

☞ **Die französische Filmschauspielerin Brigitte Bardot (*1934).** Bekannte Filme mit ihr sind beispielsweise *Und immer lockt das Weib, Die Wahrheit* und *Viva Maria*. Brigitte Bardot hat sich in den 1970er-Jahren aus der Filmwelt zurückgezogen und setzt sich heute v. a. für den Tierschutz ein.

Frage 90

Durch welches Hollywoodmelodram von 1939 wurde Clark Gable (1901–60) zum unsterblichen Kinostar?

☞ **Mit der Verfilmung des Romans *Vom Winde verweht*,** der das Schicksal einer Südstaatenfamilie vor dem Hintergrund des Amerikanischen Bürgerkrieges schildert.

Clark Gable

Frage 91

Wie viele verschiedene Bond-Darsteller gab es zwischen 1962 und 2008?

☐ a) fünf
☐ b) sechs
☐ c) sieben
☐ d) acht

☞ **c) sieben**
Bis 1967 sowie 1971 war Sean Connery (*1930) der Hauptdarsteller, unterbrochen von George Lazenby (*1939) im Jahr 1969. Von 1973–85 verkörperte Roger Moore (*1927) den Geheimagenten, Timothy Dalton (*1946) war 1987 und 1989 der Held. Pierce Brosnan (*1953) spielte Bond von 1995–2002, der aktuelle Bond-Darsteller ist Daniel Craig.

Frage 92

Welcher amerikanische Schauspieler erhielt zweimal nacheinander den begehrten Oscar?

☞ **Tom Hanks (*1956)** bekam die Trophäe 1994 für *Philadelphia* und 1995 für *Forrest Gump*. Der vielseitige Schauspieler arbeitet mittlerweile auch als Regisseur.

Frage 93

Wer gilt als der bedeutendste japanische Filmregisseur?

☞ **Akira Kurosawa (1910–98).** Mitte der 1940er-Jahre drehte er seinen ersten Film *Judo-Saga*. International bekannt wurde Kurosawa mit dem Film *Rashomon* und vor allem mit *Die sieben Samurai*.

Frage 94

In welchem Film der 1930er-Jahre trat Marlene Dietrich als verführerische Varieté-Sängerin auf?

☞ **In *Der blaue Engel*** von Josef von Sternberg (1894–1969) nach dem Roman *Professor Unrat* von Heinrich Mann (1871–1950). Marlene Dietrich (1901–92) wurde in der Rolle der Varieté-Sängerin Lola mit

Marlene Dietrich

dem Lied *Ich bin von Kopf bis Fuß auf Liebe eingestellt* weltberühmt.

Frage 95

Wie heißt die Hauptdarstellerin in *Die Apothekerin*, einem Film nach dem gleichnamigen Roman von Ingrid Noll (*1935)?

☞ **Katja Riemann (*1963).** Die Schauspielerin, Autorin und Musikerin spielte u. a. in *Der bewegte Mann* und *Bandits* mit und erhielt mehrere Auszeichnungen.

Frage 96

Für welchen Film erhielt William Wyler 1959 den Oscar als bester Regisseur?

☐ a) *Ben Hur*
☐ b) *Die Brücke am Kwai*
☐ c) *Gigi*
☐ d) *West Side Story*

☞ **a) *Ben Hur***
Der Film schildert das Leben des fiktiven jüdischen Prinzen Judah Ben Hur.

Frage 97

Wer prägte in vielen Filmen die Rolle des eleganten Gentlemans?

☞ **Cary Grant (1904–86).** Grant wurde bekannt durch Filme wie *Arsen und Spitzenhäubchen, Der unsichtbare Dritte* oder *Charade*.

Frage 98

Welche schwedische Filmdiva erhielt den Beinamen „Die Göttliche"?

☞ **Greta Garbo (1905–90)**, die mit leidenden, geheimnisvollen Frauenrollen ihre größten Erfolge erzielte: *Mata Hari, Königin Christine* und *Anna Karenina* (1935).

Greta Garbo

Frage 99

Was hat der 2004 verstorbene Marlon Brando (1924–2004) mit Robert De Niro (*1943) und Al Pacino (*1940) gemeinsam?

☞ Alle drei besuchten die berühmte Schauspielschule Actors Studio von Lee Strasberg (1901–82) in New York.

Frage 100

In welchem dieser Filme spielte Brad Pitt (*1963) nicht mit?

☐ a) *Sieben*
☐ b) *Spy Game – Der finale Countdown*
☐ c) *Departed – Unter Feinden*
☐ d) *Babel*

☞ **c) *Departed – Unter Feinden***
Diesen Film produzierte Pitt 2005/06 u. a. mit Martin Scorsese (*1942).

Frage 101

Wen nannte Charlie Chaplin (1889–1977) einst den größten lebenden Schauspieler?

☞ **Den österreichisch-amerikanischen Filmschauspieler Peter Lorre (1904–64).** Seine schauspielerische Laufbahn führte über Wien, Breslau und Zürich nach Berlin, wo ihn Bertolt Brecht (1898–1956) für das Theater entdeckte. Berühmt wurde Peter Lorre v. a. in seinen Schurkenrollen in US-Krimis der 1940er- und 1950er-Jahre.

Frage 102

Von wem nahmen rund 300 Freunde und Verwandte am 23. Juli 2004 auf dem Ohlsdorfer Friedhof in Hamburg Abschied?

☞ **Von der Schauspielerin Inge Meysel (1910–2004).** Die „Mutter der Nation" war am 10. Juli an Herzstillstand gestorben.

Inge Meysel

Frage 103

Womit wurde Roman Polanskis Aufarbeitung seiner eigenen Geschichte belohnt?

☞ **Mit dem Oscar für die beste Regie, den Polanski (*1933) für seinen Film *Der Pianist* (2002) erhielt.** Der Filmemacher und Schauspieler erzählt in dem Streifen die wahre Geschichte des Pianisten Wladyslaw Szpilman, der als Jude in Warschau den Holocaust überlebte. Polanski selbst konnte 1943 aus dem jüdischen Getto in Krakau fliehen. Seine Mutter starb in Auschwitz.

Frage 104

Wie heißt der Film von Quentin Tarantino (*1963) aus dem Jahre 1994, der unzählige Auszeichnungen erhielt?

☞ ***Pulp Fiction.*** Die Handlung des Films besteht aus drei Episoden, die miteinander verwoben sind und nicht in chronologischer Reihenfolge erzählt werden.

Frage 105

Was versteht man unter der Commedia dell'Arte?

☞ **Eine etwa um 1550 in Italien entstandene Stegreifkomödie.** Kennzeichnend sind die improvisierten Dialoge, in denen die Schauspieler aus dem Stegreif Slapstickszenen entwickeln. Auch bestimmte Figuren wie etwa der Harlekin und ihre Kostüme waren genau festgelegt.

Frage 106

Welcher amerikanische Schauspieler hat um *Zwölf Uhr mittags* seine große Stunde?

☐ a) Gary Cooper ☐ c) Richard Gere
☐ b) Bruce Lee ☐ d) Peter Fonda

☞ **Gary Cooper** (1901–61)
Cooper wurde v. a. durch die Verkörperung des unbeirrbaren Helden bekannt, in *Zwölf Uhr mittags* nimmt er es, von den Stadtbewohnern im Stich gelassen, allein mit einer Bande Krimineller auf.

Frage 107

Wer wurde durch Federico Fellinis Film *La Dolce Vita* weltberühmt?

☞ **Der Schauspieler Marcello Mastroianni (1924–96)**, der in dem Film einen römischen Journalisten verkörperte. Mastroianni arbeitete häufig mit Fellini (1920–93) zusammen und wirkte insgesamt in mehr als 150 Filmen mit.

Frage 108

Welcher berühmte englische Schauspieler wurde u. a. durch seine Rolle in *Ladykillers* bekannt?

☞ **Sir Alec Guinness (1914–2000).** Guinness spielte in Filmklassikern wie *Die Brücke am Kwai* oder *Lawrence von Arabien*. In George Lucas' *Star-Wars*-Saga verkörperte er außerdem den Jedi-Ritter Obi-Wan Kenobi.

Frage 109

Was bezeichnet man als Verfremdungseffekt?

☞ Der Verfremdungseffekt ist ein im Theater verwendetes Mittel, das dafür sorgen soll, dass der Zuschauer das auf der Bühne Dargebotene nicht mit der Realität verwechselt; der so genannte V-Effekt dient also der Illusionsbrechung.

Frage 110

Welcher Schauspielerin gelang 1990 mit *Pretty Woman* der Durchbruch?

☐ a) Nicole Kidman
☐ b) Julia Roberts
☐ c) Sarah Jessica Parker
☐ d) Demi Moore

☞ **b) Julia Roberts** (*1967)
Für ihre Rolle als Prostituierte Vivian bekam sie den Golden Globe. 2001 erhielt sie den Oscar als beste Schauspielerin für ihre Rolle in *Erin Brockovich*.

Julia Roberts

Frage 111

Was sind die drei Einheiten in der Dramatik?

☞ **Die Einheit des Ortes, der Zeit und der Handlung.** Gemeint ist, dass ein Stück nur an einem Schauplatz zu spielen hat und dass die gespielte Zeit sich möglichst nicht von der Spielzeit unterscheidet, woran anschließt, dass sich die Handlung geschlossen und konzentriert präsentieren muss. Diese Anforderungen an das Drama hatte bereits Aristoteles (384–322 v. Chr.) formuliert.

Frage 112

Welche Tennisspielerin erregte weniger durch ihr gutes Spiel Aufsehen, sondern eher durch ihre sexy Outfits und ihre Liaison mit dem Sänger Enrique Iglesias (*1975)?

☞ **Anna Kournikova (*1981).** In neun Jahren als Profitennisspielerin gelang es ihr nicht, einen einzigen Titel im Einzel zu gewinnen.

Frage 113

Welcher amerikanische Schauspieler lehnte einen Oscar ab?

Marlon Brando

☞ **Marlon Brando (1924–2004).** Er verweigerte 1972 für den Mafiafilm *Der Pate* den Oscar für den besten Hauptdarsteller und protestierte mit dieser provokanten Aktion gegen die Diskriminierung der Indianer in ihrer US-amerikanischen Heimat.

Frage 114

Welches sind die drei großen dramatischen Gattungen?

☞ **Komödie, Tragödie und Schauspiel.** Die Komödie ist ein unterhaltsames Drama, typischerweise mit Happy End. In der Tragödie wird vom Schicksal meist gesellschaftlich hoch stehender Menschen erzählt, das durch Fehlentscheidungen oder Charakterfehler unweigerlich in die Katastrophe führt. Im Schauspiel ist der Kern, ebenso wie in der Tragödie, tragisch. Allerdings gibt es eine positive Auflösung.

Frage 115

Wer gilt als die Grande Dame des französischen Kinos?

- ☐ a) Jeanne Moreau
- ☐ b) Juliette Binoche
- ☐ c) Audrey Tautou
- ☐ d) Catherine Deneuve

☞ **d) Catherine Deneuve** (*1943)
Mit Filmen wie *Belle de jour – Schöne des Tages*, *Die schönen Wilden*, *Ein Hauch von Zärtlichkeit* oder *Diebe der Nacht* wurde sie zum Weltstar.

Catherine Deneuve

Frage 116

Wie viele Filme wurden bisher mit elf Oscars ausgezeichnet?

☞ **Drei Filme wurden bisher elfmal mit der begehrten Trophäe prämiert.** Der erste Film war 1959 *Ben Hur*, der Katastrophenfilm *Titanic* schaffte es 1997 und dem dritten Teil der *Herr-der-Ringe*-Verfilmung (*Die Rückkehr des Königs*) gelang es 2003.

Frage 117

Welcher Träger des Bundesverdienstkreuzes ist seit 1973 Chefchoreograf und Direktor und seit 1996 Intendant der Hamburgischen Staatsoper?

☞ **Der erfolgreiche Tänzer und Choreograf John Neumeier (*1942).** Ihm wurden zahlreiche Preise und Ehrungen verliehen, u. a. Russlands höchster Theaterpreis, die Goldene Maske.

Frage 118

Welches war der letzte Film, den Regisseur Stanley Kubrick drehte?

☞ ***Eyes Wide Shut***, der 1999 in die Kinos kam. In dem Film mit Tom Cruise (*1962) und Nicole Kidman (*1967) beschreibt Kubrick (1928–99) die Beziehung eines Ehepaares. Sexuelles Verlangen, Untreue und Reue sind die leitenden Motive des Films.

Frage 119

„Wer das Gefühl hat, mal wieder ein Märchen in seinem Leben zu brauchen, für den ist dieser Film eine der besten Empfehlungen." **Von welchem 2001 erschienenen französischen Film ist hier die Rede?**

☞ ***Die fabelhafte Welt der Amélie***. Der Film handelt von Amélie Poulain, die in ihrer Kindheit völlig isoliert war und ganz in ihrer eigenen Welt lebt. Amélie liebt die kleinen Dinge, die leisen Töne und die zarten Gesten. Eines Tages findet sie hinter einer Fliese in ihrem Badezimmer eine Dose mit den Schätzen eines kleinen Jungen. Da beschließt sie, als gute Fee in das Leben ihrer Mitmenschen einzugreifen.

Audrey Tautou als ‚Amélie'

Frage 120

Welcher amerikanische Schauspieler behauptete von sich, er könne auch ein Kotelett spielen?

☐ a) Bruce Willis
☐ b) Robert de Niro
☐ c) Denzel Washington
☐ d) Tom Hanks

☞ **b) Robert De Niro** (*1943)
Er wurde mit den unter der Regie von Martin Scorsese (*1942) gedrehten Filmen *Hexenkessel* und *Taxi Driver* berühmt und drehte mit diesem noch weitere äußerst erfolgreiche Streifen.

DAUERBRENNER *BEN HUR*

Die Vorlage zu der berühmten Verfilmung mit Charlton Heston ist ein Roman von Lew Wallace (1827–1905) mit dem Titel *Ben Hur: A Tale of the Christ*. Im Buch wie im Film wird Judah Ben Hur irrtümlich wegen eines vermeintlichen Attentats auf den römischen Statthalter von Judäa zu einer Galeerenstrafe verurteilt und plant nach der Rückkehr in seine Heimat einen Aufstand gegen die Römer. Eine Begegnung mit der Botschaft Jesu hält ihn schließlich von seinen Racheplänen ab. 1907 wurde der Stoff bereits das erste Mal in einem Stummfilm verarbeitet, 1925 folgte die zweite Verfilmung. Nach dem bekannten Monumentalfilm von 1959 wurde 2003 schließlich sogar eine Zeichentrickversion realisiert.

Frage 121

Die Preisträger der Goldenen Kamera in der Kategorie HÖRZU Leserwahl 2004 waren keine Menschen. **Wer oder was hat gewonnen?**

☞ **Das Ensemble der Augsburger Puppenkiste, also Marionetten.** Das Puppentheater hatte 1998 seinen 50. Geburtstag gefeiert.

Frage 122

Welcher Schauspieler macht seinem Vater als Filmstar Konkurrenz?

☞ **Michael Douglas (*1944).** Als Durchbruch von Michael, dem Sohn der Schauspielerlegende Kirk Douglas (*1916), gilt *Das*

China-Syndrom. Es folgten moderne Klassiker wie *A Chorus Line, Wall Street, Basic Instinct* und *Traffic*. Seit 2000 ist Michael Douglas mit der Schauspielerin Catherine Zeta-Jones (*1969) verheiratet.

Frage 123

Wer war der wohl berühmteste amerikanische Tänzer?

☞ **Fred Astaire (1899–1987).** Mit sieben Jahren betrat er zum ersten Mal die Bühne und wurde vor allem durch seinen eigenwilligen Tanzstil bekannt. Er drückte in seinem Tanz große Lebensfreude und hervorragendes technisches Können aus. 1949 erhielt Astaire einen Ehren-Oscar.

Frage 124

Welchen Film veröffentlichte Leni Riefenstahl zu ihrem 100-jährigen Geburtstag?

☞ **Die Tauchdokumentation *Impressionen unter Wasser*.** Die umstrittene deutsche Regisseurin stellte ihn 2002 der Öffentlichkeit vor. Diesem Film folgte mit *Ihr Traum von Afrika* noch eine weitere Arbeit, die unter der Mitwirkung Riefenstahls (1902–2003) entstand.

Leni Riefenstahl

Frage 125

Wer spielte 1943 den Dr. Pfeiffer in *Die Feuerzangenbowle*?

☐ a) Hans Leibelt
☐ b) Götz George
☐ c) Heinz Rühmann
☐ d) Egon Vogel

☞ **c) Heinz Rühmann** (1902–94)
Seine Filmkarriere begann 1930 mit der Filmoperette *Die Drei von der Tankstelle*. Rühmann war in seinen zahlreichen Kinofilmen und Fernsehproduktionen v. a. in komödiantischen und witzigen Rollen zu sehen.

Frage 126

Welche Filme erfreuten das bundesdeutsche Kinopublikum der 1950er-Jahre offenbar am meisten?

☞ **Heimatfilme.** Filme wie *Schwarzwaldmädel, Grün ist die Heide, Der Förster vom Silberwald* oder *Die Fischerin vom Bodensee* lockten Tausende in die Kinos. Die heile Welt in diesen Filmen war offenbar das, was das bundesdeutsche Publikum zu sehen wünschte.

Frage 127

Was war die Nouvelle Vague?

☞ **Eine Bewegung von jungen Filmemachern,** die als Nouvelle Vague (frz. „neue Welle") bekannt wurde und die mit dem traditionellen Kino brechen wollte. Zu den berühmtesten Vertretern der Nouvelle Vague gehörten Claude Chabrol (*1930), François Truffaut (1932–84), Alain Resnais (*1922) und nicht zuletzt Jean-Luc Godard (*1930).

Frage 128

Wo hat das klassische Ballett seinen Ursprung?

☞ **An den italienischen und französischen Fürstenhöfen der Renaissance**, wo bei Festlichkeiten u. a. Maskenspiele mit Pantomime und Tanz dargeboten wurden. 1661 wurde in Paris die erste Tanzakademie gegründet. Seine endgültige Gestalt nahm das Ballett in der Romantik an. Der Spitzentanz und die verschiedensten nationalen Charaktertänze ermöglichten eine Erweiterung der klassischen Balletttechnik. Einen neuen Höhepunkt erreichte das klassische Ballett im 19. Jahrhundert in Sankt Petersburg, wo für das kaiserliche Marientheater u. a. Peter Tschaikowskys (1840–93) *Dornröschen, Schwanensee* und *Der Nussknacker* choreografiert wurden.

Frage 129

Wie viel Prozent aller deutschen Filme der Weimarer Republik sind bis heute schätzungsweise erhalten geblieben?

☐ a) weniger als 10 %
☐ b) etwa 20 %
☐ c) die Hälfte
☐ d) beinahe 70 %

☞ **a) weniger als 10 %**
Vermutlich weniger als 10 % der gesamten deutschen Filmproduktion sind erhalten geblieben, der Rest wurde zerstört.

Frage 130

Mit welchem Propagandafilm setzte Regisseur Veit Harlan dem nationalsozialistischen Rassenwahn ein zweifelhaftes filmisches Denkmal?

☞ **Mit dem Film *Jud Süß*.** Propagandaminister Joseph Goebbels (1897–1945) hatte Harlan (1899–1964) den Auftrag erteilt, einen antisemitischen Propagandafilm zu drehen. Dabei kam 1940 ein verlogener Historienfilm heraus, der raffiniert mit den Emotionen seiner Zuschauer spielte.

Frage 131

Welche Weihnachtskomödie mit Macaulay Culkin eroberte die Herzen der Zuschauer und zählt zu den 100 erfolgreichsten Filmen aller Zeiten?

☞ ***Kevin – Allein zu Haus*.** Der kleine Kevin McCallister wird von seiner Familie, die in den Weihnachtsurlaub fliegt, in der chaotischen Eile versehentlich allein zu Hause zurückgelassen. Kevin genießt seine Freiheit. Doch dann wollen die zwei tollpatschigen Diebe Harry und Marv das Haus ausräumen. Die beiden haben die Rechnung aber ohne Kevin gemacht. Mit zahllosen Tricks schafft er es, das Haus gegen die beiden Einbrecher bis zur Ankunft seiner Eltern und Geschwister zu verteidigen.

Frage 132

Wie nennt man eine bedeutende Strömung des amerikanischen Kriminalfilms der 1940er- und 1950er-Jahre?

☞ **Film Noir (frz. „schwarzer Film").** Mit diesem Begriff wird ein ganz bestimmter Typ von Kriminalfilmen bezeichnet, in denen sozialkritisch sowohl die Welt der Gauner und Gangster als auch die der Reichen und Schönen dargestellt wird. Zu den bekanntesten Filmen des Genres gehören *Der Malteser Falke* und *Tote schlafen fest*.

Frage 133

Welche waren die beliebtesten deutschen Filme der 1920er-Jahre?

☞ **Meist waren es kleine melodramatische Liebesfilme**, die primär der Zerstreuung ihrer Zuschauer dienten. Inhaltlich, formal oder künstlerisch anspruchsvolle Filme aus deutscher Produktion waren dagegen selten.

Frage 134

Wie heißt die meistverkaufte deutsche Serie aller Zeiten?

☐ a) *Alarm für Cobra 11*
☐ b) *Der Alte*
☐ c) *Kommissar Rex*
☐ d) *Derrick*

☞ **d) *Derrick***
Von 1973 bis 1998 wurden insgesamt 281 Folgen gedreht. Die Krimiserie spielt in München.

Derrick-Darsteller Horst Tappert (1923–2008)

Frage 135

Was versteht man unter einer Abblende?

☞ **Das allmähliche Verdunkeln einer Filmsequenz**, bis diese schließlich ganz schwarz wird. Das Gegenteil der Abblende ist eine Aufblende.

Frage 136

Wie heißt der wohl bekannteste Tarzandarsteller?

☞ **Johnny Weissmuller (1904–84).** Der erfolgreiche Schwimmer und Wasserballer mimte nach seiner Sportlerkarriere in 19 Spielfilmen und einer Fernsehserie die Figur des Affenmenschen Tarzan.

Frage 137

Welche Fernsehserie gilt als die erste deutsche Seifenoper?

☞ **Die *Lindenstraße*.** Die erste Folge wurde am 8. Dezember 1985 ausgestrahlt, seitdem läuft die *Lindenstraße* wöchentlich. Die 1000. Folge lief am 30. Januar 2005. Der Erfinder der *Lindenstraße* ist Hans W. Geißendörfer (*1941).

ERSTE DOKUSOAP AUS HOLLYWOOD

1914 erkaufte sich Hollywood für 25.000 Dollar das Recht, den von Pancho Villa angeführten mexikanischen Aufstand gegen den Diktator Victoriano Huerta mitzufilmen. Der Regisseur Raoul Walsh (1892–1980) erhielt den Auftrag. Um optimale Lichtverhältnisse zu schaffen, überredete er den Revolutionär dazu, nur zwischen 9.00 Uhr morgens und 16.00 Uhr nachmittags kämpfen zu lassen. Auch wurden Schlachten so lange hinausgezögert, bis alle Kameras zur Aufnahme bereit waren. Nicht der Rebellenführer gab dann das Signal zum Angriff, sondern der Regisseur. Das Material, das auf diese Weise entstand, wurde allerdings nicht verwertet. Hollywood lehnte das Material als zu unrealistisch ab.

Frage 138

Wie nennt man die von Bertolt Brecht geschaffene Theaterform?

☞ **Episches Theater.** Brecht (1898–1956) brach bewusst mit der Illusionswelt des klassischen Theaters und versuchte, den Zuschauer auf Distanz zum dargestellten Geschehen zu bringen. Erst diese Distanz erlaube es ihm, so argumentierte Brecht, das Geschehen so kritisch zu reflektieren, dass daraus dann die entsprechenden praktischen Konsequenzen gezogen werden könnten.

Frage 139

Unter welchem Namen wurde der Honorarprofessor der Universität der Künste (Berlin) Victor Christoph Carl von Bülow bekannt?

☞ **Loriot (*1923).**

Frage 140

Seit wann gibt es Tonfilme?

☐ a) 1911 ☐ c) 1935
☐ b) 1927 ☐ d) 1948

☞ **b) 1927**
Der erste Tonfilm, Alan Croslands (1894–1936) *Der Jazzsänger*, hatte 1927 Premiere. Schnell verdrängte diese Filmart den Stummfilm. Zahlreiche Schauspieler mussten deshalb ihre Karriere beenden, denn nicht jeder verfügte über eine geeignete Filmstimme.

Frage 141

Welcher französische Autor starb in der Hauptrolle eines eigenen Stückes auf der Bühne?

☞ **Jean-Baptiste Molière (1622–73)**, der als Begründer des modernen französischen Theaters gilt. Häufig spielte er seine Figuren selbst. So schlüpfte er auch bei einer Aufführung seiner Komödie *Der eingebildete Kranke* – selbst schwer krank – in die Hauptrolle und starb noch auf der Bühne.

Jean-Baptiste Molière

Frage 142

Welcher nichtrauchende Schauspieler wurde durch seinen Zigarillo berühmt?

☞ **Clint Eastwood (*1930).** Als Eastwood in den 1960er-Jahren mit Filmen wie *Für eine Handvoll Dollar* zum Star des neuen Italo-Western avancierte, zählten neben seiner extrem wortkargen Darstellung der Poncho, zwei

Pistolen und besonders der Zigarillo zwischen den Zähnen zu seinen Markenzeichen.

Frage 143

Wie heißt die seit 2005 laufende Doku-Soap, in der Landwirte eine Frau suchen?

☐ a) *Schwiegertochter gesucht*
☐ b) *Dismissed*
☐ c) *Ab ins Beet*
☐ d) *Bauer sucht Frau*

☞ **d) *Bauer sucht Frau***

Frage 144

Wie heißt die Moderatorin der bei Weitem erfolgreichsten Talkshow im amerikanischen Fernsehen?

☞ **Oprah Winfrey (*1954).** Sie ist die erste Afroamerikanerin, die in der Fernsehbranche Milliardärin wurde.

Frage 145

In welchem Genre wurden die Invasionsängste der US-Bürger am deutlichsten aufgearbeitet?

☞ **Im Science-Fiction-Film der 1950er-Jahre.** Wie in kaum einem anderen Genre wurden hier die Ängste der US-Bürger vor dem jede Minute erwartbaren Angriff durch die Staaten des Ostblocks verarbeitet. Allerdings war es hier nicht der Ostblock, der den friedlichen Alltag gefährdete, sondern Aliens von fernen Planeten oder von Menschen geschaffene Monster.

Frage 146

Welche Serie handelt von den Freundinnen Carrie, Samantha, Charlotte und Miranda?

☞ ***Sex and the City.*** Die Protagonistinnen sind vier New Yorker Frauen, deren amouröse Erlebnisse und Freundschaft ebenso wie ihre Auseinandersetzungen und Gedanken zu fast allen Fragen menschlicher Beziehungen dargestellt werden. Im Mai 2008 lief der Kinofilm zu der erfolgreichen Serie an.

Frage 147

Wie heißt heute das Theater nächst der Burg, das 1741 von Maria Theresia in Wien gegründet wurde?

☞ **Das Burgtheater**, das Mitte des 19. Jahrhunderts die führende deutschsprachige Bühne war und auch heutzutage zu den renommiertesten Häusern zählt.

Frage 148

Welche Schauspielerin wurde durch die Verkörperung der österreichischen Kaiserin Sissi berühmt?

☞ **Die Österreicherin Romy Schneider (1938–82).**

Romy Schneider auf einem Sissi-*Filmplakat*

Frage 149

Welche Zeichentrickserie schuf Matt Groening (*1954)?

☐ a) *Southpark*
☐ b) *Die Simpsons*
☐ c) *Familie Feuerstein*
☐ d) *Bugs Bunny*

☞ **b) *Die Simpsons***
Sie ist die am längsten laufende Zeichentrickserie, 2007 wurde in den USA die 400. Folge ausgestrahlt. Hauptschauplatz ist die fiktive US-Stadt Springfield, einer der häufigsten Ortsnamen in den USA. So wird die Trivialität der Handlungssituation ausgedrückt: Springfield könnte in jedem Bundesstaat liegen.

Frage 150

Was findet jedes Jahr im Sommer in Bayreuth statt?

☞ **Die Bayreuther Festspiele, auch Richard-Wagner-Festspiele genannt.** Hierbei handelt es sich um ein Musik- und Theaterfestival, das jedes Jahr von Ende Juli bis Ende August andauert.

Frage 151

Mit welchem Film begann die Karriere eines gewissen Marion Michael Morrison?

☞ **Mit dem Film *Höllenfahrt nach Santa Fe.*** Dem Schauspieler Morrison (1907–79) verpasste man aber zuvor noch einen für das Westerngenre klangvolleren Namen: John Wayne.

Frage 152

Wie still war es im Stummfilmkino wirklich?

☞ **Es war gar nicht still**, weil der Mangel an Ton als Schwäche empfunden wurde. Deshalb gab es verschiedene Versuche, hier Abhilfe zu schaffen. Die berühmteste Form ist die Filmvertonung mit einem live spielenden Pianisten oder einem ganzen Orchester.

Frage 153

Welcher deutsche Charakterdarsteller spielte 1958 den Kindermörder in *Es geschah am helllichten Tag*?

☞ **Gert Fröbe (1913–88).** Fröbe galt als echtes schauspielerisches Multitalent. Neben der Rolle des Kindermörders war er u. a. auch als sympathischer Ganove (*Der Gauner und der liebe Gott*), als Räuber Hotzenplotz sowie als Kommissar in *Die tausend Augen des Dr. Mabuse* zu sehen.

Frage 154

Sie ist ein deutsches Topmodel und gefragter Werbestar. Der internationale Durchbruch gelang ihr 1998, als sie auf dem Cover der Sports Illustrated zu sehen war. 2008 durfte sie als erste Europäerin die Emmy Awards moderieren. **Wer ist sie?**

☐ a) Claudia Schiffer
☐ b) Eva Padberg
☐ c) Heidi Klum
☐ d) Nadja Auermann

☞ **c) Heidi Klum** (*1973)
Seit 2006 moderiert sie auf PRO 7 die Serie *Germany's next Topmodel*. 2005 heiratete Heidi Klum den Sänger Seal.

Frage 155

Wen bezeichnet man in der Filmbrache als Agenten?

☞ **Den Manager eines Schauspielers**, der von diesem engagiert wird, um für ihn Jobangebote zu finden und dann Verträge auszuhandeln.

Frage 156

Wer schuf mit *Nosferatu* 1922 den ersten klassischen Vampirfilm?

☞ **Friedrich Wilhelm Murnau (1888–1931).** Mit *Nosferatu* verfilmte er den berühmten Roman *Dracula* von Bram Stoker (1847–1912), wegen Urheberrechtsstreitigkeiten gab man dem Film aber einen anderen Titel.

Frage 157

Welche amerikanischen Entertainer traten zusammen als ‚The Rat Pack' in Erscheinung?

☞ **Dean Martin (1917–95), Sammy Davis Jr. (1925–90) und Frank Sinatra (1915–98)** stellten so etwas wie den Kern des Rat Pack dar. Zu ihnen gesellten sich bisweilen noch Joey Bishop (*1918), Shirley MacLaine (*1934) und Peter Lawford (1923–84). Sie nutzten diesen Namen hauptsächlich in den Jahren von 1955 bis 1969 für zahlreiche Konzerte, die sie in Las Vegas gaben.

Frage 158

Diese Anwaltsserie mit Calista Flockhart (*1964) handelt vom chaotischen Leben einer Bostoner Anwältin. In den USA wurde die Serie zum ersten Mal im September 2007 ausgestrahlt, in Deutschland im April 2008. Sie wurde vielfach ausgezeichnet. **Um welche Serie geht es?**

☞ ***Ally McBeal*** mit der gleichnamigen Titelfigur, gespielt von Flockhart.

Frage 159

Wie heißen die beiden Zauberkünstler, die durch ihre Auftritte mit weißen Tigern und Löwen weltberühmt wurden?

☞ **Siegfried (*1939) und Roy (*1944).** Die beiden Deutschen Siegfried Fischbacher und Roy Horn lernten sich in den 1960er-Jahren auf der TS Bremen kennen, wo beide arbeiteten. Auf Horns Vorschlag hin beschlossen die beiden, die bis 1998 auch privat ein Paar waren, eine Show mit einem Gepard einzustudieren. 1990 eröffneten sie ihre legendäre Show in Las Vegas. 2003 wurde Roy Horn während der Show von einem Tiger angegriffen und schwer verletzt. Aufgrund seiner schweren Verletzungen beendeten die beiden Ausnahmekünstler ihre aktive Bühnenkarriere. Ein Comeback ist jedoch in Planung.

Frage 160

In welcher Stadt steht die Semperoper, auch bekannt aus der Radeberger-Werbung?

☐ a) Berlin
☐ b) Leipzig
☐ c) Stuttgart
☐ d) Dresden

☞ **d) Dresden**

Die Dresdner Semperoper

Frage 161

Was beschreibt man mit der Bildfrequenz?

☞ **Die Bildfrequenz gibt an, mit wie vielen Bildern pro Sekunde gedreht wird.** Während es zu Stummfilmzeiten noch üblich war, Filme mit 16 Bildern/Sekunde zu drehen, ist im professionellen Film heute eine Bildfrequenz von mindestens 24 Bildern/Sekunde üblich.

Frage 162

Durch die Verfilmung welches Romanzyklus wurden Daniel Radcliffe (*1989) und Emma Watson (*1990) bekannt?

☞ ***Harry Potter.*** Seit 2001 wird fast jedes Jahr ein neuer Film produziert. Der letzte Band *Harry Potter und die Heiligtümer des Todes* soll in zwei Teilen verfilmt werden und 2010 bzw. 2011 erscheinen.

Frage 163

Was zeichnet die Filme von Woody Allen aus?

☞ Seine Fans schätzen ihn besonders aufgrund seiner kritisch-intellektuellen Ironie, die gepaart ist mit melancholisch anmutenden Geschichten. Er zählt zu den produktivsten Regisseuren; von ihm stammen etwa *Der Stadtneurotiker, Manhattan* oder *Im Bann des Jade-Skorpions*.

Frage 164

In diesem Film von Regisseur Leander Haußmann (*1959) wird das Leben Jugendlicher im Ostberlin der 1970er-Jahre – nicht immer ganz geschichtstreu – geschildert. **Wie heißt er?**

☞ ***Sonnenallee.*** Die Grenzübergangsstelle Sonnenallee hat verglichen mit anderen Übergangsstellen nach Westberlin nur wenig Aufsehen erregt. Selten bildeten sich Warteschlangen wie z. B. Ostern 1972, als vor Inkrafttreten des Viermächte-Abkommens für West-Berliner die Einreise nach Ost-Berlin erlaubt worden war. Erst nach dem Fall der Mauer im November 1989 ist der Grenzübergang durch den Film Sonnenallee über Berlin hinaus bekannt geworden.

Frage 165

Wann wurde das erste Autokino eröffnet?

☞ **Das erste Autokino gab es 1933 in den USA**, in den 1950/60er-Jahren erreichte es Kultstatus.

Frage 1

Woher kommt der Begriff „Sport"?

☞ Seine Ursprünge hat der Begriff im Lateinischen. Dort gibt es das Verb „disportare", das sich zerstreuen heißt. Daraus entstand das englische Wort „sport" (Spaß, Vergnügen, Erholung).

Frage 2

In welchen Ländern findet die Fußball-EM 2012 statt?

☐ a) Deutschland und Österreich
☐ b) England und Wales
☐ c) Frankreich und Belgien
☐ d) Polen und Ukraine

☞ **d) Polen und Ukraine**

Frage 3

Wie oft konnte die deutsche Handballnationalmannschaft den Weltmeistertitel gewinnen?

☞ **Dreimal.** Der Titel ging in den Jahren 1938, 1978 und 2007 an das deutsche Nationalteam. Das erfolgreichste Team bisher stellt Rumänien. Diese Mannschaft kann vier Titel für sich verbuchen.

Nach dem WM-Finale 2007: Heiner Brand und seine Mannschaft

Frage 4

Aus welchen Einzeldisziplinen setzt sich der moderne Fünfkampf zusammen?

☞ Moderner Fünfkampf ist eine Vielseitigkeitssportart, die sich aus Pistolenschießen, Degenfechten, Schwimmen, Springreiten und einem Crosslauf zusammensetzt.

Frage 5

Manche Sportler geraten nach dem Ende ihrer Karriere schnell in Vergessenheit, andere sind noch Jahrzehnte später ein Begriff. So auch diese Läuferlegende aus Tschechien: Seine größten Erfolge feierte er bei den Olympischen Spielen in Helsinki. Dort gewann er dreimal Gold. Während er den 10.000-Meter-Lauf als haushoher Favorit souverän gewann, wurden seine Siege über 5000 Meter und im Marathon legendär. So war er im 5000-Meter-Lauf eigentlich schon hoffnungslos auf den vierten Platz zurückgefallen, konnte aber in der letzten Kurve noch einmal die vor ihm Laufenden überspurten. Daraufhin entschloss er sich kurzfristig zur Teilnahme am Marathon und gewann auch diesen Lauf mit olympischem Rekord. Unvergessen dürfte auch sein Laufstil bleiben: Stets mit heraushängender Zunge unterwegs, machte er den Eindruck, am Ende seiner Kräfte zu sein. **Um welchen Sportler geht es?**

Emil Zátopek

☞ **Emil Zátopek (1922–2000).** Der Läufer wurde 1997 in Tschechien zum „Athleten des Jahrhunderts" gewählt.

Frage 6

1992 fanden die Olympischen Sommerspiele in Barcelona statt. **Die wievielten Olympischen Sommerspiele der Neuzeit waren dies?**

☐ a) die 20.
☐ b) die 25.
☐ c) die 30.
☐ d) die 35.

☞ **b) die 25.**

Die ersten Sommerspiele der Neuzeit wurden 1896 in Athen ausgetragen. Während der beiden Weltkriege fanden keine Spiele statt, die Zählung wurde aber dennoch so fortgeführt, als wären sie durchgeführt worden.

Frage 7

Wer wurde bei der Fußball-WM 2006 Torschützenkönig?

☞ **Miroslav Klose (*1978).** Er erzielte bei der WM fünf Treffer und konnte sich damit die Trophäe, den „Goldenen Schuh", sichern. Bereits in der Bundesliga-Saison 2005/06 war Klose mit 25 Treffern Torschützenkönig geworden.

Frage 8

In welcher Sportart konnte sich Emerson Fittipaldi einen Namen machen?

☐ a) Boxen
☐ b) Radrennen
☐ c) Formel 1
☐ d) Golf

☞ **c) Formel 1**
Der Brasilianer Emerson Fittipaldi (*1946) fuhr zwischen 1970 und 1980 Formel-1-Rennen. In dieser Zeit kam er auf 144 Starts und holte zweimal (1972 und 1974) den Weltmeistertitel.

Frage 9

Dieser legendäre Boxkampf war für den Herbst 1974 zwischen dem damaligen Schwergewichtsweltmeister und seinem Herausforderer, der den Titel auch schon getragen hatte, vorgesehen. Allerdings verletzte sich der Weltmeister bei der Vorbereitung, und der Kampf wurde um einen Monat verschoben. Der Herausforderer überraschte mit der Taktik, dass er sich von seinem Gegner immer wieder in die Seile drängen ließ, so aber dessen harte Schläge besser abfedern konnte. Diese Taktik zeigte Erfolg: Der Herausforderer, dem die Sympathien des Publikums gehörten, eroberte seinen Titel zurück. **Welche beiden Boxer standen sich hier gegenüber?**

Muhammad Ali (r.) schlägt George Foreman k. o.

☞ **George Foreman (*1949) und Muhammad Ali (*1942).** Dieser Kampf wirkte für viele Künstler als Inspiration. So erhielt der Film über den Boxkampf *When we were kings* 1997 den Oscar für den besten Dokumentarfilm. Auch ein Song wurde über den Kampf geschrieben: *In Zaire* von John Wakelin (*1939) wurde 1976 europaweit ein Hit.

Frage 10

Wie oft konnte Eddy Merckx (*1945) die Tour de France gewinnen?

☞ Der Belgier konnte das Rennen fünfmal für sich entscheiden – in den Jahren 1969 bis 1972 sowie 1974.

Frage 11

Welche der folgenden Sportarten ist nicht bei Olympischen Spielen im Programm?

☐ a) Beach Volleyball
☐ b) Curling
☐ c) Rugby
☐ d) Trampolinspringen

☞ **c) Rugby**

Frage 12

Der österreichisch-deutsche Gewichtheber holte 2008 in Peking die Goldmedaille in der Gewichtsklasse über 105 Kilo. Seinen Sieg widmete er seiner 2007 verunglückten Ehefrau. Im November 2008 erhielt er zudem den Bambi, Deutschlands wichtigsten Medienpreis, in der Kategorie Sport. **Wie ist sein Name?**

☞ **Matthias Steiner (*1982).**

Frage 13

Welcher amerikanische Tennisspieler wurde nicht nur wegen seiner guten Leistungen, sondern auch wegen seiner Wutausbrüche bekannt?

☞ **John McEnroe (*1959).** In seiner 15 Jahre andauernden Karriere gewann er insgesamt 77 Turniere in der Einzelkonkurrenz und 78 Titel im Doppel. Seine Wutausbrüche und lautstarken Diskussionen mit den Schiedsrichtern („I've seen chalkdust", einer seiner beliebtesten Aussprüche, wurde sogar in einem Song von „The Brat" verewigt) wurden mindestens ebenso berühmt wie McEnroes sportliche Erfolge.

Frage 14

Wie heißt die amerikanische Basketball-Profiliga in den USA?

☐ a) NHL
☐ b) NHB
☐ c) NLS
☐ d) NBA

☞ **d) NBA**
Die National Basketball Association besteht seit 1946 und ist die mit Abstand stärkste und populärste Basketball-Liga der Welt.

Bekanntester NBA-Spieler der 1980er-Jahre: Earvin „Magic" Johnson

Frage 15

Welche Vereine können alljährlich beim Spiel um den DFB-Pokal teilnehmen?

☞ Teilnahmeberechtigt sind nicht nur die Bundesligavereine, sondern auch alle Vereine auf regionaler Ebene. Über die Spielpaarungen entscheidet das Los, über das Weiterkommen das K.-o.-System. Amateure werfen hier oft Profis aus dem Rennen. Als Fußballtrophäe erhält die siegreiche Mannschaft den Vereinspokal des Deutschen Fußball-Bundes (DFB).

Frage 16

Wo werden die vier größten Tenniswettbewerbe, die Grand Slams, ausgetragen?

☞ Die Australian Open in Melbourne, die French Open in Paris, Wimbledon in London und die US Open in New York.

Frage 17

Was ist in der Fußballsprache ein Hattrick?

☞ Wenn ein Spieler in einer Halbzeit drei Tore schießt, ohne dass zwischendurch ein anderer Spieler ein Tor schießt. Im englischen Fußball zählt bereits das Erzielen von drei Toren eines Spielers in einem Spiel als Hattrick.

Frage 18

Welcher Verein gehört der Fußballbundesliga ohne Unterbrechung seit ihrem Bestehen an?

☐ a) Bayern München
☐ b) Werder Bremen
☐ c) Schalke 04
☐ d) Hamburger SV

☞ **d) Hamburger SV**

Frage 19

Was sind Inlineskates?

☞ Rollschuhe, die im Gegensatz zu ihren veralteten Vorläufern meist vier Rollen hintereinander angeordnet haben. Das Skaten ermöglicht dadurch eine höhere Geschwindigkeit.

Frage 20

Wie heißt die amerikanische Eishockeyliga?

☞ **Die National Hockey League (NHL)** ist die seit 1917 bestehende Eishockey-Profiliga in Nordamerika.

Frage 21

Wann wird beim Fußball die Spielentscheidung durch Elfmeterschießen herbeigeführt?

☞ Bei einem Unentschieden nach Ablauf der regulären Spielzeit und der Nachspielzeit treten von jeder Mannschaft jeweils fünf Spieler als Elfmeterschützen an. Besteht anschließend immer noch Gleichstand, wird abwechselnd von jeder Mannschaft ein Elfmeter bis zur ersten Tordifferenz ausgeführt.

Frage 22

Wie wirkt Sport auf das Immunsystem?

☞ Regelmäßiges und leichtes Ausdauertraining wie Radfahren, Laufen, Wandern oder Schwimmen stärkt das Immunsystem gegen Husten, Schnupfen und Bronchitis. Zu intensives Training bewirkt das Gegenteil: Profisportler sind häufiger krank, weil ihr Immunsystem unter dem Dauertraining leidet.

SCHACHMARATHON

Schach ist kein Spiel für ungeduldige Zeitgenossen, jeder Zug will sorgsam überlegt sein. Die längste Schachpartie dauerte 20 Stunden und 15 Minuten und erstreckte sich über 269 Züge. Gespielt wurde sie zwischen Predrag Nicolic (*1960) und Goran Arsovic (*1967) im Jahr 1989 in Belgrad. Die Partie endete übrigens Remis.

Frage 23

Wie heißt Deutschlands erfolgreichster Tischtennisspieler?

☐ a) Jörg Rosskopf
☐ b) Boris Becker
☐ c) Timo Boll
☐ d) Ralf Wosik

☞ **c) Timo Boll** (*1981)
Deutschlands bislang erfolgreichster Tischtennisspieler schaffte es im Jahr 2002 auf den ersten Platz der Weltrangliste, was vor ihm noch keinem deutschen Spieler gelungen war.

Frage 24

Bei welchem Radsportklassiker müssen sich die Fahrer über insgesamt knapp 60 km Kopfsteinpflaster quälen?

☞ **Paris-Roubaix.** Das Rennen, das über ca. 250 km Distanz führt, wurde erstmals im Jahr 1896 ausgetragen. Die besondere Schwierigkeit des Rennens liegt im zweiten Teil. Hier sind immer wieder längere Kopfsteinpflaster-Passagen zu bewältigen, die v. a. bei Regen ein großes Sturzrisiko bedeuten. Die französische Regierung bemüht sich, das tückische Pflaster speziell für dieses Radrennen zu erhalten.

Frage 25

Meist haben Weltrekorde in der Leichtathletik nicht allzu lange Bestand. Der US-Amerikaner Bob Beamon (*1946) hingegen hielt seinen Rekord 23 Jahre lang. Erzielt hat er ihn bei den Olympischen Spielen 1978 in Mexiko-City. Man vermutet heutzutage, dass die dünne Luft in dem rund 2300 Meter hoch liegenden Mexiko-City mit zu dieser fabelhaften Leistung beigetragen hat. **In welcher Disziplin ging Beamon damals an den Start?**

☞ **Im Weitsprung.** Beamon verbesserte die bis dahin bestehende Bestmarke um sage und schreibe 55 Zentimeter auf 8,90 Meter. Erst im Jahr 1991 wurde sie in einem Aufsehen erregenden Duell zwischen Carl Lewis (*1961) und Mike Powell (*1963) übertroffen.

Damals sprang Lewis zunächst 8,91 Meter, anschließend legte Powell noch einmal nach und erreichte 8,95 Meter.

Frage 26

Welche über die Grenzen Großbritanniens hinaus bekannte Ruderregatta sorgt alljährlich in England für Aufsehen?

☞ **Das Boat Race.** Dabei handelt es sich um das berühmte Rennen zwischen den Universitäten Oxford und Cambridge. Es wird einmal jährlich auf der Themse ausgetragen. Das erste Rennen dieser Art wurde im Jahr 1829 veranstaltet, seit 1856 findet es jährlich statt.

Frage 27

Was ist das Besondere am Carvingski?

☞ Der Ski ist ca. 10 Zentimeter kürzer als das Standardmaß; er läuft an den Enden schaufelartig breit aus und der Skischuh steht leicht erhöht. Damit ermöglicht er es dem guten Skifahrer, extreme Kurven zu fahren.

Frage 28

Wie viele Ringe hat die Zielscheibe beim Bogenschießen?

☐ a) 5
☐ b) 7
☐ c) 10
☐ d) 12

☞ **c) 10**

Die Zielscheiben beim Bogenschießen weisen fünf Farben auf, die jeweils zwei Ringe enthalten. Von innen nach außen sind das: Gelb, Rot, Blau, Schwarz und Weiß.

Zielscheibe beim Bogenschießen

Frage 29

Was sind Hooligans?

☞ Rabiate Fußballfans, die unangenehm auffallen, z. B. durch Schlägereien oder übermäßigen Alkoholkonsum.

Frage 30

Wo treten Cheerleader auf?

☞ Bei Sportveranstaltungen und Wettkämpfen; dort feuern sie die eigene Sportmannschaft an und animieren das Publikum. Typische Sportarten, bei denen Cheerleader auftreten, sind Football oder Basketball.

Frage 31

Welcher ehemalige Fußballspieler ist deutscher Rekordnationalspieler?

☞ **Lothar Matthäus (*1961) mit 150 Länderspieleinsätzen.** Sein größter Erfolg war der Weltmeistertitel von 1990, zu dem er als Spielmacher maßgeblich beigetragen hatte. Matthäus kam 1984 von Borussia Mönchengladbach zum FC Bayern München; hier holte er dreimal den Deutschen Meistertitel. 1990 wechselte er für die damals gigantische Ablösesumme von 7,5 Millionen DM zu Inter Mailand. Ab 1992 war er wieder beim FC Bayern. Mit 150 Länderspieleinsätzen führt er die Liste an.

Frage 32

In welcher Sportart feierte Georg Hackl seine großen Erfolge?

☐ a) Rodeln
☐ b) Ski Alpin
☐ c) Skilanglauf
☐ d) Biathlon

☞ **a) Rodeln**

Georg Hackl (*1966) gilt als weltweit erfolgreichster Rennrodelfahrer. Zwischen 1988 und 2006 nahm er sechsmal in Folge an Olympischen Winterspielen teil und konnte im Einsitzer drei olympische Gold- und zwei Silbermedaillen erringen.

Frage 33

Queue und Kugeln

Wie nennen sich die Stöcke, die Billardspieler für ihren Sport benutzen?

☞ **Queues.** Sie setzten sich ab Mitte des 18. Jh. anstelle der bis dahin üblichen gebogenen Schläger durch.

Frage 34

Im Jahr 1972 kämpften ein US-Amerikaner und ein Sowjetbürger in Reykjavik, der Hauptstadt Islands, um die Schachweltmeisterschaft. Von den Medien wurde dieser Titelkampf zu einem „Krieg der Systeme" hochstilisiert, und so wurde nicht nur auf dem Schachbrett, sondern auch außerhalb mit harten Bandagen gekämpft. Gegenseitige Verleumdungen und Vorwürfe prägten das Bild. Es heißt, dass man sogar unter dem Tisch, an dem die beiden Kontrahenten saßen, eine Trennungsplatte installieren musste, damit sie sich nicht treten konnten. **Wie hießen die beiden Schachgroßmeister?**

☞ **Boris Spasski (*1937) und Bobby Fischer (1943–2008).** Fischer gewann den Vergleich mit 12,5 zu 8,5 Punkten und wurde Schachweltmeister. Spasski fiel nach seiner Niederlage in seiner Heimat in Ungnade; ihm wurde vorgeworfen, nicht leidenschaftlich genug gekämpft zu haben.

Frage 35

Wie heißt der erfolgreichste Torschütze in der Geschichte des deutschen Fußballsports?

☞ **Gerd Müller (*1945).** Müller, auch „Der Bomber der Nation" genannt, schoss 68 Tore in 62 Länderspielen und traf in 427 Bundesligaspielen 365-mal ins Schwarze. In der Saison 1971/72 wurde er mit 40 erzielten Treffern Torschützenkönig. Damit führt Gerd Müller diese Liste der Besten an. Platz zwei und Platz drei nimmt der ehemalige Stürmer ebenfalls ein.

Frage 36

Welche beiden Sportarten werden beim Biathlon miteinander verbunden?

☞ **Skilanglauf und Schießen.** Je nach Länge des Rennens werden die Langlauf-Passagen von zwei oder vier Schießpausen unterbrochen.

Biathlon

Frage 37

Wer gewann im Winter 2001/02 die Vierschanzentournee?

- ☐ a) Jens Weißflog
- ☐ b) Matti Nykänen
- ☐ c) Andreas Goldberger
- ☐ d) Sven Hannawald

☞ **d) Sven Hannawald** (*1974)
Hannawald gewann in diesem Jahr nicht nur die Gesamtwertung, sondern konnte auch alle vier Einzelspringen (Oberstdorf, Garmisch-Partenkirchen, Innsbruck und Bischofshofen) für sich entscheiden. Das war vor ihm noch keinem Skispringer gelungen.

Frage 38

Welcher CDU-Politiker wurde zunächst durch seine sportlichen Leistungen weltbekannt?

☞ **Eberhard Gienger (*1951).** Bevor Gienger seine Karriere als Politiker startete, war er einer der erfolgreichsten deutschen Geräteturner. Von 1971 bis 1981 wurde er 36-mal Deutscher Meister. Seit 2002 ist er Mitglied des Deutschen Bundestages.

FUSSBALLERLIEDER

Fußballer haben sich auch immer wieder einmal als Gesangsstars versucht; zumeist erwiesen sich die Kicker durch die Reihe als nur mäßig talentiert. Hier kommt nun eine Auswahl von Fußballersongs:

Deutsche Fußballnationalmannschaft: ***Fußball ist unser Leben***

Norbert Nigbur: ***44 Beine***

Gerd Müller: ***Dann macht es bumm***

Peter Alexander und die Fußballnationalmannschaft: ***México mi amor***

Fritz Walter und die Altinternationalen: ***Schwarz und Weiß***

Udo Jürgens & die Fußballnationalmannschaft: ***Wir sind schon auf dem Brenner***

Michael Schanze & die Fußballnationalmannschaft: ***Olé España***

Franz Beckenbauer: ***Gute Freunde kann niemand trennen***

Udo Jürgens und die Fußballnationalmannschaft: ***Buenos días, Argentina***

Frage 39

Braucht ein Sportler mehr Atemluft als der „Normalverbraucher"?

☞ **Ja!** Auf Ausdauer trainierte Spitzensportler kommen auf ein Atemzugvolumen von etwa vier Litern, während ein untrainierter Erwachsener unter Belastung nur etwa 2,5 Liter erreicht. Das Atemzugvolumen ist das Luftvolumen, das bei einem normalen Atemzyklus ein- und ausgeatmet wird.

Frage 40

Was symbolisieren die olympischen Ringe?

☞ Die fünf Ringe symbolisieren die fünf Kontinente: Blau steht für Ozeanien und Australien, Gelb für Asien, Schwarz für Afrika, Grün für Europa und Rot für Amerika.

Frage 41

Auf welchem Rasen spielte der ehemalige deutsche Tennisstar Boris Becker sein bestes Tennis?

☞ Auf dem Rasen des internationalen Tennisturniers von Wimbledon. Der Leimener gehörte von 1985 bis 1999 zu den besten Tennisspieler im internationalen Profitennis. Er gewann dreimal Wimbledon, wobei er 1985 mit 17 Jahren der bis dahin jüngste und gleichzeitig erste deutsche Sieger war. Insgesamt gelangen Becker (*1967) 49 Turniersiege, davon sechs Grand-Slam-Siege.

Frage 42

Wie viele Kugeln befinden sich beim Poolbillard auf dem Tisch?

☐ a) acht ☐ c) zehn
☐ b) neun ☐ d) elf

☞ **c) zehn**
Neben dem weißen Spielball befinden sich neun bunte Kugeln im Spiel. In einigen Varianten wird auch mit 15 farbigen Kugeln gespielt.

Frage 43

In Deutschland zählt das Endspiel im DFB-Pokal zu den großen Sportereignissen des Jahres. Fußball besitzt aber nicht in jedem Land einen so hohen Stellenwert. In den USA sorgen andere Sportereignisse für Furore; so z. B. der Super Bowl. Bei seiner Übertragung sitzen etwa 250 Millionen Zuschauer vor dem Fernseher. **Das Endspiel welcher Sportart stellt der Super Bowl eigentlich dar?**

☞ **American Football.** Bei diesem Spiel, das eher mit dem britischen Rugby als mit dem europäischen Fußball vergleichbar ist, muss man den eiförmigen Ball in die Endzone der gegnerischen Spielerhälfte bringen.

American Football

EDDIE THE EAGLE

Man muss nicht unbedingt Medaillen gewinnen oder Höchstleistungen bringen, um Olympiageschichte zu schreiben. Das bewies eindrucksvoll der Brite Michael Edwards (*1963), auch „Eddie the Eagle" genannt, bei den Olympischen Winterspielen 1988 in Calgary. Er trat dort beim Skispringen an und ging als einer der schlechtesten Skispringer aller Zeiten in die Geschichte ein. Sowohl auf der Normalschanze als auch auf der Großschanze belegte Edwards ungefährdet den letzten Platz und erhielt daraufhin von der Fachpresse seinen Spitznamen.

Frage 44

In welcher Sportart bedient der Sportler ein Finn-Dinghy?

☞ **Beim Segelsport.** Das Finn-Dinghy ist ein olympisches Ein-Mann-Segelboot. Es ist ca. 4,50 Meter lang und 1,50 Meter breit, verfügt über einen Tiefgang von höchsten 90 cm und einen Mast, der nicht länger als 7,10 Meter sein darf.

Frage 45

Wie heißen die beiden Schwestern, die zu den besten Tennisspielerinnen der Welt gehören?

☞ **Serena (*1981) und Venus (*1980) Williams.**

Frage 46

Welcher deutsche Ringer erhielt den Beinamen „Kran von Schifferstadt"?

☞ **Wilfried Dietrich (1933–92)** gewann zwischen 1951 und 1977 insgesamt 30 Deutsche Meisterschaften (sowohl als Einzelkämpfer als auch mit der Mannschaft). Außerdem konnte er zahlreiche internationale Titel erringen. Der Höhepunkt seiner Karriere war 1960 der Olympiasieg im freien Stil. Nur ein Jahr später wurde er in Yokohama Weltmeister in dieser Disziplin.

Frage 47

Welcher ehemalige Weltklassespieler führte als Trainer die deutsche Handball-Nationalmannschaft im Jahr 2007 zum Weltmeistertitel?

☐ a) Heiner Brand
☐ b) Kurt Klühspieß
☐ c) Andreas Thiel
☐ d) Wlado Stenzel

☞ **a) Heiner Brand** (*1952) war als Spieler im Jahr 1974 Handballweltmeister geworden. Er absolvierte in seiner aktiven Zeit 131 Länderspiele und konnte dabei 231 Tore erzielen.

Frage 48

In welcher Sportart spricht man von Par?

☞ **Beim Golf.** Par bedeutet, dass ein Spieler mit der für die jeweilige Bahn übliche Anzahl von Schlägen einlocht. Braucht er einen Schlag mehr, wurde die Bahn „eins über Par" gespielt.

Frage 49

Was sind die Paralympics?

☞ Die Olympischen Spiele für körperlich behinderte Menschen. Seit 1984 werden sie jeweils im Anschluss an die Olympischen Sommer- und Winterspiele ausgetragen

Frage 50

Wie viele Achttausender bestieg Reinhold Messner ohne Sauerstoffgerät?

☞ Alle 14 Achttausender der Welt (zwischen 1970 und 1986). Außerdem durchquerte er zusammen mit Arved Fuchs (*1953) die Antarktis über eine Strecke von 2740 Kilometern zu Fuß. Reinhold Messner (*1944) stammt aus Südtirol.

Frage 51

Was ist ein Tennisarm?

☞ Die Muskeln für das Bewegen von Finger und Handgelenk reichen zum Teil bis zu einem kleinen Knochenvorsprung an der Außenseite des Ellenbogens. Bei einem Tennisarm verspürt man dort Schmerzen. Schonung und Ruhigstellung helfen meist dagegen. Sein Name entstand, weil Tennisspieler gerade diese Muskelgruppe besonders stark strapazieren.

Frage 52

Welcher Eishockeyprofi wurde mit der Rückennummer 99 weltberühmt?

☐ a) Dieter Hegen
☐ b) Wayne Gretzky
☐ c) Sergei Fedorov
☐ d) Erich Kühnhackl

☞ **b) Wayne Gretzky** (*1961)
Der Kanadier Gretzky gilt als bester Eishockeyspieler aller Zeiten. Bereits als Zehnjähriger stellte er einen Rekord auf, der bis heute unerreicht geblieben ist: In 85 Spielen erzielte er 378 Treffer und steuerte 139 Assists bei. Von der National Hockey League (NHL) wurde Gretzky damit geehrt, dass seine Rückennummer 99 für alle zukünftigen Spieler gesperrt ist – es kann eben nur einen Wayne Gretzky geben.

Frage 53

Im zarten Alten von 16 Jahren gelang dieser Sportlerin der Gewinn einer olympischen Goldmedaille im Hochsprung. Nach diesem Triumph geriet sie in eine sportliche Krise und konnte sich 1976 in Montreal nicht einmal für das Hochsprungfinale qualifizieren. Man glaubte zu diesem Zeitpunkt, ihre Karriere sei beendet, doch die Sportlerin kam noch einmal zurück. Vier Jahre später, bei den Olympischen Spielen in Moskau, durfte sie wegen des Boykotts der westlichen Länder nicht starten, ihre Formkurve zeigte aber nach oben. 1982 wurde sie mit Weltrekordhöhe Europameisterin, zwei Jahre später sicherte sie sich ihre zweite olympische Goldmedaille. **Wie heißt diese Ausnahmesportlerin?**

☞ **Ulrike Meyfarth (*1956).** Ihre sportlichen Erfolge verhalfen Meyfarth zu großer Popularität. Von 1981 bis 1984 wurde sie viermal in Folge zur Sportlerin des Jahres gewählt.

Frage 54

Auch Leichtathleten müssen bisweilen Schwerstarbeit leisten, so beispielsweise die Hammerwerfer, wenn sie ihr Sportgerät durch die Arena wirbeln. **Wie schwer ist ein solcher Hammer?**

☞ Das Gesamtgewicht des Wurfhammers beträgt 7,265 Kilogramm. Mit diesem Sportgerät erreichen die besten Athleten Weiten um die 86 Meter, die Werferinnen ca. 75 Meter.

Frage 55

In welcher berühmten Reitschule werden Lipizzanerhengste seit 1735 geprüft?

☞ **In der Spanischen Hofreitschule in Wien.** Lipizzaner (meist Schimmel) sind sehr gelehrige Warmblutpferde.

Lipizzaner in der Spanischen Hofreitschule in Wien

Frage 56

In welcher Sportart holte Robby Nash bereits mit 13 Jahren seinen ersten Weltmeistertitel?

☞ **Im Windsurfen.** Nash (*1963) begann mit elf Jahren das Windsurfen und konnte sich bereits zwei Jahre später die Krone in dieser Sportart aufsetzen. Er war damit der jüngste Weltmeister aller Zeiten; in den kommenden 16 Jahren folgten 22 weitere Weltmeisterschaftstitel.

Frage 57

Aus einer der folgenden Städte kam nie ein Fußball-Erstligaklub. **Aus welcher?**

☐ a) Münster ☐ c) Braunschweig
☐ b) Osnabrück ☐ d) Hannover

FUSSBALLREKORDE

Die meisten Bundesligaspiele: Karl-Heinz Körbel (Eintracht Frankfurt) – 602 Spiele

Die meisten Spiele in Serie: Sepp Maier (FC Bayern München) – 442 Spiele

Die meisten Siege: Manfred Kaltz (Hamburger SV) – 291 Siege

Die meisten Niederlagen: Bernard Dietz (MSV Duisburg) – 221 Niederlagen

Die meisten Platzverweise: Stefan Effenberg – 7 Platzverweise/3 Rote und 4 Gelb-Rote Karten

Erfolgreichster Bundesligatrainer: Udo Lattek – 8-mal Deutscher Meister

Am häufigsten entlassene Trainer: Jörg Berger, Gyula Lorant – je 6-mal entlassen

Verein mit den meisten Trainerentlassungen: Eintracht Frankfurt – 20 Entlassungen

☞ **b) Osnabrück**
Zwischen 1974 und 1993 zählte der VFL Osnabrück zu den Urgesteinen in der 2. Bundesliga, der Aufstieg in die 1. Liga gelang ihm aber nie.

Frage 58

Welche chinesische Sportart wird als Tai Chi Chuan bezeichnet?

☞ **Das Schattenboxen**, das in China von Millionen Menschen betrieben wird. Es handelt sich dabei um gymnastische Übungen für jede Altersstufe, die der Gesunderhaltung, Selbstverteidigung und Meditation dienen.

Frage 59

Was bezeichnet der Begriff „Olympiade“ ursprünglich?

☞ In der Antike bezeichneten die Griechen den Vierjahreszeitraum zwischen zwei Olympischen Spielen als Olympiade. Heute wird der Begriff fälschlicherweise als Synonym für die Olympischen Spiele gebraucht.

Frage 60

Was bezeichnet beim Tennisspiel ein Ass?

☞ Der durch einen Aufschlag erzielte direkte Punkt. Asse werden so platziert bzw. hart geschlagen, dass der Gegner den Ball mit seinem Schläger nicht mehr berührt; bei sogenannten halben Assen erreicht der Gegner zwar noch den Ball, kann ihn jedoch nicht mehr regelgerecht zurückschlagen.

Frage 61

Wann wurden die ersten Olympischen Spiele der Antike ausgetragen?

☞ Im Jahre 776 v. Chr. fanden die ersten historisch nachweisbaren Spiele zu Ehren des Zeus in Olympia statt. Im Jahr 394 verbot Kaiser Theodosius (347–395) den heidnischen Kult.

Frage 62

1985 gewann Boris Becker seinen ersten Wimbledontitel. Wie hieß sein damaliger Gegner?

☐ a) Björn Borg
☐ b) Pete Sampras
☐ c) Kevin Curren
☐ d) Ivan Lendl

Boris Becker

☞ **c) Kevin Curren** (*1958)
Becker (*1967) gewann das Finale gegen Curren in vier Sätzen mit 6:3, 6:7, 7:6 und 6:4.

Frage 63

Die Zehnkämpfer werden häufig als Könige der Leichtathletik bezeichnet. **Welche Disziplinen müssen sie im Laufe eines Wettkampfs absolvieren?**

☞ 100-Meter-Lauf, Weitsprung, Kugelstoßen, Hochsprung und 400-Meter-Lauf am ersten Wettkampftag, 110-Meter-Hürden, Diskuswerfen, Stabhochsprung, Speerwerfen und 1500-Meter-Lauf am zweiten Tag.

Frage 64

Was versteht man beim Golf unter einem Birdie?

☞ Beim Golf ist für jede Bahn eine bestimmte Anzahl von Schlägen angegeben, mit denen der Ball normalerweise eingelocht werden soll. Spielt man eine Bahn mit einem Schlag weniger als üblich, wird dies Birdie genannt.

Frage 65

Was ist Aerobic?

☞ Aerobic ist ein Fitnesstraining in der Gruppe, wo mit rhythmischen Bewegungen zu motivierender Musik eine Choreografie nachgetanzt wird. Die Grundelemente sind Kondition und Koordination.

Frage 66

Welche der folgenden Disziplinen gehört nicht zum Kraftdreikampf?

☐ a) Bankdrücken
☐ b) Fingerhakeln
☐ c) Kniebeugen
☐ d) Kreuzheben

☞ **b) Fingerhakeln**
Pro Disziplin hat jeder Athlet beim Kraftdreikampf drei Versuche (bei Rekordversuch auf Wunsch vier). Bei ihnen muss er ein möglichst hohes Gewicht bewältigen. Von einem Versuch zum nächsten darf das Gewicht nur erhöht bzw. gleich gelassen werden, nicht aber verringert werden. Die jeweils besten Versuche in allen Disziplinen gehen in die Wertung ein und werden addiert.

Frage 67

Was versteht man unter Doping?

☞ Das im Amateur- und Leistungssport unzulässige Verbessern sportlicher Leistungen durch Medikamente oder andere künstliche Wirkstoffe. Mit zunehmend verfeinerten Methoden kann Doping auch nachträglich nachgewiesen werden und zur Disqualifikation führen.

Frage 68

Wofür steht die Abkürzung UEFA?

☞ Für „Union of European Football Associations" Dieser europäische Fußballverband wurde im März 1954 gegründet.

Frage 69

Welche Rallyeveranstaltung gilt als berühmteste, aber auch umstrittenste ihrer Art?

☞ **Die Rallye Dakar.** Sie wird seit Ende der 1970er-Jahre einmal jährlich vor allem auf dem afrikanischen Kontinent ausgetragen. Diese Rallye ist ein Langstreckenrennen, bei dem die einzelnen Etappen bis zu 800 Kilometer lang sein können und v. a. auf Wüstenboden gefahren werden. In die Schlagzeilen gerät das Spektakel immer wieder durch Todesfälle bei Teilnehmern und Zuschauern.

Der Gründer Thierry Sabine (1949–86) kam bei einem Helikopterflug während der Rallye ums Leben.

Frage 70

Wer gilt als Traumpaar des deutschen Eiskunstlaufs nach dem Zweiten Weltkrieg?

☞ **Marika Kilius (*1943) und Hans-Jürgen Bäumler (*1942).** Sie wurden sechsmal Europa- und zweimal Weltmeister.

Frage 71

Welcher deutsche Fußballtorwart wurde dreimal zum Welttorhüter des Jahres gewählt?

☞ **Oliver Kahn (*1969).** Von 1994 bis 2006 war er Torwart in der deutschen Nationalmannschaft und wurde in den Jahren 1999, 2001, 2002 zum Welttorhüter des Jahres ernannt. Bester Bundesligatorhüter war er sogar fünfmal, und zwar 1994, 1997, 1998, 1999, 2001. 2008 beendete er seine aktive Karriere nach über 30 Jahren im Tor.

Letzter DFB-Pokalsieg des „Titans" 2008

Frage 72

Welcher Pionier des Turnsports in Deutschland verband das Turnen mit einer patriotischen Botschaft?

☐ a) Hans Egon Frahnz
☐ b) Friedrich Ludwig Jahn
☐ c) Karl Bernd Pehter
☐ d) Jens Hugo Mahrk

☞ **b) Friedrich Ludwig Jahn** (1778–1852)
Er wird auch „Turnvater Jahn" genannt und errichtete 1811 in der Berliner Hasenheide den ersten Turnplatz.

Frage 73

Was wird beim Canyoning gemacht?

☞ Bei dieser Extremsportart wird versucht, sich im Wildwasser gegen die starke Strömung schwimmend, tauchend oder kletternd voranzubewegen.

Frage 74

Was ist die Kieler Woche?

☞ Ein seit 1882 durchgeführter internationaler Segelwettbewerb in verschiedenen Bootsklassen und Regatten, begleitet von einem tagelangen Volksfest in der Innenstadt. Die Kieler Woche ist heute das größte Segelsportereignis der Welt und findet jedes Jahr in der letzten vollen Juniwoche statt.

Frage 75

Was fand 1972 in München statt?

☞ **Die Olympischen Sommerspiele.** Seit 1936 wurde damals erstmals wieder eine Olympiade in Deutschland ausgetragen. Hierzu ließ die Stadt München ein riesiges Olympiagelände mit U-Bahn-Anschluss entstehen. Die anfänglich großartige Atmosphäre wurde durch den von Palästinensern verübten Terrorakt gegen die Mannschaft aus Israel schwer gestört.

Frage 76

Wer verwandelt einen Matchball?

☐ a) Fußballer
☐ b) Eishockeyspieler
☐ c) Tennisspieler
☐ d) Biathleten

☞ **c) Tennisspieler**
Der Matchball ist der Spiel entscheidende letzte Ball einer Partie.

Frage 77

Was ist ein Bully?

☞ Als Bully wird der Anstoß beim Eishockey bezeichnet. Dabei versuchen je ein Spieler der beiden Mannschaften, den Ball bzw. Puck für ihr Team zu erkämpfen.

Frage 78

Was müssen Sportler beim Triathlon leisten?

☞ Der Triathlon ist eine Ausdauersportart, bestehend aus den Disziplinen Schwimmen, Radfahren und Laufen. Der bekannteste Triathlon ist der „Ironman", der auf Hawaii ausgetragen wird.

Frage 79

Bei welcher Sportart wird der Begriff „Break" verwendet?

☞ **Beim Tennis.** Break bedeutet, dass ein Spieler einen Spielgewinn beim gegnerischen Aufschlag erzielt.

Frage 80

In welchem Jahr begann die sagenhafte Siegesserie von Steffi Graf (*1969)?

☐ a) 1983
☐ b) 1985
☐ c) 1987
☐ d) 1989

☞ **c) 1987**

1987 siegte Graf erstmals bei einem Grand-Slam-Turnier und übernahm die Führung der Tennis-Weltrangliste die sie insgesamt 377 Wochen anführte. 1988 siegte sie bei allen vier Grand-Slam-Turniere sowie den Olympischen Spielen und gewann so als bisher einzige Person den „Golden Slam".

Steffi Graf

DER EWIGE MEDAILLENSPIEGEL

Wenn der Mensch seine Statistiken nicht hätte ... Es gibt also nicht nur die Weltbestenlisten im Tennis und anderen Sportarten, es gibt auch einen Ewigen Medaillenspiegel für Olympische Spiele. Hier sind alle Medaillen verzeichnet, die seit 1896 vergeben wurden (Stand August 2008):

Land	Gold	Silber	Bronze
USA	1010	810	697
Russland	669	545	524
Deutschland	518	529	542
Italien	226	188	208
Frankreich	216	236	267
Großbritannien	215	258	262
Schweden	185	190	218
China	167	133	119
Ungarn	159	143	163
Norwegen	152	146	127

Frage 81

Wer war der Schwimmstar der Olympischen Spiele von 1972 in München?

☞ Der Amerikaner **Mark Spitz (*1950)**, der in München sieben Goldmedaillen holte und noch dazu bei jedem Sieg einen Weltrekord aufstellte.

Frage 82

Wer gründete das Internationale Olympische Komitee (IOC)?

☞ **Der französische Pädagoge und Historiker Pierre Coubertin (1863–1937)**. 1894 gründete er die moderne olympische Bewegung und leitete bis 1925 das Internationale Olympische Komitee, die höchste Instanz für alle olympischen Fragen.

Frage 83

Wer ist der erfolgreichste Formel-1-Rennfahrer aller Zeiten?

☞ **Michael Schumacher (*1969).** Mit seinem insgesamt sechsten WM-Titel konnte er 2003 die Krone des „ewig Besten" vom Argentinier Juan Manuel Fangio übernehmen, der fünfmal den Titel gewonnen hatte. 2004 holte Schuhmacher mit seinem Ferrari den siebten Titel und wurde damit bereits vor dem Ende seiner Karriere zur Rennfahrerlegende.

Frage 84

Welcher Sportler trägt den Spitznamen „German Wunderkind"?

☞ **Dirk Nowitzki (*1978)**, der als einer der besten Basketballspieler der Welt gilt. Seinen Spitznamen erhielt er, als er 1999 bei den Dallas Mavericks eingeführt wurde. In der NBA-Saison 2006/07 erhielt Nowitzki als erster Europäer den „NBA Most Valuable Player Award" für den wertvollsten Spieler der Saison.

Frage 85

Wer ist der einzige ungeschlagene britische Boxschwergewichtsweltmeister des 20. Jahrhunderts?

☐ a) James Lloyd ☐ c) Ricky Hatton
☐ b) Danny Williams ☐ d) Lennox Lewis

☞ **d) Lennox Lewis** (*1965)
Seinen letzten Kampf bestritt der Engländer am 21. Juni 2003 gegen Vitali Klitschko (*1971), den er durch technischen K. O. besiegte. Als Grund für den Rücktritt nannte er sein Alter.

Frage 86

Welchen persönlichen Rekord stellte der Schwimmer Eric Moussambani (*1978) 2000 in Sydney auf?

☞ Der Sportler aus Äquatorialguinea schwamm zum ersten Mal in seinem Leben über die Distanz von 100 Metern, als er den Vorlauf im Freistilschwimmen gewann, weil alle anderen Schwimmer wegen Frühstarts disqualifiziert wurden.

Frage 87

Wie hieß der finnische Wunderläufer, der Leichtathletikgeschichte schrieb?

☞ **Paavo Nurmi (1897–1973).** Bei den olympischen Spielen von 1920, 1924 und 1928 gewann er neun Gold- und drei Silbermedaillen.

Paavo Nurmi

Frage 88

Welches Fest fand im griechischen Delphi statt?

☞ In der griechischen Antike war Delphi nicht nur Sitz des berühmten Orakels, sondern auch Austragungsort der Pythischen Spiele, eines weniger bekannten Sportspektakels, das gewissermaßen als Konkurrenz zu den Olympischen Spielen veranstaltet wurde. Sie wurden zunächst alle acht, dann alle vier Jahre in Delphi zu Ehren des Gottes Apollon veranstaltet. In der Anfangszeit waren es rein musikalische Wettkämpfe. Später kamen Athletik und Pferderennen, Gesang, Drama und Rezitation hinzu.

Frage 89

Was ist Apnoetauchen?

☞ Apnoetauchen ist Tauchen mit der eigenen Atemluft, also ohne Sauerstoffflasche. Der Taucher atmet vor dem Abtauchen ein und benutzt nur diesen Luftvorrat. Den Zeitraum zwischen dem Einatmen und dem Ausatmen bezeichnet man als Apnoe (griechisch für „Atemstillstand").

Frage 90

Welcher Basketballstar erhielt den Beinamen „Magic"?

☐ a) Michael Jordan ☐ c) Dennis Rodman
☐ b) Earvin Johnson ☐ d) Shaquille O'Neal

☞ **b) Earvin Johnson** (*1959)
Neben Larry Bird (*1956) gilt er als der NBA-Star der 1980er-Jahre. Von 1979 bis 1991 spielte Magic Johnson für die Los Angeles Lakers. Im November 1991 erklärte der Basketballstar, dass er HIV-positiv sei und verkündete seinen Rücktritt vom Sport.

Frage 91

An wen ging 2004 Rudi Völlers Posten als Bundestrainer der deutschen Fußball-Nationalmannschaft?

☞ Die schwierige Aufgabe, die Nationalelf zur WM 2006 zu führen, übernahm der ehemalige Nationalspieler **Jürgen Klinsmann** (*1964). Nach Klinsmanns Rücktritt ist seit 2006 Joachim Löw (*1960) Bundestrainer.

Frage 92

Wo und wann fand der erste olympische Wettkampf im Snowboarden statt?

☞ In Nagano war Snowboarden 1998 zum ersten Mal olympische Disziplin.

Frage 93

Anlässlich des 70. Jubiläums der Silberpfeile präsentierte das Mercedes-Benz-Museum in Stuttgart im Juli 2004 eine Ausstellung. **Wie kamen die „Silberpfeile" zu ihrem Namen?**

☞ Ursprünglich waren die Formel-1-Wagen von Mercedes weiß. Da sie 1934 eine Nacht vor dem Rennen am Nürburgring aber noch ein Kilo zu schwer waren, kratzte man einfach den weißen Lack ab. Die silberne Aluminiumkarosserie wurde sichtbar.

Juan Manuel Fangio 1954 im Silberpfeil

Frage 94

Woher kommt eigentlich Nordic Walking?

☞ Nordic Walking gibt es als eigenständigen Fitnesssport erst seit 1997. Damals wurde es in Finnland als Sommer-Trainingsmethode der Athleten aus den Bereichen Langlauf, Biathlon und der Nordischen Kombination vorgestellt. In kurzer Zeit erreichte der neue Fitnesssport mit zwei Stöcken über Skandinavien, die USA und Japan auch Mitteleuropa.

Frage 95

Was verkündete Michael „Air" Jordan am 13. Januar 1999?

☐ a) das Ende seiner Karriere
☐ b) seine HIV-Erkrankung
☐ c) seine Scheidung
☐ d) den Wechsel von Chicago nach Washington

☞ **a) das Ende seiner Karriere**
Jordan (*1963), der zwölf Jahre lang der Star der Chicago Bulls war, kehrte zur Saison 2001/02 in die NBA zurück und spielte bis 2003 für die Washington Wizards. Das 1,98 Meter große Ausnahmetalent wurde achtmal zum wertvollsten Spieler der Nordamerikanischen Basketballliga gewählt.

Michael „Air" Jordan

Frage 96

Welche berühmten Schachkontrahenten sind im Dezember 2002 noch einmal gegeneinander angetreten?

☞ Die beiden mehrmaligen Weltmeister Garry Kasparov (*1963) und Anatoly Karpov (*1951) traten in einem Schnellschachmatch über vier Partien gegeneinander an. Karpov entschied das Match für sich.

Frage 97

Was ist ein Muskelkater?

☞ Muskelkater ist oft eine Folge ungewohnter Belastungen. Er tritt acht bis 24 Stunden später auf und verliert nach drei bis sechs Tagen wieder seine schmerzhafte Wirkung. Die Muskeln schmerzen bei Bewegung und es kann zu leichten Muskelschwellungen und Verhärtungen kommen. Eigentlich ist Muskelkater eine Verletzung, denn es reißen dünne Muskelfasern. Sportler vermeiden Muskelkater durch ein sinnvolles Aufbau- und Dehntraining.

Frage 98

Carl Lewis

In welcher sportlichen Disziplin war Carl Lewis einer der erfolgreichsten Sportler?

☞ **In der Leichtathletik.** 1984 gewann er bei den Olympischen Spielen in Los Angeles vier Goldmedaillen, 1988 errang Lewis (*1961) in Seoul zweimal Gold und weitere zwei Goldmedaillen 1992 in Barcelona. Schließlich gewann er 1996 in Atlanta im Weitsprung seine neunte Goldmedaille.

Frage 99

Welcher Sportler nannte sich in seiner Autobiografie von 1976 selbst „Der Größte"?

☞ **Der Boxer Muhammad Ali (*1942).** Tatsächlich war er der erfolgreichste Schwergewichtskämpfer in der Geschichte des Profiboxsports. 1974 holte er sich den Weltmeistertitel zurück, der ihm wegen der Weigerung im Vietnamkrieg zu kämpfen zuvor aberkannt worden war. Nach zweimaligem Comeback und 81 Profikämpfen trat er 1981 wegen seiner Parkinsonerkrankung ab.

Frage 100

Was lieferte die Bundeszentrale für Gesundheitliche Aufklärung dem deutschen Olympiateam 2000 ins Olympische Dorf?

☞ Eine Sonderedition goldener Kondome mit dem Aufdruck „Go for Gold". Die Bundeszentrale war erstmals eine Kooperation mit dem deutschen Nationalen Olympischen Komitee NOK eingegangen.

Frage 101

Was ist ein Centre-Court?

☞ So bezeichnen Tennisspieler den Hauptplatz einer Tennisanlage mit der besten Lage und der größten Zuschauerkapazität.

Frage 102

Wie heißt der einzige deutsche Tour-de-France-Sieger?

☐ a) Andreas Klöden
☐ b) Jan Ullrich
☐ c) Stefan Schumacher
☐ d) Erik Zabel

☞ **b) Jan Ullrich** (*1973)
1997 gewann Ullrich das berühmteste Radrennen der Welt. Darüber hinaus war er fünfmal Zweiter, einmal Dritter und einmal Vierter der Tour.

Frage 103

Welche Weltmeere hat die Windsurferin Raphaëla Le Gouvello überquert?

☞ Die Französin (*1960) hatte 2000 das Mittelmeer auf einem speziellen Surfbrett überquert. 2002 surfte sie dann über den Atlantik. Im Folgejahr setzte sie ihre Abenteuer fort und benötigte drei Monate für die Alleinüberquerung des Pazifiks.

Frage 104

Mit welchem Erfolg konnte Sven Hannawald glänzen?

☞ Der Skispringer (*1974) gewann im Winter 2001/2002 als erster Skispringer überhaupt alle vier Teilwettbewerbe der Vierschanzentournee in einer Saison. Dazu kamen vier Medaillen bei nordischen Skiweltmeisterschaften sowie jeweils drei Medaillen bei Olympischen Spielen und Skiflugweltmeisterschaften. Im Sommer 2005 beendete er seine Karriere.

Frage 105
Was ist ein Oxer?

☞ Als Oxer bezeichnet man im Springreiten einen Hochweitsprung. Namen wie Hans-Günther Winkler (*1926) oder Fritz Thiedemann (1918–2000) belegen die jahrzehntelange Dominanz deutscher Springreiter bei internationalen Turnieren.

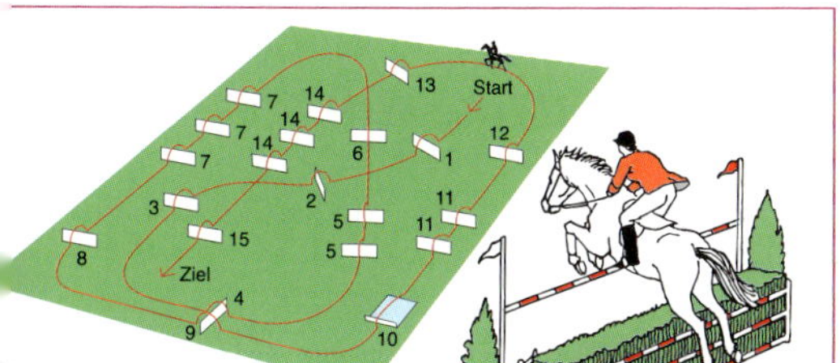

Parcours mit 15 Hindernissen

Frage 106
Wann wurde der Deutsche Sportbund, der seit 2006 Deutscher Olympischer Sportbund heißt, gegründet?

☐ a) 1890 ☐ c) 1930
☐ b) 1910 ☐ d) 1950

☞ **d) 1950**
Er umfasst etwa 90.000 Vereine und 27 Mio. Mitglieder.

Frage 107
Seit wann existiert die Fußballbundesliga?

☞ Die Fußballbundesliga wurde nach dem Beschluss des DFB am 28. Juli 1962 zur Saison 1963/64 eingeführt. Die 2. Bundesliga existiert seit 1974. Die meisten Titelgewinne holte der FC Bayern München, bereits 20-mal war der Verein Deutscher Meister, zuletzt 2007/08. Den ersten Titel gewann der VfB Leipzig.

Frage 108
Welcher Fußballer wird als der Kaiser bezeichnet?

☞ **Franz Beckenbauer (*1945).** Er wurde als Spieler und als Trainer Weltmeister. Bekannt wurde der Fußballer bereits als offensiv ausgerichteter Libero beim FC Bayern München, mit dem er mehrmals Deutscher Meister und Europacupsieger wurde. Im Anschluss an seine Zeit als Akteur auf und am Platz wechselte Beckenbauer als Präsidiumsmitglied des Münchner Vereins sowie national und international in das Lager der Fußballfunktionäre.

EXTREMSPORT EXTREM

Eigentlich wollte die deutsche Gleitschirmweltmeisterin Ewa Wisnierska (*1971) lediglich für die anstehende Titelverteidigung trainieren, als sie mit ihrem Sportgerät im Januar 2007 in Australien zwischen zwei Gewitterfronten geriet. Die dort herrschenden Aufwinde katapultierten die Sportlerin auf eine Höhe von 9000 Metern – dort findet man für gewöhnlich nur noch Verkehrsflugzeuge. Eine Ohnmacht während des unfreiwilligen Aufstiegs rettete der Deutschen wahrscheinlich das Leben, denn ihre Herzfrequenz wurde so deutlich reduziert und der Körper brauchte weniger Sauerstoff zum Überleben. Allerdings grenzt es immer noch an ein Wunder, dass Wisnierska den Ausflug in ungewohnte Höhen überlebte.

Frage 109

Wo liegt der Unterschied zwischen anaerobem und aerobem Training?

☞ Aerobes Training bedeutet „Training mit Luft". Der Körper wird nur bis zu einer bestimmten Grenze belastet. Das fördert das Herz-Kreislauf-System sowie die Lunge und den Stoffwechsel. Hierbei werden Kohlenhydrate und Fette zur Energiegewinnung in den Muskelzellen verbrannt. Das anaerobe Training dagegen dient der Leistungssteigerung, setzt allerdings einen guten Gesundheitszustand voraus. Die Verwertung der Energiereserven erfolgt dann ohne Sauerstoff („an-aerob" = ohne Luft).

Frage 110

Seit wann gibt es die Tour de France?

☐ a) 1877 ☐ c) 1956
☐ b) 1903 ☐ d) 1980

☞ **a) 1903**
Das bedeutendste Radrennen der Welt wird seit 1903 (Ausnahmen: die Zeiten des Ersten und Zweiten Weltkriegs) ausgetragen und führt dabei in wechselnder Streckenführung quer durch Frankreich und das nahe Ausland.

Letzte Etappe der Tour de France in Paris

Frage 111

Wie werden Regelverstöße beim Handball bestraft?

☞ Verstöße werden von den Schiedsrichtern mit Freiwürfen, Gelben Karten oder Zwei-Minuten-Strafen geahndet. Die dritte Zeitstrafe für einen Spieler bzw. die Rote Karte zieht die Disqualifikation nach sich.

Frage 112

Was bedeutet Gelb-Rot im Fußball?

☞ Der Schiedsrichter zeigt die Gelbe und sofort darauf die Rote Karte, wenn ein Spieler wegen einer zweiten Regelübertretung (für die erste muss er Gelb gesehen haben) in einem Match das Spielfeld verlassen muss. Im Gegensatz dazu kann er bei einem schweren Regelverstoß ohne Vorwarnung durch Gelb einen Spieler auch gleich mit der Roten Karte des Feldes verweisen.

Frage 113

Welche Nation führte Trainer Otto Rehhagel zu ihrem bislang größten Fußballerfolg?

☞ **Griechenland 2004.** Mit dem sensationellen EM-Gewinn seiner Mannschaft in Portugal wurde der deutsche Trainer in Hellas zum Fußballgott. Tagelang feierten die Griechen euphorisch. Seine größten Erfolge als Vereinstrainer konnte Rehhagel mit Werder Bremen feiern, wo er 14 Jahre von 1981 bis 1995 tätig war.

Frage 114

Bei welcher olympischen Disziplin verwendeten bereits die alten Griechen scheibenförmige Wurfgeräte?

☞ **Beim Diskuswerfen.** Die bei Ausgrabungen gefundenen antiken Scheiben hatten vermutlich ein Gewicht von bis zu 7 Kilogramm. Der seit 1912 gültige Diskus besteht überwiegend aus Holz, hat aber einen Metallkern und einen Metallring; er wiegt bei den Herren 2 Kilogramm, bei Frauen 1 Kilogramm.

Frage 115

Wie viele amerikanische Radfahrer gewannen bisher die Tour de France?

☐ a) zwei ☐ c) vier
☐ b) drei ☐ d) fünf

☞ **a) zwei**
Bisher haben nur zwei Amerikaner dieses prestigeträchtige Fahrradrennen gewonnen.

Der erste war Greg LeMond (*1961), der dreimal gewann. In den Jahren 1999–2005 dominierte dann Lance Armstrong (*1971). Er gewann das Rennen siebenmal hintereinander.

Frage 116

Was ist Rafting?

☞ Rafting entwickelte sich in den 1990er-Jahren aus normalen Floß- und Schlauchbootfahrten als eine der Extremsportarten. Es werden spezielle Schlauchboote verwendet, die extrem belastbar und stabil sind und bis zu 30 Menschen Platz bieten. Alle Teilnehmer werden mit Schwimmweste, Helm und Neoprenanzug ausgerüstet.

Frage 117

Was ist eigentlich Bodybuilding?

☞ Der Name „Bodybuilding" kommt aus dem Englischen und heißt wörtlich übersetzt soviel wie Körperbildung. Der Körper soll beim Bodybuilding durch spezielles und regelmäßiges Krafttraining an dafür geeigneten Geräten immer weiter geformt werden. Besondere Bekanntheit erlangte die Sportart durch den Österreicher Arnold Schwarzenegger (*1947), der zwischen 1970 und 1980 siebenmal den Titel „Mister Olympia" und 1970 und 1971 den Titel „Mister Universum" bekam.

Frage 118

Wer gilt auch heute noch als bester Fußballer aller Zeiten?

Edson Arantes do Nascimento, genannt Pelé

☞ **Edson Arantes do Nascimento, genannt Pelé (*1940).** Der Brasilianer führte die brasilianische Nationalmannschaft 1958, 1962 und 1970 zur Weltmeisterschaft. 1995 wurde er Sportminister.

Frage 119

Bei welcher Sportart fliegt man praktisch über das Wasser?

☐ a) Segeln
☐ b) Wakeboarden
☐ c) Kitesurfen
☐ d) Kajakfahren

☞ **c) Kitesurfen**
Kitesurfer surfen auf einem kleinen Brett, typischerweise zwischen 140–200 Zentimeter Länge. Dabei lässt sich der Kiter von einem Lenkdrachen über das Wasser ziehen. Durch den Auftrieb des Drachens lassen sich dabei extreme Sprünge – teils schon Flüge – vollbringen.

Frage 120

Wann spricht man beim Fußball von Abseits?

☞ Ein angreifender Spieler steht im Abseits, wenn er sich im Moment der Ballabgabe in der gegnerischen Hälfte aufhält, der gegnerischen Torlinie näher ist als der Ball und der gegnerischen Torlinie näher als der vorletzte Gegenspieler (der letzte ist normalerweise der Torwart). Relevant ist die Abseitsposition nur, wenn der Ball von einem Spieler der eigenen Mannschaft kommt.

Frage 121

Wann feierte der Frauenfußball in Deutschland seine bislang größten Triumphe?

☞ 2003 holte das deutsche Nationalteam in den USA erstmals den WM-Titel durch ein 2:1 im Finale gegen Schweden. 2007 konnten die Fußballdamen ihren Triumph in China wiederholen, sie besiegten Brasilien im Endspiel mit 2:0. Bereits 1995 wurden sie Vizeweltmeister.

Frage 1

Binnen welcher Frist darf ein Käufer einen online geschlossenen Kaufvertrag ohne Angabe von Gründen kündigen?

☐ a) binnen fünf Werktagen
☐ b) binnen 14 Tagen
☐ c) binnen vier Wochen
☐ d) Für Interneteinkäufe gelten keine festen Fristen.

☞ **b) binnen 14 Tagen**
Ein online geschlossener Kaufvertrag darf binnen 14 Tagen ohne Nennung von Gründen vom Käufer gekündigt werden. Auf dieses Recht muss der Verkäufer den Kunden vor dem Kauf deutlich hinweisen. Ohne diesen Hinweis beträgt die Frist sechs Monate.

Frage 2

Internetsurfen am Arbeitsplatz wird nicht gern gesehen. **Aber stellt das schon einen Kündigungsgrund dar?**

☞ Das Surfen am Arbeitsplatz stellt nur dann einen Grund zur fristlosen Kündigung dar, wenn der Arbeitgeber dieses Vergnügen vorher ausdrücklich untersagt und mit entsprechenden Konsequenzen gedroht hat.

Frage 3

1981 findet in Lübeck der Prozess gegen einen Mann statt, der seine Tochter umgebracht haben soll. Am 6. März 1981 steht eine junge Frau, die Mutter des ermordeten Mädchens, plötzlich auf und erschießt den mutmaßlichen Mörder. Im November 1982 begann der Prozess gegen die „Rachemutter", wie sie in der Öffentlichkeit nun genannt wurde. Am 2. März 1983 wurde sie wegen Totschlags zu sechs Jahren Haft verurteilt. Nach drei Jahren wurde sie vorzeitig aus dem Gefängnis entlassen. **Wie ist der Name der Frau?**

☞ **Marianne Bachmeier (1950–96).** Ein Jahr, bevor sie an einem Krebsleiden starb, gab sie in einem Fernsehinterview in der ARD-Talkshow *Fliege* zu, dass sie den Mann nicht im Affekt, sondern geplant erschossen habe, um Recht zu sprechen.

Marianne Bachmeier 1982

Frage 4

Ab welchem Alter darf man sich in Spielhallen aufhalten?

☐ a) ab 14
☐ b) ab 16
☐ c) ab 18
☐ d) ab 21

☞ **c) ab 18**
Diesbezügliche Regeln werden in § 8 des Jugendschutzgesetzes festgehalten. Dort heißt es auch, dass das Spielen an öffentlich zugänglichen Bildschirm-Unterhaltungsspielgeräten Kindern unter 16 Jahren ohne Begleitung eines Erziehungsberechtigten nicht gestattet ist.

Frage 5

Wann muss ein Nachbar die sogenannte Laubrente zahlen?

☞ Ist es nach Landesrecht nicht mehr möglich, die Bäume zurückzuschneiden, muss gegebenenfalls eine Entschädigung für erhöhten Reinigungsaufwand, die sogenannte Laubrente, gezahlt werden.

Frage 6

Eines der bekanntesten Gerichtsdramen kam im Jahr 1957 in die Kinos. Hier geht es um einen Mordprozess in den Vereinigten Staaten gegen einen 18-jährigen Puertoricaner, der seinen Vater umgebracht haben soll. Zunächst scheint alles gegen den Angeklagten zu sprechen, die Geschworenen ziehen sich zur Beratung zurück, und man erwartet eine schnelle Entscheidung. Doch ein Geschworener hat Zweifel an der Schuld des 18-Jährigen. Zusammen mit einigen Gleichgesinnten gelingt es ihm, Ungereimtheiten in der Beweisführung der Staatsanwaltschaft aufzudecken und so einen Freispruch zu erwirken. **Wie heißt dieser Film?**

☞ ***Die zwölf Geschworenen.*** Der Film wurde von Sidney Lumet (*1924) in Szene gesetzt und für drei Oskars nominiert.

AUTOREGELN

Die „Bäuerliche Anti-Automobil-Gesellschaft" in Kentucky hat folgende Regeln festgelegt:
Bei einer Nachtfahrt über Landstraßen müssen alle Autofahrer jede Meile anhalten, eine Leuchtrakete abfeuern und zehn Minuten warten, damit die Straße geräumt werden kann.
Wenn ein Fahrer eine Gruppe von Pferden sieht, muss er anhalten und sein Fahrzeug mit einer Decke abdecken, die farblich mit der Landschaft harmonisiert.
Wenn sich ein Pferd weigert, das Auto zu passieren, muss der Fahrer seinen Wagen von der Straße entfernen und in den Büschen verstecken.
Ob und mit welchen Mitteln diese Regeln kontrolliert und durchgesetzt werden, ist nicht bekannt.

Frage 7

Wie lange muss der Arbeitgeber bei einer Erkrankung seines Angestellten den Lohn fortzahlen?

☐ a) vier Wochen
☐ b) sechs Wochen
☐ c) zwei Monate
☐ d) sechs Monate

☞ **b) sechs Wochen**
Um sein Recht auf Lohnfortzahlung nicht zu verlieren, muss der erkrankte Arbeitnehmer seinem Arbeitgeber die Erkrankung unverzüglich mitteilen. Dauert die Krankheit länger als drei Tage, muss der Arbeitnehmer spätestens am vierten Tag ein ärztliches Attest vorlegen.

Frage 8

Was wird vom Bürgerlichen Gesetzbuch (BGB) geregelt?

☞ Das bürgerliche Recht, das im Bürgerlichen Gesetzbuch festgehalten wird, ist Teil des Privatrechts. Es regelt die Beziehungen zwischen rechtlich gleichgestellten Rechtsteilnehmern wie Bürgern und Unternehmen. Das BGB ist in fünf Teile unterteilt: einen allgemeinen Teil, das Schuldrecht, das Sachrecht, das Familienrecht und das Erbrecht.

Frage 9

Was versteht man unter dem genetischen Fingerabdruck?

☞ Die Erbinformationen eines Menschen sind in der sogenannten DNS festgelegt. Sie ist bei jeder Person unterschiedlich, weshalb man einen Menschen anhand seiner DNS eindeutig identifizieren kann. Durch Spuren am Tatort kann die DNS des Täters mit der des Opfers verglichen werden. So lässt sich feststellen, ob der Tatverdächtige auch wirklich der Täter ist.

Frage 10

Amerika zu Zeiten der Weltwirtschaftskrise, Ende der 1920er- bis Anfang der 1930er-

Jahre: Eine Kellnerin, ein Kleinganove und ihre Gang mischten den Mittleren Westen der Vereinigten Staaten von Amerika gehörig auf. Sie begingen zahlreiche Einbrüche, überfielen Händler und stahlen Autos – auf ihr Konto gingen aber auch Entführungen und Morde. 1967 wurde das Leben des Gangsterpärchens, das 1934 in einem Polizeihinterhalt in St. Louis erschossen wurde, schließlich verfilmt. **Wie hießen die beiden?**

☞ **Bonnie Parker (1910–34) und Clyde Barrow (1909–34).** Anders als im Film (*Bonnie und Clyde*) lebten die beiden Gangster nicht in erster Linie von Banküberfällen. Es gingen lediglich vier derartige Delikte auf ihr Konto.

Frage 11

Wann trat das Deutsche Grundgesetz in Kraft?

☐ a) 1945 ☐ c) 1949
☐ b) 1947 ☐ d) 1951

☞ **c) 1949**
Nachdem es alle Bundesländer ratifiziert hatten, wurde das Grundgesetz am 23. Mai 1949 in einer feierlichen Sitzung des Parlamentarischen Rates verkündet. Einen Tag später trat es dann in Kraft.

Frage 12

Es ist schon ärgerlich, wenn man eine teure Bahnfahrkarte bezahlt hat und dann keinen Platz in der zweiten Klasse bekommt. In einem solchen Fall, so heißt es oft, darf man sich in die erste Klasse setzen. **Diese Aussage ist ...**

☐ a) richtig ☐ b) falsch

☞ **b) falsch**
Fahrkarten, die man für die zweite Klasse gekauft hat, gelten auch nur dort. Wer aber eine Karte für die erste Klasse gelöst hat, darf auch in der zweiten Klasse fahren.

Frage 13

Beim Auszug gibt es zwischen dem Vermieter und dem Mieter häufig Streit über die Renovierung einer Wohnung. **Welche Pflichten hat der Mieter hier eigentlich?**

☞ Küchen und Bäder sollten üblicherweise alle drei Jahre renoviert werden, Wohn-, Kinder-, Schlaf- und Arbeitszimmer alle fünf Jahre, der Flur und die übrigen Räume alle sieben Jahre. Der Mieter muss nach Ablauf dieser Fristen beweisen, dass die Räume nicht renovierungsbedürftig sind, wenn er sie nicht streichen möchte. Starre Fristenpläne bezüglich der Schönheitsreparaturen im Vertrag sind übrigens nicht zulässig.

Frage 14

Braucht die Polizei immer einen Durchsuchungsbefehl, wenn sie eine Wohnung durchsuchen möchte?

☞ Sie braucht nicht in jedem Fall einen Durchsuchungsbefehl. Bei „Gefahr im Verzug" kann die Polizei eine Durchsuchung auch ohne einen entsprechenden Beschluss vollziehen. „Gefahr im Verzug" herrscht beispielsweise dann, wenn ein Bankräuber vor der Polizei in eine Wohnung geflohen ist.

Frage 15

Was besagt der sogenannte Taschengeldparagraf?

☞ Der § 116 des Bürgerlichen Gesetzbuches wird auch als Taschengeldparagraf bezeichnet. Er besagt, dass ein Vertrag, den ein Minderjähriger ohne Zustimmung des gesetzlichen Vertreters abgeschlossen hat, dann wirksam ist, wenn der Minderjährige die vertragsmäßige Leistung mit Mitteln bezahlen kann, die ihn zu diesem Zweck oder zur freien Verfügung überlassen worden sind.

Frage 16

Am 8. August 1963 wurde durch zwei manipulierte Signale der königliche Postzug in England auf einer einsamen Strecke zum Halten gebracht. Die Gauner überwältigten das Zugpersonal und fuhren mit der Lok und einem Anhänger, der umgerechnet 50 Millionen Euro enthielt, ein Stück weiter, wo sie die Beute in bereitstehende Fahrzeuge verluden. **Unter welchem Namen ging diese Straftat in die Kriminalgeschichte ein?**

☞ **Der große Postraub.** Der Polizei gelang es nach einigen Monaten, die Täter zu finden und zu überwältigen. Sie wurden zu langen Haftstrafen verurteilt. Zweien von ihnen gelang jedoch die Flucht.

SELTSAME GESETZE ÜBER MÄNNER

In Miami dürfen sich Männer in der Öffentlichkeit nicht mit einem Morgenmantel ohne Gürtel blicken lassen.
In Carmel, New York, ist es Männern untersagt, das Haus zu verlassen, wenn die Schuhe nicht zum Jackett passen.
Kein verheirateter Mann darf in Virginia an einem Sonntag fliegen.
Während der Fischfangsaison ist es den Männern in New Jersey nicht erlaubt zu stricken.
In New York City ist es Männern verboten, Frauen hinterherzuschauen. Wer es dennoch tut, wird gezwungen, Scheuklappen für Pferde zu tragen, wann immer er auch spazieren geht. Außerdem muss er eine Strafe von 25 $ entrichten.

Frage 17

Wie lange hat ein in Deutschland zu lebenslänglicher Haft Verurteilter für gewöhnlich abzusitzen?

☐ a) zehn Jahre
☐ b) 15 Jahre
☐ c) 25 Jahre
☐ d) bis zu seinem Tod

☞ **b) 15 Jahre**
Eine lebenslängliche Freiheitsstrafe dauert höchstens 15 Jahre. Die restliche Strafe wird dann unter Auflagen oder zur Bewährung ausgesetzt. In besonders schweren Fällen kann aber auch eine anschließende Sicherheitsverwahrung angeordnet werden.

Frage 18

Mit wie vielen Personen ist ein Schöffengericht normalerweise besetzt?

☐ a) mit zwei Personen
☐ b) mit drei Personen
☐ c) mit vier Personen
☐ d) mit sechs Personen

☞ **b) mit drei Personen**
Ein Schöffengericht setzt sich aus einem Richter und zwei Schöffen zusammen.

Frage 19

Jeder Christ darf die Taufe vornehmen. **Darf auch jeder Bundesbürger einen Verbrecher verhaften?**

☞ In der Tat hat jedermann das Recht, Tatverdächtige auf frischer Tat vorläufig festzunehmen. Wer z. B. einen Ladendieb beobachtet, darf diesen festnehmen, fesseln und einsperren. Dieses Festnahmerecht für jedermann gilt allerdings nur, wenn die Täter auf frischer Tat ertappt und verfolgt werden. Es ist also nicht erlaubt, den Taschendieb festzunehmen, die man ein Jahr nach der Tat zufällig in der Straßenbahn wiedersieht.

Frage 20

Was ist das höchste Strafmaß im Jugendstrafrecht?

☐ a) fünf Jahre
☐ b) zehn Jahre
☐ c) 15 Jahre
☐ d) lebenslänglich

☞ **a) fünf Jahre**
Laut §§ 17–30 Jugendgerichtsgesetz beträgt die Höchststrafe im Jugendstrafrecht fünf Jahre Haft in einer Jugendstrafanstalt.

Frage 21

Was bedeutet die Abkürzung ViSdP?

SELTSAME GESETZE ÜBER FRAUEN

In Kalifornien regelt ein Gesetz, dass mit einem Hausmantel bekleidete Frauen kein Auto fahren dürfen.
In Illinois haben es weibliche Singles nicht leicht. Hier besagt ein Gesetz, dass sie männliche Junggesellen mit „Meister" anzureden haben.
In Norfolk, Virginia, darf keine Frau das Haus verlassen, ohne ein Korsett zu tragen. In Missouri ist es Frauen strengstens verboten, ein Korsett zu tragen, denn: „Das Privileg, einen kurvenreichen und durch nichts eingeengten Körper einer jungen Frau bewundern zu dürfen, darf dem normalen amerikanischen Mann nicht verweigert werden."
In Memphis, Tennessee, dürfen Frauen nur dann Auto fahren, wenn ein Mann vor dem Auto herläuft und zur Warnung von Fußgängern und anderen Autofahrern eine rote Fahne schwenkt.

☞ **Verantwortlich im Sinne des Presserechts.** Im deutschen Presserecht müssen die Personen, die für die Inhalte von Zeitungen, Zeitschriften oder Webseiten verantwortlich sind, auch als solche gekennzeichnet werden.

Frage 22

Im Spätsommer und Herbst 1888 versetzte ein Serienmörder das Londoner East End in Angst und Schrecken. Seine Opfer waren ausschließlich Prostituierte, die er zunächst umbrachte und dann zumeist auch noch verstümmelte. Die Polizei bekam während ihrer Ermittlungen einige Briefe zugestellt, die angeblich aus der Feder des Mörders stammen sollten. Fünf Morde wurden auf jeden Fall von ihm begangen, bei 13 anderen Fällen war sich die Polizei nicht sicher. Die Identität des Mörders konnte nie aufgeklärt werden, sein Name ist aber weltweit bekannt geworden. **Wer war der berüchtigte Mörder?**

☞ **Jack the Ripper.** Obwohl der Serientäter nie geschnappt wurde, beschäftigte er immer wieder die Öffentlichkeit und bisweilen auch die Polizei. So fertigte die Londoner Polizei noch im Jahr 2006 nach Zeugenaussagen aus der damaligen Zeit ein Phantombild des Täters an. Sachdienliche Hinweise konnte sie aufgrund dessen allerdings nicht mehr sammeln. Auch die Untersuchung alter DNA-Proben führte zu keinem Ergebnis.

Frage 23

Kann jemand, der Mundraub verübt, wirklich straffrei nach Hause gehen?

☞ Den Mundraub – also das Entwenden von kleineren Mengen an Lebensmitteln zum baldigen Verzehr – gibt es als Straftatbestand bereits seit 1976 nicht mehr. Also macht sich seither jeder, der einen „Mundraub" begeht, auch strafbar.

Frage 24

Wie heißt das oberste Gericht der Bundesrepublik Deutschland?

☞ In Deutschland gibt es fünf oberste Gerichtshöfe, die jeweils die höchsten Instanzen in ihrem Zuständigkeitsbereich darstellen: Bundesgerichtshof, Bundesarbeitsgericht, Bundesfinanzhof, Bundessozialgericht und Bundesverwaltungsgericht.

Bundesverwaltungsgericht in Leipzig

Frage 25

Wie lange dauert im Sinne des Gesetzes die Kindheit?

☐ a) bis zum 8. Lebensjahr
☐ b) bis zum 11. Lebensjahr
☐ c) bis zum 14. Lebensjahr
☐ d) bis zum 16. Lebensjahr

☞ **c) bis zum 14. Lebensjahr**
Laut § 2 des Jugendschutzgesetzes ist ein Kind, wer noch nicht 14 Jahre alt ist.

Frage 26

In welcher Stadt befindet sich der Internationale Strafgerichtshof?

☐ a) Den Haag
☐ b) Brüssel
☐ c) New York
☐ d) Paris

☞ **a) Den Haag**
Der Internationale Strafgerichtshof (IStGH) ist eine unabhängige internationale Organisation mit Sitz in Den Haag in den Niederlanden. Er beschäftigt sich in erster Linie mit der Verfolgung von Völkermord, Verbrechen gegen die Menschlichkeit und Kriegsverbrechen.

Frage 27

Auf wen geht der Rechtsgrundsatz „In dubio pro reo“ zurück und was bedeutet er?

☞ Das in dem Satz angesprochene Prinzip – im Zweifel für den Angeklagten – war schon Bestandteil der griechischen und römischen Rechtsauffassung. Es besagt, dass ein Angeklagter vor dem Gesetz so lange als unschuldig gilt, bis seine Schuld bewiesen wurde.

Frage 28

Welche deutsche Großstadt gilt als „Hauptstadt der Kriminalität“?

☐ a) Hamburg
☐ b) Berlin
☐ c) Frankfurt
☐ d) München

Frankfurt am Main

☞ **c) Frankfurt**
Frankfurt am Main liegt mit 17.213 Straftaten auf 100.000 Einwohner auf dem ersten Platz. In München entfallen auf 100.000 Einwohner lediglich 8700 Straftaten und somit gilt die Stadt als sicherste Großstadt Deutschlands.

Frage 29

Einmal im Monat darf man es richtig krachen lassen und auch in der Mietwohnung ein rauschendes Fest feiern, heißt es häufig. **Stimmt das? Oder wie oft sind Partys erlaubt?**

☐ a) einmal im Monat
☐ b) zweimal im Monat
☐ c) dreimal im Monat
☐ d) nur, wenn die Nachtruhe eingehalten wird

☞ **d) nur, wenn die Nachtruhe eingehalten wird**

Wer eine Party feiern will, muss immer auf die Einhaltung der Nachtruhe zwischen 22 und 6 Uhr achten. Ausnahmen von dieser Regel gibt es nicht. Man kann aber natürlich seine Nachbarn um Verständnis bitten oder – noch besser – sie zum Fest einladen.

Frage 30

Wenn ein Arbeitgeber ein Arbeitszeugnis ausstellt, müssen bestimmte formelle Voraussetzungen erfüllt sein. **Welche der folgenden Voraussetzungen gehört nicht dazu?**

☐ a) Das Zeugnis muss maschinengeschrieben sein.
☐ b) Das Zeugnis muss mit „Zeugnis" überschrieben sein.
☐ c) Das Zeugnis darf keine Schreibfehler enthalten.
☐ d) Das Zeugnis muss eine Kopie des Arbeitsvertrages als Anlage enthalten.

☞ **d) Das Zeugnis muss eine Kopie des Arbeitsvertrages als Anlage enthalten.** Der Arbeitsvertrag hat natürlich nichts im Zeugnis zu suchen.

Frage 31

Kann man ein Mietverhältnis vorzeitig beenden, wenn man in der Lage ist, dem Vermieter drei potenzielle Nachmieter zu präsentieren?

☞ Die Stellung von Nachmietern reicht normalerweise nicht aus, um ein Mietverhältnis vorzeitig zu beenden. Allerdings kann man natürlich eine entsprechende Klausel in den Mietvertrag aufnehmen. Außerdem gibt es Härtefälle, in denen ein solches Verfahren ebenfalls in Ordnung ist: bei einem beruflich bedingten Ortswechsel, bei der Geburt eines Kindes, bei einer Heirat oder bei einer schweren Krankheit.

Frage 32

Welche Aufgaben hat der Europäische Gerichtshof?

☞ Der Europäische Gerichtshof ist die Instanz, die über die Einhaltung europäischen Rechts und europäischer Rechtsnormen wacht. Der Gerichtshof arbeitet dabei mit allen Gerichten der Mitgliedstaaten zusammen, da diese für die Anwendung des Gemeinschaftsrechts zuständig sind. Um eine tatsächliche und einheitliche Anwendung des Gemeinschaftsrechts sicherzustellen, können (und müssen) sich nationale Gerichte an den Gerichtshof wenden.

Frage 33

Beim Einkauf gibt Ihnen die Kassiererin versehentlich zu viel Wechselgeld. **Können Sie das Extrageld behalten oder müssen Sie es zurückgeben, weil Sie sich sonst strafbar machen?**

Zu viel Wechselgeld: behalten oder zurückgeben?

☞ Es ist nicht strafbar, zu viel herausgegebenes Wechselgeld zu behalten. Allerdings ist das natürlich unter moralischen Gesichtspunkten fragwürdig.

Frage 34

Im Reiserecht spielt die sogenannte Frankfurter Tabelle eine große Rolle. Was findet man dort?

☞ Die Frankfurter Tabelle gibt brauchbare Anhaltspunkte für die Minderung des Reisepreises je nach vorliegendem Reisemangel. Hier sind alle erdenklichen Reisemängel aufgelistet, angefangen bei Lärmbelästigung bis hin zur eintönigen Speisekarte.

Frage 35

Nichts ist ärgerlicher, als im Urlaub nicht schlafen zu können, weil nachts ein zu großer Lärm im Hotel oder um das Hotel herum herrscht. So ein Mangel berechtigt den Reisenden zu einer Minderung des Reisepreises. **Wie hoch kann eine solche Minderung ausfallen?**

☐ a) bis 10 %
☐ b) 5–10 %
☐ c) 10–40 %
☐ d) 40–75 %

☞ **c) 10–40 %**
Wenn der Lärm in der Nacht nicht mehr zumutbar ist, kann man den Reisepreis zwischen 10 % und 40 % mindern.

Frage 36

Wie viele polizeilich registrierte Straftaten ereignen sich jährlich in Deutschland?
☐ a) ca. drei Millionen
☐ b) ca. sechs Millionen
☐ c) ca. acht Millionen
☐ d) ca. 15 Millionen

☞ **b) ca. sechs Millionen**
Im Jahr 2005 gab es laut Kriminalstatistik 6,4 Millionen registrierte Straftaten in Deutschland. 55 % von ihnen konnte die Polizei aufklären.

Frage 37

Es werden Internetforen zu den verschiedensten Wissensgebieten und mit den unterschiedlichsten Diskussionsthemen aufgemacht. Dabei kann es leicht passieren, dass in einem Internetforum rechtswidrige Dinge verbreitet werden. **Wer kann dafür eigentlich zur Verantwortung gezogen werden?**

☞ In einem Internetforum, das vorwiegend dem Meinungsaustausch dient, ist zunächst einmal dem Autor einer rechtswidrigen Äußerung ein Unterlassungsanspruch geltend zu machen. Nur dann, wenn der Autor unbekannt ist, kann sich der Betroffene auch an den Betreiber halten.

WEITERE KURIOSE GESETZE

In Nevada haben es Kamelbesitzer schwer. Sie machen sich nämlich strafbar, wenn sie ihr Tier auf einem Highway ausreiten.
In Arizona dürfen Piloten während des Fluges nicht gurgeln.
Piloten und Fluggäste in Alaska haben es noch schwerer. Ihnen ist es nämlich per Gesetz verboten, aus dem Flugzeug einen Elch anzuschauen.
Einem alten russischen Gesetz zufolge muss ein Zug anhalten, wenn sich entlang der Trasse ein schlafender Mensch befindet, und solange warten, bis dieser sein Nickerchen beendet hat.

Frage 38

Das Zusammenleben der Menschen ist durch eine Vielzahl von Gesetzen geregelt. Diese Gesetze werden bisweilen recht bizarr abgekürzt. **Was verbirgt sich z. B. hinter RgebStV?**

☞ **Der Rundfunkgebührenstaatsvertrag.** Dieser Vertrag regelt, wer wann und wie viele Rundfunkgebühren zu entrichten hat.

Frage 39

Einige Mietverträge untersagen die Haltung eines Hundes oder einer Katze. **Muss sich ein Mieter an eine derartige Klausel halten?**

☞ Ja, denn der Mieter hat mit seiner Unterschrift den Mietvertrag in dieser Fassung akzeptiert. Da eine solche Klausel nicht rechtswidrig ist, besitzt sie also auch Gültigkeit.

Frage 40

Von welchem Alter an ist ein Kind (zumindest beschränkt) geschäftsfähig?
☐ a) von der Geburt an
☐ b) ab sieben Jahren
☐ c) ab zwölf Jahren
☐ d) ab 14 Jahren

☞ **b) ab sieben Jahren**
§ 106 des Bürgerlichen Gesetzbuchs besagt, dass ein Minderjähriger mit der Vollendung des siebten Lebensjahres beschränkt geschäftsfähig ist. Bis zur Zustimmung der Eltern sind die Rechtsgeschäfte schwebend unwirksam.

Frage 1
Wofür wurden Faustkeile gebraucht?

☞ Sie gelten als die ersten Werkzeuge, die der Mensch erfunden hat. Sie hatten meistens zwei scharfe Seiten und ein spitzes Ende. Die beiden scharfen Seiten benutzten die Menschen zum Schneiden oder Schaben, das spitze Ende zum Bohren.

Frage 2
Der englische Apotheker John Walker erfand im Jahr 1826 einen kleinen Gegenstand, für den wir auch heutzutage noch Feuer und Flamme sind. **Worum handelt es sich?**

☞ **Das Streichholz.** Es hatte zwar schon ab ca. 950 in China Vorläufer des Streichholzes gegeben, doch Walker gilt als Erfinder des modernen Anzünders, so wie wir ihn kennen. Er tränkte die Spitze eines Holzstäbchens mit einer Mischung aus Antimon(III)-sulfid, Kaliumchlorat, Gummi und Stärke. Dieses Stäbchen ließ sich durch Reiben an einer rauen Oberfläche entzünden, brannte jedoch unregelmäßig und verursachte einen unangenehmen Geruch. Durch das Zufügen von Phosphor wurden diese Probleme später schließlich behoben.

Frage 3
Wie kam die Kartoffel nach Europa?

☞ Ursprünglich stammt die Kartoffel aus den südamerikanischen Anden. Dort wurde sie von den Spaniern entdeckt und wegen der schönen Blüte und des üppigen Laubes zunächst als Zierpflanze nach Europa gebracht.

Frage 4
Wozu dient die archimedische Schraube?

☐ a) zur Befestigung von Holzbalken
☐ b) zum Transport von Wasser in höher gelegene Regionen
☐ c) zum Bohren tiefer Löcher in den Boden
☐ d) zur Berechnung komplizierter Mathematikaufgaben

☞ **b) zum Transport von Wasser in höher gelegene Regionen**
Bei der archimedischen Schraube handelt es sich um eine Spirale, die von einem Zylinder umschlossen ist. Durch Drehen an der Spirale wird Wasser von einem tiefer gelegenen Ort auf ein höheres Niveau transportiert.

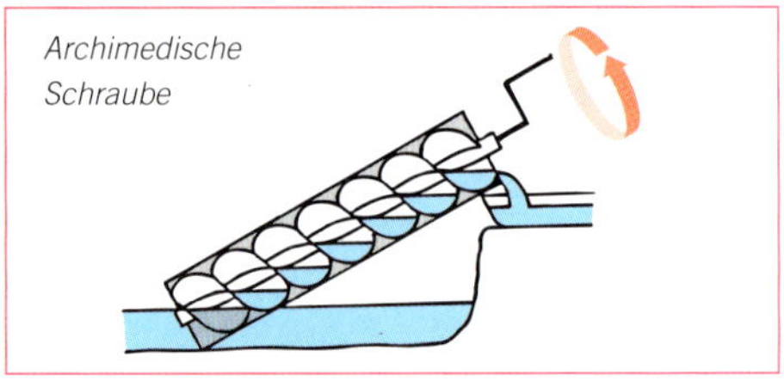

Frage 5
Wann wurde das Patent auf die Büroklammer angemeldet?

☐ a) Mitte des 19. Jahrhunderts
☐ b) im 17. Jahrhundert
☐ c) Anfang des 20. Jahrhunderts
☐ d) Ende des 19. Jahrhunderts

☞ **d) Ende des 19. Jahrhunderts**
Am 12. November 1899 beantragte der Norweger Johan Vaaler ein Patent auf einen Vorläufer der heutigen Büroklammer.

Frage 6
Wenn man nach den größten Erfindern überhaupt fragt, nennen viele Leute sofort seinen Namen. Er lebte in Italien und war Maler, Bildhauer, Architekt, Musiker, Anatom, Mechaniker, Ingenieur, Naturphilosoph und Erfinder. Als Erfinder beschäftigte er sich mit so unterschiedlichen Geräten wie Druckpumpen, Bohrmaschinen, Drehbänken oder Taucherglocken. Er entwarf auch Brücken und Festungsanlagen, Kanonen und Schleudern, konstruierte Brennspiegel und Kräne sowie Maschinen zur Tuchherstellung. Viele seiner Erfindungen existierten nur auf dem Papier, da man sie mit den damaligen Mitteln noch nicht herstellen konnte. **Um welchen Gelehrten handelt es sich?**

☞ **Leonardo da Vinci** (1452–1519) gilt als einer der größten Erfinder aller Zeiten. Aber

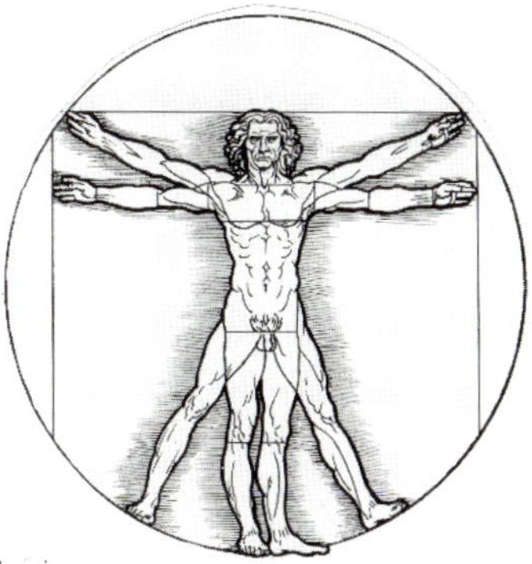

Die Anatomie des Menschen von Leonardo da Vinci

auch als Maler machte er sich unsterblich. Eines seiner berühmtesten Werke ist *Mona Lisa*, die Dame mit dem geheimnisvollen Lächeln.

Frage 7

Der Italiener Alessandro Volta machte im Jahr 1800 eine Erfindung, die in unserem Leben noch immer eine große Rolle spielt. **Worum handelt es sich dabei?**

☞ Alessandro Volta (1745–1827) entwickelte die erste funktionierende Batterie. Sie bestand aus vielen Kupfer- und Zinkplättchen, die er übereinandergestapelt hatte. Zwischen den einzelnen Plättchen befanden sich mit Säure getränkte Läppchen. Diese Anordnung ist auch unter dem Namen „Voltasche Säule" bekannt.

Frage 8

Welche wichtige Erfindung wird dem Chinesen Ts'ai Lun zugeschrieben?

☐ a) Schießpulver
☐ b) Papier
☐ c) Tinte
☐ d) Kampfsport

☞ **b) Papier**
Ts'ai Lun (ca. 50–120) präsentierte dem Kaiser Han Ho Ti im Jahr 105 – so wird es überliefert – einige Blatt Papier. Lange Zeit lebte er als erfolgreicher Offizier, der über genug Geld und Personal verfügen konnte, um die Papierherstellung zu entwickeln und weiter voranzutreiben.

Frage 9

Welche Erfindung machte Louis Braille 1834?

☐ a) Barometer
☐ b) Daguerreotypie
☐ c) Blindenschrift
☐ d) Draisine

☞ **c) Blindenschrift**
Braille (1809–52) war selbst seit seinem dritten Lebensjahr blind. Er entwickelte eine Schrift, die auf einem Raster aus drei Punkten in der Höhe und zwei Punkten in der Breite bestand. Wenn die Punktkombinationen in Papier gestanzt werden, können blinde Menschen sie mit den Fingerspitzen ertasten und so lesen.

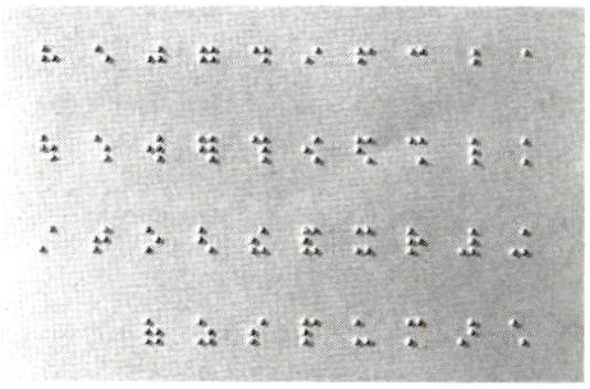

Brailleschrift

Frage 10

Im Jahr 1783 stellte der britische Naturforscher John Michell Überlegungen über Körper an, die über eine so große Anziehungskraft verfügen, dass selbst Licht ihnen nicht entkommen kann. **Was sind das für Objekte, welche die Menschheit mittlerweile sowohl faszinieren als auch ängstigen?**

☞ **Michell** (1724–93) spekulierte als erster Wissenschaftler über Objekte, die wir heute schwarze Löcher nennen. Die Größe und das Verhalten eines schwarzen Lochs wurden allerdings erst viel später, nämlich im Jahr 1916, von Karl Schwarzschild (1873–1916) berechnet. Ihren Namen erhielten diese Objekte sogar erst in den 1960er-Jahren.

Frage 11

Der Franzose Pierre Fauchard veröffentlichte 1728 ein zweibändiges Lehrwerk zu einem besonderen, nicht von allen Menschen geliebten Teilgebiet der Medizin, das damals

als bahnbrechend galt. **Worum handelt es sich?**

☞ Fauchard (1668–1761) veröffentlichte unter dem Titel *Le chirurgien dentiste* die erste wissenschaftlich vollständige Bearbeitung der Zahnheilkunde überhaupt.

Frage 12

1938 entdeckte der Amerikaner Roy Plunkett zufällig ein weißes Pulver und stellte fest, dass sein neuer Stoff weder durch hohe Temperaturen noch durch Chemikalien zerstört werden konnte. Außerdem hatte er gute Schmiereigenschaften. Das Pulver erhielt zunächst den Namen Polytetrafluorethylen. **Unter welchem Namen wurde der Stoff weltbekannt?**

☞ Plunkett (1910–94) hatte das Teflon erfunden. Die Anmerkung, Teflon sei in den 1950er-Jahren als Abfallprodukt der Raumfahrtforschung entstanden, stimmt übrigens nicht.

Frage 13

Die Acetylsalicylsäure wurde als Medikament erstmals von der Firma Bayer auf den Markt gebracht. **Unter welchem Namen wurde das Präparat in der ganzen Welt bekannt?**

☐ a) Aspirin
☐ b) Voltaren
☐ c) Viagra
☐ d) Echinacin

☞ **a) Aspirin**
Schon die Germanen und Kelten haben durch Kochen von Weidenbaumrinden Extrakte hergestellt, die der synthetischen Acetylsalicylsäure ähnelten. Die Acetylsalicylsäure wurde wahrscheinlich 1897 von Arthur Eichengrün (1867–1949) entdeckt.

Frage 14

Ein Getränk, das die Kelten Koma nannten, wurde bereits vor mehr als 5000 Jahren in Mesopotamien erfunden. **Um welches heute sehr beliebte Getränk handelt es sich?**

☐ a) Wein
☐ b) Absinth
☐ c) Bier
☐ d) Rum

☞ **c) Bier**
Die frühesten Nachweise für Bier stammen in der Tat aus Mesopotamien. Es gibt Abbildungen Bier trinkender Sumerer aus der Zeit von etwa 3000 v. Chr. Die älteste überlieferte Bierschankordnung der Welt stammt übrigens aus dem Jahr 1700 v. Chr. und ist im *Codex Hammurabi* zu finden.

Frage 15

Wer hat die Dampfmaschine erfunden?

☐ a) James Watt
☐ b) Thomas Newcomen
☐ c) Matthew Boulton
☐ d) Thomas Alva Edison

☞ **b) Thomas Newcomen**
Der englische Ingenieur und Erfinder Thomas Newcomen (1663–1729) hat im Jahr 1712 eine erste Dampfmaschine konstruiert. James Watt (1736–1819) verbesserte den Wirkungsgrad der Maschine lediglich und kann deshalb nicht als ihr Erfinder genannt werden.

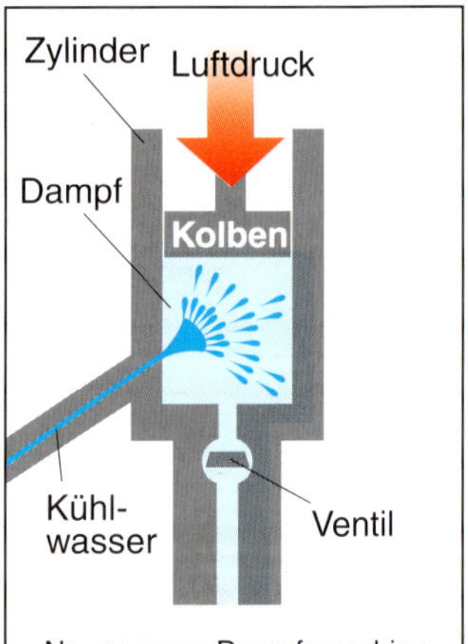

Newcomens Dampfmaschine

Frage 16

Das Backpulver wurde bereits 1840 erfunden. **Wer war sein Erfinder?**

☐ a) Adolf von Baeyer
☐ b) August Oetker
☐ c) Justus von Liebig
☐ d) Eugène Soubeiran

☞ **c) Justus von Liebig**
Justus von Liebig (1803–73) gilt als bekanntester, berühmtester und erfolgreichster Chemiker seines Jahrhunderts. Auf sein Konto gehen eine ganze Reihe wichtiger Entdeckungen und Erfindungen wie das Backpulver, der Fleischextrakt oder auch die Babynahrung. Er gilt auch als einer der Väter der organischen Chemie.

Frage 17

Im Jahr 1952 meldete der Chemiker Carl Djerassi ein Arzneimittel zum Patent an. Dabei handelte es sich um einen Abkömmling des weiblichen Geschlechtshormons Progesteron. Neun Jahre später kam dieses Mittel unter dem Namen „Envoid" in den USA in den Verkauf, ein Jahr später auch in Deutschland. **Worum handelt es sich bei „Anovlar"?**

☞ **Die Antibabypille.** Das Mittel war hierzulande sehr umstritten, da es mit den damaligen Moralvorstellungen nicht zu vereinbaren war. Daher führte man es auch als „Mittel zur Behebung von Menstruationsstörungen" ein und verschrieb es nur an verheiratete Frauen.

Frage 18

Welche wichtige Theorie hat Charles Darwin entwickelt?
☐ a) die Relativitätstheorie
☐ b) die Evolutionstheorie
☐ c) die Kapitalismustheorie
☐ d) die Quantentheorie

☞ **b) die Evolutionstheorie**
In dieser Theorie erklärt er die langsame Entwicklung der verschiedenen Arten als Folge ihrer Anpassung an ihren Lebensraum. Sein Buch *Über den Ursprung der Arten* wurde 1860 veröffentlicht und würde heutzutage als Bestseller bezeichnet: Schon am ersten Verkaufstag ging in vielen Buchhandlungen der komplette Bestand über die Ladentheke.

Charles Darwin

Frage 19

Welcher bedeutende Wissenschaftler beschäftigte sich eingehend mit dem Blutkrebs?
☐ a) Rudolf von Virchow
☐ b) Robert Koch
☐ c) Charles S. Sherrington
☐ d) Karl E. von Baer

☞ **a) Rudolf von Virchow**
Rudolf von Virchow (1821–1902) tat sich auch als Hygieniker, Sozialreformer und Politiker hervor. Er begründete eine neue naturwissenschaftliche Krankheitslehre, nach der alle Krankheitszustände des Organismus auf krankhafte Veränderungen der Körperzellen zurückgeführt werden können.

Frage 20

Wie hieß das erste Fahrrad?
☐ a) Laufrad
☐ b) Gehbeschleuniger
☐ c) Cousine
☐ d) Draisine

Draisine

☞ **d) Draisine**
Karl Friedrich Drais (1785–1851) erfand im Jahr 1817 sein erstes Laufrad und nannte es Draisine. Es verfügte noch nicht über

Pedale, man stieß sich mit den Füßen vom Boden ab und ließ das Gefährt dann ein Stück weit rollen.

Frage 21

Welcher Erfinder verlor bei explosiven Experimenten seinen Bruder?

☞ **Alfred Nobel (1833–96).**
Im Jahr 1862 richtete Alfred Nobel sich ein Labor ein, um zu erforschen, wie man Nitroglycerin in der Technik nutzen könnte. Dabei passierte eine Reihe von Unfällen. Bei der schlimmsten Explosion kam im Jahr 1864 u. a. sein Bruder Emil ums Leben. Durch einen Zufall stellte er kurz darauf fest, dass sich der Sprengstoff gut mit Kieselgur mischen ließ. Das Ergebnis nannte er Dynamit.

Frage 22

Welches Musikinstrument entwickelte der Amerikaner Robert Moog?

☐ a) eine E-Gitarre
☐ b) einen Kontrabass
☐ c) eine Mundharmonika
☐ d) einen Synthesizer

☞ **d) den Moog-Synthesizer**
Bei diesem Instrument handelt es sich um eine spezielle Bauart des Synthesizers, mit dessen Hilfe sich die verschiedensten Klänge synthetisch herstellen lassen. Den großen kommerziellen Durchbruch schafften Moog und seine Firma mit dem sogenannten Minimoog, einem sehr kompakten Gerät, das auch häufig von Rockbands wie Emerson, Lake & Palmer oder Uriah Heep eingesetzt wurde.

Frage 23

Es dürfte wahrscheinlich um 3500 v. Chr. in Mesopotamien gewesen sein, als dieses Handwerksgerät erfunden wurde. Mit dem Gerät begann die Serienproduktion wichtiger Alltagswaren. Außerdem erlaubte es eine qualitativ hochwertigere Verarbeitung. **Um welche Erfindung handelt es sich?**

☞ **Die Töpferscheibe.** Schon lange, bevor die Töpferscheibe erfunden wurde, gab es die Töpferei. Die frühesten keramischen Produkte sind etwa 30.000 Jahre alt.

Frage 24

Wie heißt das Material, das ganz entscheidend zum Gelingen der ersten Fotografie beitrug?

☐ a) Asphalt
☐ b) Gips
☐ c) Ton
☐ d) Papier

☞ **a) Asphalt**
Joseph Nicéphore Nièpce (1765–1833) beschichtete eine polierte Zinnplatte mit einem ganz besonderen Asphalt, der die Eigenschaft hatte, sehr hart zu werden, wenn er mit Licht in Berührung kam. Der französische Künstler montierte nun diese Platte in eine Kamera und belichtete sie fast acht Stunden lang. In dieser Zeit härtete der Asphalt dort aus, wo er dem Licht ausgesetzt war. Den Rest konnte er leicht wieder entfernen – fertig war die erste Fotografie.

Frage 25

Auf welchem Gebiet erwarben sich Mitte des 19. Jahrhunderts Horace Wells, William Thomas Green Morton, John Snow und James Young Simpson einige Verdienste?

☐ a) Anästhesie
☐ b) Genforschung
☐ c) Quantenphysik
☐ d) Sprachwissenschaft

☞ **a) Anästhesie**; bei der Entwicklung der Narkose. Sie experimentierten mit Lachgas, Äther und Chloroform, um schmerzlose medizinische Eingriffe bei ihren Patienten zu ermöglichen. Heutzutage gelten sie als die Wegbereiter der modernen Anästhesie.

Frage 26

Man kann nicht genau sagen, wann der Mensch diese wichtige Erfindung gemacht hat. Es ist aber sicher, dass sie ganz und gar auf seine eigenen Überlegungen zurückgeht, denn in der Natur gibt es keine Vorbilder dafür. **Wie heißt diese Erfindung, die das Transportwesen revolutionierte?**

☞ **Das Rad.** Eventuell haben sumerische Töpfer als Erste radähnliche Scheiben für ihre Arbeit verwendet.

Frage 27

Die Sumerer waren eine Hochkultur, die technisch schon weit fortgeschritten war. Viele große Erfindungen wie Bewässerungssysteme, die Töpferscheibe oder die Keilschrift gehen auf ihr Konto. Auch in der Astronomie setzten die Sumerer Maßstäbe. **In welchem Gebiet war dieses erfinderische Volk beheimatet?**

☐ a) im heutigen Irak
☐ b) im heutigen Ägypten
☐ c) in Südamerika
☐ d) in Indien

☞ **a) im heutigen Irak**

Die Sumerer lebten vor etwa 4000 v. Chr. bis etwa 1800 v. Chr. im Süden Mesopotamiens. Heute befinden sich in dieser Region die Staaten Irak, Iran und Syrien.

Mesopotamien

Frage 28

Ohne die Post wäre die moderne Kommunikation – trotz E-Mail – noch nicht denkbar. **Welche Kultur hat das erste funktionierende Postwesen aufgebaut?**

☐ a) die Azteken
☐ b) die Sumerer
☐ c) die Kelten
☐ d) die Ägypter

☞ **d) die Ägypter**

Sie verwendeten zur Verbreitung ihrer Nachrichten zahlreiche Fußboten, kannten aber auch bereits Brieftauben. Aus dem Jahr 255 v. Chr. ist übrigens ein Dokument erhalten geblieben, bei dem es sich um eine Art Kontrollbuch für einen Postboten handelt.

Frage 29

Welche für die Medizin wichtige Entdeckung machte Alexander Fleming im Jahr 1928 eher zufällig?

Alexander Fleming

☞ Er entdeckte das Antibiotikum Penicillin. Dieser Stoff verbirgt sich in den gleichnamigen Schimmelpilzen und ist in der Lage, eine ganz Reihe von Keimen abzutöten.

Frage 30

In der Form, wie wir dieses Kleidungsstück heute kennen, brachte es die Britin Mary Quant erstmals unter die Leute. In ihrem Geschäft Bazaar kreierte sie den sogenannten „Chelsea-Look", eine Mode, die sich jeder leisten konnte und die trotzdem schick war. Eine ihrer Kreationen sorgte schließlich nicht nur in Großbritannien für einen Sturm der Entrüstung und konnte sich erst ab den 1960er-Jahren in der Mode etablieren. **Um welches Kleidungsstück handelt es sich?**

☐ a) Minirock
☐ b) Büstenhalter
☐ c) Leggings
☐ d) Bikini

☞ **a) Minirock**

Frage 31

Welcher Wissenschaftler kam auf die Idee, dass man Linsen wegen ihrer vergrößernden Eigenschaften auch gut als Sehhilfen einsetzen könnte?

☐ a) Archimedes
☐ b) Leonardo da Vinci
☐ c) Ibn al-Haitham
☐ d) ein ägyptischer Sklave, dessen Name nicht überliefert ist

☞ **c) Ibn al-Haitham**
Abu Ali Hasan Ibn al-Haitham (965–1040) – wie der korrekte Name des Wissenschaftlers aus Basra lautet – beschäftigte sich bei seiner Forschung besonders intensiv mit dem Licht. Dabei kam ihm die Idee, Linsen als Sehhilfen zu verwenden. Die erste Brille, so ähnlich, wie wir sie kennen, wurde wahrscheinlich Ende des 13. Jahrhunderts in Venedig erfunden.

Frage 32

Wie unser Blut beschaffen ist, lernt man heutzutage bereits in der Schule. **Wann aber wurden die roten Blutkörperchen entdeckt?**

☐ a) im 17. Jahrhundert
☐ b) im 18. Jahrhundert
☐ c) im 19. Jahrhundert
☐ d) im 20. Jahrhundert

☞ **a) im 17. Jahrhundert**
Der italienische Arzt Marcello Malpighi (1628–94) entdeckte sie 1665 und wies zudem nach, dass die rote Farbe des Blutes auf sie zurückgeführt werden kann.

Frage 33

Das Mutterland des Fußballs ist Großbritannien, soviel scheint klar. Es stimmt aber nicht! **Aus welchem Land stammt dieser Sport ursprünglich?**

☐ a) Deutschland
☐ b) Jamaica
☐ c) Indien
☐ d) China

☞ **d) China**
Schon 2700 v. Chr. ließen die Offiziere der Huangdynastie ihre Soldaten zur körperlichen Ertüchtigung mit Federn gefüllte Bälle in Tore befördern. Das Spiel nannte sich „Ts`uh-küh", was so viel heißt, wie „den Ball mit dem Fuß stoßen".

Frage 34

Johannes Gutenberg erfand den Buchdruck mit beweglichen Lettern, aber wer erfand eigentlich das Buch?

☞ Bücher, so wie wir sie kennen, tauchen erstmals im alten Rom und Griechenland auf. Diese sogenannten Codices bestanden aus mehreren Lagen Pergament, die in der Mitte geknickt und dann zusammengeheftet wurden. Ihre Vorläufer stammen aus Ägypten. Dort hielt man alles Wissenswerte auf Papyrusrollen fest.

Frage 35

Gelernt hatte er den Beruf des Glasschneiders und wurde später aber ein angesehener Wissenschaftler. Dabei tat er sich insbesondere in der Optik hervor. So entwickelte er immer bessere optische Geräte und maß als Erster die Wellenlänge des Lichts. Außerdem erfand er das Spektroskop, mit dem man das Licht in seine Spektralfarben zerlegen kann, entwickelte neue Fertigungsverfahren für Gläser und mehrere weitere optische Instrumente. **Wie hieß er?**

☞ **Joseph von Fraunhofer** (1787–1826). Die Fraunhofer-Gesellschaft ist mittlerweile die größte Gesellschaft für Forschungs- und Entwicklungsdienste Europas.

Frage 36

Was ist in der Biologie mit dem Namen des Botanikers und Genetikers Gregor Mendel verknüpft?

☐ a) die Fotosynthese
☐ b) die Fluoreszenz
☐ c) die Vererbungsgesetze
☐ d) die Klimaerwärmung

☞ **c) die Vererbungsgesetze**
Mendel (1822–84) untersuchte u. a. die Kreuzung von Erbsen und entdeckte dabei

die nach ihm benannten Mendelschen Gesetze.

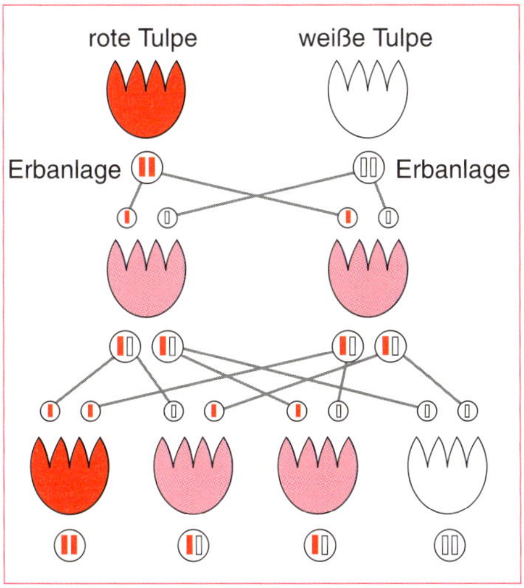

Mendelsches Gesetz

Frage 37

Wer konstruierte und baute im Jahr 1876 den ersten Verbrennungsmotor?

☐ a) Carl Benz
☐ b) Nikolaus August Otto
☐ c) Gottfried Daimler
☐ d) Henry Ford

☞ **b) Nikolaus August Otto**
Der Ottomotor zeichnet sich dadurch aus, dass in ihm das Kraftstoff-Luft-Gemisch im Verbrennungsraum durch Zündkerzen von außen gezündet wird.

Frage 38

Wie kam der Teddybär zu seinem Namen?

☞ Der Namenspate des Teddybären ist der amerikanische Präsident Theodore Roosevelt (1858–1919). Dessen Spitzname war „Teddy". Im Jahr 1902 wurde er zu einer Jagd eingeladen. Während dieser Jagd lief dem Präsidenten ein junger Bär vor die Flinte. Er weigerte sich jedoch, das junge Tier zu erschießen, das fortan als „Teddy's Bear" in die Anekdoten einging.

Teddybär

Frage 39

Er wurde als zehnter Sohn und insgesamt 15. Kind eines Seifen- und Kerzenmachers in Boston geboren. Von 1723 bis 1748 führte er einen eigenen Verlag und eine Druckerei. Danach beschäftige er sich intensiv mit Naturwissenschaften und Politik. In der Naturwissenschaft faszinierte ihn besonders die Elektrizität. Seine bedeutendste Erfindung auf diesem Gebiet dürfte der Blitzableiter sein. Auch seine politische Karriere war sehenswert. So saß er beispielsweise ab 1775 in dem Komitee, das die Unabhängigkeitserklärung der USA konzipierte. 1787 wählte man ihn zum ersten Präsidenten der Gesellschaft gegen Sklaverei. **Um welchen Erfinder und Staatsmann geht es?**

☞ **Benjamin Franklin** (1706–90). In Anspielung auf die Erfindung des Blitzableiters und die Unabhängigkeitserklärung hieß es über ihn damals: „Er entriss dem Himmel den Blitz und den Tyrannen das Zepter."

Benjamin Franklin

Frage 40

Welcher Erfinder soll angesichts einer neuen Erkenntnis den berühmten Ruf „Heureka!" getan haben?

☐ a) Albert Einstein
☐ b) Antoine de Lavoisier
☐ c) Archimedes
☐ d) Galileo Galilei

☞ **c) Archimedes** (287–212 v. Chr.)
Beim Einsteigen ins Bad kam Archimedes eine Idee, auf deren Grundlage er das physikalische Gesetz des spezifischen Gewichts formulierte. „Heureka!" ist Griechisch und heißt: „Ich habe es gefunden!"

Umgangsformen

Frage 1

Adelstöchter und weibliche Sprösslinge aus sogenannten guten Häusern bekamen früher eine spezielle Lehrerin an die Seite gestellt, die ihnen die Verhaltensregeln ihrer Gesellschaftskreise beibringen sollte. **Wie nannte sich diese strenge Dame?**

☞ **Gouvernante.** Heutzutage ist dieser Beruf nahezu ausgestorben. In Schweizer Hotels gibt es jedoch noch die Etagen-Gouvernante. So bezeichnet man dort die Angestellte, die die Zimmermädchen bei ihrer Arbeit anleitet.

Frage 2

Stellen Sie sich vor, Sie möchten eine geschäftliche E-Mail an den Inhaber der Firma Horst König GmbH schicken. **Wie sprechen Sie Herrn König in dieser Mail an?**

☐ a) Hallo Horst
☐ b) Sehr geehrter Herr König
☐ c) Hi Alter
☐ d) Sehr geehrter Horst König

☞ **b) Sehr geehrter Herr König**
In Geschäftsbriefen und geschäftlichen E-Mails spricht man seinen Partner für gewöhnlich mit „Sehr geehrter Herr ..." bzw. „Sehr geehrte Frau ..." an. Kennt man den Namen des Ansprechpartners nicht, schreibt man „Sehr geehrte Damen und Herren."

Frage 3

Wir sind heute mehr denn je gezwungen zu kommunizieren. Immer wieder bringen dabei auch technische Neuerungen Veränderungen der Standards mit sich. Zwar ist ein Anrufbeantworter keine technische Neuerung mehr, aber gerade hier scheint es noch großen Bedarf an richtigen Umgangsformen zu geben. Sowohl der Anrufer als auch die Ansage sollten bestimmte Konventionen einhalten. **Worauf sollte man beim Besprechen des Anrufbeantworters also achten?**

☞ Als Anrufer sollte man nur eine kurze Nachricht hinterlassen und dabei deutlich und langsam sprechen. Die Ansage sollte auf jeden Fall alle wichtigen Informationen dazu enthalten, welchen Anschluss man erreicht hat. Witzige Sprüche eignen sich nur bedingt, bei geschäftlichen Anrufbeantwortern gar nicht.

Frage 4

Die Schweden haben es leicht. Sie duzen ihr Gegenüber einfach. Das ist in Deutschland so nicht gern gesehen. **Was gibt es also bei der Anrede zu beachten?**

☞ **Erwachsene Menschen, die sich nicht gut kennen, siezen sich für gewöhnlich.** Auch eine junge Frau wird nicht mehr mit Fräulein angeredet. Diese Anrede ist veraltet: Das männliche Pendant wäre Junker – und das benutzen wir schließlich auch nicht mehr.

Frage 5

Kaum ein Bereich hält so viele Fallen für denjenigen bereit, der bemüht ist, sich gut zu benehmen, wie das Essen. **Wie nimmt man beispielsweise formvollendet ein gekochtes Frühstücksei zu sich?**

☞ **Man darf sein Ei vorsichtig köpfen.** Als Alternative kann man die Schale auch mit dem Löffel leicht anklopfen. Der Deckel wird dann mit dem Löffel abgehoben.

Frühstücksei

Frage 6

Visitenkarten gehören für viele Leute heutzutage einfach dazu. **Darf man private Visitenkarten problemlos mit handschrift-**

lichen Zusätzen versehen, oder beleidigt man dadurch sein Gegenüber?

☞ Bei privaten Visitenkarten ist es vollkommen unproblematisch, handschriftliche Zusätze vorzunehmen. Anders sieht es bei geschäftlichen Visitenkarten aus. Dort sollte man alle wichtigen Informationen in gedruckter Form finden können.

Frage 7

Welches Trinkgeld ist für Flugbegleiterinnen und Flugbegleiter angemessen?

☐ a) 5 Prozent
☐ b) 10 Prozent
☐ c) Je nachdem, wie zuvorkommend man behandelt wurde.
☐ d) Hier ist Trinkgeld nicht üblich.

☞ **d) Hier ist Trinkgeld nicht üblich.**
In Gaststätten und Restaurants sieht das anders aus. Dort gelten 10 % des Rechnungsbetrags als angemessenes Trinkgeld.

Frage 8

Müssen Sie einen Doktortitel bei der Anrede mit aussprechen?

☐ a) Ja, es besteht sogar ein rechtlicher Anspruch darauf.
☐ b) Nein, solche „läppischen" Titel nennt man nicht.
☐ c) Ja, es sollte schon aus Höflichkeit geschehen.
☐ d) Nein, es könnte sonst der Eindruck entstehen, man wolle sich bei seinem Gegenüber „einschleimen".

☞ **a) Ja, es besteht sogar ein rechtlicher Anspruch darauf.**
Der Doktortitel wird zu einem Teil des Namens, daher rührt auch der rechtliche Anspruch bei der Anrede darauf.

Frage 9

Herrenjacketts können, je nach Situation, komplizierte Gebilde sein. Wenn ein Mann unter dem Jackett eine Weste trägt, sind dann alle Knöpfe des Jacketts geschlossen?

ÜBER DEN UMGANG MIT MENSCHEN

„Sei aber nicht allzu sehr Sklave der Meinung anderer von dir! Sei selbstständig! Was kümmert dich am Ende das Urteil der ganzen Welt, wenn du tust, was du sollst? Und was ist dein ganzer Prunk von äußeren Tugenden wert, wenn du diesem Flitterputz nur über ein schwaches, niedriges Herz hängst, um in Gesellschaften Staat damit zu machen?"
(*Adolph Freiherr Knigge:* Über den Umgang mit Menschen)

☞ In diesem Fall sind nicht alle Knöpfe des Jacketts geschlossen, der unterste Knopf bleibt offen. Wer sich diese Regel ausgedacht hat, ist allerdings nicht überliefert.

Frage 10

Stellen Sie sich vor, Sie müssen zwei gleichrangige Damen miteinander bekannt machen. **Mit welchem Satz leiten Sie das am besten ein?**

☐ a) „Erlauben Sie mir, dass ich Frau ...vorstelle?"
☐ b) „Darf ich die Damen bekannt machen?"
☐ c) „Dies ist Frau ... und das Frau ...!"
☐ d) „Darf ich Sie einander vorstellen?"

☞ **b) „Darf ich die Damen bekannt machen?"**
Formvollendet geht man mit diesem Satz vor. Eine Formulierung mit „vorstellen" verwendet man hingegen bei Rang- oder Hierarchieunterschieden zwischen den Damen.

Frage 11

Ursprünglich wurde dieses Kleidungsstück erfunden, um bei den Soldaten des Altertums das Scheuern des Lederpanzers ein wenig zu verhindern. Um die Mitte des 18. Jahrhunderts herum verwendeten es kroatische Soldaten der französischen Armee, um ihren Kragen zusammenzuhalten. Als modisches Accessoire setzte es sich erst im

19. Jahrhundert durch. Heutzutage ist es zumindest in der geschäftlichen Kleidung des Herrn obligatorisch. **Wovon ist hier die Rede?**

☞ **Es geht um die Krawatte.** Eine hochwertige Krawatte ist genau 145 Zentimeter lang und weist zwei entgegengesetzte diagonale Schnitte im 45-Grad-Winkel auf.

Anzug mit Krawatte

Frage 12

Wie unterschreibt man einen offiziellen Brief am besten?

☐ a) Mit freundlichen Grüßen
☐ b) Mit besten Wünschen
☐ c) Freundlichst, Ihr/e ....
☐ d) Tschüssikowski

☞ **a) Mit freundlichen Grüßen**
Diese Formel gilt als verbindlich und freundlich, man kann mit ihr nichts falsch machen. Die Abkürzung „MfG" gehört indes nie in einen Brief.

Frage 13

Der Handkuss ist hierzulande nicht mehr weit verbreitet. Dennoch kann es nicht schaden, ein wenig über ihn zu wissen. **Wem wird die Hand beispielsweise wo geküsst?**

☞ Anspruch auf einen Handkuss haben nach althergebrachten Regeln nur verheiratete Damen oder Damen, die älter als 30 Jahre sind. Anwendung findet diese Form der Begrüßung allerdings nur in geschlossenen Räumen und an Bahnsteigen.

Frage 14

Sie sind zu einem Dinner eingeladen. **Wie lange dauern derartige Veranstaltungen für gewöhnlich?**

☞ **Bei einem Dinner sollten Sie mit einer Dauer von vier bis fünf Stunden rechnen.** Ein solches Essen fängt für gewöhnlich zwischen 19 und 20 Uhr an. Sie sollten sich also auf jeden Fall bis Mitternacht Zeit nehmen.

Frage 15

Stellen Sie sich vor, Sie sind zu einem festlichen Dinner in einem Top-Restaurant eingeladen. Sie betreten den Raum und werden zu Tisch gebeten. Dort stehen vor Ihnen Wasser und Wein. **Trinken Sie nun oder trinken Sie nicht?**

☞ Auch wenn es bei einem Dinner, vor allem in einer solch erlesenen Umgebung, manchmal ein wenig steif zugeht, muss hier niemand Durst leiden. Es ist also kein Problem, von dem Wasser zu trinken. Mit dem Wein müssen Sie allerdings warten, bis der Gastgeber sein Glas erhebt.

Frage 16

Das Essen ist nun vorüber. Sie haben das Bedürfnis, einen Zahnstocher zu benutzen. **Dürfen Sie dies bei Tisch tun?**

☐ a) Ja, denn die Zahnhygiene gehört genauso dazu wie das gesittete Essen.
☐ b) Ja, aber nur, wenn Zahnstocher auf dem Tisch stehen.
☐ c) Nein, Zahnstocher benutzt man grundsätzlich nicht bei Tisch.
☐ d) Ja, aber man sollte sich dabei die Hand vor den Mund halten.

☞ **c) Nein, Zahnstocher benutzt man grundsätzlich nicht bei Tisch.**
Wer Essensreste aus den Zahnzwischenräumen entfernen möchte, sollte dies besser auf der Toilette erledigen.

Frage 17

Im Theater werden die Plätze in der Mitte grundsätzlich als Letztes besetzt. Wer ein

ÜBER DEN UMGANG MIT MENSCHEN

„Es ist wahrlich eine höchst schwere Arbeit, Menschen zu bilden – eine Arbeit, die sich nie mit Geld bezahlen lässt. Schämen sollten sich die Menschen, die den Erzieher ihrer Kinder wie eine Art von Dienstboten behandeln!“

(Adolph Freiherr Knigge: Über den Umgang mit Menschen*)*

wenig später kommt, wird also an einigen bereits sitzenden Theaterbesuchern vorbeigehen müssen. **Wie verhält man sich in einem solchen Fall?**

☞ **Man entschuldigt sich, fragt gegebenenfalls, ob man kurz vorbeigehen darf und – das ist wichtig – wendet den bereits Sitzenden beim Vorübergehen das Gesicht zu.**

Frage 18

Sie erhalten eine Visitenkarte mit dem Namen „Prof. Dr. Ernst Müller“. Wie sprechen Sie den Mann korrekt an?

☐ a) Herr Müller
☐ b) Herr Professor Doktor Müller
☐ c) Ernst
☐ d) Herr Professor Müller

☞ **d) Herr Professor Müller**
Besitzt eine Person mehrere Titel, so wird bei der Anrede nur der höchstrangige Titel ausgesprochen.

Frage 19

Der erste Eindruck ist oft entscheidend. Auch die ersten Gesten sollte man nicht unterschätzen. **Wie gestaltet sich ein perfekter Händedruck?**

☞ **Der Händedruck sollte kurz und knapp sein und auf keinen Fall zu lasch ausfallen.** Der hierarchisch Höherstehende gibt das Signal zum Händedruck: also der Chef dem Angestellten, der Ältere dem Jüngeren, die Dame dem Herrn. Ausnahme: Der Gastgeber reicht immer zuerst die Hand zur Begrüßung.

Frage 20

Bisweilen gerät man in heikle Situationen, in denen man sich gar nicht wohl fühlt. Wenn beispielsweise der redselige Nachbar wieder einmal alle Zeit der Welt hat, um seine lustige Geschichten aus der Jugend zu erzählen, während Sie weder Zeit noch Lust darauf haben. **Wie verabschieden Sie sich aus dem Gespräch?**

☞ Man kann beispielsweise einen Telefonanruf fingieren, den man dringend entgegennehmen muss. Sehr elegant ist es auch, das Gespräch folgendermaßen zu beenden: „Nun möchte ich aber Ihre kostbare Zeit nicht länger in Anspruch nehmen“ oder: „So, jetzt muss ich mich aber um das Mittagessen kümmern, ich wünsche Ihnen noch einen schönen Tag.“

Frage 21

Die legendäre Schneiderwerkstatt Poole & Co. wurde um 1806 von Henry Poole in London gegründet. Seinen Ruhm verdankt das Unternehmen nicht nur seiner hervorragenden Arbeit, sondern auch der Erfindung eines der wohl bekanntesten Kleidungsstücke für den Abend. Der Prince of Wales gab es als Frack ohne Schwalbenschwanz in Auftrag. **Um welches Kleidungsstück handelt es sich?**

☞ **Es geht um den Smoking.**
Ein Smoking war ursprünglich eine Anzugjacke, die man überzog, wenn man zum Rauchen ins Raucherzimmer ging. Er sollte die übrige Kleidung davor schützen, den Geruch des Rauches anzunehmen.

Smoking

Frage 22

Wenn ein Herr und eine Dame gemeinsam ausgehen, überlässt der Herr seiner Begleiterin für gewöhnlich den Vortritt. **In welchem Fall ist es aber genau umgekehrt?**

☐ a) beim Verlassen eines Restaurants
☐ b) beim Betreten eines Restaurants
☐ c) beim Hinaufsteigen einer Treppe
☐ d) beim Einsteigen in ein Taxi

☞ **b) beim Betreten eines Restaurants**
Nur, wenn ein Herr und eine Dame gemeinsam ein Restaurant betreten, geht der Herr voraus.

Frage 23

Wer eine Auslandsreise unternimmt, sollte sich mit Sitten und Gebräuchen des Reiseziels bekannt machen. **Was muss man beachten, wenn man in Frankreich zum Abendessen eingeladen ist und der Gastgeberin Blumen mitbringen möchte?**

☐ a) In Frankreich überreicht man einer Dame nur Blumen, wenn man in sie verliebt ist.
☐ b) In Frankreich werden die Blumen immer im Papier überreicht.
☐ c) In Frankreich werden die Blumen immer ohne Papier überreicht.
☐ d) Der Blumenstrauß sollte keine Nelken enthalten.

☞ **b) In Frankreich werden die Blumen immer im Papier überreicht.**
d) Der Blumenstrauß sollte keine Nelken enthalten.
Nelken gelten als Beerdigungsblumen, als Dankeschön für eine Gastgeberin eignen sie sich daher nicht unbedingt.

Frage 24

Manchmal kommt es zu peinlichen Situationen, wenn nicht ganz klar ist, ob man sich per Handschlag begrüßen oder es bei einer verbalen Begrüßung belassen soll. **Wie verfährt man als wohlerzogener Mensch in einer solchen Begrüßungssituation?**

☞ Die Entscheidung, ob zur Begrüßung die verbale Grußformel ausreicht oder ob ein Handschlag gewechselt werden soll, obliegt immer der ranghöheren Person. Sie muss innerhalb kurzer Zeit entscheiden, was passieren soll. Als Rangniedrigerer muss man dann nur noch entsprechend reagieren.

ÜBER DEN UMGANG MIT MENSCHEN

„Sie (die Fürsten) werden in der Erziehung verwahrlost, von Jugend auf durch Schmeichelei verderbt, durch andere und sie selbst verzärtelt. Sie lernen sich selbst nicht kennen, weil man sie, aus Furcht oder Hoffnung, die widrigen Eindrücke, welche ihre Fehler und Gebrechen würden, nicht empfinden lässt."
(Adolph Freiherr Knigge: Über den Umgang mit Menschen*)*

Frage 25

Zum guten Benehmen gehört auch das Einhalten der Ruhezeiten – insbesondere dann, wenn man als Mieter mit mehreren Mietparteien zusammen auf relativ engem Raum wohnt. **Wann sollte man also Lärm vermeiden?**

☞ **Zwischen 22 Uhr abends und 7 Uhr morgens sind Ruhezeiten.** Auch in der Mittagspause, die zwischen 13 und 15 Uhr (evtl. auch eine Stunde früher) liegt, sollte man Lärm vermeiden.

Frage 26

Geboren wurde er am 16. Oktober 1752 in Bredenbeck bei Hannover als Spross einer uradligen Familie. 1769 bis 1772 studierte er Jura in Göttingen. 1777 wurde er weimarischer Kammerherr von Herzog Carl August von Sachsen-Weimar. Seine Tätigkeit für den Illuminatenorden (1780–84) und sein Eintreten für die Verwirklichung der Menschenrechte ließen ihn bei seinen aristokratischen Gönnern ins Zwielicht geraten. Dennoch arbeitete er während der ganzen

Zeit als Schriftsteller. Eines seiner bekanntesten Werke erschien im Jahre 1788. **Wie hieß dieser Adelige?**

Adolph Freiherr Knigge

☞ **Adolph Freiherr Knigge (1752–96).** Knigge beabsichtigte, mit seinem Buch eine Aufklärungsschrift für Taktgefühl und Höflichkeit im Umgang mit den Generationen, Berufen und Charakteren zu verfassen, die einem auch Enttäuschungen ersparen sollte. Ein Benimmbuch war ihm nie in den Sinn gekommen.

Frage 27

Darf man zu einem Cocktailkleid oder langen Abendkleid eine Uhr tragen?

☞ Cocktail- und Abendkleid gehören zur festlichen Bekleidung. Dazu sollte man eigentlich nur Schmuck tragen. Wenn die Uhr allerdings eher der Kategorie „Schmuck" zugeordnet werden kann, dann können Sie sie auch zum Abendkleid tragen.

Frage 28

Wie verhält man sich am besten, wenn man innerhalb einer größeren Gesellschaft an einem Tisch sitzt und zum WC gehen möchte?

☐ a) Man sollte gar nicht zum WC gehen müssen.
☐ b) Man sagt „Ich muss mal austreten" und geht.
☐ c) Man flüstert dem Nachbarn zu, dass man mal zur Toilette muss.
☐ d) Man geht, ohne zu sagen, wohin man sich begibt.

☞ **a) Man sollte gar nicht zum WC gehen müssen.**
Grundsätzlich sollte man darauf achten, dass einen dieses Bedürfnis während des Essens in einer Gesellschaft nicht befällt und beizeiten, also vor der Veranstaltung, das WC aufsuchen.

Frage 29

Sie haben neue Geschäftspartner, die aus Indien kommen. **Was sollten Sie bei der Auswahl des Restaurants für ein Arbeitsessen berücksichtigen?**

☐ a) Inder essen gerne sehr scharf gewürzte Speisen.
☐ b) Es sollten genügend vegetarische Gerichte auf der Karte stehen.
☐ c) Das Restaurant sollte rauchfrei sein.
☐ d) Inder gehen im Ausland nur in indische Restaurants.

☞ **b) Es sollten genügend vegetarische Gerichte auf der Karte stehen.**

Frage 30

Ihr neuer Geschäftspartner aus Japan überreicht Ihnen seine Visitenkarte. **Wie sollten Sie sie entgegennehmen?**

☐ a) Sie verbeugen sich zuerst und nehmen dann die Visitenkarte entgegen.
☐ b) Sie stecken sie sofort in ihre Hosentasche.
☐ c) Sie nehmen sie mit beiden Händen entgegen.
☐ d) Sie nehmen die Visitenkarte entgegen und verbeugen sich anschließend.

☞ **c) Sie nehmen sie mit beiden Händen entgegen.**
In Japan gilt es als besonders höflich, eine Visitenkarte mit beiden Händen in Empfang zu nehmen.

ÜBER DEN UMGANG MIT MENSCHEN

„Es ist unmöglich, sich von gewissen Leuten geliebt zu machen, und da kann es nicht schaden, wenn diese uns wenigstens fürchten."
(Adolph Freiherr Knigge: Über den Umgang mit Menschen*)*

Frage 31

Auch bei der Zusammenstellung eines Menüs gilt es, ein paar Dinge zu beachten. **Welche „klassischen" Regeln gibt es für die Menüfolge?**

☞ **Folgende Faustregeln gelten hier:** Kalte vor warmen Vorspeisen, leichte vor schweren Gerichten, Fisch vor Fleisch, helles Fleisch vor dunklem, Salat, Käse, Nachspeise. Es ist auch möglich, den Salat vor der Hauptspeise zu servieren. Dann kommt er in der Reihenfolge nach der Suppe.

Frage 32

Bei welchem Fisch benutzt man kein Fischbesteck?

☐ a) Karpfen
☐ b) Forelle
☐ c) Lachs
☐ d) Matjeshering

☞ **d) Matjeshering**

Fischbesteck

Frage 33

In welchen Ländern könnte ein Nicken mit dem Kopf möglicherweise zu Verwirrung führen, da es vor allem die älteren Leute häufig als „Nein" verstehen?

☐ a) Israel
☐ b) Albanien
☐ c) China
☐ d) Bulgarien

☞ **b) Albanien**
d) Bulgarien

ÜBER DEN UMGANG MIT MENSCHEN

„Vor allen Dingen aber vergesse man nie, dass die Leute unterhalten sein wollen; dass selbst der unterrichtendste Umgang ihnen in der Länge ermüdend vorkommt, wenn er nicht zuweilen durch einen Witz und gute Laune gewürzt wird …"
(Adolph Freiherr Knigge: Über den Umgang mit Menschen*)*

Frage 34

Bei einigen Einladungen findet man Hinweise auf die erwünschte Kleidung. **Welche Kleidung wird erwartet, wenn auf der Einladung „Black tie" oder „Tuxedo" steht?**

☞ In diesem Fall erwartet der Gastgeber einen **Smoking**.

Frage 35

Wie verhalten Sie sich korrekt, wenn Sie etwas zu spät zu einem geschäftlichen Meeting kommen?

☞ Sie grüßen nur mit einem allgemeinen Kopfnicken in die Runde und entschuldigen sich in einer Pause dann beim Einladenden für Ihre Verspätung.

Frage 36

In welchen Ländern sollten Sie nicht mit der linken Hand essen oder Geschenke übergeben, da sie als unrein gilt?

☞ **In allen muslimischen Ländern.**

Frage 37

Sie sind mit Ihrem Vorgesetzten zu einem wichtigen Termin gegangen und bemerken, dass ihm die Hose offen steht. **Wie reagieren Sie?**

☐ a) Sie machen eine lustige Bemerkung. Das entkrampft die Situation.

☐ b) Sie machen eine entsprechende Handbewegung.
☐ c) Sie warten auf den passenden Moment und machen Ihren Chef diskret auf das Malheur aufmerksam.
☐ d) Sie machen Ihren Nachbarn leise auf die Hose des Chefs aufmerksam. Man hat ja sonst nicht viel zu lachen.

☞ **c) Sie warten auf den passenden Moment und machen Ihren Chef diskret auf das Malheur aufmerksam.**
Auf diese Weise verfährt man nicht nur, wenn der Chef sich zu blamieren droht; der freundliche Mensch versucht, sein Gegenüber stets vor Peinlichkeiten zu bewahren.

Frage 38

Mit der Pünktlichkeit haben viele Menschen so ihre Probleme. Zumeist stört es niemanden, wenn man bei einer Party etwas später kommt. **Wie sieht es aber aus, wenn man für 20 Uhr zu einem Abendessen eingeladen ist?**

☞ **In einem solchen Fall gibt es keine Toleranzgrenze.** Hier heißt 20 Uhr auch exakt 20 Uhr. Schließlich ist das Essen vorbereitet und muss pünktlich serviert werden.

ÜBER DEN UMGANG MIT MENSCHEN

„Manche Leute glauben, größere Eigenschaften berechtigten sie, die kleinen gesellschaftlichen Schicklichkeiten, die Regeln des Anstands, der Höflichkeit oder der Vorsicht zu vernachlässigen – das ist nicht gut getan ... und es ist nicht weise gehandelt, die unschuldigen Gebräuche der Gesellschaft zu verachten, wenn man in der Gesellschaft leben und wirken will."

(Adolph Freiherr Knigge: Über den Umgang mit Menschen*)*

Frage 39

Die Serviette ist beim Essen weitaus mehr als nur schmückendes Beiwerk. Daher kann sich glücklich schätzen, wer weiß, wie man dieses Stück Stoff professionell handhabt. **Wie geht man mit einer Serviette vor, während und nach dem Essen um?**

☞ Wenn man sich zu Tisch begeben hat, legt man die Serviette gefaltet auf den Schoß. Benutzen darf man sie allerdings erst, wenn das Mahl eröffnet ist. Dann tupft man sich den Mund mit der Innenseite ab (und zwar jedes Mal, bevor man trinkt) und faltet sie wieder so, dass die Flecken nicht zu sehen sind. Nach dem Mahl legt man sie gefaltet links neben seinen Teller.

Die Serviette – mehr als schmückendes Beiwerk

Frage 40

Sie möchten einen Brief an das befreundete Ehepaar Schmitz schreiben. **An wen adressieren Sie das Schreiben?**
☐ a) Herrn und Frau Schmitz
☐ b) Familie Hans Schmitz
☐ c) Hans Schmitz und Gisela
☐ d) Frau Gisela Schmitz, Herr Hans Schmitz

☞ **d) Frau Gisela Schmitz, Herr Hans Schmitz**

Frage 1

Warum ist der Himmel blau?

☞ Das Licht, das von der Sonne kommt, setzt sich aus vielen verschiedenen Farben zusammen. Sie unterscheiden sich in ihrer Wellenlänge. Wenn das Licht nun auf die Luft trifft, die die Erde umgibt, wird es von den Luftteilchen zerlegt und je nach Farbe verschieden stark gestreut. Das kurzwellige Blaulicht wird dabei stärker gestreut als das langwellige rote Licht. Deshalb erscheint uns der Himmel blau.

Frage 2

Kann man im Kopfstand schlucken?

☞ **Das kann man**, weil Speisen oder Getränke nicht einfach durch die Speiseröhre hinunterfallen, sondern Muskeln den Schluckvorgang steuern und das Essen in den Magen führen.

Frage 3

Oft heißt es, es gebe keine Säugetiere, die Eier legen. Stimmt das?

☞ **Nein**, denn es gibt einige sogenannte Kloakentiere oder Ursäuger, eine Unterordnung der Säugetiere, die auch Eier legen. Dazu gehören Schnabeltiere, Kurzschnabeligel und Ameisenigel.

Schnabeltier

Frage 4

Ein Butterbrot, das auf den Boden fällt, landet immer mit der Marmeladenseite unten. Diese Gesetzmäßigkeit kennen wir alle. Sie ist unter einem bestimmten Namen weltberühmt geworden. **Wie lautet dieser Name?**

☐ a) Millers Paradox
☐ b) Murphys Gesetz
☐ c) Mandrakes Regel
☐ d) Mitchells Grundsatz

☞ **b) Murphys Gesetz**

Der amerikanische Ingenieur Edward Aloysius Murphy Jr. (1917–90) formulierte folgende Alltagsregel, auch „Murphy's Law" genannt: Wenn etwas schief gehen kann, dann geht es auch schief. Wenn mehrere Dinge schief gehen, dann in der Reihenfolge, die den größten Schaden anrichtet.

Frage 5

Warum gibt es Rechtsverkehr?

☞ Im Mittelalter war man auf der Straße meist alleine unterwegs. Begegnete man dennoch einem anderen Reisenden, so wich man nach links aus, um sich im Falle eines Angriffs mit der rechten Hand verteidigen zu können. Angehörige armer Schichten mussten Rittern oder Kaufleuten im Zweifelsfall diese sichere Straßenseite überlassen. Im Zuge der Französischen Revolution wurde dem Adel dieses Privileg des Linksverkehrs allerdings abgesprochen und alle mussten sich rechts halten. Napoleon schließlich verbreitete den Rechtsverkehr in fast ganz Europa.

Frage 6

Sprache ist lebendig, sie verändert sich ständig. Das Wort, das hier gesucht wird, bedeutete ursprünglich „übermütig" oder „ausgelassen". Im Mittelalter verwendete man es meist im Sinn von „fröhlich" oder „kraftvoll". Ab dem 15. Jahrhundert war es zunehmend Ausdruck heftiger sexueller Begierde. In den 1980er-Jahren hielt es Einzug in die Jugendsprache, wo es für etwas sehr Tolles steht, jedoch nicht unbedingt auf Sex bezogen ist. **Um welches Wort handelt es sich?**

☞ **Das Adjektiv „geil".**

Frage 7

Wie funktionieren Strichcodes?

☞ Jede Zahl lässt sich als Kombination aus Strich und Nicht-Strich darstellen. Optisch erscheinen dabei manche Striche dicker als andere, tatsächlich sind es aber nur mehrere Striche nebeneinander. Ein Laser tastet die Strichkombination ab und übersetzt sie in Zahlen, die wiederum ein Code für alle notwendigen Produktinformationen sind, wie Herkunftsland oder Produzent.

Strich- oder Barcode

Frage 8

Welche der folgenden Farben findet sich nicht im Regenbogen?

☐ a) Blau
☐ b) Rot
☐ c) Violett
☐ d) Pink

☞ **d) Pink**
Die einzelnen Farben des Regenbogens entstehen durch die Brechung des Lichtes. Beim Hauptregenbogen verlaufen die Farben – von außen nach innen – von Rot über Orange, Gelb, Grün, Blau und Indigo zu Violett.

Frage 9

Wie wird der Meeresspiegel gemessen?

☞ Die Höhe z. B. eines Berges wird meist in „über Normal Null" bzw. „über dem Meeresspiegel" angegeben. Tatsächlich ist es ziemlich aufwendig, diesen Punkt zu bestimmen. Unzählige Meeressensoren, die den Druck messen, und zahlreiche Satelliten sammeln Daten, aus denen schließlich ein durchschnittlicher Wert für den Meeresspiegel errechnet wird.

Frage 10

Warum gibt es im Essen, das in der Mikrowelle aufgewärmt wurde, häufig einige Stellen, die besonders heiß sind, während andere Stellen nur mäßig warm geworden sind?

☞ Dieses Phänomen hängt mit der guten Isolierung des Mikrowellenherdes zusammen. Da kaum Wellen nach außen treten, werden sie von den Wänden des Gerätes reflektiert. Dabei kann es zu Überlagerung verschiedener Wellen kommen. Dort, wo sich zwei Wellenberge überlagern, wird die Intensität der Wellen besonders groß. Dort, wo Berg und Tal aufeinandertreffen, wird sie gleich Null. An den Stellen mit besonders intensiven Mikrowellen ist das Essen wesentlich heißer als an den anderen Stellen.

Frage 11

Warum können einige Menschen mit den Ohren wackeln, andere wiederum nicht?

☞ Früher, als die Menschen noch als Jäger und Sammler über die Erde zogen, konnten alle mit den Ohren wackeln. Diese Fähigkeit war sogar lebensnotwendig, denn man musste vorsichtig sein und Geräuschquellen genau orten können. Heutzutage sind wir nicht auf unseren Jagderfolg angewiesen. Daher hat sich die Fähigkeit, mit den Ohren zu wackeln, bei den meisten Menschen zurückgebildet.

Frage 12

Sie sehen eigentlich vollkommen harmlos aus, die kleinen roten Chilischoten und Peperoni. Zerkaut man sie aber, beginnt der gesamte Mund- und Rachenraum zu brennen, das Gesicht läuft rot an, Schweißperlen bilden sich auf Stirn und Oberlippe. **Wie kommt es zu dieser heftigen Reaktion, obwohl der Mensch gar kein Geschmacksempfinden für Scharfes hat?**

☞ Die menschliche Zunge kann lediglich zwischen bitter, salzig, süß, sauer und umami (japanisch für „herzhaft") unterscheiden. Die Schärfe nimmt sie nicht als Aroma, sondern als Schmerz wahr. Das Signal, das ans Gehirn gesendet wird, wenn man in eine Chilischote beißt, lautet „Achtung Verbrennung!" Der Betroffene hat den Drang, den Mund weit zu öffnen und Luft hineinzufächeln, als wolle er einen Brand löschen.

Frage 13

Wie viele Beine hat der Mensch?

☐ a) zwei ☐ c) ca. 15
☐ b) drei ☐ d) ca. 40

☞ **d) ca. 40**
Nicht nur die beiden Stelzen, auf denen der Mensch sich fortbewegt, werden Beine genannt. Darüber hinaus verfügt der Mensch über Schienbein, Fersenbein, Sprungbein, Nasenbein, Jochbein, Schambein, Steißbein und noch einige mehr.

Frage 14

Kann man ein rohes von einem gekochten Ei unterscheiden?

☞ Von außen zunächst einmal nicht, denn die Schale sieht nicht anders aus. Es gibt aber einen Trick: Versetzt man die Eier in eine Drehbewegung, wird das rohe Ei ungleichmäßig torkeln, da das flüssige Innenleben träge auf die Bewegung reagiert. Das gekochte Ei rotiert dagegen ziemlich schnell um die eigene Achse.

Frage 15

Alle Monate haben 30 oder 31 Tage, nur der Februar tanzt aus der Reihe. **Warum hat dieser Monat nur 28 Tage?**

☞ Der heutige Kalender geht auf Papst Gregor XIII. (1502–85) zurück. Er versuchte, die echte Umlaufzeit der Erde um die Sonne möglichst gleichmäßig auf das Jahr zu verteilen. Gregor ging davon aus, dass ein Jahr 365,2425 Tage hat. Um diese krumme Zahl auszugleichen, gibt es alle vier Jahre ein Schaltjahr, das einen Tag länger dauert. Bevor es eingeführt wurde, wurde die Zeit nach dem julianischen Kalender gemessen. Hier lief alles noch wesentlich chaotischer ab. Dieser Kalender verfügte über sieben Kurzmonate mit jeweils 29 Tagen, vier Monate mit 31 Tagen und den Februar, der noch einmal kürzer war. Warum man sich dafür entschieden hatte, den Februar noch kürzer zu machen, lässt sich nicht mit letzter Gewissheit sagen.

Frage 16

Nanowissenschaft bezeichnet die Forschung, die sich mit Materialien im Nanometer-Maßstab befasst. Der Nanobereich ist unglaublich klein. **Aber wie groß ist „Nano-" eigentlich?**

☞ „Nannos" ist altgriechisch und heißt „Zwerg". „Nano-" steht für Größenordnungen, die sich nur noch mit dem Rastertunnelmikroskop betrachten lassen, und drückt den milliardsten Teil (0,000.000.001) aus. Eine Milliarde Nanometer sind ein Meter.

Frage 17

Wie wird das letzte Teil eines Fußballs eingenäht?

☞ Ein Fußball besteht aus zwölf Fünfecken und 20 Sechsecken, die aneinandergenäht werden. Beim letzten Element ist es schließlich nicht mehr möglich, in den Fußball zu greifen und es dort zu vernähen. Dafür gibt es ein spezielles Werkzeug, die Ahle. Mit ihr kann man den letzten Faden nach innen ziehen.

Fußball

Frage 18

Ist die Zahnpasta schon in der Tube gestreift?

☞ In den meisten Tuben nicht. Sie sind mit zwei oder mehreren Tanks ausgestattet, in denen die gefärbte und die weiße Pasta getrennt enthalten sind. Beim Herausdrücken quellen die verschiedenen Pasten gemeinsam in den Tubenausgang und verbinden sich zu einem gestreiften Zahnpastastrang.

Frage 19

Was wird mit der Beaufortskala eingeteilt?

☐ a) Temperatur
☐ b) Windstärke
☐ c) Dichte
☐ d) Wassertiefe

☞ **b) Windstärke**
Die Skala geht auf den britischen Admiral Sir Francis Beaufort (1774–1857) zurück. Anhand dieser Skala wird der Wind in zwölf verschiedene Stärken unterteilt. Für die Messung benötigt man keine Messgeräte, sondern muss lediglich die Auswirkungen des Windes an Land oder auf See beobachten.

Frage 20

Wieso frieren Frauen schneller als Männer?

☞ **Verantwortlich dafür ist die Körperzusammensetzung.** Statistisch gesehen besteht der Körper des Mannes durchschnittlich zu 40 Prozent aus Muskeln und nur zu 15 Prozent aus Fett. Der weibliche Körper hingegen besteht durchschnittlich aus 25 Prozent Muskeln und knapp 25 Prozent Fett. Fett kann Wärme zwar isolieren, aber nicht herstellen, dafür ist die Muskelarbeit zuständig. Heutzutage, wo schlank sein als Schönheitsideal gilt, haben die Frauen häufig weder genügend Wärmeerzeugung noch genügend Wärmeisolierung.

Frage 21

Woher kommt der Begriff „blaumachen"?

☞ Ursprünglich ist „blaumachen" ein Begriff aus der Arbeitswelt der Färber. Im Farbbad wurden die Stoffe zunächst gelblich grün, erst durch das Trocknen wurden sie blau. Während die Stoffe trockneten und langsam die gewünschte Farbe annahmen, gab es für die Färbergesellen nichts zu tun. Sie hatten frei, während alle anderen Handwerker ihrer Arbeit nachgehen mussten. Heute heißt „blaumachen", der Schule oder Arbeit ohne Grund und unter falschem Vorwand fern zu bleiben.

Frage 22

Worauf gibt das Abendrot einen Hinweis?

☐ a) auf eine starke Ozonbelastung
☐ b) auf eine eiskalte Nacht
☐ c) auf schönes Wetter am kommenden Tag
☐ d) auf viele Sternschnuppen in der Nacht

☞ **c) auf schönes Wetter am kommenden Tag**
Die Rötung des Himmels entsteht dann, wenn die Sonnenstrahlen morgens oder abends in einem sehr flachen Winkel auf die Erde treffen. In einem solchen Moment haben sie nämlich bereits einen weiten Weg zurückgelegt, auf dem der Blauanteil des Lichts verloren gegangen ist. Den Rotanteil kann man allerdings abends nur sehen, wenn im Westen keine Wolken heranziehen.

Abendrot

Frage 23

Wie schwer ist normaler Neuschnee?

☐ a) 10 kg pro Kubikmeter
☐ b) 20–30 kg pro Kubikmeter
☐ c) 30–50 kg pro Kubikmeter
☐ d) 50–100 kg pro Kubikmeter

☞ **d) 50–100 kg pro Kubikmeter**
Während trockener Pulverschnee gerade einmal eine Masse von 30 bis 50 kg pro Kubikmeter auf die Waage bringt, kann feuchter Neuschnee bis zu 200 kg pro Kubikmeter schwer sein. Am Boden verdichtet sich der Schnee dann und kann – je nach Alter und Witterungsbedingungen – sogar eine Masse von 500 kg pro Kubikmeter erreichen.

Frage 24
Warum bekommen wir Gänsehaut?

☞ Das ist ein Reflex, der den Menschen seit jener Zeit, als sie noch überall mit einem dichten Haarpelz bedeckt waren, angeboren ist. Wurde es kalt oder drohte Gefahr, so traten winzige Muskeln in Aktion. Jedes Muskelchen wirkte auf einen Haarbalg, in dem die Wurzel eines Haares saß. Dadurch wurden die glatt anliegenden Haare aufgerichtet. Das wirkte einerseits drohend, um Feinde abzuschrecken und wärmte andererseits. Auch wenn wir heute an den meisten Stellen kaum noch Haare haben, funktionieren die kleinen Muskeln noch immer.

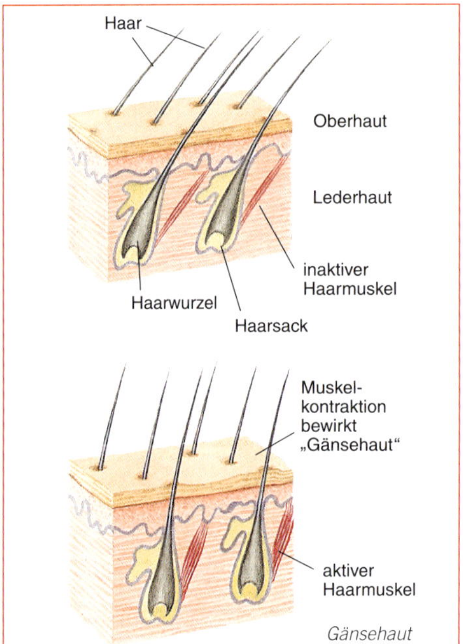

Gänsehaut

Frage 25
Warum ist der Handlauf der Rolltreppe meistens schneller als die Rolltreppe selbst?

☞ Was einem im Kaufhaus oder in der U-Bahn meistens lästig erscheint, hat einen Sinn: Handlauf und Rolltreppe in perfekten Einklang zu bringen, ist technisch unmöglich. Damit der Handlauf aber auf keinen Fall langsamer läuft als die Treppe, wodurch die Benutzer nach hinten kippen könnten, ist er so konstruiert, dass er sich ein wenig schneller bewegt als die Rolltreppe.

Frage 26
Welche Bäume werfen ihre Borke ab?

☞ **Bei Platanen kann man das Abblättern der Borke beobachten.** Dies geschieht in besonders heißen Sommern, in denen die Platanen besonders schnell und intensiv wachsen. Die Borke selbst wächst aber nicht mit. Daher kommt immer wieder der Zeitpunkt, an dem die Bäume ihre Borke buchstäblich sprengen.

Platane

Frage 27
Warum ticken einige Uhren öfter als andere?

☞ Stellt man mehrere analoge Uhren nebeneinander, stellt man fest, dass einige viel schneller ticken als andere – trotzdem gehen sie gleich. Das Ticken zeigt nicht, wie vermutet, den Ablauf einer Sekunde an, sondern ist lediglich das Geräusch, das das Schwungrad in der Uhr bei seiner Bewegung auslöst. Je kleiner das Rad oder Pendel ist, desto öfter muss es schwingen.

Frage 28

Was wird für einen Bedside-Test benötigt?

☐ a) Blut ☐ c) Alkohol
☐ b) Milch ☐ d) Speichel

☞ **a) Blut**

Mit einem Bedside-Test können Ärzte feststellen, ob sich das Blut eines Spenders und eines Empfängers bei einer Bluttransfusion wirklich miteinander verträgt. Seinen Namen hat der Test bekommen, weil er direkt am Bett des Patienten gemacht werden kann.

Frage 29

Was bringt das Würstchen zum Platzen?

Landet ein Würstchen in kochendem Wasser, wird auch das Wasser, das neben dem Fleischbrät unter seiner Pelle enthalten ist, sehr schnell erhitzt. Es verdampft, dehnt sich dabei aus und bringt die Pelle schließlich zum Platzen.

Frage 30

Die menschliche Wirbelsäule besteht aus dem Wirbelkörper und den dazwischen befindlichen Bandscheiben. Bei bestimmten Belastungen verdreht sich der Wirbelkörper und die Bandscheibe wird dazwischen eingeklemmt. Damit dem empfindlichen Stoßdämpfer kein größeres Übel widerfährt, spannen sich rund um die Wirbelsäule Muskeln an, um die Bandscheibe zu schützen. Dieses Anspannen verursacht einen kurzen, aber heftigen Schmerz. Im Volksmund gibt es dafür einen bekannten Namen. **Wie lautet er?**

☞ **Hexenschuss.**

Frage 31

Womit schnurren Katzen?

☐ a) mit dem Kehlkopf
☐ b) mit dem Zungenbein
☐ c) mit der Lunge
☐ d) mit dem Bauch

☞ **b) mit dem Zungenbein**

Es ist nicht ganz sicher geklärt, wie die Katzen das Schnurren zustande bringen. Wahrscheinlich handelt es sich dabei um die Reibung der Luft am Zungenbein, das die Zunge mit dem Schädel verbindet.

DAS GEHEIMNIS DES PERFEKTEN SOUFFLÉS

Um ein Soufflé zu zaubern, das nicht zusammenfällt, muss man wissen, wieso es überhaupt aufgeht. Verantwortlich dafür sind die Luftbläschen, die im Eischnee enthalten sind, den man vorsichtig unter die Soufflémasse heben muss. Bei weiterer Erhitzung dehnen sich die Luftbläschen aus. Dabei gerinnen die Proteine im Teig und sorgen dafür, dass die Bläschen eine stabile Form annehmen. Öffnet man nun während des Backens zu früh die Ofentür – nämlich bevor die Proteine geronnen sind – fallen die Luftbläschen natürlich wieder in sich zusammen. Und das Soufflé ist hinüber.

Frage 32

Warum ist Wasser nass?

☞ Bewegen wir uns durch das Wasser, können wir die Bewegung auf der Haut spüren. Ebenso spüren wir eine Bewegung, wenn das Wasser von uns abläuft. Außerdem vermag das Wasser uns zu kühlen. Diese Kombination aus Bewegung und Kühlung haben die Menschen irgendwann einmal „nass" genannt.

Frage 33

Wo findet man das Philtrum?

☐ a) unterhalb der Nase
☐ b) hinter den Ohren
☐ c) unter den Füßen
☐ d) in der Bauchhöhle

☞ **a) unterhalb der Nase**

Das Philtrum ist die Rinne, die sich zwischen Nase und Mund befindet und stammt von dem griechischen Wort „Philtron" ab, was „Liebeszauber" bedeutet. Eine besondere Funktion hat diese Rinne nicht.

Von der Oberlippe zur Nase verläuft das Philtrum.

Frage 34

Unsere Erde dreht sich mit ungefähr 1660 km/h um sich selbst. **Warum spüren wir keinen Fahrtwind?**

☞ Durch die Reibung der Erdoberfläche dreht sich nicht nur unser Planet, sondern auch die Lufthülle, die ihn umgibt. Wir spüren also keinen Fahrtwind, weil sich Erde und Luft gleich schnell bewegen. Würde man die Erde plötzlich anhalten, bräche ein ungeheurer Sturm los, denn die Luft würde sich zunächst noch mit 1660 km/h weiterdrehen.

Frage 35

Warum können wir uns selbst nicht kitzeln?

☞ Bei Berührungen mit der eigenen Hand berechnet das Gehirn den Zeitpunkt des Kontakts voraus und dämpft alle Nervensignale, die vom entsprechenden Körperteil ausgesendet werden. Dadurch gelangen unwichtige Reize nur schwach oder gar nicht ins Bewusstsein.

Frage 36

Warum verklebt Sekundenkleber nicht schon in der Tube?

☞ Wenn der Sekundenkleber zwei Gegenstände zusammenklebt, läuft eine komplizierte chemische Reaktion ab, die aus einzelnen Molekülen lange und stabile Molekülketten macht. Das kann er aber nur, wenn ein Katalysator die Reaktion anstößt. Dieser Katalysator ist Feuchtigkeit, wie man sie in der Luft findet. In der Tube ist keine Feuchtigkeit vorhanden.

WARUM WASSER BEIM KOCHEN RAUSCHT

Wenn man Wasser erhitzt, entsteht zunächst ein immer lauter werdendes Rauschen, das kurz vor dem Kochen des Wassers wieder leiser wird. Aber woran liegt das? Beim Erhitzen des Wassers entstehen am heißen Boden des Topfes Dampfblasen, die nach oben steigen. Dort aber ist das Wasser noch kälter. Deshalb fallen die Dampfblasen explosionsartig zusammen und verursachen dabei das laute Geräusch. Wird nun das Wasser immer wärmer, gleicht sich die Temperatur oben und unten im Topf immer weiter an. Die Heftigkeit der Explosionen nimmt gleichzeitig ab. Hat das Wasser überall 100°C erreicht, steigen die Dampfblasen schließlich ohne zusammenzufallen nach oben. Die Flüssigkeit siedet.

Frage 37

Welcher Körperteil wurde von den Germanen „der Starke" genannt?

- ☐ a) der Daumen
- ☐ b) der Oberschenkel
- ☐ c) der Oberarm
- ☐ d) der Fuß

☞ **a) der Daumen**
Die alten Germanen nannten den Daumen „Dume" oder „Dumo". Das bedeutet „der Dicke" oder „der Starke." Sie kamen darauf, weil der Daumen der stärkste und dickste Finger an der Hand ist.

Frage 38

Ist weiße Schokolade wirklich Schokolade?

☞ Schokolade besteht per definitionem aus Kakao. Meistens wird sowohl das dunkle Kakaopulver als auch die farblose Kakaobutter verwendet. Bei weißer Schokolade werden die beiden Komponenten getrennt: Nur die Butter kommt in die Tafel, die damit aber immer noch mit Fug und Recht als Schokolade bezeichnet werden kann.

Frage 39

Bereits vor 4000 Jahren gab es im Herrscherpalast von Zimrilim in Babylon eine eigene königliche Drogerie. Hier stellten heilkundige Männer und Frauen Salben und Heilessenzen her. Als Ausgangsstoffe für diese Medikamente dienten ihnen Zedern, Zypressen, Oliven, Ingwer und Weihrauch. Diese Zutaten wurden in einer großen Vase zusammen mit Wasser erhitzt. Dabei entstand Dampf, der sich innen auf dem Deckel der Vase sammelte und die heilsamen Wirkstoffe in großer Konzentration enthielt. Dieses Verfahren kennt man bis heute. **Wie heißt es?**

☞ **Destillation.**

Frage 40

Was hat Kunststoff mit Käse zu tun?

☞ 1531 stellte der Benediktinerpater Wolfgang Seidel fest, dass man mit einer bestimmten Sorte Magerkäse einige interessante Dinge anstellen kann. Er erhitzte den Käse mehrfach. Dabei verdampfte immer mehr von der Flüssigkeit, die in ihm steckte. Nach einiger Zeit entstand so ein Stoff, den man Kasein oder Kunsthorn nennt. Solange dieses Material warm ist, kann man es leicht formen. Ist es aber abgekühlt, erhält man ein sehr festes Material. Seidel und seine Zeitgenossen machten daraus schließlich Geschirr, Schmuck und Gussformen. Der verkochte Käse war also eigentlich der erste Kunststoff.

Frage 41

Warum bleiben die Meere salzig, obwohl ständig Süßwasser hineinfließt?

☞ Es fließt zwar ständig neues Wasser in die Meere nach, aber es verdunstet von der Meeresoberfläche auch ständig wieder Wasser. Wenn Wasser verdunstet, bleibt das Salz aber in den Meeren erhalten. Auf diese Weise ist die Salzkonzentration in den Meeren immer gleich hoch.

Frage 42

Was passiert, wenn sich in unserer Gelenkschmiere kleine Gasbläschen bilden und dann platzen?

☐ a) Die Gelenke werden brüchig.
☐ b) Es gibt eine Zerrung.
☐ c) Die Gelenke knacken.
☐ d) Es gibt einen Muskelkater.

c) Die Gelenke knacken.

Frage 43

Kann Salz verderben?

Tatsächlich nicht. Denn Salz ist ein Mineral und damit keine organische Verbindung.

Meersalz

Frage 44

☞ Der belgische Geiger Joseph Merlin (1735–1803) sorgte beim festlichen Maskenball in London für eine ganz besondere Sensation. Für einen spektakulären Auftritt wollte er sich eines besonderen Gefährts bedienen: Merlin rollte mit einem selbst gebauten „Fahrzeug" Geige spielend in den Saal. Leider hatte er sich bei der Entwicklung keine Gedanken über das Bremsen gemacht und krachte deshalb mit vollem Schwung in einen teuren Spiegel. Natürlich ging der Spiegel zu Bruch, auch die Geige überlebte den Zusammenstoß nicht und Merlin wurde schwer verletzt. Seine Erfindung fährt aber auch heutzutage noch durch die Weltgeschichte. **Worum handelt es sich?**

☞ **Um Rollschuhe.**

Frage 45

Was haben die Brüder Montgolfier erfunden?

☐ a) Streichhölzer
☐ b) Formel-1-Rennwagen
☐ c) Heißluftballon
☐ d) Heizlüfter

☞ **c) Heißluftballon**

Heißluftballon

Frage 46

Wie wird die Einschaltquote ermittelt?

☞ Die Daten dafür stammen aus Haushalten, die die GfK (Gesellschaft für Konsumforschung) nach dem Zufallsprinzip ausgewählt hat. Sie erhalten ein Gerät, das aufzeichnet, wann der Fernseher eingeschaltet ist und übermittelt diese Daten an die GfK. Dort werden sie dann ausgewertet.

Frage 47

Wie sahen die ersten Achterbahnen aus?

☞ Schon im 16. Jahrhundert wurden in Russland die ersten Vorläufer der Achterbahn gebaut. Damals wurden Abfahrten aus Holz errichtet und schließlich mit Wasser übergossen. Bei den kalten Temperaturen im russischen Winter gefror das Wasser schnell zu Eis und man hatte eine erste künstliche Abfahrt. Die Menschen wollten allerdings auch im Sommer nicht auf ihr Vergnügen verzichten. Also entwickelten die Russen Schlitten auf Rädern, mit denen sie nun bei jedem Wetter die Abfahrten herunterdonnern konnten. Die erste richtige Achterbahn in Form einer Acht wurde übrigens 1898 in den USA eröffnet.

Frage 48

Was ist der Unterschied zwischen Raumsonde und Satellit?

☞ Während Satelliten in der Erdumlaufbahn bleiben und dort ihre Aufgaben verrichten, haben Raumsonden viel längere Reisen vor sich. Sie sollen andere Planeten oder das Weltall weit von der Erde entfernt erkunden.

Frage 49

Als Legasthenie bezeichnet man eine Lese-/Rechtschreibschwäche. **Wie lautet der entsprechende Fachbegriff für eine Rechenschwäche?**

☐ a) Dyskalkulie
☐ b) Dealgebraik
☐ c) Nongeometrik
☐ d) Antianalysis

☞ **a) Dyskalkulie**

Frage 50

Der Punsch stammt aus dem Indischen, sein Name bedeutet eigentlich „fünf". Traditionell wurde dieses Heißgetränk nämlich aus den fünf Zutaten Zucker, Zitrone, Arrak, Tee und Wasser zubereitet. Hierzulande besteht es meist aus Rotwein, Rum, Zitrusfrüchten und Gewürzen. Der heiße Alkohol wirkt besonders schnell, vorausgesetzt, er wird nicht gekocht. **Wie nennt man die Punschvariante, bei der ein Zuckerhut über den Punschtopf gelegt, mit Rum begossen und angezündet wird?**

☞ **Feuerzangenbowle.** Der Punsch wurde im 17. oder 18. Jahrhundert von englischen Kolonialherren nach Europa gebracht. Die Feuerzangenbowle, die v. a. der gleichnamige Film mit Heinz Rühmann (1902–94) bekannt machte, hat ihren Namen von der Zange, auf der der Zuckerhut liegt.

Herstellung einer Feuerzangenbowle

Frage 51
Warum gibt es kein blaues Ampellicht?

☞ Schon die erste 1914 in Cleveland aufgestellte Ampel leuchtete in Rot und Grün. Der Grund: Rotes Licht ist aufgrund seiner langen Wellen die absolute Signalfarbe. Grün wählte man, weil es als Komplementärfarbe den größten Kontrast zu Rot darstellt. Blaues Licht dagegen ist kurzwelliger und springt weniger ins Auge.

Frage 52
Woher kommt der Osterhase?

☞ Die Germanen hatten viele Götter, eine davon war die Fruchtbarkeitsgöttin Ostara. Sie bekam den Hasen zugeschrieben, weil dieser, da er schon sehr bald nach Ende des Winters die ersten Jungen bekam, ebenfalls als sehr fruchtbar galt. So wurde der Hase der Ostara zum heiligen Tier. Im Frühjahr begeben sich die Hasen auf Futtersuche und laufen dabei auch einmal durch die heimischen Gärten; auch deshalb wurde ihm vermutlich das Bringen der Eier angedichtet.

Frage 53
Warum schmeckt verdorbene Milch sauer?

☞ Unter den Inhaltsstoffen der Milch sind Milchzucker und Milchsäurebakterien. Milchzucker macht die Milch ein wenig süß. Die Bakterien wandeln den Zucker mit der Zeit allerdings in Säure um.

Frage 54
Warum gilt Freitag der 13. als Unglückstag?

☞ Dieser Aberglaube hat sich statistisch nicht bestätigt. Aus dem christlichen Glauben ist der Freitag als Jesu Todestag zum Unglückstag gedeutet worden. Auch die 13 als Unglückszahl rührt vom letzten Abendmahl her, an dem mit Judas insgesamt 13 Personen teilgenommen haben.

Frage 55
Ist Telefonieren bei Gewitter gefährlich?

☞ Früher war es in der Tat ratsam, ein Telefonat zu beenden, sobald ein Gewitter aufzog. Damals war es noch üblich, Telefonleitungen auf Masten zu verlegen. Das gibt es heute nur noch in wenigen Regionen, meistens verlaufen die Kabel inzwischen unterirdisch und einschlagende Blitze werden direkt in die Erde abgeleitet.

Register

Register

F

I

O

U

Register

Bildnachweis

dpa-Picture-Alliance, Frankurt; Gruppo Editoriale Fabbri, Mailand; Lidman Production, Stockholm; PIXELIO, München (Alexander Hauk, Andreas Brüderlin, Andri Peter, Barbara Thomas, bildermichel, Bildpixel, Bloi Roland, Claudia Hautumm, Claus Buennagel, Cornerstone, dani, Daniel Gast, dassi87, dieGeliebte, Dieter Haugk, Doris Rennekamp, Ernst Rose, Fred Vollmer, fritzdeluxe, Gerd Altmann, Guenther Dotzler, Hans-Christian Hein, hero.2006, i.mamero, Ingo Heemeier, Irene Lehmann, Jan Gropp, Jochen Schulze, Johannes Schätzler, Jürgen Acker, K. Hoffmann, Karin Schmidt, Klicker, knipseline, Konstantin Gastmann, Lothar Henke, lucky-pixel, M. Franke, M. Hauck, mad-max, Manfred Boelke, manwalk, Mario Heinemann, Michael Berger, P. Kirchhof, P. Urbahn, Paul Georg Meister, Paul Marx, Peter Röhl, Rainer Sturm, rebel, Rene Golembewski, S. Hofschlaeger, Sebianna, Siegfried Baier, simon45, sk439, Stephan Bratek, Stihl024, Strikeparts, Tim Reinhart, tommyS, Verena N.)